38,—

Benigna Schönhagen · Tübingen unterm Hakenkreuz

Beiträge zur Tübinger Geschichte
Herausgegeben von der Universitätsstadt Tübingen · Kulturamt

Band 4

Benigna Schönhagen

# Tübingen unterm Hakenkreuz

Eine Universitätsstadt
in der Zeit des Nationalsozialismus

CIP-Titelaufnahme der Deutschen Bibliothek

**Schönhagen, Benigna:**
Tübingen unterm Hakenkreuz. Eine Universitätsstadt in der Zeit des
Nationalsozialismus/Benigna Schönhagen.–
Stuttgart: Theiss, 1991
   (Beiträge zur Tübinger Geschichte; Bd. 4)
   ISBN 3-8062-0838-7
Ne: GT

Bearbeitete Fassung der von der Fakultät für
Geschichts-, Sozial- und Wirtschaftswissenschaften
der Universität Stuttgart angenommen
gleichnamigen Dissertation

© 1991 · Universitätsstadt Tübingen · Kulturamt
   Kommissionsverlag Konrad Theiss Verlag GmbH, Stuttgart

   Satz: Kittelberger GmbH
   Druck: TC DRUCK, Tübinger Chronik eG
   Umschlagfoto: Foto-Kleinfeld, Tübingen
   Printed in Germany

# Inhaltsverzeichnis

Vorwort . . . . . . . . . . . . . . . . . . . . . . . . . . . . . . . . . . . . . . . . . 9
Einleitung . . . . . . . . . . . . . . . . . . . . . . . . . . . . . . . . . . . . . . . 11

## Tübingen in der Weimarer Republik

Landesuniversität und Provinzstadt . . . . . . . . . . . . . . . . . . . . . . 17
Politische Kultur und Wahlverhalten . . . . . . . . . . . . . . . . . . . . . 21
   Gesellschaftliche Kommunikationsformen . . . . . . . . . . . . . . . . . . . 22
   »Harmlos und königstreu, aber entschieden demokratisch angehaucht« . . . . . 28
   »Leidenschaftliches Verlangen nach einem besseren Staate,
   nach einem machtvollen dritten Reich« . . . . . . . . . . . . . . . . . . . . 33
   Maiwahlen 1924: »Ein erster Abmarsch nach rechts« . . . . . . . . . . . . . 37

Anfänge der NSDAP in Tübingen . . . . . . . . . . . . . . . . . . . . . . . . 38
   Von der Gründung bis zum Hitler Putsch: ein Verband unter vielen . . . . . . 38
   Richtungskämpfe und Neubeginn . . . . . . . . . . . . . . . . . . . . . . . 42

## Zerfall der Demokratie – die politische Auseinandersetzung am Ende der Republik

Wahlkämpfe und Wählerverhalten in der Krise . . . . . . . . . . . . . . . . 44
   September 1930 »Tübingen erwacht« . . . . . . . . . . . . . . . . . . . . . 45
   1930/31: »Die Lage ist ernst, viel ernster als mancher glaubt« . . . . . . . 48
   Dezember 1931: »Das Bürgertum hat sich den Rechtsparteien zugekehrt« . . . . 54
   1932: »Das Jahr der Entscheidung« . . . . . . . . . . . . . . . . . . . . . . 56

Aufstieg der NSDAP zur stärksten Partei . . . . . . . . . . . . . . . . . . . 67
   Nazifizierung des Mittelstands . . . . . . . . . . . . . . . . . . . . . . . . 68
   Mitgliederstruktur und Ausbau der Parteiorganisation . . . . . . . . . . . . 70

Leitlinien der politischen Auseinandersetzung . . . . . . . . . . . . . . . . 73
   Leit- und Feindbilder der Auseinandersetzung . . . . . . . . . . . . . . . . 73
   Exkurs: Politischer Terror und Rechtsprechung . . . . . . . . . . . . . . . 75

Kulturelle Auseinandersetzung . . . . . . . . . . . . . . . . . . . . . . . . . 78
   »Um den Ludendorffschen Gott« . . . . . . . . . . . . . . . . . . . . . . . 78
   »Gegen den undeutschen Geist« . . . . . . . . . . . . . . . . . . . . . . . 80
   »Würmer in den Eingeweiden« . . . . . . . . . . . . . . . . . . . . . . . . 83

## Presseszene und Pressekampf ... 85
»Tübinger Chronik«: die »Beherrscherin Tübingens« ... 85
»Tübinger Zeitung«: »Ganz auf deutsches Denken und Fühlen eingestellt« ... 90
»Schwäbisches Tagblatt«: das »NS-Kampfblatt vor Ort« ... 92

## Kommunalpolitik in der Krise ... 93
»Ein gewaltiges Werk vorwärtsstrebender Kommunalpolitik« ... 93
»Notverordnete Kommunalpolitik« ... 96
»Kommunalpolitik der Sachlichkeit«: das Konzept Adolf Scheefs ... 99

# »Zu Zwischenfällen ist es nicht gekommen« – die »Machtergreifung« in Tübingen

## Machtübernahme ... 101
»Ein Tag wie jeder andere«: der 30. Januar 1933 ... 102
Auf dem Weg ins Dritte Reich: der Wahlkampf zum 5. März 1933 ... 104
Die »Machtergreifung« in der Kommune: ein Fahnenwechsel ... 108

## Machtsicherung ... 110
»Daß mit eiserner Faust jeder Widerstand gebrochen werden muß«:
Verfolgung und Ausschaltung politischer Gegner ... 110
Verdrängung und Verfolgung der Juden ... 120
Gleichschaltung des Gemeinderats und Umschaltung der Stadtverwaltung ... 127

## Herrschaftsaufbau ... 137
Gleichschaltung der wirtschaftlichen Organisationen ... 138
Begeisterung für »Zucht, Ordnung und Disziplin«
oder die Selbstgleichschaltung des öffentlichen Lebens ... 143
»Ausgemerzt und aufgeartet«: Rassenhygiene und Bevölkerungspolitik ... 146
»Und erst als letztes die wissenschaftliche Schulung«:
Gleichschaltung von Schulen und Hochschule ... 155
»Vom Jubel zur Ernüchterung«: die Gleichschaltung der Kirchen ... 166
Die »Reaktion«: »Gerade bei uns gibt es weite Kreise, die glauben, daß sie durch
Ausschmückung ihres Knopfloches mit dem Abzeichen der Partei ihre Pflicht zur
Volksgemeinschaft erfüllt haben« ... 180

# Konsolidierung des Systems

## Gemeinnutz geht vor Eigennutz«: Kommunalpolitik unterm Hakenkreuz ... 186
Einführung des Führerprinzips in die kommunale Selbstverwaltung ... 186
Exkurs: Das Oberamt bzw. der Kreis ... 190

»Jederzeit opferwillig und einsatzbereit«:
die Stadtverwaltung zwischen den Ansprüchen von Partei und Staat . . . . . . . . . . . . 193
»Die nicht auf der Sonnenseite des Lebens stehen, teilnehmen zu lassen an den
Segnungen des Dritten Reichs«: Städtische Siedlungspolitik. . . . . . . . . . . . . . . . 203
Das Diktat der Aufrüstung. . . . . . . . . . . . . . . . . . . . . . . . . . . . . . . . 208

## Leben in der Volksgemeinschaft:
## NS-Alltag zwischen Anpassung und Verweigerung . . . . . . . . . . . 217
Inszenierung der Volksgemeinschaft . . . . . . . . . . . . . . . . . . . . . . . . . 218
»Erziehung zur Arbeit, Erziehung zum Krieg«:
Schulen und Hochschule zwischen Loyalität und Konflikt . . . . . . . . . . . . . . . . . 229
»Eine fast als passive Resistenz anmutende Zurückhaltung«:
Kirchen zwischen Arrangement und Selbstbehauptung . . . . . . . . . . . . . . . . . . 251
»Widerstand ist nicht laut geworden«: die (Zu-)Stimmung der Bevölkerung . . . . . . 274

## Ausschluß aus der Volksgemeinschaft . . . . . . . . . . . . . . . . . . . . . .281
»Aussonderung von Gemeinschaftsfremden und Volksschädlingen« . . . . . . . . . . . . . . . . 281
Zwischen »Nürnberger Gesetzen« und Novemberpogrom:
soziale Ächtung und rechtliche Deklassierung der Juden . . . . . . . . . . . . . . . . 287
»Daraufhin ging ich mit gutem Gewissen an die Ausführung der Anordnung«:
der befohlene Pogrom von November 1938. . . . . . . . . . . . . . . . . . . . . . . 293
»Mitleid mit Juden ist etwas Überflüssiges«: Reaktion und Folgen . . . . . . . . . . . 298

# Tübingen im Krieg

## »Ernst aber zuversichtlich«:
## Mobilmachung und Kriegsalltag während der Blitzkriege . . . . . . . . .302
»Bringen die nächsten Tage Krieg oder Frieden?«: Kriegsvorbereitungen . . . . . . . . 302
Erste »Kriegsmaßnahmen« . . . . . . . . . . . . . . . . . . . . . . . . . . . . . . 303
Alltägliche Sorgen: »Die wechselnden persönlichen Misstimmungen« . . . . . . . . . . . 310
»Daß wie überall durch die Einziehung zum Militär die Arbeitseinsatzfrage
eine noch schwierigere geworden ist«: soziale Lage und Kriegswirtschaft . . . . . . . . 314

## »Die Einheit der Verwaltung ist zum blossen Schlagwort geworden«:
## Kommunalpolitik im Krieg . . . . . . . . . . . . . . . . . . . . . . . . . . . . .318
Änderungen in der Kommunalverwaltung . . . . . . . . . . . . . . . . . . . . . . . 319
»Sparmaßnahmen, die die selbständige Dynamik weitgehend hemmen, ja bis auf
weiteres so gut wie ganz neutralisieren«: Pläne, Finanzen, Raumbedarf . . . . . . . . . 323
Umstrittene Kompetenzen . . . . . . . . . . . . . . . . . . . . . . . . . . . . . . 326

## Krieg im Innern. . . . . . . . . . . . . . . . . . . . . . . . . . . . . . . . . . . .328
»Vernichtung lebensunwerten Lebens«
und die »Ausscheidung Gemeinschaftsunfähiger«. . . . . . . . . . . . . . . . . . . . 328

Deportation und Ermordung der Tübinger Juden . . . . . . . . . . . . . . . . . . . . . 335
Zurückgeblieben: »Mischlinge« und »Mischehe«-Partner . . . . . . . . . . . . . . 347
Kriegsgefangene und Fremdarbeiter . . . . . . . . . . . . . . . . . . . . . . . . . . . . . 352

## Totaler Krieg – verlängerte Niederlage . . . . . . . . . . . . . . . . . . . . 358
»Der Luftkrieg hat Tübingen nur gestreift« . . . . . . . . . . . . . . . . . . . . . . . . 359
»Rücksicht ist nicht mehr am Platz, denn wir müssen den Krieg gewinnen«:
Totale Mobilisierung . . . . . . . . . . . . . . . . . . . . . . . . . . . . . . . . . . . . . . . . 363
»Mit Raumforderungen überrannt«: Wohnraum-Not in der unzerstörten Stadt . . . . . 367
Das Ende des Krieges und der Zerfall der nationalsozialistischen Herrschaft . . . . . . . 368


Anmerkungen . . . . . . . . . . . . . . . . . . . . . . . . . . . . . . . . . . . . . . . . . . . . . 374
Quellen und Literatur . . . . . . . . . . . . . . . . . . . . . . . . . . . . . . . . . . . . . . 463
Personenregister . . . . . . . . . . . . . . . . . . . . . . . . . . . . . . . . . . . . . . . . . . 483
Ortsregister . . . . . . . . . . . . . . . . . . . . . . . . . . . . . . . . . . . . . . . . . . . . . . 489
Abkürzungsverzeichnis . . . . . . . . . . . . . . . . . . . . . . . . . . . . . . . . . . . . . 491

# Vorwort

Stadtgeschichte bedarf keiner Rechtfertigung. Es hat sie immer gegeben und wird sie immer geben. Seit jeher haben die Bürger wissen wollen, was früher in ihrer Stadt geschah, wie sie sich veränderte und zu dem wurde, was sie heute ist. Und wenn die Geschichte bedeutend genug ist, findet sie auch anderswo Interesse.

Wohl aber bedarf Stadtgeschichte einer besonderen wissenschaftlichen Behandlung. Wenn sie, womit sich die sogenannten Chroniken allzu oft begnügen, nur das in den Blick nimmt, was in der Stadt geschah, verfehlt sie ihre Aufgabe. Denn vieles wirkt von außen auf die Städte ein. Wer das nicht berücksichtigt, kann das Geschehen zwar beschreiben, aber nicht erklären. Wirkliche Stadtgeschichte muß die Wechselwirkungen zwischen dem örtlichen und dem überörtlichen Geschehen in sorgfältiger Abwägung verdeutlichen.

In besonders hohem Maße gilt das für Stadtgeschichten in der Zeit des Nationalsozialismus. Stärker als sonst waren die Städte Einwirkungen von außen ausgesetzt. Die Selbstverwaltung war abgeschafft. Die meisten Weisungen kamen aus Berlin. Dort wurden die Entscheidungen getroffen, die sich in der Stadt auswirkten. Die Bürger trafen sie nicht selbst und trugen doch zu ihnen bei. Stadtgeschichte unter einer Diktatur ist mehr als sonst die Geschichte dieser Wechselwirkung, in Zustimmung und Ablehnung, in Mitwirkung und Verweigerung oder sogar Widerstand.

Die Verfasserin des vorliegenden Buches hat dieses Problem mustergültig gelöst, indem sie jeweils zunächst den überörtlichen Bezugsrahmen beschreibt, ehe sie die örtlichen Ereignisse schildert. Nur wer weiß, was in Deutschland vor sich ging, kann verstehen, was sich in Tübingen zutrug. Aber ganz einseitig war diese Einwirkung auch nicht. Daß die Diktatur errichtet werden konnte und ertragen oder sogar mitgetragen wurde, das hatte auch örtliche Ursachen. Deswegen wird in diesem Buch auf die Vorgeschichte des Nationalsozialismus in Tübingen besonders ausführlich eingegangen.

Darin liegt dann aber auch das besondere Interesse. Stadtgeschichte ist, so verstanden, mehr als nur eine örtliche Angelegenheit. Sie kann unmittelbar zeigen, wie Menschen die Zeit vor Ort erfahren haben. Deswegen brauchen wir viele Stadtgeschichten. Denn nur aus einem Vergleich kann sich ergeben, wie die Menschen im ganzen Land die Zeit erfuhren. Das vorliegende Buch möchte dazu beitragen, aus vielen Stadtgeschichten ein vertieftes Bild von der Hitlerzeit zu gewinnen. Denn die großen Entscheidungen an der Spitze allein vermögen nicht zu zeigen, welche Rolle die Menschen dabei spielten, mitgestaltend, erduldend oder erleidend.

So hat dieses Buch einen doppelten Zweck. Es will einerseits eine Geschichte Tübingens in jener Zeit sein und andererseits etwas Allgemeineres verdeutlichen. Es will zeigen, wie sich eine Universitätsstadt, eine württembergische, eine deutsche Stadt unter dem Hakenkreuz verhielt. So ist es mehr als nur Stadtgeschichte, es ist auch ein Beitrag zur nationalen Geschichte. Sie beginnt vor der eigenen Haustür und führt doch weit über sie hinaus.

Eberhard Jäckel

# Einleitung

Die Ereignisse, die zum 30. Januar 1933 führten, sind – ebenso wie die zwölf Jahre nationalsozialistischer Herrschaft in Deutschland – auf nationaler Ebene oft beschrieben und analysiert worden. Doch wenn es darum geht, den konkreten Vollzug der NS-Herrschaft vor Ort zu erklären, bleiben diese Arbeiten eine Antwort oft schuldig. Eindeutigkeiten, wie sie die Darstellung nationaler Ereignisse nahezulegen scheinen, zerfallen unter der lokalen Perspektive zu Ambivalenzen und Widersprüchen. Subjektives Erleben und die objektiven Fakten der NS-Geschichte decken sich nicht immer auch vor Ort.

Das lokale Geschehen kann sicherlich nicht losgelöst von den Ereignissen in Berlin verstanden werden, doch konkretisierte es sich im jeweiligen lokalen Kontext unterschiedlich. Das macht die Bedeutung und die Möglichkeiten einer lokalgeschichtlichen Darstellung des Nationalsozialismus aus. Sie vermag nicht nur die Auswirkungen des Nationalsozialismus auf den einzelnen zu veranschaulichen, sondern auch das Bild der NS-Herrschaft und -praxis zu differenzieren. Denn die Analyse der nationalsozialistischen Herrschaft vor Ort und der Reaktionen auf sie zeigt, daß die Durchsetzungsfähigkeit des NS-Staates keineswegs nur in Terror, Repression und Manipulation gründete. Gerade Lokal- und Regionalstudien haben neue Erkenntnisse über die Herrschaftsstruktur des Nationalsozialismus erbracht,[1] beispielsweise für das Verhältnis zwischen traditionellen Eliten und Parteifunktionären, die Erscheinungsformen von Widerstand oder die Bedeutung regionaler Unterschiede bei der Durchsetzung des Nationalsozialismus.[2] Das lange Zeit vorherrschende Verständnis von der NS-Diktatur als eines monolithischen, mit Hilfe von Terror und Geheimpolizei gesicherten Machtblocks[3] erweist sich im lokalen Bezugsrahmen eher als Ausfluß nationalsozialistischer Propaganda oder bundesrepublikanischer Rechtfertigungsmuster denn als Spiegelbild der vielschichtigen und widersprüchlichen Wirklichkeit des Dritten Reichs.

Anstoß für diese Arbeit gab deshalb unter anderem gerade der Widerspruch zwischen der landläufigen Meinung, hier sei alles nicht so schlimm gewesen – eine Meinung, die durchaus glaubwürdig vorgetragen wurde und nicht immer dem Rechtfertigungsarsenal uneinsichtiger Mitläufer entstammte –, und der Tatsache, daß sich – dennoch – weder gegen die Machtübernahme, noch gegen die Machtausübung der Nationalsozialisten in der Universitätsstadt nachhaltiger Widerstand formierte. Die Verfasserin hat sich daher die Aufgabe gesetzt zu untersuchen, wie sich die strukturellen Bedingungen Tübingens als württembergische Universitätsstadt auf Durchsetzung und Gestaltung nationalsozialistischer Politik auswirkten und welche Konsequenzen die Machtübernahme durch die Nationalsozialisten auf die Stadt als politisches Gemeinwesen, Verwaltungs- und Siedlungsraum und als soziale Einheit hatte. Die Arbeit erhebt nicht den Anspruch, eine Alltagsgeschichte zu sein, aber sie versucht, die alltäglichen Reaktionen auf den Nationalsozialismus zu beschreiben und in ihren Bedingungen aufzuzeigen. Insofern versteht sie sich nicht nur als ein Beitrag zur Tübinger Stadtgeschichte, sondern auch als ein Teil der vielfach geforderten Gesellschaftsgeschichte des politischen Verhaltens.

Kontinuität kennzeichnet die Durchsetzung des Nationalsozialismus in Tübingen, die lokale Machtübernahme wurde als Fahnenwechsel vollzogen. Um den bruchlosen Übergang fassen und verstehen zu können, beginnt die Darstellung nicht mit dem 30. Januar 1933, sondern setzt einen ersten chronologischen und thematischen Schwerpunkt in der Weimarer Republik. Die lokale politische Kultur und die gesellschaftlichen Kommunikationsformen sind in dieser Zeit geprägt von der einseitigen wirtschaftlichen und sozialen Struktur der Universitätsstadt und der Dominanz der Hochschule, deren Mitglieder mehrheitlich die Weimarer Demokratie ablehnten oder teilweise offen bekämpften. Das überdurchschnittlich hohe Ergebnis für die Deutschvölkischen, die Ersatzorganisation der verbotenen NSDAP, wies bei den Maiwahlen 1924 schlaglichtartig auf die schwindende Integrationskraft der liberalen Parteien und die fehlende oder ambivalente Auseinandersetzung der restlichen Parteien mit der NS-Bewegung voraus, wie sie sich schließlich in den Wahlergebnissen der zerfallenden Demokratie manifestierten. Die vielgerühmte »Hochburg der Demokratie« hat es im Tübingen der Weimarer Zeit nie gegeben. Gerade der Mittelstand öffnete sich personell und institutionell dem Nationalsozialismus, nachdem die NSDAP ihren revolutionären Habitus abgelegt hatte. So wurde der 9. März 1933, das Datum der lokalen »Machtergreifung«, als Durchbruch längst bestehender Entwicklungen gefeiert. Die wenigen prinzipiellen Gegner der neuen Ordnung konnten die neuen Machthaber, da sie den lokalen Eliten ohnehin ein Ärgernis waren, verhaften, ohne daß irgend jemand Einspruch erhob. Der bruchlose Übergang und die weitgehend fehlenden Säuberungen wirkten herrschaftsstabilisierend. Die bereitwillige Mitarbeit machte es den lokalen Parteirepräsentanten leicht, sich nahezu gewaltlos durchzusetzen. Selbstgleichschaltung, ja begeisterte Mitarbeit der lokalen Eliten kennzeichneten die Tübinger Situation während der »Machtergreifung«, die sich im lokalen Gefüge nicht als revolutionärer Akt, sondern als ein formal legaler Prozeß aus Machtübertragung, Machtsicherung und Herrschaftsaufbau vollzog.

Zur Stabilisierung des NS-Systems vor Ort trug der Tübinger Oberbürgermeister wesentlich bei. Obwohl der einstige Fraktionsvorsitzende der Demokratischen Partei im Württembergischen Landtag offenbar nie Mitglied der NSDAP wurde, überstand er den Umschwung wie fast alle Amtsvorstände in der Stadt ohne Schwierigkeiten. Sein Konzept von Kommunalpolitik als einer möglichst effizienten, unpolitischen Verwaltung machte ihn zu einem herrschaftsstabilisierenden, manchmal willfährigen Mitarbeiter der NS-Regierung, bewahrte ihn aber auch davor, sich dem System restlos anzupassen. Sein Versuch, kommunales Handeln auch nach der Machtübernahme von individueller Willkür und eigennützigen Parteiinteressen freizuhalten – zumindest soweit sie den Interessen der Stadt widersprachen –, machte ihn zu einer Stütze des Systems und für die Abwartenden und Skeptischeren zum Beweis dafür, daß es »so schlimm ja doch nicht gekommen sei« unter der neuen Regierung.

Kontinuität und Bruch sind die Pole, zwischen denen sich lokalpolitisch die Machtübernahme durch die Nationalsozialisten vollzog. Dem entsprechen auf der Ebene der politischen Verhaltensweisen Loyalität und Konflikt. Eingebunden in das Geflecht der traditionellen Eliten in der Kommune, umgingen die lokalen Repräsentanten der NSDAP – abgesehen von der Arbeiterbewegung – überall dort den Konflikt, wo starke Loyalitäten bestanden. Wo der Absolutheitsanspruch des Nationalsozialismus aber die Identität eigenständiger sozialer Gruppen bedrohte, ernteten die Nationalsozialisten Konflikt und teilweise auch merkliche Opposition, wie etwa die Auseinandersetzung um den Bestand kirchlicher Jugendgruppen oder die Abschaffung der Konfessionsschule zeigen. Auch die Universität lehnte sich, wo es um die Verteidigung ihrer Selbständigkeit ging, gegen den totalen Machtanspruch des NS-Staates auf, ungeachtet der Tatsache, daß nicht wenige ihrer Mitglieder Theorien erarbeiteten und verbreiteten, die der tödlichen Durchsetzung dieses Machtanspruchs gegen jene dienten, die aus der nationalsozialistischen »Volksgemeinschaft« ausgeschlossen wurden. Grundsätzlichen, aktiven Widerstand gegen das NS-System haben in Tübingen nur wenige – überwiegend Mitglieder der verbotenen Arbeiterparteien – gewagt. Gerade die lokale Sozial- und Gesundheitspolitik, die Aussonderung von »Gemeinschaftsfremden und Volksschädlingen« zeigt, daß der Nationalsozialismus kein der deutschen Gesellschaft aufgezwungenes, fremdes Herrschaftssystem war, sondern dort, wo es um die Durchsetzung bürgerlicher Leistungsnormen und Ordnungsvorstellungen ging, mit breitem Konsens rechnen konnte.

Der Krieg verstärkte die vorhandenen Strukturen und machte die lokale Herrschaftspraxis vollends abhängig von zentralen Direktiven und Entscheidungen. Die Radikalisierung gipfelte in der Vernichtungspolitik, die nicht nur »weit weg«, in den besetzten Ostgebieten, sondern im konkreten Verwaltungsvollzug kommunaler Behörden vorbereitet und durchgeführt wurde. Doch selbst der Krieg im Innern zeigt, daß es weiterhin Freiräume und Nischen gab, in denen sich der einzelne, weit mehr als gemeinhin dargestellt, den Ansprüchen und Forderungen des Systems entziehen konnte.

Der Versuch, die Realität der nationalsozialistischen Herrschaft nicht in Einzelaspekte aufzuspalten, sondern sie, eingeordnet in die nationalen Zusammenhänge, in ihrer komplexen Vielfalt im überschaubaren lokalen Rahmen darzustellen, hatte Konsequenzen für den Umfang der Fallstudie. Zudem waren für die wenigsten Teilbereiche lokale Vorarbeiten vorhanden. Bei Beginn der Arbeit lag außer der Pionierstudie Uwe Dietrich Adams über die Universität Tübingen zwischen 1933 und 1945, der Arbeit Lilli Zapfs, die aufgrund von Erinnerungsberichten und Briefen die Schicksale der Tübinger Juden rekonstruiert hatte, und einer Geschichte der Evangelisch-Theologischen Fakultät nichts vor.[4] Auch Studien zur Entwicklung des Nationalsozialismus in der Region gab es bis auf die grundlegenden Arbeiten Waldemar Bessons und Paul Sauers nicht.[5] Mittlerweile wurden viele Teilbereiche[6] erarbeitet wie die Entwicklung der Tübinger Arbeiterbewegung[7] und zuletzt die Geschicke der Fremdarbeiter und Kriegsgefangenen sowie die kampflose Übergabe der Stadt.[8] Hilfreich erwiesen sich für die Darstellung auch die Ergebnisse mancher lokaler Detailuntersuchungen, die nur in der Tübinger Tageszeitung publiziert sind. Für alle Fragen der Kommunalpolitik aber, ebenso für die umfangreichen Themengebiete Kirchen, Schulen und Erziehung sowie für die Stimmung in der Bevölkerung waren keine Vorarbeiten vorhanden. So mußte sich die Untersuchung größtenteils auf ungedruckte und meist auch nicht verzeichnete Quellen stützen und konnte Literatur nur dort heranziehen, wo sie half, die kommunalen Ereignisse in allgemeine Zusammenhänge einzuordnen. Erst nach Einreichen der Dissertation im Januar 1988 erschien die von einer Gruppe Tübinger Kulturwissenschaftler und Kulturwissenschaftlerinnen erstellte »Heimatkunde« des Nationalsozialismus im Landkreis Tübingen.[9]

Die Quellensituation zeigte das übliche Dilemma zeitgeschichtlicher Forschung. Zu manchen Problemen vor allem aus dem Verwaltungsvollzug türmen sich die Akten. Der Zustand der weitgehend unverzeichneten lokalen, teilweise auch der regionalen Archive machte es zudem fast überall erforderlich, den gesamten Bestand durchzusehen. Zu anderen Themen fehlen jegliche Unterlagen. So wurden die Akten der Tübinger NSDAP-Organisation auf Befehl der Gauleitung 1945 vor dem Einmarsch der Franzosen vollständig vernichtet.[10] Um die lokale Parteigeschichte wenigstens ansatzweise rekonstruieren zu können, mußten die überregionalen Bestände des Bundesarchivs und des Berlin Document Center herangezogen werden. Vernichtet wurden 1933 wohl auch die lokalen Unterlagen der alten Parteien, und es ist ein Glücksfall, daß die Protokollbücher der Vereinigten Gewerkschaften erhalten blieben. Die Akten der Württembergischen Polizeidirektion Tübingen galten ebenfalls als vernichtet, bis Ordnungsarbeiten im Stadtarchiv sie 1985 zutage förderten und damit einen in Württemberg wohl einzigartigen Aktenbestand öffneten, der beispielsweise den bürokratischen Vollzug der Deportationen nahezu lückenlos dokumentiert.[11]

Ergänzt um die Überlieferung der mittleren Landesbehörden, insonderheit der Ministerialabteilung für die Bezirks- und Körperschaftsverwaltung, des Landratsamtes im Staatsarchiv Sigmaringen und der Ministerialabteilung für die höheren Schulen im Staatsarchiv Ludwigsburg, ließen sich die Akten des Stadtarchivs zu einer Rekonstruktion der wichtigsten Ereignisse und Probleme der Kommunalpolitik verdichten. Nähere Angaben über die Entwicklung der wenigen Tübinger Firmen fehlen allerdings nahezu vollständig. Zur Frage nach den Reaktionen einzelner auf den NS-Staat, ihren Erwartungen, Befürchtungen und ihrem Verhalten, also nach dem Alltag, boten die kirchlichen Archive in Stuttgart und Rottenburg, allen voran das Evangelische Dekanatsarchiv Tübingen, unerwartet reichlich Material. Auch die lokalen Tageszeitungen, von denen es in der Endphase der Weimarer Republik zeitweise drei in der Stadt gab, waren wichtige und trotz Gleichschaltung aufschlußreiche Informationsquellen für die Stimmung der Bevölkerung, sofern man sie gegen den Strich bürstete. Offizielle Stimmungsberichte der Partei sind, bis auf einzelne aus den ersten Kriegsjahren, keine erhalten. Die Geheimen Lageberichte des Sicherheitsdienstes der SS erwähnen die Universitätsstadt nur wenige Male. So blieb die Bearbeiterin in vielen Fragen auf die Auskünfte und Erinnerungen älterer Tübinger angewiesen. Neben den gedruckten und ungedruckten Quellen bilden diese mündlichen Quellen eine weitere Grundlage der Arbeit. Obwohl sich die mehrstündigen Gespräche mit über 40 Zeitzeugen auch nicht annähernd vollständig auswerten ließen – das hätte den Umfang der Arbeit noch um ein Vielfaches erweitert und auch einen anderen methodischen Umgang verlangt –, ist den Zeitzeugen, die überwiegend bereitwillig von ihren Erfahrungen berichteten, Wesentliches an Hintergrundinformation und an Verständnis der dargestellten Zeit zu verdanken.

Freilich gehört es auch zu den enttäuschenden Erfahrungen, daß die transkribierte Umschrift eines solchen Gesprächs, in dem ein früher in der Kommunalpolitik aktiver Tübinger vorsichtig von seinen Verstrickungen in das NS-Regime berichtete, nachträglich – auf Wunsch der Kinder – der Auswertung entzogen wurde.

Am Ende bleibt allen denen zu danken, die über Jahre hinweg zum Entstehen der Arbeit beigetragen haben: Zeitzeugen, Lehrern und Freunden sowie den Mitarbeiterinnen und Mitarbeitern der Archive, Bibliotheken und Institute, die stets freundlich Auskunft erteilten, Archivalien und Bücher heranschleppten, Hinweise gaben. Besonders nennen möchte ich Udo Rauch, unter dessen Leitung das Tübinger Stadtarchiv zu einer Fundgrube wurde. Finanziell ermöglichte den Beginn der Forschungen ein Stipendium der Graduierten-Förderung, manchen Buchkauf eine Unterstützung der Theophil-Wurm-Stiftung. Zu Dank verpflichtet bin ich Prof. Dr. Hansmartin Decker-Hauff, der mir die Augen für landesgeschichtliche Zusammenhänge öffnete und die Arbeit bis zu seiner Erkrankung betreute. Mein besonderer Dank gilt Prof. Dr. Eberhard Jäckel, der die Arbeit mit Ratschlag und Kritik förderte, lange bevor sie offiziell am Historischen Institut der Universität Stuttgart angemeldet war. Dank sagen möchte ich allen Freunden in Tübingen, Stuttgart, Marburg und Freiburg für den Rückhalt und die Diskussionsbereitschaft, die ich bei ihnen fand, namentlich Dr. Thomas Schnabel für sein andauerndes Interesse an Fragen der Lokalgeschichte und die uneigennützigen Hinweise aus eigenen Recherchen. Nicht zuletzt haben zur Fertigstellung der Arbeit Dr. Hans-Joachim Lang, Dr. Marlene P. Hiller und Wolfgang Hesse beigetragen, die große Teile Korrektur lasen. Den umfangreichen Text für die Druckfassung zu kürzen, half Dr. Fritz Richert. Der Stadt Tübingen, insbesondere der verständnisvollen Unterstützung und dem anhaltenden Interesse von Dr. Wilfried Setzler ist es zu danken, daß die Arbeit nun als Buch in der Reihe »Beiträge zur Tübinger Geschichte« erscheint.

Dem Andenken an meinen Vater, Hans Schönhagen, der den Fragen nach seinen Erfahrungen während der Zeit des Nationalsozialismus nicht auswich, möchte ich die Arbeit widmen.

# Tübingen in der Weimarer Republik

## Landesuniversität und Provinzstadt

Seit Gründung der Universität 1477 wurde die Geschichte Tübingens von der Landesuniversität bestimmt. *Auf Gedeih und Verderb* waren Hochschule und Stadt miteinander verbunden.[1] Das Bewußtsein gegenseitiger Abhängigkeit war so stark, daß lange Zeit aus Sorge um den reibungslosen Betrieb der Hochschule und die störungsfreie Arbeitsatmosphäre ihrer Studierenden – aber auch aus Konkurrenzangst des Tübinger Gewerbes – die Ansiedlung von Industriebetrieben vermieden wurde. Darüber war die Stadt ins Abseits der wirtschaftlichen Entwicklung geraten. Vorausschauende Kritiker tadelten sie deshalb heftig: *Wäre nicht Schlaffheit der Charakter dieser Bevölkerung, so flösse nicht seit Jahrhunderten ungedämmt und ungenützt der Neckar an ihr vorüber, der Wöhrd wäre entwässert.*[2]

Der ehemalige Tübinger Ästhetikprofessor Friedrich Theodor Vischer plädierte aus demselben Grund Mitte des letzten Jahrhunderts für die Verlegung der Provinzuniversität in die Landeshauptstadt: *Dass die Leichtigkeit des Erwerbs, den eine Universität einer kleinen Stadt sichert, deren Bürgerschaft immer demoralisirt, d.h. vor allem, dass sie kein Streben, keine Anstrengung, keinen Unternehmungsgeist bei ihr aufkommen läßt, dies ist eine allgemeine Erfahrung, die sich in Tübingen nur zu evident bewährt.*[3]

Allerdings scheint solch herbe Kritik kaum etwas bewirkt zu haben. Noch 1912 entbrannte in der Stadt ein heftiger Streit um die geplante Regulierung des Neckars; die Voraussetzung für die Ansiedlung größerer Industriebetriebe wurde als Bedrohung für die Ruhe der kleinen Universitätsstadt gesehen.[4] So schob Tübingen den Eintritt in das Industriezeitalter vor sich her. Ebenso wichtig wie die Sorge um den ungestörten Betrieb der Hochschule war für dieses Beharren auf dem überkommenen Zustand die Angst vor dem »Schreckgespenst des Proletariats«, das man mit der Ansiedlung größerer Industriebetriebe in die Stadt hineinziehen und deren Idylle und Beschaulichkeit zerstören sah: *Ich frage nun, ist eine solche Bevölkerung für Tübingen ein Vorteil? – Würde die Universität, auf ihr Wohl bedacht, nicht gegen eine solche Umgebung protestieren müssen? – Wie gefährlich könnte eine solche Rotte werden? Hört man nicht täglich von Aufständen der Fabrikarbeiter? Wenn sie auch nicht mehr so häufig die Fabrikgebäude niederbrennen, so sind doch Leute, die nichts zu verlieren haben, der verwegensten, gefährlichsten Unternehmungen fähig. Die Communisten finden hier ihr wahres Futter. Wehe uns, wenn wir der Despotie der rohen Massen preisgegeben würden!*[5]

Um die Jahrhundertwende konnten sich die Befürworter des wirtschaftlichen Aufschwungs schließlich doch durchsetzen. Vorsichtig bemühte sich seit der Reichsgründung von 1871 die Universitätsstadt um die Ansiedlung von Industrie. Doch das am südöstlichen Rand der Stadt angelegte und von ihr durch den Neckar getrennte »Industrieviertel«, das *lästige Anlagen ohne Schaden für Bevölkerung und Hochschule* aufnehmen sollte, fand vorerst wenig Anklang.[6] Erst 1927 konnte der damalige Oberbürgermeister, Dr. h. c. Hermann Haußer, mit einiger Befriedigung feststellen, daß die Bevölkerung mittlerweile von den Vorteilen einer gemäßigten Industrialisierung überzeugt sei: *Jedenfalls hat sich im Laufe der rückliegenden 50 Jahre in weiteren Kreisen der Bürgerschaft namentlich des Gewerbestands und vollends im Schoß der Gemeindeverwaltung selbst immer entschiedener die Überzeugung gefestigt: »Ein Schuß Eisen ins Blut« mit Erhalt von Industrie kann der Tübinger Bevölkerung auch in kleingewerblichen Kreisen nur nutzen, umsomehr als u. a. auch die Frage, in welcher Weise für den aussterbenden Weinbau ein Ausgleich und Anderserwerb zu beschaffen, immer dringlicher sich gestaltete. An eine überwuchernde Industrialisierung hat man selbstverständlich dabei hier zu keiner Stunde gedacht und auch nicht denken können.*[7]

Trotz dieser vorsichtigen wirtschaftlichen Ambitionen verstand sich Tübingen weiterhin als Universitätsstadt und pflegte mit Bedacht den Charakter einer Beamten- und Pensionärsstadt. *Alles, was der Universität dient, was ihre Blüte fördert, dient auch der Bevölkerung der Stadt, deren Handel und Wandel, deren Arbeits- und Verdienstmöglichkeit untrennbar mit der Universität verbunden ist. In Förderung der Interessen der Universität darf unsere Stadt im Rahmen des ihr irgendwie möglichen nicht erlahmen.*[8] Was Oberbürgermeister Adolf Scheef 1932 so harmonisch beschrieb und was in vielen Festreden wiederholt als *vorbildliches Einvernehmen zwischen Stadt und Universität* gerühmt wurde,[9] resultierte in Wirklichkeit aus der wirtschaftlichen Abhängigkeit der Stadt von der Universität. Von rund 23 000 Einwohnern war 1925 jeder zwölfte ein Student, fünf Jahre später, bei 27 000 Einwohnern, jeder siebte.

Die Universität mit ihren 39 Instituten und 10 Kliniken war der größte Arbeitgeber in der Stadt. Neben dem Lehrkörper und den Studenten waren mindestens 3000 Bürger direkt oder indirekt von der Universität abhängig.[10] Beamte, Angestellte und Arbeiter der Hochschule sowie der Landes- und Reichsbehörden – die Reichsbahn war mit rund 500 Beschäftigten der zweitgrößte Arbeitgeber der Stadt – stellten mit ihren 3189 Angehörigen[11] die zahlenstärkste soziale Gruppe unter den Erwerbstätigen. Anders als im Reich, wo 1925 im statistischen Durchschnitt auf einen Angestellten bzw. Beamten 2,5 Arbeiter kamen,[12] überwogen in Tübingen unter den Erwerbstätigen die Beamten und Angestellten mit 35,6 Prozent die Lohnabhängigen mit 26,4 Prozent (2364) bei weitem.[13]

Die Mehrzahl der Lohnabhängigen arbeitete in den kleinen Betrieben des städtischen Handwerks und Gewerbes. Zahlreiche Buchdruckereien und Verlage sowie Betriebe für wissenschaftliche Apparate und optische Artikel waren entsprechend den Bedürfnissen der Hochschule entstanden. In diesen kleinen, meist noch patriarchalisch geführten Familienbetrieben entwickelten sich die Arbeiter nur mühsam zum Typ des klassenbewußten, organisierten Industriearbeiters. Von den 16 in der Stadt bestehenden Industriebetrieben beschäftigte 1926 keiner mehr als 30 Arbeiter. Lediglich das im 1934 eingemeindeten Vorort Derendingen gelegene Himmelwerk, eine Elektromotorenfabrik, beschäftigte über 200 Arbeiter.[14] Die Mehrzahl der Arbeiter entstammte alteingesessenen Familien. Sie hatten fast alle ein Stück Land – ein sogenanntes Gütle –, das sie feierabends mit Hilfe ihrer Familien bewirtschafteten und das in Krisenzeiten nicht selten die Existenzgrundlage bildete.

Mit dieser Subsistenzwirtschaft hing zusammen, daß die Statistik 1925 erstaunlich viele Tübinger, nämlich 919, als Erwerbstätige in der Landwirtschaft nennt. Doch betrieben gut drei Viertel von ihnen die Landwirtschaft nur noch im Nebenerwerb, also neben der Tätigkeit in den Universitätsinstituten, Behörden, Kliniken, Fabriken oder städtischen Betrieben.

Viele der Nebenerwerbslandwirte waren früher selbständige Weingärtner. Doch die zunehmend unrentable Arbeit in den Weinbergen hatte sie zur Arbeit in den Fabriken und Betrieben gezwungen. Die Gôgen, die in zahlreichen Witzen ihrer robusten Bodenständigkeit und unsentimentalen Zähigkeit wegen karikierten Tübinger Weingärtner, stellten in den zwanziger Jahren nur noch vier Prozent der Erwerbstätigen.[15]

Daß die Stadt ins wirtschaftliche Abseits geraten war, verdeutlicht ein Vergleich mit Reutlingen. Den 63,5 Prozent Erwerbstätigen, die in der stark industrialisierten Nachbarstadt im Wirtschaftszweig Industrie und Handwerk arbeiteten, entsprach in der Universitätsstadt die nahezu gleich große Gruppe (59,1 Prozent) der im tertiären Wirtschaftssektor Tätigen.[16] Auf den Bereich Industrie und Handwerk entfielen dagegen nur 30 Prozent. Auch in den Vororten von Tübingen spielten Industrie und Handwerk eine weit wichtigere Rolle. Dort, an der Peripherie der »Musenstadt«, wie Tübingen gerne bezeichnet wurde, waren jeweils nach Reichsgründung und Erstem Weltkrieg größere Fabriken entstanden, beispielsweise 1882 die Stuhlfabrik Schäfer, 1891 die Maschinenfabrik Zanker sowie nach 1918 die Spinnerei- und Strickwarenfabrik Jope und das Montanwerk Walter. Anders als in der Universitätsstadt waren deshalb in den Arbeitervororten Derendingen und Lustnau 42 bzw. 61 Prozent der Erwerbstätigen im Wirtschaftssektor Industrie und Handwerk tätig.[17]

In der »Gelehrtenrepublik« jedoch herrschte der Mittelstand[18] vor. Eine starke Industriearbeiterschaft fehlte ebenso wie ein ausgeprägtes Besitzbürgertum. Kleine und mittlere Handwerksbetriebe bestimmten die gewerbliche Struktur der Stadt. Während unmittelbar vor ihren teilweise erst 100 Jahre zuvor eingerissenen Toren, in den Vororten Derendingen und Lustnau sowie im südlich anschließenden Steinlachtal, die Industrie längst blühte, war der Sitz der Landesuniversität Provinzdorf geblieben, im Wortsinne: Denn zum Erscheinungsbild der Tübinger Unterstadt, in der die Arbeiter, Handwerker und Weingärtner lebten und arbeiteten, gehörte noch immer und mit Notwendigkeit der Misthaufen. In den 324 landwirtschaftlichen Betrieben der Hochschulstadt, von denen Dreiviertel unter der Zwei-Hektar-Grenze blieben und der Rest vor allem aus Gärtnereien bestand, die täglich die vielen Kliniken mit Gemüse versorgten, wurden Anfang der dreißiger Jahre noch insgesamt 139 Pferde, 409 Rinder, 384 Schweine, 578 Schafe, 374 Ziegen und über 5000 Stück Geflügel gehalten.[19]

Auch auf anderem Gebiet war das Gepräge der Stadt eher dörflich-provinziell geblieben. Erst 1926 hatte die Stadt, vor allem auf Drängen der Landeskrankenhäuser, im Stadterweiterungsgebiet der Wilhelmsvorstadt mit dem Bau einer zentralen Kläranlage begonnen. Der Altstadt blieb diese hygienische Errungenschaft noch für lange Zeit vorenthalten – ein Zustand, dem zahlreiche Gôgenwitze ihre anrüchige Pointe verdanken.

Das städtische Gewerbe hatte sich, angewiesen auf die Universität, in eine gewisse Abhängigkeit zur Hochschule manövriert, die unter anderem ihren Ausdruck in einer devoten Haltung mancher Geschäftsleute den »Herren Studenten« gegenüber fand. Der *konsumtive Charakter*[20] der Wirtschaft kam vor allem den spezialisierten Handelsgeschäften entgegen. Dagegen waren die kleinen, meist vom Vater auf den Sohn vererbten Handwerksbetriebe, die sich den eher bescheidenen Bedürfnissen der universitären Kundschaft angepaßt hatten, oft hinter den Stand der technischen Entwicklung geraten, was sich in einem deutlichen Rückgang der Handwerksbetriebe und einer starken Übersetzung in den schnell eröffneten Handelsgeschäften bemerkbar machte.[21]

Auch in der Altersstruktur der Bevölkerung erwies sich der besondere Charakter der Universitätsstadt. Die 18–25jährigen stellten in der statistischen Alterspyramide der Stadt mit 27 Prozent – im württembergischen Durchschnitt kamen sie knapp auf 14 Prozent – die größte Gruppe.[22] Welche wichtige Einnahmequelle die Studenten darstellten, die noch kaum in Wohnheimen, sondern privat oder in den zahlreichen Verbindungshäusern wohnten, läßt sich an der Bestürzung ablesen, die jeder Rückgang der Studentenfrequenz auslöste. Als im Frühjahr 1932 über 600 Zimmer leerstanden, war die Not infolge der ausbleibenden Mieteinnahmen so groß, daß der Stadtvorstand sich gezwungen sah, in mehreren Aufrufen an die *wohlhabenderen Vermieter* zu appellieren, das Mietgeschäft doch den Bedürftigeren zu überlassen.[23] Die Korporationen und Verbindungen mit ihrem halbfeudalen Lebensstil und ihren großen Häusern waren ebenfalls eine wichtige Einnahmequelle für die Kommune. Als deren Existenz 1935 in Frage stand, rechnete der besorgte Stadtvorstand dem Kultusministerium vor, daß die Aufhebung dieser Einrichtungen einen Steuerverlust von 14000 RM bedeuten würde; für das ohnehin geringe Steuereinkommen der Stadt ein kaum tragbarer Verlust.[24]

Neben dem Fehlen von Industriebetrieben und der Fülle an akademischen Einrichtungen war eine weitere Eigenschaft für die Stadt charakteristisch: Ihrer Ruhe und Abgeschiedenheit wegen war sie zum beliebten Alterswohnsitz geworden. Rentner und Pensionäre kamen hierher, um ihren Lebensabend zu verbringen. 3700 Tübinger lebten von Renten bzw. Pensionen. Rechnet man zu dieser Gruppe die Beamten hinzu, so bedeutet das, daß gut die Hälfte der Tübinger Einwohner über ein gutes, zumindest geregeltes Einkommen verfügte und in gesicherten wirtschaftlichen Verhältnissen lebte. Indikator für den relativen Wohlstand der Einwohner ist auch eine erstaunlich hohe Zahl an Hausangestellten. Für 1925 nennt die Reichsstatistik in der Rubrik *Häusliche Dienste* 900 Beschäftigte, darunter allein 800 weibliche Hausangestellte. Das bedeutet, daß auf 25 Tübinger eine Hausangestellte kam.[25] In gesicherter Position lebend, wurde gut die Hälfte der Tübinger von der Wirtschaftskrise der Weimarer Republik nur mittelbar berührt, zumindest nicht existenziell bedroht. Daß trotz dieser objektiv geringen wirtschaftlichen Beeinträchtigung in der Spätphase der Republik die Krise gerade in diesen Kreisen Angst und ein Gefühl der Bedrohung auslöste, hat den Niedergang der Demokratie entscheidend gefördert.

Bei der Charakterisierung der Stadt darf die Garnison nicht fehlen. In unmittelbarer Folge des Siebziger Kriegs hatte Tübingen das langersehnte Bataillon erhalten. Dem Bahnhof gegenüber wurde eine Kaserne errichtet – 1938 Thiepval-Kaserne benannt –, in die im Herbst 1875 das III. Bataillon des Infanterie-Regiments Kaiser Friedrich (7. Württ.) Nr. 125 einzog. Später wurde dieses vom I. Bataillon des neu eingerichteten Infanterie-Regiments 180 (10. Württ.) abgelöst. Seit Ende des Ersten Weltkriegs war dann das II. Bataillon des badischen Reichswehr-Infanterie-Regiments in der noch während des Kriegs fertiggestellten Loretto-Kaserne in der Paulinenstraße stationiert. Uniformen gehörten ganz selbstverständlich ins Straßenbild. Ihre Träger erfreuten sich – eine Spätfolge der sozialen Militarisierung im Kaiserreich – auch nach dem Ersten Weltkrieg vor allem im Bürgertum großer Wertschätzung. Zudem verbrachten viele pensionierte bzw. verabschiedete Offiziere ihren Lebensabend in der Stadt, wo sie in den zahlreichen Vereinen willkommene Mitglieder waren.

## Politische Kultur und Wahlverhalten

Der ungewöhnlich geringe Anteil der Arbeiterschaft an der Einwohnerschaft und deren über Generationen gewachsene Bindung an Boden und Eigentum hatten ein vergleichsweise ausgewogenes soziales Klima geschaffen, in dem die Vorstellung vom Klassenkampf nur mühsam Anklang fand.[26] Über diesem Befund, der nicht nur für den Sitz der Landesuniversität, sondern für Württemberg generell gilt,[27] darf jedoch nicht übersehen werden, daß es dennoch in Tübingen unüberwindbar hohe soziale Schranken gab: gesellschaftliche Barrieren, die sich auch an den strikt getrennten Wohnbereichen des gehobenen Bürgertums und der Arbeiter bzw. Weingärtner ablesen lassen. *Es besteht wohl in kaum einer Gemeinde ein so entscheidender Gegensatz der höheren und niederen Classe der Bevölkerung, als in der Universitätsstadt. Die meist in der oberen Stadt wohnenden Angehörigen der Universität, des Gerichtshofes, der Beamten, des Kaufmanns- und Gewerbestandes scheiden sich so scharf von dem in der unteren Stadt hausenden Weingärtnerstande, daß man beide Gruppen fast als besondere Gemeinden ansehen könnte.*[28] Was dieser Pfarrbericht Ende des 19. Jahrhunderts beschrieb, galt auch noch in der Weimarer Republik, selbst wenn inzwischen die meisten »Wengerter« ihre Weinberge hatten aufgeben müssen. 1929 heißt es im Pfarrbericht noch immer: *Im politischen Leben besteht noch die alte Spannung, doch nicht in der alten Schärfe von 1889.*[29]

Auch das Bürgertum war nicht homogen. Ein deutlicher Graben trennte das von der Proletarisierung bedrohte, abhängige Kleinbürgertum von der durch staatliche Funktionen privilegierten, letzten Endes aus der württembergischen Ehrbarkeit erwachsenen Gruppe der Honoratioren.[30] *In Tübingen bestand die Gesellschaft aus den Professoren, einigen höheren Beamten und den Offizieren; nur der Bürger Siebeck, der große Verleger zählte mit*, so beschrieb der Nationalökonom Robert Wilbrandt in seinen Memoiren die eigenartige gesellschaftliche Segmentierung innerhalb des Tübinger Bürgertums.[31] Und die Tochter eines zur Honoratiorenschicht zählenden Kaufmanns erinnerte sich rückblickend der sozialen Topographie: *Der Holzmarkt hat noch zur Oberen Stadt gehört, aber die Collegiums-*

*gasse schon zur Unteren Stadt. Das war kein Verkehr für mich. [...] Wir hatten einen furchtbaren Graddl* [Standesdünkel, Hochmut], *das hab ich erst gemerkt, als ich im Beruf war.*[32] Nahezu völlig aber fehlten Vertreter der Großbourgoisie, selbständige Kaufleute oder Industrielle.

Gesellschaftliche Kommunikationsformen

Die Zersplitterung der Gesellschaft machte sich auch in der Eigenständigkeit des geselligen und kulturellen Lebens der verschiedenen sozialen Gruppen der Hochschulstadt bemerkbar. Generell muß in der Stadt ein ausgeprägtes Geselligkeits- und Kommunikationsbedürfnis bestanden haben, das sich in der hohen Zahl der Gaststätten – es waren 143 – und in der Vielzahl von insgesamt 295 Organisationen, Verbänden und Vereinen ausdrückte. Von den 87 Vereinigungen des akademischen Tübingen[33] abgesehen, bestanden in der Stadt 169 Vereine und Verbände, die zahlreichen Innungen und Genossenschaften nicht mitgezählt.

Die meisten Vereine waren Residuen des Bürgertums. Erst allmählich und unter Schwierigkeiten hatte sich seit der Gründung des ersten Tübinger Arbeitervereins – er entstand 1848 als Arbeiter-Bildungsverein – eine selbständige Vereinsorganisation der Arbeiterschaft entwickelt.[34] Anfangs lehnten sich die Tübinger, wie andere Arbeitervereine auch, in ihren Inhalten und ihrer Organisationsform stark an bürgerliche Vorbilder an. Sie waren bemüht, es diesen gleichzutun, bürgerliche Bildung nachzuholen bzw. nachzuahmen. Doch mit zunehmender Konzentration auf die eigenen Bedürfnisse fanden die Arbeiter in ihren diversen Sport- und Gesangvereinen eigene Formen des Feierns und Beisammenseins, entwickelten eine proletarische Vereinskultur. Dabei waren die Aktivitäten der Vereine, gemessen an der geringen Zahl der organisierten Arbeiter, derart zahlreich, daß sich die Aktiven meist in mehreren Vereinen betätigten. Diese enge personelle Verflechtung wird letzten Endes mit dafür verantwortlich gewesen sein, daß sich die Spaltung der Arbeiterbewegung in Tübingen nicht in ihrer krassesten Form auswirkte.[35]

Unter den 144 bürgerlichen Vereinen konnten die Tübinger in 44 sogenannten gemeinnützigen Vereinen – angefangen beim Ausschuß der Kleinkinderschule und des Kindergartens, dem Hausbesitzerverein und dem Bezirksfeuerwehrverband über die fünf Bürgervereine, die Ortsgruppen des Schwäbischen Albvereins bis hin zum Verein für das Deutschtum im Ausland – ihren karitativen, sozialen und nationalen Interessen nachgehen, daneben ihre musischen Neigungen in sieben Gesang- und Musikvereinen pflegen und ihre sportlichen Ambitionen in 21 Turn-, Spiel-, Sport- und Wandervereinen ausleben. Außer den 19 Vereinen für *Geselligkeit und Unterhaltung*, zu denen ein Briefmarkensammlerverein ebenso wie die Museumsgesellschaft oder der Buchhändlerverein Insel, aber auch 13 militärische Ehemaligen- und Veteranen-Vereinigungen gezählt wurden, betätigten sie sich in 16 landwirtschaftlichen Verbänden, 10 Vereinen für Wissenschaft und Kunst sowie in 45 wirtschaftlichen und 30 religiösen Zusammenschlüssen. Von wenigen Ausnahmen abgesehen berücksichtigten diese Vereine allesamt die Schranken, die die unterschiedlichen gesellschaftlichen Gruppierungen der Stadt voneinander trennten. Es war nahezu eine Selbstverständlichkeit, daß Studenten und Akademiker nur den Akademischen Musikverein besuchten, während sich die sangeslustigen Kaufleute, Handwerksmeister und Gewerbetreibenden im Sängerkranz-Harmonie oder dem Singchor des Gewerbevereins, dem späteren Silcherbund, trafen.[36] Weingärtner, teilweise auch Arbeiter, sangen dagegen im Weingärtner Liederkranz, der seine Tradition als »Chor der Wengerter« selbstbewußt pflegte.

Unter den Tübinger Vereinen fällt die große Zahl von Kriegervereinen und militärischen Verbänden auf.[37] Mit ihren regelmäßigen Veranstaltungen, Aufmärschen und Reden pflegten sie die oft revanchistisch gefärbte Erinnerung an den Ersten Weltkrieg. Von den Erfahrungen des Kriegs ungebrochen, bewahrten sie die Tradition des Militarismus in der Garnisonstadt. Seitdem die Beschränkungen des Versailler Vertrages nur noch wenigen den Zutritt zur Reichswehr gestatteten, boten die Krieger- und Regimentsvereine Ersatz für alle diejenigen, die sich von der Atmosphäre der soldatischen Männerbünde nicht lösen wollten. Nicht selten wurde dabei der Krieg in romantischer Rückschau auf das Erlebnis echter Kameradschaft, männlicher Tugenden, der »Frontgrabengemeinschaft« reduziert und zum Arkanum ungebrochener nationaler Größe stilisiert.[38] Diese Einstellung belastete die Haltung zur Republik und ihrer Politik. Als der über 200 Mitglieder zählende Bezirkskriegerverband 1931 in Tübingen tagte, verabschiedete er einstimmig folgende Erklärung: *Wir weisen erneut die Lüge von Deutschlands Alleinschuld am ersten Weltkrieg zurück. Der auf dieser Lüge beruhende Versailler Vertrag muß revidiert werden. [...] Deutsche Selbstachtung, nationale Ehre und die deutschen Lebensinteressen gebieten, daß dem Zustand unsicheren Rechts, in dem wir uns noch immer befinden, ein Ende gemacht wird. – Wir verlangen Recht und Freiheit.*[39]

Auch die Universität stand in dieser Tradition. Dies zeigte sich deutlich 1927 bei ihrer 450-Jahrfeier, als zum Auftakt der Festlichkeiten, bei der Kranzniederlegung auf der Eberhardshöhe am Gefallenendenkmal der Universität, der Vertreter des Württembergischen Kriegerbundes, General a. D. Eberhard von Hofacker, die anwesenden Dozenten und Studenten aufforderte, das Vermächtnis der Gefallenen zu erfüllen, die *im Kugelregen ein Beispiel rücksichtslosen Draufgängertums* gegeben und *in Zeiten schwerster Not den vaterländischen Gedanken hochgehalten* hätten: *Wir übergeben deshalb feierlich dieses Erbe in erster Linie den Universitäten. Wir bitten Sie, die Dozenten und Studenten: räumen Sie der Erhaltung des vaterländischen Geistes den ersten Platz ein, vor Wissenschaft und Kunst, pflegen Sie diesen Geist im Hörsaal und außerhalb und hüten Sie ihn als ihr wertvollstes, heiligstes Kleinod zur Ehre Ihrer schönen Universität.*[40]

Nur allzu deutlich haben diese Vorstellungen vom Erbe und der Verpflichtung der »Grabengemeinschaft« ihre geistige Nähe zu und ihre Anfälligkeit für die nationalsozialistischen Parolen von wahrer »Volksgemeinschaft« bewiesen.[41] Die aus dem Frontkampf geborene Idee der »Volksgemeinschaft« sah auch der Tübinger Philosoph Max Wundt neben dem Gedanken des »Führertums« als Kern einer neuen nationalen Bewegung. Auf einer Veranstaltung der Württembergischen Bürgerpartei führte er 1930 über die *Geistigen*

*Grundlagen der nationalen Bewegung* aus: [...] *den Gedanken, den deutschen Staat und das deutsche Volk im Geist der Front zu erneuern, sehen wir nach zwei Richtungen ausgeprägt, in dem Gedanken der Gemeinschaft und dem Gedanken des Führertums. Der Gemeinschaftsgedanke geht aus vom Erlebnis des Krieges, der Verbundenheit aller Glieder des Volkes über alles Trennende der Stände hinweg.*[42] Diese offenen oder versteckten politischen Ziele der gesellschaftlichen, wirtschaftlichen und politischen Vereine der Universitätsstadt zeigten eine deutlich republikfeindliche Tendenz. Nationalistische und militärische Vereinigungen dominierten. Die in ihnen propagierten Haltungen wie Führertum und Soldatengehorsam denunzierten demokratische Tugenden als Ichsucht und Disziplinlosigkeit.

Auch der Rassismus war in Tübingen schon früh zu Hause. 1924 gründeten hier die Professoren Wolf und Weitz eine der ersten Ortsgruppen der Gesellschaft für Rassenhygiene e. V.[43] Noch bevor die Nationalsozialisten ihre Parolen vom Rassenkampf und dem Vorrang der arischen Rasse verbreiteten, machten die öffentlichen Vorträge dieser Gesellschaft ihre zahlreichen Zuhörer mit dem später auch für die nationalsozialistische Weltanschauung konstitutiven Rassengedanken und militanten Antisemitismus vertraut. *Als Frucht der Revolution* – so beispielsweise Prof. Wolf bei der Gründungsversammlung – *ist uns unter anderem die Einfuhr jüdischer und slavischer Volkselemente beschert worden, von denen eine außerordentliche Verschlechterung unserer Rasse zu befürchten ist.*[44] Trotz ihres unverbrämten Antisemitismus nahm die Gesellschaft für Rassenhygiene einen anerkannten Platz im kulturellen Leben der Hochschulstadt ein und galt, da offenbar in Übereinstimmung mit den Bestrebungen der Mehrheit, als parteiungebunden und unpolitisch. Das Vereinsregister der Stadt subsumierte sie der neutralen Rubrik *Vereine für Wissenschaft und Kunst*.[45]

Neben Militarismus und Rassismus fand der völkische Gedanke regen Anklang. Die Ortsgruppen des Kyffhäuserbundes, des Bundes Königin Luise und des Tannenbergbundes hielten mit ihren Veranstaltungen den Wunsch nach nationaler Größe wach und schürten die Hoffnung auf Wiederherstellung deutscher Wehrhaftigkeit und Hegemonie.[46] Das waren Wunschbilder, die die Propaganda der Nationalsozialisten aufgreifen und für ihre Zwecke einsetzen konnte.

Unter den wirtschaftlichen Vereinigungen gab es eine große Zahl von mittelständischen Interessenverbänden. Gemäß der lokalen Wirtschaftsstruktur hatten sie besonderes Gewicht in der Stadt. Zu ihnen gehörten der Gewerbeverein, dem der Flaschnermeister, Gemeinderat und Landtagsabgeordnete Otto Henne vorstand, ebenso wie der Handelsverein, dessen Schriftführer der Sohn des Tübinger DDP-Vorsitzenden war. Personelle Verflechtung kennzeichnete allgemein das lokale Machtgefüge der Kleinstadt. Neun Mitglieder des einflußreichen Hausbesitzervereins saßen auch im Gemeinderat. Schließlich gab es noch einige Angestelltenverbände und das Tübinger Mittelstandskartell, als dessen Vorstand wiederum der Gemeinderat und DDP-Landtagsabgeordnete Henne fungierte.[47]

Zu der Gruppe der berufsständischen Interessenverbände gehörte auch die Ortsgruppe des Deutschnationalen Handlungsgehilfen-Verbandes (DHV). Die Vertretung der von ihm repräsentierten Arbeitnehmer – Angestellte im Handelsgewerbe – verband der DHV zunehmend mit völkischer Agitation. Der 1893 *zur Bewahrung des deutschen Mittelstandes vor der Proletarisierung* gegründete Verband hatte sich in den zwanziger Jahren zur größten Angestelltengewerkschaft entwickelt[48], die einen *national drapierten Antikapitalismus* vertrat.[49] In Tübingen zählte er 1932 zweihundert Mitglieder und entfaltete eine rege Aktivität.[50] Neben seinen Monatsversammlungen bot er während des Winters im eigenen Ortsgruppenheim in der Burgsteige ein Schulungsprogramm und allgemeinbildende Vorträge an.[51]

Wie sehr die Vereine personell verflochten waren, zeigen Mehrfachmitgliedschaften. Der Kommandant der Freiwilligen Feuerwehr beispielsweise, Küfermeister Karl Morlock, war gleichzeitig Gemeinderat, Fraktionsmitglied der Demokratischen Partei, Vorsitzender des Gesangvereins Harmonie sowie des Bezirksfeuerwehrverbandes.

Eine herausragende Rolle im gesellschaftlichen Leben der Stadt spielte die Museumsgesellschaft, ein vor allem von Universitätsangehörigen getragener Verein, der mit dem »Museum« über ein eigenes Haus verfügte, dessen Räume er für Theateraufführungen, Vorträge und Konzerte zur Verfügung stellte.[52] Der städtische Verwaltungsbericht von 1927 beschreibt die Museumsgesellschaft als *Trägerin des Theaters und überhaupt der planmäßigen Veranstaltung künstlerischer Darbietungen*, womit sie eine *Mission* übernähme, *die eigentlich die Stadtgemeinde oder die Allgemeinheit (mit evtl. Beihilfe des Staats) betreffen würde*.[53] Erwachendes bürgerliches Selbstbewußtsein und der damit verbundene Wunsch nach umfassendem Wissen waren 1821 die treibenden Kräfte dieser Gründung gewesen. Neben politischer Information und Bildung wurde damals zwar auch bürgerliche Geselligkeit gepflegt, doch stand die Bildung im Vordergrund. Noch 1922 lagen 24 politische Zeitungen und 14 literarische Journale – die verschiedenen Fachzeitschriften nicht mitgezählt – im Lesezimmer der Museumsgesellschaft aus und zeigten, daß der bürgerliche Bildungswille durchaus ernst gemeint war. Doch die liberale, demokratisch gesinnte Haltung der Gründungszeit wandelte sich im Lauf der Jahre in eine in erster Linie auf die Erhaltung und Betonung bürgerlichen Prestiges bedachte Einstellung. Eine geschickte Manipulation der ursprünglich demokratischen Satzung entzog den Studenten das Wahlrecht für den Ausschuß, und die Einführung des Honoratiorenprinzips sorgte dafür, daß die sich als Elite verstehenden Bildungsbürger unter sich blieben.[54] Bildungshunger und der Wunsch nach gezielter politischer Information gerieten dabei in den Hintergrund. Zerstreuung und der Wunsch zu sehen und gesehen zu werden, dominierten. Neben Theatervorführungen und Konzerten wurden Bälle und Teegesellschaften organisiert. Die Museumsgesellschaft finanzierte sich neben städtischen Zuschüssen wesentlich aus der Vermietung ihrer Räume für kulturelle und politische Veranstaltungen; und zwar zu Preisen, über deren Höhe wiederholt geklagt wurde.[55]

An seiner Vermietungspolitik läßt sich die politische Haltung des Vereins ablesen. Während er seine Säle der KPD verweigerte, konnten die Nationalsozialisten von Anfang an sporadisch, und regelmäßig seit der Kampagne gegen den Young-Plan im Herbst 1929, ihre Veranstaltungen im Schiller-, Uhland- und Silchersaal abhalten.[56] Die klassizistische

Dekoration der »Museums«-Räume verlieh ihren Veranstaltungen den in einer Stadt wie Tübingen so nötigen bürgerlichen Rahmen. Da das »Museum« nach der Hochschule über die größten Versammlungsräume in der Stadt verfügte, behinderte diese Vermietungspolitik die KPD massiv. Als sich 1932 der KPD-Stadtradt Hugo Benzinger über die einseitige Vermietungspolitik der von der Stadt subventionierten Gesellschaft beschwerte, fand er im überwiegend bürgerlichen Gemeinderat kaum Beachtung.[57]

Eine spezielle Einrichtung des selbständigen Mittelstands war der Singchor des Gewerbevereins, der Vorläufer des heutigen Silcherbunds. Am 18. März 1865 gegründet,[58] war er zunächst bestrebt, sich von jeglichem parteipolitischen Engagement freizuhalten. So hieß es beispielsweise in einem Protokoll der siebziger Jahre des vergangenen Jahrhunderts: *Auf die Einladung des Festausschusses zur Abhaltung einer Sedansfeier erklärte der Ausschuß, daß der Verein als nicht politischer, der auch keine Fahne besitzt, sich als solcher hieran nicht beteiligen könne, sondern die Teilnahme jedem einzelnen Mitglied nach persönlichem Ermessen überlassen wolle.*[59] 1930 aber, als der Verein sein 86. Stiftungsfest feierte, zeigte die Ansprache des Landtagsabgeordneten und Präsidenten der Handwerks- und Gewerbekammer, Otto Henne, eine deutliche Verlagerung des Zwecks. Nicht mehr musikalische Unterhaltung und gesellige Kontaktpflege innerhalb des Gewerbevereins, sondern Kulturpflege und Patriotismus waren nun gefragt: *Die hohe sittliche Aufgabe unseres Singchors ist, neben dem deutschen Lied, Eintracht und Brüderlichkeit zu fördern und zu pflegen, deutsche Kultur zu wahren und den Geist der Liebe zu Heimat und Vaterland wachzuhalten.*[60] So war aus der geselligen Freizeitbeschäftigung eine *hohe sittliche Aufgabe* geworden. Was noch immer unter der Fahne des Unpolitischen daherkam, war längst zum Ausdruck einer exklusiven bürgerlichen Gesinnung und zur parteiischen Affirmation der bestehenden Verhältnisse geworden.

Auch der Weingärtner Liederkranz war ein Produkt bürgerlicher Emanzipation.[61] Das genaue Datum seiner Gründung ist umstritten, doch ist sie zweifelsohne wie die Gründung der Museumsgesellschaft vor dem Hintergrund des erstarkenden Liberalismus und erwachenden bürgerlichen Selbstbewußtseins zu sehen, den treibenden Kräften der Achtundvierziger Revolution. Der Gründer des Liederkranzes, Friedrich Wilhelm Wüst, verstand sich als Volksaufklärer. Er hatte eine *Weltgeschichte für Schule und Haus* verfaßt und in der Universitätsstadt eine *Volksbibliothek* ins Leben gerufen. Im Weingärtner Liederkranz wurde später ebenfalls eine Bücherei eingerichtet. Den Erlös aus den Aufführungen verwandte man zu einem großen Teil zur Anschaffung neuer *Volksschriften*. Zwar gehörte es zeitweise zum guten Ton für einen volksverbundenen Professor, Mitglied im »Liederkranz« zu sein. Dennoch blieb er immer ein Verein der Unteren Stadt.[62] Anders aber als sein bürgerliches Pendant verstand es der Weingärtner Liederkranz, sich *eine Spur von freiheitlich-demokratischer Gesinnung*[63] zu bewahren und nicht ins Lager des bürgerlichen Konservatismus abzugleiten. Krieg und Nachkriegszeit erschwerten die Arbeit des Liederkranzes zwar erheblich, konnten seinen weiteren Bestand – trotz interner Querelen – aber nicht ernstlich gefährden. Während der Inflation mußte der Vereinsvorstand als Mitgliederbeitrag Naturalien akzeptieren und, um Stromgeld zu sparen, die Proben vom Abend auf den

Sonntagmorgen verlegen. Doch das 80. Stiftungsfest konnte wieder glanzvoll und unter reger Beteiligung der gesamten Bevölkerung gefeiert werden.[64]

Strikt getrennt vom bürgerlichen Vereinsleben existierte der Arbeitergesangverein Frohsinn.[65] Der 1910 gegründete Verein bildete den integrierenden Mittelpunkt der Tübinger Arbeiterbewegung. Mit 100 Mitgliedern zum Zeitpunkt seines 15. Stiftungsfests war er der Mitgliederzahl nach den bürgerlichen Gesangvereinen ebenbürtig. Standen anfangs noch die Nachahmung bürgerlichen Freizeitverhaltens und das Nachholen an bürgerlicher Bildung im Vordergrund, so boten die Veranstaltungen zunehmend ein eigenständiges Programm. Da wurden dann nicht mehr die zum bürgerlichen Kulturkanon gehörenden Komponisten, sondern Freiheitschöre und Lieder der demokratischen Freiheitsbewegung vorgetragen.[66] Stand doch einmal ein bürgerlicher Klassiker auf dem Programm, so brachte es der Chormeister dem Publikum klassenbewußt nahe, wie beispielsweise 1927 das Werk Beethovens: *Es wirft sich die Frage auf: »Was haben wir Proletarier von Beethoven?« Beethoven war Revolutionär als Musiker, Revolutionär als Denker und Revolutionär als Mensch. Von Haus aus war er Republikaner.*[67] 1931 konnte neben dem Frauen- und Männerchor auch ein Kinderchor eröffnet werden.[68] Das spricht nicht nur für ein reges Interesse der Arbeiterschaft an diesem Verein, sondern beleuchtet auch das Freizeitverhalten der Arbeiterfamilien, das die (ab)geschlossene Häuslichkeit bürgerlicher Familien nicht kannte.

Die allgemeine Verschärfung des Gegensatzes zwischen sozialdemokratisch und kommunistisch orientierter Arbeiterschaft machte gegen Ende der zwanziger Jahre auch vor dem Arbeitergesangverein nicht Halt. Eine Gruppe sozialdemokratischer Sänger spaltete sich vom »Frohsinn« ab und gründete einen eigenen Verein, den Arbeitergesangverein »Vorwärts«.[69] Anders als die bürgerlichen Gesangvereine, die gegen Ende der Weimarer Republik zunehmend in affirmativer Kulturpflege erstarrten, bemühten sich die Arbeitergesangvereine, bei ihren Veranstaltungen ihrem kämpferischen Klassenbewußtsein auch künstlerisch Ausdruck zu verleihen.[70] Der sozialdemokratische »Vorwärts« führte 1930 bei einer Sonnwendfeier Szenen aus Büchners Revolutionsdrama »Dantons Tod« sowie Lieder von zeitgenössischen Arbeiterkünstlern auf, *in denen eine neue Zeit verkündet wird,* wie es im Versammlungsbericht heißt.[71] So wurden die Arbeitervereine bewußt als Agitationsinstrument im politischen Kampf eingesetzt. Nicht mehr zum Vergnügen oder geselligen Zeitvertreib waren sie da, sondern *um dem Ausdruck zu verleihen, was sie [die Arbeiterschaft] angesichts dieser angespannten politischen und furchtbaren wirtschaftlichen Lage bewegt, um neue Kräfte zu schöpfen für den Kampf um ihr Schicksal.*[72]

Noch eine andere Einrichtung spielte neben den Vereinen eine wichtige Rolle für die gesellschaftliche Kommunikation und Interaktion in der Universitätsstadt: Die Stammtische. Dort trafen sich die sozial Gleichgestellten, aber nicht unbedingt politisch Gleichgesinnten, um beim »Viertele« große Weltpolitik zu betrachten und kleine Kommunalpolitik zu betreiben. Diese Treffen waren feste Einrichtungen. Sie fanden oft mehrmals in der Woche statt und waren reine Männerdomänen. So erzählte eine Tübingerin rückblickend von den Stammtisch-Gewohnheiten ihres Vaters: *Die Tübinger Honoratioren haben alle ihren Stammtisch gehabt. Mein Vater und seine Freunde haben ihren Stammtisch im »Kommerell« gehabt [. . .], und am anderen Tag sind sie in die »Forelle« und am Sonntag sind sie ins »Lamm«.*[73]

Frauen spielten im kommunalen Machtgefüge Tübingens während der Weimarer Republik, wenn überhaupt, nur eine untergeordnete Rolle. Traten sie öffentlich in Erscheinung, so wurden ihrem Engagement nur religiöse und karitative Aufgaben zugestanden. Unter den Funktionären der vielen Tübinger Vereine und Gesellschaften tauchten Frauen nur im Volksbildungsausschuß, im »Blauen Kreuz« und im Tennisclub auf, und auch dort nur als Schriftführerinnen.[74] Ausgesprochene Frauenorganisationen wie etwa der katholische Elisabethenverein, der Deutsch-Evangelische Frauenbund oder der Israelitische Frauenverein betätigten sich ebenfalls nur im sozialen bzw. karitativen Bereich.[75] Die einzige Gemeinderätin, Elisabeth Landerer, war die Ausnahme, die die Regel der exklusiven Männerherrschaft bestätigte. Wie ungewohnt das kommunale Engagement einer Frau in der Politik noch war, zeigt die Berufsangabe in der städtischen Auflistung der Gemeinderäte. Bei Elisabeth Landerer heißt es in dieser Rubrik *Fräulein*.[76]


»Harmlos und königstreu, aber entschieden demokratisch angehaucht«

Auch in Tübingen schien nach 1918 ein Großteil der Bürger seine politische Heimat eher im Kaiserreich als in der Republik zu sehen, zumal der letzte württembergische König, der immer noch besondere Sympathie im Land genoß, sich nach seiner Abdankung in die Nähe der Universitätsstadt, nach Bebenhausen, zurückgezogen hatte. Als ihm die weiterhin königstreue Tübinger Stadtgarde anbot, als seine Wache zu fungieren, lehnte Wilhelm II. das Angebot mit der Versicherung ab, daß er sich *in seinem lieben Tübingen* absolut sicher fühle. Kein Wunder, bezeichneten sich doch die Bürger der Stadt – wie die Überlieferung will – als *harmlos und königstreu, aber entschieden demokratisch angehaucht*.[77] Der Besuch der abgesetzten Königin in den Geschäften der Universitätsstadt verursachte noch immer unrepublikanische Aufregung.[78]

Die Revolution, die *an Tübingen still vorbeigegangen war,*[79] hatte für das politische Kräfteverhältnis der Stadt keinen Umbruch bedeutet. Zwar hatte sich auch in der Tübinger Garnison im November 1918 ein Soldatenrat gebildet.[80] Der gab sich jedoch mit der Zusicherung des alten Bataillonskommandeurs zufrieden, *nach den Bedingungen des neuen Zeitgeists* handeln zu wollen, und beließ ihm die Leitung des Bataillons. Nur wenig später wurde der Soldatenrat, wie überall im Land, wieder aufgelöst. Die Gründung eines Arbeiterrats glückte erst im zweiten Anlauf.[81] Noch im November 1918 stellten die Bürgerlichen ihm einen Bürgerrat entgegen. Der Arbeiterrat übte unter dem Vorsitz des Schriftsetzers Gustav Seeger seine Funktion aus, die vor allem in der Kontrolle der Lebensmittelverteilung bestand. Ohne weitergehende Kompetenzen dauerte es nicht lange, bis er gegen Jahresende langsam einschlief und schließlich im Juli 1919, wie die anderen Arbeiterräte im Lande, aufgehoben wurde. Stimmrecht im Gemeinderat hatte er nie erlangt.[82]

In der Universitätsstadt blieb die Macht fest und nahezu unangefochten in der Hand des Bürgertums, genauer gesagt in der Hand einer kleinen, seit Generationen fest miteinander verbundenen Gruppe von Honoratioren. Im Bürgerrat bekamen Gewerkschafter und Sozialdemokraten nur ein Viertel der Sitze zugestanden, und im Gemeinderat stellte das Bürgertum nach wie vor der Revolution die Mehrzahl der Räte. *Es ist alles so friedlich hier, daß man denken könnte, es habe sich in Deutschland nichts geändert*, berichtete 1919 die Corps-Zeitung der Tübinger »Borussia«.[83] Ein Bruch hatte nicht stattgefunden. Der Kreis der Familien, die in Tübingen das Sagen hatten, blieb geschlossen, und obrigkeitstreue, im Geist der Monarchie erzogene Beamte sorgten auch in unruhigen Tagen für Kontinuität bzw. Ruhe und Ordnung. Aus Furcht vor einem Bürgerkrieg fügten sich die Tübinger in die neue Ordnung und hingen doch unverwandt an den alten Zuständen.[84] So war der Erfolg der Republik nicht unwesentlich davon abhängig, ob es ihr gelingen würde, die Träume von gestern mit neuen republikanischen Inhalten zu füllen. Bei den ersten Wahlen der Republik, den Wahlen zur Landesversammlung am 12. Januar 1919 und zur Nationalversammlung sieben Tage später, stimmten die Tübinger bei einer außergewöhnlich hohen Wahlbeteiligung von 90 Prozent mit rund 40 Prozent für die neugegründete Deutsche Demokratische Partei (DDP), deren Vorgängerin, die Fortschrittliche Volkspartei, auch vor dem Krieg im Wahlkreis Tübingen-Reutlingen die Spitzenposition innehatte.[85]

Ergebnisse der Reichstagswahlen in der Stadt Tübingen zwischen 1919 und 1928 (in Prozent):[86]

| Wahlen | Wahl-btg. | DDP | Zentrum | SPD | USPD | DNVP | DVP | KPD | NSDAP | Sonstige |
|---|---|---|---|---|---|---|---|---|---|---|
| 19.01.1919 | 84,0 | 41,7 | 10,2 | 28,5 | 1,3 | 18,1 | – | – | – | 0,2 |
| 06.06.1920 | 81,2 | 27,8 | 10,1 | 11,4 | 4,5 | 23,0 | 19,7 | 3,5 | – | – |
| 04.05.1924 | 79,3 | 19,7 | 10,2 | 10,4 | – | 20,1 | 16,2 | 7,5 | 9,2* | 6,5 |
| 07.12.1924 | 78,1 | 25,8 | 10,9 | 15,8 | – | 20,2 | 18,2 | 3,3 | 4,1 | 1,7 |
| 20.05.1928 | 66,8 | 26,7 | 8,6 | 15,8 | – | 17,1 | 15,5 | 2,7 | 2,8 | 10,7 |

* 1924 kandidierte anstelle der seit 1923 verbotenen NSDAP der sogenannte Völkisch-Soziale Block, ein Zusammenschluß von Deutscher Arbeiterpartei, Deutsch-Völkischer Freiheitspartei und Nationalsozialistischer Deutscher Arbeiterpartei.

Die ungebrochene politische Sympathie einer Beamtenstadt, die stolz darauf war, Ludwig Uhland zur Paulskirche entsandt zu haben und die sich zwischen 1877 und 1917 nahezu ununterbrochen von dem Liberalen Friedrich Payer im Landtag vertreten ließ,[87] mag für diesen Erfolg ebenso verantwortlich gewesen sein wie die Tatsache, daß wiederholt bekannte und angesehene Tübinger für die Demokratische Partei kandidierten.[88]

Leicht fügten sich diese Befunde zum Schlagwort von Tübingen als einer »Hochburg der Demokratie«; eine Bezeichnung, die Anhänger wie Gegner der Republik immer wieder gebrauchten.[89] Doch wird zu fragen sein, worin sich die demokratische Haltung definierte, wie sie sich im Verlauf der Auseinandersetzung um die Demokratie behauptete und wie sie die Krise der Republik überstand.

Verglichen mit dem im Land wegen der Konkurrenz des Bauern- und Weingärtnerbundes[90] niedrigeren DNVP-Anteil waren 1919 die Tübinger Stimmen für die Deutschnationale Volks-Partei, die als Nachfolgeorganisation der Deutsch-Konservativen Partei mit Unterstützung des rechten Flügels der Nationalliberalen gegründete Württembergische Bürgerpartei, auffallend hoch.

Ergebnisse für die Deutschnationale Volks-Partei (DNVP):

| RT-Wahl | Tübingen | Württemberg | Reich |
| --- | --- | --- | --- |
| 19. 1.1919 | 18,1% | 13,8% | 10,3% |
| 6. 6.1920 | 21,4% | 8,9% | 14,9% |
| 4. 5.1924 | 20,1% | 9,9% | 19,5% |
| 7.12.1924 | 20,2% | 10,9% | 20,5% |
| 20. 5.1928 | 17,1% | 6,2% | 14,2% |
| 14. 9.1930 | 8,2% | 3,9% | 7,0% |
| 31. 7.1932 | 11,2% | 3,8% | 5,9% |
| 6.11.1932 | 14,8% | 5,3% | 8,9% |
| 5. 3.1933 | 12,8% | 5,1% | 8,0% |

*Deutsch sein ist unsere Aufgabe, deutsch denken unsere Pflicht*,[91] unter diesem Motto hatte sich im November 1918 vor allem das akademische Tübingen zur Gründung einer Ortsgruppe der Deutschnationalen Partei zusammengefunden. Von Anfang an hatte diese Partei keinen Hehl daraus gemacht, daß sie sich nicht mit der Republik abfinden wollte, in der sie die Verkörperung der *nationalen Schmach von Versailles* sah. Sich selbst verstand sie als eine Organisation der nationalen Opposition. Sie war nicht die einzige Partei, die der Republik gegenüber skeptisch bzw. feindlich eingestellt war. Faßt man unter dem Aspekt ihres mangelnden bzw. zweifelhaften Engagements für die Weimarer Republik die Deutschnationale und die Deutsche Volkspartei sowie die ständisch und wirtschaftlich orientierten Splitterparteien zusammen, so stand den programmatisch die Republik tragenden Parteien eine nahezu ebenso große Gruppe systemkritischer bis -ablehnender Wähler gegenüber.[92] Im bürgerlichen Lager überwog diese Gruppe bei den Reichstagswahlen merklich. Für den Bestand der Republik kam noch erschwerend hinzu, daß durch das Lager der republiktragenden Parteien ein Graben ging, der nie überwunden wurde.

Das Bürgertum war sich eher in seinen gesellschaftlichen Antipathien gegenüber den noch immer als revolutionär geltenden Sozialdemokraten einig als in seiner Haltung zur Republik. Es sah in den Sozialdemokraten hinter der roten Fahne hermarschierende, die »Internationale« singende, vaterlandslose Habenichtse, die den württembergischen König vertrieben hatten, den Klassenkampf predigten und es auf die bürgerlichen Privilegien abgesehen hatten. Ein bezeichnendes Licht auf die Angst des Bürgertums vor den »Roten« wirft eine Anzeige, die die Hausbesitzerpartei 1926 während der Fürstenenteignungskampagne in die »Tübinger Chronik« setzte: *Hausbesitzer. Wer von Euch morgen zum Volksentscheid seine Stimme abgibt, schädigt sich selbst, denn nach den Fürsten kommt die Kirche und die Hausbesitzer dran. Darum kann es für euch nur eines geben: Der Wahl fern-*

*bleiben.*[93] Auch nachdem die sozialdemokratischen Gemeinderäte sich als tüchtige und wenig revolutionäre Kommunalpolitiker erwiesen hatten, blieb dieses Mißtrauen bestehen.

Die Sozialdemokraten, befangen in einem *revolutionären Attentismus*[94], vermieden ihrerseits die Annäherung an das republikanisch gesonnene Bürgertum. So blieb der Graben im Lager derer, die sich zur Weimarer Republik bekannten, bestehen. Beim Niedergang der Republik sollte sich erweisen, daß die Bande des gemeinsamen wirtschaftlichen Status und der sozialen Ressentiments wesentlich stabiler waren als die Gemeinsamkeit der republikanischen Überzeugung.

Die Ergebnisse der Kommunalwahlen zeigen bei näherem Hinsehen ebenfalls, wie brüchig die »demokratische Hochburg« war.

Ergebnisse der Gemeinderatswahlen in Tübingen (in Prozent):

| Wahl | Wahlbtg. | DDP | Zentrum | DVP | DNVP | SPD | CSVD | NSDAP | KPD |
|---|---|---|---|---|---|---|---|---|---|
| 1919* | | | | | | | | | |
| 1922 | 53 | 20,7 | 13,8 | 16,1 | 24,2 | 15,5 | – | – | – |
| 1925 | 45,9 | 35,0 | 11,0 | 14,0 | 22,0 | 14,0 | – | – | 4,0 |
| 1928 | 59,2 | 25,4 | 13,0 | 16,2 | 18,3 | 18,0 | 9,0 | – | * |
| 1931 | 65,8 | 12,9 | 10,4 | 7,9 | 18,0 | 11,5 | 9,3 | 23,3 | 6,8 |

\* Vollständige Angaben fehlen

Die Stimmen für die bürgerlichen Parteien überwogen. Das Zentrum hatte einen kleinen, aber konstanten Wählerstamm, der der konfessionellen Zusammensetzung der Tübinger Bevölkerung in etwa entsprach.[95] Die zunehmende Parteienzersplitterung – 1919 kandidierten in Tübingen vier Parteien, 1931 waren es acht – führte trotz steigender absoluter Zahlen an liberalen Wählern zu einem relativen Bedeutungsverlust der DDP, von dem vor allem die rechten Parteien profitierten. Zwischen 1919 und 1928 verlor die Fraktion der DDP vier Sitze.

Fraktionsstärken im Tübinger Gemeinderat:

| | DDP | Zentrum | DVP | DNVP | SPD | CSVD | NSDAP | KPD |
|---|---|---|---|---|---|---|---|---|
| 1919 | 13 | 3 | – | 5 | 7 | – | – | – |
| 1922 | 10 | 3 | 3* | – | 7 | 4 | – | – |
| 1925 | 8 | 3 | 5 | 8 | 4 | – | – | – |
| 1928 | 9 | 3 | 4 | 7 | 4 | 1 | – | – |
| 1931 | 6 | 3 | 3 | 6 | 3 | 2 | 4 | 1 |

\* Ein Mandat stammte von der in Wahlverbindung mit der DVP kandidierenden Wirtschaftlichen Vereinigung.

Bis 1931 stellte die DDP dennoch die stärkste Fraktion auf dem Rathaus – eine Folge des württembergischen Gemeindewahlrechts, das durch Kumulieren und Panaschieren die Möglichkeit eröffnete, Persönlichkeiten statt Parteien zu wählen. Den weit über die Stadt hinaus bekannten Tübinger Landtagsabgeordneten der DDP, Henne und Scheef, kam das besonders zugute. Sie vertraten das liberale, meist selbständige Bürgertum der Stadt, das eine Skepsis gegenüber allen extremen Ideologien ebenso charakterisierte wie eine auf Unabhängigkeit bedachte, aber dennoch loyale Haltung zur Regierung. Die Achtung, die die Wähler diesen Abgeordneten entgegenbrachten, erwuchs nicht unwesentlich aus dem Respekt, den sie für deren erfolgreiche berufliche Existenz empfanden. Allerdings bedeutete das auch, daß man den Politiker gegen den Geschäftsmann ausspielen konnte, wie die Episode belegt, die über den Inhaber eines Feinkostgeschäfts am Holzmarkt erzählt wird. Seine überwiegend deutschnational eingestellten Kunden zwangen dem republikanisch eingestellten Lebensmittelhändler, der zu Anfang der Republik für die DDP im Gemeinderat saß, einen politischen Farbenwechsel ab: Statt des schwarz-rot-goldenen Bändchens, mit dem der Feinkosthändler bislang Geschenke einzupacken pflegte, schaffte er unter dem Druck von Korporierten und Verbindungsstudenten ein Band in den Farben des Kaiserreichs an.[96] Daß in dieser Begebenheit letztlich der Geschäftssinn über die politische Einstellung siegte, deckt trotz des anekdotischen Charakters der Erzählung den Mechanismus auf, mit dem Politik in dieser Stadt funktionierte. Gleichwohl stellte die nüchterne und realistische Haltung der Tübinger Ortsgruppe der DDP ein Gegengewicht zur emotionalisierten Politik der übrigen bürgerlichen Parteien dar. Als der Tübinger Vorsitzende der DVP, Rektor Seizinger, zum zehnten Jahrestag der Unterzeichnung des Versailler Vertrags bei Heinrich Schweickhardt, dem Vorsitzenden der Tübinger DDP, anfragte, ob sich die Partei *einer öffentlichen Einladung zu einer Protestversammlung gegen die Kriegsschuldlüge* anschließen würde – *abgesehen von den Kommunisten* seien alle anderen Parteien, auch die Vaterländischen Verbände und das Reichsbanner, ebenfalls zur Teilnahme aufgefordert – teilte Schweickhardt dem Anfragenden mit, daß er eine solche Kundgebung *für überholt, überflüssig, zweck- und nutzlos* halte: *Dieses erpreßte Kriegsschuldbekenntnis nimmt heute kein Volk mehr ernst; selbst nicht die Belgier und Franzosen, wenn diese es auch nicht zugeben. Man sollte sich vor Versammlungen ernsthafteren Dingen zuwenden und sich nicht an Protesten berauschen.*[97] Nur unter folgender Bedingung war er zur Teilnahme bereit: *Die Kundgebung soll sich richten gegen die Behauptung, daß Deutschland allein am Krieg schuld und für ihn und seine Folgen verantwortlich sei, daß die Deutsche Regierung mit Bewußtsein und Überlegung den Krieg herbeigeführt habe, nicht aber für die Behauptung, daß Deutschland ohne Schuld am Krieg sei.* Darüber hinaus aber machte er seine Zusage davon abhängig, *daß der Redner parteilos spricht, daß Ausfälle auf Republik, Regierung, politische Parteien, Reichsbanner usf., ebenso Äußerungen und Andeutungen im Sinne der Dolchstoßlegende unterbleiben.*

Die Teilnahme an den traditionellen Reichsgründungsfeiern der Universität, die ein Umschlagplatz für republikfeindliche und revisionistische Phrasen waren, machten aber auch die Demokraten von keinerlei Bedingungen abhängig. Daß es mit dem *freien Bekenntnis zur demokratischen Republik* und vor allem mit der Bereitschaft, sie auch aktiv zu verteidigen, in der angeblichen Hochburg der Demokratie nicht ideal bestellt war, daß vielmehr *politisch rechtsorientierte Kreise in Tübingen maßgebend* seien, beklagte 1927 auf ihrer ersten Hauptversammlung die Ortsgruppe des Reichsbanners Schwarz-Rot-Gold, eines zur Verteidigung der Republik gegründeten Wehrverbandes, der sich hauptsächlich aus Sozialdemokraten und Demokraten zusammensetzte. *Trotz des erfreulichen Wachsens des Mitgliederstandes wurde wiederholt festgestellt, daß das »Reichsbanner« in der demokratisch eingestellten Bürgerschaft viel mehr Anhänger bekommen könnte, wenn nicht Geschäftsinteressen und die teils ganz unbegründete Angst vor dem geschäftlichen Boykott der in Tübingen maßgebenden politisch rechtsorientierten Kreise dem freien Bekenntnis zur demokratischen Republik im Wege stehen würde.*[98] Die »Hochburg der Demokratie«, die plötzlich und unerwartet von den braunen Massen erobert wurde, hat es nie gegeben.

»Leidenschaftliches Verlangen nach einem besseren Staate, nach einem machtvollen dritten Reich«

Besonderen Anklang fanden die antirepublikanischen Parteien in Universitätskreisen. Professoren, die ihre gesellschaftliche Sonderstellung vom *Gespenst marxistischer Gleichmacherei* bedroht glaubten,[99] sowie Studenten und Dozenten, denen ihre Ausbildung nicht mehr die erwartete privilegierte Position sicherte, waren bereit, eine Besserung ihrer Verhältnisse weit eher von einer Rekonstruktion des *guten alten Zustands* zu erhoffen als von einer schwachen Republik:[100] *Alles in allem war das Reich, das im November 1918 zu Grabe getragen wurde, doch in den meisten Hinsichten einer der besten Staaten von allen, die die Welt je gesehen.* Dies monarchistische Bekenntnis, das der Historiker Adalbert Wahl 1922 bei der Reichsgründungsfeier ablegte, entsprach der Einstellung vieler Hochschullehrer. Theodor Eschenburg, der Mitte der zwanziger Jahre als Erster Vorsitzender dem republikfeindlichen Hochschulring Deutscher Art vorstand, beschreibt rückblickend das politische Klima an der Universität zwar als relativ *milde*, erinnert sich aber daran, daß überzeugte Demokraten gesellschaftlich geächtet wurden: *Wer sich zur Demokratie bekannte, sie bejahte, auch wenn es nur im privaten Kreis geschah, galt gesellschaftlich als anrüchig. Man schränkte den persönlichen Verkehr mit ihm ein, soweit es eben ging. [...] Die Mehrzahl der Professoren stand nach meinem Eindruck nicht gerade feindselig, weil ihnen Feindseligkeit charakterlich nicht lag, aber doch mit äußerster Skepsis der Demokratie gegenüber.*[101] So hatte denn auch der Große Senat der Universität während der Revolution seine Aufgabe darin gesehen, *daß in die werdende Zeit recht viel von dem hinübergerettet werde, was an der untergehenden alten gut und schön war: deutscher Fleiß, deutsche Zucht und deutscher Geist.*[102]

Mit ihrer Berufungspolitik gelang es der konservativen Professorenschaft, alle fernzuhalten, die nicht die gleiche Wertschätzung vergangener Zeiten erwarten ließen. Als die Universität 1929 den konservativen Philosophie- und Psychologieprofessor Max Wundt, der sich wiederholt mit antisemitischen Äußerungen hervorgetan hatte, nach Tübingen berief, stellte die sozialdemokratische »Schwäbische Tagwacht« mit unverhülltem Entsetzen fest: *Tübingens Universität ist auf dem besten Wege, zur Hochburg der Reaktion in Deutschland zu werden. [...] Vom Österberg- bis zum Bismarckturm flattern die Fahnen der Reaktion. Und unten in der Universität werden republikanische Professoren hinaus-*

*geekelt und ihre Stühle mit Hakenkreuzprofessoren besetzt. [...] Es gibt in ganz Deutschland keine Universität mehr, die so geeignet wäre, zur Hochburg der nationalsozialistischen Studentenbewegung werden zu können, wie gerade Tübingen.*[103]

Vom Feiertag der Republik, dem Verfassungstag am 11. August, wurde in solch einem republikfeindlichen Klima keine Notiz genommen, seine Gestaltung der SPD und den Gewerkschaften überlassen. Die erste offizielle Verfassungsfeier fand in Tübingen überhaupt erst 1927 statt, von der neugegründeten Reichsbanner-Gruppe angeregt und organisiert. Nach Angabe der Zeitung ist sie jedoch *wenig in Erscheinung getreten.*[104] Auch in den folgenden Jahren beschränkte sich die Beachtung des Verfassungstags meist auf die städtischerseits angeordnete Beflaggung der öffentlichen Gebäude und einige Pflichtworte im Gemeinderat;[105] einen Grund zum Feiern sahen die wenigsten. Und so resümierte die »Tübinger Chronik« 1932 nicht zu Unrecht unter der Überschrift *Wege aus Weimar. Ein Wort zum Verfassungstag: Das große Einigungswerk ist den Schöpfern der Weimarer Verfassung nicht gelungen. Das Volk nimmt keinen inneren Anteil an diesem »Nationalfeiertag«. [...] Die politische Entwicklung ist über das Weimarer Verfassungswerk mit mächtigen Schritten hinweggegangen.*[106]

Anders verhielt es sich mit der Reichsgründungsfeier am 18. Januar zu Ehren des Bismarckreichs. Auch nach 1919 wurde sie unter reger Beteiligung von Stadt, Garnison und Universität begangen und erhielt noch eine besondere Beachtung dadurch, daß die Hochschule den Tag zum dies academicus erklärte. Platzkarten und limitierte Einladungen mußten den Andrang bei diesen Feiern regeln, die *den 18. Januar zu einem Tag innerlicher Erhebung gemacht* hatten.[107]

Wie die vielen anderen nationalen Gedenk- und Erinnerungstage – beispielsweise der Langemarck-Tag oder das Sonnenwend-Fest – boten die Reichsgründungsfeiern den Professoren reichlich Gelegenheit, ihre politischen Wunschvorstellungen öffentlich zu formulieren. Republikfeindlichkeit, Nationalismus und Militarismus bildeten bereits in den zwanziger Jahren die Leitlinien dieser Festreden, die in der Idee einer über den divergierenden Interessen der einzelnen Gesellschaftsgruppen stehenden »Volksgemeinschaft«, in »Opfersinn« und »Führertum« die Grundwerte eines zukünftigen, wehrhaften und mächtigen Staates entwarfen.[108] Im feierlichen Rahmen dieser Veranstaltungen wurden Einstellungen vermittelt und Wertorientierungen geprägt, die der Republik das Vertrauen und die notwendige Loyalität entzogen. Bevorzugt befaßten sich die Redner mit der zur »Kriegsschuldlüge« abgestempelten Frage nach der Verantwortung für den Weltkrieg und der in der »Dolchstoßlegende« geschaffenen griffigen Erklärung für dessen Ausgang. Die Schilderung der als schmachvoll erlebten Gegenwart kreiste beständig um den *Fluchvertrag von Versailles.*[109] Im Wintersemester 1930/31 widmete ihm die Hochschule eine Vorlesungsreihe. Wegen ihrer revanchistischen Inhalte wurde sie heftig von der Landtagsfraktion der SPD kritisiert.[110]

Gerne flüchteten die Festredner bei den Reichsgründungsfeiern aus der bedrückenden Gegenwart in die glorreich gesehene Vergangenheit: *Der Krieg wird in der Erinnerung der späteren Geschlechter, die der Wahrheit wieder zugänglich sein werden, als Hort des Frie-*

*dens erscheinen und besonders als der soziale Staat, in dem die Mehrzahl der Staatsbürger zum guten Teil unter dem Einfluß der staatlichen Erziehung sozial dachten. Daß dabei Staat und Volk im ganzen gesund waren, das haben die unvergleichlichen Leistungen des Weltkrieges gezeigt. [...] Wir stehen inmitten von Ruinen. [...] Man hat Neger auf Deutsche als ihre Herren losgelassen.*[111] Der Historiker Adalbert Wahl, der 1921 mit diesen Worten den Krieg der glanzlosen Gegenwart vorzog, wußte einen Ausweg anzubieten: *Am meisten wird der Blick auf das haßerfüllte Ausland Klarheit bringen: durch ihn werden wir lernen, alle Parteiunterschiede zu vergessen und zusammenzustehen und nur die aus unserem Kreis auszuschließen, die nach wie vor bereit sind, in Deutschland die Geschäfte des Auslands zu betreiben.*[112]

In einer anderen Reichsgründungsfeier beschäftigte sich der Gemeinderat und Professor der Augenheilkunde, Wolfgang Stock, mit dieser exklusiven Gemeinschaft und stellte klar, wem in der zukünftigen Volksgemeinschaft die Führerrolle zugedacht war: *Wenn wir aus dieser Zeit eine Lehre ziehen, daß eben nur Einigkeit und Unterordnung des einzelnen unter das Ganze ein Volk stark machen kann, so können wir die Hoffnung haben, daß auch wir wieder besseren Zeiten entgegengehen. Von der großen Masse des Volkes kann nicht erwartet werden, daß es mit gutem Beispiel vorangeht; das Beispiel muß von den Schichten ausgehen, die auf ihre Bildung stolz sind und die sich als Führer betrachten müssen.*[113]

Befangen in solch rückwärtsgewandten Hoffnungen brachten die Redner den ernüchternden Verfahrensweisen der parlamentarischen Demokratie nur Skepsis, wenn nicht Verachtung entgegen. *Deswegen sollen wir weniger von den Beratungen und Beschlüssen parlamentarischer Kommissionen, mehr von dem instinktsicheren Entschlusse erfahrener Führerpersönlichkeiten erwarten. [...] Das Geheimnis machtvoller Staaten ist zielbewußte, tatkräftige anerkannte Führung und willige, einsatzbereite, opferfreudige Gefolgschaft. [...] Heute fehlt es an Verantwortungsfreudigkeit gewiß nicht. Aber da Wahl und Abstimmungsmassen, Parlamente, Ausschüsse und Kollegien an die Stelle einzelner führender Persönlichkeiten getreten sind, trägt die politische Verantwortung eine anonyme Majorität, d.h. aber sie verflüchtigt sich in nichts.*[114]

In den Augen dieser konservativen Redner schien der gegenwärtige Staat keine Loyalität zu verdienen, vielmehr forderte der Verfassungsrechtler Hans Gerber 1925 während seiner Rede zur Feier der Reichsgründung: *Wohl soll Leidenschaft uns durchglühen, vorerst aber einmal der leidenschaftliche Wille zur Abschüttelung aller Ketten der inneren Zwietracht, zur Überwindung alles Kleinmutes, aller Schwächen, aller Selbstsucht; leidenschaftliches Verlangen nach einem besseren deutschen Staate, nach einem machtvollen dritten Reich.*[115] Errichten sollte dieses so wortgewaltig herbeigesehnte Reich die *erfahrene, instinktsichere Persönlichkeit*, die der Privatdozent für Literatur und Vorsitzende der Vereinigten Vaterländischen Verbände, Gustav Bebermeyer[116], 1925 bei der Reichsgründungsfeier des Hochschulrings Deutscher Art in prophetischem Gestus und in der Sprache der Bibel heraufbeschwor: *Im Zeichen dieser Erinnerung und im Zeichen dieser Hoffnung grüßen wir hier unsere lieben schwarz-weiß-roten Farben, unter denen einst der Retter kommen soll. Noch ist die Zeit wohl nicht erfüllt; aber kommen kann er nur, wenn wir alle ihm den Weg bereiten*.[117] Einigkeit war in allen Reden das oberste Ziel. Schon 1924 glaubte der Berichterstatter der »Tübinger Chronik« diese Einmütigkeit bereits bejubeln zu können: *Hier war der Volksstaat, wie er leibt und lebt: Beamte, Militärs, Angestellte, Arbeiter, Studenten, Bürger und Handwerker, alle standen einmütig nebeneinander*.[118]

Wie es tatsächlich um diese Einmütigkeit bestellt war, zeigte ein gutes Jahr später die Aufregung und Auseinandersetzung um einen Vortrag des Heidelberger Mathematikers und Pazifisten Emil Julius Gumbel.[119] In der Arbeitsgemeinschaft Sozialistischer Akademiker zusammengeschlossene, sozialistisch und republikanisch eingestellte Studenten hatten den wegen seiner Veröffentlichungen über die Schwarze Reichswehr und die politischen Femmorde bekannt gewordenen Hochschullehrer eingeladen. Er sollte zum Thema *Vier Jahre Mord* sprechen. Doch die Veranstaltung war von Polizeidirektorium und Oberamt verboten worden. Daraufhin wollte die Arbeitsgemeinschaft Sozialistischer Akademiker Gumbel zu dem nicht weniger umstrittenen Problem deutsch-französischer Verständigung ankündigen. Aber auch dieser Vortrag wurde untersagt, diesmal vom Rektor der Universität, Prof. Ludwig von Köhler. Da kam das Ortskartell der Vereinigten Gewerkschaften den linken Studenten zu Hilfe und lud seinerseits den diffamierten Redner nach Tübingen ein.

Die nahezu geschlossene Ablehnung Gumbels durch das Bürgertum rührte nicht so sehr von dessen Publikationen her, die wohl die wenigsten Tübinger gelesen hatten, sondern von einer Äußerung, die – verkürzt und sinnentstellt wiedergegeben – eine Welle nationaler Empörung hervorgerufen hatte. Am Ende einer langen und improvisierten Rede, in der Gumbel gegen die Überhöhung des Krieges zum »Feld der Ehre« protestiert hatte, hatte er die Anwesenden gebeten, *zur Ehre derer, die, ich will nicht sagen, auf dem Felde der Unehre, gefallen sind, sich zu erheben und drei Minuten Stillschweigen zu bewahren*. Als »Rede vom Feld der Unehre« kolportiert, wurde die Passage als Entehrung der Weltkriegstoten verstanden.[120] Begierig hatte vor allem die nationalistische Presse den Ausspruch aufgegriffen und die Gelegenheit genutzt, den Pazifisten zu diffamieren.

Der Verleumdungskampagne zum Trotz stellten die Tübinger Gewerkschafter dem Redner ihr Versammlungslokal zur Verfügung. Den schließlich für den 2. Juli angesagten Vortrag wußten Mitglieder des Hochschulrings Deutscher Art und der Allgemeinen Vereinigung Tübinger Korporationen dennoch zu verhindern.[121] Als der Gewerkschaftsvorsitzende den Redner ankündigte, sprengten sie die Veranstaltung. Die Organisatoren bemühten sich zwar, sie in der Lustnauer »Krone« fortzusetzen. Doch der Versuch endete in einer handgreiflichen Auseinandersetzung zwischen pazifistischen Arbeitern und nationalistischen Studenten. Als »Schlacht von Lustnau« hat sie in die lokale Geschichtsschreibung Eingang gefunden.[122] Robert Wilbrandt, der als einziger Tübinger Professor an der Veranstaltung teilgenommen hatte, um sich durch eigene Anschauung ein Urteil zu bilden, büßte für die Unabhängigkeit seiner Meinungsbildung mit einem Tadel des deutschnationalen Kultministers und dem Ausschluß aus der tonangebenden Tübinger Gesellschaft.[123]

Erschreckt von der Intensität dieses Ausbruchs und seiner nationalistischen Militanz in der so idyllisch erscheinenden und – an den Auseinandersetzungen der Industriegebiete gemessen – ausgesprochen friedlichen Stadt, hatte sich ein Journalist der Berliner »Weltbühne« auf den Weg nach Tübingen gemacht und später von seinen Eindrücken von dieser brüchigen Idylle berichtet.[124] Sein Augenmerk galt der *Pflanzstätte schwäbisch-germanischer Studentenkultur*, die fähig war, *aus der geistigen Elite dieses so gutmütigen Schwabenstammes zu Zeiten eine haß- und wutgeschwollene Kohorte zu bilden, befähigt, wie der Fall Gumbel und der Russenmord in Gräfelfing beweisen, einen Trümmerhaufen von zerschlagenen Stuhlbeinen oder ein schweigendes Massengrab hinter sich zu lassen.* Mit Betroffenheit schildert der Journalist die *schulmeisterliche Kleinstadteleganz der gutmütigen, breitmäuligen, mit echt schwäbischer Lebensfrohheit ausgestatteten Bürger- und Bauernsöhne Württembergs* und die *dummdreiste Arroganz der herrischen Industriellensöhne in dem Villenviertel der Corpshäuser und Burschenschaftsheime: [...] über Beide aber herrscht mit einer durch das Milieu dieser sonderbaren Stadt gestärkten Autorität der verbissene Kleinstadtprofessor, der Rauschebart, und knetet den Teig zu einem völkisch-deutschnationalen Kuchen. In den Buchläden liegen breit und protzig die »Werke« des J. F. Lehmann- und des Scherl-Verlages: »In Stahlgewittern« von Jünger, Hitlers und Ludendorffs »Memoiren« und aller von der Großstadt ausgespiene antisemitisch-teutonische Kitsch. Ein Kino – »Kali« – brüllt mit Riesenlettern: Nur für Erwachsene! Der große Rheinlandfilm »Die Wacht am Rhein«. 7 Akte aus Deutschlands Schicksalstagen während der Besetzung. Angepaßte Musikbegleitung: Sie sollen ihn nicht haben, den freien deutschen Rhein; Was ist des Deutschen Vaterland? O, Rheinland, juble!*

Maiwahlen 1924: »Ein erster Abmarsch nach rechts«

Das Ergebnis der Reichstagswahlen vom Mai 1924[125] fällt aus dem allgemeinen Trend der Tübinger Wahlergebnisse zwischen 1919 und 1930 heraus und legt die undemokratische Substanz der Stadt offen. In der innenpolitischen Erregung um das »Ermächtigungsgesetz zur Sanierung des Staatshaushaltes« und während der außenpolitischen Emotionen über den Dawes-Plan, nach dem Erlebnis der Inflation und der Besetzung des Ruhrgebietes war bei den Wählern die Bereitschaft gewachsen, bei radikalen Parteien ihr Heil zu suchen. In Tübingen mußten alle bürgerlichen Parteien bei dieser Wahl Verluste einstecken. Insgesamt verloren sie mehr als 2600 Stimmen. Die meisten Wähler büßte die Demokratische Partei (– 1045), die wenigsten das Zentrum (– 83) ein. Die KPD dagegen gewann mit 7,5 Prozent (715) ihren für die gesamte Weimarer Republik höchsten prozentualen Stimmenanteil. Nur in absoluten Zahlen wurde das Ergebnis im November 1932 noch um 143 Stimmen übertroffen.

Hauptnutznießer dieser Wahl war eine neue, 1924 erstmals in Württemberg kandidierende politische »Bewegung«, die Deutschvölkische Freiheitspartei, eine Nachfolgeorganisation der seit dem Münchner Putschversuch verbotenen NSDAP. Als Völkisch-Sozialer Block war sie in den Wahlkampf gezogen und hatte nahezu 10 Prozent der Stimmen (874) erreicht. Das war ein Ergebnis, das nicht nur den Reichsdurchschnitt von 6,5 Prozent wesentlich übertraf, sondern auch den Landesdurchschnitt von 4,1 Prozent.[126] Dem als völkische Freiheitsbewegung drapierten Ableger der NSDAP war in der seit Anfang 1924 erscheinenden »Tübinger Zeitung«, dem »Tagblatt für deutsche Politik und Wirtschaft«, gerade rechtzeitig ein wohlwollendes Publikationsorgan beschert worden.[127] Die Ziele der Bewegung umriß deren Spitzenkandidat, der Haller Gymnasialprofessor Christian Mergenthaler, in einer gut besuchten Wahlkundgebung im Schillersaal des »Museums«. Sie galten dem Kampf gegen die dreifache *Internationale: Marxisten, Juden und Ultramontanisten*.[128] Der hellhörige Berichterstatter der »Tübinger Chronik« brachte seine Ausführungen auf den Punkt: *Auf ihm* [gemeint ist das Programm der Hakenkreuzler] *steht an erster Stelle der Antisemitismus*.[129] Mahnend beendete er seinen Kommentar: *Wir mußten aber immer zu dem Schlußsatz kommen, daß Leute von solch geistigem Zustand in der Verantwortung eine Politik sowohl nach innen, wie nach außen treiben würden, die Deutschland zerriebe*.[130]

Zusammen mit den Deutschnationalen, die als Vaterländisch-Völkischer Rechtsblock in die Wahl gegangen waren, gewannen die Völkischen ein Drittel der Tübinger Wähler. Es waren tendenziell identische völkische Parolen, mit der sie ihre Wähler berauscht hatten: Vorstellungen vom »Kampf fürs Vaterland« und das harmonistische Konzept einer »Volksgemeinschaft«, deren aggressiver Charakter mit verklärter Erinnerung an den letzten Krieg verschleiert wurde, enthüllten somit bereits 1924 ihre Verführungskraft für einen großen Teil der Tübinger Bürger. Mit Beruhigung der wirtschaftlichen Situation nach Einführung der Renten-Mark und Überwindung der politischen Krise halbierte sich jedoch der Stimmenanteil für die radikalen Parteien wieder.

## Anfänge der NSDAP in Tübingen

Wie im Reich entwickelte sich die NSDAP auch in Württemberg erst nach Ausbruch der Weltwirtschaftskrise zu einer Massenpartei.[131] In Tübingen begann mit der Reichstagswahl vom September 1930, bei der die NSDAP rund 14 Prozent der Stimmen erlangte, die kontinuierliche, zeitweise stürmische Aufwärtsbewegung. *Schlag auf Schlag sausten nun die Hiebe Hitlers nieder und die Bewegung wuchs in Tübingen lawinenartig,* beschrieb ein parteioffizieller Rückblick idealisierend die *Kampfzeit,* womit die letzten drei Jahre vor der Regierungsübernahme gemeint waren.[132] Davor lag jedoch eine immer wieder unterbrochene Abfolge von Gründungen, Fehlschlägen und Neuanfängen, die sich – da die Parteiakten beim Einmarsch der Franzosen 1945 zum größten Teil verbrannt wurden[133] – nur unvollkommen rekonstruieren läßt.

### Von der Gründung bis zum Hitler-Putsch: ein Verband unter vielen

Die Gründungsmitglieder der ersten württembergischen Ortsgruppe der NSDAP – sie entstand in Stuttgart – rekrutierten sich aus deutsch-völkischen Organisationen.[134] Anlaß zur Gründung hatte eine Rede Adolf Hitlers gegeben, die er 1921 in der Landeshauptstadt vor dem Deutschvölkischen Schutz- und Trutz-Bund zum Thema *Die Wahrheit über den »Gewaltfrieden« von Brest-Litowsk und den »Frieden der Verständigung und Versöhnung« von Versailles* hielt.[135] Gut anderthalb Jahre nach dieser Gründung kam es im Dezember 1922 bei einer NSDAP-Versammlung in Göppingen zu Ausschreitungen, an deren blutigem Ausgang von Hitler entsandte bayerische Sturmtrupps der NSDAP nicht unwesentlichen Anteil hatten. Unter den Verletzten dieser Schlägerei, die als *Schlacht am Walfischkeller* bekannt wurde, waren auch drei Tübinger.[136]

Die gewalttätigen Vorgänge von Göppingen lösten in Württemberg große Erregung aus. Bereits einen Tag später verbot die Regierung alle öffentlichen Veranstaltungen der NSDAP. Im Landtag wurde auf Anfrage der sozialdemokratischen Fraktion besorgt über das Ausmaß der Gewalt debattiert. Unmißverständlich strich der DDP-Landtagsabgeordnete und Tübinger Gemeinderat Adolf Scheef den staatsbedrohenden Charakter der Nationalsozialisten heraus: *Denn, darüber wollen wir uns doch nicht im Unklaren sein: Diese ganze Bewegung, die geht an die Wurzeln der ganzen jetzigen wirtschaftlichen und staatlichen Ordnung, und es ist geradezu eine Lebensfrage für den jetzigen Staat, ob er rechtzeitig die Gefährlichkeit dieser Bewegung erkennen, dagegen Maßnahmen treffen wird. [...] Ich kann es nicht verstehen, warum man diese bewaffnete Bande wieder aus Württemberg hinaustransportierte. Ich hätte die Gesellschaft festgenommen, hätte sie entwaffnet und hätte ein Exempel statuiert, und ich glaube, daß das außerordentlich viel wirksamer gewesen wäre, als alles andere. Und ich kann nur die Hoffnung aussprechen und die Erwartung daran knüpfen, daß man künftig bei etwaigen Zusammenstößen mit diesen staatsgefährlichen Elementen in viel energischerer Weise durchgreifen möge, als es das letzte Mal offenbar der Fall gewesen ist.*[137] Die nationalsozialistisch gesonnenen Tübinger nahmen ihre *Göppinger Blutzeugen* zum Anlaß, Vorbereitungen für die Gründung einer Ortsgruppe zu treffen, die am 20. Februar 1923 erfolgte.[138] Alle Äußerungen lassen darauf schließen, daß die Mitglieder Weltkriegsteilnehmer, Freikorpskämpfer und Studenten waren.[139] 45 Freikorpskämpfer aus dem Kreis Tübingen ehrte die NSDAP 1938 als *Väter der Bewegung*.[140] Ein Mitglieder-Verzeichnis, das die Polizei vor dem 23. November 1923 bei einem Dr. Maier beschlagnahmte, führt 189 Personen auf, darunter 41 Studenten, 11 Lehrlinge, 4 Schüler und je 2 Referendare bzw. Assistenzärzte.[141] Über ein Drittel der Mitglieder waren jünger als 21, keiner zählte mehr als 50 Jahre.[142] Arbeiter gab es nur 2 unter den 166 Mitgliedern, die ihren Beruf angegeben hatten. Der Mittelstand überwog mit 34 handwerklichen Berufen – allerdings nur einem Handwerksmeister –, 18 Kaufleuten und 22 Beamten und Angestellten, darunter 3 Polizisten. Unter den 19 Akademikern waren 14 Ärzte; 10 Prozent stellten erwerbstätige Frauen, meist aus sozialen Berufen.

Die Tübinger Ortsgruppe der NSDAP war jedoch nur ein Verband unter den vielen, mit den bestehenden politischen Verhältnissen unzufriedenen, gegen die Republik opponierenden, nationalistischen Verbänden. Da gab es in der Universitätsstadt noch den Deutschvölkischen Schutz- und Trutz-Bund, den Nationalverband Deutscher Offiziere, den 1200 Mitglieder zählenden Hochschulring Deutscher Art, eine nahezu gleich starke Untergruppe des »Stahlhelm« und die Überreste des aus der Zeit der Einwohnerwehren stammenden Studentenbataillons, das 1919 seinen Fanatismus bei der Niederschlagung des Generalstreiks im Ruhrgebiet und bei der Erschießung von 53 russischen Kriegsgefangenen in Gräfelfing bewiesen hatte.[143]

Besondere Aktivität entfaltete der Wiking-Bund, ein aus der Organisation Consul hervorgegangener militaristischer Verband, den in der Hochschulstadt Dietrich von Jagow leitete[144], ein rechtsradikaler ehemaliger Offizier der Marinebrigade Ehrhardt, sowie die Wandervereinigung Schönbuch, eine Jugendorganisaton desselben Bundes, deren Mitgliederzahl die württembergische Polizei auf annähernd hundert schätzte.[145] Sie wurde von dem ehemaligen Marine-Hauptmann Emil Ittel geleitet, der sich nach Kriegsende an der Universität immatrikuliert hatte und der ersten NSDAP-Ortsgruppe angehörte.

In den Berichten des Württembergischen Landespolizeiamtes über rechtsradikale Verbände in Tübingen tauchen wiederholt zwei Namen auf: Kapitänleutnant a. D. Dietrich von Jagow und Kapitänleutnant a. D. Gustav Petzold. Sie waren 1923 beide knapp über Dreißig, hatten den Krieg von Anfang an mitgemacht und wollten sich 1918 nicht mit seinem ruhmlosen Ausgang abfinden, der das Ende ihrer militärischen Karriere bedeutete. In Tübingen, wo sie sich zum Schein immatrikulierten, betrieben sie den Aufbau rechtsradikaler Verbände. Beide waren Mitglieder der NSDAP.[146]

Unter der Leitung Petzolds driftete das Studentenbataillon, ehe es im November 1923 aufgelöst wurde, vollends in *rechtsradikale Bahnen*, wie das Landespolizeiamt meldete.[147] Zudem war Petzold als *vorläufiger Leiter* einer Nationalen Jugendvereinigung Tübingen aktiv. *Eine stark nationale Bewegung geht durch unser Volk. Jeder Deutsche muss und wird von ihr erfasst werden und zurückgeführt vom Wahn des Völkerbundes und der Weltrevolution zu nationaler Einigung,* warb er im Oktober 1919 für den Beitritt in den Deutsch-Nationalen Jugendbund.[148] Petzold, Sohn eines evangelischen Dekans aus Kirchheim/Teck, stellte die Verbindung zu den national eingestellten Kreisen des Bürgertums her. Dies wurde dadurch erleichtert, daß er bald Teilinhaber der alteingesessenen Buchhandlung Osiander wurde.[149]

Dietrich von Jagow war Anfang der zwanziger Jahre einer der Drahtzieher der württembergischen NSDAP. Einem Polizeibericht zufolge gelang es ihm, *den größeren Teil der Tübinger Verbindungsstudenten* auf seine Seite zu ziehen.[150] Zwischen den traditionellen rechtsradikalen Verbänden und der neugegründeten NSDAP übte er eine Art Gelenkfunktion aus und stellte als Geschäftsführer des Nationalverbandes deutscher Offiziere die Verbindung zur Reichswehr her.[151] Diese hatte der Versailler Vertrag auf eine Berufsarmee von 4000 Offizieren, 96000 Mann sowie 15000 Marine-Soldaten reduziert. Es war aber ein offenes Geheimnis, daß Reichswehroffiziere Freiwillige an der Waffe ausbildeten. So berichtete der Vorstand der württembergischen SPD im Frühjahr 1923 dem Ministerium des Innern von illegalen militärischen Aktionen Tübinger Studenten und Gymnasiasten unter der Leitung von Reichswehroffizieren. Auf einer Versammlung der Hochschulgruppen Tübingen, Stuttgart und Hohenheim des Hochschulrings Deutscher Art soll General Reinhardt, der Kommandeur der württembergischen Reichswehr, die militärische Ausbildung der Mitglieder des Hochschulrings vereinbart haben. Als Zweck wurde der *Ein-*

*marsch ins Ruhrgebiet und aktiver Widerstand gegen die Franzosen* angegeben. Wenig später meldete ein sozialdemokratischer Beobachter: *Es ist richtig, daß zur Zeit Studenten aus Tübingen in Gmünd militärisch ausgebildet werden. Der erste Trupp kam am 28. Februar, der zweite am 2. März 1923 in Gmünd an. Die Zahl der Studenten beträgt etwa 300. Die Studenten werden im Infanteriedienst ausgebildet und stehen beim Infanterie-Regiment 113 in Gmünd.*[152]

Einen Monat später wurde bekannt, daß auch in der Tübinger Reichswehrkaserne Gymnasiasten und Studenten militärisch ausgebildet wurden.[153] Obwohl das Strafgesetzbuch das unbefugte Befehlen und Bilden von *unbewaffneten Haufen* sowie deren Versorgung mit *Waffen oder Kriegsbedürfnissen* mit hohen Strafen belegte,[154] fand die illegale militärische Schulung ohne jegliche Tarnung statt. *Die Gruppe, welche* [der Informant] *am 10. Februar auf dem Exerzierplatz gesehen hat, ist am letzten Freitag [...] wieder unter Führung der Reichswehroffiziere ausgerückt. Und zwar wird es ganz offen gemacht, die Herrschaften fühlen sich ganz sicher,*[155] meldete der Beobachter, und die sozialdemokratische »Tagwacht« informierte ihre Leser: *Weit bedenklicher aber ist, daß Anhänger der NSDAP nicht nur in der Reichswehr und Schutzpolizei sind, sondern daß sie auch dort eine aktive Tätigkeit entfalten können und – wie in Tübingen – unter stillschweigender Zustimmung ihrer Vorgesetzten zum Dienst mit dem Hakenkreuz geschmückt erscheinen dürfen. [...] Neben den Nationalsozialistischen Sturmabteilungen bestehen im Lande aber auch noch andere ähnlich organisierte Verbände, wie der »Stahlhelm« in Ulm und eine Organisation in Tübingen, die unter Leitung eines Buchhändlers Petzold und eines Herrn von Jagow stehen. Auch in diesen Verbänden sind staatliche Beamte, Reichswehroffiziere, Angehörige der Schutz- und Kriminalpolizei beteiligt.*[156]

Als erster Leiter der Ortsgruppe der NSDAP wird der Tübinger Stadttierarzt Dr. Diethelm Weitbrecht genannt.[157] Unter seiner Ägide entfaltete sie erste Aktivitäten: Neben regelmäßigen Mitgliederversammlungen veranstaltete sie *Sprechabende*, verteilte Flugblätter und Programmauszüge von Haus zu Haus und organisierte als *Spaziergänge* getarnte Feldübungen, bei denen handgreifliche Zusammenstöße mit Sozialdemokraten eingeplant waren.[158] Das Verbot öffentlicher Versammlungen vom Dezember 1922 umgingen die Nationalsozialisten, indem sie auf solchen »Spaziergängen« geschlossen in einem Gasthaus einkehrten und den dort anwesenden Gästen einen Propagandavortrag aufzwangen.[159] Die als harmlose Wirtshausgespräche getarnte Propaganda verhinderte die Polizei nicht. Trotz angeblicher behördlicher Unterdrückung konnte die verbotene Partei Mitglieder werben.

Zwischen Januar und April 1923 bildeten NS-Anhänger in Tübingen einen sogenannten Stoßtrupp. Unter der Tarnbezeichnung Wanderverein Schönbuch bestand er weiter, auch nachdem die SA im April 1923 verboten wurde. *Das war so eine Gruppe, die sind immer am Lustnauer Tor, wo heute die Deutsche Bank drin ist, gestanden. Als Zeichen, daß sie sich kennen, haben sie von einem porzellanen Bierflaschenverschluß das Gummile gehabt,* erinnerte sich ein Gewerkschafter an die verbotene SA bzw. deren Ersatzorganisation.[160] Eine für den 29. April 1923 geplante Übung hielt die Landes-SA trotz des Organisationsverbots noch unter Beteiligung des Tübinger *Wandervereins Schönbuch* auf der Schwäbischen Alb ab: Fahnen waren laut Anweisung *vorläufig gerollt* mitzubringen.[161] Als aber am 9. November 1923 der Marsch auf die Feldherrnhalle in München, an dem sich aus Tübingen der spätere Ortsgruppenleiter Heinz Dürr beteiligte,[162] scheiterte, wurde die NSDAP samt ihren Unterorganisationen reichsweit verboten. Nur wenig später enstand in Tübingen eine Ortsgruppe der Deutschvölkischen Freiheitspartei.[163] Von einer ihrer Versammlungen, die im Schillersaal stattfand, berichtete die Polizeidirektion im Februar 1924: Vor der Veranstaltung habe ein Student Druckschriften mit den Titeln *Adolf Hiller*[!], *sein Leben und seine Reden* und *Der 9. November 1923* verkauft. Zu Beginn und nach Abschluß der Veranstaltung *marschierte ein Trupp junger Menschen (acht Reihen zu vier Mann) singend die Mühlstraße aufwärts. Die Aufmachung war etwa nach Art des Saalschutzes der früheren Nationalsozialisten.*[164] Doch die Polizei sah keinen Anlaß einzuschreiten.

Richtungskämpfe und Neubeginn

Häufige Wechsel in der Leitung der Ortsgruppe kennzeichnen die Frühphase der Tübinger NSDAP. Allein drei Leiter sind für die ersten zehn Monate von der Gründung der Ortsgruppe bis zum allgemeinen Parteiverbot im November 1923 bekannt.[165] An diesem Zustand scheint sich auch nach der Neugründung im Frühjahr 1925 vorerst nichts geändert zu haben. Die Querelen und häufigen Wechsel mögen in persönlichen Animositäten und privaten Machtkämpfen einen Grund gehabt haben. In ihnen zeichnet sich aber auch eine generelle Entwicklung ab, die der Partei seit Hitlers Verhaftung Schwierigkeiten bereitete: das Auseinanderfallen der »Bewegung« in Hitler- und Ludendorff-Anhänger.[166] Die Unvereinbarkeit von alten und jungen Konservativen, von nationalen Revolutionären und von konservativen Nationalisten, die an eine Wiederherstellung der alten Ordnung dachten, hatte die »Bewegung« gespalten. Auch im Land war die Lage der Partei im Frühjahr 1925 verworren. Die neugegründete NSDAP konkurrierte mit der Nationalsozialistischen Freiheitsbewegung, die in der Verbotszeit unter Führung Christian Mergenthalers gegründet worden war.[167] Erst als Mergenthaler im Juni 1927 wieder zur NSDAP übertrat, fanden die Richtungskämpfe formal ihren Abschluß.

Tübinger Nationalsozialisten gründeten am 21. Juni 1926 eine Hochschulgruppe unter Christian Mergenthalers Führung.[168] Ein Jahr danach übernahm Heinz Dürr – laut Parteigeschichte *ein leuchtendes Beispiel des wahren Nationalsozialismus*[169] – die neue Ortsgruppe. Zu ihren Mitgliedern zählten der spätere Kreisleiter und Gaugeschäftsführer Helmut Baumert, der sich, 19 Jahre alt, beim Flugblatt-Verteilen und Plakat-Kleben im Gebiet zwischen Urach, Metzingen, Tübingen und Rottenburg hervortat.[170] Im Februar 1928 übernahm er die Leitung der mittlerweile ebenfalls neugegründeten Sturmabteilung (SA). Deren Einzugsbereich erstreckte sich damals noch auf das gesamte Neckartal zwischen Tübingen und Nürtingen sowie die Alb zwischen Kirchheim/Teck und Reutlingen. Bereits im August 1929 war der *Sturm, der immer dazu angetan war, nationalsozialistischer Lehr-*

*meister zu sein,*[171] von 40 auf 96 Mitglieder angewachsen, die geschlossen zum Reichsparteitag nach Nürnberg fuhren. Der Zuwachs hielt an. 1930 konnte das Gebiet auf das Tübinger Oberamt reduziert, bald darauf eine eigene studentische Sturmabteilung gegründet werden.

Ernst Weinmann, der spätere Fraktionsführer der NSDAP im Gemeinderat und Oberbürgermeister der Stadt seit 1939, kam als 21jähriger Student der Zahnmedizin zu SA und NSDAP. Später bestätigte ihm der Ortsgruppen- und Bezirksleiter Tübingen-Rottenburg, daß er in den *Jahren 1927 bis 1930 die Neuaufrichtung der Partei in Tübingen von 5 auf rund 60 Parteigenossen erkämpfte.*[172]

Auf große Resonanz stießen die Aktivitäten der Ortsgruppe in der Stadt anfangs aber nicht.[173] Die Lokalpresse erwähnte sie kaum. *Um der Gefahr des Totgeschwiegenwerdens zu entgehen,* sandte die Ortsgruppe fingierte Leserbriefe ein, allerdings auch das ohne großen Erfolg.[174] Mit Beginn der Wirtschaftskrise aber, und nachdem Hitler öffentlich erklärt hatte, nur noch mit legalen Mitteln die Macht erobern zu wollen, wurde die NSDAP zusehends auch für die sogenannte gute Gesellschaft Tübingens attraktiv. Ihre Erfolge lassen sich an den Versammlungslokalen ablesen: Trafen sich die Nationalsozialisten anfangs in wechselnden Wirtschaften, führten sie seit der Kampagne um den Young-Plan die »Schottei«, eine rathausnahe Wirtschaft in der Altstadt, als Stammlokal. Dort fanden die wöchentlichen »Sprechabende« statt. Für große Veranstaltungen konnten sie nun regelmäßig das »Museum« mieten.

# Zerfall der Demokratie – die politische Auseinandersetzung am Ende der Republik

## Wahlkämpfe und Wählerverhalten in der Krise

Wirtschaftliche und politische Instabilität kennzeichneten die letzten Jahre der Republik. Zwar hatte die deutsche Wirtschaft seit 1918 mit Krisen zu kämpfen, doch der Zusammenbruch der Aktienkurse an der New Yorker Börse im Oktober 1929 beendete eine Phase relativer Stabilisierung und bildete den Auftakt zu einer weltweiten Krise. Da die deutsche Wirtschaft nach dem Ersten Weltkrieg überwiegend mit Hilfe kurzfristiger amerikanischer Anleihen angekurbelt worden war, bekam sie den amerikanischen Bankenkrach unmittelbar zu spüren. Der plötzliche Abzug amerikanischer Kredite vom deutschen Kapitalmarkt setzte einen Kreislauf von Produktionsrückgang, Massenentlassungen, sinkender Kaufkraft und Warenüberangebot in Gang, der sich unmittelbar in politischen Reaktionen niederschlug. In der Folge dieser Wirtschaftskrise wurde nicht nur das Vertrauen in die demokratischen Regierungen zerstört, sondern auch die Demokratie selbst in Frage gestellt. Häufige Wahlkämpfe erregten – nachdem die Große Koalition im März 1930 über Fragen der Finanzpolitik auseinandergebrochen war – die Gemüter und bewirkten eine allgemeine Politisierung. In Tübingen wurden die Wähler zwischen 1930 und Anfang 1933 siebenmal zur Urne gerufen: bei drei Reichstags-, zwei Reichspräsidenten-, einer Landtags- und einer Kommunalwahl.

In den »goldenen zwanziger Jahren«, zwischen 1924 und 1928, war die NSDAP in Tübingen nahezu in der politischen Versenkung verschwunden. Bei den Reichs- und Landtagswahlen 1928 hatte sie nicht einmal drei Prozent der Wähler erreicht, bei den Kommunalwahlen desselben Jahres gar nicht erst kandidiert. Mehr als zwei Drittel der abstimmenden Tübinger Bevölkerung hatten sich bei diesen Wahlen für die republiktragenden Parteien der Weimarer Koalition ausgesprochen, und zwar 31,4 Prozent bei den Landtagswahlen, 26,7 Prozent bei den Reichstagswahlen. 1929 handelte unter dem Vorsitz des Amerikaners Owen Young eine Sachverständigenkommission in Paris neue Konditionen für die Reparationszahlungen aus. Sie schlug sowohl eine Reduzierung der deutschen Reparationen samt deren zeitlicher Begrenzung als auch eine um fünf Jahre auf den 30. Juni 1930 vorverlegte Räumung des noch besetzten Reichsgebiets vor. Der Plan entfachte eine erbitterte Agitation der oppositionellen Nationalisten. Der Parteivorsitzende der Deutschnationalen, Alfred Hugenberg, Stahlhelmführer Franz Seldte und Adolf Hitler riefen einen Reichsausschuß für das deutsche Volksbegehren gegen den Young-Plan ins Leben. In einem Gesetzentwurf »gegen die Versklavung des deutschen Volkes« forderten sie überdies die strafrechtliche Verfolgung der unterzeichnenden Politiker. Im Zuge dieser Agitation, die sich gegen die stabilisierende Wirkung solcher außenpolitischer Erfolge richtete, erreichte die NSDAP auch in Württemberg wieder Publizität. Das gemeinsame Vorgehen mit dem DNVP-Vorsitzenden machte den bis dahin im rechten bürgerlichen Lager als Revolutionär verschrieenen Parteivorsitzenden der Nationalsozialisten gesellschaftsfähig.

Erstmals seit dem Parteiverbot von 1923 sprachen in gut besuchten Versammlungen bekannte Parteiredner, darunter der Landtagsabgeordnete Christian Mergenthaler und der Ulmer Reichstagsabgeordnete Wilhelm Dreher, zum Tübinger Publikum. Am 19. September 1929 bedauerte die »Tübinger Zeitung« zwar noch: *Wenn auch der Besuch ein verhältnismäßig guter war, so hätte man doch gewünscht, daß der Vortrag einen größeren Zuhörerkreis gehabt hätte.*

Bei den folgenden Veranstaltungen meldete sie jedoch mit Befriedigung: *Schillersaal voll besetzt.*[1] Doch statt der vorgeschriebenen 10 Prozent, die im Reich nur mit Mühe erreicht wurden, beteiligten sich in Württemberg nur 6,5 Prozent, in Tübingen sogar nur 5,6 Prozent (831) der Wahlberechtigten an dem Volksbegehren.[2] Auch bei dem anschließenden Volksentscheid enttäuschte Tübingen die Gegner des Young-Plans. Bei einer Wahlbeteiligung von 14,6 Prozent gab es 948 Ja-Stimmen. Nur halb so viele Wähler, wie sich 1928 bei den Reichstagswahlen für die den Volksentscheid betreibenden Parteien ausgesprochen hatten (NSDAP: 258, DNVP: 1588), votierten also für den Volksentscheid.[3] Das bedeutet, daß sich im Dezember 1929 noch keine Mehrheit gegen die Republik mobilisieren ließ. Vielmehr sprach sich eine deutliche Mehrheit der Tübinger Bevölkerung für eine Fortsetzung des außenpolitischen Kurses der amtierenden Regierung und gegen die Politik der nationalen Opposition aus. Die »Chronik« kommentierte: *Die DNVP steht vor einem Trümmerhaufen. Wenn heute Parlamentswahlen vorgenommen werden müßten, dann würden sie erleben, daß sie um die Hälfte geschwächt in den Reichstag einziehen würden. Den Nutzen der Agitation ihrer Führer haben die Radikalen um Hitler.*[4]

Die heftige nationalistische Agitation für das Volksbegehren hatte die politischen Leidenschaften tatsächlich aufgewühlt und der NSDAP erstmals wieder eine größere politische Bühne zur Verfügung gestellt, die sie in den Wahlkämpfen der folgenden Jahre systematisch ausbaute. Eine anhand des Veranstaltungskalenders der Lokalpresse errechnete Aufstellung der monatlichen Versammlungstätigkeit während der Krise zeigt, daß die NSDAP an Initiative und Engagement alle anderen Parteien in Tübingen weit hinter sich ließ.[5] Die Aktivitäten der Partei beeindruckten nicht nur den Redakteur der »Tübinger Zeitung«: *Wenn man noch zu hören bekommt, daß die Nationalsozialisten am nächsten Dienstag schon wieder in den Uhlandsaal einladen, [...] so muß man feststellen, daß hier ein tatkräftiger Wille am Werk ist, wie man ihn sonst im Leben einer Partei kaum findet.*[6] Allerdings mußten die vielen öffentlichen Auftritte der NSDAP auch die fehlende Parteipresse ersetzen. Erst seit Januar 1931 erschien in Württemberg mit dem Stuttgarter »NS-Kurier« nach erfolglosen Anläufen regelmäßig eine nationalsozialistische Tageszeitung.[7]


September 1930: »Tübingen erwacht«

Hatte das Volksbegehren gegen den Young-Plan einen erneuten Auftakt der nationalsozialistischen Propaganda ermöglicht, so erweiterte die sich verschlechternde wirtschaftliche Situation das Agitationsfeld für alle radikalen Parteien erheblich.[8] Aus der Unzufriedenheit und der Angst von Millionen, die von Arbeitslosigkeit, Kurzarbeit und drastischen Steuererhöhungen betroffen waren, konnten sie politisches Kapital schlagen. Im März 1930 zerbrach die letzte parlamentarisch gebildete Regierung der Weimarer Republik. Mit dem nächsten Reichskanzler, dem Zentrumspolitiker Heinrich Brüning, begann die Phase der Präsidialkabinette. Das waren Minderheitsregierungen, die – lediglich auf das Vertrauen des Reichspräsidenten gestützt – nur mit Hilfe des Ausnahmeartikels 48 der Reichsverfassung regieren konnten. Auch in Württemberg entschied die geschäftsführende Regierung Bolz immer öfter ohne das Parlament, das sich auf keinen Kompromiß einigen konnte.

Als am 18. Juli 1930 eine knappe, nur in der Ablehnung einige Mehrheit im Reichstag die Notverordnung aufhob, mit deren Hilfe der neue Reichskanzler sein Finanzprogramm hatte durchsetzen wollen, löste der Reichspräsident das Parlament auf und schrieb für den 14. September Neuwahlen aus. Sie fanden vor dem Hintergrund einer krisenhaften ökonomischen Situation statt. Obwohl Württemberg die Weltwirtschaftskrise wegen seiner vergleichsweise ausgewogenen Sozial- und Wirtschaftsstruktur am besten von allen deutschen Ländern überstand – die Arbeitslosenquote war halb so hoch wie sonst im Reich [9] –, mehrten sich auch hier die Anzeichen der Krise. Die wöchentlichen Lageberichte des Arbeitsamts Reutlingen-Tübingen notierten die Verschlechterung. Für den Juli verzeichneten sie einen *langsamen und schleppenden Geschäftsgang im Handwerk: Der gesamte Handel leidet stark unter den Rückwirkungen, welche die unsichere politische Lage in den Parlamenten über Preisrückgänge auf die allgemeine Käuferstimmung ausgeübt haben.*[10] Im August konstatierten sie einen *Umschwung zur Verschlechterung.*[11]

Ausbleibende Aufträge, steigende Arbeitslosenzahlen und wiederholte Konkursmeldungen riefen Verunsicherung nicht nur bei den direkt Betroffenen hervor. Hoffnungslosigkeit machte sich breit. So entstand ein politisches Klima, das jene Parteien attraktiv werden ließ, die statt mühseliger Reformen eine radikale Änderung der Verhältnisse in Aussicht stellten. Und das tat die NSDAP, wenn sie versprach, die umstrittene *Parteienwirtschaft* und das *nutzlose System des Parlamentarismus* durch einen starken *Führer* zu ersetzen.[12] Doch der Mitte August einsetzende Wahlkampf ließ weder im Reich noch in Tübingen erkennen, daß die übrigen Parteien – mit Ausnahme von SPD und KPD – begriffen hatten, daß die Nationalsozialisten den Bestand der Republik bedrohten. In ihrem traditionellen Feindbild befangen, bemühten sie sich um eine deutliche Abgrenzung zur *endlich aus der Regierung ausgeschiedenen SPD, die die Hauptschuld an den parlamentarischen Enttäuschungen trage,* statt die republikfeindlichen Ziele der NSDAP aufzudecken.[13]

Erstmals bewarb sich auch der in der Tradition des württembergischen Pietismus stehende Christliche Volksdienst, der zuvor lediglich für den Landtag Kandidaten aufgestellt hatte, um einen Sitz im Reichstag.[14] In der altwürttembergischen, weitgehend pietistisch geprägten Hochschulstadt hatte er dabei weit über dem Landesdurchschnitt liegende Ergebnisse erzielt – 1928 sieben Prozent –, was nicht zuletzt darauf zurückzuführen ist, daß sich in Tübingen zwei renommierte evangelische Theologen, Adolf Schlatter und Karl Heim, für ihn einsetzten. Den Reichstagswahlkampf 1930 führte der Volksdienst mit antiliberalen, autoritären Schlagworten. Ihr Kandidat Wilhelm Simpfendörfer predigte die *Abkehr vom Geist der Aufklärung! Abkehr vom Geist der französischen Revolution von 1789! Abkehr von einem Liberalismus, der auf allen Lebensgebieten den Mensch zum Maß aller Dinge macht.*[15] Mit der NS-Bewegung setzte sich diese Partei nicht auseinander, förderte sie vielmehr indirekt mit ihrer Wende-Prophetie.

Die DNVP stand im Sommer 1930 vor dem Dilemma, sich von ihrem Kompagnon beim Volksbegehren abgrenzen zu müssen, ohne ihre nationalistischen Anhänger zu verlieren. Das führte zu unklaren und widersprüchlichen Wahlaussagen. So erhoben die Deutschnationalen zwar *sehr ernste Bedenken* wegen angeblich marxistischer Anklänge im nationalsozialistischen Wirtschaftsprogramm, begrüßten ansonsten aber lebhaft den Aufschwung der Nationalsozialisten: *Denn wir sind dankbar, daß wir in den Nationalsozialisten einen solchen schlagkräftigen Waffenbruder gefunden haben.*[16]

Die DDP verharmloste die Gefahr, die der aufkommende Nationalsozialismus bedeutete, ebenfalls. Ihr Spitzenkandidat, Theodor Heuss, spielte dessen Bedeutung herunter, indem er in der *Hitlerbewegung mit dem ganzen Aufgebot an Aufmärschen, Umzügen und dergleichen* lediglich eine *Pointe des Wahlkampfs* sah.[17] Dennoch warnte er davor, daß die Jugend *in einer Zeit, die nüchterne Klarheit verlangt, sich in verwirrter Romantik verliert.* Heuss, den freundschaftliche Beziehungen mit Adolf Scheef verbanden, sprach öfter auf Veranstaltungen der Tübinger DDP. Bereits ein halbes Jahr nach der Septemberwahl lud diese erneut zu einem Vortrag mit ihm ein. Diesmal befaßte sich Heuss allerdings ausschließlich mit dem unerwarteten Erfolg der NSDAP. *Ist der Nationalsozialismus Deutschlands Rettung?* hatte er sein Thema provozierend genannt. Der Vortrag – bei den anwesenden Hitleranhängern rief er soviel Ärger hervor, daß sie unter *lärmendem Protest* den Saal verließen – bildete vermutlich den Anstoß für seine Analyse des Nationalsozialismus, die 1932 unter dem Titel *Hitlers Weg* erschien.[18]

Unter den anderen Parteien setzten sich lediglich SPD und KPD ernsthaft mit der NSDAP auseinander. In ihren Wahlaufrufen kennzeichnete die Tübinger SPD die Nationalsozialisten als *Knüppelgarde des Großkapitals.*[19] Allerdings war die politische Wirkung von vornherein dadurch eingeschränkt, daß sie sich gleichzeitig gegen den Sozialfaschismusvorwurf der KPD zur Wehr setzen mußte.[20]

Die NSDAP indessen hielt sich nicht mit mühseligen Lösungsvorschlägen auf, sondern setzte ihre nationalistische Agitation gegen das »Weimarer System« fort. *Reicher Beifall, Neuaufnahmen, ansehnliche Kampfspenden haben zum Ausdruck gebracht, daß Tübingen erwacht,* berichtete die »Tübinger Zeitung« im September.[21] Das Ergebnis der Wahl fiel entsprechend aus. Mit 1393 Stimmen – einem Zuwachs von über 1000 Wählern seit 1928 – gewann die NSDAP knapp 14 Prozent aller Tübinger Wähler, obwohl die Wahl in den Semesterferien stattfand und damit die Studenten nicht ins Gewicht fielen.[22]

Reichstagswahlergebnisse vom 14. September 1930 in Tübingen[23] (in Prozent):

| Wahlbtg. | Staatspartei | DNVP | Zentrum | SPD | KPD | NSDAP | CSVD | Sonstige |
|---|---|---|---|---|---|---|---|---|
| 71,5 | 22,5 | 8,2 | 10,2 | 17,8 | 5,0 | 13,9 | 10,6 | 11,8 |

(Zusammengestellt nach den Ergebnissen der Reichsstatistik, Bd. 382).

Die beiden liberalen Parteien büßten die meisten Stimmen ein. Die Wahlverbindung zur Staatspartei, die DVP und DDP für diese Wahl eingegangen waren, hatte den Niedergang nicht aufhalten können. 2258 Stimmen erreichte die Einheitsliste, während die Demokratische Partei alleine 1928 noch 2472 Stimmen (26,4 Prozent) erhalten hatte und auf die beiden liberalen Parteien zusammen damals sogar 42,2 Prozent entfallen waren. Deutlich bekamen auch die Deutschnationalen den Aufschwung der NS-Bewegung zu spüren. Sie verloren in Tübingen nahezu die Hälfte ihrer Wähler (770) und sanken von 17,1 auf 8,2 Prozent – ihren niedrigsten Stimmenanteil bei allen Reichstagswahlen der Weimarer Republik.

Nicht nur die NSDAP hatte in Tübingen neue Wähler gewonnen bzw. alte zurückgewonnen. Auch das Zentrum verbuchte ein Plus von 1,6 Prozent. Die beiden Arbeiterparteien konnten ihren Stimmenanteil ebenfalls erhöhen. Die SPD erhielt bei einer Steigerung von 2 Prozent mit 1787 Stimmen ihr für die folgenden Wahlen höchstes Ergebnis. Der Stimmengewinn der KPD war für Tübingen ebenfalls beachtlich. Sie verdoppelte ihre Wählerzahl von 248 auf 506, lag mit den erreichten 5 Prozent allerdings 8 Prozent unter dem Reichs- und 4,4 Prozent unter dem Landesdurchschnitt. Ihrer aktiven Propaganda auf dem Land ist es wohl zuzuschreiben, daß sie im Oberamt wesentlich mehr Erfolg hatte und ihren Anteil dort auf 16,2 Prozent verdoppeln konnte.[24] Auch die Wirtschaftspartei (+ 302) und andere Splitterparteien[25] hatten ungewohnten Anklang gefunden. Eine kleine Sensation stellte der Gewinn des Christlichen Volksdiensts dar, der kaum weniger Stimmen als die NSDAP erhalten hatte.[26] Der *Erdrutsch*[27], der das Lager der NSDAP-Wähler reichsweit bei dieser Wahl hatte anschwellen lassen, hatte die Universitätsstadt zwar noch nicht erreicht. Aber deutlich war zu erkennen, daß sich der Block der bürgerlichen Mitte-Wähler neu orientierte und teils in weltanschauliche, teils in interessenmäßig orientierte Wählergruppen zersplitterte.[28] Die angestrebte Sammlung der Mitte war gescheitert.

1930/31: »Die Lage ist ernst, viel ernster als mancher glaubt«

Die NSDAP bemühte sich eifrig, ihren Erfolg auszubauen. Ohne Pause setzte sie ihre Propaganda nach der Wahl fort und holte prominente Redner ins Tübinger »Museum«. Kurz hintereinander sprachen im Winter 1930/31 der NS-Landtagsabgeordnete Christian Mergenthaler, der nationalsozialistische Wirtschaftsexperte Gottfried Feder und der völkische Agitator Graf Ernst zu Reventlow.[29] Neugründungen von nationalsozialistischen Hilfsorganisationen wie dem Nationalsozialistischen Automobil-Korps, dessen Beauftragter für Württemberg in Lustnau unmittelbar bei Tübingen wohnte, oder der Nationalsozialistische Ärztebund[30] sollten die NSDAP-Wähler entsprechend ihrer Berufs- bzw. Interessenstruktur als Mitglieder erfassen und gleichzeitig die Parteiorganisation ausbauen. Das Bestreben der Tübinger Kreisleitung schien darauf gerichtet, bei allen möglichen Gelegenheiten auf sich aufmerksam zu machen, ganz einfach dabei zu sein. Für dieses Vorhaben boten die bald auf die Wahl folgenden Helden- und Totengedenkfeiern Gelegenheit. Wie seit Jahren veranstaltete die Tübinger SA am traditionellen Gedenktag für die Toten der »Bewegung« eine Feier, der sich diesmal neben der nationalsozialistischen Hochschulgilde »Ernst-Wurche« auch Chargierte und *eine stattliche Anzahl von Studenten anschloß*.[31] Ebenso selbstverständlich schloß sich die NSDAP den zahlreichen örtlichen Kriegervereinen bei deren offiziellen Gedenkfeiern an. Zumindest zählte die Lokalpresse selbstverständlich SA und NSDAP zu den teilnehmenden Verbänden. Längst war aus diesen Feiern zum Gedenken an die Gefallenen des Ersten Weltkriegs ein Kult entstanden, der über die Heroisierung als Opfer den Tod der Soldaten politisch in Dienst nahm für den Entwurf eines wehrhaften neuen Reichs.[32]

Weil es kein lokales Parteiorgan gab, spannte die NSDAP die nationalistische »Tübinger Zeitung« für ihre Zwecke ein. Bereitwillig druckte diese die eingesandten Veranstaltungsberichte. Ebenso bereitwillig veröffentlichte sie einen Fortsetzungsroman über Adolf Hitler und füllte ihre Seiten mit einer Folge polemischer Artikel des studentischen NS-Agitators Hans Reder. Unter der Überschrift: *Die Grundlagen der sozialdemokratischen Partei*[33] verbreitete diese Serie in vier Folgen das dem bürgerlichen Vorurteilsarsenal entlehnte Feindbild von der vaterlandslosen, dolchstoßenden Sozialdemokratie. Die Artikel waren als Antwort auf eine vielbeachtete SPD-Veranstaltung gedacht, bei der die Diskussionsbeiträge im allgemeinen Tumult untergegangen waren. Nur unter Anstrengung hatte das Reichsbanner der randalierenden Nationalsozialisten Herr werden und ihnen einen unrühmlichen Abgang bereiten können. Es war das erste Mal, daß der parteieigene Saalschutz verstärkt durch Tübinger und ein Aufgebot der Reutlinger Polizeibereitschaft[34] eingreifen mußte. In der Kleinstadt war solch ein Vorfall Anlaß für große Erregung, und die »Chronik« machte sich zum Sprachrohr weit verbreiteter Empörung, als sie anmerkte: *Der gestrige Abend war gewiß kein Ruhmesblatt für die Nazis. Jeder anständig fühlende Mensch fühlt sich von einem solchen Gebaren abgestoßen und in seinem Innern verletzt.*[35] Prompt verwahrte sich am nächsten Tag die »Tübinger Zeitung« gegen *Lüge und Entstellung*. Auch die überregionale »Schwäbische Tagwacht« behandelte den Vorfall, zu dem *nationalsozialistische Studenten, Gymnasiasten und Oberreallehrer [...] geschlossen angerückt* seien, um zu dem Urteil zu kommen: *Was da in krächzendem und knarrendem Nachahmen altpreußischen Leutnantstons im Stile von Kriegerverein- und Geburtstagsreden produziert wurde, war einfach grauenhaft.*[36]

Seitdem kam es auch in Tübingen wiederholt zu handgreiflichen Auseinandersetzungen und politischen Schlägereien. Die noch während des vorangegangenen Wahlkampfs gerühmte *allgemeine Beherrschtheit* und *schwäbische Besonnenheit* waren einer Unruhe gewichen, die die NSDAP mit ihrer Taktik des permanenten Kampfs geschickt zu schüren verstand. Erneute Erregung brachte im Juni 1931 das juristische Nachspiel der berüchtigten Nagolder Saalschlacht vor dem Tübinger Landgericht. Diese KPD-Veranstaltung in der nationalsozialistischen Hochburg hatte – von Nazis gestört – in einer allgemeinen Schlägerei geendet. Nach dreitägiger Verhandlung verurteilten die Tübinger Richter 17 der beteiligten Kommunisten, die beteiligten Nationalsozialisten aber wurden mangels Beweisen freigesprochen.[37]

Die politische Radikalisierung war das Ergebnis einer sich ständig verschlechternden wirtschaftlichen Situation. Als im Sommer 1931 der amerikanische Bankenkrach zum Zusammenbruch der Darmstädter und Nationalbank führte und einen Tag später alle Banken in Deutschland ihre Schalter schlossen, hoben die Tübinger panikartig ihre Sparguthaben ab, bis Landrat und Oberbürgermeister – kurz vor Schalterschluß – offiziell die Liquidität der Oberamtssparkasse verbürgten.[38]

267 Erwerbslose waren im Oktober 1931 in Tübingen gemeldet. Im Juni 1931 waren trotz Sommerzeit und städtischer Notstandsarbeiten noch immer 180, zu denen weitere 75 aus der Arbeitslosenversicherung Ausgesteuerte hinzukamen, nun ausschließlich auf die kommunale Sozialhilfe angewiesen.[39] Ihre Lage war besonders trostlos. Mußten schon die Erwerbslosen, die noch Arbeitslosen- bzw. nach einigen Wochen Krisenunterstützung erhielten, mit weniger als der Hälfte des Normallohns eines angelernten Arbeiters auskommen, so blieben den nach 26 Wochen – später schon nach 20 Wochen – Ausgesteuerten durchschnittlich nur 9 Mark in der Woche.[40] Im Herbst 1932 ersetzte das Arbeitsamt zudem die Aussteuerung durch eine »Hilfsbedürftigkeitsprüfung«. Wem bei dieser alle sechs Wochen durchgeführten Kontrolle die Berechtigung für die Krisenunterstützung entzogen wurde, der verlor gleichzeitig auch jegliche Ansprüche auf die städtische Wohlfahrtshilfe. In Tübingen traf diese Änderung alle diejenigen, die ein Stück Land besaßen und für den Eigenbedarf bewirtschafteten.

Erwerbslosenversammlungen, die die Freien Gewerkschaften organisierten,[41] oder an den Stadtvorstand gerichtete Briefe derer, die verzweifelt um Arbeit oder finanzielle Unterstützung baten, zeugen von der Not. Da heißt es beispielsweise unterm 28. August: *Sehr geehrter Herr Oberbürgermeister Scheef. Unterzeichneter bittet höflichst den Herrn Stadtvorstand um Arbeitsbeschaffung, da ich seit Januar 29 Arbeitslos bin u. ich mich von meinen Kindern verhalten lassen muhs, da ich seit Juni 29 keine Erwerbslosenunterstützung nicht mehr beziehe u. so als Familienvater von 8 Kinder mein Dahsein durchkämpfen muhs* [...].[42]

Am 30. März 1931 bittet ein anderer Erwerbsloser: *Sehr geehrter Herr Oberbürgermeister! Erlauben mir an Sie eine innige Bitte zu richten. Bin seit 20. Dezember arbeitslos und vollständig auf mich angewiesen. Ich beziehe eine Arbeitslosenunterstützung von wöchentlich 18.80 M. 5 M. muss ich für Zimmer bezahlen, dann sehen Sie schon selbst, was mir noch übrigbleibt zum Leben. Habe schon wochenlang nichts rechtes mehr zum essen gehabt; daher bitte ich Sie inständig, helfen Sie mir ein bißchen aus meiner Not* [...].

Innerhalb eines Jahres verdoppelten sich die Wohlfahrtslasten der Stadt.[43] Notstandsarbeiten, Arbeitsbeschaffungsmaßnahmen und Unterstützungsprogramme beschäftigten deshalb den Gemeinderat. *Die Lage ist ernst, viel ernster als mancher glaubt*, gab ein Reichsbanner-Mitglied seiner Sorge Ausdruck.[44] Und die »Tübinger Chronik« warnte: *So kann es nicht weitergehen!* [...] *Millionen von Menschen sagen es sich Tag für Tag. Noch weiter wächst das Heer der Arbeitslosen. Lohn- und Gehaltskämpfe, Streiks und Aussperrungen kommen dazu und helfen mit, das Wirtschaftsleben zu erschüttern. Erschreckend wächst die Radikalisierung der Massen. Wohin führt dieser Weg?*[45]

Nicht nur Arbeiter, Ungelernte oder Tagelöhner waren von der Wirtschaftskrise betroffen. Auch der Mittelstand fühlte sich von dem Abstieg auf der *Stufenleiter der Erniedrigung*[46] bedroht, und zwar der selbständige ebenso wie der unselbständige, denn Brünings Sparprogramme reduzierten auch die Einkommen von Beamten und Angestellten. Die Notverordnung des Reichspräsidenten »zur Behebung finanzieller, wirtschaftlicher und sozialer Notstände« vom 26. Juli 1930[47] belegte alle nicht arbeitslosenversicherten Mitarbeiter des öffentlichen Dienstes mit einer »Reichshilfe« von 2,5 Prozent des Einkommens und erhöhte gleichzeitig die Einkommenssteuer um 5 bzw. 10 Prozent. Ein halbes Jahr später kürzte die Erste Verordnung des Reichspräsidenten »zur Sicherung von Wirtschaft und Finanzen« die Dienstbezüge und Ruhegelder der Reichs-, Länder- und Gemeindebeamten um weitere sechs Prozent, zudem ermöglichte sie die fristlose Kündigung von Tarifverträgen. Am 5. Juni 1931 schrieb die Zweite Verordnung des Reichspräsidenten »zur Sicherung von Wirtschaft und Finanzen« eine erneute Kürzung der Dienstbezüge und Ruhegehälter aller Beamten um 4 bis 8 Prozent vor. Die Löhne der beim Reich beschäftigten Arbeiter wurden ebenfalls gekürzt. Die Löhne der von Ländern und Kommunen Beschäftigten, die bis dahin meist besser dran waren, durften seitdem die Bezüge der Arbeitnehmer des Reichs nicht mehr übersteigen. Die neugeschaffene Krisensteuer zweigte noch einmal bis zu fünf Prozent des steuerpflichtigen Einkommens zur Sanierung des Staatshaushalts ab. Und bereits im Oktober darauf kürzte die Dritte Verordnung des Reichspräsidenten »zur Sicherung von Wirtschaft und Finanzen und zur Bekämpfung politischer Ausschreitungen« die Stundenlöhne der Reichsarbeiter um weitere 4,5 Prozent. Die letzte Notverordnung des Jahres 1931, die am 8. Dezember als Vierte Notverordnung des Reichspräsidenten »zur Sicherung von Wirtschaft und Finanzen und zum Schutz des inneren Friedens« erlassen wurde, reduzierte die Dienstbezüge und Ruhegehälter aller Beamten und Angestellten im öffentlichen Dienst noch ein weiteres Mal um 9 Prozent und die Arbeiterlöhne um 10 Prozent. So trieb die Brüning-Regierung den Niedergang voran.

Der drastisch verminderte Geldumlauf belastete wiederum die gewerbe- und handeltreibenden Angehörigen des Mittelstands. Wiederholt wurde auf dessen *Verarmung* hingewiesen. In einem Schreiben des Evangelischen Dekanats an den Oberkirchenrat etwa heißt es: *Die Liebestätigkeit der Kirchengemeinde Tübingen hat sich bis jetzt besonders durch Vermittlung der Ortsgruppe des Ev. Volksbundes vor allem den Angehörigen des verarmten Mittelstandes zugewandt, deren Zahl in Tübingen besonders groß ist.*[48]

Auch Mitglieder des überwiegend mittelständisch strukturierten Gemeinderats machten wiederholt auf die Notlage ihrer Kollegen aufmerksam. So beklagte der der DDP angehörende Gemeinderat Henne, ein führender Vertreter des württembergischen Handwerks: *Bedauerlich sei nur das eine, daß bei den vorgeschlagenen Maßnahmen nur der Ärmsten, nicht aber des ebenfalls notleidenden Mittelstands gedacht worden sei. Der Mittelstand, das Handwerk, werde im bevorstehenden Winter in weitem Maße ohne Arbeit sein.*[49]

Konkursmeldungen häuften sich jetzt auch in der Universitätsstadt. 1928 wurden für das Oberamt acht Konkurse und drei Vergleichsverfahren gemeldet. 1931 waren es bereits zehn Konkurse, sechs Vergleichsverfahren und noch einmal zehn Konkurse, die mangels

Masse gar nicht eröffnet werden konnten.[50] Das Gesamtgewerbekataster, speziell das des Handwerks, das seit 1924 kontinuierlich angestiegen war, ging seit 1930/31 drastisch zurück und war 1933 wieder auf dem Stand von 1924/25 angelangt.[51] Zu den verminderten Aufträgen kam als weitere Belastung eine sinkende Zahlungsmoral. Im Juni sahen sich Gewerbe- und Handelsverein gezwungen, die Bevölkerung dringend aufzufordern, ihre *tägliche(n) Einkäufe und Handwerksrechnungen bar zu bezahlen*.[52] Unter dem Motto *Kaufen kurbelt die Wirtschaft an!* umwarben in mehrseitigen Sonderbeilagen in der »Tübinger Chronik« Geschäfte und Handwerksbetriebe ihre sparsam gewordene Kundschaft.[53]

72 bekannte Tübinger Firmen finanzierten im Juni 1931 erstmals eine vierseitige Beilage des Stuttgarter »NS-Kuriers«.[54] Die erste Seite der Sonderbeilage zierten neben der Schlagzeile *Tübingen im Zeichen des Erwachens* Stadtwappen und Hakenkreuz. Zwischen den traditionellen Werbeslogans renommierter Betriebe wie der Buchhandlung Osiander, dem Spielwarengeschäft Dauth oder dem Gasthaus Hospiz las man auch neue Anzeigentexte. So warb beispielsweise das alteingesessene Schuhhaus Frauendiener: *Ein wahrhafter Deutscher wirft seinen sauren Verdienst nicht in den Rachen der Ausländer. Er kauft nur deutsche Erzeugnisse, deutsche Schuhe!* Und das Café Völter betonte: *NS-Presse liegt auf.* Die letzte halbe Seite der Beilage füllten rabattmarkenartige Bons unter der Devise: *Treue um Treue! Daher nur hier kaufen.* Ausgeschnitten und beim Kauf an der Kasse abgegeben, sollten sie den Geschäftsinhaber darüber aufklären, wem die plötzliche Umsatzsteigerung zu verdanken sei. Deshalb trugen die Bons den Aufdruck: *Ich kaufe bei Ihnen, weil Sie im NS-Kurier inserieren!*

In einem halbseitigen Artikel – *Tübinger an die Front!* – wandte sich Hans Reder an den verängstigten Mittelstand: *Der Nationalsozialismus will verhindern, daß flammende Bauernhöfe, geplünderte kleine Läden, gänzliche Arbeitslosigkeit und offener Staatsbankerott das Symbol eines sterbenden Deutschland sein wird, während die internationale Hochfinanz als lachender Dritter weiter ihre Tresors aus der mitteleuropäischen Sklavenkolonie füllen kann.* Bereits eine Woche darauf erschien eine zweite Folge, diesmal nur mit dem Hakenkreuz, ohne Stadtwappen. Sie sollte, wie Ortsgruppenleiter Baumert in seinem Grußwort betonte, *zeugen(d) von dem Vertrauen, das Tübingen und seine Geschäftswelt dem Nationalsozialismus und seiner Presse entgegenbringt*.[55]

Die besten Chancen, ihren Erfolg vom September weiter auszubauen, boten sich den Nationalsozialisten an der Universität. Im Februar 1931 hatte der Nationalsozialistische Deutsche Studentenbund nur vier Sitze bei den AStA-Wahlen errungen. Ein halbes Jahr später erreichte der *akademische Vortrupp des Nationalsozialismus an der Universität*[56] jedoch schon zehn Sitze und damit ein Drittel aller Mandate. Wieder ein Jahr später ermöglichte das durchgepaukte Listenwahlrecht die absolute Mehrheit mit 53 Prozent für den NSDStB. Von da an wurde die Tübinger Studentenschaft von ihm *einheitlich politisch ausgerichtet*.[57] Lange vor dem 30. Januar 1933 hatten die Nationalsozialisten an der Hochschule die Macht ergriffen.

Wesentlichen Anteil an dem Erfolg hatte Pfarrer Wilhelm Pressel. 1895 geboren, war er nach Studium und Gemeindepfarramt in Nagold 1929 nach Tübingen gekommen, um hier das neugeschaffene Studentenpfarramt und die damit verbundene Klinikseelsorge zu übernehmen. Schon bald gab er die Krankenhausarbeit auf und widmete sich ganz der Arbeit mit den Studenten, die ihm viel Anerkennung einbrachte. Der Weltkriegsoffizier, der sich selbst als *deutschnationalen, kaisertreuen Offizier* beschrieb, antwortete rückblickend auf die Frage, was ihn bewogen habe, sich für die NSDAP zu engagieren: *Die Studenten! [...] Ich habe gut besuchte Bibelstunden gehabt und Vorträge. Die Studenten sind in Scharen gekommen, damals – und dann haben sie mich solange bearbeitet, ich solle ihnen helfen. Sie hatten auch ihre Vorbehalte gegen die Partei. Und sie waren der Meinung, wenn ich bei ihnen bleibe, dann bleibt ihre ganze Sache auf einer vernünftigen Linie. Worin wir uns getäuscht haben, nachher, nicht wahr? – Die Studenten haben mir keine Ruhe gelassen, bis ich Ja gesagt habe.*[58]

Der beliebte Studentenpfarrer, dessen Kurzandachten in der Hochschule großen Anklang fanden, hatte einige Tage vor den AStA-Wahlen im Juli 1931 *die Frage, die in der Studentenschaft zur Zeit am lebhaftesten erörtert wird, den Nationalsozialismus*, aufgegriffen und zum Thema einer Versammlung gemacht. Die »Tübinger Chronik« begrüßte diese Auseinandersetzung um *Christentum und Nationalsozialismus* als *mutiges Unternehmen*.[59] Im Anschluß an den Vortrag war eine *offene Aussprache* angekündigt. In ihr zerstreute Pressel die von kirchlicher Seite geäußerten Zweifel an der Glaubwürdigkeit der Nazis, indem er das *christliche Anliegen* der Partei hervorhob. Trotz eigener Skepsis, die er vor allem gegenüber den Gedankengängen Rosenbergs anmeldete, forderte er dazu auf, den Nationalsozialismus und dessen Bekenntnis zu einem »positiven Christentum« ernstzunehmen: *Wir müssen darüber wachen, daß sich nicht die neuerwachte Volksbewegung und die evangelische Kirche verfehlen, wie sich die Arbeiterbewegung und die evangelischen Wähler einst verfehlt haben.*[60]

Pressel, der erst im folgenden Oktober Parteimitglied wurde, spiegelt in seinem Verhalten deutlich das Dilemma der evangelischen Landeskirche. Auf der einen Seite erkannte sie die Problematik der NS-Bewegung. Auf der anderen Seite aber schien ihr der Nationalsozialismus die Rettung von Freidenkertum, Gottlosenbewegung und Bolschewismus zu versprechen und die Möglichkeit zu bieten, über eine völkische Religiosität wieder jene Kreise zu erreichen, die der Kirche entfremdet waren.[61] Über der Frage, ob die erhofften Vorteile überwiegen könnten, brachen Gräben auf. Pressel fand mit seinem Engagement für die NSDAP keineswegs nur Zustimmung. Im Frühjahr 1932 antwortete er einem Volksdienst-Pfarrer, der sein Eintreten für den NS-Pfarrerbund kritisiert hatte: *Weil ich das alles zu sehen glaube und mich tief in der Schuld weiß, weil ich mich verpflichtet weiß: pro iuventute!, weil ich tief davon durchdrungen bin, daß wir dieser Bewegung, in der so viel Gutes und Gesundes steckt, wenn irgend einer, das Christentum, aber unverkürzt, schuldig sind, darum habe ich mich dieser Bewegung (in voller Einsicht in die Schwierigkeiten und die sich daraus in meinem Amt ergebenden Belastungen) angeschlossen. Ich bin gewiß, daß diese Bewegung aus tieferen, den tiefsten Quellen schöpfen muß, soll sie nicht versanden, mit einer ungeheuren Enttäuschung und einer in ihren Folgen nicht auszudenkenden Verzweiflung enden. Und darum, darum müssen m. E. Christen an die Front.*[62]

Betrachtet man das Echo, das die Nationalsozialisten seit der Septemberwahl 1930 in Tübingen fanden, so ist ganz offensichtlich, daß im Verlauf des Jahres 1931 nicht mehr nur Randgruppen, wie in den zwanziger Jahren, sondern bereits integrierte soziale Gruppen, Angehörige des selbständigen Mittelstands wie des Bildungsbürgertums, zu einer Tolerierung, ja zu einer offenen Unterstützung der NSDAP bereit waren.[63] Einzig die organisierte Arbeiterschaft, die freilich auch die Zielscheibe nationalsozialistischer Angriffe bildete, hatte das Wahlergebnis der NSDAP im September 1930 als Zeichen einer ernsthaften Bedrohung der Republik begriffen. Sie beschloß im Dezember 1930, offensiv zu werden und *zur Verteidigung der in langen Jahren erkämpften Errungenschaften der Arbeiterschaft dem Faschismus eine Abwehrorganisation entgegenzustellen*[64], wie es der Gewerkschaftsvorsitzende Tübingens, Otto Koch, auf einer Sitzung von SPD, Gewerkschaften und Turnerbund forderte. Doch die Bemühungen, SPD und KPD zu einem gemeinsamen antifaschistischen Kampf zu führen, scheiterten auch in Tübingen an ideologischen Differenzen. Sie ließen keine gemeinsame Einschätzung der Lage und noch viel weniger ein gemeinsames Vorgehen gegen die von beiden Arbeiterparteien erkannte Gefahr zu. Denn während die Sozialdemokratie die Demokratie verteidigte, lehnte die KPD, die bereits in den Brüningschen Notverordnungen faschistische Politik verwirklicht sah, jegliche Verteidigung des bestehenden Systems ab.

Dezember 1931: »Das Bürgertum hat sich den Rechtsparteien zugekehrt«

Im Herbst 1931 stieg die Zahl der Erwerbslosen erneut. Im November kamen im Bezirk Reutlingen-Tübingen auf 1000 Einwohner 24 Hauptunterstützungsempfänger. Doch markiert diese Zahl nur die Spitze eines Eisbergs, da die offizielle Erwerbslosenstatistik weder mithelfende Familienangehörige noch grundbesitzende Weingärtner, stellenlose Jugendliche und über sechzig Jahre alte Arbeitslose erfaßte.[65]

Unterdessen formierten sich in Bad Harzburg DNVP und NSDAP sowie die paramilitärischen Verbände der Rechten zur Nationalen Opposition. In diesen Höhepunkt der reichsweiten politischen Unruhen fiel der württembergische Wahlkampf für die Kommunalwahl am 6. Dezember, bei der nach den Vorschriften der Württembergischen Gemeindeordnung nur die Hälfte des Gemeinderats neu gewählt wurde.[66] Alle Parteien entfalteten dabei eine ungewohnte Aktivität. Heftiger als alle anderen agitierten KPD und NSDAP, die zum ersten Mal Kandidaten für den Gemeinderat aufgestellt hatten. Die Bewerber der NSDAP entstammten dem Mittelstand, aber auch unter den Kandidaten der KPD waren nicht nur Lohnabhängige.[67] Besonderen Wirbel rief ein Flugblatt der Tübinger KPD hervor, das die Forderung verbreitete: *Auch in Tübingen müssen Kommunisten aufs Rathaus. [...] und die Korruptionswirtschaft und die »Hintertüren«politik auf dem Rathaus und in den Bürgerversammlungen entlarven.*[68]

Die neun Programmpunkte[69], die der NS-Kandidat Rechtsanwalt Max Stockburger, am 28. November im »Museum« aufstellte, gipfelten ebenfalls in einer Floskel: *Die Gemeinde-*

*ratswahl muß zeigen, daß es im seitherigen Kurs nicht mehr weitergehen kann.* Doch die zur Verwirklichung der in Punkt 2 geforderten *äußersten Sparsamkeit* aufgeführten Sparvorschläge waren weder neu noch realistisch. Deutlich spricht aus ihnen der Vorsatz, keine der angesprochenen Wählergruppen vor den Kopf zu stoßen. Statt dessen stellte die Partei mit den Punkten: *Nachprüfung der Einstufung der städtischen Beamten – öffentliche Behandlung sämtlicher Sitzungsangelegenheiten im Gemeinderat – Rechenschaftsberichte seitens der Stadtverwaltung über Bau und Betrieb des Kraftwerks Tübingen-Herrenberg* Forderungen auf, die Mißtrauen gegenüber dem bisherigen Gemeinderat säen und das Vertrauen in die Stadtverwaltung untergraben sollten. Von den auf der nationalen Welle und dem autoritären Kurs mitschwimmenden rechten Parteien bekam die NSDAP Wahlhilfe. *Die treuesten und wertvollsten Bundesgenossen des Nationalsozialismus würden wir sein*, versprach der Kandidat der DNVP. *Wenn deren [NSDAP] junge Kraft gebändigt werde, dürfte das mit ihr die richtige Mischung geben zum dritten freien deutschen Reich.*[70] Von dieser Haltung aus war der Schritt zur gemeinsamen lokalen Aktion nicht mehr groß. Am 21. November reichten Karl Jäger, Vertrauensmann der DNVP, und Helmut Baumert, Ortsgruppenleiter der NSDAP, beim Wahlvorstand eine Erklärung über die Verbindung ihrer beiden Wahlvorschläge ein.[71] Auch die im Mittelstandskartell zusammengeschlossenen Gewerbe- und Handeltreibenden ließen es sich nicht nehmen – nachdem ihr Wunsch nach einer eigenen Kandidatenliste vom Oberbürgermeister abgelehnt worden war[72] –, an erster Stelle einen Kandidaten der NSDAP zu empfehlen. Friseurmeister Hans Keck spielte eine führende Rolle im Gewerbeverein, dessen Vorsitzenden er im Frühjahr 1932 ablöste. Mit 112 Stimmen setzte ihn das Mittelstandskartell vor dem demokratischen Bäckermeister Friedrich Schwägerle (106 Stimmen) und dem deutschnationalen Güterbeförderer Jakob Schneider (104 Stimmen) auf den ersten Platz seiner Liste.[73]

Die Übereinstimmung des mittelständischen Ideals von einer Gesellschaft, in der dem Mittelstand eine zentrale Bedeutung zukam, mit den ständischen Wirtschaftsvorstellungen der NSDAP hatte in der Universitätsstadt den Brückenschlag von den etablierten liberalen Parteien zur anfangs wegen ihrer sozialistischen Parolen mit Argwohn betrachteten NS-Bewegung ermöglicht. Personelle Verflechtungen zwischen wirtschaftlichen und parteipolitischen Organisationen, wie sie das Mittelstandskartell herstellte, ebneten den Weg.

Die letzten Tage des Kommunalwahlkampfes und der Wahltag selbst verliefen ruhig, was dem vom Innenministerium ausgesprochenen Verbot von Versammlungen unter freiem Himmel zuzuschreiben war. Hauptgewinner des 6. Dezember waren die Nationalsozialisten. Sie erhielten 23,3 Prozent der Stimmen. Das entsprach einem rund zehnprozentigen Zuwachs gegenüber den letzten Reichstagswahlen und bescherte den Tübingern vier NSDAP-Gemeinderäte.

Ergebnis der Gemeinderatswahl vom 6. 12. 1931 (9. 12. 1928):[74]

|          | NSDAP  | DNVP   | DDP     | SPD    | Zentrum | CSVD   | DVP*   | KPD  |
|----------|--------|--------|---------|--------|---------|--------|--------|------|
| Stimmen: | 21737  | 9198   | 5887    | 3210   | 2255    | 1895   | 2544   | 1898 |
|          | –      | (8440) | (16575) | (6338) | (5379)  | (1844) | (3010) | –    |
| Sitze:   | 4      | 3      | 2       | 1      | 1       | 1      | 1      | 1    |
|          | (0)    | (3)    | (4)     | (2)    | (2)     | (1)    | (2)    | (0)  |

\* Die DVP hatte 1931 gemeinsam mit der Volkrechtspartei einen Kandidaten aufgestellt.

Nicht auf Kosten der Sozialdemokraten oder Kommunisten, wie im Verlauf des Wahlkampfs vielfach vermutet worden war, sondern fast ausschließlich zu Lasten der bürgerlichen Parteien, speziell der liberalen, war der NSDAP der erstrebte Einbruch in das Gemeindeparlament gelungen. Die Stimmen der SPD sanken um 6,5 auf 11,5 Prozent. Sie kamen vermutlich der KPD zugute, die um knapp 4 Prozent auf 6,8 Prozent anstieg und erstmals einen Vertreter aufs Rathaus schicken konnte. Die bürgerlichen Parteien – DDP, DVP und DNVP – verloren zusammen 22,3 Prozent. Dabei war der prozentuale Verlust der DNVP, die deutlich von der Wahlverbindung mit der NSDAP profitiert hatte, am geringsten. Zusammen mit der NSDAP erreichte sie 41,3 Prozent der Stimmen, was in absoluten Zahlen sogar einen knappen Stimmenanstieg bedeutete. Die meisten Wähler mußte die Demokratische Partei abgeben. Sie schrumpfte um mehr als die Hälfte auf knapp 13 Prozent zusammen. Die NSDAP hatte sie vom ersten Rang in der Tübinger Wählergunst auf den dritten verwiesen. Der DVP erging es nicht besser. Auch sie sank von 16,2 auf knapp 8 Prozent. Selbst das Zentrum mußte einen dreiprozentigen Stimmenrückgang hinnehmen. Neben NSDAP und KPD konnte lediglich der Christliche Volksdienst Wähler hinzugewinnen. *Das Bürgertum hat sich den Rechtsparteien zugekehrt,* so zog die »Chronik« ihr Resümee.[75]

1932: »Das Jahr der Entscheidung«

Vom Erfolg im Dezember ermutigt, begann die Tübinger NSDAP das neue Jahr mit großem Elan.[76] Fünfmal wurde die Bevölkerung Tübingens zur Wahlurne gebeten, und fünfmal folgte sie dieser Aufforderung mit einer Wahlbeteiligung, deren Höhe vor allem dem propagandistischen Einsatz der NSDAP zuzuschreiben war.[77] Höhepunkte ihrer spektakulären Aktionen bildeten die Flüge des von einer Wahlkampfrede zur anderen eilenden Parteiführers. Die Symbolhaftigkeit dieses Bildes ließen sich die Propagandisten nicht entgehen: »Hitler über Deutschland«. Mit diesem Schlagwort verknüpften sie die technische Neugier für das noch ungewohnte Verkehrsmittel mit den mythischen Vorstellungen von der außerirdischen Fähigkeit des Fliegens, um beides auf die Person Adolf Hitlers zu projizieren.

Im Februar 1932 erreichten die Auswirkungen der Weltwirtschaftskrise in Deutschland mit mehr als sechs Millionen Arbeitslosen ihren Höhepunkt. Auch in Württemberg kulminierte die Krise. Die Zahl der Arbeitslosen und Kurzarbeiter erreichte unbekannte Höhen.

Im Oktober 1932 kamen auf 1000 Württemberger durchschnittlich 6 Hauptunterstützungsempfänger, 10 Krisenunterstützungsempfänger und 11 Wohlfahrtserwerbslose. Im Reichsdurchschnitt sah das Verhältnis noch ungünstiger aus.[78] Für die erste Februarhälfte meldete das Arbeitsamt Reutlingen mit 7365 Männern und 1521 Frauen den Höchststand an Erwerbslosen. 33 Hauptunterstützungsempfänger kamen auf 1000 Einwohner des Bezirks.[79] In diese Krisensituation fiel die Wahl des Reichspräsidenten. Den fast 85jährigen Paul von Hindenburg – sieben Jahre zuvor vom rechten Lager gewählt – präsentierten nun die republikanischen Parteien, seine ehemaligen Gegner, und die Deutsche Volkspartei als gemeinsamen Kandidaten, während die NSDAP Adolf Hitler aufstellte. Die DNVP einigte sich mit dem Bund der Frontsoldaten auf den Stahlhelmführer Theodor Duesterberg, und die KPD nominierte erneut Ernst Thälmann. Bereits Ende Januar setzten in Tübingen die Vorbereitungen für die Wahl ein, die am 13. März stattfinden sollte.

Die radikalen Parteien beteiligten sich von Anfang an mit Flugblättern rege an dem erneuten Wettbewerb um die Wählergunst.[80] *Vom Führer [...] bis zum letzten SA-Mann hat sich die ganze Partei an der Vorbereitung und Durchführung des Wahlkampfes beteiligt. [...] Ohne Zweifel hat jeder einzelne Nationalsozialist den Sieg Hitlers für immerhin möglich gehalten, ein psychologisch bedeutsames Moment, das die gläubige Leidenschaft erklärt, mit der von Seiten der NSDAP geworben und gekämpft worden ist,* hieß es im Geheimen Polizeibericht für Württemberg.[81] Der Aufwand kam nicht von ungefähr; der NSDAP-Kandidat mußte gegen einen Mann antreten, der zum nationalen Mythos geworden war. Der greise und verehrte Generalfeldmarschall verkörperte den im Bürgertum weit verbreiteten Wunsch nach einer über dem »Parteienhader« stehenden Autorität. In einem Wahlaufruf des Tübinger »Hindenburg-Ausschusses« hieß es: *[...] Wir haben in Deutschland einen Mann, der in Zeiten größter Not der Retter unseres Vaterlandes wurde, an dessen Vaterlandsliebe und überragenden Führergabe nicht gezweifelt werden kann [...]. Nicht nur aus Dankbarkeit wollen wir ihn weiterhin zum Führer küren, sondern weil wir in unserem Volk keinen Besseren, keinen Bewährteren haben, keinen, der so über den Parteien steht.*[82] Für die Nationalsozialisten war es nicht leicht, gegen soviel Bewunderung und Autorität anzukommen. Sie mußten eine Taktik entwickeln, die es vermied, die allgemeine Verehrung für den »Retter von Tannenberg« zu verletzen. Deshalb erklärte der Redner in der ersten NSDAP-Veranstaltung des Tübinger Wahlkampfes: *Die Nationalsozialisten sind keine Gegner Hindenburgs, aber sie wollen nicht, daß durch die Wiederwahl Hindenburgs Brüning weiter im Amt bleibt.*[83]

Der Wahltag verlief ruhig. Nur die Nationalsozialisten bemühten sich noch um die Wähler. Erstaunt registrierte die »Tübinger Zeitung«, daß sie selbst vor den Wahllokalen Plakate aufgestellt hatten.[84] Dennoch war das Ergebnis für die Hitler-Anhänger enttäuschend. Mehr als die Hälfte (56,6 Prozent) der Wähler hatte sich für Hindenburg ausgesprochen, knapp 11 Prozent für Duesterberg, 5,6 Prozent für Ernst Thälmann und 2 Prozent für den Kandidaten der Inflationsgeschädigten.[85] Ihr hochgestecktes Ziel hatte die NSDAP zwar mit 26,7 Prozent der Stimmen nicht erreicht, aber dennoch ihr Ergebnis von der Gemeinderatswahl im Dezember zuvor (23,3 Prozent) ausbauen können.

Im Reich stimmten nur 49,6 Prozent für Hindenburg. Daher war ein weiterer Wahlgang erforderlich, für den nur noch die einfache Mehrheit vorgeschrieben war. Erneut begann der Schlagabtausch. Zwar war es für die NSDAP kaum möglich, ihre Propaganda noch zu steigern, dennoch brachte sie es in den knapp vier Wochen bis zum zweiten Wahlgang am 10. April zu einem beachtlichen Aufgebot an Veranstaltungen und Reden. Als Hitler am 9. April auf dem Weg zu einer Wahlkundgebung in Schwenningen Tübingen passierte, standen viele Neugierige und begeisterte Anhänger stundenlang auf der Straße, um den im blumengeschmückten Wagen Vorbeifahrenden zu begrüßen.[86]

Wie nicht anders zu erwarten war, veränderte der zweite Wahlgang die Entscheidung vom 13. März kaum. Hindenburg gewann in Tübingen noch fünf Prozent (300) der Stimmen hinzu. Besonders auffällig daran war der hohe Anteil an Hindenburg-Wählern in typischen Arbeitervierteln.[87]

| Wahl | Wahlbtg. | Hindenburg | Hitler | Duesterberg | Thälmann | Winter |
|---|---|---|---|---|---|---|
| 13.3.1932 | 80,7% | 56,6% | 26,6% | 10,9% | 5,6% | 1,9% |
| 10.4.1932 | 76,5% | 61,7% | 34,2% | – | 4,1% | – |

Auch Hitler schnitt gut ab. Offenbar war es ihm gelungen, die Duesterberg-Wähler für sich zu gewinnen. Nun erschien er als der einzige ernsthafte Gegenspieler Hindenburgs. Der Kampf um die Besetzung des Reichspräsidentenamts ging unmittelbar in den württembergischen Landtagswahlkampf über. Die Einigkeit, mit der die republikanischen Parteien eben noch Hindenburg unterstützt hatten, war allerdings bei der Landtagswahl am 24. April vergessen. Deutlich machte sich bei allen Parteien die Beanspruchung durch die vorausgegangenen Wahlen bemerkbar. Nur die NSDAP zeigte noch immer ungebrochene Aktivität. Drei Tage waren seit der Reichspräsidentenwahl vergangen, da verkündete sie ihren Anhängern schon wieder: *Unser Kampf geht weiter!*[88] Unterstützt wurde sie dabei von Parteiprominenz aus dem Reich, beispielsweise dem ersten nationalsozialistischen Minister, dem Innen- und Volksbildungsminister Thüringens, Wilhelm Frick. Hauptaussagen aller ihrer Redner waren auch diesmal die mittlerweile bekannten Schuldzuschreibungen und Kampfansagen an das *System*.[89] Heftig attackierten sie neben der Politik Brünings vor allem die seines württembergischen Parteifreundes Eugen Bolz. Dabei kamen der NSDAP die im protestantischen Tübingen reichlich vorhandenen konfessionellen Vorbehalte gegenüber dem Zentrum zugute.

Das Jonglieren mit konfessionellen Vorurteilen[90] ermöglichte nicht nur ein Ausnützen der antikatholischen Ressentiments. Es eröffnete gleichzeitig auch die Chance, sich vom Christlich-Sozialen Volksdienst abzusetzen, den ein Rundschreiben des württembergischen NS-Pfarrerbundes als *christlichen Handlanger der Systemparteien* diffamierte.[91] Auch in Tübingen wurde ein von Gauleiter Murr verfaßtes Flugblatt verteilt, das zehn *Volksdienstlügen* entlarven sollte. Darin warfen die Nationalsozialisten dem Christlichen Volksdienst vor allem vor, *durch seine Duldung des gegenwärtigen Systems mitverantwortlich zu sein, daß die sittlich-seelische Verschmutzung unseres Volkes durch die Judenjournaille, Kino, Theater, Rundfunk ungestraft geschehen darf.*[92]

Der Wahlkampf der übrigen Parteien unterschied sich nicht wesentlich von den vorhergegangenen. Bei den Parteien der Rechten, teilweise auch der Mitte, herrschte der Versuch vor, sich an die allgemeine Tendenz anzuschließen und mit dem mutmaßlichen Gewinner der Wahl zu arrangieren. Sowohl der Christlich-Soziale Volksdienst, als auch die zur Bürgerlichen Einheitsfront zusammengeschlossenen Volksparteiler, Volkskonservativen und Wirtschaftsparteiler betonten ihre Gemeinsamkeiten mit dem Nationalsozialismus. Der Redner der Deutschnationalen äußerte offen den Wunsch nach Zusammenarbeit trotz der Bedenken seiner Partei gegenüber den *sozialistischen Komponenten* der nationalsozialistischen Wirtschaftsauffassung.[93]

Die Argumentation der SPD, die seit 1928 als stärkste Fraktion im württembergischen Landtag opponierte, richtete sich klar gegen die NSDAP. In der einzigen öffentlichen Wahlveranstaltung, die sie in Tübingen abhielt, verurteilte ihr Landtagsabgeordneter, der ehemalige württembergische Kultminister Berthold Heymann, den politischen Stil der Nationalsozialisten als Demagogie. Sie versprächen allen alles und lebten von der Ausbeutung der nationalen und außenpolitischen Probleme. An der Führungsqualität des nationalsozialistischen Parteivorsitzenden meldete er generelle Zweifel an: *Die Propaganda ist bei ihm alles, das grundsätzliche Ziel garnichts.*[94] DDP und Zentrum führten die föderalistische Struktur der Republik und die spezifischen Eigenarten Württembergs gegen die Einheitsbestrebungen der Nazis ins Feld. *Was geht Hitler uns in Württemberg an?* fragte der Landtagsabgeordnete der Tübinger Demokraten, Johannes Fischer.[95]

Das kurz zuvor reichsweit erlassene Verbot von SA und SS sowie die Verschärfung der Strafen für politische Vergehen sorgen für einen ungewöhnlich ruhigen Wahlkampf. Lediglich am Wahltag selbst verursachte eine von Unbekannten am Stiftskirchenturm hochgezogene Fahne mit Hammer und Sichel einiges Aufsehen. Doch noch vor Beginn des Vormittagsgottesdienstes holte ein Mitglied der NSDAP das Zeichen des Anstoßes herunter, wofür ihm der Kirchengemeinderat mit einer *Ehrengabe* dankte.[96] Die Wahl brachte den Tübinger Nationalsozialisten einen weiteren Erfolg. 3332 Tübinger – nahezu 34 Prozent – hatten am 24. April 1932 für die Partei Hitlers gestimmt, die damit als Siegerin aus dem Wahlkampf hervorging. Gegenüber dem zweiten Durchgang der Reichspräsidentenwahl mußte sie zwar einen Verlust von 440 Stimmen hinnehmen. Dieser verblaßte aber angesichts der Tatsache, daß sie seit den letzten Landtagswahlen rund 3000 Stimmen hinzugewonnen hatte.[97]

| in Prozent | Wahlbtg. | SPD | Zentrum | BWB | DDP | KPD | DNVP | DVP | CSVD | NSDAP | Sonstige |
|---|---|---|---|---|---|---|---|---|---|---|---|
| Tübingen | 68,4 | 11,9 | 12,4 | 0,64 | 6,7 | 4,6 | 11,6 | 9,6 | 5,8 | 33,8 | 3,0 |
| Württ. | 70,4 | 16,6 | 20,5 | 10,7 | 4,8 | 9,4 | 4,3 | 1,6 | 4,2 | 16,4 | 1,6 |

Dieser Zuwachs bedeutete für die örtliche Parteileitung einen *Bombenerfolg*, wie die »Chronik« tags darauf kommentierte. Auch im Land war die NSDAP eindeutige Gewinnerin der Wahl. Von 1,9 Prozent 1928 war ihr Anteil auf 16,4 Prozent gestiegen.[98] Das Zentrum vereinte in Württemberg 20,4 Prozent der Stimmen auf sich. In Tübingen erhielt es mit 1218 Stimmen 12,4 Prozent, was im Vergleich zur letzten Landtagswahl einen Gewinn von nahezu 500 Stimmen bedeutete. Damit hatte es sich, nach dem überraschenden Rückgang im Jahre 1928, wieder auf seine gewohnte Zahl eingependelt. Die meisten Stimmen mußten wieder die liberalen Parteien abgeben. In Scharen hatten sich die Wähler von der DDP ab- und der NSDAP zugewandt. Über 2000 Stimmen verlor die einst so starke Demokratische Partei in der angeblichen Hochburg der Demokratie. Statt der 31,4 Prozent von 1928 hatte sie gerade 6,7 Prozent, in absoluten Zahlen 661 Stimmen, halten können. Landesweit schnitt sie noch schlechter ab. Dort blieben ihr lediglich 4,8 Prozent.[99]

Neben dem allgemeinen Radikalisierungsprozeß, der die liberale Mitte auszehrte, machte sich in dem hohen Verlust der Tübinger Demokraten auch der Umstand bemerkbar, daß zwei prominente lokale DDP-Mitglieder sich für eine Kandidatur nicht mehr zur Verfügung gestellt hatten. Der ehemalige Fraktionsvorsitzende im württembergischen Landtag, Adolf Scheef, hatte auf die erneute Übernahme des Mandats verzichtet, weil seine Aufgaben als Stadtvorstand ihm *infolge der großen Not unserer Zeit* für den Landtag zu wenig Zeit ließen.[100] Ein gutes Stück Verärgerung über den Rechtsruck seiner Partei mag hinzugekommen sein.[101] Otto Henne, der andere Tübinger Landtagsabgeordnete der DDP, kandidierte dagegen nicht mehr, weil er bereits im März 1932 seine Parteizugehörigkeit gelöst und eine Parteineugründung als Zusammenschluß des gewerblichen Mittelstandes auf berufs-ständischer Basis betrieben hatte.[102] Die Sozialdemokratie, deren Anteil landesweit von 23,8 Prozent auf 16,6 Prozent gefallen war, sank in Tübingen von einem 15prozentigen Anteil mit rund 120 Minus-Stimmen auf 11,9 Prozent herab. Die KPD dagegen verdoppelte ihr Ergebnis und erfaßte mit 458 Stimmen rund 4,5 Prozent der Tübinger Wähler. Die Vermutung liegt auf der Hand, daß ehemalige SPD-Wähler zu diesem Ergebnis beigetragen haben, weil sie die Tolerierungspolitik gegenüber Brüning, zu der sich die SPD angesichts einer die Arbeitsfähigkeit des Reichstages bedrohenden negativen Mehrheit der radikalen Parteien gezwungen sah, nicht mitmachen wollten.

Insgesamt bedeutete das Wahlergebnis vom 28. April eine deutliche Absage an die bisherige württembergische Regierung und ein entschiedenes Votum für die NSDAP. *Das ist ein deutlicher Fingerzeig dafür,* kommentierte die »Chronik«, *daß große Volksteile diese Partei zur Verantwortung herangezogen wissen wollen, daß also eine Rechtsregierung gebildet werde.*[103] Die württembergischen Regierungsparteien (Zentrum, DNVP, DDP) teilten diese Ansicht und hielten sich für Koalitionsverhandlungen mit der NSDAP bereit.[104] Da sie aber nicht bereit waren, den Nationalsozialisten mit den geforderten Posten des Staatspräsidenten und des Innenministers die Schalthebel der Macht zu überlassen, scheiterten die Verhandlungen schon bald. Daraufhin setzte das bisherige Kabinett seine Tätigkeit als geschäftsführende Regierung fort. In den Stuttgarter Halbmondsaal, in dem seit 1929 nur ein Nationalsozialist agitiert hatte, zogen nun 23 Abgeordnete im Braunhemd ein. Unter dem Schutz des neugewählten nationalsozialistischen Landtagspräsidenten führten sie die Arbeit des Parlamentes ad absurdum.[105]

In Tübingen atmete man nach dieser Wahl erst einmal auf in der Hoffnung, daß der Wahlkampfrummel vorbei sei. Erschöpfung machte sich bei allen Parteien bemerkbar.

Doch es gab nur eine kurze Atempause. Am 30. Mai entzog Hindenburg seinem Reichskanzler das Vertrauen. *Kabinett Brüning endlich zurückgetreten!*[106] triumphierte tags darauf die »Tübinger Zeitung«. Der Reichspräsident beauftragte den ehemaligen Abgeordneten des preußischen Landtags und Kavallerieoffizier Franz von Papen – einen *deutschnationalen Grenzgänger des Zentrums*[107] – mit der Bildung einer neuen Regierung. Um Hitler zur Tolerierung seines Kabinetts zu gewinnen, ließ Papen bereits am 16. Juni das SA- und SS-Verbot vom 13. April per Notverordnung aufheben. Dieser Schritt öffnete der militanten parteipolitischen Auseinandersetzung erneut die Straße und der NSDAP ihren effektivsten Agitationsraum. Das erwies sich als besonders verhängnisvoll, da der Reichstag aufgelöst und Neuwahlen erst für den 31. Juli ausgeschrieben wurden. Der bald darauf einsetzende Wahlkampf nahm in vielen Teilen des Reichs bürgerkriegsähnliche Ausmaße an. Allein in Preußen gab es während dieser Wochen 99 Tote und Tausende von Verletzten. Höhepunkt der Gewalttätigkeiten bildete der sogenannte Blutsonntag von Altona.[108]

Auch in Tübingen eskalierte die Auseinandersetzung zum erbittertsten Wahlkampf der gesamten Weimarer Epoche. Als sich die Nationalsozialisten ins »rote Lustnau« wagten, sahen sie sich einer Übermacht politischer Gegner und feindlicher Schaulustiger gegenüber, *die dem Demonstrationszug mit Kampfliedern, Pfiffen und Pfuirufen begegneten.*[109] Es blieb nicht bei verbalen Unmutsäußerungen. Die gut organisierten Lustnauer Arbeiter[110] wehrten sich gegen die provozierende Demonstration der Nazis in ihrem Dorf. Es kam zu Schlägereien und Verhaftungen.[111] Wenige Tage später druckte die »Chronik« einen Brief des Lustnauer Ortsgruppenleiters der NSDAP, Pfarrer i. R. Karl Schwab, ab. Er gestand ein, daß die Demonstration zu einem Fiasko für die Nationalsozialisten geworden war und beklagte sich bitter über den *Straßenterror* der Eisernen Front.[112]

In der Universitätsstadt konnte die NSDAP den Besuch des Prinzen August-Wilhelm von Preußen ankündigen. Der Abend wurde ein großer Erfolg. Wirkungsvoll appellierte der Redner im *schlichten Braunhemd*[113] an die noch lebhaften Sympathien für das einstige Kaiserhaus. Trotz relativ hoher Eintrittspreise[114] füllte der Prinz sämtliche Säle des »Museums« mit mehr als 4000 Zuhörern. Für viele machte er die nationalsozialistische Veranstaltung salonfähig. Diese Zuhörer sprach *Prinz Au-Wi* gleich zu Beginn seiner Rede als seine *privaten Gäste* an: *Und wenn Sie nun immer noch zu fein sind, zu uns zu kommen, sage ich Ihnen, ich, der Prinz von Preußen, habe mich freiwillig dem kleinen Gefreiten aus dem Weltkrieg untergeordnet, obwohl ich Oberst war in der alten Armee und bis zu meinem Tode bleibe ich Sohn eines deutschen Kaisers. Ich bin nicht zu fein, was braucht Ihr dann für Hemmungen zu haben als Bürger, die Ihr feige seid, Euch zu bekennen.*[115] Begeistert applaudierten die Tübinger diesem Vorbild an Unterordnung. Der »NS-Kurier« beobachtete: *Begeisterung und eine Siegeszuversicht, wie dies in der früher so verspießerten Demokratenstadt noch nie der Fall gewesen war.*[116] An dem allgemeinen Jubel konnten auch die Kommunisten, die mit der »Internationale« auf den Lippen in den Garten des Veranstaltungsgebäudes eindrangen, nichts ändern. Siegesbewußt meldete der »NS-Kurier«: *Eine neue Stellung ist erobert, wir werden auch in Tübingen nicht ruhen, bis die alte Universitätsstadt endgültig unser ist. Heil!*[117]

Zwei Tage später füllte ein anderer prominenter Redner der NSDAP erneut die Säle des »Museums«: Der württembergische Landtagspräsident Christian Mergenthaler. Den absoluten Höhepunkt dieses Wahlkampfs bildete jedoch die Rede Adolf Hitlers im benachbarten Reutlingen, der einzigen württembergischen Stadt, in der er während dieser Kampagne sprach. 25 000 Zuhörer hatten sich für dieses Ereignis 48 Stunden vor der Wahl auf der Reutlinger Rennwiese eingefunden.[118] Bei einer solchen Massenveranstaltung waren Zusammenstöße zwischen Hitleranhängern und ihren politischen Gegnern unvermeidlich. Sie beschäftigten die Reutlinger Schutzpolizei bis weit in die Nacht.[119]

Angesichts der Bedrohung der Republik von rechts wurde die Forderung nach einer gemeinsamen antifaschistischen Abwehr immer dringlicher. Doch die Erfüllung dieses Wunsches bereitete erhebliche Schwierigkeiten. Auch in Tübingen gab es zwei antifaschistische Selbstschutzverbände, die neben-, ja gegeneinander arbeiteten.[120] Im November 1930 hatte die württembergische KP-Leitung die Gründung eines Kampfbundes gegen den Faschismus angeordnet. Im Mai darauf hatten sich bereits 95 Ortsgruppen gebildet, darunter auch eine in Tübingen.[121] Im Dezember 1931 zogen die Sozialdemokraten mit der »Eisernen republikanischen Front zur Abwehr des Faschismus« nach, kurz Eiserne Front genannt. Von einer Zusammenarbeit der beiden Organisationen war vorerst nichts zu merken. Als ein Komitee der Antifaschistischen Aktion *alle Arbeiter, alle Antifaschisten, gleich welcher Organisationszugehörigkeit* für den 10. Juli zu einer Massendemonstration gegen den Faschismus aufrief, beeilte sich die Tübinger Kampfleitung der Eisernen Front zu erklären: *Mit der am Sonntag stattfindenden Demonstration gegen den Faschismus hat die Eiserne Front nichts zu tun. Hinter dem Namen »Komitee der Antifaschistischen Aktion« verbirgt sich lediglich die Kommunistische Partei.*[122] Zu der ursprünglich als Konkurrenzveranstaltung der Eisernen Front konzipierten *Massenkundgebung* luden dann aber Antifaschistische Aktion und Eiserne Front gemeinsam ein. *In Tübingen ist demnach für die kommende Wahl die gemeinsame Front der Linksparteien Tatsache geworden und daraus zu erklären, daß die nationalsozialistische Bewegung hier außerordentlich stark und lebhaft ist,* teilte die Polizeidirektion dem Württembergischen Innenministerium mit.[123]

Tatsächlich machte die Erfahrung realer Ohnmacht gegenüber den zunehmenden Übergriffen der Nationalsozialisten die lokale Zusammenarbeit der Arbeiterparteien – trotz aller bestehenden Differenzen – möglich.[124]

Immer öfter mußte die Polizei eingreifen, um den ungestörten Verlauf von Veranstaltungen zu gewährleisten oder Gegner zu trennen.[125] Als die antifaschistischen Formationen beider Arbeiterparteien gemeinsam in Tübingen auftraten, bewahrten die nationalsozialistischen Störtrupps jedoch respektvollen Abstand. Es sprach der *weit über die Arbeiterschaft hinaus bekannte und beliebte Kämpfer für Recht und Freiheit*[126], der ehemalige Sozialdemokrat und Meersburger Stadtpfarrer Erwin Eckert, dessen Übertritt zur KPD im Herbst 1931 großes Aufsehen verursacht hatte. Seit Eckerts Engagement für die Fürstenenteignungskampagne 1926 war der Vorsitzende der Religiösen Sozialisten den Tübingern kein Unbekannter.[127] Etwa 1200 Zuhörer – die Nationalsozialisten mußten auf Anweisung ihrer Ortsgruppenleitung die Veranstaltung meiden – folgten seinen Ausführungen zu dem

Thema: *Unser Kampf gegen Hunger, Faschismus, Krieg – für ein sozialistisches Deutschland*. Die »Chronik« berichtete: *Unter dem tosenden Beifall der Anwesenden* feierte der Redner *den Zusammenschluß aller revolutionären Arbeiter, den er in Tübingen zum ersten Mal erlebt habe*.[128]

Doch trotz allem Willen zur Einigkeit konnten die antifaschistischen Redner die grundsätzlichen Meinungsverschiedenheiten nur mühsam überdecken. So appellierte der sozialdemokratische Redner an die Bereitschaft zur Verteidigung der bestehenden Demokratie und ihrer sozialen und politischen Errungenschaften auf verfassungsmäßigem Weg, während der kommunistische Redner unter Hinweis auf den Staatsstreich vom 20. Juli in Preußen den Zeitpunkt für gekommen erklärte, an dem aktive außerparlamentarische Gegenwehr geboten sei.[129]

Die restlichen Parteien in Tübingen konnten mit dem propagandistischen Dauereinsatz von SPD und KPD einerseits, NSDAP andererseits nicht mithalten. Die zusammengeschrumpfte DVP mußte auf eine öffentliche Versammlung verzichten und wandte sich nur in den letzten Tagen vor der Wahl mit Zeitungsaufrufen an ihre Wähler.[130] Auch der Christlich-Soziale Volksdienst führte nur wenige Versammlungen durch, ebenso das Zentrum, das aber mit dem württembergischen Staatspräsidenten Eugen Bolz wenigstens einen prominenten Redner ankündigen konnte. Dieser stellte in seiner Ansprache fest, daß es nicht ein politisches Konzept sei, das die Massen dem Nationalsozialismus zuführe, *sondern die Unzufriedenheit und Hoffnungslosigkeit*.[131] Eine Regierungsbeteiligung der NSDAP lehnte er dennoch nicht grundsätzlich ab. Er vertrat vielmehr den Standpunkt: *Man lasse sie heran an die politische Arbeit, dann werde das Volk schnell erwachen.*[132]

Die Demokratische Partei hatte sich von den vorhergegangenen Wahlkämpfen noch nicht wieder erholt. Sie konzentrierte ihre Aktivitäten auf eine einzige Veranstaltung mit ihrem Reichstagskandidaten Theodor Heuss, der vor vollem Saal die Gefahren einer nationalsozialistischen Diktatur beredt beschwor. Der Wahlaufruf, den die DDP am Tag vor der Wahl in der Tübinger Presse veröffentlichte, wies ebenfalls deutlich auf die braune Gefahr hin und warnte eindringlich vor der Aufgabe liberaler Errungenschaften: *Wollt ihr die Alleinherrschaft eines niemand verantwortlichen Machthabers, Parteiherrschaft, Gewaltherrschaft, Schreckensherrschaft (»Köpfe rollen«), Judenhetze, leichtfertige Preisgabe der Eigenstaatlichkeit Württembergs, herausforderndes Gebaren gegen das Ausland – dann verhelft dem Nationalsozialismus zum Sieg!*[133]

Aber die Wogen der nationalen Erregung und wirtschaftlichen Verunsicherung waren derart aufgepeitscht und das Bestreben, aus der immer wieder beschworenen Katastrophe um jeden Preis herauszukommen, derart ungestüm, daß die wenigen besonnenen und vernünftigen Warnungen kein Gehör mehr fanden. Hinzu kam, daß die Nationalsozialisten in Tübingen von universitärer Seite Hilfe erhielten, während sich für die Rettung der geschmähten Republik kein professoraler Fürsprecher fand. Das Gewicht der Universität war aber in einer so einseitig von ihr abhängigen und von ihr geprägten Stadt erheblich. Als sich kurz vor der Reichstagswahl 50 Universitäts- und Hochschullehrer zum ersten Mal öffentlich zum Nationalsozialismus bekannten, unterzeichneten auch zwei renommierte

Tübinger Historiker, Johannes Haller und Ernst Stracke, die reichsweit publizierte »Erklärung deutscher Universitäts- und Hochschullehrer«. Sie bekannten: *Wir erwarten zuversichtlich von nationalsozialistischer Führung im Staate die Gesundung unseres ganzen öffentlichen Lebens und die Rettung deutschen Volkstums und sind entschlossen, jeder an seinem Teil, dafür zu wirken.*[134]

Daß dieses Angebot von der Parteileitung nicht gewürdigt wurde, beklagte Johannes Haller allerdings nur wenig später bei Alfred Rosenberg: *Daß sie* [die Erklärung] *von Seiten der NSDAP keinerlei Erwiderung erfahren hat, hat mich überrascht und enttäuscht, und ich bin sicher, daß andere Unterzeichner ebenso empfinden. Sollen wir es so deuten, daß in der Leitung der NSDAP auf die Unterstützung, die wir bieten können, kein Wert gelegt, sie vielleicht gar als unbequem empfunden wird?*[135] Der Ärger über die Zurückweisung muß tief gesessen haben, denn Haller fährt fort: *Nirgends in ganz Süddeutschland liegen die Aussichten der NSDAP auf Besitzergreifung von der Regierung so günstig wie hier. Die Unzulänglichkeit der örtlichen Vertretung hat das nicht zu benutzen verstanden. Wenn diese Vertretung zu der Intelligenz des Landes mehr Boden und Fühlung hätte, wäre es wohl anders gekommen.*[136] Von dieser internen Kritik haben die Wähler in Tübingen allerdings nichts mitbekommen. Sie wußten nur, daß sich jetzt auch zwei renommierte Tübinger Hochschullehrer für den Nationalsozialismus stark machten.

Der Ausgang der Wahl zeigt, daß die professorale Fürsprache nicht wirkungslos blieb. Erneut ernteten die Nationalsozialisten großen Erfolg. Sie konnten die Zahl ihrer Mandate mehr als verdoppeln und schickten jetzt 230 Abgeordnete in den Reichstag. 4065 Wählerstimmen bekamen sie in Tübingen. Diese 40 Prozent stellten den höchsten Stimmenanteil dar, den sie überhaupt je bei einer regulären Wahl in der Hochschulstadt erreichten.

| Wahlbtg.[137] | NSDAP | SPD | KPD | Zentrum | DNVP | DVP | DDP | WP | Sonstige |
|---|---|---|---|---|---|---|---|---|---|
| 80,1 % | 40,0 % | 13,7 % | 6,0 % | 12,7 % | 11,2 % | 3,2 % | 5,3 % | 4,0 % | 7,9 % |

Mehr als 3500 Wähler hatte die NSDAP seit der letzten Reichstagswahl hinzugewonnen. Selbst gegenüber der erst drei Monate zuvor erfolgten Landtagswahl bedeutete dies noch eine Steigerung von mehr als 700 Stimmen. Seither lag der NS-Stimmenanteil in Tübingen immer über dem Landes- und Reichsdurchschnitt.

Dieser Anstieg im Juli rührte nicht unwesentlich daher, daß 12,6 Prozent der in der Stadt abgegebenen Stimmzettel nicht von Tübingern, sondern von Ortsfremden stammten.[138] Insgesamt 1554 Stimmscheine wurden von Urlaubern oder Durchreisenden abgegeben. Sie beeinflußten mit einer um neun Prozent gesteigerten Wahlbeteiligung das lokale Ergebnis erheblich. Da man davon ausgehen kann, daß sich im Sommer 1932, auf dem Höhepunkt der Wirtschaftskrise, Arbeiter kaum eine Ferienreise leisten konnten, die Stimmscheine also wohl kaum für die von fünf auf sechs Prozent gestiegenen Stimmen der KPD verantwortlich waren, wird man vermuten können, daß der Anstieg der NSDAP- wie auch der DNVP-Stimmen – sie waren von 8,2 auf 12,2 Prozent gestiegen – nicht unwesentlich dem gehobenen, noch immer gut situierten Bürgertum zuzuschreiben war.

Stimmen gewann auch das Zentrum hinzu, das seinen Anteil um 2,5 Prozent auf insgesamt 12,7 Prozent vergrößerte und damit vermutlich auch von der enormen Wahlbeteiligung von 80 Prozent profitierte. Die restlichen Parteien, vor allem die liberalen, mußten erneut enorme Verluste einstecken. Die DDP, die 1930 zusammen mit der DVP noch über 22 Prozent erreicht hatte, brachte nur noch 5,3 Prozent, zusammen mit der DVP 8,5 Prozent der Wähler auf die Beine. Die um 9 Prozent gestiegene Wahlbeteiligung bedeutete, daß 2300 Wähler mehr als bei der letzten Reichstagswahl zur Urne gegangen waren. Selbst wenn man von dieser Zahl die Stimmscheine der Urlauber abzieht, bleiben noch immer 1512 Tübinger, die sich zum ersten Mal an einer Wahl beteiligten.

Doch die Wahl hatte, trotz des überragenden Erfolgs der NSDAP, keine arbeitsfähige Mehrheit im Reichstag erbracht. *Wie soll nun weiterregiert werden?* fragte die *Chronik* voller Sorge: *Entweder gehen die Nationalsozialisten Koalitionen ein, dann wäre die Sache klar, vorausgesetzt, daß sie die Partner finden, die ihr politisches Programm zu dem ihrigen machen. Wenn nicht, so bleibt alles beim Alten.*[139]

Beim Alten blieb es tatsächlich vorerst, weil Hindenburg Hitler das Amt des Reichskanzlers verweigerte. Erste Anzeichen von Kritik und Unmut machten sich bald bemerkbar. Anlaß dazu gaben die Koalitionsverhandlungen der NSDAP mit dem Zentrum ebenso wie ihr Verbleiben in der Opposition. Ende Oktober meldete der Geheime Polizeibericht für Württemberg, *daß die politischen Ereignisse der letzten Monate sich insbesondere auf die NSDAP bzw. deren politische Tätigkeit außerordentlich lähmend ausgewirkt haben. Schwung und Begeisterung haben gegenüber diesem Frühjahr merklich nachgelassen.*[140]

Kritik äußerten auch die Teilnehmer einer in Tübingen stattfindenden Tagung des Evangelischen Volksbundes für Württemberg. 30 NSDAP-Wähler unter ihnen teilten der Parteileitung mit: *Nach unserem Eindruck sind weite, der NSDAP nahestehende evangelische Kreise schon stark beunruhigt durch Gerüchte über Verhandlungen mit demselben Zentrum, das im letzten Wahlkampf noch aufs schärfste wegen seiner Romhörigkeit als Feind des deutschen Volkes bekämpft wurde.* Diese Vorbehalte gegenüber der Parteileitung verursachte vor allem der »Fall Potempa«.[141]

Nach dem Erlaß der Notverordnung des Reichspräsidenten vom 8. August 1932, die politischen Terror mit der Todesstrafe belegte, hatten fünf SA-Leute im oberschlesischen Potempa einen jungen Kommunisten auf brutale Weise ermordet. Ein Sondergericht in Beuthen verurteilte die fünf zum Tode. Der »Völkische Beobachter« protestierte heftig gegen das Urteil, und Hitler solidarisierte sich in einem Telegramm mit den Mördern: *Meine Kameraden! Angesichts dieses ungeheuren Bluturteils fühle ich mich Euch in unbegrenzter Treue verbunden. Eure Freiheit ist von diesem Augenblicke an eine Frage unserer Ehre. Der Kampf gegen eine Regierung, unter der dies möglich war, unsere Pflicht.*[142]

Die Rechtfertigung des Mordes durch die Parteispitze rief auch in Tübingen Bedenken hervor. *Auch außerhalb der Studentenschaft, insbesondere in den bewußt evangelischen kirchlichen Kreisen entstand durch diesen Fall eine starke Beunruhigung und Verstimmung*[143], erinnerte sich zwei Jahre später der ehemalige Tübinger Studentenpfarrer bei seinem Parteiausschlußverfahren, zu dem diese Stellungnahme nicht unwesentlich beigetragen hatte. Aus der Befürchtung, *daß die Behandlung dieses Falles durch unsere Parteipresse unserer Bewegung, die doch damals in einer gewissen Krisis war, bei der nächsten Wahl viele hunderttausend Stimmen kosten würde*[144], hatte Pressel eine parteiinterne Stellungnahme angeregt. Dreißig Mitglieder bzw. Wähler der NSDAP – darunter zwölf Pfarrer – erklärten in einem ans Braune Haus in München und an die regionalen Parteiführer gerichteten Schreiben unter Berufung auf Punkt 24 des Parteiprogramms: *Wir hätten erwartet, daß die Partei bei allem berechtigten Eintreten für die SA-Kameraden doch von der Tat als solcher abgerückt wäre und sie verurteilt hätte. Wir sind der Meinung, daß unsere große Bewegung sich befleckt, wenn sie die Methoden der von ihr bekämpften Unterwelt ebenfalls duldet.*[145]

Während die um den Ruf der »Bewegung« besorgten evangelischen Nationalsozialisten Württembergs bei ihrem Kirchenpräsidenten Verständnis für ihre Bedenken fanden,[146] rief die Erklärung beim NS-Pfarrerbund große Verärgerung hervor.[147] Von dem Simmersfelder Pfarrer Wilhelm Rehm mußte sich der Initiator belehren lassen: *Lieber Freund, wir sind hier nicht als »Richter« berufen. [...] Es wäre im Gegenteil nationalsozialistische Pflicht gewesen, diesen ganzen Vorwürfen, die insonderheit jetzt von der deutschnationalen Reaktion gegen uns gerichtet werden aus offensichtlichen Gründen, entgegenzutreten, als selbst eine Aktion gegen die eigene Partei in die Wege zu leiten und noch andere dazu mit zu veranlassen.*[148]

Voll Abscheu über dieses Taktieren löste Pressel seine Verbindung zum NS-Pfarrerbund.[149] Die Gauleitung der NSDAP jedoch ignorierte die moralischen Skrupel. Der erbetenen Weiterleitung der Erklärung an das Braune Haus scheint sie nicht nachgekommen zu sein.[150] Der SA-Standartenführer der Untergruppe Württemberg, Gottlob Berger, dem Pressel einen Durchschlag der Erklärung geschickt hatte, antwortete kurz und bündig: *Zum Fall Beuthen stehe ich genau auf dem entgegengesetzten Standpunkt. Ich bedaure tief, daß die SA-Männer so ungeschickt waren und diesen Lumpen und mehrfachen Hochverräter nicht still und geräuschlos um die Ecke brachten. In diesem Fall ist mit Ihr Brief ein Beweis dafür, daß bis tief in die Reihen der eigenen Pg. hinein niemand die Gefahr des Bolschewismus und ihre Kampfweise erkannt hat. [...] Entweder wir schaffen Ordnung und schaffen dieses Gesindel auf irgend einem Weg aus Deutschland hinaus, oder wir gehen selbst zugrunde.*[151]

Das Scheitern der Papenschen Koalitionsverhandlungen und die vernichtende Ablehnung seiner Notverordnung durch den Reichstag führten im September 1932 zur erneuten Auflösung des Parlaments. Neuwahlen wurden für den 6. November festgesetzt. Wieder begann sich das Karussell der Wahlveranstaltungen zu drehen, zum fünften Mal innerhalb eines Jahres. Die NSDAP ging mit gedämpfter Energie in den Wahlkampf. Dennoch übertraf ihre Aktivität die Anstrengungen aller übrigen Parteien. Ein nächtliches Geländespiel in Anwesenheit von Ernst Röhm, »Deutsche Abende«, Theatervorführungen und das »Kriegsschauspiel Isonzolegende« brachten Abwechslung, Tonfilmvorführungen und Musikabende unterschieden die *NS-Bewegung* von den anderen Parteien.[152] Den erstarkten Deutschnationalen – der *aus der Vorkriegszeit wieder aufgetauchten Reaktion*[153] – galten diesmal die heftigsten Attacken der Redner. Antisemitische Parolen, die bisher in Tübingen keine wesentliche Rolle gespielt hatten, waren nun unüberhörbar.[154] Doch die Aufnahmefähigkeit und das Interesse der Bevölkerung schienen am Ende. Wiederholt wurde über schlecht besuchte Versammlungen geklagt.[155] Auf den Mord von Potempa und Hitlers Solidarisierung mit den Mördern ging kein Redner ein.

Das Ergebnis der Wahl brachte den Nationalsozialisten eine große Enttäuschung. Zum ersten Mal seit 1930 mußten sie Verluste einstecken. Zwar blieb die NSDAP die stärkste Partei, sie verlor reichsweit aber mehr als 2 Millionen Stimmen.[156]

| Wahlbtg. | NSDAP | SPD | KPD | Zentrum | DNVP | DVP | DDP | WP | Sonstige |
|---|---|---|---|---|---|---|---|---|---|
| 76,4% | 34,0% | 10,9% | 7,2% | 12,0% | 14,8% | 5,6% | 5,0% | 0,1% | 10,4% |

Auch in Tübingen waren 900 Wähler abgesprungen. Die DNVP dagegen gewann 400 Stimmen und eroberte den zweiten Rang in der Wählergunst. Die SPD mußte wieder Verluste hinnehmen. Ihr Anteil reduzierte sich von 1683 auf 1300 Wählerstimmen. Davon profitierte vermutlich vor allem die KPD, die mit einem Zuwachs von rund 120 Stimmen ihren prozentualen Anteil wiederum erhöhen konnte und ihren höchsten Stimmenanteil während der Weimarer Zeit erzielte – in Tübingen wie im Reich. Die Wahlbeteiligung, die im Juli in Tübingen in die Höhe geschnellt war, fiel im November wieder auf 76,4 Prozent. Eine allgemeine Wahlmüdigkeit und die schwindende Hoffnung, mit der Stimmabgabe überhaupt etwas auszurichten, drücken sich in diesen Zahlen aus. Es ist anzunehmen, daß die studentische Beteiligung an dieser Wahl, die ins Semester fiel, sogar den Rückgang der allgemeinen Wahlbeteiligung auffing, der in Tübingen in absoluten Zahlen nur 357 Stimmen ausmachte. Ohne die Wahlbeteiligung der zu diesem Zeitpunkt bereits von der nationalsozialistischen Studentenorganisation NSDStB gleichgeschalteten Studentenschaft wären der NSDAP wohl mehr als nur 800 Stimmen verloren gegangen. Schließlich hatten der Vorstand der Studentenschaft und der nationalsozialistische Fraktionsführer des AStA kurz vor der Wahl klargestellt: *Jeder Student, der am 6. November der Wahl fernbleibt, stärkt Liberalismus und Marxismus und schlägt die nationalen Interessen des Volkes.*[157]

## Aufstieg der NSDAP zur stärksten Partei

Anders als im Reich gelang der NSDAP in Tübingen der Einbruch ins liberale bürgerliche Lager erst nach der Septemberwahl 1930. Die Aufsplitterung des bürgerlichen Wählerblocks kam hier vorerst dem Christlich-Sozialen Volksdienst und den wirtschaftlichen Interessenparteien gleichermaßen wie der NSDAP zugute.

Erst bei den Gemeinderatswahlen Ende 1931 und bei der Reichstagswahl im Juli 1932 profitierte die NSDAP unmittelbar und nahezu ausschließlich von der Auszehrung der bürgerlichen Mitte.[158] Abgesehen von dieser Verzögerung bestätigen die Tübinger Wahlresultate die bereits von zeitgenössischen Beobachtern festgestellten reichsweiten Zusammenhänge zwischen überdurchschnittlich hohem NSDAP-Wähleranteil, Konfessionszugehörigkeit sowie Sozial- und Wirtschaftsstruktur. *Der ganze Zudrang zur NSDAP ist durch Verschiebung innerhalb der bürgerlichen Parteien (mit Ausnahme des Zentrums) und durch den erhöhten Zugang aus den Reihen der jugendlichen Erwerbslosen hinreichend motiviert,* befand bereits 1932 der Sozialstatistiker Theodor Geiger.[159]

Auch in Tübingen haben sich die Dominanz des Protestantismus, das Vorherrschen des Mittelstands und das provinzielle Klima eines überwiegend agrarisch geprägten Umlandes als Faktoren erwiesen, die der NSDAP unter den Bedingungen der Weltwirtschaftskrise zu großem Wählerzulauf verhalfen. Darüber hinaus aber bewirkte die vorgeblich unpolitische, patriotisch-konservative bis reaktionäre Grundeinstellung der Hochschule in der wirtschaftlich von der Universität weitgehend abhängigen Stadt große Aufnahmebereitschaft der Einwohnerschaft gegenüber der nationalsozialistischen Propaganda. Gerade der außerordentlich hohe Anteil an Beamten und Professoren unter den Tübinger Wählern erklärt erst den seit der Septemberwahl 1930 im Vergleich zum Landesdurchschnitt hohen NSDAP-Wähleranteil, der ja nicht nur die vergleichsweise geringen württembergischen NSDAP-Ergebnisse übertraf, sondern 1932 auch jeweils über dem Reichsdurchschnitt lag.[160] Ähnlich hohe Erfolge erzielte die NSDAP 1932 in Württemberg in der gleichen Ortsgrößenklasse nur in Ulm und Ludwigsburg. Beides waren ebenfalls überwiegend protestantische, vom gewerblichen Mittelstand geprägte Städte, in denen das Militär bzw. die Verwaltung eine ebenso dominierende Rolle spielten wie die Hochschule in Tübingen.[161]


Nazifizierung des Mittelstands

Das handel- und gewerbetreibende mittelständische Bürgertum, das sich am Ende der Weimarer Republik schrittweise von seinen traditionellen Parteibindungen löste und nach Experimenten mit anderen Parteien ins Lager der NSDAP fand, war die einzige soziale Gruppe, die das Parteiprogramm der NSDAP von 1920 explizit ansprach. Dort heißt es im 16. Punkt: *Wir fordern die Schaffung eines gesunden Mittelstandes und seine Erhaltung, sofortige Kommunalisierung der Groß-Warenhäuser und ihre Vermietung zu billigen Preisen an kleine Gewerbetreibende, schärfste Berücksichtigung aller Gewerbetreibenden bei Lieferung an den Staat, die Länder oder die Gemeinden.*[162]

Mit diesen Forderungen hatte die NSDAP gängige mittelständische Schutzbedürfnisse aufgegriffen, die der Mittelstand – seit dem Kaiserreich im Genuß spezieller Privilegien – auch an den Weimarer Staat mit großer Selbstverständlichkeit herantrug. In dem Glauben, durch vermehrte Anstrengungen und Opfer zur wirtschaftlichen Konsolidierung seit Kriegsende in erhöhtem Maß beigetragen zu haben, erwarteten die Angehörigen des selbständigen Mittelstandes nun eine Honorierung.[163] *Würde dem Handwerk, dem Mittelstand überhaupt, der durch Jahrhunderte der Nährboden der Kultur gewesen ist, der Schutz entzogen, so wäre dies ein verhängnisvolles Vergehen, das wohl in der Geschichte des Volkes niemals wieder gut gemacht werden könnte,* formulierte Landtagsabgeordneter Otto Henne

1924 auf einer Versammlung des Tübinger Mittelstandkartells diesen Anspruch.[164] Durch die allgemeine wirtschaftliche Entwicklung bedroht, sahen Handwerk und Gewerbe ihre Existenz durch das Auftauchen von Konzernen und Warenhäusern bzw. Genossenschaften generell in Frage gestellt. Auf die neue Konkurrenz reagierten sie doppelt hilflos, weil sie sich wegen der einseitigen Wirtschaftsstruktur der Stadt nie an eine reale Wettbewerbssituation gewöhnt hatten.

Dem Tübinger Einzelhandel waren vor allem die Filialen des Konsumvereins, den Handwerkern die Gewerbebetriebe der Studentenhilfe ein Dorn im Auge. Der Konsumverein existierte seit 1906 in der Stadt. 1930 fusionierte er mit dem Rottenburger Konsum, was seine Mitgliederzahl auf 2300 erhöhte. Das waren keineswegs nur Arbeiter, sondern auch untere und mittlere Beamte. Neben mittlerweile 13 Verteilerstellen, in denen die Ware nur an Mitglieder ausgegeben wurde, verfügte die Einkaufsgenossenschaft 1932 über eine eigene Bäckerei, ein Brennmaterialienlager und einen Weinkeller bei einem jährlichen Umsatz von 757000 RM. Obwohl ihm der Konsum die studentische Kundschaft kaum streitig machte, konnte der traditionsbewußte, aber veraltete Tübinger Einzelhandel, der nicht einmal zu Einkaufsgenossenschaften zusammengeschlossen war, mit dieser rationell strukturierten Institution nur mühsam Schritt halten.[165] Die Erbitterung gegenüber dem modernen, effektiveren Gegenspieler war groß. Es verging kaum eine Sitzung des Handels- oder des Gewerbevereins, auf der nicht der Schutz vor der erfolgreicheren Konkurrenz der Konsumvereine und Warenhäuser durch eine steuerliche Privilegierung für die eigenen, anders nicht mehr konkurrenzfähigen Betriebe gefordert wurde.[166]

Ein anderer Stein des Anstoßes war die 1920 gegründete Tübinger Studentenhilfe, die 1930 in »Studentenwerk« umbenannt wurde. Sie unterhielt gewerbliche Einrichtungen, die auf den studentischen Bedarf und die studentische Finanzlage ausgerichtet waren, darunter eine Schuhmacherwerkstatt, ein Schreibbüro, die Mensa und ein Studentenwohnheim. Doch die lokale Geschäftswelt sah in diesen Einrichtungen eine *unlautere* Konkurrenz,[167] der sie sich zu entledigen suchte: *Aus allen diesen Gründen fühlt sich die ganze Geschäftswelt am Einkommen & dadurch steuerlich benachteiligt, was andererseits der Stadtgemeinde auf die Dauer zum Schaden gereichen muß. Die Stadtgemeinde hat zur Zeit nach unserer Auffassung keine Veranlassung zum Nachteil der übrigen Bürgerschaft noch weiterhin eine solche Steuervergünstigung* [für die gemeinnützige Studentenhilfe] *zu gewähren*, heißt es in einer Eingabe, die Stadtrat Keck als Vertreter der *Tübinger Geschäftswelt* am 29. November 1932 dem Oberbürgermeister überreichte.[168] Da die württembergische Regierung und die sie tragenden bürgerlichen Parteien nur wenige mittelständische Forderungen erfüllten, fühlten sich Gewerbe und Handel zunehmend im Stich gelassen. *Aufbauend auf dem Grundsatz der Gewerbefreiheit und in falscher Auslegung des Begriffes »Liberalismus« haben es die großkapitalistischen Unternehmensformen, Warenhäuser, Konsumvereine und Großkapitalbetriebe verstanden, den Einzelhandel in jeder Weise an die Wand zu drücken und unter Ausnützung parteipolitischer Bestrebungen sich eine unbegrenzte Vormachtstellung zu sichern. Alle Regierungsparteien haben diese Bestrebungen nicht nur geduldet, sondern geradezu gefördert.* [...] *Die württembergische Regierung wirft dem freien Handel Knüppel auf Knüppel zwischen die Beine,* klagte eine Versammlung des Tübinger Einzelhandels kurz vor den Kommunalwahlen.[169]

Das Mittelstandskartell übte ebenfalls heftige Kritik an den Konsumvereinen und dem Zugabewesen. Statt Parteipolitik sollte von nun an nur noch berufsständische Interessenpolitik betrieben werden.[170] Den geeigneten Mann dafür glaubte man in dem Vorstand der Friseur-Innung, Friseurmeister Hans Keck, gefunden zu haben. Ihn empfahl der Ausschuß des Kartells an erster Stelle zur Wahl in den Gemeinderat. Den Profit dieser interessenpolitischen Umorientierung von Handel und Gewerbe erntete die NSDAP. Dabei waren es wohl weniger konkrete Versprechen, mit denen sich die NS-Redner in Tübingen ohnehin zurückhielten, als die allgemeine Verheißung einer radikalen Änderung, die die NSDAP für den Mittelstand attraktiv machte. Von einem nationalsozialistischen Dritten Reich glaubte er die Wiederherstellung einer von jeglicher Konkurrenz unangefochtenen Vormachtstellung erwarten zu können. *Das war der springende Punkt. Nur der Nationalsozialismus versprach, das Übel bei der Wurzel zu packen, die organisierte Arbeiterschaft in ihre Schranken zu weisen, Parlament und Partei und damit die Gefahr der Majorisierung der Besitzinteressen endgültig auszuschalten, die »ruinöse« Gewerbefreiheit zugunsten einer geordneten und befriedeten Berufsstandswirtschaft aufzugeben.*[171]

Für den kommunalen Aufstieg der NSDAP markierte die Nominierung eines NSDAP-Kandidaten durch das Mittelstandskartell eine wesentliche Etappe. Diese Wahlempfehlung zeigt, daß sich die Nationalsozialisten keineswegs nur mit lautstarken Propagandaveranstaltungen begnügten, sondern gleichzeitig versuchten, mit Hilfe einer gezielten Personalpolitik ins kommunale Gefüge der Stadt einzudringen.[172] Zumindest einen mittelständischen Interessenverband der Universitätsstadt – und gewiß nicht den unbedeutendsten – hatten sie bereits vor dem Machtwechsel in ihrer Hand. Möglich gemacht hatte diese Übernahme mittelständischer Organisationen durch die Nationalsozialisten vor allem die Tatsache, daß die Partei im kommunalen Bereich unerwartet seriös auftrat. Sie vermied alle öffentlichen Auftritte, die ihre Mitglieder als Radaubrüder abgestempelt hätten. Für die Erfolge in der Universitätsstadt erwies sich diese Korrektur des bürgerlichen Feindbilds von den nationalsozialistischen Rabauken als wesentliche Voraussetzung.[173]

Mitgliederstruktur und Ausbau der Parteiorganisation

Die Quellen lassen nur wenige Aussagen über die Mitgliederstruktur der Tübinger NSDAP zu. Lediglich die Partei-Elite, die in den Versammlungsberichten der Zeitungen erwähnten NS-Redner und Funktionäre, sind namentlich bekannt. Mit Hilfe der Personalkartei des Berliner Document Centers konnten deren Parteikarrieren näher aufgeschlüsselt werden. Die erste Ortsgruppe hatte sich noch am Rande der Tübinger Gesellschaft bewegt. Zwar verfügte sie über einige verdeckte Querverbindungen zu städtischen Honoratioren.[174] Im allgemeinen jedoch galt die zu einem großen Teil aus Studenten und Gymnasiasten bestehende Ortsgruppe ihres »revolutionären« Auftretens und ihrer antikapitalistischen

Propaganda wegen alles andere als salonfähig. An dieser negativen Einschätzung änderte auch die amtliche Funktion ihres damaligen Ortsgruppenleiters, der städtischer Tierarzt war, wenig, da er als Sonderling galt.[175]

Die 1925 wiedergegründete Ortsgruppe scheint dagegen von Anfang an im Tübinger Bürgertum verankert gewesen zu sein. Personell konnte sie nur in geringem Maß an dem Bestand der alten Ortsgruppe anknüpfen, da sich viele Mitglieder in der Phase des Parteiverbots von Hitler abgewandt und der *Ludendorff-Richtung* angeschlossen hatten.[176]

Unter den zwölf Tübinger Nationalsozialisten, die Gauleiter Murr 1934 als Mitglieder der »alten Garde« ehrte, befanden sich deshalb nur wenige Parteigenossen, die bereits in der Frühphase der NS-Bewegung in Erscheinung getreten waren. Zu ihnen gehörte Franz Deyle. Während der Verbotszeit in verschiedenen illegalen Ersatzorganisationen und der Deutschen Freiheitsbewegung tätig gewesen, trat er 1925, am Tag der Neugründung, der NSDAP bei. Er erhielt die Mitgliedsnummer 1974, die niedrigste Nummer im späteren (Partei-)Kreis Tübingen.[177] In verschiedenen Funktionen, als Leiter des Bezirks Achalm-Reutlingen, Kreisleiter und Kreispressewart war der gelernte Verwalter zwischen 1925 und 1933 für die Partei tätig. 1933 avancierte er zum Verlagsleiter der NS-Presse-GmbH in Stuttgart. Auch Heinz Dürr, der zweite Ortsgruppenleiter, verdiente lange Zeit seinen Lebensunterhalt als Angestellter.[178] Die örtlichen Versammlungsredner stellten überwiegend die Studenten. Zwei von ihnen – Hans Reder und Oskar Riegraf – stiegen über ihre Tübinger Aktivitäten zu Gaurednern auf.[179]

Im Unterschied zu den NSDAP-Wählern gehörten die Parteifunktionäre vor 1933 nur selten zum selbständigen Mittelstand. Unter den acht nationalsozialistischen Gemeinderatskandidaten war Hans Keck der einzige selbständige Gewerbetreibende. Auch gemessen an den Kandidaten der anderen Parteien erhielt er, der sich infolge seiner berufsständischen Aktivitäten nicht über die Partei profilieren mußte, bei der Kommunalwahl Ende 1931 mit Abstand die höchste Stimmenzahl. Die Berufsangaben der übrigen NS-Kandidaten – darunter ein Weichenwärter-Aushelfer, ein Gärtnereigehilfe und ein Versorgungsanwärter – rangierten, abgesehen von einem Rechtsanwalt und zwei Angestellten, ziemlich weit unten auf der Skala der gesellschaftlichen Anerkennung. Auch Helmut Baumert, der Heinz Dürr 1930 als Ortsgruppenleiter ablöste, war als Buchhandlungsgehilfe wohl kaum in der Lage, über seinen Beruf großes Prestige zu erwerben. Dennoch wäre es falsch, aus diesen Berufsangaben den Schluß zu ziehen, die 300 Mitglieder starke Ortsgruppe[180] habe am Ende der Weimarer Republik überwiegend aus Deklassierten oder von der Proletarisierung bedrohten Kleinbürgern bestanden. Denn Stichproben in den Personalakten des Document Center haben ergeben, daß – abgesehen von den Rednern, die in der Regel jede Partei aus dem Mittelstand rekrutiert – bereits zwischen 1930/31 und dem 30. Januar 1933 mehrere Hochschullehrer, Pfarrer, Lehrer und Ärzte eingeschriebene und zahlende Mitglieder der Tübinger Ortsgruppe waren.[181] Aus Rücksicht auf ihre berufliche Position hielten sie es wohl vor 1933 für opportun, als Parteimitglied nicht öffentlich in Erscheinung zu treten.

Die noch vor dem Aufstieg zur Staatspartei gegründeten Unter- und Nebenorganisationen lassen ebenfalls auf eine überwiegend mittelständische Mitgliederstruktur schließen.

Als erstes wurde im Sommersemester 1926 eine Ortsgruppe des Nationalsozialistischen Studentenbundes (NSDStB) gegründet, der 1929 eine studentische Sturmabteilung folgte.[182] Von 1930 an gab es eine Hitler-Jugendgruppe. Im Juni 1931 folgte eine Gruppe des Bundes Deutscher Mädel (BDM), wenig später formierte sich die NS-Frauenschaft in Tübingen.[183]

Unter den Berufsgruppen waren die Tübinger Lehrer die ersten, die sich als NS-Verband organisierten. Ernst Huber faßte sie im April 1931 mit den Lehrern der benachbarten Oberämter zur »Bezirksgruppe Reutlingen des NS-Lehrerbundes« zusammen.[184] Eine Gruppe des NS-Ärztebundes folgte.[185] Für 1932 ist auch ein Vertrauensmann des NS-Pfarrerbundes in Tübingen belegt.[186] Eine eigenständige Organisation nationalsozialistischer Beamter ist dagegen in der Stadt nicht in Erscheinung getreten; was aber nicht heißt, daß die bestehenden Organisationen von nationalsozialistischem Einfluß frei gewesen wären. Informell scheinen sich auch die nationalsozialistischen Hochschullehrer zusammengeschlossen zu haben, denn nach der Machtübernahme rühmte sich Oswald Lehnich, einen solchen Zusammenschluß betrieben zu haben.[187] Der Kampfbund für deutsche Kultur schließlich, 1927 als *nationale Kulturkampf-Truppe* in München gegründet, erfaßte vor allem das Bildungsbürgertum.[188] So bestand also vor 1933 ein breites Netz von NS-Organisationen, das die Angehörigen des Bürgertums zu erfassen suchte.

Das Interesse für das Automobil machten sich die Nationalsozialisten ebenfalls zunutze und lockten die Motorbegeisterten mit speziellen Organisationen für Kraftfahrer in ihre Reihen. 1930 organisierte Oberstaffelführer Albert Danner die Kraftfahrer der Tübinger SA, *um sie als Kuriere und Transportfahrer in den Dienst der Bewegung zu stellen*. Diese Formation muß sich großer Beliebtheit erfreut haben, denn innerhalb von sechs Wochen war sie zum selbständigen *Sturm* angewachsen.[189] Für Nicht-SA-Mitglieder wurde eine Gruppe des NS-Automobilkorps geschaffen. Auch diese hatte regen Zulauf. Ein Jahr später überführte sie Franz Deyle in das neugegründete NS-Kraftfahrerkorps (NSKK). Wenig Erfolg dagegen war den Tübinger Nationalsozialisten bei ihren Versuchen beschieden, in die gewerkschaftlichen Organisationen einzudringen. Weder gelang es ihnen, eine Betriebszellenorganisation aufzubauen, noch vermochte sie die Arbeitslosenorganisationen, die sich bis 1933 in Tübingen fest in der Hand der Arbeiterparteien, insbesondere der KPD befanden, zu unterwandern.[190]

Die Einbindung der Tübinger Parteiorganisation in die württembergische Gesamtpartei war anfangs infolge des desolaten Zustands der gesamten Gauorganisation sehr locker. 1927 bildete sie zusammen mit den Ortsgruppen von vier weiteren Oberämtern den Parteibezirk Mittlere Alb; erst aufgrund ihrer Wahlerfolge konnte die NSDAP 1932 eine allgemeine Neuorganisation der Partei in Württemberg vornehmen und die parteipolitischen Einheiten den Verwaltungseinheiten angleichen, d. h. die Ortsgruppen jedes Oberamts zu Kreisen zusammenfassen.[191] Seit Oktober 1932 zeichnete Helmut Baumert deshalb nicht mehr als Bezirks-, sondern als Kreisleiter. Ungefähr zur gleichen Zeit konnten sich die Tübinger Nazis auch eine größere Geschäftsstelle leisten und aus der Münzgasse in die Uhlandstraße 5 ziehen, wo der Kreisleitung drei Räume zur Verfügung standen.

# Leitlinien der politischen Auseinandersetzung

Die Anfälligkeit des Bürgertums für den Nationalsozialismus wird gewöhnlich mit dessen ökonomischer Verunsicherung als Folge von Inflation und Weltwirtschaftskrise erklärt. Doch waren für die Furcht vor der Verelendung in Tübingen objektiv wenig Anhaltspunkte gegeben; beispielsweise gehörte das bedrohliche Bild langer, vor dem Arbeitsamt wartender Schlangen von Erwerbslosen in der Universitätsstadt nicht zum Alltag. Wenn also die zwar furchterweckende, das Bürgertum aber keinesfalls existentiell berührende Wirtschaftskrise keine ausreichende Begründung für das geschwundene Vertrauen in die bestehenden politischen Verhältnisse und die Abkehr von der Demokratie darstellte, dann müssen die ergänzenden Ursachen außerhalb der ökonomischen Verhältnisse bei den ideologischen Leit- und Feindbildern gesucht werden, die die öffentliche Auseinandersetzung um die Republik bestimmten. Denn Weltbilder und politische Kulturen vermitteln zwischen den materiellen Lebensbedingungen und dem gesellschaftlichen Verhalten. Sie formen die kollektiven Subjektivitäten, die die gesellschaftliche Praxis prägen.[192]

## Leit- und Feindbilder der Auseinandersetzung

Bereits in den ruhigeren und von einer wirtschaftlichen Scheinblüte gekennzeichneten Jahren der Weimarer Republik wurde das geistige Klima Tübingens, zumindest das des akademischen, von einer tiefen Abneigung gegenüber der Republik und von starken Wünschen nach einem machtvollen, autoritären neuen Staat geprägt. Unter dem Schutz eines unangreifbaren, weil angeblich überparteilichen Patriotismus konnte beides ungehindert verbreitet werden. Gerade diese *geistige Aufwühlungsarbeit der antidemokratischen Intellektuellen der Rechten*[193] – die Linken hatte sich die Universität erfolgreich fernzuhalten gewußt – hat den Boden für den späteren Erfolg der NSDAP bereitet. Was nationalsozialistische Propagandaredner in Wahl- oder sonstigen Veranstaltungen als ihre Weltanschauung verbreiteten, war ja keineswegs neu, sondern die popularisierte und auf simple Formeln gebrachte Bündelung aller wesentlichen Forderungen der nationalen Opposition. Die Leerformel nationalsozialistischer Schlagwortpropaganda konnte jeder nach Belieben mit eigenen Wunschvorstellungen füllen.

Auch in Tübingen paßten *in den weiten Mantel der Bewegung*[194] die unterschiedlichsten Feind- und Leitbilder. *Der Nationalsozialismus selbst sieht den Ursprung unserer geistigen und wirtschaftlichen Not in der Emanzipation der Vernunft, im Rationalismus; dieser hat den Liberalismus, den Marxismus und den Pazifismus hervorgebracht. Das liberale Bürgertum hat sich selbst seine Feinde gezüchtet im entwurzelten Proletariat und im emanzipierten Juden. [...] Der Nationalsozialismus dagegen ist eine mächtige Volksbewegung, erfüllt vom Willen zur Volksgemeinschaft und zur völkischen Wiedergeburt.*[195] Mit diesen Worten charakterisierte beispielsweise der Tübinger Studentenpfarrer die NS-Bewegung. Die Verurteilung des Freiheits- und Gleichheitsideals der Französischen Revolution, dem der Mythos eines biologisch definierten, hierarchisch gegliederten »Volkskörpers« entgegengestellt wurde, gehörte zu den Vorstellungen von Wirklichkeit, die das Weltbild weiter Kreise formten und diejenigen aus dem Kollektiv ausgrenzten, die die Wirklichkeit anders wahrzunehmen wagten.

Allen voran war von dieser Ausgrenzung die organisierte Arbeiterbewegung betroffen. Sie galt als »entwurzeltes Proletariat«. Von ihm fühlten sich nicht nur die Nationalsozialisten bedroht. Dem Bund der Hausfrauen und dem Evangelischen Frauenbund beispielsweise empfahl im Frühjahr 1931 der Direktor der Tübinger Universitätsnervenklinik, Robert Gaupp, *im Kampf um die Entartung unseres Volkes* die Sterilisation als probates Mittel gegen die *Verpöbelung der Massen*.[196] Juden hatten Alldeutscher Verband und Deutschnationaler Handlungsgehilfen-Verband schon lange vor den Nationalsozialisten zu ihren Feinden erklärt und von der Mitgliedschaft ausgeschlossen.

In der Kritik am Rationalismus – dem »Geist der französischen Revolution« – waren sich nahezu alle bürgerlichen Gruppen Tübingens einig. Der Christliche Volksdienst verlangte die *Abkehr von einem Liberalismus, der auf allen Lebensgebieten den Menschen zum Maß aller Dinge* mache,[197] der »Stahlhelm« verstand die *Bekämpfung und Ablösung von Liberalismus und Marxismus* als seine *elementare Aufgabe*,[198] und der Professor der Philosophie, Max Wundt, erklärte: *Auf das unbewußte Leben, das ungebrochene Volkstum kommt es an, auf die wahre Bildung, die nur wachsen kann auf dem Mutterboden des Volkstums und nicht auf die allzusehr bewußte höhere Bildung.*[199]

Von der linksliberalen DDP bis zu den Deutschnationalen auf der äußersten Rechten, vom Chor des Gewerbevereins bis zum Weingärtner Liederkranz, in allen Verlautbarungen und Veranstaltungen dieser Gruppen schwang die Sehnsucht nach einer harmonischen, von Klassengegensätzen freien »Volksgemeinschaft« mit. An diesem nie genau definierten Ideal hingen alle bürgerlichen Gruppierungen. Doch während die einen in ihr die Chance für eine über allem Parteien-*Hader* mögliche Einigung sahen[200], galt es den anderen als selbstverständlich, daß dieser Gemeinschaft nicht jeder angehören könne. Meinten die einen eine *demokratische Volksgemeinschaft ohne Rassenhaß und Klassenhaß*[201], verstanden die anderen den Begriff gerade als Modell eines Kollektivs, das Harmonie herstellt, indem es Rassen aussondert und Klassen ausgrenzt.

Nur in einem waren sich alle einig: Kommunisten sollten in der angestrebten »Volksgemeinschaft« keinen Platz finden.[202] *Der Marxismus trägt die alleinige Schuld an der Krise*[203], benannte der württembergische Gauleiter der NSDAP bei einer Veranstaltung im Tübinger »Museum« den allgemeinen Sündenbock. Wie eine billige Wechselmünze wurde der Begriff »Marxismus« für alles eingesetzt, was unerwünscht war. Zur gleichen Zeit und im selben Argumentationszusammenhang wurde er für Demokratie und Parlamentarismus, Niederlage und Reparationen, Pazifismus und Wehrlosigkeit, Auflösung der überkommenen Werteordnung und soziale Veränderungen, kurz: für das gesamte ungeliebte »System« verantwortlich gemacht. Und da jeder am bestehenden Zustand etwas auszusetzen hatte, bediente sich ausnahmslos jeder dieses Feindbildes, das in seiner Verschwommenheit Kommunisten, Sozialdemokraten und alle republiktragenden Parteien als Steigbügelhalter des Systems einschloß. Es schlug alle bürgerlichen Gruppierungen in seinen Bann und schuf – entlang der Grenzlinie des Eigentums – ein tragfähiges Bündnis. Nicht die Tatsache, daß sich *die bürgerliche Mitte [...] restlos zu den Nationalsozialisten geschlagen hatte*, sondern *Das Anwachsen der Kommunistischen Partei sollte* – laut Wahlkommentar der »Tübinger Chronik« vom Juli 1932 – *alle bürgerlich Gesinnten stutzig machen und eine Form finden lassen, die das Trennende zurückstellt und das Gemeinsame und Einigende in den Vordergrund schiebt. Das Volk will nicht marxistisch regiert werden, das geht aus der Wahl eindeutig hervor und wenn aus diesem Fingerzeig die Konsequenzen gezogen werden, dann bekommen wir in Deutschland Ruhe und Ordnung und damit die Grundlage zu einer gedeihlichen Weiterentwicklung.*[204]

Exkurs: Politischer Terror und Rechtsprechung

Die Auseinandersetzung um die Republik wurde nicht nur mit Worten geführt. Immer häufiger kam es in den letzten Jahren der Republik zu tätlichen Auseinandersetzungen zwischen den politischen Gegnern. Deutlich nahmen 1932 die Meldungen über politischen Terror zu. Nunmehr wurden nicht nur einzelne Veranstaltungen gestört, sondern auch planmäßige Überfälle auf die jeweiligen Gegner organisiert. Höhepunkt dieser Eskalation bildete ein Putsch, den die Tübinger Nationalsozialisten – wie ein NS-Sympathisant wissen ließ – angeblich für den Tag der Reutlinger Hitler-Rede planten.[205] Mögen diese Pläne auch nur am Stammtisch existiert haben, so belegen sie doch die zunehmende Beunruhigung der Bevölkerung, die bereit war, solchem Gerede Glauben zu schenken.

Wie aber reagierte die Justiz auf die Zunahme des politischen Terrors? Im November 1932 verhandelte die Große Strafkammer in Tübingen einen Fall, der sich laut Anklageschrift folgendermaßen zugetragen hatte: Mitglieder und Anhänger der NSDAP hatten am 17. Juli 1932 in den Gemeinden Altingen, Poltringen und Reusten Wahlveranstaltungen der SPD zu sprengen versucht.[206] In Poltringen war es den 50 bis 60 Nationalsozialisten aus Tübingen – unter ihnen befanden sich Kreisleiter Baumert sowie SS-Führer Haußer – schließlich gelungen, in den Saal einzudringen, in dem 20 bis 25 Sozialdemokraten auf den Beginn ihrer Veranstaltung warteten. Ihnen hielt der nationalsozialistische Lehrer Hermann K. eine *politische Rede*, die gespickt war mit Ausfällen gegenüber der SPD und deren Tübinger Bezirksleiter Gottlob Frank. *Mit Euch Tübingern werden wir jetzt anders abrechnen. Von der roten Horde getraut sich ja niemand mehr hier herauf ins Gäu zu kommen; das ist unser Gebiet [...]!* Die Beschimpfungen gipfelten in der unmißverständlichen Aufforderung: *Raus mit diesen Bonzen!* Auf den gleichzeitigen Pfiff ihres Anführers hin lösten die Nationalsozialisten ihre Schulterriemen, an denen Karabinerhaken befestigt waren, und schlugen auf die zurückweichenden Sozialdemokraten, insbesondere auf Gottlob Frank, mit dem Ruf ein: *Haut ihn, schlagt ihn tot!* Bis auf die Straße verfolgten sie ihre Gegner, rissen ihnen die politischen Abzeichen herunter und mißhandelten sie. Der sozialdemokratische Redner wurde so stark verletzt, daß die Veranstaltung abgesagt werden mußte. Bei den Vernehmungen gab der Hauptbelastungszeuge, ein ehemaliger Nationalsozialist, zu Protokoll, daß die Aktion zuvor im Parteilokal der NSDAP (der »Schottei«) abgesprochen worden sei. Man habe *Rache nehmen wollen für Pfrondorf*, wo Sozialdemokraten eine Veranstaltung der NSDAP gestört hatten. *Man gehe nach Poltringen, um die Bananen* – das war der verbreitete Spottname für die Mitglieder des Reichsbanners – *auszuheben*. Die Angeklagten jedoch, die unmittelbar nach der Tat der Tübinger NS-Gemeinderat und Rechtsanwalt Max Stockburger juristisch instruiert hatte, bestritten energisch, *schon von vorneherein ein gewalttätiges Vorgehen gegen die SPD-Leute beabsichtigt* zu haben. Gegen diese Aussage sprach, daß der Angriff durch ein Zeichen des Anführers ausgelöst worden war.

Das Gericht gab zu bedenken, daß die zum tätlichen Angriff übergehenden Nationalsozialisten bei ihrem Vorgehen hätten wissen müssen, *daß evtl. auch die noch untätigen im Saal, auf dem Gang, auf der Veranda und vor dem Haus befindlichen Nationalsozialisten [...] und sonstige Leute von Poltringen und Umgebung sich an den Gewalttätigkeiten beteiligen könnten, ja sich auch im Notfall bestimmt beteiligen würden, zumal jedermann der Zutritt zum Wirtschaftssaal freistand*. Doch der NSDAP-Landtagsabgeordnete aus Ulm, Dr. Karl Pfannenschwarz, dem die Verteidigung oblag, bestritt kategorisch jegliche politische Motivation der Tat. *Allenfalls kann der angeblich [...] verletzte Frank auf dem Weg der Privatklage gegen die Beschuldigten vorgehen.*

Die Taktik war erfolgreich. Das Gericht ließ die Anklage auf Landfriedensbruch mit der Begründung fallen, *K. habe wohl eine politische Rede gehalten, durch die Frank beleidigt worden sei, er habe aber nicht zu einer Gewalttat aufgefordert. Von einer Zusammenrottung zu einer Gewalttat könne auch nicht gesprochen werden, wenn einige Leute unter der Tür und am Hausgang ihren Raufgelüsten freien Lauf gelassen hätten*. Die Anklage wurde in eine Beleidigungsklage umgewandelt. *Landfriedensbruch hat bei keinem der Angeklagten vorgelegen und zwar schon deshalb nicht, weil es sich nach dem Ergebnis der Beweisaufnahme nicht um das Auftreten einer zusammengerotteten Menschenmenge gehandelt hat, sondern um Ausschreitungen bestimmter einzelner Täter, die zum Teil in Mittäterschaft verübt worden sind,* befand die Kammer. Sie verhängte für drei der vier Beteiligten wegen *Vergehens der gemeinschaftlichen gefährlichen Körperverletzung* Strafen zwischen drei und fünf Monaten Gefängnis. Den Anstifter verurteilte sie wegen Beleidigung zu einer Geldstrafe von 50 Mark; der Staatsanwalt hatte 200 Mark gefordert. Nur knapp einen Monat mußten die Verurteilten von ihrer Strafe absitzen, da sie im Zuge des »Gesetzes über die Straffreiheit« vom 20. Dezember 1932 amnestiert wurden.

Beim nächsten Fall lag ein ähnlicher Sachverhalt vor. Wieder hatte man *Rache nehmen wollen*, diesmal für den Poltringer Vorfall. Sechs arbeitslose Reichsbanner-Angehörige – alle zwischen 19 und 24 Jahre alt – waren übereingekommen, *einigen Nationalsozialisten einmal eins auszuwischen*. Im Anschluß an eine NSDAP-Veranstaltung, die am 22. September 1932 abends im Tübinger Gasthof Anker stattfand, sahen die sechs die Gelegenheit gekommen, um *im Zusammenhang mit dem Poltringer Fall [...] die Nationalsozialisten einmal zu verhauen*. Sie paßten die heimkehrenden Parteimitglieder nach Versammlungsschluß ab, folgten ihnen durch die Stadt und überfielen zwei von diesen in der Tübinger Bahnhofsunterführung und verwickelten sie in eine Schlägerei. Einer von ihnen benutzte dabei einen Schlagring.

In diesem Fall nun sah das Gericht – bei gleicher personeller Besetzung – *politische Beweggründe* als gegeben an. Der Staatsanwalt beantragte Zuchthausstrafen zwischen einem Jahr und 15 Monaten für die vier Angeklagten mit der Begründung: *Bei der Ausmessung der Strafe wurde zu Gunsten der Angeklagten berücksichtigt, daß sie noch jung und zum Teil nicht, zum Teil nur unbedeutend vorbestraft sind. Die Poltringer Schlappe mochte die Angeklagten nicht ohne Grund gereizt haben. Die Verletzungen waren nicht bedeutend. Außerdem war es ein starkes Stück, den ganzen Abend auf Händel auszugehen und die friedlich ihres Weges gehenden Nationalsozialisten einzig und allein wegen ihrer politischen Gesinnung zu überfallen und sie trotz Überzahl mit einer Waffe und gefährlichen Werkzeugen zu mißhandeln.*

Das Gericht hielt sich an den Vorschlag des Staatsanwalts und verurteilte zwei der Angeklagten *wegen eines Vergehens gegen die Notverordnung vom 1. September* zu einem Jahr und einem Monat Zuchthaus, den Besitzer des Schlagringes wegen Waffenmißbrauchs zusätzlich zu drei Monaten Gefängnis sowie die übrigen Angeklagten wegen des gleichen Vergehens zu einem Jahr und einem Monat bzw. einem Jahr Zuchthaus. Es ist weniger das ungleiche Strafmaß, das hier interessiert: drei bis fünf Monate Gefängnis gegenüber einem Jahr Zuchthaus, denn die zwischen den beiden Verhandlungen erlassene Notverordnung vom 1. September 1932 schrieb als Mindeststrafe für politischen Terror tatsächlich ein Jahr Zuchthaus vor, und die Schlägerei der Reichsbannerleute war erst nach dem Erlaß dieser Notverordnung erfolgt. Beachtenswert aber sind die Begründung der Anklage und die Beweisführung. Sie bagatellisierten die nationalsozialistischen Vergeltungsmaßnahmen zur harmlosen Rauferei, während sie den Racheakt der Reichsbanner-Leute zur politisch motivierten und kaltblütig geplanten Straftat stilisierten.[207]

Vergeblich hatte der Verteidiger, Dr. Simon Hayum, die Umwandlung der Zuchthaus- in eine Gefängnisstrafe angeregt und neben der Jugend der Angeklagten auch die allgemeine politische Radikalisierung entlastend ins Feld geführt: *Sie, die Angeklagten, sind keine Verbrecher, sondern unglückliche Menschen, Opfer auch teils der allgemeinen politischen Verhetzung, teils auch noch ihrer jugendlichen Veranlagung und ihres Ungestüms. Man mag zu der Tat stehen wie man will, sie ist sicher auch Ausfluß jugendhafter Rauflust.* Doch das Argument der *Rauflust*, das dem Poltringer Fall zur entscheidenden Wende verholfen hatte, wollte das Gericht in diesem Fall nicht gelten lassen.

Protestlos ging das Urteil allerdings nicht über die Bühne. Als die Verurteilten abgeführt wurden, kam es zu einer spontanen Sympathiekundgebung des empörten Publikums. *Ganz besonders stark war der Andrang im Freien, das Ganze war eine laute Szene, die sich in politischen Sympathierufen vermischt mit Rache- und Pfuirufen äußerte,* gab der Hausverwalter des Amtsgerichtes zu Protokoll. Auch diese Verurteilten mußten nicht lange ihre Strafe absitzen. Die Amnestie vom 22. Dezember des Jahres kürzte auch ihre Haftzeit erheblich ab.

## Kulturelle Auseinandersetzung

Auch im Vergleich zu anderen Universitätsstädten verlief in Tübingen die politische Auseinandersetzung am Ende der Weimarer Republik ausgesprochen ruhig.[208] Die einzigen öffentlichen Diskussionen, die in den Jahren 1929 bis 1933 unter starker Beteiligung des Tübinger Bürgertums geführt wurden, entzündeten sich an Themen, die die scheinbar politikfreie Ebene der Kultur betrafen. Diese Verlagerung der politischen Auseinandersetzung auf die erklärtermaßen unpolitische, kulturelle Ebene wurde besonders deutlich an zwei Veranstaltungsfolgen des Tannenbergbundes und des Kampfbundes für deutsche Kultur.

»Um den Ludendorffschen Gott«

Der 1925 von dem nationalsozialistischen Reichstagsabgeordneten und ehemaligen Generalquartiermeister Erich Ludendorff zusammen mit dem ehemaligen Oberst und späteren Reichsarbeitsdienstführer Konstantin Hierl als Dachverband völkischer Kriegervereine gegründete Tannenbergbund[209] war der Versuch konservativ-monarchistischer Offiziere, eine Massenbasis für ihre revanchistischen und militaristischen Ziele zu finden. Nachdem Ludendorff Mathilde von Kemnitz geheiratet hatte, geriet der Tannenbergbund unter dem Einfluß dieser fanatischen Religionskritikerin in ein weltanschaulich-religiöses Fahrwasser. In Publikationen und Vorträgen versuchte er, anstelle des »artfremden«, weil in seinen Augen durch jüdische Tradition verfremdeten Christentums, einen »Deutschglauben Ludendorffscher Prägung« zu propagieren. 1932 beschäftigte sich ein Ferienkurs des Evangelischen Volksbundes in Tübingen ausführlich mit möglichen Gegenmaßnahmen. Er stand unter dem Motto *Unser Blut und unser Glaube*. Wilhelm Pressel sprach vor 180 Teilnehmern über den *Kampf des Hauses Ludendorff gegen die Bibel*.[210]

In Tübingen, wo seit Ende der zwanziger Jahre eine »Kampfgruppe« des Tannenbergbunds bestand, entfaltete dieser in der ersten Jahreshälfte 1932 eine intensive Vortragstätigkeit.[211] Die Vorträge waren sehr gut besucht. Nahezu jedesmal berichteten die Zeitungen, daß der rund 2000 Sitze fassende Schillersaal des »Museums« überfüllt gewesen sei. Das ist um so beachtlicher, als die Vorträge auf heftige Ablehnung stießen. Die schroffe antichristliche Haltung und das Werben für eine »deutsch-germanische Religionsgemeinschaft« riefen bereits während der Vorträge Proteste der Zuhörer hervor. In den Leserbriefspalten der beiden Tageszeitungen wurde die Kritik fortgesetzt. Für Januar 1932 kündigte der Bund einen Vortrag über die *Kriegspolitik des Papstes* an.[212] Dem Bericht der beiden Zeitungen zufolge bestand der Vortrag aus den bekannten religiösen und politischen Heilserwartungen, durchsetzt mit angstweckenden Drohungen über nationale Erbfeinde und überstaatliche Mächte.[213] Er gipfelte in der Behauptung, daß *außerstaatliche Mächte sich verschworen hätten, um Deutschland an den Erbfeind Frankreich auszuliefern*. Die ganze Wirtschaftskrise – so gab die »Tübinger Zeitung« den Redner wieder – sei *künstlich inszeniert*, um Deutschland zu einem Krieg gegen Rußland zu treiben, der es letztlich zu einem Vasallenstaat Frankreichs degradiere.[214] Eine Welle von empörten Wortmeldungen ging durch den Schillersaal. *Nur mit Mühe* – so die »Tübinger Zeitung« – *vermochte man die Ruhe am Schluß der Versammlung aufrecht zu erhalten.*

Zwei Wochen später kündigte die Katholische Akademiker-Vereinigung eine Gegendarstellung an. Privatdozent Dr. August Hagen sprach nun zur *Friedenspolitik des Papstes.*[215] Auch der Evangelische Volksbund, die Evangelische Kirchengemeinde und das Evangelische Studentenpfarramt luden zu einer Gegenveranstaltung ein. Der Tannenbergbund hatte seine Anhänger ebenfalls mobilisiert. In zwei Omnibussen wurden sie aus Stuttgart herangefahren und beteiligten sich eifrig an der Diskussion. Doch statt auf die Auslassungen des Redners einzugehen, der die Behauptungen Mathilde Ludendorffs widerlegte, betonten sie *den Unterschied zwischen deutschem Gottglauben und biblischem Christentum, das als Niederschlag jüdischen Geistes dem deutschen Wesen artfremd sei.* Schützenhilfe bekamen sie von dem Tübinger Indologen und Vergleichenden Religionswissenschaftler Jakob Wilhelm Hauer.[216] Er verurteilte zwar ebenfalls die Agitation Mathilde Ludendorffs, kritisierte aber auch den Vortrag, dessen *Ton der Tiefe des religiösen Problems nicht gerecht geworden sei*, denn *es handele sich hier um einen Aufbruch völkischer Kraft, der nicht ernst genug genommen werden könne.*[217]

Vierzehn Tage später veranstalteten das Evangelische Pfarramt und Dekanat sowie der Evangelische Volksbund zusammen mit der Studentenschaft der Evangelisch-theologischen Fakultät erneut einen »Aufklärungsvortrag«. Privatdozent Dr. Haenchen referierte über das Thema »Deutscher Gottglaube oder Christusglaube«. Die Tannenbergbund-Mitglieder verweigerten – in die Enge getrieben – die Aussprache am Ende des Vortrags. Statt dessen kündigten sie ihrerseits für den 9. Februar eine Veranstaltung mit Hans Kurth an, einem *Mitarbeiter des Hauses Ludendorff*, und zwar zu dem Thema *Christentum oder deutsche Gotterkenntnis.*[218] Kurths Auslassungen riefen wiederum heftige Reaktionen hervor. Die Debatte nahm Formen an, *die einen großen Teil der Hörer veranlaßten, den Saal zu verlassen.*[219] Drei Tage später drückte ein Leserbriefschreiber in der »Chronik« noch einmal sein Mißfallen aus: *Das alles war in höchstem Grade unsympathisch! und der sogenannte Deutsche Glaube hat durch die sogenannte »Deutsche Art« seiner Verkünder und Jünger sich selbst gerichtet.*[220]

Die Evangelischen Theologen verweigerten nun jede weitere Aussprache und erklärten, sie seien nicht gewillt, sich *das Gesetz des Handelns von der Gegenseite vorschreiben zu lassen.*[221] Daraufhin beendete auch der Tannenbergbund seine Kampagne *um den Ludendorffschen Gott.*[222] Er verschwand allerdings keineswegs aus dem Tübinger Veranstaltungskalender, verlegte sich nur wieder auf seine traditionellen, außenpolitischen Themen, schürte die »Erbfeindschaft« zu Frankreich und betrieb eine Verteufelung des Kommunismus: *Das bevorstehende Weltgericht unter besonderer Berücksichtigung der russischen Verhältnisse* lautete beispielsweise das Thema einer seiner folgenden Veranstaltungen.[223] Auf diesem Gebiet hat der Tannenbergbund, anders als bei der kulturellen Auseinandersetzung, keinen öffentlichen Widerspruch erhalten.[224]

»Gegen den undeutschen Geist«

*Inmitten des heutigen Kulturverfalls die Werte des deutschen Wesens zu verteidigen und jede arteigene Äußerung kulturellen deutschen Lebens zu fördern,* hatte sich der 1927 von Alfred Rosenberg gegründete »Kampfbund für deutsche Kultur« zur Aufgabe gesetzt.[225] Bei den um den Bestand der abendländischen Kultur fürchtenden und vom allgemeinen Kulturpessimismus beeinflußten Tübinger Bildungsbürgern fand er Zulauf. 1932 gab es in Tübingen unter der Leitung des Medizinprofessors Heinz Bromeis eine Ortsgruppe, deren Ziel es war, *im heranwachsenden Geschlecht aller Schichten des Volkes die Erkenntnis für das Wesen und die Notwendigkeit des Kampfes um die Kultur- und Charakterwerte der Nation zu wecken und den Willen für diesen Kampf um die deutsche Freiheit zu stählen.*[226]

Anfang 1932 startete der »Kampfbund« eine Vortragskampagne, die große Resonanz fand, wie sich an den sonst selten genutzten Leserbriefspalten der beiden Tageszeitungen ablesen läßt. Auftakt der Auseinandersetzung bildete eine Veranstaltung mit Alfred Rosenberg. Der Hauptschriftleiter des »Völkischen Beobachters« und Autor des »Mythus des 20. Jahrhunderts« forderte am 10. Februar seine Hörer im überfüllten Schillersaal dazu auf, sich am *Schicksalskampf der deutschen Kultur* zu beteiligen.[227] *Deutsche Art* und *deutsches Wesen* seien vom übermächtigen Einfluß fremder Rassen bedroht: *Deutsches Wesen wird heute überall verspottet und die Gesellschaft, die verspottet wird, applaudiert noch dazu.* Besonders negativ mache sich diese Überfremdung in der Hauptstadt bemerkbar: *Über den eigentlichen Berlinern macht sich eine Schleimschicht breit, die allen germanischen Werten widerspreche.* Da hülfen keine Korrekturen mehr: *Alles Internationale soll ausgeschieden, die Unkultur durch eine neue Kultur ersetzt werden.* Die Alternative könne nur lauten: *Entweder auf Seiten Deutschlands oder der schwarz-roten Internationale. Wir wollen keine Kompromisse sondern endgültige Scheidung.* Was Rosenberg als »Entartung von Sitte und Kunst« in abschreckenden Bildern schilderte, war noch kaum bis in die Universitätsstadt vorgedrungen. Die als abstoßend empfundene »Moderne« hatte noch keinen Einzug gehalten. Wenn Künstler offizielle Anerkennung in Form städtischer bzw. staatlicher Aufträge erhielten, zeichnete sich ihr Werk durch traditionelle Ausdrucksformen aus. Diese wurden zum Vehikel einer Flucht aus der bedrückenden Realität in die abgehobene Geistigkeit tradierter, scheinbar unpolitischer Innenräume.[228]

Nur wenige Tage nach Rosenbergs Vortrag bot eine Abendmusik zum Landesbußtag in der Stiftskirche dem Kampfbund für deutsche Kultur auch in Tübingen Gelegenheit, seinen Einsatz für *die Reinhaltung des deutschen Kulturlebens von Einflüssen zersetzender, bolschewistischer Art* zu demonstrieren.[229] In einer öffentlichen Erklärung wetterte die Ortsgruppe gegen die *Aufführung atonaler Experimente in der Stiftskirche.* Der Angriff galt zwei von Kirchenmusikdirektor Richard Gölz aufgeführten Chorsätzen. Die Kompositionen von Wolfgang Fortner und Erich Katz seien, so die Kritik des »Kampfbundes«, *sowohl in ihrer formalen Struktur wie auch in ihrer musikalischen Gesinnung mit dem Wesen kirchlicher Kunst nicht zu vereinbaren,* zumal *die bolschewistische Tendenz in Wort und Ton offen zu Tage* läge. Die rasche Gleichsetzung von moderner Kunst und bolschewistischer

Gesinnung war typisch für die Agitation des »Kampfbundes« und den Lesern der »Tübinger Chronik« vertraut. In diesem Fall führte sie jedoch zu Erwiderungen einiger weniger, die solche Gleichsetzung nicht schweigend durchgehen lassen wollten.

Zu ihnen gehörte der Ingenieur Dr. Karl Weidle. In einer Zuschrift an die »Chronik« bezeichnete er den Vorstoß des »Kampfbunds« als einen Versuch, die Zeit anzuhalten und die Entwicklung der Kunst in biedermännischer Beschaulichkeit erstarren und in einer von jeglicher Irritation freien Selbstdarstellung eigener Größe Kunst zur bloßen Dekoration der Macht verkommen zu lassen. Den erbitterten Streit aufgreifend, der wenige Jahre zuvor zwischen den Verfechtern bodenständiger Tradition und den Fürsprechern der Moderne um die Stuttgarter Modellsiedlung »Am Weißenhof« entbrannt war, stellte er den Tübinger Vorfall in größere Zusammenhänge. Entzündet hatte sich jene Kontroverse an der Dachform moderner Bauten. Das Flachdach wurde zum Inbegriff »undeutschen, artfremden Wesens« erklärt.[230] Weidle dagegen stellte klar: *Wer nicht den Wunsch hat, bei Goethes Gartenhäuschen einzuschlafen, wird sich vernünftigerweise nicht den Kopf darüber zerbrechen, ob nun ein flaches Dach jüdisch oder bolschewistisch ist, und welchen Neigungswinkel ein Ziegeldach haben muß, um deutsch zu sein.*[231] Eindringlich warnte er vor einer *politischen Knebelung* der Kunst, wie sie der »Kampfbund« beabsichtigte. Dieser erwiderte: *Hierzu wäre zu sagen, daß der Kampfbund es nicht mit Politik, sondern mit Kultur zu tun hat, wie sein Name besagt. Mit Politik höchstens insofern, als er die deutsche Kunst aus der Verknebelung durch eine gewisse Politik zu befreien die Aufgabe hat.*[232]

Auf die Erklärung Weidles reagierte auch der Tübinger Germanist Dr. Gerhard Schneider.[233] In einem Leserbrief stellte er *die wahre, ehrliche Empfindung* der dem Alltag enthobenen Künstlerpersönlichkeit den *geistreichen, aber seelenlosen Konstruktionen* moderner Künstler gegenüber. Die Chorwerke von Katz und Fortner seien unwahre, leere Machwerke, bei denen jede innere Beziehung zum vertonten Text vermißt würde.[234] Er belegte seine Behauptung freilich nicht mit der Struktur oder dem Aufbau der Musik, sondern mit dem Hinweis auf einen von Fortner vertonten Text Erich Kästners. *Mag man ruhig die Tätigkeit des Kampfbundes für deutsche Kultur als »Erstickung des künstlerischen Lebens« bezeichnen: die Werke, denen dabei der Lebensodem ausgeht, werden nicht allzusehr betrauert werden.*[235] Die Diffamierung alles Fremden, die rücksichtslose Ausschaltung alles anderen, die später Realität und Konformität des Dritten Reiches ausmachte, hier kündigte sie sich als angeblich unpolitische Kulturarbeit an.

Tags darauf erläuterte Weidle nochmals seine Vorstellungen: *Ob Fortner in erster Linie von solchen Erzeugnissen aus zu beurteilen ist, weiß ich nicht; ich rate aber jedermann, bei der Betrachtung dieses oder jenes deutschen Domes einmal von den Wasserspeiern oder Misericordien auszugehen. Ich fürchte, der Dom käme nicht viel besser weg als der oder jener zeitgenössische Künstler, und dies nicht nur in moralischer, sondern auch in künstlerisch-formaler Hinsicht.*[236] Doch der »Kampfbund« weigerte sich, den Vergleich zu verstehen. Statt auf die inhaltliche Aussage einzugehen, wies er Weidle in einem *Schlußwort* empört zurecht: *Die Erklärung handelte von Kirchenmusik. Herr Dr. Weidle spricht statt dessen über Dächer, Wasserspeier und Rippen und geht zur Beleidigung über [...].*[237]

Damit beendete der »Kampfbund« fürs erste die Kontroverse. Doch seinen Kampf für »wahre, deutsche Kultur« betrieb er weiter, unterstützt vom Nationalsozialistischen Studentenbund. Resonanz war ihm dabei hauptsächlich in Universitätskreisen beschieden. *In der Erwartung, dort die Stelle zu finden, an der man für die geistige Gesundung und Hebung der Nation wirken könnte,* unterstützte beispielsweise der Historiker Johannes Haller seine Arbeit. Mit fünf weiteren Tübinger Hochschullehrern beteiligte er sich an einem in allen großen Tageszeitungen veröffentlichten Aufruf »An die deutschbewußten akademischen Lehrer und an die deutsche akademische Jugend«. Darin forderte er den *Aufbau eines neuen deutschen Kulturlebens und Schutz unserer Kulturgüter vor dem Kulturbolschewismus mit allen seinen gefährlichen Zersetzungserscheinungen.*[238]

Im Juni 1932 beschäftigte eine vom »Kampfbund« durchgeführte Vortragsreihe »Ist die deutsche Kultur am Ende?« erneut die Tübinger. Der Vortrag des populären Architekten und Kunstschriftstellers Paul Schultze-Naumburg, der 1930 mit Hilfe des nationalsozialistischen thüringischen Innenministers Wilhelm Frick zum Leiter der Weimarer Hochschule für Handwerk und Baukunst avanciert war, löste eine heftige Debatte aus.[239] Bei der Mehrzahl der Zuhörer erntete der völkische konservative Architekt ungeteilten Beifall, als er die moderne Kunst als Ausdruck sittlicher und rassischer Degeneration[240] hinstellte: *Folgende Erscheinungen sind es, die unsere Jugend immer wieder ganz besonders bei dieser Afterkunst abstoßen: ihr Dienst an der planmäßigen Entsittlichung des Volkes, ja der gemeinsten Gotteslästerung, ihre Einstellung zur Frau und das fast perverse Liebäugeln mit ihm fernstehenden Rassen, wie besonders den Negern, von deren Blut die »Norden« durch ewige Abgründe geschieden sind.*[241] Da der »Kampfbund« eine öffentliche Debatte von Schultze-Naumburgs Ausführungen untersagte, meldeten sich die Kontrahenten – der Tübinger Ordinarius für Kunstgeschichte, Georg Weise, und der Privatdozent am Kunsthistorischen Institut, Hermann Mahn, – tags darauf in der »Chronik« zu Wort.[242] Sie kritisierten vor allem den Versuch, »Rasseeinheit« zum Gradmesser künstlerischer Qualität zu erheben: *Kann es ständig und einzig Aufgabe der Kunst sein, mit moralisierender Tendenz Rassetypen zu verkörpern? Und: kann es ebenso ständig und einzig Aufgabe der Kunst sein, die Natur mehr oder weniger getreu wiederzugeben?,* stellten sie die Thesen Schultze-Naumburgs in Frage. Dieser hatte in seinem Vortrag den Bamberger Reiter als den Idealtyp *deutscher Kunst* dargestellt. Er verkörpere *deutsche Menschensehnsucht* gestern wie heute: *Es gibt immer noch genug Menschen in unserer deutschen Volksgemeinschaft, denen der Stahlhelm genau so gut zu Gesicht steht wie dem Bamberger Reiter die Krone.* Georg Weise widersprach dieser rassistischen Kunstinterpretation und verwies auf die französischen Vorbilder der »rassereinen« Bamberger Plastik.

Wenig später trat die Studentenschaft korporativ dem Kampfbund für deutsche Kultur bei. Als der SPD-Abgeordnete und ehemalige württembergische Kultminister, Berthold Heymann, im württembergischen Landtag die Rechtmäßigkeit dieses Schritts bezweifelte, erklärte das Rektoramt der Universität, *daß, da weder der Kampfbund nach seinen Satzungen, noch die Ortsgruppe Tübingen nach ihren Veranstaltungen und ihrer Zusammensetzung parteipolitisch gebunden seien, der korporative Beitritt der Studentenschaft der Uni-*

*versität zum Kampfbund nicht als ein Verstoß gegen die Satzungen der Studentenschaft beanstandet werden könne, zumal nach § 3 Ziff. 7 dieser Satzungen der Wirkungskreis der Studentenschaft sich auf die Mitarbeit am kulturellen Aufbau Deutschlands erstrecke.*[243]


»Würmer in den Eingeweiden«

Nahezu 400 Jahre lang waren die Tore der Stadt den Juden verschlossen gewesen. Aufklärung und die württembergische Judengesetzgebung öffneten sie ihnen erst wieder in der Mitte des 19. Jahrhunderts. Rasch entstand eine jüdische Gemeinde, 1882 konnte sie ihre Synagoge in der Gartenstraße weihen.[244] Die meisten Juden, die nach 1848 in Tübingen Bürgerrecht erwarben, zogen nicht mehr handelnd und hausierend über Land, sondern waren seßhaft, übten angesehene Berufe aus. 1933 gab es unter den rund 90 Tübinger Bürgern israelitischen Glaubens zehn Kauf- und Geschäftsleute, zwei Pferdehändler, mehrere Rechtsanwälte, zwei Bankiers, einen Fabrikanten, mehrere Ärzte, einige Lehrer und wenige Professoren bzw. Dozenten.[245] Ihre Kinder besuchten meist die weiterführenden Schulen und die Universität. Knapp ein Drittel der verheirateten Juden war mit einem nichtjüdischen Partner verheiratet.[246]

Sofern die Juden in Tübingen nicht eigene Vereine gegründet hatten wie 1924 den Jüdischen Frauenverein[247], nahmen sie am regen städtischen Vereinsleben teil. Gustav Hirsch beispielsweise, dessen Vater sich 1852 als erster Jude wieder in Tübingen niedergelassen hatte, war Schriftführer und Kassier des Bürgervereins, sein Sohn Leopold Mitglied der renommierten Stadtgarde zu Pferd.[248] Auch der Bankier Siegmund Weil, Handelsrichter am Tübinger Landgericht und Vorstand des Württembergischen Bankierverbands, genoß *als tüchtiger hervorragender Geschäftsmann [...] hohes Ansehen in weiten Kreisen, wo man ihm unbedingtes Vertrauen* entgegenbrachte.[249] Wegen seines karitativen Engagements war er allseits beliebt: *Sie haben sich jederzeit bewährt als Bürger von hervorragendem Gemeinsinn und haben zu Ihrem Teil jederzeit dazu beigetragen, das allgemeine Wohl zu fördern,*[250] gratulierte ihm Oberbürgermeister Scheef 1931 zum 60. Geburtstag.

Auch an den politischen Entscheidungen der Stadt waren die jüdischen Bürger beteiligt. Rechtsanwalt Simon Hayum, zwischen 1924 und 1935 im Präsidium der israelitischen Landesversammlung, gehörte als Vertreter der Demokratischen Partei, deren Fraktion er zeitweise auch vorstand, von 1919 bis 1933 ununterbrochen zum Stadtrat. Der junge Jurist Helmut Erlanger war bei den Sozialdemokraten aktiv.[251] Die überwiegende Mehrzahl der Tübinger Juden war eher national eingestellt. Die Teilnahme an »vaterländischen Feiern« war für sie ebenso selbstverständlich, wie es die Segenswünsche für den *greisen Heldenkaiser und unseren vielgeliebten König Carl* 1882 bei der Synagogenweihe gewesen waren.[252] Kurz – es schien, als seien die jüdischen Bürger in der Gesellschaft Tübingens aufgenommen worden, als wäre die Integration geglückt.[253]

Solange der wirtschaftliche Aufschwung der Gründerjahre andauerte, bestand tatsächlich so etwas wie eine gute Nachbarschaft, ein empfindliches Gleichgewicht aus Duldung und Anpassung, das der gemeinsame Kampf gegen einen äußeren Feind stabilisierte. Doch der verlorene Krieg ließ alte Vorurteile wieder aufleben. Wer die Niederlage nach 1918 nicht akzeptieren wollte, hatte bald die Juden als Sündenbock entdeckt. Die Hochschule wurde der Wegbereiter eines Antisemitismus, der nicht mehr nur religiös oder wirtschaftlich motiviert war, sondern rassisch und wissenschaftlich legitimiert wurde. Vom Katheder herab verbreiten Universitätslehrer völkisch geprägte Thesen aus Rassenlehre und sozialer Anthropologie und verdichteten sie zu einem Weltbild, in dem Gut und Böse genetisch fixiert waren. Aussonderung und Selektion, die biologistischen Prinzipien darwinistischer Evolutionstheorie, wurden zum Muster für soziales und politisches Denken. Aus dem Blickwinkel eines derartigen Weltentwurfs war es nur konsequent, das Fremde, Böse und Ungesunde kenntlich zu machen, es zu diskriminieren und auszuschließen. Vorstellungen von einem *kranken Volkskörper* und von der *Gesundung unseres ganzen öffentlichen Lebens*, von der *Bekämpfung fremdrassiger Einflüsse* und der *Rettung deutschen Volkstums*[254] hatten hier ihren Ursprung.

Bereits 1924 hatte der Vorstand des Hygienischen Instituts in Tübingen die erste Ortsgruppe der Gesellschaft für Rassenhygiene gegründet.[255] Bei den Vorträgen dieser Gesellschaft verbreiteten namhafte Wissenschaftler das Gedankengut des Sozialdarwinismus. Vor überfülltem Saal erörterten sie als *Maßnahmen zur Auslese* und *Wiedervernordung* die *Unfruchtbarmachung geistig und sittlich Kranker und Minderwertiger im Kampf gegen die Entartung unseres Volkes vom Standpunkt des Arztes*.[256] Doch blieb es keineswegs nur bei Diskussionen. 1922 antwortete die Universität der Münchener Hochschule, als diese nach dem Zulassungsmodus für Ausländer fragte: *Das akademische Rektoramt nimmt insofern Einfluß auf die Zusammensetzung der Studentenschaft, als es, wenn irgend möglich, rassefremde Ausländer (namentlich Ostjuden) nicht zuläßt und deren Deutschstämmigkeit, wenn sie behauptet wird, verneint.*[257] Die Studenten verweigerten jüdischen Kommilitonen die Mitgliedschaft in den meisten Korporationen. Reaktionäre Organisationen wie der Hochschulring Deutscher Art oder der Deutschvölkische Schutz- und Trutz-Bund, die Juden von jeher ausschlossen, hatten seit Kriegsende regen Zulauf.

Besonders Mitglieder des NS-Studentenbundes setzten den latenten Antisemitismus politisch um. Sei es, daß sie den in französischer Sprache gehaltenen Vortrag eines Sorbonneprofessors *als mit deutscher Ehre und nationaler Würde unvereinbar*[258] boykottierten oder den demokratischen jüdischen Verleger der »Chronik« wegen seiner Herkunft und demokratischen Gesinnung wiederholt diffamierten. Als das von der »Chronik« als *Abenteuer und Ende der Vernunft* gebrandmarkte Volksbegehren gegen den Young-Plan Ende 1929 doch angenommen wurde und sich damit die zuvor geäußerte Erleichterung über den *Sieg der Vernunft* als verfrüht herausstellte, wurde von unbekannter Hand am Schwarzen Brett des NSDStB folgendes Pamphlet angeschlagen: *Waih geschriehen! nu hat nicht gesiegt die Vernunft! nu hat gemacht e Profit der Abenteurer Hugenberg, nu hat mer uf dr koscheren Chronik ze frieh aufgeatmet. Waihgeschriehen!*[259]

In der Stadt, wo der Deutschnationale Handlungsgehilfen-Verband, die größte Angestelltengewerkschaft der Republik, Juden von der Zugehörigkeit ausschloß, fanden Antisemitismus und Rassismus ebenfalls Widerhall. 1930 deckte die sozialdemokratische »Freie Presse« in Reutlingen die Verbreitung antisemitischer Inhalte an der Tübinger Oberrealschule auf.²⁶⁰ Der betreffende Lehrer wurde zwar gerügt, durfte aber weiter unterrichten. Als 1931 der Münchner NS-Propagandist Ernst Graf zu Reventlow in der Hochschulstadt sprach, erklärte er den Tübingern *zur Judenfrage*: Der Standpunkt seiner Partei sei *keineswegs inhuman, Würmer in den Eingeweiden müßten entfernt werden*.²⁶¹

Beispiele von Toleranz oder bewußter Abwehr antisemitischer Äußerungen, gar offenes Eintreten für die Gleichberechtigung von Juden waren dagegen verschwindend gering. Die Aufforderung, die kurz vor der Septemberwahl 1930 Publizisten, Politiker und Künstler *An das deutsche Volk* richteten, um gegen die *Kulturschande des Antisemitismus* und die *infame Verunglimpfung der Juden*²⁶² zu protestieren, blieb der einzige öffentliche Protest in Tübingen. Doch unter denen, die warnend ihre Stimme davor erhoben, *daß die schwierige wirtschaftliche Lage von unverantwortlichen Elementen dazu benützt* [wird], *eine schamlose Hetze zu entfalten, die sich in letzter Zeit so gesteigert hat, daß offene Pogrome angedroht werden*,²⁶³ war kein Tübinger. Statt dessen mehrten sich die antisemitischen Äußerungen und nahmen schließlich auch handgreifliche Formen an. So berichtet Lilli Zapf in ihrem wesentlich auf Zeugenaussagen beruhenden Band über die Tübinger Juden, daß sich Tübinger SA-Männer *schon lange vor 1933* mit jüdischen Bürgern unter anderem in der Neckargasse geschlagen haben.²⁶⁴ Auch schon vor der Machtübernahme durch die Nationalsozialisten konnten in Tübingen Schüler des Gymnasiums ungestraft die Rechtsanwälte Hayum mit Sprüchen wie *alter Jud guck' nei* und *Jude verrecke* beschimpfen.²⁶⁵ In den Erinnerungen der meisten Tübinger bildet dieses Thema freilich einen blinden Fleck und von den Akten, in denen sich solche Übergriffe niedergeschlagen hätten, war im Stadtarchiv Tübingen bis 1985 nur der Aktendeckel mit der Aufschrift *Judenangelegenheiten* übriggeblieben.²⁶⁶

## Presseszene und Pressekampf

In der Auseinandersetzung um die Republik spielten Zeitungen eine wichtige Rolle.²⁶⁷ Da es erst wenige Radioapparate gab, besaß die Presse, besonders die Tagespresse, das Informationsmonopol. Mitte 1932 gab es im Deutschen Reich nahezu 3400 Tageszeitungen mit einer Gesamtauflage zwischen 16 und 20 Millionen.²⁶⁸ Ungefähr die Hälfte dieser Zeitungen war parteipolitisch festgelegt. Die andere Hälfte bestand aus bürgerlichen, parteipolitisch indifferenten Generalanzeigern.

### »Tübinger Chronik«: die »Beherrscherin Tübingens«

In Tübingen gab es in den zwanziger Jahren nur eine lokale Tageszeitung, die »Tübinger Chronik«. Im benachbarten Reutlingen konnte der interessierte Leser dagegen zwischen vier Zeitungen wählen, nämlich der sozialdemokratischen »Freien Presse«, der bürgerlich-nationalen »Schwarzwälder Kreiszeitung«, dem nationalsozialistischen »Reutlinger Tagblatt« und dem bürgerlichen »Generalanzeiger«.[269] Die »Chronik« aber beherrschte den Markt in Tübingen. Die im Lauf der Zeit entstandenen anderen Blätter konnten ihr nie – zumindest unter den Bedingungen freien Wettbewerbs – ernsthaft Konkurrenz machen.

Erstmals trug ein am 1. Januar 1845 von M. Müller herausgegebenes Blatt den Namen »Tübinger Chronik«. Es stand in der Nachfolge der bürgerlichen »Intelligenzblätter« und Cottas »Neuester Weltkunde«, die der berühmte Verleger 1798 als erstes politisches Blatt in Tübingen herausgegeben hatte.[270] Als in der »Tübinger Chronik« drei Jahre nach ihrer Gründung, am 2. März 1848, Ludwig Uhlands »Adresse an den Ausschuß der württembergischen Ständekammer« abgedruckt wurde, erlangte sie über Württemberg hinaus Verbreitung und Interesse. Von dieser Ausnahme abgesehen war die »Chronik« ein für das Tübinger Oberamt geschaffenes Lokalblatt, das freilich immer Wert darauf legte, das Publikationsorgan einer Universitätsstadt zu sein.[271] Entsprechend breiten Raum widmete es den Berichten über universitäre Ereignisse.

Am allgemeinen Bedeutungszuwachs, den die Presse im Gefolge der Reichsgründung und des damit verbundenen wirtschaftlichen Aufschwungs erfuhr, hatte auch die »Chronik« Anteil. Als Nachrichtenvermittlerin wurde sie für den interessierten Bürger unentbehrlich, was sich an ihrer Auflagenhöhe bemerkbar machte. 1876 hatte das nur fünfmal in der Woche erscheinende Blatt gerade eine Auflage von 2000 Exemplaren. Zehn Jahre später hatte es sich zu einer Tageszeitung mit einer Auflage von 5000 entwickelt. Erst 1893 gelang es nach mehreren erfolglosen Versuchen[272] dem von H. Kirschmer herausgegebenen »Tübinger Wochenblatt«, dem späteren »Tübinger Tagblatt«, sich für einige Jahre neben der »Chronik« zu behaupten. Im Gegensatz zur damals nationalliberal eingestellten »Chronik« vertrat es den Kurs der Fortschrittlichen Volkspartei.

1903 kauften die Brüder Albert und Sigmund Weil aus Ellwangen die »Chronik«.[273] Unter ihrer Leitung stieg die Auflage beständig. Bald konnten sie das enge Geschäftshaus in der Altstadt (Hirschgasse 1) verlassen und in ein neuerrichtetes Verlagsgebäude in der Uhlandstraße, jenseits des Neckars ziehen. Den Ersten Weltkrieg und die Wirren der Jahre 1918/19 überstand die »Chronik« relativ unbeschadet. Politisch stand sie danach im Lager der bürgerlichen Mitte. Das »Tübinger Tagblatt«, das mittlerweile weit rechts von der »Chronik« angesiedelt war, konnte sie am 30. September 1923 aufkaufen. Doch blieb sie nur vorübergehend ohne Konkurrenz. Bereits am 1. Februar 1924 brachte der Verlag des Württembergischen Bauern- und Weingärtnerbund-Führers, Theodor Körner, die »Tübinger Zeitung« heraus. Sie wurde drei Monate lang in der Körnerschen Druckerei in Herrenberg hergestellt, dann übernahm sie der Tübinger Drucker und Verleger Eugen Göbel.[274] Doch las man in der Universitätsstadt weiterhin die »Tübinger Chronik«, es sei denn, man war parteipolitisch gebunden und auf die in Reutlingen als Kopfblatt der sozialdemokratischen »Tagwacht« erscheinende »Freie Presse« abonniert. In Universitätskreisen wurde zudem meist noch ein überregionales Blatt, der »Stuttgarter Merkur« oder die »Frankfurter Zeitung«, gehalten.

Die »Chronik« hatte seit 1918 eine liberale Grundeinstellung und setzte sich für die vielgeschmähte Republik ein. In diesem Sinne betrieb die Zeitung, in deren Redaktionsteam der Weltkriegsteilnehmer Dr. phil. Josef Forderer Hauptschriftleiter war, Franz Flaadt die Sparten Turnen und Unterhaltung betreute und Friedrich Sumpfenhäuser, später Hermann Weil für die kaufmännische Seite zuständig waren, unter der sozial eingestellten Verlagsleitung Albert Weils[275] politische Aufklärung und demokratische Willensbildung. Die Leitartikel, die die kleine Redaktion in der Regel als Matern von überregionalen Agenturen und Pressebüros – vor allem vom Wolffschen Telegrafenbüro – bezog,[276] standen der rechtsliberalen Partei Gustav Stresemanns und dessen außenpolitischem Kurs nahe. Inmitten der nationalen Erregung um Ruhrgebietsbesetzung und Dawes-Plan informierte sie nüchtern über Chancen und Notwendigkeit der als »Erfüllungspolitik« diffamierten Linie Stresemanns. Der Sinn seiner Haltung in der Reparationsfrage bestehe darin, *zu zeigen, daß wir bereit sind, innerhalb der Grenzen unserer Leistungsfähigkeit die Forderungen, die der Friede von Versailles an uns stellt, zu erfüllen, nicht deshalb, weil wir uns als die Schuldigen fühlen oder bekennen, sondern weil wir nun einmal den Krieg verloren haben.*[277]

Im kommunalen Bereich aber gehörte die Sympathie der »Chronik« – ohne sich als ausgesprochenes Parteiblatt zu profilieren – dem württembergischen Liberalismus, insbesonders der zumindest bis 1930 linksliberalen DDP.[278] Die Reden, die deren Fraktionsvorsitzender, Adolf Scheef, im Landtag hielt, druckte sie, auch als er noch nicht Tübinger Stadtvorstand war, jeweils ungekürzt ab. Mit großer Aufmerksamkeit berichtete sie auch von den Reden und Aktivitäten seiner Parteifreunde, etwa von dem württembergischen Reichstagsabgeordneten Theodor Heuss oder vom Landtagsabgeordneten und Präsidenten der Gewerbevereine und Handwerksverbände Otto Henne.[279] Auch den Tübinger Vertretern der DVP begegnete sie mit Wohlwollen.[280] Mit der NSDAP setzte sie sich im überregionalen Teil kompromißlos auseinander. Unter der Überschrift »Münchner Karneval« kommentierte sie 1923 den fehlgeschlagenen Münchner Putsch als eine Verbrechertat politisch Wahnsinniger.[281] Ausführlich berichtete sie über den folgenden Prozeß und übte heftige Kritik an der unentschlossenen Verhandlungsführung, die es zuließ, daß der Gerichtssaal zu einer *nationalsozialistischen Agitationsbühne* gemacht wurde.[282] Solche Kommentare trugen der »Chronik« den von rechten Tübinger Kreisen in den Straßen der Stadt plakatierten Vorwurf des »Parteiurteils« ein. Dem konnte sie allerdings entgegenhalten: *In der Beurteilung des Münchner Putsches sind sich alle Parteien von den Deutschnationalen bis zu den Sozialdemokraten einig. [...] Schon rein vom Gesichtspunkt der Staatsraison aus sind solche gewaltsamen Erhebungen aufs schärfste zu verurteilen.*[283]

Stärkeren Einfluß als mit dem überregionalen Teil übte die »Tübinger Chronik« mit der lokalen Berichterstattung aus. Ausführlich informierten freie Mitarbeiter über die Versammlungen der Vereine, Wirtschaftsverbände und politischen Parteien im Oberamt. Als offizielles Amtsblatt mußte die »Chronik« zudem alle amtlichen Bekanntmachungen und die öffentlichen Beratungen von Gemeinde- und Bezirksrat wiedergeben. Auch in ihrer lokalen Berichterstattung bekundete sie ihr Wohlwollen für die bis 1931 in Tübingen führenden Demokraten, insbesondere für den 1927 zum Stadtvorstand gewählten Bezirksnotar

Adolf Scheef. Dessen *große Initiative und Umsicht*[284] herauszustreichen, nahm die »Chronik« jede Gelegenheit wahr. Diese uneingeschränkte Sympathie trug ihr von der »Schwäbischen Tageszeitung«, dem Organ des Württembergischen Bauern- und Weingärtnerbunds, die Bezeichnung *Scheefs Rederohr* ein.[285]

Allen Formen des Antisemitismus gegenüber war die »Chronik« hellhörig. Als der Spitzenkandidat des Völkisch-Sozialen Blocks 1924 in einer gut besuchten Wahlveranstaltung die Ziele der nationalsozialistischen Bewegung als dreifachen Kampf umriß, der dem in Judentum, Jesuitentum und Marxismus verkörperten internationalen Feind gelte, urteilte ihr Berichterstatter: *Auf dem Programm der Hakenkreuzler steht an erster Stelle der Antisemitismus.*[286] Der reklamierten Rassenreinheit des deutschen Volkes widersprechend – *Kein vernünftiger Mensch redet heute noch von einer rein gebliebenen Rasse in unserem, von zahlreichen Völkern als Tummelplatz und Korridor benutzten deutschen Vaterland* –, verwies er auf die Sündenbockfunktion des Antisemitismus: *An dem Unglück unseres Vaterlandes sind nicht, wie Mergenthaler so dreist behauptet, die Juden schuld, sondern der verlorene Krieg, den Hochmut, Nationalismus und Chauvinismus als Tatsache nicht verwinden kann!*

Mit wachsender antirepublikanischer und antisemitischer Einstellung nahmen die Angriffe auf die »Chronik« zu. Als Anlaß dienten die demokratische Gesinnung und die jüdische Herkunft des Verlegers. In den Augen seiner nationalistischen Gegner wurde Albert Weil, der in seinem Betrieb eine fortschrittliche innerbetriebliche Altersversorgung eingeführt hatte,[287] zur Verkörperung des »machthungrigen und geldgierigen Juden«. In Flugblättern, Anschlägen des NSDStB und anonymen Drohbriefen wiesen sie diffamierend auf seine jüdische Herkunft hin. Als die »Chronik« 1929 kritisch über einen Vortrag Erich Ludendorffs berichtete, ließ die »Schwäbische Tageszeitung« ihrem Ärger ungehemmt Lauf. Unter der Schlagzeile *Jüdischer Zorn* wetterte sie gegen die »Chronik«: *Daß General Ludendorff nach Tübingen kam und daß die Zuhörer in übergroßer Zahl nach Tübingen kamen, schon das paßte der in jüdischen Händen sich befindenden Tübinger Chronik nicht. Daß General Ludendorff es sogar wagte, die Juden anzugreifen und die Wahrheit über die Rasse ungeschminkt zu sagen, dies erregte den hellen Zorn der Tübinger Chronik, der Beherrscherin Tübingens. Das Leibblatt Scheefs, die »Liberale«, das Blatt der Demokraten, die kapitalkräftige, die seit langem in jüdischen Händen sich befindliche und vom jüdischen Geist beseelte Tübinger Chronik muß erleben, daß man vor einer großen Zahl von Lesern der Tübinger Chronik die Wahrheit über den wahren Geist der jüdischen Rasse redet.*[288]

Die *Beherrscherin Tübingens* überging diesen antisemitischen Ausfall mit Schweigen. Die kleinere und weniger erfolgreiche »Tübinger Zeitung« indes schlug aus den antisemitischen Ressentiments Kapital im Konkurrenzkampf gegen die mittlerweile 10000 Exemplare starke »Chronik«.

Bis zum September 1930 straften sich NSDAP und der Lokalteil der »Chronik« gegenseitig mit Mißachtung. Die Nationalsozialisten inserierten ihre Veranstaltungen und Bekanntmachungen im Konkurrenzblatt, und die »Chronik« ihrerseits ging mit Stillschweigen über die meisten NS-Veranstaltungen hinweg. Während des Wahlkampfs zur Reichstagswahl 1930 aber beendete sie diesen inoffiziellen Boykott und befaßte sich erstmals auch im Lokalteil mit den mittlerweile in Tübingen massiv auftretenden Nationalsozialisten. Nicht wegen ihrer politischen Einstellung, sondern wegen ihres rüpelhaften Benehmens verurteilte die »Chronik« die *Braunhemden* und stellte sie als Bürgerschreck dar. So mokierte sie sich über das flegelhafte Auftreten eines Nationalsozialisten, der bei einer Wahlveranstaltung mit Theodor Heuss *wegen seines nervösen Gebarens und seines widerlichen Geschreis* aufgefallen war, *vollends aber wegen seiner Unsachlichkeit und Verschwommenheit überall auf Ablehnung stieß und den Unmut der Zuhörer derart steigerte, daß er zuletzt am Sprechen verhindert wurde und unter allgemeiner Heiterkeit das Podium verlassen mußte*.[289]

Eine inhaltliche Auseinandersetzung mit den Reden der NS-Propagandisten führte die »Chronik« indes nur selten. Liest man die Zeitung, so bekommt man den Eindruck, als habe sie es für unter ihrer Würde gehalten, sich inhaltlich auf die lokalen Vertreter der NSDAP einzulassen. Das war das Dilemma einer politischen Haltung, die, an rationale Argumente gewöhnt, die verworrenen und widersprüchlichen Behauptungen einer extremen Randgruppe nicht ernst nehmen konnte und sich weigerte zu glauben, daß die fanatischen Vorstellungen von Rassenhaß und imperialistischem Größenwahn Anziehungskraft besäßen. So riet die »Chronik« im Anschluß an einen Artikel über die neuen NSDAP-Abgeordneten im Reichstag und deren kriminelle Vergangenheit: *Aber warten wir den Zusammentritt des neuen Reichstags ab, es wird ihm nicht an Sensationen fehlen, und wie gekommen, so wird die nationalsozialistische Inflation auch wieder verschwinden.*[290]

Die »Tübinger Zeitung« dagegen war längst ins Fahrwasser des Nationalsozialismus geraten. Um sich im »Chronik«-fixierten Tübingen durchsetzen zu können, führte sie vom ersten Tag ihres Bestehens an einen aggressiven Konkurrenzkampf. Nach sechs Jahren gab Albert Weil – der ewigen Invektiven müde und vom Rechtsruck der Reichstagswahl 1930 alarmiert – schließlich auf. Sein Bruder Sigmund hatte sich bereits 1914 aus dem Verlag zurückgezogen. Im Dezember 1930 verkaufte Weil die »Chronik« an den Ulmer Verleger Dr. Karl Höhn.[291] Doch selbst danach mußte er sich zur Wehr setzen. *Mich nun auch noch in meinem Ruhestand mit Gehässigkeiten zu überschütten, ist eine Handlungsweise, die sich selbst richtet,* stellte er im Januar 1931 in einem offenen, an die »Tübinger Zeitung« gerichteten Brief klar.[292] Wenig später emigrierte der herzkranke Verleger in die Schweiz. Dort ist er 1946 im Israelitischen Altersasyl in Lengnau gestorben.[293]

Am 1. Dezember 1930 wechselte die »Tübinger Chronik« nicht nur ihren Besitzer, sondern auch ihre politische Haltung. Das war allerdings ein Prozeß, den die meisten Leser nicht sofort bemerkten, da die Aufmachung des Blattes beibehalten wurde, das Redaktionsteam blieb, und der Sohn des ehemaligen Besitzers die Verlagsgeschäfte und Anzeigenabteilung weiterführte. Und doch war die »Tübinger Chronik« seit dem 1. Dezember 1930 nicht mehr die alte. Nicht mehr den Rednern der Demokratischen Partei, sondern den Vertretern der DNVP und des »Stahlhelms« räumte sie seitdem ganze Seiten ein.[294] Sang- und klanglos verschwand die Rubrik, unter der sie bisher regelmäßig aus dem Leben der jüdischen Gemeinde berichtet hatte. Statt dessen wurde die Berichterstattung über *das Nationale pflegende, kulturelle Veranstaltungen* ausgebaut.[295] Die Unterstützung der Weimarer Republik wich nun indirekter Kritik und vorsichtiger, scheinbarer Neutralität.[296] Bereits am 8. Dezember 1930 wurden die relativ freimütig kommentierenden politischen Versammlungsberichte abgeschafft und statt dessen die Rubrik »Aus dem Versammlungsleben« eingerichtet, die kommentarlos die Reden von Parteiveranstaltungen und die von den Parteien eingesandten Berichte wiedergab. Den bewußten Verzicht auf Stellungnahme begründete die neue »Chronik« unter Rückzug auf eine vermeintlich neutrale Haltung: *Angesichts der politischen Hochspannung, die gegenwärtig selbst diejenigen von Wahlzeiten zu übertreffen beginnt, bringen wir unter obiger Rubrik die verschiedenen politischen Versammlungsberichte. Unsere eigene Stellungnahme bleibt natürlich unberührt. Der Leser soll sich selbst ein Bild machen können über die heutigen Strömungen und Bewegungen.*[297]

Der Verzicht auf Parteinahme betraf aber nur die im Aufwärtstrend liegenden rechten Parteien und Gruppierungen. Man wollte es wohl mit keiner verderben. Über die Aktivitäten der beiden Arbeiterparteien wurde weiterhin negativ oder voreingenommen berichtet. Ihnen gegenüber führte die Redaktion dieselbe, SPD und KPD als »marxistische Parteien« in eins setzende Sprachregelung ein, mit der auch die NSDAP operierte. Da die »Chronik« unter ihrem neuen Besitzer den Rechtsruck der Tübinger Wähler mitvollzog, die ehemalige deutschnationale »Tübinger Zeitung« aber zunehmend in den Sog der NS-Propaganda geriet,[298] blieb die Distanz zwischen den beiden Blättern erhalten. Ende 1931 bekennt sich die »Chronik« zu folgendem Programm: [...]*die durch den Materialismus vielfach entwurzelte heutige Generation soll auf dem Boden ihrer Väter wieder heimisch werden und die unter schweren Mühen und Opfern erarbeiteten Kulturgüter zu schätzen wissen. Nur ein in der väterlichen Scholle fußendes, mit der Vergangenheit vertrautes Volkstum ist in der Lage, die Nöte der Zeit zu überstehen und sich in den Bitternissen des Lebens zu behaupten.*[299]

So offensichtlich der Kurswechsel war, Ärger oder Befremden scheint darüber unter den Lesern nicht laut geworden zu sein. Es gibt auch keinen Hinweis darauf, wie der Stadtvorstand auf den Richtungswechsel seines *Leibblattes*[300] reagierte. Einzig die Vereinigten Gewerkschaften monierten wiederholt, aber ohne Erfolg, den Rechtsruck der »Chronik«.[301]


»Tübinger Zeitung«: »Ganz auf deutsches Denken und Fühlen eingestellt«

Anders als die »Chronik« bezog die »Tübinger Zeitung«, das »Tagblatt für deutsche Politik und Volkswirtschaft«, parteipolitisch Stellung. *Ihr politischer Teil ist ebenso wie ihre Leitartikel ganz auf deutsches Denken und Fühlen eingestellt,* befand die »Chronik« über die Konkurrenz.[302] Nach Auskunft ihres Schriftleiters Alfred Leucht, der im Mai 1927 als Volontär bei Eugen Göbel angefangen hatte und später die Zeitung als Alleinredakteur versorgte, wurde sie aus deutschnationalen Kreisen finanziell unterstützt.[303] An ihrer

Abneigung gegen die Demokratie von Weimar ließ die »Tübinger Zeitung« von Anfang an keinen Zweifel. *Wir werden uns mit nichts anderem vertraut machen müssen, als daß nur ein grundsätzlicher Systemwechsel Abhilfe schaffen kann,*[304] erklärte sie ihren Lesern und: *Fünf Jahre lang haben die Demokraten sich und das deutsche Volk belogen – also weg mit dieser Gesellschaft aus dem politischen Leben.*[305]

Die Tübinger Ortsgruppe der NSDAP veröffentlichte ihre Aufrufe, Anzeigen und Ankündigungen ausschließlich in der »Tübinger Zeitung«. Die zeigte sich dafür erkenntlich, indem sie den von der Partei eingesandten Versammlungsberichten breiten Raum ließ und mit redaktionellen Hinweisen auf die Aktivitäten der NSDAP aufmerksam machte. Schwankte das zwischen vier und acht Seiten starke Blatt in den ersten Jahren noch zwischen der Unterstützung von DNVP und NSDAP, so bekannte es sich seit der Septemberwahl 1930 eindeutig zur Partei Hitlers.[306] Über die Sozialdemokraten erfuhren die Leser: *Um die Demokratie zu erkämpfen, arbeitete die deutsche Sozialdemokratie den Gegnern und letzten Endes der internationalen Hochfinanz in die Hände.*[307]

Nichts ist von einer sachlichen Auseinandersetzung mit anderen politischen und ideologischen Vorstellungen zu spüren. Eine Serie, die vorgab, sich mit den *Grundlagen sozialdemokratischer Politik* objektiv auseinanderzusetzen, endete mit eindeutigen Drohungen: *Wer mit der Sozialdemokratie irgendwie paktiert, schädigt das deutsche Volkstum und das Christentum: wer anstelle internationaler, ewiger Versklavung nationale und soziale Befreiung wünscht, muß sich von der bisherigen deutschen Politik abwenden. Der Marxismus muß sterben, auf daß Deutschland lebe.*[308] Das Feindbild »Marxismus« gab der »Tübinger Zeitung« die Stoßrichtung. So berichtete sie ausgiebig über Zwangsarbeit in Sibirien und schürte bewußt die allgemeine Kommunismusfurcht.[309] Schließlich drängte sie im Juni 1932: *Wann wird die KPD endlich verboten?*[310]

Vergleicht man die Sprache der beiden Zeitungen, so fällt bei der »Tübinger Zeitung« eine reißerische, wenig differenzierte Diktion ohne Zwischentöne auf – ein Stil, der alle nationalsozialistischen Zeitungen kennzeichnete.[311] Suggestive Wiederholungen und vernebelnde Mythologismen herrschten nicht nur im Neujahrsgruß vor, mit dem Verlag und Redakteur zum Jahresbeginn 1932 sich zu Wort meldeten: *Im letzten Jahr haben wir unsern Lesern die Losung zugerufen, »Deutschland, Deutschland über alles!« Sie gilt auch heute wieder. [...] Unser Weg ist uns auch im neuen Jahr 1932 vorgeschrieben. Er wird sein ein Weg des Opfers, ein Weg der Hingabe und ein Weg der unbedingten Pflichterfüllung [...], nicht um des Lohnes, sondern um der Sache willen. Unsere Sache ist heilig. Sie heißt Deutschland. Mag es auch in uns stürmen und donnern, wir treten der Finsternis entgegen mit einem freudigen und unüberwindlichen: Und dennoch!*[312]

Im Gegensatz zu den späteren Beteuerungen des damaligen Schriftleiters, der im verklärten Rückblick nur noch ein *kollegiales Verhältnis zur Konkurrenz* sieht, ließ die »Tübinger Zeitung« keine Gelegenheit aus, um die erfolgreichere und angesehenere »Chronik« zu diskreditieren. Zu diesem Zweck öffnete sie ihre Spalten bedenkenlos diffamierenden Leserbriefen.[313] Als aber trotz dieser Anwürfe die Abonnenten der »Chronik«, nicht zuletzt wegen der amtlichen Bekanntmachungen,[314] die Treue hielten, startete die »Tübinger Zeitung« eine Hetzkampagne. Ein Artikel, der den emigrierten ehemaligen Besitzer als *vaterlandslos* diffamierte – *Der Auswanderer nach der Schweiz (Also doch!)* –, bildete den Auftakt.[315] Er warf Albert Weil vor, *in der Heimat erworbenes Kapital den Ausländern* zu bringen. Monatelang setzte die »Zeitung« die Kampagne fort.[316] Sie gipfelte ein Jahr später in der provozierenden Frage: *Ist der Verlag Karl Höhn judenrein?* Das spielte darauf an, daß Hermann Weil, der Sohn des ehemaligen Besitzers, weiterhin als Verlagsleiter angestellt war.[317]

Nach der Machtübernahme verstärkte die NS-Presse-GmbH, die vom 1. Mai 1933 an das »Neue Tübinger Tagblatt« – in der Nachfolge von »Tübinger Zeitung« und »Schwäbischem Tagblatt« – als *einzige nationalsozialistische Tageszeitung am Platz* herausgab,[318] den Pressekrieg gegen die sich noch immer als »alteingesessenes Heimatblatt« behauptende »Chronik«. Zäh kämpfte diese weiter um ihre Existenz. *Nur eine Zeitung für Dorf und Stadt* – so warb sie im November 1933 – *nur eine Nachrichten-Zentrale für das ganze Reich, gewissermaßen eine uniformierte Presse, das will weder die Regierung noch das Volk. Gerade in unserer schwäbischen Heimatpresse sind unersetzliche Werte an ideellen und materiellen Gütern enthalten, die Tag für Tag in treuem Dienst an der Volksgemeinschaft und zum Segen unseres ganzen Vaterlandes sich auswirken. Deshalb hat auch jeder Deutsche die freie Wahl, welche Zeitung er lesen will und niemand braucht auf sein Familienblatt zu verzichten, wenn ihm seine finanziellen Verhältnisse den Bezug mehrerer Blätter nicht gestatten. In treuem Dienst an ihrer tausendfältigen Leserschaft in Stadt und Land hat sich seit nahezu 90 Jahren bewährt – die Tübinger Chronik.*[319]

Doch die NS-Presse schreckte selbst vor massivem Druck auf Inserenten und Abonnenten der »Chronik« nicht zurück.[320] Auch Karl Höhn war schließlich dem unfairen Wettkampf nicht mehr gewachsen. Nachdem die »Chronik« aufgrund eines fadenscheinigen Vorwands[321] im September 1933 vorübergehend verboten worden war, gab er dem ständigen Druck nach und verkaufte im Dezember 1933 die Zeitung an die NS-Presse-GmbH Württemberg. Unter dem angesehenen, an liberale und demokratische Tradition erinnernden Namen gab diese vom 1. Januar 1934 an die »Tübinger Chronik. Neues Tübinger Tagblatt« als einzige Tageszeitung der Universitätsstadt heraus. Die Tübinger Presse war gleichgeschaltet.[322]

»Schwäbisches Tagblatt«: das »NS-Kampfblatt vor Ort«

Trotz allen Engagements der »Tübinger Zeitung« hatten sich die Nationalsozialisten von Anfang an um ein *eigenes Kampf- und Nachrichtenblatt an Ort und Stelle* bemüht.[323] Aus Mangel an Geld konnten sie ihren Vorsatz aber erst im September 1932 verwirklichen und das »Schwäbische Tagblatt« herausbringen, laut Untertitel die »Nationalsozialistische Tageszeitung für die Bezirke Tübingen, Reutlingen, Herrenberg, Horb«. Das parteieigene Blatt wurde im Verlag des »NS-Kuriers« in Stuttgart gedruckt, verfügte aber über Geschäftsstellen in Tübingen, Reutlingen und Herrenberg. Zwar umfaßte das Verbreitungsgebiet vier Oberämter, doch war die lokale Berichterstattung äußerst dürftig. Das Blatt, das im Stil des »Stürmers« polemisierte, war wohl nur für überzeugte Parteimitglieder von Nutzen, aber selbst für diese nur von geringem Informationswert.

Der Tübinger Gemeinderat gestattete dem »Schwäbischen Tagblatt« seit Sommer 1932 den unentgeltlichen Abdruck der amtlichen Bekanntmachungen. Doch auch danach blieb seine Auflage gering.[324] Schließlich sah die Partei ein, daß der Versuch gescheitert war. Nach nicht einmal einjährigem Bestehen stellte sie den Druck des »Schwäbischen Tagblatts« zugunsten der im Frühjahr 1933 mit einem Anteil von 51 Prozent von der NS-Presse-GmbH aufgekauften »Tübinger Zeitung« mit der Begründung ein, daß die Zeitung *den an sie gestellten Anforderungen nicht gerecht geworden sei*.[325] Beide zusammen erschienen vom 1. Mai 1933 bis zur endgültigen Gleichschaltung mit der »Chronik« im Januar 1934 unter dem Namen »Neues Tübinger Tagblatt«.

## Kommunalpolitik in der Krise

Nach der Württembergischen Gemeindeordnung von 1906 hatten die Gemeinden die Aufgabe, *das geistige, sittliche, körperliche und wirtschaftliche Wohl ihrer Einwohner zu pflegen*. Das Gremium der demokratisch gewählten Gemeinderäte sollte die Grundsätze festlegen und die Entscheidungen fällen, nach denen Stadtverwaltung und Stadtvorstand die Angelegenheiten regelten, die die Kommune betrafen. Doch die Gemeindeordnung schrieb gleichzeitig zwischen den öffentlich-rechtlichen Aufgaben und den Selbstverwaltungsangelegenheiten der Gemeinden eine Ambivalenz fest, indem sie den Gemeinden freistellte, außerdem *nach näherer Bestimmung der Reichs- und Landesgesetze [...] bei der allgemeinen Staatsverwaltung mitzuwirken*.[326] Der politische Spielraum, den die Weimarer Verfassungswirklichkeit der kommunalen Selbstverwaltung zugestand, war jedoch stark eingeschränkt. Vielfach wurden die Gemeinden im Rahmen ihrer Selbstverwaltungsangelegenheiten zu Vollzugsorganen des Reichs und der Länder reduziert.

Schließlich nahm ihnen die Erzbergersche Finanzreform noch die Hoheit über die Einnahmen.[327] Die Wirtschaftskrise verschärfte die Probleme der kommunalen Selbstverwaltung, die ihre Kompetenzen nun gegenüber dem Reich und den Ländern verteidigen mußte. In dieser Phase kommunaler Machtlosigkeit gelang Nationalsozialisten und Kommunisten erstmals der Einbruch in die Kommunalpolitik.

»Ein gewaltiges Werk vorwärtsstrebender Kommunalpolitik«

Die 28 Sitze des Tübinger Gemeinderats verteilten sich nach der Kommunalwahl von 1928 folgendermaßen: DDP neun Sitze, Württembergische Bürgerpartei (DNVP) sieben, SPD und DVP je vier, Zentrum drei, Christlicher Volksdienst ein Sitz. Es war eine sowohl an politischer Einstellung als auch an kommunalpolitischer Erfahrung bunte Mischung, die im Großen Sitzungssaal zusammenkam, um die Belange der Stadt zu regeln. Zu ihr gehörte der Ordinarius für öffentliches Recht und Sozialwissenschaften, Ludwig Köhler, ebenso wie der sozialdemokratische Korrektor bei der »Tübinger Chronik«, Arno Vödisch. Da war der Senior eines alteingesessenen Baugeschäfts, Fritz Dannenmann, und der Präsident der Gewerbe- und Handwerkervereinigungen, Flaschnermeister Otto Henne, der Fuhrhalter Andreas Hipp und der als Original der Unteren Stadt bekannte Weingärtner Zacharias Krauss. Der aus der christlichen Jugendbewegung kommende und sich beim Blauen Kreuz betätigende Korrektor Otto Mühlich gehörte dazu und der liberale jüdische Rechtsanwalt Dr. Simon Hayum, der Gewerkschaftsvorsitzende Otto Koch ebenso wie der katholische Oberlehrer Josef Schleicher und als einzige Frau Elisabeth Landerer.[328]

Die Zügel der Gemeindepolitik lagen fest in der Hand von Adolf Scheef.[329] 1927 war er mit über 60 Prozent der Stimmen zum Stadtvorstand gewählt worden. *Der Scheef hat unter den Tübingern bis zum letzten Weingärtner seine Stimme gekriegt* berichtete 1980 ein alter Tübinger. *Aus war der Adolf bei denen. Wo der Scheef gewonnen hat, da sind die alten Wengerter zu ihm hingegangen und haben gesagt: »Adolf, ich gratulier Dir!«*[330] Seine Sachkunde und Kenntnis der Tübinger Verhältnisse kamen ihm bei seiner Amtsführung zugute. Den von ihm sorgfältig vorbereiteten und mit Autorität vorgetragenen Anträgen stimmte das Gremium der Gemeinderäte in der Regel einstimmig zu.[331] Neben dem Grundsatz der Öffentlichkeit der Verhandlungen und der Aufklärung der Einwohner bildete nach den Worten Scheefs *unbedingte Sachlichkeit, die keine Parteigrenzen kennt und keine Parteiinteressen,* die Grundlage der gemeinsamen Arbeit.[332] Seiner Überzeugung nach hatte Parteipolitik keinen Platz auf dem Rathaus.

*Die seitherige Gemeindepolitik war aber auch für die Regel nichts weniger als gleichbedeutend mit Parteipolitik [...], und für den Kenner der Verhältnisse ist es sicher, daß man den Gutgang und Fortschritt unserer Gemeindewirtschaft nicht zuletzt auf die völlige Abwesenheit einseitiger und leidenschaftlicher Parteipolitik in unserer Verwaltung zurückführen darf. Und ob eine durchweg parteipolitische und parlamentarische Orientierung der Verwaltung inskünftig auch für kleinere und mittlere Gemeinwesen zum Segen ausschlüge, wäre aus mehr als einem Grund billig zu bezweifeln – bei allem Respekt vor der ehrlichen oder opferwilligen Parteiarbeit als solcher.*[333] Mit dieser Auffassung von Kommunalpolitik, die Oberbürgermeister Hermann Haußer 1927 bei einem Rückblick auf 50 Jahre Tübinger Gemeindeverwaltung formuliert hatte, war sein Nachfolger völlig einig. Nicht nur in dieser Hinsicht versprach deshalb die Wahl Adolf Scheefs Kontinuität.

Zu Beginn seiner Tätigkeit als Stadtvorstand schien die Situation der Kommune einigermaßen unproblematisch. Zwar hatte der Gemeinderat 1928 eine fünfprozentige Umlagenerhöhung beschließen müssen,[334] weil die Schullasten der Gemeinde erheblich gestiegen waren. Doch die städtischen und staatlichen Baumaßnahmen waren derart umfangreich, daß der Gemeinderat 1927 noch von der Hoffnung erfüllt war, *lange von Arbeitslosigkeit verschont zu bleiben.*[335] Tatsächlich hatte ein größeres Wohnungsbauprogramm, in dessen Rahmen 42 Wohnungen in der Schaffhausenstraße im Südosten der Stadt errichtet wurden, noch einmal für eine verhältnismäßig günstige Beschäftigungslage gesorgt. Zwei Jahre später war aller Optimismus verflogen. Angesichts von 267 bereits im Oktober gemeldeten Erwerbslosen beriet der Gemeinderat besorgt über städtische Notstandsmaßnahmen, mit deren Hilfe die Zahl der aus der allgemeinen Arbeitslosenunterstützung ausgesteuerten und nur noch von der Kommune unterstützten Wohlfahrtserwerbslosen möglichst klein gehalten werden sollte. Die wachsende Arbeitslosigkeit hatte eine Kostenlawine in Gang gesetzt, die den Etat der Stadt aus den Fugen zu bringen drohte.[336] Weit öffnete sich die Schere zwischen den sinkenden Einnahmen und den steigenden Ausgaben. Daß angesichts dieser Situation der Gemeinderat nicht in einem Rundum-Sparprogramm Abhilfe suchte, sondern innerhalb der von den Reichs- und Landesvorschriften eng gezogenen Grenzen großzügigere Lösungsversuche entwickelte, war vor allem der Weitsicht und dem Verhandlungsgeschick des Oberbürgermeisters zu danken. Scheef, der am Ausgleich des Etats auch in dieser Situation eisern festhielt,[337] nützte die während seiner Landtagstätigkeit geknüpften Beziehungen, um günstige Kredite zur Finanzierung von Arbeitsbeschaffungsmaßnahmen zu erhalten. Im Gegensatz zum deflationären Kurs Brünings vertrat er keineswegs das Prinzip unbedingten Sparens, sondern versuchte die Kaufkraft anzukurbeln, womit nicht nur den erwerbslosen Arbeitnehmern geholfen, sondern auch die Situation des selbständigen Mittelstands verbessert wurde. Gleichzeitig konnten so die Wohlfahrtskosten gedrosselt werden, da die Wohlfahrtserwerbslosen so lange mit Notstandsarbeiten beschäftigt wurden, bis sie wieder in die Zuständigkeit der Arbeitslosenversicherung fielen und nicht mehr die städtischen Finanzen belasteten. Hatte der oft nicht über die Spitze des Stiftskirchenturms hinausschauende Tübinger Gemeinderat erst einmal begriffen, daß die Mittel, die er für diese Form der produktiven Arbeitsbeschaffung bewilligen sollte, der Öffentlichkeit in Form von Kanalisations-, Erschließungs- und Straßenarbeiten zugute kamen, fanden Scheefs weitblickende Finanzierungsbemühungen Zustimmung quer durch alle Fraktionen.[338]

Der städtische Haushalt 1931/32 – das Haushaltsjahr begann jeweils am 1. April – konnte trotz eines Notstandsprogramms für Erwerbs- und Rentenlose und bei gesenkten Elektrizitätstarifen ausgeglichen werden, ohne daß die Einwohner erhöhte Kommunalabgaben zahlen mußten. Reich und Land hatten zwar mit Bürger- und Biersteuer die Steuerschraube empfindlich angezogen, doch die Stadt konnte sich selbstbewußt zugute halten: *Aber wir erheben keine Getränkesteuer und keine Zuschläge zur Biersteuer ebensowenig zur Bürgersteuer, wie das z. T. in anderen württembergischen Städten und sehr häufig in außerwürttembergischen Städten der Fall ist.*[339]

Befriedigung über die geleistete Arbeit klang denn auch nach Ablauf dieser Sitzungsperiode an, als der Oberbürgermeister den Tätigkeitsbericht verlas. Mit dem Bau des zentralen Fernheizwerks, der Universitätswaschanstalt, dem begonnenen Neubau der Chirurgie und der Erweiterung der Neuen Aula, mit dem fertiggestellten Feuerwehrhaus, den 90 neuen städtischen Wohnungen und dem in Betrieb genommenen Kraftwerk Tübingen-Herrenberg war tatsächlich *ein gewaltiges Werk vorwärtsstrebender Kommunalpolitik*[340] geleistet, ganz abgesehen von den zahlreichen Straßenausbauten und der Korrektur des Neckarlaufs.

»Notverordnete Kommunalpolitik«

Im Dezember 1931 wurde die Hälfte des Gemeinderats neu gewählt. Aus dem Wahlkampf ging ein veränderter Gemeinderat hervor. Neben nur noch sechs Vertretern der Demokratischen Partei saßen sechs Deutschnationale und jeweils drei Repräsentanten für das Zentrum, die DVP und die Sozialdemokratie sowie zwei Abgeordnete des Christlichen Volksdienstes. Erstmals waren auch vier Nationalsozialisten und ein Vertreter der Kommunistischen Partei dabei. An der sozialen Zusammensetzung hatte das Wahlergebnis allerdings nichts geändert.[341] Nach wie vor lag das Schwergewicht beim Mittelstand.

Bereits während des Wahlkampfs hatte sich ein neuer Ton in die Auseinandersetzung gemischt und das Ende der parteipolitischen Enthaltsamkeit auf dem Tübinger Rathaus angekündigt. Am Beginn der nationalsozialistischen Gemeinderatstätigkeit stand ein populärer Sparvorschlag: Die Aufwandsentschädigung für die Gemeinderäte sollte gestrichen werden. Die geringfügige Entschädigung, die die Gemeindeordnung zur Sicherung der Unabhängigkeit der Gemeinderäte bei Lohn- oder Verdienstausfall zwingend vorschrieb, war ein Jahr zuvor schon gekürzt worden.[342] Da die Vorschrift zwei Drittel der Gemeinderäte betraf, erledigte sich der Antrag, dem der sozialdemokratische Gemeinderat Vödisch Effekthascherei vorwarf, von selbst. Die beabsichtigte Wirkung war ihm dennoch sicher.[343] Als aber kurze Zeit darauf der Entwurf der neuen Gemeindesatzung zur Abstimmung stand, der die Sitzungsgelder und Aufwandsentschädigungen auf der alten Höhe festschrieb, stimmte der Gemeinderat einstimmig dem Entwurf zu, *ohne daß die Höhe der in der Satzung beantragten Taggeldsätze in den Kreis der Erörterungen gezogen wurde*, wie der Protokollführer vermerkte. NS-Gemeinderat Keck erklärte lediglich, *daß er und seine Parteifreunde sich vorbehalten, seinerzeit auf den ihnen zufallenden Teil an den Sitzungsgeldern des Gemeinderats zu Gunsten des Wohlfahrtsamts zu verzichten.*[344]

Das klang sehr opferwillig und gemeinnützig; in die Tat umgesetzt haben die vier NS-Gemeinderäte diese Absicht nie. Während die überregionale NS-Presse Ansprüche über Ansprüche an die Gemeinden stellte, verhielten sich die Tübinger NS-Gemeinderäte wie Musterschüler der Brüningschen Sparpolitik. Sie wußten dabei allerdings geschickt zu kaschieren, daß ihre Sparvorschläge vor allem zu Lasten der sozial Schwachen gingen. Im Unterschied zu vielen NS-Repräsentanten in anderen Parlamenten und im Widerspruch zu den parteiinternen Anweisungen zur Obstruktion,[345] bemühten sich die Tübinger NS-Gemeinderäte sichtlich um Wohlverhalten und um das Wohlwollen des Vorstands, dessen Stellung seit Einführung der revidierten Gemeindeverordnung noch stärker war als zuvor.[346] Seit dem 1. Dezember 1930 verfügte er über ein Vetorecht gegen Beschlüsse des Gemeinderats und konnte dringende Anordnungen auch ohne Anhörung sofort treffen.[347]

Scheefs Führung schienen alle Gemeinderäte zu akzeptieren. Obwohl der *linke Flügelmann der schwäbischen Demokraten*[348] als Landtagsabgeordneter die NSDAP bekämpft hatte, machte diese ihn als Stadtvorstand nie zur Zielscheibe ihrer Kritik. Das Wohlverhalten mag manchen Bürger in der verhängnisvollen Meinung bestärkt haben, daß die Hitler-Anhänger durch Teilhabe an der Regierung politisch zu »zähmen« seien.[349]

Anders verhielt sich der einzige Vertreter der KPD, Hugo Benzinger. Der selbständige Schneidermeister machte von seinem ersten Auftritt an klar, daß er sich dem Grundsatz der Tübinger Kommunalpolitik, der jede parteipolitische Stellungnahme aus dem Sitzungssaal verbannte, nicht unterordnete. Benzinger verstand sich als *einziger Vertreter der werktätigen Massen* im Gemeinderat und sah es als seine Aufgabe, diesem die *Maske vom Gesicht zu reißen* und die dahinterliegenden kapitalistischen Interessen aufzudecken.[350] Von diesem Standpunkt aus betrieb er Kommunalpolitik als politische Agitation, wie er seinen Wählern versprochen hatte: *Wir werden die Gelegenheit haben, eine Massenpolitisierung vorzunehmen und der Masse zeigen, wie diese Leute arbeiten. Wir werden arbeiten, es wird sich zeigen, wer für das Neue, wer für das Alte, wer für den Kommunismus, wer für den Kapitalismus ist. [...] Auch die Arbeiter von Tübingen müssen die Verwaltung ihrer Geschicke in die Hand nehmen.*[351] Bei seiner kommunalpolitischen Tätigkeit entwickelte der KP-Gemeinderat eine Lautstärke und Betriebsamkeit, die vergessen machen sollte, daß er der einzige Vertreter seiner Partei im Rat war. Mit einer Änderung der Geschäftsordnung hatten die anderen Parteien zudem verhindert, daß er im Bau- und Finanzausschuß, in dem die wichtigsten Entscheidungen vorbereitet wurden, vertreten war.[352] Mit Zwischenrufen, Anträgen zur Geschäftsordnung und für den Tübinger Gemeinderat ungewohnt langen Diskussionsbeiträgen versuchte er, dieses Manko auszugleichen und immer wieder auf sich aufmerksam zu machen. Doch stieß er auf eine geschlossene antikommunistische Front.

Anfang Dezember 1932 fand Benzingers Agitation ihren Höhepunkt. Im Rahmen einer zentral gelenkten Aktion verschaffte er auf Anweisung seiner Parteileitung zahlreichen Erwerbslosen den Zutritt zu den Beratungen über die Winternothilfe und funktionierte mit ihrer Hilfe die Gemeinderatssitzung in eine *Erwerbslosendemonstration* um.[353] Der Oberbürgermeister verteilte vergeblich zwei Ordnungsrufe, um die Situation in den Griff zu bekommen. Schließlich drohte er mit Sitzungsausschluß – ein legales, aber in Tübingen völlig ungewohntes Disziplinierungsmittel. Doch Benzinger kam dem Ausschluß zuvor, indem er zusammen mit den Erwerbslosen demonstrativ den Saal verließ. Für viele Tübinger, die bis dahin nur in der Zeitung von parlamentarischen Tumultszenen gelesen hatten, reichte dieser Vorfall, um nun auch im Tübinger Gemeinderat den Niedergang des Parlamentarismus zu sehen. Besorgt warnte die »Chronik«, die ja mittlerweile im politischen Spektrum relativ weit rechts angesiedelt und deutlich antikommunistisch eingestellt war, im Mai 1932: *In der bisherigen Form kann es nicht weitergehen. Was der kommunistische Vertreter sich manchmal herausnimmt, geht nicht nur gegen die parlamentarischen Sitten, sondern verleidet zudem den Mitgliedern die Mitarbeit. Bedenklich ist, daß manche durch seine planlosen Antragstellungen sich ins Boxhorn jagen lassen und meinen, sie müssen durch ähnliche Anregungen und Anträge ihn an Popularitätshascherei übertreffen.*[354]

Auch in dieser Sitzungsperiode wollte der Stadtvorstand ohne Erhöhung der städtischen Steuern einen ausgeglichenen Haushalt aufstellen. Nachdem aber 1932 die Wirtschaftskrise auch Württemberg erfaßt hatte, wurde dies immer schwieriger, zumal die Notverordnungen den Spielraum der kommunalen Selbstverwaltungen ständig beschnitten.[355] Noch im April 1932 hatte Scheef einen ausgeglichenen Etatentwurf präsentieren können, weil das Haushaltsloch mit den Restmitteln der vorangegangenen Jahre gestopft werden konnte.[356] Doch ein halbes Jahr später, noch vor Winteranfang, war diese Rechnung hinfällig geworden. Die Einnahmen der Stadt waren auf allen Gebieten hinter dem Voranschlag zurückgeblieben. Besonders stark waren die Erträge der Reichs- und Körperschaftssteuern gesunken. Obwohl mittlerweile ein Reichsgesetz die Bürgersteuer durch eine erhöhte Einwohnersteuer ersetzte, hatte sich der Haushalt gegenüber dem Voranschlag um 100000 Mark verschlechtert. Hinzu kam, daß bereits im Oktober, also noch vor dem Beschäftigungsrückgang im Winter 300 Arbeitslose gemeldet waren. Sie waren wegen der erneut gekürzten Unterstützungssätze vollständig auf die kommunale Wohlfahrt und Nothilfe angewiesen. Diese aber konnte nicht mehr wie noch im Vorjahr aus den Gewinnen der Technischen Werke finanziert werden, da diese selbst mittlerweile Verlustzahlen aufwiesen. Andererseits setzte die Teilnahme an der ergänzenden Wohlfahrtshilfe des Reichs die Einführung der Getränkesteuer und einen mindestens 100prozentigen Umschlag zur Bürgersteuer voraus. Das aber waren Belastungen, die die Stadt bisher ihren Bürgern erspart hatte. Nun konnte sie nur noch *den Hilfsbedürftigen die Hand reichen*.[357] Das bestand vor allem darin, daß sie ihnen eine *Kartoffelbeihilfe* zusicherte. Den Vorschlag der NSDAP-Fraktion, großzügigere Hilfsmaßnahmen mit den aus alten Haushalten angesparten Investitionsmitteln zu finanzieren, lehnte Scheef kategorisch ab: *Wenn man den vorgeschlagenen Weg beschreitet, so besteht die Gefahr, daß das kommunale Leben und die Arbeitsbeschaffung überhaupt aufhöre. Wenn man an die Zukunft glaube, so dürfe man gerade an die Mittel für solche Projekte der Zukunft nicht rühren.*

Scheefs Optimismus sollte sich bald als berechtigt erweisen. Nach Abschluß der städtischen Rechnungslegung stellte sich nämlich heraus, daß die Verschlechterung des Haushalts 1932 mit den Restmitteln des Vorjahrs beglichen werden konnte. Die Universitätsstadt stand also noch vergleichsweise gut da. Das bedeutete aber auch, daß sie keinen Anspruch auf Reichshilfe stellen konnte. An einer vierprozentigen Erhöhung der Bürgersteuer kam allerdings auch sie im folgenden Jahr nicht vorbei. Doch konnte sie diese – als Folge ihres ausgeglichenen Haushalts – in Wahrung ihrer Selbstverwaltungsfunktion selber bestimmen und mußte sie sich nicht diktieren lassen.[358] Daß der Stadtvorstand im Herbst 1932 noch immer optimistisch in die Zukunft sah, hing allerdings mit Verhandlungen zusammen, die er seit September des Jahres im Rahmen des sogenannten Gereke-Plans führte, einem Arbeitsbeschaffungsprogramm der Regierung Schleicher.[359] Am 23. Januar 1933 konnte Scheef den Gemeinderat vom vorläufigen Abschluß dieser Bemühungen unterrichten. Die Stadt hatte für ein niederverzinsliches Darlehen von insgesamt 546600 RM drei Tiefbauprojekte angemeldet. Bei den geplanten Arbeiten (Ausdehnung der Schwemmkanalisation, Verlegung der Reutlinger Straße, Bau der Charlotten- und Stöcklestraße) sollten ausschließlich Erwerbslose beschäftigt werden.[360] In mittlerweile ungewohnter Einmütigkeit beschlossen die Gemeinderäte, das Projekt zu genehmigen.

Zu diesem Zeitpunkt betrug die Zahl der Erwerbslosen in Tübingen 677 und stieg noch weiter an.[361] Doch die Aussicht auf einen wirtschaftlichen Aufschwung zeichnete sich ab. 152 Mann würden bei dem Projekt zwischen vier und sechs Monaten beschäftigt. Darüber hinaus versprachen alle drei Maßnahmen eine Belebung der Konjunktur. Sie schufen erhöhten Verbrauch und – beispielsweise als Folge der Schwemmkanalisation – auch neue Aufträge für das Handwerk. Der mühevoll eingeleitete Aufschwung kam allerdings zu spät. Eine Woche nach dem hoffnungsvollen Gemeinderatsbeschluß wurde Adolf Hitler zum Reichskanzler ernannt. Nun waren es die Nationalsozialisten, die von der Zähigkeit und Beharrlichkeit derer profitierten, die unter Einbuße ihres Ansehens die Krise zu überwinden versucht hatten.

»Kommunalpolitik der Sachlichkeit«: das Konzept Adolf Scheefs

Adolf Scheef, den der Parteivorstand der DDP in einem Glückwunschtelegramm zu seiner Wahl zum Tübinger Stadtvorstand als den »Führer der schwäbischen Demokratie« bezeichnete, hatte bei seinen parteipolitischen Aktivitäten nie einen Zweifel daran gelassen, daß er den Nationalsozialismus ablehnte. Bereits nach dem ersten Auftritt von SA-Leuten auf württembergischem Boden (»Schlacht am Walfischkeller«) warnte Scheef im württembergischen Landtag vor einer Unterschätzung der Bewegung. Sie gehe an die Wurzeln der ganzen jetzigen wirtschaftlichen und staatlichen Ordnung.[362] Diese kritische Einstellung behielt er bis zum Ende seiner Landtagstätigkeit bei. 1931, auf dem Dreikönigstreffen seiner Partei, war seine Ablehnung noch ebenso unbedingt wie 1924. *Die Anschauungen dieser Partei* – so führte er dort aus – *stehen auf politischem und wirtschaftlichem Gebiet unseren Anschauungen entgegen. Wir halten die wirtschaftlichen Programmsätze dieser Partei für undurchführbar und die politischen Programmsätze würden im Falle der Verwirklichung unser Volk aufs Tiefste erschüttern*.[363]

Knapp ein Jahr später begegnete derselbe Mann als Oberbürgermeister den neugewählten Gemeinderäten der Partei, vor deren staatszersetzendem Charakter er gewarnt hatte, mit neutraler Höflichkeit. Eine Erklärung für diesen Umschwung bietet Scheefs kommunalpolitisches Konzept, seine Auffassung, daß kommunale Selbstverwaltung ihrem Wesen nach nur unpolitische Verwaltung sein könne und dürfe und sich jeder parteipolitischen Aktionen zu enthalten habe, wie er bei seiner Amtseinführung versprochen hatte: *Leitstern meiner Amtsführung wird strengste Sachlichkeit im Dienste unserer Stadt sein. Es ist mir eine Ehrensache und ich werde mein Bestes dafür tun, daß volle Unparteilichkeit jederzeit herrscht*.[364]

Mit der Maxime von der parteipolitischen Neutralität der Kommunalpolitik reihte er sich ein in den großen Kreis von Kommunalpolitikern, die in der Nachfolge Lorenz von Steins kommunale Selbstverwaltung als unpolitische Verwaltung begriffen.[365] In der kommunalen *Gemengelage von Politik und Verwaltung*[366] entschied sich der gelernte Verwaltungsfachmann eindeutig zugunsten der Verwaltung. Da war es dann folgerichtig, daß er seine Funktionen in der DDP nach der Bürgermeisterwahl konsequent reduzierte, den Fraktionsvorsitz im Landtag niederlegte, seine Ämter innerhalb der Tübinger Parteiorganisation aufgab und 1932 auch auf die Wiederkandidatur für den Landtag verzichtete.[367]

Da sich Scheef nicht bedingungslos dem Brüningschen Sparkurs verschrieb, sondern zugunsten konjunkturbelebender Maßnahmen auch zur verfemten Schuldenaufnahme bereit war, erreichte er beachtlich viel. Mit einer zeitweise gegen den Widerstand der staatlichen Aufsichtsbehörde betriebenen, antizyklischen Fiskalpolitik steuerte er die Universitätsstadt relativ sicher durch die Wirtschaftskrise.[368] Bis zur Kommunalwahl 1931 hatte er seinen kommunalpolitischen Leitsatz problemlos durchsetzen können. Noch bei der Debatte um die Zulassung einer Liste des Mittelstandskartells für die Gemeinderatswahl im Dezember 1931 lobte der sozialdemokratische Gemeinderat Koch: *Wenn auf jedem Rathaus so wenig Parteipolitik getrieben würde wie in Tübingen, so könnte man zufrieden sein.*[369] Auch als die Verhandlungen bei veränderter Zusammensetzung des Gremiums lebhafter wurden und Scheef hin und wieder auf die Disziplinierungsmaßnahmen der Geschäftsordnung zurückgriff,[370] ließ er an seinem Grundsatz nicht rütteln. *Der Herr Scheef hat das alles gemeistert,* berichtet rückblickend der ehemalige Ratsschreiber. *Er hat nichts gegen Benzinger gehabt, hat ihn eben reden lassen und dann ist in jedem Fall der Beschluß eben so ausgefallen, wie der Herr Scheef wollte. Also, da war er großer Künstler drin, daß so beschlossen wurde, wie er hat wollen.*[371]

Nicht nur wegen der von Scheef bevorzugt beachteten mittelständischen Interessen, sondern ebenso in den nationalsozialistischen Propagandaschlagworten von der »Entpolitisierung der Beamtenschaft« und einer »unpolitischen, sauberen Verwaltung« entstand der trügerische Eindruck einer vermeintlichen Interessenidentität. Ungewollt hat so der demokratische Parteimann Scheef mit der Unterordnung unter das Primat einer angeblich unpolitischen Verwaltung in der Krise der Republik die autoritären Tendenzen auf Kosten des demokratischen Interessenaustrags gefördert und die Widerstandskraft der parlamentarischen Demokratie geschwächt, zumindest nicht zu ihrer Stärkung beigetragen.[372]

# »Zu Zwischenfällen ist es nicht gekommen« – die »Machtergreifung« in Tübingen

## Machtübernahme

Der Höhepunkt der nationalsozialistischen Bewegung war bereits überschritten, als Reichspräsident von Hindenburg am 30. Januar 1933 Adolf Hitler zum Reichskanzler ernannte.[1] Was noch am Abend des 30. Januar Nationalsozialisten und ihre Sympathisanten nicht nur in Berlin begeistert mit einem Fackelzug als »nationale Erhebung« feierten, war ein formal legaler Akt der Machtübertragung. Nach den Vorschriften der Verfassung hatte der Reichspräsident den Führer der stärksten Partei mit der Regierungsbildung betraut. Doch kaum im Amt, begann dieser eine »grundlegende Umwälzung der politischen Verhältnisse« einzuleiten. Im Verlauf dieser schrittweisen und auf mehreren Ebenen verlaufenden Entwicklung, die mit dem Tod Hindenburgs und der Übernahme des Reichspräsidentenamts durch Hitler ihren Abschluß fand, wurden jegliche konkurrierenden Machtgruppen im gesellschaftlichen, wirtschaftlichen oder politischen Bereich aus- bzw. gleichgeschaltet, die staatlichen Institutionen der parlamentarischen Demokratie aufgelöst oder vollständig entmachtet und die Länder durch Reichskommissare und Reichsstatthalter ihrer Selbständigkeit beraubt und in einen streng zentralisierten Einparteienstaat eingegliedert. Die Propaganda feierte dies Nebeneinander von Säuberungen und Gleichschaltungen als »legale Revolution«. Weite Teile der Bevölkerung, allen voran das Bürgertum, sahen dies ebenso. Widerstand wurde in diesen Kreisen nicht laut, zumal die »Revolution auf Verwaltungswege« das nationalkonservative Bürgertum anfangs weder in seiner Position noch in seinen Privilegien bedrohte. Von dem demonstrativ moderaten Auftreten des Reichskanzlers geblendet, glaubten die meisten die Wiederherstellung eines starken, christlich-autoritären Obrigkeitsstaates zu erleben. Zu dessen Restaurierung boten sie bereitwillig ihre Mitarbeit an.

Widerstand und Opposition gegen dieses Vorgehen kamen überwiegend aus dem Lager der Arbeiterbewegung und der linken Parteien, die schon vor dem 30. Januar 1933 die NSDAP bekämpft hatten. Doch die Uneinigkeit der Arbeiterbewegung und ihre falsche Einschätzung der Situation behinderten auch dort einen effektiven Widerstand, wo selbst die Nationalsozialisten ihn befürchteten und mit harten Maßnahmen im Keim zu ersticken suchten. Nicht als Umbruch, sondern als Durchbruch längst vorhandener Bestrebungen vollzogen die Nationalsozialisten den Machtwechsel in Tübingen. Dieser kontinuitätsbetonte Verlauf der »Machtergreifung«[2] kam dem bei allem revolutionären Pathos durchaus vorhandenen Legitimationsbedürfnis der NSDAP sehr viel stärker entgegen als die Fälle, in denen sie brachiale Gewalt einsetzen mußte. Gleichzeitig sicherte ihr der größere Freiraum, den sie den anpassungswilligen Gruppen zugestand, im Gegenzug eine verstärkte Bereitschaft zur Kooperation und verhinderte erst recht das Aufkommen aktiver Opposition. Lange Zeit hat die Konzentration auf die Vorgänge auf Reichsebene das Bild eines totalitären, mit Hilfe von Terror etablierten monolithischen Machtblocks vermittelt – ein Eindruck von totalitärer Herrschaft, den vor allem die propagandistische Selbstdarstellung des Regimes erweckt hatte.[3] Doch das lokale Beispiel enthüllt Freiwilligkeit, wo Zwang zu erwarten gewesen wäre, und Flexibilität dort, wo das Totalitarismusmodell Terror und Rigorosität nahelegt.

»Ein Tag wie jeder andere«: der 30. Januar 1933

Für die Mehrzahl der Tübinger kam die Nachricht des 30. Januar überraschend. Mit dem Machtantritt der Nationalsozialisten hatten nach den Novemberwahlen nur noch wenige gerechnet. Der Ausblick der »Tübinger Chronik« zum Jahresanfang 1933 hatte *gesunden Optimismus* attestiert[4] und die auch für Tübingen zuständige Handelskammer Reutlingen Anfang Januar eine zaghafte Aufwärtsbewegung registriert: *Die Krise ist, wenn nicht alle Zeichen trügen, an einem Punkt angelangt, wo die Abwehrmaßnahmen gegen sie allmählich doch wirksamer zu werden beginnen [...] die Menschen sind dabei, wieder Herr der Lage zu werden.*[5]

Auch Adolf Scheef sah dem kommenden Jahr mit einiger Zuversicht entgegen. Auf dem Drei-Königs-Treffen seiner Partei hatte er am 6. Januar in Stuttgart erleichtert das Ende der nationalsozialistischen Gefahr konstatiert: *Unter Umständen wäre es der nationalsozialistischen Partei gegen Ende der Regierung Brüning gelungen, den Staat zu überrennen und sich seiner Machtmittel und seiner Institutionen zu bemächtigen, wenn das tatsächlich im Sinne der nationalsozialistischen Partei gelegen wäre. Seitdem hat sich die politische Atmosphäre geändert. Seit dem August 1932, wo Hitler eine Mitbeteiligung an der Regierung Papen ablehnte, ist ein Abstieg der nationalsozialistischen deutschen Arbeiterpartei eingetreten.*[6] Wenige Tage später, auf der Monatsversammlung der Tübinger DDP klang sein Lagebericht noch zuversichtlicher. Der Versammlungsbericht der »Chronik« notierte als Schlußwort: *All überall rege sich wieder der demokratische Gedanke, es gehe wieder aufwärts und die Zeit nahe, da die Bürgerschaft wieder erkenne, welch tüchtiger Kern und welch aufwärtstreibende Kraft in diesem Gedanken zu finden sei.*[7]

Anlaß zu diesem vorsichtigen Optimismus gaben ebenso die Aussichten auf Arbeitsbeschaffung im Rahmen des Gereke-Plans wie die Beruhigung der politischen Auseinandersetzung. Auch in Tübingen war es im Winter 1932/33 stiller um die Hitler-Anhänger geworden. Die propagandistischen Anstrengungen der fünf Wahlgänge hatten die finanziellen und personellen Möglichkeiten der Ortsgruppe restlos erschöpft. Schwer lastete der Ausgang der letzten Reichstagswahl auf der Partei. Mehr als 900 Stimmen hatte sie eingebüßt, statt der 40 Prozent des Juli nur noch 34 erhalten. Seit diesem Rückschlag hatte die Tübinger NSDAP zu keiner Veranstaltung mehr eingeladen. Die Nachricht vom Machtantritt Hitlers scheint sie unvorbereitet getroffen zu haben. Es gab keine Extrablätter und keine großen Demonstrationen. Viele Tübinger scheinen die Neuigkeit erst am nächsten Morgen aus den Zeitungen erfahren zu haben.[8] Die Mehrzahl erlebte den 30. Januar als einen Tag wie jeden anderen. Das plötzliche Glatteis und die sportlichen Vorführungen des Achalm-Gaus beschäftigten viele mehr als die Ereignisse im fernen Berlin.[9] Als der Oberbürgermeister vierzehn Tage später die nächste planmäßige Sitzung des Gemeinderats mit den Worten eröffnete: *In den letzten Tagen wurden wir alle aufs tiefste erschüttert*, meinte er nicht den Regierungswechsel, sondern *das furchtbare Unglück, das infolge Explosion eines Großgasbehälters so jäh über die Stadt Neunkirchen im Saargebiet hereingebrochen ist*.[10] Über den Machtwechsel verlor dieses Gremium in öffentlichen Sitzungen bis in den Mai hinein kein Wort.

Die einzigen, die in Tübingen die Nachricht von Hitlers Reichskanzlerschaft als Signal einer drohenden Gefahr erkannten und entschlossen waren, etwas dagegen zu unternehmen, waren Mitglieder der Arbeiterbewegung. Noch am Abend des 30. Januar organisierten rund 200 Anhänger der Kommunistischen Partei eine *Kundgebung gegen die Hitler-Regierung* auf dem Marktplatz, die jedoch hinzukommende Nationalsozialisten in eine Gegenkundgebung umwandelten. *Zu Zusammenstößen* – so lautete der lapidare Bericht der »Chronik« – *ist es nicht gekommen*. Vergeblich wartete die kleine organisierte Arbeiterschaft Tübingens auf eine einheitliche Anweisung der sozialdemokratischen Partei- oder Gewerkschaftsführungen zum Generalstreik. *Es müßte doch etwas geschehen!*, dieser Gedanke beherrschte die Gemüter.[11]

In unmittelbarer Nachbarschaft geschah tatsächlich etwas. In der 20 Kilometer entfernten Arbeiter- und Bauerngemeinde Mössingen fanden sich am Abend des 30. Januar auf die Nachricht vom Machtantritt Hitlers spontan etwa 200 einheimische und auswärtige Antifaschisten zusammen, um über einen Generalstreik zu beraten. Tags darauf zogen sie in einem mittäglichen Demonstrationszug durch den Ort. Die Belegschaft der zwei größten Textilbetriebe hatte bereits die Arbeit niedergelegt und sich zu Teilen dem Zug angeschlossen, als das massive Angebot von Reutlinger Schutzpolizei den Mössinger Aufstand niederschlug. Damit war eine der größten Streikaktionen überhaupt, und die einzige in Württemberg, die gegen die Etablierung der NS-Diktatur protestierte, auseinandergetrieben.[12] Vergeblich hatten zwei Mössinger Arbeiter versucht, auch die Tübinger Kollegen zu mobilisieren. Der Vorsitzende der Tübinger KPD schätzte die Chancen für einen reichsweiten Generalstreik als zu gering ein. Die Flugblätter, die in den frühen Morgenstunden des 31. Januar vor den Betrieben verteilt wurden, riefen deshalb erfolglos zum *Massenstreik* auf.[13] Die Tübinger Nationalsozialisten dagegen feierten am 31. Januar das Kabinett der wiedererwachten Harzburger Front wie einen persönlichen Sieg. Allen voran triumphierte der NS-Studentenbund, der Schrittmacher des Nationalsozialismus an der Universität. Er demonstrierte in einer Kundgebung, die *zum ersten Mal auf Universitätsboden* stattfand, wer nach seiner Vorstellung nun das Sagen hatte.[14] Zum Abschluß des Tages zogen die Mitglieder der Ortsgruppe und die braunen Studenten mit Fackeln gemeinsam durch die Straßen der Stadt.

Auf dem Weg ins Dritte Reich:
der Wahlkampf zum 5. März 1933

Vorerst war der neue Reichskanzler auf die Mitarbeit seiner deutschnationalen Regierungspartner angewiesen. Im Reichstag verfügte das »Kabinett der nationalen Erhebung« über 42,3 Prozent der Sitze (33,6 Prozent für die NSDAP, 8,7 für die DNVP). Viele erwarteten vom neuen Reichskanzler, daß er das Minderheitskabinett durch Einbeziehung des Zentrums zu einer Mehrheitsregierung ausbauen würde. Doch Hitler, der sich von Neuwahlen die absolute Mehrheit und damit Unabhängigkeit von seinen Koalitionspartnern versprach, setzte beim Reichspräsidenten die Auflösung des Reichstags durch. Neuwahlen wurden für den 5. März ausgeschrieben. Damit hatte Hitler nur zwei Tage nach seiner Ernennung zum Reichskanzler das deutschnationale Konzept der »Einrahmung« gesprengt und die Hoffnungen auf eine Zähmung der Nationalsozialisten durch Beteiligung an der Macht ad absurdum geführt.

Ein letzter, hektischer und oft gewalttätiger Wahlkampf begann. Mit Hilfe der Notverordnungen vom 4. und 28. Februar[15] wurden die politischen Gegner blockiert, als Staatsfeinde denunziert und so als ernsthafte Konkurrenten ausgeschaltet. Unter dem Vorwand, Ruhe und Ordnung wiederherzustellen, etablierte die Hitler-Regierung Terror und Gewalt und setzte die politischen Grundrechte außer Kraft.

In Württemberg bemühte sich die bürgerliche Koalitionsregierung, die als geschäftsführendes Kabinett amtierte, die Beschlagnahme staatlicher Institutionen wie Polizei oder Rundfunk durch die NSDAP zu verhindern und den Terror zu unterbinden.[16] Anders als in Preußen, wo der kommissarische Innenminister Hermann Göring den Aufruf Hitlers vom 1. Februar zum Anlaß nahm, eine regelrechte Jagd auf Gegner und konkurrierende Gruppen zu eröffnen, herrschten in Württemberg bis zur Einsetzung eines Reichs-Polizeikommissars am 8. März relativ geordnete Verhältnisse. In einem Runderlaß verbot das Innenministerium am 7. Februar dem Stuttgarter Polizeipräsidenten sowie den Oberamtsvorständen, die örtlichen Polizeikräfte durch Heranziehung von *politischen Organisationen als solchen, namentlich von uniformierten Verbänden* zu verstärken, was in Preußen bereits praktiziert wurde. Ausdrücklich hielt das Rundschreiben dazu an, eine Verschärfung der politischen Gegensätze zu vermeiden: *Auch die einzelnen Hilfspolizeibeamten dürfen keine einheitliche Kleidung und keine Abzeichen tragen, welche die Zugehörigkeit zu einer politischen Vereinigung kennzeichnen.*[17] Dennoch verbreitete die siegessichere SA auch in Württemberg Angst und Schrecken.

Dagegen standen die Tübinger Sozialdemokraten auf verlorenem Posten. Getreu den Weisungen ihres Parteivorstands kämpften sie »auf dem Boden der Verfassung« um den Bestand der Demokratie.[18] Am 31. Januar hatte der »Vorwärts« in Berlin die Parole ausgegeben: *Wir denken nicht daran, uns vom Boden der Legalität abdrängen zu lassen.*[19] Mit ihrem Vertrauen in die Verfassung und die Gesetze gerieten die Verteidiger der Republik den neuen Machthabern gegenüber, die skrupellos Recht brachen, bald ins Hintertreffen. Binnen kurzem erwies sich der Boden der Verfassung selbst als brüchig. Schon am

4. Februar schränkte die »Verordnung des Reichspräsidenten zum Schutz des deutschen Volkes« die Versammlungs- und Pressefreiheit für den Fall entscheidend ein, daß *nach den Umständen eine unmittelbare Gefahr für die öffentliche Sicherheit zu besorgen* sei.[20] Dennoch war die Kritik, die die Tübinger Sozialdemokraten in ihren Wahlkampfveranstaltungen an der Hitler-Regierung übten, offen und dezidiert. *Was heute geschehe* – so gibt die »Chronik« eine Veranstaltung des Reichsbanner wieder – *sei nichts anderes als der rücksichtsloseste Klassenkampf, den die Weltgeschichte je erlebte. Der Nationalsozialismus sei die letzte Karte des Großkapitalismus* [!]*, er sei auf dem besten Wege, in Deutschland denselben Terror einzuführen wie der Faschismus in Italien*.[21]

Zwei Wochen später ließen sich die Nationalsozialisten solche Angriffe nicht mehr gefallen. Eine Kundgebung der Eisernen Front störten sie derart, daß der Redner, Reichstagsabgeordneter Kurt Schumacher, trotz eines starken Polizeiaufgebots nach wenigen Minuten abbrechen mußte.[22] Anderntags bedankten sich die Veranstalter, die mit der Aufforderung: *Arbeiter, Republikaner! Heraus zum Massenprotest* eingeladen hatten, in der »Chronik« bei den Nationalsozialisten für den *Anschauungsunterricht. Er habe mehr Aufklärung gebracht als ein Dutzend Versammlungen.*[23] Die anwesenden Antifaschisten hatten begriffen, was die neue Ordnung für sie bedeutete.

Doch es kam noch schlimmer. Der in derselben Nacht in Flammen aufgehende Reichstag gab Hitler den willkommenen Anlaß, in einer weiteren Notverordnung – diesmal »zum Schutz von Volk und Staat« – in der Verfassung festgelegte Grundrechte außer Kraft zu setzen, die Todesstrafe für Hochverrat, Sabotage und Brandstiftung einzuführen und die Polizei zu ermächtigen, ohne richterliche Kontrolle verdächtige Personen in sogenannte Schutzhaft zu nehmen.[24] Außerdem ermächtigte die »Reichstagsbrand-Verordnung« die Reichsregierung, vorübergehend die Befugnisse der Länderregierungen zu übernehmen. Faktisch war damit der Ausnahmezustand geschaffen.

Tags darauf durchsuchten Polizeibeamte in Tübingen die Wohnungen der kommunistischen Funktionäre und beschlagnahmten auf Weisung des Innenministers Druckschriften, Plakate und Flugblätter.[25] Kommunistische und sozialdemokratische Wahlkampfveranstaltungen gab es in der Stadt darauf nicht mehr. Zu Verhaftungen ist es allerdings vorerst nicht gekommen. Dennoch verbreiteten die geschickt lancierten Nachrichten über politischen Terror sowie vereinzelte Schlägereien in Tübingen Unruhe und Angst.[26] Die Furcht vor einem möglichen Bürgerkrieg schürten die Nationalsozialisten bewußt. Sie schlug sich in Gerüchten über Überfälle und Terroraktionen nieder.[27]

Schließlich sah sich die Polizeidirektion genötigt, gegen die *Gerüchtemacherei* einzuschreiten. Die zahlreichen *Anzeigen über geplante Anschläge, Waffenlager, geheime Zusammenkünfte und dergleichen* hatten sich bei den Nachprüfungen in keinem Fall als stichhaltig erwiesen. Deshalb warnte sie die Bevölkerung vor *übergroßer Ängstlichkeit und vor allen Dingen vor leichtfertigen Verdächtigungen Andersdenkender*.[28]

Den Nationalsozialisten kamen solche Gerüchte nur gelegen, lieferten sie doch den scheinbar zwingenden Beweis für die Notwendigkeit ihres harten Durchgreifens und die Unerläßlichkeit einer autoritären Regierung. Um sich zu Hütern von Zucht und Ordnung aufzuschwingen, beschworen sie in ihren Wahlveranstaltungen den *Blutrausch des Bolschewismus*.[29] Mit einem großen Aufgebot an Filmvorführungen, Fackelzügen, Propagandamärschen und Lautsprecherübertragungen von Hitler-Reden empfahlen sie ihren Parteiführer als den einzigen Retter aus dem moralischen und politischen Niedergang des »Systems«.[30] Nur er könne Deutschland wieder groß machen. So wurde die nationalsozialistische Machtübernahme als »nationale Revolution« in Szene gesetzt und zu einem »Erwachen der Nation« stilisiert.

Die Taktik erwies sich als erfolgreich bei den Bürgerlichen. Dem Sog der nationalen Propaganda konnten sich vor dem zum bolschewistischen Schreckensgemälde stilisierten Reichstagsbrand nur wenige entziehen. Als schließlich noch die Regierungserklärung des neuen Reichskanzlers in staatsmännisch moderatem Duktus die Bewahrung christlich-nationaler Kulturwerte und die »nationale Einigung über alle Stände und Klassen hinaus« versprach, waren wesentliche Bedenken ausgeräumt. Einhundertundvier Tübinger Bürger – vor allem Universitätsangehörige und Akademiker – bekundeten am 1. März in der »Tübinger Chronik«, daß sie auf dem Boden der Regierungserklärung stünden.[31] Weitere beeilten sich einige Tage später, die neue Regierung ihrer Loyalität zu versichern. Sie seien – so erklärten sie – zur Unterzeichnung des ersten Aufrufs nicht aufgefordert worden, stünden aber ebenfalls fest hinter der neuen Regierung.[32]

Die Landesuniversität hatte unter dem Druck der Studenten bereits am 27. Februar eine »Erklärung zur gegenwärtigen Lage« gegeben. Obgleich er sich von jeder parteipolitischen Festlegung fernhalten müsse, betonte der Große Senat: *Eine Rettung Deutschlands erhoffen wir alle davon, daß der Geist der Wahrheit und Verantwortlichkeit die deutschen Menschen aller Schichten und Stände wieder durchdringe. Diese Verantwortlichkeit muß in einem an Leib und Seele gesunden Volk, voll Willensstärke und getragen von nationalem Selbstbewußtsein ihren Grund, in einem zuchtvoll geleiteten, machtvollen Staate ihren Ausdruck finden.*[33]

Kritische Stimmen mischten sich nur selten unter die Loyalitätserklärungen und hochfliegenden nationalen Erwartungen. *Es sind schwere Gefahren auf politischem Gebiet vorauszusehen*, warnte der württembergische Justizminister Beyerle als einer der wenigen Skeptiker auf einer Kundgebung des Zentrums im »Museum«: *Man darf nicht verschweigen, daß die Nationalsozialisten daran sind, aus dem Volksstaat einen Parteienstaat zu machen, nicht nur, daß man die Machtposition im Staat für diese Partei fordert, man vermischt die Grenzen zwischen öffentlichen Beamten und Parteibeauftragten. Das ist etwas ganz Neues, Revolutionäres, das unsere Beachtung verdient. In vielen Ministerien sitzen ehrenamtliche Kommissare, die dem Rechtsblock angehören, in Preußen werden Parteiverbände zum Polizeidienst herangezogen. So wird der Parteigedanke mit dem Staatsgedanken vermengt. Aus der eigenen Ideologie heraus schafft man zweierlei Recht im deutschen Volk.*[34]

Die Wahlredner von DVP und CSVD dagegen – beide Parteien hatten sich in einem Wahlabkommen zusammengetan – demonstrierten ihre Anpassungsfähigkeit: *Die Verhältnisse, wie sie sich im heutigen Deutschland entwickelt haben, sind nun allerdings solche, daß ohne diktatorische Maßnahmen nicht mehr durchzukommen ist und es müssen infolge dessen gewisse Beschränkungen der verfassungsmäßigen Rechte und Freiheiten vorübergehend in Kauf genommen werden. Ich gehe sogar noch weiter und sage, wir müssen unbedingt zu einem Verbot der kommunistischen Partei kommen. Diese unsere Auffassungen datieren nicht erst von heute. Wir haben von 1930 ab die Beteiligung der Nationalsozialisten an der Regierung gefordert,* unterstrich der Lustnauer Bürgermeister Hans Rath die Gemeinsamkeit zwischen Volkspartei und NSDAP.[35] Eine überzeugende Alternative zur Regierung Hitler konnte keine der bürgerlichen Parteien mehr anbieten.

Die Wahl wurde zu einem Erfolg der Regierungsparteien. Die Hoffnung der NSDAP auf die absolute Mehrheit erfüllte sich jedoch nicht. Bei einer Rekordbeteiligung von 85,6 Prozent der Wahlberechtigten – das waren 12 767 Abstimmende – erhielten die Parteien der »nationalen Erhebung« zusammen 62 Prozent der Stimmen. Damit lag das Tübinger Ergebnis 10 Prozent über dem Reichs- und 15 Prozent über dem Landesdurchschnitt.[36] Die Schlappe vom November des Vorjahres hatte die NSDAP mit einem Plus von 2199 Stimmen wettgemacht, selbst das Rekordergebnis vom Juli 1932 noch um 1340 Stimmen übertroffen.

Reichstagswahl vom 5. 3. 1933:[37]

| Wahlbtg. | NSDAP | SPD | KPD | Zentrum | KSWR* | DVP | CSVD | DDP | Sonstige |
|---|---|---|---|---|---|---|---|---|---|
| 85,6% | 49,2% | 11,4% | 5,3% | 10,0% | 12,8% | 2,3% | 4,9% | 3,7% | 0,4% |

\* Kampffront Schwarz-Weiß-Rot

Bis auf die SPD (+ 148 Stimmen) mußten alle anderen Parteien Verluste hinnehmen. Zusammen verloren sie 1581 Stimmen. Hoch waren vor allem die Verluste bei der DVP und dem Christlichen Volksdienst. Die KPD hatte 184 Wähler verloren. Insgesamt blieb der Anteil an Arbeiterparteiwählern erstaunlich konstant. Trotz der Angriffe, denen beide Parteien während des Wahlkampfs von allen Seiten ausgesetzt waren, hatten sie zusammen lediglich 36 Stimmen des Novemberergebnisses eingebüßt. Verglichen mit den Reichstagswahlen 1928 hatten sie sogar 413 neue Wähler gewonnen.

Obwohl die NSDAP die absolute Mehrheit nur mit Hilfe ihres deutschnationalen Koalitionspartners errungen hatte, feierte sie das Ergebnis des 5. März als nationalsozialistischen Sieg. Nur wenige waren mit dieser Interpretation uneins. Viele betrachteten in der Hoffnung, fürs erste vom permanenten Gang zur Wahlurne befreit zu sein, das Ergebnis als Basis für den langersehnten Aufschwung. *Die Wahlen am Sonntag haben die am 30. Januar getroffene Entscheidung Hindenburgs vor aller Welt gut geheißen. Es ist ein Schlußstrich unter die Vergangenheit gemacht, eine neue Ära beginnt,* so faßte der Wahlkommentar der »Tübinger Chronik« die Erwartungen zusammen.[38] Der Ausgang der Wahlen zeigt, daß in Tübingen die Taktik der *schleichenden Machtergreifung*[39] gelang, weil das Feindbild des Marxismus alle Bürgerlichen einte und das Schlagwort von der nationalen Einigung alle die verführte, die der Republik schon immer mit Vorbehalt oder Verachtung begegnet waren.

Die »Machtergreifung« in der Kommune: ein Fahnenwechsel

Unmittelbar nach der Wahl begannen die Nationalsozialisten die errungene Macht auszubauen. In Württemberg jedoch, wo die Regierungsparteien trotz aller Anstrengungen zusammen nur 47 Prozent der Stimmen erreicht hatten, schickte sich die NSDAP nach dem 5. März erst einmal an, die Machtpositionen zu erobern.[40] Das Hissen der Hakenkreuzflagge auf den öffentlichen Gebäuden der Landeshauptstadt gab das Signal. Reichsinnenminister Wilhelm Frick übernahm mit der Ernennung des nationalsozialistischen Reichstagsabgeordneten und SA-Gruppenführers Dietrich von Jagow zum Reichspolizeikommissar die vollziehende Gewalt in Württemberg unter dem Vorwand, daß die *Aufrechterhaltung öffentlicher Sicherheit und Ordnung in Württemberg unter gegenwärtiger Leitung der Polizei nicht mehr gewährleistet* sei.[41] Eine Rechtsverwahrung der Landesregierung gegen diese Verfassungsverletzung beim Reichspräsidenten und eine Beschwerde beim Staatsgerichtshof, die wenigstens *vor der Geschichte feststellen sollte, daß sich die württembergische Regierung diese ungeheuerliche Rechtsverletzung nicht widerspruchslos habe gefallen lassen,* konnten den Machtwechsel nicht rückgängig machen.[42] Der Polizeikommissar schuf vollendete Tatsachen. Zwei Tage nach seiner Ernennung betraute er die nationalen Verbände SA, SS und Stahlhelm mit Hilfspolizeifunktionen.[43] Mit staatlicher Legitimierung konnte sich nun der braune Terror straffrei gegen vermeintliche und tatsächliche Gegner richten.[44]

Am 15. März wurde die württembergische Regierung Bolz durch eine nationalsozialistische unter Gauleiter Wilhelm Murr ersetzt. In seiner Antrittsrede kündigte der neue Staatspräsident an: *Ich sage nicht Aug' um Auge, Zahn um Zahn, sondern wer uns ein Auge einschlägt, dem werden wir den Kopf abschlagen und wer uns einen Zahn einschlägt, dem werden wir den Kiefer einschlagen*.[45] In jedem Oberamt wurden nun Unterkommissare für die Polizei ernannt. Mitte April übernahm Hermann Mattheiß als »Sonderkommissar zur besonderen Verwendung«, die anfangs vor allem in der Aufsicht über das »Schutzhaftlager« Heuberg bestand, die Leitung der Ende April neugebildeten Württembergischen Politischen Polizei.[46] Als diese am 9. Dezember dem Reichsführer-SS Heinrich Himmler unterstellt wurde, war ihre Gleichschaltung abgeschlossen.

Auch in Tübingen änderte sich das politische Klima nach der Märzwahl spürbar. Zwar bewahrte das Rathaus noch immer Stillschweigen, aber die Berichte der »Chronik« gaben sich zunehmend nationaler, und die »Tübinger Zeitung« machte klar, daß auch in der Kommune ein Machtwechsel anstehe. Treibende Kraft war die Studentenschaft. Seit dem Juli 1932 vom NSDStB mehrheitlich nationalsozialistisch ausgerichtet,[47] verstand sie sich als Schrittmacher der »braunen Revolution«. Es waren vor allem Studenten, die in der Presse agitierten, Studenten sprachen auf den Massenkundgebungen der Nationalsozialisten, und Studenten leiteten die Machteroberung in der Kommune ein. Als Universitätsrat Dr. Knapp zögerte, ihrer Forderung nachzugeben und die Hakenkreuzfahne auf der Neuen Aula hissen zu lassen, belehrte ihn der Führer der nationalsozialistischen AStA-Fraktion, Gerhard Schumann: *Wer jetzt noch nicht einsehe, daß die Nationalsozialisten an die Macht gekom-*

*men seien, könne nicht ernst genommen werden. Die Hakenkreuzfahne sei für sie das Symbol der Bewegung, sie müsse und sie werde gehißt werden,* protokollierte Knapp den Gesprächsverlauf.[48] Sie wurde gehißt.

Am 8. März zogen Tübinger NS-Studenten – noch ehe das Einverständnis des Rektors eingeholt war – die Fahne der Hitler-Bewegung an der Neuen Aula auf. Rektor und Professoren bewahrten Stillschweigen, *weil es sonst einen Krawall gegeben hätte,* versuchten aber, sich mit einer Erklärung in der »Tübinger Chronik« von der Parteifahne auf der Universität zu distanzieren.[49] Der Oberbürgermeister zeigte gegenüber dem Gleichschaltungsdruck etwas mehr Standhaftigkeit. Als ihm am Abend des 7. März Studenten die Absicht unterbreiteten, am nächsten Mittag die Hakenkreuzfahne auf dem Rathaus zu hissen, verweigerte er seine Zustimmung mit dem Hinweis, daß er sich erst mit dem Stuttgarter Innenministerium und den Fraktionsvorständen im Gemeinderat *ins Benehmen setzen müsse.*[50] Die für den 8. März in der Zeitung angekündigte Beflaggung des Rathauses entfiel.[51]

Als jedoch aus Stuttgart, wo inzwischen Reichspolizeikommissar von Jagow das Regiment führte, die Nachricht kam, daß über allen öffentlichen Gebäuden einschließlich des Landtags das Hakenkreuz wehe, waren auch die Tübinger Nazis nicht mehr zu halten. SA, SS und Stahlhelm sowie der Tübinger Bahnschutz zogen am 9. März, angeführt von Kreisleiter Baumert und Stahlhelmführer Dr. Hofmeister, im Marschschritt durch die Stadt. Eskortiert von Polizei, bewegte sich der Zug von der »Blauen Brücke« über die Neckarbrücke zum Marktplatz. Dort hatte sich – laut »Chronik« – *eine ungeheure Menge eingefunden, um Zeuge des denkwürdigen Vorgangs* zu werden.[52] Vom Altan des Rathauses herab hielt der Pädagogikstudent Erich Schrade seine für den Vortag vorbereitete Ansprache: *Wenn heute in ganz Deutschland und über allen Straßen die Hitler-Fahnen wehen, wenn auf allen Gebäuden des Reiches, der Länder und der Gemeinden die Banner des jungen Deutschlands und die alten Reichsfarben aufgezogen werden, so bedeutet dies mehr als bloß Freude und Begeisterung über eine Wahl, die denen, die unter diesem Zeichen kämpften, einen überwältigenden Sieg gebracht hat. Was in diesen Tagen in Deutschland vor sich geht,* führte Schrade aus, *was wir kaum noch begreifen können, was wir im Innersten aber erleben und verspüren, das ist ein Größeres: das ist die deutsche Revolution!*

Sie sei nicht wie 1918 mit Zügellosigkeit und Verrat verbunden, sondern vollziehe sich als *innerer geistiger Umbruch* diszipliniert und *in eiserner Ordnung.* Mit einem Seitenhieb auf die Regierung Bolz und die Verteidiger des Föderalismus fuhr er fort: *Einst haben unsere Vorfahren die Reichssturmfahne getragen. Das Schwabenvolk hat aber am 5.3. gezeigt, daß es gewillt ist, auch die neue Reichssturmfahne mit dem Hakenkreuz im neuen Reich in alter Treue zu führen.* Anschließend wurden zum feierlichen Gesang des Deutschland- und Horst-Wessel-Liedes drei Fahnen an der Rathausfassade aufgezogen: das Hakenkreuz, Schwarz-Weiß-Rot und die alte Kriegsfahne, die der Stahlhelm als Banner führte. Danach setzte sich der Zug wieder in Bewegung und wiederholte an den beiden Postämtern, dem Oberamt, der Neuen Aula und dem Finanzamt das Schauspiel.

Nicht zu übersehen war, daß vorerst Hakenkreuz und Schwarz-Weiß-Rot gleichberechtigt nebeneinander hingen, daß nationale Verbände und nationalsozialistische Abteilungen nebeneinander marschierten. Die »Machtergreifung« wurde in der Universitätsstadt als Versöhnung von alter, nationaler und neuer, nationalsozialistischer Elite zelebriert. Am nächsten Tag konnte die »Tübinger Zeitung« triumphierend auf der ersten Seite berichten: *Tübingen im Zeichen des Dritten Reichs*.[53] Die deutschnationale »Chronik« dagegen begeisterte sich über die wieder zu Ehren gekommenen *alten Reichsfarben* und meldete, das Hakenkreuz verschweigend: *Nationale Beflaggung in Tübingen*.[54]

Hinter der hakenkreuzbehangenen Fassade des Rathauses amtierten derweilen noch immer der demokratische Oberbürgermeister und der gewählte Gemeinderat, in dem die Nationalsozialisten keineswegs über die Mehrheit verfügten. Weder ein positives noch ein negatives Votum war dort über die »nationale Revolution« zu vernehmen. Als wäre nichts geschehen, verfolgte Scheef sein Konzept der unbedingten Sachlichkeit, das die Behandlung politischer Fragen durch den Gemeinderat ausschloß.

## Machtsicherung

Nachdem die Macht übernommen war, begann die Ausschaltung der Gegner.[55] Kurz nach den reichsweiten Flaggenhissungen gab Hitler in einer Rundfunkansprache die »Jagd auf Marxisten und Sozialisten« für SA und SS frei: *Mit dem heutigen Tage, da nun auch symbolisch die gesamte vollziehende Gewalt in die Hände des nationalen Deutschland gelegt wurde, beginnt der zweite Abschnitt unseres Ringens. Von nun an*, so kündigte er an, *wird der Kampf der Säuberung und Inordnungbringung des Reichs ein planmäßiger und von oben geleiteter sein. Ich befehle Euch daher von jetzt an strengste und blindeste Disziplin! [...] Nur dort, wo diesen Anweisungen Widerstand entgegengesetzt wird, ist dieser Widerstand sofort und gründlich zu brechen. [...] Im übrigen laßt Euch in keiner Sekunde von unserer Parole abbringen. Sie heißt: Vernichtung des Marxismus*.[56]

»Daß mit eiserner Faust jeder Widerstand gebrochen werden muß«:
Verfolgung und Ausschaltung politischer Gegner

Am 10. März berichtete die »Chronik« zum ersten Mal im Lokalteil von Verhaftungen in Tübingen. Es waren die vier kommunistischen Flugblattverteiler, die am Morgen des 31. Januar zum Generalstreik aufgerufen hatten.[57] Tags darauf nahm die Polizei zwei führende Tübinger KPD-Mitglieder in Haft: Ferdinand Zeeb und den Gemeinderat Hugo Benzinger.[58] Der Staatsanzeiger berichtete von rund 200 führenden Kommunisten, die während dieser Tage in Württemberg verhaftet wurden.[59] In rascher Folge wurden Verbote erlassen, Auflösungen angeordnet und Zusammenkünfte untersagt. Die Herstellung und Verbreitung sozialdemokratischer Druckschriften und Plakate hatte noch die Regierung Bolz in einem Eilerlaß in der trügerischen Hoffnung verboten, damit den drohenden Eingriff der NS-Regierung in die Landeshoheit abwenden zu können.[60] Doch schon am Tag nach seiner

Ernennung, am 11. März, verbot der Reichspolizeikommissar die Eiserne Front und das Reichsbanner sowie *sämtliche Vereine, die für die Belange dieser beiden Organisationen eintraten*.[61] Auch der Kampfbund gegen den Faschismus und sämtliche kommunistischen Sportvereine sowie alle Hilfs- und Nebenorganisationen der KPD einschließlich ihrer Jugendorganisationen waren von dieser Verordnung betroffen. SPD und Gewerkschaften waren jedoch ausdrücklich ausgenommen, um gemeinsamen Widerstand der Arbeiterorganisationen zu unterbinden.[62]

Als erster Verein unter den Tübinger Arbeitervereinen zog der sozialdemokratische Arbeitergesangverein »Vorwärts« die Konsequenz und löste sich noch vor dem 15. März auf.[63] Wenig später folgte der Turnerbund, dessen Heim in der Lindenallee Tübinger SA-Leute besetzten. *Da wo man bislang eine rote Fahne wehen sah, ist jetzt das Hakenkreuz aufgezogen*, meldete am 28. März die »Chronik«. Doch die Nationalsozialisten gaben sich nicht mit der Auflösung zufrieden, sondern beschlagnahmten auch das Vermögen. Obwohl der 1904 gegründete Verein die *Förderung deutschen Turnens* und die *Pflege deutschen Volksbewußtseins* in seiner Satzung zum Vereinszweck erhob und *alle politischen Parteibestrebungen* ausschloß, teilte die Polizeidirektion Tübingen dem Verein mit, daß er aufgelöst sei, weil er unter die Vereinigungen falle, *die für die Belange der Eisernen Front eingetreten sind*.[64] Ausgelöst wurde die Aktion vermutlich durch die Verhaftung des Vereinsvorsitzenden Gottlob Frank, der die Eiserne Front in Tübingen leitete. Er war der erste Sozialdemokrat, der in der Universitätsstadt in »Schutzhaft« genommen wurde. Am 25. März konnten die Tübinger in der »Chronik« lesen: *In der Frühe des 25. März wurden in Tübingen im Benehmen mit dem Landeskriminalamt weitere 7 Personen in Schutzhaft genommen. Unter ihnen befindet sich ein seither führendes Mitglied der hiesigen SPD. Die übrigen sind Kommunisten. Die Häftlinge werden im Lauf des Tages nach dem KZ Heuberg verbracht*.[65]

Von der Existenz eines sogenannten Schutzhaftlagers auf dem Kleinen Heuberg bei Stetten am Kalten Markt hatten die Tübinger bereits am 16. März erfahren. Unter diesem Datum meldete die »Chronik«, der Rottenburger Polizeikommissar und Chef des dortigen Landesgefängnisses, in das die ersten politischen Häftlinge aus Tübingen gebracht worden waren, habe *hundert Mann SA auf den Heuberg beordert, die dort das Konzentrationslager vorbereiten, in dem [...] die Kommunistenführer Gelegenheit haben werden, sich zum erstenmal in nützlicher Weise für das Wohl der schaffenden Volksschicht zu betätigen*.[66] Eine Woche später teilte das Württembergische Landeskriminalpolizeiamt offiziell mit, daß auf dem Heuberg ein *geschlossenes Konzentrationslager* in Betrieb genommen wurde, um *aus dem ganzen Lande alle ruhe- und ordnungsgefährdenden Elemente laufend bis auf weiteres zu entfernen, sicher zu stellen und damit die örtlichen Polizeibehörden zu entlasten*.[67]

Innerhalb weniger Tage war das Lager überfüllt. Am 12. April berichtete die »Chronik« von einem *Besuch im Schutzhaftlager Heuberg*, zu dem der Stuttgarter Polizeipräsident die Presse eingeladen hatte. Zu diesem Zeitpunkt waren schon etwa 2000 Häftlinge auf dem Heuberg. Es waren vor allem kommunistische und sozialdemokratische Funktionäre, von

500 SA-Männern und 65 Schutzpolizisten bewacht. 150 *leichtere Fälle*, so erfuhr der Leser, seien mittlerweile wegen guter Führung bereits wieder entlassen worden. Der Artikel, der in den meisten württembergischen Zeitungen erschien, informierte auch über Speisezettel und Tagesplan der streng bewachten Häftlinge und resümierte: *Bei dem Rundgang durch die einzelnen Räume und beim Gespräch mit den Inhaftierten hatte man den Eindruck, daß sich diese zwar nicht gerade ausschließlich in der Sommerfrische fühlen, daß sie aber über die Verpflegung und Behandlung nicht zu klagen haben.*[68]

Der *Bericht eines aus dem Konzentrationslager Entlassenen*, der drei Monate später in einer französischen Zeitung erschien, schilderte dagegen die *Hölle auf dem Heuberg*. Die »Tübinger Chronik« druckte ihn als abschreckendes Beispiel für die *Greuelpropaganda des Auslandes* ab. Er sollte zeigen, *wie in manchen Kreisen gegen das neue Deutschland gehetzt und die öffentliche Meinung im Ausland gegen Deutschland aufgebracht wird.*[69] Tatsächlich informierte er, wie ein Vergleich mit den Berichten anderer Häftlinge zeigt, wahrheitsgetreu von der grausamen Behandlung der Häftlinge, die je nach Parteifunktion und Bekanntheitsgrad in unterschiedliche »Klassen« eingestuft wurden. Überläufer kamen in die erste, Funktionäre in die zweite, *Führer* in die dritte Klasse. *In dieser Klasse ist die Behandlung am schlechtesten, sie ist faktisch auf physische und psychische Vernichtung der Betreffenden eingestellt. Ich habe gesehen, wie der Leiter der früheren Marxistischen Arbeiterschule in Stuttgart [...] wiederholt in der fürchterlichsten Weise in einem besonderen Raum verprügelt wurde, sodaß er mit dem Gesicht zur Erde ohnmächtig da lag. Ich glaube nicht, daß er noch lange diese sich wiederholenden Qualen aushalten wird.*[70] Der Kommentar gab die Beschreibung zwar als *faustdicke Lüge* aus. Die beabsichtigte abschreckende Wirkung wird der Bericht dennoch gehabt haben.

In mehreren Verhaftungswellen brachte die Polizei seit Ende März Hunderte von Schutzhäftlingen auf den Heuberg. Zur *Warnung und zugleich aber auch Mahnung, staatsfeindliche und vaterlandsschädigende Äußerungen zu unterlassen*, gab sie jede Verhaftung in der Presse bekannt.[71] Auch in Tübingen machte sie Razzien auf Verdächtige, und verdächtig war zunächst jeder, der in Verbindung zu den linken Parteien gestanden hatte.[72] Am 30. März meldete die Polizeidirektion an die NSDAP-Ortsgruppe, daß insgesamt 14 Tübinger in Schutzhaft seien.[73] Sechs weitere wurden am 6. April auf den Heuberg *verschubt* und 14 Tage später nochmals drei.[74] Insgesamt verzeichnen die Listen der örtlichen Polizeidirektion 27 Tübinger, die im Frühjahr 1933 in Schutzhaft genommen und wenigstens drei Wochen auf dem Heuberg inhaftiert waren.[75] Die ersten vier entließ die Politische Polizei bereits in der zweiten Aprilwoche.[76] Die letzten sieben wurden erst am 7. August mit der Auflage entlassen, sich – wie alle anderen Entlassenen – täglich auf dem Polizeiamt zu melden.[77] Der allerletzte schließlich, Wilhelm Benz, mußte noch die Verlegung des Lagers nach Ulm in die Kasematten der Festung Oberer Kuhberg, mitmachen, bevor auch er, am 9. September, den Entlassungsschein erhielt.[78]

Für die Entlassenen waren die Schikanen nicht vorbei. Noch bis in den Sommer des folgenden Jahres mußten sie sich Tag für Tag bei der Polizei melden, zudem die Kosten der Schutzhaft selber bestreiten.[79] Die meisten hatten ihre Arbeitsstelle verloren und suchten oft monatelang nach einer neuen. Fritz Kehrer beispielsweise, einem Lustnauer Maurer, der beim städtischen Tiefbauamt beschäftigt gewesen war, verweigerte der Gemeinderat – da *z. Zt. kein Bedarf zur Einstellung eines weiteren Maurers vorhanden* sei – die Wiedereinstellung.[80] Ernst Kürner hatte mehr Glück: Den nach sechs Wochen Heuberg Entlassenen stellte die Stadtverwaltung schon wenige Tage nach seiner Rückkehr wieder ein, allerdings *unständig und auf Wohlverhalten*, wie der Gemeinderat in seiner Sitzung vom 15. Mai zustimmend zur Kenntnis nahm.[81]

Bald schon begnügten sich die neuen Machthaber nicht mehr mit der Verfolgung von erklärten Gegnern des Nationalsozialismus, sondern dehnten die Schutzhaft auf alle diejenigen aus, die öffentlich ihren Unmut und ihre Unzufriedenheit äußerten oder es einfach in den Augen der Nationalsozialisten an der nötigen Begeisterung für das Dritte Reich fehlen ließen. Grundlage für diesen Terror bildete die Verordnung des Reichspräsidenten »zur Abwehr heimtückischer Angriffe gegen die Regierung der nationalen Erhebung«, die am 21. März aufgrund des Artikels 48 der Reichsverfassung erlassen wurde. Danach konnte jeder Ausdruck von Kritik oder Ärger zu einer *Schädigung für das Wohl des Reichs oder eines Landes sowie der entsprechenden Regierung* erklärt und mit Gefängnis bestraft werden.[82] Schon *mißliche Äußerungen über den deutschen Gruß und Verächtlichmachung von Regierungsmaßnahmen* oder das Singen eines kommunistischen Textes auf die Melodie des Horst-Wessel-Liedes reichten, um zwei Tübinger zu mehrtägiger *Schutzhaft* zu verurteilen.[83] Auch der junge Mann, der in der Wirtschaft zum Bären den Reichskanzler beleidigt hatte, wurde für drei Tage in Schutzhaft genommen.[84] Bei der Frau eines Kommunisten, die laut Polizeibericht *in böswilliger und verächtlicher Weise* an den Maßnahmen der NS-Regierung Kritik geübt hatte, wurde das Strafmaß auf 14 Tage festgesetzt.[85] Offenbar wurde die Strafe bei den zuletzt erwähnten Fällen jeweils im Tübinger Amtsgefängnis bzw. im Landesgefängnis Rottenburg abgesessen, denn in der Liste der Heuberg-Schutzhäftlinge wurden die Verhafteten nicht geführt. Seit Erlaß des »Heimtücke-Gesetzes« hatten sich die Fälle von Schutzhaft wegen Beleidigung des Reichskanzlers oder der Reichsregierung derart gehäuft, daß der Leiter der Württembergischen Politischen Polizei, Dr. Hermann Mattheiß, am 10. Juni 1933 die Oberämter bzw. staatlichen Polizeiämter ermächtigte, Schutzhaft bis zu 5 Tagen – im August 1933 wurde der Zeitraum auf 14 Tage ausgedehnt – von sich aus zu verhängen.[86]

Das Bemühen, sämtliche Gegner der »nationalen Revolution« dingfest zu machen, trieb zuweilen seltsame Blüten. Kurz nachdem die Nationalsozialisten in Tübingen den zehnten Todestag Albert Leo Schlageters[87] – er war einer ihrer »Märtyrer« – gefeiert hatten, meldete die »Chronik«, daß in der Hautklinik der langgesuchte *Schlageter-Verräter* verhaftet worden sei.[88] Einen Tag später mußte sie jedoch berichten: *Beim Schlageter-Verräter handelt es sich um das Opfer einer Verwechslung.*[89] Im Vergleich zu Reutlingen oder Stuttgart[90] war die Anzahl der Verhaftungen in der Universitätsstadt niedrig. Das ist nicht etwa einer besonders gemäßigten Einstellung der Tübinger Nationalsozialisten zuzuschreiben, sondern mit dem geringen Organisationsgrad der örtlichen Arbeiter- und Gewerkschaftsbewegung zu erklären. In den umliegenden Ortschaften fiel es den Nationalsozialisten leichter, die Antifaschisten auszumachen. Schon das Interesse für oder die Teilnahme an den Veranstaltungen der Arbeitervereine genügte dort, wie die Verhaftung von zehn Hagellochern und fünfzehn Lustnauern Mitte April 1933 zeigte, um zum Opfer der »Marxisten-Jagd« zu werden.[91]

Die regulären Polizeibeamten waren mit der »Aufrechterhaltung von Ordnung und Sicherheit«, wie die offizielle Sprachregelung die Verfolgung von politischen Gegnern und Oppositionellen benannte, überfordert oder erwiesen sich mit ihrer Gesetzeskenntnis als Hemmschuh. Am 13. März ordnete deshalb der Reichspolizeikommissar nach dem Vorbild des preußischen Innenministers, der bereits am 22. Februar 50000 SA-, SS- und Stahlhelm-Mitglieder als Hilfspolizisten rekrutiert hatte, die Hinzuziehung der nationalen Wehrverbände als Hilfspolizei an.[92] Seitdem machten auch in Württemberg SA-, SS- und Stahlhelm-Angehörige Polizeidienst. Sie waren *unständige Beamte*, die weiterhin die Uniform ihrer Organisation trugen. Lediglich eine Armbinde kennzeichnete sie als Hilfspolizisten. In der Regel waren sie mit Pistole und Polizeigerte bewaffnet, *bei Unruhen nötigenfalls auch noch* [mit] *Karabiner, Seitengewehr und Handgranate*.[93]

Am »Tag von Potsdam«, der als Versöhnung von altem und neuem Reich stilisierten Eröffnungsfeier des neuen Reichstags, wurden neun Männer der SA, SS und des Stahlhelm als Hilfspolizisten auf dem Rathaus vereidigt. Im erstmals mit Hakenkreuzen geschmückten Großen Saal gelobten sie dem Polizeidirektor, *nach bestem Wissen und Gewissen ihre Aufgaben als Hilfspolizeibeamte nach den Gesetzen wahrzunehmen, Manneszucht zu wahren, den Dienstbefehlen ihrer Vorgesetzten nachzukommen und sich nötigenfalls mit bewaffneter Hand für den Schutz der nationalen Regierung und die Aufrechterhaltung der öffentlichen Ordnung und Sicherheit einzusetzen*.[94]

Zwei Wochen später vereidigte Dr. Ebner acht weitere Hilfspolizisten. Die Hauptstelle Tübingen des Württembergischen Landjägerkorps berichtete am 23. März, daß sich die Verwendung von SA, SS und Stahlhelm – teilweise in einer Stärke von 40 Mann – bei der Auflösung von Versammlungen der Arbeitervereine und bei Hausdurchsuchungen *gut bewährt* habe.[95] Oft scheinen diese Verbände in Tübingen jedoch nicht herangezogen worden zu sein, denn das Oberamt, das regelmäßig an das Innenministerium über die Verwendung der Hilfspolizei berichten mußte, erstattete meist Fehlanzeige. Lediglich zur Verhaftung von *mehreren Personen* am 12. April und bei der Beschlagnahme des Vermögens der Sozialdemokratischen Partei am 11. Mai wurden Hilfspolizisten hinzugezogen.[96] Nachdem sie bei der Ausschaltung der Gegner und der Zerschlagung ihrer Organisationen mitgeholfen hatten, wurden sie nicht mehr gebraucht. *Da die vorhandenen Mittel eine längere Verwendung [...] nicht ermöglichen,* ordnete das Innenministerium an, sie bis Anfang Juli schrittweise abzubauen. Im Spätherbst erfolgte ihre endgültige Auflösung.[97]

In der benachbarten Oberamtsstadt Herrenberg hatte der erste Einsatz von SA-Männern als staatliche Ordnungshüter *Erregung bei ruhigen Bürgern* hervorgerufen, der der nationalsozialistische Landrat Dr. Battenberg mit der Bemerkung begegnete: *Diesen Herrschaften sei hier mit aller Deutlichkeit erklärt: Die Polizeigewalt und die Verantwortung für die öffentliche Sicherheit habe ich. Ich werde deshalb auch künftig das tun, was ich für richtig halte*.[98] In der Universitätsstadt aber wurde, solange der staatliche Terror den »roten Organisationen« galt,[99] kein Widerspruch laut. Vielmehr zeigten *Hinweise aus der Bevölkerung* eine bereitwillige Mitarbeit bei der Ausschaltung von Sozialisten und Kommunisten.[100] Professoren und Studenten, Vereine und Schulvorstände beeilten sich, der neuen Regierung ihre Loyalität zu versichern.[101] Sie feierten die Ereignisse als *wunderbare Auferstehung des deutschen Volkes*.[102] Den Geburtstag des neuen Reichskanzlers beging die Bevölkerung *in großer Zahl* mit einem Höhenfeuer auf der Eberhardshöhe, der Kultstätte der nationalen Studenten.[103]

Illusionen über den Charakter der nationalsozialistischen Herrschaft machten sich auch die Gegner. Die anfängliche verbale Zurückhaltung Hitlers gegenüber den demokratischen Arbeitnehmerorganisationen hatte – trotz geplünderter und besetzter Gewerkschaftsbüros[104] – die Hoffnung des Allgemeinen Deutschen Gewerkschaftsbundes (ADGB) geweckt, durch Wohlverhalten und Anpassung wenigstens den Bestand der Organisation retten zu können.[105] In dieser Illusion befangen, forderte der Vorstand des ADGB seine Mitglieder zur Teilnahme an jenem Propagandaschauspiel auf, zu dem die Nationalsozialisten den 1. Mai umfunktionierten.[106] Die Vereinigten Tübinger Gewerkschaften stellten sich hinter den Aufruf. Der Ortsausschuß begrüßte, *daß die Reichsregierung diesen unseren Tag zum gesetzlichen Feiertag der nationalen Arbeit, zum deutschen Volksfeiertag erklärt hat* und forderte die Mitglieder auf, *im vollen Bewußtsein ihrer Pionierdienste für den Maigedanken, für die Ehrung der schaffenden Arbeit und für die vollberechtigte Eingliederung der Arbeiterschaft in den Staat* sich an den Feiern zu beteiligen.[107] Partei, Stadtverwaltung, Kirchen und Schulen beteiligten sich ebenfalls rege an der Vorbereitung des mittlerweile gesetzlichen Feiertags.[108] Laut Anordnung der Reichsregierung sollte die ausfallende Arbeitszeit normal vergütet werden. Erstmals wandten sich aus diesem Anlaß Oberbürgermeister Scheef als Leiter der Kommunalverwaltung und Kreisleiter Baumert als Leiter der kommunalen Parteiorganisation gemeinsam in einem Aufruf an die Einwohner. Sie gaben das Programm bekannt und forderten die Bevölkerung zur Teilnahme auf. Dabei bekundeten sie die Überzeugung, *daß es auch in Tübingen gelingt, durch Mitwirkung und Anteilnahme der gesamten Bevölkerung die Feier dieses nationalen Tages der Arbeit zu einem wirklichen Fest der Volksgemeinschaft zu gestalten*.[109]

Obwohl es am 1. Mai in Strömen regnete, beteiligte sich die Bevölkerung zahlreich am Umzug. Selbst die ehemalige württembergische Königin nahm in Bebenhausen teil.[110] Seitenlang berichtete die Presse am nächsten Tag von diesem *Aufbruch [...] einer ganzen Stadt mit allen ihren schaffenden Kräften [...], der doch wieder nur ein kleiner Teil war vom Aufbruch unseres ganzen werktätigen deutschen Volkes*.[111] Das traditionelle Tagwachtblasen der Stadtgarde zu Pferd und der Klang der Kirchenglocken eröffneten den Festtag. Gottesdienste folgten. Die Katholiken sammelten sich in St. Johannes, wo die Chargierten *in Vollwichs* am Altar Aufstellung genommen hatten. Stadtpfarrer Menz ermahnte die Anwesenden, daß die Arbeit am Aufbau der Nation nur gelingen könne, *wenn unser ganzes Wirken an den sich hält, dem wir heute – was so erfreuend ist und so erhebend – alle zuallererst die Ehre geben, den großen göttlichen Baumeister*.

115

Die Protestanten, die sich zur gleichen Zeit zu einem »Feldgottesdienst« im Schloßhof versammelt hatten, trieb der Regen in die Stiftskirche, die bald darauf *beängstigend gefüllt* war. In *ergreifenden Worten* – so die »Chronik« – sprach dort Studentenpfarrer Pressel über den *völkischen Frühling: Mag da auch vieles heute den Andersdenkenden – und darunter sind viele, die Deutschland auch lieb haben – noch wehe tun. Mögen viele heute die große Wende auch noch nicht verstehen, das müssen sie rückhaltlos zugeben: nie gehen große geschichtliche Bewegungen vor sich ohne schwere Härten für den einzelnen [...]. Und ein Letztes mögen sich in dieser Stunde alle, auch die Fernstehenden, gesagt sein lassen: Wir haben alle die Wahl nicht mehr frei, entweder wird die nationale Bewegung siegen, oder wir werden alle miteinander untergehen.*[112]

Die Tübinger Juden feierten auf Anordnung des Israelitischen Oberrats ebenfalls den 1. Mai mit einem Gottesdienst. Laut »Tübinger Chronik« sprach der Rabbiner in der Synagoge *über Wert und Weihe* der Arbeit.

An den sakralen Auftakt und die Schulfeiern schlossen sich Standkonzerte auf dem Marktplatz, dem Vorplatz der Neuen Aula und dem Platz an der Eberhardskirche an. Nach dem Mittagessen sammelte sich der Festzug beim Güterbahnhof. Nach Angabe der Festleitung marschierten an die 4000 Menschen durch die von Zuschauern umsäumten Straßen der Stadt. Die NS-Parteiorganisationen, sämtliche Wehrverbände, nahezu alle Vereine, Verbände und Organisationen und Innungen einschließlich der studentischen Verbindungen, der Professoren, der Geschäfte und Betriebe sowie der Reichswehr zogen im Gleichschritt durch Tübingen. An der Spitze, eskortiert vom Reitersturm der SA, marschierten der Oberbürgermeister und der Sonderkommissar für das Oberamt, Kreisleiter Baumert, sowie der Standortälteste der SA, Albrecht Danner. Am Schluß gingen die Arbeiter *Seite an Seite mit den Arbeitgebern*. So formierten sie nach den Plänen der NS-Propaganda das Bild einer Volksgemeinschaft, *die keinen Unterschied mehr kennt zwischen Bürgern und Proletariern: Den leuchtenden Augen, den entschlossenen Gesichtern sah man es an, daß hier zu seinem Teil ein ganzes Volk aufatmete, das sich befreit hat vom Alp-Druck marxistischer Fantasten und in freier deutscher Männerweise nun seinen 1. Mai begeht*, begeisterte sich der Lokalreporter der »Chronik«. Ziel des Zuges war der Marktplatz. Dort hielt Professor Bebermeyer vom Rathausbalkon aus eine *kernhafte, markige Ansprache*. Alle Festredner ließen die *Volksgemeinschaft* hoch leben.[113]

Und wie stand es wirklich um das Gemeinschaftsgefühl? In den Erinnerungen Tübinger Studenten an das Frühjahr 1933 klingen noch 50 Jahre danach Hoffnung und Wunsch nach sozialer Harmonie auf. 1983 erzählte ein ehemaliger Jurastudent, was er vorfand, als er am 2. Mai 1933 zum Sommersemester nach Tübingen kam: *In den Hörsälen war kein Mensch. Die Studenten befanden sich auf der Straße. In der Wilhelm- und Mühlstraße war großes Gedränge. Der Tenor der Gespräche mit Freunden und Fernstehenden war: Jetzt muß alles anders werden. Die Schranken zwischen den Menschen müssen fallen, jetzt gilt es, daß alle zusammenstehen, um endlich die wahre Volksgemeinschaft zu begründen.*[114]

Die mündliche Arbeitergeschichte Tübingens überliefert ein anderes Bild. Sie erzählt, daß inmitten der begeistert die Arme zum Deutschen Gruß erhebenden Menge eine Gruppe

Arbeiter stand, die in den allgemeinen Jubel und das dreifache Sieg-Heil am Ende der Kundgebung nicht einstimmten. Mit dem Hut in der einen und dem Mantel in der anderen Hand umgingen sie die Ergebenheitsgeste des Hitler-Grußes.[115]

Wie noch oft in der Geschichte des Dritten Reichs folgte auf das nationale Schauspiel ein vernichtender Schlag: Am Morgen des folgenden Tags besetzten SA-Leute die Niederlassungen der Gewerkschaften, um *das Sammelbecken der marxistisch eingestellten Arbeiterschaft* zu zerschlagen.[116] An die Stelle der gewerkschaftlich organisierten Arbeitnehmervertretungen setzte die NS-Regierung die ständisch gegliederte nationalsozialistische Deutsche Arbeitsfront (DAF). Ein *Treuhänder der Arbeit*, der die Tarifverhandlungen zwischen Arbeitnehmerorganisationen und Arbeitgebern ersetzen sollte, sorgte für die *wahre Betriebsgemeinschaft*.[117]

Auch in Tübingen wurde nach längst beschlossenem Plan am Morgen des 2. Mai das Gewerkschaftsbüro besetzt. SA-Männer durchwühlten die Wohnungen der Gewerkschaftsfunktionäre und beschlagnahmten Unterlagen und Kasse.[118] Daß dabei nicht sämtliche Dokumente der Tübinger Arbeiterbewegung den Machthabern in die Hände fielen, ist Heinrich Kost – seit Januar 1933 Erster Vorsitzender des Ortskartells – zu verdanken. Er versteckte die Protokollbücher und rettete sie, im Zwischenboden einer Scheuer versteckt, über die NS-Zeit.[119] Die Presse triumphierte über den *lang erwarteten, vernichtenden Schlag gegen die roten Gewerkschaften*.[120] Zwei Tage später jedoch zwangen SA-Männer – offenbar aus Mangel an eigenen Fachleuten – die ihrer Ämter enthobenen Gewerkschaftssekretäre mit vorgehaltenem Gewehr, bis zum Aufbau einer Nationalsozialistischen Betriebszellen-Organisation die Geschäfte abzuwickeln.[121]

Zwei Wochen später löste sich die Rathausfraktion der SPD auf. Die drei Gemeinderäte legten ihr Mandat nieder, nachdem am 31. März das »Vorläufige Gesetz zur Gleichschaltung der Länder mit dem Reich« die Auflösung der gewählten Länder- und Kommunalparlamente verfügt hatte.[122] Die kommunistischen Abgeordneten waren aus den nach dem Ergebnis der letzten Reichstagswahl neu zusammenzusetzenden Parlamenten ausgeschaltet.[123] Im Juni folgte die formale Auflösung der SPD und ein generelles Verbot, sich weiterhin für die SPD zu betätigen oder öffentlich zu Wort zu melden. Die KPD, der bereits seit dem Reichstagsbrand jede Möglichkeit zu legaler Betätigung genommen war, bedachte die württembergische Regierung nicht einmal mehr mit einem offiziellen Parteiverbot.[124]

Ihre Gesinnung ließen sich viele Mitglieder der zerschlagenen Organisationen dennoch nicht nehmen. Sie zogen sich zwar im Lauf des Sommers 1933 alle aus der Öffentlichkeit zurück, einige liefen auch zum Gegner über. Viele aber blieben ihrer Überzeugung treu. Die Naturfreunde beispielsweise trafen sich weiterhin auf Wanderungen.[125] Ein ehemaliger Gewerkschafter kaufte sich ein Grundstück, um sich dort im Gartenhaus ungestört mit Gesinnungsgenossen zu treffen. Über das Leben von NS-Gegnern in der Nazi-Zeit berichtete er später: *Zunächst einmal hatte man sich zurückgezogen. Und wer fort ist, der ist in den Wald. Und die, die sich getroffen haben, die haben sich wie die Naturfreunde früher im Wald getroffen. Überwiegend waren es Buchdrucker, die sich immer wieder irgendwie getroffen haben.*[126]

Als im Juni 1933 an der Haustür der Kreisleitung ein Schriftstück gefunden wurde, das die Beschlagnahme von kommunistischem Besitz durch die NSDAP persiflierte – *Dieses Haus ist vom 27.6.1933 an Eigentum der KPD. Maßnahmen dagegen zu treffen, würde teuer bezahlt werden* – drohte die NSDAP-Ortsgruppenleitung dem Verfasser: *[...] Er ist entweder ein Idealist oder ein Schurke, der dann auch dorthin kommen wird, wohin er gehört – entweder ins Irrenhaus oder an den nächsten Baum. Liebe Freunde dieser oder jener Richtung: die Revolution ist noch nicht aus. Ihr werdet ihr Ende nicht erleben, denn sie wird erst dann zu Ende sein, wenn Ihr nicht mehr seid.*[127]

Von einem listig erdachten Ausflug der Drucker haben die Nazis offenbar nichts erfahren. Um ihr Vermögen nicht den Gegnern zu überlassen, leerten diese ihre Vereinskasse für einen Ausflug nach Heidelberg, wo sie sich im Frühjahr 1933 als stummen Ausdruck ihrer Opposition vor dem Grab Friedrich Eberts fotografieren ließen.[128] Großes Mißtrauen weckte dagegen das Verhalten des ehemaligen Arbeiterturn- und Sportvereins Nehren, der geschlossen in den neugegründeten NS-Turnverein übernommen worden war und diesen nun unterwanderte. *Was geht in Nehren vor?* fragte die mittlerweile gleichgeschaltete »Chronik« im Mai 1934. *Statt des zu erwartenden Wohlverhaltens habe es den Anschein, als ob der Beitritt zum Turnverein nur eine Finte gewesen sei, um nach vollendeter Gründung nach eigenem Gutdünken wieder einen Laden aufzumachen [...]. Ganz gewissenlose Elemente, denen durch die Auflösung der früheren Sportorganisationen und durch die Neuorganisation des deutschen Sports das Wasser von ihrer Mühle genommen wurde, versuchen nun in der hinterhältigsten Weise die Arbeit des neugegründeten Turnvereins zu sabotieren.*[129]

Der Artikel zeigt, welche Schwierigkeiten die NSDAP – zumal im »roten Steinlachtal« – hatte. *Gebt Euch nicht solchen Illusionen hin, daß wir wieder »hinter Euch marschieren«, wie das in manchen Köpfen noch zu spuken scheint. Nein und nochmals nein*, stellten die Nationalsozialisten klar. *Wir marschieren jetzt an der Spitze und werden in Zukunft immer an der Spitze bleiben. Wir traben nicht hinterher, am wenigsten hinter Euch, die ihr glaubt, heute wieder die Herren spielen zu können. Endgültig Schluß damit!*

Es blieb nicht nur bei passiven Verweigerungen: Heinrich Kost, der ehemalige Vorsitzende des Ortskartells der Vereinigten Gewerkschaften, setzte sich *im Namen des seitherigen Betriebsrats der Tübinger Chronik* gegen die Oktroyierung eines nationalsozialistischen Betriebsratsvorsitzenden zur Wehr: *Da nach unserer Auffassung das Betriebsrätegesetz bis jetzt seine Gültigkeit noch nicht verloren hat und nach § 20, Abs. 2 des BRG nur solche Betriebsangehörige in den Betriebsrat gewählt bzw. ernannt werden können, die dem Betrieb mindestens 6 Monate angehören, möchten wir hiermit höfl. Anfrage an das Oberamt richten, ob die genannte Bestimmung des BRG bei der Ernennung berücksichtigt worden ist.*[130] Tatsächlich war der von der Partei ernannte Betriebsrat erst wenige Wochen bei der »Chronik« angestellt. Doch Kosts Verweis auf die gesetzlichen Vorschriften war ein Relikt aus vergangener Zeit, wie die Antwort des nationalsozialistischen Betriebszellen-Obmanns Schneck klar machte: *Ich muß Ihnen schon sagen, daß da allerhand Frechheit dazu gehört. Gerade Sie und Ihre Bundesgenossen können Gott danken, daß ihr nicht in Erholung gekommen seid. Weiter möchte ich Ihnen mitteilen, daß Sie es meiner Gutmütigkeit zu verdanken haben, daß Sie noch Betriebsrat waren. [...] Sollte ich in Zukunft von Ihnen und Ihren anderen SPD-Herrschaften etwas hören, so werde ich mit den schärfsten Mitteln eingreifen. Die Zeit ist endlich vorbei, wo SPD-Gauner das Wort führen, ihr habt lange genug von den Groschen der Arbeiter gelebt.*[131]

Widerstandshandlungen sind nur unvollständig überliefert, da nur die Fälle, die die Politische Polizei verfolgte, publik wurden.[132] Unerlaubte Waffen fand die Polizei noch im Mai 1933 in der Wohnung eines gerade aus der Schutzhaft entlassenen kommunistischen Funktionärs in der Unterstadt.[133] Hilfe für Verfolgte sowie die Verteilung verbotener Schriften organisierten etwa 20 Antifaschisten – unter ihnen auch Ferdinand Zeeb – in einem Kellerraum in der Hohentwielgasse. Sie arbeiteten mit Widerstandsgruppen in Stuttgart, Reutlingen und dem Steinlachtal zusammen.[134] Laura Schradin, die bekannte ehemalige SPD-Gemeinderätin aus Reutlingen, konnte in ihrer Wohnung auf dem Tübinger Österberg längere Zeit unbemerkt einen Reutlinger Kommunisten beherbergen und so vor erneuter KZ-Haft bewahren.[135] Julie Majer, Oberlehrerin an der Frauenarbeitsschule, hatte sich 1933 einer Arbeitsgemeinschaft oppositioneller Lehrer angeschlossen. Als Mitglied der linken Solidarorganisation Rote Hilfe versteckte sie 1934 einen von der Gestapo gesuchten Kommunisten und ermöglichte ihm die Flucht in die Schweiz. Eine Nachbarin denunzierte sie. Julie Majer erhielt Berufsverbot bis zum Ende des Nazi-Regimes.[136]

In einem anderen Fall hatte die Denunziation noch schlimmere Folgen: Den Dichter und promovierten Germanisten Eugen Gottlob Winkler bezichtigte im November 1933 ein zehnjähriges Kind – Tochter des Ortsgruppenleiters seines Wohnbezirks –, ein Wahlplakat in der Bahnhofsunterführung beschädigt zu haben.[137] Mangels Beweisen wurde Winkler zwar wieder auf freien Fuß gesetzt – ein Zeuge hatte ausgesagt, daß er Kinder beim Abreißen von Wahlplakaten gesehen hatte –, erlitt aber einen Nervenzusammenbruch. Er selber berichtete: *Unschuldig wie ich war, erwartete ich von ihr [der zweiten Verhandlung] vollständige Klärung dieses Mißverständnisses, sah mich aber im Gegenteil von dem Justizapparat zermalmt und hatte noch bis zur zweiten Verhandlung eine ganze Woche im Gefängnis zu sitzen. Ich trat in Hungerstreik. Seit Mittwoch den 22. abends bin ich wieder frei. [...] Hart genug ist es. Niedertracht und Gewalt sind mir furchtbar erschienen – und das Schlimmste: der Glaube an das Recht ist bei mir dahin. Ich kann nicht mehr widerstehen – nur noch flüchten. Zuflucht nehmen in der Welt des reinen Geistes.*[138]

In der zweiten Verhandlung sprach das Gericht Winkler frei.[139] Den Dichter ließ das Erlebte jedoch nicht mehr los. Als er Jahre später, vermutlich im Zuge einer Routinebefragung, bei einem Nachtspaziergang in München von einem Polizisten nach seinen Personalien gefragt wurde, geriet er in Panik. Aus Furcht vor einer neuerlichen Verhaftung setzte er seinem Leben ein Ende.

## Verdrängung und Verfolgung der Juden

Parallel zur Ausschaltung ihrer politischen Gegner begannen die Nationalsozialisten mit der Verfolgung der Juden.[140] Auch in Tübingen setzte sich sofort nach der Machtübernahme ein latent vorhandener Antisemitismus durch, dessen Wurzeln weit zurückreichten. In der Weimarer Republik hatten einzelne judenfeindliche Aktionen das friedliche Zusammenleben von Tübingern christlicher und jüdischer Konfession zwar stören, jedoch nicht ernsthaft erschüttern können. Abgesehen von der frühen Emigration des Zeitungsverlegers Albert Weil gab es keine Anhaltspunkte dafür, daß sich die jüdische Gemeinde Tübingens, die 1933 etwa 90 Mitglieder zählte, vor 1933 ernsthaft bedroht sah. Zu diesem trügerischen Gefühl der Sicherheit hatte die doppeldeutige Haltung der Hochschule beigetragen, die zwar ungehemmt rassistische und antisemitische Theorien verbreitete, gewaltsame Aktionen jedoch ablehnte. Sie zog es vor, ihre »Judenfrage« stillschweigend und ohne Aufsehen zu regeln. So hielt sie sich nicht wenig darauf zugute, sie dadurch gelöst zu haben, daß man nie davon sprach.[141] Aufgrund ihrer Berufungspolitik hatte bereits 1931 kein Professor jüdischen Glaubens mehr einen Lehrstuhl an der Hochschule.[142]

Schon in den ersten Wochen der nationalsozialistischen Regierung verschlechterte sich, für jeden Tübinger sichtbar, die Lage der Juden. Lange vor den »Nürnberger Gesetzen« wurden sie aus der Gemeinschaft ausgegrenzt, zu Feinden erklärt und zu Menschen zweiter Klasse gestempelt, ohne daß sich dagegen entscheidender Widerstand erhoben hätte.[143] Andererseits begegneten einzelne NSDAP-Mitglieder ihren jüdischen Mitbürgern noch mit Respekt, was viele Bürger blind machte für die Kompromißlosigkeit des nationalsozialistischen Judenhasses. Carlo Schmid berichtet in seinen Memoiren, daß der württembergische Wirtschaftsminister, der Tübinger Wirtschaftswissenschaftler Oswald Lehnich, im Haus des jüdischen Bankiers Siegmund Weil wohnen blieb und jedermann erzählte, *Herr Weil sei ein hochanständiger Mann und habe ihm zu höchst fairen Bedingungen eine Hypothek auf seine im Bau befindliche Villa gegeben.*[144]

Studenten profilierten sich als Vorhut des nationalsozialistischen Rassismus. Gerade eine Woche nach der Ernennung Hitlers zum Reichskanzler – das »Ermächtigungsgesetz« war noch nicht angenommen, das »Berufsbeamtengesetz« noch nicht erlassen – beschloß der Allgemeine Studentenausschuß der Universität mit nur einer Gegenstimme, dem Professor für Privatwirtschaft, Wilhelm Rieger, die Entlassung seines jüdischen Assistenten nahezulegen.[145] Der AStA erklärte, nicht dulden zu wollen, *daß Juden auf deutschen Hochschulen lehren, während junge deutsche Akademiker arbeitslos sind.* Doch die forschen Erfüllungsgehilfen nationalsozialistischer Säuberungsappelle waren schlecht informiert. Der beanstandete Assistent war gar nicht mehr an der Hochschule beschäftigt. In einer Gegendarstellung mißbilligte die wirtschaftswissenschaftliche Fachschaft *aufs schärfste die Art und Weise des Vorgehens des AStA*, das auf *vollkommene Sachunkenntnis* schließen lasse.[146] Noch war die Universität offensichtlich bemüht, ihren Handlungsspielraum vor den Übergriffen brauner Studenten zu verteidigen. Das Akademische Rektoramt erklärte, daß es *jeden Versuch von rechtlich nicht zuständiger Seite, sich in Personalfragen der Uni-*

*versität einzumischen,* zurückweisen müsse.[147] An der rassistischen Diskriminierung eines Universitätsmitglieds durch den Studentenausschuß nahm der Rektor allerdings keinen Anstoß.

Den braunen Studenten war in der Eile ein anderer jüdischer Assistent entgangen: der Jurist Helmut Erlanger, seit seinem Staatsexamen im Wintersemester 1932 Assistent an der Rechts- und Staatswissenschaftlichen Fakultät. Lange blieb dies nicht verborgen. Am 30. März wurde Erlanger, den die Tübinger NSDAP als *Agitator und geistigen Kopf der SPD* fürchtete und als Intellektuellen für *besonders gefährlich* hielt, verhaftet und mehr als vier Monate auf dem Heuberg festgehalten.[148]

Zunächst trafen die Schmähungen und Gewaltakte nur einzelne, meist exponierte Juden. Doch als die Presse des Auslands, von den ersten Emigranten informiert, über die vom NS-Staat tolerierten Übergriffe der SA berichtete, bereitete das neu eingerichtete NS-Propagandaministerium eine systematische Boykottaktion gegen alle im wirtschaftlichen oder öffentlichen Leben tätigen Juden vor. Vereinzelt hatten bis dahin SA-Leute Kunden bereits am Einkauf in Läden jüdischer Besitzer gehindert, wie am 11. März in Reutlingen, wo SA-Posten vor dem Kaufhaus Kahn & Lederer die Bevölkerung auf Tafeln und mit Sprechchören aufforderten, nur in *deutschen Geschäften* zu kaufen.[149] Auch aus Stuttgart kamen wiederholt solche Meldungen. Aus der Universitätsstadt aber sind derartige Vorfälle nicht bekannt, vor allem wohl, weil es in Tübingen kein großes Warenhaus in jüdischem Besitz gab, das man hätte boykottieren können.

Am 28. März nun rief die Parteileitung der NSDAP zum Boykott aller jüdischen Geschäftsleute, Rechtsanwälte, Ärzte und Fabrikanten auf.[150] Lokale Aktionskomitees hatten vorzubereiten, was später als *spontane Äußerung des Volkszorns* ausgegeben wurde. Auch die Tübinger Presse bereitete sich auf die Aktion vor und verbreitete den Grundsatz: *Kein Deutscher kauft mehr bei einem Juden.* Am 1. April, dem ersten der geplanten Boykottage, rief Kreisleiter Helmut Baumert, der den Vorsitz im Tübinger *Ausschuß gegen die jüdische Greuelhetze* innehatte, die Bevölkerung zur Beteiligung auf: *Deutsche Volksgenossen! Juda hat Deutschland den Krieg erklärt! In den Zeitungen des Auslands, in Wort und Schrift hetzt das Weltjudentum gegen das erwachte Deutschland. [...] Solche Gemeinheiten lassen wir uns nicht gefallen. Wir rufen zum Widerstand auf! Wir müssen Juda in die Knie zwingen. Um Deutschland zu schützen, fordern wir [...],* und dann zählte er die einzelnen Boykottmöglichkeiten auf. Sein Aufruf schloß mit der Warnung: *Wir werden mit aller Schärfe darüber wachen, daß der verhängte Boykott restlos durchgeführt wird. Jeder der ihn bricht, stellt sich in die Front der Gegner unseres Volkes und wird wie diese behandelt. Ein Volksverräter ist, wer noch ein jüdisches Geschäft betritt! Es geht um die deutsche Arbeit.*[151]

Weder die feierliche Verwahrung des Zentralvereins deutscher Staatsbürger jüdischen Glaubens,[152] noch die Proteste anderer Kreise konnten den *Abwehrboykott* abwenden.[153] Vergeblich appellierte die Handelskammer Reutlingen an die Deutsche Handelskammer in der Schweiz, dem *Verleumdungsfeldzug marxistischer Parteien* keinen Glauben zu schenken: *In Wahrnehmung der uns anvertrauten Interessen von Industrie und Handel des Bezir-*

*kes halten wir es deshalb für unsere Pflicht, Sie darauf hinzuweisen, daß zwar Kommunisten und sonstige offensichtliche Schädlinge am Wohl der Nation mit rücksichtsloser Gewalt, trotzdem aber unter weitgehender menschlicher Schonung, unschädlich gemacht werden, daß im übrigen aber das gesamte Geschäftsleben und der Verkehr im Innern wie auch mit dem Auslande sich völlig unbehelligt und in absoluter Ordnung vollzieht.*[154] Der evangelische Studentenpfarrer zeigte sich ebenfalls besorgt über die Meldungen des Auslands und ließ seinen Kirchenpräsidenten wissen: *Viele würden es begrüßen, wenn vom deutschen Kirchenbund oder einer anderen zentralen Stelle aus mit einer würdigen Erklärung gegenüber dem Ausland Stellung genommen würde zu der üblen, den deutschen Namen und die deutsche Sache so schändenden Greuelpropaganda.*[155]

*Programmäßig* zogen – nach dem Bericht der »Tübinger Chronik« – pünktlich um 10.00 Uhr am 1. April Wachen von SA und SS von der Geschäftsstelle der NSDAP in der Uhlandstraße zu den wenigen jüdischen Geschäften und Praxen in Tübingen.[156] Vor den Läden von Gustav Lion (Herrenkonfektion, Neckargasse), Albert Schäfer und Jakob Oppenheimer (Damenkonfektion Fa. Degginger am Holzmarkt), Hugo Löwenstein (Tapeten-, Linoleum- und Teppichlager in der Wilhelmstraße), Victor Marx (Aussteuergeschäft in der Herrenberger Straße), Leopold Hirsch (Damen- und Herrenbekleidung in der Kronenstraße) sowie vor der Anwaltspraxis Dr. Hayum & Dr. Katz in der Uhlandstraße stellten sich jeweils zwei Posten mit ihren Schildern auf. Lilli Zapf erwähnt darüber hinaus noch den Arzt Heinz Oppenheim, die Geschäftsfrau Margarete Arnold, die zusammen mit ihrem nichtjüdischen Mann mehrere Lebensmittelfilialen in der Stadt führte, und den Fabrikanten Adolph Bernheim, der in Bronnweiler bei Reutlingen eine Textilfabrik (Mechanische Buntweberei & Co.) betrieb.[157] Die Bank der Familie Weil wurde nicht boykottiert, was den Richtlinien der NSDAP entsprach.[158] Der Aufmarsch der uniformierten Boykottposten mit ihren Plakaten hatte – wie die »Tübinger Zeitung« berichtete – *begreiflicherweise zahlreiches Publikum auf die Straßen gerufen*.[159] Zu Zwischenfällen soll es dabei nicht gekommen sein.[160] Inge Hamm, deren Vater Gustav Lion in der Neckargasse ein Konfektionsgeschäft betrieb, erinnert sich jedoch: *Mein Vater wurde auf der Straße tätlich angegriffen, nachdem er die Boykottplakate von seinem Geschäftsfenster abriss. Ich glaube, daß das wohl der Anstoß zum Weggehen war. Da kein Mensch sich wagte, ihm zu helfen.*[161]

Mißhandlungen blieben den Juden in Tübingen vorerst erspart. Für die Rechte der nach dem Gesetz noch immer gleichberechtigten jüdischen Mitbürger trat aber kaum jemand öffentlich ein, obwohl viele den Boykott verurteilten.[162] Überliefert ist lediglich, daß sich Studentenpfarrer Pressel, wenn auch vergeblich, bei seinen Parteifreunden dafür einsetzte, daß das Löwensteinsche Geschäft nicht boykottiert wurde.[163] Mehrfach berichtet wurde auch, daß einige Tübinger ihren Einkauf trotz SA-Wachen in den boykottierten Läden tätigten. Die meisten der betroffenen Geschäftsleute schlossen allerdings vorzeitig ihre Läden, so daß die SA-Posten bald wieder abzogen. Eine Massenkundgebung auf dem Marktplatz, bei der der Tübinger Orientalistikprofessor Karl Georg Kuhn, der dem Boykottkomitee als altes NSDAP-Mitglied angehörte, von dem Altan des Rathauses herab den Boykott rechtfertigte, beendete die Aktion des 1. April.[164]

Das bedeutet aber nicht, daß damit tatsächlich die wirtschaftliche Schädigung der Juden beendet worden wäre. Es waren im Gegenteil erst die einsetzenden stillen Boykotte, die den wirtschaftlichen Ruin der jüdischen Geschäfte bewirkten. Noch im Boykott-Monat erließ die NS-Regierung mehrere Gesetze, die die zahlreichen Einzelaktionen juristisch kanalisieren sollten. Mit diesen Gesetzen zur Widerrufung von Einbürgerungen, Namensänderungen und zur Wiederherstellung des Berufsbeamtentums begann die sogenannte völkische Gesetzgebung, die die legalisierte Diskriminierung, Verdrängung und Entrechtung der jüdischen Bevölkerung einleitete und in deren physischer Vernichtung endete.

Das »Berufsbeamtengesetz« vom 7. April, das die gesetzliche Grundlage bot, um Juden aus öffentlichen Stellungen zu entfernen, fand in Tübingen nur wenig Anwendung. Wie an der Universität gab es auch in den übrigen Verwaltungen und Behörden 1933 keinen jüdischen Beamten, der unter das Gesetz fiel.[165] Ebensowenig kam der Arierparagraph des Schriftleitergesetzes vom 4. Oktober 1933 in Tübingen zur Anwendung[166], da es ohnehin seit 1930 in der Hochschulstadt nur noch *arische* Schriftleiter gab. Das »Gesetz über die Zulassung zur Rechtsanwaltschaft«[167], das die Möglichkeit bot, Rechtsanwälten nichtarischer Abstammung oder kommunistischer Gesinnung – mit Ausnahme der Frontkämpfer – die Zulassung zu entziehen, wurde in Tübingen auf den jüdischen Rechtsanwalt Dr. Heinz Hayum angewandt, der seit 1929 beim Landgericht als Anwalt zugelassen war. Zusammen mit seinem Vater Dr. Simon Hayum und seinem Onkel Dr. Julius Katz betrieb er eine renommierte Anwaltspraxis. Als Frontkämpfer waren sein Vater und sein Onkel von der veränderten Zulassungsregelung ausgenommen.[168]

Der Tübinger Landgerichtspräsident Landerer setzte sich beim ehemaligen württembergischen Justizminister und NS-Innenminister Jonathan Schmid für die Wiederzulassung von Heinz Hayum als Rechtsanwalt ein: *Nach Auffassung der Mehrzahl der Kollegen am Landgericht (einschließlich Staatsanwaltschaft) und am Amtsgericht Tübingen verlangt unser Gerechtigkeitsgefühl anzuerkennen, daß Rechtsanwalt Dr. Hayum II an gewissenhafter Berufsauffassung, Sachkunde und gesundem Rechtsempfinden, Anstand und Kollegialität keinem guten deutschen Rechtsanwalt nachgestanden ist.*[169] Dieses Schreiben belegt einen der seltenen Fälle, in denen sich ein Tübinger offen für einen jüdischen Mitbürger einsetzte. Es zeigt, daß dies nicht nur ohne Gefahr für die eigene Stellung möglich war, sondern auch erfolgreich sein konnte.[170] Denn 1934 erneuerten die NS-Behörden die zurückgezogene Zulassung, nachdem der 66jährige Simon Hayum zugunsten seines Sohnes auf seine Zulassung verzichtet hatte.[171] Eineinhalb Jahre gelang es Heinz Hayum noch, die Praxis weiterzuführen. Allerdings scheuten die Tübinger zunehmend davor zurück, sich von einem jüdischen Anwalt vertreten zu lassen. Aus Mangel an Klienten mußte Heinz Hayum schließlich Ende 1934 seine Kanzlei aufgeben. Als Bankangestellter verdiente er sich daraufhin in Berlin seinen Lebensunterhalt, bis er 1938, als die Fünfte Verordnung zum Reichsbürgergesetz jüdische Rechtsanwälte endgültig aus dem deutschen Justizwesen ausschied, mit seiner Familie in die USA emigrierte.[172] Kurze Zeit später wanderten auch seine Eltern in die Vereinigten Staaten aus. Julius Katz hatte schon 1935 seine Zulassung zurückgegeben und war Anfang 1936 in die Schweiz emigriert.[173]

Nachdem die Tübinger Parteileitung sich weder bei der Durchführung der antijüdischen Gesetze hervortun konnte, noch spektakuläre Vorfälle während des »Judenboykotts« zu melden hatte, war es ihr augenscheinlich ein Bedürfnis, auf anderem Gebiet ihren gesinnungstreuen Antisemitismus unter Beweis zu stellen. Gelegenheit dazu bekam sie, als die NS-Fraktion in der zweiten Sitzung des gleichgeschalteten Gemeinderats den Antrag einbrachte, daß *Juden und Fremdrassigen* der Zutritt zur städtischen Freibadeanstalt zu verwehren sei.[174] Dieser Beschluß vom 15. Mai, der ohne gesetzliche Grundlage erfolgte – noch waren Juden nach dem Gesetz gleichberechtigte Bürger –, war einer der frühesten dieser Art im Reich.[175] Er stieß jedoch keineswegs auf einhellige Zustimmung.[176] Das Auswärtige Amt kritisierte den Ausschluß von *Fremdrassigen*, da dieser im Ausland negative Folgen haben könnte. Monatelang wechselten daraufhin Briefe zwischen dem Tübinger Oberamt, dem württembergischen Innenministerium und dem Auswärtigen Amt, bis endlich die Angelegenheit zur Zufriedenheit der beteiligten Behörden gelöst war. Am Ausschluß der Juden vom Freibad änderte sich freilich nichts. Unabhängig von diesen Weiterungen zeigte der Beschluß eine merkwürdige Inkonsequenz, die sich auch bei weiteren antijüdischen Beschlüssen verfolgen läßt. So wurde Juden zwar die Benutzung des Freibades, nicht aber des Hallenbades (Uhlandbad) verboten. Die Stadtverwaltung bemühte sich sogar, für *Fremdrassige* eine Bademöglichkeit im Neckar-Freibad des örtlichen Schwimmvereins zu schaffen. Doch die Verhandlungen scheiterten, weil der Verein *geleitet von völkischen Erwägungen* den Arierparagraphen eingeführt hatte und erklärte, daß er *seinen Mitgliedern, Männern und Frauen, nicht zumuten könne, Fremdrassigen eine Mitbenützung des Badeplatzes einzuräumen.*[177] Daraufhin gestattete die Stadtverwaltung *fremdrassigen* Studenten, denen das Studentische Arbeitsamt einen entsprechenden Ausweis ausstellte, ausdrücklich die Benutzung des Uhlandbads.[178] Ein Fall, bei dem der Ausschluß vom Freibad praktiziert wurde, ist nicht bekannt. Ob er großzügig gehandhabt wurde oder ob die Juden schon so eingeschüchtert waren, daß sie das Freibad nicht mehr betraten, bleibt unklar. An eine Verbotstafel am Eingang des Bades konnte sich keiner der von mir Befragten erinnern.[179]

Ebenfalls ohne Druck oder direkten Zwang von vorgesetzten Behörden beschloß der gleichgeschaltete Gemeinderat am 12. Juni, die Geschäftsbeziehungen zum Bankhaus Weil zu lösen und das bisher gleichberechtigt neben einer anderen Firma mit städtischen Aufträgen bedachte Tapetenhaus Löwenstein von der Liste der städtischen Lieferanten zu streichen.[180] Vergeblich setzte sich der Vertreter des Christlichen Volksdienstes, Otto Kübler, für den Tapetenhändler ein. Weder sein Hinweis auf dessen 26jährige Mitgliedschaft in der evangelischen Landeskirche noch die Erwähnung seiner Kriegsteilnahme und Tapferkeitsmedaillen konnten den Gemeinderat umstimmen. Da das Problem bereits eingehend in der Öffentlichkeit diskutiert wurde, konnte er sich wohl auch kaum mehr einen Rückzieher leisten.

Ins Rollen gebracht hatte die Aktion der anonyme Leserbrief eines *langjährigen Kämpfers der NSDAP*, der in der NS-Zeitung die Tapetenlieferung durch die Firma Löwenstein an einen Professor zum Anlaß nahm zu schreiben: *Wir als Deutsche können es nicht mehr länger mit ansehen, daß heute noch Staatslieferungen von jüdischen Firmen direkt oder indirekt ausgeführt werden, zumal diese Herren ihren Gehalt vom deutschen Steuerzahler erhalten. Sollten wir derartige Vorkommnisse in Zukunft nocheinmal wahrnehmen, werden wir selbstverständlich die Persönlichkeiten namhaft machen.*[181] Prompt stellte der angegriffene Professor klar, daß nicht er, sondern der Vermieter für die Auswahl des jüdischen Lieferanten verantwortlich sei, und der andere städtische Tapetenlieferant betonte, daß er mit der erwähnten Lieferung ebenfalls nichts zu tun habe.[182] Nachdem der Fall bereits solche Kreise gezogen hatte, ließ sich die NS-Fraktion von den Einwänden des Gemeinderats Kübler lediglich dazu bewegen, den Ausschluß der jüdischen Firma von der städtischen Vergabeliste zurückzunehmen und in eine von Fall zu Fall vorzunehmende Prüfung abzuändern. Am raschen Niedergang der Firma Löwenstein änderte das freilich nichts. Da sich private Hausbesitzer nach diesem Vorfall scheuten, durch einen Auftrag an die jüdische Firma Zielpunkt von Angriffen zu werden, ging der Aufschwung des Bauwesens, den die großzügige Kreditgewährung für Instandsetzungsarbeiten im Herbst 1933 einleitete, an Hugo Löwenstein spurlos vorüber. Noch 1933 sah er sich gezwungen, sein Geschäft zu verkaufen. Am 4. September war in der »Chronik« unter den Geschäftsanzeigen die Mitteilung zu lesen: *Wir haben die Firma Hugo Löwenstein käuflich übernommen. Klaiber & Heubach. Spezialhaus für Tapeten, Teppiche und Linoleum.*

Nach dem frühen Verkauf der »Tübinger Chronik« war Hugo Löwenstein der erste jüdische Geschäftsmann, der wegen des Boykotts verkaufen mußte. Andere Firmen bekamen rasch ebenfalls die Auswirkungen des stillen Boykotts zu spüren. Der Bankier Siegmund Weil, der noch zwei Jahre zuvor an seinem 60. Geburtstag wegen seines *stets offenen Herzens für Wohltätigkeit* gerühmt worden war, war nun Verleumdungen ausgesetzt, denen er sich durch die Übersiedlung in die Schweiz entzog.[183]

Auch die Lebensmittelfilialen der Familie Arnold litten unter den Folgen des Boykotts und der verschärften Konkurrenz. Seit Juni 1933 verteilte die Partei Plaketten, die die Geschäfte nichtjüdischer Besitzer als *arisch* kennzeichneten. In den Zeitungen tauchten Geschäftswerbungen auf, die die »Rassereinheit« des Geschäftsinhabers herausstrichen. Das »Neue Tübinger Tagblatt« etwa empfahl sich den Geschäftsleuten mit folgendem Angebot: *Unsere Inserenten genießen den Konkurrenz-Ausschluß aller jüdischen Firmen, der Konsumvereine und Einheitspreisgeschäfte. [...] Nationalsozialisten kaufen nur bei den Inserenten des NTT.*[184] Im September 1933 erschien die letzte Anzeige, die für die Lebensmittelgeschäfte der Familie Arnold warb. Bald darauf mußten Arnolds eine Filiale nach der anderen schließen, bis 1936 auch die Räume des Hauptgeschäfts gekündigt wurden und die Firma vor dem Konkurs stand.[185]

Auch die Kinder der Tübinger Juden spürten die feindselige Haltung. So berichtete Arnold Marque, der Sohn des jüdischen Religionslehrers und Vorsängers, 1981 bei einem Besuch in Tübingen, daß ihn seine Mitschüler am Humanistischen Gymnasium als *Christusmörder* gequält und *gekreuzigt* hätten.[186] Der Rektor des Gymnasiums schrieb im Mai 1933, als er über das Aufnahmegesuch eines jüdischen Austauschschülers aus Frankreich zu entscheiden hatte, an die Aufsichtsbehörde: *Das Rektoramt bittet um Weisung in dieser*

*Sache. Die politische Atmosphäre müsste freilich bis dahin entspannt sein, wenn der Junge vor Zwischenfällen geschützt sein soll.*[187] Nicht immer schlug der verordnete oder freiwillige Antisemitismus gleich in Gewalttätigkeit um. Doch auch die Erfahrung, von sportlichen Wettkämpfen und Siegerehrungen plötzlich ausgeschlossen zu sein oder von Nachbarn und Freunden gemieden zu werden, machte bereits im ersten Jahr der NS-Herrschaft Isolation und Entrechtung der Juden auch für Kinder und Jugendliche spürbar.[188] Die höheren Schulen in Tübingen und Reutlingen entließen ihre jüdischen Schüler früh. Bereits 1934 verließ der letzte die Knabenoberschule in Tübingen. An der Mädchenoberschule konnte sich die letzte jüdische Schülerin bis 1937 halten.[189]

Die meisten jüdischen Bürger Tübingens wurden von der staatlich verordneten Judenfeindlichkeit überrascht. Viele wollten anfangs nicht wahrhaben, was sie doch sahen. Die Universität, die wenig Gelegenheit zur Praktizierung antisemitischer Maßnahmen hatte, tat sich um so mehr in der theoretischen Erörterung und Begründung des Antisemitismus hervor. In Vorlesungen, Publikationen und öffentlichen Vorträgen befaßten sich ihre Wissenschaftler eingehend mit der »Judenfrage« und erörterten die Möglichkeiten einer gesetzlichen Regelung. Nicht wenige sahen eine Lösung des Problems in der völligen Aufhebung der Judenemanzipation. Die staatsbürgerliche Gleichstellung sollte den Juden aberkannt, ihre rechtliche Stellung auf den Status eines Gastes zurückgeschraubt werden. Gerhard Kittel, Professor der evangelischen Theologie und Parteigenosse seit Mai 1933, behandelte am 1. Juni 1933 vor seinen Studenten die Frage, was aus dem jüdischen Volk werden sollte: Ausrottung durch Pogrome, Wiederherstellung eines jüdischen Staates oder Assimilation und Emanzipation – so der renommierte Neutestamentler – seien bisher erfolglos versucht worden und daher abzulehnen: *Die einzige für die abendländischen Völker und das Judentum selbst tragbare und sinnvolle Form des Judentums ist darum das in seiner Stellung als nicht assimilierter Gast verbleibende Judentum.*[190]

Auch der Tübinger Studentenpfarrer plädierte für diesen Weg. Stichwortartig faßt ein Vortragsprotokoll seine Stellungnahme zusammen: *Die einzige Möglichkeit sei das Gastverhältnis. Kein Jude in staatlichen Behörden und überhaupt öffentlichen Ämtern, auch kein getaufter Jude. Der getaufte Jude ist für mich Bruder in Christus, genau wie der Heidenchrist in China, Indien und Afrika. Härten kommen vor, aber wir müssen aufs Ganze sehen!*[191]

Wenn wir mit der Kenntnis des Jahres 1945 auf das Jahr 1933 zurückschauen, scheinen solche Äußerungen gradlinig in die Vernichtung der Juden zu münden. Doch von beiden Theologen ist überliefert, daß sie konvertierten Juden beigestanden haben oder ihnen zu ihrem Recht zu verhelfen suchten. Pressel protestierte im Gemeinderat gegen den Ausschluß Hugo Löwensteins von der städtischen Vergabeliste und setzte sich bei Staatssekretär Karl Waldmann, allerdings ohne Erfolg, für einen Assistenten am geologisch-paläontologischen Institut ein, der wegen der jüdischen Herkunft seiner evangelischen Verlobten seine Stelle verlieren sollte.[192] Auch von Gerhard Kittel ist überliefert, daß er aus Protest gegen den »Radau-Antisemitismus« des 1. April demonstrativ mit dem boykottierten Hugo Löwenstein Arm in Arm vor dessen Tapetengeschäft auf und ab ging.[193]

Dieses Verhalten war Ausdruck eines weitverbreiteten Widerspruchs: Man lehnte gewaltsame Ausschreitungen gegen einzelne Juden ab, propagierte aber die prinzipielle Ausschaltung des jüdischen Einflusses. Verglichen mit anderen Städten sind aus Tübingen wenig spektakuläre antijüdische Übergriffe bekannt. Die vergleichsweise günstige Situation der Juden ist aber keineswegs einer größeren Toleranz der Tübinger Bevölkerung, sondern eher dem geringen prozentualen Anteil der Juden an dieser zuzuschreiben. Löst man sich von den spektakulären Vergleichen, erkennt man eine erschreckende Normalität und Selbstverständlichkeit, die die Entrechtung der Juden begleitete. Die »Endlösung« wurde mit Hilfe argloser Beamter bürokratisch vorbereitet, die die Juden in scheinbar harmlosen Listen erfaßten.[194] Der Tübinger Dekan hatte gegen die Beantwortung einer Anfrage des Oberamts nach den evangelisch getauften Juden zwar *grundsätzliche Bedenken*, begründete diese aber nicht inhaltlich, sondern formal: *Vor allem aber wird auf diese Weise gar nicht erreicht, dass wirklich alle erfasst werden. Wenn auf diese Umfrage hin Entscheidungen getroffen werden, sind sie lückenhaft.*[195]

Gerade der relativ große individuelle Handlungsspielräume noch zulassende Zeitraum der »Machtergreifung« zeigt, daß auch in Tübingen keineswegs nur Befehle ausgeführt oder Anordnungen pflichtgemäß durchgeführt wurden. Oft ergriffen Tübinger vielmehr aus freiem Willen die Initiative, etwa als die Anwohner der Judengasse eine Straßenumbenennung beantragten.[196]

Abgesehen von dem offiziell angeordneten Boykott und dem »Berufsbeamtengesetz« gab es in den ersten zwei Jahren der NS-Herrschaft für keinen der angeführten Fälle Vorschriften oder gesetzliche Richtlinien. Bis zum Erlaß der »Nürnberger Gesetze«, die Juden endgültig zu Parias machten, bestand ein relativ breiter Ermessensspielraum, in dessen Rahmen jede Institution und jeder einzelne sich zwischen vorauseilendem Gehorsam, bedingungsloser Umsetzung nationalsozialistischer Appelle, abwartender Passivität oder unerschrockener Solidarität zu entscheiden hatte.[197] Sicher gefühlt haben sich die meisten der Tübinger Juden schon 1933 nicht mehr in der Stadt. In diesem Jahr zogen elf Tübinger Juden aus ihren Erfahrungen die Konsequenz und emigrierten in die Schweiz, nach Holland oder Frankreich. Alle waren vorher Verunglimpfungen, Pressionen oder körperlicher Gewalt ausgesetzt gewesen.[198] Acht weitere verließen die Stadt, blieben aber in Deutschland, weil sie hofften, an einem anderen Ort weniger gequält zu werden oder neue Verdienstmöglichkeiten zu finden. Insgesamt waren das mehr als zwanzig Prozent der jüdischen Bevölkerung der Stadt. Als im September 1935 die NS-Regierung die sogenannten Blutschutzgesetze verkündete, war bereits ein Viertel der Tübinger Juden emigriert.


Gleichschaltung des Gemeinderats und Umschaltung der Stadtverwaltung

Der Machtwechsel in Berlin hinterließ in der Tübinger Stadtverwaltung zunächst nur wenig Spuren. Nach dem symbolischen Fahnenwechsel der zweiten Märzwoche sahen sich die Tübinger Nationalsozialisten mit der ernüchternden Tatsache konfrontiert, daß das

Flaggenhissen allein noch keine veränderte Machtsituation in der Gemeinde schuf. Noch immer hatte der demokratische Oberbürgermeister in der Stadtverwaltung das Heft fest in der Hand.

Während in anderen Städten[199] die demokratisch gewählten Stadtvorstände als Repräsentanten des »Systems« denunziert und durch ergebene Nationalsozialisten ersetzt wurden, übte der Tübinger Oberbürgermeister, einst *linker Flügelmann der schwäbischen Demokraten,*[200] sein Amt bis zum regulären Ende seiner Amtszeit im Frühjahr 1939 aus. Die gesamte Rathausspitze überstand die Machtübernahme durch die Nationalsozialisten unangefochten. Kein städtischer Amtsvorstand wurde von den Säuberungswellen der ersten Wochen weggeschwemmt.[201] Landrat Julius Goes, der zu vergleichsweise wenigen verbalen Verbeugungen vor den nationalsozialistischen Machthabern bereit war, überstand den Machtwechsel ebenfalls unangefochten, wurde aber zum 1. Juli 1934 *seinem Ansuchen entsprechend* in den Ruhestand versetzt. Er selber gab später an, *aus gesundheitlichen Gründen* sobald er das 65. Lebensjahr erreicht hatte, um seine Pensionierung gebeten zu haben.[202] Nach ihm übernahm für eine kurze Übergangszeit Regierungsrat Ekert das Oberamt, bis am 24. April 1934 der bisherige Oberamtsverweser von Mergentheim, Fritz Geißler, als neuer Landrat eingeführt wurde. Den Tübingern war er kein Unbekannter, da er sich 1927, wie Scheef, um das Amt des Tübinger Stadtvorstandes beworben hatte. Was nationalsozialistische Propaganda als *revolutionären Umsturz* ausgab und was andernorts auch tatsächlich brutale Säuberungen und einschneidende personelle Veränderungen zur Folge hatte, erfolgte in Tübingen in geordneten Bahnen, sozusagen auf Verwaltungswege. Die nationalsozialistische »Tübinger Zeitung« fühlte sich daher wiederholt gedrängt, ihren vergeblich auf spektakuläre Tübinger Ereignisse wartenden Lesern zu versichern: *Wenn auch bei uns in Tübingen bis heute irgendwelche Maßnahmen nicht getroffen wurden – wenigstens was die Gemeindeverwaltung betrifft –, so wird sich die Umwandlung doch auch hier geltend machen.*[203]

Die ersten Veränderungen erfolgten von außen und galten dem Gemeinderat. Eine Neuwahl der Gremien sollte nicht stattfinden, statt dessen schrieb das »Vorläufige Gesetz zur Gleichschaltung der Länder mit dem Reich[204] deren Neubildung nach den jeweiligen örtlichen Ergebnissen der letzten Reichstagswahl vor. Für die Übergangszeit bediente sich die neue württembergische Regierung der mittlerweile probaten Einrichtung von Kommissaren. Sie waren die eigentlichen Instrumente der »Machtergreifung«. Mit Hilfe ihrer umfassenden Sondervollmachten wurden rasch – hinter der Fassade formaler Legalität – vollendete Tatsachen geschaffen. Sie unterstanden dem Polizeikommissar, mußten seine Aufträge ausführen, ansonsten Amtshandlungen, die in die Zuständigkeit der Bezirks- und Ortspolizeibehörden fielen, einleiten und überwachen.[205] Dem Oberamt Tübingen wurde, zusammen mit dem Oberamt Esslingen und dem Amtsoberamt Stuttgart, SA-Oberführer Gottlob Berger als Sonderkommissar zugeteilt. Der agile SA-Mann war in Tübingen gut bekannt. Als Hauptlehrer im benachbarten Wankheim hatte er sich seit 1928 aktiv für die NSDAP eingesetzt und war bei zahlreichen Wahlkämpfen, Parteiveranstaltungen und Wehrsportübungen zur populären Gestalt des »Vater Berger« geworden.

Am 27. März gab Berger seine Ernennung zum Unterkommissar bekannt. Zu seinen Stellvertretern setzte er Kreisleiter Baumert und den Führer der SA-Motorstaffel 125, Albert Danner, ein.[206] Gleichzeitig veröffentlichte er eine lange Liste von Anordnungen, Verboten und Maßnahmen, die die Durchsetzung nationalsozialistischer Herrschaftsansprüche ermöglichen sollten. Die in zehn Punkte gegliederte Verordnung verbot *bis zur gesetzmäßigen Umgestaltung die Heranziehung der kommunistischen und sozialdemokratischen Mitglieder der Gemeinde- und Bezirksräte zu Verhandlungen jeder Art,* ordnete die Vorlage von Beschlüssen dieser Körperschaften zur Kontrolle an, unterwarf die Neugründung von Vereinen rückwirkend seit dem 1. März seiner Genehmigung, erklärte die freiwillige Auflösung »marxistischer« Vereine und Vereinigungen zur Umgehung der Vermögensbeschlagnahme für ungültig und ordnete an, daß etwa verschenktes Vermögen dieser Vereinigungen für den Staat sicherzustellen sei. Abschließend stellte der Sonderkommissar noch einmal klar: *Wir sind bereit, mit allen zusammenzuarbeiten. Wir werden aber auch jeden Widerstand rücksichtslos brechen.* Mit diesem Bündel von Anordnungen und Verboten hatte er seine Funktion erfüllt. Nur einen Tag später wurden alle Unterkommissariate wieder aufgehoben, *da nach Wiederherstellung der öffentlichen Ordnung und Sicherheit in Württemberg die Polizeigewalt der Bezirks- und Ortspolizeibehörden mit Unterstützung der Hilfspolizei völlig ausreiche.*[207]

Als am 31. März turnusgemäß der Gemeinderat zusammentrat, fehlten außer dem krankheitshalber entschuldigten Eugen Köhler der jüdische Rechtsanwalt Dr. Simon Hayum und der KPD-Gemeinderat Hugo Benzinger. Hayum hatte in einem Schreiben an den Stadtvorstand um die Entbindung von seinem Amt gebeten.[208] Die Entscheidung über diesen Antrag behielt sich der Gemeinderat noch vor. Zum Fehlen Benzingers, der längst auf dem Heuberg in »Schutzhaft« saß, vermerkte der Protokollant lapidar: *Auf Grund der Anordnung des Württembergischen Innenministeriums vom 28.3.1933 wurde dem Vertreter der Kommunistischen Partei Deutschlands, Stadtrat Benzinger, die Ausübung seines Amtes als Gemeinderatsmitglied mit sofortiger Wirkung untersagt. Aus diesem Grunde ist die Ladung von Stadtrat Benzinger zur heutigen Sitzung unterblieben.*[209]

Die drei Mitglieder der sozialdemokratischen Fraktion nahmen trotz des Unterkommissariats-Befehls an der Sitzung noch teil, ergriffen allerdings nicht das Wort, auch nicht als es um den Ausschluß Benzingers ging. Den nahm das gesamte Gremium kommentarlos zur Kenntnis. Adolf Scheef erwähnte erstmals *die seit der letzten Gemeinderatssitzung vom 6. März in Reich und Land erfolgten, sehr bedeutsamen Wandlungen auf nationalem, wirtschaftlichem und politischem Gebiet, die nun auch die Gemeindeverwaltung erfaßt haben.*[210] Nachdrücklich wies er aber auch darauf hin, *daß sich Stadtverwaltung und Gemeinderat Tübingen bei den Beratungen und Entscheidungen bisher schon von absoluter Sachlichkeit leiten ließen, beseelt von dem Willen, nach bestem Wissen und Gewissen sowie nach besten Kräften der Allgemeinheit zu dienen.* Auch in Zukunft gedenke er, so betonte der Stadtvorstand, nach diesen Grundsätzen zu handeln. Verwirklichen konnte Scheef diesen Vorsatz mit dem anwesenden Gemeinderat allerdings nicht mehr, da das am Tage der Gemeinderatssitzung verkündete »Vorläufige Gesetz zur Gleichschaltung der

Länder mit dem Reich« die Auflösung der kommunalen Selbstverwaltungskörperschaften verfügte und ihre Neubildung nach dem jeweiligen Ergebnis der Reichstagswahl anordnete.

In dem am 4. Mai feierlich eingeführten neuen Gemeinderat führten die Nationalsozialisten das Wort. *Dank der Ausschaltung der Kommunisten*[211] hatten sie nun die Mehrheit. Von den auf 22 reduzierten Mitgliedern der Selbstverwaltungskörperschaft stellten sie 13. Die Demokratische Partei war nicht mehr vertreten, ebenso die DVP. Die SPD behielt drei Mandate. Auch die Kampffront Schwarz-Weiß-Rot verfügte über drei Sitze, während das Zentrum zwei, der Christliche Volksdienst einen Vertreter entsandten. Selbständige Handwerksmeister, freiberufliche Akademiker und Beamte stellten weiterhin das Gros der Mitglieder. Die Anzahl der Arbeiter unter den Gemeinderäten wurde durch die Mitglieder der nationalsozialistischen »Arbeiterpartei« nicht gestärkt. Sie sorgten mit der Nominierung Rupprecht Matthaeis vielmehr dafür, daß wieder ein Universitätsprofessor auf dem Rathaus vertreten war.[212]

Die feierliche Amtseinsetzung des neuen Gemeinderats ließ von dessen zukünftiger Entmachtung noch nichts erkennen, sondern wurde als *großer Tag* begangen.[213] Im blumengeschmückten, mit Hakenkreuz, Schwarz-Weiß-Rot und den Stadtfarben dekorierten großen Sitzungssaal erlebten die Tübinger Nationalsozialisten in *getragener, feierlicher Stimmung* ihre große Stunde. *Es handelte sich nicht nur darum, die neu eintretenden Mitglieder des Kollegiums zu beeidigen, sondern vielmehr der nationalen Wiedergeburt auch im Gremium sichtbaren Ausdruck zu verleihen*, notierte der Berichterstatter der »Chronik«. Vom Rektor der Universität samt dem Kommissar zu deren Gleichschaltung über den Landrat bis zum evangelischen Dekan und dem katholischen Ortspfarrer waren die Spitzen aller Behörden anwesend. Mit gespannter Aufmerksamkeit erwarteten sie mit den zahlreichen Gästen – darunter *viele Uniformierte* – und einzelnen Vertretern des alten Gemeinderats den Einzug der NS-Fraktion. Schließlich betraten, mit wirkungsvoller Verspätung, die dreizehn Gemeinderäte im Braunhemd, angeführt vom Kreisleiter, den Saal und nahmen ihre Plätze in den ersten Reihen ein. Dieser Einmarsch sollte jedem Anwesenden klar machen, *daß bei ihnen die Entscheidung auf dem Rathaus künftighin liegt*. Vom hakenkreuzgeschmückten Rednerpult aus eröffnete der Oberbürgermeister die Sitzung mit einer Ansprache, die *ganz auf den Ton der nationalen Revolution* gestimmt war, wie der Chronist vermerkte. Die Rede endete mit einem dreifachen »Sieg-Heil« auf *die großen Führer der nationalen Erhebung Deutschlands, den Reichspräsidenten von Hindenburg, den Kanzler des Deutschen Reiches und Volkes, Adolf Hitler, und den württembergischen Staatspräsidenten Wilhelm Murr*.

Zwischen diesen Verbeugungen berichtete Scheef mit gewohnter Sachlichkeit und Sorgfalt über die Tätigkeit der Stadtverwaltung. Was er vortrug, war ein nüchterner Rechenschaftsbericht, der die Genugtuung über die bisherige erfolgreiche Arbeit nicht unterdrückte. Statt der vielerorts in diesem Zusammenhang erhobenen öffentlichen Anklagen über angebliche Mißwirtschaft, mit der nun endgültig aufzuräumen sei, addierte Scheef die Aktivitäten der Stadtverwaltung zu einer positiven Leistungsbilanz der kommunalen

Selbstverwaltung. Trotz extrem niedriger Gemeindeumlage seien die Finanzen geordnet. Der Etat des kommenden Haushaltsjahres sei ausgeglichen, und die in Aussicht gestellten Mittel der Reichsregierung versprächen zusammen mit den bereits eingeleiteten Arbeitsbeschaffungsmaßnahmen Hoffnung auf eine baldige Reduzierung der noch immer hohen Arbeitslosigkeit. Schließlich konnte der Oberbürgermeister sogar eine Ermäßigung des Lichttarifs für gewerbliche Betriebe in Aussicht stellen. Jeder, der diesen Bericht hörte, mußte die Überzeugung gewinnen, daß die städtischen Angelegenheiten bestens geregelt waren. Ausdrücklich bestätigte der Stadtvorstand den bisherigen Mitgliedern des Gemeinderats – abgesehen von einer Ausnahme, über die ich nicht sprechen will – *in voller Sachlichkeit die Interessen aller Einwohner gewahrt und [...] die Geschäfte der Stadt uneigennützig, sachlich und mit voller Hingabe geführt* zu haben. Seiner Amtsführung hätten sie stets Vertrauen entgegengebracht.[214] Bei der zukünftigen Arbeit möge jeder sich der Grundforderung bewußt sein: *Gemeinnutz geht vor Eigennutz. Dieser Satz ist unentbehrlich für das öffentliche Wohl und unentbehrlich für die Führung einer Stadt.*

Mit dem Wunsch nach gegenseitigem Vertrauen, *einem Vertrauen auch über Parteigrenzen hinweg* schloß Scheef seine Rede. Die Rede des Fraktionsvorsitzenden der NSDAP, Dr. Weinmann, der als einziger das Wort ergriff, stand ebenfalls unter dem Motto: *Gemeinnutz vor Eigennutz.* Auch er wünschte, daß in Zukunft dieser Grundsatz die Entscheidungen des Gemeinderats bestimme. An der bisher geleisteten Arbeit, für die er Scheef ausdrücklich dankte, fand er nichts auszusetzen. Aus *Dank und Treue für den Führer,* der ihnen im harten, nun endlich erfolgreichen Kampf vorangegangen sei, stellte er schließlich im Auftrag seiner Fraktion den Antrag, drei Straßen der Stadt nach führenden Männern der nationalsozialistischen Bewegung umzubenennen. Die Mühlstraße sollte Adolf-Hitler-Straße, die Neue Straße Wilhelm-Murr-Straße und die in der Südstadt gelegene Friedrich-Ebert-Straße fortan Christian-Mergenthaler-Straße heißen.[215] Außerdem sollten der Reichspräsident, der Reichskanzler und der Staatspräsident zu Ehrenbürgern ernannt werden.[216]

Nicht wenige Anwesende werden den gemäßigten Ton und die zur Schau gestellte Harmonie dieses feierlichen Auftakts nationalsozialistischer Kommunalpolitik mit Erleichterung zur Kenntnis genommen haben. Allein schon der Verbleib Scheefs schien Beständigkeit und Kontinuität zu garantieren. Und in der Befriedigung über den Ausschluß des unbequemen kommunistischen Gemeinderats war man sich ohnehin einig. Doch bereits die erste Arbeitssitzung beendete die Einmütigkeit. Auf der Tagesordnung stand die Bildung der Ausschüsse und Abteilungen. Bisher war es Brauch, daß alle Parteien berücksichtigt wurden. Doch nun beschloß der Fraktionsführer der NSDAP, daß die Ausschußmitglieder per Mehrheitsbeschluß bestimmt werden sollten.

Die SPD-Gemeinderäte, die auf diese Weise von jeglicher internen Beratung und Beschlußfassung ausgeschlossen wurden, nahmen den Vorschlag schweigend hin. Nur die zwei Zentrumsgemeinderäte meldeten Widerspruch an. Paul Schwarz *ersuchte* den NS-Fraktionsführer, doch *darauf Bedacht zu nehmen, daß von jeder Partei ein Vertreter in den größeren Ausschüssen funktioniere.*[217] Der erstmals im Gemeinderat vertretene Gewerbeschulrat Josef Held monierte, *daß es peinlich berühre, wenn nun sofort zu Beginn der gemeinsamen Arbeit von seiten der Fraktion der NSDAP die übrigen Fraktionen nahezu von der Mitarbeit ausgeschaltet würden. Erst vor wenigen Tagen habe man gemeinsam den Tag der Arbeit gefeiert und dabei alles Trennende zurückgestellt. Er – Held – dürfe die Versicherung abgeben, daß auch die Mitglieder anderer Fraktionen beseelt vom ehrlichsten Willen auf das Rathaus heraufgekommen seien, um mitzuarbeiten.*[218] Held wies auf die Verpflichtung der Gemeinderatsmitglieder vor ihrem Gewissen, vor der Bevölkerung und *nicht zuletzt vor Gott* hin und stellte klar, daß es doch nicht darum gehe, *daß die übrigen Mitglieder Opposition treiben, sondern einzig und allein um die gemeinsame Arbeit am Wiederaufbau des Vaterlandes.*

Doch Weinmann überging diesen für lange Zeit letzten offenen Einwand mit der Bemerkung, daß seine Fraktion allein die Verantwortung trage. *Es gebe jetzt keine parlamentarische Mehrheit mehr* – belehrte er das Kollegium –, *diese Zeiten seien endgültig vorbei. Insbesondere lehne er es prinzipiell ab, mit den Vertretern der Sozialdemokratie in einem Ausschuß zusammenzuarbeiten.* Anschließend wurden die Ausschüsse nach seinem Vorschlag besetzt. Anders als in der vom Bürgermeisteramt vorbereiteten Liste, die für jeden Ausschuß auch ein SPD-Mitglied vorgeschlagen hatte,[219] waren nun die NS-Gemeinderäte in den Ausschüssen nahezu unter sich. Selten wurde auch ein Zentrumsmitglied oder ein deutschnationaler Gemeinderat benannt. Die Sozialdemokraten waren von jeder internen Beschlußfassung ausgeschaltet, ebenso alle Frauen. Nachdem man ihnen das passive Wahlrecht genommen hatte, wurden sie lediglich als beratende Mitglieder im Ortsschulrat der Frauenarbeitsschule geduldet.[220]

Auch bei der Wahl eines Stellvertreters für den Stadtvorstand setzten die Nationalsozialisten ihre Vorstellung durch. Vergeblich verwies Scheef auf die von der Gemeindeordnung vorgeschriebene geheime Wahl. Die Nationalsozialisten einigten sich *unter Abstandnahme von einer geheimen Abstimmung durch Zuruf* auf ihr ältestes Fraktionsmitglied, Oberpostinspektor Karl Sautter.[221] Der Gemeinderat nahm den Vorschlag einstimmig an. Einstimmig wurde auch der Vorschlag der NSDAP akzeptiert, künftig nur noch bei nachweisbarem Verdienstausfall eines Rates ein Tagegeld zu gewähren. Und das schließlich vom Stadtvorstand vorgetragene, von langer Hand vorbereitete Arbeitsbeschaffungsprogramm wurde ebenso ohne Widerspruch genehmigt. Anerkennend stellte der Berichterstatter nach dieser Sitzung im Amtsblatt fest, daß die Tagesordnung *ohne nennenswerte Einsprüche und Widersprüche erledigt wurde. Die Fraktion, die lediglich der Opposition wegen auf dem Rathaus war, war es, die allen anständig Denkenden die Freude an der Gemeindepolitik vergällt hat. Jetzt sind klare Fronten geschaffen.*[222]

Eine Woche nach ihrer Aussperrung aus den internen Entscheidungsgremien resignierte die SPD-Fraktion in Tübingen. Zwar hatte der Landesvorstand, bevor er seine Parteiämter am 10. Mai niederlegte, die Mandatsträger noch aufgefordert, ihre Tätigkeit in einem Sinne weiterzuführen, *der weder Zweifel an ihrer nationalen Gesinnung, noch an dem guten Willen zuläßt, die politische Neubildung Deutschlands nach den Plänen der nationalen Revolution zu unterstützen.*[223] Doch die Tübinger Ortsgruppe, deren führende Funktionäre bereits verhaftet waren, stand unter Druck. Als das Vermögen der SPD landesweit am 10. Mai beschlagnahmt wurde, löste sie sich deshalb, ungeachtet der Durchhalteappelle, auf. Die drei Gemeinderäte – Vödisch, Hipp und Kürner – gaben ihre Mandate zurück. Die Ersatzmänner verzichteten ebenfalls. Als am 22. Juni die SPD reichsweit zur *volks- und staatsfeindlichen Partei* erklärt und verboten wurde, wurden die vakanten Gemeinderatssitze endgültig kassiert.[224] Die »Tübinger Zeitung« jubelte: *Der Marxismus ist tot. Schon in kurzem wird kein Mensch mehr von ihm reden.*[225] Der Berichterstatter der »Chronik« konstatierte befriedigt, daß *das Kollegium jetzt vollständig marxistenrein sei.*[226] Er meinte, auch die Auflösung der übrigen Parteien werde wohl nicht mehr lange auf sich warten lassen: *Wir werden es erleben, daß bei den nächsten Wahlen die längst ersehnte Vereinfachung im parteipolitischen Leben Tatsache geworden ist.*[227]

Die restlichen nicht-nationalsozialistischen Gemeinderäte ließen sich von solchen Vorhersagen offensichtlich nicht beunruhigen. Sie beschäftigte vielmehr der angebliche Sittenverfall im Tübinger Freibad. Besonders das Tragen von sogenannten Dreiecksbadehosen im Familien-Freibad und *das gemeinsame Spielen vor den Auskleideräumen* stand zur Debatte. Die Neuregelung des Freibadebetriebs, auf die sich der Gemeinderat dann einigte, führte zum Ausschluß der Juden.[228] Die NSDAP-Anträge gingen ohne Einwände oder gar Widerspruch über die Bühne. Offensichtlich versuchten die Gemeinderäte, die nicht zur NSDAP gehörten, ihr Verbleiben im Gemeinderat durch Anpassung und Zustimmung zu sichern, zumindest durch keinerlei Widerspruch zu gefährden. Vergeblich, denn Mitte Juni begann der Auflösungsprozeß.

Als erste löste sich, am 12. Juni, die Ortsgruppe der Demokratischen Partei auf, deren einziges Mandat im Gemeinderat schon seit dem 31. März nicht mehr wahrgenommen wurde.[229] Am 6. Juli folgte das Zentrum, dessen zwei Vertreter aber noch bis zum 5. März 1934 im Gemeinderat blieben. Eine Woche nach dem Zentrum stellte auch der Vertreter des Christlichen Volksdienstes seinen Sitz im Kollegium zur Verfügung. Als letzte Gruppierung löste sich die Ortsgruppe der Bürgerpartei auf, die als Kampffront Schwarz-Weiß-Rot drei Vertreter im Gemeinderat hatte. Am 24. Juli gab ihr Vorsitzender, Rechtsanwalt Jäger, die Auflösung bekannt und gleichzeitig sein Mandat dem Gemeinderat zurück.[230] Seine Fraktionskollegen – Steuerratsschreiber Hermann Seelos und Weingärtner Zacharias Krauss – blieben als Gäste im Gemeinderat und wurden im Oktober 1933 als Hospitanten von der NS-Fraktion übernommen.[231] Keine drei Monate nach Einsetzung des neuen Gemeinderats hatten die Nationalsozialisten jegliche Opposition im kommunalen Parlament ausgeschaltet und das Heft fest in der Hand. *Von den alten Parteien sind jetzt nur noch die beiden Vertreter des ehemaligen Zentrums übriggeblieben und man kann in Ruhe abwarten, bis auch diese der gegebenen Lage Rechnung tragend aus dem Gemeinderat ausscheiden werden, wie das anderswo bereits geschehen.*[232] Mit diesen Worten registrierte die »Chronik« das Ende der parlamentarisch kontrollierten Selbstverwaltung.

Anfang August wurde auf Erlaß des Innenministers ein Ausschuß »zur Durchführung des Berufsbeamtengesetzes« in der Stadtverwaltung eingerichtet, doch fand er wenig Betätigungsmöglichkeit.[233] Wenn überhaupt Entlassungen ausgesprochen wurden, so scheinen sie vor allem städtische Arbeiter und Angestellte getroffen zu haben, da die NS-Führung bei der Fortführung einer geordneten Verwaltungsarbeit auf qualifizierte Fachbeamte nicht verzichten konnte.[234]

Freiwerdende Stellen boten sich zur Versorgung verdienter arbeitsloser Parteigenossen an. So beantragte Gemeinderat Schneck, der später selber auf diese Weise eine Anstellung als Hausmeister im städtischen Gutleutehaus erhielt, *den städtischen Arbeiter Karl Mannherz, der bisher Straßenwärterdienste versehe, im Blick auf seine bisherige Mitgliedschaft und Tätigkeit bei der NSDAP von der Straße wegzunehmen und ihm einen andern Dienst zuzuweisen.*[235] Es bedurfte allerdings noch mehrere Anträge der NSDAP und eines deutlichen Hinweises des stellvertretenden Kreisleiters, bis der Antrag realisiert wurde.[236]

Andere kamen schneller zum Zuge. So bekam der seit mehr als einem Jahr arbeitslose NS-Gemeinderat Walter Schurr im Dezember 1933 auf *Wunsch der Stadtgemeinde Tübingen*, insbesondere *durch Vermittlung der Kreisleitung*, eine Stelle bei der Oberamtssparkasse. Den ursprünglichen Antrag auf *Anstellung auf einen einflußreicheren Posten* hatte er allerdings aufgeben und sich mit einer *Anstellung überhaupt* zufrieden erklären müssen. Denn der Verwaltungsrat signalisierte, daß ein höherer Posten bis auf weiteres nicht frei sei.[237] Wenig später wurde Schurrs Wunsch doch noch erfüllt. Noch 1934 wurde er Geschäftsführer der Ortskrankenkasse, nachdem der bisherige Vorsitzende, Arno Vödisch, als ehemaliges Mitglied der sozialdemokratischen Partei seinen Platz hatte räumen müssen.[238]

Nachdem auch offiziell eine *Sonderaktion zur Vermittlung arbeitsloser Mitglieder der nationalen Wehrverbände* angekurbelt worden war,[239] bemühten sich viele, ihr Schäfchen ins Trockene zu bringen. Selbst der ehemalige Sonderkommissar Gottlob Berger wandte sich unter Hinweis auf seine Verdienste um den Tübinger SA-Sturm an den Reichsstatthalter Murr, damit dieser ihm zu einem Volksschulrektorat in Esslingen verhelfe.[240]

Viele Parteimitglieder wurden in Tübingen auf diese Weise allerdings nicht belohnt. Oft sträubten sich die betroffenen Stellen gegen einen Eingriff der Partei in ihre Personalpolitik. Gelegentlich klafften auch die Ansprüche der zu versorgenden Parteigenossen und deren Fähigkeiten zu weit auseinander. So bewarb sich beispielsweise der ehemalige Ortsgruppenleiter der zwanziger Jahre und spätere Verlagsleiter des »Neuen Tübinger Tagblatts«, Franz Deyle, vergeblich beim Reichsstatthalter um die vakante Stelle eines Tübinger Polizeidirektors. Trotz der beachtlichen Verdienste um die Partei, die Deyle minutiös aufgeführt hatte, ließ ihn Staatssekretär Waldmann wissen, daß er für diesen Posten nicht in Frage käme. Gegen seine Wiederverwendung im Verwaltungsdienst bestünden jedoch keine Bedenken.[241] Nach einer Übergangsregelung wurde statt Deyle im Dezember 1934 Regierungsdirektor Dr. Harster zum Polizeidirektor ernannt.[242] Franz Deyle blieb bei der NS-Presse in Tübingen.

Deyles erfolglosem Bewerbungsschreiben verdanken wir ein Resümee der personellen Veränderungen, die die »Machtergreifung« für die Stadt Tübingen gebracht hatte: *Inzwischen ist die Revolution mächtig ins Land gegangen. In Tübingen selbst ist nicht besonders viel geändert worden [...]. Beim Bürgermeisteramt gab es keine Änderung. Genau so ist es beim Oberamt, Amtsgericht, Staatsanwaltschaft, Finanzamt, Oberamtssparkasse und Universität. Vielleicht kann man auch hier noch die Reichswehr nennen. Einzige Ausnahme waren die Polizeidirektion und die Ortskrankenkasse. Die Polizeidirektion ist z. Zt. noch nicht besetzt, sie wird von einem mittleren Beamten, der m. E. in keiner Weise nationalsozialistisch zu schaffen im Stande zu sein scheint, stellvertretungsweise geleitet. Vielleicht kann man hier heute noch sagen, Zentrum ist Trumpf.*[243] Die Tübinger »Machtergreifung« lief also bemerkenswert unspektakulär ab. Bezeichnenderweise lauteten die Meldungen der Lokalpresse geradezu stereotyp: *Zu Zwischenfällen ist es nicht gekommen.* Carlo Schmid, der als junger Richter am Landgericht den Beginn des Naziregimes in Tübingen erlebte, schrieb in seinen Erinnerungen: *Das »Dritte Reich« zog nicht mit Fanfaren und Stiefelgepolter in Tübingen ein. Ein Fremder, der nichts von dem wußte, was in Berlin vor sich ging, würde kaum etwas bemerkt haben, das ihm den Umsturz der Verfassungswirklichkeit hätte anzeigen können. Gewiß, die schwarz-rot-goldenen Fahnen – wie selten waren sie seit jeher zu sehen gewesen! – verschwanden; an öffentlichen Gebäuden und da und dort an Fenstern von Wohnhäusern hingen Hakenkreuzfahnen, oft zusammen mit dem schwarzweiß-roten Banner des Kaiserreichs. Man sah im Universitätsviertel ein paar junge Leute mehr in braunen Hemden, und manche Bürger sagten »Heil Hitler« statt »Guten Morgen« oder »Grüß Gott«; nur wenige streckten dabei den rechten Arm hoch. Das Leben ging weiter wie zuvor, jedenfalls noch einige Monate lang.*[244]

Sucht man nach den Gründen für die Reibungslosigkeit und das hohe Maß an personeller Kontinuität, muß man sowohl die personelle Struktur und den Organisationsgrad der Tübinger NSDAP als auch die allgemeine kommunalpolitische Situation Tübingens berücksichtigen. Die Tübinger Nationalsozialisten stellten eine extrem junge Riege. Anfang 1933 hatten sie gerade erst ein Jahr an kommunalpolitischer Erfahrung hinter sich. Auf die Übernahme der Macht waren sie offenbar nur ungenügend vorbereitet. Es bestanden weder Säuberungslisten noch ein kommunales Schattenkabinett. Es hätten dafür auch die geeigneten Personen gefehlt. Als der »Sturm auf die Rathäuser« eröffnet wurde, verfügte die Ortsgruppe nicht über genügend qualifizierte Verwaltungsfachleute, um ein totales Revirement durchführen zu können. Selbst für einen Austausch der Spitzenbeamten und Abteilungsleiter reichte der Personalstab anscheinend nicht aus. Bei den Festakten und Reden der ersten Wochen mußten aus Mangel an profilierten lokalen NS-Funktionären studentische und universitäre Parteimitglieder in die Bresche springen. Abgesehen von diesen parteiinternen Problemen war für die Reibungslosigkeit aber auch von Bedeutung, daß es sich bei den Tübinger Kommunalbeamten in der Regel um alteingesessene, langgediente und konservative Fachleute handelte. Der Vorwurf des Parteibeamten konnte ihnen nicht gemacht werden. Das größte personalpolitische Problem hätte für die örtlichen Nazis bedeutet, für den in weiten Kreisen der Bevölkerung anerkannten Oberbürgermeister einen gleichwertigen Ersatz zu finden. Der Kreisleiter war 1933 gerade 24 Jahre alt und von seiner Tätigkeit als Antiquariatsgehilfe kaum darauf vorbereitet, die Verwaltung einer Universitätsstadt zu leiten. Ebensowenig konnte zu diesem Zeitpunkt der stellvertretende Kreisleiter, der eben erst seine Ausbildung zum Zahnarzt abgeschlossen hatte, die Autorität des

Tübinger Stadtvorstandes in Frage stellen. Auch den übrigen Mitgliedern der nationalsozialistischen Fraktion des alten Gemeinderats – ein Friseur und ein arbeitsloser kaufmännischer Angestellter, ein Rechtsanwalt und ein Weichenwärteraushelfer – fehlten die fachliche Qualifikation wie die Persönlichkeit, die eine Ablösung in den Augen der Bevölkerung legitimiert, zumindest aber plausibel gemacht hätte. Denn die Partei war sich sehr wohl bewußt, daß sie mit der Unterstützung von gut der Hälfte der Tübinger Bevölkerung angetreten war und vorerst auch weiterhin auf deren Zustimmung angewiesen blieb, wollte sie ihre hochgesteckten Ziele verwirklichen. An der Person Adolf Scheefs aber war während der gesamten politischen Auseinandersetzung keine Kritik laut geworden. Noch im Februar 1933 hatte die NS-nahe »Tübinger Zeitung« bekräftigt: *Immerhin, und das sei hier wiederholt anerkennend festgestellt: die Stadtverwaltung hat stets getan, was in ihren Kräften stand und wird dies auch künftig so halten.*[245]

Auch Ernst Weinmann, der Fraktionsvorsitzende der NSDAP, hatte bei der Vereidigung des neuen Gemeinderats dem übernommenen Stadtvorstand die Anerkennung seiner Fraktion für die bisher geleistete Arbeit ausgeprochen.[246] Der solchermaßen anerkannte Verwaltungsfachmann konnte nun nicht einfach zum Vertreter des »korrupten Weimarer Systems« gestempelt werden, seine Autorität nicht plötzlich in Frage gestellt werden.[247] In gewisser Weise wurden die Tübinger Nationalsozialisten so das Opfer ihrer eigenen Taktik, auf die übliche Obstruktion parlamentarischer Arbeit zu verzichten. Wollten sie ihre Glaubwürdigkeit nicht verlieren und neben großem Unverständnis in der Bevölkerung auch ein Chaos in der Verwaltung riskieren, mußten sie sich mit Adolf Scheef arrangieren. Wie diese Annäherung erfolgte, ist nicht bekannt. Fest steht nur, daß Scheef den Nationalsozialisten das Arrangement nicht schwer gemacht hat. Der ehemalige Landtagsabgeordnete der DDP und Vertreter des Reichsbanners im Gauausschuß, der *erst spät den Weg zur NSDAP fand*,[248] wie es 1944 in einem Nachruf der Partei hieß, war offensichtlich zur Mitarbeit mit den Nationalsozialisten bereit. Dabei kam die erweiterte Machtbefugnis, die das Führerprinzip mit sich brachte, teilweise seinen Vorhaben durchaus entgegen, wie die Eingemeindungen von 1934 zeigen werden. *Zu Scheef – was soll ich da sagen? Den haben all die linken Vereine damals gewählt. Der war noch einer der sehr aufrechten Demokraten [...], und dann ist er halt auch – ich kann nichts anderes sagen wie – gleichgeschaltet worden, hat er sich halt auch den Verhältnissen angepaßt,* erzählte rückblickend ein alter Gewerkschafter. *Aber ich glaube nicht, daß er Mitglied war bei der NSDAP: Wer zu ihm kam, wenn kein Brauner in der Nähe war, hat mit ihm schwätzen können.*[249]

Allerdings bedeutete die Tolerierung Scheefs durch die Nationalsozialisten keineswegs, daß sich diese bedingungslos seiner Führung untergeordnet hätten. Ihre Taktik ging vielmehr dahin, den kompetenten Verwaltungsfachmann in ihre Dienste zu nehmen, die Einflußmöglichkeit des Politikers jedoch einzuschränken. Solche personellen Zwangslagen gab es gerade in Württemberg häufiger, wo selbst die kleinen Gemeinden ihren ausgebildeten, festangestellten Ortsvorsteher bzw. Verwaltungaktuar hatten. Bis August 1933 waren gerade *etwa hundert Ortsvorsteher in Württemberg wegen ihrer bisherigen politischen Einstellung und Betätigung* beurlaubt worden.[250] Staatskommissar Dr. Ludwig Battenberg hielt es wohl nicht zuletzt deshalb für angebracht, auf einer Tagung der württembergischen Ortsvorsteher festzustellen, *daß ein Ortsvorsteher keineswegs Mitglied der NSDAP sein müsse. Wenn er einwandfreie nationalsozialistische Politik auf dem Rathaus treibe, dann sei er ebenso geschätzt und angesehen wie ein Parteigenosse.*[251]

Ein Vergleich Tübingens mit anderen Städten der gleichen Größe zeigt, daß das hohe Maß an personeller Kontinuität in Tübingen keineswegs ein Sonderfall war. Nach den Zusammenstellungen Horst Matzeraths behielt nahezu die Hälfte (46,5 Prozent) aller Städte mit 20 000 bis 50 000 Einwohnern ihren Stadtvorstand, zumindest bis Ende 1933.[252] Auch in den mit der Universitätsstadt fast zusammengewachsenen, selbständigen Gemeinden Lustnau und Derendingen fielen die Ortsvorsteher nicht der Wende zum Opfer. Auf ihren Gemeindevorstand, der seit mehr als dreißig Jahren die Verwaltung leitete, ließ die Lustnauer NSDAP-Ortsgruppe nichts kommen, ungeachtet Hans Raths früherer Tätigkeit bei der DVP. Bei den Eingemeindungsverhandlungen gab sie vielmehr gegenüber dem Staatsministerium zu verstehen, *daß Bürgermeister Rath der tüchtigste Kommunalbeamte im Bezirk sei und daß die Nationalsozialisten in Lustnau Wert darauf legen, daß er noch einige Jahre (bis zu seinem normalen Ausscheiden) sein Amt in Lustnau weiterführe, obgleich er früher die Partei bekämpft habe.*[253] Rath selber schilderte 1934 in seinem Verwaltungsbericht den reibungslosen Verlauf der »nationalen Revolution« geradezu idealtypisch. Was er da wie eine legale Revolution beschrieb, schildert auch exakt den Tübinger Übergang ins Dritte Reich: *Der Gemeinderat wurde erneuert, die Zahl seiner Mitglieder verringert, die Stellung des Ortsvorstehers, unter Erweiterung seiner Befugnisse umgestaltet. Ohne viel Rumor, zielbewußt und sicher sind diese Umstellungen verfügt und durchgeführt worden. [...] Bei alledem ging die Arbeit in der Gemeindeverwaltung ihren gewohnten Gang, dank auch des Umstandes, daß die nationale Revolution sich durchweg in größter Ordnung und ohne jede Erschütterung des staatlichen, kommunalen und wirtschaftlichen Lebens vollzogen hat. Es konnten so nicht nur die laufenden Aufgaben der Gemeindeverwaltung anstandslos erfüllt, sondern auch außerordentliche Unternehmungen der verschiedensten Art durchgeführt werden.*[254]

## Herrschaftsaufbau

Mit der Eroberung der staatlichen und kommunalen Machtpositionen gaben sich die Nationalsozialisten nicht zufrieden. Ihre totalitäre Ideologie verlangte, alle wirtschaftlichen, sozialen und kulturellen Institutionen entweder zu verbieten oder den eigenen Zwecken unterzuordnen. Angesichts der Vielzahl von Vereinen in Tübingen war das eine immense Aufgabe. Dennoch waren im Herbst 1933 die meisten Vereine gleichgeschaltet, d.h. mit einem Vorstand versehen, der sich mehrheitlich aus Mitgliedern der NSDAP zusammensetzte. Nur bei wenigen zog sich der Vorgang bis Ende 1934, vereinzelt bis ins Jahr 1935 hin. Von da an gab es in Tübingen keinen Verein oder wirtschaftlichen Zusammenschluß mehr, der nicht wenigstens formal gleichgeschaltet war.

Gleichschaltung der wirtschaftlichen Organisationen

Die Nationalsozialisten waren mit dem Versprechen angetreten, die Wirtschaftskrise zu beenden. An die Macht gekommen, widmeten sie sich diesem Problem mit großer Energie und einem enormen Propagandaaufwand. Denn sie waren sich bewußt, daß ihr Rückhalt in der Bevölkerung wesentlich von einer spürbaren Besserung der wirtschaftlichen Lage abhing. Vorrangig galt es, die Massenarbeitslosigkeit zu beseitigen. Die »Arbeitsschlacht« wurde ausgerufen.[255] Umfassende Arbeitsbeschaffungsprogramme, die auf den Vorarbeiten der vorherigen Regierung basierten, der Ausbau des Freiwilligen Arbeitsdienstes, die Vermittlung von Arbeitslosen in den Landdienst, Entlassungen von verheirateten Frauen und die durch ein großzügiges Kreditprogramm gesteuerte Belebung des Baugewerbes sorgten in kurzer Zeit für eine Bereinigung der Arbeitslosenstatistik. Es handelte sich tatsächlich vorwiegend um eine Bereinigung, denn die schnelle Senkung der Arbeitslosenzahlen bedeutete keineswegs, daß nun allen Erwerbslosen zu dauerhaften Stellen verholfen war. Sie hing vielmehr wesentlich damit zusammen, daß unregelmäßig Beschäftigte, Teilnehmer an Arbeitsdienstlagern, jugendliche Landhelfer und Notstandsarbeiter seit 1933 nicht mehr als Arbeitslose geführt wurden.[256] Die forcierten Arbeitsbeschaffungsmaßnahmen, die bereits 1934 dem Primat der Rüstung untergeordnet wurden, gingen einher mit einer Gleichschaltung der wirtschaftlichen Institutionen und einem Abbau an gesetzlichem Schutz samt der Beseitigung der meisten Arbeitnehmerrechte.

In der Hoffnung auf eine rasche Einlösung ihrer Forderungen setzte die mittelständische Tübinger Wirtschaft den Gleichschaltungsbemühungen der NS-Funktionäre keinen Widerstand entgegen. Die ersten Maßnahmen der neuen württembergischen Regierung kamen ihrem Schutzbedürfnis tatsächlich entgegen.[257] Ergebenheitsadressen und Loyalitätsbekundungen der Verbände und Vereine bildeten denn auch den Auftakt der Gleichschaltung.[258] Ob diese aus Überzeugung oder aus Opportunismus erfolgten, ist im nachhinein schwer zu entscheiden.

Als eine der ersten Organisationen brachte die Handwerkskammer Reutlingen, der der Bezirk Tübingen angeschlossen war, ihre *tiefe Sympathie mit den nationalen Einigungsbestrebungen der gegenwärtigen Regierung* in einem öffentlichen Aufruf zum Ausdruck. *Durchdrungen von der großen und tiefgreifenden Bedeutung des gegenwärtigen politischen Geschehens für das deutsche Volk* forderten der Vorsitzende und Syndikus der Handwerkskammer, *das gesamte Unternehmertum des Bezirks in Stadt und Land dazu auf, entschlossen und vertrauensvoll hinter die nationale Regierung zu treten.*[259] Bald tauchten in den Zeitungen Anzeigen auf, die mit NS-Emblemen versehen das Vertrauen demonstrierten, das anpassungsbereite Geschäftsleute in die neue Regierung setzten.

Ziel der Nationalsozialisten war es, anstelle des zersplitterten Verbandswesens des gewerblichen Mittelstandes eine einheitliche, straff gelenkte NS-Organisation zu setzen. Als solche bot sich der im Dezember 1932 reichsweit gegründete Kampfbund für den gewerblichen Mittelstand an. *Auf ersten Anhieb* hatte er in Tübingen den Boden erobert und im Mai, wie die »Chronik« berichtete, im vollbesetzten Schillersaal seine Gründungsversammlung abgehalten.²⁶⁰ Im Hochgefühl dieses Erfolgs prophezeite der »Gaukampfführer« auf der Versammlung: *Mit dem Ablauf des Jahres 1933 haben wir in Deutschland keinen Landtag und keinen Reichstag mehr, sondern Ständekammern, den Ständestaat.* Deshalb müsse »gleichgeschaltet« werden. *Wenn wir heute mit Volldampf eine einheitliche Organisation betreiben, so nicht zuletzt deshalb, um gewisse Leute, welche heute noch glauben, mit 120 PS bremsen zu müssen, als Bremsschuh einmal zu beseitigen.*

Als einer der wenigen zog der ehemalige DDP-Landtagsabgeordnete Otto Henne, langjähriger Vorstand des Tübinger Gewerbevereins und Vorsitzender der Handwerkskammer Reutlingen, seine Konsequenz aus dem Machtwechsel. Am 8. April erklärte er, für eine Umwandlung in der Führung des Verbandes kein Hindernis bilden zu wollen, *obwohl er sich bewußt sei, jederzeit seine ganze Kraft in den Dienst des Handwerks gestellt zu haben.*²⁶¹ Als seinen Nachfolger schlug Henne den NS-Kampfbundführer Philipp Bätzner vor. Nicht mehr freiwillig, sondern bereits auf den *ausdrücklichen Wunsch* des Kampfbunds gab er anschließend auch seinen Rücktritt als Vorsitzender der Handwerkskammer Reutlingen bekannt. Auch in diesem Amt trat Bätzner seine Nachfolge an. Als die Nationalsozialisten abschließend Henne zum Ehrenobermeister ernannten, ehrten sie nicht nur einen bekannten Interessenvertreter des Handwerks, sondern honorierten auch die Problemlosigkeit, mit der dieser den Wechsel ermöglicht hatte.²⁶² Zu seinem Vertrauensmann im Kreis Tübingen bestellte der Führer des Kampfbundes den NS-Gemeinderat und Gewerbevereinsvorsitzenden Hans Keck. Dessen Aufgabe war es, die Gleichschaltung der Wirtschaft zügig voranzutreiben.

Die Gleichschaltung des Gewerbevereins, der ja bereits seit Frühjahr 1932 unter Kecks Leitung stand, war daraufhin lediglich ein formaler Akt. Dennoch mußte, als im Sommer 1933 die Deutsche Arbeits-Front (DAF) als Zwangsorganisation für alle in der Wirtschaft Tätigen an die Stelle des Kampfbundes trat, auch der Tübinger Gewerbeverein sein Dasein beenden. Sein 89. Stiftungsfest, das er im Dezember 1933 feierte, war sein letztes. Bald darauf wurde er aufgelöst, seine Aufgaben übernahm die DAF. *Wechseln auch die Formen, so wird das, was gut im Gewerbeverein war, doch weiterhin Bestand haben,* versuchte der Vorsitzende über die Auflösung hinwegzuhelfen, *denn nicht dazu wurde das Neue geschaffen, um eine gute Überlieferung zu zerschlagen, sondern damit jeder Stand sich einordnet in das große Gefüge der Gemeinsamkeit.*²⁶³

Seit Mai 1933 häuften sich in den Tageszeitungen die Anzeigen, in denen Vereine zu außerordentlichen Mitgliederversammlungen einluden und als einzigen Punkt der Tagesordnung »Gleichschaltung« vermerkten. Der Begriff hatte sich rasch eingebürgert, ohne daß überhaupt klar war, was exakt darunter zu verstehen sei. Die Nationalsozialisten des Kreises Tübingen betrieben dabei eine flexible Personalpolitik.²⁶⁴ So gab es viele Vereine, bei denen sie sich mit der formalen Neuwahl des alten Vorstands zufrieden gaben, was mit der Bedeutungslosigkeit des Vereins wie mit der Anpassungsfähigkeit seines Vorstands zusammenhängen konnte. Andere Verbände, wie beispielsweise der Landwirtschaftliche Bezirksverein, wurden aufgelöst und in NS-eigene Organisationen überführt. Das Vermögen des aufgelösten Vereins war bei der neugegründeten Kreisbauernschaft sehr willkommen. Zum Ortsbauernführer wurde allerdings kein »Alter Kämpfer« bestellt, sondern der beliebte und geschätzte DNVP-Mann Zacharias Krauss, der sich bereits im Gemeinderat der Weimarer Republik als Sprecher der Tübinger Weingärtner hervorgetan hatte. Der Vorgang zeigt, daß es den Nationalsozialisten unter Umständen wichtiger war, einen glaubwürdigen und anerkannten Interessenvertreter für die Wirtschaftsverbände zu finden, als rigoros die Besetzung aller Vorstandsposten mit Nationalsozialisten durchzudrücken und damit permanenten Ärger in Kauf zu nehmen. Ganz abgesehen davon zeigten sie diese auffallende Kompromißbereitschaft vor allem immer dort, wo fähige und populäre Leute in den eigenen Reihen nicht aufzutreiben waren.

Ganz so problemlos vollzogen den Übergang ins Dritte Reich jedoch nicht alle Vereine. Im Arbeitervorort Lustnau beispielsweise trat der Vorstand des Gewerbevereins geschlossen zurück, um nicht selber die Gleichschaltung vollziehen zu müssen. Daraufhin diktierte der Kreisleiter des Kampfbunds dem Verein einen neuen Vorstand und eine neue Satzung: Wahlen wurden abgeschafft, das Führerprinzip eingeführt. Größere Machtbefugnisse bekam aber auch der von der NSDAP diktierte Vereinsvorstand nicht. Der Kampfbundleiter betonte vielmehr bei der Einsetzung des neuen Vorstands, daß auch dieser jederzeit wieder abgesetzt werden könne.[265]

Schwierigkeiten verursachten bei den Gleichschaltungsaktionen auch die schnell wechselnden und einander oft widersprechenden Direktiven übergeordneter Stellen. Auch die Vielzahl von neuen Einrichtungen, die parallel zu den alten ins Leben gerufen wurden, sorgten für Verwirrung.[266] So löste sich der Handelsverein Tübingen im April 1933 nach den Weisungen der übergeordneten Arbeitsgemeinschaft auf und stellte seinen Mitgliedern anheim, einzeln dem Kampfbund für den gewerblichen Mittelstand beizutreten.[267] Gut einen Monat später wurde jedoch erklärt, daß die Auflösung *nach dem Verlauf der Entwicklung vorerst nicht in Frage komme*.[268] Daraufhin wählte der Verein – auf Vorschlag eines NSDAP-Mitglieds – seinen ehemaligen ersten Vorsitzenden wieder. Der bestimmte keineswegs nationalsozialistische Vertreter des Handels zu Vorstandsmitgliedern, sondern liberale Geschäftsleute. Unter diesen war auch ein ehemaliger DDP-Gemeinderat, der als »alter Demokrat« bekannt war. Daß diese Neubesetzung anstandslos durchging, bedeutete allerdings keinen Freibrief für den Handelsverein, da ihm der Kampfbund für den gewerblichen Mittelstand als Kontrollinstanz übergeordnet wurde.[269] Lange sollte die Existenz des wiedergegründeten Handelsvereins ohnehin nicht dauern. Nachdem im August 1933 der Kampfbund reichsweit in die neu errichtete Nationalsozialistische Handels- und Gewerbeorganisation (NS-HAGO) überführt und diese wiederum in die DAF eingegliedert worden war, mußte er Anfang 1934 seine Existenz aufgeben.[270]

Auch bei der Gleichschaltung der Handwerkerorganisationen, vor allem der Innungen, gingen die Tübinger Nazis nicht nach einem starren Schema vor. Einige Innungen kamen zudem den Anordnungen der Partei zuvor. Die Malerinnung etwa meldete bereits Ende April den Vollzug der Gleichschaltung.[271] Sie hatte ihr Innungsmitglied, den NS-Gemeinderat Hermann Kratz, zu ihrem neuen Obermeister bestimmt. Sehr viel distanzierter verhielten sich die Wagner. Erst nach Ablauf eines Jahres erklärte ihr Obermeister, *aus der*

*Notwendigkeit des nationalsozialistischen Führerprinzips heraus* jederzeit bereit zu sein, sein Amt auf Ersuchen des Kammervorsitzenden abzutreten, ohne irgendwelche Ansprüche dabei geltend machen zu wollen.[272] Ernsthafte Widerstände gegen die Gleichschaltung sind jedoch auch von den Innungen nicht bekannt. Die meisten schalteten sich selber gleich. Nur bei der Freien Glaserinnung bedurfte es einigen Drucks. Schließlich vollzog aber auch bei ihr der Kreisleiter des Kampfbunds in Anwesenheit von Vertretern der kommunalen und verbandseigenen Aufsichtsbehörden die Gleichschaltung.[273]

Noch im Frühjahr 1933 hatte es in Tübingen überwiegend freie Innungen gegeben. Doch das »Gesetz über den vorläufigen Aufbau des deutschen Handwerks« vom 29. November 1933 führte statt der fakultativen Zusammenschlüsse Pflicht-Innungen ein, die eine zentrale Erfassung und Kontrolle des gewerblichen Mittelstandes ermöglichten,[274] aber auch den traditionellen Forderungen des Gewerbes nach einem ständischen Aufbau und dem Bedürfnis nach Schutz vor Konkurrenz entgegenkamen. In Wirklichkeit wurden durch diese Umwandlung die einstigen Selbstverwaltungsorganisationen des Handwerks in staatlich reglementierte und hierarchisch strukturierte Zwangsorganisationen überführt. Nach Abschluß dieses Umbaus gab es in Tübingen 37 Pflicht-Innungen, zehn mehr als 1930. Lediglich bei sieben Innungen wurden die Vorstände völlig neu besetzt. 14 Vorstände dagegen wurden vollständig übernommen, bei sieben weiteren nur ein Vorstandsmitglied ausgewechselt.[275] Nur wenige neue Innungsvorstände kamen aus dem Kreis alter Nationalsozialisten. Das Einbinden anerkannter Honoratioren aus dem mittelständischen Gewerbe unterband das Aufkeimen möglicher Opposition. Waren die Obermeister erst einmal bestätigt, so wurde ihnen klar gemacht, daß sie eine Parteimitgliedschaft nicht umgehen könnten. *Der Handwerksmeister* [gemeint ist der Kreis-Handwerksmeister] *hat Wert darauf gelegt, daß die Herren Obermeister in die Partei eintreten. Von 28 Innungen waren es nur zwei, die nicht in die Partei gegangen sind,* erinnert sich der ehemalige Obermeister der Schneiderinnung, Jakob Kraus. *Bei jeder Sitzung hat er mich angepöbelt und einmal hat er gesagt, es sei ihm schon längst bekannt, was für ein Geist in unserer Innung herrscht.*[276] Als Kraus schließlich keine Möglichkeit mehr sah, die Schneiderinnung nach seinen Vorstellungen und ohne Einmischung übergeordneter Parteistellen zu leiten, stellte er sein Amt zur Verfügung.[277]

Vor der Machtübernahme hatten die Nationalsozialisten lauthals den Schutz des Mittelstandes propagiert. Nun, nachdem sie an der Macht waren, wartete der gewerbliche Mittelstand auf die Einlösung der Versprechungen. Doch bald schon zeigte sich, daß die Interessen der Großindustrie auch im NS-Staat Priorität besaßen. Die spontanen Maßnahmen gegen Kaufhäuser, Einheitspreisgeschäfte und Konsumvereine wurden schnell unterdrückt und verboten.[278] Das stieß natürlich auf Unverständnis im Mittelstand.[279] Verblüfft mußten die Kleingewerbebetreibenden und Einzelhändler zur Kenntnis nehmen, daß die Konsumvereine, die vor dem 30. Januar die Zielscheibe stereotyper Angriffe mittelständischer NS-Redner waren, plötzlich zum Vorbild an Gemeinsinn und zu *einem Bestandteil der nationalsozialistischen Volksgemeinschaft* erklärt wurden.[280] *Es muß unter allen Umständen vermieden werden, daß ordnungsmäßig geleitete, wirtschaftliche Konsumvereine, deren*

*Mitglieder allen Bevölkerungsschichten angehören, durch ungesetzliche örtliche Abkommen in ihrer Existenz bedroht werden,* machte am 18. Mai Landrat Julius Goes einen Erlaß des württembergischen Wirtschaftsministeriums bekannt.[281] Waren die Konsumvereine von ihren »marxistischen« Funktionären gesäubert, konnten sie erhalten bleiben. *Durch ihre politische Entgiftung sind die Konsumgenossenschaften wieder zu wahren Dienern der Volksgemeinschaft geworden, so daß in politischer Hinsicht irgendwelche Einwendungen gegen ihren Bestand heute nicht mehr zu erheben sind.* Mit diesen Worten schnitt NS-Landtagsabgeordneter Reiner auf einer Mittelstandskundgebung den irritierten Tübinger Einzelhändlern das Wort ab, als sie ihre Beschwerden über die Konsumvereine vorbringen wollten.[282] Im August 1933 folgte die Gleichschaltung des Tübinger Konsumvereins.[283] Das »Gesetz über die Verbrauchergenossenschaften« vom 21. Mai 1935, das lediglich einige, nicht funktionierende Genossenschaften abbaute, zog einen endgültigen Schlußstrich unter diese Angelegenheit.[284]

Noch in anderer Hinsicht enttäuschte der NS-Staat den mittelständischen Handel und das mittelständische Gewerbe. Anfangs hatten die NS-Politiker das »Am-Platz-Kaufen« propagiert. Der »Tübinger Beobachter« des NS-Blattes hatte beispielsweise herbe Kritik an den Vertretern jener Kreise geübt, *deren erster Gang es ist, wenn sie nach Stuttgart fahren, gedankenlos ins Warenhaus zu laufen, im Chape* [Kaufhaus in jüdischem Besitz] *zu kaufen und staunend vor den »billigen« Geschäften jüdischer Firmen sich zu drängen [...]. Die tägliche Beobachtung kann jedermann davon überzeugen, wie stark die Sitte überhand genommen hat, grundsätzlich alles von auswärts zu beziehen [...]. Es ist eine Erbärmlichkeit, daß nicht soviel Disziplin und soviel Solidaritätsgefühl im Volk und in den höchsten Kreisen vorhanden ist, um die selbstverständlichen Pflichten gegenüber dem heimischen Handel und Gewerbe so zu erfüllen, daß die Gesundung unserer Wirtschaft auch in dieser Hinsicht unterstützt wird.*[285] Diese immer häufiger zu hörenden Appelle an den Gemeinsinn hatten allerdings wenig Erfolg. Weiterhin nahmen zum Ärger der Tübinger Geschäftswelt die kaufkräftigen Kreise der Stadt für sich das Recht in Anspruch, die Warenangebote zu vergleichen und dem günstigeren Angebot der Landeshauptstadt den Vorzug zu geben. Bald erhielten sie dabei sogar offizielle Unterstützung: Seit Ende 1933 wiesen das württembergische Innenministerium wie das Wirtschaftsministerium die Oberämter auf die Unzulässigkeit der die gesamtdeutsche Wirtschaft schädigenden und nur vorgeblich nationalsozialistischen Losung »Kaufe am Ort« hin.[286] Ausdrücklich heißt es in einem dieser Runderlasse: *Es ist also unrichtig und hat mit Nationalsozialismus nichts zu tun, wenn immer noch mancherorts gegenüber Amtsstellen, Beamten und Privaten die Forderung erhoben wird, nur am Platze zu kaufen.*

Trotz dieser Enttäuschungen stand der gewerbliche Mittelstand dem Regime positiv gegenüber. Verantwortlich dafür waren vor allem die Erfolge der »Arbeitsschlacht«, die das Regime nach 1933 begonnen hatte. Bereits 1934 konnte ein Gemeinderat darauf hinweisen, *daß das Handwerk zur Zeit ausgezeichnet beschäftigt sei und daß es sich deshalb frage, ob nicht einige der geplanten städtischen Unternehmungen bis auf Weiteres zurückgestellt werden könnten.*[287]

Begeisterung für »Zucht, Ordnung und Disziplin«
oder die Selbstgleichschaltung des öffentlichen Lebens

Die meisten Vereine des kulturellen und Freizeitbereichs schalteten sich – getragen von einer Welle der Begeisterung und getrieben vom verbreiteten Konformitätsdruck – seit April 1933 freiwillig selber gleich.[288] Beispielhaft verlief die Hauptversammlung des Schwäbischen Albvereins im Oktober 1933 in Rottweil. In der Hoffnung, daß sich an den Zielen des Vereins nichts ändern möge, nahmen die Mitglieder die Einführung des Führerprinzips und die Abschaffung der beschlußfassenden Mitgliederversammlung hin. Man sei fest entschlossen, so versicherte der bisherige Vorstand, Eugen Nägele, *im alten Geist am neuen Reich weiter zu arbeiten*.[289] Aus eigenem Antrieb, ohne erkennbaren äußeren Zwang brachte der Vorsitzende auch die Mitgliedschaft von Juden und Marxisten zur Sprache. Von dem anwesenden Oberregierungsrat Hermann Cuhorst, dem späteren Vorsitzenden des Stuttgarter Sondergerichts, wurde sie dahin entschieden, *daß Mitglieder früherer marxistischer Verbände wohl aufgenommen, ihre Gesamtzahl aber 20 Prozent nicht überschreiten dürfe. Eine Überfremdung müsse verhütet werden. Hinsichtlich der Juden gelten sinngemäß die entsprechenden Bestimmungen des Beamtengesetzes*.[290] Schließlich ernannte der Vorsitzende seinen Nachfolger. Damit war die Gleichschaltung vollzogen, ohne daß es zu Meinungsverschiedenheiten oder gar Protesten gekommen war.

Die wenigen Juden, die 1933 Funktionen in den bürgerlichen Vereinen innehatten, wurden aus ihren Ämtern vertrieben. Der Schriftführer der Tübinger Sportfreunde e. V., Hans Spiro, mußte seine Tätigkeit aufgeben, der Kassier des Anwaltsvereins, Simon Hayum, seinen Posten niederlegen.[291]

Sozialdemokraten und Kommunisten, die in eigenen Vereinen organisiert waren, mußten aus den gleichgeschalteten bürgerlichen Vereinen erst gar nicht ausgeschlossen werden. Die anpassungsbereiten bürgerlichen Vorstände wurden größtenteils von den Nationalsozialisten akzeptiert, selbst wenn sie früher Repräsentanten liberaler Parteien waren. Schwierigkeiten gab es nur dort, wo Vereine glaubten, wegen ihrem Engagement für die »nationale Sache« Sonderrechte ableiten oder eine straffe Reglementierung umgehen zu können. Die im Stadtverband für Leibesübungen zusammengeschlossenen Sportvereine beispielsweise hatten alle Gleichschaltungsmaßnahmen willig über sich ergehen lassen und immer *den Gedanken an Deutschland vorangestellt*.[292] Ausdrücklich betonte die Spielvereinigung 03 Tübingen ihre Einigkeit mit der neuen Bewegung: *Allüberall sehen wir den Geist wieder lebendig werden, den die SVT seit ihrer Gründung nie aus den Augen verloren hat; in ihm sind ihre Besten 1914 hinausgezogen und in ihm hat sie von je der Erziehung und der Ertüchtigung der ihr anvertrauten Jugend und damit unserem lieben Vaterland gedient*.[293]

Im Bewußtsein dieser Übereinstimmung griff sie auch *freudig die neue Aufgabe des Wehrsports* auf, den der Stadtverband bereits im Mai 1933 zur Pflicht machte.[294] Doch gegen den beabsichtigten Zusammenschluß mit dem anderen großen Sportverein, den Tübinger Sportfreunden, sträubte sie sich heftig. In einem Leserbrief an die »Tübinger

Chronik« begründete der Erste Vorsitzende die Ablehnung ohne ein Blatt vor den Mund zu nehmen damit, daß die SV sich bewußt sei, *die grundlegenden Forderungen der neuen Staatsführung jederzeit erfüllt zu haben.*[295] So viel Selbstbehauptungswille ging der Partei zu weit. *Auf die Aufforderung der Gaubehörde hin* mußte zwei Wochen später der kurz zuvor bestätigte Gesamtvorstand des Vereins zurücktreten. Durch Zuruf bestimmte die Vereinsversammlung den NS-Gemeinderat Walter Schurr zu ihrem neuen Vorsitzenden.[296] Schwierigkeiten machte die SV 03 seitdem nicht mehr.

Bei den Chören, Gesangvereinen und Spielvereinigungen gaben sich die Nationalsozialisten meist mit einer formalen Gleichschaltung zufrieden[297] und konzentrierten ihre Bemühungen um Einfluß und Kontrolle auf die Errichtung einer übergeordneten Instanz, den »Programm-Ausschuß«. Vertreter von Museumsgesellschaft, Akademischem Musikverein und dem Amt für politische und wissenschaftliche Schulung der Tübinger Studentenschaft sorgten darin unter dem Vorsitz des Kampfbundes für deutsche Kultur für *eine einheitliche Zielrichtung* der kulturellen Veranstaltungen.[298] Die tonangebende Museumsgesellschaft konnte zwar ihren langjährigen Vorsitzenden, den Philosophieprofessor Theodor Haering, halten. Den jährlichen städtischen Zuschuß machte der Gemeinderat auf Antrag von Professor Matthaei aber davon abhängig, daß ihre Veranstaltungen *im Einvernehmen mit dem Kampfbund für deutsche Kultur* zugelassen wurden.[299] Große Kontroversen haben den »Programm-Ausschuß« dennoch nicht erschüttert. Denn schon ohne diese Zensur diente die Programmgestaltung der Museumsgesellschaft einer konservativen Elite und vermied sozialkritische Themen und Autoren. Deshalb zeigt ihr Programm nach 1933 kaum eine Änderung außer der Tatsache, daß nun auch sogenannte Volksstücke auf die Bühne gebracht wurden.[300]

Im Sommer 1934 taten die Nationalsozialisten den nächsten Schritt zur Lenkung des Tübinger Kulturlebens und gründeten eine NS-Kulturgemeinde. Dieser Institution oblagen von da an alle kulturellen Veranstaltungen, von der Einladung und Auswahl bis zur Gestaltung eines sozial gestaffelten Eintrittspreises. Von nun an sollte bei den Veranstaltungen *nicht ein künstlerischer Genuß im Sinne des vergangenen liberalistischen, individualistischen Zeitalters gesichert, sondern ein gemeinsames, wertschaffendes Erlebnis deutschen, schöpferischen Geistes* erreicht werden.[301]

Eine besondere Rolle im Vereinsleben spielten die vielen vaterländischen und militärischen Zusammenschlüsse. Sie erlebten in den ersten Wochen nach der Machtübernahme Hochkonjunktur. In dieser Zeit, wo ein Massenaufmarsch den anderen ablöste, erinnerten sich viele ihrer Mitgliedschaft in einem Kriegerverein; ermöglichte sie es doch, an den glanzvollen Aufmärschen teilzunehmen und an der Aufbruchsstimmung teilzuhaben, ohne gleich in die Partei eintreten zu müssen, die seit dem 1. Mai ohnehin einen allgemeinen Aufnahmestopp verhängt hatte. Der häufige Hinweis Hitlers auf das Vorbild der Weltkriegssoldaten schuf Gemeinsamkeit, während die Beteiligung der Kriegervereine an den öffentlichen Auftritten der Nationalsozialisten diesen vaterländische Tradition verlieh. Die Gleichschaltung vollzogen die vaterländischen Vereine widerstandslos.[302] Nur diejenigen Vereine, die große ideologische Nähe zum Nationalsozialismus hatten und dessen militaristische Gesinnung begeistert teilten, bestanden auf ihren zuvor gewählten Ausschüssen und hielten am Prinzip der Wahl fest. Sie sahen wohl die Notwendigkeit einer Neuorganisation nicht ein. Der Vorstand des Veteranen- und Militärvereins, Adolph Himmel, lehnte die Neuwahl des Vereins-Ausschusses kategorisch ab. Es erfülle ihn zwar mit großer Freude, daß die militärischen Vereine *jetzt endlich nach der politischen Neuordnung ihre Standhaftigkeit in der Liebe zum Vaterlande und im Kameradschaftsgeist belohnt sehen dürfen.*[303] Einen Anlaß zu einer Neukonstituierung des Ausschusses könne er aber nicht sehen, *denn die bisherigen Mitglieder haben ihre Pflicht jederzeit voll und ganz erfüllt.* Seine Ernennung zum neuen Vereinsführer durch den Vorstand des übergeordneten Bezirksvereins wollte er nur annehmen, wenn sie durch das Vertrauen der Vereinsmitglieder bestätigt würde. Deshalb bat er die Vereinsmitglieder, in geheimer Abstimmung zu entscheiden.

Ein Vierteljahr später wurde unter Himmels Leitung das verzweigte Tübinger Militärvereinswesen *vereinfacht*. Veteranen- und Militärverein, Kriegerkameradschaft, Pionierverein und Frontkämpferbund wurden im Kriegerverein Tübingen zusammengefaßt. 650 Mitglieder zählte der neue Verein, der sich dem NS-Reichskriegerbund unterstellte, weshalb seine Mitglieder das Hakenkreuz an der Armbinde trugen.[304] Auch gegen diesen Zusammenschluß erhob sich kein Widerspruch. Nur die Überführung der Vereinsvermögen in den neuen Verein weckte Protest.[305] Doch angesichts der vielen Gelegenheiten, bei denen die Verbände jubelnde Zuschauer genießen konnten, war dieser Ärger schnell überwunden. Nachdem viele an der Weimarer Republik den Glanz militärischer Paraden vermißt hatten, freuten sie sich jetzt über die wieder zu Ehren gekommenen alten Uniformen. Weit über den Kreis der Kriegsteilnehmer hinaus fanden die Propagierung des Wehrsportgedankens sowie das im Frühjahr 1933 anlaufende zivile Luftschutzprogramm[306] Anklang. Viele fühlten sich an die nationale Aufbruchsstimmung von 1914 erinnert.[307] In einer merkwürdigen Gespaltenheit nahm man zwar die Friedensbeteuerungen des neuen Kanzlers beruhigt zur Kenntnis, begeisterte sich aber dennoch an der allgemeinen Militarisierung der Gesellschaft.

Nur wenige Zusammenschlüsse des Bürgertums, wie etwa der Bund Königin Luise oder der Frontkämpferbund mußten sich auflösen, und das aufgrund reichsweiter Anweisungen, nicht infolge lokaler Initiativen.[308] Die meisten Vereine und bürgerlichen Zusammenschlüsse, vor allem auch die traditionellen Stammtische, blieben unverändert bestehen. Erst im Krieg wurde die hohe Zahl der Vereine drastisch reduziert, dennoch haben verblüffend viele Vereinsvorstände die zwölf Jahre des Dritten Reichs überdauert. Lediglich die konfessionellen und religiösen Vereine wurden in ihrer Freiheit stark beschnitten.[309] Trotz dieser personellen Kontinuität hatte sich das bis dahin blühende und bunte Tübinger Vereinsleben bereits zwei, drei Jahre nach der Machtübernahme deutlich verändert. 1935/36 gab es nicht einen Verein, der nicht über schlechten Besuch klagte. Die vielfältigen Aktionen der Parteiorganisationen nahmen die Mitglieder derart in Anspruch, daß sie keine Energie mehr zum regelmäßigen Besuch von Chorproben oder Mitgliederversammlungen hatten. Einige fanden aber auch keinen Gefallen mehr an ihrem alten Verein, da die unterschiedliche Fähigkeit und Bereitschaft zur Anpassung an das Regime eine offene Kommunikation risikoreich gemacht hatte. Mißtrauen machte sich breit.[310] So änderten sich allmählich die tradierten gesellschaftlichen Kommunikationsformen, denn *wo zwei oder drei versammelt waren, da war der Führer mitten unter ihnen.*[311]


»Ausgemerzt und aufgeartet«: Rassenhygiene und Bevölkerungspolitik

Auf die personelle Umstrukturierung folgte die ideologische Gleichschaltung. Auch sie wurde meist bereitwillig mitgemacht. Da der Rassismus Kern- und Angelpunkt des Nationalsozialismus war, hatten Themen, die sich mit ihm beschäftigten Hochkonjunktur. Von der Frauenorganisation des Stahlhelms über den Schwäbischen Albverein bis hin zur Evangelisch-Theologischen Fachschaft der Universität oder den studentischen Verbindungen wurden nun Vorträge über »Rassenkunde und Rassenpflege« angekündigt.[312] Rassenpflege wurde als *Förderung der guten und Ausmerzung der schlechten Erbanlagen* zur wichtigsten *Aufgabe der Kulturpolitik im Dritten Reich* erklärt.[313] Bereits im Oktober 1933 führte ein Erlaß des Kultministeriums an den Schulen den Unterricht in Vererbungslehre und Rassenkunde für alle Abschlußklassen ein. Er ordnete an, *das biologische Denken an allen Schulen auch in anderen Unterrichtsfächern, besonders in Deutsch, Geschichte und Erdkunde zu pflegen.*[314] Auch die Schulungsarbeit in den Zellen der Ortsgruppen befaßte sich mit dem Rassengedanken.[315]

Doch mit rein erzieherischen Maßnahmen gab sich die Führung des NS-Staates nicht zufrieden. Bereits am 14. Juli 1933 erließ die Hitler-Regierung das »Gesetz zur Verhütung erbkranken Nachwuchses« (GzVeN),[316] das die Sterilisation von Erbkranken vorschrieb. Es zählte zu den Erbkrankheiten angeborenen Schwachsinn und Schizophrenie ebenso wie erbliche Taubheit oder Blindheit, schwere körperliche Mißbildung und Alkoholismus. Auch sozial Schwache, Unangepaßte, Verhaltensauffällige und soziale Randgruppen fielen unter das Gesetz. Sie alle wurden als »Erbfeinde des deutschen Volkes« stigmatisiert. Für das Sterilisationsgesetz wurde mit einem gewaltigen propagandistischen Aufwand geworben. Zu den häufigen rassenkundlichen Veranstaltungen kamen jetzt noch Flugschriften, Handzettel und Presseberichte, die für die freiwillige Sterilisation warben. Mit einer simplen Kosten-Nutzen-Rechnung wurde deren angebliche Notwendigkeit bewiesen.[317] Riesige Summen würden den städtischen Haushalten jährlich bei ihren Ausgaben für Kunst und Wissenschaft wegen der *Gesamtbelastung durch Erbkranke* fehlen.[318]

Ministerialrat Dr. med. Eugen Stähle, der sowohl in der NSDAP wie im württembergischen Innenministerium für das Gesundheitswesen zuständig war, bezeichnete während einer Massenversammlung im Tübinger »Museum« die *Erhaltung der noch vorhandenen gesunden Erbmasse* als vordringliche Aufgabe. *Geburtenschwund, Mischrassigkeit und das Überwuchern der minderwertigen Elemente* würden sonst Deutschland der Übermacht seiner Feinde wehrlos preisgeben: *Der von Osten her heranbrechenden slavischen Flut würde ein verblutetes, ein menschenarmes Deutschland ohnmächtig gegenüberstehen.* Deshalb müsse jeder einsehen, *daß rassige Kinder besser sind, als ein rassiges Auto.* Die

*Geschicke der Völker werden nicht in den Kabinetten, sondern in den Kindbetten entschieden.*[319] Um eine *solche Überwucherung der Minderwertigen zu bremsen*, böte nun endlich das »Gesetz zur Verhütung erbkranken Nachwuchses« die notwendigen Handhaben: *Der Staat beugt sich auch hier vor dem fünften Gebot, aber er hat die Pflicht, weiteres Elend zu verhüten.* Dies Gesetz gebe die Möglichkeit, das Volk wieder zu einem gesunden Organismus »hinaufzuzüchten«.

Als *ein echtes Werk christlicher Nächstenliebe* gaben die vom NS-Amt für Volksgesundheit herausgegebenen *Aufklärungsblätter* die Unfruchtbarmachung aus: *Die Existenznot eines Volkes, die sogar das Töten des Feindes im Kriege sittlich rechtfertigt, fordert gebieterisch Maßnahmen zur Erhaltung und Pflege des Gesunden und zur Beseitigung der kranken Erblinien. Wer das Gesetz zu Verhütung erbkranken Nachwuchses bekämpft oder seine Mitarbeit verweigert, wird zum Verräter seines Volkes und tut nichts anderes als derjenige, der vor dem Feind den Kriegsdienst verweigert.*[320] Die in Tübingen tätige Deutsche Gesellschaft für Rassenhygiene begrüßte das neue Gesetz ebenfalls lebhaft und setzte sich für dessen Propagierung ein. Kurz nach ihrem zehnjährigen Jubiläum konnte sie eine Eheberatungsstelle eröffnen, die von den Professoren Robert Ritter und Walter Saleck geleitet wurde. Diese appellierten an alle Ehewilligen: *Die jungen Männer und Mädchen sollen sich, bevor sie sich gegenseitig binden, um ihre Erbgesundheit kümmern!*[321] In Inseraten bot die Eheberatungsstelle ihre Dienste an. Dabei konnte sie darauf verweisen, daß das Ehestandsdarlehen, das als Kreditprämie für den Rückzug verheirateter Frauen aus dem Erwerbsleben erlassen wurde, nur dann bewilligt würde, wenn eine Untersuchung bestätigte, daß erbgesunder Nachwuchs zu erwarten sei.[322]

Nach dem Wortlaut des Gesetzes war die Unfruchtbarmachung eine freiwillige Entscheidung der Betroffenen oder ihrer Vormünder. Doch bereits am 4. Januar 1934 war in der »Tübinger Chronik« zu lesen: *So bedeutungsvoll auch die Zahl der durchgeführten Sterilisierungen sein mag, so sicher ist es auch, daß die freiwillige Unfruchtbarmachung nicht genügen kann, weil gerade die notwendigsten Fälle nicht von ihr erfaßt werden.* Deshalb wurden Erbgesundheitsgerichte eingerichtet – im Landgerichtsbezirk Tübingen allein fünf. In Zweifelsfällen, oder wenn eine Betroffene oder ein Betroffener die »freiwillige« Sterilisation verweigerte, die ein Anstaltsarzt beantragt hatte, befanden sie darüber, ob eine Erbkrankheit vorlag. In Tübingen arbeitete dieses Gremium seit 1934 unter dem Vorsitz von Amtsgerichtsdirektor Gmelin.[323] Später übernahmen die staatlichen Gesundheitsämter die Beratungen und stellten »Ehetauglichkeitszeugnisse« aus. Eine ehemalige Tübinger NS-Schwester erinnert sich an diese Tätigkeit: *Das war ein großes Gebiet, weil das Dritte Reich fixiert war auf die gesunde Familie, nicht auf die kranke! Wir haben die Gesundheitsämter gehabt. Die hatten die Aufgabe, die Leute aufzuklären schon bei der Hochzeit: »Was sind für Erbkrankheiten in der Familie? Guckt mal nach. Da, der Großvater hat schon gesoffen, und der Vater auch. Schwere Alkoholiker also! Und da wollen Sie diesen Mann nehmen? Und der tut auch schon trinken? Das tät' ich mir überlegen!« Und dann hat man die beraten. Die konnten den ja heiraten, das hat man nicht verboten. Nein! Aber man gab ihnen zu bedenken. Und manchmal hat man ihnen auch Bilder gezeigt: »Sehen Sie, solche Kinder* kommen nachher. Gucken Sie mal dahin!« Und so ist manches vermieden worden. Und das finde ich wichtig.[324]

Daß die Sterilisation keine freiwillige Entscheidung war, sondern eine Zwangsmaßnahme, zeigt jedoch folgender Fall. Frau P. aus Tübingen hatte sich im Sommer 1934 an Adolf Hitler gewandt – *wie ich sie kenn, werd ich abgeschüttelt auf der Kreisleitung* –, um die angeordnete Sterilisation ihrer Tochter zu verhindern, die bereits zwangsweise in die Nervenklinik eingewiesen worden war: *Meine Tochter ist normal und nicht dumm, und entfruchten laß ich sie nicht. Geht das die Klinik oder das Amtsgericht was an, ob ich 14 Kinder gehabt habe oder nicht und meine Mutter 19 Kinder oder keine.*[325] Das Reichsinnenministerium sandte den Protestbrief postwendend an das Oberamt zurück *zur geeigneten Belehrung der Einsenderin.*

Doch auch nach dieser Belehrung auf der Tübinger Polizeidirektion verweigerte Frau P. die Anwendung des Erbgesundheitsgesetzes auf ihre Tochter.[326] Gegen den Sterilisationsbeschluß des Erbgesundheitsgerichts legte die Mutter Berufung ein. Daraufhin hatte das Erbgesundheitsobergericht in Stuttgart zu entscheiden, das sich dem Urteil des Tübinger Amtsarztes anschloß: *Die Familie P. gehört zu den sog. asozialen und größtenteils schwachsinnigen Staatsparasiten und fällt nahezu ganz unter das Gesetz zur Verhütung erbkranken Nachwuchses.*[327] Im Anschluß daran wurde nicht nur bei der Tochter, sondern auch bei der Mutter die Sterilisation beantragt. So wurde aus Freiwilligkeit Zwang, und die auf freier Entscheidung basierende Ablehnung wurde zum Beweis für Asozialität und Schwachsinn verdreht.

Familie P. war kein Einzelfall. Anna S., ein sensibles und behütet aufgewachsenes junges Mädchen, das in Berlin zur Krankenschwester ausgebildet wurde, überwand die Trennung von den in Tübingen lebenden Eltern und Schwestern nur schwer. Als sie versuchte, ihr Heimweh bei doppelter Arbeit zu vergessen, brach sie vor Anstrengung zusammen. Mit einem Nervenzusammenbruch wurde sie nach Hause geschickt. Den besorgten Eltern empfahl man, die Tochter zum Auskurieren in die Nervenklinik zu bringen. Nach Vorschrift meldete sie dort ein pflichtbewußter Anstaltsarzt als »erbkrank« zur Sterilisation.[328] Alle Interventionen des angesehenen Vaters waren umsonst. Auf Entscheidung des Erbgesundheitsgerichts hin wurde sie zwangsweise sterilisiert. Wenig später wurde die junge Frau als geheilt aus der Nervenklinik entlassen.[329]

Zwischen 1935 und 1941 wurde im Bereich des Gesundheitsamtes Tübingen-Rottenburg unter 583 beantragten Sterilisationen nur ein Antrag von dem angeblich Erbkranken selbst gestellt, in zwei Fällen hatte der gesetzliche Vormund den Antrag eingereicht. Alle übrigen Unfruchtbarmachungen gingen auf die Initiative der Amtsärzte oder der Anstaltsärzte zurück.[330] Einem Schweizer Pfarrer, der sich für einen vor der Sterilisation geflohenen Familienvater verwandt hatte, antwortete der Leiter des Staatlichen Gesundheitsamtes Tübingen, Medizinal-Rat Dr. Brasser: *Wenn er vier Kinder hat und keine weiteren Kinder mehr begehrt, so muß er ja wohl froh sein, wenn der Staat ihm das Recht gibt, durch einen kleinen, ganz ungefährlichen operativen Eingriff die Sorge um weitere Nachkommenschaft los zu werden.*[331]

Der Vorfall veranlaßte den eilfertigen Amtsarzt, seine *besonderen Erfahrungen betr. Durchführung des Gesetzes zur Verhütung erbkranken Nachwuchses* zu notieren. Darin schlug er nicht nur vor, die bis dahin mögliche Berufung gegen einen Sterilisationsbeschluß des Erbgesundheitsgerichts abzuschaffen: *Derartige Berufungen bezwecken lediglich die Unfruchtbarmachung zu verzögern, denn neues Beweismaterial wird nie beigebracht.* Er empfahl auch, daß *durch eine gesetzliche Regelung Erbkranke, bei denen Fluchtgefahr ins Ausland bestehe und welche dadurch ihre Familie in Not bringen und gefährden, bis zur Durchführung der Unfruchtbarmachung in einer geschlossenen Anstalt zu verwahren, denn die Verantwortung der Familie gegenüber ist eine viel größere wie die Unbequemlichkeit bei der Durchführung des operativen Eingriffs der Unfruchtbarmachung [...].*[332] Unter solchen Bedingungen wurde es unter manchen Ärzten zum makabren Wettbewerb, möglichst viele Anträge auf Sterilisation zu stellen. Wer das nicht mitmachen wollte, wie der Tübinger Mediziner Dr. Viktor Zipperlen, mußte auf seine Zulassung als Amtsarzt verzichten.[333]

Behörden und Ärzte stellten die Sterilisation als harmlosen Eingriff hin, *ein schmerzloser ärztlicher Eingriff von fast völliger Gefahrlosigkeit, der nach zehntausendfältiger Erfahrung keinerlei ungünstige Folgen hat.*[334] Doch es gab auch Sterilisationen mit tödlichem Ausgang. An den Folgen ihrer »Unfruchtbarmachung« starb Josefine W., die Tochter eines Bauern aus dem Landkreis Tübingen. Der Vater wandte sich deshalb am 8. August 1938 an Hitler: *Mein Führer! Meine eheliche Tochter Josefine, 21 Jahre alt, hat am 22. August 1936 ein uneheliches Kind geboren. Eine Vaterschaft für dasselbe konnte bis heute nicht festgestellt werden. Im Januar 1937 mußte sich meine Tochter der Sterilisation in der Frauenklinik Tübingen unterziehen, an deren Folgen sie am 22. 1. 1937 in der Nervenklinik in Tübingen gestorben ist. Meine Tochter Josefine war in meinem 5½ ha großen landwirtschaftlichen Betrieb die beste Arbeitskraft, meine Ehefrau ist immer kränklich, kann nicht viel arbeiten, ich selber bin zu 40 Prozent kriegsbeschädigt. Sind beide heute 56 Jahre alt. [...] Nun mußte ich zu all dem die Kosten der Beerdigung und Trauergäste von Tübingen [...] für meine Tochter Josefine bezahlen, was mich bei meinem Schuldenstand von 2200 Mark sehr hart angekommen ist. [...] Wie ich die Schulden abzahlen soll, weiß ich selber nicht, es wird mir die Zahlung auch nicht möglich sein, wenn ich nicht von einer Seite für meine Tochter Josefine etwas entschädigt werde.*

*Ich möchte Sie mein Führer höflichst bitten, tragen Sie doch gütigst Sorge dafür, daß uns die Beerdigungs- und Trauergastkosten für meine Tochter Josefine mit zirka 150 RM ersetzt werden, daneben eine laufende Rente als Entschädigung für den Verlust meiner Tochter und zum Unterhalt ihres Kindes bezahlt bekomme. [...] Meine Tochter Josefine ersetzte eine männliche Person in jedem Geschäft bei der Landwirtschaft, war bloß geistig zurück, etwas schwach in der Schule.*

*Seit dem Verlust meiner Tochter ist das Leben für mich sehr hart und für meine ganze Familie [...].*[335]

Das Reichsministerium des Innern bestritt jeden Anspruch der Hinterbliebenen auf finanzielle Entschädigung, da es sich um ein normales Risiko gehandelt habe. Das Gutachten des Sachverständigenbeirats für Volksgesundheit in der Reichsleitung der NSDAP befand, *daß die Operation regelrecht durchgeführt wurde und daß eine an sich geringfügige örtliche Entzündung infolge der großen Unruhe und des Tobens der Patientin zu der tödlichen Bauchfellentzündung führte. Bei einer geistesgesunden Patientin wäre der Heilverlauf vermeintlich regelrecht gewesen.* Den Anspruch auf Entschädigung sah der Sachverständigenrat aber dennoch als gegeben an. Am 28. April 1939 wurde daher dem Vater von Josefine W. mitgeteilt: *Ich habe heute die Ministerialklasse des Innern angewiesen, Ihnen die Kosten der Beerdigung Ihrer Tochter Josefine in Höhe des nachgewiesenen Betrages von 102,20 RM zu erstatten. Wegen des Verlusts Ihrer Tochter steht Ihnen ein Rechtsanspruch nicht zu. Ich gewähre Ihnen aber aus Billigkeitsgründen eine einmalige Beihilfe von 800,– RM und Ihrem Enkelkind, dem Kind Ihrer verstorbenen Tochter Josefine, eine einmalige nur für das Kind zu verwendende Beihilfe von 400,– RM.*

Der Widerstand der Betroffenen gegen die Sterilisierung war oft sehr heftig. Prinzipiellen Widerspruch hat in Tübingen aber niemand erhoben. Vielmehr hatte sich bereits 1925 der Direktor der Tübinger Universitätsnervenklinik, Robert Gaupp, für die Durchsetzung *rassenhygienischer Forderungen* und für die Einführung der Sterilisierung eingesetzt. Die Initiative des NS-Staates begrüßte er lebhaft, weil sie ihn *auf eugenischem Gebiet von seelischen Schwierigkeiten befreite, die wir in den letzten 10 Jahren immer peinlicher empfunden haben.*[336] Auch der Leiter der Universitätsfrauenklinik, Prof. August Mayer, gehörte zu den eifrigen Verfechtern des Sterilisations-Gesetzes. Als 1935 der Neubau einer Frauenklinik in Tübingen geplant wurde, schlug er die Zentralisierung aller Sterilisierungen in Tübingen vor. Die alte Frauenklinik sollte zur »Erbgesundheitsklinik« werden. Doch der ehrgeizige Plan fand in Berlin keine Befürworter. Man befürchtete, daß sich Todesfälle nach Sterilisierungen in solchen zentralen Einrichtungen schwer vor der Bevölkerung verbergen lassen würden.[337]

Dennoch entwickelten sich die Stadt und ihre Hochschule zu einem Zentrum praktischer und theoretischer Rassenhygiene. Neben den Vorarbeiten Gaupps und den ehrgeizigen Plänen Mayers haben vor allem die Publikationen der Professoren Hermann Hoffmann, Ernst Kretschmer, Wilhelm Gieseler und des Oberarztes an der Nervenklinik, Robert Ritter, zu diesem Ruf beigetragen. Hermann Hoffmann, SA-Sturmhauptführer, folgte 1936 Robert Gaupp in der Leitung der Universitätsnervenklinik. Ein Jahr später avancierte er zum Rektor der Universität. Sein besonderes Interesse gehörte der Ursachenforschung von Verbrechen. Er nahm Zusammenhänge von Kriminalität und Rasse an, auch wenn er einem milieutheoretischen Ansatz eine gewisse Berechtigung zuerkannte. 1936 befaßte er sich mit den beiden Erklärungsansätzen in einem Vortrag vor der Gesellschaft für Rassenhygiene in Tübingen: *Demnach haben wir zwischen Charakter-, Umwelt- und weiblicher Kriminalität zu unterscheiden, woraus der Schluß für die Praxis für die Bekämpfung von Verbrechen zu ziehen ist. Die anlagebedingten Verbrecher müssen anders behandelt werden als die Umweltverbrecher. Vor den ersteren kann man sich nur schützen, wenn man sie frühzeitig erkennt und aus unserer sozialen Gesellschaft ausmerzt, indem man ihre Fortpflanzung unmöglich macht.*[338]

Ernst Kretschmer war Hoffmanns Vorgänger als Oberarzt an der Nervenklinik. Seine Berufung auf den Lehrstuhl für Psychiatrie wurde zwar 1936 vom Leiter der Tübinger Dozentenschaft hintertrieben, weil Kretschmer in seinen Publikationen Gedankengänge vertreten habe, *die offen der nationalsozialistischen Weltanschauung zuwiderliefen.*[339] Dennoch hat der spätere Direktor der Tübinger Nervenklinik (1946–1959) mit seiner theoretischen Verbindung von Konstitutionslehre und Rassenhygiene die sozialrassistische Anwendung des Sterilisationsgesetzes wissenschaftlich begründet. In einem Aufsatz über *Konstitutionslehre und Rassenhygiene*, den er 1934 in einem rassenhygienischen Standardwerk veröffentlichte, beschäftigte er sich mit der Frage: *Wie kann man konstitutionsbiologische Kenntnisse beim Menschen züchterisch verwerten?*[340] Das Sterilisationsgesetz begrüßte er, da es *für die Ausmerzung krankhafter Erbanlagen dem Psychiater sehr wichtige und weitgehende Möglichkeiten eröffnet.* Bei der *großen Menge der allgemeinen Defekt- und Kümmerformen* sei die Ausmerzung *die Methode der Wahl.* Die bisher negative Haltung der Öffentlichkeit dazu sei im Hinblick auf *Sippen, von denen man sagen kann, daß sie in ihrem ganzen körperlichen und seelischen Querschnittsbild biologisch minderwertig und entartet sind [...] am schwersten verständlich. Fragt man sich, welches Rechtsgut durch Ausschaltung dieser speziellen Defekt- und Kümmerformen aus der Fortpflanzung verletzt werden könnte, so ist eine Antwort schwer zu finden. Die Eltern solcher Defekten haben kein Interesse an der Nachkommenschaft, die Nachkommen selbst sind nur zum Unglück geboren und die Volksgemeinschaft wird von ihnen mit moralischer Zersetzung, unerträglichen Lasten und zuletzt mit dem Untergang bedroht. Es gibt kein moralisches Gesetz und keine Art von durchdachter Humanität, die uns die Erhaltung dieser Erbsubstanz gebieten könnte.*

Der Anthropologe Wilhelm Gieseler war seit 1934 außerordentlicher, seit 1938 ordentlicher Professor für Rassenkunde an der Universität Tübingen und Direktor des Rassenbiologischen Instituts.[341] Er betrieb praktische rassenkundliche Forschung im Rahmen einer *Rassenkundlichen Aufnahme Württembergs*, deren Ergebnisse er 1940 in einer vierbändigen *Schwäbischen Rassenkunde* vorlegte.[342] Da er seine Schüler vor allem mit Themen nationalsozialistischer Bevölkerungs- und Vererbungspolitik und mit rassenkundlichen und erbbiologischen Untersuchungen betraute, entwickelte er eine »Tübinger Schule der Rassenkunde«. Doch beschäftigte er sich nicht nur mit der Forschung, sondern legte auch großen Wert darauf, daß die Ergebnisse dieser Arbeiten von der Bevölkerung rezipiert wurden. Deshalb beteiligte er sich aktiv an der Tübinger Gesellschaft für Rassenhygiene, deren Leitung er 1936 übernahm.[343]

Zu den Aktiven dieser Gesellschaft gehörte auch Robert Ritter. Der promovierte Mediziner und Philologe, der seit 1932 das Klinische Jugendheim der Tübinger Nervenklinik leitete, hatte 1934 die rassenkundlichen Eheberatungen der Gesellschaft übernommen. Mit Unterstützung der Deutschen Forschungsgemeinschaft betrieb er – überzeugt von der Vorstellung, daß eine Durchmischung mit *Gaunersippen* erbliche Kriminalität bewirke – erbgeschichtliche Untersuchungen über *schwäbische Vagabunden, Gauner und Räuber*. Mit dieser Arbeit habilitierte er sich 1937 in Tübingen.[344]

Doch der ehrgeizige Erbarzt profilierte sich nicht nur als Theoretiker, er machte auch politische Karriere. In Berlin baute er im Reichsgesundheitsamt eine »Rassenhygienische Forschungsstelle« auf. Ein Jahr nach seiner Habilitation wurde er zum Leiter des Kriminalbiologischen Instituts ernannt, das später dem Reichssicherheitshauptamt unterstellt wurde. Die Ergebnisse seiner Untersuchungen kamen den sozialrassistischen Auslesebestrebungen der NS-Machthaber gelegen, behauptete Ritter doch, daß »soziale Defekte«, »Asozialität« und »moralische Minderwertigkeit« biologisch definiert seien und dominant vererbt würden. Seine Kartei, mit der er bis 1942 nahezu die gesamte Roma- und Sinti-Bevölkerung im Reich erfaßt hatte,[345] lieferte die Grundlage für die endgültige »Lösung der Zigeunerfrage« im Krieg. Ritter selbst empfahl, wegen angeblicher Unerziehbarkeit die Fortpflanzung von *Verbrecherstämmlingen* durch Unfruchtbarmachung und Geschlechtertrennung zu verhindern und lieferte damit die wissenschaftliche Begründung für die systematische Ermordung der Sinti und Roma.[346]

Mit der Kampagne gegen das »Bettlerunwesen« legte die NS-Führung noch im Herbst 1933 den Grundstein für einen weiteren Schwerpunkt ihrer Sozialpolitik: Die Ausschaltung der Unerwünschten, angeblich sozial Entarteten.[347] In Tübingen war der Erfolg dürftig. Lediglich zehn Personen wurden »zwangsgestellt«, was die Polizei damit begründete, daß in der Universitätsstadt *von jeher die Bettlerplage besonders scharf bekämpft wurde*.[348]

Der NS-Rassismus hatte zwei Seiten. Zum einen sollten »Minderwertige ausgemerzt«, zum anderen »reinrassige Arier« gezüchtet werden. Positive und negative Selektion gehörten zusammen, »Ausmerze« und »Aufartung« entsprachen einander. Nicht nur die »Ausmerze«, auch der andere Aspekt der Bevölkerungspolitik griff in das Leben von einzelnen, vor allem von Frauen ein,[349] denn die Forderung des NS-Staates nach möglichst vielen, erbgesunden arischen Kindern war besonders für sie mit weitreichenden Konsequenzen verbunden.[350] Der NS-Staat definierte die Rolle der Frauen repressiv. Ansätze für eine größere Gleichberechtigung und Freiheit, die der Weimarer Staat gebracht hatte, wurden restlos beseitigt.[351] Bereits in seinem ersten Parteiprogramm schloß der nationalsozialistische Männerbund Frauen von allen Partei- und Staatsämtern aus und reduzierte ihre Fähigkeiten und Möglichkeiten ausschließlich auf ihre biologische Funktion.[352] Von einer aktiven Teilnahme am öffentlichen Leben, die sie gerade einzuüben begonnen hatten, wurden Frauen von 1933 an wieder restlos ausgeschlossen.

Bereits in den Anweisungen für den Mai-Festzug 1933 machte die Tübinger Kreisleitung darauf aufmerksam, daß die Teilnahme von Frauen *nicht erwünscht* sei.[353] *Die NS-Frauenschaft hat es abgelehnt, in den Parlamenten mitzuarbeiten, weil hier das ureigenste Gebiet der Männer ist und dieser Verzicht der Fraulichkeit keinen Abbruch tut*, klärte NS-Frauenschaftsleiterin Anni Haindl die Tübingerinnen über *Frauenarbeit im neuen Staate* auf.[354] *Millionen deutscher Mädchen wurden um ihre eigene Bestimmung betrogen, sie wurden in den Konkurrenzkampf mit dem Mann getrieben, der Nationalsozialismus aber führt die Frauen wieder ihrer wesensgemäßen Bestimmung zu*, erklärte ein anderer NS-Redner der *zahlreich erschienenen Frauenwelt* Tübingens. *Sie [die Frau] ist aber auch ihrem innersten Wesen nach sozial, denn Frau sein heißt Weib sein, Weib sein heißt Mutter sein, heißt hegen wollen, trösten wollen, betreuen wollen.*[355] Der einzig richtige Platz für sie sei im Haus. Dort lägen ihre Aufgaben als *Mitverwalterin des deutschen Volksvermögens*, als *Gestalterin des Heims* und als *deutsche Mutter: Sie muß helfen, daß jedes Kind hinausgeht ins Leben, getragen von der herrlichen Zuversicht, es gibt nichts herrlicheres als den Herrgott und eine deutsche Mutter.* Allerdings hätten die Frauen nun auch, so machte der Redner klar, eine *ungeheure Dankesschuld* am Führer *abzutragen*, da er ihnen diese Ehrenstellung zurückerobert habe: *Wie wäre es heute um unser Heim bestellt, wenn unser Führer mit seinen tapferen braunen und schwarzen Scharen den Bolschewismus nicht aufgefangen hätte?*

Auch in der »Frauenfrage« begnügten sich die Nationalsozialisten nicht mit Appellen und Vorträgen, sondern versuchten, ihr Anliegen durch gezielten Druck und durch spezielle Anreize durchzusetzen. Unverheiratete, erwerbstätige junge Frauen wurden gezwungen, ihren Arbeitsplatz zugunsten erwerbsloser Männer aufzugeben.[356] Ehestandsdarlehen, die mit jeder Geburt um ein Viertel des Betrages »abgekindert« werden konnten, sollten dem staatlich angeordneten Kinderwunsch gezielt nachhelfen.[357] *Jede Frau sollte sich ihrer Verantwortung voll und ganz bewußt sein und jede Familie mindestens vier Kinder haben*, trug eine NS-Rednerin 1934 den Frauen des Bundes Königin Luise bei einem Vortrag über Rassenkunde auf.[358] Die Tübinger Ortsgruppe der Nationalsozialistischen Volkswohlfahrt (NSV) verteilte von 1934 an eine Informationsbroschüre als »Ratgeber für Mütter« und stellte Säuglingskörbe mit einer kompletten Erstausstattung zur Verfügung.[359] *Es darf nicht sein, daß der freudige Wille zum Kind durch die Not und berechtigte Sorge vieler Mütter erstirbt.*[360] Von April 1934 an gab die NS-Frauenschaft im Rahmen des Mütterdienstwerks *Brautkurse* zur Vorbereitung künftiger Ehefrauen. Ein erbbiologischer Vortrag gehörte zum Programm.[361] Offenbar war eine ganze Menge an Erziehungs- und Aufklärungsarbeit nötig, um das nationalsozialistische Frauenbild auch durchzusetzen. Da wurden *Zehn Gebote für die deutsche Frau* verbreitet, in denen suggeriert wurde: *Du bist als Frau in erster Linie dazu berufen, die deutsche Volksgemeinschaft zu verwirklichen.*[362] Unter dem Motto »Gesunde Frauen durch Leibeserziehung« startete die NS-Frauenschaft eine Werbewoche, die der »Gesundheitserziehung« künftiger Mütter dienen sollte, und der Sonderkommissar für Tübingen ordnete an: *Eine deutsche Frau raucht nicht!*[363]

Da die materielle Hilfe für Familien letztlich aber nur marginal war, mußten offizielle Feiern und Auszeichnungen, wie der »Muttertag« und das seit 1938 verliehene »Mutterkreuz« die Mutterschaft aufwerten. Tatsächlich stieg die Zahl der Geburten in den ersten Jahren nach 1933 in Tübingen deutlich an. Wurden 1933 noch 265 Kinder geboren, so waren es 1934 bereits 423. Danach pendelte sich die Zahl bei 420 ein.[364]

Berufsausbildung oder gar ein Studium erklärte der NS-Staat für Mädchen als zweitrangig. Er erwartete von ihnen vielmehr, *daß Neigungen verstandesmäßiger Art in Einklang gebracht werden mit der Berufung des Mädchens zur Frau und Mutter, und zur Pflege, Erziehung und Wahrung erbgesunden Lebens.*[365]

Schon im April 1933 erging das »Gesetz gegen die Überfüllung der deutschen Hochschulen«, das die Zahl der Studenten beschränkte und den Anteil der Studentinnen auf zehn

Prozent der Neuimmatrikulierten limitierte.[366] In Tübingen reduzierte sich daraufhin die Zahl der Studentinnen auf 278 im Wintersemester 1935/36 und schließlich 158 im Wintersemester 1937/38.[367] Einrichtungen wie das Landjahr oder der Freiwillige Arbeitsdienst nahmen die aus dem Erwerbsleben bzw. von der universitären Ausbildung ausgeschlossenen jungen Frauen auf. Die Arbeitsdienstlager hatten aber nicht nur diese Funktion. Sie sollten mit ihrer Hierarchie und der Verherrlichung des Dienst-Gedankens auch die nationalsozialistische Frauenrolle einüben. Wie wichtig der NS-Führung diese ideologische Funktion war, zeigt die Reaktion auf einen Vorschlag des Vorstandes der Tübinger Kinderklinik, die Tätigkeit der Lernschwestern im Säuglingsheim als Freiwilligen Arbeitsdienst anzuerkennen. Gertrud Scholtz-Klink, die spätere Reichsfrauenführerin, die 1933 die weiblichen Arbeitsdienstlager in Württemberg leitete, lehnte den Vorschlag kategorisch ab, *da der Arbeitsdienst neben der Schulung der Mädchen für ihren zukünftigen Mütterberuf auch in besonderem Maß die Erziehung zur Volksgemeinschaft darstellt, ein Ziel, das nur im völlig geschlossenen Lager zu erreichen ist.*[368]

Erwerbstätigkeit war in der NS-Ideologie mit dem »Wesen der Frau« nur schwer in Einklang zu bringen. Die Berufstätigkeit lediger Frauen wurde nur geduldet, *soweit sie nicht die Gebiete, die allein dem Manne vorbehalten bleiben müssen, betrifft: Politik und Recht.*[369] Die NSDAP favorisierte für Frauen unselbständige, untergeordnete und pflegerische Tätigkeiten. Dennoch ist deutlich, daß das Regime auf billige weibliche Arbeitskräfte vor allem in der Landwirtschaft und in der Industrie nicht verzichten konnte.[370] Es schloß Frauen vor allem aus besseren beruflichen Positionen aus, beanspruchte ihre Arbeitskraft aber für zahlreiche unentgeltliche, karitative Tätigkeiten. Und tatsächlich war es nicht zuletzt dem Engagement und der Uneigennützigkeit vieler Frauen zuzuschreiben, daß das Wort vom Gemeinnutz, der vor Eigennutz zu gehen habe, vielen während der NS-Zeit realisiert schien. Viele Frauen sahen in den sozialen oder karitativen Aktivitäten der NS-Frauenschaft keine politische Tätigkeit und beteiligten sich daran voll Idealismus. So beköstigten Tübinger Frauen im Winter 1933/34 regelmäßig über 200 Bedürftige der SA-Standarte und nähten und stopften mit den übrigen Tübinger Frauenvereinen für die »Nähhilfe« des Winterhilfswerks.[371] Die Leitung dieser Aktivitäten und damit auch die Entscheidung, was an welche Bedürftigen zu verteilen war, hatte die NS-Frauenschaft. Ihre Aktivität wurde als vorbildlicher *Nationalsozialismus der Tat* gerühmt.[372] Die Gruppe, die im April 1933 ins Leben gerufen worden war, zählte drei Jahre später im Gebiet Tübingen-Rottenburg 1800 Mitglieder und 25 selbständige Ortsgruppen.[373] Soziale Aktivitäten, Freizeitgestaltung und politische bzw. ideologische Schulung waren in der Arbeit der NS-Frauenschaft unlösbar miteinander verquickt. Doch noch heute steht in der Erinnerung vieler die soziale Seite im Vordergrund. So erinnerte sich eine befragte Tübingerin: *Der Einsatz für andere war ganz selbstverständlich. Das war das, was so großartig war. Nachher ist alles falsch gelaufen. Aber diese sozialen Dinge, die waren also wirklich mitreißend! – Man war engagiert. Die Frau hatte ja vorher gar keine Stellung gehabt, und auf einmal ist sie auch gebraucht worden für das Ganze. Und das ist ja für eine Frau immer schön, vom Fraulichen her. Eine Frau will gebraucht werden und will ihre Fähigkeiten einsetzen.*[374]

»Und erst als letztes die wissenschaftliche Schulung«:
Gleichschaltung von Schulen und Hochschule

Die Nationalsozialisten verstanden ihre »Revolution« als eine »geistige Umwälzung«. Daher waren ihnen die Erfassung der Jugend und das Ausrichten des Bildungs- und Erziehungssystems besonders wichtig. Sämtliche Bildungsinstitutionen sollten gleichgeschaltet werden. Linke Schulen, freie Schulen oder Versuchsschulen hob die NS-Regierung auf; in Tübingen hatte es ohnehin keine gegeben. Die Lehrerschaft wurde durch das »Gesetz zur Wiederherstellung des Berufsbeamtentums« gesäubert. Die traditionellen Lehrerverbände löste der NS-Staat auf und erklärte den NS-Lehrerverband zur einzigen anerkannten Standesorganisation. Deren Aufgabe war nicht die Interessenvertretung, sondern die Umerziehung der Lehrer zu Nationalsozialisten. In Schulungslagern sollten sie lernen, daß sie sich im neuen Staat zuerst als Nationalsozialisten und dann erst als Fachlehrer zu verstehen hatten und daß die Erziehung ihrer Schüler zu Gehorsam ihre vorrangige Aufgabe war: *Dort wird nicht von Beruf und Stand, Geld und Gehalt, Stundenplan und Lehrplan die Rede sein, sondern nationale und sittliche Kräfte werden geweckt und gestählt werden.*[375] Mit diesen Worten warb der Tübinger Kreisamtsleiter des NS-Lehrerbundes, Prof. Erich Schönhardt, für ein solches Schulungslager im »Jungborn«-Heim bei Nürtingen.

Für die meisten Tübinger Lehrer scheint der Schritt in den NS-Lehrerbund selbstverständlich gewesen zu sein: *Oder man wäre dumm angeguckt worden oder hätte zumindest Schwierigkeiten bekommen können.*[376] Bereits im Juli 1934 stellte Schönhardt fest, daß *mit ganz wenigen Ausnahmen die Lehrer des Kreises erfaßt seien.*[377] Eine generelle Umgestaltung des Schul- und Erziehungswesen blieb jedoch aus. Lediglich Ad-hoc-Bestimmungen griffen in Unterrichtsinhalte und -organisation ein.[378] Ein Erlaß des Kultministers vom Juni 1933 stellte zwar eine *Neugestaltung des Schulwesens und damit auch eine Neufassung der Lehrpläne aller Schularten* in Aussicht, vorerst aber galten die alten. *Es ist aber dafür zu sorgen,* fügte der Erlaß deshalb an, *daß die Gedankenwelt der nationalen Erhebung des deutschen Volkes in allen Unterrichtsfächern und in der gesamten Erziehungsarbeit der Schulen wirksam wird.*[379] Größere Eingriffe waren offenbar nicht nötig. Die Schulen waren schon in der Weimarer Republik kein Hort der Demokratie und der Erziehung zu Selbständigkeit und Kritikfähigkeit gewesen; dazu waren sie noch zu sehr von autoritären Erziehungsidealen des Kaiserreichs geprägt. In der Hitlerjugend erhielten sie nun eine mit dem staatlichen Erziehungsmonopol rivalisierende Konkurrenz, die wirkungsvoller als jede schulische Einrichtung das Einüben nationalsozialistischer Ideale und Verhaltensmuster garantierte.

Für Jugendliche war die Jugendorganisation der Partei oft schon deshalb attraktiv, weil in ihr der Grundsatz der Jugendbewegung verwirklicht schien, daß Jugend von Jugend zu führen sei. So war der Zulauf zur Hitlerjugend groß. Die schroffe Frontstellung der NSDAP gegenüber allem Überkommenen und Etablierten hatte ihr schon vor 1933 eine beachtliche Anhängerschaft unter der Jugend beschert. In Tübingen waren in der ersten Ortsgruppe der NSDAP viele Oberschüler und Studenten, und nach 1925 waren es wieder Schüler und Studenten gewesen, die neben den Weltkriegsoffizieren die aktiven Mitglieder der neuen Ortsgruppe bildeten. Auch unter der überwiegend konservativen Lehrerschaft waren Sympathien für den Nationalsozialismus weit verbreitet. Einer der populärsten SA-Männer des Kreises war der Wankheimer Volksschullehrer Gottlob Berger[380], Hans Rauschnabel, Kreisleiter von 1937 an, war ebenfalls Lehrer. Auch an den Oberschulen gab es überzeugte Nationalsozialisten. Einer von ihnen mußte sich 1930 wegen der *Verbreitung nationalsozialistischer Inhalte im Unterricht* vor Gericht verantworten.[381]

Wie nicht anders zu erwarten, begrüßten die Tübinger Schulen den Machtwechsel. Nach kultministerieller Anordnung feierten sie am 18. März, dem traditionellen Totengedenktag, den »Sieg der vaterländischen Erhebung«. Aus diesem Anlaß durften die Mitglieder der HJ, des NS-Schülerbundes und des Jungstahlhelms erstmals ihre Uniformen in der Schule tragen.[382] Für den Rest des Tages erhielten sie schulfrei. Der personelle Wechsel, der kurz darauf in der Leitung einiger Tübinger Schulen erfolgte, hatte in den meisten Fällen keine politischen Ursachen.[383] Die Vorstände der Mädchenrealschule und der Oberrealschule schieden Ende 1933 aus Altersgründen aus ihren Ämtern aus.[384] Auch unter den Lehrern sind nur wenige bekannt, die unter das »Gesetz zur Wiederherstellung des Berufsbeamtentums« fielen.[385] Die Elternausschüsse mußten *aus politischen Gründen* neu gewählt werden, meist wurden dabei jedoch die alten Mitglieder bestätigt.[386] Der Rektor des Gymnasiums teilte der Ministerialabteilung für die höheren Schulen mit, daß er *von vornherein auf Erlangung eines nationalsozialistisch eingestellten Elternausschusses hingewirkt* habe, und konnte tatsächlich mit einem NS-Amtswalter und diversen Eltern von HJ- oder BDM-Führern ein NS-konformes Gremium präsentieren: *Die übrigen Eltern bejahen zumindestens den nationalsozialistischen Staat.*[387]

Selbst bei den Themen der Reifeprüfung machte sich die Wende bemerkbar. Bereits 1934 mußten sich die Abiturienten der Oberrealschule im Deutschaufsatz mit den Tugenden befassen, die – nach einem Hitler-Zitat – der »Bewegung« zur Macht verholfen hatten, oder die Frage klären, warum der Bauernstand »erster Reichsstand« genannt werden durfte.[388] Die obligatorischen Rechenschaftsberichte des Gymnasiums dokumentieren eine allseitige ideologische Anpassungsbereitschaft. Zum Schuljahr 1933/34 notierte ein Fachlehrer: *Ab 15. 11. 1933 habe ich Deutsch an der Klasse IV gegeben. Mein Ziel war, die Schüler möglichst tief in nationalsozialistisches Gedankengut einzuführen. So habe ich meine Stunden unter größere Leitgedanken gestellt, z. B. »der deutsche Bauer«, »der deutsche Osten«, »Fronterlebnisse als Voraussetzung für den Bau des Dritten Reichs«, »Deutsche Volkskunde, Rasse und Kultur«.*[389]

Intellektuelle Fähigkeiten und kritisches Denkvermögen waren nicht mehr gefragt, ja geradezu verpönt. »Leibesübung«, »Charakterschulung« und eine »gesinnungsmäßige« Aneignung des Nationalsozialismus standen im Zentrum des Unterrichts. *Die oberste Aufgabe der Schule* – hatte der württembergische Kultminister angeordnet[390] – *ist die Erziehung der Jugend zum Dienst am Volkstum und Staat.*

Im Zuge der allgemeinen Militarisierung erhielten auch die Schulen ein militärisches Ritual. Seit Ende Juli 1933 mußten sich Lehrer und Schüler mit »Heil Hitler« grüßen und dabei den rechten Arm strecken.[391] Bis ins Kleinste war das Antreten und Verhalten der Schulklassen bei den Fahnenappellen geregelt.[392] Den Aufstellungs- und Marschformen, die im Sportunterricht einzuüben waren, widmete der Kultminister eine sechsseitige Verordnung, damit diese *in Übereinstimmung kommen mit der Befehlsweise und den Formen, die bei der Reichswehr, bei den nationalen Wehrverbänden und in der Hitlerjugend gebräuchlich sind.*[393] Der Schulsport stand im Dienste der »Wehrertüchtigung«. Da für Hitler körperliche Dressur wichtiger war als geistige Bildung,[394] wurde der Sportunterricht zu Lasten anderer Fächer ausgebaut: *Die Leibeserziehung soll durch Gemeinschaftserziehung und planmäßige Entwicklung zur körperlichen Leistung und zum kämpferischen Einsatz führen und damit die Voraussetzung für die Wehrfähigkeit schaffen. Sie soll im Dienste der Rassenpflege Leib und Seele als Träger des Rassenerbes fördern. Schließlich schafft sie als Willens- und Charakterschule die Möglichkeit, Führeranlagen zu erkennen und im Wege der Auslese zu fördern.*[395] Die große Wertschätzung, die die NS-Regierung dem Sportunterricht entgegenbrachte, läßt auch die veränderte Reihenfolge des Fächerkanons in den Zeugnissen erkennen. Statt »Religion, Deutsch, Geschichte« hieß es seit dem Schuljahr 1941/42: »Leibeserziehung, Deutsch, Geschichte.« Der Religionsunterricht wurde als »Religionslehre« an die letzte Stelle gerückt.[396]

In der Freizeit beanspruchte die Hitlerjugend die Schülerinnen und Schüler. Bei allen Massenaufmärschen der Partei waren die Jugendorganisationen dabei. Hinzu kam eine reiche HJ- und BDM-interne Aktivität. Die außerschulische Belastung der Jugendlichen führte schnell zu Spannungen und Konflikten. Bereits im Sommer 1933 beklagte der Eltern-Ausschuß der Mädchenrealschule die Beanspruchung der Schülerinnen durch *außerschulische Erlebnisse*, die die Schularbeit minderten. Besonders das Programm am »Tag der Jugend« sei zu anstrengend gewesen.[397] 1934 klagte der Schulvorstand dann selber vor dem Elternausschuß über das ungeklärte Verhältnis von Schule und Hitlerjugend, und der anwesende Pfarrer monierte, daß die Jugend *vor lauter Dienst* nicht in die Kirche gehen könne.[398]

Da gerade der letzte Punkt allerorts Ärger verursachte, bestimmte schließlich das Kultministerium, daß die Hitlerjugend zwar *als drittes Bein neben Schule und Elternhaus* fungiere, die Schüler aber nicht mehr als zwei Nachmittage in der Woche – in der Regel mittwochs und samstags – und nicht mehr als zwei Sonntage im Monat vom HJ-Dienst beansprucht werden dürften.[399] Im August 1934 wurde der Samstag zum »Staatsjugendtag« erklärt, für HJ-Mitglieder war schulfrei.

Folgt man den Berichten der Tübinger Hitlerjugend, so hatten BDM und HJ in den ersten Monaten nach der Machtübernahme großen Zulauf. *Wir haben hier in Tübingen so gut wie die ganze weibliche Jugend erfaßt, fast alle sind bei uns und sind gerne dabei,* stellte im August 1934 die Führerin des BDM fest. Sie war schon dabei, als im September 1931 sieben Mädchen die erste BDM-Gruppe Tübingens gründeten.[400] Eine Meldung des Banns 125 der NS-Jugendorganisation vom Februar 1934 gibt die Stärke der Hitlerjugend mit 375 in der HJ, 500 im Jungvolk, 250 im BDM und 350 bei den Jungmädeln im BDM an.[401] Gemessen an der Zahl der Zehn- bis Vierzehnjährigen in der Stadt hätte demnach der Anteil der erfaßten Jugendlichen weniger als 50 Prozent betragen. Berücksichtigt man nur die BDM- und HJ-Mitglieder, so stimmt deren Zahl mit der statistischen Altersklasse der Vierzehn- bis Achtzehnjährigen überein. Genau 64 Prozent dieser Altersklasse waren in der Stadt Tübingen 1934 bereits in der Hitlerjugend organisiert. Mit jedem aufgelösten oder verbotenen Jugendverband wuchs der Zulauf zur HJ.

Einen großen Mitgliederschub verdankte die HJ dem Abkommen zwischen Evangelischer Jugend und Hitlerjugend vom Dezember 1933. Ganze Gruppen der kirchlichen Jugend wurden daraufhin von der Parteijugend geschlossen übernommen. Vor der Ulrichslinde, am Fünfeckturm des Schlosses fand die feierliche Eingliederung statt. *Im ersten Glied, da standen also alle Jungvolkmitglieder und im dritten auch wieder. Und im zweiten, da sind die anderen einmarschiert. Die Führer dieser Jugendgruppen der ehemals kirchlichen, sind relativ rasch wieder in Funktionen gekommen*, wußte ein ehemaliges Mitglied des Tübinger Jungvolks zu berichten.[402] Die Leitung des HJ-Bannes 125 hatte Hans Dannenmann übernommen, ein Lehrer und SA-Mann, der früher eine Jugendgruppe des Köngener Bundes geleitet hatte. Der Bannbezirk umfaßte neben der Stadt das Gebiet der mittleren Alb. Lagerleben, gemeinsame Fahrten und Aktivitäten in einer überschaubaren Gruppe ohne Erwachsene machten die Hitlerjugend attraktiv. *Ja also, die Erinnerung an diese Zeit, die ist also leuchtend und strahlend – überhöht vielleicht, weil wir da ganze Tage im Schönbuch uns herumgetrieben haben oder irgendwelche andere Fahrten gemacht haben.*[403] Doch gab es auch genügend Möglichkeit, die weniger Begeisterten zum Eintritt zu bewegen. So wurde beispielsweise im Zeugnis erwähnt, welcher Schüler noch nicht in der Hitlerjugend war. Bis 1936 waren das durchschnittlich bis zu zehn pro Klasse. Mit dem Gesetz vom 31. Dezember 1936, das die Hitlerjugend zur Staatsjugend erklärte, änderte sich dieser Durchschnitt. Von diesem Zeitpunkt an waren an der Mädchenrealschule nur noch Jüdinnen nicht Mitglied im BDM. Sie mußten den »Staatsjugendtag« in der Schule absitzen. Auch an den übrigen Schulen gab es noch einige Jugendliche, die dann, wie ein ehemaliges Jungvolk-Mitglied berichtete, *Leibesübung und Staatsvölkerkunde usw. gehabt hatten. Das waren in unseren Augen, in der Sprache der damaligen Zeit, die »Staatskrüppel«*.[404]

Auch die Hochschulen wurden in den NS-Staat eingegliedert. Angesichts des bisherigen Verhaltens der Tübinger Universität war dabei mit Widerstand kaum zu rechnen.[405] Die erste Stellungnahme, die der Große Senat nach dem 30. Januar, aber noch vor dem Reichstagsbrand und der Reichstagswahl gab, zeigte noch das Bemühen um standesübliche Zurückhaltung und parteipolitische Neutralität.[406] Acht Monate später hatte die Hochschule jede Zurückhaltung abgelegt. Als Hitler den Austritt Deutschlands aus dem Völkerbund erklärte, versicherte der Rektor der Gauleitung, daß auch die Landesuniversität *in diesen Schicksalstagen des Deutschen Volkes nicht zurückstehen wolle bei der Aufgabe, alle Kreise des Volkes aufzurütteln zu mannhafter Entschlossenheit und rückhaltlosem Bekenntnis zu ihrem Führer.*[407]

Für die beginnende Propagandakampagne versprach er, daß sich die Universität mit Vorträgen, Aufsätzen und einer Kundgebung in den *Dienst der Werbearbeit* stellen werde.[408]

Im Juni 1933 jedoch beklagte der »Tübinger Beobachter« in der »Chronik« die mangelhafte Beteiligung der Professoren am »Tag der Jugend« und drohte, *daß der Klang und Schritt des marschierenden neuen Deutschland noch nicht von ferne in die olympische Ruhe akademischer Sonderbezirke geklungen haben soll, ist nicht ganz möglich. Die Jugend selbst aber wird durch diese Haltung förmlich dazu gezwungen, die dazu mögliche Konsequenz zu ziehen, nämlich unter eigener Führung zur Tagesordnung überzugehen.*[409]

Um die studentischen Aktionen an den Hochschulen lenken und unter Kontrolle halten zu können, setzte die Gauleitung Kommissare ein. Zum »Kommissar für die württembergischen Studentenschaften« wurde Gerhard Schumann, Fraktionsführer des NSDStB im AStA ernannt, und der Germanist Gustav Bebermeyer — im April 1933 noch DNVP-Mitglied[410] — wurde zum »Beauftragten mit besonderen Vollmachten an der Universität« erklärt.[411] Die Ernennung Bebermeyers, der sich Mitte der zwanziger Jahre für den Vaterländisch-Völkischen Block eingesetzt hatte und der Tübinger Ortsgruppe des Nationalverbands Deutscher Offiziere vorstand, löste in den konservativen und deutschnationalen Kreisen die Hoffnung aus, *daß die Gleichschaltung in enger Zusammenarbeit mit den Organen der Selbstverwaltung sich reibungslos vollzieht und es der Anstrengung aller Berufenen gelingen wird, die Erschütterungen der umwälzenden Zeiten mit gestärkter Lebenskraft zu überwinden.*[412] In solchen Verlautbarungen ist zu spüren, wie sich die Begeisterung über die nationale Wende mit dem Wunsch paarte, ungeschoren die Umwälzungen zu überstehen und die innere Autonomie der Hochschule zu bewahren.

Daß die personellen Veränderungen an der Universität dann tatsächlich erstaunlich gering waren, ist nicht ein Verdienst Bebermeyers, sondern ein Ausdruck der schon vor 1933 in hohem Maß vorhandenen politischen und weltanschaulichen Geschlossenheit der Universität, für die eine kontinuierliche konservative Berufungspolitik gesorgt hatte.[413] Der letzte sozialdemokratisch eingestellte Professor hatte die Hochschule 1928 verlassen, der letzte jüdische Ordinarius 1931. Im Vergleich zu anderen Universitäten kam es deshalb in Tübingen nur zu wenigen Gewaltakten. Der Rektorwechsel fand planmäßig statt, und vom Gesetz »zur Wiederherstellung des Berufsbeamtentums« waren auffallend wenige Hochschullehrer betroffen.[414] Am 20. April entzogen die Nationalsozialisten dem Privatdozenten Hans A. Bethe – dem späteren Nobelpreisträger – wegen der jüdischen Abstammung seiner Mutter die Vertretung des Extraordinariats für theoretische Physik.[415] Der Privatdozent für Religionsgeschichte, Hans Winkler, wurde wegen seiner Zugehörigkeit zur KPD aus dem Staatsdienst entlassen, und im September erhielt der außerordentliche Professor für Philosophie, Traugott Österreich, die Nachricht, daß er aufgrund des Berufsbeamtengesetzes, § 4, also wegen mangelnder politischer Zuverlässigkeit, seinen Dienst zu quittieren hätte.[416] Auch der Ordinarius für Kunstgeschichte, Georg Weise, wurde im April vorläufig beurlaubt, jedoch im Herbst wieder eingestellt, als sich herausstellte, daß seine Frau nicht jüdischer Abstammung sei.[417] 1937 wurde noch der Mathematiker Erich Kamke entlassen. Als Grund wurde eine Verwaltungsvereinfachung nach § 6 des Berufsbeamtengesetzes angegeben. Anlaß werden aber seine unveränderte Ablehnung des Nationalsozialismus und die jüdische Abstammung seiner Frau gewesen sein.[418]

Die Selbstverwaltungsgremien der Universität wurden ebenfalls nur wenig personell verändert. Die Änderungen betrafen die wenigen liberalen Mitglieder des Lehrkörpers. Unmittelbar nach der Ernennung Bebermeyers bat August Hegler, ihn vom Amt des Kanzlers zu entbinden. Die Professoren Carl Satorius, Wolfgang Stock und Erich Kamke stellten ihre Ämter im Kleinen Senat zur Verfügung. Der Dekan der Rechts- und Wirtschaftswissenschaftlichen Fakultät legte sein Amt nieder, und der Jurist Ludwig von Köhler gab seine Ehrenämter beim Deutschen Hochschulverband und bei der Notgemeinschaft für die deutsche Universität zurück.[419] Bei den nachrückenden Professoren, dem Vorstand der Hals-Nasen-Ohren-Klinik Walter Albrecht, dem Psychologieprofessor Max Wundt und dem Historiker Ernst Stracke mußten die neuen Machthaber kaum mit der Gefahr einer ablehnenden Haltung rechnen.[420] Mehr Eingriffe in die Personalstruktur der Universität waren offensichtlich nicht nötig, um die Hochschule dem NS-Staat einzugliedern. Widerspruch wurde bei keiner dieser Maßnahmen laut. Statt dessen begleiteten sie eine Flut von »Bekenntnissen«. Kollektiv und individuell bekundete man die Bereitschaft zur Mitarbeit und unterstrich diese durch den massenhaften Eintritt in die Partei.[421]

Das allgemeine Gefühl der Ergriffenheit und Begeisterung, das die Eberhard-Karls-Universität bis auf wenige Ausnahmen erfaßt hatte, brachte der katholische Theologe Karl Adam auf den Punkt, als er 1933 in der Theologischen Quartalsschrift formulierte: *Die nationale Revolution, deren stürmische Wellengänge uns tragen, ist wesenhaft Aufbruch, Umbruch, Durchbruch zum deutschen Volkstum.*[422] Wahrhaft hymnisch begrüßte er Adolf Hitler als den lang erwarteten Messias: *Nicht weitausholende Programme und kluge Prognosen taten in erster Linie not, sondern ein lebendiger Mensch, der zu jenen verborgenen Kräften, zu jenen geheimen Lebensquellen des Volkes Zugang hatte und der sie erwecken konnte, ein Mensch also, in dem die ganze Wesensart des Volkes, seine Ängste und seine Hoffnungen, sein Zorn und sein Trotz, sein Hochsinn und sein Heldenmut Fleisch und Blut geworden war, in dem das Volk sich selbst, sein Bestes wieder erkannte und erlebte. Ein solcher Mensch, der ganz und gar Volk und nichts als Volk war, ein Volkskanzler, mußte kommen, wenn anders das deutsche Volk in seinem Innersten berührt und zu neuem Lebenswillen erweckt werden sollte. Und er kam, Adolf Hitler. Aus dem Süden, aus dem katholischen Süden kam er, aber wir kannten ihn nicht.*[423]

Im November 1933 ersetzte die neue Verfassung der Universität die Selbstverwaltung durch das Führerprinzip.[424] Gleichzeitig wurde mit dem evangelischen Theologen Karl Fezer ein neuer Rektor ernannt, der die ständischen Autonomiebestrebungen der Professoren und die studentischen Eingriffe in engeren Grenzen zu halten versprach, als es dem vorzeitig abgelösten Rektor Albert Dietrich gelungen war. *Was hier nötig ist* – so begründete Fezer bei der Reichsgründungsfeier 1934 die vollzogene Umwandlung in eine »Führeruniversität« – *darf nicht von einer Mehrheit beschlossen werden, sondern muß geschaut, geglaubt und dann verantwortet werden.*[425] Die Hochschule sei nur noch ihrem Volk verpflichtet. Die Freiheit der Wissenschaft und ihre Internationalität seien keine Werte mehr an sich, sondern müßten sich dieser Verpflichtung unterordnen. Nur so könne die Universität die Aufgaben erfüllen, die sie im neuen Staat habe.

Auch nachdem die Ereignisse um die angebliche Revolte von SA-Führern um Ernst Röhm den Umgang der Machthaber mit Recht und Menschenleben enthüllt hatten, identifizierte sich die Eberhard-Karls-Universität weiterhin mit dem »Führer«. Zur Volksabstimmung im August 1934, die für die Vereinigung von Reichspräsidentenamt und Reichskanzleramt nachträglich eine plebiszitäre Rechtfertigung liefern sollte, ließ das Akademische Rektoramt der Kreisleitung unaufgefordert eine »Kundgebung« zur Veröffentlichung in der Presse zukommen. Darin heißt es, daß die Universität in vorderster Linie im *Dienst für Volk und Vaterland* und im *Kampf bei der Erneuerung unseres Vaterlandes* stehe, den Ideen des Führers *Herz und Sinn* geöffnet und als *Richtschnur für alle Arbeit, die im Hörsaal, Seminar und Laboratorium zu leisten ist, nationalsozialistisches Denken und Wollen* gemacht habe: *So kämpft die Universität nicht für eigene Ziele sondern für die großen Aufgaben, die der Führer dem deutschen Volk und damit auch ihr gewiesen hat. Unseres Führers Kampf ist auch unser Kampf und sein Wollen ist unser Wollen. Freudig folgen wir ihm und tun dies kund durch unsere Stimmen am 19. August 1934.*[426]

Die Studentenschaft wurde von Gerhard Schumann, dem »Kommissar für die württembergischen Studentenschaften«, und von Martin Sandberger, dem »Führer der Tübinger Studentenschaft« gleichgeschaltet.[427] An Stelle der gewählten studentischen Fachschaftsvertreter wurden »Fachschaftsleiter« ernannt, und an die Stelle des Allgemeinen Studentenausschusses trat die »Bündische Kammer«, in die alle an der Hochschule zugelassenen Gruppierungen ihre Vertreter entsandten.[428] Sie hatte die Anordnungen und Weisungen des Studentenschaftsführers entgegenzunehmen. Meistens befaßten sich diese mit der politischen Schulung, mit Wehrsport und Arbeitsdienst.[429]

Entsprechend wichtig wurde das Hauptamt für politische Erziehung. Kaum ins Leben gerufen, plante es für die gesamte Studentenschaft ein dreiwöchiges »Wehrlager« auf der Schwäbischen Alb. Auch die Arbeitsgemeinschaft für politische Bildung veranstaltete noch im Sommersemester einen Kurs, um künftige Redner zu schulen.[430] Die solchermaßen Ausgebildeten fanden ein weites Betätigungsfeld, da jeder Studierende von nun an politische Schulungen absolvieren mußte. Die Kammer proklamierte in ihrer zweiten Sitzung: *In Zukunft gibt es nur noch den politischen Studenten, der alle Wissenschaft unter dem Gesichtspunkt ihrer lebendigen Bezogenheit auf Volk und Staat sieht und beurteilt. Nur wer so politisch ist, kann überhaupt in Zukunft Student sein. [...] Und der, der durch Arbeitsdienst und Wehrsport innerlich in seinem ganzen Wesen umgestaltet ist, der kann der politische Student, der deutsche Student werden.*[431]

Der Leiter des Hauptamtes für politische Erziehung, der diese Anforderungen formulierte, tat dies nicht ohne darauf zu verweisen, daß das neue Disziplinarrecht dem Führer der Studentenschaft ausreichend Möglichkeit bot, jeden, der sich diesen Grundsätzen nicht unterordnen wollte, *mit disziplinarischen Mitteln dazu zu bringen oder ihn aus der Studentenschaft und damit aus der Hochschule auszuschließen.*[432]

Für die wehrpolitische Erziehung wurde Ende des Jahres das SA-Hochschulamt unter Leitung von Gerhard Schumann eingerichtet. Es verfügte über große Machtfülle, da alle Studenten – nicht nur die Angehörigen der SA – dort zur Meldung verpflichtet waren.[433]

Die Leistungen, die der Wehrsport den Studenten neben ihrer wissenschaftlichen Ausbildung abverlangte, waren groß,[434] die zeitlichen und körperlichen Anforderungen derart umfangreich, daß das Repetenten-Kollegium des Stifts für das Sommersemester 1933 um eine Vereinfachung des Examens nachsuchte. Es befürchtete, daß bei der Beanspruchung durch den Wehrsport das Prüfungsniveau sonst nicht eingehalten werden könne. Die Anforderungen beschrieben sie folgendermaßen: *Einen Frühdienst (morgens ab 3.30 h) oder Nachtdienst (abends ab 8 h), eine Nachmittagsübung, einen Aufmarsch, einen Truppabend, zwei Stunden Schießen, eine Stunde Theorie; ferner zu unregelmäßigen Zeiten: Appelle, Gewehrputzen, Universitätsdienst, Vorbereitung aufs SA-Sommer-Sportfest, Waffenunterricht, Nachtposten, und bei einzelnen noch besonderer Unterführerdienst.*[435]

Eine anfängliche Konkurrenz zwischen SA-Studenten und Verbindungsstudenten war rasch der Übermacht der SA-Studenten gewichen. Seit dem Sommersemester 1933 prägten diese das Bild der Universität. Nach dem Willen des Studentenschaftsführers sollte die Mitgliedschaft in der SA für jeden Studenten eine Selbstverständlichkeit sein. Die Erstimmatrikulierten des Sommersemesters 1933 mußten alle ein dreiwöchiges Geländelager absolvieren, bevor sie ihr Studium beginnen konnten. Nach dessen Abschluß wurden sie automatisch in die Studenten-SA übernommen.[436] Offiziell war die Mitgliedschaft für die Studierenden zwar freiwillig. Wer sie aber verweigerte, war großem Druck und häufig Benachteiligungen ausgesetzt. Gegenüber ihren Dozenten traten die NS-Studenten mit unübersehbarem Selbstbewußtsein auf, das sich durchaus auch auf den Lehrstoff bezog. So forderten sie beispielsweise auf einer Sitzung der Bündischen Kammer im Juni 1933: *Wir wollen keine Vorlesung mehr, in der man nur objektiv und sachlich Stoff neben Stoff setzt, sondern wir wollen einen Vortrag, in dem wir den Herzschlag des Dozenten spüren. Nur der kann in der neuen Hochschule unser Lehrer sein, der es im Geiste der nationalsozialistischen Revolution ist. Und wenn wir sehen, daß ein Dozent, gleichgültig welcher Richtung er angehört, beharrlich gegen den Geist des neuen Staates lehrt, dann sprechen wir ihm das Recht ab, unser Lehrer zu sein, dann werden wir von unserer akademischen Lernfreiheit Gebrauch machen.*[437]

An der »Aktion wider den undeutschen Geist« beteiligten sich die Tübinger Studenten jedoch nicht. Auch ein »Schandmal« errichteten sie nicht, an das die Studenten andernorts *undeutsche und unwissenschaftliche Schriften sowie die Erzeugnisse derer, die sich durch ihre Beteiligung an der Greuelhetze vom deutschen Volk losgesagt haben*, nagelten.[438] Eine öffentliche Bücherverbrennung fand in Tübingen ebenfalls nicht statt. Gerhard Schumann, dem das Regime 1936 für seine politische Panegyrik den nationalen Buchpreis verleihen sollte, hatte als »Kommissar für die württembergischen Studentenschaften« eine Beteiligung für Tübingen als auch für Stuttgart und Hohenheim abgelehnt.[439] Über seine Gründe schweigen die Akten.[440]

Wenn die Bücher in Tübingen auch nicht verbrannt wurden, verbannt und verboten wurden sie trotzdem. Schumann ordnete unverzüglich energische Maßnahmen an gegen »Schmutz- und Schundliteratur und patriotischen Kitsch«.[441] Öffentliche Bibliotheken und Mietbüchereien wurden von der Polizei durchsucht.[442] Auch die Besitzer von Kaffeehäusern, Gaststätten und Zeitungsständen wurden aufgefordert, »undeutsche Literatur« zu entfernen. Die selbsternannten studentischen Zensoren machten selbst vor dem Kinoprogramm nicht Halt, sondern kündigten an, die Darbietungen des Tübinger Lichtspieltheaters in der Württembergischen Hochschulzeitung einer *eingehenden Kritik* zu unterziehen. Die Tübinger Kinos, die keineswegs progressive Filme zeigten, waren NS-Studenten schon länger ein Dorn im Auge. So hatte sich im November 1932 ein Student in einem Leserbrief an die *»Tübinger Chronik« über den amerikanischen religiösen Kitschfilm* »Im Zeichen des Kreuzes« ereifert, der damals in den Hirschlichtspielen lief. Der studentische Leserbriefschreiber hatte versprochen: *Diese Filme sollen und werden in Zukunft nicht mehr möglich sein, auch in Tübingen. Dafür werden wir sorgen.*[443]

Nach der Machtübernahme bot das Programm der Tübinger Kinos jedoch nur noch wenig Anlaß zur Klage. Propagandafilme wie »SA-Mann Brand«, »Ein Volk erwacht«, »Schwarzhemden. Kampf und Sieg des Faschismus in Italien« oder der UFA-Film »Hitlerjunge Quex« standen wochenlang auf dem Programm. Der im Mai in den Museums-Lichtspielen gezeigte Film »Deutschland über alles: Unser Hindenburg. Der Sieg des nationalen Deutschlands« verärgerte die NS-Studenten dennoch. Ihnen erschien er zu deutschnational, die Verdienste Hindenburgs waren zu sehr herausgestrichen.[444]

Gleichzeitig mit der »Aktion gegen undeutsches Schrifttum« hatte die Deutsche Studentenschaft zum »Kampf gegen den untauglichen Hochschullehrer« aufgerufen.[445] Mit großem Eifer machten sich die Tübinger NS-Studenten an die Aufgabe. Da aber kein Hochschullehrer in Tübingen lebte, der *beharrlich gegen den Geist des neuen Staates lehrte*, traf der Boykott auch Professoren, die in Wort und Schrift den Nationalsozialismus unterstützt hatten. So wurde der evangelische Theologieprofessor Gerhard Kittel nach einem Vortrag über die »Judenfrage« in einem studentischen Leserbrief in der »Chronik« *volkstumsfeindlicher Bestrebungen* bezichtigt, sein Vortrag selber als *Skandal* verschrien.[446]

An dem katholischen Theologen Karl Adam, der 1933 wiederholt Adolf Hitler als den »Retter« hymnisch gefeiert hatte, demonstrierten die Studenten im Januar 1934 den *elementaren Ausdruck des nationalsozialistischen Willens*. Sie lärmten und schrieen während seiner Vorlesung derart, daß es ihm unmöglich war, sich Gehör zu verschaffen. Als er trotz der *Pfuirufe und Drohungen der deutschgesinnten Studenten* versuchte, seine Vorlesung zu halten, bedrohten sie ihn. Anlaß zu dem Aufruhr sollen judenfreundliche Äußerungen des Theologen bei einem kurz zuvor gehaltenen Vortrag in der Stuttgarter Stadthalle gegeben haben.[447] Die wenigsten der randalierenden Studenten werden diesen Stuttgarter Vortrag selber gehört, die meisten nur im »NS-Kurier« von dem *verwerflichen Spiel der getarnten Reaktion* gelesen haben. Professor Adam wurde darin als *Vertreter der Schwarzen Reaktion* gebrandmarkt. Der Artikel hatte die Akademiker im Braunhemd derart aufgestachelt, daß erst wiederholtes Intervenieren Gerhard Schumanns sie zum Schweigen brachte. Endgültig beruhigten sie sich jedoch erst, als Adam auf Zuraten Schumanns sich der *Willensäußerung der nationalsozialistischen Studentenschaft* fügte und den Hörsaal verließ.[448] Auch der Staatsrechtler Felix Genzmer mußte ein solches studentisches Strafgericht über sich ergehen lassen.[449]

Unter den Professoren riefen die selbstherrlichen Akte der nationalsozialistischen Studenten Ärger und Abwehr hervor. Ton und Stil der Übergriffe stießen auch bei denen auf Unverständnis, die ansonsten für die Bestrebungen der NS-Studenten aufgeschlossen waren. Der Philosophieprofessor Theodor Haering etwa verbat sich in einem Schreiben an den Führer der Tübinger Studentenschaft, Martin Sandberger, *diesen Sauherdenton*, in dem die Kritik an den Hochschullehrern vorgetragen würde: *Es wird, wie mir scheint, allmählich Zeit, daß beherzte Männer aus diesem viel befehdeten Stande endlich einmal sich gegen diese allmählich pervers werdende Sucht unreifer Akademiker, ihr eigenes Nest zu beschmutzen, zur Wehr setzen.*[450] In einer wenig später anberaumten Aussprache zwischen Studenten und Dozenten bemühten sich die angegriffenen Hochschullehrer in Anwesenheit von Kommissar Bebermeyer, die Vorwürfe wegen der angeblich unpolitischen Haltung ihres Standes zu entkräften und strichen ihre Verdienste um den Nationalsozialismus heraus. *Weshalb soll es nur die Universität sein, die kämpferisch gegen die Bewegung steht? Gerade hier ist der Nationalsozialismus nicht bekämpft worden*, empörte sich der Dekan der juristischen Fakultät, und der Verfassungsrechtler Hans Gerber fügte als Bestätigung hinzu, daß im öffentlich-rechtlichen Seminar seit Jahren nationalsozialistische Literatur aufgestellt sei.[451]

Das Auftreten der Studenten täuschte jedoch mehr Machtfülle vor, als ihnen die Machthaber zugestanden. Vergeblich warteten die Studenten auf eine Statusverbesserung und auf Mitbestimmungsmöglichkeiten als Belohnung für ihr Engagement. Nur solange die Partei auf den »revolutionären« Elan der Studenten nicht verzichten konnte, war sie zu Zugeständnissen bereit. So hatte sie beispielsweise die Verfassung der deutschen Studentenschaft anerkannt, was der Studentenschaft allgemein zur Anerkennung als Gliedkörperschaft der Universität verhalf. Die »Verordnung über die Bildung von Studentenschaften an den württembergischen Hochschulen« vom Mai 1933 hatte den Studenten gewisse Mitspracherechte in den akademischen Gremien eingeräumt. Studentische »Bevollmächtigte« durften seitdem an den Senats- und Fakultätssitzungen teilnehmen.[452] Konkrete Verbesserungen der Situation des akademischen Nachwuchses brachten solche Zugeständnisse allerdings nicht. Vielmehr wurde mit der Konsolidierung der »Führeruniversität« die studentische Beteiligung an der Selbstverwaltung zur Farce. Einfluß auf Berufungen und Einrichtungen von Lehrstühlen haben die Studenten nie erhalten.

Einzelne studentische Protagonisten der Machtübernahme machten allerdings Karriere: Gerhard Schumann etwa, der als »Gaukulturhauptstellenleiter« in den Präsidialrat der Reichsschrifttumskammer aufstieg und bald als »Dichter des Dritten Reiches« gefeiert wurde. Erich Schrade rückte zum Stabsleiter der Deutschen Studentenschaft in Berlin auf.[453] Martin Sandberger avancierte in der SS zum Sturmbannführer.[454] Für die Studenten insgesamt aber brachte die Konsolidierung des NS-Systems keineswegs die erhofften Privilegien, sondern Kontrolle, vermehrte Beanspruchung und doppelte Belastung. Ernteeinsätze und Fabrikdienst sowie den ab 1. August 1933 obligatorischen Arbeitsdienst mußten sie neben bzw. zusätzlich zum Studium absolvieren. Hinzu kamen SA-Dienst, Pflichtsport, politische Schulung und andere Sonderveranstaltungen, die die akademische Freiheit des einzelnen vollständig aufhoben. Stipendien und andere finanzielle Beihilfen wurden von der politischen Zuverlässigkeit oder Anpassungsfähigkeit der Studierenden abhängig gemacht.[455]

Für die Stadt hatte die rasche Eingliederung der Hochschule in den NS-Staat erhebliche Folgen. Zum einen hatte die Universität geradezu ein Vorbild für eine widerstandslose Gleichschaltung geliefert. Die Einwohner lasen in den Tageszeitungen die Loyalitätsbekundungen der Professoren, hörten sie auf den Versammlungen feierliche Treuebekenntnisse ablegen und sahen sie am 1. Mai geschlossen im Festzug marschieren. Sie erlebten auch, wie innerhalb kurzer Zeit viele Professoren in die Partei drängten, wie Professor Schönfeldt den von ihm geführten »Stahlhelm« der Leitung Hitlers unterstellte, und wie der renommierte Vorort-Präsident des Kartellverbands katholischer Studentenvereine zur NSDAP übertrat, *um die Reihen des neuen Deutschlands dichter zu schließen.*[456] Hatten sich die Tübinger Hochschullehrer sonst jeder tagespolitischen Stellungnahme enthalten, so drängte es viele jetzt fortwährend, die Maßnahmen der neuen Regierung freudig zu begrüßen. Selbst leise Vorbehalte verpackten sie bei öffentlichen Äußerungen in so viel Begeisterung und Affirmation, daß es nicht weiter wundert, wenn sie nicht verstanden wurden. Wie sollte sich angesichts dieses Beispiels an akademischer Zustimmung in der Stadt Skepsis oder gar Widerstand entwickeln, zumal Übergriffe oder Terrorakte bis auf wenige Ausnahmen in Tübingen nicht vorkamen? Dem Sog der allgemeinen Begeisterung konnten sich nur wenige entziehen. Viele sahen wohl auch kaum eine Notwendigkeit dazu, solange die personale Kontinuität in Stadtverwaltung und Universität den Bestand des »guten Alten« in der vielgelobten neuen Zeit zu gewährleisten schien. Eine andere Auswirkung der Gleichschaltung der Universität auf die Stadt zeigte sich in einer vermehrten Zusammenarbeit der beiden Körperschaften, sowohl institutionell als auch personell. Anfangs wurde dies von beiden Seiten sehr begrüßt. Erst im Laufe der Zeit entpuppte sie sich als lästige Kontrolle durch die Partei.[457]

Die nationalsozialistische Hochschulpolitik hatte eine Konsequenz, die in der Stadt Sorge auslöste. Das war der Rückgang der Studentenzahlen. Bereits die ersten Angriffe auf die Korpsstudenten, denen mangelndes Engagement für die »Machtergreifung« vorgeworfen wurde, hatte das städtische Gewerbe um eine wesentliche Einnahmequelle bangen lassen.[458] Der im August 1933 kursierende Plan, alle Studenten in Wohngemeinschaften zusammenzufassen, sorgte erneut für Unruhe. Die Geschäftswelt fürchtete nun um ihren Umsatz durch eine Umwandlung der Korporations- zu Kameradschaftshäusern. Die Sorge war berechtigt. Bereits im Sommersemester 1933 blieben mehrere hundert Zimmer unvermietet.[459]

Das am 25. April 1933 erlassene »Gesetz gegen die Überfüllung deutscher Schulen und Hochschulen« schränkte die Zahl der Studierenden drastisch ein. Lediglich 15 000 Abiturienten sollten im Reich zur Immatrikulation zugelassen werden. Der Anteil der Studentinnen wurde auf 10 Prozent, der der Nichtarier, auf 1,5 Prozent festgesetzt.[460] Für Württemberg waren demnach vom Sommersemester 1934 an nur noch 611 männliche und 61 weibliche Studierende zur Einschreibung zugelassen. Da jedoch der württembergische Kultminister schon vorher den Zugang zur Hochschule erschwert hatte, ging in Tübingen die Zahl der Studenten bereits 1933 deutlich zurück, und zwar von 3917 im Sommersemester 1932 auf 3450.[461] Eine Erklärung für den Rückgang sah die »Chronik« im Werkhalbjahr und den behördlichen Warnungen vor einem Studium. Der Kultminister hatte veranlaßt, daß Studienbewerber, die vor Beginn des Studiums ein »freiwilliges Werkhalbjahr« absolviert hatten bzw. *in den letzten Jahren in der SA, SS oder in Wehrverbänden im Kampf um die nationale Erhebung gestanden haben,* bei der Vergabe von Studienplätzen bevorzugt berücksichtigt wurden.[462] Außerdem brauchte der angehende Student nicht mehr nur das Reifezeugnis, sondern zudem einen Vermerk der Schule über die Eignung für ein Hochschulstudium.[463] Auf diese Weise verringerte sich die Zahl der Studierenden beständig. 1937 waren es statt der 3429 Studierenden des Wintersemesters 1932/33 nur noch 1818 Studenten.[464]

»Vom Jubel zur Ernüchterung«: die Gleichschaltung der Kirchen

Der NS-Staat, der sich als christlich-autoritärer Volksstaat einführte, fand im evangelischen Württemberg wohlwollende, teilweise begeisterte Aufnahme.[465] Angesichts der Säkularisierungstendenzen der Republik hatten die meisten der großenteils national eingestellten, in der Republik politisch heimatlosen protestantischen Pfarrer Württembergs die Wahlerfolge der Nationalsozialisten begrüßt. Da diese ihre Propaganda christlich einkleideten, zudem im württembergischen Landtag eine betont kirchenfreundliche Haltung vertraten, mögen sie vielen als diejenigen erschienen sein, als die sie sich im Landtagswahlkampf 1932 präsentierten: die *bewährten Vorkämpfer für christliche Glaubens- und Kulturgüter.*[466]

Kirchenpräsident Theophil Wurm, der in den zwanziger Jahren für die DNVP den Kreis Ravensburg im Landtag vertreten hatte, zeigte sich ebenfalls beeindruckt. Im Evangelischen Gemeindeblatt für Stuttgart lobte er am 12. März 1933 an der *jetzt zum Sieg gelangten Bewegung,* daß sie *in ihren Reihen die in der deutschen Geschichte so oft verhängnisvoll wirkenden Klassen- und Kastenvorurteile beiseite geschoben und ihren Gliedern das beglückende Erlebnis einer lebendigen Gemeinschaft zwischen Menschen ganz verschiedener Lebensstellung vermittelt* habe.[467] Die *infolge unserer Verarmung immer drohender werdende Gefahr einer Bolschewisierung des deutschen Volkes* habe sie abgewendet, *indem sie eine Jugend, deren Aussichten immer trostloser wurden, mit der Erkenntnis* erfülle, *daß nicht die Nachahmung russischer Gewaltmethoden, sondern eine dem Wesen des eigenen Volkstums entsprechende Reorganisierung von Staat und Wirtschaft eine Gesundung der Verhältnisse herbeiführen könne.* Schließlich habe sie richtig erkannt, *daß der Niedergang Deutschlands nicht bloß auf politischen und wirtschaftlichen Versäumnissen beruhe, sondern seinen letzten Grund in einer materialistischen, d.h. nur Genuß erstrebenden, den Kampf und das Opfer scheuenden Denkweise habe.* Der Kirchenpräsident betonte jedoch, daß die Kirche *in jedem Staatswesen und unter jeder Staatsführung Kirche bleiben will und bleiben muß, wenn sie dem Volk in rechter Weise dienen will.*[468]

Diese Haltung machte lange Zeit Kirchenleitung und Kirchenvolk blind für den Unrechtscharakter des NS-Staates. Zum Boykott jüdischer Geschäfte und Praxen schwieg die Landeskirche, für die politisch Verfolgten hatte sie kein offenes Ohr. Lediglich jüdische Bürger, die zum Christentum übergetreten waren, fanden ihre Unterstützung. So stellte sich die Evangelisch-theologische Fakultät einmütig hinter die Erklärung Gerhard Kittels zur *Stellung der Deutschen Evangelischen Kirche zu den Judenchristen*.[469] Danach sahen sie in dem *neu erwachten Bewußtsein um die Eigenart und den Wert des deutschen Volkstums [...] einen Ruf Gottes* und anerkannten den christlichen Juden als ihren *Bruder in Christus*. Ob ein Judenchrist allerdings ein kirchliches Amt übernehmen dürfe, sollte – obwohl *grundsätzlich unbestritten* – nicht generell, sondern jeweils *seelsorgerisch mit Weisheit, Liebe und Takt* entschieden werden. Die Bildung judenchristlicher Gemeinden würde sie – so ihre Hoffnung – von dem Zwiespalt zwischen rassisch-völkischer und kirchlich-christlicher Auffassung befreien.

Der evangelische Kirchenbezirk Tübingen – im Oberamt stellten die Angehörigen evangelischer Religionsgemeinschaften 85,9, in der Stadt 78,1 Prozent der Einwohner – bildete im allgemeinen Jubel keine Ausnahme. Auch er war vom Rausch der nationalsozialistischen Wende erfaßt. Der Bezirk war ein Hort der kirchlichen Rechten. In den Kirchengemeinderäten führte die Gruppe I des Landeskirchentags, eine konservative, national eingestellte Gruppe, während die Liberalen in der Minderzahl, die Religiösen Sozialisten überhaupt nicht vertreten waren. Mit dem Studentenseelsorger Wilhelm Pressel, dem Lustnauer Missionspfarrer a. D. Karl Schwab und dem Ruheständler Martin Maier-Hugendubel verfügte zudem die NSDAP über drei Mitglieder, die großen Anklang fanden.

Pfarrer Pressel verschaffte den Deutschen Christen (DC), die sich Anfang Januar 1933 als Glaubensbewegung Deutsche Christen, Gau Württemberg konstituiert hatten, Zulauf und Respekt. Er selbst gehörte zum gemäßigten Flügel. Wiederholt hatte er Vorbehalte gegenüber einer ausschließlich völkischen Auslegung des Christentums angemeldet.[470]

Im Kirchenbezirk hatte sich auch eine Gruppe der Kirchlich-Theologischen Arbeitskreise um den Bronnweiler Pfarrer Wolfgang Metzger gesammelt. Am Ende der Weimarer Republik als »jungreformatorische Bewegung« entstanden, wollten die Arbeitskreise mit Hilfe theologischer Arbeit und Weiterbildung die Kirche von innen erneuern. In der konservativen Universitätsstadt spielten sie allerdings kaum eine Rolle. Von Bedeutung war dort die Deutsche Glaubensbewegung, eine unter anderem aus dem Bund der Köngener hervorgegangene völkische Gruppierung, die sich um den Indologieprofessor Jakob Wilhelm Hauer scharte und sich auf einer Tagung in Eisenach im Juli 1933 zusammen mit anderen völkischen Gruppierungen und mit Teilen der Jugendbewegung zur Arbeitsgemeinschaft der Deutschen Glaubensbewegung zusammenschloß.

Die »Deutschgläubigen« vertraten eine völkische Religiosität auf der Grundlage eines *arteigenen deutschen Glaubens*.[471] Was sie darunter verstanden, erläutert eine Resolution, die sie auf ihrer Eisenacher Tagung verabschiedeten. Darin heißt es: *Wir stehen in einem Deutschen Glauben, der seine Richtkräfte aus dem religiösen Erbgut des deutschen Volkes nimmt, dessen schöpferische religiöse Kraft durch mehr als ein Jahrtausend hindurch bis heute lebendig geblieben ist. Wir alle bekennen uns dazu, daß wir in göttlicher Wirklichkeit wurzelnd mit unserem deutschen Ursprung vor ihr und unserem Volk Pflicht und Verantwortung tragen für einen deutschgeborenen Glauben.*[472] Wegen der Herkunft vieler Nationalsozialisten aus der völkischen Bewegung versprachen sich die »Deutschgläubigen« von einer nationalsozialistischen Religionspolitik, als dritte Konfession neben Katholiken und Protestanten Anerkennung zu finden. Mitglieder des ehemaligen Christlich-Sozialen Volksdienstes vervollständigten das religiöse Tübinger Spektrum. Sie hatten sich um die Theologen Karl Heim und Adolf Schlatter gruppiert und waren überwiegend pietistisch eingestellt.

Bei dieser theologisch-weltanschaulichen Zusammensetzung löste der Machtantritt der Nationalsozialisten große Erwartung aus. Im Juni 1933 äußerte sich das lokale »Evangelische Gemeindeblatt« zur *Kirche im Dritten Reich: Im Mittelpunkt des Denkens und Fühlens unseres Kirchenvolkes steht angesichts dieser Tatsache der heiße Dank gegen Gott für das, was er uns mit dem neuen Regiment geschenkt hat: Deutschland hat wieder einen Führer, wie es ihn seit Bismarcks Zeiten nicht mehr gehabt hat. Adolf Hitler hat das deutsche Volk vor einer Schreckensherrschaft, die deutschen Kirchen vor blutiger Verfolgung bewahrt. Der Verhöhnung des Christentums und der Kirche in der Öffentlichkeit ist ein Ende bereitet. Der Zurschaustellung der Unsittlichkeit ist der Garaus gemacht. [...] Die arbeitslosen Volksgenossen schauen zuversichtlich dem Morgenrot einer neuen Zeit frohen Arbeitens entgegen. Man kann manchen Maßnahmen des neuen Regimes kritisch gegenüberstehen: der Dank und die Freude bleibt das Beherrschende.*[473]

Auch der Dekan, Dr. Theodor Stockmayer, begrüßte die Machtübernahme, wenn auch in der ihm eigenen vorsichtigen und zurückhaltenden Weise. Die in Potsdam zur Schau getragene christliche Haltung des neuen Reichskanzlers[474] wirkte sich belebend auf den Gottesdienstbesuch aus und machte sich in einer *Wiedereintrittsbewegung* bemerkbar.[475] Der Besucherstrom verebbte freilich rasch wieder. Als Stockmayer im Juli des folgenden Jahres den Jahresbericht schrieb, vermerkte er: *Eine durchgängige Hebung der Teilnahme am sonntäglichen Gottesdienst und am Gemeindeleben ist nicht eingetreten. Vielmehr hat, jedenfalls aufs Ganze gesehen, die Beteiligung der Männer am Gottesdienst nachgelassen. Eine Ausnahme machen erfreulicherweise diejenigen Sonntage, die zugleich nationale Festtage sind.*[476]

Wie die von der Kirche erhoffte Annäherung jedoch von den Nationalsozialisten gedacht war, machte für den lokalen Bereich Kreisfrauenschaftsleiterin Hilpert klar, als sie Anfang Dezember 1933 dem evangelischen Dekan schrieb: *Sie sagten zum Schluß [unserer Aussprache] zu mir »Wir müssen zusammenkommen!« Ich hoffe und wünsche das auch recht herzlich, sowohl im Interesse unserer Kirche als auch unserer Bewegung, jedoch möchte ich Ihnen keinen Hehl daraus machen, daß ich dies »Zusammenkommen« nur so verstehen kann, wie es bisher für uns Nationalsozialisten immer zu verstehen war, nämlich ein Kommen – und sei es auch langsam und tastend – der Anderen zu uns.*[477]

Vorerst jedoch mußte der geschlossene Besuch uniformierter NS-Verbände wie eine Bestätigung der positiven Erwartungen wirken und wurde weitgehend voll Anerkennung zur Kenntnis genommen. Der von Kirchenpräsident Theophil Wurm für den 1. Mai angeordnete Gottesdienst, der *die Arbeits- und Schicksalsverbundenheit des ganzen Volkes* zum Ausdruck bringen sollte, geriet in Tübingen zu einer Massenveranstaltung.[478] Studentenpfarrer Pressel, mittlerweile NS-Gemeinderat, hielt dabei seine letzte Predigt in der Stiftskirche. Kurz darauf wurde er als *kirchlicher Hilfsarbeiter* nach Stuttgart in den Oberkirchenrat berufen.[479] Damit entsprach Wurm der Forderung der Deutschen Christen nach Mitbeteiligung an der Kirchenleitung.

Im Sog des nationalen Aufschwungs übte die völkische Interpretation der christlichen Lehre, wie sie die Deutschen Christen betrieben, große Anziehungskraft aus. Gemeindeglieder wie Theologen gerieten in ihren Bann, fasziniert von der Aussicht, zusammen mit der staatlichen auch eine kirchliche Erneuerung erleben zu können. Als die NS-Regierung ihre Gleichschaltungsmaßnahmen auch auf die evangelische Kirche ausdehnte, fand sie bei den Deutschen Christen volle Unterstützung. Sie versprachen sich von einer kirchlichen Neugliederung eine rassische und politische Säuberung der Pfarrerschaft sowie Zutritt zu den kirchlichen Gremien. Der sollte ihnen die Beteiligung an der Kirchenleitung ermöglichen, die ihnen bisher versagt war. Die Umgestaltung der 28 selbständigen Landeskirchen zu einer einheitlichen Evangelischen Reichskirche mit einem Reichsbischof an der Spitze fand deshalb ihre volle Unterstützung. In der Auseinandersetzung um den als »Vertrauensmann des Führers« aufgezwungenen Reichsbischof Ludwig Müller machten sich Tübinger Theologieprofessoren zu Wortführern der DC. Auf einer Kundgebung im Festsaal der Universität erklärte der Ordinarius für Kirchengeschichte, Hanns Rückert: *Die Deutschen Christen wollen werben um das Vertrauen des Volkes zum Christentum und zur Kirche. Es wird der Hoheit des Evangeliums nichts vergeben, wenn man auf seine völkische Aufbaukraft hinweist. Man kann das Volk nicht innerlich erneuern, wenn nicht gleichzeitig eine religiöse Erneuerung eintritt. [...] Das Volk hat in dieser Notzeit das Recht, Hilfe zu fordern. Und die Kirche hat die Pflicht, alle Opfer zu bringen, außer dem des Evangeliums. [...] Und sie soll glauben, daß es Gott ist, der heute dem Volk diese Wege einer völkischen Erneuerung weist.*[480]

Anschließend bekundeten die Studenten, die gegen den vom Kirchenausschuß der Deutschen Evangelischen Kirche designierten Pfarrer Bodelschwingh protestiert hatten, im Ehrenhof der Neuen Aula Ludwig Müller ihr Vertrauen.[481] Auch Gerhard Kittel, der Tübinger Neutestamentler, setzte sich für die Deutschen Christen ein: *Der Kampf, um den es heute geht, heißt konkret: ob die völkische Bewegung und ob der völkische Staat ihr Leben aus den Kräften des Evangeliums oder ohne und gegen sie haben werden, das heißt, ob wir von dem Taumel derer um Rosenberg, Reventlow, Ludendorff, Bergmann usw. verschlungen werden oder nicht.*[482]

Zu den Tübinger Theologen, die in dieser Auseinandersetzung für die Deutschen Christen Partei ergriffen, gehörte ferner der Ephorus des Stifts, Karl Fezer. Die Lehrtätigkeit des beliebten Ordinarius für Praktische Theologie hatte Tübingen zu einem Anziehungspunkt für Studenten aus ganz Deutschland gemacht. Mitte Mai hatte er an den Richtlinien der DC mitgewirkt, die eine *Reichskirche lutherischer Prägung* forderten, eine Kirche, die

die Hoheit des Staates *aus Glauben* anerkennt, das Evangelium im Dritten Reich verkündet und die Kirche der »Christen arischer Rasse« sein will.[483] In einem Vortrag in Stuttgart beschwichtigte Fezer die Befürchtung, daß es bei der Auseinandersetzung um den Reichsbischof darum gehe, *daß der Staat zum Herrn der Kirche werden soll.*[484] Es handle sich nicht um eine Machtfrage, sondern darum, daß sich letztlich beide dem Willen Gottes beugen müßten: *Und das meine ich, sei das große Geschenk Gottes an das deutsche Volk, daß die Lenkung der Politik ein Mann in die Hand genommen hat, der nicht nur einmal sagte, gegen den Willen Gottes könne er nicht das Mindeste erzwingen, sondern letztlich sehe er seine Aufgabe darin, dem deutschen Volke zu helfen, daß es seinen von Gott ihm gegebenen Beruf erkenne und erfülle.*

Theophil Wurm, der seit Anfang Juli 1933 auf Betreiben des Ständigen Ausschusses des Landeskirchentages den Titel »Landesbischof« führte, teilte die Freude.[485] Kritik meldeten lediglich die Kirchlich-Theologischen Arbeitskreise an. In einem *Wort württembergischer Pfarrer zur Gleichschaltung* erinnerten sie an die Autonomie der Kirche: *Der Staat würde seine Grenzen mißachten, wollte er der Kirche ihr Bekenntnis und ihre Lehre, ihren Gottesdienst und ihre Verfassung vorschreiben; er hat die Kirche nicht an seinem eigenen Gesetz zu messen, sondern das ihr selber eignende Evangelium als ihre alleinige Richtschnur zu achten.*[486] Die Mehrzahl der Tübinger Theologen schien allerdings nur Chancen in einer gleichgeschalteten Reichskirche zu sehen. Mit Sorge betrachteten sie dagegen den Versuch Hauers, für seine Deutsche Glaubensbewegung ebenfalls einen Platz in der neuen Reichskirche zu sichern.[487]

Da der Oberkirchenrat es ablehnte, die anstehenden Kirchenwahlen nach demokratischen Regeln durchzuführen, kamen die Gruppen I und II des Landeskirchentages überein, eine Einheitsliste aufzustellen, in der die Deutschen Christen angemessen vertreten sein sollten. *Damit ein Wahlkampf erspart bleibt,*[488] einigte man sich im Kirchenbezirk Tübingen, den Bezirksnotar Julius Luz zu nominieren, der den Deutschen Christen nahestand. Laut Anordnung der Gauleitung mußten in jeder Gemeinde 70 Prozent nationalsozialistische Christen im Kirchengemeinderat vertreten sein.[489] Die Kreisleitung teilte dem Vorsitzenden des Kirchengemeinderats mit, daß sie im Falle der Aufstellung eines Einheitswahlvorschlags von 22 Kirchengemeinderäten 12 von sich aus bestellen werde, unter anderem die bisherigen Kirchengemeinderäte Krauss, Schmidt und Zündel. Die Wiederaufstellung der Kirchengemeinderäte Flammer und Goes sei für sie untragbar und führe, ebenso wie das Abweichen von der alphabetischen Reihenfolge der Wahlvorschläge, unweigerlich zur Einreichung eines Gegenvorschlags.[490] Diese Drohung genügte. Die mißliebigen Kirchengemeinderäte legten ihr Amt nieder. Zwar brachte der restliche Kirchengemeinderat darüber *einmütig sein tiefes Bedauern zum Ausdruck*, gab aber widerspruchslos nach und veröffentlichte eine Einheitsliste.[491]

Das Ergebnis des 23. Juli entsprach den Hoffnungen der Deutschen Christen. Von 16 Kirchengemeinderäten stellten sie in Tübingen neun. Lediglich die niedrige Wahlbeteiligung von 29 Prozent – 1931 waren es 35,3 Prozent gewesen – blieb hinter den Erwartungen zurück.[492] Nun waren die Kirchenparlamente in der Hand der Deutschen Christen.

Bereits im Mai hatte ein kirchliches Ermächtigungsgesetz das Führerprinzip in der württembergischen Landeskirche eingeführt.[493] *Mit Freuden,* so ließ Dekan Stockmayer am 20. August von allen Kanzeln des Bezirks verlesen, ordne sich die württembergische Landeskirche in die Gesamtkirche ein.

Doch der Umgang der Deutschen Christen mit ihrer neuen Macht, ihr Rassismus, nicht zuletzt ihre Forderung nach Einführung des »Arierparagraphen«, vor allem aber ihre »arteigene« Theologie riefen bald Unwillen unter ihren Anhängern hervor. Statt der erwarteten volksmissionarischen Arbeit schien sich die Leitung der DC immer mehr in Machtfragen zu verstricken. Skepsis und Zweifel an der Eignung der DC-Führung lösten schließlich in Württemberg die Krise aus. Der gemäßigte Flügel distanzierte sich von der Leitung. Es kam zur Spaltung und schließlich zum Ausschluß opponierender Mitglieder, darunter so prominenten wie dem mittlerweile zum Oberkirchenrat ernannten Studentenpfarrer Pressel. Nach einer dekuvrierenden Kundgebung der Reichsleitung folgte im November der Austritt der Theologieprofessoren Rückert, Fezer, Kittel und Weiser aus der Glaubensbewegung Deutscher Christen.[494]

Ausdrücklich verwahrten sich die Ausgetretenen dagegen, daß ihre Kritik an der DC-Kirchenleitung mit einer Kritik an der NS-Bewegung gleichgesetzt wurde.[495] Hanns Rückert versicherte vielmehr seine Studenten, als er sie über seine und seiner Kollegen Gründe für den Austritt informierte, seiner Treue zum NS-Staat: *Wir sind der Sache Adolf Hitlers so treu wie je zuvor. Wir sind, auch wenn das nach Anmaßung klingen mag, der Auffassung, daß wir und die anderen Tausend, die aus der Glaubensbewegung ausgetreten sind oder noch austreten werden, die wahren deutschen Christen sind.*[496]

Der Kredit der Deutschen Christen sank mehr und mehr. Viele der Dissidenten schlossen sich dem Pfarrernotbund an, einer Ende September von Martin Niemöller gegründeten Vereinigung von Pfarrern, die im reichskirchlichen Regiment Ludwig Müllers einen Notstand für die Kirche sahen.[497] Doch noch immer standen die württembergischen Pfarrer loyal hinter Hitler. Bei den Feiern im Herbst – »Deutscher Erntetag«, Gefallenengedenktag, Eröffnung des Winterhilfswerks und Luthertag – gestalteten sie die Festgottesdienste und ließen die Hoheitszeichen des NS-Staats auf allen kirchlichen Gebäuden hissen.

Im August hatte der deutsch-christliche »Gaukirchenfachberater« Rehm die Abschaffung der lila-weißen Kirchenfahnen angeregt und das Hissen des Hakenkreuzes verlangt sowie die Einführung des Deutschen Grußes.[498] Der Verwaltungsausschuß der Kirchengemeinde war der Aufforderung zuvorgekommen und hatte bereits am 20. April 1933 eine schwarz-weiß-rote und eine Hakenkreuzfahne angeschafft.[499] Die Beflaggung wurde überwacht. Als sie 1934 an Hitlers Geburtstag an der Eberhardskirche wegen einer technischen Panne unterblieb, legte das die Kreisleitung dem dafür zuständigen Pfarrer als *nationale Unzuverlässigkeit und demonstrativen Hintergedanken* zur Last, und es bedurfte ausgiebiger Rechtfertigungen, um den Verdacht auszuräumen.[500]

In der Regel paßten sich die Pfarrer des Tübinger Dekanatbezirks den Forderungen der Nationalsozialisten an und ihren Ritualen ein. Bedenken gegenüber dem Deutschen Gruß bei Beerdigungsfeiern, wie sie der Bronnweiler Pfarrer Wolfgang Metzger für die Kirchlich-Theologischen Arbeitskreise dem Landesbischof übermittelte, blieben die Ausnahme.[501] Die Pfarrer hielten vielmehr ihre Gottesdienste und liturgischen Feiern in Anwesenheit von Uniformierten der NS-Verbände. Das anfänglich große Interesse an den nationalsozialistischen Ritualen und die Neugier, die beispielsweise noch die erste »braune Hochzeit« in der Bevölkerung auslöste,[502] schwanden jedoch mit der Zeit. Vergeblich bemühte sich die Kreisleitung 1934, den Konfirmanden die HJ-Uniform als Festkleidung schmackhaft zu machen. Als trotz mehrmaliger Ermunterung abzusehen war, daß die wenigsten den traditionellen dunklen Anzug gegen das »Braunhemd« tauschen würden, warnte die HJ-Führung in der »Chronik«: *Wir fragen uns also mit Recht, wer unserer Jugend diese Freude gedämpft und genommen hat, wer ihnen eingeredet hat, das Braunhemd sei zu unfeierlich, zu unwürdig für die Konfirmationsfeier, sie müßten im dunklen Anzug erscheinen. Wir möchten diesen Eltern, Onkeln, Tanten, Großeltern, Vettern, Basen und Großtanten alten Schlags, die das Tragen eines dunklen Anzuges für festlicher und würdiger halten als das Braunhemd, ein gutes biblisches Sprüchlein entgegenhalten: »Der Mensch sieht was vor Augen ist, der Herr aber sieht das Herz an.«*[503]

Der nächste Vorstoß der Nationalsozialisten zielte auf das kirchliche Vereinswesen. Einige Vereine, darunter die Scharnhorstjugend, der Bund der Köngener oder die Frauengruppe des Evangelischen Volksbundes schalteten sich in Tübingen freiwillig gleich.[504] Zunehmend gerieten die Kirchengemeinden in Sorge um ihre Jugendarbeit, denn das auf Selbständigkeit pochende, gut organisierte Evangelische Jugendwerk war den Nationalsozialisten ein Dorn im Auge. In kleineren Gemeinden – so berichtete der Tübinger Dekan Anfang August 1933 nach Stuttgart – sei die Fortführung einer selbständigen kirchlichen Jugendarbeit kaum noch möglich. *Je nachdem muß von ihr abgerückt werden und der Pfarrer sich darauf beschränken, daß er irgendwie Einfluß auf die HJ sich sichert*.[505] Nur in den größeren Gemeinden, in denen noch gut funktionierende Jugendvereine bestanden, stehe es besser. Von der Universitätsstadt, wo 1930 der CVJM rund 300, der Schüler-Bibelkreis 40, der Evangelische Mädchenkreis 160 Mitglieder hatten und wo in anderen evangelischen Vereinen noch einmal rund 160 Jugendliche organisiert waren, berichtete Dekan Stockmayer: *Auch in Tübingen hat bis jetzt keine nennenswerte Abwanderung von Mitgliedern zur HJ stattgefunden*. Er wußte auch den Grund dafür: *Der HJ fehlen zunächst noch weithin die geeigneten Führer*.[506]

Die Tübinger Hitlerjugend stand im Sommer 1933 noch am Anfang.[507] Immer wieder war deshalb das Evangelische Jugendwerk das Ziel ihrer Angriffe. Auf HJ-Mitglieder, die gleichzeitig einer kirchlichen Jugendgruppe angehörten, übte sie massiv Druck aus. Wollten die HJ-Mitglieder aus der kirchlichen Vereinigung nicht austreten, wurden sie als Feiglinge beschimpft. Schließlich wurden die Uniformen der Jugendverbände verboten.[508] Das Ziel der HJ war offensichtlich: Beim Osterlager auf der Uracher Alb hatte Gebietsführer Wacha auch der Tübinger HJ zur Aufgabe gemacht, *aus den 74 verschiedenen Jugendbünden und -bündchen in Württemberg eine einige deutsche Jugend zu formen*.[509] Vergeblich versuchten die Jugendverbände, sich gegen die Einverleibung durch die HJ zu wehren, indem sie ihre nationale Gesinnung und vaterländische Tradition herausstrichen.[510]

Einander widersprechende Weisungen von HJ-Führern und Leitern der kirchlichen Jugendarbeit führten zu Autoritätskonflikten bei den Jugendlichen. So verbot in Mössingen der 19jährige Führer des Jungvolks seinen »Pimpfen«, den Pfarrer mit »Grüß Gott« zu begrüßen.[511]

Die Reibereien zwischen Parteijugend und kirchlich organisierter Jugend trugen Unruhe in die ohnehin durch den Konflikt um den Reichsbischof verunsicherten Gemeinden und ließen den Wunsch nach einer offiziellen Regelung zwischen Evangelischer Jugend und HJ entstehen.[512] Schließlich gab am 23. Dezember 1933 der Oberkirchenrat die Eingliederung der Evangelischen Jugend unter 18 Jahren in die Hitlerjugend bekannt. Der Eingliederungsvertrag erklärte die HJ zum *Träger der Staatsidee* und bestimmte, daß eine Mitgliedschaft im Evangelischen Jugendwerk eine Mitgliedschaft in der HJ voraussetzte. Geländesport und staatspolitische Erziehung sollten nur noch durch die HJ erfolgen. *Wenn nötig* sollten die Mitglieder der HJ, die auch dem Evangelischen Jugendwerk angehörten, an zwei Nachmittagen in der Woche und zwei Sonntagen zur kirchlichen Jugendarbeit beurlaubt werden.[513] Der Vertrag, den Reichsbischof Müller und Reichsjugendführer Baldur von Schirach abgeschlossen hatten, ohne zuvor den Führerrat der Evangelischen Jugend zu hören, übertraf die schlimmsten Befürchtungen. In den Gemeinden löste er Empörung aus, wurde als Verrat an der kirchlichen Jugend betrachtet und als *Dolchstoß von hinten* gewertet. *Die jungen Leute fragen uns, woher der Herr Reichsbischof das Recht nehme, so über sie zu bestimmen, da unser Jugendwerk doch auf dem Grundsatz der Freiwilligkeit aufgebaut sei*,[514] teilte der Mössinger Pfarrer Richter dem Oberkirchenrat mit. Die Doppelmitgliedschaft sei undurchführbar und liefe letztlich sogar den staatlichen Vorschriften zuwider, nach denen Jugendliche nur an zwei Sonntagen im Monat und an zwei Nachmittagen in der Woche in Anspruch genommen werden dürften. Außerdem werde, so klagte er weiter, auf dem Umweg über die HJ der »Arierparagraph« auch im Kirchlichen Jugendwerk eingeführt, da ja nur noch derjenige Mitglied sein dürfe, der auch der HJ angehöre. Im übrigen, meinte der Pfarrer, ginge es der HJ gar nicht um die harmonische Zusammenarbeit mit der evangelischen Jugend, sondern um deren Heime und Einrichtungen.

Stadtpfarrer Theodor Haug berichtete besorgt von dem großen Einfluß, den die Deutsche Glaubensbewegung in Tübingen auf die HJ habe. Deren Führer seien fast ausnahmslos Anhänger Hauers und träfen sich bei ihm, der auch bei offiziellen Anlässen wie Sonnwendfeiern zu der HJ spräche. Auf Hauers Veranstaltungen würde in der Presse besonders hingewiesen, während die kirchlichen Jugendveranstaltungen gar nicht oder nur ungenügend angezeigt würden.[515] Alle Bemühungen um eine Revidierung des Vertrages waren jedoch vergeblich. Am 23. Februar 1934 wurde die Eingliederung in Tübingen vollzogen. Zur Rede ihres Bannführers skandierten Hitlerjungen dabei in Sprechchören: *Wo bleibt die katholische Jugend?*[516]

Mit Mißtrauen betrachtete die HJ die Mitglieder, die weiterhin dem Evangelischen Jugendwerk angehörten.[517] Daß die erlaubte Doppelmitgliedschaft als Opposition ausgelegt wurde, zeigt unter vielen anderen Beispielen ein Bericht des Gauinspektors, den dieser *betreffs unmißverständliche Einstellung des Polizeikommissars Griesinger* der politischen

Polizei erstattete.[518] *Unmißverständlich* erschien ihm, daß dieser nicht nur das »Pfingst-Bibel-Lager« ermöglicht, sondern auch noch seinen Sohn daran hatte teilnehmen lassen. *Namentlich ein Beamter der Politischen Polizei ist fehl am Platz,* monierte der Gauinspektor, *wenn er hier nicht sofort aus eigener Initiative eingreift.*

Die rigorose Religionspolitik der NS-Regierung führte schließlich zum offenen Konflikt zwischen der Reichs- und der Württembergischen Landeskirche. Zusammen mit den Landeskirchen von Hannover und Bayern, die ebenfalls ihre Selbständigkeit bewahren konnten, setzte sich nun auch die »intakte« württembergische Landeskirche gegen staatliche Reglementierung zur Wehr. Der Kirchenstreit spaltete die Gemeinden in eine kleine Gruppe überzeugter Deutscher Christen und eine meist sehr viel größere Gruppe von bekenntnistreuen Anhängern des Wurmschen Kurses. Auch die Kirchengemeinde Tübingen stellte sich hinter ihren Landesbischof. Als Reichsbischof Müller zusammen mit dem neuernannten »Rechtswalter« der Deutsch-Evangelischen Kirche Mitte April in Stuttgart erschien, um die opponierende württembergische Kirchenleitung mit einer »Notverordnung« gefügig zu machen, beschloß der Tübinger Kirchengemeinderat mit sechzehn gegen vier Stimmen bei einer Enthaltung, Einspruch zu erheben. Obwohl solche Solidaritätserklärungen von der Politischen Polizei als *offener Angriff auf die Staatsgewalt* deklariert worden waren, erhob der sonst so vorsichtige Kirchengemeinderat beim Reichsbischof Einspruch *gegen die über die kirchliche Lage in Württemberg durch Rundfunk und Presse verbreiteten Nachrichten. Die Notverordnung vom 15. April hat keinen Rechtsgrund. In pflichtbewußtem Eintreten für die Reichs- und Landeskirche fordern wir Aufhebung derselben. Wir stehen in Treue hinter dem Landesbischof.*[519]

Der Rechtsbruch des Reichsbischofs – er hatte dem Landesbischof das verfassungsmäßige Recht auf Einberufung der Synode entzogen, um eine vorhersehbare Abstimmungsniederlage der Deutschen Christen zu umgehen –, führte zum offenen Protest gegen die nationalsozialistische Reichskirche und zur Formierung der bekenntnistreuen kirchlichen Gruppen auf dem sogenannten Bekenntnistag in Ulm am 22. April 1934. Knapp einen Monat später folgte die erste »Bekenntnissynode der Deutschen Evangelischen Kirche in Barmen«.[520]

In Tübingen fanden sich daraufhin die gemäßigten Anhänger der Glaubensbewegung Deutsche Christen zusammen, um zu beratschlagen, wie ein Auseinanderbrechen der Kirche zu verhindern sei. Unter ihnen waren die Theologieprofessoren Heim, Fezer, Kittel und Volz sowie Studentenpfarrer Dr. Burger und der Kirchentellinsfurter Pfarrer Schwarz. Sie sahen einen Ausweg in einer Sammlung Gleichgesinnter zu einer »Evangelischen Einheitsfront«. Unter Zustimmung weiterer Mitglieder der Theologischen Fakultät formulierten sie »12 Tübinger Sätze«, die als gemeinsame Plattform für nationalsozialistische und nichtnationalsozialistische Pfarrer dienen und die *Gemeinsamkeit der Anliegen in vollem Umfang zum Ausdruck bringen* sollten.[521] Der Versuch trug seinen Verfassern zwar Anerkennung und einige Anhänger ein. Vom Pfarrernotbund wurde ihm aber vorgeworfen, daß er die vorhandenen Gegensätze nur verschleiere. Doch ehe der Tübinger Sammlungsversuch in der kirchenpolitischen Auseinandersetzung Bedeutung erlangen konnte, schuf die

Barmer Synode mit der Sammlung aller bekenntnistreuen Pfarrer eine völlig neue Situation. Im Kirchengemeinderatsprotokoll hat sich keine positive Reaktion auf diese Formierung der oppositionellen Kräfte niedergeschlagen. Dort hatte man auf den Sammlungsversuch der »12 Sätze« gesetzt. Gerhard Kittel richtete kritische *offene Fragen* an den Bruderrat der Bekenntnissynode, dessen Rechtmäßigkeit er bezweifelte und dessen theologische Grundlage er in Frage stellte.[522]

Ungeachtet des Widerstands von Seiten der »Bekenntnisfront« setzte der Reichsbischof seine Eingliederungspolitik fort. Sein zweiter Angriff auf die württembergische Landeskirche fand nahezu unter Ausschluß der Öffentlichkeit statt, da die Presse nicht mehr über den Kirchenstreit berichten, die Kirche sich nicht mehr öffentlich zu Wort melden durfte.[523] Da einer Eingliederung vor allem Landesbischof Wurm im Wege war, bezichtigte die Reichskirchenleitung kurzerhand Wurm und einige seiner Mitarbeiter, kirchliche Gelder veruntreut zu haben.[524] Später wies ein ordentliches Gericht den Verdacht als unzutreffend zurück. Im Herbst 1934 aber bot er dem Reichsbischof den Vorwand, den unbequemen Landesbischof samt einigen seiner Oberkirchenräte – darunter auch Wilhelm Pressel – zu beurlauben und durch willfährige eigene Leute zu ersetzen. An die Stelle Wurms rückte ein deutsch-christlicher Pfarrer als »geistlicher Kommissar«. Trotz aller staatlichen Versuche, eine Kommunikation unter den oppositionellen Kirchenmitgliedern zu unterbinden, löste der Eingriff eine Welle von Solidaritätskundgebungen aus: genau das Gegenteil von dem, was die Reichskirchenleitung angestrebt hatte.[525] Hanns Rückert verwahrte sich als Dekan im Namen der Evangelisch-Theologischen Fakultät beim Kultminister gegen *die Wahrheit und Ehre verletzenden Maßnahmen der Reichsregierung*.[526] Eine Unterschriftensammlung der Gemeinde brachte 418 Unterzeichner zusammen, die sich mit folgender Erklärung hinter den Abgesetzten stellten: *Durch die Art und Weise wie unser Landesbischof D. Wurm in der Öffentlichkeit behandelt wird, fühlen wir uns als württembergisches Kirchenvolk beleidigt und gekränkt. Einer Kirche anzugehören, die im Geist der gegenwärtigen Reichskirchenregierung geleitet würde, wäre uns eine innere Unmöglichkeit. Für uns vertritt Landesbischof D. Wurm die wahre evangelische Kirche. Wir sind überzeugt, daß wir in dieser Haltung der deutschen evangelischen Kirche, unserem Volk und dem Staat Adolf Hitlers am besten dienen.*[527] Stockmayer und 39 weitere Dekane erklärten, *geschlossen hinter ihrem rechtmäßigen Landesbischof D. Wurm zu stehen und daher mit der kommissarischen Kirchenregierung in keine Verhandlungen eintreten zu können.*[528]

Einstimmig stand die Tübinger Kirchengemeinde freilich nicht hinter diesem Votum. Das zeigte sich unter anderem in den Verhandlungen des Kirchengemeinderats. Als dort am 13. September die *kirchliche Lage* debattiert wurde, ging es ungewöhnlich heftig und lebhaft zu.[529] Stockmayer stellte sich auf den Standpunkt, daß es im gegenwärtigen Kirchenstreit nicht nur um die Einheit der Kirche gehe, sondern auch um die wichtige Frage, *ob die derzeitigen Führer der Reichskirche die Männer sind, die eine innere Einheit der Kirche herstellen können, ob der Kirche die Freiheit erhalten bleibt, deren sie zur Ausrichtung des ihr von Gott gegebenen Auftrags bedarf, ob nicht zu befürchten ist, daß die Kirche vom Grund des Evangeliums, auf dem sie gegründet ist, verrückt wird.*

Seine Kollegen Kull, Haug und Schaal unterstützten ihn. Sie sprachen von einer *Vergewaltigung der Kirche* und belegten diesen Vorwurf mit einer Zusammenstellung von *tatsächlichen Vorkommnissen im Kirchenstreit*. Die Laienmitglieder aber sprachen sich alle bis auf zwei für den Reichsbischof aus. Sie erinnerten an das Vertrauen Hitlers in seinen Reichsbischof, appellierten an die Einigkeit des Reichsparteitags und gaben zu bedenken: *Wenn an den derzeitigen Führern der Reichskirche Kritik geübt wird, so ist daran zu erinnern, daß früher auch an dem Führer selbst Kritik geübt worden ist. Die Rechtsverletzungen des Reichskirchenregiments sollen dahingestellt bleiben.* Ein Kirchengemeinderat mahnte, die Vereinheitlichung der DEK sei doch der Wille des Führers. Der Wankheimer Pfarrer moniert schriftlich die Unterschriftensammlung seiner Kollegen: *Daß Wurm die Einigung der Kirche nicht länger sabotieren darf, ist selbstverständlich. Da es zu freiwilliger Umkehr zu spät ist, wird er gehen müssen. Ein Größerer hat am 30. XI. 1918 ausgesprochen, daß seine Person niemals ein Hindernis für die Entwicklung bilden dürfte. Einem Kirchenfürsten muß das doppelt gelten*.[530]

Auch unter den Gemeindegliedern gab es Kreise, die mit der Unterstützung des abgesetzten Landesbischofs nicht einverstanden waren. Im Dekanatsarchiv ist ein anonymer Brief erhalten, in dem *mehrere Gemeindeglieder* gegen die Liedauswahl in einem Gottesdienst protestieren, weil sie darin eine negative Anspielung auf den Reichsbischof herausgehört hatten. In dem beanstandeten Lied war die Rede von *dieser letzten bösen Zeit*.[531] Allerdings gab es auch ein Gemeindeglied, das den Dekan entsetzt fragte: *Merkt man nicht wie die Kirche von der Partei ausgehöhlt wird und was dann?*[532]

In Stuttgart spitzte sich die Lage zu. Wurm, der ungeachtet seiner Beurlaubung sein Amt fortführte, wurde von der Reichskirchenleitung unter Hausarrest gestellt. Auch diesmal erhielt er Unterstützung aus ganz Württemberg.[533] Mehr als 5000 Gemeindeglieder versammelten sich vor der Wohnung des Bischofs und demonstrierten so, wen sie für ihren rechtmäßigen Bischof hielten. Das Hirtenwort, das Wurm zur Aufklärung der weithin nicht informierten Gemeinden verfaßt hatte, verlasen laut oberamtlichem Untersuchungsprotokoll im Kreis Tübingen alle Pfarrer.[534] In den Gemeinden im Land wurden »Bittgottesdienste« abgehalten. Sie wurden vervielfältigt und verteilt, so eine Predigt des Studentenpfarrers Dr. Burger oder die des Theologieprofessors Karl Heim, der in der Stiftskirche über Matth. 5,10–12: *Selig sind, die um der Gerechtigkeit willen verfolgt werden* predigte.[535]

Die opponierenden Kirchengemeinden boykottierten die Deutsch-Christlichen Pfarrer, kirchliche Räume wurden ihnen verweigert. Auch die Anweisungen der kommissarischen Kirchenleitung wurden negiert. Der Tübinger Kirchengemeinderat verhandelte über die Frage, ob dem »Reichsvikar« der DEK die Eberhardskirche für einen Vortrag zur Verfügung gestellt werden könnte. Der Pfarrbezirk hatte empfohlen, in solchen Fällen *zur Vermeidung von Gewaltmaßnahmen* die Kirchen nicht zu verweigern, den Vortrag aber durch Nichterscheinen zu boykottieren. Der Kirchengemeinderat fühlte sich nicht in der Lage, *einen formalen Entschluß zu fassen*. Er teilte mit, daß für den Fall einer Pfarrversammlung mit dem »Reichsvikar«, nicht aber für eine öffentliche Versammlung *der Mesnerin Weisung gegeben* sei. Damit war die Entscheidung auf das schwächste Glied geschoben.[536]

Schließlich sah sich die NS-Regierung, die besorgt das negative Echo des Kirchenstreits im Ausland beobachtete, gezwungen, den Machtkampf fürs erste aufzugeben. Der abgesetzte Landesbischof wurde wie sein bayerischer Kollege von Hitler in Berlin empfangen und damit stillschweigend wieder in sein Amt eingesetzt. Nur die kommissarische Kirchenleitung bedurfte noch einer eigenen Aufforderung, damit sie die Räume des Oberkirchenrats freimachte. Doch als am 2. November 1934 450 Tübinger Theologiestudenten im Sonderzug nach Stuttgart kamen, vor dem Oberkirchenrat aufmarschierten und in Sprechchören *Krauss raus, Rehm gehn, Wer ist unser Bischof? Wurm!* riefen, verließen auch die letzten Beamten der kommissarischen Kirchenleitung das Gebäude. Der württembergische Landesbischof konnte seine Amtsräume wieder betreten.[537]

Als Wurm zwei Wochen später in Tübingen sprach, versammelten sich – nach Angaben der Gemeinde – 8000 Menschen,[538] um den Mann zu sehen, der zur Leitfigur des Aufbegehrens gegen das deutsch-christliche Kirchenregiment geworden war. Der dankte für *die treue Kampfgenossenschaft.*[539] Ausdrücklich betonte er, daß es der »Bekenntnisfront« weder um einen kirchlichen Partikularismus, noch um die politische Reaktion ginge, sondern nur um das unverfälschte Bekenntnis. Daß mit dem Widerstand gegen das deutsch-christliche Kirchenregiment keine Kritik an Hitler verbunden war, zeigt das Ende der Massenveranstaltung. *Von begeisterten Heilrufen begleitet* – so berichtete der kirchliche Chronist –, *fuhr das Auto des Landesbischofs durch die von Menschen schwarzen Straßen vom Museum zur Stiftskirche, von dort zur Spitalkirche und zum Löwen. Immer wieder freudige Heil-Rufe, begeistert stimmten die Massen ein in das von D. Wurm auf den Führer ausgebrachte Sieg Heil.* Die Tagespresse erwähnte die Massenversammlung mit keinem Wort. Der Bericht, den die Kirchengemeinde zur Veröffentlichung an die »Chronik« geschickt hatte, erschien nie.

Die NS-Regierung, die ihre Religionspolitik gescheitert sah, reagierte scharf. Der Dekan der Evangelisch-Theologischen Fakultät wurde abgesetzt, weil er die Sympathiekundgebung für den abgesetzten Landesbischof zugelassen hatte.[540] Eine Vollversammlung der Theologiestudenten, die über ihre Stellung zum »Kirchenstreit« verhandeln wollte, erklärte der Studentenschaftsführer im Auftrag des Kultministeriums für geschlossen. Die Studenten ließen sich allerdings nicht beeindrucken, sondern setzten ihre Verhandlung fort.[541] Immer mehr Pfarrer wurden, unabhängig davon, ob sie sich zum Nationalsozialismus bekannten oder nicht, disziplinarischen Maßregelungen unterworfen, wenn sie sich zur »Bekenntnisfront« hielten.[542] Als Mitte November der württembergische Kultminister anordnete, daß die Akteure des Kirchenstreits nicht mehr disziplinarisch verfolgt werden sollten und alle schon laufenden Verfahren einstellen ließ, war ein Schlußstrich unter diesen ersten Akt der Auseinandersetzung zwischen NS-Staat und evangelischer Kirche gezogen.[543]

Noch war der Einfluß der Deutschen Christen aber nicht beseitigt. In Tübingen hatte sich eine kleine, aber überzeugte Gruppe unter ihrem »Ortsgruppenleiter«, Architekt Fritz, zu einer Gemeindegruppe formiert.[544] In Vortragsreihen und mit deutsch-christlichen Wochenblättern, die am »Faulen Eck« ausgehängt wurden, meldete sie sich zu Wort. Die

Kirchengemeinde brachte die Ortsgruppe der Deutschen Christen in Schwierigkeiten, weil ihre Mitglieder die Kirchensteuer boykottierten und um deren Stundung nachsuchten.[545] Lediglich der Einfluß der Deutschen Glaubensbewegung hatte nachgelassen. Als Hitler den angeblichen Putsch seines Weggefährten Ernst Röhm niederschlug, schaltete er zusammen mit der SA und einigen seiner konservativen Anhänger auch den Einfluß der »Deutschgläubigen« aus.[546] Selbst in Tübingen, wo ihr Führer dank seiner charismatischen Persönlichkeit eine Gemeinde von treuen Anhängern aufgebaut hatte, wurde es ab Herbst 1934 stiller um die Arbeitsgemeinschaft Deutsche Glaubensbewegung.

Die Auseinandersetzung zwischen dem NS-Staat und der katholischen Kirche verlief weniger wechselhaft, da ihr Verhältnis von einer grundsätzlich anderen Ausgangsposition bestimmt wurde. In der katholischen Kirche stand Hitler eine Hierarchie gegenüber, deren übernationale Struktur ihm außenpolitische Rücksichten abverlangte. Außerdem waren die Mitglieder dieser Kirche zu einem großen Teil parteipolitisch ans Zentrum gebunden, also an eine Partei, die während der Republik Ziel nationalsozialistischer Angriffe gewesen war. Anders als bei der evangelischen konnte Hitler daher die katholische Kirche nicht von innen erobern, sondern mußte erst die politische Vertretung des Katholizismus, das Zentrum, ausschalten, und anschließend versuchen, die Gläubigen durch ein Konkordat mit dem Vatikan für sich zu gewinnen. Die Zugeständnisse, die der deutsche Episkopat während der Konkordatsverhandlungen machte, schienen Hitlers Taktik anfangs zu bestätigen. Seit der Jahreswende 1933/34 aber erwies sie sich als Illusion.[547]

Im altwürttembergischen, evangelischen Tübingen spielte die Auseinandersetzung zwischen Nationalsozialismus und katholischer Kirche eine untergeordnete Rolle. Dort stellten die Katholiken 20,7 Prozent, im Oberamt 10,2 Prozent der Bevölkerung. Die 5444 Katholiken der Pfarrei, die dem Dekanat in Rottenburg unterstellt war, betreute in den dreißiger Jahren Stadtpfarrer Eugen Menz, seit 1935 Karl Weikmann.[548] Eine besondere Rolle in der Gemeinde spielte die Katholisch-Theologische Fakultät mit ihren Professoren und ihrem zum Teil im Konvikt, dem Wilhelmstift, wohnenden Priesternachwuchs.

Konviktsdirektor Wilhelm Sedlmeier versah gleichzeitig das Klinikpfarramt. Da auch die Garnison einen beträchtlichen Teil der katholischen Gemeindeglieder stellte, erwuchsen der Pfarrei zwar immer wieder Probleme mit der *fluktuierenden, sozial differenzierten Bevölkerung der Universitäts- und Garnisonsstadt*, dennoch fand die Pfarrvisitation vom September 1934 keinen Anlaß zur Klage über den *religiös-sittlichen Stand* der Pfarrei. *Unglaube* sei nicht stark verbreitet, und an *kirchenfeindlichen Bestrebungen* habe man nur etwas gegen *das Freidenkertum* zu kämpfen.[549]

Das katholische Vereinsleben war rege und vielseitig. Unter den zehn Organisationen hatten der Katholische Männerverein mit 420 und die Jungfrauen-Kongregation mit 307 Mitgliedern den größten Zulauf, aber auch die Versammlungen des Hausangestellten-Vereins und des Gesellen-Vereins waren ebenso wie die des Akademischen Vinzenzvereins, des Männerapostulats oder des Müttervereins eifrig besucht. Der Kirchenbesuch war für eine Diasporagemeinde ansehnlich. Die prozentuale Beteiligung an der Osterkommunion betrug 47 Prozent.[550]

Vor 1933 hatte die katholische Kirche den Nationalsozialismus abgelehnt. Nach den überraschenden Erfolgen der NSDAP bei der Reichstagswahl 1930 hatten die Bischöfe der oberrheinischen Kirchenprovinz am 19. März 1931 vor dem Nationalsozialismus gewarnt, *weil und solange er Anschauungen verfolgt und verbreitet, die mit der katholischen Lehre unvereinbar sind. Es kann deshalb den Katholiken nicht erlaubt sein, diese Anschauungen als wahr anzunehmen und sie in Wort und Tat zu bekennen.*[551] Die positive Stellung des Episkopats zur NSDAP, nachdem Hitler legal an die Macht gekommen war, mußte die Gemeinden überraschen.[552] Vom einstigen Verbot des Gottesdienstbesuches und des Sakramentsempfangs für Nationalsozialisten in Uniform war nach dem 5. März 1933 nicht mehr die Rede. Für den neuen Staatsfeiertag am 1. Mai ordnete Bischof Joannes Baptista Sproll vielmehr einen Gottesdienst an. Auch am Requiem für Albert Leo Schlageter nahmen die katholischen SA-Mitglieder in Uniform teil.[553] Die Festpredigt, die Stadtpfarrer Menz zum »Tag der Arbeit« hielt, blieb allerdings distanziert und enthielt sich jeder Huldigung an den neuen Reichskanzler. Im Grußwort an das »Neue Tübinger Tagblatt« erklärte er zwar, die vaterländische Gesinnung des NS-Blattes zu achten, sprach aber die Erwartung aus, *daß unsere Überzeugung und unser Empfinden stets derselben Achtung begegnen* [wie in der alten »Tübinger Chronik«].[554]

Die katholischen Theologen der Universität dagegen, allen voran Karl Adam, begrüßten im Frühjahr 1933 Adolf Hitler enthusiastisch.[555] Gestützt auf dessen kirchenfreundliche Regierungserklärung revidierte der deutsche Episkopat seine ablehnende Haltung Ende März auf der Fuldaer Bischofskonferenz.[556] Als schließlich an Ostern 1933 Konkordatsverhandlungen begannen, legte auch der Rottenburger Bischof seinen Pfarrern eine Verständigung mit dem Nationalsozialismus nahe: *Kirche und Kanzel dürfen zu politischen Erörterungen nicht benutzt werden,* wies er die Pfarrämter an. *Im übrigen haben wir zu unseren Geistlichen das Vertrauen, daß sie in der gegenwärtigen Zeit eine versöhnliche Haltung einnehmen, alles vermeiden, was irgendwie zu Mißverständnissen führen könnte und ihre ganze Kraft einsetzen für die sittliche Erneuerung unseres Volkes in christlichem und vaterländischem Geiste.*[557]

Nachdem sich die katholische Kirche in der Weimarer Republik vergeblich um ein Konkordat bemüht hatte, schien nun das schnelle Zustandekommen des Reichskonkordats den Vertrauensvorschuß gegenüber der neuen Regierung zu rechtfertigen. Für eine Garantie ihrer Organisationen war die katholische Kirche trotz deutlicher Warnungen aus den eigenen Reihen bereit, einer Entpolitisierungsklausel zuzustimmen, das heißt ihre politische Interessenorganisation, das Zentrum, fallenzulassen und auf jede politische Aktivität des Klerus zu verzichten. Für den NS-Staat bedeutete der Vertrag mit einer Macht, die bisher jede Verbindung zur NSDAP abgelehnt hatte, eine enorme Aufwertung. Die Kirche ihrerseits glaubte, in dem Konkordat ihre öffentliche Wirksamkeit und Tätigkeit garantiert und Kompetenzfragen zwischen Staat und Kirche endlich geregelt zu haben. Sie reagierte daher mit Begeisterung. Den gemeinsamen Kampf von Katholiken und Nationalsozialisten gegen Marxismus und Liberalismus herausstreichend, dankte das Rottenburger Diözesanblatt der Reichsregierung in *warmen Worten.*[558]

An der Parteibasis hatte der Konkordatsabschluß allerdings das Mißtrauen gegenüber den »romhörigen« Katholiken vor allem gegenüber der Geistlichkeit nicht beseitigen können. Mißliebige und unbequeme katholische Priester wurden weiterhin überwacht, schikaniert und der nationalen Unzuverlässigkeit bezichtigt. Aus dem evangelischen Oberamt Tübingen ist zwar für den Herbst 1933 kein solcher Vorfall überliefert. Es sind aber mehrere Zusammenstöße zwischen Partei und katholischen Priestern aus dem benachbarten Oberamt Herrenberg bekannt.[559]

Wie wenig der Abschluß des Reichskonkordats nützte, zeigten die von Herbst 1933 an einsetzenden Übergriffe der Partei auf katholische Organisationen und Verbände. Auch hier war es die Jugendarbeit, die die Partei vor allen anderen Organisationen gleichzuschalten plante.[560] Hitlerjungen, die einer katholischen Jugendorganisation angehörten, wurden verspottet, der Besuch des Sonntagsgottesdienstes wurde ihnen unmöglich gemacht. Katholische Studenten wurden – wie Studentenseelsorger Dr. Arnold beklagte – *um 11, oder einige Minuten zuvor vielfach unter hämischen Bemerkungen vom Dienst entlassen, so daß sie etwa zur Minute des 11-Uhr-Gottesdienstes da waren.*[561] Den ausgefallenen SA-Dienst mußten die Studenten, die ohnehin durch den Pflicht-Wehrsport belastet waren, unter der Woche zwischen vier und sieben Uhr früh *gelegentlich unter verschärften Bedingungen* nachholen.[562] Im Ersinnen von Schikanen erwiesen sich die Nationalsozialisten als Meister. So kommandierten sie katholische Studenten zu Luther-Feiern ab.[563] An der Anschlagtafel der HJ am Café Pomona war zu lesen: *Vom Arbeitsdienst befreit: körperlich Untaugliche und katholische Theologen.*[564] Die meisten katholischen Jugendverbände[565] beharrten dennoch auf ihrer durch das Konkordat garantierten Selbständigkeit, verweigerten die Eingliederung in die Staatsjugend und bewegten sich in dem schmalen Raum, den eine *württembergische Sonderregelung* zugestand.[566] Lange sollte sie nicht dauern. Von 1935 an wurden auch in Württemberg die katholischen Verbände aufgelöst. 1939 mußte der letzte seine Existenz aufgeben.[567]


Die »Reaktion«: »Gerade bei uns gibt es weite Kreise, die glauben, daß sie durch Ausschmückung ihres Knopfloches mit dem Abzeichen der Partei ihre Pflicht zur Volksgemeinschaft erfüllt haben«

Bewußter, auf einen Staatsumsturz zielender oder Solidarität mit Verfolgten übender Widerstand[568] gegen die nationalsozialistische Gleichschaltung blieb in Tübingen die Ausnahme.[569] Seit Sommer 1933 mehrten sich aber die – oft nur symbolischen – Akte der Verweigerung. Sie beschränkten sich keineswegs auf Mitglieder der Arbeiterbewegung und erklärte Regimegegner. Mit Ausflüchten oder durch Abwesenheit versuchten auch bürgerliche Mitläufer und nationale Sympathisanten der Machtübernahme die Teilnahme an den bald lästig fallenden Kundgebungen und Aufmärschen zu vermeiden, die häufigen Geldsammlungen zu umgehen und sich auch sonst der Vereinnahmung durch die Partei zu widersetzen.

Kreisleiter Weinmann meldete im August 1934 Staatssekretär Waldmann, *daß plötzlich wieder eine Menge neuer schwarz-weiß-roter Fahnen aufgetaucht sind, so daß Hakenkreuzfahnen in den Hintergrund gedrängt wurden.*[570] Besonders hatten ihn zwei Hausbesitzer verärgert, die trotz mehrmaliger Aufforderung nicht geflaggt hatten. Über die möglichen Repressionen hatte er sich schon Gedanken gemacht: *Schweickhardt ist auch heute noch ein Demokrat wie er im Buch steht. Ich führe dies nur deshalb an, weil Schweickhardt die Reichsmonopolstelle für Spiritus und Alkohol hat.*

Auch der offiziellen Grußpflicht[571] entzog sich mancher, wie Beschwerden in der Zeitung belegen: *Man sieht ihn noch häufig, den doppelten Gruß. [...] Wer glaubt, durch nachträgliches Lüften des Hutes seinen Gruß erst vollständig machen zu können, zeigt, daß er noch in zwei Welten lebt. [...] Diejenigen aber, die beharrlich einen ihnen gebotenen deutschen Gruß durch Lüften des Hutes zu beantworten pflegen, soll man aus der Liste der zu Grüßenden streichen.*[572]

Über mangelnde Mitarbeit der Bevölkerung führte die NSDAP ebenfalls mehr oder weniger deutlich Klage. *[...] eine etwas stärkere Beteiligung wäre doch möglich gewesen,* heißt es beispielsweise im Bericht der »Chronik« über den zweiten Feierabend der NS-Gemeinschaft »Kraft durch Freude«.[573] Und die Kreisleitung mahnte im Oktober 1933, *daß der Besuch der Zellenabende ein noch wesentlich besserer werden muß [...]: Es ist eine gelinde Unverschämtheit, wenn es Leute gibt, die das erste Mal erscheinen, dann glauben, ihre Pflicht getan zu haben, damit aber niemand etwas sagen könne, erscheinen sie wieder zu der letzten Versammlung.*[574]

Daß der Eintritt in die Partei nach der »Machtergreifung« noch keine überzeugten Nationalsozialisten geschaffen hatte, zeigt die Anordnung des Lustnauer Ortsgruppenleiters, der den neuen Parteimitgliedern einschärfte, *daß der Sprechabend Dienst ist, und somit die Pg. und Anwärter verpflichtet sind, zu erscheinen.*[575] Warnend fügte er hinzu: *Diejenigen, die glauben, so fest mit ihrem alten Spießertum verwachsen zu sein, daß sie sich nicht davon trennen können, sollten soviel Mut aufbringen, unsere Reihen, in die sie nicht hineinpassen, selbst zu verlassen, ehe wir sie härter anfassen.*

Noch deutlicher wurde Polizeidirektor Harster anläßlich der Maifeier 1934: *Gerade bei uns* [in Tübingen] *gibt es weite Kreise, die glauben, daß sie nunmehr, nachdem sie einein-halb Jahre der Angst um ihre Stellungen und Posten überstanden haben, durch einfache Gleichschaltung, d.h. durch Ausschmückung ihres Knopfloches mit dem Abzeichen der Partei, ihre Pflicht zur Volksgemeinschaft erfüllt zu haben.*[576]

Mißtrauisch beobachteten die »Alten Kämpfer« die »Märzgefallenen« und »Maiveilchen«, wie sie diejenigen nannten, die nach der Machtübernahme in die Partei drängten. Unübersehbarer Opportunismus wurde öffentlich angeprangert: *Wir haben hier einen Fall im Auge, der es wert ist, grundsätzlich erörtert zu werden,* heißt es im Mai 1934 in der Tageszeitung: *Ein hier wohlbekannter Berichterstatter meldete sich dieser Tage zur SA. Er scheute sich nicht, diesen Schritt bei Gelegenheit damit zu begründen, daß er sich davon verspreche, einmal seinen »Bauch wegzubringen«, und sodann durch diese Verbindung mehr zu erfahren.*[577] Das »Neue Tübinger Tagblatt« fühlte sich berufen, die *Doppelgesich-*

*tigkeit der ewig Gestrigen* zu enthüllen: *Vorn trägt man antisemitische Einstellung zur Schau, hinten öffnet man Juden bereitwillig die Spalten*, polemisierte es gegen die »Chronik«.[578]

Die wiederholten Klagen zeigen die Enttäuschung über die keineswegs totale Gleichschaltung, sie markieren eine relativ breite Zone fehlender oder nur partieller Akzeptanz des Regimes. Gerade weil sich die Partei bewußt war, bei der Gleichschaltung von Verwaltung, Wirtschaftsverbänden und Vereinen *Menschen in Führerpositionen* eingesetzt zu haben, *die zwar moralisch unantastbar, gesinnungsmäßig aber keineswegs nationalsozialistisch waren*, rief sie schon bald zum *Vernichtungsfeldzug gegen Nörgler, Miesmacher und Konfessionshetzer* auf:[579] *Man mache sich das endlich einmal klar, daß außergewöhnliche Zeiten auch außergewöhnliche Maßnahmen erfordern, und daß mit sanfter Rede und zarten bürgerlichen Sitten nichts geleistet wird. Die nationalsozialistische Bewegung ist revolutionär in ihrem ganzen Kern und Wesen und wird es bleiben, solange sie besteht. Sie wird die Ohren straff halten und die Augen offen, und wird als schlimmsten Feind nur immer eins betrachten: die bürgerliche Reaktion.*[580]

Professoren und Beamte beobachteten die NS-Funktionäre besonders mißtrauisch.[581] Als der Tübinger Historiker Adalbert Wahl auf Einladung des NS-Lehrerbundes auf dessen Kreistagung in Metzingen über den deutschen Konservatismus referierte, entzog ihm die Versammlungsleitung mitten im Vortrag das Wort, weil *die stille Liebe für die Monarchie* bei dem Redner immer wieder durchgebrochen sei.[582] Die im »Museum« ausliegenden ausländischen Zeitungen waren den Parteifunktionären ein Dorn im Auge, zumal die Markierung bestimmter Passagen zeigte, daß besonders kritische Darstellungen Hitler-Deutschlands aufmerksam studiert wurden.[583]

Abweichendes Verhalten mußte nicht unbedingt mit Ablehnung nationalsozialistischer Politik verbunden sein. Es konnte auch damit zusammenhängen, daß man bestimmte Privilegien und Gewohnheiten auch für die nationalsozialistische Volksgemeinschaft nicht aufgeben wollte. So gab es Leute, die weiterhin lieber in den billigeren jüdischen Warenhäusern der Landeshauptstadt einkauften als in den Tübinger Einzelhandelsgeschäften. Der »Tübinger Beobachter« beklagte diese *Unsitte höherer Kreise* heftig.[584] Umgekehrt bedeutete die Selbstdarstellung als »deutsches Fachgeschäft« nicht unbedingt, daß ein Nationalsozialist hinter der Theke stand.[585]

Im August 1934 sah sich die Landesstelle Württemberg des Reichsministeriums für Volksaufklärung und Propaganda gezwungen, davor zu warnen, den Nationalsozialismus *als Aushängeschild* zu benutzen: *Diese Männer wollen nun unter Berufung auf ihre langjährige Parteizugehörigkeit Aufträge hereinholen, Beziehungen knüpfen – kurz den »Haus-Nazi« spielen. Für jeden Nationalsozialisten muß es eine Selbstverständlichkeit sein, daß diese Verbindung von Bewegung und Geschäft eine verwerfliche ist und niemand sollte sich zum »Haus-Nazi« herabwürdigen lassen.*[586]

Mit solchen Anordnungen versuchte die NSDAP mit dem Heer von »Alten Kämpfern« fertig zu werden, die nach der Machtübernahme als Gegenleistung für ihr Engagement in der »Kampfzeit« eine Verbesserung ihrer wirtschaftlichen Situation, zumindest aber das

Ende ihrer Erwerbslosigkeit erwarteten.[587] Dennoch gab es bald Ärger: *Die Bonzenherrschaft der NSDAP ist noch größer als bisher. Beschäftigt und bevorzugt werden nur SA-Leute* lautete eine kritische Bemerkung, die ans Landespolizeiamt weitergegeben wurde.[588] *Alte SA-Männer sind keine Parteibuchmänner* stellte die Partei klar und betonte: *Nichts ist für das Ansehen unserer Bewegung schädlicher, als Überheblichkeit und Anmaßung in den eigenen Reihen.*[589]

Die Partei verstand es, ihre Aktivitäten als vorbildliche Verwirklichung der nationalsozialistischen Volksgemeinschaft herauszustreichen.[590] In Tübingen machte vor allem die reservierte Haltung der NSDAP gegenüber Akademikern Eindruck: *Da waren Arbeiterkinder da, da waren Professorenkinder da. [...] Da ist überhaupt nicht gefragt worden. Das war ja überhaupt zum ersten Mal im Dritten Reich, daß die »Frau Doktor« gar nichts war [...]*.[591] Winterhilfswerk-Sammlungen und die Spendenaufrufe für die »Opfer der Arbeit« vermittelten den Eindruck, daß es der NS-Regierung gelungen sei, endlich etwas in Bewegung zu setzen. Daß sie mit diesen Appellen an die Selbsthilfe der »Volksgemeinschaft« die staatliche Fürsorgepflicht auf den einzelnen abwälzte, wurde leicht übersehen. Vermutlich war den wenigsten bekannt, daß nur 50 Prozent des Ertrags der WHW-Sammlungen überhaupt den Bedürftigen des Kreises zugute kamen, die anderen 50 Prozent je zur Hälfte an den Gau bzw. nach Berlin abgeführt wurden.[592] Sammlungen hatte es auch vor der Machtübernahme beispielsweise im Rahmen der »Winternothilfe« gegeben. Sich an ihnen zu beteiligen, war während der Weimarer Republik ein freiwilliger Akt gewesen. Im NS-Staat aber, wo »Gabenlisten« den Spender und die Höhe seiner Spende publik machten, Haussammlungen die Ersparnis durch den einmal pro Monat verordneten Sonntags-Eintopf abschöpften, zudem HJ und BDM bei Straßensammlungen jeden um eine Spende angingen, war aus der freiwilligen Solidarität ein organisatorischer Zwang geworden, dem man sich nur schwer entziehen konnte. Der Gemeinderat half dem Druck noch nach, indem er Geschäftsleute, die ihren *sozialen Verpflichtungen* nicht nachkamen, als städtische Geschäftspartner ignorierte.[593] Anfangs fielen die Ergebnisse der Sammlungen tatsächlich hoch aus. Dem Winterhilfswerk standen in Tübingen im Januar 1934 bereits 7000 RM zur Verfügung. Allein die Haussammlung des Eintopfsonntags im Dezember hatte 3207,56 RM erbracht. Befriedigt meldete die lokale Organisationsleitung, *daß kein Oberamt in Württemberg sein wird, daß so gut versorgt werden konnte. [...] Der Ruf unseres Führers Adolf Hitler, daß niemand hungern und frieren darf, konnte besonders in Tübingen restlos erfüllt werden.*[594]

Einen Indikator für die Zustimmung der Bevölkerung bilden die Ergebnisse der Wahlen und Abstimmungen, auch wenn man sie nicht wie demokratische Wahlen interpretieren kann. Als das Regime mit der Volksabstimmung und Reichstagswahl vom 12. November 1933 eine plebiszitäre Bestätigung seiner Herrschaft – insbesondere des Austritts aus dem Völkerbund – forderte, erhielt es überwältigende Zustimmung. 97,4 Prozent der Wahlberechtigten antworteten in Württemberg mit Ja auf die Frage: *Billigst Du, deutscher Mann und Du, deutsche Frau, diese Politik Deiner Reichsregierung und bist Du bereit, sie als den Ausdruck Deiner eigenen Auffassung und Deines eigenen Willens zu erklären und Dich fei-*

*erlich zu ihr zu bekennen?*[595] In der Stadt Tübingen waren es 97,8 Prozent Ja-Stimmen. Angesichts des Zwangs, unter dem die Abstimmung stand,[596] erhalten die Nein-Stimmen und die ungültigen Wahlzettel eine besondere Bedeutung. Von den insgesamt 16489 stimmberechtigten Tübingern brachten 709 ihre Unzufriedenheit und ihren Ärger oder ihre Ablehnung zum Ausdruck; also nicht mehr als 4 Prozent.[597] 157 hatten mit Nein gestimmt, 167 den Stimmzettel ungültig gemacht und 385 waren erst gar nicht im Wahllokal erschienen. Angesichts der permanenten Appelle an die »Wahlpflicht« war ein Verweigern der Stimmabgabe riskant und ein bewußter Akt der Verweigerung.[598] Die Kreisleitung hatte in der Presse angedroht, jedem Nichtwähler Beine zu machen. Die Sanitätskolonne und das Nationalsozialistische Kraftfahrer Korps hatten mit einem Aufgebot von 70 Wagen dafür gesorgt, daß auch Alte, Kranke und Gebrechliche an der Wahlurne erschienen.[599] Auf diese Weise kam eine – unter den Bedingungen freier Wahlen unwahrscheinliche – Beteiligung von 98 Prozent zustande.

In den einzelnen Wahlbezirken Tübingens läßt sich bei dieser Wahl trotz der veränderten Bedingungen das traditionelle Wählerverhalten erkennen. Immer noch wies der Bezirk mit den meisten Arbeitern, der Bezirk XII in der Unterstadt, die höchste »Oppositionsquote« auf.[600] Nahezu zehn Prozent der Wahlberechtigten haben dort durch Stimmenthaltung, Nein-Stimmen oder ungültig gemachte Stimmzettel ihre Gegnerschaft zu der NS-Regierung zu verstehen gegeben. In allen anderen Abstimmungsbezirken blieb die »Oppositionsquote« unter fünf Prozent. Mit knapp drei Prozent war sie in der Universitätsvorstadt (Abstimmungsbezirk »Museum«) am niedrigsten. Die gleichgeschaltete Presse interpretierte das Ergebnis systemkonform als *Blankovollmacht* für die Regierung und *Sieg der deutschen Einigkeit*.[601]

Verglichen mit den aufgesplitterten Wahlergebnissen der Vorjahre mußten die 95 Prozent Ja-Stimmen des 12. November dem unkritischen Betrachter tatsächlich als überwältigende Bestätigung der Wende vorkommen; ein Eindruck, der die wenigen Ablehnenden zusätzlich isolierte. *Diejenigen, die »Nein« sagten, haben nicht gewußt, was sie taten. Wollten sie damit zum Ausdruck bringen, daß sie nicht die Verständigung, den Frieden, sondern den Krieg wollten?* fragte die »Chronik«, um selber zu antworten: *Dann haben sie sich zu einem potenzierten Unsinn bekannt. Denn womit wollten sie zur Zeit Krieg führen, ohne dadurch das gesamte Vaterland in ein unseliges Elend zu stürzen. Allein, das wollten aber auch diese Quertreiber nicht. Denn das »Nein« galt der Opposition um der Opposition willen. Erfreulicherweise zählt man aber einen verschwindenden Bruchteil solcher Kreaturen, über die man zur Tagesordnung übergehen kann.*[602] Das »Neue Tübinger Tagblatt« jubelte: *Der größte Sieg der nationalsozialistischen Bewegung ist errungen. Sie hat die letzten Fesseln parteimäßiger Gebundenheit gesprengt, sie ist wahrhaft Volk geworden. Die Wenigen, die sich gestern außerhalb der Gemeinschaft stellten, zählen nicht mehr. Ihnen gilt unser Kampf nicht. Über sie hinweg, die das erfahren werden, das sie verdient haben, gehen wir zur Tagesordnung über.*[603]

Ein dreiviertel Jahr später lief die Propagandamaschinerie erneut auf Hochtouren. Wieder nützte Hitler das Instrument der Abstimmung, um sich eine eigenmächtige Entscheidung im nachhinein bestätigen zu lassen. Im August 1934 ging es um Vollmachten, die er sich mit der Übernahme des Reichspräsidentenamtes nach Hindenburgs Tod angeeignet hatte. Das Ergebnis entsprach keineswegs dem Bild eines einigen Volkes. 90 Prozent der Stimmberechtigten hatten zwar im Reichsdurchschnitt, 91,8 Prozent in Württemberg ihr Kreuz unter das Ja gesetzt, doch die Opposition hatte zugenommen. Auch in Tübingen sagten statt 97 Prozent des Vorjahres nur 93,8 Prozent der Wahlberechtigten Ja.[604] 1501 enthielten sich der Stimme, stimmten mit Nein (774) oder gaben einen ungültigen Stimmschein ab. Das entsprach zehn Prozent und war damit der höchste Anteil an oppositionellen Wählern während des Dritten Reichs.

Erstmals waren die traditionellen Muster nicht mehr zu erkennen. Zwar verzeichnete der mittlerweile eingemeindete Arbeitervorort Lustnau mit einer Oppositionsquote von 13,7 bzw. 10,5 Prozent noch eine vergleichsweise große Resistenz, doch in den typischen Arbeiterbezirken der Unteren Stadt drückten nur noch 9,7 Prozent ihre Ablehnung aus. Dafür kam gerade der Stimmbezirk von Universitätsvorstadt und Österberg, der sonst höchste NSDAP- und DNVP-Ergebnisse gebracht hatte, mit 23,1 Prozent auf die bei weitem höchste Oppositionsquote in der gesamten Stadt. 52 der 964 Stimmberechtigten hatten ihren Stimmschein nicht abgegeben, 22 ihn ungültig gemacht und 70 mit Nein gestimmt. Die Vermutung liegt nahe, daß in diesem gutbürgerlichen Viertel die Wählenden durch die Morde im Zusammenhang mit dem »Röhmputsch« irritiert waren. *Im gebildeten Bürgertum (höhere Beamten, Hochschullehrer und sonstige Intellektuelle) hat, wie sich immer mehr herausstellt*, berichtete ein sozialdemokratischer Beobachter 1935 an den Exilvorstand seiner Partei, *der 30. Juni eine sehr nachhaltige Wirkung ausgelöst. [...] Heute wird in diesen Kreisen die Abschlachtung der engsten Mitarbeiter Hitlers und der Mord an einem früheren Reichskanzler nicht so sehr vom politischen als vom religiösen und ethischen Standpunkt aus verurteilt. Die Gewaltmethoden Hitlers kann man nicht vergessen und Rechtsgefühl und sittliches Empfinden empören sich dagegen.*[605]

Es waren jedoch verschwindend wenige, die mit dem Kurs der neuen Regierung nicht einverstanden waren. Die Mehrheit ließ sich vom unverkennbaren wirtschaftlichen Aufschwung ebenso beeindrucken wie von der Reduzierung der Arbeitslosigkeit und den Demonstrationen nationaler Stärke: *Das hat er wenigstens hingekriegt, daß er sich bemüht hat, daß jeder eine Arbeit kriegt.*[606] Ähnlich bilanzierten viele der befragten Tübinger noch im Nachhinein die Wirtschaftspolitik des NS-Staates positiv. Dem Sog des Erfolgs zu widerstehen, war nur das Bedürfnis von wenigen. Bereitwillig ließen sich die meisten von dem überzeugen, was sie für Leistungen des NS-Regimes und des »Führers« hielten. Die zur Mitarbeit Bereiten, die bis zum Aufnahmestopp in die Partei strömten, trieb in den meisten Fällen weder Terror noch direkter Zwang, sondern der Wunsch, dazuzugehören und an den nun zur Verteilung gelangenden Posten und Ehren zu partizipieren. Die flexible Gleichschaltungspolitik der Tübinger Kreisleitung, die außer bei der rigorosen Zerschlagung der sozialistischen Arbeiterbewegung durchweg auf Integration der traditionellen Eliten achtete, erleichterte diese Verankerung der NSDAP in der Bevölkerung wesentlich.

# Konsolidierung des Systems

## »Gemeinnutz geht vor Eigennutz«: Kommunalpolitik unterm Hakenkreuz

*In einem einheitlichen, von nationalem Willen durchdrungenen Volke die Gemeinschaft wieder vor das Einzelschicksal zu stellen, Gemeinnutz vor Eigennutz zu setzen und unter Führung der Besten des Volkes die wahre Volksgemeinschaft zu schaffen, in der auch der letzte willige Volksgenosse das Gefühl der Zusammengehörigkeit findet,* das benennt die Präambel der Deutschen Gemeindeordnung (DGO)[1] als Ziel des am 30. Januar 1935 verkündeten neuen Gemeindeverfassungsgesetzes. Ein allein verantwortlicher Ortsvorsteher sollte anstelle des demokratischen Interessenaustrags den »Gemeinnutz« gewährleisten. Das mit der DGO eingeführte Führerprinzip beseitigte jede mitbestimmende Verantwortlichkeit der Gemeindebürger, zentralisierte die kommunalen Entscheidungen unter der Kontrolle der Partei und lieferte die kommunale Selbstverwaltung dem Eigennutz rivalisierender Interessenorganisationen aus.

### Einführung des Führerprinzips in die kommunale Selbstverwaltung

Die neue Gemeindeordnung trat am 1. April 1935 in Kraft. Sie beendete eine seit Beginn der Weimarer Republik geführte Diskussion um eine einheitliche kommunale Gesetzgebung. Erstmals gab es nun eine Gemeindeordnung, die in ganz Deutschland galt – Ausnahmen bildeten nur Berlin und die Stadtstaaten Hamburg, Lübeck, Bremen. Die Gegner der kommunalen Selbstverwaltung, die eine hierarchische, zentralisierte Gemeindeverwaltung anstrebten, hatten sich durchgesetzt.[2] Die von dem Leipziger Oberbürgermeister Carl Goerdeler und dem Stuttgarter NS-Oberbürgermeister Karl Strölin sowie dem Münchner Oberbürgermeister Karl Fiehler angeführte »Allianz der nichtpreußischen Großstädte« war damit ebenso wie der auf Erhalt der bewährten württembergischen Gemeindeordnung pochende Stuttgarter NS-Staatssekretär Karl Waldmann den Vertretern der preußischen Ministerialbürokratie unterlegen.[3]

Die neue Gemeindeordnung verankerte das sogenannte Führerprinzip in den Gemeinden, indem sie dem Ortsvorsteher die volle und ausschließliche Verantwortung für das kommunale Geschehen zusprach (§ 32). Der Bürgermeister – er wurde von einem Beauftragten der NSDAP nach Beratung mit den Gemeinderäten der Aufsichtsbehörde vorgeschlagen – war fortan der »Führer der Gemeinde«. Die Gemeinderäte bzw. Ratsherren – wie sie von nun an in den Städten hießen – schloß die DGO von jeder Beschlußfassung aus. Sie durften nur noch beraten (§ 55). Für die gleichgeschaltete »Chronik« waren damit die *Rudimente einer unheilvollen Vergangenheit* beseitigt: *Willensbildung und Vollzug liegt in der Hand eines Mannes, des vom Staate bestellten und dem Staat allein verantwortlichen*

*Leiters der Gemeinde. Nicht mehr von unten sondern von oben wird die Kontrolle ausgeübt.*[4]

Doch unabhängig war der Stadtvorstand im NS-System keineswegs. In Gestalt eines »Beauftragten der NSDAP«, der vom Gauleiter ernannt wurde, hatte sich die Partei als Kontrollinstanz eingeschaltet. Wesentliche Aufgabe des »Beauftragten« war die *Sicherung des Einklangs der Gemeindeverwaltung mit der Partei* (§ 33). Er wirkte mit bei der Ernennung von Bürgermeistern und Gemeinderäten (§ 41), berief die Gemeinderäte (§ 51), mußte die Hauptsatzung genehmigen (§ 33) und der Verleihung bzw. Aberkennung von Ehrenbürgerschaften zustimmen (§ 33). Zudem nahm er an bestimmten, in der DGO festgelegten *Beratungen* teil (§ 50). So stand der Stadtvorstand in doppelter Abhängigkeit. Eingeklemmt zwischen der Aufsicht und den Auflagen des Staates einerseits, der Kontrolle und den Ansprüchen der Partei andererseits, sollte die Folgezeit erweisen, ob und wieweit es ihm gelang, sich einen Freiraum zu sichern.[5]

In der Regel ernannte der Gauleiter den zuständigen Kreisleiter zum »Beauftragten der NSDAP«. Mit der Ernennung von Helmut Baumert bildete auch die Universitätsstadt Tübingen keine Ausnahme.[6] Baumert, der seit Mai 1933 neben der Kreisleitung das Amt eines Gaugeschäftsführers versah, war allerdings in Stuttgart so beansprucht, daß er die Einflußmöglichkeit, die ihm die Funktion des Beauftragten bot, wenig ausschöpfte.[7] Das Verhältnis zwischen Stadtverwaltung und »Beauftragtem der Partei« änderte sich erst, als Gauleiter Murr zum Juni 1937 den ehrgeizigen Schorndorfer Kreisleiter Hans Rauschnabel zum Kreisleiter und Parteibeauftragten für den Kreis Tübingen ernannte.[8] Der Weltkriegsteilnehmer war von Beruf Volksschullehrer und manchem Tübinger nicht nur durch seine Parteiarbeit, sondern auch von seiner Tätigkeit im Deutschen Sängerbund vertraut.[9] Als »Beauftragter der Partei« ließ er keine Möglichkeit aus, seine personalpolitischen Vorstellungen durchzusetzen. Unter Druck geriet die Stadtverwaltung allerdings auch durch die Ansprüche und Eingriffe der verschiedenen Parteidienststellen, die die kommunale Verwaltung als unbegrenzte Geldquelle betrachteten.

Am 14. Juli 1935 teilte der Oberbürgermeister der Öffentlichkeit die neue Hauptsatzung der Stadt mit, die noch der alte Gemeinderat festgelegt hatte. Sie legte als wesentliche Änderung fest, daß zwei ehrenamtliche und zwei hauptamtliche Beigeordnete den Oberbürgermeister zu beraten hatten. Außerdem begrenzte sie die Zahl der Ratsherren auf 24.[10] Das Amt des Ersten Beigeordneten, der die Amtsbezeichnung »Bürgermeister« bekam, erhielt der stellvertretende Kreisleiter und langjährige Fraktionsvorsitzende der NSDAP Ernst Weinmann. Das Amt eines weiteren ehrenamtlichen Beigeordneten, der die Amtsbezeichnung »Stadtrat« führte, übernahm Rechtsanwalt Max Stockburger. Zum Stadtkämmerer, dem hauptamtlichen Beigeordneten für Finanz- und Vermögensverwaltung, wurde der bisherige Vorstand des Steueramtes, Hermann Seelos, berufen.[11] Die Stelle des zweiten hauptamtlichen Beigeordneten, des Baurats, blieb bis Kriegsende vakant.

Die Ernennung Weinmanns zum Bürgermeister institutionalisierte eine Kontrolle, die dieser bereits seit 1933 ausgeübt hatte: *Ja, der Herr Scheef hat eben tun müssen, wie der Herr Weinmann gepfiffen hat.*[12] Eine Verfügung des Oberbürgermeisters vom 18. Oktober

1935 unterstellte Weinmann wichtige kommunale Arbeitsgebiete zur eigenverantwortlichen Wahrnehmung; darunter die seit der Verstaatlichung der Ortspolizei den Gemeinden verbliebenen Zweige, die Armenpolizei, die Baupolizei, die Straßen- und die Wohnungspolizei. Außerdem unterstanden ihm die Gewerbepolizei, die Technischen Werke, das Verkehrswesen und die Werbung für den Fremdenverkehr.[13] Als Vertreter des Oberbürgermeisters hatte er diesen zudem ständig zu vertreten (§ 35).

Als am 1. August 1935 die von Kreisleiter Baumert nach Absprache mit dem Oberbürgermeister für die nächsten sechs Jahre berufenen Ratsherren feierlich in ihr Amt eingeführt und verpflichtet wurden, hatte sich das Gesicht des Tübinger Gemeinderats merklich verändert. Zum einen war die Zahl der Gemeinderatssitze von 30 auf 22 reduziert.[14] Zum anderen hatte die Partei neue personalpolitische Akzente gesetzt. Fünfzehn der alten Ratsherren saßen auch im neuen Gemeinderat, sieben stammten aus den Gemeinderäten der eingemeindeten Vororte.[15] Von den sechs ausscheidenden Gemeinderäten verließen drei das Gremium, weil sie zu Beiräten ernannt wurden, die restlichen drei waren »Alte Kämpfer«[16], also vor 1930 in die NSDAP eingetreten. Statt ihrer rückte nun mit dem Steuerratsschreiber Hermann Seelos ein ehemaliger Deutschnationaler in den Rang eines Beigeordneten, der erst im Mai 1933 zur NSDAP übergetreten war.[17] Das mag die alten Parteimitglieder verärgert haben. Doch drang dieser Ärger unter den Bedingungen einer gleichgeschalteten Öffentlichkeit nicht nach außen. Auch der Weingärtner Zacharias Krauss, der bereits im Kaiserreich im Tübinger Gemeinderat gesessen hatte, war zwischen 1923 und 1933 Mitglied der DNVP gewesen. Für die NSDAP war er nun interessant, weil er unter den Weingärtnern und Kleinlandwirten über ein Ansehen verfügte, wie es dort kein Nationalsozialist besaß.[18]

Die Auswahl der Ratsherren erweckt den Eindruck, daß der Partei daran gelegen war, ein breites Spektrum von Interessenvertretern in den Gemeinderat zu manövrieren. Da waren nicht nur die eingemeindeten Vororte angemessen vertreten, sondern auch die mittelständische Wirtschaft: Weingärtner, Handwerker, Gewerbetreibende und Kaufleute. Fast ausnahmslos waren die Parteiämter und Organisationen präsent.[19] Arbeiter aber fehlten, ebenso ein Verbindungsmann zur Universität. Doch wurde letzteres zwei Jahre später mit der Ernennung des Anthropologen Wilhelm Gieseler korrigiert. Der Direktor des Rassenkundlichen Instituts rückte für den nach Herrenberg verzogenen Lustnauer Stadtrat Dr. Walter als Gemeinderat nach.[20] Die wenigen personellen Änderungen, die bis zum Krieg vorgenommen wurden, verstärkten noch den Einfluß der Parteiorganisation. Diesem Zweck diente auch die Verlängerung der Amtszeit von zwei Ratsherren, obwohl beide die gesetzliche Altersfrist von 65 Jahren schon erreicht hatten.[21] Um Kreispropagandaleiter Göhner im Gremium behalten zu können, nachdem er ein städtisches Amt übernommen hatte, fand man eine Ausnahmeregelung. Mit Genehmigung der aufsichtsführenden Ministerialabteilung für Bezirks- und Körperschaftsverwaltung wurde der am 1. Mai 1936 zum Leiter des Städtischen Verkehrsamtes berufene Pressefotograf von der Vorschrift der DGO befreit, wonach ein städtischer Angestellter nicht gleichzeitig das Ehrenamt eines Ratsherren ausüben durfte.[22]

Es war ein bunt gemischtes Gremium, das am 1. August 1935 erstmals zusammenkam. Der jüngste Ratsherr zählte 27 Jahre, der älteste war über 60.[23] Einer der fünfzehn Ratsherren aus dem alten Stadtbezirk war zum Zeitpunkt seiner Ernennung noch nicht Parteimitglied, neun waren vor dem 30. Januar 1933 in die NSDAP eingetreten, und fünf hatten aller Wahrscheinlichkeit nach erst im Zuge der »Machtergreifung« die Mitgliedschaft in der NSDAP erworben.[24] Der neue Gemeinderat spiegelte das wider, was die Nationalsozialisten unter »Volksgemeinschaft« verstanden: Die Partei bestimmte, wer dazugehörte. Meinungsvielfalt oder gar Diskussionen waren suspekt. Zu Attrappen degradiert bestand die Funktion der Gemeinderäte hauptsächlich darin, den Schein einer kommunalen Selbstverwaltung aufrechtzuerhalten. Daß sie, trotz gewisser Einflußmöglichkeiten, im kommunalen Geschehen zusehends an Bedeutung und Beachtung verloren, zeigt unter anderem die Tatsache, daß die Erinnerung an die Gemeinderäte der NS-Zeit weit weniger im Gedächtnis befragter Tübinger präsent war als die an die Gemeinderäte der Weimarer Republik.

Der Gemeinderat tagte in Tübingen immer seltener, wenn auch der Stadtvorstand im Februar 1936 ausdrücklich betonte, er würde es begrüßen, wenn er mit den Ratsherren durch häufigere Sitzungen mehr als bisher *in Fühlung* komme.[25] Verliefen die Gemeinderatssitzungen schon vor dem Machtwechsel vergleichsweise konfliktfrei, boten sie nun ein Bild völliger Harmonie. Entschieden wurde nicht mehr im Plenum, sondern in den vier Beiräten, die die Hauptsatzung für Angelegenheiten der Allgemeinen Verwaltung und der Finanzen, für das Fürsorgewesen, zu Grundstücksschätzungen und für die städtischen Eigenbetriebe vorschrieb. In Zweifelsfällen oder bei brisanten Fragen stellten interne Absprachen zwischen dem Oberbürgermeister und den Interessenvertretern vorab den Konsens her.[26]

Das Ergebnis der »Beratungen« stand in der Regel von vornherein fest. Schon vor Beginn der Sitzung gab Scheef das Ergebnisprotokoll der Sitzung an die Presse.[27] Wiederholt verschaffte auch die Anwesenheit des »Beauftragten der NSDAP« der vorgeschriebenen Einigkeit Nachdruck.[28] Obendrein half eine interne Sprachregelung dem harmonischen Erscheinungsbild nach, das die Sitzungen widerspiegeln sollten: *Es gibt keine »Rathausfraktion«, keine »Fraktionsführer« und keine »Abteilungsführer« mehr,* ordnete der Tübinger Stadtvorstand 1935 in Anlehnung an eine Stuttgarter Anweisung an. *Statt einer »Gemeinderatssitzung« reden wir daher von einer »Beratung mit den Ratsherren«. [...] Bei diesen Beratungen werden weder »Anträge gestellt« noch »Beschlüsse gefaßt«. Die Berichterstatter tragen vielmehr die beabsichtigte Entschließung vor. Dabei ist die Formel anzuwenden: »Es ist beabsichtigt, folgende Entschließung zu treffen.«*[29] Eine Formel für den Fall einer fehlenden Übereinkunft, für einen Einwand oder Widerspruch sah die Sprachregelung nicht vor.

Der Zwang zur Übereinstimmung machte die Sitzungen für die Öffentlichkeit wie für die Teilnehmer uninteressant, was sich an der zunehmend knapperen Berichterstattung der Presse ablesen läßt. Als in vielen Gemeinden schließlich der Bürgermeister immer häufiger auf die lästige Fassade der Ratssitzungen verzichtete und immer mehr Beschwerden über die mangelnde Zusammenarbeit von Bürgermeistern und Beigeordneten bzw. Gemeinderäten laut wurden, ordnete der württembergische Innenminister an, daß wenigstens zweimal im Monat Beratungen mit den Gemeinderäten abzuhalten seien: *Es besteht auch Veranlassung, die Bürgermeister darauf hinzuweisen, daß sie die Verwaltung der Gemeinde nicht nur im Einklang mit den Zielen der Staatsführung, sondern auch im Einklang mit den Zielen der Nationalsozialistischen Deutschen Arbeiterpartei zu führen haben.*[30]

Exkurs: Das Oberamt bzw. der Kreis

Ähnlich wie bei den Kommunen strebte die Partei auch im Bereich der Oberämter danach, ihren Einfluß personell und institutionell zu verankern. Nachdem das Gesetz »über die vorläufige Vertretung der Amtskörperschaften« diese noch im April 1933 aufgelöst hatte,[31] führte die nach langen Vorarbeiten erstellte neue Württembergische Kreisordnung vom 27. Januar 1934 das »Führerprinzip« auch in den Kreisen, wie die Oberämter seitdem bezeichnet wurden, ein.[32] Ungeachtet der Warnungen des württembergischen Gemeindetages vor einer *Überspannung des Führergedankens*, die zu *einer Entfremdung zwischen Verwaltung und Volk* und zur *Heranbildung einer volksfremden, herrschsüchtigen und gewalttätigen Beamtenhierarchie* führen würde,[33] räumte die Kreisordnung dem Landrat als dem Leiter der Kreisverwaltung eine nahezu uneingeschränkte Machtposition ein. Er war nicht nur der Vorgesetzte aller Beamten, Angestellten und Arbeiter des Kreisverbandes, er ernannte auch die Mitglieder des Kreisrates, der ihm beratend zur Seite stand. Freilich stand auch der Landrat unter der Aufsicht der Partei, verkörpert in der Person des Kreisleiters, der sowohl im Kreisrat wie im Kreistag vertreten war. Er mußte *im Einvernehmen* mit diesem handeln.[34] Gegen den Willen des Kreisleiters konnte der sonst so mächtige Landrat nicht einmal seine personalpolitischen Vorstellungen durchsetzen. So manövrierte der Tübinger Kreisleiter 1934, als die Kreispflegerstelle neu besetzt werden mußte, entgegen dem Vorschlag des Landrats, mit Max Diebold, dem Kreisgeschäftsführer der NSDAP, einen »Alten Kämpfer« auf diesen Posten, der fortan dem Landrat das Leben schwer machte.[35]

Landrat Julius Goes, der im Oktober 1933 dem Innenministerium die Zusammenlegung der vakanten Kreispflegerstelle mit der Leitung der Bezirksfürsorgebehörde und deren Übertragung an den Leiter der Bezirksfürsorge, Rechnungsrat Meyer, vorgeschlagen hatte, kostete es neben anderem seine Stelle, daß er sich in dieser Frage nicht dem Wunsch der Partei beugen wollte.[36] Auch sein Nachfolger, Fritz Geißler, legte sich in dieser Frage mit den zuständigen Behörden an und versuchte mutig, aber erfolglos, die Besetzung der Stelle von Parteieinflüssen freizuhalten. Die Begründung der NSDAP, Rechnungsrat Meyer habe früher die Bewegung *schikaniert*, wollte der seit 1934 amtierende Landrat als Ablehnungsgrund nicht anerkennen: *Es dürfte also auch hier, wie in anderen Fällen so sein, daß nur persönliche Gründe vorliegen, diese für mich jedoch nicht durchsichtig sind,* teilte er dem Innenministerium mit. Dieses hatte inzwischen jedoch der Tübinger Kreisleiter darauf aufmerksam gemacht, daß Meyer 1933 auf der Liste der in Schutzhaft zu Nehmenden gestanden hatte und nur wegen einer Krankheit der Verhaftung entgangen sei. Baumert stellte deshalb klar: *Wir möchten nicht verfehlen, darauf aufmerksam zu machen, daß eine Besetzung der Kreispflegerstelle durch Herrn Meyer unter diesen Umständen nicht in Frage kommt.*

So schnell gab sich Geißler nicht geschlagen, zumal er darauf hinweisen konnte, nicht aus *eigenem Antrieb* nach Tübingen gekommen zu sein.[37] Ihm war zwar bewußt, *daß die tieferen Gründe für das vorzeitige Ausscheiden meines Herrn Amtsvorgängers zum Teil auch in seiner »Unnachgiebigkeit« in diesem Fall zu suchen sind.* Auch sah er sehr klar, daß er ebenfalls seine Stellung verlieren konnte. Dennoch bestand er darauf, sein Amt nur im Einklang mit seinem Gewissen zu führen: *Es wird sehr leicht sein, mich um Amt und Stellung zu bringen und mich und meine Familie ins Unglück zu stoßen, aber keine Macht der Welt wird mich zwingen, etwas zu tun, was ich mit Pflicht und Gewissen und mit meinem Diensteid nicht vereinbaren kann.*

Von seinem Ziel, der *Schaffung und Erhaltung eines pflichttreuen, gewissenhaften, aufopferungs-, dienst- und verantwortungsfreudigen Beamtenstandes in einem sauberen Staat,* wollte Geißler sich auch nicht abbringen lassen, als das Innenministerium am 20. November 1934 die Besetzung der Kreispflegerstelle mit Max Diebold anordnete. *Ich bin mir voll und ganz bewußt, welche Folgen diese Weigerung für mich haben kann. Aber ich kann nicht anders!* erwiderte er dem Innenministerium, als er es noch einmal darauf aufmerksam machte, daß ihm bei seiner Berufung versichert worden war, daß er in Tübingen *keinerlei Schwierigkeiten* bekommen werde. *Ich habe dies dahin verstanden, daß ich bei sachlicher Erledigung meiner Dienstgeschäfte innerhalb der mir auferlegten Verantwortung die Aufsichtsbehörde hinter mir habe und insbesondere nicht durch die Aufsichtsbehörde in solche Gewissenskonflikte gestürzt werde.* Doch die Partei saß am längeren Hebel und setzte die Ernennung Diebolds durch.

Die Mitglieder des Kreistages, die vor allem für Etat- und Finanzfragen zuständig waren, wurden von den Ortsvorstehern der Kreis-Gemeinden berufen.[38] In Tübingen verurteilte der autoritäre Führungsstil des Landrats dieses Gremium zur Bedeutungslosigkeit. Zwischen November 1934 und September 1938 berief Geißler den Kreistag nicht zu einer einzigen Sitzung ein. Selbst die vorgeschriebene Anhörung des Kreistages vor Verabschiedung des Haushaltsplanes scheint während dieser vier Jahre nicht eingehalten worden zu sein. Als der Kreistag am 29. September 1938 erstmals wieder zusammentrat, gab Kreispfleger Diebold nachträglich die letzten vier Haushaltspläne bekannt.[39]

Die erste Sitzung war gleichzeitig auch die letzte des alten Kreistages. Denn die württembergische NS-Regierung erließ 1938 eine Kreisreform, die – entgegen allen früheren Versprechungen – die Zahl der 64 Oberämter auf 34 reduzierte.[40] Der Kreis Tübingen vergrößerte dabei seinen Umfang fast auf das Doppelte.[41] Acht im Ammertal gelegene Gemeinden des aufgelösten Kreises Herrenberg und bis auf zwei alle Gemeinden des ebenfalls aufgelösten Kreises Rottenburg gehörten von nun an zu dem auf 482 Quadratkilometer angewachsenen Tübinger Kreis. Die in der östlichen Kreisecke gelegenen Orte Altenburg, Degerschlacht, Gönningen, Oferdingen, Rommelsbach und Sickenhausen wurden dem Kreis

Reutlingen zugeschlagen. Der alte Kreis Tübingen umfaßte 28 Gemeinden, der neue zählte 54, die Einwohnerzahl stieg von 53 344 auf 82 068. Die Presse begründete die Neueinteilung mit Sparsamkeit und Verwaltungsvereinfachung, wies aber auch darauf hin, daß die Neueinteilung die staatlichen Kreise den politischen angleiche, deren Neueinteilung und Vergrößerung bereits ein Jahr zuvor, am 1. Juni 1937, erfolgt war.[42] In Tübingen hatte das auch zu personellen Veränderungen geführt. Kreisleiter Baumert, der bis dahin seine Tübinger Aufgaben – wesentlich auf seinen Stellvertreter Weinmann gestützt – neben seinem Stuttgarter Amt als Gaugeschäftsführer wahrgenommen hatte, trat von seinem Tübinger Amt zurück. Zu seinem Nachfolger bestimmte Gauleiter Murr den Schorndorfer Kreisleiter Hans Rauschnabel.

Die Vergrößerung des Kreises brachte auch organisatorische Veränderungen. Die Kreispflege übernahm die gesamte Vermögensverwaltung der zusammengelegten Kreise. Die Geschäftsverteilung bei der gehobenen Fürsorge wurde *auf Wunsch des Kreisverbands* geändert.[43] Die Kreisfürsorgebehörde übernahm die bisherigen Kompetenzen des städtischen Wohlfahrtsamtes in diesem Bereich. Die übrigen Dienststellen – Kreisbaumeister und Kreisobstbauinspektoren – faßte die Neuorganisation jeweils in einem Amt zusammen. Lediglich die Verwaltungsaktuare, die in den kleinen Gemeinden den hauptamtlichen Bürgermeister ersetzten, erhielten zwei Dienststellen, eine in Tübingen und eine in Rottenburg.[44]

Auf den Landrat gingen die Zuständigkeiten des Kreisrates über, soweit sie staatliche Angelegenheiten betrafen.[45] Dem neu berufenen und um zwei Sitze erweiterten Kreisrat gehörten neben dem Kreisleiter Rauschnabel und dem Tübinger Stadtvorstand an: Fabrikant Carl August Wagner aus Kirchentellinsfurt als Vertreter der Arbeitgeber, als Vertreter der Arbeitnehmer der Mössinger Textilarbeiter und Betriebszellenobmann Bernhard König und als Vertreter der Bauern der Kusterdinger Landwirt Jakob Braun. Bürgermeister Müller aus Pliezhausen vertrat die Gemeinden des alten Tübinger Kreises. Auch die aufgelösten Kreise Rottenburg und Herrenberg waren jeweils durch einen Bürgermeister vertreten.[46]

Für die Stadt machte sich die Vergrößerung des Kreises, der als *unechter Stadtkreis*[47] teilweise Kreisfreiheit hatte, in manchen Angelegenheiten aber auch dem Landrat unterstellt war, vor allem in finanzieller Hinsicht bemerkbar. Sie hatte an der Umlage der Amtskörperschaft mehr als die Hälfte (63 Prozent) aufzubringen. Die Umlagenerhöhung des vergrößerten Kreisverbandes schlug ihr mit einer Mehrbelastung von 50 000 RM zu Buche.[48] Die Durchsetzung ihrer Interessen gegenüber dem vergrößerten Kreisverband bereitete ihr zunehmend Schwierigkeiten. So war eine Folge der Kreisvergrößerung für die Stadt auch der Entzug von Aufgaben der gehobenen Fürsorge. Diese Aufgaben, die seit 1924 das städtische Wohlfahrtsamt wahrgenommen hatte, erhielt – trotz vehementer Gegenwehr – die Fürsorgebehörde des Kreises.[49] In der Auseinandersetzung um diese Neuverteilung der Kompetenzen klang bereits eine Konkurrenz zwischen Landrat und Oberbürgermeister an, die schließlich, unter den besonderen Bedingungen des Krieges, ausgetragen werden sollte.[50]

»Jederzeit opferwillig und einsatzbereit«:
die Stadtverwaltung zwischen den Ansprüchen von Partei und Staat

Für Adolf Scheef hatte die DGO die Kontrolle durch die Partei verschärft, auch wenn er nun ohne Mitwirkung der Gemeinderäte die volle Verantwortung für die Gemeinde trug. Hatten Spannungen zwischen ihm und Ernst Weinmann bereits vor Einführung der neuen Gemeindeordnung den wachsenden Einfluß des NS-Fraktionsführers gezeigt, so mußte Scheef sich nun, wo die Kontrolle der NSDAP nicht nur durch den »Beauftragten der Partei«, sondern auch durch den Ersten Beigeordneten ausgeübt wurde, notgedrungen mit Weinmann arrangieren. Ohne dessen Zustimmung ging nichts mehr. Als *dauernder Berater* war er nach der DGO dazu verpflichtet, sich über die laufenden Geschäfte mit dem Stadtvorstand *ins Benehmen* zu setzen.[51]

Dennoch war, als Scheef im März 1939 nach Erreichen der Altersgrenze sein Amt aufgab,[52] das Lob über die gute Zusammenarbeit zwischen Stadtvorstand, Ratsherren und Beiräten bei Verwaltung und Partei einhellig. Weinmann lobte ausdrücklich: *Sie, Herr Oberbürgermeister, waren vom ersten Tage der Einführung der DGO an bereit, jederzeit alle Verantwortung zu übernehmen, wie Sie es auf der anderen Seite vermieden, Ihren Mitarbeitern gegenüber von Ihren neuen Rechten in schroffer Weise Gebrauch zu machen*.[53]

Der Kreisleiter dankte für die *zuvorkommende Arbeit* und das Vertrauen, das Scheef der Partei geschenkt habe. Auch Ratsherr Göhner bekundete das *uneingeschränkte Vertrauen*, das Scheef durch *rastlose und verantwortungsvolle Arbeit im Dienste der Stadt* bei den Gemeinderäten erworben habe. Seine Laudatio ließ bei aller Anerkennung für das Arbeitsvermögen des scheidenden Stadtvorstandes eine Spur von Unwillen über dessen Verhandlungsführung anklingen: *Sie haben oft nur zu sorgsam alle Einwände überprüft, die in einer Sitzung hätten auftauchen können, und Ihrer umfassenden Vorarbeit war es zu verdanken, daß oft Sitzungen mit vierzig und mehr Punkten auf der Tagesordnung in Rekordzeit erledigt werden konnten*. Der so Gefeierte gab das ambivalente Kompliment zurück: Möglich gewesen sei diese Zusammenarbeit nur, weil *man in gemeinsamer Arbeit die Probleme durchgedacht, die Beschlüsse gefaßt und dann auch durchgeführt habe*.

Im übergeordneten Ziel, die Stadt auszubauen, ihre finanziellen Mittel und ihre wirtschaftlichen Möglichkeiten zu vergrößern, waren sich Stadtverwaltung und Kreisleitung tatsächlich einig. Auseinandersetzungen und Unstimmigkeiten gab es nur um die Frage, wer den größten Nutzen aus dem Aufschwung ziehen sollte. Wie erwähnt, war neben der Bekämpfung der Arbeitslosigkeit ein wesentliches Anliegen des Stadtvorstandes, die wirtschaftlichen Nachteile auszugleichen, die der Stadt durch die Reduzierung der Studentenzahlen entstanden.[54] Aus diesem Grund beschloß die Stadt 1933 den Bau einer NS-Motorsportschule. Auch der Plan einer SA-Sanitätsschule entsprang diesem Anliegen.[55] Bereitwillig nahm Scheef jedes Projekt der Partei oder ihrer Gliederungen auf, das eine wirtschaftliche Belebung zu versprechen schien. Besonders war er daran interessiert, möglichst viele Bildungseinrichtungen in die Stadt zu bekommen, damit Tübingen der Charakter einer Schulstadt erhalten bliebe.[56] Um den Bau einer Führerschule des SA-Hochschulamtes sowie um eine Gauführerschule der NSDAP bemühte er sich allerdings vergebens.[57]

Bereits im Januar 1934 hatte Scheef entsprechend dem Rat von Universitätsrat Theodor Knapp, daß sich die *Kleinstadtuniversitäten ihrer Haut wehren müßten, wenn sie nicht unter den Schlitten kommen wollten*,[58] das Akademische Rektoramt zu einer Besprechung über Werbemaßnahmen für Stadt und Universität eingeladen.[59] Als Ergebnis richtete die Stadt 1935 ein Städtisches Verkehrsamt ein, das hauptberuflich mit Gemeinderat Alfred Göhner besetzt wurde.[60] Bald darauf warb sie in einem Faltblatt mit ihrem *entzückenden Stadtbild*, der Erinnerung an Uhland, Silcher und Hölderlin sowie mit dem Hinweis auf preiswerte Bauplätze. Die Universität fügte zeitgemäß hinzu: *Die Alma mater Tübingens steht im Dienste des Führers; es ist ihre heiligste Pflicht, dem jungen Studierenden den Weg in das neue erwachte Vaterland zu weisen, ihn mit dem Heimatboden fest zu verwurzeln und in der wahren Volksgemeinschaft groß werden zu lassen*.[61] Die preiswerten Bauplätze schienen freilich mehr Werbewirkung auszuüben als die ideologiegetreue Selbstdarstellung der Hochschule. Die Einwohnerzahl stieg stetig und erreichte 1939 einschließlich der eingemeindeten Vororte rund 32000, während die Immatrikulationen weiter abnahmen und 1939 mit knapp 1500 weniger als die Hälfte von 1933 betrugen.[62]

Am Rückgang der Studentenzahlen hatte unter anderem auch die Entwicklung der studentischen Verbindungen ihren Anteil. Die Korporationen hatten die erste Gleichschaltungswelle zwar unbeschadet überstanden, gerieten seit 1935 als »Hort der Reaktion« aber zunehmend unter Beschuß. Unter dem Druck einer Pressekampagne gegen ihre angeblich staatsfeindliche Einstellung – Anstoß dazu hatte eine öffentliche »Sektfeier« eines Heidelberger Corps und eine anschließende Diskussion über den Eß-Stil Hitlers gegeben – lösten sich die Korporationen im Herbst 1935 auf.[63] Die Stadt sah eine wirtschaftliche Katastrophe mit dem Ende der Verbindungen auf sich zukommen. Die Schließung der 35 Verbindungshäuser bedeute einen jährlichen Verlust von mindestens 140000 RM, rechnete Scheef im Oktober 1935 dem Kultminister in einer Denkschrift *über die Auswirkung der Änderungen im studentischen Verbindungswesen auf das wirtschaftliche Leben der Stadt* vor.[64] Außer diesem direkten Ausfall ergäben sich, so gab Scheef zu bedenken, künftig erhebliche sonstige Verluste, *denn mit dem Wegfalle des bisherigen Korporationsbetriebs würden ja auch die Aufwendungen für Couleur, Dedikationen, Kneipen, Mensuren, jährliche Stiftungsfeste* ausbleiben. *Der durch den Wegfall all dieser Veranstaltungen und Aufwendungen dem Tübinger wirtschaftlichen Leben entstehende Verlust ist außerordentlich groß und geht jährlich in viele Hunderttausende*.

Da Tübingen mit der Auflösung der Verbindungshäuser außerdem auch eine wesentliche Anziehungskraft für Studenten verlieren würde, sei ein weiterer Rückgang der ohnehin sinkenden Studentenzahl zu befürchten. Deswegen appellierte Scheef um Ersatz an die württembergische Regierung. *Weil eine Neuansiedlung von Industrie in nennenswertem Umfang durch die ganzen Verhältnisse ausgeschlossen* sei, schlug er vor, die württembergische Hochschule für Lehrerbildung nach Tübingen zu verlegen. Die *bodenständige Bevölkerung* der Stadt sei geeignet, die Ausbildung des künftigen Volksschullehrers *aufs günstigste im Sinne der Volksgemeinschaft zu beeinflussen*, und die Nachbarschaft zur Universität könne doppelte Kosten vermeiden. *Es kann nicht im Interesse des Landes Württem-*

berg – so betonte Scheef abschließend –, *vor allem nicht im Interesse des Kultministeriums liegen, daß die einzige Universitätsstadt des Landes dauernden Schaden leide und im Laufe der Zeit leistungsunfähig wird.* Mergenthaler reagierte auf den Appell und empfing zwei Tage später Scheef, Weinmann und Stadtkämmerer Seelos zu einer Besprechung im Kultministerium. Die erhoffte Zusage machte er freilich nicht, da *sehr gewichtige, auf den verschiedensten Gebieten liegende Bedenken gegen eine Verlegung dieser Hochschule nach Tübingen* bestünden und auch Reichswissenschaftsminister Rust eine solche ablehne. Statt fester Zusagen vertröstete er die besorgten städtischen Vertreter mit ungewissen Zukunftsplänen.[65] Die Interventionen des Universitätsrektors, der die Folgen des Verbindungsverbots als einen *Schwabenstreich* geißelte, führten vorübergehend zum Zusammenschluß der teilweise bereits aufgelösten Korporationen in einem Bund Tübinger Verbindungen.[66] Die Außenstelle Tübingen der Politischen Polizei beobachtete argwöhnisch diese Wiederbelebung und berichtete, daß *in der Haltung der Korporationsstudenten [...] zur Zeit eine akute Gefahr für die Volksgemeinschaft zu sehen* sei, da die Stimmung gegen die Anordnungen des Reichserziehungsministers *unverkennbar oppositionell* sei.[67]

Dieser Tübinger Vorstoß beendete definitiv die Existenz der Verbindungen. Im Frühjahr 1936 begann der endgültige Auflösungsprozeß, der 1938 mit dem Auflösungserlaß der noch verbliebenen katholischen Studentenverbindung seinen Abschluß fand.[68] Als Auffangorganisationen für die Korporierten entstanden sogenannte Kameradschaften, denen anzugehören für Mitglieder des NSDStB obligatorisch und für andere Studenten ratsam war.[69] In der Hoffnung, auf diese Weise ihre Häuser behalten zu können, bildeten sich viele Korporationen in solche Kameradschaften um. Diejenigen, die sich dazu nicht durchringen konnten, mußten ihr Haus über kurz oder lang aufgeben oder verkaufen. Es kam einer Ironie des Schicksals gleich, daß die Stadt Tübingen in dem Moment, als sie um den Fortbestand ihrer Hochschule ernsthaft bangte, die offizielle, von der Gemeindeordnung vorgeschriebene Erlaubnis erhielt, die Bezeichnung »Universitätsstadt« zu führen.[70]

Vergeblich bemühte sich der Stadtvorstand um den Bau einer neuen Kaserne und um die Errichtung einer neuen Universitätsfrauenklinik, um den wirtschaftlichen Verlust für die Stadt aufzufangen.[71] Mehr Erfolg hatte er, wenn es sich um Partei-Einrichtungen handelte. In diesen Fällen konnte er sich der Beziehungen seiner Ratsherren bedienen. Aus der geplanten Niederlassung einer Adolf-Hitler-Schule, für die sich der Bannführer der HJ, Hans Dannenmann, in Berlin einsetzen sollte, ist zwar nichts geworden.[72] Andere Projekte waren dafür umso erfolgreicher, so daß Kreisleiter Rauschnabel 1937 in seinem Rückblick auf vier Jahre *nationalsozialistische Aufbauarbeit auf dem Rathaus* stolz darauf hinweisen konnte, daß Tübingen mittlerweile zur *Stadt der NS-Schulen* geworden sei: *Hier sind Programmpunkte der Bewegung in vorbildlicher Weise in die Tat umgesetzt worden.*[73]

Um die Ansiedlung von NS-Schulen für die Partei und ihre Gliederungen attraktiv zu machen, bot die Stadt kostenlose Bauplätze an. Doch die angesprochenen Institutionen schreckten meist vor einem Neubau zurück und verlangten die Bereitstellung vorhandener Gebäude. An leerstehenden Häusern aber hatte die Stadt, seit das Verbot die Verbindungshäuser geleert hatte, keinen Mangel. Nach und nach erwarb sie diese und stellte sie den interessierten Ämtern und Einrichtungen der NSDAP zur Verfügung.[74] In der Hoffnung auf eine Belebung der wirtschaftlichen Verhältnisse war der Stadtvorstand jedesmal zu einer erheblichen finanziellen Beteiligung der Stadt bereit.[75] Allerdings hatte die Stadt die Häuser ausnahmslos günstig erwerben können. Wie Scheef am Jahresende 1937 in einem Rückblick betonte, waren die Preise *mäßig* und betrugen zum Teil *noch nicht ein Drittel der Selbstkosten der früheren Eigentümer*.[76]

Das erste Projekt der städtischen Erwerbspolitik war das Eberhardina-Haus auf dem Österberg, das die Stadt 1936 der NSV für eine NS-Schwesternschule vermietete.[77] Bis Kriegsbeginn gingen sieben ehemalige Verbindungshäuser in den Besitz der Stadt über. Sie wurden von dieser renoviert und weiterverkauft bzw. vermietet. So kam das Normannen-Haus 1937 an das Deutsche Frauenwerk der NSDAP, das darin im Mai 1938 die erste SS-Bräuteschule im Reich und wenig später eine Kindertagesstätte der NSV einrichtete. Das Stuttgardia-Haus übernahm der NSDStB 1937 für eine Studentenkompanie. Ebenfalls 1937 etablierte die Ortsgruppe Tübingen der NSDAP ihr »Parteiheim« im ehemaligen Wingolf-Haus in der Gartenstraße. Das Rothenburger-Haus erhielt die NSV 1938 für die Müttererholung, und die SA-Standarte 180 übernahm im selben Jahr das Haus des Vereins Deutscher Studenten. Für das Roigel-Haus, das die Stadt 1938 erwarb, war ein städtisches Heimatmuseum geplant. Die Borussen mußten ihr Haus an das Rasse- und Siedlungshauptamt der SS verschenken, andere Verbindungen verkauften an Privatleute. Zwölf behielten ihr Haus.[78]

Während die Investitionen in den Kauf der Verbindungshäuser jeweils die Billigung der Ratsherren fanden, geriet die Stadt dabei umso heftiger mit ihrer Aufsichtsbehörde, der Ministerialabteilung für Bezirks- und Körperschaftsverwaltung (MABK), in Konflikt. Bereits beim Erwerb des Eberhardina-Hauses für die NS-Schwesternschule monierte die Aufsichtsbehörde den *in Aussicht genommenen Mietzins, der hinter einer nach den üblichen Grundsätzen sich errechnenden Miete erheblich* zurückbleibe und empfahl dem Württembergischen Innenministerium, die Tübinger Stadtverwaltung im Auge zu behalten: *Eine strenge Überwachung, daß nicht auch hier wieder aus Steuermitteln der Gemeinde jetzt oder in den folgenden Jahren mehr als nach dem Willen der Reichsregierung zulässig geschieht, ist bei Tübingen besonders angezeigt, dessen Verwaltung in dieser Hinsicht schon mehrfach durch übertriebene und nicht zeitgemäße Freigiebigkeit aufgefallen ist.*[79]

So geriet die Stadt in eine Zwickmühle. Die hohen finanziellen Forderungen der Partei, aber auch die strenge Staatsaufsicht über ihre Ausgaben engten ihren Handlungsspielraum mehr und mehr ein.[80] Die Partei mit ihrem sprunghaft gewachsenen Mitgliederstand und den expandierenden Aufgaben ihrer angeschlossenen und untergeordneten Gliederungen hatte einen schier unersättlichen Bedarf an Geld, Gebäuden, Räumen, Sach-, Personal- und Arbeitsleistungen. Wie überall erwartete sie auch in Tübingen die Erfüllung dieser Ansprüche von der Kommune.[81]

Das Nationalsozialistische Kraftfahrerkorps (NSKK) ließ sich die Zusage zum Bau einer Motorsportschule, um die sich viele Städte beworben hatten, mit hohen finanziellen Aufwendungen abkaufen. *Es bedurfte,* so gestand Weinmann rückblickend, *nicht nur einer entschlußfreudigen Anregung, sondern auch der ganzen Energie von Partei und Stadt, dieses begreiflicherweise von vielen Städten umworbene Objekt gerade nach Tübingen zu bekommen.*[82] Konkretisiert hat sich der Einsatz der Stadt in einem Gesamtaufwand von 468 894 RM und 41 Pfennig.[83] Als der Bau schließlich stand, weigerte sich das NSKK, den Mietvertrag mit der Stadt zu akzeptieren. Ausgerechnet den für die Stadt entscheidenden Punkt, die Bedarfsdeckungsklausel – also die Verpflichtung, in Tübingen zu konsumieren, um die dortige Wirtschaft anzukurbeln – lehnte das NSKK ab. Der Stadt blieb nichts anderes übrig, als einem Kauf der Schule durch das NSKK für 300 000 RM zuzustimmen.[84]

Auch die Niederlassung der SA-Sanitätsschule ließ sie sich etwas kosten. Anfangs stellte sie Räume im Schloß unentgeltlich zur Verfügung. Als es um einen Neubau ging, trat sie, ebenfalls unentgeltlich, einen Bauplatz an der Keplerstraße Ecke Schlachthausstraße ab.[85] Die Schule entwickelte sich zur Musterschule, sie wurde zentrale Ausbildungsstätte für SA-Sanitäter im gesamten Reichsgebiet. Als die *Reichs-Sanitätsschule* im Februar 1936 in Anwesenheit des württembergischen Ministerpräsidenten und des SA-Gruppenführers Hanns Ludin eingeweiht wurde und Architekt Wägenbaur dem Leiter der Schule, Obersturmbannführer Dr. Holtgrave, die Schlüssel übergab, hob Scheef den außergewöhnlichen Einsatz der Stadt hervor: *Die zwei Schulen der SA, die Tübingen beherbergte, die Motorsportschule und die Sanitätsschule, geboren aus dem Geist der SA, künden von Tübingen, daß es sich jederzeit opferwillig und einsatzbereit gezeigt habe, um die Ziele der SA zu verwirklichen.*[86]

Mit diesen zwei Großprojekten waren die finanziellen Forderungen der SA keineswegs abgegolten. Im Frühjahr 1937 mußte die Stadt erneut Baugelände für die Reichs-Sanitätsschule abtreten, weil sie erweitert werden sollte.[87] Auch das NS-Kraftfahrerkorps wollte seine Schule erweitern und verlangte die kostenlose Abtretung eines Grundstücks zum Bau einer weiteren Halle, was allerdings die Aufsichtsbehörde *angesichts der großen und überdurchschnittlichen Opfer, die die Stadt Tübingen für die Motorsportschule gebracht hat,* ablehnte.[88] Außerdem forderte die SA einen Sportplatz und eine Kampfbahn. Nach einigem Sträuben stellte die Stadt, die vergeblich wenigstens Arbeitsleistungen von der SA gefordert hatte, beides zur Verfügung. Der Führer der SA-Standarte 125 hatte nämlich das Ansinnen der Stadt kurzweg mit dem Hinweis vom Tisch gefegt, daß *bei einer Selbstherstellung der Kampfbahn, welche nur in den Nachtstunden möglich und eine unzusammenhängende Arbeit ergeben würde, doch nichts Gescheites dabei herauskommt.*[89]

Die SA-Führer verstanden es, ihre Parteigenossen in der Stadtverwaltung unter Druck zu setzen. Der neue Führer der SA-Standarte 180 beispielsweise, Oberführer Striebel, lud Bürgermeister Weinmann, der als Obersturmführer im SA-Rang unter ihm stand, jovial (*Mein lieber Kamerad*) bei seinem Antritt ein, um *im Interesse der SA und im guten Einvernehmen mit der Stadt alle Punkte zu regeln, die ich entweder offen finde oder die nicht mehr zeitgerecht sind [...]. Als ältester SA-Führer am Ort liegt mir außerordentlich viel daran, in allem klar zu sehen und saubere Verhältnisse zu schaffen.* Für die Besprechung *in kameradschaftlicher Form* setzte Striebel als Tagungsordnungspunkte fest: *1. Benennung einer Straße als »Straße der SA«, 2. Zusammenfassung aller SA-Dienststellen in einem Haus.*[90]

Damit hatten sich auch diese *offenen Punkte* als Forderungen an die Stadt entpuppt. Die sechs von Weinmann vorgeschlagenen Anwesen scheinen alle nicht auf die Zustimmung des SA-Führers gestoßen zu sein. Erst nach dem Pogrom vom 9. November 1938 ermöglichte die Zwangsenteignung jüdischen Besitzes, die Bedürfnisse der SA zu befriedigen. Mit dem Gebäude Uhlandstraße 15, das die Stadt von Familie Hayum erwarb, erklärte sich die SA-Standarte 180 endlich einverstanden, zumal die Miete gering war. Seit März 1939 residierte sie in den Räumen der ehemaligen Rechtsanwaltspraxis von Dr. Simon und Dr. Heinz Hayum.[91]

Die SS war zurückhaltender mit ihren Forderungen. Von ihr ist nur die Bitte um Unterstützung für den Bau eines Mannschaftshauses überliefert. Sie hatte offensichtlich andere Möglichkeiten, in den Besitz von Häusern zu gelangen, wie die erzwungene Schenkung des Borussen-Hauses an das Rasse- und Siedlungshauptamt der SS zeigt.[92] Auch die Hitlerjugend und die NS-Volkswohlfahrt spannten die Stadt ein und brachten sie mit ihren Forderungen wiederholt in Bedrängnis. Allerdings sind ein ungewöhnliches Entgegenkommen und eine große Verständnisbereitschaft des Stadtvorstandes nicht zu übersehen. Als Nicht-Nationalsozialist mußte Scheef seine Bereitwilligkeit zur Förderung der »nationalsozialistischen Aufbauarbeit« immer wieder beweisen. Solange er die Befriedigung des nationalsozialistischen Raum- bzw. Finanzbedarfs mit seinen Interessen an einer Hebung der kommunalen Wirtschaftskraft durch Ansiedlung neuer Bildungsinstitutionen verknüpfen konnte, hatte er gegen die Forderungen der Partei und ihrer Gliederungen offensichtlich nichts einzuwenden. So griff er bereitwillig den Appell des württembergischen Gauleiters zur »Heimbeschaffung für die Hitler-Jugend« auf und ließ sich am 4. Februar 1935 vom Gemeinderat den Bau eines »Hauses der Jugend« billigen.[93] Es war als Jugendherberge konzipiert, was auch der touristischen Anziehungskraft der Stadt zugute kam. Gleichzeitig waren HJ-Diensträume vorgesehen. Die dadurch freiwerdenden Räume der alten Jugendherberge im Schloß stellte die Stadt unentgeltlich ebenfalls der Hitlerjugend zur Verfügung.[94]

Die finanzielle Beteiligung der Stadt am »Haus der Jugend« war erheblich. Sie stellte nicht nur das Areal für den Bau am Neckarufer, sondern beteiligte sich mit 40 000 RM Baukostenzuschuß, mit dem Verzicht auf die üblichen Anliegerleistungen und mit der Bereitstellung der örtlichen Bauaufsicht. Dem städtischen Einsatz entsprachen die Mitsprachemöglichkeiten, die der Stadt eingeräumt wurden, keineswegs. Die Bauleitung lag ausschließlich in den Händen der HJ-Gebietsführung.[95] Als das Haus am 20. Oktober 1935 eingeweiht wurde, war die HJ noch immer nicht zufrieden. Weiterhin stellte sie Forderungen, wollte zusätzliche städtische Mittel über den Kreisverband bewilligt bekommen, erwartete die kostenlose Stellung von Holzkohle, Barleistungen, etc. Da ihr die Stadt bei allen Wünschen entgegenkam, zog sich diese prompt eine neue Rüge des württembergischen Innenministeriums zu, weil sie *in der Gewährung von Beiträgen an Organisationen entschieden zu weit gegangen* sei. Von einer offiziellen Beanstandung wollte das Ministerium nur unter der Voraussetzung absehen, *daß auch die Stadt Tübingen in Zukunft den Weisungen der Reichsregierung entsprechend verfährt, zumal da gerade die Höhe der bis-*

*herigen Leistungen in Tübingen unter allen Umständen zu einer stärkeren Zurückhaltung in den folgenden Jahren zwingt.*[96]

Die HJ-Führung vor Ort beschäftigte diese Weisung wenig. Sie hielt weiterhin die Hand auf. Um für das Rechnungsjahr 1936 Baruntersützung zu erhalten, führte der Unterbannführer zum Vergleich die Sachleistungen anderer Gemeinden an und erklärte – um den Hinweis auf die Auflagen der Aufsichtsbehörde zu entkräften –, daß der Zuschuß die Zustimmung der betreffenden Aufsichtsbehörden bereits erhalten habe, *und daß die Stadt Tübingen im Falle der Ablehnung des Gesuchs den Interessen der Regierung zuwiderhandeln würde.*[97] Als der Stellvertreter des Stadtvorstandes wenig später über ein erneutes Gesuch der HJ zu entscheiden hatte – diesmal ging es um die kostenlose Lieferung von Koks –, lehnte Weinmann verärgert ab.[98] Zunehmend geriet der Erste Beigeordnete und stellvertretende Kreisleiter ebenfalls in die Klemme zwischen Partei- und Verwaltungsinteressen. Vor die Entscheidung gestellt, verteidigte er selbstbewußt die städtischen Belange und die kommunale Entscheidungsfreiheit gegenüber den unersättlichen Ansprüchen einzelner Parteigliederungen. Besonders den Forderungen der Parteijugend begegnete er mit Zurückhaltung. War er schon 1935 mit deren Verbindungsmann im Gemeinderat wegen der geforderten städtischen Zuschüsse aneinandergeraten, so vertrat er Ende 1937, als in nichtöffentlicher Sitzung wieder einmal ein Gesuch der Hitlerjugend zur Beratung anstand, die unpopuläre Auffassung, *daß sich die HJ selbst helfen sollte. Sie mache es sich freilich sehr einfach, indem sie mit ihren Forderungen und Wünschen stets an die Stadt herantrete, in der Hoffnung, daß die Wünsche der HJ erfüllt werden; aber auch dies müsse einmal aufhören.*[99]

Besonderen Ärger verursachte die Form der Forderung. Die HJ hatte nämlich nicht – wie vorgeschrieben – ihre finanziellen Ansprüche über den Hoheitsträger der Partei angemeldet, sondern unter Umgehung des Kreisleiters – den das *nichts angehe* – ihr Verlangen direkt der Stadt vorgetragen; noch dazu in einem rüden Ton. Ratsherr Göhner rügte das herausfordernde Benehmen und verlangte: *Es müsse unbedingt darauf hingewiesen werden, daß bei der Führung der HJ eine andere Art Platz greife. [...] Es muß unbedingt gefordert werden, daß die HJ auch aus sich selbst heraus tue, was sie könne.*[100]

Das war nicht das erste Mal, daß ein Tübinger Ratsherr über die HJ in der Öffentlichkeit Klage führte.[101] Doch gegen die zur offiziellen Staatsjugend erklärte Organisation war wenig auszurichten, zumal sie in ihren Forderungen von oben unterstützt wurde. 1937 rief die Partei zum »Jahr der Heimbeschaffung« aus. *Wo sollen diese von Freude und Idealismus geladenen Jungens ihren ersten Eindruck von der Jugendorganisation des Dritten Reiches erhalten? Die Elternschaft des kleinsten Dorfes würde es sich verbitten, wenn ihre Kinder in einem derartigen Zimmer ihre Schuljahre verbringen müßten,* machte die NS-Presse Stimmung für den Befehl des Führers: »Schafft HJ-Heime!«[102] Der Landesbeauftragte Württemberg des Reichs-Jugendführers unterbreitete dem Stadtvorstand am 16. Februar 1937 prompt neue Ansprüche. Nach *gewissenhafter Prüfung* unter *Zuziehung ihres fachmännischen Beraters in Gemeindefragen* sei die HJ zu dem Ergebnis gekommen, so teilte er mit, daß die Stadt – unabhängig von der Heimbeschaffung und ohne Anrechnung bisheriger sachlicher Aufwendung für Heimunterhaltung etc. – 7000 RM zu überweisen habe.[103] Das württembergische Innenministerium betonte dagegen: *Es bedarf keines Hinweises, daß für die Bemessung von Zuwendungen an die Hitler-Jugend in jedem Fall die durch die zuständigen Behörden zu beurteilende Finanz- und Haushaltslage der betreffenden Gemeinde, nicht aber eine von außen an die Gemeinde gestellte Anforderung, entscheidend ist*.[104]

Nach Prüfung der Barleistungen aller Gemeinden an die HJ teilte der Minister den Landräten jedoch mit, *daß die Gesamtsumme, trotz mancher Erhöhungen im einzelnen hinter dem für die HJ erwünschten, für die Gemeinden tragbaren Maß* zurückbleibe und setzte den in Zukunft vom Kreis Tübingen zu leistenden Beitrag auf 13 500 RM fest.[105] Von sich aus hatte die Stadt – zusätzlich zu ihren bisherigen Leistungen von rund 2000 RM – vorsorglich einen bestimmten Betrag für die HJ im nächsten Haushaltsplan vorgesehen. Doch blieb dieser weit hinter dem vom Innenministerium festgesetzten Beitrag der Stadt von mehr als 8000 RM zurück.[106] Zusammen mit den Mieten, Mietverbilligungen, dem verlorenen Zuschuß zum »Haus der Jugend« und den Zuschüssen für Heiminventar erleichterte die HJ die Stadtkasse im Jahr 1937 insgesamt um 20 215 RM.[107] Hinzu kamen noch die zwei Doppel-Wohngebäude in der Schaffhauser Straße, die die Stadt im Rahmen der Heimbeschaffungsaktion der Hitlerjugend zur Verfügung stellte.[108]

Die Nationalsozialistische Volkswohlfahrt entwickelte ebenfalls großes Geschick, städtische Leistungen einzufordern. Die in Tübingen erst im Herbst 1933 gegründete NSV entfaltete als Spitzenverband der freien Wohlfahrtspflege eine starke Konkurrenz zur öffentlichen Wohlfahrtspflege. Unter der Leitung ihres ehrenamtlichen Kreisamtsleiters, des Ratsherren und Volksschulrektors Ernst Hager, drang sie, wie andernorts auch, Schritt für Schritt in die Aufgaben der Jugendhilfe und Wohlfahrtspflege wie Müttererholung, Kinderlandverschickung und Gemeindepflege ein und verdrängte die öffentliche wie konfessionelle Wohlfahrtspflege.[109] Die traditionellen Wohlfahrtsverbände wurden auf die *Mindestvorsorge der Untüchtigen* beschränkt, während sich die NSV die Sorge und Verantwortung für die *gemeinschaftsfähigen Volksgenossen* aneignete. *Alle Sorge nationalsozialistischer Volkswohlfahrt dient aus grundsätzlicher Erwägung heraus dem Erbtüchtigen. Sie übt keine aussichtslose das Volksvermögen verschleudernde Fürsorge der Erbkranken, sondern eine aufbauende Vorsorge für die Erbgesunden*, erläuterte der Amtsleiter des Hauptamts für Volkswohlfahrt das *national-biologische Prinzip der NSV*.[110] Politische Zuverlässigkeit und Arbeitswilligkeit bestimmten ebenso wie »Rassenzugehörigkeit« und »Erbgesundheit« die »Unterstützungswürdigkeit« der Bedürftigen.

Finanzieren konnte die NSV ihre Arbeit vornehmlich mit den Erträgen des Winterhilfswerks (WHW), von denen die konfessionellen Verbände zunehmend weniger erhielten. Reichten diese Ressourcen nicht aus, verlangte die NSV die finanzielle und materielle Unterstützung ihrer Einrichtungen durch die Stadt bzw. den Kreis als Träger der öffentlichen Wohlfahrtspflege. So stellte beispielsweise die Gemeinde Tübingen zwei der aufgekauften Verbindungshäuser der NSV zur Verfügung.[111] Weitere Forderungen zielten auf eine finanzielle Unterstützung der NS-Schwesternstation ab. Diese konnte der Stadtvorstand nur mit dem Hinweis auf die bindende Weisung des Innenministeriums abwehren, wonach die jährlichen Leistungen der Stadt an die NSV vorerst abgegolten waren.[112] Wieviel weniger als sein in der Partei fest verankerter Stellvertreter Adolf Scheef sich solch eine Absage leisten konnte, zeigen seine bemühten Rechtfertigungsversuche. So bat er ausdrücklich, *daraus keine unfreundliche Stellung gegenüber der Schwesternstation der Braunen Schwestern folgern zu wollen* und zählte *weitere Beweise des guten Willens der Stadt* auf. Als NSV-Amtswalter Hager mit der Aufhebung der Schwesternstation drohte, falls der Antrag städtischerseits weiterhin abgelehnt würde, und Gemeinderat Göhner feststellte, *daß gerade die NS-Schwester ein außerordentlich wichtiges Verbindungsglied zwischen der Partei und dem Volk darstellt,* sah Scheef keine andere Möglichkeit mehr, als den Jahresbeitrag von 800 RM doch zu bewilligen.[113] Die Kontrolle der Aufsichtsbehörde schützte also nicht in allen Fällen vor den selbstbewußt vorgetragenen Forderungen der NSDAP und ihrer angeschlossenen Verbände, zumal da diese mehr und mehr kommunale Aufgaben übernahmen.[114] Im Januar 1938 zählte die *Tübinger Chronik* mit vier Dauerkindergärten, 16 Erntekindergärten, mehreren Haushaltshilfe-Stationen, einer NS-Schwesternstation und zahlreichen Kinderlandverschickungen sowie einer monatlichen Unterstützung von 6500 »Volksgenossen« durch das WHW eine Leistungsbilanz der NSV im Kreis auf, die – da die Kehrseite verschwiegen wurde – beeindrucken mußte. Die Arbeitsbereiche zeigen, daß sich die NSV immer mehr Kompetenzen der öffentlichen Fürsorge aneignete, bis sie diese schließlich ganz für sich begehrte. Im Krieg sollte sie dieses Ziel in wesentlichen Punkten erreichen, obwohl wiederholt vor einer Übertragung der öffentlichen Fürsorge auf die NSV gewarnt worden war und der Präsident des Deutschen Gemeindetages vor allem auf die Bedenklichkeit der nationalsozialistischen Bedürftigkeitskriterien hingewiesen hatte.[115]

Die Stadtverwaltung ging – wie die Beispiele zeigen – meist bereitwillig auf die Forderungen der NSDAP und ihrer Gliederungen ein. Nur selten mußten diese Druck ausüben, um zum Ziel zu gelangen. Das hatte zur Folge, daß bald eine Welle von Forderungen und Gesuchen die Stadtverwaltung überschwemmte. Da wurde die Finanzierung von »Volksempfängern« durch das städtische Elektrizitäts-Werk gefordert und auch bewilligt;[116] da wollte die NS-Presse-GmbH Württemberg Steuernachlaß und wurde auch für die »Chronik« von der Zahlung des kommunalen Anteils an der Grunderwerbssteuer befreit.[117]

Auch übergeordnete Stellen oder entferntere Ämter schröpften mit ihren Forderungen den kommunalen Haushalt. Der Deutsche Gemeindetag verlangte von der Stadt, daß sie sich an einem gemeinsamen »Hitler-Geschenk« aller Städte und Gemeinden zu beteiligen habe – ein Ansinnen, dem sie sich nur entziehen konnte, weil sie sich statt dessen an der *Adolf-Hitler-Stiftung der Deutschen Gemeinden und Gemeindeverbände für junge Architekten und Städtebauer* beteiligte.[118] Die NS-Presse verlangte die Übernahme von Patenschaften für den »NS-Kurier«, und die Reichsvertriebsstelle der rassepolitischen Aufklärungsschrift »Neues Volk« regte an, *seitens der Stadt Tübingen an Neuvermählte auf ein Jahr Geschenkabonnements [...] auszugeben.* Doch die Stadt verzichtete; sie konnte darauf verweisen, daß sie bereits seit 1937 an Neuvermählte eine Geschenkausgabe von »Mein

Kampf« verteilte.[119] Selbstverständlich erwartete die NSDAP auch eine finanzielle Unterstützung der vielen nationalsozialistischen Festakte und Massenveranstaltungen, was im Haushaltsjahr 1938 den Etat mit 2500 RM belastete.[120]

Alle diese Ansprüche strapazierten die Gemeinde derart, daß ihr zur Finanzierung ihrer eigentlichen Aufgaben häufig das Geld fehlte. Das spürten vor allem die Schulen. Die Dorfackerschule im Vorort Lustnau platzte aus allen Nähten. Für die bisher in den Gebäuden der Oberschulen untergebrachten Klassen der Volksschule mußte Ersatz geschaffen werden, weil diese die Räume selber beanspruchten, vor allem nachdem die bisherige Oberrealschule für Mädchen 1938 zur Vollanstalt aufgebaut wurde.[121] Die Bedeutung des Sportunterrichts im NS-Erziehungssystem machte zudem den Bau einer Turnhalle für die Volksschulen unumgänglich.[122] Für den Neubau wollte die Stadt die Rücklagen der Technischen Werke heranziehen; die Dorfackerschule sollte durch ein Privatdarlehen der in Lustnau ansässigen Margarete Bosch – die Tochter des Stuttgarter Industriellen Robert Bosch lebte auf dem »Berghof« – finanziert werden. Doch die Aufsichtsbehörde lehnte eine weitere Verschuldung der Kommune strikt ab: *An dem Grundsatz, daß die Gemeinden die Erfüllung ihrer Aufgaben, jedenfalls soweit es sich um einen voraussehbaren Bedarf handelt, nicht ausschließlich durch Schuldaufnahme, sondern in erster Linie durch Verwendung eigener laufender oder Rücklagemittel zu finanzieren habe, muß festgehalten werden.*[123]

Auf Einhaltung dieses Grundsatzes, so teilte Scheef dem Gemeinderat mit, bestehe im Moment aber keinerlei Aussicht: *Schon jetzt haben mehrere Amtsvorstände erklärt, daß sie bei so geminderten Haushaltsmitteln nicht mehr in der Lage sind, ihren Aufgaben in der Weise nachzukommen, wie das notwendig ist und bisher erwartet wurde.*[124] Bei der Haushaltsberatung einige Wochen später schlug er vor, wenigstens mit dem Bau der seit Jahren geplanten Turnhalle im Ammertal zu beginnen.[125] Die Ratsherren sahen die Dringlichkeit des Vorhabens ein. Doch der anwesende Kreisleiter meldete sich mit einer weiteren Parteiforderung zu Wort. *Er müsse feststellen* – so vermerkte das Gemeinderatsprotokoll –, *daß unter den gegenwärtigen Verhältnissen die Partei an der Tübinger Bevölkerung vorbeilebe, und zwar wegen des Fehlens einer großen Versammlungshalle. Es verwundere ihn, daß die Ratsherren dieses Problem noch nie erörtert hätten.*

Der Vorwurf traf so nicht zu. Bereits 1935 hatte Kreispropagandaleiter Göhner die Errichtung einer Thingstätte auf dem Galgenberg angeregt. Damals hatte Scheef das Vorhaben mit dem Hinweis auf die zur Zeit schwebenden großen städtischen Unternehmungen abbiegen können.[126] Als Scheef und Weinmann nun wieder die fehlenden Finanzen für ein solches Bauvorhaben anführten, pochte der Kreisleiter und »Beauftragte der Partei« auf seine Amtsautorität und verlangte, *daß die Wünsche des Hoheitsträgers der Partei respektiert werden.*[127] Indigniert stellte er fest, daß anderen Anregungen von ihm *bisher ebenfalls noch nicht Rechnung getragen worden sei.* Nach dieser Zurechtweisung entspannte sich ein für das Tübinger Rathaus nach 1933 ungewohnt erregter Wortwechsel zwischen dem Kreisleiter und dem Stadtvorstand. Letzterer versicherte, *daß sich die Stadt Tübingen die erdenklichste Mühe gebe, den Wünschen der Partei Rechnung zu tragen und sie könne dabei wahrhaftig auf Leistungen hinweisen, wie keine Stadt im ganzen Gau, doch seien ihr hin-*

*sichtlich der Aufbringung der Mittel zur Befriedigung der bestehenden Wünsche eben auch Grenzen gesetzt.* Der Kreisleiter beharrte auf seinem Standpunkt: *Was den anderen Städten möglich sei, müsse sich auch in Tübingen ermöglichen lassen.* Scheef zählte daraufhin *die großen Opfer* auf, die die Stadt im vergangenen Jahr mit dem Kauf der Korporationshäuser gebracht habe und die nun dazu führten, daß der Haushalt 1938 kaum auszugleichen, geschweige denn das vom Kreisleiter vorgeschlagene Millionenprojekt einer Stadthalle in ihn aufzunehmen sei.

Diplomatisch lenkte er dann aber ein: Mit der Ansammlung von Rücklagen für eine große Versammlungshalle sollte begonnen werden, *sobald das finanziell irgendwie möglich ist.* Doch als man ein Jahr später wieder den Etat beriet, hatte der mittlerweile begonnene Krieg die ehrgeizigen Stadthallenpläne Rauschnabels längst verdrängt und die Forderungen, die die Partei nun an die Stadt stellte, verändert.

Die Auseinandersetzung beleuchtet ein weiteres Problem, das ebenfalls Anlaß zu Reibereien zwischen der sparsamen Stadtverwaltung und den ausgabefreudigen Ratsherren bot: die städtische Rücklagenbildung. Während der »Kampfzeit« hatten NS-Gemeinderäte wiederholt die vorausplanende Rücklagenbildung der Stadt angegriffen und Scheef vorgeworfen, er würde damit dem Haushalt das zur Krisenbewältigung nötige Geld entziehen. Noch bei der ersten Etatberatung nach der Machtübernahme kritisierte Weinmann, daß es unmöglich sei, *auf der einen Seite die Steuern aus der Einwohnerschaft herauszupressen und auf der anderen Seite Restmittel anzusammeln.*[128] Noch schärfer hatte NS-Stadtrat Walter Schurr die städtische Finanzpolitik angegriffen, als er feststellte: *Vom Zug der neuen Zeit sei im städtischen Haushaltsplan nichts zu spüren.*[129] Andererseits hatte aber die NSDAP-Fraktion die Offenlegung der städtischen Restmittel bereits 1934 verhindert.[130] Die neue Gemeindeordnung jedoch schrieb seit 1935 die Bildung von Rücklagen vor.[131] Doch die Priorität, die die nationalsozialistische Finanzpolitik Aufrüstung und Kriegsvorbereitung einräumte, verhinderte die Investition dieser Mittel zur Verbesserung der Infrastruktur. Mittels Reichsanleihen nahm sie die Regierung in Berlin in Anspruch.[132] Die Stadt aber mußte immer mehr Projekte zurückstellen. Der erhoffte Aufschwung blieb rasch in der Aufrüstung stecken.


»Die nicht auf der Sonnenseite des Lebens stehen, teilnehmen zu lassen an den Segnungen des Dritten Reichs«: Städtische Siedlungspolitik

In der Weimarer Republik mußte sich der Gemeinderat wiederholt mit der Wohnungsnot beschäftigen. Die in Auftrag gegebenen Wohnbauten, etwa in der Schaffhauser Straße, genügten bei weitem nicht, um den Bedarf an kleinen und billigen Wohnungen zu decken.[133] Für weitere städtische Wohnungsbauprojekte hatte es in den zwanziger Jahren an Kapital, aber auch an städtischem Grund und Boden gefehlt. Daher hatte 1934 die Eingemeindung von Derendingen und Lustnau[134] ein wesentliches Hindernis für die städtische Siedlungspolitik beseitigt.

Im Rahmen der allgemeinen Förderung des Baugewerbes, das als Schlüsselgewerbe den Wirtschaftsaufschwung vorantreiben sollte, begann die Stadt vergleichsweise spät mit einem kommunalen Siedlungsvorhaben. Am 9. März 1936 verabschiedete der Gemeinderat das Programm für eine »Heimstättensiedlung« im Steinlachtal. Die Siedlung auf der Markung Derendingen, südlich des »Waldhörnle«, war insbesondere für Arbeiter gedacht. Die Presse kündigte sie als eine Maßnahme an, die *in erster Linie solchen Volksgenossen zugute komme, die berufsmäßig in der gewerblichen Wirtschaft überwiegend unselbständig tätig zu sein pflegen. Sie ist für die große Masse der deutschen Volksgenossen, insbesondere für die breiten Schichten der gewerblichen Arbeiter bestimmt. Frontkämpfer und Kämpfer für die nationale Erhebung, Opfer der nationalen Arbeit und kinderreiche Familien sollen in erster Linie berücksichtigt werden.*[135]

Wer bauen wollte, mußte 5000 RM an Bau- und 1500 RM an Erschließungskosten aus eigenen Mitteln aufbringen. Die weitere Finanzierung sicherte ein nieder verzinstes Reichsdarlehen von 1000 RM sowie zwei Hypotheken von insgesamt 4200 RM, für die die Stadt die Bürgschaft übernahm. Nach den Richtlinien des Heimstätten-Siedlungswerks war zwar eine Genossenschaft und nicht die Kommune Trägerin des Bauvorhabens. Dennoch entstand das Projekt unter dem maßgebenden Einfluß der Stadt, die mit zehn Geschäftsanteilen zu 300 RM und zehn Haftsummen zu 300 RM beteiligt war. Zudem stellten ausschließlich städtische Beamte – der Oberbürgermeister, Stadtamtmann Rath und Stadtkassier Bliestle – den Vorstand der Kleinsiedlung. Im Aufsichtsrat saßen nur Parteimitglieder: Bürgermeister Weinmann, Ratsherr Friedrich Keck sowie der Kreisrat und Derendinger Fabrikant Christian Mayer.[136]

Auf einen entsprechenden Aufruf des Oberbürgermeisters hatten sich über 300 Interessenten gemeldet, die einer strengen Auswahl unterworfen wurden. Sie durften höchstens 50 Jahre alt sein, sollten in geordneten Verhältnissen leben und einer ständigen Arbeit nachgehen. Außerdem sollten sie viele Kinder haben, mußten »erbgesund« und »Arier« sein und sollten derzeit in schlechten und ungesunden Wohnungsverhältnissen leben.[137]

Ein Vorprüfungsausschuß, der sich aus dem Ortsgruppenleiter der NSDAP, dem Bürgermeister und dem »Oberamtswalter« der NSDAP zusammensetzte, entschied, ob ein Siedlungsanwärter die Kriterien erfüllte. Zweifelsfälle beurteilte der Kreisleiter. Wie bei allen Projekten, die eine Steigerung der kommunalen Wirtschaftskraft versprachen, griff Scheef auch den Kleinsiedlungsbau ohne ideologische Vorbehalte auf. *Das Ziel ist,* erläuterte er in aufschlußreicher Reihenfolge den Gemeinderäten, *die Seßhaftmachung des deutschen Menschen, soweit er selbst und seine Familie siedlungswert ist, und die Schaffung ausreichenden, gesundheitlich einwandfreien Wohnraums.*[138] Zudem entsprach das Siedlungsvorhaben den Autarkiebestrebungen des Vierjahresplans: Garten- und Kleintierhaltung für den eigenen Bedarf sollten die *Ertragsgrundlage der Siedlung* bilden.[139]

Der Typ »Siedlerhaus Tübingen«, von dem im ersten Bauabschnitt dreißig auf dem Siedlungsgelände beim »Waldhörnle« erstellt wurden, umfaßte gerade 46 qm überbaute Fläche. Sie verteilte sich mit Wohnzimmer, Küche und Schlafzimmer auf 33,7 qm Wohnraum sowie eine Nutzfläche mit Wirtschaftsraum und einem Stall von insgesamt 12,3 qm. Im

Dachgeschoß konnten bei Bedarf zwei weitere Kammern von insgesamt 23,2 qm ausgebaut werden.[140] Drei der Häuser waren für Kinderreiche gedacht und deshalb um einiges größer. Zu jedem Siedlungshaus gehörte sechs bis acht Ar Gartenland sowie Futterplatz für eine Ziege, ein Schwein und Kaninchen.

Ende August konnten die Kleinsiedler Richtfest feiern.[141] Zur Erinnerung an den völkischen Schriftsteller und frühen Weggenossen Adolf Hitlers erhielt die Siedlung den Namen »Dietrich-Eckart-Siedlung«. Vier *Blutzeugen der Bewegung* gaben den Straßen der Siedlungsanlage ihren Namen.[142]

In der Stadt war die Begeisterung über diese *nationalsozialistische Aufbauarbeit* nicht besonders groß. Gärtner, Feierabend-Landwirte und Weingärtner sorgten sich wegen der Größe der Gartenstücke um ihren Absatz, und die Altbaubesitzer fürchteten die Konkurrenz auf dem Wohnungsmarkt. Tatsächlich standen zu jener Zeit 110 Altbauwohnungen leer.[143] NS-Ratsherr und Kreishandwerksmeister Keck machte sich zum Sprecher dieser Interessengruppe und trug deren Bedenken im Gemeinderat vor. Doch der Erste Bürgermeister und stellvertretende Kreisleiter ließ die Vorbehalte nicht gelten. Gemessen an der volkspädagogischen Wirkung der Kleinsiedlungen seien das eigennützige Interessen. Da derzeit eine Lohnerhöhung für die breite Bevölkerung nicht in Frage komme, müsse eben auf andere Weise für eine Hebung des Lebensstandards gesorgt werden. Zudem sei zu bedenken, so kam Weinmann auf den entscheidenden Punkt zu sprechen, *daß der Staat dann, wenn die Volksgenossen in anderen Wohnungsverhältnissen leben, von ihnen auch ganz andere Leistungen verlangen kann, als ehedem.*[144] Die NS-Führung hatte längst erkannt, daß sie ihre Anhänger nicht nur mit Appellen an ihren Idealismus und ihren »Volksgemeinschaftssinn« bei der Stange halten konnte, sondern daß es gezielter Investitionen bedurfte, um den Anschein einer allgemeinen Verbesserung der Lebensbedingungen aufrecht zu erhalten.

Ratsherr Göhner klagte ebenfalls, daß in letzter Zeit aus verschiedenen Kreisen der Bürgerschaft, insbesondere von Handwerkern, an den städtischen Siedlungsmaßnahmen eine Kritik geübt werde, *die einer Sabotage an Partei und Staat* nahekomme, obwohl doch zu erkennen sei, daß die Kleinsiedlungen auch für die Handwerker neue Aufgaben brächten. Als der Stadtvorstand darauf hinwies, daß die *Durchführung des Siedlungsgedankens eine der größten Taten des Nationalsozialismus sei und daß selbstverständlich daran keinerlei Kritik oder gar Sabotage geübt werden dürfe,* war die vorgeschriebene Harmonie protokollarisch wieder hergestellt. Einmütig erklärten die Ratsherren ihre Zustimmung zu dem neuen Projekt. *Allein dieser Weg,* so befand die »Tübinger Chronik«, *gibt uns die Möglichkeit [...], die Volksgenossen, die nicht auf der Sonnenseite des Lebens stehen, teilnehmen zu lassen an den Segnungen des Dritten Reiches, in das sie dadurch immer mehr hineinwachsen.*[145] Im Laufe des folgenden Sommers entstanden 28 weitere Siedlungshäuser; 12 in der Dietrich-Eckart-Siedlung und 16 in Lustnau.[146] Dort hatte sich der Baubeginn verzögert, weil das Landesplanungsamt sowie das Gauheimstättenamt das vorgeschlagene Bauareal in der Aichhalde als *unorganisch* für das Landschaftsbild ablehnten. Die von ihnen vorgeschlagenen Alternativen – »Beim Schießhaus« am Goldersbach oder auf dem

»Salzwasen bei der Waldecke« – wollte die Stadt wegen der aufwendigen Erschließung nicht akzeptieren.[147] Schließlich einigte man sich auf das Gelände oberhalb des Lustnauer Bierkellers. Im Juni 1938 konnten dort sechzehn Siedlungshäuser bezogen werden.[148] Vier weitere waren bereits im Bau. Im Herbst 1938 standen auch an der Hechinger Straße in Derendingen, gegenüber der Dietrich-Eckart-Siedlung, vierundzwanzig Häuser der NS-Kriegsopferversorgung im Rohbau, sieben weitere waren in Vorbereitung.[149]

Am »Waldhörnle« war mittlerweile ein kleines Dorf mit rund dreihundert Einwohnern, einer eigenen Bäckerei und einer Poststelle entstanden. Die Kleinsiedlerstellen erfreuten sich bei ihren Bewohnern großer Beliebtheit.[150] Eine Statistik des Gauheimstättenwerks nennt Anfang Februar 1939 84 fertige, 16 noch im Bau befindliche und 29 Siedlungsstellen im Planungsstadium.[151] Da aber noch immer rund hundert Wohnungen in der Stadt fehlten, meldete nun auch die SA Interesse an einer Siedlung an.[152] Doch die Kriegsvorbereitungen machten einen Strich durch die bereits vom Gemeinderat genehmigten weiteren Siedlungspläne. Im Februar 1939 kündigte das Gauamt für Kommunalpolitik einen Baustopp an. Alle Bauten der nächsten Jahre wurden in Dringlichkeitsstufen eingeteilt. Kommunale Wohnungs- und Siedlungsbauten rangierten in dieser Rangordnung an letzter Stelle nach Verteidigungsbauten, Rüstungsbetrieben, Wirtschaftsbauten im Rahmen des Vierjahresplans und sogenannten Führerbauten.[153] Als der Baustopp schließlich in Kraft trat, konnten lediglich die dreiundzwanzig Siedlungshäuser, deren Planung bereits abgeschlossen war, noch fertiggestellt werden. An weitere Bauten war nicht mehr zu denken.[154]

Die erst 1936 begonnenen Siedlungen waren keine ausgesprochenen Arbeitsbeschaffungs- oder Krisenbewältigungsmaßnahmen. Von der NSDAP angeregt und von ihr überwacht, verfolgte die städtische Kleinsiedlungspolitik vielmehr die Eigentumsbildung einer politisch zuverlässigen und wirtschaftlich abgesicherten Bevölkerungsgruppe. Loyalität und politische Zuverlässigkeit war das mindeste, was der Staat von den neuen Hausbesitzern verlangte. Näher betrachtet, entpuppt sich so die nationalsozialistische Siedlungspolitik als eine *soziale Umsiedlung*, so zumindest nannte es Oberbürgermeister Scheef.[155]

Bürgermeister Weinmann wurde noch um einiges deutlicher: *Der Zweck derselben ist nicht, wie irrtümlicherweise von vielen angenommen wird, der, eine vorhandene Wohnungsnot zu beseitigen oder gar bewußt den Althausbesitz zu schädigen, nein es geht um etwas Höheres: Diese Maßnahmen verfolgen in erster Linie den Zweck, eine wirtschaftliche, kulturelle und soziale Gesundung und Gesunderhaltung der blutmäßig wertvollen deutschen Familie, insbesondere der kinderreichen Familie herbeizuführen.*[156]

Auf den *Sonnenseiten des Lebens*[157] zu stehen, ermöglichten die Tübinger Siedlungsbauten noch lange nicht jeder kinderreichen Familie. Juden, Oppositionelle und als »Gemeinschaftsfremde« abgestempelte Familien aus sozialen Randgruppen waren von vorneherein ausgeschlossen. Allerdings geht man fehl, wenn man in diesen Siedlungen nur »Alte Kämpfer« der NSDAP erwartet. Die Angaben, die die Siedler 1946 bei der Entnazifizierung machten, legen vielmehr die Vorstellung nahe, daß diese Häuser in besonderem Maße diejenigen der Partei verpflichten sollten, die der NSDAP bis dahin noch nicht nahegekommen waren.[158] Unter den zwanzig Hausbesitzern der Aichhaldensiedlung gab es keinen einzigen »Alten Kämpfer«. Das dienstälteste Parteimitglied von nur sechs NSDAP-Mitgliedern insgesamt war im Mai 1933 in die Partei eingetreten. Die Parteibücher der anderen Siedler stammten von 1937, 1939 und 1942. Zwei ehemalige SPD- und ein DDP-Mitglied sowie zwei Reichsbannerleute hatten die Hürde der zu beweisenden nationalsozialistischen Gesinnung ebenfalls genommen.

Auch in den Siedlungen in Derendingen wohnten nur wenige alte Nationalsozialisten. Lediglich fünf der vierundachtzig Hausbesitzer waren vor 1933 zur NSDAP gestoßen – davon einer bereits 1923 – dreiunddreißig erst 1933. Vierzig gaben an, nie Mitglied der NSDAP gewesen zu sein. Auch sieben alte Sozialdemokraten und/oder Gewerkschafter hatten Aufnahme gefunden. Waren diese erst einmal in der überschaubaren und von der Partei besonders betreuten Siedlung eingezogen, sorgte die gemischte Nachbarschaft für die erwünschte Anpassung und das verlangte Wohlverhalten. So waren diese Siedlungsbauten eher Lockvögel für neue als Belohnung für alte Hitleranhänger. Der Rathausbericht der »Chronik« vom 8. Dezember 1936 sprach die nationalpädagogische Absicht dieses Bauprogramms offen aus: Es gehe darum, *durch diese Maßnahme eine nationalsozialistische Erziehung bei den Leuten vorzunehmen, die der Bewegung noch fern stehen.*

Die Beseitigung der schlimmsten Wohnungsnot bis Kriegsbeginn war keineswegs ausschließliches Verdienst nationalsozialistischer Siedlungspolitik, sondern zu einem wesentlichen Anteil privater Initiative zu verdanken. In den noch vor 1933 erschlossenen Baugebieten – im Westen der Stadt, im »Geigerle« oder an der Herrenberger Straße, aber auch auf der Waldhäuser Höhe, auf dem Denzenberg und im Steinlachgebiet – bauten vor allem Privatleute. 1936, das als das *größte Baujahr seit 1911*[159] in die Tübinger Geschichte einging, begann die Stadt mit ihrem Kleinsiedlungsprogramm. Bis dahin hatte sie 440 Kleinwohnungen durch Um- und Einbauten in bestehende Altbauwohnungen geschaffen. Private Bauherren errichteten in derselben Zeit 220 Wohnhäuser.[160] In der Zeit, in der die ersten dreißig Siedlungshäuser entstanden, errichteten Privatleute neunundsiebzig Wohnungen in acht Einfamilienhäusern und fünfundzwanzig Mehrfamilienhäuser. Achtundvierzig weitere Wohnungen erstellte die Wohnungsbau GmbH Tübingen an der Mergenthalerstraße, heute wieder Friedrich-Ebert-Straße.[161] Man darf allerdings nicht vergessen, daß die Stadt sich zur gleichen Zeit bei großen öffentlichen Bauprojekten engagierte: Motorsportschule, »Haus der Jugend«, Reichssanitätsschule. Im Straßenbau verschlang die Umgehungsstraße Lustnau Millionen. Sie sollte den Verkehr östlich um die Stadt herumleiten. Dafür mußte der Neckar auf 2,5 km Länge hochwasserfrei gelegt werden. Das 2,5-Millionen-Projekt hatte die Stadt nur in Angriff nehmen können, weil sie sich die Kosten mit dem Reich über Mittel der produktiven Arbeitslosenfürsorge teilte.[162]

Auch die Post, die Wehrmacht und das Reich betätigten sich als Bauherren. Das Posthauptgebäude wurde um-, eine Postkraftwagenhalle angebaut. Die neue Burgholzkaserne samt Nebengebäuden entstand, und die Chirurgische Klinik an der Calwer Straße konnte – nach dem Baustopp von 1934 – endlich 1935 fertiggestellt werden.[163]

Verändert haben diese Bauten das Bild der Stadt nicht. Eine Umgestaltung im Stile nationalsozialistischer Gigantomanie, wie sie vor allem Großstädte in Angriff nahmen, blieb

Tübingen erspart.[164] Selbst die Pläne für eine Thingstätte auf dem Galgenberg oder eine Feierstätte auf dem Österberg blieben ebenso wie die Entwürfe für eine Stadthalle in den ersten Anfängen stecken.[165] Das Tübinger Stadtbild mit seinen Fachwerkbauten, verwinkelten Gassen und der weithin fehlenden Industrie paßte nur zu gut in die Vorstellungswelt jener antimodernistischen, romantischen Blut-und-Boden-Nationalsozialisten, die von einer ständisch geordneten, heilen Welt des Mittelalters träumten.

Um den *Schutz dieses Ortsbildes* bemühte sich denn auch die Ortsbausatzung, die nach langen Beratungen 1938 in Kraft trat.[166] Das Städtische Verkehrsamt startete im folgenden Jahr eine *Stadtverschönerungsaktion*. Denjenigen, der *nicht so ohne weiteres einsehen will, wozu eine Aktion zur Verschönerung unserer Stadt gut sein soll*, belehrte der Leiter des Verkehrsamtes: *Der Fremdenverkehr bringt Geld herein; der Fremdenverkehr kann aber nur gesteigert werden, wenn die ganze Stadt sich dem Gast als ein Schmuckkästchen darbietet, an dem er seine Freude hat und diesen Glanz weit hinausstrahlt in die deutschen Lande und immer mehr Menschen anzieht, die sich daran freuen wollen.*[167]

Eine *Entrümpelungsaktion* wurde angesetzt. Sie sollte nicht nur mit der *Blechpest* und *Unart der Reklameaufschriften* aufräumen, »Stechschilder« durch künstlerisch gestaltete Handwerkssymbole ersetzen und die Vorgärten und ihre Zäune *bereinigen*.[168] Zu den Forderungen des Kreispropagandaleiters, der gleichzeitig dem Städtischen Verkehrsamt vorstand, gehörten auch die Schaffung einer breiten *Kulturallee* vom Bahnhofsplatz über das Uhlanddenkmal bis zur Platanenallee, die *Beseitigung des Wohnkastens neben dem Hölderlin-Turm*, die Umgestaltung des Postplatzes zu einem Aufmarsch- und Festplatz, die *Verbesserung der Eberhardsbrücke durch Ausmerzung der Störung, die durch das Denkmal des Grafen Eberhard im Bart dargestellt wird*, und die Schaffung eines *Ehrenraumes* im Rathaus. Nach Einlösung aller dieser Forderungen könne das Stadtbild wieder Zeugnis ablegen von einer Zeit *unvergänglicher Leistungen* und Vorbild für die Zeitgenossen sein. Die Tübinger sollten, wenn sie durch ihre fachwerkselige Kleinstadt gingen, eingestimmt werden auf die Idee einer Volksgemeinschaft, die sich *bereinigt*, blumengeschmückt und *artgemäß* im Stadtbild widerspiegeln sollte. Ganz im Sinne dieser Vorstellung lag es, wenn der »Chronik«-Reporter in einer Betrachtung über die *Horizontale im Stadtbild* die Neckarfront, die Tübinger Schauseite, zur *Organik der Gemeinschaft* erhob: *Nur wo starkes Gemeinschaftsgefühl Tat und Leben war, nur wo der »Wir«-Gedanke mitbauen half, reiht sich dieser Ort scheinbar mühelos Haus an Haus, First an First, nahmen die Häuser dieser Art treu und traulich Schulterfühlung, sind sie gewissermaßen »auf Du« geworden; erfüllen sie so den Gemeinschaftsgedanken im Raume.*[169]

Das Diktat der Aufrüstung

Der rasche wirtschaftliche Aufschwung seit der nationalsozialistischen Machtübernahme war das Ergebnis einer forcierten Aufrüstung. Krisenbekämpfung und Kriegsvorbereitung waren im Wirtschaftskonzept der Nazis eng miteinander verknüpft.[170] Zwar verstand es Hitler, aus innenpolitischen Gründen und außenpolitischer Rücksicht seine Rüstungspläne hinter Friedensbeteuerungen lange vor der Öffentlichkeit zu verbergen.[171] Seinem Kabinett wie den Befehlshabern der Wehrmacht jedoch diktierte er von Anfang an den Primat der »Wehrhaftmachung«. Alle öffentlichen Maßnahmen zur Arbeitsbeschaffung waren grundsätzlich den Bedürfnissen der Wehrmacht unterzuordnen.[172] Innerhalb der nächsten fünf Jahre sollte ihr Rüstungsdefizit abgebaut und ihre Schlagkraft soweit ausgebaut sein, daß er sie als *politisches Machtinstrument auf die Waagschale legen könne*.[173]

Finanzielle Umschichtungsmaßnahmen sorgten dafür, daß ein großer Anteil des wachsenden Sozialproduktes dem Staat zufloß. Zwischen 1933 und 1938 stieg der Anteil der Wehrmachtsausgaben an den Gesamtausgaben der öffentlichen Hand von vier auf fünfzig Prozent.[174] Auch die Einkünfte von Ländern und Kommunen wurden der Wiederaufrüstung untergeordnet. Die Gemeinden wurden zu Rücklagenbildung und vermehrter Schuldentilgung verpflichtet und so vom Kapitalmarkt ferngehalten. Arbeitskräftemangel und wirtschaftliche Engpässe waren die Folgen des 1936 verkündeten Vierjahresplanes.[175]

Im Zuge dieser Entwicklung schlug auch in Tübingen die Arbeitslosigkeit in einen Mangel an Arbeitskräften um. Zwischen April 1934 und April 1935 reduzierte sich die Zahl der Wohlfahrtserwerbslosen in der Stadt fast um die Hälfte. Statt 306 hatte das Städtische Wohlfahrtsamt nur noch 174 Wohlfahrtsempfänger zu versorgen; Anfang 1933 waren es noch rund 600 gewesen.[176] 1936 meldete das Arbeitsamt 70, 1937 nur noch 30 Arbeitslose, von denen 25 *wegen herabgesetzter Arbeitsfähigkeit* nicht vermittelbar waren.[177] Als Anfang 1936 der ehemalige Landrat Julius Goes im Namen des Evangelischen Hilfsvereins um städtische Unterstützung für ein Bauvorhaben bat und dies Gesuch mit der allgemeinen Unsicherheit der wirtschaftlichen Lage begründete, wies Scheef diese Skepsis entschieden zurück: *Im Gegenteil ist es Tatsache,* führte der Oberbürgermeister aus, *daß die Arbeitslosigkeit in Deutschland in stetigem Rückgang begriffen ist, daß die deutsche Wirtschaft aufblüht, daß in Deutschland zum Unterschied von anderen Ländern Ruhe und Ordnung herrscht.[...] Bei uns in Tübingen speziell sind die Beschäftigungsverhältnisse so günstig, daß es im letzten Jahr nicht möglich gewesen ist, die vorhandenen Arbeitsstellen durchweg mit einheimischen Kräften zu besetzen und daß ein größeres, für Notstandsarbeiten berechnetes Bauwerk, wenn nicht die durch den Kreisverband ausgeführte Verbesserung der Neckartalstraße wegen Arbeitermangel stark beeinträchtigt worden ist.*[178]

Bald schon mußten spezielle Maßnahmen den Arbeitskräftebedarf der Wirtschaft decken helfen. Die an Ostern 1938 aus der Schule entlassenen Jugendlichen wurden zur Meldung beim Arbeitsamt verpflichtet, *um sie [...] möglichst restlos für den Einsatz in der Wirtschaft zu gewinnen.*[179] Die Industrie- und Handelskammer Reutlingen meldete Ende 1938 für die Textilindustrie eine *starke Verminderung der Gefolgschaft.* Nur unter *Zuhilfenahme von weiblichen Arbeitskräften aus der Ostmark und dem Sudetengau* habe man die gemeldeten Arbeitsplätze wenigstens teilweise besetzen können. Um die *drohenden Erzeugungslücken auszufüllen* – so der Bericht –, *seien die Betriebsführer nachdrücklich um eine Hebung des Berufsansehens, eine Anpassung der Entlohnung an die Modeberufe und um die vermehrte Heranziehung von Frauen bemüht.*[180]

209

Hatte das Regime 1933/34 die Zahl der Arbeitslosen unter anderem dadurch reduziert, daß es vor allem höherqualifizierte Frauen aus dem Erwerbsleben ausschloß, so war es nun auf weibliche Arbeitskräfte angewiesen. 1933 erhielt ein Ehepaar das gerade eingeführte Ehestandsdarlehen nur, wenn die Frau ihren Arbeitsplatz aufgab und sich auf den Haushalt zurückzog. 1937 wurde diese Bestimmung außer Kraft gesetzt.[181] Für die *zukünftige Kriegswirtschaft* rechnete man sogar damit, *Frauenarbeit in verstärktem Maße einzuführen*.[182] Dabei werde es sich nicht umgehen lassen, teilte der Stellvertreter des Führers im Sommer 1938 dem Hauptamt für Kommunalpolitik mit, *auch Mütter von kleineren Kindern heranzuziehen*. So untergrub die Kriegsvorbereitung die nationalsozialistische Rollenteilung der Geschlechter.

Auch in anderen Bereichen zwang der Primat der Aufrüstung das Regime, von Grundsätzen abzurücken, die es vor 1933 lautstark vertreten hatte. Hatten die Nationalsozialisten anfangs Rationalisierung und Automatisierung als Zeichen eines dekadenten Systems verworfen und angesichts der vielen unbeschäftigten Arbeitskräfte das Lob der Handarbeit gesungen, so ersetzten sie nun die fehlende menschliche Arbeitskraft, wo immer es ging, durch Maschinen. Auch der Tübinger Gemeinderat stimmte *wegen der damit erzielten Ersparnisse von Arbeitskräften* der Anschaffung von Maschinen zu.[183] Wegen fehlender einheimischer Arbeitskräfte wurde die Umgehungsstraße und Hochwasserfreilegung des Neckars, die als Notstandsarbeit staatliche Zuschüsse erhielt, vor allem von Arbeitern aus Nordbaden, Hessen und Sachsen gebaut.[184] 1938 mußte die Stadt aus Mangel an Arbeitskräften und wegen des Vorrangs von militärischen Bauten, die der Vierjahresplan vorschrieb,[185] sämtliche zivilen Bauprojekte zurückstellen. Die geplante Turnhalle im Ammertal und das Krematorium strich sie völlig.[186] Auch die vom Land projektierten Neubauten der Frauen- und der Medizinischen Klinik konnten nicht mehr errichtet werden.[187] Rüstungsrelevante Betriebe dagegen vergrößerten ihre Belegschaft beträchtlich. In der Himmelwerk-AG, einer Elektromotorenfabrik, stieg die Zahl der Arbeiter von 120 im Jahre 1928/29 auf 320 1935 und wuchs schließlich 1939 auf rund 900 Beschäftigte an.[188]

Der Finanzbedarf der Aufrüstung war enorm. Er vermehrte die staatlichen Eingriffe in die Gemeinden und die staatlichen Zugriffe auf deren Finanzen. Die allgemeine Konjunkturbelebung besserte zwar die Finanzsituation der Stadt erheblich: Die Steuereinnahmen stiegen von 432 580 RM im Voranschlag 1932 auf 1 847 700 RM im Voranschlag 1937, und die Gesamteinnahmen verdoppelten sich fast im selben Zeitraum von 1 509 111 RM auf 2 972 200 RM.[189] Die kommunalen Ausgaben stiegen im gleichen Zeitraum jedoch nur unwesentlich von 2 379 810 auf 2 972 200 RM. Grund dafür war der finanzielle Raubbau des Reichs, das zum Kostgänger der Länder wurde. Wo es ging, zweigte es die Mehreinkünfte der Gemeinden für sich ab. Den Anteil der Kommunen an den Mehreinnahmen bei den Reichsüberweisungssteuern reduzierte es auf ein Drittel. Den Finanzausgleich änderte es ebenfalls auf Kosten der Gemeinden.[190] Gesetzliche Auflagen zur Tilgung der Gemeindeschulden und die Beschränkung der Kreditaufnahme für kommunale Vorhaben banden zudem die finanziellen Ressourcen der Kommunen und drosselten ihre Investitionen.[191] Nachdem der württembergische Innenminister 1935 den Haushaltsplan der Stadt geprüft hatte, machte er ihr eine stärkere finanzielle Zurückhaltung zur Auflage: *Gerade die Notwendigkeit der Lastenerhöhung und der sehr hohe Schuldenstand – der Schuldendienst erfordert ohne die Schulden der Versorgungsbetriebe einen jährlichen Aufwand von 300 000 RM – muß zur Vorsicht bei der Durchführung geplanter und der Übernahme neuer Aufgaben mahnen.*[192] Das Hauptamt für Kommunalpolitik teilte am 3. März 1936 streng vertraulich mit, daß zukünftig Kreditanträge von Ländern, Gemeinden und sonstigen Körperschaften nur noch in den seltensten Fällen genehmigt werden könnten.[193] Die volkswirtschaftlich unproduktive Schuldentilgung erhielt vor notwendigen Investitionen Vorrang, da sie das Kapital für den Rüstungsbedarf frei machte.

Eine weitere Beschneidung der gemeindlichen Einnahmen zugunsten des Reiches brachte das dritte Gesetz »zur Änderung des Finanzausgleichs« vom 31. Juli 1938: Kommunale Steuern wie die Biersteuer gingen auf das Reich über. Stärker bemerkbar machte sich der Verlust der Körperschaftssteuer der städtischen Betriebe, die jährlich durchschnittlich 150 000 RM betrug. Auch die Grunderwerbsteuer mit jährlich rund 50 000 RM ging ans Reich über. An den Kreis waren rund 30 000 RM Wertzuwachssteuer abzuführen.[194] Insgesamt verschlechterten die gesetzlich vorgeschriebenen Mehrausgaben wie Erhöhung der Gemeindeanteile an den persönlichen Schullasten, Erhöhung der Kreisverbandszulage und die Verminderung der Einnahmen um nahezu 300 000 RM 1938 den Haushalt der Stadt erheblich.[195] Selbst die NS-Presse konnte angesichts dieser Situation nur noch feststellen: *Die Gemeinden müssen sich nach einer kürzeren Decke strecken.*[196]

Der Stadtvorstand zeigte zwar dafür Verständnis, *daß das deutsche Reich bei seinen ungeheuer gestiegenen, der nationalen Verteidigung und dem nationalen Leben dienenden Ausgaben weiterer Deckungsmittel bedarf,* wehrte sich aber vehement gegen die geplante Streichung der Reichssteuerüberweisung, auf die die Stadt wegen ihres geringen Gewerbesteueraufkommens angewiesen war. Auch das Gauamt für Kommunalpolitik wies im August 1939 das Hauptamt für Kommunalpolitik auf die bedenklichen Folgen der beschnittenen Gemeindeeinnahmen hin. Selbst bei Zurückstellung von wirklich drängenden neuen Aufgaben könnten die Gemeinden ihren Pflichten nur noch nachkommen, wenn sie die ihnen verbleibenden Realsteuern erhöhten. Das aber bedeutete eine Erhöhung der Bürgersteuer, *die in der Kampfzeit immer scharf abgelehnt wurde* und heute noch *sehr unpopulär* sei.[197] Tatsächlich mußte die Gemeinde Tübingen, obwohl sie sich lange dagegen gewehrt hatte, im Haushaltsjahr 1938 die Bürgersteuer von 400 auf 500 Prozent anheben.[198]

Auch wenn die Schlachten, die in Tübingen geschlagen wurden, vorerst »Arbeits- und Erzeugungsschlachten« waren und die Kämpfe »Leistungs- und Berufswettkämpfe«, ergriff die allgemeine Aufrüstung und Kriegsvorbereitung doch jeden Bereich des gesellschaftlichen Lebens. Die Unterordnung aller Bereiche unter das Diktat der Aufrüstung machte sich in einer allgemeinen Militarisierung bemerkbar, die selbst in den privaten und familiären Raum hineinreichte, Denkweisen veränderte, Verhaltensmuster prägte und bis in die Sprache eindrang, die zu einer Kommando- und Befehlssprache verkam. So wurde, noch im Frieden, der Krieg geistig vorweggenommen und der Kampf als einzige Form der Auseinandersetzung eingeübt.

An den erwähnten finanziellen Transaktionen und staatlichen Eingriffen in kommunale Aufgaben und Finanzen war nicht für jeden zu erkennen, daß das NS-Regime auf einen Krieg zusteuerte. Aber es gab andere Hinweise, die die wirtschaftlichen und psychologischen Maßnahmen klar als forcierte Kriegsvorbereitung entlarvten. Im Bereich der Kommunalpolitik waren das vor allem jene Anordnungen, die darauf abzielten, das Reich von Rohstoffimporten unabhängig zu machen. Diesen Zielen der militärischen Mobilmachung kamen die romantischen, antimodernistischen Ideen derjenigen nationalsozialistischen Wirtschaftstheoretiker entgegen, die von einer Reagrarisierung träumten und Deutschland mit einer Agrarreform und durch die Eroberung von »neuem Lebensraum im Osten« in den Stand setzen wollten, sich vom Weltmarkt völlig unabhängig mit Lebensmitteln selbst zu versorgen. Auch die Tübinger Heimstättensiedlung mit ihrem auf Selbstversorgung zugeschnittenen Gartenland ist im Rahmen dieser Autarkiebestrebungen entstanden, wenngleich der einzelne Siedler den Effekt dieser Siedlungsform nur in einer größeren Krisenunabhängigkeit gesehen haben mag.

Um auf dem Gebiet der Ernährung die größtmögliche Selbstversorgung zu erreichen, ordnete der Reichs- und Preußische Minister des Innern am 20. November 1936 die Mitwirkung der Gemeinden bei der Verwertung von Küchenabfällen an.[199] Eine reichsweite »Schweinemast-Kampagne« wurde ausgerufen. Mit Feuereifer stürzte sich die Tübinger NSV auf diesen »Beitrag zur Wehrhaftmachung des deutschen Volkes«. Was 1934 anläßlich einer Versammlung der Kreisbauernschaft dem Ortsbauernführer noch Anlaß zu Beschwerde war – *daß viele Nichtlandwirte, Handwerker, Arbeiter und Beamte nicht nur für sich ein Schwein mästen, sondern ein zweites zum Verkauf an den Metzger* –, das erhob die Partei nun zum Programm.[200] Allerdings sollte die Schweinemast mit Küchenabfällen nicht Privatpersonen überlassen bleiben, sondern in großen Mästereien unter der Regie der NSV erfolgen, der auch der Ertrag der Aktion zugute kam. Doch da die Einrichtung einer Schweinemästerei mit städtischer Unterstützung erst für Gemeinden mit mehr als 40 000 Einwohner vorgesehen war, versuchte der Tübinger Stadtvorstand die vorgeschlagenen städtischen Kosten für die Einrichtung einer solchen Anstalt zu umgehen und statt dessen die Abfallverwertung an Privatunternehmer zu vergeben.[201] Die Aufsichtsbehörde, die jede eingesparte Ausgabe begrüßte, unterstützte das Vorhaben. Doch die NSV setzte den Bau einer Schweinemästerei durch die Stadt durch.[202]

Für die Finanzierung mußten städtische Rücklagen angegriffen werden. Nun hätte der Bau in Angriff genommen werden können. Da erhob der Standortälteste der Wehrmacht wegen *verpesteter Luft* in der Nähe der Kaserne Einspruch.[203] Falls der Oberbürgermeister geglaubt haben sollte, dank dieser Einsprache das ungeliebte Projekt weiter hinauszögern zu können, hatte er sich in der Hartnäckigkeit der NSV getäuscht. Diese schickte nämlich Anfang Juni ihren »Gausachbearbeiter« samt einem Sachbearbeiter der Reichsleitung nach Tübingen, um sich über den Stand der Dinge zu informieren. Beide zeigten sich – wie Scheef der Aufsichtsbehörde berichtete – *unangenehm berührt*, daß mit dem Bau noch immer nicht begonnen worden sei.[204] Sie drohten mit einem Bericht an den Beauftragten für den Vierjahresplan. Auch den Hinweis des Stadtvorstands, daß bisher ja noch die Genehmigung der Aufsichtsbehörde ausstehe, ließen sie nicht gelten. Die resignierte Schlußbemerkung in Scheefs Bericht an die Aufsichtsbehörde wirft ein bezeichnendes Licht auf den nationalsozialistischen »Maßnahmestaat«: *Nachdem, wie der Gausachbearbeiter und der Reichssachbearbeiter mündlich ausführten, diese strengen Vorschriften bestehen (die allerdings der Stadtverwaltung noch nicht in Form von Erlassen oder Ausschreiben zugegangen sind), bleibt nichts anderes übrig als der Bau einer Schweinemastanlage und die Anschaffung der entsprechenden Einrichtungen und sonstigen Bedarfsgegenstände durch die Stadt.*

Damit war der Vorgang, der sich zur Provinzposse auszuwachsen drohte, aber noch nicht erledigt. Denn kaum hatte die »Chronik« berichtet: *Tübingen erstellt eine Schweinemastanlage*[205], erhob der Standortälteste erneut Einspruch, diesmal beim Landrat. Die geplante Anzahl der Schweine sei mittlerweile erhöht. Statt achtzig seien es nun zweihundert, zu denen nochmals zweihundert kämen, da die Universität ihre eigene Anlage *wegen Gestanks* von den Kliniken wegverlegen wolle. Unter diesen Umständen käme die Anlage in Nähe der Kaserne auf keinen Fall in Frage. Statt des vorgesehenen Bauareals »Im Backofen« schlug er als neuen Standort für die *im Dienst der Volksernährung«* zu mästenden Schweine ein Gelände im Steinlachtal südlich des »Bläsibades« vor.[206] Die Affäre zog sich noch bis ins Frühjahr 1938 hin, bis endlich westlich des Bläsibergs, zwischen Steinlach und Bahndamm, in der Nähe des Kreßbachs vollendete Tatsachen geschaffen wurden.[207] Kaum hatte die Stadt die Schweinemastanlage für NSV und Universität mit einem Aufwand von 40 000 RM errichtet, mußte der Oberbürgermeister die Ratsherren bereits von einer Erweiterung in Kenntnis setzen.[208] Bei der Besprechung konnten sich auch NS-treue Ratsherren nicht verkneifen, nach der Rentabilität der Anlage zu fragen. Auch bei vielen anderen Maßnahmen, die die Stadt im Rahmen der wirtschaftlichen Aufrüstung in die Wege leitete, wäre die Frage angebracht gewesen, etwa als der Mangel der Rüstungs- und Bauwirtschaft an Eisen dadurch ausgeglichen werden sollte, daß sämtliche eiserne Zäune entfernt und durch hölzerne ersetzt wurden.[209]

Das Autarkiediktat des Vierjahresplanes zwang nicht nur zur Abfallverwertung, sondern auch zur Herstellung von sogenannten Ersatzstoffen. Deshalb beschloß die Stadt im Herbst 1937, die Kläranlage derart zu erweitern, *daß eine spätere Verwertung des Klärgases als Treibstoff angeschlossen werden kann.*[210] 1939 wurde sie für 85 000 RM errichtet.[211] Auch das städtische Elektrizitätswerk leistete seinen Beitrag zur Kriegsvorbereitung. Damit *auf ausländische Rohstoffe möglichst verzichtet werden kann*, stellte es bereits 1936 seinen Betrieb teilweise von (ausländischem) Treiböl auf einheimischen Strom um.[212]

Das Handwerk mußte sich ebenfalls in den *Dienst des Vierjahresplanes* stellen.[213] Mittels Abfallverwertung, Umstellung ihrer Werkstoffe und durch die Verwendung von Ersatz- oder Austauschstoffen sollten die Handwerker den Rohstoffmangel decken helfen. Selbst die privaten Haushalte wurden eingespannt: *Der Kochlöffel ist die Waffe der Frau*, lautete die Parole der NS-Frauenschaftsführerin Gertrud Scholtz-Klink.[214] Die Ernährung war auf die Bedingungen des Vierjahresplanes umzustellen. Das aber hieß, mit sehr viel weniger auszukommen als bisher und den »Kampf dem Verderb« durchzufechten.[215] Die

Kinder waren von der wirtschaftlichen Mobilmachung nicht ausgenommen. Regelmäßig sammelten Schüler Kastanien, Bucheckern, Kartoffelkäfer und andere Materialien; in den HJ-Heimen standen Sammelbüchsen für Metallabfälle.[216]

Parallel zur ökonomischen Aufrüstung lief der forcierte Aus- und Aufbau der Wehrmacht. Die Wiedereinführung der allgemeinen Wehrpflicht begingen die Tübinger am »Heldengedenktag« 1935 mit großem militärischen Zeremoniell. Die Stadt stürzte sich in Unkosten, um das Ereignis gebührend zu feiern. Der Gemeinderat beschloß die Ausgestaltung des Platzes zwischen Hauptpost und Bahnhof zum Festplatz mit Flaggen und einer Lautsprecheranlage.[217] Am 17. März lauschte dort nach Gottesdienstbesuch und Kranzniederlegung eine große Festgemeinde der Rede Hitlers. In Anwesenheit sämtlicher ziviler und militärischer Würdenträger der Stadt zogen die Soldaten der Garnison und die Parteigliederungen, ferner die Angestellten und Arbeiter der Wehrmachtbetriebe, die Kriegervereine sowie die Stadtgarde zu Pferde an einem zentral aufgebauten, mit schwarzem Tuch bedeckten Katafalk vorbei. Um die Verbindung zwischen den alten Traditionsregimentern und der neuen Wehrmacht zum Ausdruck zu bringen, befestigte der Standortälteste feierlich an den Fahnen der alten Regimenter die vom Führer verliehenen Ehrenkreuze.[218]

Begeisterung über die wiedererlangte Wehrfreiheit sowie über das Ende des *ehrlosen, weil wehrlosen* Zustandes des »Versailler Diktats« sprach aus allen Reden.[219] Auch wenn die Begeisterung und offensichtliche Freude von vielen, die bei dieser Gelegenheit stundenlang auf den Beinen waren und den vorbeimarschierenden Soldaten zujubelten, weniger dem NS-Staat als dem Militär und dessen vergangener Größe galten, so verschmolz das aufwühlende Zeremoniell von Glockengeläut, Militärmusik, gemeinsamem Gesang des Chorals von Leuthen und Fahnenkompanie doch beides zu einem Glaubensbekenntnis an den Führer. Die ernste Frage der Gefallenen: *Deutsches Volk, was hast Du getan, daß unser Opfertod nicht umsonst gewesen ist?*, könne heute – so führte Oberstleutnant Hilpert in seiner Ansprache aus – mit dem Bekenntnis zum Führer beantwortet werden: *Wir glauben, daß wir jetzt den Weg gefunden haben, in dem unser Volk Zwist und Hader zu überwinden bemüht, und treu seinem Wegbereiter für Gegenwart und Zukunft, dem Frontsoldaten Adolf Hitler folgt.*

Jahr für Jahr wiederholte seitdem das Regime am »Heldengedenktag« diese ritualisierte Einschwörung auf eine Kampf- und Opfergemeinschaft.[220] Der »Dritte Schwäbische Frontsoldaten und Kriegsopfer-Ehrentag« sah die Stadt nur wenig später erneut in militärischem Gepränge. *Der Geist echter Kameradschaft und unwandelbarer Treue, der Sinn für Pflichterfüllung bis zum äußersten*, erläuterte Adolf Scheef in seinem Grußwort, *eine innere Einstellung, die im Ernstfall Heldentaten gebiert, ist in besonderem Maße in Tübingen zu Hause, der Garnisonstadt eines ruhmreichen, heldenhaften Feldregiments.*[221] Zapfenstreich und Stadtbeleuchtung, Fahnenparade und Militärspiele, Weihereden und Marschmusik machten die zwei Tage zu einer Mischung von Kultveranstaltung und Volksfest, bei der die Erinnerung an das gemeinsame Kriegserlebnis und das Gedenken an die Gefallenen in das Versprechen umschlug: *Kein Mensch unter uns wird von einem Frieden sprechen, der nicht der Ehre unserer Nation restlos gerecht wird.*[222]

Die Einführung der allgemeinen Wehrpflicht bescherte den Tübingern schließlich doch noch die begehrte Vergrößerung der Garnison um ein drittes Bataillon und den Bau einer neuen Kaserne. Beides wurde als Mittel zur Hebung der Kaufkraft lebhaft begrüßt.[223] Die Einweihung der Kaserne an der Reutlinger Straße – nach Thiepval- und Loretto-Kaserne der dritte militärische Baukomplex in Tübingen – betrachtete man als *großen historischen Abschnitt der Tübinger Garnison*, der unter reger Anteilnahme der Bevölkerung und *unter der wehenden Fahne der neuen Wehrmacht* begonnen wurde. Regimentskommandeur Hilpert würdigte den Bau der Burgholz-Kaserne, die 1938 Hindenburg-Kaserne benannt wurde,[224] als *einen großen, lebendigen Wehrbeitrag der ganzen Tübinger Landschaft* für die Wiedererstarkung des Reiches: *Nicht weil wir wünschen, daß ein Krieg kommt, sondern weil die Geschichte aller Zeiten lehrt, daß ein Volk umso leichter den Krieg vermeiden kann je geachteter seine Wehrkraft ist.* Ein *Siegheil* auf den *Obersten Befehlshaber der Wehrmacht und Führer des Reiches*, dem für den Entschluß zu danken sei, *durch Stärkung der Wehr den Frieden unseres Vaterlandes zu gewährleisten*, beendete die Einweihungsfeier. Drei Jahre später, im Frühjahr 1938, feierte die Stadt auf dem »Sand«, einer Anhöhe im Norden der Stadt, das Richtfest des neuen Standortlazaretts.[225]

Die jährliche Rekrutenvereidigung war ebenfalls ein großer militärischer Festakt für die Stadt, der den Wehrgedanken massiv propagierte. Die Anteilnahme der Einwohner war erwünscht. Hakenkreuzfahnen und Gewehrpyramiden, Maschinengewehre und Panzerabwehrgeschütze bildeten 1938 als *die Symbole des Dienstes* den Rahmen der Feier. Wer sich das *schöne militärische Bild* nicht mit eigenen Augen ansehen konnte, dem berichtete Schriftleiter Forderer in der »Chronik« ausführlich über die feierliche Inszenierung des Eides und lieferte gleich die vorgeschriebene Interpretation mit: *Wie früher den germanischen Krieger und Gefolgsmann an seinen Herzog, so bindet heute der Eid den Soldaten auf Leben und Tod an die Person Adolf Hitler.*[226]

Daß der nächste Krieg die Bevölkerung in Mitleidenschaft ziehen würde, schien selbstverständlich. *Feind über der Stadt. Wie schützen wir uns vor Fliegerangriffen?*[227] – mit solchen Gedankenspielen propagierte die »Tübinger Chronik« seit 1933 den Gedanken des zivilen Luftschutzes. Die Universität richtete bereits im Wintersemester 1933/34 Lehrgänge für die Ausbildung von Studentinnen im Luftschutz ein.[228] Auch die Stadtverwaltung beschäftigten Fragen des Luftschutzes bereits 1933. Damals freilich versprach sich der Gemeinderat von einem Vorschlag der Ortsgruppe des Luftschutzverbandes keinen nennenswerten Erfolg: Ehrenamtliche Helfer sollten im städtischen Auftrag die Bühnenräume jedes Hauses auf Gerümpel inspizieren.[229] Selbst ein Jahr später hielt der bei der NSDAP hospitierende Gemeinderat Zacharias Krauss noch *manche Luftschutzmaßnahmen für zu übertrieben. Sie erregten vielfach die Unruhe der Bevölkerung. Heu und Garben gehören auf die Bühne und nicht in den Keller*.[230] Doch im Januar 1936 stellte die Polizeidirektion, die für den örtlichen Luftschutz zuständig war, befriedigt fest, *daß der Gedanke des Luftschutzes in Tübingen festen Fuß gefaßt* habe.[231] Die Verdunkelungsübung habe gezeigt, *daß die getroffenen Maßnahmen geeignet sind, die Gefahr nächtlicher Luftangriffe wesentlich zu vermeiden.*

Kurz darauf trat die Stadt dem Reichsluftschutzbund (RLSB) als körperschaftliches Mitglied mit einem Jahresbeitrag von 50 RM bei. Für den Ernstfall teilte sie das gesamte Stadtgebiet in drei *Luftschutzreviere* ein, stellte Aufenthalts-, Schlaf- und Unterstellräume für den Bedarfsfall im Rathaus zur Verfügung und erarbeitete einen *Alarmplan für Luftschutzzwecke*.[232] In einem öffentlichen Aufruf klärten Landrat, Polizeidirektor, Kreisleiter und Oberbürgermeister die Bevölkerung über mögliche Luftgefahren auf. Sie forderten *die Mitarbeit jedes einzelnen [...], um die Landesverteidigung erfolgreich zu gestalten*.[233] Mitarbeiter des RLSB gingen von Haus zu Haus, forderten zum Beitritt auf und verteilten Fragebögen, mit deren Hilfe die Haushalte für den zivilen Luftschutz erfaßt wurden.[234] Entrümpelungsaktionen sollten die Dachböden von feuergefährlichem Hausrat leeren.[235] Wiederholt simulierten Verdunkelungsübungen den Ernstfall, doch das Ergebnis konnte selten vor den gestrengen Augen der RLSB-Warte bestehen. Als sich im Dezember 1937 aus Desinteresse, aber auch aus Ärger einige Tübinger an der Verdunkelungsübung nicht beteiligten, griff die Polizeidirektion *in einer größeren Anzahl von Fällen* mit gebührenpflichtigen Verwarnungen und Strafen durch. Besonders in der Altstadt, so teilte sie mit, habe der befriedigende Gesamteindruck unter der Gleichgültigkeit gelitten, *mit der einzelne Volksgenossen noch immer den Notwendigkeiten des Luftschutzes gegenüberstehen zu können glauben*.[236] Massiv warben die Luftschutzwarte, die jeweils für einen Häuserblock zuständig waren, um Mitglieder. Bei einer einzigen Werbeaktion konnten sie im Winter 1936/37 deren Zahl von 3300 auf über 5000 steigern.[237] Ein Blockwart, der 108 neue Mitglieder gewann, erwarb sich das besondere Lob des Polizeidirektors. Bis Kriegsbeginn hatte die »Ortskreisgruppe« des RLSB mit ihren vier hauptamtlichen Kräften im Luftschutz-Lehrraum in der Biererstraße und im Luftschutzübungsraum an der Blauen Brücke – beide Bauten hatte die Stadt unentgeltlich zur Verfügung gestellt – 5300 Luftschutzwillige, darunter 4000 Frauen, zu Luftschutzhelfern ausgebildet.[238]

1938 erinnerte der Luftschutzbund an die Gasangriffe des letzten Krieges und forderte zum Kauf einer »Volksgasmaske« auf. In einem ganzseitigen Aufruf appellierten der »Ortskreisgruppenführer« des RLSB, der Kreisamtsleiter der NSV und Kreisleiter Rauschnabel an die Tübinger, sich vor einem unausweichlichen nächsten Krieg durch den Erwerb einer Volksgasmaske zu schützen: *Deutscher Volksgenosse! Es ist selbstverständlich, daß die Argusaugen anderer Nationen das Aufblühen Großdeutschlands mit lauerndem Interesse verfolgen. Das gewaltige Befreiungswerk des Führers findet bei unseren jüdischen und anderen Gegnern – und dies ist nur zu begreiflich – nicht gerade ehrlichen Beifall; denn mit einem schwachen Nachbarstaat kann man tun, was man will. Dies zeigte sich in der Niedergangszeit 1918–1932.*[239]

Angesichts der wiederholten Aufforderungen zur Mitarbeit im Reichsluftschutzbund kann die freiwillige Beteiligung nicht übermäßig gewesen sein. Um das Verständnis für den Luftschutz zu wecken, ließ sich die »Chronik« Artikel einfallen, die dessen Nutzen drastisch darstellten. In der Geschichte von »Frau Maier« geriet ihr die Betätigung im Luftschutz zum sinnstiftenden Moment. Aus einer skeptischen und gelangweilten Hausfrau wurde eine begeisterte Verfechterin des Luftschutzgedankens, die in Verdunkelungsübungen und Entrümpelungsaktionen derart aufging, daß sie sehnsüchtig auf den Ernstfall wartete, um ihr Können unter Beweis zu stellen: *Erst dann* [im Krieg] *wird Frau Maier wohl zum Einsatz kommen können, und dann wird auch sie, die sich vielleicht jetzt schon als unnütz vorkommt, eine wichtige Funktion zu erfüllen haben.*[240]

Solche Appelle zur geistigen und moralischen Mobilmachung ergänzten notwendig die materielle Aufrüstung. Denn ohne Opferbereitschaft und den Willen zur Selbstaufgabe für ein angeblich höheres Ziel war der geplante Eroberungskrieg nicht zu gewinnen. Die NS-Führung bedurfte der positiven Beispiele, sie brauchte »Opfer« schon im Frieden. Bei einem Privatflug stürzte nahe Rottenburg wegen eines Wartungsfehlers an ihrer Maschine ein Brüderpaar ab. Sie waren Angehörige der Luftwaffe, ein Leutnant und ein Offiziersanwärter.[241] An der Trauerfeier nahmen SA und Luftwaffe teil, darunter hohe Offiziere. Der zivile Unfall wurde zum freiwilligen Opfertod verklärt, die Trauerfeier zur *Heldenehrung in Friedenszeiten.* Im Auftrag des Reichsministers der Luftfahrt und Oberbefehlshabers der Luftwaffe, Hermann Göring, legte Generalmajor Zenetti einen Kranz nieder: *In tiefer Trauer steht die Luftwaffe am Grab dieser beiden jungen Flieger. Der Tod ist in unserer Zeit besonders grausam und auch noch wählerisch dabei. Er sucht sich die Besten aus. Zu diesen gehörten unsere beiden Fliegerkameraden. Wir werden Euch in treuestem Andenken bewahren, unsere Herzen gehören Euch über das Grab hinaus, weil Ihr liebe, prächtige Menschen wart, weil Ihr als junge Helden starbt, an denen sich unsere Jugend ein Beispiel nehmen muß im Einsatz für das Vaterland und den Führer.*

Der »Einsatz fürs Vaterland« und das »Opfer« – daran hatten beide Brüder ihre Identität gebunden. Kurz vor dem Absturz schrieb der ältere in einem Brief über den »Fliegertod«: *Deutschlands junge Luftwaffe braucht den Opfertod, denn ohne ihn ist kein Aufstieg möglich. Nur über Opfer geht die Freiheit des Vaterlandes. Und es gibt keinen unter uns, der sich zu gut oder zu schade dünkt, dieses Opfer zu bringen. [...] Idee und Geist sind erhaben über sterbliche Menschenhüllen. Deshalb nicht zagen und nicht zaudern, sondern rastlos kämpfen. Aufwärts voran!* Noch heute ist auf dem Grab, das der Direktor der Stuttgarter Kunstakademie, Fritz von Graevenitz, 1939 im Auftrag der Familie in Form zweier in den Himmel steigender Adler schuf, zu lesen: *Deutschlands junge Luftwaffe braucht den Opfertod. Aufwärts voran!*

## Leben in der Volksgemeinschaft:
## NS-Alltag zwischen Anpassung und Verweigerung

Die Gleichschaltung der Vereine und der gesellschaftlichen wie staatlichen Organisationen hatte die Stadt bis in private Gruppierungen hinein dem Zugriff der Partei ausgeliefert. Dieser Zugriff war umfassend; er betraf und veränderte familiäre Beziehungen ebenso wie Ausbildungs-, Arbeits- und Freizeitstrukturen. Selbst dort, wo die Durchsetzung des nationalsozialistischen Alleinvertretungsanspruches ihre Grenzen in dem Beharrungsvermögen überlieferter Teilkulturen fand – etwa bei der Arbeiterbewegung oder bei den Kirchen –, war das Gemisch aus Hoffnungen, Illusionen und Angst, das der Machtwechsel ausgelöst hatte, virulent genug, um – abgesehen von einzelnen – die allmählich einsetzende Mißstimmung und Enttäuschung nicht in offenen Widerstand umschlagen zu lassen. Die wenigen aber, die dem Regime die Gefolgschaft verweigerten oder sich nach einiger Zeit desillusioniert zurückzogen, fanden sich, zu »Volksschädlingen« oder »Gemeinschaftsfremden« abgestempelt, am Rande oder jenseits der »Volksgemeinschaft« wieder. Denjenigen aber, die sich mit den neuen Verhältnissen arrangierten, bot das NS-Regime Aufstiegsmöglichkeiten und in beschränktem Maß auch gesellschaftliche Macht. Kleine Führer wurden in den zahlreichen Parteigliederungen überall gebraucht. Anpassung bestimmte daher auch in Tübingen den Alltag unterm Hakenkreuz.[242]

Inszenierung der Volksgemeinschaft

Schon während der »Kampfzeit« hatten sich die Nationalsozialisten als Meister der Propaganda erwiesen. Welche Bedeutung Hitler der Lenkung der Massen auch nach der Machtübernahme beimaß, zeigt die Ernennung des Reichspropagandaleiters der NSDAP, Joseph Goebbels, zum Minister für »Volksaufklärung und Propaganda«.[243] Als Präsident der Reichskulturkammer hatte dieser obendrein die Möglichkeit, alle künstlerischen oder kulturellen Ausdrucksformen den propagandistischen Absichten der NS-Führung zu unterwerfen. Innerhalb kurzer Zeit spannten die Richtlinien und Anweisungen seiner Ämter ein Propagandanetz über das alltägliche Leben, das den einzelnen jederzeit und überall ansprechen, einbeziehen und für den Nationalsozialismus vereinnahmen sollte. Ob er als unbeteiligter Passant durch die fahnengeschmückten Straßen ging, als Zuschauer die zahlreichen Kundgebungen erlebte oder als Parteimitglied an den Aufmärschen der Parteiformationen teilnahm, überall sollte er an die Macht des NS-Staates erinnert und in die NS-Volksgemeinschaft eingegliedert werden. Vor allem die großen Veranstaltungen der Partei – Massenkundgebungen, Weihestunden und Morgenfeiern – entpuppten sich trotz des sorgsam gehüteten Scheins einer spontanen Volkskultur als exakt kalkulierte Selbstdarstellung des NS-Staates; Schauspiele, bei denen jeder »Volksgenosse« sinnlich erleben sollte, was real nie existierte – die geschlossene Volksgemeinschaft.[244]

Feiern hatten innerhalb dieser *Regie des öffentlichen Lebens*[245] einen besonderen Stellenwert. Sie markierten Höhepunkte, hoben aus dem Einerlei des Alltags empor und schufen durch die Mobilisierung emotionaler Erlebnisse Identifikationsmöglichkeiten mit dem NS-Staat. Bis in die kleinsten Gemeinden sorgte eine zentrale Regie für die Durchführung eines einheitlichen nationalsozialistischen Feierjahres, das in bewußter Analogie und Konkurrenz zum Kirchenjahr stand, sich aber auch kultischer Elemente aus der Jugendbewegung oder dem italienischen Faschismus bediente.[246] Unter der zentralen Regie Hitlers und seines Propagandaministers verschmolzen diese vielfältigen Anleihen zum suggestiven, einheitsstiftenden NS-Feierstil, dessen Faszination sich – zumindest anfangs – nur wenige zu entziehen vermochten.

Der »Geburtstag des Dritten Reiches« am 30. Januar bildete den Auftakt des braunen Festkalenders. Um Kollisionen mit der traditionellen Reichsgründungsfeier am 18. Januar zu vermeiden, ordnete der Wissenschaftsminister 1936 die gemeinsame Feier von Reichsgründungstag und »Tag der nationalen Erhebung« als Dies academicus an; rückwärtsgewandter Nationalstolz und die selbstherrliche Feier nationalsozialistischer Gegenwart sollten miteinander verschmelzen. Der Rektor wurde persönlich *für die Ausgestaltung und Durchführung der akademischen Feier im Sinne der Ausrichtung auf das Dritte Reich* verantwortlich gemacht.[247] Wenig später, am 24. Februar, versammelten sich die Parteimitglieder erneut, um – diesmal im kleinen Rahmen – die Gründung der Partei zu feiern. Diese Feier war der *erhebenden Rückschau* auf die Anfänge der Bewegung vorbehalten.[248] 1935 legten dabei 800 junge Parteimitglieder ihren Eid auf den Führer ab.[249] Im März stand die Erinnerung an die Toten des Weltkrieges an. Den traditionellen Termin trauernden Gedenkens, der 1925 auf Anregung des Volksbundes Deutscher Kriegsgräberfürsorge vom November auf den fünften Sonntag vor Ostern verlegt worden war, wandelte Hitler – von Jahr zu Jahr deutlicher – in eine Demonstration nationalsozialistischen »Wehrwillens« um. Aus dem Volkstrauertag wurde ein Heldengedenktag gemacht, statt von Trauer war von Rache und Vergeltung die Rede. Ort und Art des Gedenkens änderten sich in Tübingen mit der Wiedereinführung der allgemeinen Wehrpflicht. Seit 1935 versammelten sich die Tübinger an diesem Tag nicht mehr im sakralen Raum von Friedhof oder Kirche, auch nicht mehr im halböffentlichen Raum der Trauer, den das Kriegerdenkmal auf dem Stadtfriedhof schuf, sondern formierten sich in *Marschblöcken* auf dem größten Aufmarschgelände der Stadt, der Grünfläche vor dem Bahnhof, den sogenannten Postwiesen. Die Kirche hatte als Zeremonienmeister ausgedient. Statt ihrer übernahm das Militär die Regie, und in militärischer Marschdisziplin ging die zur Heeresfeier verwandelte Trauerveranstaltung über die Bühne.[250]

Auf den »Heldengedenktag« folgte am 20. April der »Geburtstag des Führers« – ein Tag, der die unauflösliche Verbindung zwischen Führer und Gefolgschaft deutlich machen sollte. 1935 war die Partei für diesen Festakt noch mit der Eberhardskirche zufrieden, von 1937 an fand er im Festsaal der Universität statt. Abgesehen davon, daß dort keine christlichen Symbole den Machtanspruch der Partei in Frage stellten, bot der Festsaal auch genügend Raum, um die Verpflichtung der Zehnjährigen vorzunehmen, die in die Hitlerjugend eintraten. Diese Aufnahme am Vorabend des 20. April war nicht etwa ein schlichter bürokratischer Akt, sondern eine feierliche Zeremonie, die jedem einzelnen Hitlerjungen in Anwesenheit von Vertretern der Partei, der Stadt, der Universität, der Wehrmacht, der Lehrerschaft und der Eltern das Treueversprechen abnötigte. Ein Fanfarenruf der Pimpfe eröffnete die Feier. Fahnen wurden hereingetragen, Orgelspiel und ein gemeinsam gesungenes Lied ergänzten den kultischen Feierrahmen, der jedem der in Uniform angetretenen Zehnjährigen die Bedeutung dieser Verpflichtung einprägen sollte. Der laut verlesene Tagesbefehl des Reichsjugendführers vereinte sie zu einer Befehlsgemeinschaft. Nicht mehr der eigene Wille, sondern Gehorsam und Befehl sollten von nun an gelten: *Sie gehören jetzt dem Führer.*[251] Anschließend verpflichtete der Hoheitsträger der Partei jeden Jungen und jedes Mädchen durch Namensaufruf und Handschlag. Im gemeinsamen Gelöbnis versprachen diese *dem Führer und der Fahne allzeit Treue und Pflichterfüllung*.[252]

Ähnlich verlief die Verpflichtung der Vierzehnjährigen, die nach ihrer Dienstzeit im »Jungvolk« und in der »Jungmädelschaft« nun in HJ und BDM *überführt* wurden.[253] Der feierliche Akt war der Auftakt für die eigentliche Geburtstagsfeier am folgenden Tag. Eine große Parade in Berlin zeigte Hitler als militärischen Befehlshaber. In der Provinz mußte man in Abwesenheit des Führers feiern. Doch das sorgfältig ausgefeilte Festprogramm, die Rundfunkübertragung der Berliner Feier und die an allen Ecken angebrachten Symbole des Reiches, Hakenkreuz-Fahnen und Hitlerportraits, schufen eine einzige große Feiergemeinde. Damit auch wirklich alle teilnehmen konnten, hatten sämtliche Betriebe, Behörden und Schulen während des Festakts geschlossen.[254] 1939 marschierten bei dieser Gelegenheit auch in Tübingen Soldaten auf. Zwanzig Minuten lang paradierten die Truppen des 35. Infanterie-Regiments vor der Universität am Standortältesten vorbei. Anschließend schworen die Politischen Leiter Adolf Hitler *unverbrüchliche Treue* und *unbedingten Gehorsam*.[255]

Keine zwei Wochen später folgte am 1. Mai, d e r Festtag des Nationalsozialismus überhaupt, der »Feiertag des deutschen Volkes«. Von Jahr zu Jahr mehr arbeiteten die Richtlinien des Propagandaministers das Fest zu einer perfekten Inszenierung der Volksgemeinschaft aus. Hakenkreuzfahnen und die Symbole des Dritten Reiches verhüllten seine Herkunft aus der internationalen Arbeiterbewegung. Ehrenformationen von Partei und Wehrmacht führten den folkloristisch dekorierten Festzug an, der das idyllische Bild einer heilen, ständisch geordneten Welt vortäuschte. Unter dem üblichen Parteiuniformen-Braun bot der Anblick der Gruppen in ihrer farbigen Berufskleidung und mit ihren handwerklichen Symbolen Abwechslung: Er weckte Erinnerungen an frühere Festzüge, wie den bei der 450-Jahrfeier der Universität 1927, und lenkte mit den scheinbar überzeitlichen Folklore-Requisiten vom politischen Anliegen der Feier ab.

Nicht alle ließen sich von der bunten Illusion der Festzüge täuschen. Wiederholt sah sich die Partei gezwungen, nachdrücklich zur Teilnahme aufzufordern. Selbst die strikten Anweisungen der Betriebsleitungen reichten nicht aus, um die Teilnahme aller sicherzustellen. Die Stadtverwaltung half dem Interesse nach, indem sie für ihre »Gefolgschaftsmitglieder« Gutscheine ausgab: ein kostenloses Essen und drei Freibier als Anreiz für die Teilnahme am Gemeinschaftsempfang der Führerrede und den geschlossenen Marsch zur Kundgebung.[256]

Noch im Mai folgte im NS-Kalender ein weiterer Festtermin: der Muttertag. Wie die anderen Festtage diente er der Einübung nationalsozialistischer Postulate; er schrieb die geforderte Rolle der Frau im NS-Staat als Erzeugerin möglichst vieler »erbgesunder« Kinder fest. Von 1939 an zeichnete die Partei an diesem Tag diejenigen Frauen mit dem »Ehrenkreuz für kinderreiche Mütter« aus – je nach Kinderzahl wurde es analog den militärischen Orden in drei Klassen verliehen –, die vier und mehr Kinder geboren hatten; allerdings nur, wenn die Eltern *deutschblütig und erbtüchtig* und damit der Auszeichnung würdig waren, und wenn die Kinder lebend geboren wurden.[257]

Einen festen Platz im braunen Festkalender hatten auch die Sonnwendfeiern zur Jahresmitte, bei denen HJ und SS auf den Höhen über Tübingen große Feuer entfachten.[258] Die Dunkelheit und die flackernden Flammen unterstrichen den weihevollen Charakter der Zusammenkünfte, die gleichzeitig die Reichsjugendwettkämpfe beschlossen. 1939 brannte das Sonnwendfeuer auf dem Österberg. Von dort aus zogen die Parteigliederungen mit brennenden Fackeln und unter Trommelwirbel und Gesang auf den Marktplatz, wo sie die Fackeln zu einem großen Scheiterhaufen zusammenwarfen.[259] Diese Feuerstunden waren den Parteimitgliedern vorbehalten und demonstrierten den Außenstehenden das Bild einer auserwählten Gemeinschaft.

Nach der Sommerpause mobilisierte der Reichsparteitag im September erneut das Interesse für die Partei. Jahr für Jahr schickte die Kreisleitung Abordnungen nach Nürnberg. Den Daheimgebliebenen berichteten diese anschließend in Zeitungsberichten oder Ortsgruppenabenden von dem großen Ereignis. Kreispropagandaleiter Göhner, der gleichzeitig die lokale NS-Presse als Fotograf bediente, füllte 1937 eine ganze Zeitungsseite mit den *schönsten Führerbildern*, die er beim Reichsparteitag aufgenommen hatte.[260] Im Oktober folgte der Erntedanktag. An diesem Tag widmete die NSDAP den Bauern das an Aufmerksamkeit, was sie ihnen in der Realität an Respekt und Unterstützung versagte. Den Beginn bildete das gemeinsame Anhören der Rundfunkübertragung der Reichsfeier auf dem Bückeberg. Anschließend marschierte ein Festzug – ähnlich wie am 1. Mai, nur diesmal im Zeichen von »Blut und Boden« – auf den Marktplatz, auf dem – analog zum Maibaum – ein »Erntebaum« stand. Dekorative Erntewagen der Gärtner, ein Ährenwagen des Lustnauer Berghofes, Bäcker mit Riesenbrezeln, der Bienenzuchtverein und Weingärtner in malerischen Trachten mit Traubenbutten und -kübeln marschierten zwischen den Fahnenträgern, dem Ehrensturm der SA, den Stadtreitern und den Parteigliederungen. 1937 bildeten die Kriegspferde des Weltkriegs einen besonderen Höhepunkt im Festzug. Unter den Klängen des Präsentiermarsches wurden die alten Schlachtrösser als *Kriegskameraden* geehrt. Parteivertreter hingen ihnen ein Schild mit der entsprechenden Aufschrift um.[261]

Ähnlich wie bei den Maifeiern halfen auch bei den Erntedankfesten die Requisiten des Brauchtums – Eierkranz, Erntebaum und Erntetanz – der Partei, das alte Fest für den Nationalsozialismus zu vereinnahmen. NS-Feiern waren keine Vorführungen für unbeteiligte Zuschauer, sie verlangten Mitarbeit, allerdings genau vorgeschriebene. Gemeinsam gesungene Lieder, der gemeinsame Rundfunkempfang und die wiederholten gemeinsamen Heilrufe sollten den Unterschied zwischen Vorführenden und Zuschauern vergessen machen, Trommelwirbel und Fanfarenklänge letztere einbeziehen, Fahnen und Girlanden, Bekenntnislieder und Nationalhymne sie alle zum Bild einer einigen Volksgemeinschaft zusammenschließen.

Am 9. November, dem »Gedenktag für die Gefallenen der Bewegung«, konnte die Partei noch einmal alle propagandistischen Instrumente der Massenbeeinflussung einsetzen. Legendenbildung hatte schon bald nach dem mißglückten Putsch vom November 1923 eingesetzt und aus dem dilettantischen Zug der Putschisten einen »Marsch auf die Feldherrenhalle«, aus den Toten des Umsturzversuchs »Blutzeugen der Bewegung« gemacht. Zahllose Gedichte, Hymnen und Vorträge hatten die Niederlage zum Sieg verklärt.[262] Schließlich machte die Regie nationalsozialistischer Propagandamanager aus dem Totengedenken eine Auferstehungsfeier. Die bis in alle Einzelheiten dramaturgisch geplante Reichsfeier in München erhob die getöteten Putschisten zu unsterblichen Wächtern deutscher Größe. Ihr Tod wurde als Opfer hingestellt, das zu weiteren Opfern verpflichte. Wer nicht miterleben konnte, wie Hitler in der Feldherrnhalle unter Trommelwirbeln die Geister der toten Mitstreiter beschwor, konnte an den Totenfeiern teilnehmen, die selbst die kleinste Gemeinde veranstaltete. Alle Ämter hatten geflaggt, auch die Bevölkerung wurde *dringend* darum gebeten.

Tanzveranstaltungen und jede *Lustbarkeit* waren auch in Tübingen am 9. November untersagt, die Fahnen wehten auf Halbmast.[263] *Und ihr habt doch gesiegt* verkündete 1937 – quer über die Bühne des Schillersaales – ein Spruchband bei der Feier der Partei.[264] Die Vortragsfolge zielte auf Ergriffenheit. Das Musikkorps des Infanterie-Regiments spielte Beethoven, Gerhard Schumanns Gedicht »Und über Toten türmen sich Taten« wurde rezitiert, und die Spielschar der HJ ließ zur Silcher-Melodie vom »Guten Kameraden« die Gefallenen des 9. November erstehen. Die Festrede des »Reichsredners« Professor Dr. Suchenwirth riß, wie die »Chronik« schrieb, *die Versammlung heraus aus der Enge des Alltags, führte sie hinauf in das Reich der Sterne, wo das Leben nicht stirbt, sondern ewig weiterwirkt.*[265] Ein gemeinsam gesprochenes Bekenntnis zum Führer, das Deutschland- und das Horst-Wessel-Lied beschlossen die Veranstaltung, zu der – laut »Chronik« – der Andrang so groß war, daß bei weitem nicht alle, die Einlaß begehrten, aufgenommen werden konnten.

Mit einer aller christlichen Inhalte entkleideten »Volksweihnacht« sollte das nationalsozialistische Feierjahr ausklingen. Die christliche Sinngebung des Festes wurde durch eine völkische ersetzt. Zudem wollte die Partei die private Feier aus dem Familienkreis herausholen und in die Öffentlichkeit verlagern. Damit scheint sie in Tübingen jedoch wenig Erfolg gehabt zu haben. Zwar wurde der Christbaum *parteiamtlich* durch einen »Lichterbaum« ersetzt, doch weiterhin strömten am Heiligen Abend die Tübinger in die Kirchen. Und das, was die Presse von der *Tübinger Volksweihnacht* berichten konnte, blieb spärlich, trotz der öffentlichen Bescherung durch einen NSV-Weihnachtsmann.[266] Wintersonnwendfeiern scheinen sich überhaupt nicht durchgesetzt zu haben.

Regionale Festtage ergänzten die institutionalisierte Abfolge der Feiern. Im September beging man im Umkreis Stuttgarts, der »Stadt der Auslandsdeutschen«, mit großem Aufwand den »Tag des deutschen Volkstums«.[267] Auch die regionalen Kreispartei- und Hitlerjugendtage sowie die Morgenfeiern der Ortsgruppen wiederholten die kultische Zurschaustellung der nationalsozialistischen Volksgemeinschaft. Selbst das »Fest der deutschen Traube«, das die Stadt Tübingen 1936 zur Feier der Patenschaft über die Winzergemeinde Erlenbach ausrichtete, trug nationalsozialistisches Gepräge.[268] Bei solchen Gelegenheiten machte sich bemerkbar, daß die städtische Werbung und die für die Partei in einer Hand lagen. Perfekt ausgestaltete NS-Feiern, Fotos von den Festzügen des 1. Mai oder des Erntedanktages setzte das Städtische Verkehrsamt zur NS-konformen Fremdenwerbung ein.

Besonders gerne griff die Kreisleitung Daten der Heimatgeschichte auf, um sie in nationalsozialistische Feiern umzuwandeln. Diese boten nicht nur Abwechslung in der reichsweit genormten Feierfolge, sondern auch die Möglichkeit zur Profilierung über die Grenzen der Region hinaus. Bei der Ausgestaltung von Uhland- und Silcher-Feiern konnte die Tübinger Kreisleitung zudem ihre Kunstliebe und ihre Volksnähe gleichermaßen unter Beweis stellen sowie das Ansehen der Stadt als Musensitz in ihrem Sinn pflegen. *Wir werden nicht nur ein Deutschland der Macht aufbauen, sondern auch ein Deutschland der Schönheit. Das neue Deutschland wird auch seinen Ausdruck finden in der heutigen deutschen Kunst.*[269] Dieser Ausspruch Hitlers stand 1935 als Motto über dem 6. Uhlandkreis-Liederfest. Der Oberbürgermeister begrüßte die Teilnehmer mit dem Wunsch: *Möge das Fest allenthalben stärken das nationale Empfinden und die unverbrüchliche Zusammengehörigkeit unseres Volkes.*[270] Das Programm jedoch deutete das *nationale Empfinden* in ein Bekenntnis zum Nationalsozialismus um.[271]

Zwischen traditionellen Volksliedern, Bachkantaten, Silcherchorsätzen und Motetten standen Werke Tübinger Komponisten und Dichter auf dem Programm, die ausnahmslos den Nationalsozialismus verherrlichten. Die vereinten Tübinger Chöre eröffneten den Begrüßungsabend mit Gerhard Schumanns Gedicht »Deutsche Auferstehung« in der Vertonung durch den Tübinger Universitätsmusikdirektor Karl Hasse. Bei der Hauptveranstaltung am Sonntag sangen die Kinderchöre der Evangelischen Knaben- und Mädchenvolksschule ein von dem Tübinger Rudolf Buck vertontes Gedicht. *Die Ketten wir sprengten! / Kein Opfer zu viel! / Wir stürmten und drängten / Nur vorwärts zum Ziel: Deutschland, Deutschland* hieß es in der ersten Strophe. Der Komponist erläuterte im Programmheft: *[...] energiegeladen, warm empfunden, begeistert muß die Weise angepackt und mit möglichster Unmittelbarkeit (fort mit allen Verkrustungen!) herausgesungen werden. Wenn das »Deutschland« nicht brennt und lodert, dann lohnt es sich erst gar nicht, den Mund aufzumachen. Aufgerüttelt und überzeugt müssen die Sänger sich für das Stück einsetzen, wenn es aufrüttelnd und überzeugend sein soll. Und damit »vorwärts zum Ziel: Deutschland«.*

Auch die anderen Chorsätze beschworen – wenn sie nicht die Arbeit der Bauern mit Blut- und-Boden-Bildern verklärten oder mit dem »Lied der Bauleute« des »Arbeiterdichters« Fritz Woike den »Arbeiter der Faust« feierten – die Idee eines einigen, starken und wehrwilligen Reiches. Ob der »Wächterruf« des Stuttgarters Hugo Hermann, Armin Knabs »Weckruf« oder Richard Anridels »Deutsches Weihelied«, alle diese Chorsätze appellierten an die Bereitschaft zur Verteidigung eines als höchst gefährdet besungenen Reiches. Das politische Engagement des liberalen Politikers Ludwig Uhland, dem das Sängerfest gewidmet war, störte offenbar nicht. Die neue Aufgabe, die der Nationalsozialismus dem Chorgesang gegeben habe, so klärte die »Chronik« in der Festausgabe auf, läge nicht mehr im Musikalischen, sondern sei *staatserziehungspolitisch bedeutungsvoll.*[272] Vergeblich sucht man nach dem traditionsbewußten und selbstgewissen Verhältnis zur eigenen Region, das die ersten Tübinger Sängerfeste als Teil der bürgerlichen Emanzipationsbewegung ausgestrahlt hatten.[273] Statt der Heimat, in der man lebte und die man selbst gestaltete, wurde nun ein Vaterland besungen, dem man zu dienen und das man zu verteidigen hatte.

Für viele unerkannt, weil im alten Medium und in den vertrauten sozialen Formen verpackt, transportierte der Chorgesang neue Werte, diente der Einübung nationalsozialistischer Tugenden: der Unterordnung, dem Aufgehen des einzelnen im ganzen und der Ablenkung von Aggressionen und Unstimmigkeiten im Inneren nach außen. Erleichtert wurde diese In-Dienst-Nahme der Sängerfeste für den Nationalsozialismus, weil sie nicht abrupt einsetzte, sondern an eine verflachte Tradition bürgerlicher Kultur anknüpfen konnte.[274]

Die Stiftungsfeste der Tübinger Gesangvereine zeigten dieselbe Vereinnahmung. Einerseits feierte man die Gesangvereine als »Hüter und Bewahrer der Tradition«, deren Erbe man sich nur zu gerne zur Darstellung der Volksgemeinschaft bediente. So ließ die Tübinger NSDAP bevorzugt den Weingärtner Liederkranz bei WHW- oder NSV-Veranstaltungen singen. Andererseits stilisierte man sie zu Vorläufern des Nationalsozialismus, reklamierte selbst Uhland und Silcher als Schrittmacher nationalsozialistischer Volksgemeinschaft. Als Beweis mußte das von Silcher vertonte Uhland-Gedicht vom »Guten Kameraden« herhalten, das auf keiner NS-Heldengedenkfeier fehlen durfte. Hitler als Erbe des bürgerlichen Liberalismus – den Nationalsozialisten kam der traditionsstiftende Brückenschlag in die Zeit des aufstrebenden Bürgertums offensichtlich gelegen. Nicht umsonst wurde gerade 1937 das humanistische Gymnasium in Tübingen in Uhland-Gymnasium umbenannt.[275] *Immer schon seien es die Sänger gewesen,* führte der Führer des Uhlandkreises 1938 bei der 100-Jahr-Feier der Tübinger »Harmonie« aus, *die das gesungen haben, was die hochstrebenden Geister beseelt habe und was nunmehr durch den Führer verwirklicht wurde.*[276] Die Erinnerung an den Vorkämpfer bürgerlicher Emanzipation taugte, nachdem ihm bereits das späte 19. Jahrhundert sämtliche demokratischen Impulse genommen und ihn zu einem Denkmal gründerzeitlicher Selbstgenügsamkeit stilisiert hatte, zur Verklärung der imperialistischen Ziele des NS-Staates. Die Vorstellung vom Dichter, der *aus der Tiefe der Volksseele ewige Werte* schafft, lieferte dem NS-Staat die Möglichkeit, zur Verteidigung dieser immer als bedroht gedachten Werte aufzurufen.

1937 kam Hans Rauschnabel als Kreisleiter von Schorndorf nach Tübingen. Bereits im Remstal hatte sich der ehrgeizige Volksschullehrer auf dem Gebiet der Traditionspflege hervorgetan, als er in Schnait, dem Geburtsort Friedrich Silchers, ein Silcher-Museum einrichtete. In der Universitätsstadt machte sich der dichtende Kreisleiter, der sich zu Höherem berufen fühlte, mit Eifer an die Pflege des Chorgesangs im Dienste des Nationalsozialismus.[277] Dazu bot 1939 der 150. Geburtstag des ersten Tübinger Universitätsmusikdirektors willkommene Gelegenheit. Zusammen mit Universität und Stadt veranstaltete der Schwäbische Sängerbund Ende Juni eine zweitägige Gedächtnisfeier zu Ehren des *Altmeisters des deutschen Volksliedes,* der 43 Jahre lang als Musikdirektor in der Universitätsstadt gewirkt hatte.[278] Rauschnabel zeichnete als *anerkannter Kenner Silchers* für das Programm verantwortlich. Das Ergebnis – laut »Chronik« *ein Erlebnis voll tiefster Innerlichkeit* – sollte über die Grenzen der Stadt hinausstrahlen, weshalb der Reichssender Stuttgart die Morgenfeier übertrug.[279]

Die nationalsozialistische Silcher-Verehrung verlangte nach zeitgemäßem Ausdruck. Das Silcher-Denkmal, ein schwarzer Steinobelisk aus dem Jahr 1874, der 1928 seinen

Standort hinter der Neuen Aula mit dem Seufzerwäldchen in der Platanenallee vertauscht hatte, widersprach in seiner schlichten Form dem nationalsozialistischen Silcher-Bild.[280] Um dem *Vorkämpfer für deutsche Art*, dessen Lieder laut Innenminister Schmid *den lebendigen Ausdruck deutscher Volksgemeinschaft* bildeten, ein zeitgemäßes Monument zu setzen, konstituierte sich im März 1939 ein *Ausschuß für die Friedrich Silcher-Ehrung*. Neben dem Gauleiter und dem Innenminister waren Rauschnabel und Bürgermeister Weinmann vertreten.[281] Der Ausschuß schrieb einen Wettbewerb für ein Friedrich-Silcher-Denkmal aus, an dem sich alle Bildhauer, *die Mitglieder der Reichskammer der bildenden Künste* waren, beteiligen konnten.[282]

Die Jury, in der neben Parteifunktionären die Kunstprofessoren Janssen (Stuttgart) und Knecht (München) sowie der Tübinger Architekt Breitling und Stadtbaudirektor Haug saßen, prämierte unter dem Vorsitz Rauschnabels von den 40 eingegangenen Arbeiten den Entwurf des Rottenburger Josef Walz mit dem ersten Preis. Die Arbeit des Stuttgarter Bildhauers Fritz Nuß und das Modell des Stuttgarter Julius Frick erhielten beide einen zweiten Preis.[283] Doch der mit dem ersten Preis ausgezeichnete Entwurf kam nicht zur Ausführung. Die ästhetische *Beziehung zu Silcher* befriedigte das Preisgericht weniger als beim Entwurf Fricks, weshalb es diesen zur Ausführung empfahl. Diese – laut Jury – *gute volkstümliche Lösung* mit der *besten Platzgestaltung* zeigt den Komponisten, zur Geniegestalt erhöht, auf einem Sockel thronend. Die Beine übereinandergeschlagen, schaut er sinnend in die Ferne, in den Händen ein Notenheft: Genie und Biedermann in einem. Ein überdimensionierter Notenschlüssel weist ihn als Musiker aus. Auf der Rückseite der monumentalen Gestalt, die deutlich auf Walter von der Vogelweide als den »Sänger des Reichs« anspielt, brechen Soldaten mit Stahlhelm und Gewehr aus dem Stein hervor, einige der Silcherschen Liedthemen *visionär andeutend*. Ein nackter Putto und ein abschiednehmendes Paar drängeln sich ebenfalls auf der Rückfront, während der seinen Einfällen hingegebene Künstler seinen Arm lässig auf einen Stahlhelm zu seiner Seite stützt. Vorne der Notenschlüssel und die idyllischen Weisen, Insignien aus dem erhabenen Reich der Kunst, hinten Kriegswerkzeug, Stahlhelm und Gewehr: Kriegsgeschrei und Volksliedton – im nationalsozialistischen Weltverständnis gehörte beides notwendig zusammen.

Zudem ließ sich mit diesem monumentalen Entwurf am geschicktesten der Wunsch der Partei nach einem Versammlungsplatz verwirklichen, wie ihn die Ausschreibung vorschrieb: *Das Denkmal soll der Hauptpunkt eines neu zu schaffenden Ehrenplatzes werden. Dieser Ehrenplatz in Verbindung mit dem Denkmal soll Gelegenheit geben zum Singen (offenes Liedersingen, Vereinssingen) und zur Abhaltung kultureller Feiern, er muß reichlich bemessen sein zur Aufstellung von Gesangsvereinen.*

Die Grundsteinlegung für das steinerne Monstrum bildete den Höhepunkt der Silcher-Feier. Im *Dom der Platanen* nahmen Ehrengäste und Abordnungen der Partei zwischen den Fahnen der Bewegung Aufstellung. Weinmann sprach vom Stolz der Stadt, Silcher *einen der Ihren* nennen zu können und von den *unvergänglichen Werten der deutschen Seele*.[284] Der Rektor der Universität rühmte das künftige Denkmal als eine *Ehrenstätte deutschen Sängertums*, und die *Weiheworte* des Innenministers klärten über seinen Sinn auf: Man

225

habe Silcher wie einen *lieben Familienangehörigen* aus *anhänglicher Pietät* ehren und den *Gegenbeweis gegen jene böswilligen Behauptungen liefern* [wollen], *daß im Dritten Reich der Geist des Hohen und Schönen gering im Kurs stehe.* Als dritten Grund führte Dr. Schmid an: *Die Männer, die im Weltkrieg und im Kampf um ein neues nationalsozialistisches Reich immer wieder neue Kraft zum Einsatz aus der Tiefe der deutschen Seele geschöpft haben, haben darum gewußt, wie not es tut, daß ein Volk einen Glauben an Hohes und Schönes hat. In diesem Glauben haben sie den Sieg erkämpft. Für diesen Glauben soll zur ewigen Mahnung ein Denkmal an Silcher erstehen, um die kommenden Generationen daran zu erinnern, daß sie ihre stärkste Kraft aus den Tiefen des Volkstums schöpfen müssen.* [...].[285] Noch bevor der steinerne Sänger seinen Platz in der Platanenallee bezog – den Blick hinübergerichtet auf den Hölderlin-Turm, denn Hölderlin sollte das nächste Objekt nationalsozialistischer Vereinnahmung werden[286] – hatte das NS-Regime den Zweiten Weltkrieg entfesselt.

Die Kulturarbeit der Nationalsozialisten war unübersehbar ideologisiert, *Erziehungsarbeit*[287]: *Nicht der billige Theater- oder Konzertbesuch ist das Wesentliche, sondern die Bildung einer Gemeinde, die sich mit den Darbietenden und ihrer Kunst in engster, weltanschaulicher Verbindung fühlt.*[288] Kultur wurde weisungsgebunden: *Sämtliche Gaststätten-Inhaber werden ersucht, künftighin in ihren Lokalen keine Jazz-Musik mehr zu spielen,* lautete eine der ersten Anordnungen des Kreisleiters nach der Wende.[289] Die HJ führte 1933 einen Feldzug gegen *Negermusik*.[290] Kulturveranstaltungen, die sich dem Monopolanspruch der NS-Ideologie entzogen, sollte es nach dem Willen der Partei nicht mehr geben. *Die offizielle, mit der Überwachung und Durchführung des Kulturprogramms des dritten Reichs betraute Stelle darf unmöglich bei einer kulturellen Veranstaltung feierlichen Charakters von der Universität ausgeschaltet werden,* protestierte Heinz Bromeis, Kreisobmann der NS-Kulturgemeinde, als ihn die Universität zu den Schwäbischen Dichtertagen 1935 nicht eingeladen hatte.[291] *Als ich kürzlich bei der Veranstaltung zur Universität hinüberging, die Situation feststellte und selbstverständlich wieder nach Hause ging, glaubte ich mich im Jahre 1930/31 zu befinden, nicht aber im 3. Jahr des dritten Reichs.*

Die eigenständigen Veranstaltungen der Museumsgesellschaft waren den Tübinger NS-Kulturwarten ebenfalls ein Ärgernis. Die traditionelle Einrichtung war ihrer Meinung nach durch die NS-Kulturgemeinde überflüssig geworden und als elitäre Einrichtung *eine die Volksgemeinschaft schädigende, nur einer bestimmten Klasse dienende Einrichtung.*[292] *Man dürfe sagen, daß nicht einmal Ansätze hinsichtlich der Änderung des Kreises der Museumsgesellschaft sichtbar geworden seien, vielmehr gehe bei der Museumsgesellschaft alles im alten Gleis weiter,* rügte Ratsherr Stockburger und beantragte 2000 RM von dem städtischen Zuschuß an die Museumsgesellschaft fortan für die NS-Kulturgemeinde abzuzweigen.[293] Mittels dieses finanziellen Hebels wurde schließlich auch die sich lange sträubende Traditionseinrichtung gleichgeschaltet.

Die Langmut der Tübinger Nazis mit der Museumsgesellschaft war taktisch; sie wollten es sich weder mit deren akademischer Klientel verderben, noch mit einem Verbot riskieren, das Haus mitsamt seinen Betriebskosten übernehmen zu müssen: *In dem Bestreben, ein*

*Nebeneinander von Organisationen zur Pflege des kulturellen Lebens in Tübingen zu vermeiden,* vereinbarten beide Institutionen 1936 eine Fortsetzung ihrer Arbeit als »Museumsgesellschaft, Fördergemeinschaft der NSKG, Ortsverband Tübingen e.V.«. Für die Museumsgesellschaft bedeutete das, daß sie zwar weiterhin formal bestehen blieb, ihre Tätigkeit aber auf Verwaltungsarbeit, die *Erhaltung der Säle, der Bibliothek und Lesezimmer, Verpachtung von Wirtschafts-, Kino- und Ladenräumen* beschränken mußte. Die Kulturgemeinde aber sparte fortan die Miete für die nun gemeinsamen Veranstaltungen und hatte im Programmausschuß das Sagen.[294]

Nachdem die Partei alle traditionellen Kultureinrichtungen verdrängt bzw. gleichgeschaltet hatte,[295] konnte sie die Zügel bei der ideologischen Gestaltung des Programms lockerer lassen. Sie reagierte damit auf deutliche Ermüdungserscheinungen. Denn die ständige politische Berieselung bewirkte eine zunehmende Entpolitisierung der Bevölkerung. Das Bedürfnis nach Zerstreuung und Ablenkung, aber auch das Unbehagen und der Spott über das falsche Pathos der Massenkundgebungen wuchsen. Das zeigt auch die *Rede auf Alt-Tübingen,* die Professor Theodor Haering bei einem *Heimatabend der Professoren und Weingärtner,* veranstaltet von der NS-Gemeinschaft »Kraft durch Freude«, am 30. November 1934 hielt. Der Redner mokierte sich ausgiebig über das Pathos der Volksgemeinschaftsparole, zog leere Propaganda-Maßnahmen wie die Straßenumbenennungen durch den Kakao, kritisierte das »Bonzentum« und karikierte die Intellektuellenfeindlichkeit der Nazis: *Wiea-n-i übrigens dös von dene »Intellektualbeschtia« damals glesa ha', na hab i zirsch mei' Konversationslexikon gnomma, ond hann onderm »B« »Bestie« nachschlaga. Ond da hann i gfonda: »Bestie, vom lateinischen bestia (also deutsch ischs au net einmal!), das wilde Tier, auch im guten Sinn besonders Kraftfülle, vgl. z.B. Nietzsche (den mr heit ja so b'sonders schätzt) [...]«.*[296]

Die Rede konnte in dieser Weise nur ohne ein Verbot gehalten und tausendfach verbreitet werden, bereits 1935 erschien sie in der 7. Auflage, weil sie zwar bestimmte Erscheinungsformen des NS-Staats persiflierte, an ideologischen Grundannahmen wie dem Antikommunismus und der harmonistischen Vorstellung von den in einer »Volksgemeinschaft« aufhebbaren Interessengegensätzen der modernen Industriegesellschaft jedoch nicht rüttelte, sie eher noch verstärkte: *Wo sottet denn dWengerter ehren Dong hernehma, wenns koine Professora on Studenta maih gäb'??!.* So wirkte sie wie ein Ventil, das den Ärger entweichen ließ, bevor der Druck zu groß wurde.[297]

Eben diese Funktion hatten auch Witze, die man sich im vertrauten Kreis und hinter vorgehaltener Hand erzählte, wie folgenden: *Ich lag und schlief / da träumte mir / ein wunderschöner Traum: Ich hörte ein Tedeum / und sah den Führer ausgestopft / im Britischen Museum.*[298] Auf die wachsende Kriegsangst antwortete das Regime mit einem großen Angebot an seichter, unpolitischer Unterhaltung.[299] In der Presse nahm der Anteil der Artikel und Beilagen mit politikfernen Themen zu. Heimatgeschichte hatte in der »Tübinger Chronik« seit 1937/38 Hochkonjunktur.[300]

Die Nationalsozialisten beschränkten sich nicht auf eine Regie des öffentlichen Lebens. Ihre Anordnungen und Erlasse drangen in das alltägliche Leben jedes einzelnen ein. Bei vielen bedurfte es dazu nicht einmal des äußeren Drucks. Sie färbten ihren Alltag aus Überzeugung braun ein. Da wurden »braune Hochzeiten« gefeiert und die Geburt »strammer Hitlerjungens« bekanntgegeben, da fanden öffentliche Namensgebungs- und Jugendfeiern statt. Doch der Versuch, kirchliche Feste durch Parteifeste zu ersetzen, stieß auf wenig Gegenliebe und viel Spott, so daß 1939 der Reichsorganisationsleiter der NSDAP vertraulich anordnete: *Diese Feiern sind im allgemeinen nichts anderes als ein Abklatsch der kirchlichen Feiern. Auf solche Nachahmungen sollte indessen der verzichten können, der aus der Kirche ausgetreten ist.*[301]

Eingriffe in das Leben jedes einzelnen maß sich die Partei weiterhin an. Sie schrieb die Wahl *deutscher Vornamen* vor und legte bei *artfremden, biblischen Vornamen* eine Umbenennung nahe;[302] sie verbot Frauen, Hosen zu tragen und zu rauchen und schaffte *artfremde* Mode ab;[303] sie legte fest, was als nationaler Kitsch zu gelten hatte und deswegen nicht mehr in den Wohnzimmern aufgestellt werden durfte.[304] Nicht zuletzt regelte sie mit ihren Angeboten und Pflichten die Freizeit und den Tagesablauf der Familien. Ihr Ziel war die totale Erfassung, »Volksbetreuung« genannt. Als die NSDAP 1936 mit Hilfe sogenannter roter Haushaltungslisten die Ortsgruppen neu einteilte und jeden Haushalt in einem »Block« mit einem »Blockwart« und mehreren »Blockhelfern« erfaßte, meldete die »Chronik«: *Damit ist auch die Partei in ihrer Organisation bis zur Familie vorgedrungen.*[305] Allerdings häufte sich die Klage über permanente Überbeanspruchung und eine *Störung des Familienlebens*, so daß 1935 der Stellvertreter des Führers – *Diese Anordnung stellt eine Mindestforderung dar* – zwei dienstfreie Sonntage pro Monat und zwei dienstfreie Wochentage pro Woche für alle Gliederungen anordnete.[306]

Mehr noch als von jedem »Volksgenossen« erwartete die Partei von jedem Mitglied vollen Einsatz nach dem Motto »Du bist nichts, Dein Volk ist alles«, denn *Pg. sind politische Soldaten.*[307] Das Netz, das die Partei mit HJ, BDM, DAF, NSV, NS-Frauenschaft und den zahlreichen Berufsorganisationen über die Bevölkerung legte, war eng geknüpft, der Parteiapparat riesig. Die eine Ortsgruppe, die am 30. Januar 1933 die 200 Parteimitglieder Tübingens zusammenfaßte, hatte sich sieben Jahre später um sechs vermehrt. 1945 waren es elf.[308]

Entsprechend groß war die Zahl der politischen Leiter. Bereits 1937 nennt das Ergebnis einer politischen Inspektion 704 im Kreis.[309] Längst hatte zu diesem Zeitpunkt die Kreisleitung die drei Räume ihres ersten Büros in der Uhlandstraße verlassen und war in das Anwesen der ehemaligen Schweickhardtschen Bank in der Wilhelmstraße umgezogen. *Was die Kreisleitung der NSDAP in einem Bankgebäude der Hauptstraße über Parteiorganisatorisches hinaus zu tun haben würde*, erinnerte sich Carlo Schmid an den Bedeutungszuwachs der Partei, *konnte man sich zunächst nicht recht vorstellen. Doch als der erste Kreisleiter Tübingens [...] jede Gelegenheit benützte, vom Rathausbalkon aus Reden an sein Volk zu halten, spürte mancher, daß der Kreisleiter ein Mann war, der in viele Lebensbereiche der Bürger eingreifen konnte.*[310]

Öffentliche Kommunikation außerhalb der Partei wurde weitgehend ausgeschaltet: *Nichts ist zu gering, als daß es den Blockleiter nichts anginge.*[311] Vorhandene Bindungen und Beziehungen wurden deshalb zerschlagen und durch das Unterordnungsverhältnis des einzelnen Parteimitglieds unter den Führer ersetzt. Schon 1935 beschrieben die Deutschland-Berichte das *Wesen faschistischer Massenbeherrschung* lucide als *Zwangsorganisation auf der einen, Atomisierung auf der anderen Seite:*[312] *Der Faschismus hat sich nicht auf die bloße mechanische Zerstörung der gegnerischen Organisationen beschränkt, sondern darüber hinaus in Millionen Menschen das Gefühl für die Notwendigkeit selbstverständiger [!] gesellschaftlicher und ökonomischer Aktionen verschüttet. Viele, die es weit von sich weisen würden, Nationalsozialisten zu sein, gewöhnen sich allmählich an den Zustand der Bevormundung der »Betreuung durch die Amtswalter«, der der Ausdruck vollkommener Unfreiheit ist. Das gilt nicht nur für die Arbeiterklasse [...]. Aber hier, wo unsere Freunde verwurzelt sind, wo sie aus Instinkt und Erkenntnis die Kraftquelle und den wichtigsten Ausgangspunkt der neuen Bewegung sehen, stehen sie am stärksten unter dem Eindruck der Gefahr, daß sich die Menschen mit dem Verlust der Freiheit und ihrem Ersatz durch Surrogate, durch Phrasen wie »Ehre«, »Würde«, »Volksgemeinschaft« etc. abfinden.*[313]


»Erziehung zur Arbeit, Erziehung zum Krieg«:
Schulen und Hochschule zwischen Loyalität und Konflikt

Der Monopolanspruch der HJ veränderte das Kräftefeld der Institutionen, die bisher Anspruch auf die Erziehung der Jugendlichen erhoben hatten. Die Parteijugend, die seit Dezember 1936 absoluten Anspruch auf die Führung der Jugend erhob,[314] beherrschte spätestens seit 1936 das Spannungsfeld von Schule, Elternhaus und Freizeit.[315] Den Einfluß der Eltern wie den von Schule und Lehrern reduzierte sie beträchtlich. Es gab zwar Eltern, die ihren Kindern eine häusliche Gegenwelt zu erhalten suchten,[316] auch gab es vereinzelt Lehrer, die es verstanden, den Schülern ihre Distanz zu den verordneten Lehrinhalten zu vermitteln. Doch die meisten Eltern betrachteten das Engagement und den »Dienst« ihrer Kinder in der Staatsjugend mit Wohlwollen, setzten ihm zumindest keine Widerstände entgegen.[317] Ein Widerspruch der Lehrer kam, soweit er aktenkundig wurde, nur aus dem Bestreben, die Kompetenzen der Schule vor dem Zugriff der HJ zu verteidigen bzw. einen geregelten Schulbetrieb aufrechtzuerhalten.

Die *Machtergreifung der HJ in den Schulen* markierten die HJ-Fahnen, die seit Dezember 1935 über dem Gymnasium, seit März 1936 über der Oberrealschule wehten.[318] Das Recht, sie zu hissen, stand nur den Anstalten zu, in denen 90 Prozent der Schüler in der Parteijugend organisiert waren. An der Oberrealschule und der Wildermuthschule trugen von 1936/37 an nur noch jüdische Schüler bzw. Schüler aus jüdischen Mischehen nicht das HJ-Hemd.[319] Die Staatsjugend hatte nicht nur den Gruppenzwang, das Dazugehören-Wollen auf ihrer Seite, seit 1936 wurde die HJ-Zugehörigkeit auch versetzungsrelevant. *Wenn ein Schüler sich aus weltanschaulichen oder politischen Gründen der HJ entzogen hat, so ist das in geeigneter Form in dem Gutachten auf der Zeugnisurkunde festzustellen*, wies die

Ministerialabteilung für die höheren Schulen 1936 die Schulleiter an.[320] Auch zum Reifezeugnis gehörte neben dem Gutachten des Schulleiters eines des HJ-Führers.[321]

Im Unterrichtsbetrieb machte sich der Einfluß der braunen Jugendorganisation als permanente Störung bemerkbar. Dem NS-Feierritual wurden viele Unterrichtsstunden geopfert. Da mußten sich die Schüler auf Anordnung der HJ-Führung während der Schulstunden Führerreden anhören oder den Geburtstag Hitlers mit Flaggenhissen und feierlicher Ansprache des Rektors feiern. Auch Fahnenappelle zum Wochenbeginn, Feiern zum Schuljahresanfang bzw. -ende sowie die Reichsgründungsfeiern gingen auf Kosten des Unterrichts.[322] Die HJ versuchte immer wieder, ihre Führer für mehrtägige Schulungstage und Lehrgänge beurlauben zu lassen.[323] Ständig gab es irgendeine Sammlung. Einerlei, ob Altmaterial gesammelt, die Abzeichen des Winterhilfswerks verkauft oder Bucheckern bzw. Kartoffelkäfer aufzulesen waren: Alle diese Aktivitäten, die zusätzlich zum HJ-Dienst zu absolvieren waren, forderten Zeit, Kraft und Konzentration.

Oft nahm die Abrechnung der Sammlungsergebnisse ebenfalls Unterrichtszeit in Anspruch. Als im Uhland-Gymnasium zum dritten Mal innerhalb eines Schuljahres eine Sammlung für das Deutsche Jugendherbergswerk anstand, machte Professor Ziemssen seinem Ärger gegenüber der Ministerialabteilung in einem Schreiben Luft: *Daß bei einer solchen Eile schon die Vorbereitung einer derartigen Sammlung ohne jede Störung für den Schulbetrieb gelingt, wird niemand glauben. Da helfen wohlwollende Erlasse nicht. Man war im übrigen in der allerletzten Zeit mit der dreifachen (!) – der HJ-Sammlung, mit Mütter-, Luftschutz-, Luftsport- und VDA-Sammlung – reichlich bedacht, nicht zum Vorteil der Dinge, denen die einzelnen Sammlungen galten; weder äußerlich noch innerlich. So wird das Sammeln und das Opfern zu geschäftsmäßig nach dem Sprichwort: »Wer zuerst kommt, mahlt zuerst!« Ich gestehe, daß ich nicht von allen Abzeichen, die ich erstand, genau weiß, was sie eigentlich meinen, obwohl es mich eigentlich »interessiert«.*[324]

Die Wünsche der Hitlerjugend diktierten den Stundenplan. Aktuelle politische Ereignisse, die im Unterricht zu behandeln waren, unterbrachen immer wieder kurzfristig die kontinuierliche Behandlung eines Themas. In den verbleibenden Unterrichtsstunden hatten die Lehrer Mühe, den vorgeschriebenen Lehrstoff zu bewältigen, zumal der HJ-Dienst für Hausaufgaben wenig Zeit ließ. Entschuldigte ein Schüler seine fehlenden Hausarbeiten mit dem HJ-Dienst, waren die Lehrer machtlos. Vor allem, wenn sie im Verdacht standen, nicht regimekonform zu sein, konnten sie es sich in solchen Fällen nicht leisten, den Schüler zu disziplinieren. Zu leicht konnte das als Sabotage an der Arbeit der Parteijugend ausgelegt werden. *Man hat auch Schüler gehabt*, erzählte eine Lehrerin, *von denen man wußte, die sind rabiat, da muß man aufpassen*.[325] Nachdem sich Klagen darüber auch von seiten systemkonformer Lehrer häuften, erließ das Kultministerium im Januar 1937 eine Regelung, wonach an den HJ-Nachmittagen – mittwochs und samstags – generell keine Hausaufgaben erteilt werden durften.[326] Klagen über fehlende Konzentration und nachlassende Leistungsfähigkeit der Schüler blieben dennoch an der Tagesordnung.[327] Die Schulreform von 1938 verstärkte noch den Leistungsrückgang. Sie verkürzte die Schulzeit von neun auf acht Jahre, ohne die Lehrpläne zu reduzieren.[328]

Mädchen, die auf dem Gymnasium das Abitur anstrebten, mußten beim Übergang von der sechsten in die siebte Klasse ihre hauswirtschaftlichen Fähigkeiten in einer Prüfung beweisen. Von 1938 an sollten sie nur noch eine Schulbildung erhalten, die dem Weiblichkeitsideal der Nationalsozialisten entsprach.[329] Für Jungen und Mädchen mußten deshalb getrennte Schulen eingerichtet werden. Gab es an einem Ort eine Höhere Mädchenschule, durfte kein Mädchen mehr die Oberschule für Jungen besuchen. In Tübingen, wo Mädchen bis dahin nur am (humanistischen) Gymnasium die Hochschulreife erlangen konnten, durften sie nicht mehr fürs Gymnasium angemeldet werden. Denen, die es bereits besuchten, legte man nahe, auf die Mädchenrealschule zu wechseln. Das Überwechseln aber machte der unterschiedliche Lehrplan nahezu unmöglich; ganz abgesehen davon, daß an der Mädchenrealschule eben nur die Mittlere Reife erlangt werden konnte. *Damit werde* – so wandte der Rektor der Mädchenrealschule in einem Schreiben an den Oberbürgermeister ein – *allen fähigen Mädchen der Weg zur Vollreife verlegt, außerdem brechen sie ihren Bildungsgang mit einer höchst fragwürdigen mittleren Reife und im denkbar ungünstigsten Lebensalter ab.*[330]

Der Rektor plädierte für einen zweizügigen Ausbau seiner Anstalt; ein wissenschaftlichsprachlicher und ein hauswirtschaftlicher Zweig sollten zum Abitur führen. Großes Engagement für den Ausbau zur Vollanstalt kam auch von seiten der Garnison, die um ihren Fortbestand fürchtete, falls die Ausbildungsmöglichkeiten für die Kinder der Offiziere reduziert würden. Der Kommandeur des in Tübingen stationierten Infanterie-Regiments 35, Oberst Hilpert, pochte auf den Ausbau der Mädchenschule.[331] Das Kultministerium hatte schon sein Wohlwollen signalisiert. Schließlich erklärten sich auch die Gemeinderäte einverstanden, die Stadt stellte die entsprechenden Räume zur Verfügung.[332] Daraufhin wurde seit dem Frühjahr 1938 die Mädchenrealschule zur Oberschule aufgestockt.

Spürbar ging seitdem der Anteil an Schülerinnen des Gymnasiums zurück. Waren es 1933 noch vierundsechzig und 1936 dreiundfünfzig gewesen, so besuchten 1938 sechsundzwanzig, 1939 nur noch vierzehn Mädchen das Gymnasium.[333] Von den fünfundsechzig Mädchen, die seit 1938 die Oberstufe an der neuen Mädchen-Oberschule absolvierten, entschieden sich siebenundvierzig für den hauswirtschaftlichen Zweig. Mit der Unterweisung in Hauswirtschaft, Kochen, Haus- und Gartenarbeit, Handarbeit, Gesundheitslehre und Pflege, Beschäftigungslehre und einem Praktikum in Säuglingsheimen, Kindergärten oder Familien sollte er sie auf ihre Rolle als *deutsche Frau und Mutter* vorbereiten.[334] Lediglich achtzehn entschieden sich für den sprachlichen Zweig und damit für eine mögliche wissenschaftliche Ausbildung. Seit dieser Schulreform galt die Oberschule in naturwissenschaftlicher oder sprachlicher Form als Normalfall der höheren Schule; das Humanistische Gymnasium wurde zur Sonderform erklärt. Die Knaben-Oberschule verlor gleichzeitig ihren Sonderstatus als Versuchsschule, den sie 1933 erhalten hatte.[335]

Wie die Volksschulen, die 1936 bei der Einführung der Gemeinschaftsschule Namen erhalten hatten, legten sich 1937 auch die drei Tübinger Oberschulen Eigennamen zu. Auffallend an ihrer Wahl ist der Rückgriff auf traditionelle Größen der Kulturgeschichte. Scheefs beflissenen Vorschlag, die Volksschulen nach Männern zu benennen, *die sich um die Bewegung und um das Schulwesen besondere Verdienste erworben haben,* hatte Kultminister Mergenthaler schon 1936 abgelehnt. Statt den vorgesehenen Bezeichnungen – Mergenthaler-, Horst Wessel- und Hans Schemm-Schule – sein Placet zu erteilen, hatte er sich für die Bezeichnungen Uhland-, Silcher- und Melanchthon-Schule entschieden.[336] Nicht weniger traditionell waren die Namen, die ein Jahr später die Oberschulen erhielten. Die Mädchen-Oberschule wurde zur Erinnerung an die Tübinger Schriftstellerin zur Wildermuth-Schule, die Jungen-Oberschule zur Kepler-Schule. Der Rektor des Gymnasiums beantragte in Übereinstimmung mit dem Lehrerrat und dem Oberbürgermeister *im Jahr der 150. Wiederkehr von Ludwig Uhlands Geburtstag und als Ausdruck der besonderen Verbundenheit der Schule zu diesem Schüler der einstigen scola anatolica,* der Anstalt den Namen Uhland-Gymnasium beizulegen.[337]

Einschneidender als die äußerlichen Veränderungen wirkten sich die Eingriffe in den Lehrstoff aus. Erlasse, Lehrpläne und neue Lehrbücher trieben die Ideologisierung des Unterrichtes voran. Schulung und Drill standen im Vordergrund. Umfassende Wissensvermittlung und die Entfaltung der Persönlichkeit des Schülers, wie sie die Reformpädagogik der Weimarer Zeit einführen wollte, waren nicht mehr gefragt, Urteils- und Kritikfähigkeit verpönt. Viele Lehrer paßten sich dieser Linie, auch ohne überzeugte Nationalsozialisten zu sein, widerspruchslos an. Rektor Ernst Hager, Schulleiter der Silcher-Schule und NS-Ratsherr, umriß bei den Schulfeiern 1937 die veränderte Bedeutung der Schulen im NS-Staat folgendermaßen: *Unsere Jungen müssen hart, entschlußkräftig und einsatzbereit werden. [...] So ist die Deutsche Schule nicht hauptsächlich ein Vermittlungsinstitut für Kenntnisse und Fertigkeiten, sondern eine nationalsozialistische Erziehungsanstalt ersten Ranges, eine Stätte, wo Jugendfrohsinn und Kameradschaft gepaart mit nationalsozialistischer Ordnung und Disziplin herrschen.*[338]

Von 1938 an wurden alle Schulentlassenen für den Einsatz in der Wirtschaft erfaßt.[339] Seit dem gleichen Zeitpunkt mußten alle Abiturienten, die studieren wollten, einen 26wöchigen *Arbeits- bzw. Ausgleichsdienst* leisten.[340] Diese Regelung betraf auch die zukünftigen Studentinnen. Gleichzeitig wurde von allen schulentlassenen Mädchen unter 25 Jahren, die sich um eine Stelle in der Wirtschaft oder der öffentlichen Verwaltung bewarben, der Nachweis einer mindestens einjährigen Tätigkeit in der Land- und Hauswirtschaft verlangt. Dieses »Pflichtjahr« war *arbeitseinsatzmäßig von ganz besonderer Bedeutung, da es den Mangel an weiblichen Kräften in der Land- und Hauswirtschaft* mindern sollte, wie der Leiter des Reutlinger Arbeitsamtes in der »Chronik« erläuterte.[341] Die nationalsozialistische Wertschätzung der Körperertüchtigung schlug sich in einer Verdoppelung der Sportstunden nieder. Um dem Ideal Hitlers zu entsprechen, der die deutsche Jugend *Flink wie ein Windhund, zäh wie Leder und hart wie Kruppstahl* sehen wollte,[342] wurden Jungen wie Mädchen fünf Stunden in der Woche – ab der vierten Oberschulklasse reduzierte sich die Zahl für Mädchen auf vier Stunden – »körperlich ertüchtigt«. Für kritische Beobachter war das militärische Element dabei unübersehbar.[343] »Wehrerziehung« hieß ein Schlagwort der nationalsozialistischen Volkspädagogik. Sie hatte im Mittelpunkt aller Volkserziehung zu stehen, wie der stellvertretende Amtsleiter im November 1937 die

Erzieher des Kreises Tübingen auf einer Tagung des NS-Lehrerbundes (NSLB) aufklärte. Den Leibesübungen komme eine besondere Rolle zu, doch auch alle anderen Fächer seien zur Mitarbeit heranzuziehen. Denn das Heer bedürfe der *tätigen Hilfe der deutschen Schule*.[344]

Die *Pflege und Förderung des Luftfahrtgedankens* hatte schon 1935 ein Erlaß des Kultministeriums den Schulen zur Aufgabe gemacht.[345] Segelflugzeugmodellbaukurse erfreuten sich großer Beliebtheit und wurden mit einem städtischen Zuschuß von 500 RM pro Jahr unterstützt.[346] Der gesamte Unterricht war auf die Kriegsvorbereitung abgestellt. Schon der Lehrplan für die erste und zweite Volksschulklasse verlangte bei der Behandlung des Themenkreises *Das Kind in seinem Volk* die Behandlung folgender Punkte: *Die Soldaten. Vater erzählt vom Weltkrieg. Deutsche Helden im Weltkrieg und im Kampf um das Dritte Reich*.[347] Der Erlaß des Kultministeriums vom März 1936 schrieb eine Einführung in die Grundbegriffe des Luftschutzes vor.[348] Die Gewöhnung an den Krieg erfolgte aber nicht nur in den sogenannten deutschkundlichen Fächern, etwa anhand kriegs- und gewaltverherrlichender Texte, sondern ebenso in den Naturwissenschaften und in dem scheinbar wertfreien Mathematikunterricht. So schrieb 1937/38 der entsprechende Fachlehrer des Uhland-Gymnasiums in seinem Rechenschaftsbericht: *Auf Luftfahrt, Wehrgeist, Rasse, Alkohol, Familienkunde, Vierjahresplan und Schadensverhütung komme ich im Unterricht zu sprechen, wo immer sich Gelegenheit bietet.*[349] Ein anderer Fachlehrer vermerkte, [...] *dass der Grundton des Unterrichts auf Weckung des Nationalstolzes und eines tief gewurzelten Wehrwillens eingestellt war, ist selbstverständlich*. Und ein Mathematiklehrer führte aus: [...] *bei den Geschwindigkeitsberechnungen wurden auch die Fragen der Luftfahrt gründlich erörtert. Dem Bestreben auch diesen wie allen anderen Unterricht im Geist und Sinn des Nationalsozialismus zu geben, kamen Aufgaben entgegen, die zwei neuen Büchlein entnommen wurden: 1. Rechenaufgaben im neuen Geist (von Koschmann); 2. Nationalpolitische Übungsstoffe für den mathematischen Unterricht (Köhler und Graf). Hierbei wurden auch Fragen des Vierjahresplanes besprochen.*

Bei der Politisierung des Mathematikunterrichts hatte sich ein Tübinger Lehrer besonders hervorgetan: Dr. Kuno Fladt, seit 1933 Rektor der Oberrealschule bzw. Kepler-Schule. 1934 ernannte der NS-Lehrerbund den renommierten Pädagogen, der kein Parteimitglied war, zu seinem Reichssachbearbeiter für Mathematik und Naturwissenschaften.[350] Das unter seiner Mitwirkung herausgegebene Unterrichtswerk für die Volksschulen »Mein Rechenbuch« machte wie das ebenfalls von ihm bearbeitete »Mathematische Unterrichtswerk für höhere Lehranstalten« von Kölling-Löffler die Mathematik zu einem Vehikel nationalsozialistischer Indoktrinierung. Anschauungsmaterial für den Rechenunterricht bot eine nationalsozialistisch gefärbte Wirklichkeit. Das Addieren und Subtrahieren wurde am Beispiel von Hitlerjungen oder BDM-Mädel demonstriert, dabei gleichzeitig der Organisationsaufbau der Parteijugend eingeübt. Zahlenmengen waren in Marschkolonnen zu dividieren, Ergebnisse des WHW zu errechnen. Selbst die Programme nationalsozialistischer Rassenhygieniker fanden via Rechenaufgaben Eingang in die Schulen, beispielsweise wenn das Fladt'sche Lehrbuch die Kosten berechnen ließ, die ein Geisteskranker verursache: *Nach sorgfältigen Berechnungen verursacht ein Geisteskranker dem Staat etwa 1500 RM jährliche Kosten. Für einen Hilfsschüler bezahlt der Staat für dieselbe Zeit $^1\!/_5$, für einen Volksschüler $\frac{1}{13}$ und für einen Schüler auf mittleren oder höheren Schulen $^1\!/_6$ dieser Summe.*[351] Auch die Möglichkeiten eines Bombenkriegs, der Einsatz der Marine und Konstruktionen des Luftschutzes wurden im Mathematikunterricht errechnet; wohlgemerkt immer in Zahlenangaben, die einen künftigen Krieg für Deutschland nicht nur als machbar, sondern auch als gewinnbar suggerierten.

In der Erinnerung befragter Tübinger war das Bewußtsein für die Indoktrination durch den Rechenunterricht im Gegensatz zu den geisteswissenschaftlichen Fächern meist nicht vorhanden, obwohl sich bei intensivem Nachfragen die meisten an einschlägige Rechenaufgaben erinnern konnten.[352] »Du bist nichts, Dein Volk ist alles«, dieses menschenverachtende Prinzip des Nationalsozialismus wurde bereits in der Schule gelernt. *Die Schüler sollen erkennen,* – so formulierte das Amtsblatt des Kultministeriums das Lernziel der Familien- und Sippenkunde – *daß ein unzertrennliches Gewebe alle deutschen Familien und Sippen zum Volke verbindet und daß das Volk ein übergeordnetes Lebens- und Wertgebiet darstellt, das den Vorrang vor dem Einzelmenschen und der Einzelfamilie hat. [...] dann werden die Schüler umso leichter die weittragende Bedeutung der Gesetze zur Reinhaltung des deutschen Blutes erfassen können.*[353]

Einerlei, ob im Biologie- oder Deutschunterricht vermittelt – die Kehrseite dieses Stolzes auf Volk und Rasse war das Unverständnis, der Haß und die Feindschaft gegenüber allem Fremden und Andersartigen, das die NS-Rassenideologie zu »lebensunwertem Leben« stempelte. Selbst der Fremdsprachenunterricht, der doch Kommunikation mit anderen Völkern ermöglichen sollte, hatte nicht mehr die Verständigung mit bzw. das Verständnis für eine andere Kultur, sondern die Abgrenzung von ihr zum Ziel. Perfekte mündliche Aussprache war infolge dessen nicht mehr vorgeschrieben, und die Vermittlung von landeskundlichen Kenntnissen erfolgte nur, wie Oberstudiendirektor Dr. Max Binder 1938 bei der Schlußfeier des Gymnasiums erklärte, *um das deutsche Wesen besser kennen- und lieben zu lernen.*[354]

In Reinform vermittelte der 1938 in Württemberg eingeführte Weltanschauliche Unterricht (WAU) nationalsozialistische Ideologie.[355] Für alle Schüler, die sich vom Religionsunterricht abgemeldet hatten, war er obligatorisch. Groß kann die Begeisterung für das neue Fach allerdings nicht gewesen sein, zumindest nicht am Uhland-Gymnasium. Dort wurde es nämlich im Frühjahr 1939 mangels Beteiligung nicht fortgesetzt. Lediglich sechs Schüler hatten sich in dem laufenden Schuljahr vom Religionsunterricht abgemeldet, drei davon aber ausdrücklich die nationalsozialistische Alternative abgelehnt.[356] Aber auch ohne die spezielle Unterweisung in die NS-Ideologie zeigte die Erziehung zum Krieg ihre Wirkung. Anders ist es wohl kaum zu erklären, daß gerade am Uhland-Gymnasium sich bei Beginn des Krieges die Primaner einer Klasse fast geschlossen als Freiwillige meldeten.[357]

Außerhalb der Schule beherrschte die Staatsjugend den Jugendlichen nach dem Motto: *Die Schule ist die Erziehung von oben, die HJ die von unten. In der Schule erzieht die Lehrerschaft, in der HJ die junge Führung.*[358] Die Situation an den Tübinger Schulen hat gezeigt, daß das Gleichgewicht zwischen Schule und Hitlerjugend, das dieser Satz des Reichsjugendführers vorspiegelt, sich deutlich zugunsten der HJ verschob. Der Anspruch der Parteijugend ging so weit, daß der Reichsjugendführer den Lehrern die Disziplinierung von Hitlerjugend-Führern untersagte, weil sie für die Autorität der Parteijugend abträglich sei. *Mit dem Entstehen der nationalsozialistischen Jugendorganisationen ist heute für jede Schule der Fall eingetreten, daß in der einen oder anderen Klasse auch Führer des JV (Jungvolk) und der HJ wie auch des BDM unter den Schülern bzw. den Schülerinnen sitzen. Der Lehrer bedarf eines nicht geringen Maßes an Taktgefühl, um ihnen gegenüber den richtigen Ton zu treffen. Natürlich sind sie Schüler wie alle anderen auch. Aber immerhin ist es etwas anderes, ob man einen Schüler tadelt, der außerhalb des Unterrichts eine Gefolgschaft führt, oder einen solchen, der eben nichts anderes als Schüler ist. Hier wird der Lehrer stets bestrebt sein müssen, die Autorität des HJ-Führers vor seinen Kameraden nicht unnötig herabzusetzen.*[359]

Für die Partei hatte die Erziehung durch die HJ eindeutig Vorrang vor dem Unterricht. Sie gewährleistete, sicherer als jede Schule, die gewünschte Erziehung zu Härte, Unterordnung und Kampfbereitschaft. Große Werbeaktionen bereiteten seit 1936 die jahrgangsweise »Erfassung« aller Zehnjährigen vor, die für die nächsten acht Jahre in der Staatsjugend organisiert blieben. Jeweils am 20. April traten die »Pimpfe« oder »Jungmädel« in den »Kampforden des Führers« ein. Nahezu ebenso unausweichlich wie für die Sechsjährigen die Einschulung kam für die Zehnjährigen der Beitritt zur Hitlerjugend. Nach dem Willen der Partei sollte die Aufnahme in die Staatsjugend eine Auszeichnung sein. Doch die wiederholten Aufforderungen zur Anmeldung lassen erkennen, daß es bei einigen Eltern Widerstände gegen den HJ-, vor allem aber gegen den BDM-Dienst gab.

*Warum gibt es in Tübingen immer noch einzelne zehnjährige Mädel, die sich nicht zur Jungmädelschaft angemeldet haben? Wollen oder dürfen die Mädel nicht?* fragte ein *Aufruf an die Tübinger Eltern* im April 1937.[360] Erst 1939 waren nahezu alle Mädchen vom Jungmädelbund erfaßt: *Es ist anzunehmen, daß auch die restlichen drei noch den Weg zur Jugend des Führers finden*, hieß es im März 1939 in der »Chronik«.[361] Die männliche Jugend war bereits hundertprozentig erfaßt.[362] Wiederholte Hinweise auf die ärztliche Betreuung der Jugendlichen sollten die Bedenken besorgter Eltern ausräumen.[363] Dennoch waren 1937 von den 5078 Schülern des Kreises Tübingen 575 (= 11,3 Prozent) nicht organisiert und 164 (= 3,2 Prozent) Mitglieder einer nichtnationalsozialistischen Organisation.[364] Das war ein beachtliches Maß an Verweigerung, auch oder gerade weil die überragende Mehrzahl der Jugendlichen das Braunhemd trug.[365] Aber auch nachdem die Zugehörigkeit zur »Staatsjugend« Pflicht geworden war, ließen manche Eltern ihre Vorbehalte noch immer deutlich erkennen: *Da hat man halt immer nur abgetragene Sachen bekommen,* erinnerte sich eine Gesprächspartnerin. *Meine Mutter hat keine Mark ausgegeben für eine* [HJ- oder BDM-] *Uniform.*[366]

Zweimal in der Woche trafen sich die Hitlerjungen und -mädchen zum Heimabend, wo sie basteln und werken konnten, Sport trieben, aber auch weltanschaulich geschult wurden: *Die beiden ersten Jahrgänge des DJ befassen sich mit den Göttern und Helden unserer germanischen Frühzeit sowie mit den großen Männern der deutschen Geschichte. Die ältere Mannschaft behandelt den Kampf Deutschlands um Lebensrecht und Weltgeltung seit dem Weltkrieg. Die Schulungsthemen der zwei ersten Jahrgänge der HJ führen zu den großen Schicksalsstunden unseres Volkes und zur Erkenntnis der ewigen Gesetze des Blutes unter völkischen Lebensbedingungen. In den beiden letzten Jahrgängen wird dann die junge Mannschaft mitten in die politischen Geschehnisse und Weltanschauungskämpfe der Gegenwart geführt,* heißt es in einer entsprechenden Anordnung des Tübinger Bannführers.[367] In der sportlichen Grundausbildung, im Geländedienst und beim Schießen, auf Fahrt und im Lager wurden zukünftige Soldaten trainiert. Verbindungsoffiziere der Wehrmacht sorgten für den militärischen Schliff. Sie schulten die HJ-Führer im Kleinkaliberschießen und Geländedienst.[368] Leistungsabzeichen bestätigten die entsprechenden Kenntnisse und Fertigkeiten. Für das Jungvolk-Leistungsabzeichen etwa mußte der Pimpf *Können in weltanschaulicher Schulung, Sport, Fahrt, Lager und Zielübungen* vorweisen. *Du mußt* – so wies der Führer des Stamms seine Jungvolkmitglieder an – *Bescheid wissen um das Leben des Führers, über Kampf und Sein der Bewegung, über das Deutschtum im Ausland und die abgetretenen Gebiete. Du mußt die nationalen Feiertage, fünf Fahnensprüche und sechs Lieder der HJ kennen.*[369]

Einen besonderen Stellenwert in der HJ-Erziehung hatten Fahrten und Lager. Das Lagerleben galt als intensivste Einübung in die nationalsozialistische Volksgemeinschaft. Es sollte *dem Jungen die rein körperliche und sportliche Vorbildung geben, die ihn einst zum Wehrdienst des Mannes fähig machen soll.*[370] Mit der Jugendbewegung hatte das nicht mehr viel gemein. Nicht die freie Horde des Wandervogels, sondern die marschierende HJ-Kolonne war das Ideal. Individuelle Wanderfahrten wurden als sektiererisch diffamiert. Das Übernachten im Freien außerhalb der organisierten HJ-Lager war verboten, ebenso zu trampen oder Feuerzelte zu benutzen. HJ-Streifendienste überwachten die Einhaltung der Verbote.[371]

*Achtung, die Strasse frei!*[372] – mit diesem raumgreifenden Selbstbewußtsein waren bis dahin in Tübingen nur die Verbindungsstudenten, allen voran die schlagenden Corps, aufgetreten. Für Schüler und Lehrlinge waren diese jungen »Herren« stets das Objekt von Neid und Bewunderung gewesen. Daß sie nun selbst als kommende Elite durch die Straßen der Stadt marschierten, führte prompt zu Konflikten. 1936 beispielsweise, bei einer Art Faschingsumzug, machte sich die Parteijugend, angetan mit Mützen und Bändern verschiedener Verbindungen und mit aufgeschminkten Schmissen, über die Rituale der Korporationen lustig. Aufgebracht hielten die Verbindungen dem Oberbürgermeister danach vor: *Deutsche Studenten starben in Langemarck mit diesen Bändern unter der feldgrauen Uniform. Deutsche Korporationsstudenten kämpften Hand in Hand mit dem deutschen Arbeiter in allen Teilen des Reichs gegen die Herrschaft des roten Mob [...]. Wir weisen auf das Schärfste zurück, daß 10–14jährige Kinder unsere Farben, unsere Mützen und Bänder als Faschingsschmuck benutzen.*[373] Doch da das Regime seine schützende Hand von den Verbindungen abgezogen hatte, gab es für die Hitlerjugend keinen Grund, die Angriffe abzubrechen. Weiterhin mokierten sie sich über die oft bewunderte und für viele einst unerreichbare Elite. Schließlich sprengten sie eine Zusammenkunft von Alten Herren in einer Tübinger Wirtschaft.[374] Der Vorfall rief die Wirte und Geschäftsleute auf den Plan, weil sie um ihren Umsatz fürchteten. Daraufhin wurden die Hitlerjungen – Staatsjugend hin, Parteijugend her – ernsthaft ermahnt.[375]

Beide Vorfälle zeigen, daß der Konflikt zwischen Verbindungsstudenten und Hitlerjugend kein politischer war, sondern Auseinandersetzung zwischen Generationen und sozialen Gruppen, die allerdings durch die politischen Verhältnisse ihre spezifische Schärfe erhielt. Auch der Generationenkonflikt zwischen Eltern und Kindern bzw. Erwachsenen und Jugendlichen wurde durch den Anspruch der HJ politisch aufgeladen. Besorgt beobachteten selbst systemkonforme Eltern, wie der HJ-Dienst ihnen ihre Kinder entfremdete, ihre Autorität untergrub und traditionelle Werte erschütterte. Texte wie das »Lied von der fröhlichen Hitler-Jugend«, das die HJ bei einer Rede von Bischof Sproll in Rottenburg sang, waren kaum dazu angetan, diese Ängste zu zerstreuen: *Wir sind die fröhliche Hitler-Jugend. / Wir brauchen keine christliche Tugend, / Denn unser Führer Adolf Hitler / Ist unser Erlöser und unser Mittler. / Kein Pfaff, kein böser, kann uns verhindern, / Uns zu fühlen wie Hitlers Kinder. /Nicht Christus folgen wir, sondern Horst Wessel. / Fort mit Weihrauch und Weihwasserkessel! / [. . .] Die Kirche kann mir gestohlen werden. / Das Hakenkreuz macht mich glücklich auf Erden. / Ich will ihm folgen auf Schritt und Tritt, / Baldur von Schirach nimm mich mit.*[376]

Hatte ein Schüler oder eine Schülerin die acht bzw. neun Jahre des Gymnasialunterrichts hinter sich gebracht, das Abitur bestanden und die Hochschulreife bestätigt bekommen, so begann das Studium, sofern er bzw. sie es anstrebten, noch lange nicht. Zuvor mußten beide noch für ein Jahr in ein Arbeitsdienstlager.[377] Danach konnte sie studieren, er hatte noch ein Jahr lang, seit April 1936 zwei Jahre lang, seinen Wehrdienst abzuleisten. Konnte er nach 30 Monaten Dienst eine positive Beurteilung in seinem Arbeitsdienst- und Wehrpaß vorweisen,[378] hatte er noch die Hürde der begrenzten Zulassungszahlen zu nehmen, bevor er sich endlich immatrikulieren konnte. Hatte er aber gehofft, mit dem Verlassen von Schule, Wehr- und Arbeitsdienst endgültig dem Druck pädagogischer Institutionen entronnen zu sein, sah er sich bald gründlich getäuscht. Ein freies Studentenleben gab es sowenig, wie die Freiheit von Forschung und Lehre. Vielmehr galt der Grundsatz: *Deutscher Student, es ist nicht nötig, daß Du lebst, wohl aber, daß Du Deine Pflicht gegenüber Deinem Volk erfüllst.*[379] 1937, auf dem »Parteitag der Arbeit«, verkündete der Reichsstudentenführer dieses Gebot der Selbstpreisgabe als erstes von zehn »Gesetzen des Deutschen Studenten«. Auch die übrigen Gesetze formten mit dem Appell an Ehre und Treue, an Glauben und Begeisterung, an Härte und Mut sowie an Zucht und Ordnung das Bild eines idealen, sprich unkritischen, abhängigen und leicht lenkbaren NS-Studenten. Sie schrieben Verhaltensweisen vor, von intellektuellen Fähigkeiten war nicht die Rede. Angesichts des Antiintellektualismus der NS-Führung war es nur folgerichtig, daß sie der Charakterbildung den Vorrang in der Universitätsausbildung gab. *Im Wagen groß, im Glauben stark, so wie die Helden von Langemarck* – diesen Spruch erhob der Gaustudentenführer 1939 bei der Weihe des Langemarck-Platzes zum Grundsatz der Tübinger Studenten.[380]

Um sich der erwünschten Wirkung auch sicher zu sein, baute die Partei möglichst viele Schulungen und Kontrollmöglichkeiten ins Studium ein. Ihre Anforderungen wurden also mit dem Beginn des Studiums keineswegs geringer. SA-Dienst, Wehrmachtsübungen und die Aktivitäten des NS-Studentenbundes forderten den Studierenden nicht nur während seiner Freizeit. *Zwei volle Nachmittage und jeder zweite Sonntag Außendienst, ein Abend in der Woche Schulung und einmal morgens Kleinkaliberschießen [...]. Der SA-Schliff nahm noch zu, als ausgediente Unteroffiziere mit zwölf Dienstjahren, genannt Zwölfender, eingesetzt wurden. Aber da hatte bereits die Abwanderung nicht nur älterer, sondern auch schon jüngerer Semester möglichst in große Universitätsstädte begonnen,*[381] erinnert sich ein ehemaliger Tübinger Student an die Belastung.

Seit 1937 war für die Mitglieder des NS-Studentenbundes, dem im Sommersemester 1938 82 Prozent der Studenten angehörten,[382] für die ersten drei Semester die Teilnahme an einer NS-Kameradschaft, dem nationalsozialistischen Surrogat für die aufgehobenen Korporationen, vorgeschrieben.[383] Für die anderen empfahl sich die Teilnahme an einer Kameradschaft, da Stipendien und andere finanzielle Vergünstigungen davon abhängig gemacht wurden.[384] Bis 1938 entstanden elf Kameradschaften, fünf davon als reine Studentenbunds-Kameradschaften, die anderen waren mehr oder weniger nur umbenannte Korporationen.

Die NS-Kameradschaften hatten es offenbar schwer, einen eigenen Stil zu entwickeln. Sie knüpften an den Mythos von Freiheitskämpfern aller Epochen an, nannten sich nach führenden Persönlichkeiten der Freiheitskriege oder der nationalsozialistischen »Kampfzeit«. Später kamen auch regionsspezifische Bezeichnungen hinzu.[385] Der »Erziehung zu opferwilligen und charaktervollen Menschen« hatten sich neben Kulturpflege und körperlicher Ertüchtigung alle Kameradschaften verschrieben. Dennoch herrschte ein unterschiedlicher Ton, wie schon die kurzen Texte im Verordnungsblatt des Studentenführers erkennen lassen, mit denen sie sich vorstellten. Da warb die Kameradschaft Hohentübingen mit ihrer zwanglosen Atmosphäre: *Unsere vornehmste Aufgabe sehen wir darin, die junge Mannschaft zu wahren Nationalsozialisten zu erziehen. Das geschieht einmal durch weltanschauliche Vorträge und Referate, die von den Kameraden selbst gehalten werden, und die daran anschließenden zwanglosen Aussprachen.*[386] Die Kameradschaft Straßburg, aus der HJ-Kameradschaft Herbert Norkus hervorgegangen, strich dagegen ihren *scharfen Gegensatz zu den Korporationen* heraus. Die Südmark sah ihre wesentliche Aufgabe in der *weltanschaulichen Auseinandersetzung mit den Gegnern des Nationalsozialismus*, und die Mitglieder der Kameradschaft Skagerrak hatten diesen Namen als Symbol gewählt *für den restlosen Einsatz des Einzelnen innerhalb seiner Gemeinschaft, die nur durch diesen Einsatz und den bedingungslosen Gehorsam der einzelnen Glieder großer Taten fähig ist.*

Obwohl militärische Umgangsformen und ein *Marschstiefel-Parteibetrieb* in den Kameradschaften vorherrschte, war es offenbar einigen ehemaligen Korporationen möglich, auch als Kameradschaften ihr Gemeinschaftsleben in den traditionellen Formen und Ritualen weiterzuführen.[387] So gab es beispielsweise bei der Derendingia *unter der Decke* einen aktiven Betrieb mit Bestimmungsmensur, gemeinsamem Mittagessen, samstäglicher Kneipe und sonntäglichem Spuz [Ausfahrt] sowie Konventen, Fuchsenstunden, Kränzchen und Pauktagen einschließlich eines Stiftungsfests in traditioneller Form.[388] Zeitweise demonstrierten die ehemaligen Korporationsstudenten ihre Anhänglichkeit an die alte Lebensform derart unbekümmert, daß sich der Tübinger Studentenführer 1938 genötigt sah, den Gerüchten entgegenzutreten, *einige Kameradschaften gestalteten ihr Gemeinschaftsleben nach Art und Weise einer Korporation.*[389] Sein anschließender Befehl: *Ich verbiete mit sofortiger Wirkung für Anwärter und Mitglieder der gesamten Studentenbundgruppe Tübingen das Tragen von Bierzipfeln und Verbandsnadeln* bestätigte aber nur zu deutlich, was er zum unsinnigen Gerücht hatte deklarieren wollen.[390]

Neben dem gemeinsamen Wohnen und Essen auf den einstigen Verbindungshäusern trafen sich die Kameradschaftsmitglieder zur politischen Schulung und zum sportlichen Training, veranstalteten Dorfabende in der Umgebung oder Betriebsausflüge, beispielsweise für die Arbeitnehmer des Himmelwerks. Ein mehrwöchiger Fabrik- bzw. Landdienst in der vorlesungsfreien Zeit, den der NS-Studentenbund 1935 für seine Mitglieder zur Pflicht gemacht hatte, gehörte ebenso dazu. Von 1937 an war dieser *Ehrendienst* auch für die wenigen nicht organisierten Studierenden Pflicht.[391] Hatte ein Student die eineinhalb Jahre »Kameradschaftserziehung« hinter sich, so wurde er zur »Wissenschafts- und Fachschaftsarbeit« verpflichtet, die vor allem dazu diente, in Arbeitsgemeinschaften den alljährlichen Reichsberufswettkampf der deutschen Studenten, bei dem die Universität Tübingen außergewöhnlich erfolgreich abschnitt, vorzubereiten. Nebenher mußte er weiterhin mindestens viermal im Monat am Kameradschaftsdienst teilnehmen.[392]

Parallel zu den Kameradschaften wurden die Studentinnen in der Arbeitsgemeinschaft Nationalsozialistischer Studentinnen (ANSt) erfaßt.[393] Ein eigenes Wohnheim stand ihnen nicht zur Verfügung, lediglich ein Tagesheim in der Kaiserstraße. Bevor eine Studentin ihr Examen ablegen konnte, hatte sie in ihrem *Pflichtheft* die Beteiligung an Sport- und *Frauendienstkursen* nachzuweisen.[394] Letztere umfaßten zwei kurze und eine ausgiebige Schulung in Luftschutz, Nachrichtenwesen und Sanitätsdienst. Zusammen mit dem Sport sollten diese Pflichtkurse gesellschaftliche Aufgaben einüben und verhindern, daß eine Studentin nach BDM und Arbeitsdienst *sich nun von allem zurückzieht und als Privatmensch die Zeit ihres Studiums verbringt.* Außerdem versprachen sich die Nationalsozialisten von dieser praktischen Betätigung, daß sie die *völlige Abstraktion und Wirklichkeitsentfremdung* verhindere, zu der ihrer Meinung nach die Beschäftigung mit der Wissenschaft bei Frauen führte. Doch die Propagandaartikel für die ANSt gestanden ziemlich frei, daß es nicht leicht war, *die Kommilitoninnen für das Dritte Reich zu gewinnen,* [...] *sie aus ihrem eher eigenbrötelichem Individualismus herauszureißen und sie unserer Gemeinschaft zuzuführen.*[395]

Kultminister Mergenthaler hatte vor Gründung der ANSt ebenfalls über die mangelnde Beteiligung von Studentinnen an der politischen Arbeit geklagt.[396] Eine Hochschulgemeinschaft deutscher Frauen sollte deshalb die nationalsozialistische Studentinnenarbeit stützen. Diese Organisation, die seit 1938 bestand, appellierte an alle Frauen, nicht nur an die Berufstätigen, ihr *Interesse an der geistigen Tätigkeit der Frau* zu aktivieren, um die Arbeit der Studentinnen zu fördern. Sie arrangierte Feierabende und spezielle Veranstaltungen für

Professorenfrauen. Die divergierenden Rollenanforderungen an die Frau versuchte sie zur Deckung zu bringen, indem sie das nationalsozialistische Rollenklischee von der Frau als ausschließlich biologisch definiertem Wesen zu einer allumfassenden *geistigen Mütterlichkeit* erweiterte.[397]

Im Wintersemester 1937/38 schlossen sich die Studentinnen zu weiblichen Kameradschaften zusammen, benannt nach Margarethe von Wrangell, Liselotte Machwirth, später umbenannt in Maria von Linden, Helene Lange, Franziska Diburtius und Regina Burckhardt-Bardili. Zu den festen Terminen gehörte das gemeinsame Mittagessen und einmal in der Woche ein Schulungsabend. Die Ableistung eines Fabrikdienstes bzw. der Erntehilfe oder eines Landeinsatzes war für die Studentinnen ebenso verpflichtend wie für ihre männlichen Kommilitonen.[398] Besondere Befehle des Reichsstudentenführers bzw. seines örtlichen Stellvertreters riefen die Studierenden immer wieder kurzfristig zu aktuellen Anlässen zusammen. Da mußte angetreten werden zum Besuch von NS-Prominenz, da wurde die Teilnahme an allen Veranstaltungen des Reichsstudententages angeordnet und die Studenten in Uniform zum Appell zitiert.[399] Für Mitglieder des NS-Studentenbundes war es außerdem Ehrensache, sich zur Vorbereitung der Volksabstimmung vom April 1938 zur Verfügung zu stellen.[400]

Angesichts dieser zeitlichen Belastung neben der wissenschaftlichen Ausbildung ist es kein Wunder, daß sich viele Studenten überfordert fühlten und unabhängig von ihrer Einstellung zum Regime nach Möglichkeiten suchten, den Anforderungen zu entgehen. Eine beliebte Möglichkeit, den Dienst in SA, SS, HJ, NSKK oder NS-Frauenschaft zu umgehen, war die Überweisung von der heimatlichen HJ-Stelle an den Reichsluftschutzbund (RLSB) oder an die NSV. Anfang 1939 sah sich deshalb Kreisleiter Rauschnabel genötigt, darauf hinzuweisen, daß die Arbeit im RLSB ebenso wenig wie die bei der NSV als *Gliederungsdienst* angerechnet werde, da diese Organisationen nur angeschlossene Verbände, keine Gliederungen der Partei seien.[401] Die steigende Quote von krankgemeldeten Studenten ist ebenfalls in diesem Zusammenhang zu sehen. Die Deutschland-Berichte meldeten schon 1935: *Am augenfälligsten erscheint mir die Wandlung der Studentenschaft in den letzten zwei Jahren. Auch sie war immer der Vorkämpfer des Dritten Reichs. Heute herrscht bei den Studenten ein starkes politisches Ruhebedürfnis. Man möchte möglichst los vom Marschieren und Parteidienst.*[402] Die Abteilung Krankenversorgung des Tübinger Studentenwerks allerdings führte die Tatsache, *daß eine große Anzahl der Studierenden mit den lächerlichsten Klagen und Beschwerden erscheint, untersucht und behandelt werden will* in erster Linie *auf einen großen Mangel an persönlicher Härte und Energie* zurück.[403]

Die sinkenden Studentenzahlen spiegelten ebenfalls die Abneigung der Studierenden gegen die Anforderungen der Partei wider. Sie zeigen aber auch die Aversion gegenüber einer Kleinstadtuniversität, in der die Überwachung und Kontrolle durch die NSDAP sehr viel umfassender als in einer Großstadt war.[404]

Eine weitere Folge der permanenten Beanspruchung und politischen Übersättigung war die Abnahme der wissenschaftlichen Qualifikation.[405] Der Reichserziehungsminister ordnete an, *daß die Studierenden, die im laufenden Semester infolge stärkerer Beanspruchung durch Leibesübung, SA-Sport, Arbeitsdienst und nationalpolitische Schulung verhindert waren, Vorlesungen und Übungen in der erforderlichen Regelmäßigkeit zu besuchen, bezüglich der Erteilung der Testate nicht schlechter gestellt werden dürfen als die übrigen Studierenden.*[406] Damit zog er sich freilich den Unwillen der Professoren zu, die ihren wissenschaftlichen Anspruch nicht aufgeben wollten. Selbst bei systemtreuen Hochschullehrern stieß der Ersatz wissenschaftlicher Qualifikation durch politische Gesinnung gelegentlich auf Unverständnis. Der Historiker Heinrich Dannenbauer beispielsweise, dessen Berufung der Kultminister 1933 wegen seiner frühen Parteimitgliedschaft gegen den Willen der Universität durchgedrückt hatte, machte 1935 seinem Unmut deutlich Luft: *Es geht nicht an, daß Leute, die bei kaum einer Seminarübung anwesend waren, eine Bescheinigung erhalten, die wahrheitswidrig behauptet, sie hätten mit Erfolg besucht. Bei den Prüfungen müssen die Scheine vorgelegt werden. Dort sollen wohl dann auch die gleichen Rücksichten gelten?! Was wird das für Lehrer und Beamte geben. Ich bitte S. Spektblt. beim Herrn Rektor deshalb Rücksprache zu nehmen. Hier geht es um Lebensinteressen des Studiums und der Studenten.*[407] Um Interessen der Professoren ging es freilich auch, stellten doch die permanenten Angriffe der Partei auf die angeblich weltfremde, verschlafene Universität und der Aufbau parteieigener Hoch-Schulen den Fortbestand der Universität in Frage.[408]

Noch öfters brachte der Versuch der Partei, in die Beurteilungspraxis der Universität einzugreifen und nationalsozialistisches Engagement in laufbahnrelevante Pluspunkte umzumünzen, die Universität in Verlegenheit, zwang er sie doch, zwischen Loyalität gegenüber dem Regime und korporativer Autonomie eine Entscheidung zu treffen.[409] Umgekehrt sperrte der Reichserziehungsminister den Studenten, die sich bei ihren »Diensten« nicht als hundertprozentige Nationalsozialisten erwiesen hatten bzw. aus rassischen oder religiösen Gründen von vornherein nicht als zuverlässig galten, Stipendien, Gebührenerlasse und sonstige finanzielle Erleichterungen. Jüdischen Studierenden hatte der Kultminister bereits in den ersten Wochen der »Machtergreifung« den Kolleggeldnachlaß gestrichen.[410] Mit Zuspitzung der kirchenpolitischen Auseinandersetzung bekamen vor allem Theologiestudenten die ideologische Auswahl zu spüren. Gleichgültigkeit oder Desinteresse gegenüber dem Nationalsozialismus konnten sich unter diesen Umständen nur diejenigen Studenten leisten, die auf keinerlei finanzielle Beihilfe angewiesen waren.

Auch diejenigen Studierenden, die die rund 500 Reichsmark[411] an durchschnittlichen Semesterkosten von ihren Eltern erhielten, waren der Kontrolle und dem Überwachungssystem der Partei unterworfen. Da diese in persönlichste Bereiche hineinregierte, selbst auf Kleidung oder den Geschmack Einfluß nehmen wollte, gab es vielfältige Möglichkeiten, durch das Strafgericht des NSDStB bzw. durch die Universität diszipliniert zu werden. Schon das Tragen von Kleidungsstücken, die dem nationalsozialistischen Weiblichkeitsideal widersprachen, oder das Tanzen nach *undeutscher Negermusik*, wozu die Gaustudentenführung jeden Swing zählte, führte zu disziplinarischen Maßnahmen.[412] Offene Kritik an dieser Reglementierung machten die Spitzel, die sich die Partei zahlreich unter Studenten und Dozenten zu verpflichten wußte, zum Risiko. Der NS-Studentenbund fungierte als *ideologische Polizei*.[413] Öffentlich geäußerte Kritik zog unmittelbare Konsequenzen nach sich. So mußte der Student W. J. Kurt seine Kritik am Eindringen der SA in den Rottenburger Bischofspalast mit dem Verweis von allen deutschen Hochschulen büßen.[414]

Je mehr die Nationalsozialisten die Universität in den Griff bekamen, desto stärker wurden Gängelung, Belastung und geistige Enge. Parallel dazu wuchsen aber auch der Ärger über die Unlust an der Kleinkariertheit des Systems. Einige Studenten fanden in ironischen Glossen ein Ventil für den unerträglichen Druck. Beim Hochschulfest im Februar 1939 zog ein studentisches Theaterstück – *Faust IV. Teil oder: Der Geist des 21. Jahrhunderts* – das System ins Lächerliche.[415]

*Der bärtige, nordische, faustische Drang*
*Treibt uns unser Leben lang*
*Des Lebens Tiefen zu ergründen*
*Um irgendwo den Geist zu finden*
*Seit alle Werte umgewertet*
*Ist unser Amt hier schwer gefährdet*
*Trotz dieser drohenden Gefahren*
*Gelang es doch seit hundert Jahren*
*Durch Gleichschalten und durch Marschieren*
*Uns durch die Zeiten zu lavieren.*
*Doch das kann nun nicht weitergehen*
*Das Volk, es will den Geist jetzt seh'n*
*Den Geist, von dem wir immer sprechen*
*Das Volk wird sonst sich furchtbar rächen.*

Zur Rechenschaft gezogen wurde niemand. Die Funktion des einen Autors, cand. phil. Robert Uhland, der die Fachgruppe Kulturwissenschaften leitete, mag für eine positive Aufnahme der Persiflage als Studentenulk gesorgt haben. Ein – wie Adam meint – *Rudiment einstmaliger studentischer Freiheiten, die an dieser relativ liberalen Universität noch verblieben waren,* war das Ausbleiben einer negativen Reaktion sicher nicht.[416] Liberal war die Hochschule schon 1933 nicht mehr. Die einander widersprechenden Vorhaben miteinander konkurrierender Instanzen von Staat und Partei, die je ihre eigenen Pläne mit der Hochschule bzw. den Studierenden hatten, schufen jedoch Freiräume, in denen die Ernüchterung über die konkreten hochschulpolitischen Folgen des bejubelten nationalen Aufschwungs und die Enttäuschung über die nichteingelösten Hoffnungen Raum fanden. Auch Ärger über die permanente Beanspruchung durch die Partei konnte in diesen Nischen laut werden.

Oft war der Überdruß nichts anderes als Auflehnung gegen gesetzte Autoritäten. Das Verhalten der Korporationen zeigt aber, daß dieser Freiraum, je größer die ideologische und personelle Nähe zur NSDAP war, desto offensiver gestaltet werden konnte.[417] Studenten, die schon durch ihr Fach, etwa die Theologie, Zweifel an ihrer weltanschaulichen Zuverlässigkeit weckten, konnten sich besonders wenig Nonkonformität leisten. In der Regel aber zeigten die Studierenden trotz aller Unzufriedenheit mit bestimmten Forderungen der Partei eine autoritäre Unterordnung unter den NS-Staat, nicht wahrhaben wollend, daß Staat und Partei im Dritten Reich untrennbar miteinander verquickt waren. Insofern unterschied sich die Haltung der meisten Studierenden an der Universität Tübingen zwischen 1933 und 1939 nicht von der Haltung, die rückblickend ein ehemaliger Tübinger Student als typisch für die aktiven Burschenschaftler beschrieb: *Die politische Haltung der Aktiven war im ganzen die des Bürgertums, dem sie wohl sämtlich entstammten: nachdem alle noch die Agonie der Weimarer Republik bewußt miterlebt hatten, fühlte man eine Pflicht zur Loyalität gegenüber einer Staatsführung, die die Arbeitslosigkeit beseitigt, die abstoßenden Parteienkämpfe beendet, das Saargebiet zurückgewonnen, die Wehrpflicht wieder eingeführt und das Rheinland wieder ganz unter deutsche Hoheit gestellt hatte – die, kurz gesagt, die Not des Volkes zu wenden verstanden hatte. Solchen Erfolgen konnte eine auf das Vaterlandsprinzip aufgebaute Vereinigung schwerlich die Anerkennung versagen, und mit dieser verband sich für manche auch noch das persönliche Moment, daß sie es überhaupt erst dem wirtschaftlichen Wandel seit 1933 verdankten, auf einer Hochschule studieren zu können.*[418]

Die Forderung nach einer nationalsozialistischen Hochschule widersprach traditionellen Vorstellungen der Freiheit von Forschung und Lehre. Die politische Aussage hatte Vorrang vor der wissenschaftlichen, ja bestimmte sie soweit, daß sie wissenschaftliche Forschungsergebnisse unterdrückte, die mit der NS-Weltanschauung nicht vereinbar waren. Wie bei den Studenten drängte auch die von den Professoren verlangte ständige Einsatzbereitschaft den wissenschaftlichen Auftrag an den Rand. Die geforderte Beteiligung an Sammlungen und Betriebsappellen, Parteiveranstaltungen und Maifeiern sowie den verschiedenen Diensten der Parteigliederungen ließ der Forschung wenig Raum. Hinzu kam, daß auch die Professoren unter Kontrolle standen. Ein wesentliches Instrument dieser politischen wie ideologischen Überwachung war der NS-Dozentenbund, die offizielle Gliederung der NSDAP seit 1935. Dessen Führung lag in Tübingen seit Herbst 1936 bei dem Assistenzarzt Walter Schwenk.[419] 1938 löste ihn der Anatom Robert Wetzel ab, der wegen einer anthropologischen Grabung im Lonetal den an Ur- und Vorgeschichte besonders interessierten Reichsführer-SS, Heinrich Himmler, für sich hatte gewinnen können.[420]

Mit großem Einsatz versuchte der NS-Dozentenbund in Tübingen zu erreichen, daß an der Hochschule nur noch der *Typ eines einsatzbereiten, politischen und nationalsozialistischen Kämpfers* lehrte, getreu dem bereits 1935 per Reichsgesetz festgelegten Grundsatz, daß Kandidaten nur noch berufen werden durften, *wenn sie die Gewähr eines jederzeit rückhaltlosen Eintretens für den nationalsozialistischen Staat bieten.*[421] Was bedeutete, daß ohne eine positive Beurteilung aus einem Dozentenbundlager, das jeder Habilitierte absolvieren mußte, kein Lehrauftrag mehr zu bekommen war.[422] Der NS-Dozentenbund beherrschte die Personalpolitik der Universität. Er versuchte, die Berufung von zuverlässigen Nationalsozialisten durchzusetzen, was zu Konflikten mit dem Reichserziehungsminister führte[423] und die Fakultäten, deren Vorschlagslisten wiederholt zurückgewiesen bzw. übergangen wurden, erheblich verärgerte. Auch die örtlichen Parteidienststellen sowie der Studentenführer nahmen Einfluß auf die Berufungsverfahren.

Der ständigen außerwissenschaftlichen Beanspruchung überdrüssig, entzogen sich mehr und mehr junge Wissenschaftler diesem politischen Ausleseverfahren und wanderten in die Industrie bzw. zur Wehrmacht ab. Der sich abzeichnende Mangel an qualifiziertem Nachwuchs alarmierte schließlich den Kultminister: *Nach den Erfahrungen der letzten Jahre besteht die Gefahr, daß die charakterlich und geistig Brauchbarsten von den Hochschulen abwandern, während einerseits nicht charakterfeste Streber mit politischer Farblosigkeit, andererseits wissenschaftlich schwächer Begabte die künftig frei werdenden Professuren zu ersetzen drohen,* klagte Mergenthaler 1936.[424] Doch seine Versuche, diesem Mangel abzuhelfen, fruchteten wenig. Die Novellierung der Reichshabilitations-Ordnung vom Oktober 1938, das Gesetz über die Besoldung der Hochschullehrer und die Reichsassistentenordnung[425] verbesserten zwar die finanzielle Situation des akademischen Nachwuchses, die wissenschaftliche Qualifikation konnten diese Regelungen aber nicht anheben. Die rigide nationalsozialistische Personalpolitik stieß zunehmend auf Reserve, teilweise auf deutlichen Widerspruch. Als NS-Dozentenbundführer Wetzel zum zweiten Mal den Fakultätsvorschlag für die Besetzung der Professur für Landesgeschichte und historische Hilfswissenschaften zurückwies, lehnte Heinrich Dannenbauer beim Dekan jede Verantwortung für weitere derartige Berufungsverfahren ab und bat ihn ausdrücklich, seine Vorbehalte in die Akte aufzunehmen.[426]

Formal betrachtet, schien die nationalsozialistische Personalpolitik geglückt. Nur 31 von 160 Mitgliedern der Universität waren bei Kriegsende nicht in der NSDAP.[427] Doch die NS-Führung selbst betrachtete die Hochschulen keineswegs als zuverlässige Stütze ihres Systems. Die geheimen Lageberichte des Sicherheitsdienstes der SS klagten 1938 über die Passivität der Dozenten. Jede *über den engen Rahmen ihrer Facharbeit hinausgehende politische und weltanschauliche Arbeit* werde von ihnen abgelehnt: *Nur bei einem zahlenmäßig geringen Teil, besonders der jüngeren Dozentenschaft, kann von einer offenen und klaren Einsatzbereitschaft für den Nationalsozialismus gesprochen werden.*[428] Außerdem wußten sie zu berichten, daß noch immer nicht *alle gegnerischen Kräfte in der Wissenschaft* ausgeschaltet seien.

Auch die württembergische Gauleitung verlor nie ihr Mißtrauen gegenüber der Hochschule. 1936 beschwerte sich der Kultminister über die *Laschheit,* mit der der Hitlergruß in den Universitätskliniken gehandhabt würde.[429] Mit der ideologischen Haltung der theologischen Fakultäten war er besonders unzufrieden: *Wenn kirchliche Stellen den Nationalsozialismus angreifen,* erklärte er wenig später in drohendem Ton, *muß auch ein Professor der Theologie wissen, wohin er gehört.*[430]

Das Mißtrauen der Partei gegenüber den theologischen Fakultäten hatte nicht nur mit der Opposition zu tun, die der Partei von den Kirchen entgegengebracht wurde, sondern war auch ein Ausdruck der Irritation darüber, daß die Zahl der Theologiestudenten in Tübingen außerordentlich hoch war und 1935, als die Studentenfrequenz aller anderen Fakultäten fiel, sogar noch anstieg.[431] Die Partei ließ deshalb keinen Anlaß aus, Theologiestudenten zu verdächtigen und zu diffamieren.[432] Katholische Theologiestudenten, die durch die Einführung der Satisfaktionspflicht im NSDStB in Konflikte gerieten, da die Kirche ihnen die

Zugehörigkeit zu einer schlagenden Verbindung verbot, wurden zu Feiglingen und Drückebergern erklärt, ihre Vaterlandsliebe in Frage gestellt,[433] wie der katholische Studentenseelsorger dem Bischöflichen Ordinariat berichtete. 1939 schloß der NSDStB die Studenten der katholischen Theologie von der Teilnahme an der Langemarckfeier aus, *soweit sie ihre Wehrpflicht als deutsche Männer nicht erfüllen.* Auch die Teilnahme an der Erntehilfe im Osten war ihnen verwehrt, was wiederum neue Möglichkeiten für Diffamierungen schuf.[434] Schließlich versuchten die NS-Hochschulpolitiker die Theologie aus der Universität hinauszudrängen. Anfang 1939 verlangte der Kultminister vom Rektor, dafür zu sorgen, daß die evangelischen Morgenandachten an der Universität ihren öffentlichen Charakter verlieren: *Hörsäle dürfen für solche Andachten nicht mehr benutzt werden. Die Anschläge am Schwarzen Brett fallen weg. Wenn für Dozenten und Studierende anderer Fakultäten ein Bedürfnis zur Abhaltung oder zum Besuch von Morgenandachten besteht, so sind dafür kirchliche Räume in Anspruch zu nehmen. Es ist nicht Aufgabe der Universität, rein kirchliche Bedürfnisse zu befriedigen.*[435]

Mergenthaler, der Studentenpfarrer Burger für einen *fanatischen Hetzer gegen den Nationalsozialismus* hielt, verbot diesem sämtliche Räume der Universität.[436] Die Anzeigen für die Studentenseelsorge wurden im Vorlesungsverzeichnis gestrichen, und der Semesteranfangsgottesdienst im Festsaal wurde durch eine *religiös gehaltene deutsche Feierstunde* ersetzt.[437] Selbst das Evangelische Stift, das sich der *Waffenbrüderschaft von Stift und Fakultät im Kampf der nationalsozialistischen Weltanschauung gegen den Bolschewismus* rühmte und tatsächlich einige der aktivsten Kämpfer während der »Machtergreifung« gestellt hatte, zog sich den Ärger der Partei zu.[438] Als der Ephorus 1936 bei der Vierhundertjahrfeier des Stifts versehentlich versäumte, Bürgermeister Weinmann als Vertreter der Partei ausdrücklich zu begrüßen, deklarierte das Zentralorgan der Reichsstudentenführung dieses Versäumnis als *passiven Widerstand* und beschimpfte das Stift als *Reaktionsherd.*[439]

Ihren Höhepunkt fanden die Angriffe auf die theologischen Fakultäten, als NS-Dozentenbundführer Wetzel 1939 am sechsten Jahrestag der nationalsozialistischen Machtübernahme bei der Feierstunde der Universität die Ausgliederung der theologischen Fakultäten aus der Universität forderte, *da es keine Wissenschaft vom Glauben gebe, erst recht natürlich keine Wissenschaft von zwei Glauben.*[440] Der Krieg verhinderte die Realisierung dieser Pläne. Lediglich die historische Rangordnung der Fakultäten änderte Rektor Hoffmann im Sommersemester 1939. Statt der theologischen Fakultäten, die bis dahin an erster Stelle rangiert hatten, nahmen nun die Naturwissenschaften diesen Platz ein.[441]

Nach dem Willen der Partei gab es nur eine, nationalsozialistische Wissenschaft. Alles, was den NS-Staat kritisierte oder in Frage stellte, sollte an den Hochschulen keinen Platz mehr haben: *Die Wissenschaft als Instrument der Erhaltung, der Sicherung und Förderung unserer völkischen Existenz in ihren materiellen Bedingungen, in ihren leiblichen und seelisch-geistigen und damit auch sittlichen und kulturellen Lebenswerten, heute, in Zukunft und in längst vergangenen Tagen*, erklärte Rektor Hoffmann 1938 beim Studententag zur *Leitidee und Zielsetzung* der nationalsozialistischen Universität.[442] Es gelte, führte er weiter aus, die *Ernte der biologisch-rassischen Forschungstradition* einzufahren, die in Tübingen, der *Geburtsstadt der deutschen Zwillingsforschung,*[443] schon vor 1933 Wurzeln geschlagen habe.

Mehr noch als solche Programme sorgten veränderte Prüfungsordnungen und Lehrpläne dafür, daß der Rassismus zum vorrangigen Thema der Forschung und zum dominierenden Aspekt aller Wissenschaftsvermittlung wurde. So mußten Lehramts-Kandidaten von Herbst 1938 an einen Pflichtschein in Volkskunde, Rassenkunde und Vorgeschichte vorlegen; auch Juristen und Volkswirte hatten Vorlesungen in deutscher Volkskunde nachzuweisen.[444] Neue Lehrstühle verstärkten die Ideologisierung. Das Institut für Deutsche Volkskunde, dessen Aufbau der Kultminister bereits 1933 dem Germanisten und ehemaligen Kommissar zur Gleichschaltung der Universität, Gustav Bebermeyer, anvertraut hatte, war das einzige Volkskundeinstitut in Deutschland. 1934 folgte ein Lehrstuhl für »Rassenkunde«, den der Anthropologe Wilhelm Gieseler erhielt.[445] Weitere neugeschaffene Lehrstühle, wie beispielsweise der für »Urgeschichte« (1935), »Weltpolitische Auslandskunde und Kolonialpolitik« (1938) oder Lehraufträge, beispielsweise für »Naturgemäße Heilmethoden« (1941) dienten ebenfalls der Verbreitung des staatlicherseits verordneten Weltbildes.[446]

Die Betonung von »Rassefragen« war an der Universität Tübingen nicht neu. Bereits vor 1933 hatten einige Fakultäten ihren Schwerpunkt auf »Rassenhygiene« und »Rassenkunde« gelegt. Nach 1933 aber gab es offenkundig keinen Lehrenden mehr, der sich nicht darum bemühte, sein Thema – und sei es nur formal – unter »rassischen« Gesichtspunkten anzubieten. Je nach Standpunkt wurde der Schwerpunkt auf biologische, antisemitische oder arisch-völkische Aussagen gelegt, wie ein Blick in die Vorlesungsverzeichnisse zeigt. Bereits im Sommersemester 1934 lautete das Thema einer Ringvorlesung *Rasse, Volk und Staat im neuen Deutschland.*[447] Angesichts der großen Begeisterung, mit der die Universität die Machtübernahme durch die Nationalsozialisten 1933 als eine »Wiedergeburt des wahren Deutschlands« begrüßt hatte, nimmt die große Bereitschaft zur Umstellung auf nationalsozialistische Themen nicht wunder. Wieweit dieses rassistisch eingefärbte Vorlesungsprogramm aber tatsächlich nationalsozialistische Ideologie verbreitete, läßt sich schon wegen der mangelnden Kongruenz dieser Ideologeme kaum feststellen. Adam vermutet wohl zu Recht, *daß die ideologisch-politischen Themenangebote, sofern sie nicht durch Lehrpläne und Prüfungsordnungen abgedeckt waren, auf ein immer geringeres Engagement der Studierenden stießen.*[448] Tatsächlich ging die Zahl der Vorlesungen mit eindeutig weltanschaulicher Tendenz mit der Stabilisierung des Systems deutlich zurück. An ihre Stelle traten Veranstaltungen, die aktuellem politischen Interesse dienten, beispielsweise über »Wehrwissenschaft« oder über die Wirkung und Heilung chemischer Kampfstoffe.[449]

Zu einem geistigen Widerstandszentrum entwickelten sich die Seminare und Vorlesungen zu keiner Zeit, auch wenn es einige Professoren und Dozenten gab, die allein schon durch ihre betonte Sachlichkeit, ihre nüchterne Methode oder ihre unbeeinflußte Stoffwahl eine Gegenwelt zur korrumpierten NS-Wissenschaft aufrechterhielten. Carlo Schmid notierte dazu in seinen Erinnerungen: *Neben jenen, die dem allgemeinen Trend folgten, gab es Einzelgänger, die daran erkennbar waren, daß sie Vorlesungen bestimmter Professoren bevorzugten. Die so getroffene Selektion innerhalb des Lehrkörpers bewirkte eine Art Gemeindebewußtsein. Das hatte nichts mit »politischem Widerstand« zu tun; weder jene Studenten noch jene Professoren hatten sich vorgenommen, mit Vorbedacht zu provozieren; doch die Vorlesung, um die es ging, und vor allem der Geist, aus dem heraus sie gehalten wurden, wurde als Gegenwelt der offiziell verordneten Weltbetrachtung empfunden. Es handelte sich im allgemeinen um die Themen, die dem klassischen Humanismus teuer waren, doch beschränkte sich dieser Prozeß nicht auf die Philosophische Fakultät.*[450] Schmid selbst hielt Vorlesungen, die die Studenten als eine solche Demonstration einer anderen Wirklichkeit erlebten, besonders sein Kolleg über Machiavelli. Auch die Vorlesungen der Historiker Heinrich Dannenbauer und Adalbert Wahl wurden dazu gezählt.[451]

Die Plattheit, mit der die Machthaber bestimmten, daß Wissenschaft nur das sei, was ihren Interessen nützte, rüttelte am Selbstverständnis mancher Professoren. Doch nur wenige wagten, in ihren Vorlesungen die offizielle NS-Version zu umgehen, sie gar offen zu korrigieren. Zu diesen wenigen gehörte der Historiker Heinrich Dannenbauer, der sich aus einem frühen, überzeugten Nationalsozialisten zu einem entschiedenen Gegner nationalsozialistisch interpretierter Geschichte entwickelt hatte und sich mutig für die Freiheit von Forschung und Lehre einsetzte.[452] Seine Kritik an der Geschichtsbetrachtung im Stil Alfred Rosenbergs[453] blieb den überwachenden Stellen nicht verborgen. So berichtete der Leiter des NS-Dozentenbundes nach Aufforderung von Weinmann, der als stellvertretender Kreisleiter im »Führerrat der Universität« saß, daß Dannenbauer *politisch mehr und mehr in eine Art krankhaften Pessimismus geraten* sei: *Wir mußten dann in der Folge die Beobachtung machen, daß Äußerungen, die Dannenbauer teils seiner Neigung zu pessimistischer Kritik, teils seinem Hang zu übertriebener Sachlichkeit als Historiker folgend, aber in jedem Fall zweifellos aus innerer Überzeugung heraus tat, von unseren Gegnern wohlgefällig aufgenommen wurden und ihnen sozusagen Wasser auf die Mühlen lieferten.*[454]

Aufsehen erregte Dannenbauers Antrittsvorlesung im November 1934. Er hatte das brisante Thema gewählt »Germanisches Altertum und deutsche Geschichtswissenschaft« und widersprach offen der von Rosenberg propagierten Linie.[455] Daraufhin ließ ihm Kultminister Mergenthaler seine Mißbilligung über diese Art der Geschichtsbetrachtung eröffnen, *die bei Partei und Staat verschiedentlichst Entrüstung hervorgerufen* habe: *Insbesondere hat die bewußte Überbetonung des Fremdeinflusses auf das Deutschtum unter Ausserachtlassung der feststehenden Ergebnisse der Früh- und Vorgeschichtsforschung berechtigte Verstimmung ausgelöst.* Doch Dannenbauer wies den Eingriff des Kultministers in die Freiheit der Lehre strikt zurück und beharrte darauf, daß *die wissenschaftliche Tätigkeit eines deutschen Universitätsprofessors [...] weder der Billigung noch der Mißbilligung einer Behörde unterliegt, sondern die wissenschaftliche Forschung und ihre Vertretung in Wort und Schrift ist frei.* Das mochte die Partei nicht auf sich sitzen lassen. Sie leitete ein Verfahren vor dem Gaugericht Stuttgart wegen *ehrenrühriger Zuwiderhandlungen gegen die Bestrebungen der NSDAP* ein. Die Anklage warf Dannenbauer neben seiner Opposition zur NS-Geschichtsideologie vor, daß er sich weigere, die nationalsozialistische Hochschulpolitik mitzutragen, und daß er sich immer gesträubt habe, vorschriftsmäßig mit dem Deutschen Gruß zu grüßen.[456] Nach zehnmonatiger Verhandlung sah das Parteigericht schließlich von dem beabsichtigten Parteiausschluß ab und gab sich mit einer Verwarnung zufrieden. Fortan stand Dannenbauer unter ständiger Überwachung und wurde, da er mit seiner Meinung weiterhin nicht hinterm Berg hielt und in der Stadt als der Professor bekannt war, *der mit dem Hut grüßte,* noch mehrmals wegen staatsfeindlicher oder angeblich defätistischer Äußerungen angezeigt.[457]

Doch der Fall Dannenbauer bildete eine Ausnahme.[458] Die meisten Lehrenden hatten die angeblich voraussetzungslose Wissenschaft, die sie während der Weimarer Republik betrieben hatten, willig, zumindest widerspruchslos, gegen eine politisierte Gelehrtenarbeit eingetauscht, vermittelte diese doch zumindest die Illusion einer Teilhabe an der Macht. Daß es oft bei dieser Illusion blieb, illustriert die Laufbahn Gustav Bebermeyers. Als Kommissar zur Gleichschaltung der Universität hatte er zwar konkrete Machtbefugnisse aus seinem frühen Engagement für die NSDAP an der Hochschule ziehen können. Doch obwohl dieser Einsatz seiner Karriere keineswegs geschadet, ihm vielmehr zu einer ordentlichen Professur und einem eigenen Institut verholfen hatte, mußte der braune Professor nach einiger Zeit ernüchtert feststellen, daß sich sein Engagement für die Partei aber nicht in einem größeren Zuspruch seiner Veranstaltung bemerkbar machte.[459] Der Grad der Aufnahmebereitschaft für weltanschauliche Postulate war in den einzelnen Fächern unterschiedlich. Doch gab es kein Fach, das sich von einer nationalsozialistischen Durchdringung völlig frei hielt.

Da die neuen Lehren auch der außeruniversitären Öffentlichkeit vorgetragen wurden – gemäß dem Postulat der Nationalsozialisten, daß sich die Hochschule dem Volk öffnen müsse – darf die Wirkung solcher Forschungsergebnisse nicht unterschätzt werden. Nicht unwesentlich trug auch die Lokalpresse zur Popularisierung solcher Anschauungen bei, da sie die Vorträge nicht nur ausführlich, meist im Wortlaut, wiedergab, sondern auch eine Serie »Schwabens Beitrag zum deutschen Geistesleben« einrichtete, die in unregelmäßigen Folgen Tübinger Beiträge zur nationalsozialistischen Wissenschaft propagierte.

Die Zuverlässigkeit der Forschung sollte eine neue Einrichtung garantieren: die Wissenschaftliche Akademie des NS-Dozentenbundes. Wie das Langemarck-Studium, das Nichtabiturienten den Weg zur Hochschule öffnete, sollte die Wissenschaftliche Akademie die Universität für neue Gruppen erschließen.[460] Auf Betreiben Wetzels wurde sie am 24. Juni 1937 in Tübingen aus der Taufe gehoben.[461] Sie sollte *der geistig-wissenschaftliche Mittelpunkt der nationalsozialistischen Hochschule werden und dazu führen, daß auf dem Fundament und an den Wurzeln der nationalsozialistischen Weltanschauung wieder eine wahre Gemeinschaft der Wissenschaften wächst.*[462]

Fächerübergreifendes Bindeglied dieses inneruniversitären Konkurrenzunternehmens, das es außer in Tübingen nur noch in Kiel und Göttingen gab, war die *weltanschauliche Bedeutung,* kurz: der Nutzeffekt für das Regime. *Wie sichere ich das völkische Dasein unserer Nation?* – diese Frage erhob die Akademie zum Kernpunkt jeder Wissenschaft.[463]

Arbeitsgemeinschaften und interdisziplinäre Forschungsgruppen, Ausspracheabende und öffentliche Vorträge formten die Organisationsstruktur der Akademie. Die ersten Forschungsgruppen befaßten sich mit Fragen der Eiszeit in Südwestdeutschland, der Freilandbiologie, den Auslandswissenschaften und der Raumforschung. Weitere Forschungsgruppen sollten sich den Problemen von »Leib und Seele«, »Rasse und Kultur«, »Erbe und Umwelt«, der Abstammungslehre oder der Schulmedizin sowie der Geschichte der Juden und der germanischen Glaubensgeschichte widmen.[464] Eine Weltanschauliche Lehrgemeinschaft faßte alle Einzelgruppen zusammen. Sie entwickelte sich unter der Leitung des Indologen Jakob Wilhelm Hauer zu einer Universität in der Universität, der zur Propagierung ihrer Ergebnisse jederzeit die Presse offenstand.

Gleichzeitig mit diesem Projekt trieb Wetzel die ehrgeizigen Pläne für einen Ausbau der Hochschule zu einem *Kulturzentrum des gesamten schwäbisch-alemannischen Raums* voran. Aus der Universität Tübingen sollte eine *Großhochschule Schwaben*, eine *Reichsuniversität Tübingen* werden.[465] Das waren Pläne, die auch die stets um ihr wirtschaftliches Auskommen bangende Stadt anfänglich mit Begeisterung unterstützte. Doch das einzig konkrete Ergebnis dieses Vorhabens, durch das der totale Krieg einen Strich zog, war der Verlust der Rechtsfähigkeit der Universität. Das Privileg gab die Hochschule leichtfertig für die Aussicht auf das zum Ausbau notwendige Baugelände auf.[466]

Einen weiteren Nachweis ihrer Ideologietreue konnte die Universität neben der NS-Dozentenbundsakademie mit einem Forschungsschwerpunkt führen, der den rassistischen Vorhaben der NS-Führung besonders entgegenkam: der Erforschung der »Judenfrage«. Gerne renommierte die Universität damit, daß sich gleich drei ihrer Mitglieder auf diesem Gebiet so hervorgetan hatten, daß sie in den »Sachverständigenbeirat der Forschungsabteilung Judenfragen des Reichsinstituts für Geschichte des neuen Deutschlands« aufgenommen wurden.[467] Referent für Religionswissenschaften am Reichsinstitut war der Tübinger Theologe Gerhard Kittel, der sich – wie erwähnt – um eine rassistische Abgrenzung und Unterscheidung von Christentum und Judentum bemühte, an allen Forschungen des Reichsinstituts zur »Judenfrage« beteiligt war und *unter den Tübinger Mitgliedern des Lehrkörpers unumstritten als der eigentliche Promotor einer nationalsozialistischen Judenwissenschaft* galt.[468] Max Wundt war für Fragen der Philosophiegeschichte zuständig. Sein früher Einsatz für den Nationalsozialismus an der Universität Tübingen hatte ihn für diese Funktion ebenso empfohlen wie seine zahlreichen völkischen Veröffentlichungen.[469] Der dritte, solcher Art ausgezeichnete Vertreter eines wissenschaftlichen Antisemitismus an der Universität Tübingen war der Theologe Karl Georg Kuhn, Referent für Talmud, der bereits 1934 auf Anregung des Kultministeriums einen Lehrauftrag zur »Sprache, Literatur und Geschichte des Judentums unter besonderer Berücksichtigung der Judenfrage« erhalten hatte.[470] Die Universität sonnte sich nicht ungerne im Glanz dieser »Judenforscher« und war bemüht, den Privatdozenten Kuhn durch Schaffung einer außerordentlichen Professur in Tübingen zu halten – nachdem sie schon Gerhard Kittel an die Wiener Hochschule verloren hatte –, *um eine zusätzliche Verstärkung der Tübinger Wissenschaftsgruppe Judenkunde-Semitologie-Rassenforschung* zu schaffen.[471]

Auch die Stadtbewohner partizipierten am Wissen dieser Koryphäen des Antisemitismus, beeilten sich diese doch, ihre Vorträge, die sie vor der Forschungsabteilung des Reichsinstituts gehalten hatten, auch dem örtlichen Publikum vorzutragen.[472] Die Presse lobte diese Öffentlichkeitsarbeit als *Marsch ins Volk* einer jungen Forscher- und Gelehrtengeneration: *Nicht mehr die grauen Theorien beherrschen die Hörsäle unserer Universitäten, wertvolle Erkenntnisse, die das ganze Volk angehen, verstauben nicht mehr in den stickigen Gelehrtenstuben einer vergangenen Zeit. So sicher wie große Erkenntnisse nur in der Einsamkeit geboren werden, so sicher aber können sie erst zu wirklichem Leben erwachen, wenn sie dem Volke vermittelt werden und dieses sie in seiner ganzen Tiefe und Größe erkennt.*[473]

Kuhn schreckte nicht davor zurück, Hilfeleistungen für die praktische Umsetzung seiner Erkenntnisse zu geben. Als Mitglied des »Ausschusses für jüdische Greuelpropaganda« war er in Tübingen für den Judenboykott vom April 1933 verantwortlich. Als offizieller Boykottredner setzte er seine Forschungsergebnisse, den Vorstellungen der Nationalsozialisten von einer praxisnahen Wissenschaft entsprechend, unmittelbar in politische Aktionen um.[474] Praktische Anwendung fanden die Erkenntnisse der »Judenforscher« auch bei der Vertreibung der Juden aus der Hochschule. Jüdische Studierende machten in Tübingen bereits 1933 weniger als 1,5 Prozent pro Fakultät aus.

Diskriminierungen und Repressionen – jüdische Studenten wurden durch farbige Studentenausweise gekennzeichnet, ständig überwacht, durften ab 1937 nicht mehr promovieren – zwangen nach und nach alle Juden, die Universität zu verlassen. Als nach den Ausschreitungen vom November 1938 die Anweisung des Reichserziehungsministers in Tübingen eintraf, daß Juden die Universität zu verlassen hätten, war an der Tübinger Hochschule niemand mehr immatrikuliert, auf den diese Verordnung angewandt werden mußte.[475] Da die »Juden-Experten« eine klare Trennung zwischen Juden und Christen empfahlen und vor jeder Nachgiebigkeit warnten, handelte die Universität im Sinne des Systems, als sie auch alle anderen Verbindungen mit Juden unterband. So wurde der Antrag eines Pariser Buchhändlers, der eine Tübinger Dissertation käuflich erwerben wollte, abgelehnt, weil der Universitätsbibliothekar vermutete, daß es sich bei der betreffenden Firma um eine jüdische handeln könnte.[476]

Für die Eberhard-Karls-Universität zwischen Selbstgleichschaltung und Kriegsbeginn zeichnete Adam das Bild einer *weithin formierten, den nationalsozialistischen Vorstellungen angepaßten Universität,* die sich zunehmend den Bedingungen und Postulaten des Herrschaftssystems genähert hatte.[477] Tatsächlich hatte sich der Nationalsozialismus seit 1935 an Schulen und Hochschule in Tübingen weitgehend konsolidiert. Das bedeutet jedoch nicht, daß die Nationalsozialisten alle ihre Forderungen verwirklichen konnten. Zu sehr divergierten innerhalb des NS-Systems die Auffassungen über die Instrumentalisierbarkeit von Erziehung und Wissenschaft. Schließlich entzog sich die Wissenschaft selber einer totalen Manipulation. Dennoch: auch der Tübinger Schul- und Hochschul-Alltag im Dritten Reich zeigt, wie schwer es für den einzelnen war, dem nationalsozialistischen Herrschaftsanspruch zu entgehen, zumal die propagierten Erziehungswerte wie Zucht und Ordnung, Pflicht und Gehorsam, Selbstaufgabe und Unterwerfung lange vor 1933 zu absoluten Werten des Bürgertums geworden waren. Selbst die Ausrichtung von Erziehung und Wissenschaft auf eine Vorbereitung des nächsten Kriegs hatte ihre ideologischen Wurzeln weit vor 1933 und stieß deshalb in ihrer Realisierung praktisch auf keinen Widerspruch. Was an Kritik tatsächlich laut wurde, betraf nicht das System der Nationalsozialisten als solches, sondern jeweils nur einzelne Erscheinungsformen seiner Herrschaftspraxis.

»Eine fast als passive Resistenz anmutende Zurückhaltung«:
Kirchen zwischen Arrangement und Selbstbehauptung

Das Einlenken Hitlers gegenüber den opponierenden evangelischen Landeskirchen im Herbst 1934 hatte keinen generellen Verzicht auf eine gleichgeschaltete, gefügige Reichskirche bedeutet. Es leitete nur diplomatischere Maßnahmen ein, die die Kirchen um so sicherer dem Anspruch des NS-Regimes ausliefern sollten. Die Ernennung eines Reichsministers für kirchliche Angelegenheiten und die Bildung eines Reichskirchenausschusses (RKA), dem die Leitung der Deutschen Evangelischen Kirche übertragen wurde, provozierten weniger Widerstand als die vorherigen Gleichschaltungsversuche. Der scheinbar versöhnliche, ausgleichende Kurs des neuernannten Reichskirchenministers Kerrl, dem es bei der Bildung von Kirchenausschüssen um eine Annäherung von Deutschen Christen und Bekennender Kirche ging, spaltete dann auch die Einheit der Bekenntnisfront.[478] Lehnte der eine Flügel den Reichskirchenausschuß als unrechtmäßig ab, weil vom Staat und nicht von der Kirche berufen, so sah der andere Flügel in ihm eine Chance zur Verständigung, die nicht ausgeschlagen werden dürfe.

In dem Ringen um eine angemessene Reaktion auf die neue Kirchenpolitik des NS-Staats vertrat der württembergische Landesbischof eine gemäßigte Linie. Das kirchliche Notrecht anzuwenden, das die zweite Bekenntnissynode Ende 1934 in Berlin-Dahlem proklamiert hatte, lehnte er ab. Von der Bekenntnisfront trennen wollte er sich aber auch nicht. Er war davon überzeugt, daß er das Angebot des Reichskirchenausschusses nicht ausschlagen dürfe, wenn er ein Auseinanderbrechen der Deutschen Evangelischen Kirche verhindern wollte. So waren seine Bemühungen um eine Kooperation mit dem Reichskirchenausschuß vor allem von der Absicht getragen, die württembergische Landeskirche in ihrem Bestand »intakt« zu halten. Im Gegensatz dazu lehnte der Preußische Bruderrat der Bekennenden Kirche, der dem versöhnlichen Kurs des Reichskirchenministers mißtraute, jede Mitarbeit an den Kirchenausschüssen kompromißlos ab. Er rang sich zu einer radikalen Haltung gegenüber dem NS-Staat durch und klagte in einer Denkschrift vom Mai 1936 nicht nur die Eingriffe des NS-Staates in kirchliche Belange an, sondern verurteilte erstmals auch dessen Menschenrechtsverletzungen und Unrechtsakte. Als das »Befriedungskonzept« fehlschlug, trat der RKA Anfang 1937 zurück. Damit war der Ausgleichsversuch des Reichskirchenministers gescheitert. Das Nebeneinander von gleichgeschalteter offizieller Kirchenleitung und Kirchenleitung der Bekennenden Kirche (Reichsbruderrat) blieb bis 1945 weiter bestehen.

Auch einige württembergische Pfarrer mißtrauten der neuen Kirchenpolitik und wollten den Kompromißkurs Wurms nicht mitmachen. Diese Theologen, die sich in der Württembergischen Bekenntnisgemeinschaft sammelten, fürchteten, daß der Versuch ihres Landesbischofs, die Kirche für alle Richtungen offenzuhalten, die Bekenntnisgrundlage gefährde und eine Abgrenzung gegenüber dem Neu-Heidentum immer schwerer mache. Innere Auseinandersetzungen und Richtungskämpfe setzten aber auch den Deutschen Christen zu, die sich schließlich in zwei Richtungen trennten: die von Thüringen ausgehende Volkskirchenbewegung Deutsche Christen – in Württemberg vertrat sie der Stuttgarter Pfarrer Georg Schneider – und die gemäßigte, sich um Annäherung an den Kurs des Landesbischofs bemühende Reichsbewegung Deutsche Christen, die Paul Rehm leitete.

Diese Fronten des Kirchenkampfes verliefen quer durch die Gemeinden des Tübinger Dekanats. Ende 1934 konnten sich die Pfarrer des Kirchenbezirks zwar noch auf eine gemeinsame Stellungnahme zu einer Rede des Reichskirchenministers in der Stuttgarter Stadthalle einigen. Sie sprachen der Reichskirchenleitung, *nachdem sie ein Jahr lang das Recht mit Füßen getreten hat,* die Kompetenz ab, den verletzten Rechtszustand in der evangelischen Kirche wiederherzustellen.[479] Doch als die Vertreter der Kirchengemeinde Anfang des folgenden Jahres im »Museum« zusammenkamen, um *in gemeinsamer Besinnung und Beratung vor Gottes Angesicht* sich über die Wege klar zu werden, die im *Kirchenstreit* einzuschlagen seien, brachen tiefe Gräben über der Frage auf, wie sich der Kirchengemeinderat zur vorläufigen Leitung der Deutschen Evangelischen Kirche stellen sollte. Man hatte sich darüber einig werden wollen, wie *das kirchliche Leben auf dem Grund des Evangeliums neu aufzubauen und weiter auszubauen* sei, und mußte nun erkennen, *wie weit die im Kirchenkampf auf verschiedenen Seiten stehenden Kirchengenossen auseinander gekommen* waren.[480] Auf Aufforderung des Dekans legte der Vertreter der Deutschen Christen, Stadtrat und Kirchengemeinderat Karl Sautter, schriftlich dar, was er *mit nationalsozialistischer Deutlichkeit* bereits dem Kirchengemeinderat vor Augen geführt hatte, daß es nämlich seiner Meinung nach *mitnichten um das »Bekenntnis«, sondern um ganz andere Dinge* bei der kirchenpolitischen Auseinandersetzung ginge.[481] Er bezeichnete Karl Barth als *sattsam bekannten internationalen Marxisten* und wiederholte den Vorwurf, daß dessen Anhänger Gegner des Nationalsozialismus seien: [...] *wenn ausländische Regierungen vorgeschickt und dauernd ausländische Zeitungen in dem Kampf eingesetzt und als alleinige Quelle der Wahrheit von »christlichen« Leuten gekauft und verschlungen werden, so kann ich hinter einer solchen »Bekenntnisfront« nicht mehr den Herrn der Kirche, sondern letzten Endes nur noch Verrat am Führer und an seinem Volk erblicken.*

Gegenüber solcher Einstellung wurde die ausgleichende, um »Kirchenfrieden« bemühte Haltung der meisten Pfarrer des Tübinger Dekanats unhaltbar. Gegen die geplante *Schwabenfahrt* des Reichsbischofs erhoben sie zwar *schärfsten* Einspruch.[482] Doch zu einer einhelligen Unterstützung des Bruderrats und seines kompromißlosen Kurses konnten sie sich nicht durchringen. Obwohl sie sich in vielem an die Bekennende Kirche anlehnten – beispielsweise jeweils einen nicht-deutschchristlichen Pfarrer als Vertrauensmann zwischen

Landesbischof und Bezirk bestellten, und der Mössinger Pfarrer zur Aufklärung seiner Gemeindeglieder eigene *Bekenntnisbriefe* drucken ließ[483] – lehnten sie den vom Reichsbruderrat der Bekennenden Kirche geforderten Neubau der Kirche nach den Grundsätzen der Barmer Erklärung ab. Sie hielten, darin ihrem Bischof folgend, am Bestand der württembergischen Landeskirche fest. Wurm selber wandte sich mehrfach gegen den von Martin Niemöller gegründeten Landesbruderrat, um sich mit den Deutschen Christen arrangieren zu können.[484] Der Kilchberger Pfarrer D. Rudolf Paulus berichtete im Mai 1935 an die Geschäftsstelle des Evangelischen Gemeindedienstes in Stuttgart, daß das Auftreten des Bruderrates und seine Anordnungen in letzter Zeit wiederholt zu Meinungsverschiedenheiten und *gegenseitiger Erregung* unter den Bekenntnis-Pfarrern geführt haben: *Wir hatten in allen drei Fällen teilweise das Gefühl, als sei die Art, in der unsere Leitung für die berechtigten Belange der evangelischen Kirche eintritt, das Verfahren, mit dem man die Stöße aufzufangen und abzuwehren sucht, nicht ganz kirchlich und nicht ganz taktisch die richtige.*[485]

Anstoß an der Haltung der Bekennenden Kirche nahm auch der Tübinger Stadtpfarrer Hermann Kull, der sich selbst als einen *Überrest der liberalen Theologie* bezeichnete.[486] Über taktische Überlegungen hinaus bewegte ihn die Frage nach der prinzipiellen Berechtigung kirchlichen Widerstands: *Dürfen wir überhaupt, weil einzelne Standesgenossen ohne zureichenden Grund und unter entwürdigenden Umständen ins Konzentrationslager kamen, unter Ausnutzung gottesdienstlicher Einrichtungen einen öffentlichen, demonstrativen Abwehrkampf führen? Sind wir nicht allezeit bereit, Unrecht zu leiden? Sind gerade auch in den Augen feiner empfindender Gemeindeglieder solche Kampfmittel bloß dann zulässig, wenn es um die Kirche und ihre Verkündigung selbst geht?*[487] Oberkirchenrat Pressel, der die Erklärung Kulls auf seinen Schreibtisch bekam, setzte auf das Schriftstück die Bemerkung: *Mit den Tübingern sollte einmal in einem Diözesankreis (ohne DC) offen und gründlich gesprochen werden! Will der Herr Bischof das selbst veranlassen. – Es wäre gut.*

Welten trennten diese zögernde Einstellung eines Theologen, der sich ausdrücklich zur Bekenntnisfront zählte, von der Haltung der Kirchlich-Theologischen Sozietät, einem losen Zusammenschluß von meist jüngeren Theologen, die die Krise dazu nutzen wollten, die evangelische Kirche auf der Basis von Karl Barths Theologie zu reformieren.[488] In Tübingen gab es kaum Vertreter dieser Richtung. Zu den wenigen gehörte der Repetent des Evangelischen Stifts, Eberhard Weismann. Er war unständiges Mitglied des Landesbruderrates, spielte aber in der öffentlichen Auseinandersetzung im Kirchenbezirk kaum eine Rolle.[489] Allerdings veranlaßte 1937 die Zustimmung zur Barthschen Theologie 37 Theologiestudenten, den vom NS-Staat wegen Verweigerung des Eides auf Adolf Hitler verfolgten Professor in Basel zu besuchen.[490]

Die Mehrzahl der Pfarrer des Tübinger Dekanats jedoch stand ergeben zu ihrem Landesbischof. Dessen Verständigungskurs kam ihnen mehr entgegen als das unbedingte und fordernde Auftreten des radikalen Flügels der Bekennenden Kirche. Die Spannungen zwischen den Flügeln wuchsen. Schließlich brachen sie zwischen dem Landesbruderrat, der

Kirchlich-Theologischen Sozietät und dem Oberkirchenrat um die geistliche Leitung der Landeskirche offen aus. Die Sozietät verurteilte die uneindeutige Haltung des Oberkirchenrats und beklagte, *daß es erstaunlicherweise immer noch Pfarrer gibt, die meinen, man könne die Wahrheiten von Barmen unterschreiben und zugleich Mitglied bei der DC sein.*[491]

Die Bekenntnisgemeinschaft blieb in Württemberg ein lockerer Zusammenschluß von evangelischen Christen, die unterschiedlichste Konsequenzen aus ihrem Bekenntnis zogen. Die eine fest definierte Bekennende Kirche gab es nicht. Obwohl die Vertrauensleute des Bezirks im Oktober 1937 einen neuen Landesbruderrat wählten,[492] kam es zu keiner Einigung über die Rolle der Bekennenden Kirche innerhalb der Landeskirche. Die Sozietät geriet dabei mehr und mehr ins Abseits und war im 1938 gewählten Landesbruderrat nicht mehr vertreten. Die Tübinger Pfarrer haben sich oft auf die *Bekenntnisfront* bezogen, sind aber kaum organisatorische Bindungen eingegangen, und von den Theologie-Professoren fand nur Otto Bauernfeind *als vollgültiges Mitglied* zur Bekennenden Kirche.[493] Die Krise schwelte weiter und brach immer wieder aus, so über der Frage, ob sich die württembergische Landeskirche an die Evangelisch-Lutherische Kirche Deutschlands anschließen solle, bei der Entscheidung über den Treueeid der Geistlichen und bei der offiziellen Erklärung des Landesbischofs zur Angliederung Österreichs ans Reich.[494] Die Pfarrer des Tübinger Kirchenbezirks teilten die Bemühungen des Landesbischofs, die kirchliche Loyalität gegenüber dem NS-Staat zu beweisen, und wichen anstehenden Konflikten mit dem Regime aus. So verlasen sie das vom Oberkirchenrat empfohlene Dankeswort zum »Anschluß« Österreichs und ließen 1938 bei der Bekanntgabe des Ergebnisses der Volksabstimmung die Kirchenglocken läuten. Als aber wenige Wochen später mit der geplanten Einrichtung einer staatlichen Finanzabteilung erneut ein Eingriff in die rechtmäßige Leitung der Landeskirche drohte, erhoben sie *nachdrücklich Einsprache* gegen diese *widerrechtliche Verfassungsänderung.*[495]

Neben der Diskussion um die Neuordnung der Kirche beschäftigten die Pfarrer und Gemeindeglieder die Schikanen und Angriffe auf Christentum und Kirche. Die Sorge um den großen Einfluß, den Jakob Wilhelm Hauer und seine Deutsche Glaubensbewegung auf die Jugend ausübten, hielt an.[496] Die Diskussionen des Kirchengemeinderats waren von der Befürchtung geprägt, durch Uneinigkeit die Gemeindeglieder dem charismatischen Religionsgründer in die Arme zu treiben. Um das zu verhindern, entschloß sich der Kirchengemeinderat zu Gegenveranstaltungen. Für die Zeit vom 10. bis 17. März 1935 setzte er in der Spitalkirche eine *außerordentliche Wortverkündigung* an, die *in der Auseinandersetzung mit der Deutschen Glaubensbewegung der Urteilsbildung und Festigung* der Gemeindeglieder dienen sollte.[497] Resigniert mußte Stadtpfarrer Schneider jedoch feststellen, daß sich der Besuch in Grenzen hielt: *Was wir voraussahnten, hat sich bestätigt; die Männer und die Jugend darf man auch bei solchen zeitgemäßen Vorträgen nicht zahlreich in der Kirche erwarten; wenn man sie erreichen will, muß man gleich der Glaubensbewegung die Auseinandersetzung in den Vortragsaal verlegen, aber dort kann in Tübingen nicht der Pfarrer den Sprecher machen!*[498]

Auch die Kirchengemeinde Derendingen veranstaltete einen Bibelkurs, um die Gemeindeglieder für die Auseinandersetzung mit den antichristlichen und neuheidnischen Bewegungen zu wappnen.[499]

Die Angst vor dem Einfluß Hauers war größer als der Einfluß, über den die Deutsche Glaubensbewegung zu jener Zeit tatsächlich noch verfügte. Immer mehr Gruppierungen spalteten sich von ihr ab. Anfang 1936 verließ Graf Reventlow die »deutschgläubige« Sammlungsbewegung. Ende 1936 trennten sich zwei führende Tübinger Mitglieder von Hauer: Hans Kurth, der damalige Schriftleiter der »deutschgläubigen« Wochenzeitung »Durchbruch«, und Herbert Grabert, der früher die Monatszeitschrift »Deutscher Glaube« herausgegeben hatte. Sie gründeten eine eigene, Deutschgläubige Bewegung als lose *Kampf- und Arbeitsgemeinschaft aller Deutschgläubigen*.[500] Dennoch galt Hauer weiterhin als die Verkörperung einer christentumsfreien Religion, eines Neu-Heidentums schlechthin. Das mochte vor allen Dingen damit zusammenhängen, daß einige HJ-Mitglieder, die der kirchlichen Jugendarbeit Schwierigkeiten bereiteten, Anhänger Hauers waren.[501] So glaubten die Tübinger Theologen in Hauer und seiner Arbeitsgemeinschaft die Entchristlichung zu bekämpfen, die der Nationalsozialismus betrieb. Ungeachtet der realen Gegensätze zwischen den Zielen der Deutschen Glaubensbewegung und denen der NSDAP,[502] war mit der Sorge vor dem Einfluß Hauers immer auch die Angst vor der Beseitigung des kirchlichen Einflusses auf die Gesellschaft gemeint, wie sie der weltanschauliche Schulungsleiter der Partei, Alfred Rosenberg, propagierte.

Im Frühjahr 1936 teilte Dekan Stockmayer im Namen der Pfarrer des Bezirks dem Reichskirchenausschuß das Unbehagen über die Ernennung Rosenbergs zum weltanschaulichen Schulungsleiter der Partei mit: *Diese Tatsache wird in weiten Kreisen in dem Sinne gedeutet und ausgewertet, als sei die völkische Religiosität, die in wesentlichen Punkten mit christlicher Glaubenshaltung unvereinbar ist, die Religion des Nationalsozialismus, der im Dritten Reich die Zukunft gehört, und habe die christliche Religion, deren Kirchen aus taktischen Gründen ihre Rechte noch belassen werden, für die nationalsozialistische Zukunft ihre Bedeutung verloren*.[503]

Unter Bezug auf den Artikel 24 des Parteiprogramms verwies der Dekan darauf, daß im Gegensatz zu Rosenberg Millionen evangelischer Deutscher unerschütterlich davon überzeugt seien, *daß Deutschtum und Christentum nicht auseinandergerissen werden können, ohne daß dem deutschen Volksleben die besten Kräfte und Werte verloren gehen*.[504] Die prinzipielle Einigkeit, die den Kirchengemeinderat und die Pfarrer des Kirchenbezirks gegenüber dem Neu-Heidentum verband, fehlte bei der Auseinandersetzung mit den Deutschen Christen. Einige hofften, die Deutschen Christen im Kampf gegen die Deutsche Glaubensbewegung benützen zu können.[505] Anderen erschien es als *unchristlich*, diese aus der Gemeinschaft auszustoßen, so lange sie sich auf die Bekenntnisgrundlage beriefen. Die ebenfalls um Aussöhnung bemühte Haltung der landeskirchlichen Obrigkeit verstärkte diese Unsicherheit. Der Dekan selber mahnte ernstlich: *Wir haben im Kirchengemeinderat nicht die Aufgabe, den Graben, der uns trennt, zu erweitern, sondern zu überbrücken*.[506] Der Bitte der sechs DC-Kirchengemeinderäte und ihres Ortsgruppenleiters, Gymnasialprofessor Honold, eine freigewordene Stelle mit einem Pfarrer der »Reichskirchenbewegung (D. C.)« zu besetzen, gab der Kirchengemeinderat freilich nicht statt.[507] Daraufhin versuchten die Deutschen Christen, die sich ausdrücklich zu ihrer Mitgliedschaft in der Evangelischen Kirche bekannten, einmal im Monat die Eberhardskirche überlassen zu bekommen: *Wir sind Mitglieder der evangelischen Kirche, zahlen unsere Kirchensteuer wie die anderen, können daher eine unserer Einstellung entsprechende kirchliche Versorgung beanspruchen. Wir wollen in der Kirche nur das Wort Gottes hören und nicht immer die Anspielungen und Seitenhiebe gegen Andersdenkende.*[508] Der Oberkirchenrat, um Entscheidungshilfe gebeten, verweigerte seine Zustimmung für *Sondergottesdienste*. Da die Deutschen Christen jedoch den Schutz des NS-Staats genossen, konnten sie schließlich von Herbst 1935 an ihre Gottesdienste im Feuerwehrhaus abhalten.[509]

Die Deutschen Christen hatten selber mit internen Auseinandersetzungen zu kämpfen. In Württemberg spaltete diese Auseinandersetzung die Deutschen Christen schließlich in eine gemäßigte Gruppe der seitherigen »Reichsbewegung« (19 Pfarrer) und in eine Gruppe um den seines Dienstes enthobenen Georg Schneider, die sich Volkskirchenbewegung Deutsche Christen, später Nationalkirchliche Bewegung Deutsche Christen nannte (34 Pfarrer).[510] Der Prediger der Tübinger Deutschen Christen, Prof. Maier-Hugendubel, trat kurz darauf aus der Deutschen Glaubensbewegung aus, schloß sich später aber wieder der Reichsbewegung DC an.[511] Die Deutschen Christen in Tübingen vollzogen die Spaltung offenbar ebenfalls. Im September 1936 bat eine Ortsgruppe der Reichsbewegung um Überlassung der Spitalkirche für gelegentliche Abendgottesdienste, was aber auch ihr der Kirchengemeinderat wieder verweigerte. Dennoch feierten die Deutschen Christen der Volkskirchenbewegung an Ostern 1937 ihren ersten eigenen Gottesdienst in der Tübinger Schloßkirche, über die das Land und nicht die Landeskirche verfügte.[512] Es predigte der durch die württembergische Landeskirche seines Pfarramtes enthobene Georg Schneider. Für das Evangelische Gemeindeblatt war das ein Anlaß, die Gemeindeglieder ernstlich zu warnen: *Es ist unsere gewissensmäßige Überzeugung, daß die Volkskirchenbewegung nicht mehr auf dem Boden des Evangeliums von Jesus Christus steht.*[513]

Staatliche Rückenstärkung verschaffte den Deutschen Christen vorübergehend neuen Aufschwung. Rund 400 Teilnehmer zählten die Gewährsleute des Evangelischen Dekanatamts bei einer Mitgliederversammlung der Kreisgruppe der Volkskirchenbewegung im April 1937.[514] Einspruch gegen die Heranziehung zur Kirchensteuer erhoben – unter Berufung auf ihre Zugehörigkeit zur Volkskirchenbewegung DC – rund 70 Mitglieder der Tübinger Kirchengemeinde.[515] Die Gewährsleute wußten aber auch zu berichten, daß die Polemik des DC-Kreispfarrers vor allem bei den Versammlungen auf dem Land keinen Beifall gefunden, sondern *auch bei solchen, die vordem der Bewegung nahestanden, starke Ernüchterung* hervorgerufen habe.[516]

Im Kirchengemeinderat war, solange ihm Deutsche Christen angehörten,[517] die Situation voller Spannungen. Zum Ausbruch kamen sie auf dem Höhepunkt der Auseinandersetzung zwischen Landeskirche und Deutschen Christen, während der Vorbereitung zur Kirchenwahl im Frühjahr 1937. Die württembergische Bekenntnisgemeinschaft entschloß sich, die

Wahlen, die nie stattfinden sollten, als eine Chance zur Selbstbestimmung zu nutzen und leitete eine umfassende Aufklärungskampagne ein.[518] In Tübingen lud sie alle aktiven, auf der Seite der Bekennenden Kirche stehenden Gemeindeglieder persönlich zu einer Versammlung ein. Obwohl nur das Einladungsschreiben den Zutritt zu der geschlossenen Versammlung eröffnete, stellte sich einige Zeit nach Beginn derselben heraus, daß auch ein deutsch-christlicher Kirchengemeinderat anwesend war. Unter Hinweis auf den geschlossenen Charakter der Versammlung bat der Dekan diesen, die Eberhardskirche zu verlassen. Der hinauskomplimentierte Kirchengemeinderat, der auch Politischer Leiter der NSDAP und Ratsherr war, brachte den Vorfall im Tübinger Gemeinderat zur Sprache. Daraufhin mußte sich der Dekan schriftlich rechtfertigen. Zu dem Vorwurf staatsfeindlichen Handelns erklärte er: *Mit dieser kirchlichen Grenzziehung grenzen wir uns aber in keiner Weise gegenüber der Partei oder gegen dem Staat ab.* »Bekennende Kirche« oder »Volkskirchenbewegung DC« *ist für uns eine rein kirchliche, religiöse Angelegenheit, die über das Verhältnis zur Partei oder zum Staat nicht entscheidet.*[519]

Doch die NS-Ratsherren bestanden auf einer Genugtuung für ihre Kollegen.[520] Zudem monierten sie scharf, daß eine Kirche für politische Zwecke *mißbraucht* worden sei. Die »Flammenzeichen« – ein regionales Hetzblatt – griffen den Vorfall ebenfalls auf. Unter der Überschrift »Gottesdienst oder Politik« polemisierten sie gegen die in ihren Augen staatsfeindlichen politischen Machenschaften des Dekans.[521] Ein Gemeindeglied kündigte daraufhin schriftlich an, überprüfen zu müssen, ob er seine *Mitgliedschaft zu einem staatsfeindlich sich betätigenden Verein* weiterhin aufrechterhalten werde.[522] Tatsächlich mehrten sich 1937/38 die Austritte aus der Evangelischen Kirche im Tübinger Pfarrbezirk auffallend. Waren es 1935 67, 1936 sogar nur 44 Personen, so verzeichnete die kirchliche Statistik für 1937 120 und für 1938 sogar 213 Austritte.[523] Doch gingen diese keineswegs nur auf das Konto der Deutschen Christen, wenn diese auch von 1939 an bewußt den Austritt propagierten. Der Gemeindeleiter der Stuttgarter Deutschen Christen etwa schickte im Februar 1939 seinen *DC-Kameraden* unaufgefordert Austrittsformulare zu und instruierte sie: *Klar ist nun, daß Du als Deutscher Christ nicht mehr Angehöriger des alten Kirchensystems sein kannst. Solltest Du noch nicht ausgetreten sein, so erkläre Deinen Austritt noch vor dem 28. 2. 1939 auf beigefügtem Formular. Kommst Du später, dann bist Du noch einmal für 1 ganzes Jahr kirchensteuerverpflichtet.*[524] Doch die Mehrzahl der 1937 und 1938 Ausgetretenen schloß sich nicht den Deutschen Christen an, sondern verließ die Landeskirche *ohne Anschluß an eine andere christliche Gemeinschaft*. Diese Austritte sind demnach kaum als eine Folge der innerkirchlichen Auseinandersetzung zu sehen, sondern als ein Schritt, den die NSDAP seit 1937 ihren Mitgliedern nahelegte.[525]

Nachdem die Versuche der NS-Führung, die Kirchen gleichzuschalten, gescheitert waren, sollten sie nach dem Willen nationalsozialistischer Kirchenpolitiker wenigstens aus dem öffentlichen Leben und Bewußtsein verdrängt, ins Ghetto abgedrängt werden. Eine Kampagne zur »Entkonfessionalisierung des öffentlichen Lebens« entfachte daraufhin einen täglichen Kleinkrieg um den Bestand kirchlichen Lebens. Die kleinen und großen Über- und Eingriffe von Partei und Staat in die kirchliche Arbeit beschäftigten die Gemeinden des Kreises mindestens ebenso – wenn nicht intensiver und auf breiterer Basis – wie die geschilderte innerkirchliche Kontroverse. Da verbot ein Erlaß des württembergischen Innenministers im Juni 1935 bis auf weiteres sämtliche öffentlichen Veranstaltungen und Kundgebungen der Kirche; da wurde die Schulfeier zum 1. Mai auf den gleichen Termin wie die evangelische Schulanfängerandacht gesetzt und der Besuch der Morgenandacht den Schülern ausdrücklich freigestellt.[526] Kirchliche Feiertage, insbesondere der Sonntag, genossen keinen staatlichen Schutz mehr.[527] Bei einer Umfrage des Oberkirchenrats über den Sonntagsschutz klagten fast alle Pfarrämter darüber, daß SA, HJ, NSV und andere Parteigliederungen ihre Veranstaltungen zur Zeit der Hauptgottesdienste abhielten. *Ich kann bloß feststellen, daß die Sonntags-Einschätzung und Sonntagsheiligung im Durchschnitt in der Bevölkerung wirklich einen Tiefstand erreicht hat,* konstatierte der Lustnauer Pfarrer.[528] Längst waren die Kirchen, selbst an nationalen Feiertagen wie dem 1. Mai, nicht mehr gefüllt. Das lag nicht zuletzt daran, daß die Kreisleitung dafür gesorgt hatte, daß der Maiumzug gleichzeitig mit dem Gottesdienst begann.[529] Beschwerden hatten wenig Erfolg. Das Strafverfahren, das der Oberkirchenrat beim Landgericht Tübingen wegen Störung eines Traugottesdienstes gegen einen SA-Mann anstrengte, stellte der Staatsanwalt unter anderem auch ein, weil *die Handlungsweise des Beschuldigten ein Ausfluß der durch den damaligen Kirchenstreit verursachten Erregung war und das Auftreten des Beschuldigten, auch nicht in einer Kirche, sondern in einem, sonst als Schulsaal dienenden Raume geschah.*[530]

Die NSDAP bemächtigte sich auch der konfessionellen Kindergärten, und 1936 holte sie zum Schlag gegen die Konfessionsschule aus, der der württembergische Kultminister bereits 1933 den Krieg erklärt hatte.[531] Bis dahin waren in Württemberg nur die höheren Schulen simultan, die Volksschulen wurden nach Konfessionen getrennt geführt. In den Volksschulen wie in den höheren Schulen erteilten überwiegend Geistliche den Religionsunterricht. Doch nachdem der Kultminister 1934 die konfessionelle Trennung der Bezirksschulämter aufgehoben und die konfessionelle Lehrerausbildung beseitigt hatte, betrieb er die Einführung einer »Einheitsschule«, in der es keine konfessionellen Schranken mehr geben sollte. Erst so könne aus den Schulen eine *Schule der Volksgemeinschaft* entstehen.[532] Der ehrgeizige Minister hatte sein Ziel bald erreicht. Im April 1936 weihte er mit der neuerrichteten »Hans-Schemm-Schule« im Stuttgarter Vorort Weilimdorf die erste »Deutsche Volksschule« ein. Die Sorge der Kirchen entkräftete er mit der Versicherung, daß auch an der Deutschen Volksschule die religiöse Erziehung gewährleistet sei.[533]

Die Evangelische Kirche stellte im Vertrauen auf diese Zusage ihren Kampf gegen die Gemeinschaftsschule ein und gab die Entscheidung über die Schulart in die Hand der Eltern. Diese wurden von der Partei entsprechend präpariert. Eine Flut von Presseartikeln propagierte die Gemeinschaftsschulen.[534] Das Votum fiel schließlich zur vollen Befriedigung der NSDAP aus. 2225 Erziehungsberechtigte von Volksschülern stimmten in Tübingen für, lediglich 125 gegen die Einführung der Deutschen Volksschule.[535] Seit Pfingsten 1936 gab es in Tübingen die »Deutsche Einheitsschule«. Lediglich zwei katholische Klassen blieben – gemäß dem Votum der katholischen Eltern – bestehen. Doch auch dieses

Zugeständnis an die Entscheidungsfreiheit der Eltern hatte nicht lange Bestand. Obwohl sich im Frühjahr 1936 31 Prozent der katholischen Eltern gegen die Einführung der Deutschen Volksschule gewehrt hatten, hob der württembergische Kultminister die letzte katholische Klasse Tübingens am 4. Juni 1937 auf.[536]

Die versprochene Unantastbarkeit des Religionsunterrichts hatte ebenfalls nicht lange Bestand. Mit einem Erlaß vom 28. April 1937, der eine Erziehung im Geiste des Nationalsozialismus zum alleinigen Zweck der Volksschule erklärte, griff der württembergische Kultminister in dessen Gestaltung ein.

Stoffe, *die dem Sittlichkeitsempfinden der germanischen Rasse widersprechen*, durften nicht mehr behandelt werden, was konkret insbesondere große Teile des Alten Testaments traf.[537] Der Oberkirchenrat verwahrte sich gegen diesen Eingriff und wies die Pfarrer an, den Erlaß zu negieren.[538] Da gleichzeitig aber der Reichserziehungsminister ein Treuegelöbnis auf den Führer für alle jene Geistlichen anordnete, die ohne Berufung in das Beamtenverhältnis an öffentlichen Schulen Religionsunterricht erteilten, kam es zu einer neuen Machtprobe zwischen NS-Staat und Kirche. Der Tübinger Dekan wollte mit einer allgemeinen *Klarstellung dessen, in dem alles christliche Handeln geschieht, in dem Christen auch ein solches Gelöbnis ablegen,* seinen Kollegen die Möglichkeit eröffnen, das abverlangte Gelöbnis ohne Vorbehalt abzulegen.[539] Auch der Landesbischof empfahl, das Gelöbnis ohne einen zusätzlichen Hinweis auf das bindende Ordinationsgelöbnis abzulegen, da er *grundsätzlich* dem Reichserziehungsministerium gegenüber Sinn, Begründung und Begrenzung jeder Verpflichtung festgestellt habe.[540] Erst als Mergenthaler sich deutlich über diesen prinzipiellen Vorbehalt hinwegsetzte und die zuständigen Schulräte anwies, kein Gelöbnis mit einem Vorbehalt anzunehmen, änderte die Kirchenleitung ihre Marschroute. Die meisten Pfarrer im Bezirk wie im Land erklärten sich außerstande, das Gelöbnis ohne Vorbehalt abzulegen. Sie befürchteten, sich mit dem verlangten Eid auf den Führer dem *weltanschaulichen Totalitätsanspruch* der Partei auszuliefern. Außerdem wollten sie vermeiden, nach Ablegung des Eides auf den Erlaß vom 28. April verpflichtet zu werden. Nur zwei der vierzig betroffenen Theologen legten das Gelöbnis ohne, fünf mit einer Erklärung ab, dreiunddreißig verweigerten es ganz.[541] Auch in dieser Frage machte sich Hermann Kull die Entscheidung besonders schwer. Er teilte seinen Amtskollegen mit, daß er bereit sei, den Eid zu leisten, da er es schlechterdings für seine *Bürger- und Christenpflicht* halte, *meiner Obrigkeit treu und gehorsam zu sein. Das muß ich auch geloben; sonst erscheine ich als Staatsfeind und darf mich nicht beschweren, als solcher behandelt zu werden.*[542] Dem Schulrat gegenüber stellte Kull allerdings klar: *Ich bin durch mein Gelöbnis nicht zu einem Kadavergehorsam gegen alle möglichen und unmöglichen Einzelanweisungen verpflichtet; ich kann aus Treue und Gehorsam auch zum Widerspruch verpflichtet sein* [...].

Als bekannt wurde, daß die Stuttgarter Pfarrer ihr Gelöbnis nach einer allgemeinen Klarstellung doch abgelegt hatten, daß zudem das Reichserziehungsministerium die kirchliche Lehrfreiheit ausdrücklich garantiert hatte, bröckelte die Front der Tübinger Eidesverweigerer ab. Den meisten hatte es ohnehin Sorge bereitet, daß ihre Gelöbnisverweigerung aus kirchlichem Gehorsam als staatsfeindlicher Akt ausgelegt werden könnte. Viele legten deshalb nachträglich ihr Gelöbnis doch noch ab.[543] Die abschließende Aufstellung des Dekanats verzeichnete nur noch 29 Verweigerer im Kirchenbezirk, drei davon in der Stadt. Die württembergische Kultbehörde reagierte auf diese Verweigerung scharf. Sie entzog siebenhundert Pfarrern das Recht, Religionsunterricht zu erteilen. Dreiundzwanzig von ihnen stammten aus dem Pfarrbezirk Tübingen.[544] Außerdem ordnete ein Erlaß des Reichserziehungsministeriums vom Juli 1937 an, daß künftig in erster Linie Lehrer, nicht mehr Pfarrer Religion in den Schulen unterrichten sollten, und der württembergische Kultminister stornierte die fällige Rate der Staatsleistungen an die Kirche.[545]

Der Erlaß über die Gestaltung des Religionsunterrichts, der die Konfrontation ausgelöst hatte, blieb weiterhin bestehen. So zog sich auch die Auseinandersetzung um die inhaltliche Gestaltung des Religionsunterrichts weiter hin. Einen erneuten Höhepunkt erhielt sie, als der Kultminister am 5. April 1939 den Religionsunterricht durch einen sogenannten Weltanschauungsunterricht (WAU) ersetzte. Der Stoffplan sah folgende Themen für die Grundschule vor: *1. vom Gottesahnen des Kindes in der Natur. 2. vom Erleben der Blutsgemeinschaft: Einführen in die Welt der germanischen Werte*.[546] Als Lernziele für die Oberstufe schrieb er die Vermittlung einer *deutschen Haltung* vor: *Der Weltanschauungsunterricht soll den jungen Deutschen aus der Verbundenheit mit Blut und Boden, aus den sittlichen Werten und Idealen seines Volkstums ein arteigenes organisches Weltbild und einen wahrhaften Glauben an Gott vermitteln und ihm damit die letzte Begründung seiner deutschen Haltung geben*. Die Behandlung des Christentums erfolgte in diesem Stoffplan unter der Überschrift *Weltanschauliche Auseinandersetzung mit anderen Mächten*.

Die württembergische Landeskirche protestierte scharf gegen die Werbung für das neue Lehrfach, das unter dem Deckmantel der staatsbürgerlichen Erziehung Propaganda gegen die Kirchen und das Christentum betrieb. In einer Kanzelansprache empfahl der Landesbischof den Eltern, ihre Kinder keinesfalls zum Weltanschauungsunterricht anzumelden. Obwohl die Politische Polizei die Kanzelansprache verbot und eine *Ungehorsamsstrafe* bis zu 1000 Reichsmark aussetzte, wurde sie von nahezu allen Kanzeln im Lande verlesen.[547] Auch die Tübinger Pfarrer informierten ihre Gemeindeglieder über die Anordnungen des Landesbischofs, verlasen allerdings meist die beschlagnahmte Kanzelansprache nicht wörtlich, sondern gaben eine Zusammenfassung wieder, die vom Dekan stammte.[548] Der Kultminister seinerseits warb eifrig für eine Abmeldung vom kirchlichen Religionsunterricht und eine Anmeldung zum Weltanschauungsunterricht. Doch der Erfolg war mäßig. Nach einer Mitteilung des Dekanatamtes vom 30. Juni 1939 hatten sich an der Kepler-Oberschule, an der bis dahin schon versuchsweise zwanzig Schüler Weltanschauungsunterricht erhielten, von rund 420 Schülern 60 für das neue Fach gemeldet. In der Deutschen Volksschule sah das Verhältnis noch schlechter aus. Dort gingen bei rund 1500 Schülern gerade 50 Anmeldungen ein.[549] Druck oder gar Nötigung bei der Werbung für den WAU bemerkte nur der Hagellocher Pfarrer. Viele seiner Kollegen stellten allerdings fest, daß die weltanschauliche Beeinflussung ohnehin so stark sei, *daß sich ein besonderer Unterricht erübrigen dürfte*.[550] Als bald darauf der Krieg begann, kam es zu einer – wenn auch nur vorübergehenden – Entspannung. Gauleiter Murr, der ohnehin die Ambitionen seines Kultministers gebremst hatte, forderte wegen des von Hitler diktierten Burgfriedens zwischen NS-Staat und Kirchen dazu auf, *die Fragen des Weltanschauungsunterrichts [...] mit besonderem Takt* zu behandeln.[551]

Auch in anderen Bereichen behinderten oder erschwerten Anordnungen und einzelne Parteifunktionäre die kirchliche Arbeit. Das mochte das Verbot kirchlicher Haussammlungen oder der Entzug des städtischen Beitrags für ein evangelisches Ferienkinderheim in Tübingen sein.[552] Es betraf aber auch größere Projekte. Als 1936 das 400-Jahr-Jubiläum des Evangelischen Stiftes anstand und der Gemeinderat darüber beriet, wie sich die Stadt zu diesem für Tübingen wichtigen Ereignis verhalten sollte, lehnten vier Ratsherren grundsätzlich jede Spende an eine kirchliche Institution ab. Ratsherr Stockburger erklärte sich zwar mit den vom Oberbürgermeister vorgesehenen 1000 RM einverstanden, aber nur unter der Bedingung, daß das Geld für eine Ergänzung der Stiftsbibliothek mit NS-Literatur verwendet werde.[553]

Der Versuch, den kirchlichen Einfluß auszuschalten, hatte mitunter auch weiterreichende Konsequenzen, wie ein Brief der Gaufrauenschaftsleiterin Anni Haindl zeigt. Als diese 1938 im Tübinger Tropen-Genesungsheim lag, nahm sie Anstoß an der christlichen Führung des Hauses, vor allem an den Andachten des stellvertretenden Oberarztes Dr. Samuel Müller, der ein Anhänger der Bekennenden Kirche war. Bei der Gauleitung führte Haindl *scharfe Beschwerde* über den *konfessionellen Charakter* des Tropen-Genesungsheims: *Und sicher hat der Führer für das nun erstellte Kinderheim* [das Tropen-Genesungsheim hatte kurz zuvor mit staatlicher Hilfe ein Kinderheim errichtet] *nicht deshalb 1000 Reichsmark gestiftet, damit sich hier die Bekenntnisfront und sonstige Gegner des Nationalsozialismus aufs Neue breitmachen können. Es würde Herrn Dr. Müller, der so lange im Ausland war, nicht schaden, wenn er hier durch einen ganz energischen Eingriff der Partei diese in ihrer ganzen Kraft kennenlernen würde und wenn er selbst von der politischen Polizei über den Inhalt seiner Andachtsreden zur Rechenschaft gezogen würde, für seine Spitzen und Angriffe der Partei und dem neuen Deutschland gegenüber.*[554]

Besonders erboste die Gaufrauenschaftsleiterin, daß sich der Stiftungsrat des Tropen-Genesungsheims dazu entschlossen hatte, die bisher dort beschäftigten Freien Krankenschwestern durch Diakonissen zu ersetzen. Im Heim selber spitzte sich die Auseinandersetzung zwischen dem leitenden Oberarzt Fischer, einem überzeugten Nationalsozialisten, und dem Stiftungsrat, der überwiegend aus Anhängern der Bekennenden Kirche bestand, weiter zu. Schließlich entließ der Stiftungsrat den Oberarzt fristlos.[555] Daraufhin drohte der Rektor der Universität, daß die Universität, *falls nicht der frühere Zustand wiederhergestellt und Professor Dr. Fischer wieder in sein Amt eingesetzt wird, keine Beziehungen mehr mit dem Tropen-Genesungsheim zu unterhalten* bereit sei. Da das Krankenhaus aber wissenschaftlich und außenpolitisch von großer Bedeutung sei, sehe er keine andere Lösung *als die förmliche Enteignung des Tropen-Genesungsheims und seine Angliederung als Institut in den Rahmen der Universität. Diesen Plan zu verwirklichen ist das Bestreben der Universität und ich möchte anregen, daß Partei und Staat sich ihrerseits für dieses*

*Bestreben einsetzen.*[556] Mergenthaler machte sich den Vorschlag zu eigen und unterbreitete ihn dem Reichsinnenminister. Nach langen Verhandlungen erklärte sich schließlich der Vorstand des Verwaltungsrats, Fabrikant Paul Lechler, bereit, das Tropen-Genesungsheim an das Land Württemberg zu veräußern.[557]

Die Presse erschwerte die Arbeit der Kirche ebenfalls. Sie weigerte sich, Gottesdienstanzeigen, kirchliche Nachrichten oder Kommentare zu drucken und machte so nicht nur jede Korrektur diffamierender Meldungen außerhalb der Kirchen unmöglich, sondern unterdrückte auch die Präsenz der Kirchen in der Öffentlichkeit.[558]

War zu Beginn des Dritten Reichs der Besuch eines Gottesdienstes noch fester Bestandteil einer offiziellen Staatsfeier, vor allen Dingen der Gefallenengedenktage, gewesen, so wurden nun die Vertreter beider Kirchen bei diesen Akten mehr und mehr an den Rand gedrängt. Die traditionsgemäß vom zuständigen Geistlichen am Gefallenengedenktag gehaltene Rede fehlte seit 1935.[559] Das örtliche Evangelische Gemeindeblatt verbarg seine Enttäuschung darüber nicht: *Die Hauptänderung an der nachmittäglichen Feier war die, daß ihre Gestaltung diesmal eine rein militärische gewesen ist, ohne daß die Geistlichen der beiden christlichen Kirchen bei ihr zu Worte kamen, auch nicht im Wort der Militärgeistlichen; auch die kirchlichen Chöre waren diesmal nicht zu hören, sondern durch die vereinigten Gesangvereine der Stadt ersetzt.*[560] In Anbetracht der weihevollen Veranstaltung tröstete es sich aber mit der Bemerkung: *Trotz der rein militärischen Gestaltung fehlte aber auch sonst bei der Feier selber der tiefere religiöse Ton keineswegs; er kam sogar sowohl in der Ansprache des Regimentskommandeurs wie im Spiel der Militärmusik kräftig zum Ausdruck, und eine ergreifende Überraschung war, daß die Soldaten den Choral von Leuthen vom Spiel der Musik im Gesang aufnahmen. Außerordentlich eindrucksvoll und fast religiös wirkend war auch der stille, unter Trauermusik sich vollziehende ernste Vorbeimarsch der Soldaten am Katafalk.*[561] Auch bei anderen öffentlichen Angelegenheiten übernahm die Partei die Rolle der Geistlichen und verurteilte so die Kirche in einer zunehmend säkularisierten Öffentlichkeit zum Schweigen. Selbst bei Amtsantritten und Verabschiedungen der Stadt, bei denen früher die Rede eines Geistlichen üblich war, hatte sie nun zu schweigen.[562]

Die kirchliche Jugendarbeit litt unter der Konkurrenz der HJ. Mit ihren betont antichristlichen Auftritten erntete diese aber auch den Unwillen und das Unverständnis der Kreise, die die Arbeit der Staatsjugend prinzipiell begrüßten. So teilte Dekan Stockmayer 1935 dem HJ-Bannführer die *begreifliche und berechtigte Entrüstung* mit, die folgender Sprechchor bei den Teilnehmern eines öffentlichen Heimabends hervorgerufen hatte: *Uns wird kein Gott in Bethlehem geboren. / Heut trägt er eines Schlossers blaues Kleid. / Und abends schreit er draussen vor den Toren: / »Kommt her, ich hab mich euch verschworen, ich will der Führer sein, der euch befreit.«*[563] Doch der Bannführer sah *keinen Anlaß zu irgendwelchem Einschreiten*, da ihm von einer Beschwerde seitens der HJ-Mitglieder nichts bekannt geworden sei.[564]

In der Regel setzte sich die HJ-Führung über die Proteste von kirchlicher Seite hinweg. Ihrerseits aber achtete sie penibel darauf, daß die kirchliche Jugendarbeit die ihr gesetzten

Grenzen nicht überschritt. Als der Posaunenchor Walddorf, einer Gemeinde in der Umgebung Tübingens, mit dreizehn Bläsern dem aus dem Nachbardorf wegziehenden Pfarrer zum Abschied ein Ständchen brachte, nahm die Partei Anstoß daran, daß hier die Bläser *eine einheitliche Tracht* getragen hätten. Die Tracht stellte sich als schwarzer Cordanzug heraus. Besondere Empörung löste beim Jugendwerk in diesem Zusammenhang die Absicht des Bürgermeisters aus, *daß diese Anzüge der NSV zugestellt werden auf Nimmerwiedersehen*.[565] In der Tat wurden die beschlagnahmten Anzüge erst nach deutlichem Protest des Oberkirchenrats zurückgegeben.[566]

Eine beliebte Methode, kirchliche Jugendarbeit zu behindern, bestand darin, HJ-Veranstaltungen, Pimpfenfehden oder Fahrten auf den Termin kirchlicher Zusammenkünfte zu legen. Da das kirchliche Jugendwerk nur noch Bibelarbeit betreiben durfte, waren die sportlichen HJ-Veranstaltungen weitaus attraktiver, und es bedurfte oft nicht einmal des Drucks von seiten der HJ-Führer, um die Teilnahme durchzusetzen.[567] Dennoch überwachte der NS-Staat mißtrauisch die Restbestände der kirchlichen Jugendarbeit. Er nahm jede Gelegenheit wahr, sie unter dem Verdacht der Regelverletzung zu verbieten. So untersagte er 1938 die Herausgabe des Mitteilungsblattes der evangelischen Jugend.[568] Als die Geheime Staatspolizei aber eine kirchliche Mädchen-Freizeit auflöste, die die Tübinger Gemeindehelferin Gertrud Schoppen im Sommer 1938 leitete, und ihr weitere Jugendlager verbot, weckte dies nicht nur den Widerspruch des Kirchengemeinderats, sondern auch den Protest der Eltern.[569] Diese wollten weder die beanstandeten *Ballspiele, großen Ausflüge und das Sammeln von Beeren* als Verstoß gegen den Jugendvertrag, noch *herumliegende Einrichtungsgegenstände* als Beweis für die pädagogische Unfähigkeit der Leiterin anerkennen. Sie sahen im polizeilichen Eingriff vielmehr eine Schikane, mit der die kirchliche Jugendarbeit unterbunden werden sollte. Deshalb setzten sie sich in Briefen, die sie ausdrücklich zur Vorlage bei der Gestapo freigaben oder direkt an diese adressierten, für die Zurücknahme des Verbots ein.[570] Aus den Briefen spricht nicht nur der Ärger und die Empörung über das als ungerecht empfundene Berufsverbot für die beliebte Gemeindehelferin. Sie zeugen auch von der Attraktivität kirchlicher Jugendarbeit, die sich – allen Verboten, Einschränkungen und schikanösen Interpretationen der offiziellen Regelung zum Trotz – bei manchen Gemeindegliedern erhalten hatte. So konnte der Jugendwart Ende 1936 in seinem Arbeitsbericht eine nach anfänglichem Rückgang wieder wachsende Beteiligung an der kirchlichen Jugendarbeit feststellen.[571]

Die »Entkonfessionalisierung« des öffentlichen Lebens betrieben Partei und NS-Staat bereits bei Kleinkindern. Sie wollten die kirchlichen Kindergärten durch parteieigene ersetzen. 1936 teilte der Kultminister den Landräten und Bürgermeistern deshalb mit: *Es besteht ein großes Interesse der Partei und des Staates daran, daß die Jugend ohne Rücksicht auf Konfessionszugehörigkeit in solchen Kindergärten zusammengefaßt wird, wo sie im Geiste des Dritten Reichs betraut und erzogen wird. Es ist darum notwendig, daß die Bürgermeister der Frage der Errichtung von Kindergärten besondere Aufmerksamkeit zuwenden. Wo ein Bedürfnis für einen neuen Kindergarten zutage tritt, ist in erster Linie die NS-Volkswohlfahrt berufen, ihn einzurichten und zu betreiben. [...] Überall dort, wo die Verhält-*

nisse ein solches Vorgehen der NSV oder der Gemeinde zulassen, ist nach Möglichkeit darauf hinzuwirken, daß die Gründung neuer konfessioneller oder privater Kindergärten unterbleibt.[572]

Als Scheef diesen Erlaß im Gemeinderat bekanntgab, brachte Ratsherr Friedrich Keck die Sprache auf den Derendinger Kindergarten. Dort sei eine kirchliche Kinderschwester aus Großheppach tätig, *die ihrem ganzen Verhalten und ihrer inneren Einstellung nach bis heute vom Nationalsozialismus noch nichts begriffen habe.* Er regte deshalb an, die dortige evangelische Kinderschwester durch eine NS-Schwester zu ersetzen.[573] Aus Lustnau, wo die Großheppacher Kinderschwester kurz zuvor gekündigt hatte, berichtete Ratsherr Walter allerdings, daß die dortige Einwohnerschaft die Kündigung *außerordentlich bedauert und zwar deshalb, weil diese Schwester den Umgang mit den Kindern ganz ausgezeichnet verstanden und die Kinder im richtigen Sinne erzogen habe.*[574] Dennoch zogen zum 1. Dezember 1936 bzw. bis zum 1. April 1937 sowohl in den Lustnauer wie in den Derendinger Kindergarten »Braune Schwestern« ein.[575]

Um ein entsprechendes Vorgehen gegen die zwei evangelischen Kindergärten im Stadtbezirk – den Kleinkindergarten in der Paulinenstraße und die Kleinkinderschule in der Rappstraße – zu verhindern, plante die Kirchengemeinde im Herbst 1937 einen Verein zur Erhaltung der evangelischen Kleinkinderschulen.[576] *Wir dürfen*, teilte der Dekan dem Oberbürgermeister in einem persönlichen Schreiben mit, *die bisher in bewußtem christlichen Geist geführten Kleinkinderschulen nicht ohne weiteres preisgeben. Wir sind es unserer Gemeinde, dem gegenwärtigen Geschlecht und den kommenden Geschlechtern schuldig, zu tun, was wir können, daß diesen Kleinkinderschulen, die in Jahrzehnten in jeder Beziehung sich bewährt haben und auch heute noch alle Förderung verdienen, der bisherige Charakter erhalten bleibt.*[577] Als schließlich am 26. November 1937 auf Vorschlag des Oberkirchenrates ein *Evangelischer Gemeindeverein* unter dem Vorsitz von Dekan Stockmayer aus der Taufe gehoben wurde,[578] erfolgte dies in letzter Minute. Denn die Aufsichtsbehörde hatte bereits angeordnet, *daß die Auszahlung der städtischen Zuschüsse an die Kleinkinderschule und an die Mädchenbeschäftigungsanstalt eben so lange nicht erfolgen darf, bis die ganzen Verhältnisse bei diesen kirchlichen Anstalten geklärt sind.*[579]

Der Amtsleiter des Städtischen Wohlfahrtsamts, der prüfen sollte, *in welcher Weise die Kleinkinderschule als künftiger NS-Kindergarten auf die NS-Volkswohlfahrt überführt und bei beiden Anstalten die den Statuten gemäß durch evangelische Geistliche erfolgende Leitung den heutigen Verhältnissen entsprechend umgestaltet werden kann,*[580] kam zwar zu dem Schluß, daß es bei dem überwiegenden Anteil der Stadt (67 Prozent) an den laufenden Kosten selbstverständlich sei, *wenn sie Anspruch darauf erhebt, daß der Zweck der Anstalt in einer Weise erfüllt wird, der den Zielen des Dritten Reichs entspricht.* Er verlangte aber, *daß die Familienerziehung der Kinder ergänzt wird durch nationalsozialistische Kindertagesstätten, in denen die vorschulpflichtigen Kinder im Geiste des Nationalsozialismus erzogen und gesundheitlich ertüchtigt werden. Dieses Ziel kann aber nicht erreicht werden, wenn der Anstalt ein Geistlicher vorsteht, der die Erziehung der Kinder nach den Anschauungen der Kirche leitet.*

Aber in der von den Ratsherren angeregten Streichung der städtischen Leistungen sah der Vorstand des Wohlfahrtsamts auch keine Lösung. Denn er befürchtete, daß der Ausschuß der Kleinkinderschule, der über ein beträchtliches Grund- und Kapitalvermögen verfügte, versuchen würde, seine Arbeit mit Spenden weiter zu finanzieren. Amtsleiter Schlichtenmayer, der einen Ausweg nur in der Ausschaltung der geistlichen Leitung sah, aber auch wußte, daß *an eine freiwillige Umbildung in diesem Sinne auf satzungsgemäßem Weg* nicht zu denken war, schlug dem Oberbürgermeister vor: *Deshalb ist es dringend nötig, daß die Regierung im Wege der Staatsaufsicht, der die Anstalt statutengemäss unterworfen ist, eingreift und zunächst anstelle des gegenwärtigen Vorstands, Stadtpfarrer Schneider, einen Beauftragten bestellt, der die Geschäfte nach dem Führerprinzip im nationalsozialistischen Geist führt und eine den heutigen Verhältnissen entsprechende Satzungsänderung in die Wege leitet.* Doch die Antwort der Aufsichtsbehörde machte einen Strich durch die Rechnung der Stadt. Sowohl die Ministerialabteilung für Bezirks- und Körperschaftsverwaltung als auch der Berichterstatter des Reichsstatthalters wiesen darauf hin, daß es für die geplante Umbildung keine rechtlichen Möglichkeiten gäbe.[581] Daraufhin griff die Stadt zur Selbsthilfe. Auf Vorschlag des Kreisleiters richtete sie im ehemaligen Normannen-Haus einen NSV-Kindergarten ein.[582]

NS-Schwestern konkurrierten auch auf dem Gebiet der Gemeindekrankenpflege mit den konfessionellen Schwestern und versuchten sie – oft mit Erfolg – aus ihrem Tätigkeitsbereich zu vertreiben. 1937 verdoppelte die NSV die Zahl ihrer »Braunen Schwestern« auf acht. *Da diese billiger arbeiten als unsere Gemeindekrankenschwestern*, klagte der Kirchengemeinderat, *bekommen diese die Konkurrenz immer mehr zu spüren. Der Verwaltungsausschuß wird über eine etwaige Herabsetzung der Gebühren für die Dienstleistungen der Schwestern zu beraten haben.*[583]

Die beiden evangelischen Kindergärten blieben, durch Sammlungen und Spenden in *unerwartet hohem Maße unterstützt*, weiterhin bestehen.[584] Ermöglicht hatte dies die Gründung des Evangelischen Gemeindevereins. Sie brachte dem Dekan ein Verfahren wegen Verdachts der Umgehung des Sammlungsgesetzes ein, das aber im Zuge der »Führer-Amnestie« vom 30. April 1938 niedergeschlagen wurde.[585] Auf Empfehlung des Oberkirchenrats hatte der Dekan bei den Verhandlungen dem Staatsanwalt gegenüber betont, *daß der evangelische Gemeindeverein nicht der Umgehung des Sammlungsgesetzes dient, vielmehr den engeren Zusammenschluß der evangelischen Gemeindeglieder in Tübingen pflegen und die Aufgaben der Kirche erfüllen helfen will.*[586]

Lange ließ sich der NS-Staat allerdings durch solche taktischen Manöver nicht täuschen. Am 15. Juni 1939 verbot die Geheime Staatspolizei/Staatspolizeileitstelle Stuttgart sämtliche konfessionellen Gemeindevereine und verfügte deren Auflösung, da diese ihrer Meinung nach die Aufgabe hatten, *insbesondere Konkurrenzunternehmen der NSV-Schwesternstationen und -Kindergärten zu bilden und innerhalb der Gemeinde die Durchführung nationalsozialistischer Bestrebungen zu erschweren und wenn möglich zu verhindern.*[587] Allerdings konnte der Staat das Vermögen des aufgelösten Vereins nicht beschlagnahmen, sondern mußte es ihm zur Liquidierung überlassen. Dieser erhielt es kirchlichen Zwecken, indem er es der evangelischen Kirchenpflege *zur Verwendung für besondere Gemeindebedürfnisse* übergab.[588]

Neben dem Evangelischen Gemeindeverein gab es eine weitere kirchliche Institution, die dem NS-Gemeinderat ein Dorn im Auge war, und auf deren beträchtliches Vermögen er begierig blickte. Das war der Tübinger Hilfsverein, eine privatrechtliche Stiftung des späten 18. Jahrhunderts. Laut Satzung verfolgte sie den Zweck, *die freiwillige Armenfürsorge für die Einwohner der Stadt Tübingen möglichst zusammenzufassen und durch wohltätige Einrichtungen und Gewährung von Unterstützungen die öffentliche Fürsorge zu ergänzen*.[589] Doch die Entwicklung der öffentlichen und privaten Fürsorge seit 1918 hatte die Aktivitäten des Vereins immer mehr eingeschränkt. In den dreißiger Jahren trat er im wesentlichen nur noch bei der Verwaltung seiner Häuser in Erscheinung, dem Jägerstift in der Belthlestraße, dem Weberstift in der Weberstraße und dem Neumannhaus im Schleifmühlenweg – Häuser, deren Wohnungen zu günstigen Preisen vermietet wurden. 1934 hatte die Aufsichtsbehörde die Zusammenfassung des Vereins mit dem Gemeinnützigen Wohnungsverein vorgeschlagen. Um dieser Gleichschaltung zu entgehen, betrieb der Hilfsverein, dem der ehemalige Landrat Julius Gös vorstand, den Anschluß an die Innere Mission als Dachverband der evangelischen Wohlfahrtspflege.[590] Der Vorstand des Wohlfahrtsamtes, dem als Vertreter der städtischen Armenpflege Sitz und Stimme im Vorstand des Hilfsvereins zustand, erhob Einspruch gegen diese Bestrebung wie gegen den Versuch, den privatrechtlichen Verein in einen eingetragenen Verein umzuwandeln.[591] Nach der Satzung sei der Verein keineswegs nur auf den evangelischen Teil der Einwohnerschaft beschränkt. Doch ging es dem städtischen Amtsleiter nicht um die Wahrung einer überkonfessionellen Einrichtung. Er wollte vielmehr verhindern, daß der Verein samt seinem Vermögen der Staatsaufsicht entzogen wurde. Deshalb versuchte er, ihn der NSV anzugliedern. Doch die beiden anderen Vorstandsmitglieder, Landrat i. R. Gös und Dekan Stockmayer, überstimmten den städtischen Amtsleiter und leiteten die Angliederung an die Innere Mission in die Wege. Hilfesuchend wandte sich daraufhin die Stadt mit der Bitte an die Aufsichtsbehörde, *die satzungs- und gesetzmäßigen Belange der Stiftung und, soweit sie gefährdet waren, auch der Stadtverwaltung Tübingen zu wahren*.[592]

Doch der Hilfsverein führte sein Vorhaben aus. Daß daraufhin die Spannungen zwischen ihm und der Stadtverwaltung noch zunahmen, zeigte sich besonders im Bereich der städtischen Siedlungspolitik.[593] Übernahmeverhandlungen des Verbands Württembergischer Wohnungsunternehmen scheiterten ebenfalls.[594] Mit der Rückendeckung der Inneren Mission betonte der Hilfsverein vielmehr seinen kirchlichen Charakter. Im Oktober 1940 verpflichtete er seine Vorstandsmitglieder *zur Wahrung der kirchlichen Eigenart*. Daraufhin kündigte der städtische Vertreter seine Mitarbeit auf.[595] Damit war der Kampf um den Tübinger Hilfsverein, den Dekan und Landrat als Kampf um den Bestand einer kirchlich geführten Sozialeinrichtung und ihres Selbstbestimmungsrechts geführt hatten, erfolgreich beendet. Eine Revidierung des Vereinszwecks hatte es allerdings ebensowenig gegeben, wie eine theologische Diskussion über das, was die zu bewahrende *kirchliche Eigenart* sei.[596] Einwände gegenüber den sozialrassistischen Grundsätzen der NS-Volkswohlfahrt scheinen gleichfalls keine Rolle bei der Abwehr des staatlichen Eingriffs gespielt zu haben. Dennoch entwickelte sich dieser Einsatz für die überkommenen Rechte und den traditionellen Einflußbereich ebenso wie der Kampf um den Religionsunterricht oder die kirchliche Jugendarbeit zu einer Verteidigungslinie, hinter der sich eine kirchliche Gegenwelt zum Nationalsozialismus zu formieren und gegen seinen umfassenden Anspruch aufzulehnen begann.

Auch der katholischen Kirche wurde seit 1935 immer deutlicher, daß das Regime nicht bereit war, ihr den bisherigen gesellschaftlichen Wirkungsraum zu lassen. Die Hoffnungen von 1933, durch Anpassung und Konzessionen einen Freiraum bewahren zu können, waren zerschlagen.[597] Das Konkordat gewährte keinen Schutz gegen Schikanen selbstherrlicher Unterführer. So schloß beispielsweise die Tübinger Kreisverwaltung der Deutschen Arbeitsfront im Sommer 1935 dreizehn Mitglieder aus, weil sie dem Katholischen Gesellenverein angehörten.[598] Für die Ausgeschlossenen bedeutete das den Verlust ihrer Arbeitsstelle. Zwar war die Zugehörigkeit zur Deutschen Arbeitsfront nur für Angestellte im öffentlichen Dienst vorgeschrieben, praktisch aber wurde sie von jedem *Gefolgschaftsmitglied* verlangt.[599] Ebenso negierte das Regime den Bestandsschutz für die katholischen Jugendverbände. Da diese durch das Konkordat geschützt waren und nicht ohne weiteres verboten oder aufgelöst werden konnten, verbot sie das Regime indirekt, als es am 18. Juni 1937 die Doppelmitgliedschaft in HJ und katholischen Jugendverbänden untersagte.[600] Einen Monat später löste sich der Tübinger Männerverein Freundschaft auf.[601] Das geschah noch so rechtzeitig, daß der Verein, der eine eigene Sterbekasse führte, sein nicht unbeträchtliches Vermögen der Kirchengemeinde vermachen konnte, bevor im Januar 1939 der Reichsführer-SS den Katholischen Jungmännerverband Deutschland mit allen seinen Unter- und Nebengliederungen wegen *volks- und staatsfeindlicher Betätigung* verbot und dessen Vermögen requirierte.[602] Wie Vikar Braig dem Bischöflichen Ordinariat meldete, hatte der Tübinger Jungmännerverein zu diesem Zeitpunkt gerade noch acht zahlende und etwas mehr *freiwillige* Mitglieder.[603]

Die Tübinger Stadtverwaltung versuchte ebenfalls, das öffentliche Wirken der katholischen Kirche einzuschränken. Als der Katholische Gesellenverein für sein Fortbildungsprogramm um einen städtischen Raum in der Gewerbeschule bat, lehnte der Gemeinderat das Gesuch im Hinblick darauf ab, *daß den Mitgliedern des Katholischen Gesellenvereins in der Organisation der DAF hinreichend Gelegenheit gegeben ist, sich auf dem Gebiet der Buchführung weiterzubilden*.[604] Im Dezember 1936 erhielt die katholische Kirchengemeinde den Schillersaal des »Museums« zum letzten Mal für eine Gemeindefeier.[605] Das Verbot öffentlicher kirchlicher Veranstaltungen sowie die Einschränkungen der kirchlichen Presse – zwangsweise gingen die »Rottenburger Zeitung« und der »Schwäbische Volksbote« auf die NS-Presse über[606] – zwangen die Kirche zum Rückzug hinter die Kirchenmauern. Lediglich Wallfahrten waren noch erlaubt. Aber auch diese fanden, wie die Tübinger Fronleichnamsprozession 1936, unter Polizeikontrolle statt. Selbst in die Gottesdienste schickte die SS Spitzel, um auf *staatsfeindliche Äußerungen* zu achten, besonders wenn Hirtenbriefe anstanden.[607]

Wiederholt wurde in diesem Zusammenhang Stadtpfarrer Weikmann aufs Polizeiamt zum Verhör zitiert. Insgesamt zwölf Prozesse wurden gegen ihn angestrengt, zu einer Verhaftung ist es jedoch nie gekommen.[608] Wie sein evangelischer Kollege stellte Karl Weikmann, der im November 1935 das katholische Stadtpfarramt von Egon Menz übernommen hatte, enttäuscht fest, daß die Beteiligung der Kirche an den Gefallenengedenkfeiern nicht mehr erwünscht war. 1936 hatte Bischof Sproll noch an der Feier auf den »Postwiesen« teilgenommen und den Vorbeimarsch der Soldaten stehend und, wie die Pfarrchronik berichtet, *erstmals mit erhobenem Arm* erlebt. 1937 wurde er schon nicht mehr eingeladen.[609] Da Weikmann aber die Wiedereinführung der allgemeinen Wehrpflicht lebhaft begrüßte, auch sonst national eingestellt war und seine Loyalität gegenüber dem Staat offen bekundete, fiel ihm dieser Ausschluß vom »Wiederaufbau der Nation« schwer. Die Weihe des neuen Michaelaltars in der Johanneskirche am Buß- und Bettag 1937 erschien dem Verbitterten wie eine Antwort, eine *bedeutsame Kundgebung* der nationalen Gesinnung der katholischen Kirche.[610]

Liest man die Pfarrchronik, so bekommt man den Eindruck, als habe der erzwungene Rückzug auf den kirchlichen Binnenraum das kirchliche Leben gestärkt. Für 1937 verzeichnete die katholische Kirche eine *wesentliche* Zunahme des Kommunionsbesuchs.[611] Auch die Beteiligung an der Volksmissionswoche im selben Jahr erschien ihr *den einzigartigen Tübinger Verhältnissen entsprechend recht gut, überraschend gut*.[612] Es gab zwar Gemeindeglieder, die ihre Zugehörigkeit zur Kirche aufkündigten – 1939 war mit zweiundvierzig Austritten das Maximum erreicht. Diejenigen aber, die blieben, obwohl Kirchlichkeit immer weniger eine Empfehlung war, beteiligten sich um so aktiver am kirchlichen Leben. Die Bibelabende für Männer hatten ihren festen Besucherstamm ebenso wie die abendliche Christenlehre für Jugendliche. An der Sternwallfahrt der katholischen Jugend beteiligten sich 1937 rund 180 Tübinger.[613] Als das Regime 1937 die traditionelle Haus- und Straßensammlung der Caritas verbot, erbrachte die kirchliche Sonntagskollekte zwei Drittel des durchschnittlichen Ergebnisses der öffentlichen Sammlungen.[614] Auch die seit 1936 betriebene Planung für den Bau einer zweiten katholischen Kirche, die in der Südstadt vor allem für die Militärgemeinde errichtet werden sollte, ist ohne dieses rege Gemeindeleben nicht zu verstehen. Die monatlichen Kirchenopfer für den Neubau ergaben jeweils zwischen 300 und 400 RM. Die Wehrmacht unterstützte die Kirchengemeinde mit 30000 RM.[615] Doch als endlich, nach längeren Auseinandersetzungen mit der Baupolizei, am 15. Juli 1938 die Baugenehmigung erteilt wurde, machten Baubeschränkungen im Zuge des Vierjahresplans und bald darauf der Krieg einen Strich durch die Pläne der Architekten Barth und Laible. Den Kirchenbaufonds – mittlerweile waren 140000 RM zusammengekommen, davon 60000 ersammelt – verstand die Kirchengemeinde vor dem staatlichen Zugriff zu schützen, indem sie Darlehen zurückzahlte, eine neue Orgel finanzierte und liturgische Gegenstände für die Filialgottesdienste anschaffte.[616]

Auf die Einführung der »Einheitsschule« reagierten die Katholiken Tübingens ungleich heftiger als die Protestanten. Hatten sich diese, beruhigt durch die landeskirchliche Weisung, nahezu hundertprozentig für die Abschaffung der Konfessionsschule ausgesprochen, so formierte sich auf katholischer Seite Widerstand.[617] Gegen die Einführung der Deutschen Volksschule entschieden bei 354 katholischen Volksschülern die Eltern von 110. Samstags war die Abstimmung, montags erschienen einige Eltern auf dem Rathaus, um die Anmeldung ihrer Kinder für die Deutsche Volksschule rückgängig zu machen. Andere widerriefen schriftlich. In einer Klasse erschienen, vom Lehrer herbeizitiert, die Mütter, die mit Nein gestimmt hatten.[618] Ursache für diese Aufregung war die Predigt vom vergangenen Sonntag, bei der Karl Weikmann über eine Kruzifix-Entfernung in Reutlinger Schulen berichtet hatte. In Bayern und in Oldenburg wurden zu dieser Zeit tatsächlich Kruzifixe aus den Schulen entfernt, was zu einem regelrechten *Kreuzkrieg* führte.[619] Doch im Reutlinger Fall hatte der katholische Pfarrer selbst die Kreuze aus den Schulräumen entfernt. Insofern hatte Weikmann einen falschen Hinweis gegeben. Doch er wirkte. Unter den sechsundzwanzig Briefen, mit denen Kinder nachträglich von der Deutschen Schule abgemeldet wurden, bezogen sich nicht wenige ausdrücklich auf diese Predigt.[620]

Der Erfolg des Einspruchs war, daß anfangs zwei, später eine katholische Volksschulklasse weitergeführt wurden. Doch die Zahl der Eltern, die den Weiterbestand der Konfessionsschule forderten, verminderte sich. Teils ist das auf die Bearbeitung durch NS-Funktionäre zurückzuführen. Die Pfarrchronik berichtet von einer Familie, die allein siebenmal von Parteileuten besucht wurde.[621] Teils hing es auch mit den Aktivitäten der Stadtverwaltung zusammen. Im Mai schloß nämlich der Oberbürgermeister auswärtige Volksschüler vom Besuch der katholischen Volksschule in Tübingen aus.[622] Da aber viele Katholiken in den Diasporagemeinden des Umlands auf die katholische Volksschule in Tübingen angewiesen waren, drosselte allein diese Verfügung die Zahl der katholischen Volksschüler auf sechzig. Das bedeutete, daß nur eine katholische Klasse geführt werden mußte. Als im Dezember weitere Familien ihre Kinder abmeldeten, war die Normzahl, die zur Führung einer Konfessionsklasse berechtigte, unterschritten. Die katholische Volksschule wurde aufgehoben.[623]

Für den Tübinger Pfarrer und einige Lehrer hatte die Angelegenheit ein Nachspiel. Karl Weikmann kam mit einer Anzeige beim Kultministerium, einer Strafanzeige *wegen Hausfriedensbruch und wegen Verbreitung des falschen Gerüchts über die Wegnahmen von Kruzifixen* sowie dem Entzug des Rechts, *als Erzieher an einer Deutschen Schule tätig zu sein*, noch relativ glimpflich davon.[624] Studienrat Franz Lutz aber, der an der katholischen Volksschule eine Versuchsklasse des Pädagogischen Seminars der Universität leitete, wurde dafür, daß er *kompromißlos den katholischen Standpunkt eingenommen hatte*, auf eine Hauptlehrerstelle an der Volksschule in Massenbachhausen strafversetzt.[625] Dem Frontkämpfer und Kriegsbeschädigten half es nur wenig, daß er sich beim Stellvertreter des Führers auf die fehlende Rechtsgrundlage für die Strafversetzung berief: *Im Vertrauen auf die Unterschrift des Führers unter das Konkordat und im Vertrauen auf die wiederholten öffentlichen Erklärungen unseres Herrn Kultministers, das den Eltern volle Freiheit in der Wahl der Schule zustehe, daß bei der Wahl für die deutsche Schule keine Drohung ausgesprochen und keinerlei Druckmittel angewandt werden dürften, habe ich meinen Jungen in der katholischen Schule gelassen.*[626]

Der württembergische Ministerpräsident ließ ihm eröffnen, *daß Lehrer und Beamte beondere Pflichten haben und man von ihnen erwarten muß, daß sie ihre Kinder in die Schule schicken, welche von der Staatsführung als dem nationalsozialistischen Erziehungsideal am meisten entsprechend angesehen werden.* Nur wegen Lutz' *Verdienst als Frontsoldat* wurde der Ort der Strafversetzung schließlich geändert; statt in Massenbachhausen trat Studienrat Lutz am 1. September 1936 die Stelle eines Amtsverwesers an der Volksschule in Spaichingen an. Wie er mußten auch der ehemalige Zentrumsgemeinderat, Gewerbeschulrat Josef Held, und zwei Lehrerinnen der katholischen Volksschule ihren Mangel an Begeisterung für die Gemeinschaftsschule mit einer Strafversetzung büßen. Für die eine Lehrerin bedeutete das den Abbruch ihrer Promotion, für die andere den Beginn einer Odyssee durch zehn unständige Stellen.[627]

Das wenig später geforderte Treuegelöbnis auf den Führer verursachte unter den katholischen Theologen keine Probleme, obwohl die bischöfliche Behörde dazu erst sehr spät und halbherzig Stellung nahm.[628] Den anhaltenden Versuchen des NS-Staats, den Religionsunterricht zu reglementieren, fundamentale Lehren der katholischen Kirche zu verändern, ihr Wertesystem zu verdrängen, begegneten die katholischen Geistlichen jedoch mit Widerstand. Mit einem hektographierten Schreiben informierten sie die Eltern über die *planmäßige Vernichtung der christlichen Erziehung.*[629] Der mehrseitige Rundbrief schloß mit der Aufforderung: *Katholische Eltern, macht solcher Niedertracht, macht Lug und Trug ein Ende. Besteht darauf, daß die Versprechungen, die man Euch gemacht hat, gehalten werden. Laßt Eure Kinder nicht in einen RU. [Religionsunterricht], der diesen Namen nicht verdient! Solange ein Führerwort gilt, solange es in Deutschland Ehre und Treue gibt, solange haben kath. Kinder das Recht auf kath. RU. in der Schule. Schreibt diesen Brief ab u. verbreitet ihn, soweit Ihr könnt! Ihr dient damit der Wahrheit u. der Ehre, dem Vaterland und der Kirche.*[630]

Die Entschiedenheit, mit der auch andernorts gut die Hälfte der katholischen Eltern die Beibehaltung der religiösen Schulerziehung verlangte, zeigte dem Regime, wie wenig erfolgreich es bisher bei der ideologischen Gleichschaltung des Katholizismus war. Noch 1936 meldete ein Tätigkeitsbericht des Gauamts für Kommunalpolitik in Württemberg/Hohenzollern an die NSDAP-Reichsleitung München: *An der Einstellung der katholischen Geistlichen hat sich nichts geändert. Sie können nach wie vor die Beschränkung ihres Einflusses im öffentlichen und politischen Leben nicht vergessen.*[631]

Die Presse sollte deshalb die Kirche suspekt machen. Verdächtigungen und Falschmeldungen oder bewußt aufgebauschte Berichte von individuellem Fehlverhalten sollten einen Keil des Mißtrauens zwischen Gemeindeglieder und Geistliche treiben. Wochenlang berichtete die NS-Presse über angebliche Devisenvergehen von Klöstern. Höhepunkt dieser Kampagne war im Frühjahr 1936 ein Prozeß in Koblenz über angebliche sittliche Verfehlungen der Franziskanerlaienbrüder des Klosters Waldbreitbach.[632] Die NS-Presse nützte den Vorfall als Beweis für die angeblich sittliche Verderbtheit des katholischen Klerus. *Schwule Brutstätte des Lasters, Deutsche Jugend in Klosterschule mißbraucht*, meldete die »Tübinger Chronik«. Rasch war auch ein Tübinger »Fall« konstruiert: »Katholischer Präses verging sich in Tübingen an einem minderjährigen Mädchen«.[633]

Die meisten Meldungen basierten auf Gerüchten und Denunziationen, viele waren schlichtweg falsch. Gegendarstellungen waren der Kirche aber nicht erlaubt. Sie konnte die Vorfälle lediglich durch Kanzelabkündigungen aufklären. Mit innerkirchlichen Kundgebungen, Wallfahrten und Aufklärungsschriften oder mit Hirtenbriefen und der Enzyklika »Mit brennender Sorge« setzte sich die Kirche gegen nationalsozialistische »Irrlehren« zur Wehr. Doch blieb dieser Einspruch auf den innerkirchlichen Raum und auf Rechtsbrüche gegenüber den eigenen Mitgliedern beschränkt, enthielt sich aber jeder konkreten politischen Stellungnahme. Weder den Judenboykott vom April 1933 noch den Pogrom vom November 1938 verurteilte die katholische Kirche öffentlich. Dennoch verfolgte das NS-Regime die innerkirchliche Meinungsbildung als Ausdruck politischer Opposition. Der SD-Unterabschnitt Württemberg/Hohenzollern ließ sich von seinen Außenstellen über die Reaktionen der Bevölkerung auf die Hirtenbriefe berichten und ordnete strengste Überwachung der Katholischen Aktion an, einer dem evangelischen Gemeindedienst entsprechenden kirchlichen Laienorganisation.[634]

Welche Grenzen der Partei gerade in kleinen katholischen Gemeinden gesetzt waren, zeigt die Klage des Ortsgruppenleiters von Poltringen/Oberndorf, einer 1938 im Zuge der Kreisreform zu Tübingen gekommenen Gemeinde. Dieser klagte am 16. Juli 1935 bei der damals noch zuständigen Herrenberger Kreisleitung, *daß gewisse Dunkelmänner der Bevölkerung den Rücken steifen. Die Auswirkung davon ist, daß trotz intensiver Arbeit der zuständigen Organe für Partei, Staat und Jugend eine fast als passive Resistenz anmutende Zurückhaltung geübt wird.*[635] Als *Seele dieser Gegenkräfte* bezeichnete er den katholischen Ortspfarrer Löffler, *einer jener viel gefährlicheren jesuitisch-hinterhältigen Gegner.* Dessen Wirken schrieb es der Ortsgruppenleiter zu, daß seine Sprechabende nur bescheiden besucht seien, daß bei öffentlichen Kundgebungen gerade die *dem Pfarrer nahestehenden und bis zur Revolution tonangebenden Kreise ostentativ* fehlten, daß Sammelergebnisse weit unter dem *Durchschnitt des Möglichen* lägen und eine *seuchenartige Verschreiberei und Schimpferei* die Personen in Mißkredit brächte, die sich für den NS-Staat einsetzten. Tatsächlich war bis dahin der Werbeerfolg der Parteigliederungen in Poltringen gering. Zur NSV hatten sich drei Personen angemeldet, eine BDM-Gruppe konnte die NSDAP erst im Juni 1935 aufstellen. Deren Mitglieder setzte der Pfarrer weiterhin unter Druck, indem er, wie der Ortsgruppenleiter meldete, anordnete, *daß Mädchen, welche beim BDM usw. sind, in der Fronleichnamsprozession nicht mehr mit den Mädchen laufen durften. Sie mußten bei den alten Frauen gehen. Für Kenner der kath. Verhältnisse auf dem Lande bedeute das einen moralischen Druck sondergleichen.*

Nicht durch offenen Widerstand, sondern durch Aktivierung des katholischen Sozialmilieus gelang es Pfarrer Löffler, in dem etwa 650 Einwohner zählenden Oberndorf die Wirkung der NSDAP derart einzuschränken, daß der Ortsgruppenleiter sich nicht mehr anders zu helfen wußte, als die Versetzung des Geistlichen zu fordern. Dieser konnte wesentlich offensiver agieren, als sein Tübinger Amtskollege, der in der evangelischen Universitätsstadt ohnehin keinen so sicheren Stand hatte, und zur Rücksichtnahme auf seine Kollegen vom Wilhelmsstift und der Katholischen Fakultät verpflichtet war.

Das besondere Mißtrauen der württembergischen Gauleitung galt den Aktivitäten des Rottenburger Bischofs, der auf kirchlichen Massenkundgebungen, Bischofstagen und Wallfahrten den Mitgliedern seiner Diözese, vor allem den Jugendlichen, den Rücken stärkte.[636] Seine Predigten, die großen Zulauf hatten, waren dem Regime ein Ärgernis, erinnerten sie die Bevölkerung doch immer wieder daran, daß es andere Autoritäten und ein anderes Wertesystem als das nationalsozialistische gab. Wiederholt wies Bischof Sproll in seinen Predigten oder in Eingaben an die württembergische Regierung auf die »Bedrängnis« der Kirche hin. Auf der Männerwallfahrt des Herbstes 1937 sprach er in Weingarten davon, *daß diese unsere hl. Kirche noch nie so dem Spott ausgesetzt war wie heutzutage, noch nie so verfolgt wurde wie in unseren Tagen. Wenn wir die ganze Welt betrachten, so sehen wir, es ist ein Kampf gegen Gott, gegen Christus, gegen die Kirche.*[637]

Trotz dieser klaren Kritik an der Religionspolitik des Regimes betonte der Bischof ausdrücklich die Pflicht der Christen zur Loyalität gegenüber der staatlichen Obrigkeit. Dennoch griff ihn die NS-Propaganda, allen voran das Leonberger Hetzblatt »Flammenzeichen«, wegen *nationaler Unzuverlässigkeit* heftig an. Um seinen Einfluß zu brechen, erstattete die Gestapo Anzeige wegen Vergehens gegen das Heimtückegesetz.[638] Doch noch bevor das Verfahren eröffnet wurde, bot der Bischof selbst mit seiner Wahlenthaltung im April 1938 dem Regime Gelegenheit, gegen ihn vorzugehen.[639] Die Wahl vom 10. April 1938 sollte das Ja zur Angliederung Österreichs mit einem Ja zur Politik der NSDAP koppeln. Sproll, der zwar die Annektion begrüßte und deswegen auch vor der Wahl die Kirchenglocken läuten ließ, wollte aber kein Ja zur übrigen Politik der Regierung aussprechen. Deshalb ging er nicht zur Wahl. Unter seinen Amtskollegen war er der einzige Nichtwähler, was ihn in den Augen des Regimes noch verdächtiger machte. Eine Aktion gegen den von seinen Kollegen Isolierten erschien ungefährlich. Als am Wahltag bei Schließung der Wahllokale feststand, daß Sproll als einziger in Rottenburg nicht abgestimmt hatte, beschlossen *die Verantwortlichen der Stadt aus Partei und Verwaltung* für die kommende Nacht eine Aktion gegen den Bischof,[640] dem eine nach Einbruch der Dunkelheit vor dem Bischöflichen Palais angebrachte Aufschrift vorwarf, ein *Volksverräter* zu sein. Als die Partei am folgenden Abend nach der *Siegerfeier* eine Demonstration vor dem Palais inszenierte, hatte Sproll – rechtzeitig über das Vorhaben informiert – bereits die Stadt verlassen. Die bestellte Volkswut entlud sich daraufhin in Sachbeschädigungen und Gewaltakten gegen bischöfliche Beamte.[641] Als Sproll am 15. Juli nach Rottenburg zurückkehrte, kam es zu einer neuen Welle von Gewalttätigkeiten. Am 16. Juli drangen Demonstranten in die Amts- und Privaträume des Bischofs ein und bedrängten ihn in der Kapelle.[642] Er konnte sich jedoch der aufgebrachten Menge durch Flucht entziehen. Erste Station auf seinem Rückzug aus der Diözese war das Studentenpfarramt in Tübingen, wo ihn Bernhard Hanssler aufnahm.[643]

Auf Anweisung der Partei wurden die Demonstrationen und Gewaltakte noch mehrmals wiederholt. Auch die Bewohner des Tübinger Wilhelmsstifts fühlten sich bedroht. Nachdem sie eines Morgens ein braunes Hemd ans Konviktor genagelt fanden, waren sie davon überzeugt, daß die Partei auch gegen das Wilhelmsstift als dem Zentrum des katholischen

Lebens in der Universitätsstadt eine Aktion plante.[644] Doch in Tübingen blieb es ruhig. In Rottenburg dagegen drohte die organisierte Volkswut der Partei aus den Händen zu gleiten. Das Bischöfliche Ordinariat erhob Anzeige wegen Landfriedensbruch. Vergeblich mahnten der Tübinger und der Reutlinger Kreisleiter bei der Aktion am 23. Juli zu mehr Disziplin: *Ihr erweist dem Bischof den größten Dienst durch Euer Verhalten und liefert ihm selber die Waffen, die er haben will, so etwas liegt nicht im Sinne unserer Demonstration [...]*, soll nach dem Bericht eines anonymen Verfassers Kreisleiter Rauschnabel der Menge zugerufen haben.[645]

Bei der Mehrzahl der Rottenburger Bevölkerung stießen die Aktionen, zu denen die Parteigliederungen aus den umliegenden Kreisen Freifahrscheine erhalten hatten, auf Unverständnis und Ärger. Die Gestapo berichtete an das Geheime Staatspolizeiamt in Berlin, daß die Rottenburger am 21. Juli erstmals *eine durchaus feindselige Haltung gegenüber den Demonstranten* eingenommen hätten. In den umliegenden Ortschaften sollen die Omnibusse, die Demonstranten zurückbrachten, mit Steinen beworfen worden sein.[646] Nach dem Gottesdienst am folgenden Sonntag kam es in der Bischofsstadt zu Sympathiebekundungen von dreihundert bis fünfhundert Kirchenbesuchern. Auf den Stufen des Bischöflichen Palais wurden Blumensträuße abgelegt.[647] Erstaunt stellte Stadtpfarrer Weikmann, als er am Tag nach der Demonstration einen »Einkehrtag« in Bühl hielt, einem katholischen Ort zwischen Tübingen und Rottenburg, eine hundertprozentige Teilnahme am Sakramentsempfang fest. Die am Vorabend durchs Dorf lärmenden Autos der Demonstranten seien der beste Aufruf zur Beteiligung an der Kommunion gewesen.[648] Die katholischen Hausangestellten Tübingens beschlossen, das Lebensmittelgeschäft eines an den Aktionen beteiligten Nationalsozialisten zu boykottieren.[649]

Die Aktionen gegen den Bischof erzielten das Gegenteil der gewünschten Wirkung. Statt mißtrauisch gegenüber dem Klerus zu werden, schlossen sich die katholischen Gemeindeglieder umso enger an die Kirche an. Selbst in nichtkirchlichen Kreisen rief das Vorgehen Kritik hervor. Schließlich wurden die Aktionen von höchster Stelle aus verboten. Reichskirchenminister Kerrl verhängte *zur Sicherung von Ruhe und Ordnung in Staat und Kirche* über den Bischof ein Aufenthaltsverbot für Württemberg. Während der Zeit seines Exils, das Sproll im bayerischen Bad Krummbach verbrachte, leitete Generalvikar Kottmann die Diözese.[650]

Die Aktionen hatten der Partei mehr geschadet als genützt. *In verschiedenen Kreisen der Bewegung,* berichtete der Tübinger Oberstaatsanwalt am 26. Juli 1938 dem Generalstaatsanwalt in Stuttgart, *werden die in Rottenburg begangenen Gewaltakte offen mißbilligt.*[651] Spontaner Volkszorn hatte sich bei keiner der zehn Demonstrationen entladen. Spontan waren vielmehr die Sympathiekundgebungen für den Bischof sowie die Äußerungen des Unverständnisses und der Ablehnung. Wie wenig die Gewalttaten dem Empfinden mancher Teilnehmenden entsprachen, zeigt der Bericht über einen Tübinger Schneidermeister, der zu jenen gehörte, die in das Bischöfliche Palais eingedrungen waren. Der Anblick des in der Kapelle knienden Bischofs hatte ihn *ganz überwältigt*, so daß er unwillkürlich um *Entschuldigung!* gebeten und die Kapelle verlassen habe.[652] Ein Teilnehmer aus Reutlingen berichtete: *Wenn wir gewußt hätten, wohin es ginge und was los wäre, wären wir nicht mitgegangen. So heisst es allgemein. [...] Die Schamröte muß dem Veranstalter ins Gesicht steigen, wenn ihm das magere Ergebnis und der Schuß nach hinten zum Bewußtsein kommt.*[653]

Unbehagen und Mißtrauen, die bisher nur die Kirche bewegt hatten, machten sich allmählich auch in ihr fernstehenden Kreisen bemerkbar. Die bald nach dem Rottenburger Vorfall ausbrechende Sudetenkrise überdeckte zwar die Unruhe. Doch als im Frühjahr 1939 im katholischen Gemeindehaus in Tübingen ein Brand ausbrach, dessen Ursache nie geklärt wurde, waren die Gerüchte nicht zum Schweigen zu bringen, die von einem *Racheakt* oder einer *Aktion* der Partei sprachen.[654] Das Gerede erhielt besonders viel Nahrung, weil es zuvor, am 25. November 1938, also kurz nach der Brandstiftung in der Synagoge auch im Evangelischen Stift gebrannt hatte.[655] Der damalige Repetent berichtete später: *Durch eine Unvorsichtigkeit schwelte in einem der Studentenzimmer ein Brand. Frühmorgens um halb sechs wurde er entdeckt, und die Feuerwehr wurde alarmiert. Kurze Zeit zuvor hatte die Synagoge gebrannt. Noch höre ich den wackeren Feuerwehrmann, der mir auf der Treppe entgegenkam: »So, seid Ihr jetzt dran?« O ja, wir wären »dran« gewesen, wenn Hitler den Krieg gewonnen hätte.*[656]

Auch die Angehörigen kleinerer Religionsgemeinschaften hatten unter Repressionen des NS-Staates zu leiden. Der Tübinger Adventistengemeinde wurde ihr Kirchenraum streitig gemacht. Sie überstand aber als Institution die NS-Zeit.[657] Die Internationale Bibelforschervereinigung (Zeugen Jehovas) löste ein Reichsgesetz Anfang 1934 auf.[658] Die Mitglieder wurden daraufhin verfolgt und als »Feinde des Vaterlandes« diskriminiert. 1937 entzog der Tübinger Landrat auf Anordnung einem im Kreis ansässigen Ehepaar, das der Internationalen Bibelforschervereinigung angehörte, die Reisepässe und erklärte sie für ungültig, *da es nicht erwünscht ist, daß solche Personen in das Ausland reisen.*[659]

»Widerstand ist nicht laut geworden«:
die (Zu-)Stimmung der Bevölkerung

Den Anspruch nach »totaler Erfassung« der Bevölkerung konnte das NS-Regime auch in Tübingen nicht einlösen. Dennoch berichtete die NS-Presse während der Phase der Gleichschaltung wiederholt: *Widerstand ist nicht laut geworden.*[660] Für die Konsolidierungsphase des Systems trifft dies Urteil ebenfalls zu, soweit man unter Widerstand aktive, auf den Sturz des Regimes zielende Handlungen versteht. Doch lassen sich auch in Tübingen vielfältige Formen von Opposition und von nonkonformem Verhalten finden, das in der breiten Grauzone zwischen Anpassung und Ablehnung angesiedelt war.[661]

Anders als während der Gleichschaltungsphase beschränkten sich die Aktionen der politischen Gegner aus den Reihen der organisierten Arbeiterschaft seit 1935 auf Hilfe für politisch Verfolgte und die Familien der Inhaftierten: Reste einer Gegenwelt der Solidarität. Die vielen Verhaftungen seit 1933 hatten Sozialdemokraten wie Kommunisten gezwungen, ihre illegale Arbeit umzustellen. Das Risiko bei der Verteilung von Aufklärungsbroschüren war zu hoch geworden.[662] Ob die konspirativen Treffen in der Hohentwielgasse weiter stattfanden, ist nicht bekannt. Ebenfalls nicht bekannt ist das Ergebnis der Verhandlung, die 1935 gegen ein Tübinger KPD-Mitglied vor dem Landgericht in Tübingen geführt wurde, bei dem die Polizei *Druckschriften hochverräterischen Inhalts* gefunden hatte.[663] Die Freiräume für unabhängiges Handeln wurden mit der Konsolidierung des Regimes zunehmend schmaler. Für die »Rote Hilfe« sammelten einige Tübinger aber auch nach 1935.[664] Anfang 1937 stellte die Gestapo aufgrund einer Denunziation einen der Sammler am Tübinger Hauptbahnhof und hielt ihn einige Wochen in Haft. Da die Angaben des Denunzianten aber offensichtlich falsch waren, mußte sie den Mann wieder entlassen.[665] Aktive Solidarität wie die der »Roten Hilfe« entwickelte sich nur in Nischen des Systems. Sie war auf funktionierende, autonome Kommunikationsstrukturen angewiesen, wie sie gerade die organisierte Arbeiterschaft, teilweise auch die Kirchen bewahrten. Der Kirchenkampf zeigt aber, wie sehr Zustimmung zur nationalen Fassade des NS-Staats, teilweise auch zu seiner Sozialpolitik mit Ablehnung seiner Kirchenpolitik vermischt sein konnte. Oft war sogar die Selbstbehauptung um so erfolgreicher, je mehr Kooperationsbereitschaft in anderen Bereichen bestand. Kritik am NS-Staat im Sinne eigener Interessenwahrung gab es auch in den Reihen der Verwaltung.[666] Ausgangspunkt für aktiven Widerstand wurde dieses Aufbegehren in Tübingen in keinem Fall.

Einzelne protestierten gegen das Gesetz »zur Verhütung erbkranken Nachwuchses« und seine Eingriffe in ihr Leben. Ein Sterilisierter, der keine Heiratserlaubnis erhielt, drohte: *Also wenn es in Stuttgart nicht durch geht, laß ich es an den Führer gehen, denn jeder Mensch muß Recht haben! und muß sein Recht bekommen.*[667] Andere wehrten sich vehement, den Zwangseingriff auch noch selber zahlen zu müssen.[668]

Die meisten, die das Regime – aus welchen Gründen auch immer – ablehnten, zogen sich aus der Öffentlichkeit ins Privatleben und den engsten Freundeskreis zurück und vermieden alles, was sie in Konflikte hätte bringen können. Carlo Schmid charakterisiert rückblickend eine der Möglichkeiten, *nein zu sagen,* nachdem es *zur Gewißheit* geworden war, *daß keine Aussicht bestand, der sich nun bildenden Gewaltherrschaft wirksam Widerstand zu leisten,* folgendermaßen: *Man konnte öffentlich protestieren und die Welt vor dem warnen, was durch die neuen Herren Deutschlands auf sie zukommen würde. Aber das hätte das Regime nicht geschwächt, nur den mutigen Rufer in der Wüste verschwinden lassen. [...] Man konnte – tief unter der oben geschilderten Möglichkeit bleibend – sich damit begnügen, der Partei und ihren Gliederungen fernzubleiben, und sich jedes Tun enthalten, das ihre Zwecke förderte. [...] Man konnte auch dadurch seine Ablehnung zum Ausdruck bringen, daß man ganz aus dem öffentlichen Leben ausscherte und versuchte, sein Brot außerhalb der Öffentlichkeitssphäre zu verdienen. Und es gab in den ersten Jahren noch die Möglichkeit der Emigration.*[669]

Vielfältiger als kritische Äußerungen sind Verhaltensweisen belegt, die als *unorganisierter Ungehorsam*[670] zusammengefaßt werden können. Dazu gehörte das Verweigern oder Umgehen des »Deutschen Grußes«, worüber Parteistellen und Presse jedoch in dieser

Phase seltener klagten als in der Anfangszeit des Dritten Reichs, ebenso wie die von den örtlichen Parteifunktionären aufmerksam verfolgte *Flaggensabotage*.[671] 1939 fühlte sich die Kreispropagandaleitung gezwungen, *in aller Öffentlichkeit einige notwendige Feststellungen zu machen: Daß es heute noch, sechs Jahre nach der nationalsozialistischen Machtübernahme in Tübingen überraschend viele Häuser und Wohnungsfronten gibt, an denen keine einzige noch so bescheidene Fahne des Dritten Reichs zu sehen ist. [...] Wer in Zukunft gleichgültig durch diese größten Schicksalstage der deutschen Nation geht [...], der ist überflüssig und – was schlimmer ist – eine Krankheitserscheinung am Volkskörper*.[672]

Sinkende Begeisterung und wachsende Reserve machten sich auch in einer abnehmenden Freigebigkeit bei den Straßen- und Haussammlungen der NS-Organisationen bemerkbar. Diese Verdrossenheit ging keineswegs immer mit einer prinzipiellen Ablehnung des Nationalsozialismus einher. Viele hatten es einfach satt, ständig um Spenden angegangen zu werden, wie die folgenden Ermahnungen der NS-Presse zeigen: *Wenn daher »schon wieder« gesammelt wird, so denke daran, daß Du »schon wieder« Deinen Lohn, Deinen Gehalt bekommen hast, daß Du Dich »schon wieder« hast satt essen können, daß Du »schon wieder« einige gute Aufträge erhalten hast [...]*.[673] Die Ergebnisse blieben hinter den Erwartungen zurück. 1935 rangierte der Kreis Tübingen mit seinem Spendenaufkommen in der Schlußgruppe in Württemberg.[674]

Die Haus- und Straßensammlung der Inneren Mission hatten 7545 RM, das Winterhilfswerk nur die Hälfte erbracht.[675] *Diese Scharte muß ausgemerzt werden*, beschloß der Kreisleiter und verschickte 1936 handschriftlich persönliche Aufforderungen an die *vermögenden Volksgenossen: Ich erlaube mir, mich an Sie zur Zeichnung einer Sonderspende zum Tag der Nationalen Solidarität zu wenden. [...] Ich bitte Sie deshalb den Sie Besuchenden, von mir Beauftragten zu empfangen und nach Maßgabe Ihres eigenen nationalsozialistischen Solidaritätsgefühls in Ansehung des Führerwillens ihm eine entsprechende Sonderspende auszuhändigen*.[676]

1936 führte die Partei erstmals Haussammlungen durch, *das einzige Mittel*, wie der Kreisleiter befand, *um einen Ort vollständig durcharbeiten zu können*.[677] Kreispropagandaleiter Göhner wies die Sammler an, die Volksgenossen dabei *mit Takt und Geschick anzufassen*. Sie sollten *nicht grob werden, sondern in passender aber bestimmter Form darauf hinweisen, dass ihre Gabe ein Opfer bedeuten soll, was man von 10 oder 20 Pfennig nicht sagen kann*.[678] Für die Straßensammlungen verpflichtete die Kreisleitung Honoratioren aus Stadt und Universität in der berechtigten Annahme, daß ein Verweigern unmöglich sei, wenn der Oberbürgermeister oder der Rektor persönlich die Sammelbüchse schüttele. Die Stimmungsberichte meldeten durchweg Erfolg: In Nehren im Steinlachtal war die Gebefreudigkeit 1938 *ausgezeichnet*.[679] In Breitenholz, im ehemaligen Oberamt Herrenberg, verzeichnete der Ortsgruppenleiter ebenfalls eine *größere Geberfreudigkeit* als im Vorjahr: *[...] es gab kein Haus, in dem die Sammler abgewiesen wurden. Nur ist zu betonen, dass es noch sehr viele gibt, die sich auch an diesem Tag von ihren 20 Pfennig nicht trennen können, und einen größeren Betrag spenden.*

Die *Zurückhaltung der Vermögenderen* beklagte nahezu jeder Bericht. Nutzten die Appelle nichts, veröffentlichte die Partei die Namen der Verweigerer. Auf Anregung eines Ratsherren strich die Stadtverwaltung 1937 neun Betriebe von ihrer Auftragsliste, weil deren Besitzer *ihren sozialen Verpflichtungen* nicht nachgekommen waren. Für einen Bäckermeister bedeutete das, daß er fortan in keiner Schule verkaufen durfte.[680] Der mäßige Ertrag des »Eintopfsonntags« ließ die Parteileitung klagen: *Immer noch gibt es solche, die da schmunzeln: »Ich komm gut um den Eintopf rum!«*[681] Wo es um den eigenen Herd ging, ließ sich die Bevölkerung am wenigsten manipulieren. Außenpolitische Erfolge der NS-Regierung riefen zwar immer wieder von der Partei gelenkte Begeisterung hervor. Doch verschwand diese schnell hinter den Sorgen des Alltags.[682]

Zu den größten Sorgen gehörte – nicht erst im Krieg, sondern bereits während der Konsolidierung des NS-Staates – die Versorgung mit Grundnahrungsmitteln. Abgabezwang und Zollerhöhungen für Agrarimporte sollten die deutsche Lebensmittelversorgung im Zuge der Autarkiepolitik von der Einfuhr unabhängig machen. Steigende Preise für Lebensmittel und Mangel an Fetten und Fleisch waren die Folge. Sie weckten Mißmut und Ärger bei den Verbrauchern. In Stuttgart verhaftete die Polizei acht Frauen, die wegen der Butter- und Fleischknappheit auf dem Wochenmarkt *Radau gemacht* hatten.[683] In Tübingen empfahl der Referent der Wirtschaftsgruppe Einzelhandel die Einführung von Kundenlisten. Ratsherr Ernst Hager, der für das Milchwerk zuständig war, erörterte vor seinen Kollegen die möglichen Ursachen für die *eingetretene Fettknappheit*. Er sah sie unter anderem darin begründet, *daß die Einwohnerschaft, insbesondere die Studenten in ungerechtfertigter Weise Butter und Margarine hamstern*.[684] Mit einer massiven Propaganda-Kampagne – »Der Kampf geht weiter gegen die Feinde der Nation für Freiheit, Ehre und Brot« – mußte die Partei gegensteuern.[685] Die Erregung war so groß, daß auf nahezu jeder Veranstaltung das Ernährungsproblem angesprochen werden mußte. *Wenn manche enttäuscht seien*, wies ein Redner die Kritiker zurecht, *so liege das daran, daß sie ihre Erwartungen zu hoch geschraubt hätten, oder daß es ihnen am Verständnis für das Ganze fehle*.[686] Angesichts der außenpolitischen Erfolge dürfe es nicht ins Gewicht fallen, *wenn man sich auf irgend einem Gebiet etwas einschränken muß*. Nach Abschluß der Propagandaaktion betonte die Presse, *wie bitter notwendig es war, die schon teilweise mürb gewordenen Volksgenossen wieder wachzurütteln für die große Idee des Nationalsozialismus*.

Verhaftungen von Preistreibern und die ständigen Mahnungen der Presse zeigen, daß es Wege gab, die Festpreise zu umgehen.[687] So wurde eine Landwirtin aus Entringen bestraft, *weil sie trotz wiederholter Warnungen ihrer Ablieferungspflicht als Milcherzeugerin nicht nachkam und unerlaubterweise ihre Erzeugnisse in Tübingen an Verbraucher* verkauft hatte.[688] Die »Chronik« versuchte die verärgerten Kunden mit der merkwürdig widersprüchlichen Meldung zu beschwichtigen: *Es gibt doppelt so viel Butter wie 1932. Und dennoch Butterknappheit? – In 8 Wochen gibt es wieder Butter genug*.[689] Sie versicherte, daß auch die *Knappheit auf dem Fleischmarkt* bald behoben sei. Schließlich wurde im Zuge des Vierjahresplans der Fettbezug reglementiert.[690] Um Butter, Margarine, Speiseöl oder Schmalz kaufen zu können, mußte sich jeder in eine »Kundenliste« eintragen, die aufgrund sogenannter Haushaltsnachweise überprüft und bedient wurde.[691] Dennoch versuchte der NS-Staat den Fettverbrauch weiterhin zu drosseln. Die »Chronik« belehrte die *Hausfrau in der Erzeugerschlacht*, die schon mit ideologischen Forderungen eingedeckt war, über Ersatzstoffe und Ausweichmöglichkeiten. So hieß es Anfang 1938: *Daß wir mit dem Fett sparen müssen, wissen wir. Viele Frauen aber wissen nicht, daß Zucker Fett zu einem gewissen Grad ersetzen kann.*[692]

Im Zuge der Marktregulierung bekam Tübingen 1935 eine »Milchverwertungsstelle«. Jeder Milcherzeuger mußte seitdem ein festes Quantum weit unter dem auf dem Markt möglichen Preis an die Milchsammelstellen abgeben, was erheblichen Ärger bei Produzenten wie Verbrauchern provozierte. *Es gibt keine Reservatrechte mehr*, warnte der Vorsitzende der neuen Institution die verärgerten Landwirte, die sich schon vor 1933 gegen eine Milchzentrale gesträubt hatten.[693] Verglichen mit dem massiven Protest, den die angespannte Versorgungslage andernorts, beispielsweise unter der Stuttgarter Bevölkerung hervorrief,[694] hielt sich der Ärger unter den Tübingern aber in Grenzen.

Dennoch klagte die Partei über *berufsmäßige Schwarzseher und Miesmacher*, die ihr Wissen *grundsätzlich vom Radiosender Prag oder Straßburg* oder aus ausländischen Zeitungen bezögen,[695] die gerne an *unbekannten Wassern trinken* und es nicht nötig hätten, *sich von der Partei im Verständnis des politischen Geschehens schulen zu lassen.*[696] Sie beschwerte sich über *laute Spielbegeisterung* von Skatspielern während einer Hitlerrede in einer Gaststätte; konstatierte *geheimen und lauten Protest* vor den Aushängekästen der Kreisleitung[697] und kritisierte, *daß sich unter den städtischen Arbeitern in letzter Zeit Anschauungen gezeigt haben, die das Verständnis für die nationalsozialistische Weltanschauung z.T. vermissen lassen.*[698] Ja, Kreisleiter Rauschnabel klagte noch 1936, daß *die Partei an der Tübinger Bevölkerung vorbeilebe* und daß das Gemeinschaftsleben endlich *auf die Beine* gestellt werden müsse.[699] Doch in keinem Fall entwickelten sich die diffuse Unzufriedenheit und die enttäuschten Erwartungen, die sich hinter diesen Klagen abzeichneten, zu mehr als stimmungsmäßiger Opposition. Auch für Tübingen trifft zu, was die Deutschland-Berichte der Exil-SPD 1935 als vorherrschende Stimmung beschrieben: *Die große Masse ist mit ihrem Los nicht zufrieden [...]. Nirgends aber gewinnt diese Unzufriedenheit die Kraft einer grundsätzlichen Ablehnung, nirgends reift sie zu der Erkenntnis ihrer wirklichen Ursachen. Immer wieder läßt sich das Volk in einen Begeisterungstaumel versetzen, um aus jedem Rausch in tiefere Gleichgültigkeit zu versinken. Viele spüren es, das kann nicht gut enden, aber die meisten sagen sich: Wir können's nicht ändern.*[700]

Die Ergebnisse der zwei letzten »Wahlen« des Dritten Reichs manipulierten die Nationalsozialisten auch in Tübingen zu einer 99,9prozentigen Zustimmung. Die Zahl hat aber angesichts der massiven Wahlfälschungen und der Verletzungen des Wahlgeheimnisses keinen Aussagewert. Stimmenthaltungen wurden auf gemeine Anweisung hin als Ja gezählt.[701] 86 Tübinger wagten unter diesen Bedingungen dennoch, am 29. März 1936 ein Nein auf ihren Stimmzettel zu schreiben, 39 verweigerten die Beteiligung an der Farce. 1938, bei der Wahl zum »Großdeutschen Reichstag«, die mit der Frage »Bist Du mit der am 13. März 1938 vollzogenen Wiedervereinigung Österreichs mit dem Deutschen Reich einverstanden und stimmst Du für die Liste unseres Führers Adolf Hitler? zu einer Volksabstimmung gekoppelt war, waren es 112 Nein- und 49 Nicht-Wähler.⁷⁰² Die Nichtwähler wurden *ermittelt*. 1936 befanden sich unter denen, die ihrer »Wahlpflicht« nicht nachgekommen waren, zwei Mitglieder der Universität: Der Kunsthistoriker Georg Weise und der Professor für Alte Geschichte, Woldemar Graf Üxküll. Wie der Rektor dem Reichserziehungsminister mitteilte, hielten sich beide am Wahltag nicht in Deutschland auf.⁷⁰³ Selbst diese wenigen Wahlverweigerer erschienen der NSDAP gefährlich. Der Reichsinnenminister verbot der Presse, die Zahl der Wahlberechtigten bekanntzugeben.⁷⁰⁴

Noch am Wahltag konnten *Nichtwahlberechtigte oder Personen, deren Wahlrecht ruht*, aus den Listen gestrichen werden.⁷⁰⁵ Die Bestimmung lud zu Wahlfälschungen und Unregelmäßigkeiten ein. Am Tag nach der Wahl kam es deshalb zu einem heftigen Wortwechsel zwischen dem nationalsozialistischen Kreispfleger und dem für die Wahl zuständigen Ratsschreiber. Ersterer warf dem gewissenhaft auf die Einhaltung des Verfahrensweges achtenden Verwaltungsbeamten *Wahlsabotage* vor. Er habe den Geheimerlaß des Innenministers nicht an die Wahlvorstände weitergeleitet. Unter Vermittlung des Oberbürgermeisters wurde der Fall geklärt. Der Ratsschreiber hatte sich tatsächlich geweigert, den ministeriellen Erlaß weiterzuleiten, solange er ihm nur als handschriftliche Notiz auf einem Zettel unbeglaubigt vorlag. Der Bleistiftaufschrieb stammte, so wurde im Laufe des Wahltags festgestellt, von der Frau des Landrats, die das Telefongespräch aus Stuttgart entgegengenommen hatte. Sobald die Authentizität der Anordnung feststand, hatte der Wahlamtsvorstand keinerlei Bedenken mehr, requirierte Fahrzeuge des NS-Kraftfahrerkorps und gab den Erlaß umwendend weiter: *Hiernach dürfte der Beweis erbracht sein, dass die Angelegenheit rascher, pünktlicher und gewissenhafter, als dies tatsächlich geschah, von mir nicht erledigt werden konnte*, suchte er seine angegriffene Beamtenehre zu rehabilitieren.⁷⁰⁶

Nahezu hundertprozentige Wahlergebnisse und begeisterte Anteilnahme an den außenpolitischen Erfolgen des Regimes, aber auch Ärger, Unzufriedenheit und diffuse Unmutsäußerungen, Lethargie und Rückzug ins Privatleben: Beide Haltungen bestimmten die Stimmung der Tübinger Bevölkerung und hielten sie in einem labilen Gleichgewicht zwischen Begeisterung und Verdruß. Die merklich gesunkenen Zahlen von Verhaftungen zeigen, daß man gelernt hatte, mit dem Regime zu leben. *Unsere gesamte Existenz* wurde – so beschreibt rückblickend ein ehemaliger Student die Tübinger Atmosphäre während des NS-Regimes – *mehr oder weniger doppelbödig*.⁷⁰⁷ Die Deutschland-Berichte faßten die widersprüchliche Stimmungslage 1937 wie folgt zusammen: *Immer mehr wird erkennbar, daß die Mehrzahl der Menschen zwei Gesichter trägt: eines, das sie guten und zuverlässigen Bekannten zeigen, und das andere für Behörden, Parteistellen, waschechte Nazis und für Feinde.*⁷⁰⁸

Das Regime reagierte auf die fehlende Zustimmung unterschiedlich. Den zivilen Ungehorsam, den es für »Volksopposition« hielt, verfolgt es mit Terror: Berufsverbote, Strafversetzungen, Gehaltskürzungen, Verhaftungen, Schutzhaft. Der katholische Stadtpfarrer und sein Vikar Anton Vaas erhielten Unterrichtsverbot für die Schulen; der Direktor des

Wilhelmsstifts, Wilhelm Sedlmaier, und Domkapitular Emil Kaim wurden inhaftiert; Studienrat Franz Lutz sowie drei weitere Lehrerinnen und Lehrer wurden *als Maßregelung wegen ihres Verhaltens bei der Einführung der deutschen Schule* an die Volksschule nach Spaichingen strafversetzt;[709] die Oberlehrerin Julie Majer durfte ihren Beruf nicht mehr ausüben, weil sie einen Verfolgten aufgenommen hatte.[710]

Ein dichtes Netz von Kontrolle, weltanschaulicher Überwachung und permanenter politischer Beurteilung[711] sorgte zusammen mit der Angst vor den Verbindungsmännern des Sicherheitsdienstes der SS und den allgegenwärtigen Denunzianten dafür, daß der äußere Anpassungsdruck zu einem inneren wurde.[712] Das geforderte Maß an Gleichschaltung und Identifikation mit dem Regime wurde oft übererfüllt, um keinen Verdacht auf falsche Gesinnung aufkommen zu lassen. *Der Terror ist versteckter, hinterhältiger geworden*, berichtete 1935 ein sozialdemokratischer Beobachter. *Er hat dadurch an Wirksamkeit nicht eingebüßt. Er begleitet heute den »Volksgenossen« auf Schritt und Tritt. Auch der einfache, unpolitische Mensch kann nichts unternehmen, ohne auf diesen Terror zu stoßen, sich ihm zu beugen oder zu entziehen. Überall wird dieser Druck fühlbar: Der Druck, in eine nationalsozialistische Organisation einzutreten, in die Arbeitsfront oder den Luftschutzbund, der Druck, eine nationalsozialistische Zeitung zu lesen, der Zwang zu flaggen und zu demonstrieren, die Rede des Führers im Radio anzuhören, die ausländischen Sender aber nicht einzuschalten, der Zwang zu spenden oder selbst zu sammeln, der Zwang, in den Arbeitsdienst oder die Landhilfe zu gehen oder Notstandsarbeiten zu Hungerlöhnen zu machen, der Zwang seine Kinder in die Schule zu schicken, die in den Kindern alles entehrt und zerstört, was den Eltern vielleicht selbst heilig ist. Dieser unblutige Terror ist vielleicht noch wirksamer als der blutige.*[713]

Kontrolle und Terror allein hätten aber wohl kaum gereicht, um Aufbegehren und Widerstand so erfolgreich im Keim zu ersticken. Entscheidend für die Anpassung und das Stillhalten war vielmehr die Tatsache, daß die Nationalsozialisten ihren Terror und Druck mit Angeboten mischten, die zur Zustimmung verführten: Verbesserte Lebensbedingungen; Prestigezuwachs für die vielen Amtswalter und Blockwarte, berufliche Profilierungsmöglichkeiten im Reichsberufswettkampf, motorisierte Freizeitvergnügen beim NSKK,[714] Aussicht auf einen Volkswagen,[715] erschwingliche Radioapparate und Unterhaltung für jeden,[716] günstige Theater- und Konzertmieten, Karten durch den »Vortragsring« des KdF oder die NS-Kulturgemeinde, die mit ihren gut organisierten Massenveranstaltungen vielen in der Universitätsstadt zum ersten Mal das Gefühl vermittelten, auch an Kultur teilzuhaben;[717] schließlich die preisgünstigen Wanderfahrten und Nordlandreisen mit der NS-Gemeinschaft »Kraft durch Freude«. Daß auf jedem Schiff ein SD-Mann mitfuhr, wußten die 573 Tübinger, die sich 1937 an 72 Urlaubs- und Seefahrten beteiligten, ja nicht.[718]

## Ausschluß aus der Volksgemeinschaft

Der Mythos der nationalsozialistischen Volksgemeinschaft brauchte Feinde – äußere wie innere –, um seine integrative Wirkung zu entfalten. Ausgrenzung und Ausschluß aus dieser Gemeinschaft gehörten zur Herrschaftstechnik des NS-Staats. Der Umgang des Regimes mit seinen Feinden war bewußt abschreckend. Die Angst, zu den Ausgestoßenen zu gehören, erhöhte den Wert der Zugehörigkeit zur »Volksgemeinschaft«. Vorteile und Teilhabe waren nur den »Volksgenossen« sicher, die sich gläubig und anstandslos den Forderungen des NS-Staates fügten. Alle anderen wurden an den Rand gedrängt, ausgegrenzt und ausgeschlossen.

Für diejenigen, die aus der Norm nationalsozialistischer Herrenmenschen fielen und von der Herrschaftsideologie zu »Rassefremden« und »Untermenschen«, »volksschädlichen Elementen« oder »lebensunwertem Leben« gestempelt wurden, war der Ausschluß aus der »Volksgemeinschaft« irreversibel und endete meist in der Vernichtung. Lange bevor der Krieg die Möglichkeit für eine systematische »Ausmerzung« der inneren Feinde schuf, hatte das Regime seinen rassischen, politischen und weltanschaulichen Gegnern im Inneren schon den Krieg erklärt. Die Ideologie dieser Kriegsführung war der Sozialrassismus,[719] ihr Instrument die SS mit ihrem ständig expandierenden Gewaltapparat.[720] Doch Verwaltung und Bürokratie ließen sich ebenfalls willig für die sozialpolitischen Ziele des NS-Staats einspannen.

### »Aussonderung von Gemeinschaftsfremden und Volksschädlingen«

Das Ausgrenzen von Menschen, die sich der geforderten Norm nicht fügen, hat in der deutschen Sozialpolitik Tradition.[721] Auch in Tübingen war es lange vor 1933 üblich, auf Unterstützung angewiesene, auffällige oder unbequeme Mitbürger aus dem Stadtgebiet abzuschieben. Mit denen, die die bürgerliche Ruhe und Ordnung zu beeinträchtigen drohten, wollte man nichts zu tun haben, schon gar nicht mit ihnen die Stadtkasse belasten. So wies man sie aus dem Gemeindebezirk aus.[722]

Ein solcher Ausweisungsfall beschäftigte die Stadtverwaltung und den Gemeinderat nahezu über die gesamte Dauer der Republik. Erstmals befaßte sich der Gemeinderat 1924 *auf Antrieb* des Wohnungsamts mit Ernst T., einem mehrfach wegen Diebstahls vorbestraften Schuhmacher. Schwerwiegende *sicherheits- und sittenpolizeiliche Bedenken* waren gegen seinen Verbleib im Gemeindebezirk erhoben worden.[723] Die Polizeidirektion hielt *aus sicherheitspolizeilichen Gründen* eine Ausweisung *in hohem Grade für wünschenswert*.[724] Dabei spielte eine nicht unerhebliche Rolle, daß das Landespolizeiamt den Schuhmacher ein Jahr zuvor schon wegen einer *franzosenfreundlichen Kundgebung* in Schutzhaft genommen hatte, besonders aber, daß er Mitglied der Kommunistischen Partei war.[725] Doch das Oberamt sah 1924 keine Berechtigung zu der Annahme, *daß der Auszuweisende hier seine schädliche Tätigkeit leichter und wirksamer zu entwickeln im Stande sei, als an einem anderen Ort*. Deshalb erhob es gegen die Ausweisung rechtliche Bedenken.[726] Schließlich einigte sich das Oberamt mit der Stadt, die vor allem die Betätigung des Schuhmachers für die Kommunistische Partei mit Mißtrauen erfüllte, darauf, diesen unter polizeiliche Kontrolle zu stellen, um eine juristisch stichhaltige Handhabe für eine Ausweisung zu finden.

Obwohl die Polizei 1926 meldete, daß T. *auf seinem Handwerk fleißig tätig gewesen* und nichts Nachteiliges über ihn bekannt geworden sei,[727] stellte die Stadt die Überwachung nicht ein. Einen Ausweisungsgrund fand die Polizei schließlich in der Wohnung des Überwachten. Er hatte in einem Feldhäuschen außerhalb der Stadtgrenze billige Unterkunft gefunden. Kurzerhand versagte ihm die Stadt hierfür die Wohnerlaubnis. Als T. daraufhin beim Städtischen Wohnungsamt um eine andere Wohnung nachsuchte, lehnte der Fürsorgeausschuß das Gesuch ab, plädierte für eine Einweisung ins städtische Armenhaus und teilte T. mit: *Ihr Aufenthalt in einem von der Stadt weit abgelegenen einzelstehenden primitiven Häuschen nahe dem Wald ist nach Ansicht des Fürsorgeausschusses für die Allgemeinheit beunruhigend. Die Fürsorge darf nicht die Mittel dazu bieten, daß es Ihnen gelingt, dort ein Dasein zu fristen in Untätigkeit, das Ihnen zum Schaden anderer leicht wieder zum Verhängnis werden kann. Es ist eben leider zu befürchten, daß es Ihnen infolge Ihres Leumunds nicht möglich sein wird, Beschäftigung und ausreichenden Verdienst zu finden.*

Vergeblich legte T. Widerspruch gegen den Räumungsbefehl ein. Er pochte auf sein Recht und wehrte sich dagegen, *als Vorbestrafter für vogelfrei erklärt* zu werden. Das Oberamt wies seine Beschwerde auf ausdrücklichen Wunsch der Polizeidirektion als unzutreffend zurück. Damit hatten die Ausweisungsbemühungen der Stadt schließlich doch noch Erfolg. T. verließ Tübingen und fand bei einem Parteifreund im Kreis Aufnahme. Die Beamten des NS-Staats ließen dem Außenseiter jedoch auch dort keinen Raum. Erneut straffällig geworden, kam er nach 1933 in das Zuchthaus Hohenasperg, wo er am 30. Oktober 1936 an einer Rippenfellentzündung starb. Seine Leiche benützten Tübinger Anatomen zu Lehr- und Forschungszwecken, bevor ihm in der Anatomieabteilung des städtischen Friedhofs ein Armengrab geschaufelt wurde.[728]

Der NS-Staat intensivierte und systematisierte das polizeiliche Vorgehen gegen abweichendes Verhalten. Er entzog unangepaßten Menschen alle Rechte und setzte sie – ohne Widerspruch der Bevölkerung – amtlicher Willkür aus.[729] Die wissenschaftliche Rechtfertigung dieser Praxis lieferten rassenhygienische Theorien, wie sie der Vorstand der Tübinger Nervenklinik, Prof. Heinrich Hoffmann, 1936 der Tübinger Gesellschaft für Rassenhygiene vortrug: *Die anlagebedingten Verbrecher müssen anders behandelt werden als die Umweltverbrecher. Vor den ersten kann man sich nur schützen, wenn man sie frühzeitig erkennt und aus unserer sozialen Gemeinschaft ausmerzt, indem man ihre Fortpflanzung unmöglich macht.*[730] Die Erkennungsmerkmale, die Hoffmann zur Diagnose von *Schwerkriminellen, die von schwerkriminellen Sippen stammen*, empfahl, zeigen, wie angebliche Minderwertigkeit mit Kriminalität gleichgesetzt wurde: *Sie kennzeichnet schlechter Schulerfolg, Mangel an Begabung und Interesse, Neigung zum Schulschwänzen, Herumstreifen, häufiger Stellenwechsel, Arbeitsscheue, Mangel am Scham und Gewissen, Lügenhaftigkeit, Hemmungslosigkeit u.a. Solche Leute neigen dazu, sich ebenbürtige Partner für die Fortpflanzung zu wählen, und nichts ist grauenhafter als ihre minderwertige Nachkommenschaft.*

Noch heute werden die Terror- und Unrechtsakte, die zur »Säuberung der Volksgemeinschaft« im Namen von Sicherheit und Ordnung begangen wurden – anders als das Unrecht und die Gewalt, die jüdischen Mitbürgern angetan wurden – von vielen positiv bewertet.[731] Dabei übersehen diese Anhänger von Recht und Ordnung, daß die von den Nationalsozialisten vor den Augen aller und mit der Zustimmung vieler geschaffene Rechtsordnung gerade dazu beitrug, das Rechtsempfinden zu zerstören. Denn die »Säuberung des Volkskörpers« bildete eine organisatorisch wie psychologisch notwendige Vorstufe zu den Mißhandlungen und den Morden in den Konzentrationslagern. Bettler und Landstreicher, Schausteller und Zigeuner – »fahrendes Volk« allgemein war den nationalsozialistischen Saubermännern und ihren Helfershelfern suspekt. Sie wurden zu »Ballastexistenzen« erklärt, zu Parasiten der »Volksgemeinschaft«. Einer Gesellschaft, die an den »Kampf ums Dasein« glaubte, mußten Menschen, die sich – bewußt oder unbewußt – an diesem Kampf nicht beteiligten, als gefährlich »aus der Art geschlagen« oder als unheilbar Kranke vorkommen. In dem biologistischen Weltbild, das die Nationalsozialisten zur Staatsideologie erhoben hatten, waren sie »Schädlinge am Volkskörper«, Ungeziefer, das mit Hilfe von Sterilisierung und Asylierung unschädlich gemacht oder ausgerottet werden sollte.

Das harte Vorgehen gegen die Außenseiter der NS-Gesellschaft stieß auf breiten Konsens in der Bevölkerung, ja wurde manchmal sogar von ihr gefordert, wie folgender Vorfall vom Herbst 1934 in Tübingen belegt. Wie im Jahr zuvor hatte der Schausteller P. mit Zustimmung des Hausbesitzers für sich und seine achtköpfige Familie Winterquartier im Hof eines Gebäudes in der Reutlinger Straße genommen.[732] Auch der Grundstückspächter war einverstanden, galt doch der Schausteller, als *sehr fleißiger, ordnungsliebender Mensch,* der den ganzen Tag mit der Reparatur seiner Wohnwagen beschäftigt war und niemanden belästigte. Doch die Mieter des Hauses erhoben schon einen Tag nach Ankunft der Schaustellerfamilie Beschwerde bei der Polizei. Sie fühlten sich von der Anwesenheit der *fahrenden Leute* belästigt, befürchteten, daß P. nun jeden Winter zurückkehren würde und äußerten – wohl um ihrer Klage Nachdruck zu verleihen – den Verdacht, daß der Schausteller *letzten Endes doch nur der Wohlfahrt der Stadt zur Last fallen* würde: *Wir bitten daher in unserem und im Interesse der Allgemeinheit hier Abhilfe zu schaffen und [zu] veranlassen, daß P. unverzüglich weiterzieht. Auch ist es für das Stadtbild nicht einträglich, wenn sich diese Wohnwagen monatelang an einer der Hauptzufahrtsstraßen der Stadt aufhalten.*

Das Städtische Wohlfahrtsamt versuchte ebenfalls darauf hinzuweisen, *daß P. mit seinem Anhang möglichst bald von Tübingen wieder verschwindet.* Als Begründung reichte ihm der Verdacht auf eine mögliche Unterstützung durch die Wohlfahrtspflege. Ein Klinikaufenthalt von P.'s Tochter wurde angeführt, um den Verdacht zu erhärten. Unter dem Druck der Mieter zog der Hausbesitzer schließlich seine Genehmigung zurück. Darauf konnte die Polizeidirektion der Schaustellerfamilie ein Ultimatum stellen, bis zu dem sie den Platz zu räumen hatte. P. verdankte es letztlich der Fürsprache eines NS-Funktionärs, daß die Auflage der städtischen Ämter gelockert wurde. Der NS-Blockwart, der im Auftrag des Winterhilfswerks P.'s Verhältnisse überprüft und *nur den besten Eindruck* gewonnen hatte, sorgte dafür, daß das Ultimatum so lange verlängert wurde, bis P. den Umbau seiner Wohnwagen beendet hatte.

Es war nicht das einzige Mal, daß die städtischen Behörden bzw. der Gemeinderat Ausweisungen und Aufenthaltsverbote von hilfsbedürftigen oder der Bedürftigkeit *verdächtigen* Einwohnern derart rigoros handhabten, daß sich Oberamt und Polizeidirektion, selbst Partei-Organisationen schützend vor die Betroffenen stellten und eine Rücknahme der Ausweisung erwirkten.[733] Bei der *Bekämpfung des Bettlerunwesens* arbeiteten kommunale und staatliche Behörden jedoch Hand in Hand mit der Partei.[734] Schon vor 1933 hatte das württembergische Innenministerium die Oberämter und Kommunen wiederholt zu strengem Vorgehen gegen *offenkundig arbeitsscheue Bettler und Landstreicher* angehalten.[735] Daß die Nationalsozialisten unmittelbar nach dem Machtwechsel gegen das *Bettlerunwesen* vorgingen, hatte viel dazu beigetragen, daß breite Bevölkerungskreise die NS-Regierung als positive Ordnungsmacht erlebten.[736]

Im Tübinger Kreis, wo laut »Chronik« *von jeher die Bettlerplage besonders scharf bekämpft wurde*, war das Ergebnis der unter Mithilfe von SA und SS veranstalteten Razzia vergleichsweise gering. Zehn Personen wurden im Herbst 1933 *zwangsgestellt*, doch keine bot Anlaß zum *Einschreiten*. Das hing damit zusammen, daß die Polizei im Laufe des Jahres bereits 300 Bettler *abgerügt* und 80 *Unterkommensauflagen*, die ein Verlassen des Stadtbezirkes erwirkten, erteilt hatte.[737] Im Jahr darauf machten 25 Beamte der Schutzpolizei und 18 SA-Leute erneut Jagd auf Hausierer, Bettler und Zigeuner. Aber auch 1934 war der Erfolg mager: Nur eine Strafverfügung bei insgesamt 38 Kontrollierten; einen Beschuldigten führten die Beamten der Staatsanwaltschaft für eine Einweisung in ein Arbeitshaus vor, ein *Zwangsgestellter* wurde dem Jugendrichter übergeben. Außerdem konnte die Polizei bei der Kontrolle der »Herberge zur Heimat« vier Nichtseßhafte ausmachen, die die gesetzliche Aufenthaltsfrist von drei Tagen in der Stadt überschritten hatten und deshalb ausgewiesen wurden.[738]

Die traditionelle Wander- und Obdachlosenfürsorge ersetzten die Nationalsozialisten durch sogenannte Arbeitshäuser, polizeiliche Zwangsverwahrung und Arbeitsdienst. Grundlage für die »Sicherheitsverwahrung« von Unangepaßten und Auffälligen, die straffällig geworden waren, bildete das Gesetz »gegen gefährliche Gewohnheitsverbrecher und über Maßregeln zur Sicherung und Besserung« vom November 1933.[739] Es erklärte schon denjenigen zum gefährlichen Gewohnheitsverbrecher, der zweimal rechtskräftig verurteilt war. Für vagabundierende Einzelgänger, von der bürgerlichen Gesellschaft ohnehin nur widerwillig geduldet, gab es im NS-Staat keinen Platz.

1937 teilte der Stadtvorstand dem Gemeinderat befriedigt mit, daß das Obdachlosenheim *mangels Bedarf* aufgelöst werden konnte. Hatten dort 1932 noch 785 Personen Unterkunft und Verpflegung gefunden, so waren es 1936 nur noch 32. Die Lokalpresse feierte die Stilllegung als *Beweis für die Hebung der ganzen Lage in Deutschland und die Beseitigung der Arbeitslosigkeit.*[740] Daß die Obdachlosen zwangsweise in Lagern und Arbeitshäusern untergebracht wurden, verschwieg sie ebenso wie das Ausmaß an Willkür und Rechtlosigkeit, mit dem die gepriesene neue Ordnung verbunden war. Auf Empörung oder Widerspruch wäre die Information aber kaum gestoßen.[741] Denn Initiativen zur Zwangsverwahrung waren schon früh aus der Bevölkerung gekommen, aber auch von den Fürsorgeeinrichtungen, Heimen und Anstalten.

Auch aus der Tübinger Universitäts-Hautklinik kam ein solcher Vorstoß. Deren Direktor, Prof. Paul Linser, hatte im Sommer 1934 bei der örtlichen Polizeidirektion die Zwangsinhaftierung von Geschlechtskranken gefordert, da diese mit ihren *selbstverschuldeten Krankheiten* nur der öffentlichen Hand zur Last fielen: *Es scheint mir im Sinne der heutigen Staatsführung zu liegen, daß unser Volk mehr und mehr von den asozialen und negativen Elementen befreit und diese einer entsprechenden Belehrung zugeführt werden.*[742] Linser regte die Überlegung an, *ob wir solche Leute nicht dort melden und zur Beurteilung bringen sollen, damit sie ev. auf dem Zwangswege einer geordneten Beschäftigung und einer Belehrung über ihre Pflichten als Volksgenossen gegen das Volksganze zugeführt werden. Wenn dies zu dem Erfolg führen würde, wäre der ganzen Volksgemeinschaft ein Gutes getan.* Vom Polizeidirektor erfuhr der Mediziner dann allerdings: *Leider stehen der Polizeidirektion noch keine gesetzlichen Mittel zur Hand, um den von Ihnen genannten asozialen und negativen Elementen eine besondere verstärkte polizeiliche Behandlung zukommen zu lassen.* Noch gehörte nämlich die Behandlung von Menschen, die gegen die gesellschaftliche Normalität verstießen, ohne dabei kriminell zu werden, zu den Aufgaben der Fürsorge und nicht in die Hand der Polizei.[743] Erst mit dem »Vorbeugehafterlaß« des Innenministers vom 14. Dezember 1937 verschaffte die NS-Regierung der Polizei die Möglichkeit, auch prophylaktisch, lediglich auf Verdacht, Menschen zu verhaften.[744] In diesem Zusammenhang wandte sich auch der Direktor der Frauenklinik, Prof. August Mayer, an die Polizeidirektion. Als *Sachverwalter* seiner Patientinnen fragte er 1937 an, ob es keine Möglichkeit gäbe, seine Kranken vor dem Anblick *verstümmelter Bettler* in der Öffentlichkeit zu schützen. Doch auch ihn verwies der Polizeidirektor auf die fehlenden gesetzlichen Handhaben.[745]

Die extensive Auslegung des Erbgesundheitsgesetzes ermöglichte dem Regime, sich jener Menschen zu bemächtigen, die es zu »Gemeinschaftsfremden« und »Volksschädlingen« stempelte. Folgerichtig behandelte der Kommentar des Sterilisierungsgesetzes gleichzeitig auch das Gesetz »gegen gefährliche Gewohnheitsverbrecher und über Maßregeln der Sicherung und Besserung« vom November 1933.[746] Selbst wenn nur Verdacht auf Erbkrankheit bestand, wären Ärzte, Fürsorgeeinrichtungen und alle Kranken-, Heil- und Pflegeanstalten zur Meldung der möglichen Erbkranken verpflichtet.[747] Offenbar entsprach dennoch die Zahl der gemeldeten Fälle keineswegs den Vorstellungen der übergeordneten Behörden. In einem Rundschreiben vom 1. März 1935 wies der württembergische Innenminister die Oberämter, Orts- und Kreisfürsorgebehörden noch einmal deutlich auf ihre Meldepflicht hin: *Wenn auf diesem Gebiet in Zukunft mehr als bisher erreicht werden soll, ist namentlich notwendig, daß die Fürsorgerinnen ihre Kenntnisse der persönlichen Verhältnisse in ihrem Arbeitsbereich verwerten und die Fürsorgebehörden in jedem geeigneten Fall in den Stand setzen, Mitteilungen über mutmaßliche Erbkranke oder über schwere Alkoholiker an den zuständigen beamteten Arzt zu richten.*[748]

Als daraufhin der Leiter des Tübinger Gesundheitsamtes selbst die Initiative ergriff und die listenmäßige Erfassung aller Erbkranken durch die zuständigen Bürgermeisterämter anregte,[749] reagierten diese prompt. Ohne Widerstand oder die Andeutung von Skrupeln stellten sie Listen von angeblichen oder potentiellen Erbkranken zusammen.[750] Ebenso bedenkenlos erteilten sie entsprechende Auskünfte. Als das Amtsgericht Ravensburg nach den persönlichen Verhältnissen eines vom Tübinger Gemeinderat in die Heilanstalt Weißenau eingewiesenen Mannes fragte, maßte sich das Bürgermeisteramt Prognosen über dessen Ehe an. Die Zwangssterilisierung des Betreffenden bewußt in Kauf nehmend, teilte es mit: *Soweit bekannt, ist die Ehe keine harmonische. Es ist zwar bisher nichts darüber verlautet, daß M. irgendwie außerehelichen Verkehr gepflegt hat. Desungeachtet können auch angesichts des zwischen den Ehegatten bestehenden Altersunterschiedes (er ist 43, sie 33) Zweifel bestehen, ob M. sich nicht aussereehelich geschlechtlich betätigen werde.*[751]

In einem Verzeichnis von 1935, das 33 Tübinger als *erbkrank* oder der Erbkrankheit *verdächtig* meldete, führte das Städtische Wohlfahrtsamt auch verschiedene *Trinker* auf.[752] Denn Alkoholkranke wurden zu den erbbiologisch Minderwertigen gezählt, die das Regime mit Zwangsverwahrung, Zwangsarbeit und Zwangssterilisierung bekämpfte.[753] Aufmerksam registrierten die Behörden den geringsten Alkoholmißbrauch in sogenannten Trinkerlisten. Jeder war angehalten, jeden zu überwachen. Viele taten es. So informierte Kreishandwerksmeister Keck 1939 die Polizei davon, daß Malermeister K. *unter allzu großem Dauerdurst* leide: *Er ist sehr selten nüchtern, vielleicht wäre eine Verwarnung für ihn gut, sollte das nicht helfen, müßte er auf die Trinkerliste kommen, zumal ihm die Arbeit nicht sehr wichtig ist.*[754] Stand jemand erst einmal auf einer solchen Liste, so wurde er ständig überwacht. Die Amtswalter des Winterhilfswerks strichen ihn als *unwürdigen Bedürftigen* aus ihrer Kartei, und die Wirte des Kreises, in deren Schankräumen die »Trinkerlisten« öffentlich aushingen, durften an den Betreffenden keinen Tropfen Alkohol mehr abgeben. Wurde er dennoch betrunken angetroffen, erhielt er Wirtshausverbot.[755]

Zigeuner fielen ebenfalls unter die sozialrassistische Verfolgung des NS-Staates. Während Tübinger Wissenschaftler die Voraussetzungen zur »erbbiologischen Erfassung« aller Sinti und Roma schufen, verhandelte der Tübinger Gemeinderat über *Maßnahmen gegen den Zuzug von Zigeunern*. Dabei versicherte der Vorstand des Wohlfahrtsamtes, *daß er die polizeilichen Meldungen stets aufs genaueste daraufhin durchsehe, ob eine Gefahr in der Richtung bestehe, daß asoziale oder hilfsbedürftige Persönlichkeiten sich in Tübingen niederlassen.*[756] Allein die in der neuen Gemeindeordnung fehlende Möglichkeit der Ausweisung, so führte er aus, erschwere entsprechende Maßnahmen. Deshalb müßten *alle Dienststellen in der Stadt und v. a. die Hausbesitzer mithelfen, daß sich die Zigeuner in der Stadt nicht seßhaft machen können.* Die Presse bekräftigte die bestehenden Vorurteile über Zigeuner.[757] Die Bedenkenlosigkeit, mit der in diesem Zusammenhang die Würde von

Menschen verletzt wurde und Beamte über individuelle Schicksale verfügten, ermöglichte wenige Jahre später die widerspruchslose Vernichtung von angeblich lebensunwertem Leben. Auch am Beginn der »Euthanasie«-Aktion standen von einer tüchtigen Administration bedenkenlos zusammengestellte Listen und Meldebögen, und die organisatorische Grundlage für die Deportationen in die Vernichtungslager waren ebenso gewissenhaft erstellte Listen.

Zwischen »Nürnberger Gesetzen« und Novemberpogrom:
soziale Ächtung und rechtliche Deklassierung der Juden

Das biologische, sozialdarwinistische Weltbild der zwanziger und dreißiger Jahre, das weit über den Kreis der fanatischen Parteigenossen hinaus gläubige Anhänger gefunden hatte, erklärte biologische Faktoren, nicht die sozialen Verhältnisse zur Ursache menschlichen Verhaltens. Die Rassenzugehörigkeit wurde zum entscheidenden Kriterium. Innerhalb der behaupteten Hierarchie der Rassen sahen sich die Angehörigen der nordischen Rasse an der Spitze, Juden und sogenannte Mischrassige verbannten sie an das äußerste Ende dieser Skala. Reinerhaltung der Rasse wurde zum obersten Gebot. So erläuterte Ministerialrat Dr. Eugen Stähle – ranghöchster Medizinalbeamter im Land und im Krieg dort für die Krankentötungen im Rahmen der »Euthanasie«-Aktion verantwortlich – in einem vielbeachteten Vortrag im »Museum«, daß *Volkswohlfahrt durch Rassenpflege* zu erreichen sei: *Was ist die Folge einer solchen Mischrassigkeit? Im Krieg wird die nordische Hälfte zum Opfertod drängen, die andere wird sich in der Etappe durchsetzen. [...] Niemand komme damit und sage, es handelt sich hier um konfessionelle, religiöse Unterschiede, nein, es sind von der Natur bedingte Gesetze, die sich nicht ungestraft übertreten lassen. Ein Jude läßt sich nicht eindeutschen, ebenso wenig wie ein Esel in den Pferdestall gestellt wird.*[758]

Am 15. September 1935 begann für Deutsche jüdischen Glaubens oder jüdischer Herkunft mit dem Erlaß des »Reichsbürgergesetzes« und des Gesetzes »zum Schutz des deutschen Blutes und der deutschen Ehre« eine neue Stufe der Aussonderung und Verfolgung. Mit dem »Blutschutzgesetz« hatten sich innerhalb der NS-Führung die Wortführer einer sukzessiven, auf die außenpolitische Lage des Reichs Rücksicht nehmenden Ausschaltungspolitik durchgesetzt. Statt wilder Aktionen, in denen die SA ihren Aggressionen freien Lauf lassen wollte, strebte diese Gruppe – angeführt von Himmler und Göring – eine möglichst rasche und umfassende Auswanderung der Juden an.[759] Polizeistaatliche Maßnahmen sollten – immer unter Wahrung des Anscheins von Legalität – die Juden zur Auswanderung drängen. Grundlage sollten die »Nürnberger Gesetze« bilden. Das »Reichsbürgergesetz«, auf dem »Parteitag der Freiheit« verkündet, unterschied zwischen »Reichsbürgern«, die *deutschen* oder *artverwandten* Bluts sein mußten, und *Staatsangehörigen*, was soviel bedeutete wie Untertanen minderen Rechts.[760]

Das »Blutschutzgesetz« vollendete den gesellschaftlichen Ausschluß der Juden, indem es ehelichen wie außerehelichen Geschlechtsverkehr zwischen Juden und Nichtjuden verbot (§ 1 und 2), Juden die Beschäftigung *weiblicher Staatsangehöriger deutschen oder artverwandten Blutes unter 45 Jahren in ihrem Haushalt* untersagte (§ 3) und ihnen *das Hissen der Reichs- und Nationalflagge und das Zeigen der Reichsfarben* (§ 4) verwehrte.[761] Die wichtigste Frage blieb jedoch vorerst offen: Noch war nicht geklärt, wer von diesen Regelungen eigentlich betroffen sein sollte. Erst nach heftigen Auseinandersetzungen zwischen diversen mit der »Lösung der Judenfrage« befaßten Stellen bestimmte die 1. Durchführungsverordnung zum Reichsbürgergesetz am 14. November 1935 den Personenkreis, der unter das Gesetz fiel.[762] Danach galt als Jude, wer von mindestens drei der Religion nach *volljüdischen* Großelternteilen abstammte (§ 2) sowie der von zwei *volljüdischen* Großeltern abstammende *jüdische Mischling*, sofern er beim Erlaß des Gesetzes der jüdischen Religionsgemeinschaft angehörte oder danach in sie eintrat, beim Erlaß des Gesetzes oder danach mit einem Juden verheiratet war, aus einer Ehe mit einem Juden stammte, die erst nach dem 15. September 1935 geschlossen wurde oder aus einem außerehelichen Verhältnis mit einem Juden nach dem 31. Juli 1936 außerehelich geboren wurde (§ 5). Als *jüdisch* galt ein Großelternteil, sobald er der jüdischen Religionsgemeinschaft angehört hatte (§ 2). Mit Konfessionszugehörigkeit und nicht mit biologischen Tatsachen bestimmten also die Nationalsozialisten die Zugehörigkeit zur Rasse. Nichts enthüllt deutlicher die Verschwommenheit des nationalsozialistischen Rasse-Begriffs.

Gleichzeitig mit der Klärung der »Mischlingsfrage« ordnete die 1. Durchführungsverordnung des Gesetzes »zum Schutz des deutschen Blutes und der deutschen Ehre« das Ausscheiden sämtlicher jüdischen Beamten aus dem öffentlichen Dienst an.[763] Die Ausnahmeregelungen, die das Gesetz »zur Wiederherstellung des Berufsbeamtentums« vom April 1933 auf ausdrücklichen Wunsch Hindenburgs für Frontkämpfer und für Staatsbeamte vorsah, die schon vor 1914 ihre Stellung innegehabt hatten, entfielen bei Juden. Um *darzutun, wie ungerechtfertigt die Judenhetze gegen das Dritte Reich ist* und um *unseren Volksgenossen die Augen darüber zu öffnen, wie stark das Judentum vertreten ist und welch mächtigen Faktor, vor allem im Wirtschaftsleben, es noch immer darstellt*, gab die Gauamtsleitung Stuttgart der Nationalsozialistischen Handels- und Gewerborganisation (NS-Hago) ein Verzeichnis der jüdischen Geschäfte in Württemberg und Hohenzollern heraus.[764]

Die Broschüre *Deutscher kaufe nicht beim Juden!* erschien, als die Rassegesetze verkündet wurden. Da diese nicht den von den Mittelständlern der NSDAP erhofften Ausschluß der jüdischen Konkurrenz gebracht hatten, griff die Basis zur Selbsthilfe und forderte in Erinnerung an die Aktion vom Frühjahr 1933 zum Boykott der aufgeführten Geschäfte auf.[765] Ihre Liste muß überstürzt zustande gekommen sein, denn sie wies Lücken auf. Für den Kreis Tübingen verzeichnete sie lediglich zwei Geschäfte (Leopold Hirsch; Gebrüder Löwenstein) sowie die Kanzlei der Anwälte Dr. Hayum und Dr. Katz, obwohl im September 1935 noch andere Juden in Tübingen ein Geschäft oder eine Firma betrieben. Reaktionen auf diese Broschüre sind aus Tübingen nicht bekannt.

Die wiederholte Rechtfertigung der Rassegesetze in der Presse läßt darauf schließen, daß die »Nürnberger Gesetze« nicht auf einhellige Zustimmung stießen. Da wurde unter der Überschrift *So sind die Juden!* zum Besuch des Films »Petterson und Bendel« animiert, der nahezu jedes negative Stereotyp über Juden auf die Leinwand bannte; da wurde – wie später noch oft – die vorgeblich politikferne Heimatgeschichte benutzt und die Ausweisung der Juden durch den württembergischen Landesherren im 15. Jahrhundert als staatsmännisch weises Vorbild herangezogen. Aufgebauschte Vergehen einzelner Juden mußten stets von neuem dazu herhalten, die Angst vor den Juden zu schüren.[766] Von der Universität kam bereitwillige Unterstützung. Geradezu überschwenglich feierte Gerhard Kittel auf einer Kreistagung des NS-Lehrerbundes die *weltgeschichtliche Tat* der Rassegesetze: *Mit dem Judentum entsteht immer und überall die Judenfrage, die also eine wesentliche Erscheinung am Judentum ist; nur sentimentale Weichlichkeit kann das heute übersehen. Was das nationalsozialistische Deutschland mit der Judengesetzgebung getan hat, ist nicht Barbarei, sondern die kühle Folgerung einer nüchternen geschichtlichen Erkenntnis, und die die Welt Adolf Hitler zu danken haben wird.*[767]

An die »Säuberung« der Wirtschaft gingen die Tübinger Ratsherren, noch bevor ein Runderlaß des Reichswirtschaftsministeriums die Firmen jüdischer Besitzer von der Vergabe öffentlicher Aufträge ausschloß.[768] Alfred Göhner setzte sich dafür ein, daß die Stadt auch ihre letzten Geschäftsverbindungen zu *jüdischen Firmen* löste.[769] Für ihn waren die Personenwaagen der städtischen Bäder zum Stein des Anstoßes geworden, weil er die Lieferfirma im Verdacht hatte, nicht *deutschblütig* zu sein. Bei der Untersuchung stellte sich aber heraus, daß sich zwei Teilhaber den Besitz der Waagenfirma teilten. Der eine von ihnen war »Nicht-Arier« der andere »Arier«. Diese Sachlage wiederum machte Ratsherrn Schneider Probleme. Selbst gegen die »halb-arische« Bezugsquelle erhob er Bedenken. Erst der Hinweis, daß unter diesen Bedingungen der Preis für die noch nicht bezahlten Waagen sich sicher drücken lassen würde, beschwichtigte die Ratsherren. Die Personenwaagen konnten an ihrem Platz bleiben.[770]

Wenig später regte Ratsherr Sautter an, daß jüdische Händler auf Jahrmärkten nicht mehr zwischen den *arischen* Händlern stehen, sondern einen besonderen Platz – *etwa die Judengasse* – zugewiesen bekommen sollten.[771] Auch das *Judenvieh* durfte nur noch auf einem besonders gekennzeichneten Platz, *abgetrennt vom Standort der arischen Viehhändler* angeboten werden.[772] Der Gemeinderat von Nehren, einer in der Nähe Tübingens gelegenen Gemeinde des Steinlachtals, stimmte dem Vorschlag zu, die jährlichen Vieh- und Krämermärkte den Juden zu verbieten.[773] Ende des Jahres machte die »Chronik« den Tübingerinnen klar, daß von jetzt an keine Beamtenfrau mehr bei einem Juden kaufen durfte.[774]

Oft engte vorauseilender Gehorsam von Behörden und Einzelpersonen den Lebensraum für Juden weiter ein, als es die gesetzlichen Regelungen vorschrieben. So stellte beispielsweise der Direktor der Kinderklinik im Sommer 1938 die Zulassung einer Kinderkrankenpflegerin zur Prüfung in Frage, weil sie »Halbjüdin« war und nahm seine Vorbehalte erst zurück, als er vom württembergischen Innenministerium erfuhr, daß *diesseits keine Bedenken* bestünden.[775] Dennoch kann im Vergleich zu anderen Städten festgestellt werden, daß es in Tübingen nach dem Judenboykott vom April 1933 weder direkte Aktionen gegen Juden und ihren Besitz gab, noch Stadtverwaltung und Parteileitung von arisierungswütigen Parteigenossen unter Druck gesetzt wurden. Reichsweit dagegen wurde die wirtschaftliche Komponente der Schikanen immer deutlicher. Die meisten Geschäftsleute drängten darauf, die lästige jüdische Konkurrenz endgültig loszuwerden.

Viele Tübinger Juden sahen nach Erlaß der Rassegesetze keine Möglichkeit mehr, in ihrer Heimatstadt zu leben. Der Hals-Nasen-Ohren-Arzt Dr. Heinz Oppenheim gab noch Ende 1935 seine Praxis auf und wanderte mit Frau und Tochter über Berlin in die Vereinigten Staaten aus. Dr. Julius Katz, bereits 1933 von der Liste der zugelassenen Rechtsanwälte gestrichen, zog mit seiner Frau in die Schweiz. Kaufmann Emil Löwenstein übergab die gemeinsame Viehhandlung im Gasthof König seinem Bruder Max und übersiedelte mit seiner Frau Karoline in die USA.[776] Andere, die ihre Geschäfte nicht so schnell auflösen konnten oder denen das Geld zur Auswanderung fehlte, sorgten dafür, daß wenigstens ihre Kinder ins Ausland kamen. Denn eine Vielzahl von Erlassen machte es selbst wohlwollenden Lehrern immer schwieriger, jüdische Schüler zu schützen. Anfang 1937 wies die Ministerialabteilung für die höheren Schulen die Schulleiter ausdrücklich darauf hin, *daß sie das Recht und die Pflicht haben, nichtarische Schüler aus ganzen Unterrichtsfächern oder aber aus einzelnen Unterrichtsstunden auszuschließen.*[777]

Am Uhland-Gymnasium traf der Erlaß keinen Schüler mehr, da dort bereits 1933 der letzte jüdische Schüler die Anstalt verlassen hatte. An der Wildermuth-Schule aber wurde er angewandt, wie Liselotte Spiro später berichtete: *Auch das Verhalten unserer Lehrer, die manchmal unter politischem Druck handeln mußten, konnte ich verstehen. So wurde mir als »Nichtarierin« wiederholt der Klassenpreis für die beste Arbeit verweigert. Während des Musikunterrichts, bei dem oft nationalsozialistische Lieder eingeübt wurden, mußte ich ins leere Schulzimmer zurückkehren.*[778]

Insgesamt verzeichnete die Polizei für 1936 zehn Emigranten. Bis zum November 1938 verließen acht weitere Juden Tübingen.[779] Zusammen mit den Wegzügen aus Tübingen an andere Orte in Deutschland hatte sich damit die Zahl der Tübinger Juden innerhalb von fünf Jahren um die Hälfte verringert. Die Zurückgebliebenen rückten enger zusammen. Jüdische Bürger, die nicht als »Glaubensjuden« galten, suchten Anschluß an die jüdische Gemeinde, in der nach dem Wegzug Dr. Josef Wochenmarks Josef Zivi als Vorbeter und Religionslehrer bis zu seiner Emigration im April 1939 amtierte.[780] In Selbsthilfe versuchten die jüdischen Gemeinden die staatlichen Dienstleistungen zu ersetzen. Der Israelitische Frauenverein Tübingen/Reutlingen war auf karitativem ebenso wie auf religiösem und kulturellem Gebiet aktiv. Als das Winterhilfswerk von 1937 an Juden nicht mehr betreute,[781] sprang der Frauenverein ein. Als Juden von der Teilnahme an kulturellen Veranstaltungen ausgeschlossen wurden, organisierte Hanna Bernheim, die 1936 den Vorsitz des jüdischen Frauenvereins von Karoline Löwenstein übernommen hatte, einen Kulturkreis, der in Verbindung zum 1933 gegründeten Kulturbund der deutschen Juden stand.[782] Diese kulturellen Veranstaltungen boten nicht nur den zahlreichen arbeitslos gewordenen jüdischen Künstlern Arbeit und Verdienst. Sie waren auch *seelische Winterhilfe*, dienten sie doch dem in der unfreiwilligen Isolation doppelt nötigen Zusammenschluß.[783]

Einmal im Monat trafen sich die Mitglieder in einer Privatwohnung – öffentliche Säle waren Juden mittlerweile verboten – zu Lesungen und Konzerten, aber auch zu Vorträgen, die über Auswanderungsmöglichkeiten, die Situation in Palästina oder Umschulungsfragen informierten.[784] Jede Versammlung mußte bei der Gestapo gemeldet werden. Meistens erteilte diese in Tübingen die erbetene Genehmigung. Oft saßen allerdings Polizeibeamte zur Kontrolle unter den Zuhörern. Eingeschritten sind sie zwar nie, wie Hanna Bernheim berichtet. Doch mußten die Tübinger Juden erleben, daß sie tatenlos zusahen, wie eine aufgebrachte, brüllende Menge eine polizeilich genehmigte Abendveranstaltung in der Hechinger Synagoge sprengte: *Dort war das Verhältnis zwischen Juden und Christen immer gut. Diesmal jedoch bedrohten uns die Menschen mit feindseligen Schmährufen, und gegen die Synagogenfenster wurden Steine geworfen. Als der Redner nicht mehr weitersprechen konnte, mußten wir durch die uns beschimpfende Menge gehen, was uns an Spießrutenlaufen erinnerte. Die Gestapo erklärte, sie würde nur bei Tätlichkeiten eingreifen. Diese Haltung zeigte uns deutlich unsere vollkommene Schutzlosigkeit. Unsere Freunde zogen die Konsequenzen und wanderten so schnell wie möglich aus. Wir selbst konnten uns so schwer entschließen, unsere alten Väter zurückzulassen.*[785]

Mit der Verordnung »über die Anmeldung des Vermögens von Juden« vom 26. April 1938[786] begann reichsweit der Ausschluß der Juden aus der Wirtschaft. Jeder Jude – *nichtjüdische Ehepartner* eingeschlossen – mußte sein Vermögen, sobald es 5000 Reichsmark überstieg, bis zum 30. Juni angeben. Die Verordnung ermöglichte dem Beauftragten für den Vierjahresplan, *die Maßnahmen zu treffen, die notwendig sind, um den Einsatz des anmeldepflichtigen Vermögens im Einklang mit den Belangen der deutschen Wirtschaft sicherzustellen.*[787] Kein Jude konnte seitdem sein Geschäft oder seinen Betrieb ohne Genehmigung der zuständigen Verwaltungsbehörde verkaufen.[788]

Schlag auf Schlag folgten Gesetze und Erlasse, die die Juden systematisch ihrer Existenzmöglichkeiten beraubten und vor den Augen ihrer nichtjüdischen Nachbarn aus dem Lande trieben: Seit dem 14. Juni 1938 mußten alle Gewerbebetriebe von Juden registriert und gekennzeichnet werden. Das Gesetz »zur Änderung der Gewerbeordnung für das Deutsche Reich« vom 6. Juni 1938 untersagte Juden die Ausübung der Überwachungsgewerbe, der Vermögensberatung, der Grundstücks- und Immobilienvermittlung, der Heiratsvermittlung, der Fremdenführung sowie des Wandergewerbes. Wenig später entzog die VI. Durchführungsverordnung zum Reichsbürgergesetz jüdischen Ärzten ihre Approbation. Als *Krankenbehandler* durften sie nur noch Juden behandeln, jüdische Rechtsanwälte durften von Dezember 1938 an als *Rechtskonsulenten* oder *Rechtsberater* nur noch Juden vertreten. Sparkassen durften keine Kredite mehr an Juden geben, ihr erspartes Geld aber weiterhin entgegennehmen.[789]

Diese Verdrängung der Juden aus der Wirtschaft wurde von gesetzlichen Regelungen ergänzt, die ihnen auch ihre kulturelle Identität raubten und sie gesellschaftlich endgültig isolierten: Vom 1. Januar 1939 an mußten sie ihrem Vornamen, sofern er nicht in einer Liste des Reichsinnenministeriums als *typischer Judenvorname* geführt wurde, den Namen Israel bzw. Sara hinzufügen. Straßen, die nach Juden oder *Mischlingen ersten Grades* benannt waren, mußten umbenannt werden. Im Oktober schließlich wurden die jüdischen Reisepässe eingezogen und mit einem J gestempelt.[790]

Im amtlichen Verzeichnis der Vornamen, die als typisch jüdisch galten, war ein Vorname aufgeführt, den eine Tübinger Familie seit langem als Nachnamen führte. Sie legte beim Reichsinnenministerium Beschwerde gegen die Zulassung ihres Namens als jüdischen Vornamen ein und wies darauf hin, daß dies *kein biblischer Name, sondern ein germanischer Vorname sei, der schon in den ältesten germanischen Urkunden vorkomme und der, wie dies auch bei anderen Vornamen geschehen ist, später als Familienname angenommen worden ist*.[791] Die Begründung des Gesuchs zeigt, daß den Zeitgenossen die wirtschaftliche Schädigung, rechtliche Deklassierung und soziale Ächtung der Juden durchaus bewußt war, fürchtete der Antragsteller doch, daß seine Familie mit dem *jüdischen* Namen Gleiches widerfahren könnte: *Ich bitte deshalb den Namen Abel als jüdischen Vornamen zu streichen. Andernfalls würde der mit dem Sinn und dem Zweck der Gesetze für die Juden unvereinbare Erfolg eintreten, daß eine arische Familie schwer geschädigt wird, während die Juden den Vorzug haben, den Familiennamen einer arischen Familie als Vornamen zu führen*. Doch das Reichsinnenministerium entschied das Gesuch abschlägig.[792]

Im Gegensatz zum Reich nahmen die »Arisierungen« trotz aller Verschärfungen im Sommer und Herbst 1938 in Tübingen nicht auffallend zu.[793] Von den fünfzehn Eintragungen des Grundbuchamtes, die den Verkauf jüdischen Besitzes an Nichtjuden zwischen 1933 und 1945 festhalten, erfolgten 1938 gerade drei vor dem Novemberpogrom.[794] Von der benachbarten Bischofsstadt, in der 1933 elf Juden wohnten, meldete die »Tübinger Chronik« Anfang Oktober 1938: *Rottenburger Geschäftswelt judenfrei. Zuletzt ging die Firma Horkheimer in die Hände der Firma Krauch und Sailer in arischen Besitz über*.[795] In Tübingen besaß zu diesem Zeitpunkt nur noch der Kaufmann und ehemalige Stiftungspfleger der jüdischen Gemeinde, Jakob Oppenheim, seinen Laden: das Textilgeschäft »Oppenheim & Schäfer« in der Neuen Straße. Bereits im Oktober 1935 hatte er es zusammen mit seinem Teilhaber Albert Schäfer an den NS-Ratsherren und Altparteigenossen Karl Haidt vermietet. An ihn verkaufte er es schließlich auch Anfang 1939 *unter starkem politischem Druck*.[796] Leopold Hirsch, dessen Großvater sich Mitte des letzten Jahrhunderts als erster Jude nach der bürgerlichen Gleichstellung wieder in Tübingen niedergelassen und die Firma *Leopold Hirsch, Herrenkonfektion* in der Kronenstraße gegründet hatte, unterzeichnete seinen Kaufvertrag im September 1938.[797]

Ungehindert konnte zu diesem Zeitpunkt kein Jude mehr in Tübingen seinen Beruf ausüben. Entweder zwangen ihn die nationalsozialistischen Berufsverbote zu fachfremder Tätigkeit oder zu illegaler Arbeit, wie sie der Bankbeamte Hans Spiro 1936 als Buchhalter bei einem Tübinger Straßenbaumeister und später als Reklamefachmann beim »Reutlinger Generalanzeiger« fand.[798] Viele fanden keine Arbeit mehr und mußten kümmerlich ihr Leben vom Ersparten fristen.

Nutznießer der Notverkäufe waren die Käufer, da in der Regel bei der Wertbemessung der Einheitswert und nicht der Verkehrswert zugrundegelegt wurde. Die schlechte Marktlage und die Nichtbeachtung jeglicher Pluspunkte wie Geschäftslage oder Renommée drückten den Preis ebenfalls.[799] Nach dem Bericht eines Arisierungsfachmanns bei der Dresdner Bank mußte der jüdische Verkäufer mit einem Verlust von 30–60 Prozent rechnen.⁸⁰⁰ Auch Hanna und Adolph Bernheim waren beim Verkauf ihres Hauses der Profitgier des nichtjüdischen Käufers ausgeliefert. Ihr Angebot, das sich ohnehin nur auf zwei Drittel des ursprünglichen Kaufpreises belief, wurde vom zukünftigen Besitzer noch weiter gedrückt. Außerdem verlangte dieser für angebliche Schäden weitere 8000 Mark Entschädigung.⁸⁰¹ Obwohl diese Forderung ungerechtfertigt war, wagten Bernheims nicht, das Angebot eines nichtjüdischen Rechtsanwalts anzunehmen, einen Prozeß für sie zu führen; sie befürchteten, daß unterdessen ihre Visa ablaufen würden.

»Daraufhin ging ich mit gutem Gewissen an die Ausführung der Anordnung«: der befohlene Pogrom von November 1938

Am 8. November 1938 berichtete die »Tübinger Chronik«: *Ein zweiter Fall Frankfurter. Jüdisches Attentat in der Pariser Deutschen Botschaft. Der Legationssekretär von [!] Rath ist von einem Juden niedergeschossen und lebensgefährlich verletzt worden. Jüdische Mordbanditen.* Neben den Nachrichten über das Pariser Attentat⁸⁰² beschäftigten die Vorbereitungen für den 9. November die Zeitung. Er war der höchste Feiertag der Partei. Alljährlich versammelten sich an ihm in der »Hauptstadt der Bewegung« die führenden Funktionäre von Partei, SS und SA. Als sie am Abend jenes 9. November in München zur Erinnerung an den Marsch auf die Feldherrnhalle von 1923 im Alten Rathaus zusammenkamen, traf die Nachricht ein, daß vom Rath seinen Verletzungen erlegen war. Darauf ergriff Goebbels das Wort zu einer Hetzrede, die – ohne den Pogrom ausdrücklich anzuordnen – dennoch Ausschreitungen nahelegte.⁸⁰³ So erwähnte der Propagandaminister beispielsweise, daß es an manchen Orten zu spontanen Vergeltungsaktionen gekommen sei. Weitere Übergriffe würden erwartet und sollten von der Partei nicht behindert werden. *Die mündlich gegebenen Anweisungen des Reichspropagandaleiters sind wohl von sämtlichen anwesenden Parteiführern so verstanden worden, daß die Partei nach außen nicht als Urheber der Demonstration in Erscheinung trete, sie in Wirklichkeit aber organisieren und durchführen sollte.*⁸⁰⁴ Diese spätere Feststellung des Obersten Parteigerichts enthüllt die raffinierte Methode des indirekten Befehls. Kaum hatte Goebbels seine Rede beendet und den Kameradschaftsabend gegen 22.30 Uhr aufgelöst, leiteten die anwesenden Führer das, was sie der Rede entnommen hatten, als Befehl an ihre nachgeordneten Dienststellen weiter.⁸⁰⁵ Unverblümt sprachen sie von Gewaltanwendung gegen Sachen und Personen.⁸⁰⁶ Als letzte erhielten die Gestapo- und SD-Dienststellen ihre Anweisung. Weder der Chef der Sicherheitspolizei und des SD, Reinhard Heydrich, noch der Reichsführer-SS und Chef der deutschen Polizei, Heinrich Himmler, hatten am traditionellen Kameradschaftsabend teilgenommen. Weil sie derweilen die SS-Rekruten vereidigt hatten, gelangten die Weisungen des SS-Führers erst mehr als 90 Minuten nach Mitternacht über die Fernschreiber an die Gestapo- und SD-Dienststellen. Im Gegensatz zu den Anordnungen des SA-Führers gab Himmler präzise Anweisungen und bemühte sich, die Ausschreitungen zu beschränken. Da dem SS-Führer an einer politischen Instrumentalisierung des Attentats gelegen war, hatte er

293

wenig Interesse daran, es zum Ventil für aufgestaute Aggressionen enttäuschter SA-Männer werden zu lassen.[807]

Die zentrale Inszenierung bestimmte den Verlauf des Pogroms auch in Tübingen. Die »Chronik« berichtete ihren Lesern von den lokalen Ausschreitungen: *Auch in Tübingen kam es in der Nacht vom Mittwoch auf Donnerstag zu Ansammlungen vor der Synagoge in der Gartenstraße. Schließlich drang die erregte Menge in das Gebäude ein und zerstörte die Einrichtungsgegenstände. Gegen 4 Uhr morgens stand die Synagoge in Flammen. Die herbeigerufene Feuerwehr mußte sich in der Hauptsache darauf beschränken, die nebenanliegenden Gebäude zu schützen. Das Feuer fand in der Holzkonstruktion des Gebäudes reiche Nahrung, so daß das Gebäude bald ausgebrannt war. Um jede Gefahr zu bannen, mußten die übriggebliebenen Trümmer eingerissen werden.*[808] Laut Zeitung war die *Disziplin* der Bevölkerung *bewundernswert: Trotz der fieberhaften Erregung, in die die Nachricht vom Ableben des gemein hingemordeten vom Rath alle versetzte, kam es nirgends zu Ausschreitungen oder gar Plünderungen eines jüdischen Geschäfts.* Am Ende des Berichts stand eine Drohung an die Opfer: *Die Juden mögen sich aber gesagt sein lassen, daß wir nicht gesonnen sind, von ihren frechen Artgenossen im Ausland irgend etwas hinzunehmen. Wir richten uns hier nach ihrem obersten Gesetz: Auge um Auge, Zahn um Zahn. Es würde ihnen schlecht bekommen, die Geduld des deutschen Volkes weiter auf die Probe zu stellen.* Die Meldung entsprach der von Goebbels allgemein angeordneten Version von der »kochenden Volksseele«, mit der sich die Urheber des Pogroms aus der Verantwortung stehlen wollten.

Der tatsächliche Ablauf der Ereignisse läßt sich nur schwer und unvollständig rekonstruieren. Einzige noch vorhandene Quellen bilden die Akten des »Synagogenbrandprozesses«, der 1946 vor der Strafkammer des Tübinger Landgerichts geführt wurde.[809] Ergänzt werden sie von den Akten eines drei Jahre später geführten Prozesses gegen den ehemaligen Kreisleiter Hans Rauschnabel, der erst 1949 verhaftet werden konnte, weil er sich bis dahin versteckt hatte.[810] Da die Richter aber nur die strafrechtlich relevanten Aspekte interessierten, blieben andere, für den historischen Ablauf entscheidende Sachverhalte im Dunkeln. Beispielsweise wurde nie ernsthaft der Frage der Befehlsübermittlung nachgegangen, und die Frage nach den Verhaftungen blieb ebenso ungeklärt wie die nach der Beteiligung von SA und SS an der Plünderung der Synagoge. Aus den Aussagen der Zeugen und Angeklagten schält sich dennoch folgender Ablauf heraus.

NSDAP und SA hatten sich zusammen mit den Spitzen von Stadtverwaltung und Universität gegen 20.30 Uhr zur traditionellen Feierstunde zusammengefunden, die von Kreispropagandaleiter Göhner geleitet wurde. Die Nachricht aus Paris war bis zu diesem Zeitpunkt offenbar noch nicht nach Tübingen gedrungen, denn kein Bericht erwähnt den Tod des Pariser Legationssekretärs. Während SA und NSDAP noch im »Museum« feierten, trafen sich die SS-Leute im Anschluß an die Vereidigung der Bewerber kurz vor 23.00 Uhr auf dem Holzmarkt zum feierlichen Ausklang der Veranstaltung vor der Stiftskirche.[811] Kreisleiter Rauschnabel saß nach Beendigung der Parteifeier noch mit dem stellvertretenden Kreisleiter und anderen Parteifreunden zu einer Nachfeier im »Lemberger«, einer Wirtschaft in der Nähe der Kreisleitung, zusammen. Zwischen 12 und 1 Uhr machte er sich auf den Heimweg. Zuhause erhielt er einen Anruf, seiner Aussage nach kam er von der Gauleitung aus Stuttgart. Seine Sekretärin sagte später aus, daß die Gauleitung bereits gegen 20 Uhr versucht habe, Rauschnabel zu sprechen, ihn aber nicht erreichen konnte.[812] Wer nun gegen 1 Uhr an der anderen Seite der Leitung war, daran mochte sich Rauschnabel 1949 nicht mehr erinnern. Erinnerlich war ihm aber die Anordnung des Unbekannten: *Heute nacht brennen alle Synagogen in Deutschland. Es ist dies das Fanal wegen der Ermordung des Gesandtschaftsrats vom Rath in Paris.*[813]

Seiner Aussage zufolge machte Rauschnabel *die Angelegenheit doch zu schaffen*. Um sicher zu gehen, rief er zurück und fragte den Unbekannten, wer die Verantwortung für die Anordnung übernehme. Von ihm erfuhr er: *Sie haben lediglich dafür zu sorgen, dass die Nachbarhäuser geschützt werden*. Diese Aussage genügte Rauschnabel. *Ich liess mir dann durch den Kopf gehen* – so fuhr er 1949 in seinem Bericht fort – *was die Parteileitung zu einer so schwerwiegenden Massnahme bestimmt haben konnte, und kam zu dem Ergebnis, dass es sich um eine berechtigte Reaktion gegen die ständige Hetze verschiedenster Kreise in letzter Zeit gegen das Dritte Reich handelte. Daraufhin ging ich mit gutem Gewissen an die Ausführung der Anordnung. Ich war der Überzeugung, dass die ganze Angelegenheit ihre berechtigten aussenpolitischen Gründe habe.*[814]

Nachdem der Kreisleiter seine Bedenken mit Hilfe seiner Autoritätsgläubigkeit beruhigt hatte, begab er sich an die Inszenierung des Pogroms. Allerdings vermied er es, selbst Hand anzulegen. Auf der Suche nach Helfershelfern fuhr er zu dem Lokal in der Nähe der Kreisleitung, wo er hoffte noch *Leute anzutreffen, die ich mit dem Abbrennen der Synagoge beauftragen konnte*.[815] Auf dem Weg dorthin kamen ihm drei politische Leiter in Uniform entgegen. Er lud sie in sein Auto ein, informierte sie über den Befehl der Gauleitung und setzte sie schließlich am »Parteiheim« ab. Das war in der Gartenstraße, schräg gegenüber der Synagoge, im ehemaligen Wingolf-Haus untergebracht.

Die drei politischen Leiter – es hätte ebensogut andere Parteifunktionäre treffen können – gehörten zur Fahnenabordnung der Tübinger NSDAP. Als sie Rauschnabel über den Weg liefen, waren sie gerade unterwegs, um sich der Nachfeier im »Lemberger« anzuschließen. Sie waren innerhalb der Parteihierarchie dem Kreisleiter untergeordnet, und auch beruflich indirekt von ihm abhängig. Denn der damals 49jährige August S., Mitglied der SA-Reserve, war Hausmeister im Parteiheim und politischer Leiter, wenn auch seinen Angaben von 1946 zufolge seit 1938 als Block- und Zellenhelfer nicht mehr aktiv. Auch Eugen L., der als Feilenhauer nur ein knappes Auskommen hatte, verdankte seine Anstellung als Hausmeister im Rathaus der NSDAP, für die er als Blockleiter tätig war. Der dritte der abkommandierten Brandstifter, Christian K., stand zu dem Zeitpunkt als Licht- und Gasgeldeinzieher ebenfalls in städtischen Diensten.

Gegen den Befehl erhob keiner der drei einen Einwand. Aber als sie gegen 3.00 Uhr mit Brennmaterial versehen[816] quer über die Straße zur Synagoge gingen, fanden sie deren Tür bereits aufgebrochen vor. Die Inneneinrichtung war demoliert, einzelne Fenster waren eingeschlagen. Im hölzernen Gestühl des Hauptraums legten sie zwei Brandherde. Vom »Parteiheim« aus beobachteten sie ihr Werk, als der Kreisleiter zurückkehrte. 1949 schilderte dieser dem Staatsanwalt die Ereignisse der Brandnacht: *Als ich nach etwa ¼ Stunde zurückkam, sah ich nur einen schwachen Feuerschein in der Synagoge. Ich hatte erwartet, dass es jetzt lichterloh brenne und wollte dann die Feuerwehr alarmieren. Ich war etwas aufgebracht über diese Lässigkeit und schlechte Arbeit der 3 Männer und ging zum Parteihaus und stellte S., der mir die Türe öffnete, deswegen zur Rede. Was ich da im einzelnen gesagt habe, weiss ich heute nicht mehr. Daraufhin ging S. nochmals in die Synagoge zurück. Ob er neues Brandmaterial mitnahm, und was, daran kann ich mich nicht mehr entsinnen. Jedenfalls kam er nach einiger Zeit zurück zu mir und sagte: »Jetzt brennt es richtig.« Ich wartete noch eine Weile im Haus der Partei und als ich dann auf die Strasse kam, sah ich, wie die Fenster der Synagoge vom Brande hell erleuchtet waren. Ich stieg in meinen Wagen, musste aber feststellen, dass etwas nicht in Ordnung war. Jetzt fuhr ich sofort zu Oberbürgermeister Weinmann*[817]*, [...] berichtete ihm die Angelegenheit und bat ihn, die städt. Feuerwehr zu alarmieren, was er tat. Als die Berufsfeuerwehr an ihrer Sammelstelle am Kelternplatz erschien, orientierte ich auch den Leiter der Feuerwehr, den Brandmeister Braun. Ich erinnere mich noch daran mit Sicherheit, dass ich ihm sagte, die Synagoge brenne auf Befehl, die Nachbargebäude seien aber zu schützen. Die grosse Motorspritze werde wohl nicht nötig sein. Braun sah mich etwas seltsam an, was er dann gemacht hat, darum habe ich mich nicht weiter gekümmert sondern fuhr weg und an den Brandplatz zurück. Es ist durchaus wahrscheinlich, dass ich auch am Brandplatz der Feuerwehr gegenüber zum Ausdruck brachte, die Synagoge solle abbrennen und nicht gelöscht werden, und ich hatte auch das Gefühl, dass ich von der Feuerwehr richtig verstanden worden bin. Ich blieb noch etwa eine Stunde am Brandplatz und fuhr dann nach Hause. Am anderen Morgen rief ich die Gauleitung an, um die Ausführung der Anordnung zu melden.*[818]

Die Aussagen der drei Brandstifter decken sich im wesentlichen mit denen Rauschnabels. Sie differieren lediglich in bezug auf die Vorsätzlichkeit der Brandlegung. Denn die drei Angeklagten versuchten 1946, die Rüge des Kreisleiters über die *Lässigkeit* der Brandstiftung zu einem Beleg für eine absichtlich ungenügende Brandlegung umzudeuten. Das Gericht ging allerdings auf diesen Entlastungsversuch nicht ein, sondern erklärte die Angeklagten der *vollendeten Brandstiftung* für schuldig.[819] Strafmildernd berücksichtigte es die *der militärischen Subordination nachgebildete Parteidisziplin* und das Abhängigkeitsverhältnis der Brandstifter. Die Täter seien *bei der Anstiftung zur Tat vom Kreisleiter überrumpelt* worden und hätten deshalb *ohne vorbedachte längere Überlegung oder gar Planung* gehandelt. Außerdem hätten sie sich zu einem Zeitpunkt schuldig gemacht, *als der von der Reichsregierung propagierte Antisemitismus bereits den größten Teil des deutschen Volkes, insbesondere auch die gebildeten Stände, ergriffen hatte und eine allgemeine Verwilderung der politischen Moral bereits das öffentliche Leben beherrschte.*[820] Schließlich hob das Gericht noch hervor, daß die Angeklagten bis dahin nicht straffällig geworden waren und *den Eindruck mißbrauchter und verführter kleiner Leute* machten. Doch an der Schwere der Tat fand es nichts zu deuten. Sie hätten genau gewußt, daß der Befehl des Kreisleiters ein Verbrechen bezweckte, und hätten ihn dennoch *sofort, ohne Einwände zu erheben, ausgeführt* [...], *obwohl sie mindestens einen Versuch hierzu hätten machen können.* Deshalb verhängte das Gericht über die ersten beiden Angeklagten – Christian K. war zu dem Zeitpunkt noch vermißt – eine Zuchthausstrafe von einem Jahr und acht Monaten unter Aberkennung der bürgerlichen Ehrenrechte auf drei Jahre.[821]

Eine nicht unerhebliche Rolle hatte bei der Strafzumessung die Tatsache gespielt, daß die Synagoge zum Zeitpunkt der Brandstiftung bereits aufgebrochen und demoliert war. Das Gericht sprach 1946 von einer *Gruppe von etwa acht Männern in SS-Hosen und etwa acht in SA-Hosen*, die zwischen 24 Uhr und 1 Uhr morgens in der Nacht vom 9. auf den 10. November die Inneneinrichtung der Synagoge demoliert habe, nachdem sie sich gewaltsam den Zutritt verschafft hatten.[822] Es stellte aber fest: *Inwieweit diese Zerstörungsaktion unter der Leitung des Kreisleiters Rauschnabel stand, konnte nicht aufgeklärt werden.*[823] Als dieser drei Jahre später vor Gericht stand – nach Auflösung der politischen Haftlager hatte er sich freiwillig der französischen Sicherheitspolizei gestellt –, wies er die Verantwortung für die Plünderung der Synagoge weit von sich, gab aber den Befehl zur Brandstiftung zu.[824]

Rauschnabels Versuch, die Verantwortung für die Demolierung der SS in die Schuhe zu schieben, ist angesichts der aufgezeigten Befehlsketten allerdings unhaltbar. Denn die SS- und Gestapo-Stellen erhielten ihre Anordnung erst ein bis zwei Stunden nachdem Partei und SA mobilisiert worden waren. Zudem war ihnen ja gerade aufgetragen worden, Ausschreitungen und Plünderungen zu verhindern und wichtiges Archivmaterial in den Synagogen sicherzustellen.[825] Das von Rauschnabel angeführte Erscheinen des SS-Führers am Brandplatz gegen 4 Uhr wird also eher in Zusammenhang mit den bald darauf einsetzenden Verhaftungen gesehen werden müssen, als daß es – wie Rauschnabel nahezulegen versuchte – ein Kontrollbesuch war, um sich der Ausführung seines Befehls zu vergewissern. Wer tatsächlich als erster in das jüdische Gotteshaus eindrang und die Kultgegenstände vernichtete, hat die Tübinger Strafkammer nicht weiter verfolgt. Bis heute sind die Täter unbekannt. Rauschnabel wurde zu einer Zuchthausstrafe von zwei Jahren und sechs Monaten verurteilt. Als strafmildernd berücksichtigte das Schwurgericht den *Befehlsdruck*, unter dem sich der Kreisleiter gegenüber der Gauleitung befunden habe, sein offenes Geständnis und *den Verzicht auf jegliche Beschönigung*.[826] Ein Jahr später, am 20. November 1950, wurde die Strafe auf Bewährung ausgesetzt.[827]

Wie das Tübinger Gericht die Zerstörung der Synagoge auf den Brand der Synagoge verengte, so wird noch heute der Pogrom häufig auf die »Reichskristallnacht« reduziert. Dabei bildeten die heruntergebrannten Synagogen nur einen Teil eines dreiteiligen Pogromplans: Massenverhaftungen und die Zerstörung jüdischer Geschäfte und Wohnungen gehörten ebenfalls zu der als Entladung einer kochenden Volksseele inszenierten Aktion. Listen, wie die anfangs erwähnte Boykottbroschüre der NS-Hago, dienten überall im Reich als Wegweiser für die Zerstörung und Plünderung jüdischer Geschäfte, mit der SA-Männer aber auch Hitlerjungen und einfache Parteimitglieder noch in der Nacht zum 10. November begannen. In Tübingen kam es zu keinen weiteren Exzessen. Kein Gebäude außer der Synagoge wurde zerstört. Das war aber nicht *ein Verdienst der bewundernswerten Disziplin der*

*Bevölkerung,* wie die Lokalpresse ihre Leser glauben machen wollte, sondern vielmehr die logische Konsequenz der Tatsache, daß zu diesem Zeitpunkt schon kein Jude mehr ein Geschäft in Tübingen führte.[828]

Von Verhaftungen wurden allerdings auch die Tübinger Juden nicht verschont. Auch hier setzte der Geheimbefehl des Reichsführers-SS und Chefs der Deutschen Polizei eine Verhaftungswelle in Gang, die sich eine Woche lang hinzog. Von ihr wurden erfaßt: Der 62jährige Leopold Hirsch, der knapp einen Monat zuvor sein Textilgeschäft in der Kronenstraße hatte verkaufen müssen; der 60jährige Kaufmann Albert Schäfer, Mitinhaber der Konfektionshandlung »Oppenheim & Schäfer«, die seit 1935 an Karl Haidt vermietet war, und der 40jährige Bankbeamte Hans Spiro, der seit 1936 mit Berufsverbot belegt war. Alle drei Verhafteten waren hochdekorierte Frontkämpfer.[829] Außerdem wurden der 58jährige Lehrer und Vorbeter Josef Zivi sowie der 27jährige Fritz Erlanger verhaftet, der in Göppingen als Lehrer tätig war und sich nur vorübergehend bei seiner Mutter in Tübingen aufgehalten hatte.[830] Ebenfalls festgenommen, aber schon nicht mehr in Tübingen, wurde der 36jährige Textilkaufmann Victor Marx. Nachdem ihm die Tübinger Behörden zwei Monate zuvor seine Legitimation als Textilkaufmann entzogen hatten, war er mit seiner Familie in die Landeshauptstadt gezogen, wo er bei einem Gärtner Arbeit fand. Als er dort von der Wohnung seines Vetters aus die brennende Synagoge sah, floh Marx aus Stuttgart, wurde aber wenige Tage später aufgespürt und verhaftet.[831] Ebenfalls auf der Flucht aus Stuttgart verhaftete die Polizei den 43jährigen Holzhändler Lothar Marx, der bereits 1933 Tübingen verlassen hatte und nach Esslingen verzogen war.[832]

Bis auf eine Ausnahme wurden die Verhafteten in das Konzentrationslager Dachau verschleppt.[833] Dort wurden sie einige Wochen lang festgehalten, schikaniert und mißhandelt und dann gegen Jahresende 1938 wieder freigelassen. Victor Marx, der nach Welzheim gebracht worden war, kehrte erst am 8. Januar 1939 nach Tübingen zurück.[834] Liselotte Spiro, die den November 1938 als Jugendliche erlebte, erinnerte sich später: *Mitte Dezember, früh am Morgen, kehrte mein Vater aus Dachau zurück. Wir waren erschüttert über sein Aussehen: Die Haare waren kurzgeschoren, der Anzug hing lose an seinem abgemagerten Körper, die Wangen waren eingefallen.*[835]

Einige der Verhafteten überlebten die Entbehrungen, den Schmerz und die Mißhandlungen nicht und starben schon in den Konzentrationslagern, andere wurden dort ermordet. Der Tübinger Albert Schäfer starb anderthalb Jahre später, am 4. Mai 1941, an den Folgen der ihm in Dachau zugefügten Mißhandlungen.[836] Den dortigen Schikanen erlag auch Arthur Hirsch. Der 1886 in Tübingen geborene Teilhaber der Stuttgarter Firma Arthur Hirsch brach in Dachau bei einem der endlosen Appelle tot zusammen.[837]

»Mitleid mit Juden ist etwas Überflüssiges«: Reaktion und Folgen

Es ist anzunehmen, daß in Tübingen, nachdem Rauschnabel den Befehl der Gauleitung unter weitgehender Ausschaltung der Öffentlichkeit durchführen ließ, die Version von dem

»entfesselten Volkszorn« von niemandem geglaubt wurde. Beklommen betrachteten viele am nächsten Tag die verkohlten Ruinen in der Gartenstraße.[838] Der Theologiestudent S. Krügel trat am 14. November aus Protest gegen die Ausschreitungen aus der SA aus. Als Grund gab er an: *Ich sehe in den Juden die derzeit gefährlichsten Feinde unseres Volkes und halte daher alle gegen sie in Anwendung kommenden legalen Schritte für durchaus berechtigt. Verhindert werden mußten indes alle illegalen Maßnahmen, was der Partei und ihren Gliederungen auch ohne weiteres möglich gewesen wäre. Daß dies nicht geschehen ist, bedeutet an die »Volkswut« das Zugeständnis, zur Lösung schwebender Fragen berechtigt zu sein. Da ich als Christ diese Rechtsanschauung nicht zu teilen vermag, glaube ich mein weiteres Verbleiben in der SA weder vor meinem Gewissen noch vor der christlichen Gemeinde verantworten zu können gez. Krügel.*[839]

Krügels vorangestelltes Bekenntnis zum staatlich verordneten Judenhaß besänftigte die Partei wenig. Mit Genehmigung des zuständigen SA-Führers veröffentlichte der Studentenführer Krügels Erklärung in seinem Mitteilungsblatt. Im anschließenden Kommentar bezeichnete er den demonstrativ zur Schau gestellten Antisemitismus des einstigen SA-Mannes als eine *höchst fragliche Angelegenheit* und warf Krügel vor, sich nur vor seinem Gewissen und der christlichen Gemeinde, nicht aber *vor seinem Volk und seinem Führer* verantwortet zu haben. Für den Studentenführer stand fest: *Auf alle Fälle, er mag ein guter Theologe sein, ein schlechter Protestant ist er bestimmt, ein noch schlechterer SA-Mann war er, und die SA kann froh sein, einen solch überzeugten Mann weniger zu haben. Diese Art von Theologen haben an einer deutschen Hochschule nichts mehr verloren, sie müssen verbannt werden. Sie gehen später in die Gemeinden und wollen von einer Verantwortung vor Führer und Volk nichts mehr wissen; diese theologischen Individualisten verantworten sich, wie es in ihren Kram paßt, vor ihrem eigenen Gewissen und ihrer Gemeinde. Und hier sitzt der Hase im Pfeffer: Wären die Synagogen nicht verbrannt worden, dieser Theologe im Braunhemd würde später seinen höchstpersönlichen Nationalsozialismus vertreten. Wir sind froh, daß sie gebrannt haben, so können wir sie ausbrennen.*[840]

Andere öffentliche Äußerungen des Protests gegen die Zerstörungen und Verhaftungen im Gefolge des Novemberpogroms sind aus Tübingen nicht bekannt. In beiden Kirchen schweigen die Geistlichen zu den Verbrechen.[841] Antisemitismusexperten aber wie Karl Georg Kuhn, der 1936 an der Universität Tübingen einen Lehrauftrag zur »Sprache, Literatur und Geschichte des Judentums unter besonderer Berücksichtigung der Judenfrage« erhalten hatte, rechtfertigten auf öffentlichen Veranstaltungen die Ausschreitungen: *Das Verdienst des nationalsozialistischen Deutschlands aber ist es* – erklärte Kuhn auf einer Veranstaltung des NS-Dozentenbundes im Wintersemester 1938/39 –, *in seinem Teil einmal einen radikalen Versuch zur Lösung des Judenproblems unternommen zu haben, der der Anfang einer Weltlösung werden kann.*[842]

Zwar unterstützte in Tübingen niemand die Bedrohten, doch die offizielle Propaganda vom »verbrecherischen Juden« konnte die Partei im überschaubaren lokalen Bereich nur schwer durchsetzen. Mochten viele auch gegen die Schlagworte von der »Verschwörung des Weltjudentums« nichts einzuwenden haben, die positive persönliche Erfahrung mit jüdischen Nachbarn und Bekannten ließen sie sich dennoch nicht nehmen. Deshalb bildete einen Schwerpunkt der Propaganda nach dem Novemberpogrom[843] der Kampf gegen den »anständigen Juden«: *Mitleid mit Juden ist etwas Überflüssiges,* belehrte die »Tübinger Chronik« ihre Leser. Da sich die Erinnerung an die großzügige und soziale Einstellung des früheren »Chronik«-Besitzers hartnäckig hielt, fühlte sich die NS-Schriftleitung genötigt, dagegen anzugehen. Eine Schauergeschichte, am 24. 11. 1938 veröffentlicht, sollte den Ruf Albert Weils ruinieren: *Daher ist auch Mitleid mit einem sog. »anständigen Juden« nicht am Platz, den der und jener zu kennen glaubt. Es gibt keine anständigen Juden: Die ganze Rasse steht im Zeichen der gleichen Verdammnis. Die »Anständigkeit« eines einzelnen Juden ist Schein, der trügt.*[844]

Der Verlauf des Pogroms hatte die Partei keineswegs befriedigt. Prinzipielle Differenzen über die Judenpolitik waren erneut aufgebrochen. Göring schäumte vor Wut über die Plünderung der Geschäfte, die seine Arisierungspläne torpedierten: *Mir wäre lieber gewesen, Ihr hättet zweihundert Juden erschlagen und nicht solche Werte vernichtet!*[845] Nach seinem Plan sollten die zwangsenteigneten jüdischen Läden die strapazierten Staatsfinanzen sanieren helfen, nicht aber die Gier zu kurz gekommener Parteigenossen befriedigen. Obwohl Hitler Goebbels öffentlich deckte, der nun von allen Seiten wegen des Pogroms und seiner außenpolitischen und volkswirtschaftlichen Folgen angegriffen wurde, beauftragte er unmittelbar nach dem Pogrom nicht Goebbels sondern Göring mit der weiteren Durchführung der Judenpolitik. Das Ziel war klar: Die Juden sollten endgültig aus der Wirtschaft ausgeschlossen werden. Staatliche Treuhänder, die nun die Verkäufe jüdischer Geschäfte abzuwickeln hatten, waren gehalten, den Wert so niedrig wie möglich zu schätzen. Beim Verkauf an den nichtjüdischen Besitzer mußten sie einen Höchstpreis erzielen, den Aufschlag kassierte der Staat.[846]

Weitere Diskriminierungen und Repressionen folgten: Auf dem Verordnungsweg beschnitt die NS-Regierung den letzten Rest an Rechten und Möglichkeiten, der Juden noch geblieben war: Jüdische Kinder durften keine nichtjüdischen Schulen mehr besuchen, da es *für deutsche Schüler unerträglich ist, mit Juden in einem Klassenraum zu sitzen;*[847] ehemalige jüdische Soldaten durften ihre Uniform nicht mehr tragen[848]; die öffentliche Fürsorge wurde für Juden auf ein Minimum eingeschränkt[849]; Juden mußten ihren Führerschein und ihre Zulassungspapiere abliefern.[850] Ausgerechnet an ihrem höchsten Feiertag, am Jom Kippur – dem Versöhnungstag, an dem orthodoxe Juden keine Arbeit verrichten durften –, mußten sie ihre Rundfunkgeräte abliefern.[851] Jüdischen Wissenschaftlern, die ohnehin nur noch als Privatgelehrte hatten forschen können, wurden die Bibliotheken und Hochschulinstitute verschlossen.[852]

Am »Tag der nationalen Solidarität«, dem großen Sammlungstag für das Winterhilfswerk, mußten Juden zwischen 12 und 20 Uhr in ihren Wohnungen bleiben.[853] Jüdische Apotheker, Hebammen, Zahn- und Tierärzte erhielten Berufsverbot[854], Juwelen und Schmuckgegenstände mußten an öffentliche Ankaufstellen, die die Reichsregierung eingerichtet hatte, gegen geringe Entschädigung abgeliefert werden.[855] Juden durften nicht mehr im Schlafwagen fahren, Speisewagen blieben ihnen verschlossen.[856]

Schließlich wurde der gesetzliche Mieterschutz für sie aufgehoben; sie wurden in sogenannten Judenwohnungen zusammengedrängt.[857] Was diese Flut an Maßnahmen bedeutete, die sich nach dem 1. November 1938 über die Juden ergoß, brachte Göring schon bei der Besprechung vom 12. November 1938 zynisch auf den Punkt, als er feststellte: *Ich möchte kein Jude in Deutschland sein.*[858] Daß aber auch diese Maßnahmen noch keinen Schlußstrich unter die Judenverfolgung im Nazi-Deutschland zogen, ließ er durchblicken: *Wenn das Deutsche Reich in irgendeiner absehbaren Zeit in außenpolitischen Konflikt kommt, so ist es selbstverständlich, daß auch wir in Deutschland in allererster Linie daran denken werden, eine große Abrechnung an den Juden zu vollziehen.*[859]

Der November-Pogrom hatte allen Juden gezeigt, daß die Hoffnung, sich durch Anpassung in Deutschland halten zu können, eine Illusion war. Wer sein Leben retten wollte, mußte auswandern. Unter welchen Umständen die Emigration erfolgte, schilderte Hanna Bernheim, deren Mann die Textilfabrik in Bronnweiler 1938 nicht mehr halten konnte, in einem Brief an Lilli Zapf: *Wir konnten über unser Bankkonto nicht frei verfügen, sondern nur einen bestimmten Betrag monatlich abheben. Für die Auswanderung mußten wir die Judenabgabe in Höhe von 25 Prozent des Vermögens bezahlen, außerdem 5 Prozent Sühneabgabe wegen des Pariser Attentats. Die Zollfahndungsstelle schickte zwei Leute ins Haus. Sie sahen alle bereits verpackten Kleidungsstücke durch. Silber und Schmuck mußten wir schon im Frühjahr 1939 abliefern, ebenso alle silbernen Bestecke. Schließlich konnten wir nur mit Handgepäck, ohne Winterausrüstung, ohne Bett- und Tischwäsche, ohne Möbel und sonstigen Hausrat abreisen. Da unsere Tochter in einer Boardingschool in England war, flog ich voraus, um mich zu überzeugen, ob sie gut versorgt war. Ich konnte nur zehn Mark mitnehmen, wurde in Köln auf alle mögliche Weise schikaniert und mußte mich einer Leibesvisitation unterziehen.*[860]

Die aus Dachau und Welzheim entlassenen Tübinger Juden versuchten, so schnell wie möglich das nötige Geld für ein Einreisevisum zusammenzubekommen. Bei ihrer Entlassung hatten sie sich *freiwillig* dazu bereit erklären müssen, sofort ihre Auswanderung zu betreiben.[861] Dem Vorbeter der jüdischen Gemeinde, Josef Zivi, gelang sie nach seiner Rückkehr aus Dachau zusammen mit seiner Frau und seiner Tochter.[862] Leopold Hirsch, der die Einzelhandelserlaubnis für seinen Geschäftsnachfolger nicht mehr hatte unterschreiben können, weil er bereits im KZ saß, durfte bei seiner Ausreise im Frühjahr 1939 nur zehn Reichsmark mitnehmen.[863] Hans Spiro gelang nicht einmal mehr das. Er konnte nur noch seine Tochter Liselotte in Sicherheit bringen. Am 26. Juni 1939 brachte ein Kindertransport, den die israelitische Kultusgemeinde Stuttgart finanzierte, die Fünfzehnjährige nach England.[864] Ihr Vater wurde kurz darauf erneut und im Dezember 1942 noch einmal verhaftet und ins Welzheimer Gestapogefängnis verschleppt. Von dort aus trat er am 27. Januar 1943 die Fahrt nach Auschwitz an. Dort ist er am 19. März 1943 gestorben.[865] Insgesamt verließen siebzehn der am 30. Januar 1933 in Tübingen gemeldeten oder seitdem zugezogenen Juden Deutschland noch 1939. Die letzten, die aus Tübingen emigrieren konnten, waren Jakob und Karoline Oppenheim. Es herrschte schon Krieg, als sie die Stadt im Mai 1940 verließen und in die Vereinigten Staaten ausreisten.[866]

# Tübingen im Krieg

## »Ernst aber zuversichtlich«:
## Mobilmachung und Kriegsalltag während der Blitzkriege

Wie die Vernichtung der Juden, so gehörte der Krieg zu Hitlers Programm.[1] Er wollte »Lebensraum« gewinnen und ließ die Jugend zu »Kampfwillen« und »Opferbereitschaft« erziehen. Jede politische Auseinandersetzung wurde zum Kampf stilisiert, jeder Kompromiß galt als faul. Vierjahresplan wie Aufrüstung dienten dazu, den Krieg vorzubereiten. Der Einmarsch deutscher Truppen in Prag im Frühjahr 1939 zeigte der Bevölkerung, daß der Frieden in Europa höchst gefährdet war.

### »Bringen die nächsten Tage Krieg oder Frieden?«:
### Kriegsvorbereitungen

Kundgebungen und Luftschutzübungen hatten die Tübinger schon seit langem theoretisch und praktisch auf einen Krieg vorbereitet. Seit 1932 gab es in der Universitätsstadt eine Ortsgruppe des Reichsluftschutzbundes,[2] die SA-Reserve bildete ihre Mitglieder seit 1933 im *Gaskriegswissen* aus,[3] bereits 1934 teilte die Stadtverwaltung in den städtischen Ämtern und den Betriebswerken das Personal für den Luftschutz *vor der Haustür* ein,[4] und im Wintersemester 1933/34 wurden die ersten Studentinnen im Luftschutz ausgebildet.[5] Die Propaganda sprach von einer Einkreisung des schutzlosen Deutschland.[6] Zwar klagte die »Chronik« über das Desinteresse eines Teils der Bevölkerung – *sei es aus Trägheit, Unverstand, oder gar gegen besseres Wissen* –, doch waren 1937 bereits 5000 Tübinger Mitglied im Reichsluftschutzbund, 1938 waren es im ganzen Kreis 40000.[7] Im September 1938 begann eine verstärkte Ausbildung im Luftschutz. *Jeder Deutsche ist luftschutzpflichtig*, meldete die »Chronik«.[8] Zwischen 1935 und 1938 wandte die Stadt Tübingen 30222 RM für öffentliche Luftschutzräume, Ausrüstung und Sirenen auf.[9] Seit 1938 gab es im Landratsamt einen Personalplan für den Kriegsfall. Er führte 69 Ruhestandsbeamte auf, die bei einem Notfall für die Eingezogenen einspringen konnten.[10]

Im Sommer 1938 wurden die ersten städtischen Mitarbeiter für den Westwall dienstverpflichtet.[11] Die Eisenkontingentierung im Zuge der Aufrüstung stoppte zur gleichen Zeit zwar den Neubau von Frauenklinik und Medizinischer Klinik sowie die Weiterführung nahezu aller privaten Bauten, doch im neuen Standortlazarett »Auf dem Sand« arbeitete man auf vollen Touren, um im April 1938 Richtfest feiern zu können.[12] Höchstlöhne in der Rüstungsindustrie und verstärkte Einberufungen zum Militär verursachten einen empfindlichen Mangel an Arbeitskräften in der Landwirtschaft und in der Textilindustrie.[13] Der Krieg bestimmte das Leben der Deutschen schon lange, bevor er angefangen hatte. Er war allgegenwärtig, auch wenn die meisten die direkte Bedrohung nicht wahrhaben wollten.

Im September 1938, auf dem Höhepunkt der Sudetenkrise, faßte der Stuttgarter Oberbürgermeister die allgemeine Beunruhigung auf einer Massenkundgebung in der Universitätsstadt in Worte: *All die Schwierigkeiten und Sorgen des Alltags, die uns so oft bedeutungsvoll erscheinen, sind zurückgetreten hinter der einen großen Frage: Bringen die nächsten Tage Krieg oder Frieden?*[14] Doch die kampflos verlaufenden außenpolitischen Vorstöße Hitlers – der Einmarsch in die entmilitarisierte Zone des Rheinlands, die Angliederung Österreichs, der Münchener Vertrag und der Einmarsch in Prag sowie die Annexion des Memelgebietes – hatten die Erwartung geweckt, daß dem Führer alles möglich sei.[15] Zudem beruhigten sich viele mit den Friedensbeteuerungen Hitlers. Auf der ersten Seite der »Chronik« prangte am 31. Januar 1939 die Schlagzeile: *Das Bekenntnis des Führers: Ich glaube an einen langen Frieden.*[16] Doch die propagandistischen Vorboten des Kriegs waren unüberhörbar. *Der Erfolg des Jahres 1938 befähigt uns dazu, nach noch Größerem zu greifen!*, erklärte der württembergische Ministerpräsident im Januar 1939 vor 3000 Tübingern.[17]

Drohungen nach außen – *Zur Erhaltung des Friedens gehören zwei* – und Versicherungen der Verteidigungsfähigkeit zur Beruhigung nach innen – *Deutschlands Heer ist gerüstet, Westwall ist unüberwindlich* – häuften sich in der »Chronik«.[18] Im Frühjahr 1939 wurde der Konflikt mit Polen um Danzig und den Korridor sowie die Frage nach dem Verhalten Englands im Kriegsfall zum Hauptthema.[19] *Danzig heute deutscher denn je! Polen hat in Danzig gar nichts mehr zu sagen* lasen die Tübinger am 10. Juli und am 28. August: *Uns in Großdeutschland erfaßt in diesen Tagen die höchste Empörung, weil wir es nicht mehr ertragen können, daß Tausende deutscher Volksgenossen in Polen totgeschlagen, schwer mißhandelt, ins Gefängnis gesteckt, beraubt und mit dem Tode bedroht werden.* Oberbürgermeister Weinmann sprach, als er am gleichen Tag mit den Ratsherren zur regulären Beratung zusammenkam, von *politischer Hochspannung: Man will Deutschland vernichten. Der unversöhnliche Haß der Westmächte tritt augenblicklich deutlicher als je zu Tage. Wir wissen nicht, was die nächsten Tage und Wochen bringen werden, aber das eine wissen wir, daß das deutsche Volk geschlossener denn je zu seinem Führer steht und ihm blindlings folgt.*[20]

Die Stimmung in Tübingen war in diesen letzten Augusttagen 1939 *als ernst aber auch als zuversichtlich anzusprechen*, wie der Polizeiamtsvorstand an die Staatspolizeileitstelle Stuttgart meldete: *In allen Bevölkerungsteilen kommt die Hoffnung zum Ausdruck, daß es gelingen möge, den Frieden zu erhalten.*[21] Selbst als Hitler mit dem fingierten Überfall auf den Sender Gleiwitz den lang gesuchten Anlaß zum Angriff auf Polen[22] selber gegeben hatte, glaubten viele noch an einen kurzen Krieg.

Erste »Kriegsmaßnahmen«

Die ersten Kriegsvorbereitungen hatte die Kommune zu diesem Zeitpunkt schon begonnen. Die Mobilmachungsvorschriften lagen seit 1938 in den Schubladen. Am 28. August setzte der Reichsminister für Volksaufklärung und Propaganda die »Bezugscheinpflicht« für eine Reihe von lebenswichtigen Verbrauchsgütern in Kraft.[23] Fleisch, Milch, Öl und Fett, Zucker, Marmelade sowie sonstige Nährmittel, aber auch Seife, Waschmittel, Kohle und die meisten Spinnstoff- und Schuhwaren konnte man ab sofort nur noch mit Bezugscheinen kaufen. Dies sei kein Zeichen des Mangels – so versicherten Rundfunk und Presse, um Assoziationen an die katastrophalen Hungerwinter des Ersten Weltkriegs zu unterdrücken – sondern solle *eine gerechte Verteilung* an alle Verbraucher sicherstellen.[24] Mit Hilfe von Pensionären verteilte die Stadt noch am Sonntag, dem 27. August, die Bezugskarten an sämtliche Haushalte. Tags darauf dankte Oberbürgermeister Weinmann dem Stadtkämmerer für die gute Vorbereitung, die eine reibungslose Verteilung ermöglicht hatte.[25] Tatsächlich hatte sich wohl auch die langjährige Erfahrung bemerkbar gemacht, die die Stadtverwaltung seit 1937 bei der Fettbewirtschaftung mit Kundenlisten und Haushaltsnachweisen gesammelt hatte.[26] Als nächsten Schritt kündigte Weinmann die Einrichtung von Organisationen für die Kriegswirtschaftsaufgaben der Stadt an und forderte die Ratsherren auf, etwaige Mißstände, vor allem das Hamstern von Lebensmitteln, sofort zu melden. Zur Abschreckung und Versicherung, *daß einzelne Übertretungen rasch und entschieden geahndet werden,* berichtete die »Chronik« schon einen Tag später unter der Überschrift: *Warnung für Volksschädlinge!* von der Verhaftung zweier Verkäuferinnen, die in Stuttgart Lebensmittel für ihre Bekanntschaft gehamstert hätten.[27]

Obst und Gemüse konnten vorerst noch ohne Karten gekauft werden, ebenso Brot, Mehl und Kartoffeln, obwohl dafür bereits Abschnitte auf den Lebensmittelkarten vorgesehen waren. Alle anderen Waren erhielt man nur gegen Vorzeigen seiner Ausweiskarte und Abgabe des entsprechenden Abschnitts: pro Woche 700 Gramm Fleisch, 1,4 Liter Milch, 420 Gramm Öle oder Fette, 280 Gramm Zucker und 110 Gramm Marmelade, 150 Gramm Teigwaren oder sonstige Nährmittel, 63 Gramm Kaffee und 125 Gramm Seife. Das Quantum an Kohlen sollte noch bekanntgegeben werden.[28] Obwohl das neue Ernährungs- und Wirtschaftsamt der Stadt von Fragenden und Antragstellern überlaufen war, spielte die Presse die Umstellungsschwierigkeiten herunter: *Auch in Tübingen und in den übrigen Orten des Schwabenlandes geht das private, wirtschaftliche und kulturelle Leben seinen durchaus gewohnten Gang. Die Handhabung der ausgegebenen Bezugsscheine hat sich bereits in den ersten Tagen vollkommen eingespielt. Von einer Überfüllung oder gar Schlangestehen vor Läden [...] ist überhaupt nichts zu bemerken.*[29] Der Polizeiamtsvorstand berichtete am 31. August in seinem *täglichen Kurzbericht über die Stimmung in der Bevölkerung* an die Staatspolizeileitstelle Stuttgart, daß man von Hamsterkäufen *im großen und ganzen* nicht viel gemerkt habe; am Montag nach der Einführung der Bezugscheinpflicht seien jedoch die Lebensmittelläden *vielfach überlaufen* gewesen. *Die Hausfrauen suchten teils noch ohne Karten Waren zu erhalten und teilweise haben sie sofort das ganze Monatsquantum eingekauft.*[30] Um Angstabhebungen zu drosseln, setzten die Banken ein Limit für alle Auszahlungen.[31]

Der zivile Luftschutz wurde im gesamten Reichsgebiet am 1. September aufgerufen. Tübingen wurde zum Luftschutzort zweiter Ordnung erklärt, was bedeutete, daß die vorhandenen staatlichen und kommunalen Einrichtungen wie Feuerwehr, Technische Nothilfe, Polizei und Krankenhäuser dem örtlichen Luftschutzleiter unterstellt wurden, jedoch kein spezieller Sicherheits- und Hilfsdienst aufgestellt werden mußte.[32] Der Polizeiamtsvorstand gab als Leiter des städtischen Luftschutzes – im Kreis war der Landrat zuständig – die Verdunklungsvorschriften bekannt und ordnete an: *Auf das Zeichen Fliegeralarm sind die Straßen umgehend zu räumen!* Im gesamten Stadtbezirk standen zu dem Zeitpunkt nur sieben öffentliche Luftschutzräume zur Verfügung. Für die medizinische Versorgung der Verletzten war die Chirurgische Klinik, für *Kampfstoffkranke* die Medizinische Universitätsklinik vorgesehen, für erste Hilfeleistungen eine Sanitätsrettungsstelle im ehemaligen Zollern-Haus eingerichtet worden. Für die *Behandlung verletzter und kampfstoffkranker Tiere* stand im Schlachthaus eine »Rettungsstelle« bereit.[33]

Mit Nachdruck forderte der Kreisleiter zum Kauf von Volksgasmasken auf.[34] Der Reichsluftschutzbund verpflichtete jeden Hausbesitzer, sein Haus luftschutzbereit zu machen und klärte über Luftschutzgeräte auf, *die jeder selbst herstellen kann* wie Sandsäcke, Feuerpatschen und Splitterschutz.[35] Denn der Luftschutz war vor allem Selbstschutz: *Die Brandbekämpfung ist in erster Linie Aufgabe der gesamten Bevölkerung, jeder einzelne kann herangezogen werden – also auch du*, erinnerte die Presse an die Entrümpelungsverordnung des Jahres 1937.[36] Die örtlichen Bauhandwerker, die in den Monaten zuvor kaum noch beschäftigt waren, hatten nun alle Hände voll zu tun, um in Privathäusern und öffentlichen Gebäuden Luftschutzräume auszubauen und Verdunklungsvorrichtungen anzubringen, wie das Baupolizeiamt im Oktober meldete. Es galt der Grundsatz: *Wenn auch noch keine feindlichen Bomber über unserer Stadt waren, so erscheint es trotzdem am Platze, wenn die Luftschutzräume ausgebaut werden, denn sicher ist sicher.*[37] Auch die Stadt bemühte sich um mehr öffentliche Schutzräume. Sie richtete Anfang Oktober einen weiteren Luftschutzraum in der Herrenberger Vorstadt (»Marquardtei«) ein und ließ Splittergräben ziehen.[38] Im Studentenheim des Missionsärztlichen Instituts in der Nauklerstraße etablierte sie ein Hilfskrankenhaus.[39]

Den *ersten Abwehrmaßnahmen* zollte die Presse großes Lob: *Verdunklung in voller Disziplin.*[40] Die Stadt habe *ein Bild voller Ruhe* geboten, *auf den Gesichtern das Gefühl unbedingter Sicherheit*. Doch Landrat und Polizeiamtsvorstand waren mit der Luftschutzdisziplin weit weniger zufrieden, machten sie doch wiederholt die Beobachtung, daß *nicht mit der nötigen Sorgfalt* verdunkelt wurde.[41] Bei Verdunklungskontrollen ertappten sie einzelne, die *sich offenbar darüber nicht im klaren sind, daß wir uns im Krieg befinden.*[42] Vor allem Dach- und Stallfenster wurden bei der Verdunkelung vergessen, auf dem Land fehlten an den Geschäften *fast durchweg* die nötigen Lichtschleusen.[43] Und die noch ungewohnte Dunkelheit verführe – so die Presse – zum *gedankenlosen Griff nach der Taschenlampe*, die aber – wenn sie nicht ebenfalls abgedunkelt war – mit ihrem Licht *die ganze Verdunklung gefährdete.*[44] Mit drakonischen Strafen versuchte das Regime die Disziplin während der Verdunklung zu sichern. Wer die Verdunklung und andere Kriegsbedingungen für Verbrechen ausnützte, galt als »Volksschädling« und hatte nach der »Volksschädlingsverordnung« vom 5. September 1939 mit der Todesstrafe zu rechnen.[45]

*Kaum einmal Sirenen, nie Bomben, auch nicht im weiten Umkreis,* so beschrieb noch im Juli 1941 der Tübinger Fabrikant Gustav Schweickhardt seinem Parteifreund Theodor Heuss die Tübinger Kriegsidylle, als er ihn zu einem Erholungsurlaub auf dem Österberg einlud.[46] Tatsächlich hatte der Luftkrieg die Universitätsstadt bis dahin nicht erreicht. Die geringe Luftgefährdung verleitete dazu, die Verdunklungsvorschriften nicht ernst zu nehmen. Vor allem nach dem Ende des Westfeldzugs ließ die Disziplin derart nach, daß Polizeiamtsleiter Friedrich Bücheler *schärfste Maßnahmen* gegen *Verdunklungssünder* androhte: *Gebührenpflichtige Verwarnungen sind nicht mehr angebracht; ich werde in Zukunft hohe Geldstrafen, gegebenenfalls Haftstrafen verhängen.*[47] Doch weder die harten Strafen,[48] noch die große Bestürzung auslösende Nachricht vom Luftangriff auf Lübeck, mit dem die Royal Air Force im März 1942 zum konzentrierten Flächenbombardement auf geschlossene Wohngebiete übergegangen war,[49] änderten viel an der Sorglosigkeit der Tübinger. Trotz ständiger Aufklärung und Appelle an den Selbstschutz,[50] wiegten sie sich wegen der fehlenden Industrie und der vielen Lazarette weithin in Sicherheit. Die in den ersten beiden Kriegsjahren wenig intensiven Luftangriffe verführten selbst die NS-Führung, den Bau von ausreichenden Luftschutzräumen zu vernachlässigen und Rüstungsbetriebe nicht luftkriegssicher zu verlagern.[51] Der Tübinger Polizeiamtsleiter klagte im zweiten und dritten Kriegsjahr unverändert über erleuchtete Fenster, über Studenten, die bei Fliegeralarm *in aller Seelenruhe* auf der Straße plauderten, und daß *nach Auslösung des Alarms in Kneipen weitergezecht* oder Tennis gespielt wurde.[52]

Eine der ersten Kriegsaufgaben, die die Stadt lösen mußte, war die Unterbringung von fünftausend »Rückwanderern« aus dem Kreis Rastatt, die Anfang September 1939 vorsorglich aus der Kampfzone evakuiert wurden. Da die Massenquartiere, etwa in der neuen Aula, nicht ausreichten, wurden die Evakuierten bei privaten Quartiergebern eingewiesen. Bis April 1940 zahlte die Stadt an diese insgesamt 14 671 RM, pro Bett und Übernachtung 40 Pfennig.[53] Für die dritte Dezemberwoche war der Rückreisetermin angesetzt. Doch noch im März 1940 waren 77 Umquartierte in der Stadt gemeldet.[54] Zur Verpflegung der »Rückwanderer« richtete die Verwaltung im Kornhaus und in der »Marquardtei« Großküchen ein und beschlagnahmte das Gasthaus »zum Löwen« in der Eberhardstraße.[55] *Helft mit Wäsche und Kleidern aus,* bat die NS-Volkswohlfahrt um Unterstützung für die Evakuierten.[56]

Doch die erwartete Volksgemeinschaft wollte sich nicht recht einstellen. Viele Tübinger schrieben die kriegsbedingten Einschränkungen und Versorgungsschwierigkeiten den Einquartierten zu. Die Kartenausgabestelle berichtete von großen Schwierigkeiten, die dadurch entstünden, daß die *Rückbeförderten* versuchten, Lebensmittelkarten zu erhalten, *um von der ihnen manchmal unbequemen oder aus anderen Gründen nicht passenden Gemeinschaftsspeisung loszukommen.*[57] Der Ärger steigerte sich derart, daß sich Weinmann schließlich gezwungen sah klarzustellen, *daß das Gerede, die zeitweilig in unserer Stadt untergebrachten Rückwanderer hätten mit ihren Käufen auf dem Gebiet der Spinnstoff- und der Schuhwaren eine Verknappung herbeigeführt, falsch ist.* Ihr Bedarf wurde gar nicht aufs Kontingent der Tübinger angerechnet.[58]

Von Verkehrsunfällen, wie sie sich anfangs andernorts während der noch ungewohnten Verdunklung ereigneten,[59] ist in Tübingen nichts bekannt geworden. *Leuchtknöpfe zum Anstecken* – so warb ein Geschäftsmann vorsorglich – *schützen die Fußgänger vor Zusammenstößen*.[60] Der Straßenverkehr wurde ohnehin spürbar reduziert. Vom 20. September an waren nur noch Kraftwagen zugelassen, die einen roten Winkel hatten, und den erhielten in der Regel nur kriegswichtige Betriebe, Ärzte, Krankenhäuser etc.[61] Allerdings ließen sich die Zulassungsbeschränkungen nicht so schnell durchsetzen wie geplant. Statt der vorgeschriebenen 15 Prozent der im Frieden zugelassenen Autos (235), fuhren im Januar 1940 noch immer fast doppelt so viele, nämlich 447 mit dem roten Winkel.[62] Landrat Geißler empfahl die Bildung von Fahrgemeinschaften, war jedoch skeptisch, ob das ohne Zwang möglich sei.[63] Doch mit der Zeit mußten die Autofahrer auf die öffentlichen Verkehrsmittel umsteigen. Der seit Kriegsbeginn *geradezu phantastisch gewachsene Zuspruch* der Postomnibuslinie Tübingen-Stuttgart war mit der verordneten Einsparung von Treibstoff aber ebenfalls nicht zu vereinbaren, wie der Tübinger Gemeinderat klagte.[64] Noch hob die Presse lobend hervor, daß man wieder mehr Fahrräder sähe. Bald aber mußte auch das Radfahren auf das Notwendigste eingeschränkt werden, um die wertvoll gewordenen Kautschuk-Reifen zu schonen.[65] Weil sich die HJ an diese Anordnung nicht hielt, gab es wiederholt Ärger.[66]

Gestellungsbefehle trafen 1939 in Tübingen schon im Sommer ein. Ende August rückten die ersten Eingezogenen aus den Kasernen zur Verladung in den Raum Pforzheim ab.[67] Ende September waren bereits 58 Mitarbeiter der Stadtverwaltung eingezogen.[68] Das Standesamt, das nicht nur wegen der Berechnung des Familienunterhalts, sondern auch wegen der vielen Kriegstrauungen vermehrt zu arbeiten hatte, berichtete von zehn und mehr Stunden Arbeit am Tag, einschließlich des Wochenendes.[69] Das Himmelwerk klagte schon 14 Tage nach Kriegsbeginn über einen *äußerst großen Mangel an Facharbeitern* und bat den Gauvorstand des Vereins für das Deutschtum im Ausland um Zuweisung von zehn volksdeutschen Facharbeitern.[70] In der Universität waren Anfang 1943, noch vor der totalen Mobilmachung, 72 Prozent der Assistenten und 45 Prozent der Professoren zum Wehrdienst eingezogen.[71]

Den Schülern bescherte der Kriegsbeginn eine zweiwöchige Verlängerung der Sommerferien, in denen sie aber »landwirtschaftliche Hilfsdienste« leisten sollten, damit die Ernte eingebracht werden konnte.[72] Ein Generalappell forderte sämtliche Jungen und Mädchen des Standorts zu *tätiger Mithilfe* als *Melder, Helferin oder Hopfenzopfler* auf.[73] Als Mitte September die Schule wieder begann, wurde in Schichten unterrichtet, weil viele Schulräume anderweitig besetzt waren. Die Wehrmacht hatte die Wildermuth- und Kepler-Oberschule belegt, in der Dorfackerschule in Lustnau logierten die »Rückwanderer« aus den geräumten Westgebieten.[74]

Weniger tatsächlicher Mangel in der Versorgung als das umständliche Verfahren der Warenbewirtschaftung, Transportprobleme und die schlechte Organisation verursachten Nervosität und Ärger bei der Bevölkerung. Die Anfang September in der Industrieschule eingerichtete Bezugschein-Ausgabestelle für Spinnstoff- und Schuhwaren war ebenso wie die im Wohlfahrtsamt eingerichtete Stelle für Lebensmittel, Seife und Kohle in den drei für den Publikumsverkehr geöffneten Vormittagsstunden überlaufen.[75] Bis zu 500 Antragsteller drängelten sich täglich bei der Stelle für Stoffe und Schuhe, um einen Bezugschein zu erstehen.[76] Mitte Oktober stellte die Stadt die Verteilerorganisation um: Die Ausgabe der Lebensmittelkarten übernahmen nun alle vier Wochen die Block- und Zellenleiter der Partei. Für die Ausgabe der Bezugscheine für Spinnstoff- und Schuhwaren erhielt jede Ortsgruppe eine eigene Ausgabestelle. Alle anderen, mit der Kartenausgabe zusammenhängenden Arbeiten wie die Versorgung von Urlaubern und der Umtausch von Reisekarten sowie die Erteilung von Bezugscheinen an Gaststätten, Kantinen, Konditoreien etc. blieben weiterhin bei der Stadt, die dafür eine Geschäftsstelle im Verkehrsamt einrichtete wie für die entsprechenden Aufgaben bei der Ausgabe der Spinnstoff- und Schuhwaren eine Geschäftsstelle bei der Ratsschreiberei.[77] Damit war laut Oberbürgermeister nach einer Übergangsfrist von vier Wochen die Kriegswirtschaft eingeführt.[78]

Das »Kriegsernährungsrecht« brachte neben einem neuen Kartensystem – jeder Bezugsberechtigte bekam nun statt eines Bezugscheins sechs verschiedene Spezialkarten – auch materielle Änderungen: Weitere Lebensmittel, insbesondere Brot, Zwiebeln und Eier wurden in die Bewirtschaftung einbezogen, die Rationen für Kinder, werdende Mütter und Schwerarbeiter klassifiziert und eingeteilt; für Gaststätten galt nun ebenfalls die »Bezugskartenpflicht«. Anträge für Spinnstoffe und Schuhe konnten nur noch schriftlich eingereicht werden. So sollte stundenlanges Anstehen vermieden, die Anträge aber auch besser geprüft werden.

Die Kontrolle hatte sich als notwendig erwiesen. *Denn die Tübinger Zahlen über die Ausgabe von Bezugscheinen im September,* so die »Chronik«, *beweisen eines untrüglich: Hier muß mancher Kauf mit unterlaufen sein, der nicht so ohne weiteres berechtigt gewesen wäre.*[79] Absagen riefen böses Blut hervor. Mit Nachdruck wies Schriftleiter Rudolf Dangel deshalb darauf hin, daß derjenige, der auf seinen Antrag keinen Bezugschein erhalte, nicht *unter einer Böswilligkeit der zuständigen Ausgabestelle zu leiden* habe. Jeder müsse sich jetzt nach der Decke strecken – *und diese Decke heißt »Kontingent«*.[80] Mitte September 1939 wurde die wöchentliche Fleischration um 200 Gramm gekürzt. Für die Gaststätten ordnete der Landrat zwei fleischfreie Tage pro Woche an.[81] Die NS-Presse veröffentlichte zur Verbraucherlenkung *nützliche Kochhinweise für unsere Hausfrauen* mit Rezepten für *gestreckte Fleischgerichte* und Fleischersatz.[82]

Mit Kriegsbeginn wurde das Abhören ausländischer Sender bei Zuchthausstrafe, die Verbreitung ausländischer Nachrichten bei Todesstrafe verboten.[83] Feindpropaganda galt als »Greuelpropaganda«, vor Spionen wurde nachdrücklich gewarnt, und jedermann war verpflichtet, alles Verdächtige sofort zu melden[84]: *Jeder Versuch, die Geschlossenheit und den Kampfwillen des deutschen Volks zu zersetzen, ist rücksichtslos zu unterdrücken.*[85] Kreisleiter Rauschnabel war offenbar von der Spionage-Furcht schon so angesteckt, daß er, als in der Nähe von Tübingen ein meteorologischer Registrier-Ballon aus der Schweiz niederging, einen Versuchsballon des englischen Geheimdienstes vermutete.[86] Besonderes Augenmerk schrieben die *Grundsätze der inneren Staatssicherung während des Krieges* für die Versuche vor, *in der Öffentlichkeit – Gastwirtschaften, öffentliche Verkehrsmittel usw. – andere Personen in volks- oder reichsfeindlichem Sinne zu beeinflussen.*[87] Prophylaktisch ordnete der Landrat schärfste Überwachung für kommunistische Funktionäre an.[88] 12 SA- und NSKK-Männer machten täglich Streifendienst, die Blockleiter erhielten Hilfspolizeifunktion.[89]

Abgeschnitten von jeder objektiven Information und bald mißtrauisch geworden wegen Unstimmigkeiten in der amtlichen Propaganda klammerte sich die Bevölkerung an Gerüchte, die wie Pilze aus dem Boden schossen.[90] Wie weit die Propaganda die öffentliche Meinung manipulieren konnte, läßt sich schwer bestimmen. Die Version des Verteidigungskriegs, die sie von Kriegsbeginn an verbreitete, scheint sich jedoch in vielen Köpfen festgesetzt zu haben; zumindest vermitteln die Briefe, die eingezogene städtische »Gefolgschaftsmitglieder« von der Front schickten, diesen Eindruck.[91] Auch die von der Propaganda eingebleuten nationalen Feindstereotypen lassen sich in diesen Feldpostbriefen wiederfinden, etwa wenn ein städtischer Mitarbeiter aus Ölmütz schreibt: *Die Bevölkerung ist feig und hinterlistig, wenn es etwas geben würde, so kaufen unsere deutschen Soldaten den Tschechen noch lange den Schneid ab.*[92] Die Briefe belegen aber auch die weit verbreitete Vorstellung, daß der Krieg bald beendet sein werde. Mit anhaltender Kriegsdauer wurde sie immer mehr zu einem inständigen Wunsch.

Zu Hause beschäftigte die Bevölkerung vorerst vor allem die Veränderung ihres gewohnten Alltags. Jubelnde Menschen, die die Eingezogenen wie im Ersten Weltkrieg zur Kaserne oder zum Bahnhof begleiteten, waren nirgendwo zu sehen, auch wenn die Propaganda wiederholt an die Aufbruchstimmung von 1914 erinnerte. *Das war ein allgemeines langes-Gesicht-Machen. Der erste Krieg war noch zu nah. Es war keine Begeisterung. Das waren also schon sehr gemischte Gefühle. Man wußte ja nicht, was auf einen zukommt.* Ähnliches berichteten alle befragten Tübinger.[93] Zudem kamen schon bald die ersten Gefallenenmeldungen und verknüpften die nationalen Siegeserlebnisse mit der Erfahrung des persönlichen Verlusts. Die erste Bestattung eines gefallenen Soldaten fand Anfang November in der Universitätsstadt statt.[94] Am 3. Oktober 1939 läuteten erstmals die Glocken eine Stunde lang, um den Sieg über Polen bekanntzugeben.[95] Nicht wenige glaubten zu diesem Zeitpunkt an das Ende der militärischen Auseinandersetzungen.[96]

Doch Hitler trieb den Krieg weiter. Im Glauben, den Rücken im Osten fürs erste frei zu haben, bereitete er den Angriff auf den Westen vor. Er sollte die Voraussetzung zum Angriff auf die Sowjetunion schaffen.[97] In Abänderung seiner ursprünglichen Pläne befahl er dann doch im April 1940 den Überfall auf Dänemark und Norwegen. In sogenannten Blitzkriegen fielen deutsche Truppen in Holland und Belgien ein, besetzten anschließend Frankreich, bereiteten seit Juni 1940 eine Invasion in England vor, kamen im Frühjahr 1941 ihren italienischen Bündnispartnern in Nordafrika zu Hilfe und erzwangen im Balkankrieg die Kapitulation der griechischen und jugoslawischen Armee.[98] Die Erfolge veränderten die Einstellung der Bevölkerung zum Krieg. Die Sondermeldungen mit den Siegesnachrichten lösten, wie die »Meldungen aus dem Reich« berichteten, *immer neue Wellen der Begeisterung* aus.[99]

Tübinger erinnern sich: *Die Begeisterung kam im Grunde erst nach dem siegreichen Polenfeldzug und den entsprechenden Reden auf, als die Kirche dann jeden Mittag noch eine Viertelstunde lang die Glocken hat läuten lassen.*[100] Hitler wurde als Triumphator gefeiert. Als er am 22. Juni 1941 mit dem Überfall auf die Sowjetunion das »Unternehmen Barbarossa« startete, hatten deutsche Soldaten Europa in eine Festung verwandelt. Vom Nordkap bis nach Kreta und Nordafrika, vom Ärmelkanal bis in die Mitte Polens standen deutsche Truppen. Wenige Tage nach dem Überfall der Japaner auf den amerikanischen Stützpunkt Pearl Harbour erklärte Deutschland schließlich auch den Vereinigten Staaten den Krieg. Aus den »Blitzkriegen« in Europa war ein Weltkrieg geworden.

Alltägliche Sorgen:
»Die wechselnden persönlichen Misstimmungen«

*Die politische Gesamtstimmung*, befand der Kreisleiter im Januar 1940, sei zuversichtlich und von der *moralischen Richtigkeit und Notwendigkeit unseres Abwehrkampfes in erster Linie gegen England* überzeugt. Leichte Schwankungen *der mehr persönlichen Stimmungslage* seien in den erforderlichen Kriegsmaßnahmen begründet, *welche als eine gewisse Störung in der hergebrachten Gewohnheit von einzelnen mit wenig Einsicht begabten Volksgenossen empfunden werden. Diese Maßnahmen brauchen eben zu ihrer Einspielung eine gewisse Anlaufzeit.*[101] Anlässe für solche *wechselnden persönlichen unbedeutenden Misstimmungen* seien: Beschränkung in der Zulassung von Fahrzeugen, Einziehung von Pferden, Umschulung der Textilarbeiter aus stillgelegten Betrieben, beschränkte Baugenehmigungen für Handwerker, Einziehen älterer Jahrgänge zur Wehrmacht, langsame Erledigung von Unterstützungsanträgen, Brennstoffknappheit.

Einzelne Klagen spiegeln einen Mangel wider, der weit über das beschriebene Maß *gestörter Gewohnheiten* hinausging. Es gab Haushalte, die nur ein Viertel der gewohnten Brennstoffmenge zugeteilt bekamen.[102] Seit November 1939 wandten sich Soldaten an den Oberbürgermeister, weil ihre Familien seit Tagen keinerlei Kohle mehr hatten.[103] *Da ich nicht weiß, an wen ich mich sonst wenden sollte, bitte ich Sie, [...] nach Möglichkeit meiner Frau zu helfen, daß sie wenigstens zu einer kleinen Menge Kohlen kommt, da sie infolge der großen Kälte schon an Frostbeulen leidet. Ein anderer schrieb aus Prag: Meine Frau bettelt mit dem Handwagen von Kohlenhändler zu Kohlenhändler, ohne Erfolg, während auf der anderen Seite z.B. in der Tübinger Chronik der Beginn eines neuen Kurses der Bräuteschule angekündigt wurde. Ich übe an dieser Einrichtung keinerlei Kritik, [...] kann aber nicht verstehen, warum für diesen Zweck Räume geheizt werden, während auf der anderen Seite kleine Kinder frieren.*

Im städtischen Ernährungsamt stand man den Beschwerden hilflos gegenüber. Zwar lagen genügend Kohlen auf Halde, aber die Reichsbahn war mit Truppentransporten überlastet, die Kanäle waren zugefroren. Die Propaganda appellierte, wie noch oft, an die Opferbereitschaft der »inneren Front«. Sie gab den Kohlenmangel als Tribut der Heimat für den siegreichen Polenfeldzug aus.[104] Landrat Geißler und der Stadtvorstand versuchten den Mangel zu mildern. Sie ordneten die Schließung der Schulen und Vergnügungsstätten an und verteilten den so freigewordenen Brennstoff an private Verbraucher.[105] Den Schülern bescherte dies »Kohleferien« von Weihnachten bis in den März.[106] Der Stadtvorstand ließ zudem seine Beziehungen spielen und organisierte beim Mannheimer Kohlenkontor einen Zug mit rund 800 Tonnen Kohle.[107]

Geißlers prinzipielle Beurteilung der Versorgungslage war vernichtend: *Hier halte ich die Organisation, wie sie jetzt aufgezogen ist, für verfehlt.*[108] Eine rechtzeitige Vorratshaltung nach einem neu aufgestellten Kohlenverteilungsplan sollte ein Fiasko im kommenden Winter verhindern. Doch als die Lager der Kohlenhändler im Sommer 1940 noch immer leer waren, sah das die Bevölkerung, wie Rauschnabel der Gaupropagandaleitung in seinem politischen Lagebericht mitteilte, bereits *mit einer gewissen Beunruhigung.*[109] Deren Berechtigung bestätigte der skeptische Bericht des Kreiswirtschaftsberaters im Oktober 1940. Diesmal haperte es nicht an den fehlenden Transportmöglichkeiten, sondern an der Kohle selber. Die Grundkontingente waren, so der Kreiswirtschaftsberater, ausnahmslos zu niedrig: *Denn wie Familien mit 18–20 Zentner Kohlen auskommen sollen, selbst bei einem nicht strengen Winter, diese Frage, die in den Sprechstunden immer wieder an mich gestellt wird, vermag ich schwer zu beantworten.*[110] Wieder mußten die Schulen aus Kohlenmangel mehrere Wochen lang schließen.[111]

*Die Frage der Lebensmittelversorgung klappt im wesentlichen,* berichtete der in seinen Berichten allerdings zur Schönfärberei neigende Kreiswirtschaftsberater im Oktober 1940, *wenngleich die Fettrationen und die Ölrationen immer wieder Gegenstand einer Erörterung in den breiten Volksmassen ist.*[112] Als Sonderzuteilung gab es Weihnachten 1939 zwei Eier, Ostern 1941 ein Ei pro Verbraucher mehr. Doch die Bevölkerung empfand die Rationen weiterhin als zu knapp, was nicht nur damit zu tun hatte, daß die Verwendung von Eiern zur Herstellung der bei den Schwaben so beliebten Teigwaren verboten blieb.[113] Die Konsequenz waren (Eier-)Hamsterei und Schwarzhandel, obwohl beides hart bestraft wurde.[114] *Die Preisstoppverordnung hat hier einen schweren Schlag erlitten,* berichtete Rauschnabel im Frühjahr 1940 nach Stuttgart, *denn es ist jetzt schon nicht mehr möglich, wenn nicht drakonische Massnahmen ergriffen werden, den Eierpreis zu senken oder zu drücken. Die Kreisbauernschaften wagen nicht mehr, die Eier aufzukaufen, um nicht das Fiasko zu erleben, dass ihre Aktion erfolglos ist.*[115]

Probleme bereitete auch die mit der Bewirtschaftung verbundene Lagerung der Nahrungsmittel. Häufig verdarben Lebensmittel – 1942 in Tübingen beispielsweise über 500 Zentner Kartoffeln –, weil die Verteilung nicht klappte und die Ware nicht rechtzeitig in den Handel kam.[116] Ärger verursachte die unterschiedliche Praxis der einzelnen Geschäfte. Dazu Kreisleiter Rauschnabel: *Nichts ist für den Volksgenossen und seinen inneren Gleichmut nachteiliger, als wenn in der Verteilung von Lebensmitteln Unklarheiten entdeckt werden. Ich glaube bestimmt, daß jeder einzelne Volksgenosse die ihm auferlegten und noch kommenden Opfer während des Kriegszustandes gerne trägt, wenn er sieht, dass jedem Einzelnen das gleiche Schicksal im Tragen von Entbehrungen auferlegt ist. Nicht aber dann, wenn er feststellen muss, daß in der Verteilung von Lebensmitteln, an der Möglichkeit solche zu erringen, Unklarheiten herrschen.*[117]

Den Ärger der Bevölkerung bekamen vor allem der Handel und die Kartenausgabestellen zu spüren. Das Kartensystem wurde zunehmend komplizierter. 1940 gab es allein für Nährmittel je nach Altersgruppe und Sonderzulage 52 verschiedene Karten.[118] Da mußten Brotmarken in Zuckermarken umgetauscht, Sonderrationen zugewiesen, Anmeldebestätigungen überprüft und Reisekarten ausgegeben werden. Zusatzkarten wurden beantragt und abgeholt, Bestellscheine übertragen, auswärtige Karten verrechnet, Berechtigungsscheine ausgestellt und Schwerst- oder Langarbeiterzulagen bewilligt.[119] Die Dienststellen des städtischen Ernährungs- und Wirtschaftsamts – seit 1940 im »Museum« untergebracht[120] – waren ständig überlaufen, die Beamten und Aushilfskräfte – das Personal mußte innerhalb kurzer Zeit von 7 auf 24 aufgestockt werden – mit den immer wieder revidierten Bestimmungen überfordert. Beschwerden über unfreundliche Behandlung häuften sich.[121]

Da sie am System der Bewirtschaftung selber nichts ändern konnte, experimentierte die lokale Verwaltung mit Änderungen in der Verteilerstruktur. Am 24. März 1942 meldete die »Chronik«: *Tübingen verbessert die Kartenausgabe*. Wesentlichste Verbesserung war das Ausschalten der Partei. Von der 34. Zuteilungsperiode an übernahm die städtische Ernährungsabteilung die Ausgabe der Lebensmittelkarten. Für den Verbraucher bedeutete das Mehrarbeit. Er mußte die Karten selbst abholen, bekam sie nicht mehr vom Blockleiter ins Haus gebracht.[122] Die Parteifunktionäre aber blieben von der Konfrontation mit der verärgerten Bevölkerung verschont. Denn diese Änderung fiel mit einer Kürzung der Rationen zusammen. Die tägliche Kalorienmenge sank von den 2265 Kalorien der ersten Versorgungsperiode auf 1500 – einen Tiefstand, den sie erst wieder in den letzten Kriegsmonaten erreichte.[123]

Freie Ware, zu der in Tübingen Gemüse und Obst gehörten, konnte der Verbraucher oft überhaupt nicht oder nicht im gewünschten Maß erhalten, obwohl nicht weniger als 35 Gärtnereien die Bezirksabgabestelle mit Gemüse versorgten. An Markttagen stritten Großhändler, Händler und private Verbraucher um die frei angebotene Ware. Weinmann berichtete im Gemeinderat, *daß manche Frauen geradezu fieberhaft alles zusammenkaufen, was ihnen unter die Finger bzw. Augen gerät*. Er schlug vor, daß künftig sich niemand länger als eine Stunde auf dem Markt aufhalten sollte.[124] Doch die *Zwistigkeiten* nahmen solche Formen an, daß der SD-Leitabschnitt Stuttgart in seinem Lagebericht vom 15. Juni 1941 warnte: *Wenn nicht die ganze Marktgeschichte in nächster Zeit geordnet wird, wächst die Erbitterung der Bevölkerung derart, dass sie sehr ernste Formen annehmen kann, was zur Zeit nicht tragbar wäre*.[125] Von einer Gemüsekarte, wie sie andernorts eingeführt wurde, hielt die Städtische Ernährungsabteilung nichts. Abteilungsleiter Meyer warnte: *Erfahrungsgemäß bringt jede Form der Bewirtschaftung eine Steigerung der Nachfrage, da niemand auf einen vermeintlichen Zuteilungsanspruch verzichten will*.[126] Doch sein Vorschlag – *Die Erzeuger wären zu veranlassen, das einlagerungsfähige Gemüse weitgehend selbst einzulagern und bei Bedarf auf den Markt zu bringen* – scheiterte an den Höchstpreisen, die die Erzeuger mit frischer Ware auf dem Markt erzielten.

Am 1. Dezember 1939 wurde die Reichskleiderkarte eingeführt.[127] Männer, Frauen, Buben und Mädchen erhielten je eine Karte mit 100, Kleinkinder mit 75 Punkten für ein Jahr. Was an Spinnstoffwaren bereits über Bezugscheine verbraucht worden war, mußte in mühsamer Verwaltungsarbeit auf den Kleiderkarten gestrichen werden.[128] Ärger entstand, weil vor allem der unterschiedliche Bedarf und die verschiedenen Gewohnheiten von Land- und Stadtbevölkerung in der Punktebewertung nicht berücksichtigt wurden. So waren alle die benachteiligt, die ihre Wäsche- und Kleidungsstücke selber anfertigten, denn der dafür benötigte Stoff verbrauchte mehr Punkte als die Fertigware, *die der Kopfarbeiter zu tragen gewohnt ist,* wie der Kreisleiter berichtete.[129] Fertigware aber konnten sich viele wegen der hohen Preise nicht leisten. Qualitative Unterschiede berücksichtigte die Punktebewertung überhaupt nicht. Ein Seidenkleid kostete die Verbraucherin ebenso dreißig Punkte ihrer Kleiderkarte wie ein Arbeitskleid aus Flanell. Der Spielraum war äußerst knapp. Wer sich einen Anzug gekauft hatte, dem bleiben für den Rest des Jahres noch 40 Punkte. Alle Punkte auf einmal durften nicht verbraucht werden, um der Textilhamsterei vorzubeugen. Lediglich im Trauerfall konnte auf noch nicht fällige Abschnitte der Karte vorgegriffen werden. Doch wurde das, was als Trauerkleidung galt, angesichts des steigenden Bedarfs immer weiter reduziert. Schon im Januar 1940 waren schwarze Mäntel und Strümpfe von den Sonderkonditionen ausgenommen.[130]

Zudem stiegen die Preise derart, daß mancher die freien Punkte nicht nutzen konnte. Der NS-Wirtschaftsberater des Kreises berichtete im April 1941 über die *lebhafte Beunruhigung über die Entwicklung dieser Preise* in der Bevölkerung: *Die qualitative Verschlechterung nimmt man hin, weil man weiss, dass durch den Krieg die Rohstoffe nicht wie früher zu haben sind, dass dazuhin aber die Preise in einem derart unsinnigen Mass gestiegen sind, wird lebhaft beanstandet.*[131] Auch in seinem nächsten Bericht wies er auf den Ärger hin, den die erhöhten Preise für Damen- und Herrenoberbekleidung entfachten: *Es wäre von stärkster Auswirkung auf das Volksganze, wenn hier wesentliche Zurückführungen der Preise, die möglich sein müssen, gelingen.*[132]

Mangelware, und deshalb nur mit einem besonderen Bezugschein zu erhalten, waren Fahrradreifen. Der Papiermangel erzwang eine Reduzierung der Druckerzeugnisse. Periodisch erscheinende Verbandsblätter mußten eingestellt werden. Die im Verlag der »Chronik« hergestellte BDM-Zeitschrift »Unser Weg« erschien mit Kriegsbeginn zum letzten Mal.[133] Die »Chronik« selber verminderte ihre Seitenzahl seit 1940 kontinuierlich. Waren in den letzten Friedensausgaben acht Seiten die Regel, so häuften sich schon 1940 die Ausgaben mit sechs Seiten, 1943 schwankte die Seitenzahl zwischen vier bis sechs, von März 1945 an waren es nur noch zwei. Gegenüber den Kirchen bot der Rohstoffmangel dem Regime den willkommenen Vorwand, vom 1. Juni 1941 an die kirchliche Presse zum Schweigen zu bringen.[134]

Die Behörden reagierten auf die Versorgungslage, die ein geheimer Lagebericht des SD-Leitabschnitts Stuttgart bereits im Sommer 1941 als *katastrophal* bezeichnete,[135] mit einer hektischen Erlaßtätigkeit, waren jedoch nicht im Stande, das Problem prinzipiell zu lösen. Sammlungen von Altkleidern und Textilien[136] sollten ebenso wie die Erfassung von Aluminium oder Altgummi den Rohstoffmangel der Industrie decken helfen[137], und die von Schulklassen gesammelten Bucheckern die *Fettlücke* der privaten Haushalte schließen.[138] Kirchenglocken und andere Metallgegenstände wanderten in die Schmelzöfen der Rüstungsindustrie, darunter auch das Bronzestandbild des Tübinger Universitätsgründers, das seit vierzig Jahren auf der Neckarbrücke gestanden hatte.[139] Auch die Bronzebüsten des Reichsgründungsdenkmals auf dem Österberg wurden *kriegswirtschaftlich erfaßt*.[140] Die Abfallverwertung mit Hilfe von Mastschweinen wurde verstärkt[141], die Verwendung von Ersatzstoffen aller Art eifrig propagiert und jedes freie Stück Gartenland zum Gemüseanbau verwendet.[142]

Zu den Feiertagen und wenn die Geheimen Lageberichte Stimmungseinbrüche meldeten, gab es Sonderzuteilungen.[143] Oft aber verstärkten diese noch den allgemeinen Ärger, weil sie die Presse ankündigte, bevor die Ware aufgerufen wurde. Dann mußten sich die Händler, die die Sonderrationen noch nicht erhalten hatten, mit den enttäuschten Kunden herumschlagen. Der Stuttgarter SD-Chef kritisierte deshalb *die von keinerlei Sachkenntnis getrübten Zeitungsartikel*.[144] Zu Weihnachten 1942 erhielt ein sogenannter Normalverbraucher erstmals wieder auf seine Lebensmittelkarte über 2000 Kalorien. Das hatte nicht etwa eine Verbesserung der landwirtschaftlichen Produktion durch den vermehrten Einsatz von Arbeitskräften, sondern allein die Ausbeutung der besetzten Gebiete möglich gemacht.

## »Daß wie überall durch die Einziehung zum Militär die Arbeitseinsatzfrage eine noch schwierigere geworden ist«: soziale Lage und Kriegswirtschaft

Die Zivilbevölkerung spürte den Krieg. Lange bevor die Kampfhandlungen das Reichsgebiet erreichten, hatten es die Verordnungen der NS-Führung in einen Kriegsschauplatz verwandelt. Einschränkungen und die Sorge um die eingezogenen Familienmitglieder, bürokratischer Leerlauf und erhebliche Mehrarbeit, verschärfte Strafen schon bei kleinen Vergehen und Eingriffe in die persönliche Freiheit prägten den Kriegsalltag in den ersten Jahren, auch wenn – verglichen mit Großbritannien und den von Deutschen besetzten Gebieten – die Abstriche am gewohnten Lebensstandard der meisten Deutschen gering waren.[145] *In Tübingen*, erinnerte sich eine Gesprächspartnerin, *war eigentlich auf Marken während des Krieges noch alles kaufbar. [...] Ich hab es eigentlich während des Kriegs nicht so schlimm empfunden wie nachher.*[146]

Mit Kriegsbeginn forcierte die NS-Regierung die Rüstungsproduktion zwar erheblich, schöpfte jedoch die vorhandene wirtschaftliche Kapazität nicht voll für die Kriegswirtschaft aus. Diese Inkonsequenz entsprang der traumatischen Angst der NS-Führung vor einer Wiederholung der Ereignisse von 1918, wo – wie Hitler behauptete – eine ausgehungerte und unzufriedene Heimatfront der kämpfenden Truppe in den Rücken gefallen war. Um einen zweiten »Dolchstoß« zu vermeiden, bremste Hitler wiederholt seine Rüstungsexperten, die die Konsumbedürfnisse der Bevölkerung hinter die Erfordernisse der Kriegswirtschaft zurückstellen wollten. Nach seinem Plan sollten die in »Blitzkriegen« eroberten

Länder mit ihren Bodenschätzen, ihren Agrarprodukten und ihren Arbeitskräften die erschöpften Ressourcen der deutschen Wirtschaft ergänzen und die Kosten der kurzen Feldzüge tragen.[147] So schwankte besonders in den ersten Kriegsjahren die nationalsozialistische Innenpolitik zwischen den Erfordernissen der Kriegswirtschaft und der Rücksichtnahme auf die Stimmung der Bevölkerung.[148]

Einschränkungen, als »Opfer« ausgegeben, wurden dennoch von jedermann gefordert. Die Kriegswirtschaftsverordnung vom 4. September 1939 verlangte: *Die Sicherung der Grenzen unseres Vaterlandes erfordert höchste Opfer von jedem deutschen Volksgenossen. Der Soldat schützt mit der Waffe unter Einsatz seines Lebens die Heimat. Angesichts der Größe dieses Einsatzes ist es selbstverständliche Pflicht jedes Volksgenossen in der Heimat, alle seine Kräfte und Mittel Reich und Volk zur Verfügung zu stellen und dadurch die Fortführung eines geregelten Wirtschaftslebens zu gewährleisten.*[149] Für die nicht eingezogenen Arbeitnehmer bedeutete diese Forderung unbezahlte Mehrarbeit. Der Ministerrat für die Reichsverteidigung schuf mit der Kriegswirtschaftsverordnung sämtliche Zuschläge für Überstunden, Feiertags- und Nachtarbeit ab und setzte gleichzeitig alle tarifrechtlichen Bestimmungen außer Kraft, machte aber schon nach wenigen Wochen die meisten dieser Restriktionen wieder rückgängig.[150] Urlaub erhielt ein Arbeitnehmer nur noch, *wenn der Betrieb es ertragen kann oder wenn er gesundheitlich notwendig ist.*[151] Um seinen Arbeitsplatz zu wechseln, brauchte er eine Genehmigung des Arbeitsamtes. »Arbeitsverweigerung« bestrafte das Regime hart. Als solche zählte bereits das unentschuldigte Fehlen von wenigen Tagen, wie die Verurteilung einer Tübinger Hilfsarbeiterin zeigt, über die das Amtsgericht zwei Wochen Gefängnis verhängte, weil sie vier Tage lang nicht an ihrem Arbeitsplatz erschienen war.[152] Die geheimen Lageberichte des SD stellten fest, daß dieses Urteil von den Tübinger Arbeitern kritisiert wurde.[153]

Neben der verschärften Leistungsanforderung wurde die lohnabhängige Bevölkerung erheblich zur Kriegs-Kasse gebeten. Die Preise für nichtbewirtschaftete Waren stiegen. Ein Zuschlag von 50 Prozent zur Einkommensteuer ab 2400 Mark Jahreseinkommen belastete die Budgets. Die Familien der zur Wehrmacht, Arbeitsdienst oder Waffen-SS Einberufenen kamen nur knapp über die Runden,[154] obwohl der Arbeitsverdienst des Eingezogenen – nach Abzug eines Ausgleichsbetrags von 3 bis 20 Prozent für Wehrsold und Verpflegung – weiterbezahlt wurde. Dieser »Familienunterhalt« mußte allerdings beim Wohlfahrtsamt beantragt werden, was viele als diskriminierend empfanden.[155]

Unzufriedenheit verursachte vielfach auch die Hinterbliebenenversorgung. *Hier sind Härten vorhanden,* mußte der Kreisleiter konzidieren, *die viel Unzufriedenheit und böses Blut ergeben.*[156] So wurde einer Witwe, deren Monatseinkommen mit 80 Mark die Grenze der Hinterbliebenenversorgung gerade um 5 Mark übertraf, die Familienunterstützung gestrichen, als ihr Sohn gefallen war. Rauschnabel hielt die Sätze der Hinterbliebenenversorgung durchweg für zu niedrig und die dadurch entstehende Unzufriedenheit für alarmierend, denn die Bevölkerung zöge daraus den Schluß: *Solange unser Sohn an der Front steht, zahlt der Staat eine Unterstützung, weil er noch kampftauglich ist. Sobald er aber gefallen ist, kräht nach ihm und vollends nach uns kein Hahn mehr. Dank des Vaterlands?*

Offensichtlich hatte der Kreisleiter entsprechende Klagen sehr oft gehört, denn er drängte in seinem Bericht auf rasche Änderung: *Die Feindpropaganda dürfte hiervon nichts erfahren! Schnelle Abhilfe tut not. Wir Politischen Leiter sind diesen berechtigten Klagen gegenüber machtlos.*

Von den elf größeren metallverarbeitenden Betrieben in der Stadt[157] profitierte von der Umstellung auf die Rüstungsproduktion am meisten die Himmelwerk-AG, die schon im Zuge des Vierjahresplans ihren Umsatz bei übertariflichen Löhnen verdoppeln konnte.[158] Kleinere Betriebe des Bau- und holzverarbeitenden Gewerbes wie das Sägewerk Wurster oder die Zementwarenfabrik Pflumm & Kemmler avancierten ebenfalls zu »kriegswichtigen Rüstungsbetrieben« oder erhielten kriegswichtige Aufträge als »Unterlieferanten«. So erstellte die Firma Fritz Flugzeug-, Getreide- und Sprengstoffhallen für die Luftfahrt-Gau-Kommandos in Wiesbaden und München, für die Organisation Todt und für die Reichswerke Hermann Göring in Salzgitter.[159]

Probleme bereitete allen Firmen der Rohstoffmangel und der erschöpfte Arbeitsmarkt. Schon vor Kriegsbeginn hatten einzelne Betriebe mit beidem zu kämpfen. Bei der Württembergischen Frottierweberei Lustnau beispielsweise hatte sich die Belegschaft innerhalb weniger Wochen von 520 auf 465 reduziert.[160] Beide Frottierwarenfabriken in Lustnau – vor dem Krieg gehörten sie zu den größten Gewerbebetrieben in der Stadt – konnten ihre Maschinenkapazität aus Mangel an Personal nicht auslasten.[161] Den Textilfabriken im Kreis ging es nicht besser. Sie klagten über schlechte Stimmung unter den Textilarbeitern, *die sich dauernd an den höheren Löhnen der Metall- und Rüstungsarbeiter aufhalten.*[162]

Mit Locklöhnen zog die Rüstungsindustrie die Arbeiter aus den nicht kriegswichtigen Produktionsstätten ab. Im Herbst 1940 warb nach Angabe des Wirtschaftsberaters *eine Kommission aus Berlin unter Umgehung der Industrie- und Handelskammer und des Arbeitsamtes* in den Tübinger Betrieben trotz Protests der Firmen Arbeiter für die Rüstungsproduktion in der Reichshauptstadt ab.[163] *Betriebsführer und Betriebsobmänner –* klagte der Wirtschaftsberater des Kreises *– haben in manchen Betrieben bald nichts anderes mehr zu tun, als unzufriedenen Gefolgschaftsmitgliedern, die in die Metallindustrie hinüberwechseln wollen, den Kopf zurechtzusetzen.*[164] Auch das Handwerk klagte. Viele kleinere Betriebe mußten schließen. 1941 machte ein Ratsherr auf die *kritische Personallage im Schuhmacherhandwerk* aufmerksam.[165]

In den Nahrungsmittelbetrieben sah es ebenfalls schlimm aus. 16 Bäckereien und 12 Metzgereien waren im Februar 1941 bereits stillgelegt. Die Arbeit mußten nun 36 Bäcker und 59 Metzger bewältigen. Selbst das Landesernährungsamt gestand ein, daß *die Versorgung einer Einwohnerschaft von 32 000 Menschen bei einem Personalstand von 59 Arbeitskräften im Metzgerhandwerk [...] schon als bedenklich gefährdet* angesehen werden müsse.[166] Auf dem Land, wo in der Regel ein Handwerk nur einmal vertreten war, löste die Einberufung des Metzgers, Bäckers, Schusters oder Friseurs einen Notstand aus. So berichtete der Kreiswirtschaftsberater, der sich vergeblich um UK-Stellungen bemüht hatte: *Die Gemeinde Altingen (900 Seelen) hat schon seit einiger Zeit keinen Metzger mehr. Die Einwohner können also nicht mehr die notwendigen Fleischwaren in der Gemeinde einkaufen. Sie müssen dazu schon in mehrere Kilometer entfernte Ortschaften marschieren. Welche Erschwernis dies für die unzähligen Landwirtsfrauen ist, die allein ihren Betrieb zu verwalten haben, liegt auf der Hand. Nun soll eben in dieser Gemeinde auch noch der Müller eingezogen und dadurch die Mühle geschlossen werden. [...] Das ist zuviel.*[167]

Schlecht stand es auch um die Lehrlingsausbildung, denn die Handwerksordnung schrieb für diese die Anwesenheit eines Meisters vor. Die nicht eingezogenen Handwerker waren »überbeschäftigt« und konnten doch oft aus Mangel an Material ihre Aufträge nicht ausführen.[168]

In der Landwirtschaft wirkte sich der Krieg noch gravierender aus. In den kleinen Betrieben mußten die Frauen nach der Einberufung ihres Mannes meist ohne jegliche männliche Hilfe den Hof betreiben.[169] Die Wehrmachtsbehörden hatten selten ein Einsehen. Manchmal scheiterten Eingaben schon an den lokalen Gutachtern. So leitete der Kreisbauernführer das Gesuch einer kranken Kriegerwitwe um UK-Stellung eines ihrer Söhne erst gar nicht weiter, obwohl Polizeiamtsvorstand und Bürgermeister es befürwortet hatten: *Im vorliegenden Fall handelt es sich um einen der sog. krassen Fälle. Der kranken Frau, die ihre knapp 3 Hektar große Landwirtschaft mit einem Kriegsgefangenen und einer »Arbeitsmaid« nicht betreiben konnte, blieb nur der Verkauf.*[170]

Die Mehrarbeit belastete die Frauen derart, daß das Wehrkreiskommando bereits 1942 eine *teilweise Beeinträchtigung des Gesundheitszustandes* feststellte.[171] *Was sollen wir in der Landwirtschaft arbeiten*, war nach Beobachtungen des Kreiswirtschaftsberaters die gängige Meinung vieler Landarbeiter. *Wir gehen zu Daimler; da bekommen wir RM 1,– bis RM 1.20 Stundenlohn.* Die Partei mußte »Erntehilfen« und »Gemeinschaftseinsätze« organisieren und Landjahrpflichtige einspannen, damit die Felder bestellt, die Ernte eingebracht werden konnte.[172] Angesichts dieser Schwierigkeiten muß der Appell der Landesbauernschaft, im nächsten Jahr noch mehr zu erzeugen, in den Ohren vieler Bauersfrauen wie Hohn geklungen haben.[173] Die Bauernschaftsführer empfahlen vermehrten Anbau von Hackfrüchten und Ölpflanzen wie Flachs und Mohn. Dieser sollte ebenso wie ein verstärkter Maschineneinsatz die Ernährungslücken stopfen helfen. Doch die Anschaffung neuer Maschinen konnten sich die Landwirte bei dem niedrigen Preisniveau für ihre Erzeugnisse nicht leisten.

Billigen Ausweg bot der Einsatz von Kriegsgefangenen und Zwangsarbeitern. Sie arbeiteten in der Landwirtschaft und den Gärtnereien der Stadt und ersetzten in der Industrie und den Handwerksbetrieben ebenso wie in der Stadtverwaltung und den Kliniken die eingezogenen Arbeitskräfte für Niedrigstlohn. Ihr Einsatz verursachte der Partei allerdings auch unerwartete Probleme. Trotz aller Propagierung des Herrenrassenstandpunkts und obwohl amtliche Bekanntmachungen die Bevölkerung wiederholt anwiesen, Kriegsgefangene *nicht zum Gegenstand der Neugierde oder des unberechtigten Mitleids* zu machen,[174] klagte der Tübinger Kreisleiter Ende 1940: *Ich habe ein besonderes Augenmerk dieser Sache gewidmet. Trotzdem macht man die Erfahrung, daß manche Bauern den französischen Gefangenen eine zu familiäre Behandlung zuteil werden lassen.*[175]

Ersatz für die eingezogenen Arbeitskräfte mußten auch die Frauen stellen. Das Reichsarbeitsdienstgesetz von 1939 verpflichtete alle 18–25jährigen Frauen zu sechsmonatigem *Ehrendienst am Deutschen Volk.*[176] Seit Sommer 1941 mußten die jungen Frauen zudem nach Absolvierung ihrer Arbeitsdienstpflicht noch weitere sechs Monate »Kriegshilfsdienst« in Krankenhäusern, bei kinderreichen Familien, Behörden oder auf den Verwaltungsstellen der Wehrmacht leisten.[177] Studenten leisteten in den Semesterferien Kriegseinsatz. Im Juni 1941 führte ein solcher Einsatz zur kurzfristigen Schließung der Universität.[178] In den Sommersemesterferien des folgenden Jahres arbeiteten 600 Tübinger Studentinnen und Studenten in Rüstungsbetrieben, Krankenhäusern und Lazaretten.[179]

Trotz aller Bedenken Hitlers vor einem totalen Kriegseinsatz von Frauen brachte der Krieg diesen erhebliche Mehrarbeit; unbezahlte, wo der Mangel an Nahrungsmitteln und Gegenständen des täglichen Bedarfs die Organisation des Haushalts erschwerte; und unterbezahlte, wo sie als Ersatz für die eingezogenen Männer einspringen mußten. *Frauen helfen mit zum Sieg,* so und ähnlich überschrieb die »Chronik« wiederholt Artikel, die nach den Weisungen des Propagandaministers Frauen für den Kriegseinsatz mobilisieren sollten.[180] Tatsächlich aber war der Stand weiblicher Beschäftigung 1943/44 kaum höher als 1939.[181] Die Löhne der Frauen waren zu niedrig, als daß sie einen Anreiz für die Mehrbelastung hätten bieten können. Exakte Angaben über eine Steigerung der weiblichen Berufstätigkeit während des Kriegs in Tübingen – schon in den sechs Vorkriegsjahren war die Zahl der erwerbstätigen Frauen hier absolut und relativ gestiegen[182] – waren nicht zu finden. Pressemeldungen zeigen aber, daß auch in der Universitätsstadt Frauen verstärkt eingesetzt wurden, etwa bei der Reichsbahn als Schaffnerinnen oder in den Fabriken, Büros, Kliniken und Ämtern der Wehrmacht.[183] Auch die vermehrte Einrichtung von Kindergärten, die der Stellvertreter des Führers bereits Anfang September 1939 angeordnet hatte,[184] weist indirekt auf eine verstärkte Berufstätigkeit von Frauen hin. Der NSV bot dieser Bedarf die Möglichkeit, sich gegenüber den bis dahin bevorzugten konfessionellen Kindergärten durchzusetzen. Am 1. Dezember 1939 konnte sie den ersten NSV-Kindergarten in Tübingen eröffnen, bis Ende 1942 hatte sie im Kreis 24 ständige und zahlreiche »Ernte-Kindergärten« eingerichtet.[185]

## »Die Einheit der Verwaltung ist zum blossen Schlagwort geworden«: Kommunalpolitik im Krieg

Der Zweite Weltkrieg verschärfte das Gerangel um Kompetenzen und das ineffektive Nebeneinanderarbeiten staatlicher, kommunaler und Partei-Einrichtungen. Denn jede Institution versuchte, ihre Interessen unter dem Primat der Kriegswichtigkeit durchzusetzen. Die kommunale Selbstverwaltung war in dieser Auseinandersetzung das schwächste Glied. Noch vor Beginn der Kampfhandlungen schaffte die NS-Führung sie unter dem Vorwand kriegsbedingter Zentralisierung faktisch ab.[186]

## Änderungen in der Kommunalverwaltung

In Tübingen fiel dies mit dem Amtsantritt eines neuen Oberbürgermeisters zusammen. Nachdem im Frühjahr die Amtszeit Adolf Scheefs abgelaufen war und wegen Erreichens der Altersgrenze nicht verlängert werden konnte, hatte der Reichsstatthalter auf Vorschlag des Beauftragten der NSDAP und der Ratsherren den bisherigen Ersten Beigeordneten, Dr. Ernst Weinmann, zum neuen Stadtvorstand ernannt.[187] Die Berufung eines Ersten Beigeordneten stellte der Reichsstatthalter bis nach Kriegsende zurück.[188]

Am 28. Juli 1939 vereidigte der Vertreter der Aufsichtsbehörde im Beisein des württembergischen Innenministers den *bewährten Nationalsozialisten*, der mit seinen 32 Jahren der jüngste Oberbürgermeister der Tübinger Geschichte war.[189] Sollten einzelne NS-Amtsleiter erwartet haben, daß der »Alte Kämpfer« im neuen Amt die Wünsche der Partei entschiedener als sein Vorgänger berücksichtigen würde, so wurden sie bald enttäuscht. Weinmann, der seit 1935 die Verwaltung der Orts- und Gewerbepolizei, der städtischen Werke und des städtischen Verkehrswesens nach dem Zeugnis Scheefs *in vortrefflicher Weise* versehen hatte,[190] nutzte seine Machtbefugnisse als »Führer der Gemeinde« nicht, um die Position der Gemeindeverwaltung zugunsten der Partei zu untergraben, sondern entschied im Zweifelsfall für sein kommunales Amt.[191] Er war voll damit beschäftigt, die mit Kriegsbeginn auf die Gemeinde einstürmenden Anforderungen und Aufgaben zu erfüllen und trotz reduziertem Personalbestand eine geregelte Verwaltung aufrecht zu erhalten. Weinmann übte das Amt allerdings nicht lange genug aus, um einschneidende Veränderungen in die Wege leiten zu können.

Wiederholt wurde er eingezogen. Das erste Mal, von September 1940 bis Januar 1941, war er bei der Umsiedlung von Bessarabiendeutschen nach Serbien eingesetzt. Von April bis August 1941 leistete er Waffendienst bei der 13. Kompanie des SS-Totenkopfregiments im Osten, und zweieinhalb Jahre nach seinem Amtsantritt zog das Reichssicherheitshauptamt den am 30. Januar 1941 zum SS-Hauptsturmführer Beförderten zum Kommando Belgrad der Sicherheitspolizei und des SD ein, wo er als Umsiedlungskommissar beim Militärbefehlshaber in Serbien sowie in einer Einsatzgruppe der SS eingesetzt war.[192] Obwohl sich der württembergische Innenminister wiederholt um Weinmanns Freistellung bemühte, konnte dieser erst im Herbst 1944 sein Tübinger Amt wieder übernehmen. Weinmanns Amtsführung stand aber nicht nur wegen seiner langen Abwesenheit im Zeichen der Kontinuität. Bei seiner Amtseinsetzung hatte ihn Innenminister Schmid auf das verpflichtende Erbe seines *hervorragend tüchtigen* Vorgängers verwiesen: *Sie übernehmen die Führung einer Gemeindeverwaltung, die bisher in bester Ordnung gewesen ist. [...] es ist nicht ganz leicht, hinter einem herzumarschieren, der etwas gekonnt hat.*[193] Weinmann selbst knüpfte an die Arbeit seines Vorgängers an.

Die NS-Ratsherren verloren seit September 1939 jede Bedeutung. »Ratsherrenberatungen« fanden im Krieg immer seltener statt und waren, zumindest in dem auf ein Minimum gekürzten öffentlichen Teil, auf die Entgegennahme von Mitteilungen und Bekanntmachungen des Stadtvorstands reduziert.[194] *Da ist nicht viel gesprochen worden*, erinnert sich der ehemalige Ratsschreiber.[195] Der Schriftleiter der »Chronik« lobte die zügige Verhandlungsführung Weinmanns; besonders bemerkenswert erschien ihm, *daß es nie zu einer zeitraubenden Aussprache kam.*[196] Einwände von seiten der Ratsherren gab es in der Regel nicht. Ihre Aufgabe bestand vornehmlich in der Werbung für die unpopulären Sparmaßnahmen der Verwaltung und in der »Lenkung« der Bevölkerung, wie sie allgemein der Partei oblag.

Entsprechend verpflichtete der Ratsherr und Kreispropagandaleiter Alfred Göhner seine Ratskollegen zu Beginn des Rußlandfeldzuges, *daß in der jetzt angebrochenen entscheidenden Auseinandersetzung mit Sowjetrußland in der Bevölkerung keine untragbaren Gerüchte entstehen und weiter verbreitet, oder gar Zweifel an den Entschlüssen und Maßnahmen des Führers unter den Volksgenossen laut werden.*[197] Was den Gemeinderäten als Entscheidung des Oberbürgermeisters vorgetragen wurde, lag meist selbst nicht in dessen Ermessensspielraum, sondern war die Ausführungsanordnung für vom Staat diktierte Aufgaben. Ein Bericht für den Staatssekretär im Reichsinnenministerium, der sich mit der *Bestellung von Ersatzmännern für zum Wehrdienst eingezogene Gemeinderäte* befaßte, konstatierte 1944 denn auch: *Die als Ersatzmänner vorgesehenen Einwohner hielten ihre Berufung für zwecklos, da sie eine wirkliche Beratungstätigkeit, wie sie die Deutsche Gemeindeordnung vorsehe, doch nicht mehr ausübten.*[198] Zudem sei ein *zunehmender Mangel an Beratungsstoff* festzustellen, weil sich die Tätigkeit der Bürgermeister *fast ausschließlich auf die Durchführung staatlicher Aufgaben* beschränke.

In Tübingen hatte sich die Zahl der Ratsherren bis Kriegsbeginn von 24 auf 17 reduziert. Einige waren eingezogen. Ersatzmänner für die verzogenen, verstorbenen oder ausgeschiedenen Ratsherren wurden bis 1945 nicht bestellt. Die Amtszeit der 1935 für sechs Jahre berufenen Ratsherren verlängerte 1941 der »Generalbevollmächtigte für die Reichsverwaltung« formlos *bis auf weiteres*.[199] Die Öffentlichkeit nahm anscheinend daran Anstoß, daß sie immer weniger von den Entscheidungen auf dem Rathaus mitbekam. Denn 1944 machte Ratsherr Friedrich Keck darauf aufmerksam, *daß in der Einwohnerschaft danach gefragt werde, weshalb sämtliche Ratsherrensitzungen nichtöffentlich seien.*[200]

Lediglich die Ratsherren, die ein Partei-Amt versahen, verstanden es, weiterhin einigen Einfluß geltend zu machen. So versuchten HJ und NSV, die Stadtkasse genauso wie vor dem Krieg zu schröpfen. Doch der Finanzminister schob zumindest den Vorstößen der Staatsjugend einen Riegel vor, indem er den Beitrag für 1939 auf 30 Prozent der für das Vorjahr bewilligten Mittel festsetzte.[201] Am stärksten profitierte die NSV vom Krieg. Sie verdrängte die kommunale Fürsorge immer mehr.[202] Zwar konnte sie in Tübingen nicht sämtliche konfessionellen Gemeindeschwestern und Kindergärten ausschalten. Dafür gelang es ihr aber, mitten im Krieg eine parteieigene Ausbildung für NS-Jugendleiterinnen zu etablieren.[203]

Den Beamten, Angestellten und Arbeitern der Stadt brachte der Krieg eine Fülle neuer Aufgaben. Die Kommunen mußten neben den laufenden Verwaltungsaufgaben die Bewirtschaftung organisieren, Quartier für Evakuierte und Verletzte zur Verfügung stellen, Lazarette einrichten und Luftschutzraum schaffen. Um dies Pensum trotz vermindertem Personal bewältigen zu können, waren die Gemeindeverwaltungen gehalten, sämtliche Arbeiten zurückzustellen, die nicht *aus Gründen der Landesverteidigung geboten erscheinen*.[204] Die neuen Aufgaben wurden auf die vorhandenen Dienststellen verteilt. Der Leiter des Fremdenverkehrsamtes übernahm die »Ernährungsabteilung« innerhalb der Kriegswirtschaftsämter der Stadt und war mit der Kartenausgabe und den damit zusammenhängenden Aufgaben vollauf beschäftigt.[205] Als er im Frühsommer 1941 eingezogen wurde, übernahm der seit 1940 bei der Stadt angestellte Kaufmann Karl Meyer das Ernährungsamt. Für die städtische »Wirtschaftsabteilung«, die für die Versorgung der Bevölkerung mit lebenswichtigen Gütern, insbesondere mit Spinnstoff- und Lederwaren zuständig war, stellte die Stadt 1940 Christian Wahl ein, einen Kaufmann aus Frommenhausen.[206]

Öffentlich lobte der Stadtvorstand stets die Arbeit der Kriegswirtschaftsämter. Doch intern wurde schon bald Kritik laut. Ratsherr Keck kam Anfang 1940 in nichtöffentlicher Sitzung auf *mancherlei Unstimmigkeiten zu sprechen, die in letzter Zeit bei der Zusammenarbeit der Behörden (Landrat, Stadt und Kreishandwerkerschaft) auf dem Gebiet der Kriegswirtschaft aufgetreten seien*.[207] Und Weinmann klagte ein halbes Jahr nach Einrichtung der Kriegswirtschaftsämter bei der Landesdienststelle Württemberg des Deutschen Gemeindetags über den *Bürokratismus*, die *überflüssige Arbeit* und *unnötige Lauferei*, welche sich aus der derzeitigen Organisation ergäben. Beim organisatorischen Nebeneinander eines landrätlichen und eines städtischen Wirtschaftsamts – letzteres war ersterem untergeordnet – sei ein *Nebeneinanderherarbeiten* unvermeidlich.[208] *Nachdem nun sechs Kriegsmonate ins Land gegangen sind, muss die derzeitige Abgrenzung der Zuständigkeiten als vollkommen untragbar bezeichnet werden*, lautete seine Bilanz.

Zu den kriegsbedingten neuen Aufgaben gehörten die Sicherungsmaßnahmen für die Bevölkerung, die allerdings in den ersten Kriegsjahren wenig städtisches Personal in Anspruch nahmen. Nachdem die Stadt im Januar 1940 das Institut für ärztliche Mission in ein städtisches Hilfskrankenhaus umwandeln und im Wilhelmsstift ein zweites Reservelazarett einrichten konnte, beschäftigte der Luftschutz die Stadt erst wieder 1942, als die britische und amerikanische Luftwaffe ihre Angriffe auf Süddeutschland verstärkten.[209] Wesentlich stärker nahmen die Berechnung und Auszahlung des Familienunterhalts für die Angehörigen der Ausmarschierten und die Beschaffung von Wohnraum für Wehrmacht und Evakuierte die Stadtverwaltung in Anspruch. Für beides schuf die Stadt neue Ämter. 1941 entstand ein Wohnungsamt. Das ehemalige Wohlfahrtsamt wurde bereits im Juli 1940 zum »Sozialamt« umgewandelt. Anlaß dafür war, daß zum Jahresende 1939 die Bearbeitung der Anträge auf Familienunterhalt sowie die Zuständigkeit für die Festsetzung der Unterhaltsbeträge von der Kreisfürsorgebehörde, bei der sie seit 1938 lagen, auf die Stadt übertragen wurden.[210] Der Landrat stimmte der Neuregelung widerstrebend zu, verwahrte sich aber dagegen, daß die Aufgabenbereiche auch den Bürgermeistern der Landgemeinden übertragen wurden. Der Tübinger Stadtvorstand, dem an der Kompetenzerweiterung nur gelegen sein konnte, reagierte eher zurückhaltend. Er wies darauf hin, daß *wegen des großen Mangels an geeigneten Sachbearbeitern mit erheblichen personellen Schwierigkeiten gerechnet werden müßte*.[211]

Klagen über die Einberufung von unabkömmlichen Verwaltungsfachleuten gab es in jedem Kriegsjahr. Wiederholt bemühte sich der Stadtvorstand um Freistellungen. Meist jedoch vergeblich, obwohl – so Weinmann in einem solchen Antrag – *schlechterdings die Verwaltung der Stadt Tübingen nicht mehr ordnungsgemäß weitergeführt werden könnte*.[212] Als auch noch der Leiter der Ernährungsabteilung einberufen werden sollte, bat Weinmann den Gaupropagandaleiter um Unterstützung für den UK-Antrag: *Eine weitere Wegziehung einer leitenden Persönlichkeit aus dem städt. Verwaltungsapparat ist [...] z. Zt. nicht tragbar.*[213] Aber auch diesmal hatte er keinen Erfolg.

Vor allem nach Beginn des Rußlandfeldzugs war die Besetzung der städtischen Dienststellen mehr als lückenhaft: Fachleute fehlten überall.[214] Selbst an der Spitze der Verwaltung entsprach die Besetzung nicht den gesetzlichen Mindestanforderungen. Einen offiziellen Stellvertreter hatte die Aufsichtsbehörde nie für den Stadtvorstand berufen, obwohl bei Weinmanns Ernennung ausdrücklich darauf hingewiesen worden war, daß der Nichtfachmann *geeigneter Mitarbeiter* bedürfe, um eine größere Gemeinde zu leiten.[215] In der Verwaltungsspitze aber gab es keinen Beamten mit der vorgeschriebenen Befähigung für das höhere Verwaltungs- oder Richteramt.[216] Als Weinmann 1941 zur Waffen-SS eingezogen wurde, übernahm daher der dritte ehrenamtliche Beigeordnete, Rechtsanwalt Max Stockburger, seine Stellvertretung. Erst als das württembergische Innenministerium 1942, aufgeschreckt durch die Erfahrungen des Lübecker Angriffs, per Runderlaß feststellen ließ, ob im Falle eines Luftangriffs die *Wahrnehmung der Amtsaufgaben des Oberbürgermeisters in den Stadtkreisen gewährleistet* sei, wurde man sich dort der Tübinger Personallücke bewußt. Die Ministerialabteilung versuchte zwar, die Bedenken mit dem Hinweis auf die *verhältnismässig geringe Luftgefährdung* Tübingens zu zerstreuen.[217] Doch der Reichsinnenminister bestand auf seiner Anordnung: *Angesichts der Möglichkeit schwerer Luftangriffe scheint mir die Vertretung durch einen ehrenamtlichen Beigeordneten keine genügende Vorsorge für solche Notstände.*[218] Die Bestellung eines kommissarischen Bürgermeisters, wie sie die Deutsche Gemeindeordnung vorsah, stärke die Autorität und schaffe klare Verantwortlichkeiten.

Doch ein Verwaltungsfachmann stand in Tübingen für die Stellvertretung des Stadtvorstands nicht zur Verfügung, und gegen die Bestellung eines Fremden wehrten sich sowohl der Kreisleiter als auch der stellvertretende Oberbürgermeister. Dieser sah darin – wohl nicht zu Unrecht[219] – eine Mißtrauenserklärung der Aufsichtsbehörde. *Wenn [...] ein Beauftragter von Auswärts nach Tübingen komme, so werde der Eindruck erweckt, als ob irgendwelche schwerwiegenden Misstände oder Verfehlungen vorliegen, welche der Aufsichtsbehörde so bedenklich erscheinen, dass sie zu diesem aussergewöhnlichen Eingriff in die Selbstverwaltung der Stadt gezwungen sei.*[220] Auch die Ratsherren vertraten, von Stockburger instruiert, die Auffassung, daß *die ganze Sache nicht nur für die Stadtverwaltung und für die Ratsherren, sondern auch für die Partei eine in Tübingen noch nicht dagewesene Schlappe darstellen würde*. Sie bestimmten zwei Mitglieder aus ihren Reihen, die *unter nachdrücklichster Betonung der Ungesetzlichkeit der Massnahme* beim Reichsstatthalter vorstellig werden sollten. Stockburger wandte sich ebenfalls an den

Reichsstatthalter, *schliesslich gehe es auch um seine Person in der Sache*. Mit dem Kreisleiter plädierte er für die Freistellung Weinmanns. Doch der UK-Antrag wurde abgelehnt: *Das SS-Personalhauptamt verkennt nicht die Schwierigkeiten, die durch die Einberufung des Oberbürgermeisters für die Verwaltung der Stadt zwangsläufig entstehen müssen, kann aber die Freigabe leider nicht verfügen, da Weinmann weiterhin zur Erledigung dieser Sonderaufgaben* [des Reichsführers-SS im Operationsgebiet] *dringend benötigt wird*. Das SS-Personalhauptamt verwechselte Ernst Weinmann mit seinem Bruder Erwin, der von Januar bis Juli 1942 in der Ukraine, und zwar in der Einsatzgruppe C der Sicherheitspolizei und des SD, als Führer des berüchtigten Sonderkommandos 4 a eingesetzt war.[221]

Da der Reichsinnenminister weiterhin auf einem Beauftragten bestand, bestellte die Aufsichtsbehörde *zur Sicherung des geordneten Gangs der Verwaltung bei der Stadt Tübingen* – nach einer Interimslösung von drei Monaten mit Stockburger als »Beauftragtem« – vom 1. Dezember 1942 an den Kornwestheimer Bürgermeister Alfred Kercher zum »Beauftragten« im Sinne der Deutschen Gemeindeordnung.[222] Stockburger meldete sich daraufhin zum Osteinsatz.[223]


»Sparmaßnahmen, die die selbständige Dynamik weitgehend hemmen, ja bis auf weiteres so gut wie ganz neutralisieren«: Pläne, Finanzen, Raumbedarf

Dem kommissarischen Oberbürgermeister trug die Aufsichtsbehörde bei seiner Amtseinsetzung vor allem auf, die Finanzen der Stadt zu ordnen, denn diese erfüllten sie *mit ernstlicher Sorge*.[224] Die ohnehin gespannte Haushaltslage hatte der Krieg vollends durcheinander gebracht. 1939 konnte der Haushalt erstmals nicht ausgeglichen werden. Nur wenige Tage vor Kriegsbeginn rechnete Oberbürgermeister Weinmann den Gemeinderäten bereits im Entwurf einen Fehlbetrag von 365 000 RM vor.[225] Zwei Drittel des Betrags ergaben sich aus den gekürzten Reichs- und Körperschaftssteuerüberweisungen. Für den Rest waren Mindereinnahmen vor allem bei der Grunderwerbs- und der Gemeindebiersteuer verantwortlich. Trotz einem Plus von rund 100 000 RM bei der Grund- und Gewerbesteuer schloß der Haushaltsentwurf negativ. Die neuen Ausgaben, die der Stadt von Tag zu Tag durch die Mobilmachung und die zusätzlichen Personalausgaben als Folge der Einberufenen erwuchsen, waren noch gar nicht berücksichtigt.

Verglichen mit den Haushaltsvolumen ähnlich großer Universitätsstädte stand die württembergische Landesuniversitätsstadt an letzter Stelle,[226] weshalb Weinmann *einen interkommunalen Ausgleich* forderte: *Die Zahlen beweisen, dass für die Stadt Tübingen von höherer Stelle aus irgend etwas geschehen muss*.[227] Doch vorerst erhöhten sich nur die Ausgaben durch den Kriegsbeitrag und den Gemeindeanteil am Familienunterhalt: Belastungen, die rund 30 Prozent des Gemeindehaushalts verschlangen.[228] 1941 betrug der Kriegsbeitrag 588 090,36 RM.[229] Selbst der Rückgriff auf die Betriebsmittelrücklage und ein Kredit von 300 000 RM konnten den Fehlbetrag nicht ausgleichen. Vergeblich hoffte die Stadt auf eine *Reichsdotation*, wie sie Heidelberg erhielt. Doch das Reichsinnenministerium verlangte, *daß zunächst die Stadt Tübingen ihre alten Haushaltsrechnungen abschliessen und ihre Finanzlage selbst in Ordnung bringen solle, bevor von Seiten des Reichs etwas geschehen könne.*[230]

Im Dezember 1941 stellte der Finanzminister in Stuttgart fest, daß der Kreisverband Tübingen – übrigens als einziger Kreis des Landes! – mit seinen Ablieferungen seit vier Monaten im Rückstand war.[231] Im Juli 1942 suchte schließlich die Stadt bei der Aufsichtsbehörde um Befreiung vom Kriegsbeitrag nach, *um die unmittelbar drohende Zahlungsunfähigkeit der Stadt abzuwenden* und stellte, da sich das Prüfungsverfahren hinzog, Mitte August einen Antrag auf Stundung.[232] Doch die Reichsbehörde verlangte kategorisch, die vorhandenen Besteuerungsmöglichkeiten voll auszuschöpfen und den Grundsteuerhebesatz von 90 auf 120 Prozent zu erhöhen, ehe der in Aussicht gestellte Zuschuß aus dem Ausgleichsstock in Höhe von 100 000 RM ausgezahlt werden dürfe.[233] Daraufhin mußte der kommissarische Oberbürgermeister sein Amt mit einer Steuererhöhung beginnen.

Intensiv bemühte sich die Stadt um neue Steuerquellen. Auftrieb gab die Absicht der Rostocker Firma Heinkel, ihren Betrieb nach Süddeutschland zu verlegen. Ein Tübinger Zweigwerk mit rund 1000 Beschäftigten war im Gespräch. Doch die Verhandlungen scheiterten.[234] Jede Verringerung des Gewerbesteueraufkommens versetzte die Stadt in Alarm. Als die »Chronik« 1942 ihre Akzidenzdruckerei nach Heilbronn verlegen wollte, rechnete der Stadtvorstand dem Unternehmen vor, daß das für die Stadtkasse einen jährlichen Steuerausfall von 34 000 RM bedeute.[235] Nach Kriegsbeginn, als sämtliche Truppen die Garnison verließen, zudem die Universität vorübergehend stillgelegt wurde, hatte der Stadtvorstand wegen der lähmenden Wirkung auf das Wirtschafts- und Geschäftsleben das Generalkommando Stuttgart dringend um Nachschub gebeten.[236] Die Verlegung einer weiteren Landesschützenkompanie und die Verlagerung der Marineärztlichen Akademie von Kiel nach Tübingen waren daher ganz im Sinne seiner Bemühungen.

Allerdings brachten solche Verlagerungen auch neue Probleme: Sie erhöhten den ohnehin großen Wohnungsmangel und Raumbedarf der Stadt, zumal das Wehrleistungsgesetz vom 13. Juli 1938 die Stadt verpflichtete, die Wehrmacht bei der Raumbeschaffung zu unterstützen.[237] Die Einrichtungen selber konnte die Verwaltung meist in den vielen öffentlichen Gebäuden der Universität oder den leerstehenden Häusern der aufgelösten Verbindungen unterbringen, schwieriger erwies sich die Beschaffung von Wohnraum für die Belegschaft. Die Marineärztliche Akademie zog Anfang 1941 ins Evangelische Stift, 1942 auch ins katholische Wilhelmsstift, das dafür vom Reservelazarett geräumt wurde.[238] Das Johanneum, eine Einrichtung der Katholisch-Theol. Fakultät, nahm die NSV für *hilfskriegsdienstverpflichtete Arbeitsmaiden* in Beschlag, das Franken-Haus für ein innerhalb der Hohen Schule der NSDAP geplantes Sozialpädagogisches Institut für Volkspflege.[239] Die Langemarck-Studenten, Stipendiaten einer nationalsozialistischen Studienstiftung, wollte die Stadt im alten Staufen-Haus bzw. im Haus des ehemaligen Bibelkreises einquartieren, bis ein eigener Bau auf dem Österberg fertiggestellt war.[240] Das bis dahin von HJ und BDM genutzte Haus der Königsgesellschaft mußte auf Verlangen des Chefs der Sicherheitspolizei zur Errichtung einer »Forschungsstelle Orient« geräumt werden.[241]

Die Wehrmacht belegte das Haus der Rhenania mit einem weiteren Reservelazarett und mietete seit Oktober 1941 das Stuttgarter-Haus für eine Studentenkompanie mit 27 Mann.[242] Aber die ehrgeizigen Pläne der NSV richteten sich ebenfalls auf das Haus der Stuttgardia als Domizil für das geplante Jugendleiterinnen-Seminar. Beim Streit der Interessenten saß die NSV am längeren Hebel. Sie setzte sich sowohl über den Wunsch, die Mietzeit auf die Dauer des Krieges zu beschränken, als auch über die Versprechungen hinweg, die die Stadt der Altherrenschaft beim Verkauf gemacht hatte, und erhielt Anfang 1942 den gewünschten Vertrag.[243]

Gleichzeitig verhandelte sie mit der Abteilung »SS-Mannschaftshäuser« beim Reichsführer-SS um Überlassung des Borussen-Hauses zum selben Zweck. Doch die Wehrmacht meldete ebenfalls Bedarf an und ließ das Haus der Borussia für weitere 60 Lazarett-Betten herrichten, während bereits das Mobiliar der NSV anrollte.[244] Schließlich einigten sich Stadt, Partei, Wehrmacht und NSV auf einen Ringtausch: Der weibliche Reichsarbeitsdienst räumte das Haus der Jugend in der Gartenstraße für das neue Reservelazarett,[245] die Heeresstandortverwaltung stoppte ihre Umbauarbeiten im Borussen-Haus und verlegte ihr Lazarett in die Jugendherberge. Die NSV aber bekam *auf persönliche Veranlassung* des Reichsstatthalters das Haus der Guestfalia zum Stuttgarter Haus hinzu.[246] Zwar versicherte man sich am Ende, daß *die zweckmässige Unterbringung der Verwundeten vordringlich* sei, doch gab es immer wieder mit einzelnen Parteigliederungen Ärger, weil sie die Priorität der Wehrmacht nicht einsehen wollten. So weigerte sich die SA-Standarte 180, ein Stockwerk des von ihr gemieteten ehemaligen Hayumschen Hauses in der Uhlandstraße für Diensträume von Wehrmachtsoffizieren herzugeben und gab erst nach, als der stellvertretende Oberbürgermeister die Beschlagnahme androhte.[247]

Sehr viel schwieriger als die Unterbringung der Institute – wo die leerstehenden oder nur schwach besetzten Kameradschaftshäuser Ausweichmöglichkeiten boten – erwies sich die Suche nach zusätzlichem privatem Wohnraum. Anfang 1939 meldete die Stadt, die kurz zuvor noch über leerstehende Studentenzimmer geklagt hatte, 93 fehlende Wohnungen.[248] Kurz nach Kriegsbeginn waren es bereits 250. Die vielen Kriegstrauungen und die infolge der enormen Expansion des Himmelwerks zugezogenen Rüstungsarbeiter machten sich bemerkbar. Bis Kriegsende, schätzte der Stadtvorstand 1940, würde sich der Bedarf verdoppeln.[249]

Die privaten Wohnungssuchenden vertröstete man auf ein baldiges Kriegsende. Die Ratsherren beschäftigten sich zwar 1940 mit der möglichen Baulanderschließung für ein Wohnungsbauprogramm *für das Jahr nach Kriegsende*.[250] Doch der Krieg brachte den Wohnungsbau zum Erliegen, Anfang 1940 wurden in Tübingen sämtliche zivilen Bauvorhaben eingestellt. Die Stadt konnte wenig tun, außer die *auch in Tübingen sehr empfindliche Wohnungsnot* – kinderreiche Familien waren davon besonders betroffen – mit Zwangsmaßnahmen zu verwalten.[251] Um den verzweifelt nach einer Wohnung Suchenden zu helfen, verteilte sie den vorhandenen Wohnraum um. Anfang 1940 schränkte sie das freie Wohnrecht ein. Im März erließ Weinmann eine Wohnraum-Verordnung, die auch außerhalb Tübingens Beachtung fand.[252] Für jedes Haus mit mehr als zwei Wohnungen schrieb sie eine bestimmte Kinderzahl vor. War die nicht erreicht, durfte eine freiwerdende Wohnung nur an Familien mit drei und mehr Kindern vermietet werden.[253] 14 Tage lang hatte der Vermieter Zeit, sich unter den kinderreichen Bewerbern zu entscheiden, danach präsentierte ihm die Stadt eine Dreierliste und wies, war er dann immer noch nicht schlüssig, eine Familie ihrer Wahl ein.

Für die Abwicklung der Wohnungsbewirtschaftung wurde ein Städtisches Wohnungsamt eingerichtet, das der ehemalige Lustnauer Bürgermeister Johannes Rath leitete. Über die Durchführung der Verordnung ist wenig überliefert. Lediglich ein Fall ist bekannt, in dem einem Fabrikanten die Umwandlung einer Wohnung in Büroräume nur gegen Erstattung einer Ablösungssumme erlaubt wurde.[254] Ratsherrn Siess genügte die Regelung nicht. Er schlug vor, nach Stuttgarter Vorbild ein Altersheim einzurichten, um Wohnungen von Alleinstehenden zwangsräumen zu können.[255] Die »Chronik« hielt die Regelung Weinmanns ohnehin nur für einen Notbehelf und plädierte ebenfalls für Zwangsmaßnahmen: *Denn wenn es heute in Tübingen noch vorkommen kann, daß von zwei Schwestern die eine eine Vierzimmerwohnung besitzt und die andere eine Fünfzimmerwohnung, dann ist das ein Fingerzeig dafür, daß auf die Dauer für die Zeit des Krieges ohne einen gewissen Zwang nicht auszukommen ist, wenn gutes Zureden nichts hilft.*[256]

Wenn die Stadt auch während des Krieges nur noch Luftschutzbauten und Baracken für Kriegsgefangene und Fremdarbeiter errichten durfte, so beschäftigten sie dennoch Pläne für ein großes Bauvorhaben, das nach dem Krieg tatsächlich das Gesicht der Stadt wesentlich veränderte: Die Zusammenfassung und Erweiterung der Universitätskliniken zu einer *Klinikstadt* auf dem Gelände des Schnarren- und Steinenbergs, westlich der Altstadt. Ausgehend von den bereits bewilligten Neu- und Umbauten für die Frauen- und Nervenklinik legte die medizinische Fakultät einen Generalbebauungsplan vor, der *die Raumfrage der Kliniken grosszügig und für alle Zeiten in ausreichender Weise* lösen und gleichzeitig den späteren Ausbau der gesamten Universität ermöglichen sollte.[257] Bei Kreisleiter und Oberbürgermeister fand das 70-Millionen-Projekt wohlwollende Aufnahme, da sich beide bewußt waren, daß etwas geschehen müsse, *um eine weitere Herabminderung der Bedeutung der hiesigen Universität zu verhindern.*[258] Die Pläne waren schon weit gediehen, als sie die Stadt Ende 1942 unter Hinweis auf die per Führererlaß angeordnete Einstellung aller nicht kriegswichtigen Planungen stoppte.[259]

Umstrittene Kompetenzen

Bei der Bewältigung kriegswichtiger Aufgaben erwiesen sich die Mehrfach- bzw. unklar abgegrenzten Zuständigkeiten der einzelnen Behörden sowie der Dualismus von Partei- und Staatsstellen als großes Hindernis. In Württemberg verursachte die Einrichtung des »unechten Stadtkreises« zusätzliche Komplikationen. Mit zehn weiteren Städten hatte Tübingen diese Sonderstellung als *Stadtkreis im Sinn der DGO* 1935 aufgrund seiner Größe und seiner regionalen Bedeutung erhalten.[260] Die wichtigste Regelung dieser Sonderstellung bestand darin, daß die Stadt als unechter Stadtkreis der Dienstaufsicht des Landrats entzogen und unmittelbar der Aufsichtsbehörde des Innenministeriums unterstellt war.[261] Mit zunehmendem Umfang der vor allem im Krieg auf die Stadt- und Landkreise übertragenen staatlichen Aufgaben wurde die Stadt aber auf fast allen Verwaltungsgebieten von der Zwischeninstanz des Landratsamts abhängig. Denn die ursprünglich klare Trennung zwischen kommunalen Selbstverwaltungsaufgaben, die bei den Gemeinden, und staatlichen Aufgaben, die bei den ehemaligen Amtskörperschaften als den untersten Verwaltungsbehörden lagen, hatte der NS-Staat aufgehoben. Die Zuständigkeiten wurden beim Landrat zentralisiert, die unechten Stadtkreise dabei im Gegensatz zu den echten von *zahlreichen wichtigen, für die Entwicklung und Gestaltung des Gemeindelebens oft entscheidenden Gebieten ausgeschaltet* und ihre Oberbürgermeister zu *Handlanger*[n] *des Landrats* degradiert, wie der Ludwigsburger Stadtvorstand in einer Denkschrift klagte: *Auch für die übrigen grösseren kreisangehörigen Gemeinden hat diese Zentralisation der Zuständigkeiten beim Landrat unstreitig zu einer Aushöhlung der örtlichen Selbstverwaltung geführt.*[262]

Es entstanden Überschneidungen und komplizierte Aufgabenteilungen, die bei der Mobilisierungsvorbereitung, der Preisüberwachung, dem Feuerlöschwesen und dem Familienunterhalt, besonders aber bei der Organisation der Kriegswirtschaft zu ineffektivem Nebeneinanderarbeiten führten und das Verhältnis von Landrat und Stadtvorstand konfliktreich gestalteten. Insbesondere wegen der Versorgung der Bevölkerung waren beide in Tübingen wiederholt aneinandergeraten: *Die meisten Schwierigkeiten ergeben sich aus der Zerrissenheit der Aufgabenverteilung und der nahezu in jedem einzelnen Fall festzustellenden Zuständigkeit* bestätigte Weinmann eine entsprechende Klage eines Tübinger Ratsherren.[263] Als 1942 in Tübingen Baracken für die Unterbringung von Kriegsgefangenen erstellt werden sollten, beantragten gleich drei Dienststellen unabhängig voneinander die dafür nötigen Be- und Entladekolonnen: der Landrat beim zuständigen Arbeitsamt Reutlingen, der Stadtvorstand bei den mit den Arbeiten beauftragten Betrieben und der Polizeiamtsvorstand per Notdienstverpflichtung bei der Stadtverwaltung.[264]

Die Stadtvorstände der unechten Stadtkreise nahmen solche Vorfälle zum Anlaß, eine generelle Gleichstellung mit den echten Stadtkreisen zu erwirken. Die erstrebte »Auskreisung« aus dem Kreisverband stellten sie im Hinblick auf die Kriegslage, wohl auch wegen der Kreisverbandsumlage zurück, schlugen aber in einer Eingabe des Deutschen Gemeindetags, Dienststelle Württemberg vor, ihnen für ihren Stadtbezirk die sonst vom Landrat wahrgenommenen Aufgaben zu übertragen.[265] Die betroffenen Landräte, die ohnehin im ständigen Kompetenzenstreit mit den Kreisleitern lagen, wehrten sich mit Macht gegen eine weitere Dezentralisierung der Kompetenzen. Sie befürchteten nicht nur die Reduzierung ihrer eigenen Machtbefugnis, sondern sahen zu Recht, daß eine weitere Differenzierung der kommunalen Zuständigkeiten eine geschlossene Verteidigung der Selbstverwaltung gegenüber den Zentralisierungsbestrebungen der NS-Regierung erschweren würde.

Der Tübinger Landrat konnte als Mitglied des Deutschen Gemeindetags, in dessen Landräte-*Kriegsgremium* er berufen worden war, seine Auffassung wirkungsvoll vertreten.[266] Er gab der Ministerialabteilung zu verstehen, daß er das Bestreben um Auskreisung – *Auch der Oberbürgermeister von Tübingen ist auf diesem Gebiet gegenwärtig besonders eifrig tätig – in der gegenwärtigen Zeit kaum zu verantworten* fand.[267] Die Parteikanzlei hielt den Zeitpunkt für eine umfassende gesetzliche Regelung für ungeeignet und schlug eine Zwischenlösung vor: Nur bestimmte Kompetenzen – darunter die Aufgaben der unteren Verwaltungsbehörde beim Ausgleich kriegswichtigen Raumbedarfs, die Ordnungsstrafbefugnis bei Verstößen gegen die Preisvorschrift, die Staatsaufsicht über kirchliche Einrichtungen einschließlich der Kindergärten, die Aufgaben des Jugendamtes und die Regelung der Ernährungs- und Versorgungswirtschaft – sollten im Rahmen der bestehenden Delegationsverordnung auf die Oberbürgermeister der unechten Stadtkreise übertragen werden.[268] Am 26. Mai 1944 veröffentlichte der Generalbevollmächtigte für die Reichsverwaltung die entsprechende Verordnung »über die Übertragung von Verwaltungsaufgaben auf kreisangehörige Gemeinden«.[269] Sie übertrug die meisten der gewünschten Kompetenzen auf die unechten Stadtkreise. Die Aufgaben des Ernährungs- und Wirtschaftsamtes aber waren weiterhin zwischen Landrat und Oberbürgermeister geteilt.[270] Da die Verordnung allerdings erst am 1. Januar 1945 in Kraft trat, hat sie für die Verwaltung der Stadt Tübingen während des Krieges keine Bedeutung mehr erlangt.

## Krieg im Innern

Der Krieg, den Adolf Hitler am 1. September 1939 begann, war nicht nur ein Eroberungs-, sondern auch ein Rassen- und Vernichtungskrieg. Er ermöglichte Hitler die Verwirklichung seiner primären Ziele, die er seit den zwanziger Jahren trotz mancher situationsbedingter Verzögerungen und taktischer Zugeständnisse nie aus den Augen verloren hatte: Die »Eroberung von Lebensraum im Osten« und die »Entfernung der Juden«. Daß er unter letzterem die physische Vernichtung verstand, hatte er bereits in »Mein Kampf« unzweideutig formuliert: *Kein Volk entfernt diese Faust* [des Weltjudentums] *anders von seiner Gurgel als durch das Schwert. Nur die gesammelte, konzentrierte Stärke einer kraftvoll sich aufbäumenden nationalen Leidenschaft vermag der internationalen Völkerversklavung zu trotzen. Ein solcher Vorgang ist und bleibt aber ein blutiger.*[271] Beide Ziele waren für Hitler unabdingbar miteinander verquickt. Am 30. Januar 1939 verkündete er im Reichstag: *Wenn es dem internationalen Finanzjudentum inner- und außerhalb Europas gelingen sollte, die Völker noch einmal in einen Weltkrieg zu stürzen, dann wird das Ergebnis nicht die Bolschewisierung der Erde und damit der Sieg des Judentums sein, sondern die Vernichtung der jüdischen Rasse in Europa.*

»Vernichtung lebensunwerten Lebens«
und die »Ausscheidung Gemeinschaftsunfähiger«

Noch vor den Juden bekamen Geisteskranke, Behinderte und zu »Volksschädlingen« oder »Gemeinschaftsfremden« abgestempelte Unangepaßte und Unerwünschte die tödliche Konsequenz des sozial gewendeten Rassismus zu spüren. Vieles spricht sogar für die Annahme, daß die Krankentötungen der »Euthanasie«-Aktion als Probelauf für die späteren Massentötungen von Juden dienten.[272] Wieder konnten die Nationalsozialisten auf Vorarbeiten anderer zurückgreifen. Mit der »Vernichtung lebensunwerten Lebens« hatten sich Mediziner und Eugeniker seit dem vergangenen Jahrhundert befaßt. Anerkannte Fachleute wie der Freiburger Psychiatrieprofessor Alfred E. Hoche und der ehemalige Präsident des Reichsgerichts Karl Binding hatten in den zwanziger Jahren ihre Freigabe gefordert.[273] Tübinger Wissenschaftler leisteten diesem Gedanken mit ihren rassenhygienischen und anthropologischen Arbeiten Vorschub.[274] Die polemische Gegenüberstellung von Anstaltskosten für Kranke und Behinderte einerseits und den durchschnittlichen Ausgaben für Gesunde andererseits, wie sie der Direktor der Tübinger Nervenklinik 1934 dem Landesverein des Roten Kreuzes vorlegte, berechnete den Wert eines Menschenlebens nach seinem gesellschaftlichen Nutzen.[275] Nahezu ein Drittel der Bevölkerung stempelten solche Nützlichkeitserwägungen zu »Lebensuntüchtigen« und »Minderwertigen« ab; *Ballastexistenzen, die den Ungeborenen aus gut veranlagten Familien den Weg ins Dasein* verstellten und im Krieg nur *unnütze Esser* wären.[276] Sie mußten – so legt die immanente Logik dieser Bilanzierung nahe – im Interesse der Gesunden beseitigt werden. Der erste Schritt dazu war das Sterilisationsgesetz.[277] Mit ihm wurde der Krieg im Innern eröffnet, lange bevor Soldaten die Waffe gegen einen äußeren Feind richteten. Die aus staatlichem Kosten-Nutzen-Denken entwickelten Mordpläne vermischte die NS-Propaganda geschickt mit der Sterbehilfe-Diskussion. Die aus freiem Willen gesuchte und in ethischer Verantwortung des Arztes gewährte Sterbehilfe (Euthanasie) diente als Tarnung der Morde. Der Krieg ermöglichte es, unter dem Deckmantel »kriegswichtiger Maßnahmen« seit Frühjahr 1939 Geisteskranke und Körperbehinderte in den Tod zu schicken. Hitler täuschte sich nicht mit seiner Auffassung, *daß ein solches Problem im Krieg zunächst glatter und leichter durchzuführen ist, daß offenbare Widerstände, die von kirchlicher Seite zu erwarten wären, in dem allgemeinen Kriegsgeschehen nicht diese Rolle spielen würden wie sonst.*[278] Nicht zufällig datierte er seinen Geheimbefehl zur systematischen Ermordung von Geisteskranken und Behinderten auf den Kriegsbeginn.[279]

Die nach dem Sitz ihrer Zentrale in der Berliner Tiergartenstraße 4 benannte »T4-Aktion« begann – nach ersten Erschießungen von Patienten in Westpreußen – in Württemberg. Zwischen Januar und Dezember 1940 vergasten im abgelegenen Schloß Grafeneck bei Münsingen auf der Schwäbischen Alb, dem beschlagnahmten »Krüppelheim« der Samariterstiftung, die Pfleger und Ärzte der Tarngesellschaft »Reichsarbeitsgemeinschaft Heil- und Pflegeanstalten« mehr als 10 500 Menschen. Davon stammten etwa 3900 aus Württemberg, 4500 kamen aus badischen Anstalten.[280] Grau gestrichene ehemalige Postbusse, nun im Besitz eines als »Gemeinnützige Krankentransport GmbH« getarnten SS-Unternehmens, brachten die für den Tod selektierten Behinderten aus den Heil- und Pflegeanstalten Badens und Württembergs in das Mordzentrum auf der Schwäbischen Alb.

Auch Tübinger waren unter diesen Toten, doch ist – abgesehen von zwei mir zufällig bekannt gewordenen Einzelfällen – deren exakte Zahl nicht bekannt.[281] Selbst die Urnenverzeichnisse des städtischen Friedhofamtes, an Hand derer sich andernorts die Anzahl der Getöteten annähernd bestimmen ließ, sind in Tübingen nicht mehr vorhanden.[282] Eine Heil- oder Pflegeanstalt gab es in der Universitätsstadt nicht. Die Universitätsnervenklinik behandelte nur akut Erkrankte und überwies Langzeitpatienten in die privaten und staatlichen Anstalten des Landes, vor allem in das nahegelegene Zwiefalten, die Heil- und Pflegeanstalt Mariaberg bei Reutlingen oder in die oberschwäbischen Anstalten Weißenau und Schussenried. Aus allen diesen Anstalten wurden Patienten nach Grafeneck »verlegt«. Es muß also davon ausgegangen werden, daß die Tübinger, die der Mordaktion zum Opfer fielen, aus den 49 württembergischen Anstalten verschleppt wurden, die in die Aktion einbezogen waren.

In der Universitätsstadt wußte man bald Bescheid. Wiederholt wurde der graue Bus mit den verhängten Scheiben gesehen.[283] Im Juli 1940 erhielt der Tübinger Dekan einen Runderlaß des württembergischen Landesbischofs, der alle Pfarrer ermunterte, die *große Beunruhigung über Maßnahmen, die gegen die Anstaltspfleglinge ergriffen worden sind*, dem Reichsinnenminister mitzuteilen.[284] Sichere Kenntnis von der *radikalen Vernichtung sogenannten lebensunwerten Lebens* erhielt er spätestens im September durch das in der Landeskirche verbreitete Schreiben *Was geht in Stetten vor?*[285] Der Stuttgarter Oberlandesgerichtspräsident teilte schließlich Anfang November 1940 dem Reichsjustizminister mit, daß sich unter der Bevölkerung *ernste Unruhe* breit mache: Selbst Kinder wüßten, daß Grafeneck ein Ort des Todes sei.[286] Der Stuttgarter Jurist hielt es für *sehr gefährlich*, daß in der Bevölkerung das Gerücht umgehe, *jetzt, nachdem die Geisteskranken im wesentlichen erledigt seien, gehe es an die Alten und Gebrechlichen.*[287]

Die Evangelische Landeskirche, Trägerin vieler Anstalten, hatte schon früh Kenntnis von den Morden. Doch dauerte es bis in den Juli, bis Landesbischof Wurm beim Reichsinnenminister protestierte und mit Entschiedenheit erklärte, daß die Aktion *vom Teufel sei*: *Ich kann nur mit Grausen daran denken, daß so, wie begonnen wurde, fortgefahren wird. Der etwaige Nutzen dieser Maßregel wird je länger je mehr aufgewogen werden durch den Schaden, den sie stiftet. Wenn die Jugend sieht, daß dem Staat das Leben nicht mehr heilig ist, welche Forderungen wird sie daraus für das Privatleben ziehen? Kann nicht jedes Rohheitsverbrechen damit begründet werden, daß für den Betreffenden die Beseitigung eines anderen von Nutzen war? Auf dieser schiefen Ebene gibt es kein Halten mehr.*[288] Als er von Frick keine Antwort erhielt, wiederholte Wurm seine Eingaben um einiges schärfer im Ton: *Neuerdings werden auch Insassen von Altersheimen erfaßt. Diesem Vorgehen scheint die Auffassung zu Grunde zu liegen, daß es in einem tüchtigen Volk keine Schwachen und Gebrechlichen geben dürfe. Aus vielen Mitteilungen, die uns zugehen, geht hervor, daß das Volksempfinden durch die angeordneten Maßnahmen schwer getroffen wird und daß ein Gefühl der Rechtsunsicherheit um sich greift, das vom nationalen und staatlichen Interesse aus zu bedauern ist.*[289]

Schließlich sprach der Landesbischof offen von *Tötung* und *Ausrottung.*[290] Auch andere erhoben Protest. Der Stuttgarter Generalstaatsanwalt berichtete dem Reichsjustizminister, daß die Tötungen, die auch nach dem NS-Recht Mord waren, die Justizbehörden in eine schwierige Lage brächten. Der Freiburger Erzbischof Gröber forderte, vom Rottenburger Generalvikar unterrichtet, beim Reichsjustizminister die Einstellung der Tötungen.[291] Selbst von hohen Parteifunktionären kamen Einwände gegen die Krankenmorde. Die württembergische NS-Frauenschaftsleiterin informierte die Frau des Obersten Richters der NSDAP voller Sorge über die Auswirkungen der *Tragödie auf der Schwäbischen Alb*: *Jetzt klammern die Menschen sich noch an die Hoffnung, daß der Führer um diese Dinge nicht weiß, nicht wissen könne.* Schließlich ordnete Hitler im August 1941 den offiziellen Stopp der Krankentötungen an. Insgesamt 80 000 Menschen waren bis dahin ermordet worden.[292]

In Grafeneck hatte die »Gemeinnützige Tötungsgesellschaft« das Morden schon im Dezember 1940 eingestellt. Das Personal der »Stiftung für Anstaltspflege« jedoch wurde, nachdem es sein tödliches Plansoll auf der Alb erfüllt und 10 654 Menschen ermordet hatte, zur Fortsetzung seines mörderischen Handwerks ins hessische Hadamar versetzt.[293] Als auch dort die »T4-Aktion« offiziell beendet wurde, verlegte die NS-Führung das Tötungs-Personal für die »Endlösung« in die Vernichtungslager des Ostens. Aber auch in den württembergischen Anstalten hörte das Morden nach dem Führerbefehl vom 24. August 1941 nicht auf. Es wurde lediglich durch die Vortäuschung natürlicher Krankheitsverläufe geschickter vertuscht. Ärzte und Pfleger spritzten in »Kinderfachabteilungen für die Behandlung erb- und anlagebedingter schwerer Leiden« Kleinkinder und Säuglinge mit Luminal oder Morphium langsam zu Tode. Andere Pfleglinge starben an künstlich herbeigeführter Lungenentzündung, Darmkatarrh, unterlassener ärztlicher Hilfeleistung oder wurden systematisch zu Tode gehungert. Noch Ende 1944 wies Eugen Stähle, der Leiter der Krankentötungen in Württemberg, die Landesanstalten an, durch *Beseitigung* von Kranken die Heime vor einer Überfüllung zu bewahren.[294]

Genaue Angaben über die im Rahmen dieser »wilden Euthanasie« Getöteten liegen nicht vor.[295] Mit großer Wahrscheinlichkeit ist davon auszugehen, daß einige Opfer dieser in vielen Krankenhäusern und Heilanstalten der Region bereitwillig durchgeführten Tötungen dem Anatomischen Institut der Universität Tübingen als Lehr- und Forschungsmaterial dienten.[296] Unter den seit Kriegsbeginn rapide ansteigenden Leichenzahlen verzeichnet das Leichenbuch des Instituts die Namen von 42 Pfleglingen aus Heil- und Pflegeanstalten.[297] Statt wie in den Vorkriegsjahren mit ein bis zwei Toten, im Höchstfall – 1937 – mit sechs, versorgte Zwiefalten die Tübinger Anatomen 1940 mit elf Leichen. Die Anstalt, die in dieser Zeit eine ungeheure Zunahme der Sterblichkeit verzeichnete, diente als Zwischenstation für Grafeneck. Viele Patienten starben schon dort aufgrund der katastrophalen hygienischen Verhältnisse oder wegen unterlassener ärztlicher Hilfeleistungen. *Hunderte von Kranken warteten* – so schilderte später ein Arzt die Situation – *in notdürftigen Unterkünften (auf blankem Stroh!) auf ihre letzte Fahrt. Manchmal waren sie wie die Heringe auf Stroh geschichtet. Eine Reihe starb meist schon während der Wochen des Wartens auf den Weitertransport.*[298] Andere wurden *abgespritzt*, wie die Leiterin der Anstalt nach 1945 vor Gericht aussagte. Unter den Toten, die württembergische Anstalten 1940/41 als »Leichenmaterial« an die Tübinger Anatomie lieferten, befanden sich auch Geisteskranke aus Südtirol. Es ist anzunehmen, daß sie zu den 299 Patienten der Anstalt Pergine in der italienischen

Provinz Bozen gehörten, die 1940 aufgrund des Umsiedlungsabkommens vom Oktober 1939 in deutsche Anstalten, unter anderem nach Weißenau, Zwiefalten und Schussenried verfrachtet und dort um ihr Leben gebracht wurden.[299]

Die Propaganda hatte die Aufgabe, die beunruhigte und teilweise aufgebrachte Bevölkerung zu besänftigen und indirekt um Verständnis für die »Aktion« zu werben. Ein Beispiel findet sich in der »Tübinger Chronik«, wo unterm 11. November 1941 ein *Tübinger Universitätsprofessor* den gerade laufenden Propagandafilm »Ich klage an« empfiehlt. Der wohl fingierte Leserbriefschreiber macht die Filmrezension zu einer eloquenten Rechtfertigung der »Euthanasie«-Morde.[300]

Neben Geisteskranken, Körperbehinderten und Schwachsinnigen sonderte das NS-Regime auch sozial Auffällige und Randgruppen aus der »Volksgemeinschaft« aus. Wegen ihres fremden Verhaltens wurden sie als »Asoziale«, »Gemeinschaftsfremde« und »Volksschädlinge« diskriminiert und als minderwertig diffamiert. Nach dem revidierten Landesfürsorgegesetz vom März 1940 konnten sie vorbeugend in Arbeitshäuser, Trinkerheilstätten, Erziehungs- oder Heilanstalten eingewiesen werden.[301] Damit aber wurden sie potentiell dem Zugriff der T4-Organisatoren oder dem Ermessen von Ärzten und Pflegern ausgeliefert, die im Rahmen der »wilden Euthanasie« nach eigenem Ermessen weiter mordeten.[302] Für die Einweisung war der Bürgermeister bzw. der Landrat zuständig. Letzterer wies im Mai 1941 eine Tübingerin – Mutter von vier Kindern – in das »Beschäftigungs- und Bewahrungsheim Buttenhausen«, die Fürsorgeanstalt der Landeshauptstadt, für die Dauer von elf Monaten ein, weil die Betreffende es nie verstanden habe, *ihr Hauswesen ordentlich zu führen und den bescheidenen Verdienst ihres Ehemannes sorgfältig einzuteilen*.[303] In der Begründung heißt es weiter: *Trotz vielen Zuredens und häufiger Hausbesuche durch die Fürsorgerin und trotz häufiger Prügel von Seiten des Mannes* habe sich die Frau nicht wesentlich geändert: *Die Unterbringung der Kinder auf Kosten der öffentlichen Fürsorge ist nur deswegen erforderlich, weil Frau K. zu faul und zu unsauber ist, um den Pflichten einer ordnungsmässigen Haushaltsführung nachzukommen.*

Sie solle nun *durch äusseren Zwang endlich ordnungsmässig* arbeiten lernen, weshalb der Landrat für die Dauer ihrer Einweisung Arbeitszwang verhängte. Der Fall wurde propagandistisch ausgewertet. Unter der Überschrift *Arbeitszwang für faule Frau!* machte ein Artikel klar, daß im Krieg alle Frauen, gleich auf welchem Posten, zum Arbeitseinsatz verpflichtet seien: *Das Geschick von Frau X soll eine ernste Mahnung sein für solche, die noch nicht erfasst haben, dass heute nur Pflichterfüllung geachtet ist.*[304]

Arbeitszwang verhängten die Behörden auch über straffällige Landstreicher, Nichtseßhafte und Alkoholiker. Nach Abbüßung ihrer regulären Haft wurden sie – meist ohne Angabe einer zeitlichen Begrenzung – ins Arbeitshaus Vaihingen/Enz gesteckt.[305] Damit wurde der Strafvollzug zu einem Teil der nationalsozialistischen Vernichtungspolitik. Denn in der einstigen »Besserungsanstalt für Männer« auf Schloß Kaltenstein herrschten in der NS-Zeit Zustände wie in einem Konzentrationslager. *Mein Gesamteindruck war der*, berichtete ein ehemaliger Vaihinger Häftling nach Kriegsende, *dass es sich bei dem Arbeitshaus um ein ausgesprochenes Vernichtungslager handelte. Irgendein menschliches*

*Mitgefühl wurde den Häftlingen nicht entgegengebracht. Offenbar war es der Leitung nur recht, wenn möglichst viele Leute starben. Dieser Grundeinstellung entsprach auch die ganze Behandlung. Misshandlungen der Häftlinge waren an der Tagesordnung.*[306]

Den Tübingern wurde das Arbeitshaus jedoch als eine therapeutische Einrichtung dargestellt. Als die Tübinger Strafkammer 1940 einen straffällig gewordenen Alkoholiker ins Arbeitshaus einwies, schrieb der Gerichtsreporter: *Doppelt verächtlich und abstoßend ist in einer Zeit, in der alle deutschen Volksgenossen, ob jung oder alt, ihre gesamte Energie in den Dienst der Volks- und Schicksalsgemeinschaft stellen, ein Landstreichertyp, wie er am Mittwoch vor der Tübinger Strafkammer stand. [...] Über ein solches Individuum ist das Arbeitshaus mit Recht verhängt worden. Die Volksgemeinschaft ist nun vor diesem Landstreicher, Zechpreller und Dieb geschützt, und im Arbeitshaus wird er nach Verbüßung seiner Zuchthausstrafe arbeiten lernen.*[307]

Nur wenige der Arbeitshaus-Insassen bekamen Gelegenheit, die Vermutung des Reporters zu bestätigen. Denn viele der meist wegen Bettelns oder Landstreicherei Eingewiesenen – manchmal genügte schon ein Vergehen gegen die Verordnung über den Arbeitsplatzwechsel oder »schlechte Führung« – überlebten die Mißhandlungen und mangelhafte medizinische Versorgung auf Schloß Kaltenstein nicht.[308] Vor allem in den letzten Kriegsjahren häuften sich die Todesfälle. Tübinger waren offenbar nicht darunter. Doch besteht ein anderer Zusammenhang zwischen der Universitätsstadt und dem verkappten KZ im Vaihinger Schloß: Viele der dort Gestorbenen verwendeten die Anatomen der Universität als Forschungs- und Demonstrationsmaterial. Die meisten der 106 zwischen Kriegsbeginn und 1944 an die Tübinger Anatomie gelieferten toten Arbeitshausinsassen waren an Herzversagen gestorben. Von der harten Arbeit – die Anstalt trug sich nicht nur selber, sondern erwirtschaftete Gewinn – total erschöpft, hatten sie den unmenschlichen Bedingungen, der Hungerkost und den brutalen Strafen des Wachpersonals keine körperliche Widerstandskraft mehr entgegensetzen können.[309]

Aus der »Volksgemeinschaft ausgemerzt« werden sollten nach dem Willen der NS-Führung auch alle diejenigen, die sich nicht loyal gegenüber dem Regime oder den Anforderungen der Kriegssituation verhielten. Eilfertige Richter verurteilten diese Menschen als »Volksschädlinge«, »Gewohnheitsverbrecher«, »Wehrkraftzersetzer« oder »Heimtücke-Täter« zu Höchststrafen.[310] Im Rahmen dieser Abschreckungsjustiz war nicht nur jede Form von Widerstand, sondern auch fehlende Begeisterung gegenüber dem NS-Staat und seinen Vertretern oder fehlender Respekt vor seinen Symbolen ein Straftatbestand. Strafkammern des Volksgerichtshofs und Richter der Landgerichte sowie der Sondergerichte, die 1933 zur schnellen Aburteilung von »Volksschädlingen« eingerichtet worden waren, verhängten nicht nur bei Hoch- und Landesverrat, sondern schon bei den harmlosen Massendelikten der Kriegszeit die Todesstrafe: bei Verstößen gegen die Kriegswirtschaftsverordnung wie Plünderung und Schwarzschlachten, Vergehen gegen die Rundfunkverordnung oder den unter Ausnutzung der Verdunklung begangenen Eigentumsdelikten.[311] So verurteilte das Sondergericht Stuttgart 1943 den Tübinger Gustav Hermann B. als »Volksschädling« zum Tode, weil der Pförtner einer Tübinger Klinik aus den dort für die Patienten

333

abgegebenen Päckchen Lebensmittel und Zigaretten gestohlen hatte.[312] Am 7. August 1943 wurde das Urteil im Lichthof des Stuttgarter Amtsgerichts vollstreckt. Den Leichnam erhielten anschließend die Tübinger Anatomen.[313] Auch den in Tübingen geborenen Heinrich B. verurteilte das Stuttgarter Sondergericht 1943 als *Volksschädling und gefährlichen Gewohnheitsverbrecher* zum Tode. Er hatte – so die NS-Presse – unter Ausnutzung der Verdunkelung *eine große Anzahl von Diebstählen und Betrügereien* begangen.[314] Der genaue Straftatbestand war nicht mehr zu ermitteln, weil die Akten des Stuttgarter Sondergerichts 1944 bei einem Luftangriff verbrannten.

Wurden die Angeklagten zu Zuchthaus- oder Gefängnisstrafen verurteilt, warteten in der Regel am Ende der Haftzeit Beamte der Geheimen Staatspolizei, um die Entlassenen erneut zu verhaften und in ein Konzentrationslager zu bringen. In das Welzheimer Konzentrationslager lieferte die Gestapo 1943 beispielsweise den Rottenburger Landwirt und Schrankenwärter Johannes Reichart ein. Er hatte dem bei einem Flugzeugabschuß abgesprungenen Navigator eines RAF-Bombers geholfen *und außerdem* – wie die »Tübinger Chronik« ihren Lesern voll patriotischer Verachtung mitteilte – *seine Frau veranlaßt, dem Terrorflieger Eierkuchen zu backen und ihm ein Bett mit Wärmflasche zur Übernachtung herzurichten*.[315]

Aus der nationalsozialistischen Volksgemeinschaft ausgeschlossen wurden auch alle Sinti und Roma. Die per Runderlaß des Reichsinnenministers vom 30. April 1941 über die »Kennzeichnung der Zigeuner und Zigeunermischlinge bei der Erfassung des Geburtsjahrgangs 1923« angeordnete polizeiliche Registrierung und rassistische Klassifizierung bildeten die bürokratische Voraussetzung, um nahezu sämtliche Zigeuner im Reichsgebiet in Konzentrations- und Arbeitslagern zu kasernieren und viele von ihnen zu ermorden.[316] Auch hier waren Tübinger Wissenschaftler Schrittmacher der rassenhygienisch begründeten Vernichtung. Dr. Dr. Robert Ritter, einst Oberarzt an der Kinderabteilung der Universitätsnervenklinik, katalogisierte und klassifizierte zusammen mit der Anthropologin Dr. Sophie Ehrhardt und zwei weiteren Mitarbeitern zwischen 1940 und 1944 über 20000 Zigeuner unter rassenhygienischen Aspekten.[317] Die Angestellten der Rassenhygienischen Forschungsanstalt des Reichsgesundheitsamtes in Berlin fühlten sich bereits 1940 in der Lage, *sich über den Mischlingsgrad und den Erbwert jedes einzelnen sogenannten Zigeuners sachverständig zu äußern, so daß der Inangriffnahme rassenhygienischer Maßnahmen nichts mehr im Wege steht*. Was sie darunter verstanden, hatten die Wissenschaftler in ihrem jährlichen Arbeitsbericht präzisiert: *Die Sachkenntnis, die wir in unermüdlicher Kleinarbeit im Laufe der drei Jahre erwarben, erlaubte es uns sachlich wohlbegründete und gut durchdachte Vorschläge für eine gesetzliche Regelung der Zigeunerverhältnisse dem Ministerium des Innern zu unterbreiten. [...] Die Zigeunerfrage kann nur dann als gelöst angesehen werden, wenn das Gros der asozialen und nichtsnutzen Zigeuner-Mischlinge in großen Wanderarbeitslagern gesammelt und zur Arbeit angehalten und wenn die weitere Fortpflanzung dieser Mischlingspopulation endgültig unterbunden wird. Nur dann werden die kommenden Geschlechter des deutschen Volkes von der Last wirklich befreit sein.*

Die Tübinger Stadtverwaltung hoffte ebenfalls auf eine Zwangskasernierung. Den Zuzug von Sinti hatte sie sich schon vor dem staatlich verordneten Rassismus zu verhindern bemüht.[318] Auch im NS-Staat kontrollierte sie mißtrauisch alle Zigeuner, die sich im Stadtbereich aufhielten. Als der Polizeiamtsvorstand 1940 den Zuzug einer Zigeunerfamilie meldete, die mit einer festen Arbeitsstelle und der Vorauszahlung der Miete so gar nicht dem gängigen Vorurteil entsprach, stellte der Gemeinderat mit Bedauern fest, daß *nach den bestehenden Vorschriften und gesetzlichen Bestimmungen* gegen den Zuzug *nichts zu machen* war: *Es steht jedoch mit ziemlicher Bestimmtheit zu erwarten,* protokollierte der Ratsschreiber die Hoffnung der Ratsherren, *daß hinsichtlich des Aufenthaltes der Zigeuner nach Beendigung des Krieges eine Regelung (Zusammenfassung in Lagern) kommen wird.*[319]

Wenige Monate später beschäftigte die Stadtverwaltung erneut eine in Tübingen seßhaft gewordene Zigeunerfamilie, weil deren Vermieterin eine zwangsweise Räumung der Wohnung erwirkt hatte. Nun mußte die Stadt sie unterbringen. Doch die Mitbewohner des Hauses, in das die Stadtverwaltung die Familie einweisen wollte, wehrten sich.[320] Einer bangte um seinen Besitz: *Er habe Kleintiere, Hühner usw. und müsse befürchten, dass sein Eigentum nicht mehr sicher sei.* Zudem sei er für die damit verbundenen Aufregungen zu alt und gebrechlich, was der stellvertretende Stadtvorstand verständnisvoll bekräftigte: *Tatsächlich ist S. auch so hinfällig, dass mit dem Schlimmsten gerechnet werden muss, wenn die Zigeuner in das Haus kommen.* Als die Stadt daraufhin die Familie in ein Abbruchhaus nach Derendingen abschieben wollte, sträubte sich auch die dortige Nachbarschaft. Selbst die Unterbringung der dafür auseinandergerissenen Familie in verschiedenen Landesarmenanstalten scheiterte, weshalb der stellvertretende Stadtvorstand schließlich das Amtsgericht ersuchte, die ursprüngliche Räumungsverfügung aufzuheben: *Diese Zuweisung sollte unter dem Gesichtspunkt der polizeilichen Überwachung der Zigeuner erfolgen,* notierte er am Rand des Schriftstücks. Offenbar ließ sich das Gericht aber nicht auf den Vorschlag ein, denn ein halbes Jahr später lebte die Familie in städtischen Wohnbaracken in der Mackensenstraße.

### Deportation und Ermordung der Tübinger Juden

Als der Angriff deutscher Truppen auf Polen den Zweiten Weltkrieg entfesselte, lebten in der Universitätsstadt nur noch 20 Juden; am 30. Januar 1933 waren es 90 gewesen. Hinzu kamen sechs mit Nichtjuden Verheiratete sowie fünfzehn aus jüdisch-christlichen »Mischehen« stammende sogenannte Halb- und Vierteljuden.[321] Deren Situation hatte sich seit Kriegsbeginn empfindlich verschärft. Eine Fülle neuer Restriktionen sollten die Juden zur Flucht aus Deutschland treiben. Wer dennoch blieb – meist die Hilflosesten und Deprimiertesten –, verschwand sozial ignoriert und finanziell ruiniert in einem unsichtbaren Ghetto. In vielen Orten durften Juden nur noch zu bestimmten Zeiten auf die Straße, mußten in festgelegten »Judenläden« einkaufen oder durften nur zu bestimmten Zeiten in den üblichen Geschäften ihre Einkäufe erledigen. Sie wurden in festgelegten Quartieren, sogenannten Judenhäusern zusammengepfercht.[322]

Die Stadt Tübingen praktizierte nicht alle Restriktionen; weder die Existenz eines »Judenladens« noch die Aufenthaltsverbote sind belegt. Doch vor der finanziellen Ausplünderung waren auch die Tübinger Juden nicht sicher. Noch im Oktober 1939 erhöhte das Reich die sogenannte Grünspan-Abgabe, die verordnete »Sühneleistung« für das Attentat vom November 1938, von 20 auf 25 Prozent des jeweils angemeldeten Vermögens. Seit dem 1. Januar 1941 erpreßte die Regierung von Juden außerdem eine sogenannte Sozialausgleichsabgabe.[323] Wie bis dahin bereits die im Reichsgebiet lebenden Polen, mußten nun alle Juden zusätzlich zur Lohnsteuer noch einmal 15 Prozent ihres Einkommens abgeben. Die wenigsten der bei Kriegsbeginn in Tübingen lebenden Juden – überwiegend Frauen und Alte – hatten zu diesem Zeitpunkt noch feste Einkünfte. Regelmäßiges Gehalt bekamen keine mehr. Sie mußten vom Ersparten leben. Doch das reichte kaum zur Deckung des Lebensbedarfs.

Juden konnten zwar weiterhin in Tübingen in allen Geschäften einkaufen, bekamen dort aber längst nicht mehr alles das, was sie zum Leben brauchten, denn die Bewirtschaftung der Lebensmittel war für sie mit besonderen Erschwernissen verbunden. Ihre Lebensmittelkarten bekamen sie nicht wie anfangs die übrigen Bürger von dem »Blockwart« ins Haus gebracht, sondern mußten dafür bei der städtischen Kartenausgabe anstehen.[324] Die zuständigen Behörden kürzten ihnen die Rationen als erste. Sie wurden auf Hungerkost gesetzt, wie jeder an den in den Tageszeitungen abgedruckten Zuteilungen hätte ersehen können. Zur ersten Kriegsweihnacht strich ihnen der Reichslandwirtschaftsminister die Sonderrationen an Fleisch, Butter, Kakao und Reis, und der Reichswirtschaftsminister entzog ihnen die bereits ausgeteilten Kleiderkarten. Das Landesernährungsamt tat ein übriges und verbot den Verkauf von allen Schokoladenerzeugnissen und Lebkuchen an Juden.[325] Im Januar 1941 wurden die Rationen erneut gekürzt. Von der 42. Zuteilungsperiode an, seit Oktober 1942, gaben die Ernährungsämter an Juden weder Fleisch-, noch Eier- und Milchkarten aus. Kuchen und Weißbrot gab es ebenfalls nicht mehr. Säuglinge mußten mit einem halben Liter Magermilch pro Tag auskommen.[326] Die Versorgung mit Textilien und Schuhwaren war gestrichen.[327] Hatten Juden das Glück, daß Freunde oder Verwandte aus dem Ausland sie mit Lebensmittelpaketen unterstützten, zogen die zuständigen Ernährungsämter ihnen den Wert dieser Geschenksendungen von ihren Lebensmittelrationen ab.[328]

In dieser Situation war es doppelt belastend, daß es nicht mehr den organisatorischen Zusammenhalt einer Gemeinde gab. Bereits am 21. März 1939 hatte sich die Israelitische Gemeinde Tübingen aus Mangel an Mitgliedern aufgelöst und mit anderen Gemeinden zur Großgemeinde Stuttgart zusammengeschlossen.[329] Seit Juli 1939 mußte jeder Jude zwangsweise der Reichsvereinigung der Juden angehören, als deren württembergische Zweigstelle die Jüdische Gottesvereinigung Württemberg e. V. figurierte.[330] Die vorgeschriebene Trennung von Juden und Nichtjuden überwachte der NS-Staat mit großer Strenge; eingehalten wurde sie dennoch nicht immer, wie die vergleichsweise häufigen Verurteilungen wegen »Rassenschande« belegen.

Auch die Polizeidirektion Tübingen meldete 1939 zwei Fälle von *Blutschande*.[331] Das »Blutschutzgesetz« hatte die Eheschließung zwischen Deutschen und Juden verboten. »Mischlinge 1. Grades« brauchten seitdem, wenn sie einen nichtjüdischen Deutschen heiraten wollten, eine Sondergenehmigung. Diese wurde jedoch nicht immer erteilt. So wiederholte beispielsweise im Dezember 1939 die Tübingerin Käthe R., in der Sprache der Nationalsozialisten ein »Mischling 1. Grades», ihr zwei Jahre zuvor gestelltes Gesuch um Erlaubnis zur Eheschließung mit dem nichtjüdischen Vater ihres mittlerweile 16 Monate alten Sohnes. In der Hoffnung, daß die Kriegsbedingungen die Vorschriften gelockert hatten, wies sie auf ihre bedrückende Situation hin, die noch dadurch erschwert wurde, daß ihr Partner zum Kriegsdienst eingezogen worden war: *Nun stehen meiner Eheschließung mit Karl R. die Bestimmungen zum Schutze des deutschen Blutes und der deutschen Ehre hindernd im Wege, die mich in meiner Lebensführung, in meiner Lebensauffassung, meinem ganzen Dasein außerordentlich bedrücken. Denn der Ehrbegriff wäre meines Erachtens verletzt, wenn mein Junge von einem jüdischen Vater, der mir übrig bliebe, erzogen werden müßte. [...] Mir kann doch nicht zugemutet werden, mit meinem Kind als alte Jungfer zu sterben – noch weniger kann mir zugemutet werden, einen Juden zu ehelichen um so mehr, als ich von jüdischem Wesen nichts verstehe und es in seinen Grundzügen – als gute deutsche Frau – verabscheue.*[332]

Der beflissene Hinweis auf die *Sozialpolitik unseres neuen Reiches* und den *Einsatz des Führers, der unendlich viel für das Kapitel »Mutter und Kind« tut und sorgt,* verhalf der Antragstellerin jedoch nicht zu der erhofften Ausnahmegenehmigung. Der Kreisleiter hatte sich in den Fall eingeschaltet. Er beschied, daß ein Gnadengesuch keine Aussicht auf Erfolg habe. Schon vor zwei Jahren habe er im Einvernehmen mit dem Rassefachmann des Kreises, Parteigenossen Gieseler, das Gesuch abgelehnt. An seiner Einstellung habe auch der Kriegsbeginn nichts geändert.[333]

Im September 1941 perfektionierte der NS-Staat die Trennung von Juden und Nichtjuden durch einen Kennzeichnungszwang. Nun reichte es nicht mehr, daß Juden bürokratisch erfaßt wurden und das große J in ihren Ausweisen, das quer über die Lebensmittelkarten gedruckte Wort Jude oder die Namenszusätze Sarah und Israel sie im Behördenverkehr diffamierten. Jetzt wollte das Regime sie auch öffentlich etikettieren, für jeden sofort erkennbar als Ausgestoßene kennzeichnen. Deshalb mußte seit dem 15. September 1941 jeder Jude vom siebten Lebensjahr an in der Öffentlichkeit den »Judenstern« tragen, einen etwa handtellergroßen Sechseckstern aus gelbem Stoff mit der schwarzen Aufschrift *Jude*, der *sichtbar auf der linken Brustseite des Kleidungsstückes festgenäht zu tragen* war.[334] Nur Juden in »privilegierten Mischehen« waren davon ausgenommen.

Das Kainszeichen unterband die bis dahin noch vorhandenen nachbarschaftlichen Kontakte. Denn der gelbe Stern machte unmißverständlich klar, daß der freundliche Gruß oder die harmlose Begegnung einem Ausgestoßenen galten. Vieles spricht dafür, daß gerade die sich vielerorts hartnäckig haltenden Verbindungen zwischen Juden und Nichtjuden den Kennzeichnungszwang erst herbeigeführt hatten. Denn im Oktober 1941 ordnete das Reichssicherheitshauptamt für diejenigen »Schutzhaft« an, die ihre freundschaftlichen

Beziehungen zu Juden nicht beenden wollten: *In letzter Zeit ist es wiederholt bekannt geworden, daß Arier heute wie zuvor freundschaftliche Beziehungen zu Juden unterhalten und sich mit diesen unverhohlen in der Öffentlichkeit zeigen. Angesichts der Tatsache, daß diese Arier die Grundprinzipien des Nationalsozialismus immer noch nicht zu verstehen scheinen, und weil ihr Betragen als Mißachtung der staatlichen Maßnahmen anzusehen ist, ordne ich an, daß in derartigen Fällen die arische Partei für erzieherische Zwecke vorübergehend in Schutzhaft zu nehmen, in ernsteren Fällen für einen Zeitraum bis zu drei Jahren in einem Konzentrationslager, Stufe I, unterzubringen ist. Die jüdische Partei ist in jedem Fall bis auf weiteres in Schutzhaft zu nehmen und in ein Konzentrationslager einzuweisen.*[335]

Ob es zu diesem Zeitpunkt in Tübingen noch Kontakte, gar Hilfeleistungen zwischen Nichtjuden und Juden gab, läßt sich schwer feststellen. Aktenkundig geworden sind sie nicht. Das muß aber kein negativer Beleg sein, denn diejenigen, die sich ihren Kontakt und ihre Mitmenschlichkeit nicht vom NS-Staat verbieten lassen wollten, bemühten sich natürlich um Verborgenheit. Andererseits spielen in den späteren Berichten der emigrierten Juden Erinnerungen an solche Hilfeleistungen keine Rolle.[336] Mit dieser Feststellung stimmt auch überein, daß einige Tübinger nach dem Krieg eingestanden, daß sie schon lange vor Einführung des »Judensterns« in der Stadt beim Anblick jüdischer Bekannter, beispielsweise früherer jüdischer Klassenkameraden, lieber die Straßenseite wechselten als sich einer Begegnung auszusetzen. Einige berichteten auch, daß jüdische Bekannte ihnen selber rieten, fortan das Grüßen zu unterlassen; ein Rat, dem sie, peinlich berührt, widerspruchslos folgten.[337] Von Anrempeleien oder offenen Übergriffen auf die Gekennzeichneten wußte niemand etwas. *Es muß aber so etwas gegeben haben,* erzählte eine Tübingerin, *denn meine Mutter hat uns immer ermahnt: »Also, wenn Ihr Juden begegnet, dann macht das nicht oder spuckt nicht aus! Dann gehet Ihr auf die andere Straßenseite, aber Ihr machet da nicht mit. Wehe, ich würde Euch dabei erwischen!«*[338]

Schließlich konzentrierte der Staat im Rückgriff auf mittelalterliche Ghettos die Juden in speziellen Quartieren, in »Judenhäusern« und »Judenorten«. Aus Tübingen wurden am 26. März 1941 zwei Schwestern von 77 und 81 Jahren nach Heggbach (Kreis Biberach) in eine Pflegeanstalt überführt, wo die Jüngere von ihnen wenige Monate später starb, die Ältere noch von den Deportationen in den Osten erfaßt wurde.[339] Zwischen August und Oktober 1941 meldeten sich drei Tübinger Jüdinnen beim Einwohnermeldeamt nach Haigerloch, einem der sogenannten Judenorte ab.[340]

Die Stadtverwaltung Tübingen sah vorerst keinen Anlaß, die wenigen noch verbliebenen Juden in speziellen Wohnungen zu konzentrieren, da sie ohnehin nur auf wenige Adressen in der Stadt verteilt waren: Kelternstraße, Hechinger Straße und Keplerstraße.[341] Die Stuttgarter Juden jedoch wurden innerhalb des Landes zwangsumgesiedelt. Zu diesen Zwangsumgesiedelten gehörte auch der Tübinger Victor Marx, der 1938 in der Landeshauptstadt Arbeit gefunden hatte. Zusammen mit Frau und Tochter wurde er von dort am 15. September 1941 nach Haigerloch zwangseingewiesen. Als Entschädigung mußte er, wie alle anderen Zwangsumgesiedelten, 6 RM pro Person an den Bürgermeister von Haigerloch entrichten. Denn die Aufnahmeorte wollten, nachdem sie sich vergeblich gegen eine *weitere Verjudung* gewehrt hatten, wenigstens finanziell von den unerwünschten Zuwanderern profitieren.[342] Auch die jüdische Kultusvereinigung Württemberg stellte finanzielle Ansprüche an die Juden und verlangte ihnen ein *Vermögensopfer* ab: *Die Umsiedlung der Juden in Württemberg und Hohenzollern ist im Gange. Die jüdischen Kultusvereinigung ist bemüht, die neuen Wohnstätten zweckmäßig herrichten zu lassen. Es ist unumgänglich notwendig, daß größere bauliche Veränderungen, Instandsetzungen und Einrichtungen vorgenommen werden, um die Wohnungen den neuen Zwecken dienstbar zu machen. Dazu brauchen wir Geld, denn auch die Umzugskosten für die Unbemittelten müssen aufgebracht werden.*[343]

In der Hoffnung, daß die württembergischen Ghettoorte den Schlußpunkt der nationalsozialistischen Judenverfolgung darstellten, versuchten sich die Zwangseingewiesenen dort wohnlich einzurichten. So berichtete Victor Marx: *Am 15. September 1941 teilte uns die Geheime Staatspolizei mit, Stuttgart würde »judenfrei« gemacht. Wir wurden nach Haigerloch umgesiedelt und bekamen eine Dreizimmerwohnung mit Küche, die wir uns gemütlich einrichteten, da wir dachten, das Ende des Krieges hier abwarten zu können. Ich war bei einer Möbelfirma als Transportarbeiter tätig und half beim Ausladen der Möbel, beim Aufstellen der Öfen, beim Ausbessern der Wände, da vor allem ältere Menschen nach Haigerloch kamen, die den Umständen nicht gewachsen waren.*[344] Doch die Hoffnung auf eine endgültige Bleibe trog. Die Konzentration in den »Judenorten« war nur eine Zwischenstation auf dem Weg in die Vernichtungslager des Ostens.

Von Mitte Oktober 1941 an rollten die Deportationszüge zur »Entjudung des Reichsgebiets« nach Polen, Westrußland und in das Baltikum. Doch die Organisation der »Ausmerzungs«-Politik wurde erst in der als Wannsee-Konferenz bekannt gewordenen Besprechung von Staatssekretären und SS-Hauptamtschefs am 20. Januar 1942 festgelegt.[345] Der früheste Hinweis auf die Deportation württembergischer Juden datiert vom Oktober 1941. Der Chef der Ordnungspolizei, Kurt Daluege, kündigte in einem Schnellbrief an die Befehlshaber der Ordnungspolizei am 24. Oktober die Abschiebung von 50 000 Juden *nach dem Osten in die Gegend von Riga und Minsk* an. Die *Aussiedlung* sollte in Transportzügen der Reichsbahn zu je tausend Personen aus sechzehn Großstädten des Reiches und des Protektorats erfolgen. Für die württembergischen Juden war Stuttgart als Sammel- und Abfahrtsort vorgesehen.[346]

*Aushebung* der zur Deportation vorgesehenen Juden und Abwicklung des Transports oblagen der Gestapo. Aber auch die städtischen Behörden und das Landratsamt, die örtlichen Finanzämter, Transportunternehmen und die Reichsbahn waren in die Deportationen verwickelt. Als gute Bürokraten erledigten die Beamten diese wie jede andere Aufgabe schnell, reibungslos und effektiv. Am 18. November 1941 informierte die Geheime Staatspolizei/Staatspolizeileitstelle Stuttgart die Landräte und die Polizeidirektoren in Heilbronn und Ulm, daß *im Rahmen der gesamteuropäischen Entjudung* laufend Eisenbahntransporte aus dem Altreich, der Ostmark und dem Protektorat Böhmen und Mähren nach dem Reichskommissariat Ostland gingen: *Württemberg und Hohenzollern ist daran zunächst mit einem Transport von tausend Juden beteiligt, der am 1.12.1941 von Stuttgart aus abgeht.*[347]

Ausgenommen von diesem Transport waren die in deutsch-jüdischer Mischehe lebenden Juden, Juden ausländischer Staatsangehörigkeit und Juden über 65 Jahren. Das Schreiben regelte die Einzelheiten mit pedantischer Genauigkeit. Die *zu evakuierenden* Juden sollten vom 27. November an in einem Durchgangslager auf dem Gelände der Reichsgartenschau auf dem Killesberg in Stuttgart *konzentriert* werden. Auf keinen Fall durfte *von der für den dortigen Bereich vorgesehenen Kopfzahl, sowie nach oben als nach unten, abgewichen werden. Überzählige Juden werden wieder in ihren früheren Wohnort zurückgeschickt. Ausfälle (durch Selbstmord usw.) sind unverzüglich mitzuteilen.*

Das Schreiben der Staatspolizeileitstelle tarnte die Abschiebungsaktion als *Umsiedlungsmaßnahme*: *Weil in dem Siedlungsgebiet zur Errichtung eines Ghettos nicht das geringste Material sowohl zum Aufbau als zur Lebenshaltung selbst vorhanden ist*, empfahl die Gestapo die Mitnahme von Werkzeug, Baugeräten, Öfen und Küchengeräten zur Gemeinschaftsverpflegung. Die örtlichen Behörden wurden verpflichtet, die Juden rechtzeitig zu sammeln, *im Benehmen mit den Finanzbehörden das Vermögen sicherzustellen, die Wohnungen zu versiegeln, eventuell Hausverwalter zu bestellen, die einzelnen Personen durchsuchen zu lassen, das Gepäck zu kontrollieren und mit einer entsprechenden Anzahl von Beamten die Juden am 27. bzw. 28. 11. 1941 im Sammellager in Stuttgart einzuliefern.*

Im Kreis Tübingen erhielten am 20. November 1941 drei Jüdinnen ein Einschreiben der Kultusvereinigung Württemberg e. V., das sie über die Deportation unterrichtete: *Auf Anordnung der Geheimen Staatspolizei, Staatspolizeileitstelle Stuttgart, haben wir Sie davon zu verständigen, daß Sie und Ihre oben bezeichneten Kinder zu einem Evakuierungstransport nach dem Osten eingeteilt worden sind. Gleichzeitig werden Sie hiermit verpflichtet, sich mit Ihren obengenannten zum Transport eingeteilten Kindern ab Mittwoch, den 26. 11. 1941 in Ihrer jetzigen Unterkunft bereitzuhalten und diese ohne besondere Erlaubnis der Behörde, auch nicht vorübergehend, zu verlassen. Arbeitseinsatz, auch in wichtigen Betrieben, entbindet nicht von der Evakuierung. Jeder Versuch sich der Evakuierung zu widersetzen oder zu entfliehen, ist zwecklos und kann für die Betroffenen zu schweren Folgen führen.*[348] Die Formulare für die Vermögenserklärung lagen bei. Sie mußten innerhalb der nächsten drei Tage bei der Ortspolizeibehörde abgegeben werden. Ein Verzeichnis der nötigsten Bedarfsgegenstände sollte das Packen erleichtern, verstärkte aber auch die trügerische Vorstellung von einer Umsiedlungsaktion: *Zum Schluß bitten wir Sie, nicht zu verzagen; die Leistungen unserer Mitglieder besonders im Arbeitseinsatz berechtigen zu der Hoffnung, daß auch diese neue und schwierigste Aufgabe gemeistert werden kann.* Zum Handlanger der Nationalsozialisten gemacht, sah sich die Jüdische Kultusvereinigung gezwungen, Zuversicht und Optimismus zu verbreiten, obwohl ihre Stellung selber hoffnungslos war.

Die 27jährige, ledige Ilse Löwenstein, die bei ihren Eltern in der Hechinger Straße wohnte, und die 47jährige, ebenfalls unverheiratete Elfriede Spiro, zuletzt Neue Straße 1, standen auf der ersten Liste. Außerdem hatte die Kultusvereinigung die 43jährige Sofie Berlitzheimer aus Rottenburg auf die Transportliste gesetzt, die offenbar nach Kreisen zusammengestellt wurde.³⁴⁹ Laut Anweisung waren die drei am 28. November um 10.40 Uhr in das Stuttgarter Sammellager auf dem Killesberg einzuliefern: *Ich ersuche den Transportführer anzuweisen, ab Hauptbahnhof Stuttgart die Straßenbahnlinie 10 in Richtung bis Haltestelle Killesberg zu benutzen. Die festgesetzten Ankunftszeiten müssen unbedingt eingehalten werden, da sonst eine reibungslose Aufnahme in das Sammellager nicht möglich ist und auch der Transport dorthin Schwierigkeiten bereitet.*

Da sich die für die Deportation Genannten schon vom 26. November an in ihrer Wohnung bereithalten mußten, verblieb ihnen für die notwendige Vorbereitung nur wenig Zeit. Innerhalb von sechs Tagen mußten sie packen, die nötigen Behördengänge erledigen – beispielsweise ihre noch gültigen Lebensmittelkarten sowie das Arbeitsbuch abgeben, ihren Besitz für das Finanzamt auflisten – und Abschied nehmen.

Am 25. November 1941 reichte Polizeiamtsvorstand Bücheler die Vermögenserklärungen der Tübingerinnen an das Finanzamt *zur weiteren Veranlassung* weiter. Im Hinblick auf die vorgeschriebene Beschlagnahme meldete er: *Die Spiro besitzt innerhalb einer Mietwohnung ein gemietetes Zimmer mit Küche und einigen sonstigen kleinen Räumlichkeiten. Die Räume sind mit einer Unmenge teilweise mehr oder weniger wertlosen Gegenständen angefüllt, von denen nur die Hauptsächlichsten in der Vermögenserklärung aufgeführt sind. Nach dem Abtransport werden die Räume verschlossen und die Schlüssel zunächst hier in Verwahrung genommen, wie dies bezüglich eines Sparbuches und eines Girokontobuches der Kreissparkasse Tübingen bereits geschehen ist. Ich stelle die Versiegelung der Räume anheim. Die Löwenstein wohnt bei ihren Eltern und besitzt angeblich außer Bekleidungs- und Wäschestücken kein eigenes Vermögen.*

Einige Tage darauf teilte Bücheler jedoch der Staatspolizeileitstelle mit, daß ein Attest des Tübinger Arztes Viktor Zipperlen – von Medizinalrat Brasser beglaubigt – Elfriede Spiro Arbeits- und Reiseunfähigkeit bescheinigte: *Das Attest und ein Schreiben der jüdischen Mittelstelle lege ich bei.* Als korrekter Beamter hatte er sich zudem selbst von der Richtigkeit der Angabe überzeugt: *Wie weiterhin festgestellt wurde, liegt die Spiro zur Zeit im Bett und ist angeblich außerstande eine Reise zu unternehmen. Die Spiro macht tatsächlich einen sehr gebrechlichen Eindruck.* Im Einverständnis mit der Tübinger Gestapodienststelle nahm Bücheler deshalb *von der Verschiebung der Spiro nach Stuttgart Abstand*. So fuhren mit dem vorgesehenen Zug am 28. November kurz nach 8 Uhr morgens nur Ilse Löwenstein und Sofie Berlitzheimer in Begleitung eines Tübinger Kriminalsekretärs ins Sammellager nach Stuttgart. Elfriede Spiro aber, die fürs erste dem Transport entgangen war, ließen die Behörden am 5. Dezember die Rückerstattung ihrer Vermögenserklärung sowie ihres Sparkassenbuchs quittieren.

Auf dem Killesberg herrschte bereits drangvolle Enge, als die Tübingerinnen ankamen. Die Juden aus Haigerloch und Hechingen waren schon am 27. November eingetroffen. Die Juden aus Biberach, Ulm und den anderen Orten trafen zusammen mit den Stuttgartern am 28. November ein. Drei Tage und drei Nächte verbrachten die verstörten Menschen zwischen Koffern und Rucksäcken in einem notdürftigen Matratzenlager und mit der Angst vor einer ungewissen Zukunft.³⁵⁰ Bevor sie im Morgengrauen des 1. Dezember 1941, eingepfercht in überfüllte Waggons, Stuttgart via Nordbahnhof verließen, mußten sie die Beschlagnahmung ihres Vermögens quittieren. Denn die XI. Durchführungsverordnung zum Reichsbürgergesetz, die nur wenige Tage zuvor erlassen worden war, hatte sie *mit der Verlegung des gewöhnlichen Aufenthalts ins Ausland* ihrer deutschen Staatsangehörigkeit für verlustig erklärt. Gefragt, ob sie ihren Aufenthalt überhaupt ins Ausland verlegen wollten, hatte sie niemand. Mit ihrer Staatsangehörigkeit verloren sie auch jeglichen Anspruch auf ihr Vermögen, das dem Reich verfiel.[351]

Auch aus anderen Orten waren Tübinger Juden für diesen Transport am 1. Dezember eingeteilt worden. Zu ihnen gehörte der Textilhändler Victor Marx. Im September 1941 gerade erst von Stuttgart nach Haigerloch zwangsumgesiedelt, erhielt er dort am 19. November 1941 den Deportationsbefehl. Zusammen mit seiner Frau Marga und der acht Jahre alten Tochter Ruth wurde er nach Riga verschleppt. Victor Marx ist der einzige Tübinger Jude, der Riga und sechs weitere Konzentrationslager überlebte. Später berichtete er Lilli Zapf von dem Transport: *Bevor wir Haigerloch verließen, mußten wir ein Schriftstück unterschreiben, daß unser Hab und Gut dem Staat verfällt, da wir unliebsame Ausländer seien. Es blieb uns ja gar nichts anderes übrig, als alles zu tun, was die Nationalsozialisten bestimmten. Wir mußten unsere Koffer an einen bestimmten Platz bringen, wo sie von zwei Landjägern auf Waffen untersucht wurden. Dann kamen wir in den Zug, die Wagen wurden verschlossen, jeder Wagen hatte eine Bewachung. So kamen wir nach Stuttgart auf den Killesberg. Dort wurden uns sofort verschiedene Sachen, auch Geld, abgenommen. An Schlafen war nicht zu denken, die ganze Nacht hindurch blieb man wach. Von überallher kamen württembergische Juden in dieses Sammellager und es herrschte ein unbeschreibliches Elend. In der Nacht vom 30.11. zum 1.12.1941 wurden wir dann auf Lastautos zum Hauptbahnhof gebracht und in ungeheizte Wagen verladen. Wir hatten keine Ahnung, wohin wir kamen.*[352] Die Fahrt dauerte drei Tage. Polizisten bewachten die verschlossenen Wagen. Wasser durfte nur an einigen Haltestellen geholt werden. Dennoch schildert Victor Marx das Verhalten des Wachpersonals positiv: *Die Behandlung war gut. [...] Die Bewacher waren Landjäger. Unter ihnen war einer aus Tübingen namens Krebs. Dieser Mann hätte alles getan um mir zu helfen, aber er hatte selbstverständlich keine Möglichkeit dazu.*

Die meisten hatten, als sie am 4. Dezember in Riga ankamen, keine Vorstellung von dem, was sie erwartete. Doch das böse Erwachen ließ nicht lange auf sich warten: *Als die Landjäger uns in Riga ablieferten, waren sie alle erstaunt über den Empfang der uns von der SS zuteil wurde. Jeder SS-Mann hatte einen Stock in der Hand, so daß wir dachten, es seien Verwundete. Als wir aber geschlagen wurden, spürten wir gleich am eigenen Leib, daß wir es mit kerngesunden Nazis zu tun hatten.*

Riga lag in dem kurz zuvor von der deutschen Wehrmacht eroberten Gebiet. Dort hatten mobile Tötungseinheiten, unterstützt von der Wehrmacht, die jüdische Bevölkerung zusammengetrieben und in einem Massaker von unvorstellbarem Ausmaß getötet.[353] Die Kommandos der »Einsatzgruppen« hatten Platz für die aus dem »Altreich« abgeschobenen Juden geschaffen. Victor Marx kam mit seiner Familie in das Lager »Jungfernhof«. Das war ein ehemaliges landwirtschaftliches Gut, wo die Verschleppten, anfangs bei minus 30 Grad Celsius, Tag und Nacht unter freiem Himmel verbringen mußten. Das Leben dort war die *reine Hölle: Es war so viel kälter, als wir's gewohnt waren. Nahrung gab es nur spärlich. Unsere Tagesration bestand aus sehr dünnem Malzkaffee mit einer Scheibe Brot zum Frühstück, das Mittagessen war eine wässrige Suppe, die nach Pferdefleisch schmeckte und in der ein, zwei Kartoffelstückchen schwammen. Dabei mußten wir täglich im Freien arbeiten. Die Menschen starben wie die Fliegen.*[354]

Der »Jungfernhof« war ein Arbeitslager. Kinder und Erwachsene, die nicht mehr zur Arbeit fähig waren, wurden »ausgesondert«. Was das bedeutete, schilderte ebenfalls Victor Marx: *Im Lager wurde uns gesagt, daß alle Frauen mit Kindern vom Jungfernhof wegkämen, und zwar nach Dünamünde. Dort seien Krankenhäuser, Schulen und massiv gebaute Steinhäuser, wo sie wohnen könnten. Ich bat den Kommandanten, auch mich nach Dünamünde zu verschicken, was er jedoch ablehnte, da ich ein zu guter Arbeiter sei.*[355] Doch die Hoffnung auf ein erträglicheres Dasein in Dünamünde erwies sich als Betrug. Mehr als tausend Deportierte – unter ihnen auch Marga und Ruth Marx – wurden, statt nach Dünamünde zu kommen, am 26. März 1942 im Hochwald bei Riga, der Hinrichtungsstätte des Rigaer Ghettos, erschossen.[356] Victor Marx selbst blieb mehr als zweieinhalb Jahre im »Jungfernhof«: *Wir mußten schwer arbeiten bei schlechter Ernährung. Unser Leben hing jeden Tag an einem Faden. Da gab es Schläge, und viele wurden erschossen, nur weil wir versuchten, von einem Zivilisten ein Stück Brot zu bekommen. Einmal mußten wir mit ansehen, wie ein Häftling erhängt wurde. Wir mußten in einem Kreis um den Galgen stehen und mit erhobenem Kopf der Hinrichtung zusehen.*[357]

Als das Lager im August 1944 wegen des russischen Vormarsches geräumt wurde, kamen die meisten Insassen per Schiff in das Lager Stutthof bei Danzig. Auch dort blieben sie nicht lange, sondern wurden von dem Bewachungspersonal – immer auf der Flucht vor den herannahenden russischen Truppen – in mörderischen Märschen von einem Lager ins andere getrieben. Als Victor Marx am 10. Mai 1945 in Theresienstadt befreit wurde, hatte er noch einen Marsch durch vier weitere Lager hinter sich gebracht.[358]

Mit der Familie Marx wurden drei weitere Tübinger Juden, die mittlerweile anderenorts lebten, nach Riga deportiert. Unter ihnen war Wilma Schäfer, Mitinhaberin des Textilgeschäfts am Holzmarkt, deren Mann erst wenige Monate zuvor in Tübingen an den Verletzungen gestorben war, die man ihm 1938 in Dachau zugefügt hatte. Einen Monat nachdem die 54jährige nach Haigerloch umgesiedelt worden war, erhielt sie den Deportationsbefehl. Ihr weiteres Schicksal ist nicht bekannt, doch ist anzunehmen, daß auch sie bei der »Mordaktion Dünamünde« am 26. März 1942 getötet wurde.[359] Auch die zwei anderen Tübinger Jüdinnen überlebten Riga nicht.[360] Ilse Löwenstein aber, die am 28. November zusammen mit der Rottenburgerin Sofie Berlitzheimer von einem Tübinger Polizeibeamten in das Stuttgarter Sammellager gebracht worden war, scheint dem Transport nach Riga entgangen zu sein. Obwohl der Tübinger Polizeiamtsvorstand ihre ordnungsgemäße Ablieferung amtlich bestätigte, berichteten ihre beiden Brüder, die noch vor dem Krieg emigrieren konnten, nach 1945 übereinstimmend, daß ihre Schwester in Stuttgart noch geheiratet habe und zusammen mit ihrem Mann, Oskar Bloch, bei der Israelitischen Kultusgemeinde angestellt war, ehe beide am 18. Juni 1943 von Stuttgart aus nach Theresienstadt deportiert wurden. Ein knappes Jahr später wurden sie nacheinander nach Auschwitz verschleppt und dort ermordet.[361] Bis heute ist unklar, wie es Ilse Bloch gelang, diesen achtzehnmonatigen Aufschub von dem Todestransport zu erhalten. Lilli Zapf scheint den ersten Deportationsbefehl nicht gekannt zu haben. Sie erwähnt nur den endgültigen für den 18. Juni 1943.[362]

Ein weiterer Transport aus Stuttgart brachte 39 württembergische Juden über München in das Konzentrations- und Vernichtungslager Auschwitz.[363] Keiner von ihnen hat das Lager überlebt. Zu den dort Ermordeten gehört Philippine Reinauer, eine 82 Jahre alte Jüdin aus Tübingen. Ein Jahr vor der Deportation, 1941, hatte die Sicherheitspolizei die Greisin mit ihrer Schwester in die Pflegeanstalt Heggbach zwangsumgesiedelt.[364] Nun wurde sie mit sieben anderen Frauen aus der Anstalt deportiert, obwohl die Anweisung der Staatspolizei bestimmte, daß Gebrechliche und Transportunfähige zurückgelassen werden sollten. Doch das Gegenteil war der Fall; der Transport erfaßte gezielt Alte und Kranke. Umso erstaunlicher ist es, daß das Ersuchen des Tübinger Polizeiamtsvorstands um Rückstellung einer transportunfähigen Jüdin Erfolg hatte. Am 21. Mai 1942 schrieb Bücheler an die Geheime Staatspolizei Stuttgart. Er schlug vor, wegen ihrer Gebrechlichkeit bei der 73jährigen Klara Wallensteiner *von der Maßnahme der Umsiedlung* grundsätzlich abzusehen, was auch der Kreisleiter befürworte.[365]

Büchelers Brief ist ein Beleg dafür, daß zu diesem Zeitpunkt kommunale Ämter sich für Juden durchaus noch einsetzen konnten. Er dokumentiert aber auch, in welchem Elend diese im Frühjahr 1942 in Tübingen dahinvegetierten: *Die Wallensteiner ist körperlich nicht in der Lage, sich in der Öffentlichkeit zu zeigen; sie ist meistens bettlägrig und verläßt ihr Zimmer nie. Sie bewohnt bei der Witwe V. hier ein Hofzimmer, das wegen seiner Lage an andere Volksgenossen nie vermietet werden kann. Es ist aber die Gewähr gegeben, daß die Wallensteiner nie in der Öffentlichkeit sich zeigt und daß sie Volksgenossen einen Wohnraum nicht wegnimmt. Bei dieser Sachlage, zumal da die Wallensteiner sehr stark pflegebedürftig ist (sie ist völlig hilflos) könnte von der Maßnahme der Umsiedlung [...] abgesehen werden.*[366]

Bücheler hatte Erfolg. Auf der Liste für den Auschwitz-Transport taucht der Name Wallensteiner nicht auf. Doch die im Dezember zurückgestellte Elfriede Spiro und Charlotte Pagel wurden aufgeführt. Letztere lebte bei ihrem Bruder, dem Privatgelehrten Albert Pagel, der vorerst nicht erfaßt wurde, weil Kriegsteilnehmer von der Deportation ausgenommen waren.[367] Da für diesen ersten Transport nach Auschwitz nur wenige württembergische Juden benannt waren, wurde er mit einem Transport aus München gekoppelt. Die württembergischen Juden wurden zwar wieder in Stuttgart gesammelt, sollten von dort aber nach München »verschubt« werden, von wo sie schließlich am 20. Juni ein weiterer Transport ins Generalgouvernement bringen sollte. Für Elfriede Spiro war es das zweite Mal, daß sie packen, die Vermögenserklärung ausfüllen und die vielen Behördengänge erledigen mußte. Da wurde *infolge plötzlich aufgetretener Verkehrsschwierigkeiten* der Transport kurzfristig abgeblasen.[368] Am 7. Juli teilte dann die Staatspolizeileitstelle dem Landrat in

Tübingen mit, daß die *Judenabschiebung* am 13. Juli stattfinden werde und alle genannten Juden am 10. Juli nach Stuttgart *zu verschuben* seien. Doch auch diesmal gelang den Tübingerinnen die Zurückstellung. Amtsärztliche Gutachten bestätigten beiden Frauen Transportunfähigkeit. Sie seien seit Wochen bettlägrig und könnten nur auf einer Tragbahre befördert werden, heißt es in einer Aktennotiz der örtlichen Polizeistelle. In der Kürze der Zeit wurde die Rückstellung offensichtlich telefonisch vereinbart. Denn erst am 15. Juli, als der Zug mit den 39 württembergischen Juden Stuttgart bereits in Richtung München verlassen hatte, sandte Bücheler die zwei Atteste des Gesundheitsamtes nach Stuttgart. Er hatte sich schon über weitere Transporte Gedanken gemacht und teilte seine Überlegungen der Staatspolizeileitstelle mit: *Zum Fall Pagel hätte ich noch zu bemerken, daß sie ihren beinahe 60jährigen Bruder, den Dr. Albert Israel Pagel, der eine jammervolle Figur darstellt, zu betreuen hat, daß also im Falle einer wiederholten Erwägung der Evakuierung der Charlotte Sarah Pagel diesem Umstand Rechnung zu tragen ist und beide Pagel weggeschafft werden sollten, da sonst die Stadtgemeinde den Juden Pagel in einem Heim unterbringen müßte und dies beim Fehlen eigener jüdischer Heime in Tübingen den anderen Volksgenossen nicht zuzumuten ist. Im übrigen bin ich der festen Überzeugung, daß weder der Albert Israel Pagel noch seine Schwester Charlotte Sarah jemals transportfähig (d. h. für eine längere Strecke) sein werden.*

Da auch Elfriede Spiro wenig Anlaß für eine baldige Wiederherstellung ihrer Transportfähigkeit zu geben schien, sah Bücheler Verwicklungen auf sich zukommen. Um langwierige Probleme zu umgehen, suchte auch er nach einer endgültigen Lösung der Tübinger »Judenfrage« und schlug der Gestapo vor, die Tübinger Juden in eine württembergische »Judengemeinde« zu bringen. Doch am 3. August kündigte die Staatspolizeileitstelle die *Umsiedlung sämtlicher noch in Württemberg ansässigen Juden* an.[369] Auch die in »privilegierten Mischehen« Lebenden sollten diesmal, wenn die Ehe nicht mehr bestand, erfaßt werden. Angewiesen, die nicht mehr bestehenden deutsch-jüdischen Ehen sowie die aus diesen Ehen hervorgegangenen Kinder, die nicht der jüdischen Religionsgemeinschaft angehören (»Mischlinge 1. Grades«) zu melden, gab die Tübinger Polizei am 6. August die Personalien von Irene Riekert, deren nichtjüdischer Ehemann 1927 gestorben war, und die ihrer drei Kinder weiter.[370] Daß sie ihre Kinder christlich erzogen hatte, rettete Irene Riekert das Leben. Auf der Liste vom 14. August führte die Gestapo Stuttgart weder ihren Namen noch den ihrer Kinder unter den *zur Abwanderung Kommenden* auf. Genannt aber wurde ihre 73jährige Mutter, Klara Wallensteiner, für die sich Friedrich Bücheler zuvor erfolgreich eingesetzt hatte, und die Namen anderer Hochbetagter und Kranker. Ausdrücklich hatte Gestapo-Chef Muszgay angeordnet: *Ein Ausscheiden eines namhaft gemachten Teilnehmers aus irgendeinem Grunde, Krankheit, Gebrechlichkeit usw. kann nicht erfolgen.*

So erfaßte der Transport vom August 1942 auch alle Insassen der jüdischen Altersheime in Dellmensingen, Eschenau oder Tigerfeld. Sie sollten nach den Plänen der Wannsee-Besprechung zusammen mit den Schwerbeschädigten und Frontkämpfern des Ersten Weltkrieges in einem »Altersghetto« zusammengefaßt werden.[371] Dafür hatten die Nationalsozialisten Theresienstadt geräumt, eine kleine Festungsstadt im »Protektorat«. Sogenannte Heimeinkaufsverträge, in die die Juden den Rest des ihnen noch verbliebenen Vermögens investierten, erzeugten die Illusion einer lebenslangen Versorgung innerhalb eines privilegierten Ghettos. Tatsächlich aber war es nur eine andere Form der Ausplünderung, weil Theresienstadt nicht im Ausland lag und damit die sonst übliche Beschlagnahmung des jüdischen Vermögens beim Überschreiten der Grenze entfiel.[372]

In Tübingen erhielten am 15. August die Transportbenachrichtigung der jüdischen Kultusvereinigung das Ehepaar Max und Sofie Löwenstein aus der Hechinger Straße, die Geschwister Dr. Albert und Charlotte Pagel, Elfriede Spiro und Klara Wallensteiner;[373] doch Klara Wallensteiner wollte nicht in der Fremde sterben und entzog sich der Verschleppung durch Freitod. Ihr Vermögen beschlagnahmte der Polizeiamtsvorstand ebenso wie das der fünf Deportierten, die am 20. August nach Stuttgart gebracht wurden. Für die Einrichtung in ihren Wohnungen fanden sich rasch begehrliche Interessenten. Bereits am 22. Dezember leitete Bücheler entsprechende Anfragen an das Finanzamt weiter, das für die »Verwertung« des jüdischen Vermögens zuständig war: Die NS-Gemeinschaft »Kraft durch Freude« interessierte sich für das *in der Wohnung Pagel stehende Klavier* und eine Bombengeschädigte aus Rostock *wollte aus dem Haushalt Löwenstein bzw. Spiro verschiedene Gebrauchsgegenstände erwerben*. Die übrigen Gegenstände, Möbel, Hausrat – darunter auch die umfangreiche Bibliothek des Juristen Albert Pagel – wurden versteigert.[374]

Auf dem Killesberg herrschten für die rund tausend meist Alten und Kranken katastrophale Zustände. Noch in der Nacht vor der Abfahrt starben acht Menschen.[375] Auch den Strapazen des Transports in den drangvoll engen Waggons waren einige nicht gewachsen. Diejenigen, die den Transport überlebten, kamen nach einem Tag Bahnfahrt in Theresienstadt an. Statt des erwarteten Vorzugslagers, in das sie sich teuer eingekauft hatten, fanden sie sich in einer hoffnungslos überbelegten Lagerstadt wieder. Auf einer Grundfläche von insgesamt 411 Hektar, die vorher rund 3000 Einwohner und 4000 kasernierte Soldaten beherbergt hatte, waren nun 50 000 Menschen zusammengepfercht. 250 Personen lebten im Durchschnitt in einem Haus.[376] Weder Betten noch Decken waren für jeden vorhanden. Die oft todkranken und lebensmüden Menschen waren diesen chaotischen, hygienisch verheerenden Zuständen nicht gewachsen. Wie die ehemalige Leiterin des jüdischen Altersheims in Heilbronn-Sontheim, eine der wenigen Überlebenden von Theresienstadt, berichtete, starben in den ersten Wochen nach der Ankunft des Stuttgarter Transportes täglich zwischen 180 und 200 Menschen.[377] Heraus aus dem Ghetto führte nur der Tod bzw. der Weitertransport in eines der Vernichtungslager des Ostens. Mehr als 88 000 Menschen wurden von Theresienstadt aus nach Riga, Minsk, Lublin und Auschwitz deportiert. Nur etwa 3500 überlebten Theresienstadt.[378]

Von den 1072 am 23. August 1942 angekommenen Juden aus Baden und Württemberg wurden 473 (44,1 Prozent) weiter deportiert und in Auschwitz oder Maly Trostinec bei Minsk ermordet.[379] Zu ihnen gehörte Sofie Löwenstein, deren Mann im Juli 1944, höchstwahrscheinlich in Theresienstadt, verhungerte. Zusammen mit ihrer aus Stuttgart deportierten Tochter Ilse Bloch wurde sie am 23. Oktober 1944 in die Gaskammern von Auschwitz weiterdeportiert.[380] Die Geschwister Pagel überlebten Theresienstadt ebenfalls nicht. Zusammen mit Elfriede Spiro brachte sie einer der ersten großen Transporte von dort am 23. Januar 1944 nach Auschwitz.[381]

Die Befreiung des Lagers durch die Russen am 9. Mai 1945 erlebten von den Tübinger Juden nur Victor Marx und Pauline Pollak. Pauline Pollak, verheiratet mit dem Kantor und Lehrer Leopold Pollak, hatte von 1914 bis 1935 in Tübingen gelebt. Als 74jährige wurde sie am 22. September 1942, als sie gerade zu Besuch bei ihrer Tochter in Würzburg weilte, mit dieser zusammen nach Theresienstadt verschleppt.[382] Ihre Tochter Mathilde, die Theresienstadt ebenfalls überlebte, berichtete später über die Situation in dem angeblichen Altersghetto: *Am 22. September 1942 wurden wir dann alle nach Theresienstadt deportiert. Nur dem Umstand, daß mein Mann Chefkoch war und uns manchmal ein paar Kartoffeln und etwas Brot zukommen ließ, verdanken wir das Überleben. Wir waren dreißig Frauen in einem kleinen Zimmer, in dem die Betten übereinanderstanden, so daß man sich durchzwängen mußte. Natürlich war ich getrennt von meinem Mann und meinen Kindern. [...] Wir alle mußten schwer arbeiten und durften keinen Tag aussetzen. Wenn eine Abordnung vom Roten Kreuz kam, mußten wir vorher die Straßen fegen und Schaufenster herrichten. Das Essen war dann viel besser und reichlicher. Danach wurde alles wieder abgezogen.*[383]

Die aus anderen Orten deportierten Tübinger Juden überlebten Theresienstadt alle nicht: Es waren Sofie Weil, die Frau des Tübinger Bankiers Friedrich Weil und ihre Tochter Mina Mayer, die 1935 nach Mainz gezogen waren; Bella Wochenmark, die Frau des ehemaligen Vorsängers und Religionslehrers der Tübinger Gemeinde, Dr. Josef Wochenmark, der zwischen 1941 und 1943 als orthodoxer Rabbiner in Stuttgart wirkte; und Anne Erlanger, die am 10. September 1942 von Fürth aus nach Theresienstadt verschleppt wurde.[384] Auch die bereits 1934 ins Ausland geflohene Blanda Marx, Mutter von Victor und Egon Marx, hatte die Übersiedlung nach Frankreich nicht vor den SS-Schergen gerettet. Acht Jahre nach ihrer Emigration wurde sie in Héricourt im Departement Haute-Saône zusammen mit den anderen jüdischen Einwohnern des Ortes verhaftet und über einen Zwischenaufenthalt im Lager Drancy nach Auschwitz eingeliefert.[385]


Zurückgeblieben: »Mischlinge« und »Mischehe«-Partner

Der Transport vom August 1942 hatte die Stadt Tübingen »judenfrei« gemacht. Um dies zu dokumentieren, verfügte Bürgermeister Kercher, die Judengasse in Schotteigasse umzubenennen, weil sich in der nahegelegenen Wirtschaft Zur Schottei das Lokal der NSDAP-Ortsgruppe Tübingen befunden hatte.[386] Er verwirklichte damit einen wiederholt von der Anwohnerschaft vorgetragenen Wunsch. Den nationalsozialistischen Rassenfanatikern reichte es offenkundig nicht, das Leben der Juden auszulöschen, auch jede Erinnerung an sie sollte getilgt werden. Bereits 1940 hatte man in Tübingen die Walter-Simon-Straße umbenannt. Der in Königsberg geborene Walter Simon hatte um die Jahrhundertwende der Stadt zwei Stiftungen zugewendet: Die »Walter Simon'sche Stiftung für Tübinger Weingärtner« und die »Dr. Simon'sche Brautstiftung«. Die Erinnerung an den jüdischen Philanthropen mußte der belanglosen Bezeichnung »Blaue Brücke« weichen.[387] Die Erträge des während der Inflation zusammengeschrumpften Stiftungskapitals aber wurden weiterhin an bedürftige (nichtjüdische) Tübinger verteilt.[388]

Unter den 77 Juden aus Württemberg und Baden – überwiegend Partner nicht mehr bestehender »Mischehen« –, die am 11. November 1944 nach Theresienstadt verschleppt wurden, befand sich der am 13. Juli 1869 in Ulm geborene Hermann Thalmessinger. Den verwitweten Brauereidirektor hatte nach Auflösung des jüdischen Wohnheims in Buttenhausen (Kreis Münsingen) eine Nichte in Lustnau aufgenommen. Am 7. Januar 1944 teilte die Stuttgarter Staatspolizeileitstelle der Tübinger Polizei fernmündlich mit, daß Thalmessinger am 10. Januar bis spätestens 12 Uhr zur Jüdischen Mittelstelle nach Stuttgart zu bringen sei.[389] Morgens um 7 Uhr klingelte ein Beamter in Zivil an der Lustnauer Wohnungstür und führte Thalmessinger ohne nähere Angaben ab. Das Gepäck, die Vermögensbeschlagnahmung und die abschließende Versiegelung der Wohnung wurden wie bei früheren Deportationen gehandhabt. Von den siebzig Zwangsverschleppten dieses Transportes starben sieben in den Gaskammern von Auschwitz und neun in Theresienstadt. Hermann Thalmessinger überlebte die Deportation. Er gehört zu den 47 Juden, die die Stadt Stuttgart im Juni 1945 in Omnibussen von Theresienstadt nach Stuttgart brachte.[390]

Ihre nichtjüdischen Ehepartner boten den zuletzt Deportierten in der Regel verhältnismäßigen Schutz. Oft waren es auch die im Inland lebenden Kinder aus »Mischehen«, die ihren jüdischen Elternteil vor dem Äußersten schützten. Nicht immer jedoch bewahrten nichtjüdische Familienangehörige vor dem Tod in der Gaskammer. Hans Spiro, einst Schriftführer des ersten Tübinger Fußballclubs, wurde, obwohl er in einer »privilegierten Mischehe« lebte und der evangelischen Kirche angehörte, 1942 – vermutlich aufgrund einer Denunziation – verhaftet und nach kurzem Gefängnisaufenthalt in Tübingen zusammen mit seinem ebenfalls verhafteten Bruder Edwin, der in Stuttgart lebte, in das Gestapogefängnis Welzheim gebracht. Von dort deportierte die Gestapo ihn am 27. Januar, seinen Bruder am 2. Februar 1943 nach Auschwitz. Anfang März erhielten die Witwen die Todesnachricht. Als Todesursache hatte die Lagerverwaltung bei Hans Spiro Herzmuskelschwäche, bei seinem Bruder Lungenentzündung angegeben.[391]

Da sich die »Mischlinge« oder die jüdischen Partner von »Mischehen« selten der israelitischen Religionsgemeinschaft zugehörig fühlten, trafen sie die Verfolgungsmaßnahmen besonders hart. *Zu Juden haben uns erst die Nationalsozialisten gemacht,* berichtete eine von ihnen.[392] Sie saßen im wahrsten Sinne des Wortes zwischen den Stühlen: Die Verbindung zur jüdischen Tradition war oft schon vor Generationen abgebrochen worden. Sie fühlten sich als Deutsche und durften es doch nicht mehr sein. Die Kirchen, denen sie angehörten, gewährten ihnen in der Regel weder Beistand noch Hilfe. Eine evangelische Tübinger Jüdin wandte sich – nachdem sie durch den plötzlichen Tod ihres nichtjüdischen Mannes den Schutz der »privilegierten Mischehe« verloren hatte – an den evangelischen Pfarrer mit der Bitte, er möge doch von seinem Kollegen in Mansfeld in Erfahrung bringen, wie es ihrem dort Zwangsarbeit leistenden sechzehnjährigen Sohn gehe. Sie erhielt zur Antwort:

*Sie mögen sich doch beruhigen, so schlimm könne es dort, wo Vater Luther gearbeitet habe, ihrem Sohn schon nicht gehen.*[393]

War in einer »Mischehe« der männliche Partner Jude, so galt nach einem Erlaß des Reichssicherheitshauptamtes der gesamte Haushalt als jüdisch. Das brachte viele kleine Schikanen mit sich, unter anderem bedeutete es, daß *in diesem Fall sowohl der Haushaltungsvorstand als auch alle mit ihm in häuslicher Gemeinschaft lebenden Personen vom selbständigen Rundfunkempfang auszuschließen sind.*[394] Kinder aus »Mischehen« durften mit Beginn des Schuljahres 1942/43 nicht mehr die Haupt-, Mittel- und höheren Schulen besuchen. Auch wenn sie ein Versetzungszeugnis erhalten hatten, wurden sie aus der Schule entlassen.[395] Auch Tübinger Schulen verschickten die amtliche Mitteilung, mit der von einem Tag auf den anderen eine Schullaufbahn beendet wurde.[396] Jüdische »Mischlinge 1. Grades« waren vom Dienst in der Wehrmacht ausgeschlossen.[397] Studieren durften sie in der Regel auch nicht mehr.[398] An einen Ausbildungsvertrag für eine Lehre war ebenfalls nicht zu denken.[399] Anfang Oktober 1944 wurden alle männlichen jüdischen »Mischlinge 1. Grades«, die für einen Arbeitseinsatz geeignet waren, für Bauarbeiten der Organisation Todt zwangsverpflichtet.[400]

Drei Jahre zuvor hatte der Stuttgarter Gestapochef Muszgay schon ihre besondere Überwachung angeordnet, weil ihn beunruhigte, *daß in letzter Zeit jüdische Mischlinge 1. Grades zu deutschen Frauen und Mädchen in außereheliche Beziehungen treten.*[401] Falls ein solch rassenwidriges Verhältnis angetroffen werde – so seine Anordnung –, sei den Mischlingen *ungeachtet sonstiger Umstände die Lösung ihres Verhältnisses aufzugeben.* Der Tübinger Polizeiamtsvorstand ließ sofort eine Liste der fraglichen »Mischlinge« erstellen und bat die Kreisleitung um *vertrauliche Feststellung*, ob diese *mit deutschblütigen Frauen und Mädchen außereheliche Beziehungen pflegen.* Der Kreisleitung bereiteten die gewünschten Auskünfte keine Schwierigkeiten. Bereitwillig gab die Vermieterin dem Ortsgruppenleiter zu Protokoll, daß einer der Genannten offenbar eine Freundin habe. Sie hatte ihren Mieter genau beobachtet und konnte sogar angeben, wie oft die Freundin zu Besuch gewesen sei: *Diese habe ihn in den letzten zwei Jahren etwa dreimal besucht und habe ihm zu seinem letzten Geburtstag [...] einen Blumenstrauß durch einen hiesigen Gärtner zukommen lassen. Wie er's mit diesem Mädchen, das er habe heiraten wollen nun aber nicht dürfe, habe, wisse sie nicht. Jedenfalls aber ist es ein sehr anständiges Mädchen. Zu hiesigen Frauen habe er keine Beziehungen.* Die abschließende Ehrenerklärung nützte wenig, nachdem so bereitwillig zuvor über straffällige Beziehungen Auskunft gegeben worden war. Wenige Tage später schon wurde der Betreffende aufs Polizeiamt zitiert, wo er ein Schriftstück unterschreiben mußte, das ihm die Lösung der Beziehung zu seiner Freundin auftrug und *die Aufnahme derartiger Beziehungen für die Zukunft untersagte.*

Nicht nur in diesem Fall fanden Kreisleitung und Gestapo bei ihrer Arbeit Unterstützung durch die Bevölkerung – ob aus Angst oder aus Überzeugung, läßt sich im Nachhinein kaum entscheiden. Ob die verfolgten Juden Unterstützung fanden, läßt sich ebenfalls kaum mehr klären. Einen Niederschlag in den Akten der Polizei, die jede Verbindung zwischen Juden und Nichtjuden argwöhnisch beobachtete, fand solche Hilfe nur im Falle der Wankheimer Pfarrerfamilie Gölz. Richard Gölz, der als Stiftskirchenorganist 1933 im Tübinger Kirchengemeinderat auf eine entschiedene Haltung gegenüber den Deutschen Christen gepocht hatte[402], gewährte zusammen mit seiner Frau mehrmals untergetauchten Juden Asyl. Unter ihnen befand sich auch Max Krakauer, der zusammen mit seiner Frau die letzten zwei Jahre des Zweiten Weltkriegs in der Illegalität überleben konnte, weil ihn Pfarrer der Bekennenden Kirche versteckten.[403] Da in der Enge des dörflichen Zusammenlebens ein neues Gesicht nicht lange verborgen werden konnte, gab das Ehepaar Gölz die Untergetauchten als Mitglieder ihrer weitläufigen Verwandtschaft oder als »Ausgebombte« aus. Doch die Männer im wehrpflichtigen Alter erweckten bald Verdacht. Als sich nach dem 20. Juli 1944 wieder ein Fremder bei der Pfarrerfamilie zeigte, glaubte ein Wankheimer Lehrer in dem untergetauchten kriegsverletzten Berliner Chirurgen Dr. Pineas den gesuchten Carl Goerdeler zu erkennen und meldete dies der Gestapo. Familie Gölz, die rechtzeitig einen Wink erhalten hatte, sorgte dafür, daß ihr Gast in einem anderen Pfarrhaus Unterkunft fand. Tatsächlich gelang es Pineas, erneut unterzutauchen. Richard Gölz aber wurde, nachdem der hartnäckige Denunziant die Gestapo noch einmal auf den Pfarrer aufmerksam gemacht hatte, an Weihnachten 1944 verhaftet und ins Gestapogefängnis nach Welzheim gebracht, wo ihn erst das Kriegsende aus der Haft befreite.[404]

Hilfe, wie sie die Familie Gölz untergetauchten und bedrängten Juden gewährte, blieb in Tübingen die Ausnahme. Die meisten verschlossen sich gegenüber dem, was vor ihren Augen vor sich ging, hatten den Kontakt zu den ehemaligen jüdischen Nachbarn oder Bekannten längst aufgegeben und bemerkten deshalb auch nicht, daß sie eines Tages nicht mehr da waren. Kenntnis von den Deportationen aber hatten viele, selbst wenn sie sich weigerten, wahrzunehmen, was das bedeutete. Da gab es nicht nur immer wieder Korrespondentenberichte und Fotobeilagen über Judenghettos im Osten in der »Tübinger Chronik« oder dem »NS-Kurier«.[405] Da waren auch die verschiedensten Bevölkerungskreise an der bürokratischen Abwicklung der Deportationen beteiligt: die Beamten der Kriminal- oder Sicherheitspolizei, die die Transporte bis in den Osten begleiteten; Polizisten, die die Juden in Stuttgart ablieferten; das Personal der Reichsbahn, das die Transporte innerhalb Württembergs abwickelte; die Angestellten des Finanzamtes, die die Vermögenserklärungen kontrollierten; die Beamten und Angestellten des Landratsamtes, über deren Schreibtische die Deportationsanweisungen gingen; die Angestellten des Ernährungsamtes und der Deutschen Arbeitsfront, die die Lebensmittelkarten und das Arbeitsbuch in Empfang nahmen; Bedienstete der Sparkassen und Banken, die die Sparbücher und Wertpapiere aushändigten; Schreibkräfte des Einwohnermeldeamtes, die die Deportierten als »nach unbekannt verzogen« vermerken mußten; Ärzte, die Atteste ausstellten; der städtische Auktionator, der die zurückgelassene Habe meistbietend versteigerte, und die Vermieter und Nachbarn, die das Packen und den Transport meist Tür an Tür miterlebten. Auch die erwähnten Gesuche um *Judenmöbel*[406] zeigen, daß der Abtransport der Juden – auch wenn er in Tübingen nicht auf offenen Lastwagen oder in langen, entwürdigenden Fußmärschen durch die Stadt erfolgte – aufmerksam registriert wurde.[407] Für den Vorstand des Tübinger Polizeiamtes bot die Beteiligung an der bürokratischen Abwicklung der Deportationen sogar die Möglichkeit, seine Kompetenzen zu erweitern und sich in dieser Frage von der Aufsicht und Weisungsbefugnis des Landrats abzukoppeln.[408]

Auch das Wissen um die Morde in den Vernichtungslagern oder die Erschießungen der Einsatzgruppen sickerte durch. Oberbürgermeister Weinmann, der seit April 1941 bei einer Einsatzgruppe der SS in Jugoslawien unter anderem mit der Umsiedlung von Slowenen nach Serbien beauftragt war, hatte bei einem Heimaturlaub nach reichlichem Alkoholgenuß am Stammtisch von seinen Erlebnissen bei Massenerschießungen berichtet: *Einmal ist er nach Hause gekommen und hat mit uns in der Ratsstube zusammengesessen und uns erzählt, wie er's da drüben, in Belgrad getrieben hat. Das war schlimm. Hat uns erzählt, wie er die Menschen da an die Donau hingeführt hat und ihnen Genickschüsse gegeben hat*, erinnerte sich der ehemalige Ratsschreiber.[409] Fotos von erhängten Serben sollen die Runde gemacht und Weinmann nachträglich den Beinamen *Henker von Belgrad* eingetragen haben.[410] In wieweit der Tübinger Oberbürgermeister tatsächlich an den Massenerschießungen in Jugoslawien beteiligt war, konnte nicht geklärt werden, da er nach Kriegsende nach Jugoslawien ausgeliefert und dort von einem Gericht zum Tode verurteilt und hingerichtet wurde.[411] Die Spruchkammer ging 1950 im Entnazifizierungsverfahren, das in seiner Abwesenheit geführt wurde, davon aus, daß die Bezeichnung *Henker von Belgrad* nicht von serbischer Seite stammen könne, sondern in Tübingen erfunden worden sein muß, *in der Absicht ihn unmöglich zu machen*.[412]

Weitere Tübinger sind – völlig unterschiedlich – in die Verbrechen der »Endlösung« verwickelt: Paul Zapp war Privatsekretär von Jakob Wilhelm Hauer und seit 1934 Geschäftsführer der Deutschen Glaubensbewegung, ehe er 1939 fester Mitarbeiter im Reichssicherheitshauptamt wurde. Als SS-Obersturmbannführer leitete er von Beginn des Rußlandfeldzugs im Juni 1941 bis Juli 1942 das Kommando 11 a der Einsatzgruppe D. Das Schwurgericht München verurteilte ihn 1970 wegen gemeinschaftlich begangenem Mord an 13 449 Juden zu lebenslangem Zuchthaus.[413] Kurt Gerstein, der zu Beginn des Dritten Reichs wegen eines Parteiausschlußverfahrens seine Anstellung als Bergwerkassessor verloren hatte, studierte seit 1936 im Zweitstudium in Tübingen Medizin. Wegen seiner Tätigkeit für die Bekennende Kirche wurde er einige Zeit im Welzheimer KZ gefangen gehalten. Nach Kriegsbeginn trat er in die Waffen-SS ein, seinen Aussagen zufolge, weil er – aufgerüttelt durch einen »Euthanasie«-Fall in seiner Familie – Einblick gewinnen und das Regime von innen bekämpfen wollte. Als Mediziner und leitender Ingenieur der Hygiene-Abteilung des SS-Führungshauptamtes wurde der SS-Obersturmführer Zeuge der »Endlösung« und widerstrebender Handlanger der Mörder. Er besorgte das Zyklon B für die Vergasungen, und er alarmierte — allerdings vergeblich – das Ausland. Seiner Frau, die in Tübingen lebte, soll er andeutungsweise davon in seinen Briefen berichtet haben. Doch gibt es in den Akten keinen Hinweis darauf, daß sein Wissen in Tübingen weitergegeben wurde. 1945 setzte Kurt Gerstein in einem französischen Militärgefängnis seinem Leben ein Ende.[414] Der ehemalige Wankheimer Volksschullehrer Gottlob Berger war, zum SS-Obergruppenführer und Chef des SS-Hauptamtes aufgestiegen, als Vertrauter und Verbindungsmann Himmlers zum Ostministerium Rosenbergs ebenfalls unmittelbar an der »Endlösung« beteiligt. 1949 wurde er in Nürnberg zu 25 Jahren Gefängnis verurteilt, doch bereits 1952 wieder entlassen.[415] Weitere Tübinger Nationalsozialisten der ersten Stunde wie Dr. Franz-Walter Stahlecker, in den zwanziger Jahren Schriftleiter einer völkischen Zeitung in Tübingen, und der ehemalige »Führer der Tübinger Studentenschaft«, Martin Sandberger, waren an exponierter Stelle an der Vernichtungspolitik des NS-Regimes beteiligt. Stahlecker, wie Sandberger einst Jurastudent an der Eberhard-Karls-Universität, übernahm im Sommer 1941 die Leitung der Einsatzgruppe A. Er war neben vielen anderen Massakern für die Judenpogrome in Kaunas (Kowno) verantwortlich.[416] 1942 haben ihn estnische Partisanen getötet.[417] Sandberger hatte nach seiner Tübinger Zeit in der Reichsstudentenführung Karriere gemacht, bevor der SS-Standartenführer als Befehlshaber der Sicherheitspolizei in Estland und Leiter des Einsatzkommandos 1 a in Stahleckers Einsatzgruppe aktiv wurde. Im Nürnberger Prozeß wurde Sandberger zum Tode durch Strang verurteilt, später zu lebenslänglicher Haft begnadigt. Bereits 1958 war er wieder auf freiem Fuß. Theodor Dannecker schließlich, der nicht zum Kreis der ehrgeizigen und aufstiegsorientierten Tübinger NS-Studenten gehörte, sondern die Universitätsstadt schon früh verlassen hatte und außerhalb Tübingens zur SS gestoßen war, stieg vom erfolglosen Tübinger Oberschüler zum emsigen Bürokraten der Ausrottungspolitik im »Büro Eichmann« auf. Als Leiter der Judendeportationen organisierte der SS-Hauptsturmführer die Deportationszüge aus Frankreich, Bulgarien, Ungarn und Italien. Bei Kriegsende setzte sich der Gehilfe Eichmanns ab und beging Selbstmord.[418]

Die Biografien dieser Männer, Tübinger »Endlösungs«täter und Schreibtischmörder, zeigen nichts Auffallendes, nichts Abnormes. Alle waren ehrgeizige, »korrekte Beamte«, aber sie funktionierten innerhalb eines Systems, das Verbrechen zur Normalität gemacht hatte.

Kriegsgefangene und Fremdarbeiter

Um die Loyalität deutscher Rüstungsarbeiter gegenüber dem Regime nicht durch erhöhte Arbeitsanforderungen zu gefährden und um den Rückhalt in der Bevölkerung nicht durch den forcierten Einsatz von Frauen zu verlieren, überwand die NS-Führung im Verlauf des Krieges ihre anfänglichen ideologischen Bedenken gegenüber einem Einsatz von ausländischen Arbeitnehmern und Kriegsgefangenen.[419] Die ersten ausländischen Arbeitskräfte kamen unmittelbar nach dem »Blitzsieg« in Polen – anfangs noch freiwillig wie früher landwirtschaftliche Saisonarbeiter, bald aber unter Zwang. Die »Polen-Erlasse« vom 8. März 1940 zwangen ihnen ein Sklavenleben in Deutschland auf. Diskriminierende Bestimmungen und Hungerlöhne zogen eine scharfe Grenze zwischen den deutschen Herren und ihren polnischen Knechten. Verstöße wurden mit drakonischen Strafen geahndet: *Arbeitsbummelei* bedeutete Einweisung in ein Arbeitslager, sexueller Kontakt zwischen Polen und deutschen Frauen die öffentliche Hinrichtung.[420]

Noch billiger als die »Zivilarbeiter« erwiesen sich für das Regime die Kriegsgefangenen, besonders die aus der Sowjetunion und Polen, die am untersten Ende der nationalsozialistischen Rassenskala standen. Von den rund 7,7 Millionen Ausländern, die im Herbst 1944 auf dem Gebiet des Großdeutschen Reiches arbeiteten, stammten zwei Drittel aus Polen und der Sowjetunion. Knapp die Hälfte waren junge Frauen. Ohne ihre Arbeit hätten die einheimischen Landwirte schon am Ende des ersten Kriegsjahres die Ernährung nicht mehr sicherstellen können. Auch die Rüstungswirtschaft war spätestens seit dem Herbst 1941 auf ihre billige Arbeitskraft angewiesen.[421] Deswegen wurde seit März 1942 der Arbeitseinsatz in der Hand eines »Generalbevollmächtigten« zentralisiert, der dafür sorgte, daß so viele Arbeiter wie irgend möglich ins Reich verfrachtet wurden. Nach seiner Aussage kamen von den rund fünf Millionen ausländischen Arbeitskräften keine 200 000 freiwillig.[422]

Die ersten ausländischen Arbeiter scheinen wenige Wochen nach Kriegsbeginn nach Tübingen gekommen zu sein. Im November 1939 mietete die Stadt als Unterkunft für die ersten hundert polnischen Kriegsgefangenen mehrere Räume im ehemaligen Hygienischen Institut der Universität.[423] Im November des folgenden Jahres schloß der Oberbürgermeister einen weiteren Mietvertrag, diesmal für Räume im Lustnauer »Ochsen«, wo vierzig bis fünfzig französische Kriegsgefangene untergebracht wurden. Einen Monat später eröffnete die Stadt in der Schaffhausenstraße das nächste Lager.[424] Bei Kriegsende gab es im Bereich der Universitätsstadt neun Kriegsgefangenenlager – davon drei in städtischer Trägerschaft – sowie 27 Lager (davon zwei städtische) für sogenannte Zivilarbeiter, von der Bevölkerung auch »Zivilgefangene« genannt.[425] Zu dem Zeitpunkt war jeder Zwanzigste in der Universitätsstadt ein Ausländer. Die wenigsten hatten ein Privatquartier,[426] die meisten wurden in Lagern gehalten, hinter Stacheldraht und Gittern, in Behelfsbaracken untergebracht. Ungeachtet ihrer Qualifikation mußten die fremden Arbeiter in der Landwirtschaft, bei den Tübinger Firmen und Handwerksbetrieben, in den Kliniken, Gärtnereien und bei städtischen Ämtern arbeiten. Das Tiefbauamt etwa setzte sie für Meliorationen ein und ließ sie den »Lustnauer Landgraben« trockenlegen,[427] bei der Feldbereinigung im unteren Neckar- sowie im Ammertal arbeiten oder kurzfristig anfallende Sonderarbeiten erledigen.[428] Mit wachsender Personalnot sollten sie nach Anweisung des Reutlinger Arbeitsamtes jedoch nur noch bei *kriegs- und lebenswichtigen Arbeiten* eingesetzt werden.[429] Als die Vorbereitungen für den Rußlandfeldzug erneut Arbeitskräfte aus Behörden und Wirtschaft abzogen, bat der Stadtvorstand den Reichsverteidigungskommissar im Wehrbereich V angesichts der katastrophalen Personallage in den Tübinger Versorgungsbetrieben dringend um die Zuweisung weiterer Kriegsgefangener und ausländischer Zivilarbeiter, damit die Bäckereien und Metzgereien weiter arbeiten konnten.[430] Gegen Ende des Krieges wurden die Kriegsgefangenen vorwiegend auf den Baustellen des Luftschutz-Sonderprogramms eingesetzt. Sie mußten Schutzräume und Stollen bauen, in denen sie selber in der Regel keinen Schutz suchen durften.

Die Stadtverwaltung vermittelte als »Kriegsgefangenenlagerverwaltung« die Kriegsgefangenen und Fremdarbeiter, die in städtischen Lagern untergebracht waren, an Firmen und Betriebe, manchmal auch an Privatpersonen. Sie regelte die Bezahlung und strich die

Gewinne ein. Allein 1944 erwirtschaftete sie mit den Kriegsgefangenen einen Reingewinn von 26721,94 RM.[431] Der Minimallohn für einen sowjetischen Kriegsgefangenen betrug im August 1944 in Tübingen 35 Pfennig am Tag. Für die gleiche Arbeit mußte die Stadt einem deutschen Arbeiter 3 RM auszahlen.[432] Feiertage oder Krankentage wurden nicht gezahlt, und die vorgeschriebenen Zuschläge für Überstunden und Schwerstarbeit unterschlugen die Arbeitgeber nach Gutdünken, wie Abrechnungen Tübinger Firmen belegen.[433] *Lang- und Nachtarbeiterzulagen* wurden laut Anweisung des Ernährungsamtes in Tübingen ohnehin nicht gewährt.[434] Anlaß für die ersatzlose Streichung der Lebensmittelzulagen für Kriegsgefangene und Fremdarbeiter hatte der Futterneid ihrer deutschen Kollegen gegeben. So hielt das zuständige Gewerbeaufsichtsamt Stuttgart im Mai 1940 die Kriegsgefangenenlagerverwaltung Tübingen an, Schwerarbeiterzulagen nur nach genauester Prüfung jedes Einzelfalls zuzuteilen und *wenn Rücksichten auf beteiligte deutsche Arbeiter oder die Zivilbevölkerung dem nicht entgegenstehen*. Selbst dann aber seien lediglich Brotzulagen angebracht, da *es den Kriegsgefangenen vor allem um das Sattwerden zu tun ist. Bei den polnischen Kriegsgefangenen im besonderen kommt noch hinzu, dass eine derartige Behandlung der Frage deren bisherigen Lebensverhältnissen zweifellos weitgehend gerecht wird.*[435]

Kriegswichtige Betriebe erwarteten, bevorzugt mit den billigen ausländischen Arbeitskräften versorgt zu werden, weswegen die Antragsteller auf ihre Rüstungsaufträge hinweisen. Bei der Sägerei Fritz mußten die Kriegsgefangenen beispielsweise Flugzeug- und Sprengstoffhallen anfertigen, bei der Zementfabrik Pflumm & Kemmler *Behelfsbauten für die Rüstung* erstellen. Auch andere Tübinger Betriebe, etwa Otnima in Derendingen, die Maschinenfabrik Zanker, die Montan-Werke, die Elektromotorenfabrik Himmel oder Daimler-Benz in Untertürkheim – wo ebenfalls Zwangsarbeiter aus Tübinger Lagern arbeiteten – waren auf die Arbeit der Ausländer angewiesen.[436]

Was die Arbeit in den Betrieben des Kriegsgegners für den einzelnen Kriegsgefangenen bedeutete, ist für Tübingen so wenig überliefert wie irgend ein direktes Zeugnis darüber, wie die Zwangsarbeiter mit ihrer sozialen und psychischen Situation fertig wurden.[437] Oft waren die fremden Arbeiter einfach nicht in der Lage, schneller eine Arbeit zu verrichten, die sie in der Regel nie gelernt hatten. Ausgebildete Facharbeiter, Handwerksmeister und Studenten ließ man die Hilfs- und Schwerstarbeiten ausführen, für die sich deutsche Arbeiter zu schade waren.[438] Die Wachmannschaften, jahrelang mit ausländerfeindlicher Propaganda überschüttet, sahen in jeder Form von langsamerem Arbeiten, einerlei ob aus Unfähigkeit oder aus physischer Schwäche, Sabotage, die sie mit »geschärftem Arrest« bestraften. In schwereren Fällen erfolgte Einweisung in das Arbeitserziehungslager Aistaig bei Oberndorf am Neckar. Dort herrschten Zustände, die nur wenige überlebten.[439] Trotz mehrfacher Hinweise auf »Arbeitssabotage« konnte ein Beleg für eine Widerstandsorganisation sowjetischer Kriegsgefangener in Tübingen nicht gefunden werden, obwohl sich das Stammlager Ludwigsburg 1943 zu einer Zentrale der russischen Widerstandsorganisation »Brüderliche Zusammenarbeit« entwickelt hatte.[440] Die Kriegsgefangenen und Zwangsarbeiter der Tübinger Lager suchten anscheinend eher einen Ausweg in der Flucht. Das war in der Regel ein aussichtsloses Unternehmen, denn die meisten Flüchtlinge wurden aufgegriffen und der Gestapo übergeben.[441]

Die Behandlung der fremden Arbeiter durch die deutschen Arbeitgeber und Bewacher war unterschiedlich. Eine Flut von Erlassen reglementierte ihr Leben. Das rassistisch abgestufte Regelsystem sorgte dafür, daß unter den Arbeitern verschiedener Nationalität keine Solidarität entstand. So verdiente ein französischer oder holländischer Arbeiter weniger als ein deutscher, aber mehr als ein »Zivilarbeiter« aus Polen oder der Sowjetunion. Am wenigsten verdienten die beim Stollenbau eingesetzten kriegsgefangenen Russen. Tschechen aus dem Protektoratsgebiet galten als bevorzugte Arbeitskräfte, *eindeutschungsfähige* Polen ebenfalls.[442] Sie wurden als *rassisch wertvoll* betrachtet und sollten deshalb nur bei alten Parteigenossen oder *bewährten Angehörigen der Parteigliederungen* eingesetzt werden. Ihr Lohn lag über dem der anderen polnischen Zwangsarbeiter. Der Kennzeichnungszwang mit dem lila-gelben Polenabzeichen war für sie aufgehoben.[443] Er wurde in Tübingen offenbar auch nicht bei allen anderen »Ostarbeitern« beachtet.[444]

Die Lebensverhältnisse der fremden Arbeiter in Deutschland hingen jedoch nicht nur von den staatlichen Verordnungen ab, sie differierten auch je nach Art ihres Arbeitseinsatzes und nach der Menschlichkeit ihrer Arbeitgeber. Auch die allgemeine Stimmungslage spielte eine Rolle. Siegesmeldungen ließen den Hochmut der Bevölkerung gegenüber den Besiegten wachsen, die sich abzeichnende Niederlage bewirkte Freundlichkeit.[445] Im Allgemeinen ging es den in der Landwirtschaft eingesetzten besser als denen, die in der Rüstungsindustrie arbeiten mußten, wo die Überwachung sehr viel größer, die Möglichkeiten der zusätzlichen Versorgung mit Lebensmitteln aber äußerst gering waren. Die Lagerordnung des für Tübingen zuständigen Stammlagers V A in Ludwigsburg spricht eine deutliche Sprache: *Jeder Versuch einer Unterhaltung der Kriegsgefangenen mit Zivilpersonen wird, wenn nötig, von den Wachmannschaften unter Anwendung von Waffengewalt verhindert. Widersetzlichkeiten jeder Art, Verstösse gegen die Disziplin, aktiver oder passiver Widerstand wird rücksichtslos mit der Waffe gebrochen.*[446]

Die schlimmste Behandlung war für sowjetische Kriegsgefangene vorgesehen. Sie waren – so das *Merkblatt für die Bewachung der russischen Kgf.* im Wehrkreis V – *angesichts der Heimtücke und politischen Einstellung derselben* mit besonderer Sorgfalt und Strenge zu bewachen.[447] Nur *besonders zuverlässige und energische Wachmannschaften* kamen dafür in Frage. Dennoch meldete die SD-Außenstelle Tübingen im Oktober 1944, *daß die bei dem Stollenbau innerhalb der Stadt Tübingen eingesetzten sowjetruss. Kriegsgefangenen Vorübergehende, insbesondere Frauen, ansprechen und um Brotmarken und Geld anbetteln. In einem Fall hat das sogar soweit geführt, daß eine Frau von ihren Marken ein Schwarzbrot kaufte und dies an die in der Gartenstraße 7 tätigen sowjetrussischen Kriegsgefangenen übergab.*

Per Plakataushang und mit wiederholten Presseartikeln versuchte die NS-Regierung, jede menschliche Behandlung zu unterbinden: *Seht in den Kriegsgefangenen Menschen, die nicht zum Gegenstand der Neugierde oder des unberechtigten Mitleids gemacht werden sollen. Wer den Gefangenen zur Flucht verhilft oder in unerlaubte Beziehung zu ihnen tritt, ihnen etwas zusteckt, Tauschgeschäfte mit ihnen zu machen versucht oder Briefschmuggel begünstigt, wird als Landesverräter bestraft.*[448] Auf Landesverrat stand Gefängnis, in schweren Fällen Zuchthaus.[449] *Hier kann es keine Ausnahme geben: Wer sich pflichtvergessen außerhalb der Volksgemeinschaft stellt, den wird das Gesetz mit aller Schärfe treffen*, warnte die lokale Presse.[450] *Kriegsgefangene sind Feinde: Feinde bleiben aber Feinde!*, mit solchen Schlagzeilen schürte die »Chronik« das Mißtrauen und den Haß gegenüber den Fremden.[451] Als nach dem Scheitern der Blitzkriegsstrategie in Rußland vermehrt Kriegsgefangene und »Ostarbeiter« als Ersatz für die eingezogenen deutschen Arbeiter ins Reich verschleppt wurden, mußten sie die heraufbeschworenen Ängste wieder beschwichtigen: *Niemand braucht zu fürchten, daß uns die Ausländer über den Kopf wachsen.*[452]

Doch Vorschriften und Realität unterschieden sich auch in diesem Fall. Bei den in Tübingen häufigen Einsätzen von nur einem oder zwei Kriegsgefangenen in einer Gärtnerei, einer Landwirtschaft oder einem Handwerksbetrieb ließ sich die vorgeschriebene Isolierung nicht realisieren. Ein Gesprächspartner, in dessen großelterlicher Landwirtschaft ein französischer Kriegsgefangener arbeitete, berichtete, daß die Familie oft die Kriegsneuigkeiten mit dem Franzosen diskutiert habe.[453] Die Projektgruppe »Fremde Arbeiter« des Ludwig-Uhland-Instituts hat mehrere Beispiele eines nahezu familiären Umgangs zwischen Tübinger Arbeitgebern und ihren Fremdarbeitern oder -arbeiterinnen dokumentiert.[454] So war es beispielsweise in einigen Familien üblich, daß die fremden Arbeiter wie andere Knechte oder Hausangestellte mit am Tisch aßen. Das Tübinger Amtsgericht verurteilte einen Wirt, der an einen Kriegsgefangen ein Glas Bier ausgeschenkt und geduldet hatte, *daß dieser sich 10 Minuten im Lokal aufhielt und das Bier trank.*[455] Auch der Zeuge des Geschehens wurde verurteilt. Der Stadtvorstand sah sich zudem gezwungen, *dringend darauf hinzuweisen, daß es verboten sei, dass die Polen von Frauen vom Lager abgeholt und zurückgebracht werden. Auch ist darauf zu achten, daß der Gefangene in angemessener Entfernung zu der Begleitperson nicht den Gehweg benützt.*[456] Kinder, die sich mit den russischen und polnischen Kriegsgefangenen angefreundet hatten, die beim Gasthaus König einen Stollen bauten, wurden vom Lagerleiter verscheucht und geschlagen, wenn sie ihnen etwas zu essen brachten und dafür holzgeschnitzte Spielsachen erhielten.[457] Die Staatspolizeileitstelle Stuttgart klagte Anfang 1940 in einem Rundschreiben an sämtliche Landräte und Polizeidirektoren, *daß insbesondere die Geistlichen – und hier wieder in besonders starkem Masse die katholische Geistlichkeit – jedes Gefühl dafür vermissen lassen, daß gegenüber den kriegsgefangenen Polen der erforderliche Abstand zu wahren ist.*[458]

Die wiederholten Ermahnungen scheinen teilweise Erfolg gehabt zu haben. Ende 1940 berichtete Kreisleiter Rauschnabel: *Hinsichtlich der zu guten Behandlung der Kriegsgefangenen ist draussen auf dem Lande manches besser geworden. Ich habe ein besonderes Augenmerk dieser Sache gewidmet. Trotzdem macht man die Erfahrung, dass manche Bauern den französischen Gefangenen eine zu familiäre Behandlung zuteil werden lassen.*[459] Doch je länger der Arbeitseinsatz dauerte und je mehr persönliche Erfahrung mit den Fremden die Propaganda Lügen strafte, desto weniger konnte die Gestapo Kollegialität und Freundschaften zwischen ausländischen und deutschen Arbeitern verhindern. Sexuellen Kontakt zwischen deutschen Frauen und ausländischen Arbeitern verfolgte der NS-Staat unerbittlich, besonders wenn es sich um Polen und Russen handelte. *Ein Hereinsickern polnischen Blutes muß unter allen Umständen,* so schärfte die »Tübinger Chronik« ihren Lesern ein, *verhindert werden, zumal das Polentum vermutlich nicht ganz frei ist von ostjüdischen Beimischungen. Reinhaltung unseres deutschen Blutes ist erste Pflicht jedes deutschen Volksgenossen.*[460]

Drastische Strafen erwarteten diejenigen, die ihre Gefühle nicht staatlich reglementieren ließen. Bei Angehörigen westlicher Nationen drückte die Gestapo oft ein Auge zu. Wenn deutsche Männer sich an »Ostarbeiterinnen« vergingen, sah sie ebenfalls darüber hinweg.[461] Polen und Russen jedoch wurden der »Sonderbehandlung« zugeführt, das heißt, sie wurden vor den Augen ihrer Lagerkameraden erhängt; die beteiligten deutschen Frauen kamen in ein Konzentrationslager. Viele von ihnen mußten zuvor eine öffentliche Anprangerung über sich ergehen lassen. Zur Abschreckung schoren ihnen deutsche Männer den Kopf kahl.[462] Eine 22 Jahre alte Haustochter aus einer Gemeinde des Tübinger Kreises verurteilte das Sondergericht Stuttgart im Januar 1942 zu acht Monaten Gefängnis, weil sie *in einer das gesunde Volksempfinden gröblich verletzenden Weise persönlichen Umgang z. T. intimer Natur* mit einem französischen Kriegsgefangenen hatte.[463] Die Lokalpresse betonte das niedrige Strafmaß. Mit ihm könne eine »Schuldige« in den seltensten Fällen rechnen. In der Tat fielen die Urteile in der Regel härter aus: Im Ammertal soll eine Frau wegen »verbotenen Umgangs« mit einem französischen Kriegsgefangenen öffentlich kahlgeschoren und drei Jahre eingesperrt worden sein.[464] In Kusterdingen, in der Nähe von Tübingen, erhängte die Gestapo einen 17 Jahre alten ukrainischen Fremdarbeiter, weil er angeblich einer Bäuerin zu nahe getreten war.[465] Oft reichte schon der Verdacht. Für die Denunziation Mißliebiger war hier ein weites Feld.

Viele »Ostarbeiter« und »Ostarbeiterinnen« waren der Schwere der Arbeit, der schlechten Unterbringung und der mangelhaften Ernährung nicht gewachsen.[466] Sie erkrankten an Lungen- oder anderen Formen der Tuberkulose oder erlagen dem Typhus. Im Lager an der Hechinger Straße waren eine Zeitlang 164 tuberkulosekranke Kriegsgefangene aus der Sowjetunion untergebracht. Als dort im Herbst 1944 erneut Tuberkulosekranke – diesmal italienische Militärinternierte – untergebracht werden sollten, wehrte sich der Leiter der SD-Aussenstelle heftig gegen die, wie er sich ausdrückte, *Anhäufung von Bazillenträgern.* Statt dessen schlug er vor: *Es wäre viel angebrachter, diese Kranken auf dem schnellsten Wege nach Badoglio-Italien abzuschieben bzw. die erkrankten Russen in die noch verbliebenen Restgebiete nach dem Osten zu befördern. Es wird niemand dem deutschen Volk danken, dass wir uns unter Einschränkung der persönlichen Verhältnisse für zwar bedauernswerte Kranke, aber in so ernsten Zeiten wie jetzt, doch immerhin unnütze Esser eingesetzt haben.*[467]

Die vielen Todesfälle dezimierten das Personal der Rüstungsbetriebe derart, daß die Firmen auf bessere Behandlung drängten. Bereits 1942 sah sich der Kommandant des Ludwigsburger Stammlagers gezwungen, auf die *starke Unterernährung* und Krankheitsanfälligkeit der sowjetischen Kriegsgefangenen hinzuweisen: *Nicht voll arbeitsfähige Kr.-Gef. halten den Produktionsprozess nur auf u. führen zu Arbeitsstockungen u. zum Absinken der Produktionsziffer.*[468] In einem *Merkblatt zur Herstellung u. Erhaltung der Arbeitsfähigkeit der sowjet. Kr.-Gef.* schlug er deshalb *im Interesse der Allgemeinheit als auch des einzelnen Unternehmers* vor, durch eine *rationelle und den körperlichen Bedürfnissen der sowjet. Kr.-Gef. angepasste Verwertung eine Steigerung des Nutzeffektes* zu erzielen. Die Lebensmittelration könne zwar nicht erhöht werden. Doch ließe sich schon eine *Steigerung des Nutzeffektes* dadurch erzielen, *dass die warme Hauptmahlzeit geteilt u. in zwei Zügen – mittags und abends – ausgegeben, dass die Brotration auf die einzelnen Mahlzeiten verteilt wird, dass öfters daneben warme Getränke und bei Durchfallerscheinungen leicht verdauliche Kost verabfolgt werden und verhindert wird, dass die Kr.-Gef. rohe Feldfrüchte, Abfälle oder sonstige schwer verdauliche Dinge zu sich nehmen.*

Ob die Vorschläge befolgt wurden, war nicht mehr festzustellen. Als nach der Niederlage von Stalingrad vermehrt ausländische Arbeiter die eingezogenen Deutschen bei der Rüstungsproduktion ersetzen mußten, führte das Interesse an einer möglichst effektiven Ausnutzung der fremden Arbeitskräfte zu einem politischen *Kurswechsel:*[469] Die Ernährungssätze wurden erhöht und bestimmte Repressionen – zumindest auf dem Papier – gelockert. In den Totenlisten des Tübinger Standesamtes sind dennoch als Ursachen für die Todesfälle ausländischer Arbeiter und Kriegsgefangener besonders häufig Krankheiten angegeben, die – gemessen am jugendlichen Alter der Zwangsarbeiter – nur Folgen der Lagersituation sein konnten, wie etwa Lungenkrankheiten, Infektionen, Ernährungsstörungen oder Kreislaufschwäche.[470] Bei 102 ist die Todesursache überhaupt nicht bekannt. Einige setzten ihrem Leben selbst ein Ende, weil sie die unmenschliche Behandlung, den Hunger und die Anstrengungen nicht mehr aushielten, oder aus Angst vor Bestrafung, wie Selbstmorde auf der Polizeiwache vermuten lassen.[471] Viele starben bei Fliegerangriffen, denen sie meist schutzlos ausgeliefert waren.[472] Andere kamen, total übermüdet, bei Arbeitsunfällen ums Leben. Im Durchschnitt arbeiteten die Zwangsarbeiter in Tübingen 240 Stunden, in Spitzenfällen bis zu 330 Stunden im Monat, wie eine Abrechnung der Nervenklinik belegt.[473] Für diese Menschen, von denen viele als Tote im Anatomischen Institut nochmals den Interessen des NS-Staates zu Nutze sein mußten, hatte der Zwangseinsatz in Deutschland wirklich die *Vernichtung durch Arbeit* bedeutet, auf die sich 1942 der Reichsführer-SS mit dem Reichsjustizminister geeinigt hatte.[474]

## Totaler Krieg – verlängerte Niederlage

Im Sommer 1942 hatten das Deutsche Reich und die mit ihm verbündeten Mächte das Maximum ihrer Machtausdehnung erreicht. Dennoch konnten sie keine Entscheidung herbeiführen. Die trotz erschöpfter Kraftreserven weitergetriebene Expansion führte vielmehr auf dem Höhepunkt der militärischen Machtentfaltung den Zusammenbruch herbei.[475] Der

Krieg, der von deutschem Boden ausgegangen war, traf seit dem dritten Kriegsjahr auch die deutsche Bevölkerung mit seiner ganzen Grausamkeit. Die verzweifelten Abwehrversuche deutscher Truppen konnten die Niederlage nicht mehr abwenden, im Gegenteil: Sie verlängerten sie nur noch und verschärften ihre Folgen.

Die Bevölkerung traf der Umschlag von den »Blitzsiegen« zu den Verlusten und Niederlagen unmittelbar und die Propagandahörigen, die noch immer an den »Endsieg« glaubten, auch unvermittelt. Auf einmal bedeutete der Krieg nicht mehr nur Siege an fernen Fronten, die nach jeder Sondermeldung auf der Landkarte neu abgesteckt wurden, oder Anstehen um die knappen Lebensmittel, Kleider und sonstigen Gebrauchsgüter, auch nicht mehr nur Verdunklung, Mehrarbeit und die Trennung von Mann, Söhnen, Brüdern und Freunden. Jetzt, wo die Heimat selber Ort der Kampfhandlungen wurde, bedeutete Krieg auch für die Zivilbevölkerung die nackte Angst um das eigene Überleben, bekam der Propagandabegriff »Heimatfront« eine ungewollt realistische Bedeutung: *Und dann gab es einen Tagesangriff auf die Schaffhäuserstraße und den Güterbahnhof. Da ist eine Klassenkameradin von mir umgekommen. Das war schon schlimm für uns. Der Krieg ist immer näher gekommen.*[476] Über allen lag eine diffuse, unbestimmte Angst: *Es hat immer was in der Luft gestanden,* erinnerte sich ein Gesprächspartner, der die Kriegsjahre als Kind erlebte und mit ihnen vor allem *Angst vor den Sirenen, Lebensangst, Angst vor den überzeugten Nachbarn, Angst etwas Falsches zu sagen* verbindet.[477] Die verstärkten Leistungsanforderungen und der verschärfte Terror, mit denen die NS-Regierung auf die Niederlage und die wachsende Skepsis der Bevölkerung reagierte, machten das Leben auch zu Hause schwer.[478] Totale Mobilisierung, das bedeutete, daß wirklich jeder für den Krieg arbeiten mußte, um die forcierten Produktionsanforderungen der Kriegswirtschaft zu erfüllen. Es bedeutete auch, daß niemand sich seine wachsenden Zweifel anmerken lassen durfte. Tatsächlich steigerte sich die Rüstungsproduktion seit 1941 enorm und erreichte im August 1944 ihren Höhepunkt.[479] Müdigkeit und vermehrte Krankheitsfälle waren die Folgen dieser gesteigerten Belastung. Das Regime sah darin allerdings nicht den Ausdruck von Erschöpfung und Überarbeitung, die Symptome allgemeiner Kriegsmüdigkeit, sondern politischen Widerstand und Sabotage und ahndete sie hart.[480]

»Der Luftkrieg hat Tübingen nur gestreift«

In den letzten Kriegsjahren unterschied sich die Situation in Tübingen wesentlich von der in den meisten anderen Städten. Die »Katastrophe« blieb aus. Bis ins fünfte Kriegsjahr blieb die Stadt von den verheerenden Zerstörungen des Bombenkrieges und der damit einhergehenden gesellschaftlichen Verwahrlosung[481] weitgehend verschont. Das war ebenso eine Folge der fehlenden Industrie wie der Tatsache, daß in der Universitätsstadt mit Rücksicht auf die vielen Lazarette nie »Fliegerabwehrkanonen« (»Flak«) installiert wurden.[482] Der Kreisleiter hatte dennoch auf alle Eventualitäten vorzubereiten versucht und, als die im Spätherbst 1940 zunehmenden Luftalarme Befürchtungen über mögliche Angriffe der

Royal Air Force laut werden ließen, die Ängstlichen abgefertigt: *Allein, angesichts der Einflüge in Nordwestdeutschland und der dortigen Zerstörungen dürften solche Auslassungen der Unkenntnis entspringen, dass im Krieg gespalten wird und Späne fliegen.*[483]

Die grausame Realität dieser zynischen Bemerkung blieb den Tübingern weitgehend erspart. Ein erster Angriff verursachte zwar am 22. November 1942 geringen Sachschaden im Ammertal, doch Tote gab es bis ins Frühjahr 1944 nicht. Als in der Nacht vom 14. auf den 15. März 1944 863 Bomber der Royal Air Force den 17. Angriff auf die Landeshauptstadt flogen, die wegen ihrer Industrie für das deutsche Coventry gehalten wurde,[484] lösten die Sirenen des Luftschutzes kurz nach 21.00 Uhr auch in der Universitätsstadt Alarm aus; zum 102. Mal seit Kriegsbeginn. Die meisten Bewohner hatten sich schon daran gewöhnt, daß die viermotorigen britischen Bomber die Stadt überflogen.[485] Viele gingen bei Alarm nicht in die Keller oder Stollen. *Ich konnte das hier nicht für ernst nehmen, weil ich die Luftangriffe in Stuttgart kannte,* berichtete eine Befragte.[486] Doch der angeblich bis dahin größte Nachtangriff des Krieges traf – abgedrängt durch deutsche Nachtjäger und durch die aufziehende Bewölkung behindert – weitgehend das südliche Umland von Stuttgart.[487] Im Gebiet der Universitätsstadt warfen die RAF-Bomber insgesamt 60 Sprengbomben und etwa 400 Phosphorbrand- sowie 15000 Stabbrandbomben ab. Die Schäden hielten sich in Grenzen.[488] Tote gab es keine, da entgegen aller Gewohnheit während dieses Alarms die meisten Tübinger offenbar in ihre Keller oder in die Luftschutzstollen gegangen waren.[489] Die stärksten Treffer erhielt die Neckarfront. An der Neckarbrücke zerstörte eine Luftmine das Uhlandhaus. Die umliegenden Gaststätten (Neckarmüllerei, Café Pomona) und die Geschäftshäuser in der Mühlstraße, damals Adolf-Hitler-Straße, wurden zum Teil so schwer beschädigt, daß sich eine Reparatur nicht lohnte und sie später abgerissen werden mußten.[490] Im weiteren Umkreis der Neckarbrücke zerstörte der Luftdruck bis hinauf zum Holzmarkt Fenster und Dachstühle.[491] Einen großen Teil des Daches der Stiftskirche fegte der Druck hinweg.[492]

Die Presse berichtete von den Zerstörungen mit keinem Wort, lediglich den amtlichen Bekanntmachungen des Oberbürgermeisters über die notdürftige Behebung von *Fliegerschäden nach Terrorangriffen* war zu entnehmen, daß diesmal auch Tübingen betroffen war.[493] In Lustnau entfachten Phosphor- und Stabbomben 50 Brände, die Stromversorgung fiel wegen Leitungsschäden für mehrere Tage aus. In Derendingen setzten 170 Brandbomben die Werksanlagen des Rüstungsbetriebs Wurster & Dietz in Brand, doch konnte der Werkluftschutz die meisten Brände erfolgreich bekämpfen. Lediglich die oberen Stockwerke des Verwaltungsgebäudes brannten völlig aus. Während Tübingen mit diesen Gebäudeschäden und einigen Leichtverwundeten glimpflich davonkam, waren die Gemeinden im Landkreis stärker betroffen. Am meisten litten die Kusterdinger: Drei Menschen starben bei dem Angriff, mehr als hundert der meist landwirtschaftlichen Anwesen fielen in Schutt und Asche. Für die Versorgung erwies sich als besonders problematisch, daß Vorräte und landwirtschaftliche Maschinen ebenfalls verbrannten.[494]

Zwei Wochen nach diesem Bombardement beschädigte eine Sprengbombe den Gasbehälter der Kläranlage. Danach blieben die Tübinger – abgesehen von einigen Gebäudeschäden im Oktober in Derendingen – für den Rest des Jahres verschont.[495] Allerdings verbreitete der zunehmende Bordwaffenbeschuß auf Personenzüge und Passanten Panik. Die seit Herbst 1944 immer häufigeren Luftalarme zehrten an den Nerven der übernächtigten Einwohner. Lethargisch fügten sie sich in das Leben in Bunkern und Kellern.[496] Während noch im dritten Kriegsjahr höchstens zwei- oder dreimal im Monat Luftalarm ertönte, heulten nun die Sirenen selbst tagsüber mehrmals, beispielsweise am 8. September, als zwischen 2 Uhr nachmittags und 11 Uhr nachts viermal Alarm gegeben wurde.[497] Am 15. Januar 1945 warnten, kurz vor Mittag, die Sirenen die Bewohner der Stadt zum 250. Mal vor feindlichen Fliegern. Amerikanische Bomber peilten das Industriegebiet und den Güterbahnhof an. Achtzehn Menschen kamen bei diesem gezielten Angriff, der nur fünf Minuten dauerte, ums Leben, mehrere wurden in den verschütteten Kellern der zerstörten Häuser schwer verletzt.[498] Die Toten wurden wenig später im »Ehrenfeld für Gefallene« auf dem neuen Friedhof auf dem Galgenberg bestattet, da der bisherige Hauptfriedhof durch die Bestattungen von Ausländern nahezu vollständig belegt war. Die abgeworfenen 40 Sprengbomben und 5000 Stabbrandbomben verwüsteten den Güterbahnhof, zerstörten die Staumauer des Nekkarwerks und beschädigten viele Wohnhäuser an der Schaffhausen-, Bismarck- und Reutlinger Straße.[499] Vier Häuser wurden zerstört, 80 Personen obdachlos.[500]

Der nächste schwerere Angriff – diesmal von Jagdbombern, sogenannten Jabos – galt am 24. März 1945 der Hindenburgkaserne. Die Bomben töteten mehrere Soldaten, verwundeten einige schwer. Ein letztes Mal wurde die Universitätsstadt zwei Tage vor ihrer Einnahme durch die Franzosen, am 17. April 1945 das Ziel eines Angriffs. Zu diesem Zeitpunkt hatte kaum noch jemand mit einer Bombardierung gerechnet; die »Tübinger Chronik« hatte am selben Tag daran erinnern müssen, daß *auch jetzt noch* Luftalarm zu beachten sei.[501] Der Großangriff traf die Stadt in mehreren Wellen vor allem im Süden und Westen in der Gegend der Loretto- und Hindenburgkaserne, dem alten Standortlazarett und dem Güterbahnhof. Elf Personen starben.[502] An den Gebäuden entstand großer Sachschaden, das alte Standortlazarett sowie das ehemalige Offizierskasino an der Steinlachmündung, wo die Dienststelle des Standortarztes untergebracht war, mußten geräumt werden. Im Ostteil der Stadt fielen Strom-, Wasser- und Gasversorgung aus. 160 Volltreffer hatten den Güterbahnhof mit seinen 17 Gleisen, auf denen bis vor kurzem noch die »Räder für den Sieg« gerollt waren, vollständig zerstört. Getroffen waren auch die 80 Güterzüge, die in Tübingen standen, das nach der Zerstörung des Horber Bahnhofs Endstation für den Verkehr zur Westfront geworden war. Einheimische wie Fremdarbeiter pilgerten mit Leiterwagen zum Güterbahnhof, um sich an der Ladung zu bedienen.[503] Mit den in den Nachmittagsstunden des folgenden Tages von »Jabos« abgefeuerten Splitterbomben, die nur unbedeutende Gebäudeschäden im Stadtzentrum anrichteten, endete der Luftkrieg für Tübingen.

Verglichen mit den Zerstörungen von Köln, Lübeck, Hamburg oder auch Stuttgart und Pforzheim waren die Schäden in der Neckarstadt verschwindend gering. 44 Menschen kamen ums Leben, alle in den letzten dreieinhalb Kriegsmonaten.[504] 1,6 Prozent der Gebäude (= 82) wurden total, 2,3 Prozent schwer und 11,6 Prozent leicht beschädigt.[505] Für die »Bombengeschädigten« war der Vergleich kein Trost. Sie hatten alle Hände mit der notdürftigen Herrichtung ihrer Unterkünfte zu tun. Die Instandsetzung der beschädigten Gas-, Wasser- und Stromversorgung, wie die Wiederherstellung von Deckungsgräben, Stollen und Luftschutzräumen war Aufgabe des Sicherheits- und Hilfsdienstes. Zerstörte Privathäuser mußten in Eigenhilfe repariert werden.

Nach dem Angriff vom März 1944 richtete die Stadt im Rahmen der »Sofortmaßnahmen« eine »Bezirksbauleitstelle« ein. Sie war für die Abwicklung der Schadensregelung und die Zuweisung von Reparaturmaterial zuständig.[506] Vorrang hatte die Schadensbehebung an Bauten der Rüstungsindustrie und bei landwirtschaftlichen Betrieben. Erst danach kamen die privaten Hausbesitzer an die Reihe. Obwohl es in der Stadt vergleichsweise wenig zu reparieren gab, verursachte dieser Bereich dieselben Schwierigkeiten wie anderswo.[507] Die knappen Zuteilungen an Reparaturmaterial – es mangelte besonders an Glas, Zement und Ziegeln[508] – provozierten Beschwerden über ungerechte Verteilung und Bevorzugung der als »Goldfasane« verspotteten Parteifunktionäre, zu der es tatsächlich immer wieder kam. Nicht ohne Grund versicherte der Stadtvorstand in der Presse: *Es geschieht alles, um betroffenen Volksgenossen gleichmässig zu helfen.*[509] Dennoch häuften sich die Beschwerden. Der mit der Leitung der Sofortmaßnahmen beauftragte Beamte war den massiven Vorwürfen der Geschädigten nicht gewachsen und suchte den Freitod.[510] An seinem Grab mahnte der kommissarische Oberbürgermeister: *Mögen es sich diejenigen alle zu Herzen nehmen, die durch unverstandene Drohungen und Vorwürfe an seinem Zusammenbruch mit schuld sind.*[511]

Achtzehnmal ist die Stadt während der sechs Kriegsjahre Ziel eines Angriffs geworden, zehnmal davon allein in den letzten vier Kriegsmonaten.[512] Die grausamen Folgen einer Flächenbombardierung lernten die Tübinger also nicht kennen. Sie wären ihr großenteils schutzlos ausgeliefert gewesen. Noch im Sommer 1943 fühlten sich die meisten bei Luftalarm so sicher, daß die örtliche Luftschutzleitung in der Presse klagte: *Es hapert immer noch in ziemlich zahlreichen Punkten.*[513] Wenig später kündigte sie verschärfte Maßnahmen gegen jene an, *die bei Fliegeralarm so tun, als ginge er sie nichts an.* Wer sich künftig bei Alarm nicht den Vorschriften entsprechend verhielte, drohte Polizeivorstand Bücheler im Oktober, werde für die neugebildeten städtischen Arbeitskolonnen notdienstverpflichtet.[514] Im September des folgenden Jahres klagte die Presse immer noch über mangelnde *Luftschutzdisziplin.*[515] Den Bombenabwurf Anfang 1945 im nördlichen Stadtgebiet erklärte der Oberbürgermeister mit mangelnder Verdunklung: Es könne gar nicht anders sein, *als dass ein Haus auf der Waldhäuser Höhe nicht vollständig abgedunkelt gewesen sei.*[516] Solche Ermahnungen lenkten davon ab, daß die vorhandenen Luftschutzkeller gar nicht ausreichenden Schutz boten. Erst als 1943 die Tages- und Nachtangriffe der Alliierten auch Süddeutschland bedrohten, wurde der Stadtverwaltung bewußt, daß ihr Schutzraum bei weitem nicht reiche.[517] Die Bilanz war ernüchternd. In den neun öffentlichen Luftschutzräumen der Kernstadt fanden nur 800 Personen Platz, im Lustnauer »Bierkeller« 80.[518]

Vor allem sowjetische und polnische Kriegsgefangene trieben seit Spätherbst 1944 unter Mithilfe der Bevölkerung acht Luftschutzstollen in die Hänge: in der Rümelinstraße, beim Haagtor, zwischen Stiftsgarten und Haaggasse, unterhalb der Polizei-Zentrale in der Bursagasse, von der Neckarbrücke und von der Brunnenstraße in den Österberg, im Lustnauer Wäldchen und auf dem Galgenberg.[519] Der 1945 noch nicht vollständig fertiggestellte Eisenbahn-Tunnel unter dem Spitzberg mußte – ohne Licht, Sitze und Abschlußtore – ebenfalls notdürftigen Schutz bieten.[520] Mittlerweile drängten die Einwohner, *durch die verschärfte Luftkriegslage und insbesondere durch die jüngsten Ereignisse in Stuttgart* in Angst versetzt, auf den Bau weiterer Stollen.[521] Der Stadtvorstand berichtete im Herbst 1944, daß sich eine richtige *Stollenpsychose* entwickelt habe: *Niemand wolle mehr im eigenen Haus bleiben. Alles renne bei Fliegeralarm den Stollen zu.*[522] Aus Angst vor weiterer Beunruhigung der Bevölkerung unterließ die Stadtverwaltung die angeordnete Kennzeichnung der Kleinstkinder für den Katastrophenfall.[523]

Schutzräume fehlten 1943 noch in allen Schulen. Erst jetzt wurde eine Sammelrufanlage zur Alarmierung installiert, wurden Luftschutzräume hergerichtet und Deckungsgräben mit Hilfe des Reichsarbeitsdienstes erstellt. Manchmal mußten die Schüler dennoch auf nähergelegene Luftschutzkeller ausweichen. Die Schülerinnen der Wildermuthschule etwa suchten bei Luftalarm im Keller des Evangelischen Dekanats in der Neckarhalde Schutz.[524]


»Rücksicht ist nicht mehr am Platz, denn wir müssen den Krieg gewinnen«:
Totale Mobilisierung

Die Niederlage von Stalingrad hatte wohl jedem Tübinger klargemacht, daß der »totale Krieg«, von dem schon oft in der Propaganda die Rede war, nun auch die Universitätsstadt erreichen würde.[525] Die *zuversichtliche Haltung der Volksgenossen im Hinblick auf den Endsieg*, die Kreisleiter Rauschnabel während der ersten beiden Kriegsjahre wiederholt in seinen Monatsberichten gelobt hatte,[526] war beklommener Besorgnis und offen geäußerter Angst gewichen.[527] Auch die Presse sprach unverhohlen von Unsicherheit, Bitterkeit und Furcht in der Bevölkerung,[528] bereitete aber schon die »totale Mobilmachung« vor: *Das ist der Befehl von Stalingrad: Die Pflicht des Vaterlandes ruft. Jeder, jeder erfülle sie – bis zum äußersten!*[529]

Bürgermeister Kercher mutmaßte zu Recht, als er am 1. Februar 1943 vor Eintritt in die Tagesordnung der Gemeinderatssitzung der *Helden von Stalingrad* gedachte, daß die militärische Lage *nicht ohne Auswirkung auf die Arbeit in der Heimat* bleiben werde.[530] Er rechnete vor allem mit einer weiteren Verschärfung der Personal- und Materialknappheit und appellierte an die städtischen Mitarbeiter, auch noch das letzte aus sich herauszuholen: *Angesichts der Opfer, die von unseren Soldaten gebracht werden, muß jeder Mitarbeiter willig in die da und dort sich auftuende Lücke einspringen und sie durch Mehrarbeit zu schließen versuchen. Die Heimat werde sich nicht der Resignation hingeben, sondern beseelt bleiben von dem unerschütterlichen Glauben an unser deutsches Volk.*[531] Auch die »Tübinger Chronik« versuchte entsprechend den Weisungen des Reichspropagandaministers ihre Leser glauben zu machen: *Für uns alle gilt die Parole: Totaler Krieg – Kürzester Krieg.*[532]

Nahezu sämtliche wehrfähigen Männer wurden aus Industrie und Verwaltung »ausgekämmt«, Uk-Stellung erneut überprüft. Acht weitere Männer wurden dabei aus dem Rathaus angefordert. Für die Stadtverwaltung *ein harter Schlag,* zumal sie nicht damit rechnete, daß eine Eingabe Erfolg haben würde.[533] Von den wenigen Zurückgebliebenen wurden dennoch immer wieder einige zum *Fliegerschädeneinsatz* oder zum Schippen am Westwall abkommandiert.[534] In der Stadt mußten drei Gaststätten aus Mangel an Personal schließen. Auch Metzgereien und andere für die Versorgung lebenswichtige Handwerksbetriebe mußten schließen.[535] Doch noch immer wurde »ausgekämmt«. Um Soldaten zu bekommen, lockerte die Wehrmacht die Kriterien der Tauglichkeitsprüfung. Unter *Hintanstellung von Bedenken, die unter anderen Umständen vielleicht berechtigt waren, und ohne falsche Nachgiebigkeit* hatten die Sanitätsoffiziere die Gemusterten an die Front zu schicken.[536] Von 1943 an erhielten selbst 55jährige den Gestellungsbefehl. Schließlich mußte nach Stalingrad eine ganze Armee ersetzt werden: *Das Ziel ist, alle wehrfähigen Männer für den Fronteinsatz freizumachen*.[537] Ersatz für die eingezogenen Rüstungsarbeiter sollten Stillegungen nichtkriegswichtiger Betriebe, Umsetzungen aus anderen Wirtschaftszweigen, Zwangsarbeiter aus den besetzten Gebieten und die lange vermiedene Dienstverpflichtung für Frauen schaffen: *Nicht nur in den Betrieben soll sie* [die Frau] *an des Mannes Seite treten, sondern auch weitgehend mithelfen, Soldaten in Geschäftszimmern abzulösen und für den Dienst an der Front freizumachen*.[538]

Wiederholt revidierte Meldepflichtverordnungen sollten alle Frauen und Männer erfassen. Der Kreis der Meldepflichtigen wuchs, da die Altersgrenzen mehrmals hinausgeschoben wurden. Anfangs waren Frauen über 45 und Männer über 60 befreit. Von August 1944 an mußten sich schließlich alle Frauen zwischen 17 und 50 Jahren und alle Männer zwischen 17 und 65 Jahren zum Kriegsdiensteinsatz melden.[539] *Uns're Männer haben zu den Waffen gegriffen, und wir Frauen reichen ihnen diese Waffen zu, bis der letzte Sieg errungen ist,* hatte bereits 1941 die Reichsfrauenführerin Gertrud Scholtz-Klink für den Arbeitseinsatz von Frauen in der Rüstung geworben.[540] Im Schnellverfahren bildete die Wehrmacht nun Frauen für Hilfsdienste als Nachrichten-, Stabs-, Marine-, Luftwaffen-, Schwestern- und Flakwaffen-Helferinnen aus. Im September 1943 eröffnete in Tübingen eine Schule für Jungstabshelferinnen im einstigen Schlatter-Haus. Nach einer fünfmonatigen Kurzausbildung erledigten die jungen Frauen den *Geschäftszimmerdienst* in Lazaretten und bei der militärischen Verwaltung, nicht wenige direkt hinter der Front in den besetzten Gebieten.[541] Vom totalen Kriegseinsatz befreit waren 1943 lediglich Männer und Frauen, die in der Landwirtschaft oder im öffentlichen Dienst tätig waren, sowie Schülerinnen, Schwangere und Mütter, wenn sie zwei Kinder unter 14 Jahren zu versorgen hatten. Aber auch sie konnten *auf Grund einer besonderen Ermächtigung* herangezogen werden, *wenn die Versorgung und Beaufsichtigung der Kinder in anderer Weise sichergestellt ist (Tageskindergärten, Kinderkrippen usw.)*.[542]

Haushaltshilfen hielt die Parteiführung angesichts der Kriegslage für Luxus. Schon um den wachsenden Ärger der Arbeiterinnen über die »besser gestellten« Frauen höherer Parteifunktionäre zu drosseln,[543] appellierte sie: *Stellt eure Hausgehilfinnen für den wichtige-*

*ren Einsatz im Lazarett oder Krankenhaus zur Verfügung.*[544] Die mit alltäglicher Kriegsarbeit eingedeckten Hausfrauen erfuhren: *Bei zeitgemäßer Haushaltsführung muß die Hausarbeit ohne Inspruchnahme einer fremden Arbeitskraft bewältigt werden.*[545]

Die Propaganda gab sich alle Mühe, die verlangte Rüstungsarbeit der Frauen als »Ehrendienst« zu verkaufen. *Was mir so besonders gut gefällt, ist die Kameradschaft hier,* idealisierte etwa ein *Erfahrungsbericht* in der »Tübinger Chronik« die Zwangsgemeinschaft der Rüstungsarbeiterinnen, die als Verwirklichung wahrer Volksgemeinschaft ausgegeben wurde: *Die Weingärtnersfrau sitzt neben der Frau des Professors, die Frau des Oberleutnants neben der des Arbeiters aus der Fabrik, und sie alle rühren die fleißigen Hände an der gleichen Arbeit.*[546]

1944 wurden auch die nichteinsatzpflichtigen Frauen aufgefordert, *täglich mindestens 2 Stunden für den Ehrendienst der Frau herauszuholen*. Wie sie das bewerkstelligen sollten, rechnete ihnen Kreisleiter Rauschnabel in einer an Zynismus grenzenden Aufstellung vor. Danach erschien das bisherige Leben der Hausfrauen im Krieg als eine Idylle: *Überlege Dir, deutsche Frau, ob Du Deine Tagesaufgaben nach ihrer Wichtigkeit nicht am Vormittag oder am Nachmittag enger zusammenziehen kannst, indem Du manche Dinge ausschaltest oder im Laufe der Woche weniger oft verrichtest, als Du es bisher gewohnt warst zu tun: Das tägliche Blocken und Staubwischen, die Nachmittagskaffeestunde, das eingehende Zeitungsstudium, der kurze Spaziergang, um Luft zu schnappen, das Lesestündchen, die Plauderminuten beim Einkauf und auf dem Weg des Einholens und Vieles, was hier nicht angeführt werden soll.*[547]

Offensichtlich war Rauschnabels Rechnung für viele Frauen nicht plausibel. Denn obwohl der Kreisleiter unmißverständlich klargestellt hatte, daß jede, die sich dem *freiwilligen* Einsatz entzöge, sich *außerhalb des Rings der Kampfgemeinschaft der Nation* stellte und sich damit *der Ehre ihres deutschen Namens* begäbe, gaben ihm die Tübinger Frauen Anlaß zur Klage. Zwar hätten sich – so der Kreisleiter – *weit über die Hälfte* freiwillig gemeldet, doch der freiwillige Einsatz der nichtarbeitsdienstpflichtigen Frauen der städtischen Beamten und Angestellten lasse sehr zu wünschen übrig.[548] Auf den Aufruf hätten sie *so gut wie nicht* reagiert, vielmehr *unter teils auffallend nichtigen Begründungen* jede freiwillige Beteiligung abgelehnt. Viele würden *Arbeitsüberhäufung vorschützen, obwohl Hausgehilfinnen, Putzfrauen, Pflichtjahrmädchen und Kinderschwestern im Haushalt in Arbeit stünden.* Ähnlich wie beim Pflichteinsatz würden *Gefälligkeitsatteste medizinischer Kapazitäten* die Frauen vom Arbeitseinsatz entbinden.

In vielem zeichnete die Klage des Kreisleiters ein realistisches Bild. Schon 1940 hatte ein Hauptfeldwebel, als er sich beim Oberbürgermeister über die mangelhafte Kohlenversorgung seiner Frau beschwerte, bemerkt: *Sie hat kein Dienstmädchen wie Professoren-Gattinnen.*[549] Die reichsweite Empörung der Arbeiterinnen über die ungleiche Verteilung der Kriegslasten, besonders über die Privilegien mancher »Goldnarzissen« war so stark, daß Hitler sich gezwungen sah, die *Angehörigen der an hervorragender Stelle stehenden Persönlichkeiten* zu vorbildlichem Arbeitseinsatz anzuweisen. Alles müsse vermieden werden, *was den Anschein erwecken könnte, als ob unter Berufung auf die führende Stellung des Mannes oder Vaters leichtere oder gar Scheinarbeitsverhältnisse erstrebt würden.*[550] Auch der Generalbevollmächtigte für die Reichsverwaltung verordnete den Funktionsträgern eine größere Bereitschaft zu ehrenamtlichem Einsatz ihrer Frauen sowie einen bescheideneren *Lebensstil im totalen Krieg*, worunter er verstand: *In der persönlichen Haushaltsführung ist auf die verständliche Empfindlichkeit des Volkes der Gemeinschaft unserer Opfer gegenüber gebührend Rücksicht zu nehmen. [...] Es muß unsere Ehre sein, nunmehr im gesamten öffentlichen Leben einen Kriegsstil zu pflegen, der nicht nur vor dem eigenen Volke, sondern auch vor dem Ausland eindeutig dokumentiert, daß wir um unser Leben kämpfen und fest entschlossen sind, diesen Kampf, koste er was er wolle, bis zum siegreichen Ende durchzustehen.*[551]

Tatsächlich aber erzielten die Kampagnen für den »Ehrendienst der Frau« im Reichsgebiet nicht den gewünschten Erfolg.[552] Mehr als die Hälfte aller Meldepflichtigen fand eine Möglichkeit, sich dem Kriegsdienst zu entziehen. Die totale Mobilisierung scheiterte an der hartnäckigen Verweigerung der Frauen.[553]

Mit dem Arbeitseinsatz allein war der »Beitrag für den Endsieg« keineswegs abgegolten. Freiwilliger Einsatz im Selbstschutz kam für viele noch hinzu. Je mehr Männer eingezogen waren, desto dringlicher wurde verlangt, daß Frauen in die Lücke sprängen: *Es gibt kein Gebiet des staatlichen, wirtschaftlichen und kulturellen Lebens in unserem deutschen Vaterland mehr, in dem nicht die Frau den Mann ersetzen muss. Und dass die deutsche Frau auf all diesen Gebieten ihren »Mann« stellt und ihre Arbeit derjenigen des starken Geschlechts völlig ebenbürtig ist, darüber gibt es keinen Zweifel. [...] Die Frau steht an Todesmut, Selbstaufopferung und Einsatzbereitschaft dem Manne in keiner Weise nach.*[554] Der Absender dieser bislang ungewöhnlichen Würdigung hegte konkrete Absichten. Er war für den Luftschutz im Gymnasium zuständig und suchte händeringend nach Nachtwachen. Deshalb machte er mit seiner Eloge auf die »ebenbürtige deutsche Frau« den Leiter des Uhland-Gymnasiums auf zwei junge Lehrerinnen aufmerksam, *die sehr wohl für die Nachtwachen im Gymnasium eingesetzt werden könnten. [...] Bedenken irgendwelcher Art gibt es meines Erachtens hier nicht, denn der totale Krieg schließt alle Bedenken aus.*

Da alle wehrfähigen Männer für die Front freizustellen waren, blieben zur Verteidigung des Reichsgebiets nur noch Schüler sowie alte und nicht kriegsverwendungsfähig geschriebene Männer. Von Februar 1943 an übten sich die Schüler der Jahrgänge 1926/27 aus den weiterführenden Schulen als Luftwaffenhelfer. Ab September 1944 wurden auch Angehörige des weiblichen Arbeitsdienstes als Luftwaffenhelferinnen an die Scheinwerfer der Heimatflak abkommandiert.[555] Unzweckmäßig und unzureichend ausgerüstet, durch personelle und materielle Hilfeleistungen für die Front zudem weiter geschwächt, vermochte die Heimatflak nur wenig auszurichten.

Doch die Rechnung der Alliierten, die mit der gezielten Vernichtung von Wohnvierteln den Widerstandswillen der Bevölkerung brechen wollten, ging nicht auf. Statt eine Auflehnung gegen das Regime zu provozieren, haben die Bombenangriffe eher einen trotzigen Durchhaltewillen geschaffen.[556] Hier und dort wurden die Ruinen-Städte auch als Strafe verstanden, was zeigt, daß man durchaus um die Kriegsverbrechen wußte[557] und die Version vom aufgezwungenen Verteidigungskrieg nicht (mehr) glaubte. In Kusterdingen bei Tübingen war nach dem Angriff vom 15. März 1944 die Rede davon, daß dies die Vergeltung für den Tod des jungen ukrainischen Fremdarbeiters sei, der aufgrund einer Denunziation ein Jahr zuvor im Ort hingerichtet worden war.[558] Der Propaganda jedoch kam das fassungslose Entsetzen der Bevölkerung über die Zerstörungen entgegen. Sie schürte *Abscheu und Haß gegen die Luftgangster* und unterschlug, um das sich regende Unrechtsbewußtsein zu unterdrücken, die Tatsache, daß die deutsche Luftwaffe mit der Bombardierung englischer Städte die Praxis der »Terrorangriffe« eingeführt hatte.[559]

»Mit Raumforderungen überrannt«:
Wohnraum-Not in der unzerstörten Stadt

Den verschärften Luftkrieg bekamen die Tübinger vor allem durch den Zuzug von Evakuierten und Ausgebombten zu spüren, die in der noch unzerstörten Stadt Zuflucht und Quartier suchten. Die Universitätsstadt, die als sicher galt, wurde überlaufen und mit Raumanforderungen *überrannt*, wie der Stadtvorstand im Oktober 1944 hilflos feststellte.[560] Zu den offiziell aus Luftschutzgründen Umquartierten und den bei Verwandten Schutz Suchenden kamen die Arbeitskräfte der verlagerten Industriebetriebe, das Personal der ausgelagerten Behörden, Institute und Ministerialabteilungen sowie wehrmachtsangehörige Studenten.[561] Allein im Kreis waren 37 Betriebe und Behördenstellen untergebracht, in der Stadt im Sommer 1944 fünf.[562] 6000 Fliegergeschädigte aus dem Kreis Essen wollte die Partei im Kreisgebiet, 3000 in der Stadt unterbringen.[563] Zum Wintersemester 1942/43 erwartete sie weitere 500 Fronturlauber zum Studium, zudem mußten 100 Mann einer »Kriegs-Sanitätsoffizier-Nachwuchskompanie« der Luftwaffe untergebracht werden.[564] Vorübergehend studierten auch die Mitglieder einer »Heeres-Ingenieur-Offiziers-Akademie« am Neckar.[565] Der Stadtvorstand teilte dem Rektor der Universität zur notwendigen Wohnraumbeschaffung mit: *Ohne einen Zwang auf die Wohnungsinhaber auszuüben, wird es freilich bei der Unterbringung der Studenten nicht abgehen, d.h. ein Teil der benötigten Zimmer wird von mir auf Grund des Reichsleistungsgesetzes beschlagnahmt werden müssen.*[566]

Doch selbst mit Zwang ließ sich nicht beschaffen, was nicht vorhanden war. Der Raummangel war, nachdem seit Kriegsbeginn kein Wohnhaus mehr errichtet worden war, einfach zu groß. Allein die Zahl der Studenten hatte sich im Lauf des Kriegs verdoppelt.[567] Zu den 1500 Neuimmatrikulierten kamen schon 1943 weitere 3000 Personen, die in der Stadt Unterkunft suchten.[568] 1944 hatte die Einwohnerzahl gegenüber dem Kriegsbeginn (30418) um 15 Prozent zugenommen. Dabei waren die 5–7000 Verletzten in den 31 über die ganze Stadt verteilten Hilfskrankenhäusern nicht berücksichtigt.[569] Im April 1944 hatte der Kreis schon mehr als 6000 Umquartierte aufgenommen,[570] am 1. April 1945 waren es allein in der Stadt annähernd 6000.[571] Für 1945 rechnete das Einwohnermeldeamt bereits mit 40000 Einwohnern.[572]

Vergeblich bemühte sich der Stadtvorstand seit 1943 beim Reichs-Wohnungskommissar, Tübingen zu einem *Brennpunkt des Wohnungsbedarfs* erklären zu lassen.[573] Selbst die Bitte, wegen der vielen Studenten auch Einzelzimmer in die »Wohnraumlenkung« einzubeziehen, schlug der Wohnungskommissar ab.[574] Daraufhin stimmte der Gemeinderat dem Vorschlag zu, zur Gewinnung neuen Wohnraums im HJ-Heim in der Schaffhausenstraße ein Altersheim einzurichten, auch wenn er das für *keine ideale Lösung hielt*.[575] Als ein erneuter Vorstoß beim Wohnungskommissar scheiterte, griff die Stadt zur *Selbsthilfe* bei der Wohnraumlenkung von Einzelzimmern: *Als erste Maßnahme würde dabei die möglichste Ausschaltung von Studentinnen in Frage kommen.*[576] Anfang 1945 bekam sie endlich das Material für einige Behelfsheime in Lustnau bewilligt.[577]

Die Stadtverwaltung, die sich anfangs so eifrig um die Ansiedlung von Industrie bemüht hatte, erteilte anfragenden Firmen nun nur noch Absagen.[578] Trotz ihres heftigen Protests verlagerte der Gauleiter und Reichsverteidigungskommissar noch im Herbst 1944 im Rahmen der Speerschen Industrie-Verlagerungspläne einen Teil des Daimler-Werks von Untertürkheim in die stillgelegte Württembergische Frottierweberei nach Lustnau.[579]

Offiziell war die NSV für die Betreuung der Fliegergeschädigten und Umquartierten zuständig. Zu deren Ärger ließ sich jedoch nicht umgehen, daß sich auch Landrat und Stadtverwaltung mit Evakuierungsfragen befaßten, mußten sich doch die *Volksgenossen aus dem Räumungsgebiet* beim Bürgermeisteramt polizeilich melden, um den *Räumungs-Familienunterhalt*, Lebensmittelkarten und Unterkunft zu bekommen.[580]

Die Aufnahme von Evakuierten war für beide Teile nicht einfach. Die Lebensgewohnheiten der Rheinländer ärgerten die oft schwerfälligeren Schwaben. Den vom Luftkrieg verschonten Einheimischen fehlte für die Situation der Ausgebombten oder vor den Bomben Geflohenen nicht selten das Verständnis. Selbst die ungewohnten Eßgewohnheiten der Evakuierten verursachten Schwierigkeiten, die oft im Streit endeten. Entnervte Quartiergeber und erboste Umquartierte beschwerten sich beim Bürgermeister, auch wenn der Kreishauptamtsleiter der NSV den Ortsgruppenleitern im Herbst 1943 ausdrücklich einschärfte, daß solche Angelegenheiten nur *im Dienstzimmer der Partei* zu bereinigen seien.[581] Er hielt es für nötig, darauf hinzuweisen, daß Ausdrücke wie *Bomberweiber* unangebracht seien — was kaum dafür spricht, daß die »Fliegergeschädigten« bei Hausbesitzern, denen der Verlust ihrer Habe bis dahin erspart geblieben war, freundlich aufgenommen waren.


Das Ende des Krieges und der Zerfall der nationalsozialistischen Herrschaft

In der Schlußphase des Krieges konnten die städtischen Ämter nicht viel mehr tun, als den Mangel zu verwalten. Niedergeschlagenheit und fehlende Siegeszuversicht machten sich breit. Den Versprechungen der Propaganda schenkten nur noch wenige Glauben, auch wenn die Partei den »Endsieg« und die »Wunderwaffe« propagierte.[582] Der im November 1944 vom Fronteinsatz zurückgekehrte Oberbürgermeister forderte deshalb: *Der Glaube an die Unbesiegbarkeit muß uns beherrschen, bis wir den Endsieg errungen haben.*[583]

Kurz bevor gegnerische Truppen die Grenze des Reichs überschritten, befahl Hitler am 25. September 1944, die Bildung des »Deutschen Volkssturms« als letztes Aufgebot aller waffenfähigen Männer zwischen 16 und 60 Jahren. Was einer regulären Armee nicht gelungen war, sollten unausgebildete und kaum ausgerüstete Jugendliche und Großväter verrichten.[584] Die Aufstellung oblag dem Gauleiter, ihre Weisungen erhielten die »Volkssturm-Soldaten« durch den Reichsführer-SS. Ihre Vereidigung im November auf dem Universitätssportplatz sollte eine der letzten nationalsozialistischen Propagandaveranstaltungen in Tübingen werden. Die Volkssturmmänner mußten *dem Führer des Großdeutschen Reiches* bedingungslose Treue und Gehorsam geloben und versprechen, *daß ich für meine Heimat tapfer kämpfen und lieber sterben werde, als die Freiheit und damit die soziale Zukunft meines Volkes preiszugeben.*[585]

Aller Propagandarummel konnte jedoch nicht darüber hinwegtäuschen, daß dies das letzte Aufgebot war. Die 4–5000 Mann, die in Tübingen zusammenkamen, waren *vom Beginn bis zum Ende [...] eine Mannschaft ohne Waffen.*[586] Das *Muster einer Fehlorganisation*[587] gliederte sich unter der Leitung des »Kreisstabsführers« Gerhard Pfahler, im zivilen Beruf Professor der Pädagogik,[588] in zwei Bataillone in der Stadt und fünf im Kreis, jeweils eins in Dußlingen, Mössingen, Rottenburg, Kirchentellinsfurt und Entringen. Sie verfügten gerade über 300 brauchbare Gewehre: *Rechnet man eine Anzahl Pistolen, einige hundert Handgranaten und 200 Panzerfäuste hinzu, hat man die Gesamtbewaffnung des Volkssturms in der günstigsten Zeit.*[589]

Da nützte es wenig, daß der Kreisleiter noch in den letzten Kriegstagen die Bevölkerung unter Ankündigung härtester Strafen aufforderte, *alle dem Volkssturm noch nicht zur Verfügung gestellten Waffen sofort abzuliefern.*[590] Da kaum noch jemand in dem Unternehmen einen Sinn sah, drückte sich, wer irgend konnte.[591] Ein Derendinger erzählte: *Als ich den Stellungsbefehl nach Derendingen ins Rathaus bekam und mich der Bürgermeister eingekleidet hat, fragte der: »Was fehlt Ihnen eigentlich noch? Sie haben doch Ihre Sachen?« Da sag ich: »Herr Bürgermeister, Sie haben mich vorher gefragt, was ich beim Kommiß war. Da hab ich Ihnen gesagt, ich sei bei der Infanterie gewesen.« »Ja, warum sagen Sie mir das nochmal?« »Weil ein Infanterist ein Gewehr braucht!« Und dann ging die Sirene. Ich habe meine Uniform gegen Drillichhosen vertauscht, und von mir hat kein Mensch mehr nichts wollen.*[592]

Indirekt gestanden auch die verschiedenen Aufrufe der Parteidienststellen ein, daß man am Ende war: *Eine alte Fahne, ein Stück Kokosmatte, eine Wagenplane, eine Zeltverschnürung, ein Tierfell, ein Seesack oder Sattelzeug, ein getragenes Hemd [...] keines dieser Dinge ist zu gering. [...] Ohne diese Gemeinschaftstat ist – wozu sollen wir es verheimlichen? – die ausreichende Bekleidung unserer Wehrmacht und damit ein Teil unserer gegenwärtigen Kriegsanstrengungen gefährdet* hieß es bereits im Januar 1945 beim Aufruf zum *Volksopfer der frontverbundenen Heimat,* das den Volkssturm mit Uniformen ausrüsten sollte.[593] Die mit großem Aufwand zusammengebettelten Textilien kamen aber weder der Wehrmacht noch dem Volkssturm mehr zugute, sondern wurden – kurz vor dem Einmarsch der Franzosen – der Bevölkerung wieder freigegeben.[594] Anfang 1945 rief die NS-

Regierung auch Frauen zum *Hilfsdienst für den Volkssturm* auf; von März an wurden die 15jährigen Jungen erfaßt. Einer von ihnen ist in Tübingen noch in den letzten Kriegstagen gefallen.[595]

Erstmals in diesem Krieg bereitete die Ernährung ernsthafte Sorgen. Der Verlust der besetzten Ostgebiete machte sich bemerkbar. Die Versorgung mit Eiern brach in Tübingen bereits im Spätsommer 1944 zusammen, im März 1945 fehlten 10 000 Zentner Kartoffeln und 40 Prozent des Mehlbedarfs.[596] Wer nicht über Beziehungen auf dem Lande verfügte oder ein Gartengrundstück hatte, lernte zum ersten Mal während des Krieges den Hunger kennen. Der Kaloriengehalt der Rationen für einen »Normalverbraucher« fiel von 2347 Kilokalorien im August 1944 (65. Zuteilungsperiode) auf 1602 im März und April (73. Zuteilungsperiode).[597] Als im März 1945 die Zeit zweier Versorgungsperioden zusammen um eine Woche verlängert wurde, mußten die Rationen nochmals gestreckt werden.[598] Doch die vom Regime befürchtete Revolte wegen mangelnder Ernährung blieb aus. Zu sehr war man offenbar nur noch mit dem Überleben beschäftigt. Energie, um über die bloße Organisation des eigenen Alltags hinaus zu planen, hatten nur wenige. Und die Bewältigung des Alltags war schwierig genug. In den meisten Städten gab es keine funktionierende Infrastruktur mehr. Transportwesen und Energieversorgung waren zu großen Teilen unter den Bomben zusammengebrochen. Die Stadtverwaltung Tübingen führte im März Sperrstunden ein, um den Gasverbrauch auf die Hälfte zu drosseln.[599] Bei der Elektrizitäts- und Kohleversorgung schätzte sie die Aussichten *als ebenso trist, wenn nicht katastrophal* ein.[600] Aus Strommangel mußte die Tübinger Industrie Anfang März für zwei Wochen die Produktion einstellen.[601] Die Schulen machten erneut Kohleferien. Wärmestuben wurden eingerichtet, und die Gastwirtschaften, die vor allem Studenten, Evakuierte und Flüchtlinge versorgten, mußten aus Mangel an Lebensmitteln die markenfreien Stammgerichte abschaffen.

Lethargisch harrten die meisten Menschen der Dinge, die kamen. Der letzte erhalten gebliebene Stimmungsbericht des Sicherheitsdienstes der SS gibt die allgemeine Katastrophenstimmung erstaunlich ungeschönt wieder: *Das Volk hat kein Vertrauen zur Führung mehr. Es übt scharfe Kritik an der Partei, an bestimmten Führungspersonen und an der Propaganda. [...] Der Führer ist für Millionen der letzte Halt und die letzte Hoffnung, aber auch der Führer wird täglich stärker in die Vertrauensfrage und in die Kritik einbezogen. [...] Der Zweifel am Sinn des weiteren Kampfes zerfrißt die Einsatzbereitschaft, das Vertrauen der Volksgenossen zu sich selbst und untereinander.*[602]

Doch die NS-Führung predigte weiter Durchhaltewillen und versuchte, ihn mit gesteigertem Terror zu erzwingen. Ende März, als französische Truppen bereits am Rhein standen, informierte der württembergische Reichsverteidigungskommissar, Gauleiter Murr, die Behörden von dem als »Geheime Reichssache« deklarierten Vernichtungsbefehl Hitlers. Alle Industrie-, Versorgungs-, Nachrichten- und Verkehrsanlagen, *die sich der Feind für die Fortsetzung seines Kampfes irgendwie sofort oder in absehbarer Zeit nutzbar machen kann,* sollten zerstört werden.[603] Die Stichworte »Cäsar«, »Nero« und »Schwabentreue« sollten jeweils die Evakuierung der Zivilbevölkerung vorbereiten, die Räumung in

Gang setzen und die Zerstörung der Infrastruktur auslösen. Murr befahl den *Kampf bis aufs Messer! [...] Die Vernichtungspläne unserer Feinde sind grausam und barbarisch, sie müssen mit letzter Kraft zerschlagen werden.*[604]

Truppen, um den militärisch sinnlosen Befehl zur Verteidigung auszuführen, waren zu der Zeit schon nicht mehr in der Stadt. Schwere Waffen und Panzer gab es dort seit Anfang 1945 nicht mehr, und das in der Hindenburg-Kaserne stationierte Ersatz-Bataillon 470 rückte am 5. April bis auf 60 Mann Infanterie und eine kleine Pionierabteilung unter seinem Kampfkommandanten Oberst Wolfgang Schütz mit allen Waffen und Wagen nach Ulm ab.[605] Der Volkssturm unterstützte am Albrand die 19. Armee beim Aufbau der letzten Verteidigungslinie. Zudem hatte sich der Standortarzt Dr. Theodor Dobler mit Unterstützung von Bürgermeister Kercher und Universitäts-Rektor Stickl seit 1944 darum bemüht, daß die Stadt, in der mittlerweile 6000 Verletzte stationär untergebracht waren, zur »Lazarettstadt« erklärt und damit unter den Schutz der Genfer Konvention gestellt würde.[606] Die offizielle Anerkennung als Lazarettstadt mißlang zwar,[607] doch am 7. April 1945 kam der Bescheid des Wehrkreisarztes beim Stellvertretenden Generalkommando V in Stuttgart, daß in der Stadt Lazarettsperrbezirke eingeteilt und durch weiße Tafeln mit rotem Kreuz gekennzeichnet werden dürften, was bedeutete: *Lazarettsperrbezirk, Durchzug und Einquartierung von Truppen verboten!*[608] Als nach dem letzten Angriff die Lazarette in der Nähe des Güterbahnhofes geräumt werden mußten, konzentrierte ein Befehl des Kampfkommandanten Schütz, der eine Verteidigung der Stadt militärisch für aussichtslos hielt, alle Reserve- und Teillazarette links des Neckars, um die gesamte Kernstadt unter den Schutz des Roten Kreuzes zu stellen und aus einem letzten Verteidigungsgefecht heraushalten zu können. Die Standortgeschäfte für den Sperrbereich übertrug Schütz an Dr. Dobler. Damit schien die Stadt gerettet.[609]

Doch die Vernichtungsbefehle aus dem Führerhauptquartier und vorübergehende Änderungen der militärischen Lage stellten alles noch einmal in Frage. Als sich nämlich französische Kampfverbände gleichzeitig vom Schwarzwald und vom Donautal her der Stadt näherten und die 7. amerikanische Armee aus Crailsheim ebenfalls nach Süden vorstieß, bekam die Stadt unerwartet strategische Bedeutung. Ihre Verteidigung schien die drohende Einkesselung zweier Armeekorps, die noch nördlich des Neckars standen, verhindern zu können. Generalleutnant Ludwig Merker, vor dem Krieg eine Zeit lang Tübinger Bataillonskommandant und nun Kommandeur der in Münsingen stationierten 19. Armee, erteilte den Auftrag, die französischen Kampfverbände im Raum Tübingen so lange aufzuhalten, bis die gefährdeten Armeekorps zur Albrandlinie vorgedrungen waren. Daraufhin überstürzten sich die Ereignisse. Während der Standortarzt, ohne den Kampfkommandanten zu informieren, Parlamentäre zu dem schon wenige Kilometer vor Tübingen stehenden französischen Kampfkommandanten sandte, die diesem eine kampflose Übergabe der Stadt ankündigten,[610] traf am Abend des 18. April auf der Kreisleitung der Befehl des Gauleiters ein, daß Tübingen ohne Rücksicht auf die 31 Lazarette zu verteidigen sei. Bis auf die Eberhardbrücke waren bereits sämtliche Neckarübergänge gesprengt. Von Reutlingen wurden zwei Kompanien in Marsch gesetzt.

371

Es kam zu einer dramatischen Auseinandersetzung zwischen den militärischen Kommandeuren – überraschend war am Abend des 18. April noch ein Volksgrenadierregiment in Tübingen eingetroffen – und dem Standortarzt auf der Kreisleitung.[611] Jeder berief sich auf seinen Befehl. Dobler verwies auf seine Kompetenz als Standortführer und die Entscheidung des Heeresgruppenarztes, der die Aussteckung eines Sperrbezirks befohlen hatte, Kreisleiter und Kreisstabsleiter verwiesen auf den Verteidigungsbefehl des Gauleiters, die Militärs auf die Anordnung des Generals – ein letztes Beispiel für das Befehlschaos im NS-Staat. Schließlich war es nur noch Zufällen zu verdanken, daß die Stadt nicht doch, wie am Ende der Besprechung beschlossen, verteidigt wurde. Als am folgenden Vormittag, dem 19. April, die angekündigten Reutlinger Truppen zur Verteidigung in die Stadt einfuhren, hatten die französischen Truppen, die früher als erwartet mit den inoffiziellen Unterhändlern aufgebrochen waren, Tübingen schon kampflos besetzt.[612]

Nur in der Mühlstraße, der damaligen Adolf-Hitler-Straße, glaubte ein Unbekannter den Lauf der Dinge noch aufhalten zu müssen. Die Panzerfaust, die er von der Mauer beim Staatsrentamt in Richtung Neckarbrücke abschoß, traf eine Tübingerin, die gerade mit ihrem Handwagen über die Brücke in den Lazarettbezirk gekommen war und tötete sie.[613] Sie war das letzte Opfer, das Kampfhandlungen während des Zweiten Weltkriegs in der Stadt forderten. Von den zur weiteren Verteidigung der Albrandstellung beorderten Volkssturm-Männern starben drei bei den aussichtslosen Versuchen, die einmarschierenden französischen Truppen aufzuhalten.

Die Herrschaft des Nationalsozialismus, die in den letzten Kriegsmonaten unter den Bombenangriffen der Alliierten beinahe unbemerkt zerfallen war, löste sich nun vollends auf. Oberbürgermeister Weinmann hatte bereits am 17. April, als der Anmarsch französischer Truppen absehbar war, eine städtische Notverwaltung angeordnet und den stellvertretenden Leiter des Liegenschaftsamtes, den 70jährigen parteilosen Regierungsdirektor a. D. Fritz Haußmann, zu seinem Stellvertreter bestimmt.[614] Er selbst verließ das Rathaus am Nachmittag jenes 17. April und tauchte im Raum Tübingen unter, wurde aber bald von Franzosen aufgegriffen und später als Kriegsverbrecher an Jugoslawien ausgeliefert.[615] Der Stab des Kreisleiters setzte sich beim Einmarsch der Franzosen in Richtung Alb ab. Kreisstabsführer Pfahler versuchte, mit den sich zurückziehenden Truppen ins Oberland zu entkommen, wurde aber beim Übergang über die Donau gefangengenommen. Am längsten gelang es dem Kreisleiter, seiner Verhaftung zu entgehen. Er arbeitete als Landarbeiter im Hohenlohischen und stellte sich erst 1949 den Franzosen.[616]

Den Kriegsgefangenen und den ausländischen Zwangsarbeitern brachte der Einmarsch der Franzosen die Befreiung. Die meisten Einheimischen jedoch erlebten ihn mit gemischten Gefühlen. *Nun ist es soweit – die Stunde, die wir lange gefürchtet haben – uns aber noch niemals recht vorstellen konnten, ist gekommen. Jeden Augenblick können die feindlichen Panzerspitzen in unserem lieben Tübingen einfahren,* schrieb eine Tübingerin in ihr Tagebuch.[617] Die Tübinger registrierten zwar erleichtert, daß die Kampfhandlungen beendet und die Stadt kampflos eingenommen worden war. Den französischen »Besetzern« aber begegneten viele erst einmal abwartend und verunsichert, zum Teil mit Befürchtungen, die sich auch bewahrheiteten.[618] Vom NS-Staat jedoch, den sie einst enthusiastisch begrüßt hatten, verabschiedeten sich die meisten, noch ehe das »Dritte Reich« aufgehört hatte zu bestehen. Schweigend, ohne Racheakte, ließen sie seine Herrschaftsträger, denen sie zwölf Jahre lang nur selten zu widersprechen gewagt hatten, aus der Stadt ziehen. Aus den Fenstern der Neckarfront fielen beim Einmarsch der Franzosen – so wird berichtet – die Fotos der Nazigrößen.[619] Die Herrschaft des Nationalsozialismus war am 19. April 1945 in Tübingen beendet. Abschied genommen von den Versprechungen des Nationalsozialismus aber hatten zu dem Zeitpunkt längst nicht alle.

# Anmerkungen

## Einleitung

1 So hat etwa die Analyse der regionalen Repräsentanten der NSDAP ein komplexes Gegen- und Nebeneinander von Herrschaftsträgern und Kompetenzen aufgezeigt und das Herrschaftssystem des Nationalsozialismus als vielschichtiges Machtgefüge, als »Polykratie« beschrieben (P. Hüttenberger, 1969; ders., 1976). – Ich verzichte auf einen Überblick über die mehrfach ausführlich beschriebene Forschungssituation und verweise statt eines hier doch nur summarisch bleibenden Literaturüberblicks auf K. Hildebrand, 1980, sowie G. Hirschfeld/L. Kettenacker, 1981.
2 Stellvertretend für viele andere Studien sei auf das Forschungsprojekt über Bayern in der NS-Zeit hingewiesen (M. Broszat/E. Fröhlich, 1977–1983), insbesondere auf die Zwischenbilanz von Martin Broszat (ebd. Bd. 4, 1981, S. 691–709).
3 So mehr oder weniger ausgeprägt bei allen Vertretern einer Totalitarismustheorie, etwa: C. J. Friedrich, 1957; H. Arendt, 1958. Zur Einschätzung dieses Erklärungsmodells siehe: A. Kuhn, 1973.
4 U. D. Adam, 1977; L. Zapf, 1974; L. Siegele-Wenschkewitz, 1978.
5 W. Besson, 1959; P. Sauer, 1975. Eine detailreiche, vergleichende Studie über Württemberg bietet jetzt Th. Schnabel, 1986.
6 Einzelne Aspekte der Universitätsgeschichte zwischen 1933 und 1945 vertiefen zwei Ausstellungs-Kataloge des Universitätsarchivs: »…treu und fest«, 1983; Wiedergeburt des Geistes, 1985.
7 H. Boger u. a., 1980.
8 Projektgruppe »Fremde Arbeiter«, 1985; Tübingen 1945, 1986.
9 Projektgruppe »Heimatkunde des Nationalsozialismus«, 1988.
10 SAT: N 3 (Nachlaß Hermann Werner).
11 Siehe das Vorwort Udo Rauchs zu dem mittlerweile verzeichneten Bestand (SAT: Repertorium E 104; im folgenden WPD).

## Tübingen in der Weimarer Republik

1 Besonders gern wurde das Gemeinschaftsgefühl bei offiziellen Festakten beschworen, wie beispielsweise 1927, bei der 450-Jahrfeier der Universität (Festgabe, 1927). Auch jeder städtische Verwaltungsbericht wies auf diese symbiotische Beziehung von Stadt und Universität hin (Tübinger Gemeindeverwaltung, S. 158–163). – Zur Gründung und Entwicklung der Hochschule siehe: W. Jens, 1977, und 500 Jahre Eberhard-Karls-Universität, 1977.
2 F. Th. Vischer, S. 734–750.
3 Ebd.
4 Siehe: Tübinger Gemeindeverwaltung, S. 50.
5 Diese Warnung war am 17. 4. 1847 in der TC zu lesen.
6 Tübinger Gemeindeverwaltung, S. 37. – Zum wirtschaftlichen Aufschwung nach der Reichsgründung siehe: E. Naujoks, 1980 und 1981, B. Schönhagen, 1986, S. 25–44.
7 Tübinger Gemeindeverwaltung, S. 36.
8 TC vom 6. 1. 1932.
9 So beispielsweise von Prof. Friedrich Trendelenburg (Festrede, 1927, S. 4).
10 U. D. Adam, 1977, S. 13–20. – Mit dieser Studentenfrequenz war Tübingen in den zwanziger Jahren eine der Hochschulstädte mit der höchsten Studentendichte. Zum Vergleich: In der ebenfalls kleinen Universitätsstadt Marburg lebten 1930 25 479 Einwohner und 4245 Studenten (R. Mann, S. 234–342).
11 Statistik des Deutschen Reiches Bd. 405.
12 Statistik des Deutschen Reiches Bd. 402.

*Anmerkungen zu den Seiten 18—19*

13  Erwerbstätige nach sozialer Stellung in Tübingen, Württemberg und im deutschen Reich (in Prozent):

|  |  | Selbständige | Beamte | Angestellte | Arbeiter | Mithelfende Familienangehörige | Hausangestellte |
|---|---|---|---|---|---|---|---|
| Tübingen | 1925 | 18,4 | 35,6 |  | 26,4 | 10,6 | 8,9 |
|  | 1933 | 18,2 | 19,3 | 18,3 | 27,7 | 7,4 | 11,1 |
| Württemberg | 1925 | 20,5 | 12,2 |  | 35,9 | 28,3 | 3,1 |
|  | 1933 | 20,5 | 4,0 | 9,6 | 38,9 | 23,6 | 3,4 |
| Reich | 1925 | 17,3 | 16,5 |  | 45,1 | 17,0 | 4,1 |
|  | 1933 | 16,4 | 4,6 | 12,5 | 46,3 | 16,4 | 3,8 |

(Quelle: Statistik des Deutschen Reiches Bd. 405, 1928, und Bd. 456, 1935)

14  Landkreis Tübingen Bd. 3, S. 152.

15  Tübinger Gemeindeverwaltung, S. 28–30. Die Tübinger Oberamtsbeschreibung von 1867 charakterisierte den Tübinger Weingärtner bereits als eine ausgestorbene Spezies; er sei ein *ens sui generis und als solcher nicht definierbar. Von ausnehmend hartem, zähem Stoffe leistet er in der Arbeit Außergewöhnliches und repräsentiert nahezu eine mittlere Pferdskraft, er mangelt aber dafür all jener Gefühle, welche man unter dem Begriff Pietät zusammenfaßt!* (Beschreibung des Oberamtes Tübingen, S. 270.) – Zu den Gôgenwitzen siehe die kritische Ausgabe: B. J. Warneken, 1978.

16  Erwerbstätige nach Wirtschaftsabteilungen 1933 in Prozent:

|  | Lustnau | Derendingen |
|---|---|---|
| Landwirtschaft | 18,1 | 22,3 |
| Industrie u. Handwerk | 61,2 | 42,1 |
| Handel u. Verkehr | 8,8 | 23,3 |
| Öffentl. Dienst | 10,4 | 12,3 |

(Quelle: Württembergische Gemeinde- und Bezirksstatistik, 1935, S. 162.)

17  Erwerbstätige nach Wirtschaftsabteilungen 1925:

|  | Tübingen | Reutlingen |
|---|---|---|
| Landwirtschaft | 919 (10,3%) | 1411 ( 8,5%) |
| Industrie u. Handwerk | 2727 (30,4%) | 10514 (63,5%) |
| Handel u. Verkehr | 2047 (22,9%) | 2518 (15,2%) |
| Öffentl. Dienst | 3260 (36,2%) | 2119 (12,8%) |

(Quelle: Statistik des Deutschen Reiches Bd. 405).
1925 war damit Tübingen unter den sechs Universitätsstädten bis 50000 Einwohnern diejenige mit den meisten Erwerbstätigen im landwirtschaftlichen Sektor, siehe: D. Höroldt, 1979, S. 71.

18  Trotz der berechtigten, schon während der Weimarer Republik am Begriff des Mittelstands geübten Kritik hat sich diese Bezeichnung für eine Soziographie der Weimarer Republik, nicht zuletzt auch aus Mangel an einer präziseren Alternative, durchgesetzt und wird auch in dieser Arbeit in dem Sinne verwendet wie ihn Jürgen Kocka definierte. Danach haben die selbständig tätigen Bevölkerungsgruppen, der Neue Mittelstand – weder zur Arbeiterschaft noch zu den sozialen Eliten gehörend –, ein spezielles gesellschaftliches Geltungsbedürfnis zur Verteidigung ihrer bedroht geglaubten Privilegien entwickelt. Wurde die aus der behaupteten gesellschaftlichen Sonderstellung abgeleitete Erwartung nach speziellem staatlichen Schutz nicht erfüllt, entwickelte der Mittelstand eine doppelte Abwehrhaltung *nach oben und nach unten.* Daraus erwuchs ein Protestpotential, das unter bestimmten Bedingungen das demokratische Gesellschafts- und Verfassungssystem zerstören konnte (J. Kocka, 1977).

19  Württ. Gemeindestatistik 1933, S. 164.

*Anmerkungen zu den Seiten 20—24*

20 Tübinger Gemeindeverwaltung, S. 33.
21 Ebd. S. 36.
22 Statistisches Handbuch, 1937, S. 28.
23 TC vom 2. 2. und 31. 10. 1932.
24 Im Rechnungsjahr 1932 betrugen die kommunalen Steuereinnahmen pro Kopf der Tübinger Bevölkerung 41,1 Mark, in Reutlingen 46,4, in Gmünd 52,1 und in Esslingen 75,2 Mark (Württ. Gemeinde- und Bezirksstatistik 1933).
25 Statistik des Deutschen Reiches Bd. 405 und R. Koshar, S. 22–42.
26 Die Tübinger Arbeiterbewegung entwickelte sich nur zögernd. Ihre Geschichte ist von wiederholten Rückschlägen gekennzeichnet. Ihre Anfänge als Arbeiterbildungsverein verdankt sie aufgeschlossenen, für Klassenunterschiede sensiblen Bürgern und Akademikern. Nachdem sie sich unter Schwierigkeiten von derem Einfluß freigemacht hatte, entwickelte sie sich zu einer kleinen, aber klassenbewußten Interessenvertretung der Arbeiterschaft, deren Geschichte in vielen Teilen getrennt bzw. unabhängig von der Geschichte des Tübinger Bürgertums verlief. Erstmals dargestellt wurde diese Geschichte in dem 1980 vom Deutschen Gewerkschaftsbund, Kreis Tübingen, herausgegebenen Band Arbeitertübingen (H. Boger u. a., 1980).
27 Die Ausgewogenheit des sozialen Klimas in Württemberg betonten schon die Zeitgenossen, siehe: Gutachten des Reichs-Sparkommissars, 1930. Zu den Folgen für die politische Kultur siehe: H. Bausinger, 1981, S. 13–40.
28 EDA: Pfarrbericht 1871. – Zu den voneinander deutlich unterschiedenen Lebensformen in der Universitätsstadt vgl.: M. Scharfe, 1977, S. 37–66, sowie K. Braun u. a., 1978.
29 LKA: Altregistratur/Pfarrbericht 1917–1933; 3. 7. 1929.
30 Zum Begriff der »Ehrbarkeit« vgl.: H. Decker-Hauff, 1946.
31 R. Wilbrandt, S. 271.
32 Interview vom 29. 1. 1980 mit Hede Warneken, geb. Flammer.
33 Einwohnerbuch 1928, S. 205–218; dort auch die folgenden Angaben.
34 H. Boger u. a., S. 28.
35 Siehe unten S. 62 f.
36 Die Akademische Liedertafel war als studentische Abspaltung von der ursprünglich auch für Studenten geöffneten »Harmonie« entstanden. – Vgl. dazu: Festgabe, S. 218–223, und H. Sonntag, S. 108–110.
37 Das Einwohnerbuch von 1928 nennt folgende militärische Vereinigungen: Artillerieverein, Bezirkskriegerverband, Ehemalige Olga-Grenadiere, Kavallerieverein, Marineverein, Nationalverband Deutscher Offiziere, Pionierverein, Vereinigung ehemaliger 7er, Vereinigung ehemaliger 180er, Veteranen- und Kriegskameradschaft, Veteranen- und Kriegerverein König Karl, Veteranen- und Militärverein, Württembergischer Offiziersbund. Im Bezirkskriegerverband waren 25 Vereine mit insgesamt mehr als 2000 Mitgliedern zusammengeschlossen. Außerdem gehörten ihm noch 10 Kleinkaliberschützenabteilungen mit rund 300 Schützen an. – Zur Militarisierung der politischen Kultur in der Universitätsstadt vor 1914 siehe auch: B. Schönhagen, 1986.
38 Diese Männerphantasien, rückwärtsgewandte Sehnsüchte nach einem statischen Männerbund und der zum »Frontgeist« gehörenden Gewalt gegenüber allem Andersartigen, in seiner Fremdheit Verunsichernden hat Klaus Theweleit an den literarischen Zeugnissen von Freikorpskämpfern exemplarisch herausgearbeitet (K. Theweleit, 1977).
39 TC vom 19. 1. 1931.
40 Die Feier des 450jährigen Bestehens, S. 32.
41 Wie die ideologische Saat der Kriegerverbände in der NS-Bewegung aufging, beschreibt für Stuttgart: J. Genuneit, 1983, S. 172–206.
42 TC vom 19. 11. 1930. Vgl. auch M. Wundt, 1926.
43 TC vom 23. 2. 1924. Siehe auch: TC vom 27. 11. 1924 und vom 24. 2. 1924 sowie B. Schönhagen, 1981.
44 TZ vom 24. 2. 1924.
45 Einwohnerbuch 1928, S. 215.
46 Ebd.
47 Zur Rolle der Familie Schweickhardt und anderer Tübinger Honoratioren-Familien siehe: A. Leucht, Geschichte und Geschichten 1978, S. 120–124, und ders., 1979, S. 96–101.

48 Zur Rolle des Deutschnationalen Handlungsgehilfenverbandes siehe: I. Hammel, 1967. – Die personellen Querverbindungen zur früheren NSDAP beschreibt aus eigener Anschauung: A. Krebs, 1959. – Für den Stuttgarter Raum arbeitete diese personellen wie ideologischen Verflechtungen auf: J. Genuneit, 1982, S. 23–28.
49 H. A. Winkler, 1972, S. 175–192; hier S. 183.
50 TZ vom 20. 11. 1932.
51 TC vom 11. 10. 1931 und vom 20. 9. 1932. Die betont bildungsbürgerlichen Inhalte dieser Vorträge demonstrieren die antiproletarischen Absetzungsbemühungen der Angestellten, vgl. J. Kocka, 1977, und ders., 1974, S. 792–811.
52 U. Jeggle, 1971, S. 35–43.
53 Tübinger Gemeindeverwaltung, S. 158–163.
54 U. Jeggle, 1971, S. 38; Tübinger Gemeindeverwaltung, S. 160.
55 TC vom 7. 6. und 19. 8. 1932.
56 *Daß von der Museums-Gesellschaft die Überlassung des Schillersaals für diesen Zweck mit Rücksicht auf ihre Mitglieder [...] nicht gestattet worden sei,* teilte vor Beginn eines Vortrags von Friedrich Wolf, der vielen Tübingern aus seiner Zeit als Hechinger Landarzt bekannt war, der Vorsitzende des kommunistischen Kultur- und Sportkartells mit (TC vom 18. 4. 1931). – Die erste NS-Veranstaltung im »Museum« (Uhlandsaal) bestritt 1926 Josef Goebbels mit dem Thema: »Die Befreiung des Arbeiters der Stirne und der Faust« (TC vom 21. 9. 1926).
57 SAT: GRP vom 22. 2. 1932 § 122.
58 O. Kürner, 1965.
59 Ebd. S. 1.
60 Ebd. S. 32.
61 H. Bausinger, 1970, S. 93–96, und 125 Jahre Weingärtner Liederkranz, 1970.
62 Ebd. S. 96.
63 Ebd. S. 95.
64 125 Jahre Weingärtner Liederkranz, S. 30–36.
65 Zur Entwicklung der Arbeitervereine vgl. H. Boger u. a., S. 28–54 und S. 177–186.
66 Vgl. z. B. den Veranstaltungsbericht der TC vom 21. 10. 1921.
67 TC vom 7. 1. 1927.
68 TC vom 20. 7. 1931.
69 TC vom 1. 12. 1930.
70 Vgl.: H.-J. Lang, 1979.
71 TC vom 1. 12. 1930 (Eigenbericht des »Vorwärts« anläßlich der Sonnwendfeier).
72 Ebd.
73 Interview mit Hede Warneken vom 10. 12. 1980. Vgl. dazu: H. Warneken, 1979, S. 91/2. – Die Bedeutung dieser »middle-class solidarity« für den Aufstieg des Nationalsozialismus streicht Rudy Koshar (1982) heraus.
74 Vgl. dazu das Adreßhandbuch von 1919 und von 1925.
75 Ebd. – Der Israelitische Frauenverein übernahm, soweit ersichtlich, am selbstverständlichsten von allen lokalen Frauenvereinen auch organisatorische Aufgaben im kulturellen Bereich.
76 SAT: GRP 1925, S. 3.
77 Die 1935 in den »Tübinger Blättern« gedruckten Erinnerungen Karl Weidles, Rittmeister der Tübinger Stadtgarde, verschweigen den Zusatz. Hermann Bausinger gibt in seiner politischen Landeskunde von Baden-Württemberg folgende Version wieder: *Jederzeit Majestät, der Tübinger Bürger ist harmlos und königstreu, wenn er auch ziemlich demokratisch angehaucht ist* (Die Stadtgarde 1925, S. 55; H. Bausinger, 1981, S. 13).
78 H. Warneken, S. 91.
79 Bericht der Burschenschaft Germania, S. 8.
80 *Bürger und Soldaten Tübingens, an Euch liegt es, das Vaterland einer glücklichen Zukunft entgegenzuführen. Der Soldatenrat hat auf Euch volles Vertrauen und erwartet Gegenvertrauen,* so gab der Soldatenrat seine Gründung bekannt (TC vom 11. 11. 1918).

*Anmerkungen zu den Seiten 28—34*

81 M. Schmid, 1977.
82 H. Boger u. a., S. 131–135.
83 Corps Borussia, Corpszeitung vom 20. 4. 1919, S. 12.
84 Das Phänomen der Ungleichzeitigkeit beschreibt Ernst Bloch bereits 1935 (E. Bloch, 1979; hier besonders S. 113).
85 C. Raith, S. 48/9.
86 Zusammengestellt nach den amtlichen Ergebnissen in der Lokalpresse.
87 Der Landkreis Tübingen Bd. 1, S. 586.
88 Für die linksliberale DDP sind zu nennen: Kaufmann Heinrich Schweickhardt, zwischen 1905 und 1919 Mitglied des Reichstags; Rechtsanwalt Theodor Liesching, von 1901 bis 1918 Mitglied der 2. Kammer der württembergischen Regierung, 1919/20 Mitglied der verfassungsgebenden Landesversammlung, 1920–1922 Mitglied des württembergischen Landtags; Flaschner-Ehrenobermeister Otto Henne, 1920–1932 Mitglied des Landtags, und Bezirksnotar Adolf Scheef, der im Januar 1918 als Nachfolger Payers in den Reichstag einzog und zwischen 1920 und 1932 den Wahlkreis Tübingen als Abgeordneter, seit 1924/25 gleichzeitig 1. Fraktionsvorsitzender der DDP, im Stuttgarter Halbmondsaal vertrat. Prominente Tübinger Mitglieder der rechtsliberalen DVP waren der Lustnauer Bürgermeister Hans Rath und der letzte Staatsminister des Königreichs Württemberg, Prof. Ludwig von Köhler.
89 Diese Bezeichnung tauchte nicht nur in allen Gesprächen auf, die ich für diese Arbeit mit alten Tübingern gleich welcher politischen Herkunft führte, sondern wurde schon von Zeitgenossen gerne und häufig verwendet, siehe etwa: TC/NTT vom 19. 5. 1933, TZ vom 4. 12. 1931. – Rückblickend spricht auch der ehemalige Redakteur der »Tübinger Zeitung« von einer *Hochburg der Demokratie* (A. Leucht, Rathausarbeit, 1978, S. 131–134).
90 Der Württembergische Bauern- und Weingärtnerbund ging 1919 aus der württembergischen Organisation des Bundes der Landwirte hervor. In der Hochschulstadt trat die *erfolgreichste berufsständige Partei in der Weimarer Republik* jedoch kaum in Erscheinung (Th. Schnabel, Von Bazille bis Mergenthaler, 1982, S. 240–262, hier S. 241).
91 TC vom 19. 12. 1918.
92 Vgl. Th. Eschenburg, 1963.
93 TC vom 20. 6. 1926.
94 D. Groh, 1973.
95 Die Württembergische Gemeindestatistik gibt für 1933 an: 78,1 Prozent evangelisch, 20,7 Prozent römisch-katholisch, 0,4 Prozent israelitischen Glaubens, 0,6 Prozent gemeinschaftslos und weniger als 0,1 Prozent Angehörige von Weltanschauungsgemeinschaften (Württ. Gemeindestatistik 1935, S. 205).
96 Den Hinweis verdanke ich Berndjürgen Warneken.
97 SAT: F 1498/2.
98 TC vom 18. 1. 1927.
99 Vgl. etwa die Rede von Prof. Stock bei der Reichsgründungsfeier 1925, abgedruckt in der TC vom 19. 1. 1925. – Zur republikfeindlichen Haltung der Studentenschaft allgemein siehe: W. Kreutzberger, 1972, zur politischen Einstellung der Professoren: H.-P. Bleuel, 1968; W. Abendroth, 1984, S. 11–25.
100 TC vom 19. 1. 1922 (Reichsgründungsfeier).
101 Th. Eschenburg, 1965, S. 23–46.
102 Sitzung des Großen Senats vom 10. 11. 1918 (UAT: 47/39).
103 Schwäbische Tagwacht vom 15. 7. 1929: »Von der Landesuniversität.«
104 TC vom 12. 8. 1927.
105 SAT: F 1496.
106 TC vom 11. 8. 1932; vgl. auch den Gemeinderatsbericht in der TC des folgenden Tags. – Wie dieser Tag im kommunalen Zusammenhang bewußt zur Identifizierung mit der Republik ausgerichtet werden konnte, zeigt das Beispiel des Frankfurter Oberbürgermeisters, siehe: D. Rebentisch, 1975, S. 136ff.
107 TZ vom 15. 1. 1931 und TC vom 19. 1. 1926.
108 Vgl. dazu: K. Sontheimer, 1966, S. 24–42; hier S. 29, und J. Wutz, 1978, S. 229–262.
109 *Einst und jetzt! – zwei Welten – getrennt durch den Fluchvertrag an derselben Stelle zu Versailles. Aber noch steht der von Bismarck gefügte Bau [...]. Er wird stehen wie ein Fels im Meer, an dem sich die wilde*

*Anmerkungen zu den Seiten 34—38*

*haßerfüllte Gier unserer Feinde brechen muß, der auch durch die Maulwurfsarbeit feiger, vaterlandsloser Gesellen im Innern nicht ins Wanken gebracht werden darf,* bemerkte Prof. Walter Stock zu dem vielgeschmähten Vertragswerk (TC vom 19. 1. 1925; vgl. auch TC vom 6. 12. 1930 und vom 5. 12. 1931).

110  Verhandlungen des dritten ordentlichen Landtags des freien Volksstaats Württemberg, Prot. Bd. 1, S. 60.
111  TC vom 19. 1. 1921.
112  Ebd.
113  TC vom 19. 1. 1925.
114  TC vom 19. 1. 1925 (Prof. Hans Gerber).
115  Ebd.
116  1933 avancierte Gustav Bebermeyer zum Kommissar für die Gleichschaltung der Universität. Als Leiter der Vereinigten Vaterländischen Verbände hatte er 1925 die Ziele dieses Zusammenschlusses auf der äußersten Rechten folgendermaßen definiert: *Kampf gegen den Materialismus und das Eintreten für deutschen Idealismus, wie sie sich die Volkskämpfer dachten, aus der Kampfgemeinschaft heraus* (TZ vom 5. 5. 1924). Zu Bebermeyer siehe U. D. Adam, 1977, S. 34.
117  TC vom 19. 1. 1925.
118  TC vom 19. 1. 1924: »Der Hochbegriff des ›Vaterlandes‹ einte alle Stände und Schichten des Volkes.«
119  G. Bayer, 1977, S. 312–316, und H. Boger u. a., S. 162–168.
120  Verhandlungen des Württembergischen Landtags, 65. Sitzung am 11. 7. 1925, Prot. Bd. 1, S. 1514. – Die Erinnerung an diesen sinnentstellten Ausschnitt ist zählebig. Noch 1981 wiederholte sie Prof. Rüdiger von Volkmann in einem Leserbrief in der Lokalpresse (Schwäbisches Tagblatt/Südwestpresse vom 18. 9. 1981).
121  Im Landtag wies der Fraktionsvorsitzende der Sozialdemokraten, Dr. Kurt Schumacher, später ausdrücklich darauf hin, *daß in einer Versammlung der Allgemeinen Vereinigung Tübinger Korporationen ausdrücklich beschlossen worden ist, die Gumbelsche Versammlung zu stören, unmöglich zu machen und zu sprengen. Die Einladung zu dieser Versammlung der Tübinger Korporationen ist ergangen von der Wirtembergia, auf ihr Haus, der Verbindung, der der württembergische Staatspräsident als alter Herr angehört* (Verhandlungen des Württembergischen Landtags vom 11. 7. 1925, 65. Sitzung, Prot. Bd. 1, S. 1517).
122  Beim Rektoramt versuchten später betroffene Anwohner Schadensersatz für Sachbeschädigungen zu erhalten (SAT: F 5640 Lustnau).
123  Vgl. die öffentliche Erklärung Wilbrandts in der TC: »Im Dienste der Wahrheit und Gerechtigkeit« (SAT: F 1169) und die Stellungnahme der sozialdemokratischen Gemeinderatsfraktion vom 6. 7. 1925 sowie die der Vereinigten Gewerkschaften (SAT: GRP 1925 § 351 u. 371 und F 5640 Lustnau); R. Wilbrandt, 1947.
124  H. Schützinger, 1926, S. 207–210.
125  Ergebnis der Reichstagswahlen in Tübingen von 1919–1933 in absoluten Zahlen

| Wahl vom | Wahlberechtigte | abgeg.[1] Stimmen | DDP | Zentrum | SPD[2] | DNVP | DVP | KPD | NSDAP | Sonstige |
|---|---|---|---|---|---|---|---|---|---|---|
| 19. 1.1919 | 13975 |  | 4902 | 1194 | 3496 | 2128 | – | – | – | 22 |
| 6. 6.1920 | 13026 | 10729 | 2915 | 1058 | 1666 | 2408 | 2067 | 372 | – | – |
| 4. 5.1924 | 12013 | 9527 | 1870 | 965 | 988 | 1908 | 1535 | 715 | 874 | 621 |
| 7.12.1924 | 12987 | 10148 | 2604 | 1106 | 1599 | 2041 | 1836 | 338 | 412 | 171 |
| 20. 5.1928 | 14006 | 9363 | 2477 | 802 | 1462 | 1588 | 1436 | 248 | 258 | 991 |
| 14. 9.1930 | 13315 | 10065 | 2258[3] | 1025 | 1787 | 818 | – | 505 | 1393 | 2237 |
| 31. 7.1932 | 13858 | 12372 | 649 | 1564 | 1683 | 1368 | 399 | 743 | 4924 | 967 |
| 6.11.1932 | 14749 | 12015 | 602 | 1438 | 1299 | 1771 | 673 | 860 | 4065 | 1261 |
| 5. 3.1933 | 14909 | 12735 | 468 | 1276 | 1447 | 1637[4] | 296 | 676 | 6264 | 571 |

[1]  Die gültigen Stimmen ergeben sich aus der Summe der aufgeführten Stimmen aller Parteien.
[2]  1919 (1920) sind darin 147 (468) Stimmen der Unabhängigen Sozialdemokraten enthalten.
[3]  Wahlverbindung von DVP und DDP als Staatspartei.
[4]  Kampffront Schwarz-Weiß-Rot.

126  TC vom 5. 5. 1924 (Wahlausgabe).

*Anmerkungen zu den Seiten 38–40*

127 Zur Tübinger Presseszene siehe unten S. 85–93.
128 TC und TZ vom 2.5.1925.
129 TC vom 2.5.1924: »Vom Völkisch-Sozialen Block«.Vgl. auch TC und TZ vom 5.5.1924.
130 TC vom 2.5.1924.
131 Vgl. W. Besson, 1959, und P. Sauer, 1975, sowie Th. Schnabel, Die NSDAP, 1982, S.49–81, und J. Genuneit, 1982.
132 TC/NTT vom 10.7.1934: »Unser Kampf«.
133 Auskunft des Stadtarchivs Tübingen 1979. Auch verschiedene Gesprächspartner berichteten, daß Akten verbrannt bzw. in der Ammer versenkt wurden.
134 U. Lohalm, 1970, S.311–315.
135 BAK: NS 26–166. – Vgl. auch die ausführliche Darstellung der Stuttgarter Anfänge in: J. Genuneit, 1982, S.79–84, sowie E. Jäckel/A. Kuhn, 1980, S.130.
136 TC/NTT vom 10.7.1934: »Unser Kampf«; vgl. auch W. Lang, 1975, S.138–147.
137 Verhandlungen des Württembergischen Landtags, 166. Sitzung vom 19.12.1922, S.4099/4100.
138 TC/NTT vom 10.7.1934. – Wie die Versammlungsberichte der TC vom 8.5.1923 (»Eine Abrechnung mit den Nationalsozialisten«) und vom 1.6.1923 (»Zum Vortrag Max Weber«) zeigen, gelang es ihnen offensichtlich, das Versammlungsverbot zu umgehen. Den Münchner NS-Redner Max Weber hatte der Hochschulring Deutscher Art eingeladen.
139 Beurteilung des Landespolizeiamts (HStA Stuttgart: E 130 II–535 und Schwäbische Tagwacht vom 7.4.1923: »Aus der nationalsozialistischen Bewegung«). – *In der Studentenschaft, besonders in der inkorporierten, ist die politische Einstellung nach rechts unverkennbar. Dies beweist in erster Linie die Sympathie, die den Rechtsverbänden im Lande entgegengebracht wird, und die darin zum Ausdruck kommt, daß ein nicht unerheblicher Teil der Mitglieder solcher Verbände im Kreise der Studentenschaft zu suchen ist,* stellte noch 1925 das Landespolizeiamt auch in bezug auf die NSDAP fest (HStA Stuttgart: E 130 II–535). – Zum Motivationsgeflecht dieser *ersten Soldaten des Dritten Reichs* siehe: K. Theweleit, 1977; E. von Salomon, 1938.
140 Wilhelm Arnold (Tübingen, von dort auch die übrigen, wenn nicht anders erwähnt); Franz Balles (Rommelsbach); Erwin Benz; Werner Brandt; Julius Dietz; Paul Dorn; August Fauser (Nehren); Ernst Frey; Fritz Gackenheimer; Herbert Grabert; Eduard Graßmann; Karl Hartmann; Gerhard Heberer; Wilh. Heim; Anton Ilg; Wilh. Junginger; Erich von Kapff; Karl Kiderlen; Adolf Kiefer (Kilchberg); Georg Kolb (Walddorf); Wilhelm Merkle; Hans Marr; Karl Mödinger; Erhard Moser; Eugen Mühleisen; Karl Oehmke; Hellmut Pietzcker; Viktor Rall; Hans Reichenmiller; Gustav Rost; Paul Ruf; Eugen Ruoffner; Hermann Schäfer; Heinrich Schairer; Hanns Schefold; Heinrich Schanz (Einsiedel); Fritz Seebaß (Esslingen); Christian Steinhilber; Wilh. Stengel; Otto Trautwein; Hans Uhl (Bebenhausen); Hauptmann E. von Urach; August Vogel; Paul Weiß (Nehren) (TC/NTT vom 25.4.1938).
141 SAT: WPD 92/1.
142 Von den 139 Mitgliedern, deren Geburtsdatum angegeben ist, waren 57 nach 1900, 68 davor geboren.
143 U.J. Wandel, S.301–314.
144 HStA Stuttgart: E 151 III–219 u. 223 (»Maßnahmen zum Schutz der Republik«).
145 Ebd., Bü. 223.
146 SAT: WPD 92/1.
147 HStA Stuttgart: E 130 II–535.
148 SAT: StO. 1862. – Die Ministerialabteilung für die höheren Schulen, wegen der massiven Werbung des Jugendbundes vom Rektor der Tübinger Oberrealschule um Rat gefragt, lehnte ein Verbot der Mitgliedschaft von Schülern ab, da davon auszugehen sei, *dass der »nationale Jugendbund« nicht unmittelbar Parteipolitik betreibt* (a.a.O.).
149 Gustav Petzold, Jahrgang 1891, trennte sich später von seinem Teilhaber und übernahm den Münchner Verlag Albert Langen/Georg Müller, aus dessen Leitung ihn 1938 Robert Ley entfernte. Siehe dazu: Klassiker in finsteren Zeiten, Bd. 1, S.105, 144, sowie K.-D. und B. Riethmüller, 1971, S.51 ff.
150 HStA Stuttgart: E 151–219.
151 Dietrich von Jagow, Jahrgang 1892, aus Frankfurt an der Oder, trat 1912 nach dem Besuch des Gymnasiums als Kadett in die Marine ein. Im Ersten Weltkrieg erhielt der Offizier das Eiserne Kreuz I. und

*Anmerkungen zu den Seiten 40–43*

II. Klasse. Nach dem Krieg betätigte er sich bis Ende 1920 in der Marinebrigade Ehrhardt. Kurz darauf aus der Reichswehr entlassen, trat er noch 1920 der NSDAP bei, gehörte aber weiterhin auch der Geheimorganisation Consul an, die maßgeblich an den Fememorden beteiligt war. 1922 kam er im Auftrag dieser Organisation nach Württemberg, wo er zum *Inspekteur der württembergischen SA* avancierte. In Tübingen baute er mit Studenten und Schülern den Wiking-Bund auf. Da dieser in *Waffenbrüderschaft* zur SA stand, stellte diese Tätigkeit ein wichtiges Bindeglied zwischen völkischen Verbänden und NSDAP her. Nach deren Neugründung übernahm Jagow 1931 die Führung der SA-Gruppe Süd-West. 1932 wurde er als NSDAP-Abgeordneter in den Reichstag gewählt. 1933 ernannte ihn Hitler zum Reichskommissar für das Land Württemberg. 1934 verließ er Württemberg und machte als SA-Gruppenführer in Berlin Karriere; 1941 wurde er deutscher Gesandter in Budapest. Am 26. April 1945 starb er unter ungeklärten Umständen in Meran (J. Genuneit, 1982, S. 106/7).

152 HStA Stuttgart: E 130 II–535 (5. 3. 1923). – Vgl. auch den Augenzeugenbericht von Martin Goes: M. Goes, 1968, S. 63–69, hier S. 68.
153 HStA Stuttgart: E 130 II–535.
154 Reichsstrafgesetzbuch, 1920 Bd. 1, S. 343 (§ 127).
155 HStA Stuttgart: E 130 II–535 (18. 2. 1923).
156 Schwäbische Tagwacht vom 8. 5. 1923: »Aus der nationalsozialistischen Bewegung«.
157 Schwäbische Tagwacht vom 7. 5. 1923: »Aus der nationalsozialistischen Bewegung«.
158 Im Völkischen Beobachter inserierte die Ortsgruppe am 1. Juni 1923 *regelmäßige Sprechabende im Gasthof Krone* (HStA Stuttgart: E 130 II–535, 8. 4. 1923).
159 Vgl. den Bericht des SPD-Ortsvereins-Vorsitzenden von Kusterdingen über einen solchen Propagandamarsch (HStA Stuttgart: E 130 II–535).
160 Gespräch mit Ernst Schittenhelm vom 4. 12. 1979. – Die Tübinger Polizei berichtet allerdings im Juni 1923 ans Staatsministerium: *Der Wanderverein Schönbuch hat mit der Ortsgruppe der N. S. D. A. P. nichts zu tun, er wurde schon vor derselben gegründet und kann deshalb keineswegs als der umbenannte Sturmtrupp jener Ortsgruppe angesehen werden* (SAT: WPD 92/1).
161 BAK: NS 26–297 und 590.
162 TC/NTT vom 10. 7. 1934.
163 TC vom 24. 4. 1924.
164 SAT: WPD 95/1 f.
165 Dr. Diethelm Weitbrecht, Adolf Hefele und ein gewisser Heusel (TC/NTT vom 10. 7. 1934). Als Kreisleiter fungierte eine Zeitlang der spätere Verlagsleiter des »Neuen Tübinger Tagblatts«, Alfred Deyle (NSK vom 21. 11. 1940). Bereits im Mai 1923, als die junge Ortsgruppe Propagandamaterial bei der Reichsgeschäftsstelle in München bestellte, unterzeichnete nicht mehr Weitbrecht, sondern Adolf Hefele als 1. Vorstand (BAK: NS 26–297).
166 TC/NTT vom 10. 7. 1934. – Zur Frühgeschichte der NSDAP im Reich siehe: W. Horn, 1972, S. 154–208.
167 W. Nachtmann, Von der Splitterpartei zur Staatspartei, S. 128–157 und Th. Schnabel, Machtergreifung, 1982, S. 49–58.
168 UAT: 117/1144–5; TC vom 2. 5. 1933: »Jubelfeier des Sturms 10/125«.
169 TC/NTT vom 10. 7. 1934. – Heinz Dürr, 1893 in Ulm geboren, hatte sich zu Beginn des Ersten Weltkriegs als Freiwilliger gemeldet. 1919 kämpfte er bei der Einwohnerwehr München, war später auch an den Kämpfen im Ruhrgebiet beteiligt und Mitglied des Freikorps Oberland. 1920 trat er erstmals der NSDAP bei (Mitgliedsnummer: 832, Träger des Coburger Ehrenabzeichens). Nach dem mißglückten Putsch wurde er aus Bayern ausgewiesen. Nach seinem Neueintritt in die wiedergegründete Partei übernahm er 1927 die Ortsgruppe in Tübingen. Von 1929 bis Februar 1930 fungierte er als Leiter des Partei-Bezirks Tübingen-Rottenburg, danach als Sturmführer der Tübinger SA (TC/NTT vom 4. 12. 1934: »Dem Verdienste seine Krone/Das Leben eines alten Kämpfers«).
170 TC/NTT vom 10. 7. 1934 sowie BDC (Personalunterlagen H. Baumert). – Die erhaltenen Flugblätter zeigen, daß zu dieser Zeit Antisemitismus und Antikapitalismus eine wichtige Rolle spielten. *Deutscher Arbeiter der Stirne und der Faust! Wie lange noch bist Du gewillt die Sklavenketten des internationalen Bank- und Börsenkapitals zu tragen? [...] Wie lange noch sollen die Wüstensöhne des »auserwählten« Volkes, das Wucherwolk der Juden, Deine Tochter vergewaltigen?* warb ein – beschlagnahmtes – Flugblatt im August

*Anmerkungen zu den Seiten 43–47*

1926. Ein anderes wandte sich speziell an die Erwerbslosen mit der Forderung: *Nur der nationale Sozialismus vermag die Einheitsfront der gewaltigen deutschen Arbeitnehmerschaft [...] herzustellen. [...] Deutschland den deutschen Arbeitern! Wir verlangen Volksbegehren für den Achtstundentag!* (SAT: WPD 92/1).

171 TC vom 2.5.1933.
172 BDC (Personalunterlagen Dr. Ernst Weinmann).
173 Anders ist wohl auch die Schilderung Uwe Dietrich Adams über das angeblich erste Auftreten der NSDAP in Tübingen, das er in den Winter 1929 legt, nicht zu deuten. Seiner Einschätzung nach war die lokale NS-Gruppierung damals noch völlig unbekannt. Diese Version läßt sich weder mit der offiziellen Ortsgruppengeschichte von 1934 noch mit den Wahlereignissen von 1924 vereinbaren. Zutreffend an der Feststellung ist aber sicherlich, daß die NSDAP in den ruhigen Jahren der Weimarer Republik wenig Resonanz fand und als ernstzunehmende Partei kaum wahrgenommen wurde (U. D. Adam, 1977, S. 19).
174 TC/NTT vom 4.9.1935: »10 Jahre Mitglied der Bewegung. Der bekannte Vorkämpfer für den Nationalsozialismus in Tübingen: Franz Deyle«.

# Der Zerfall der Demokratie –
# Die politische Auseinandersetzung am Ende der Republik

1 TZ vom 17. und 19.9., vom 18. und 28.10. sowie vom 30.11.1929.

2

|  | Einwohner | Eingetragen Volksbegehren | abg. Stimmen Volksentscheid | gült. Stimmen Volksentscheid |
|---|---|---|---|---|
| Württemberg: | 2625075 | 110546 | 209376 (11,96%) | 207841 (11,57%) |
| OA Tübingen: | 48570 | 1451 | 2103 (6,25%) | 2092 (6,00%) |
| OA Reutlingen: | 59839 | 779 | 2196 (5,21%) | 2187 (5,00%) |
| OA Rottenburg: | 29233 | 239 | 569 (3,14%) | 565 (2,97%) |

Prozentangaben = Anteil an der Zahl der Stimmberechtigten, Quelle: Statistik des Deutschen Reichs Bd. 372, Stimmkreis 31).

3 TC vom 23.12.1929.
4 Ebd.
5 TC vom 25.8.1932: »politische Versammlungstätigkeit im Oberamt Tübingen«. – Zur Auswertung siehe: B. Schönhagen, 1977, hier S. 69–72.
6 TZ vom 11.7.1930.
7 BAK: NS 26–1404.
8 Zur Wirtschaftssituation im Reich siehe: W. Conze/H. Raupach, 1967, und G. Schütz u. a., 1980. Zur württembergischen Situation siehe: Th. Schnabel, »Warum geht es den Schwaben besser?«, 1982, S. 183–218.
9 Im September 1930 gab es im Reich mehr als 3 Millionen Arbeitslose, während in Württemberg, das gerade 4 Prozent der Reichsbevölkerung stellte, knapp 66000 gemeldet waren (Th. Schnabel, Machtergreifung, 1982, S. 192/3).
10 TC vom 5.7.1930.
11 TC vom 9.8.1930. – Im Oktober 1930 gab es in Tübingen zwar nur 267 gemeldete Erwerbslose, das waren aber doppelt so viele wie im Jahr zuvor (SAT: F 4825–16).
12 TC vom 27.11.1930.
13 TC vom 15.9.1930 und TZ vom 13.9.1930. Vgl. den Wahlaufruf der DVP (TC vom 3.9.1930).
14 Zum Christlichen Volksdienst siehe: G. Opitz, 1969. Speziell mit dem württembergischen CSVD befaßt sich: H. Sproll, 1978, S. 63–80.
15 TC vom 13.9.1930.
16 TZ vom 15.7.1930 (Wahlaufruf der DNVP). – Vgl. auch den Versammlungsbericht der TZ vom 15.7.1930: »Wir und die Nationalsozialisten«.

17 TC vom 9.9.1930.
18 TC und TZ vom 27.2.1931 und SAT: WPD 93/8; Th. Heuss, 1968, sowie ders., 1963, S. 396.
19 TC vom 13.9.1930.
20 Vgl. die KPD-Anzeige vom 11.9.1930 und den Wahlaufruf der SPD vom 13.9.1930 in der TC.
21 TZ vom 8.9.1930: »Eingesandt«.
22 Zum Wahlrecht der Studenten siehe: Reichswahlgesetz vom 27. April 1920, §§ 11, 12 und 14; Statistik des Deutschen Reiches Bd. 401, 1933. Vgl. auch die entsprechenden Auseinandersetzungen im Gemeinderat (TC vom 15. und 30.4.1924). Danach reichte zwar sechsmonatiges Wohnen am Ort, um in die Stimmliste aufgenommen zu werden, aber die befragten ehemaligen Studenten berichteten durchweg, daß sie in den Semesterferien zu Hause gewählt hätten. Nach einer Aufstellung der Stadtverwaltung waren rd. 1500 Studenten, also etwa die Hälfte aller Studierenden, bei den Kommunalwahlen wahlberechtigt (Tübinger Stadtverwaltung 1927, S. 158–163).
23 Siehe S. 379 Anm. 125.
24 BAK: NS 26–1403 (1.10.1930).
25 In Tübingen waren vor allem die Nationale Volksgemeinschaft Wilhelm Bazilles, die Volksrechtspartei und die Hausbesitzerpartei aktiv.
26 Am 28.12.1929 hatte sich der Christliche Volksdienst (CVD) auf Reichsebene mit der Christlich-Sozialen Reichsvereinigung, deren Mitglieder nahezu geschlossen aus der DNVP ausgetreten waren, zum Christlich-Sozialen Volksdienst (CSVD) zusammengeschlossen (G. Opitz, 1969, S. 137–155).
27 K. D. Bracher, Auflösung, 1978, S. 327.
28 In Tübingen hatten sich 15 Parteien zur Wahl gemeldet. Sieben von ihnen erhielten jeweils weniger als 1 Prozent der Stimmen, nämlich die Wirtschafts-, Volksrechts-, Deutsche Bauern- und die Haus- und Grundbesitzerpartei sowie der Bauern- und Weingärtnerbund, die Christlich-Soziale Volksgemeinschaft und die Nationale Volksgemeinschaft.
29 TZ vom 16.11., 12.12.1930 und vom 15.1.1931.
30 BAK: NS 26–1403 (11.12.1930).
31 TZ vom 21.11.1930.
32 Vgl. G. L. Mosse, 1980, S. 241–261.
33 TZ vom 24.11.–20.12.1930.
34 TC vom 20.11.1930.
35 Ebd.
36 Schwäbische Tagwacht vom 21.11.1930.
37 Verhandlungen des 3. ordentlichen Landtags der freien Volksrepublik des Landes Württemberg Prot. Bd. 5, S. 3706–75; StA Sigmaringen: Wü 64/36 Nr. 320 vom 1.6.1931.
38 TC vom 17.7.1931; K. E. Born, 1967. Siehe auch: U. Metzger, 1982, S. 85–87.
39 TC vom 28.10.1930 und vom 7.7.1931.
40 Die meisten Tübinger Erwerbslosen gehörten der Klasse 6 der Arbeitslosenversicherung an. In dieser Klasse betrug die Arbeitslosenunterstützung 1927 noch 13,20 Mark pro Woche. Die erste Brüningsche Notverordnung reduzierte diesen Satz auf 11,50 Mark. Nach dem 27. Juni 1932 betrug er schließlich nur noch 7,50 Mark (TC vom 5.7.1932 und SAT: F 4825).
41 Am 5.7.1932 beispielsweise berichtete die TC von einer Versammlung der Freien Gewerkschaften, auf der die Frage gestellt wurde, *wie eine Familie mit zwei Kindern von 40 Mark Monatsunterstützung leben könne, wenn sie allein 25 Mark davon für Miete zu zahlen habe.*
42 SAT: F 4825/6. Dort auch der nächste Brief.
43 SAT: GRP vom 5.1.1932 und TC vom 5.1.1932.
44 TC vom 13.11.1930.
45 TC vom 31.10.1930.
46 W. Sh. Allen, 1966, S. 44.
47 Staatsanzeiger für Württemberg 1930–1932, dort auch das folgende. Siehe auch: Th. Schnabel, Machtergreifung, 1982, S. 192–197.
48 EDA: 232 h (Nothilfe 1930–1932).
49 SAT: GRP vom 12.10.1931 § 899.

*Anmerkungen zu den Seiten 52–54*

50  SAT: F 4000/3 (Bericht über die wirtschaftliche Entwicklung des Handwerks im Kammerbezirk Reutlingen, hrsg. von der Handelskammer Reutlingen, Reutlingen 1933).

51

| Jahr | Gesamtgewerbekataster | Handwerkskataster im OA Tübingen |
|---|---|---|
| 1924 | 1 322 305 M | 390 834 M |
| 1926 | 1 670 791 M | 546 407 M |
| 1927 | 2 294 777 M | 740 666 M |
| 1928 | 2 324 415 M | 697 451 M |
| 1929 | 2 457 426 M | 701 768 M |
| 1930 | 2 458 531 M | 766 972 M |
| 1931 | 3 027 225 M | 769 190 M |
| 1932 | 1 834 302 M | 639 860 M |
| 1933 | 1 407 942 M | 548 962 M |
| 1935 | 1 747 794 M | 512 986 M |

(SAT: F 4000/3).

52  TC vom 27.7.1931.
53  Die erste Sonderbeilage der TC *zur Wirtschaftsförderung und Konjunkturbelebung* erschien am 18.4.1931.
54  NSK vom 20./21.6.1931, S. 11–14. Dort auch die Belege für das Folgende.
55  NSK vom 27./28.6.1931, Sonderbeilage »Tübinger Beobachter«, S. 1–4.
56  U. D. Adam, 1977, S. 10. – Zur politischen Haltung der Studentenschaft allgemein vgl.: M. H. Kater, 1975, S. 11–205.
57  U. D. Adam, 1977, S. 24. Vgl. auch den Bericht des hochschulpolitischen Referenten der württembergischen Landesführung des NSDStB, cand. jur. Martin Sandberger, im NS-Kurier vom 8.12.1932, Beilage »Student im Braunhemd«, WS 1932, Nr. 4: »Unsere Arbeit in Tübingen«.
58  Interview vom 12.12.1980 mit Oberkirchenrat i. R. Wilhelm Pressel. – Vgl. auch seine vollständig in der TC vom 22.11.1932 abgedruckte Rede bei der Langemarck-Gedenkfeier der Studentenschaft, »Langemarck und wir«.
59  TC vom 14.7.1931.
60  Ebd. – Mit seinem Engagement vermochte Pressel aus nicht wenigen Gegnern Anhänger von Hitler zu machen; von einer solchen *Wende in meinem Herzen*, die Pressel mit einer Rede auf der Pfarrversammlung an Ostern 1933 bewirkte, berichtet Ernst Mayer in seinem Rückblick (E. Mayer, 1963, S. 4). Ich danke Eberhard Röhm für den Hinweis.
61  J. Tierfelder/E. Röhm, 1982, S. 219–256.
62  LKA: D 1, Bd. 29/2.
63  Die Berichte der Polizei, die die NSDAP-Veranstaltungen überwachte, betonen wiederholt deren Anwesenheit: [...] *Studenten, junge und ältere Kaufleute, sowie Beamte, Arbeiter und Bürgersleute* heißt es am 30. Juni 1930. *Die Mehrzahl der Teilnehmer waren junge Leute in den 20er Jahren, sehr viele Studenten, aber auch viele junge Leute aus dem Arbeiterstand, Damen nur ganz vereinzelt, Geschäftsleute, Bürger, Handwerker und Beamte in beachtlicher Zahl* berichtet der Polizeibeamte im Dezember 1930 (SAT: WPD 92/1).
64  DGB-Archiv Tübingen: Protokollbuch der Vereinigten Gewerkschaften II,5 zum 3.12.1930.
65  TC vom 16.11.1931: Arbeitsmarktbericht.
66  Art. 38 der Württembergischen Gemeindeordnung vom 19.3.1930.
67  NSDAP-Kandidaten für den Gemeinderat: Walter Schurr (Kaufm. Angestellter), Eugen Schneck (Weichenwärter-Aushelfer), Hans Keck (Friseurmeister), Max Stockburger (Rechtsanwalt), Jakob Hauser (Versorgungsanwärter), Karl Spingler (Geschäftsstellenleiter), Josef Rast (Reitlehrer), Emil Wurst (Gärtnereigehilfe). Für die KPD kandidierten: Ferdinand Zeeb (Schriftsetzer), Hugo Benzinger (Schneidermeister), Theodor Müller (Bierbrauer), Karl Kammer (Schlosser), Ernst Krebs (Uhrmacher).
68  SAT: F 1201/6 (»Kommunisten aufs Rathaus!«). Dort auch die nächsten Belege.

*Anmerkungen zu den Seiten 54—59*

69 *1. Abschaffung der Tagegelder und Diäten der Gemeinderatsmitglieder; 2. Forderung äußerster Sparsamkeit; 3. Gegenüberstellung der Voranschläge 1931 und 1914 mit dem Zweck, den Etat 1932 möglichst auf die Sätze des Etats 1914 zurückzuführen; 4. Nachprüfung der Einstufung der städtischen Beamten und Gleichstellung mit den [tariflich niedriger gruppierten] Staatsbeamten; 5. Öffenliche Behandlung sämtlicher Sitzungsgegenstände im Gemeinderat; 6. Absolute Gerechtigkeit im Vergebungswesen; 7. Rechenschaftsbericht seitens der Stadtverwaltung über Bau und Betrieb des Kraftwerks Tübingen-Herrenberg; Abschaffung des Zuschlags zu den Strompreisen (Etatbeschluß 1930); 9. Die Gemeinderatswahl muß zeigen, daß es im seitherigen Kurs nicht mehr weitergehen kann* (SAT: F 1201/6).
70 TC vom 19. 11. 1931.
71 SAT: F 1201/6.
72 Ebd.
73 TC und TZ vom 1. 12. 1931, »Mittelstand und Gemeinderatswahl«.
74 Zusammengestellt nach den amtlichen Ergebnissen in der TC vom 8. 1. 1931 und vom 11. 12. 1928.
75 TC vom 7. 12. 1931. – Zur Affinität des Mittelstands zur NSDAP vgl.: H. A. Winkler, 1973, S. 778–791.
76 *Das Jahr der Entscheidung* war der Titel der ersten NSDAP-Veranstaltung 1932 in Tübingen. Auch die DVP begann ihre Veranstaltungsreihe unter diesem Motto (TC vom 15./16. 1. 1932).
77 Militärkonzert (TC vom 17. 2.), Schallplattenkonzert (TZ vom 19. 4. und TC vom 20. 4.), SA-Aufmarsch (TC vom 4. 7.), Gastspiel »Wolf Petersen« der NS-Bühne für Württemberg (TC vom 29. 7.), Konzert mit dem deutschen »Freiheitssänger« Sepp Summer (TC vom 15. 9.), Geländespiel der SA (TC vom 10. 10.), Theaterspiel »Isonzolegende« (TC vom 21. 10.) – die Aufführung, die für Derendingen und Lustnau angekündigt wurde, fiel aus, weil von *gegnerischer Seite* die Säle verwehrt wurden –, NS-Tonfilm über Parteiführer (TC vom 7. 11. 1932).
78 Vgl. die positive Beurteilung der wirtschaftlichen Situation in Württemberg durch den Reichssparkommissar (Verhandlungen des 3. Württembergischen Landtags Bd. 4, Beilage 222, Stuttgart 1930) sowie Th. Schnabel, Machtergreifung, 1982, S. 184–218.
79 TC vom 19. 2. 1932: »Arbeitsmarktlage«.
80 TC vom 20. 1. 1932.
81 BAK: NS 26–1405 (13. 5. 1932).
82 TC vom 8. 4. 1932; vgl. auch den Wahlaufruf vom 12. 3. 1932.
83 TZ vom 16. 1. 1932. – Zum genauen Verlauf des Wahlkampfs siehe: B. Schönhagen, 1977.
84 TZ vom 11. 4. 1932: »Der Wahltag in Tübingen«.
85 Zum Wahlergebnis siehe S. 379 Anm. 125.
86 TZ vom 11. 4. 1932.
87 Zur Verteilung der Stimmen auf die einzelnen Wahlbezirke innerhalb der Stadt siehe: B. Schönhagen, 1977, S. 27–38.
88 TC vom 14. 4. 1932.
89 *Die Schuld am Zusammenbruch trägt das System der letzten 13 Jahre,* faßte der thüringische Minister seine Ausführungen zusammen (TC vom 21. 4. 1932).
90 Vgl. das entsprechende NS-Flugblatt *Evangelische Christen Württembergs!* (LKA Stuttgart: D1 29,1).
91 *An die Herren Geistlichen Württembergs!* (LKA Stuttgart: D1 29,2; April 1932). – Die Auseinandersetzung der württembergischen Landeskirche mit dem Nationalsozialismus dokumentiert: G. Schäfer, Bd. 1, 1971. Eine Zusammenfassung bietet: J. Thierfelder/E. Röhm, 1982.
92 LKA Stuttgart: D1 29,1.
93 TZ vom 22. 4. 1932: »Aus dem Parteienleben«.
94 TC vom 20. 4. 1932: »Wahlversammlung im Löwen«.
95 TC vom 24. 4. 1932.
96 TC vom 2. 5. 1932: »Polizeibericht« und Evangelisches Gemeindeblatt Tübingen, 18. Jg., Mai 1932, S. 3/4: »Sitzung des Verwaltungsausschusses«.
97 1928 hatte die NSDAP gerade 344 Stimmen erhalten (Mitteilungen des Württembergischen Statistischen Landesamts Nr. 8, 1932). Siehe auch die Tabelle S. 379 Anm. 125 mit den absoluten Wahlergebnissen.
98 Statistisches Handbuch 1922–1926. Siehe auch Th. Schnabel, Von Bazille zu Mergenthaler, 1982, S. 240–262.

99 TC vom 25.4.1932: »Wahlkommentar«.
100 TC vom 4.3.1932: »Aus dem Parteienleben«.
101 Die These Rudy Koshars, Scheef habe – quasi in prophetischer Vorausschau – eine Wiederkandidatur abgelehnt, um die Machtergreifung unbelasteter überstehen und sein Amt als Stadtvorstand über das Dritte Reich hinweg retten zu können, scheint mir eine conclusio post festum und als Erklärung wenig plausibel (R. Koshar, 1982).
102 TC vom 7.3.1932: »Gründung eines berufsständischen Nationalbundes«, TZ vom 19.4.1932: »Flaschnerobermeister Henne: An das württembergische Gewerbe« und »Schwäbische Tagwacht« vom 23.9.1930: »Der Sieg der Wirtschaftspartei: Otto Henne kandidiert nicht bei den Demokraten«; StA Sigmaringen: Wü 65/36, Acc. 31/1973, S. 27–42, hier S. 40.
103 TC vom 25.4.1932/Wahlausgabe: »Was will das Volk?«
104 Bei den Parteivorständen in den anderen Ländern zog diese grundsätzliche Bereitschaft zur parlamentarischen Zusammenarbeit mit der NSDAP lebhafte Diskussionen und teilweise heftige Kritik nach sich (BAK: NS 26–1905, Geheimer Bericht der Politischen Polizei Württembergs vom 28.5.1932).
105 Zur Obstruktionstaktik der württembergischen Landtagsfraktion der NSDAP siehe: B. Schönhagen, 1982, S. 86–113.
106 TZ vom 31.5.1932.
107 K. D. Bracher, Auflösung, 1978, S. 455.
108 Ein Propagandamarsch der SA durch das kommunistische Wohnviertel Hamburgs hatte eine gewalttätige Auseinandersetzung provoziert, in deren Folge 14 Kommunisten und 3 Nationalsozialisten getötet sowie 50 Personen schwer verletzt wurden (K. D. Bracher, Auflösung, 1978, S. 484).
109 TC vom 1.7.1932.
110 Erst 1932 konnte die NSDAP in Lustnau eine Ortsgruppe bilden (TC/NTT vom 17.1.1942). Ein Jahr zuvor hatte das seit der »Lustnauer Schlacht« berühmte Lustnauer Reichsbanner eine von der NSDAP im Gasthaus zum Ochsen angekündigte Versammlung dadurch verhindert, daß es eine als *Familienfeier* deklarierte Veranstaltung im Nebensaal der Gastwirtschaft abhielt (TC vom 24.2.1931). Auch in den anderen Arbeiterdörfern der Umgebung hatte die NSDAP Schwierigkeiten, Fuß zu fassen. In Dußlingen, im »roten Steinlachtal«, gelang ihr die Gründung einer Ortsgruppe erst im Juli 1932 (TC vom 16.7.1932).
111 SAT: WPD 92/1 (Polizei-Protokoll).
112 TC vom 20.7.1932. – Die Eiserne Front hatte allerdings zuvor schon öffentlich den Terror der Nationalsozialisten angeprangert, so daß Schwab jetzt nur den Spieß umdrehte.
113 TZ vom 12.7.1932. – Ähnlich gezielt wurde »Prinz Au-Wi« auch in Marburg vor bürgerlich-konservativem Publikum eingesetzt, vgl. R. Mann, Marburg, 1972, S. 329.
114 Statt der üblichen 30 Pfennig, die ungefähr dem Preis für ein Brot entsprachen, mußte 1 Mark gezahlt werden (TC vom 5.7.1932).
115 TC vom 12.7.1932.
116 NSK vom 13.7.1932: »Der Entscheidungskampf hat begonnen: Massenkundgebung in Tübingen«.
117 Ebd.
118 TZ vom 30.7.1932: »Adolf Hitler in Reutlingen«. – Die Zahlenangabe der NS-begeisterten TZ ist nicht unbedingt vertrauenswürdig. Die »Schwarzwälder Kreiszeitung« beispielsweise nannte nur 20000 Zuhörer (H. D. Schmid, 1979, S. 8).
119 TC und TZ vom 30.7.1932.
120 BAK: NS 26–1404 (20.5.1931).
121 TC vom 9.7.1932, siehe auch SAT: WPD 192/1 (Schriftwechsel zwischen Landrat und Polizei wegen eines möglichen Verbots der Teilnahme am Antikriegstag der KPD in Hechingen, zu dem sich die Tübinger Gruppe des Kampfbunds mit etwa 40 Mann angemeldet hatte). – Der Versuch der beiden Organisationen, sich gegenseitig die Veranstaltungen zu vereiteln, ist auch an anderen Orten beobachtet worden. Vgl. z. B.: O. Brügge u. a., 1981, S. 18 f.
122 TC vom 22.7.1932.
123 HStA Stuttgart: E 151 c II–217.
124 Z. B. als SA-Leute eine Versammlung von mehreren hundert Reichsbanner-Mitgliedern sprengten (SAT: WPD 192/1: Protokoll der polizeilichen Ermittlungen, TC vom 14.7.1932). Einen Tag später persiflierte

*Anmerkungen zu den Seiten 62–67*

ein Leserbrief die Panik, die bei dieser *Demonstration der Einheitsfront* entstanden war (TC vom 15. 7. 1932).
125  Vgl. die Polizeiberichte in der TC vom 11.7. (Lustnau), 12.7. (Prinz Au-Wi), 14.7. (Reichsbanner), 18.7. (Sprengung einer SPD-Veranstaltung in Altingen), 22.7. (Eckert-Veranstaltung in Tübingen), 27.7. (Lustnau), 30.7. (Lustnau), 22.8.1932 (Überfall auf 2 Dußlinger Kommunisten).
126  TC vom 13.5.1932: »Aus dem Parteienleben«.
127  Siehe: TC vom 15.5.1931 und 22.7.1932. – Zu Erwin Eckert siehe: F. Balzer, Köln 1973.
128  TC vom 22.7.1932, TC und TZ vom 21.7.1932.
129  TC vom 25.7.1932: »Kundgebung auf dem Turnerbundplatz«.
130  Der Aufruf war ausdrücklich adressiert an: *Berufsbeamte, Handwerker, Mittelstand!* (TC vom 29. und 30.7.1932).
131  TC vom 28.7.1932.
132  Ebd. – Zur Haltung von Eugen Bolz siehe die ausführliche Darstellung von Waldemar Besson über die Situation der württembergischen Regierung in der Spätphase der Weimarer Republik: W. Besson, 1959.
133  TC vom 30.7.1932.
134  TC vom 26.7.1932.
135  BAK: N Haller Nr. 9 (Brief vom 18.8.1932).
136  Ebd. (Brief vom 27.10.1932).
137  Für die absoluten Zahlen siehe die Tabelle 1 im Anhang.
138  Zur Bedeutung der Stimmscheine bei der Juli-Wahl 1932 siehe: R. F. Hamilton, 1982.
139  TC vom 1.8.1932.
140  StA Sigmaringen: Wü 65/36, Acc. 31/1973, Nr. 321 (19.10.1932).
141  LKA Stuttgart: D1 29,3 (31.8.1932).
142  »Völkischer Beobachter« vom 24.8.1932. Siehe auch: P. Kluke, 1957.
143  Schreiben Pressels an das Gaugericht der NSDAP vom 2.2.1934 (BDC: Personalakte Pressel).
144  Ebd. – Siehe auch G. Schäfer Bd. 1, S. 154 ff.
145  LKA Stuttgart: D1 29,3 (Die Unterschriftenliste fehlt). – Das Gaugericht der NSDAP beurteilte die Erklärung 1934 bei Pressels Parteiausschlußverfahren als *Meuterei* (BDC: Personalakte Pressel).
146  Theophil Wurm schrieb am 26. August 1932 an Pressel: *Ich bin tief unglücklich über die Entwicklung der Dinge in den letzten Wochen. Der Sieg einer christlichen und national fundierten Freiheitsbewegung, den ich so heiß ersehne wie irgendein Glied der jungen Generation, ist durch das Verhalten Hitlers gegenüber den Vorfällen der letzten Zeit sehr gefährdet, wenn nicht unmöglich gemacht* (LKA Stuttgart: D1 29,2).
147  Ebd. (Schreiben vom 2.9.1932).
148  Ebd. (Schreiben vom 7.9.1932).
149  LKA Stuttgart: D1, 29,3.
150  Aufgrund einer Mitteilung Rehms an den Gauleiter wird statt dessen der Gauuntersuchungs- und Schlichtungs-Ausschuß eingeschaltet (BDC: Personalakte Pressel).
151  LKA Stuttgart: D1 29,3 (3.9.1932).
152  TC vom 10., 22.10. und 5.11.1932.
153  TC vom 30.10. und vom 7.11.1932.
154  TC vom 30.10.1932.
155  TC vom 26.10.1932.
156  K. D. Bracher, Auflösung 1978, S. 564 ff.
157  HStA Stuttgart: E 130 b – 1504. – Als der sozialdemokratische Landtagsabgeordnete Berthold Heymann sich in einer Kleinen Anfrage nach der Zulässigkeit dieser *rein parteipolitischen Propaganda* erkundigte, fanden die nationalsozialistisch gesonnenen AStA-Vertreter Rückendeckung beim Rektor der Universität. Der nämlich wies den Vorsitzenden des Allgemeinen Studentenausschusses zwar darauf hin, *daß es für den Bestand einer staatlich anerkannten Studentenschaft notwendig sei, auch den Schein einer Parteilichkeit zu vermeiden,* ließ aber die Erklärung durchgehen, *daß der Wahlaufruf vor allem der Wahlmüdigkeit unter den Studenten* hatte entgegentreten wollen und akzeptierte als Entschuldigung, daß der AStA unter *Marxismus die materialistische Geschichtsauffassung verstehe:* [...] *Jedenfalls habe ihm völlig fern gelegen, irgend eine Partei mit diesen Schlagworten zu belegen* (HStA Stuttgart: a. a. O.).

## Anmerkungen zu den Seiten 67—71

158 Gemeinderatswahlen: NSDAP + 29 180, DNVP + 3596, CSVD + 2228 Stimmen. Die Verluste verteilten sich auf DDP − 10167, DVP − 6842, SPD − 4360 und Zentrum − 3499 Stimmen. Landtagswahl 1932: + 1177 gültige Mehrstimmen; DDP − 2038, DVP − 161, Volksrechtspartei − 131, SPD − 1124, Bauern- und Weingärtnerpartei − 24, NSDAP + 3102, Zentrum + 471, KPD + 221 und DNVP + 28.

159 T. Geiger, S. 112. – Vgl. dazu auch: S. M. Lipset, 1968, S. 101–124, und H. A. Winkler, Extremismus 1972, sowie J. W. Falter u. a., S. 525–554. Die vorherrschende Auffassung, daß vor allem das sogenannte Kleinbürgertum Hitler zur Macht verholfen habe, wurde durch die Ergebnisse von R. F. Hamilton (1982) modifiziert. Anhand der Wahlergebnisse ausgesuchter Großstädte kam Hamilton zu dem Schluß, daß zumindest in den evangelischen Gebieten des Reichs die (nichtjüdischen) Angehörigen des oberen Mittelstands und der Oberschicht prozentual deutlich stärker für Hitler und seine Partei gestimmt hätten als etwa das Kleinbürgertum. Die Tübinger Ergebnisse können insofern Hamiltons These stützen, als auch hier die Hochburgen der NSDAP – wie das folgende Kapitel zeigen wird – mit den Wohngegenden des mittleren und gehobenen Bürgertums identisch waren. – Vgl. dazu auch: W. Nachtmann, 1983, S. 310–315.

160 Eine Mikroanalyse der Wahlergebnisse in den einzelnen Abstimmungsbezirken zeigt ein entsprechendes, schichtenspezifisches Wählerverhalten: In den Abstimmungslokalen der Unteren Stadt erhielten die Arbeiterparteien durchweg höchste Ergebnisse, während die NSDAP dort ihre schlechtesten erzielte. Im Professorenviertel und den Wohngegenden des selbständigen Mittelstandes sowie des selbständigen Mittelstandes führte dagegen – spätestens seit der Reichspräsidentenwahl 1932 – die NSDAP (B. Schönhagen, 1977).

161 Zum Vergleich die NSDAP-Wahlergebnisse in Ludwigsburg (Ulm) in Prozent: September 1930 13,2 (22,2); Juli 1932 39,0 (39,7); November 1932 27,6 (34,2) (Statistik des Deutschen Reiches Bd. 382 und Bd. 434).

162 Zitiert nach R. Kühnl, 1978, S. 106.

163 Zu den einander widersprechenden Schutzerwartungen des Einzelhandels und Kleingewerbes siehe: H. A. Winkler, Mittelstand, Köln 1972.

164 TC vom 24.4.1924: »Vom Mittelstandskartell«.

165 TC vom 8.3.1932: »25 Jahre Konsum-Verein«.

166 Siehe beispielsweise TC vom 23.12.1930 und vom 12.2.1932.

167 »... helfen zu graben«, S. 306–308.

168 SAT: F 5576–77.

169 TC vom 2.12.1931: »Die Notlage des Einzelhandels«.

170 TC vom 1.12.1931: »Mittelstand und Gemeinderatswahl«.

171 H. A. Winkler, Mittelstand, 1972, S. 178.

172 TC vom 1.12.1931: »Mittelstand und Gemeinderatswahl«.

173 Vgl. dazu: Z. Zofka, 1979.

174 Siehe oben S. 40. – Beispielsweise ergaben sich über die paramilitärische Ausbildung der Nationalsozialisten Querverbindungen zum rechtsradikalen, in der Tübinger Gesellschaft durchaus angesehenen Nationalverband deutscher Offiziere, dem 1925 Professor Bebermeyer vorstand. 1933 verhalfen diesem seine frühen Beziehungen zur NSDAP zu einer raschen Parteikarriere, obwohl er zu den sogenannten Märzgefallenen gehörte, die erst nach der Wahl vom 5.3.1933 offiziell der Partei beitraten (BDC: Personalakte Gustav Bebermeyer).

175 Wegen persönlicher Schwierigkeiten wurde Weitbrecht 1929 nicht wieder zum Stadttierarzt bestellt (SAT: GRP vom 2.12.1929 § 1010).

176 TC/NTT vom 10.7.1934: »Unser Kampf«; SAT: WPD 92,1.

177 TC/NTT vom 4.9.1934: »10 Jahre Mitglied der Bewegung«; NSK vom 21.11.1940: »Ehrenzeichenträger Pg. Deyle«.

178 BDC: Personalkartei H. Dürr.

179 BAK: Slg. Schumacher 209.

180 TC/NTT vom 30.1.1930: »Das Wachsen der Bewegung in Tübingen«.

181 Zu den frühen akademischen NSDAP-Mitgliedern gehörten: Prof. Dr. Heinz Bromeis (1.4.1931 SA), Dr. med. Rudolf Holtgrave (1.12.1931 NSDAP), a. o. Prof. Dr. Oswald Lehnich (1.12.1932), Priv. Doz. Dr. Rupprecht Matthaei (1.8.1932), Dr. med. Walter Schwenk (1.4.1929), Pfarrer Wilhelm Pressel (1.10.1931), Pfarrer a. D. Karl Schwab (?), Prof. Dr. Gustav Riek (1929, wieder 1931), Dozent Dr. Karl

Georg Kuhn (September 1932), Priv. Doz. Dr. Heinrich Dannenbauer (April 1932), Dr. med. vet. Diethelm Weitbrecht (1.3.1931), in Klammern jeweils das Eintrittsdatum (BDC: Personalakten).
182 UAT: 117/1144 Nr. 5 (21.6.1926).
183 TC/NTT vom 21.4.1934; TC/NTT vom 10.7.1934.
184 TZ vom 11.4.1931.
185 Den NS-Ärztebund Gau Württemberg gründete am 30.11.1930 der Nagolder Arzt Dr. Eugen Stähle am damaligen Sitz der Gauleitung in Esslingen (BAK: NS 26–1403).
186 Stadtpfarrverweser Dr. Burger (LKA Stuttgart: D 1 29,3).
187 Schreiben Prof. Lehnichs an die Gauleitung vom 6.10.1933 (HStA Stuttgart: E 140–79).
188 Wiederholt warben Tübinger Hochschullehrer in der Presse für den Beitritt in den Kampfbund (TC vom 24.3.1932); vgl. H. Brenner, 1963, S. 7–22, K. Hille, 1983, S. 168–186.
189 BAK: NS 26–1403 (11.12.1930) und TC/NTT vom 21.3.1943.
190 BAK: NS 26–1405 (11.2.1932, S. 12); StA Sigmaringen: Wü 65/36, 31/1973, Nr. 321, 25.1.1932.
191 TC/NTT vom 10.7.1934. – Vgl. auch Th. Schnabel, Die NSDAP, 1982, hier S. 56 und 71.
192 Vgl.: A. Nitschke und H. Medick, 1984, S. 295–319.
193 K. Sontheimer, 1978, S. 288. Siehe auch: H. Plessner, 1954.
194 K. Sontheimer, 1978, S. 294. Vgl. auch: W. F. Haug, 1986.
195 TC vom 14.7.1931.
196 TC vom 5.3.1931.
197 TC vom 13.9.1930.
198 TC vom 22.12.1930: »Kameradschaftsabend der Hochschulgruppe des Stahlhelms«.
199 TC vom 19.1.1930.
200 So heißt es im Aufruf des *Hindenburgausschusses* zur Reichspräsidentenwahl: *Deutsche! Setzt im Augenblick des Ringens um Deutschlands Weltstellung den inneren Hader beiseite! Wählt den keiner Partei verschworenen Vertreter der Volksgemeinschaft [...]* (TC vom 12.3.1932); siehe auch: J. C. Heß, 1978.
201 In der Wahlanzeige der Deutschen Staatspartei zur Septemberwahl 1930 hieß es: *Wer keinen Klassenkampf will, nicht die Herrschaft einer einzelnen Klasse oder Kaste, keinen Rassenhaß, keine Feindschaft zwischen den religiösen Bekenntnissen, sondern Volksgemeinschaft [...], der wähle Einheitsliste 6* (TC vom 13.9.1930).
202 So warnte Adolf Scheef: *Wir dürfen die kommunistische Gefahr nicht leicht nehmen. Hier kann es kein Paktieren geben* (TC vom 7.3.1930).
203 TZ vom 24.11.1930.
204 TC vom 1.8.1932.
205 TC vom 17. und 22.11.1932; G. Bayer, 1977, S. 83–87.
206 Die folgenden Zitate stammen, wenn nicht anders vermerkt, aus StA Sigmaringen: Wü 28/3, Acc. 21/1967, Nr. 129.
207 Zur ›sehenden‹ Blindheit der Justiz gegenüber politischen Straftaten von rechts siehe: E. J. Gumbel, 1922, S. 73–81, sowie F. Neumann, 1977, S. 44–48.
208 Zum Vergleich mit zwei ähnlich strukturierten Universitätsstädten siehe: H. M. Kühn, 1983, und R. Mann, 1972.
209 A. Mohler, 1972; D. Fricke, Bd. 2, 1970.
210 LKA Stuttgart: S 13 – Sammelstelle (Mitteilungen des Ev. Volksbundes für Württemberg e. V. Nr. 65, November 1932).
211 Als Vorstand des Tannenberg-Bundes Schwarzwaldgau e. V., zu dem die Tübinger Gruppe gehörte, zeichnete Forstrat Voegele aus Wildbad, örtlicher Vertrauensmann und Kassier war Herr Kayser aus der Osianderstraße (Einwohnerbuch 1932).
212 TC und TZ vom 12. und 13.1.1932.
213 Sie bestimmten auch die Publikationen des Tannenbergbunds – die im Juli 1933 verbotene »Volkswarte« ebenso wie die zwischen 1932 bis 1939 selbständig erscheinende Zeitschrift »Christlicher Quell«.
214 TZ vom 14.1.1932.
215 TZ vom 5.2. und TC vom 6.2.1932.
216 Zu W. Hauer siehe U. D. Adam, 1977, S. 179/180.

## Anmerkungen zu den Seiten 79—81

217  Hauer fühlte sich offensichtlich von der TC nicht richtig wiedergegeben und korrigierte deshalb einige Tage später: *Was hier im klaren Sturm und Drang oft ungebändigt, leidenschaftlich, übertrieben bis zur Karikatur, ja zur fast unbegreiflichen Verleugnung des eigenen tiefsten Wesens, das unbedingt wahr sein muß, sich kundtat, ist ein erneuter Aufbruch germanischen Geistes in unserem Volk* (TC vom 26. 1. 1932).
218  TC vom 9. 2. 1932.
219  TZ vom 10. 2. 1932.
220  TC vom 12. 2. 1932: »Zum Ludendorffschen Gott«.
221  TZ vom 9. 2. 1932.
222  Ebd. – Zur Ludendorff-Bewegung und dem Problem der völkischen Religionen in den zwanziger Jahren siehe: E. Hieronymus, 1982.
223  TC vom 18. 4. 1932. – TC und TZ berichteten bereits am 27. 1. 1932 über einen Vortrag unter der Überschrift: *Deutschland – Französische Kolonie – Deutsches Volk – Kanonenfutter für die Weltkapitalisten?*
224  Als aber der Tannenbergbund im Mai wieder einen antikirchlichen Redner ankündigte, und zwar zu dem Thema: *Sind Priestertum, Ohrenbeichte und Hölle göttliche Einrichtungen oder menschliche Erfindungen?* versuchte die Katholische Akademikervereinigung – allerdings umsonst – ein Redeverbot zu erwirken (SAT: WPD 95/1).
225  HStA Stuttgart: E 1306–1504. – Zum Kampfbund allgemein siehe auch: R. Bollmus, 1970, und K. Hille, S. 168–186.
226  § 1 der Satzung des Kampfbunds (HStA Stuttgart: E 1306–1504); TC vom 15. 2. 932. – Angaben über Mitgliederzahl und soziale Zusammensetzung der Tübinger Ortsgruppe sind nicht vorhanden, auch das Gründungsdatum ist unbekannt. Den Gründungsaufruf von 1929 unterschrieben allerdings schon Tübinger, und zwar der völkische Schriftsteller Guido Kolbenheyer sowie der konservative Historiker Adalbert Wahl. Auch die Hochschulgilde »Ernst Wurche« und die »Sängerschaft Zollern« sowie die »Straßburger Burschenschaft Arminia Tübingen« und die »Tübinger Turnerschaft Straßburg« unterstützten den Gründungsaufruf (K. Hille, 1983, S. 182/3).
227  TZ vom 10. 2. 1932. Dort auch die folgenden Zitate.
228  Auch der 1932 mit der Gestaltung der Evangelistensymbole am Tübinger Stiftskirchenturm von der Ev. Kirchengemeinde beauftragte Stuttgarter Bildhauer Fritz von Graevenitz schuf solche traditionellen, scheinbar völlig unpolitischen Skulpturen, die er als zeitlos-ewigen Ausdruck »deutscher Größe und deutschen Heldentums« verstanden wissen wollte. Noch 1980 preist der Verlag in der vierten Auflage des Graevenitzschen Werktagebuchs: *In diesen Plastiken sind Inbrunst und Kühnheit zur Gestalt geworden.* (F. von Graevenitz, 1980, Werbetext des Verlages.) Für die Ewigkeit bestimmt, ließen sich diese Plastiken während der »Machtergreifung« als Ausdruck nationalsozialistischen Aufbruchwillens deuten. Vgl. dazu: K. Hoffmann-Curtius, 1982, und W. Hesse, Arbeitsmittel 1983. – Unter den nach 1918 erstellten Neubauten überwog in Tübingen die traditionelle Architektur, besonders der sogenannte Heimatschutzstil. Selten entstand ein Flachdach und wenn, dann ließ es in der Regel ein Bauherr errichten, der nicht aus Tübingen stammte. Bei den repräsentativen Bauten der Universität oder der Stadt entschied man sich mit ebenso großer Selbstverständlichkeit für traditionelle Formen – einzige Ausnahme: die neusachliche Backsteinarchitektur der Chirurgischen Klinik. Vgl. dazu: J. Forderer, Tübinger Neubauten, 1930, sowie J. Zänker, 1977.
229  TC vom 15. 2. 1932. Dort auch die folgenden zwei Zitate.
230  Paul Schmitthenner, der Nestor der württembergischen Heimatschutzstil-Bewegung, hatte die Weißenhof-Siedlung als »Vorort Jerusalems« und Beispiel für »rassefremdes Bauen« bezeichnet und ihr die Kochenhof-Siedlung als Modell für richtiges, »arteigenes« Bauen gegenübergestellt. Im Sattel- bzw. Spitzdach sah er die Leitform nationaler Baugesinnung. So formulierte er im Programm zu der Siedlung: *Die Siedlung knüpft deshalb an die gute Tradition an, wie sie z. B. in Goethes Gartenhaus in Weimar und in zahllosen Bürgerhäusern kleiner und großer Städte aus der Zeit vor den siebziger Jahren verkörpert ist,* zitiert nach J. Haspel/J. Zänker, 1983. Siehe auch J. Petsch, 1976, S. 43–45.
231  TC vom 16. 2. 1932.
232  TC vom 17. 2. 1932.
233  1933 avancierte Gerhard Schneider zum stellvertretenden Landesleiter des Kampfbundes (TC vom 29. 5. 1933).
234  TC vom 17. 2. 1932.

*Anmerkungen zu den Seiten 81—85*

235 Ebd.
236 TC vom 18.2.1932.
237 TC vom 19.2.1932.
238 TC vom 1.5.1932; BAK: N Haller Nr. 9.
239 TC vom 21.6.1932; K. Hille, 1983, S. 187–217.
240 Bereits in seinem 1928 veröffentlichten Band »Kunst und Rasse« machte Schultze-Naumburg die moderne Kunst zum Indikator rassischer Entartung: *Wenn es noch eines Beweises bedürfte, daß ein bedenklich hoher Teil der Bevölkerung sich rassisch in ungeahntem Abstieg befand, so müßte es das Absterben des Gefühls für Körperschönheit in der Kunst zeigen* (P. Schultze-Naumburg, 1963, S. 163).
241 TC vom 21.6.1932.
242 TC vom 22.6.1932, dort auch das Folgende. – Georg Weise gehörte zu den wenigen Professoren, die 1933 in Tübingen aus ihrem Amt entlassen wurden; allerdings nur vorübergehend, siehe dazu unten S. 159.
243 HStA Stuttgart: E 130 b – 1504.
244 Nach wiederholten Vertreibungen hatte der württembergische Graf Eberhard im Bart die Juden 1477 im Zusammenhang mit der Universitätsgründung endgültig aus der Stadt gewiesen (J. Haller, 1927/9; L. Zapf, S. 15).
245 Den Bankier und Gründer der Tübinger Diskonto-Gesellschaft Friedrich Weil lobte Gottlob Himmel, der Gründer und Direktor der Motorenfabrik Himmelwerk AG 1932: *Was er aber auch als Mensch und im Stillen gewirkt hat, haben wohl wenige Gelegenheit gehabt, so kennenzulernen wie Unterzeichneter, der 35 Jahre mit ihm gearbeitet hat. [...] So war er* [Weil] *der einzige, der, als ich aus kleinem Anfang mich emporzuarbeiten suchte, Vertrauen zu mir hatte und mir den so nötigen Kredit ohne direkte Sicherheitsleistung gewährte.* (TC vom 11.4.1923).
246 Nach den Angaben des Adreßbuchs 1930 und 1934. Zu den jüdischen Geschäftsleuten in Tübingen siehe auch TC vom 25.9.1913: »Das neue Geschäftshaus der Firma Degginger Nachf.«.
247 TC vom 22.12.1930.
248 Vgl. L. Zapf, S. 138/9; TC vom 26.10.1928 (»Achtzigster Geburtstag«).
249 TC vom 2.10.1931: »Glückwunsch zum 60. Geburtstag«.
250 L. Zapf, S. 176/7.
251 Ebd. S. 130.
252 M. Silberstein, 1883. Predigt und Weihegebet der Synagogeneröffnung sind wiederabgedruckt bei L. Zapf, S. 231–243.
253 L. Zapf spricht von einer *vorbildlichen deutsch-jüdischen Symbiose* (a.a.O. S. 66). – Die Berichte der 1981 von der Stadt eingeladenen ehemaligen Tübinger Juden und viele Beispiele eines latenten Antisemitismus lassen diese Beurteilung jedoch als euphemistisch erscheinen. Vgl. dazu die Berichterstattung des Schwäbischen Tagblatts (Südwestpresse) vom September 1981 sowie M. Richarz, 1985.
254 Die Formulierungen sind der *Öffentlichen Erklärung deutscher Universitäts- und Hochschullehrer* zur Novemberwahl 1932 entnommen, an der sich sieben bekannte Tübinger beteiligt hatten: der Historiker Heinrich Dannenbauer, Oberregierungsrat Prof. Dr. Haber, der Volkswirtschaftler Oswald Lehnich, der Physiologe Rupprecht Matthaei, der Urgeschichtler Hans Reinerth, der Kirchenhistoriker Ernst Stracke und der Chirurg und spätere Direktor der Tübinger Chirurgie Willy Usadel (NSK Stuttgart vom 5./6.11.1932).
255 TC vom 23.2.1932 (Gründungsversammlung).
256 Einige Beispiele: TC vom 15.5.1924 (Ludwig Finckh), TC vom 27.11.1924 (Dr. Fritz Lenz), TC vom 23.11.1929 (Dr. Hermann Muckermann), TC vom 5.3.1931 (Prof. Dr. Robert Gaupp).
257 UAT: 117/231 und 117 D/K 854.
258 UAT: 117/1144 (Flugblatt des NSDStB vom 16.1.1930). Vgl. auch das »Eingesandt« in der TZ vom 16.1.1930.
259 Albert Weil leitete eine Abschrift an den Rektor der Universität weiter; dessen Reaktion ist nicht überliefert (UAT: 117 C/1144 Nr. 5).
260 Schwäbische Tagwacht vom 20.12.1930: »Weiteres aus Schwabens hohen Schulen«. – Zu den Konsequenzen: HStA Stuttgart: E 130 II – 535, 115.
261 TC vom 15.1.1931.
262 TC vom 8.9.1930. – Die TZ druckte den Aufruf nicht.

*Anmerkungen zu den Seiten 85–90*

263 Ebd.
264 L. Zapf, S. 67, und P. Sauer 1969, S. 4.
265 Schreiben von Dr. Heinz Hayum an das Rektorat des Gymnasiums vom 9. 7. 1932 (SAT: StO. 1862).
266 Erst bei Ordnungsarbeiten fand sich im Januar 1985 auf der Rathausbühne, zwischen Akten anderer Provenienz, ein Teilbestand der Akten der ehemaligen Württembergischen Polizeidirektion Tübingen (im folgenden als WPD bezeichnet. Der Aktenbestand ist mittlerweile unter der Bestandssignatur E 104 verzeichnet. Die alten, hier verwendeten Signaturen sind über eine Konkordanz zu erschließen). Siehe auch die Einleitung, S. 14.
267 W. Mommsen, S. 246.
268 N. Frei, 1980, S. 18. – Vgl. auch die differierenden Angaben bei: H. Biesenberger, 1953.
269 H. D. Schmid, S. 6.
270 Zur frühen Tübinger Pressegeschichte siehe: U. Jeggle, 1967.
271 J. Forderer, 1941, S. 30–34.
272 Seit 1880 erschien z. B. einige Jahre neben der »Chronik« der »Demokratische Volksfreund aus Schwaben«, zwischen 1887 und 1891 die »Schwäbische Volkszeitung«.
273 L. Weil, 1929.
274 TZ vom 1. 4. 1924 (Impressum).
275 Am 27. 10. 1933 bedankten sich Angestellte und Arbeiter der TC für die Einführung von *Fruchtabonnenten*, was ihnen während der Inflation die Arbeitsplätze erhalten hatte.
276 Nach mündlicher Auskunft von Alfred Sauter, dem ehemaligen Geschäftsführer des Schwäbischen Tagblatts, dem Nachfolgeblatt der »Chronik« nach 1945.
277 TC vom 1. 5. 1924: »Um was handelt es sich bei den Wahlen?« und TC vom 19. 4. 1924: »Ostern in der Politik«, ein Artikel von Adolf Scheef.
278 Die TC betrieb für die DDP regelrecht Wahlpropaganda. So schrieb sie beispielsweise 1924 während der Reichstagswahl im redaktionellen Teil: *Wer keine Abenteuerpolitik und keinen neuen Marktsturz will, der stimme für die DDP* (TC vom 1. 5. 1924); siehe auch TC vom 8. 12. 1928: »Liebe demokratische Freunde«. Der ALA-Zeitungskatalog von 1925 bezeichnet sie als *liberal* (Zeitungskatalog, 1925).
279 »Vom Weg des deutschen Nationalgeists« (TC vom 19. 4. 1924), »Sammlung oder Zersplitterung« (TC vom 15. 4. 1924) oder Otto Henne: »Handwerk und Reichstagswahlen« (TC vom 15. 4. 1924).
280 Vgl. z. B. TC vom 30. 4. 1924.
281 TC vom 9. 11. 1923.
282 TC vom 2. 4. 1924.
283 TC vom 20. 11. 1923.
284 TC vom 5. 1. 1932 und 3. 1. 1933.
285 Schwäbische Tageszeitung vom 1. 2. 1930.
286 TC vom 2. 5. 1923: »Vom Völkisch-Sozialen Block«. Dort auch das folgende Zitat.
287 Schwäbisches Tagblatt (Südwestpresse) vom 8. 9. 1981: »Suche nach verlorener Zeit«.
288 Schwäbische Tageszeitung vom 22. 1. 1929.
289 TC vom 9. 9. 1930.
290 TC vom 18. 9. 1930: »Die neuen Männer«.
291 TC vom 1. 12. 1930.
292 TC vom 23. 1. 1931. – Weils Aufforderung, eine Richtigstellung zu drucken, entzog sich die »Zeitung« mit der fadenscheinigen Argumentation, daß ihr Gewährsmann verreist sei.
293 L. Zapf, S. 62. – Anlaß für den Verkauf war, wie die frühe Emigration zeigt, wohl weniger *die Vorahnung des Kommenden*, wie U. Jeggle (1967, S. 646) annimmt, als vielmehr die konkreten Erfahrungen, die Weil in Tübingen mit dem Antisemitismus gemacht hatte.
294 Dem Stahlhelm widmete sie bereits am 16. 12. 1930 eine ganze Seite. Das letzte Mal äußerte sie sich unverhohlen kritisch über die NSDAP, als sie am 20. 1. 1931 die Rede des DDP-Mitglieds, Studienrat Dr. Knapp, abdruckte.
295 Veranstaltungen mit völkischen Autoren, wie z. B. dem »Volk-ohne-Raum«-Autor Hans Grimm, feierte die neue TC euphorisch (TC vom 14. 10. 1931).
296 TC vom 8. 12. 1931: »Merkliche Verschiebungen«.

297 TC vom 8.12.1930.
298 Nach der »Machtergreifung«, im Dezember 1933, brüstete sich der TC-Verleger Eugen Göbel, seit zwölf Jahren der nationalen Bewegung und seit sechs Jahren der NSDAP gedient zu haben (StA Sigmaringen: Wü 65/36, Acc. 14/1973, Nr. 54).
299 TC vom 31.12.1931.
300 Schwäbische Tageszeitung vom 22.1.1929.
301 Das Protokollbuch verzeichnet den Beschluß, an die TC die Bitte zu richten, der Berichterstattung zugunsten der Nationalsozialisten und gegen die Arbeiter Einhalt zu gebieten (29.1.1931). Wenig später beschloß die Gewerkschaftsversammlung, eine Delegation zwecks Abhilfe zur Geschäftsleitung der TC zu schicken (30.3.1932) (DGB-Archiv Tübingen: Protokollbuch der Vereinigten Gewerkschaften Bd. 6, S. 75, und Bd. 12, S. 127).
302 TC vom 1.1.1924. – Der ALA-Zeitungskatalog von 1925 gibt als politische Haltung der TZ *rechts* an und nennt eine Auflagenhöhe von 3000 Exemplaren.
303 Gespräch mit Alfred Leucht vom 12.5.1977. Siehe auch Schwäbisches Tagblatt (Südwestpresse) vom 28.2.1981: »Schafft immer noch. Alfred Leucht zum Fünfundsiebzigsten«. – In seinen Rückblicken auf seine 50jährige Tätigkeit unterschlägt Leucht die NS-Zeit, deren Anfänge er teilweise mitgestaltete, siehe: A. Leucht, 1977, S. 17–23, und ders., 1979, Rathausarbeit.
304 TZ vom 1.9.1931.
305 TZ vom 7.1.1924. – Auch der Artikel »Riesengehälter. Merkt man hier etwas von einer Not?« diffamierte die Republik, indem er Spitzengehälter von Großfirmen auflistete und kommentierte: *Das sind die sozialen Errungenschaften der Republik von Weimar, die einen schaudern machen. [...] Die Versprechungen der Republik oder der Revolution sind wie ein wüster Traum verflogen* (TZ vom 26.8.1930).
306 TZ vom 24.11.1930: »Außenpolitik«, vom 29.11.: »Wirtschafts- und Sozialpolitik«, vom 13.12.: »Die Krise« und vom 20.12.: »Boden, Blut und Geist«.
307 TZ vom 6.12.1930, vgl. auch TZ vom 24.11.1930.
308 Vgl. TZ vom 20.1.1930.
309 TZ vom 3.8.1931.
310 TZ vom 27.6.1932.
311 In Stil und Inhalt sowie Aufmachung stand die TZ dem in Stuttgart erscheinenden NS-Kurier in nichts nach. Teilweise erinnerte sie auch an den berüchtigten »Stürmer«. – Vgl. J. Wulf, 1966.
312 TZ vom 31.12.1931. Vgl. auch den anschließenden Leitartikel A. Leuchts, in dem es heißt: *Unbeugsam, unseres germanischen Herrentums bewußt, schreiten wir den Weg hinan in Nacht und Not – und wenn es sein muß, wenn das Schicksal den Stab endgültig über uns brechen sollte, auch in den Tod mit offener und reiner Stirn und mit freier Brust.*
313 Am 13.1.1931 beschwerte sich z.B. ein Leserbriefschreiber in der TZ über die TC: *Die Tübinger Chronik lehnt ab, was ihr nicht behagt. Es hat allen Anschein, als wolle sie wieder ihre alten Gepflogenheiten walten lassen, die früher dahin gingen, Meinungsäußerungen zu unterbinden. [...] Die Tübinger Chronik dürfte sich diesmal täuschen, wenn sie glaubt, daß man sich förmlich den Mund verbinden läßt.*
314 Tübinger Zeitung wie Schwäbisches Tagblatt bemühten sich wiederholt vergeblich um den alleinigen Abdruck der amtlichen Bekanntmachungen. Erst am 4.7.1932 genehmigte der Tübinger Gemeinderat dem Schwäbischen Tagblatt den (kostenlosen) Nachdruck (SAT: GRP vom 4.7.1932 § 532).
315 TZ vom 22.1.1931.
316 »Entzug der Amtsblattfunktion« (NTT vom 10.8. und 27.11.1933), »An die Adresse der Tübinger Chronik« (NTT vom 30.9.1933), »Deutsches Wirtschaftskapital in die Schweiz« (NTT vom 28.9.1933) und »Es ist bemerkenswert...!« (Schwäbisches Tagblatt vom 15.2.1933).
317 NTT vom 28.9.1933.
318 Den Redakteur der Tübinger Zeitung übernahm die NS-Presse-GmbH für das NTT.
319 TC vom 21.11.1933. – Vgl. auch die Eigenwerbung vom 10.10.1933.
320 Im August 1933 beschwerte sich Dr. Höhn vergeblich beim Oberamt über die Abwerbungsversuche von TC-Lesern durch die TZ in den Landgemeinden des Bezirks (StA Sigmaringen: Wü 65/36, Acc. 31/1973, Nr. 739). – Siehe auch: SAT: F 1441/6.
321 Anlaß für das von der NSDAP erzwungene Verbot war die Tatsache, daß die TC versäumt hatte zu berich-

ten, daß ihr der gleichgeschaltete Gemeinderat *aus Ersparnisgründen* die Veröffentlichung der nichtamtlichen Bekanntmachungen entzogen hatte (NTT vom 21.8.1933 und SAT: GRP vom 7.8.1933 §619). Vgl. dazu: K. Koszyk, 1960.

322 Die Härte des Konkurrenzkampfs klingt an, wenn es im NTT am 30. Dezember 1933 unter der Überschrift »Am Ziel« heißt: *Was vor kurzem nur wenige für möglich, aber auch sie kaum für wahrscheinlich gehalten hatten, wird nun zur Tatsache. Ab 1. Januar 1934 wird in Tübingen nur noch eine Zeitung erscheinen.*
323 J. Forderer, 1941.
324 SAT: GRP vom 4.7.1932 §532.
325 J. Forderer, 1941, S. 33.
326 Die Württembergische Gemeindeordnung von 1906 wurde am 19. März 1930 revidiert, siehe: Württ. Gemeindeordnung 1930, Art. 2.
327 H. Matzerath, 1970, S. 21–32; H. Herzfeld, 1957.
328 Am 9. Dezember 1928 wurden für sechs Jahre gewählt: Zacharias Krauss, Weingärtner, DNVP; Gottlob Herrmann, Oberrechnungsrat, DNVP; Karl Jäger, Rechtsanwalt, DNVP; Fritz Dannenmann, Baumeister, DDP; Dr. Simon Hayum, Rechtsanwalt, DDP; Otto Schott, Uhrmachermeister, DDP; Josef Gugel, Weingärtner, DDP; Paul Fischer, Vorsitzender des Hausbesitzervereins, DVP; Prof. Dr. Ludwig von Köhler, DVP; Paul Schwarz, Kaufmann, Zentrum; Josef Schleicher, Oberlehrer, Zentrum; Arno Vödisch, Korrektor, SPD; Andreas Hipp, Fuhrhalter, SPD; Otto Mühlich, Korrektor, CSVD.
Am 6. Dezember 1931 wurden für sechs Jahre gewählt: Hans Keck, Friseurobermeister, NSDAP; Walter Schurr, kaufm. Angestellter, NSDAP; Max Stockburger, Rechtsanwalt, NSDAP; Eugen Schneck, Weichenwärteraushelfer, NSDAP; Hermann Seelos, Steuerratsschreiber, DNVP; Elisabeth Landerer, DNVP; Prof. Dr. Walter Gmelin, DNVP; Paul Löffler, Reichsbahnobersekretär a.D., DDP; Prof. Dr. Friedrich Eppensteiner, Studienrat, DDP; Eugen Köhler, Verwaltungsobersekretär, Zentrum; Heinrich Heinle, Schneidermeister, CSVD; Karl Lemberger, Bäckermeister, DVP u. Volksrechtspartei; Otto Koch, Krankenkassenangestellter, SPD; Hugo Benzinger, Schneidermeister, KPD.
329 Adolf Scheef (1874–1944) stammte aus Nürtingen. Nach Abschluß einer Verwaltungslehre trat er 1896 als Erster Assistent des Stadtschultheißenamts in den Dienst der Stadt Tübingen, wo er sich über die Stationen eines Kauf- und Pfandratsschreibers (1898) sowie Grundbuchbeamten (1900) aus Bezirksnotar (1901) emporarbeitete. Seit 1911 gehörte er als Mitglied der Fortschrittlichen Volkspartei dem Gemeinderat und seit 1912 dem württembergischen Landtag, vom Januar 1918 bis zum November 1919 auch dem Reichstag an. Nach dem Krieg gründete er mit anderen die Deutsche Demokratische Partei in Württemberg, deren Landtagsfraktion er zwischen 1924 und 1932 vorstand. 1927 wählten die Tübinger Scheef zum Nachfolger von Oberbürgermeister Hermann Haußer. Sein Kontrahent bei dieser Wahl war der 16 Jahre jüngere Fritz Geißler, der im April 1934 zum Landrat des Tübinger Kreises ernannt wurde (»OBM Scheef. 35 Jahre im öffentlichen Dienst in Tübingen«, TC vom 8.8.1931; HStA Stuttgart: E 1306–998/2).
330 Gespräch mit Karl Hipp vom 5.3.1980.
331 Vgl. Scheefs Lob über diese Einmütigkeit anläßlich der Vereidigung des neugewählten Gemeinderats (SAT: GRP vom 31.12.1928 §1128).
332 TC vom 5.1.1932: »Gemeinderatssitzung vom 4.1.1932«.
333 Tübinger Gemeindeverwaltung, S. 62/3.
334 Das Gesetz über die neue Gemeindeumlage wies der Stadt die gesamten sachlichen und 65 Prozent der personellen Lasten bei den Volksschulen zu. Bei einer Katastersumme von 2 876 890 RM betrug die 1928 neu festgesetzte 20prozentige Gemeindeumlage 575 378 RM (SAT: GRP vom 29.5.1928 §478).
335 SAT: GRP vom 12.12.1927 §543. Vgl. auch GRP vom 26.11.1928 §973.
336 1931 verdoppelte sich der Abmangel des Wohlfahrtsamts von 53 000 auf 103 000 RM bei einer Gesamtsumme der Wohlfahrtslasten von 223 000 RM (TC vom 5.1.1932). – Mit anhaltender Arbeitslosigkeit stieg die Belastung der Stadt durch die aus der Arbeitslosenversicherung ausgesteuerten Wohlfahrtserwerbslosen rapide. Betrug ihr Anteil 1931 gerade 5 Prozent, so war er 1932 auf fast 50 Prozent gestiegen.
337 Als Arno Vödisch sich gegen die kraft Reichsgesetz vorgeschriebene Biersteuer aussprach und damit in den Augen Scheefs den Ausgleich des Haushalts gefährdete, wies er ihn zurecht: *Es handele sich für die Stadtgemeinde darum, ihre Verwaltung in Ordnung zu halten. Insbesondere müsse sie gerüstet sein, um der Not der Arbeitslosen im kommenden Winter zu begegnen. Dies aber könne sie nur, wenn ihr auch die entsprechen-*

*Anmerkungen zu den Seiten 95—100*

*den Mittel in die Hand gegeben seien, eben die Einnahmen aus der erhöhten Biersteuer* (SAT: GRP vom 27.10.1930 § 976).
338 Gemeinderat Koch (SPD) beispielsweise lobte die Arbeitsbeschaffungsmaßnahmen vom Winter 1931/32. (SAT: GRP vom 10.8.1931 § 780).
339 TC vom 13.10.1931 (Gemeinderatssitzung).
340 Ebd. – Zur Haushaltspolitik anderer Städte – leider liegen vor allem nur Studien über Großstädte vor – siehe: H. Hanschel, 1974; D. Rebentisch, 1975; W. Hofmann, 1974.
341 1928 (1931): 3 (3) Arbeiter, 4 (3) Angehörige selbständiger Berufe, 8 (8) Beamte, 3 (3) Angestellte, 2 (1) Weingärtner, siehe die Liste der Gemeinderäte S. 394 Anm. 328.
342 Sie waren 1931 von 6701 RM im Jahre 1928 auf 5236 RM reduziert worden (SAT: GRP vom 1.2.1932 § 38) und TC vom 1.2.1932.
343 SAT: GRP vom 1.2.1932 § 38.
344 SAT: GRP vom 4.5.1932 § 54.
345 Das »Mitteilungsblatt für Nationalsozialisten in den Parlamenten und Gemeinderäten« beispielsweise hielt regelmäßig zur Obstruktion an. Siehe auch: H. Hanko, S. 333–344, sowie Göttingen unterm Hakenkreuz 1983, S. 26/7.
346 SAT: GRP vom 17.10.1932 § 766. – Wiederholt verzeichnet das Protokoll ausdrücklichen Dank für die *sachliche Arbeit der Nationalsozialisten*, siehe z.B. GRP vom 1.2.1932 § 38.
347 K. Eberhardt, 1930.
348 Schwäbische Tageszeitung vom 1.12.1930. – Besson zählt Scheef zusammen mit Johannes Fischer und dem früheren Staatspräsidenten Johannes von Hieber zu den *im engeren Sinne liberalen Männern der* [DDP] *Fraktion* (W. Besson, 1959, S. 33).
349 H. Mommsen, 1976.
350 SAT: GRP vom 17.10.1932 § 766.
351 Bericht der Württ. Polizeidirektion über eine KPD-Versammlung, in der Benzinger über seine Tätigkeit als Gemeinderat berichtete (SAT: F 4835/6).
352 SAT: F 4825/6.
353 TC vom 6.12.1932.
354 TC vom 10.5.1932.
355 Herzfeld spricht von einer Phase der *notverordneten Kommunalpolitik* (H. Herzfeld, 1957, S. 30).
356 TC vom 18.4.1932 (Gemeinderatssitzung).
357 Ebd. Dort auch das folgende.
358 SAT: GRP vom 17.10.1932 § 766. Der Antrag wurde mit 14:9 Stimmen angenommen.
359 Zum Sofortprogramm zur Arbeitsbeschaffung siehe K.-D. Erdmann, 1976, S. 303.
360 SAT: F 4825/19 und GRP vom 23.1.1933 § 8.
361 SAT: F 4825/19.
362 Siehe oben S. 38 ff.
363 Verhandlungen des Württembergischen Landtags vom 19.12.1932, 166. Sitzung, S. 4099.
364 SAT: F 1230/9.
365 Siehe H. Matzerath, 1970, S. 26 ff.
366 R.-R. Grauhan, S. 87–111.
367 Den Fraktionsvorsitz legte Scheef erst 1930 vor allem aus Protest gegen den Eintritt seiner Partei in die württembergische Regierung nieder, übernahm ihn aber kurz darauf auf Drängen seiner Partei wieder (W. Besson, 1959, S. 80–83). Seine anderen Ämter legte er mit Amtsantritt in Tübingen nieder (HStA Stuttgart: E 1301–1421 und BAK: N Heuss Nr. 60/3).
368 Vgl.: F. Blaich, 1970.
369 SAT: GRP vom 19.11.1931 § 1031.
370 Nach Benzingers Versuch, die Gemeinderatssitzung außerparlamentarisch zu erweitern, führte Scheef numerierte Eintrittskarten zu den Sitzungen ein (SAT: GRP vom 29.12.1932 § 925).
371 Gespräch mit Rudolf Hartter am 9.10.1979.
372 Auch die württembergische Regierung zog sich während der Krise auf das Ethos der unbedingten Sachlichkeit zurück. Vgl. W. Besson, 1959, S. 135/6.

Anmerkungen zu den Seiten 101–106

## »Zu Zwischenfällen ist es nicht gekommen« – Die »Machtergreifung« in Tübingen

1. *Das Jahr 1932 war eine einzige Pechsträhne* notierte Joseph Goebbels zum Jahresende in sein Tagebuch (J. Goebbels, 1934, S. 229, 23.12.1932).
2. Hitler selbst hat den Begriff »Machtübernahme« bevorzugt, wohl um die formale Legalität seines Machtantritts zu betonen; die Tübinger NSDAP sprach ebenfalls überwiegend von Machtübernahme. Siehe auch: N. Frei, 1983.
3. Vgl. dazu vor allem: H. Arendt, 1955, und C. J. Friedrich, 1957; siehe auch: B. Seidel/S. Jenkner (Hrsg.), 1968.
4. TC vom 4.1.1933: *Es gehört schon eine gewisse Dosis von Optimismus dazu, wenn die Gemeindeverwaltungen in der Krise der übermächtigen wirtschaftlichen Spannungen, in der Gefahrenzone des politischen Chaos nicht überall nur Dammbauten aufgeführt haben, sondern vielleicht noch Neuland betreten in dem unverwüstlichen Glauben, daß trotz aller drohenden Katastrophen die Konsolidierung und Besserung doch wieder kommen müsse.*
5. TC vom 2.1.1933: »Lehren aus der Krise und ihre Auswirkungen/Aufgaben für das kommende Jahr«.
6. TC vom 7.1.1933: »Aus dem Parteienleben«.
7. TC vom 10.1.1933: »Aus dem Parteienleben«.
8. So berichteten viele Interviewpartner.
9. Siehe die lokale Berichterstattung der TC vom 31.1.1933.
10. TC vom 14.2.1933: »Gemeinderatssitzung«.
11. H. Boger u. a., S. 207.
12. Das Landeskriminalamt statuierte ein Exempel und verhaftete 58 Personen. Wegen leichten oder schweren Landfriedensbruchs bzw. Hochverrats angeklagt wurden 92, 74 zu Gefängnisstrafen zwischen drei Monaten und zweieinhalb Jahren verurteilt. Siehe dazu TC vom 10.5.1933: »Ein Riesenprozeß in Tübingen / 92 Personen auf der Anklagebank« und TC vom 18., 19., 20.7.1933 sowie H. J. Althaus u. a., 1982, S. 151–181.
13. Ebd. S. 151 f. und H. Boger u. a., S. 207 f.
14. Schwäbisches Tagblatt vom 15.2.1933.
15. RGBl. I, 1933, S. 35 und S. 83.
16. Vgl. P. Sauer, 1975, S. 16–25, und W. Besson, 1959, S. 324–342.
17. StA Sigmaringen: Wü 65/36, Acc. 14/1973, Nr. 520 (7.2.1933).
18. Siehe dazu: E. Matthias, 1979.
19. Vorwärts vom 31.1.1933.
20. RGBl. I, 1933, S. 35.
21. TC vom 13.2.1933.
22. TC vom 28.2.1933: »Kundgebung der Eisernen Front«.
23. TC vom 1.3.1933.
24. RGBl. I, 1933, S. 83. Folgende Grundrechtsartikel wurden außer Kraft gesetzt: Artikel 114 (Freiheit der Person), 115 (Unverletzlichkeit der Wohnung), 117 (Briefgeheimnis), 118 (Meinungsfreiheit und Zensur), 123 (Versammlungsfreiheit), 124 (Vereinigungsfreiheit) und 153 (Eigentum und Enteignung).
25. TC vom 2.3.1933: »Polizeibericht«.
26. Vgl. die Lokalberichterstattung der TC zwischen dem 30.1. und 5.3.1933.
27. Am 11.2.1933 bot deshalb ein *Privater Sicherheitsdienst* in der »Chronik« seine Dienste an.
28. TC vom 4.3.1933: »Gegen Gerüchtemacherei«.
29. TZ vom 13.2.1933 und TC vom 1.3.1933: »Wahlversammlung der NSDAP«.
30. Allein zwischen dem 28.2. und 5.3. führten die Nationalsozialisten folgende Veranstaltungen durch: eine Kundgebung, eine öffentliche Rundfunkübertragung einer Hitler-Rede, eine Vorführung des Propagandafilms »Das blutende Deutschland«, Propagandamärsche und ein Höhenfeuer. Finanziert wurden die Aktionen weitgehend durch private Spenden, *insbesondere von Geschäftsleuten*, für die sich die Kreisleitung am 21. März im »Schwäbischen Tagblatt« bedankte.

*Anmerkungen zu den Seiten 106–111*

31 TC vom 1.3.1933.
32 TC vom 4.3.1933.
33 TC vom 27.2.1933.
34 TC vom 28.2.1933: »Justizminister Dr. Beyerle in Tübingen«.
35 TC vom 6.3.1933, siehe auch TC vom 28.2. und TZ vom 4.3.1933.
36 Im Reich erzielte die NSDAP 44, die DNVP (Kampffront Schwarz-Weiß-Rot) 8 Prozent, in Württemberg 42 und 5,2 Prozent. Siehe S. 379 Anm. 125.
37 Statistik des Deutschen Reiches, Bd. 434. Siehe S. 379 Anm. 125.
38 TC vom 6.3.1933: »Homogene Regierungen im Reich und in den Ländern«.
39 K. D. Bracher, 1974, S. 189.
40 P. Sauer, 1975, S. 26, und Th. Schnabel, Machtergreifung, S. 72–74.
41 HStA Stuttgart: E 130 b–1064/436 und E 130 b–1076/28. Im NS-Kurier vom 9.3.1933 gab Jagow seine Ernennung bekannt und instruierte die SA und SS Württembergs über die kommenden Ereignisse: *Schwierigkeiten sind dazu da, um überwunden zu werden. Daher war mir die Weigerung des geschäftsführenden Staatspräsidenten kein Hindernisgrund, dennoch meine Aufgabe zu beginnen. Meine Aufgabe besteht darin, den nationalen Teil des Volkes zu schützen und zu stärken und dem der deutschen Erhebung feindlichen Volksteil sein Handwerk zu legen.*
42 Die württembergische Regierung erhob am 9. März beim Staatsgerichtshof Klage (HStA Stuttgart: E 130 b–1859).
43 HStA Stuttgart: E 130 i–239.
44 Das am 28.4.1933 verabschiedete »Gesetz betr. die Dienststrafgewalt über die Mitglieder der SA« unterstellte die Hilfspolizei zudem der parteiinternen Strafgewalt Hitlers und entzog sie so der regulären Rechtsprechung (RGBl. I, 1933, S. 230).
45 Süddeutsche Zeitung vom 16.3.1933, S. 2.
46 Zum Aufbau der Polizei in Württemberg siehe HStA Stuttgart: E 151 c II–312/74 sowie Reg. Bl. 1933, S. 138: »Verordnung des Innenministers zur Festlegung der Neuorganisation der Politischen Polizei«.
47 Siehe TC vom 8.2.1933: »AStA-Sitzung«.
48 UAT: 117/996 (10.3.1933).
49 TC vom 9.3.1933. – Der Staatsanzeiger meldete: *Wie vom Akademischen Rektoramt mitgeteilt wird, ist das Hissen der nationalsozialistischen Flagge auf dem Universitätsgebäude ohne jedes Wissen des Rektors und infolgedessen auch ohne seine Genehmigung erfolgt. Die Fahne wurde alsbald wieder entfernt* (Staatsanzeiger vom 10.3.1933).
50 TC vom 8.3.1933: »Nationale Beflaggung auch in Tübingen«.
51 TC vom 10.3.1933: »Nationale Beflaggung in Tübingen«.
52 Ebd. Dort auch das Folgende.
53 TZ vom 10.3.1933.
54 TC vom 10.3.1933.
55 *Wir sind auf dem Vormarsch. Wer ihn sabotiert, wer ihn aufhalten will, muß ausgestoßen werden,* lautete das Motto der lokalen Hitler-Anhänger (TC vom 27.7.1933).
56 Rundfunkerklärung zum Flaggenerlaß, abgedruckt im Völkischen Beobachter vom 14.3.1933.
57 TC vom 10.3.1933: »Notiz«.
58 TC vom 11.3.1933.
59 Staatsanzeiger vom 11.3.1933.
60 TC vom 11.3.1933 und Staatsanzeiger vom 14.3.1933. Anders als in Reutlingen, wo SA-Hilfspolizei am 24.3.1933 das Büro der »Freien Presse« besetzte, traf dies Verbot in Tübingen keine periodische Druckschrift. Zu Reutlingen siehe G. Bayer, Dabei bis zu den Pyramiden, 1977, S. 96.
61 TC vom 11.3.1933.
62 Staatsanzeiger vom 14.3.1933.
63 TC vom 15.3.1933: »Notiz«.
64 SAT: F 8316.
65 Zusammen mit Frank wurden auf Anweisung von Unterkommissar Berger verhaftet: Ernst Krebs, Johannes Hüls, Ludwig Bader, Alfred Müller, Brüssel sen. und Leonhard Mess. Die vorgesehene Verhaftung Helmut

Erlangers wurde laut Aktennotiz nach telefonischer Rücksprache mit Unterkommissar Berger vorläufig zurückgestellt. Am 30. März wurde dann auch Erlanger verhaftet. Auf der entsprechenden Transportliste fehlt Brüssel sen., statt dessen ist Wilhelm Held aufgeführt (SAT: F6220 und TC vom 25. 3. 1933).

66 TC vom 16. 3. 1933.
67 TC vom 24. 3. 1933.
68 TC vom 12. 4. 1933: »Besuch im Schutzhaftlager Heuberg«; siehe auch Staatsanzeiger vom 12. 4. 1933 und TC vom 29. 3. 1933.
69 TC vom 10. 7. 1933: »Die Hölle auf dem Heuberg«. – Auch diesen Artikel druckten die meisten Zeitungen in Württemberg, was auf eine zentrale Anweisung schließen läßt. Lediglich in den redaktionellen Vorspannen klingt noch eine unterschiedliche Haltung der Zeitungen durch, siehe dazu vor allem den Vorspann des Reutlinger Generalanzeiger vom 8. 7. 1933.
70 TC vom 10. 7. 1933. – Vgl. die Beschreibung eines weiteren Augenzeugen: E. Roßmann, 1946.
71 Etwa TC vom 31. 10. 1933: »Polizeibericht«.
72 Die TC berichtete unter der neueingeführten Rubrik »Der politische Umschwung« in unregelmäßigen Abständen über Razzien, Schutzhaftlager-Einweisungen und Verhaftungen in ganz Württemberg.
73 SAT: F6220.
74 Am 6. April: Erwin Wolber, Helmut Erlanger, Fritz Lerner, Fritz Straub; Ende April: Karl Volz, Wilhelm Sick, Karl Aichele (SAT: F6220).
75 SAT: WPD81/1. – In den Arbeitervororten waren es mehr Verhaftete. In Lustnau beispielsweise wurden ungefähr 15 Leute, nahezu der gesamte Vorstand der Arbeiterturner und Arbeitersänger, nachts abgeholt und auf den Heuberg gebracht (Mitteilung von H.-J. Lang).
76 Schreiben der Polizeidirektion Tübingen ans Landeskriminalpolizeiamt vom 11. 3. 1933 (SAT: F6220).
77 SAT: F6220.
78 SAT: WPD Nr. 83/1. – Zum Kuhberg siehe: J. Schätzle, 1974.
79 H. Boger u. a., S. 217f. – Mit Schreiben vom 16. 7. 1934 hob das Württ. Innenministerium die polizeiliche Meldepflicht der ehemaligen Schutzhäftlinge auf (SAT: WPD83/1). – *Nach Prüfung der Vermögensverhältnisse* teilte die Tübinger Polizeidirektion allerdings am 8. Juli 1933 dem Innenministerium mit, daß von den Schutzhäftlingen nur einer für die Kosten der Schutzhaft in Anspruch genommen werden könne (SAT: WPD83/1).
80 SAT: GRP vom 10. 7. 1933 § 533; H. Boger u. a., S. 218. – In den Listen der Polizeidirektion Tübingen ist Kehrer nicht als Schutzhäftling aufgeführt (SAT: WPD83/1).
81 SAT: GRP vom 15. 5. 1933 § 319 (Kürner hatte auf Verlangen des Bürgermeisteramtes erklärt, *nicht mehr auf dem Boden des Kommunismus zu stehen*).
82 RGBl. I, 1933, S. 135.
83 TC vom 14. 3. 1933: »Polizeibericht«-
84 TC vom 15. 9. 1933.
85 Ebd.
86 SAT: F6220 und WPD83/1.
87 Den 1894 in Schönau/Schwarzwald geborenen Leo Schlageter vereinnahmten die Nationalsozialisten als »Märtyrer der Bewegung«, nachdem er – 1922 in die NSDAP eingetreten – 1923 wegen eines Eisenbahnattentats im Rheinland von einem französischen Kriegsgericht zum Tode verurteilt und in der Golzheimer Heide erschossen worden war.
88 TC vom 26. 5. 1933.
89 TC vom 27. 5. 1933.
90 Siehe H. D. Schmid, 1979, und R. Müller, 1986.
91 SAT: F6220; StA Sigmaringen: Wü65/36, Acc. 14/1973, Nr. 513. Vgl. auch H. Boger u. a., S. 216.
92 StA Sigmaringen: Wü65/36, Acc. 14/1973, Nr. 520/6, und TC vom 9. 3. 1933.
93 Ebd. sowie TC vom 22. 3. 1933: »Anordnungen des Tübinger Polizei-Direktors Dr. Ebner über die einzustellende Hilfspolizei«.
94 StA Sigmaringen: Wü65/36, Acc. 14/1973, Nr. 520/6 (»Verordnungen des Staatskommissars für die Polizei über die Hilfspolizei«).
95 Ebd.

*Anmerkungen zu den Seiten 114—117*

96  Ebd. /31 und /48. Vgl. dort auch die Meldungen zwischen dem 31.3. und 18.7.1933.
97  StA Sigmaringen: Wü65/36, Acc. 14/1973, Nr. 522 (19.5.1933).
98  Schwäbisches Tagblatt vom 7.3.1933.
99  Schon vor 1933 waren nur Linke aus politischen Gründen verhaftet worden (SAT: WPD Nr. 83/1; Schreiben der WPD Tübingen vom 13.7.1933 betr. Festnahme von politischen Gegnern 1932).
100  So überwachte das Tübinger Polizeiamt beispielsweise monatelang einen alten Wohnwagen in der Schleifmühlstraße, in dem sich laut *Meldung aus der Bevölkerung* angeblich Reichsbanner-Leute trafen (SAT: WPD 104/3).
101  TC vom 1.3.1933 (Großer Senat der Universität), vom 29.3.1933 (Handelskammer), vom 1.4.1933 (Schulen). Vgl. auch NSK vom 5.3.1933: »Bekenntnis zu Hitler« (Ergebenheitsadresse der Universität anläßlich der Rektoratsübergabe).
102  So der Oberstudiendirektor des Gymnasiums bei der Abschlußfeier Ende März (TC vom 1.4.1933).
103  TC vom 21.4.1933: »Huldigung zu Hitlers Geburtstag«; vgl. auch TZ vom 21.4.1933: »Tübingen gedenkt des Kanzlers«.
104  In Tübingen wurde das Gewerkschaftsbüro Am Nonnenhaus 6 bis zum 2. Mai nicht besetzt. In Reutlingen dagegen führten Polizei und SA bereits am 24. März eine *Polizeiaktion* gegen das Gewerkschaftshaus durch (TC vom 25.3.1933).
105  Siehe E. Matthias, 1979, S. 175–180.
106  Ebd. S. 179.
107  TC vom 28.4.1933; DGB-Archiv Tübingen: Gewerkschaftsprotokoll vom 24.4.1933.
108  Mit Gesetz vom 10.4.1933 hatte die Regierung den 1. Mai zum gesetzlichen Feiertag erklärt (RGBl. I, 1933, S. 191).
109  UAT: 117/996, TC vom 28.4.1933.
110  TC vom 3.5.1933: »Die Nationalfeier des 1. Mai in unseren Gemeinden«.
111  TZ und TC vom 2.5.1933: »Tübingen huldigt der Arbeit«. An letzter Stelle auch die folgenden Zitate.
112  Zum Abschluß sang die riesige Gemeinde, von einer SA-Kapelle begleitet: *Wir loben Dich oben Du Lenker der Schlachten, wir flehen, mögst stehen uns fernerhin bei, daß Deine Gemeinde nicht Opfer der Feinde! Dein Nam' sei gelobt. Oh Herr mach uns frei.*
113  Siehe TC vom 2.5.1933.
114  »...treu und fest«, S. 56.
115  Interview mit Ernst Schittenhelm vom 4.12.1979; H. Boger u.a., S. 214.
116  TC vom 4.5.1933: »Bonzendämmerung«.
117  »Gesetz über den Treuhänder der Arbeit« vom 19.5.1933 (RGBl. I, 1933, S. 285).
118  H. Boger u.a., S. 220/1. – Zu den Vorgängen in Reutlingen siehe: G. Bayer, 1977, »...ist in Schutzhaft zu nehmen«.
119  H. Boger u.a., S. 220/1.
120  TC vom 4.5.1933.
121  H. Boger u.a., S. 215/6. – Auch andernorts griffen die Nazis anfangs auf die Gewerkschafter zurück, vgl. St. Beck/K. Schönberger, S. 57. – Doch als Ende des Jahres die ständisch gegliederte Deutsche Arbeits-Front (DAF) an die Stelle der gewerkschaftlich organisierten Arbeitnehmerorganisationen gesetzt wurde, war der letzte Rest der Tübinger Gewerkschaftsorganisationen ausgelöscht, auch wenn die »DAF-Walter« noch lange kämpfen mußten, ihre Betriebspolitik durchzusetzen, und das Ergebnis der Vertrauensrätewahlen im März 1935 sie enttäuschte (TC/NTT vom 18.5.1935: »Kampf mehr denn je...«). Regelmäßige Beilagen in der Presse, 14tägige Sprechabende und Schulungen sollten die Amtswalter befähigen, *gegen einzelne Außenseiter der Volksgemeinschaft* den Kampf aufzunehmen (ebd.). Doch noch im November 1935 sah sich die DAF in Tübingen genötigt, klarzustellen, daß der Vertrauensrat im NS-Betrieb nicht mehr die Interessen der Arbeitnehmer vertrat: *Ein Gefolgsmann, der zu feige sei, sich persönlich an den Betriebsführer zu wenden, sei es nicht wert, daß ein Vertrauensmann seinetwegen das Vertrauen des Betriebsführers gefährde* (TC/NTT vom 14.11.1935: »Vertrauensrat, keine Beschwerdestelle«). – Zur Organisation der DAF in Tübingen siehe SAT: F4710/3.
122  TC vom 16.5.1933. Der Staatsanzeiger vom 13.5.1933 spricht fälschlicherweise nur von zwei Gemeinderäten.

123 RGBl. I, 1933, S. 153.
124 Vgl. K. D. Bracher, Stufen, S. 269–278.
125 Gespräch mit Mitgliedern des Naturfreunde-Verbands am 26.10.1985.
126 Interview mit Ernst Schittenhelm vom 4.12.1979.
127 NTT vom 28.6.1933: »An X. B«.
128 H. Boger u. a., S. 220.
129 TC/NTT vom 16.5.1933: »Was geht in Nehren vor?«.
130 H. Boger u. a., S. 225.
131 Ebd. – Etwa ein halbes Jahr darauf wurde laut Meldung der TC/NTT vom 23.3.1934 der vom Vertrauensrat der NSBZO unterbreitete Vorschlag zur Vertrauensratswahl in der »Chronik« ohne Veränderung angenommen.
132 Die TC beispielsweise meldete: »Kritik an der NS-Regierung« (TC vom 15.9., 2.10. und 31.10.1933), entsprechende Polizei- oder Gerichtsakten sind aber nicht erhalten.
133 TC vom 19.5.1933: »Polizeibericht«.
134 Auskunft der Naturfreunde vom 26.10.1985, siehe auch Schwäbisches Tagblatt vom 30.11.1948 und H. Boger u. a., S. 224.
135 Auskunft von Hedwig Rieth, geb. Schradin.
136 P. Ullmann, 1987.
137 NTT vom 8.11.1933: »Warnung!« und TC vom 28.11.1933: »Wer hat das Wahlplakat beschädigt?«. Vgl. auch H. Hornbogen, 1983, und E. G. Winkler, 1956.
138 Zitiert nach H. Hornbogen, 1983. Dort auch das folgende, falls nicht anders ausgewiesen.
139 TC vom 28.11.1933.
140 Die rapide Verschlechterung der Situation für Juden nach der »Machtergreifung« wurde 1934 von dem Comité des Délégations Juives dokumentiert: Die Lage der Juden, 1983.
141 UAT: 47/40 (Senatsprotokoll vom 25.2.1933). In die gleiche Richtung zielte auch die Bemerkung Gerhard Kittels in der 3. Auflage seines Buches über »Die Judenfrage« (G. Kittel, 1934, S. 67). Dort konstatierte er befriedigt, *daß die einzige deutsche Universität, an der es im Frühjahr 1933 weder in der Dozentenschaft, noch in der Studentenschaft eine Judenfrage gab, die Tübinger Eberhard-Karls-Universität war.*
142 U. D. Adam, 1977, S. 31, Anmerkung 66.
143 Carlo Schmid berichtet in seinen Erinnerungen lediglich, daß der Indologe Jakob Wilhelm Hauer, »als 1933 die ersten Nachrichten über von SA-Rabauken erschlagene Juden zu uns vordrangen«, im Senat der Universität »eine Protestaktion« verlangt habe (C. Schmid, S. 166).
144 Ebd. S. 155.
145 TC vom 8.2.1933 und NSK, Beilage: »Student im Braunhemd« vom 15.2.1933.
146 TC vom 10.2.1933: »Aus der Studentenschaft«.
147 TC vom 13.2.1933.
148 A. Marx, 1965, S. 245.
149 TC vom 14.3.1933.
150 Völkischer Beobachter vom 30.3.1933; K. D. Bracher, Stufen, S. 371.
151 TC vom 1.4.1933. Vgl. auch TC vom 29.3.1933: »Deutschland im Zerrspiegel. Der Kampf wider die Greuelpropaganda«.
152 TC vom 3.4.1933.
153 TC vom 1.4.1933.
154 TZ vom 27.3.1933: »Die Handelskammer Reutlingen gegen die Greuelnachrichten«.
155 LKA Stuttgart: D1–42, 29.3.1933.
156 TC vom 2.4.1933.
157 J. Toury, 1984; L. Zapf, S. 78.
158 H. Genschel, 1966, S. 52.
159 TZ vom 1.4.1933.
160 *Zu Zwischenfällen irgendwelcher Art ist es nicht gekommen* meldete die TZ am 3.4.1933.
161 Brief von Inge Hamm, geb. Lion (Israel) vom 18.12.1981. – In den Fragebögen zur Judendokumentation P. Sauers wird zudem berichtet, daß die Schaufenster des Geschäfts in der Neckargasse schon vor dem

30. Januar 1933 beschmiert wurden (HStA Stuttgart: J 355 – 177).

162 Der Gewerkschafter Hans Dürr berichtete, daß er von der Arbeit kommend auf dem Weg zum Bahnhof in das Geschäft eines jüdischen Besitzers in der Neckargasse ging, um zu demonstrieren: *Euer Verbot ist mir Gebot, Widerstand dagegen zu setzen* (Gespräch mit Hans Dürr, Balingen, vom 23. 3. 1981). Auch Schneidermeister Jakob Kraus aus der Kronenstraße erzählte: *Damals sind viele Kunden, zum Beweis, daß sie mit der Attacke nicht einverstanden sind, hinten rein bei den Juden* (Gespräch vom 8. 1. 1980).

163 Dieser Punkt spielte 1934/35 bei Pressels Parteiausschlußverfahren eine Rolle (HStA Stuttgart: E 140 – 138, Urteil des Parteigerichts vom 19. 8. 1935).

164 TC vom 3. 4. 1933: »Gegen die jüdische Greuelpropaganda«; U. D. Adam, 1977, S. 175.

165 RGBl. I, 1935, S. 23/4. – Der Anatomieprofessor Martin Heidenhain (1864 – 1949) war zwar jüdischer Herkunft, aber getauft und mit einer nichtjüdischen Frau verheiratet. Er »überstand« das »Berufsbeamtengesetz«, wurde aber noch im Herbst 1933 frühzeitig emeritiert, nachdem das Württembergische Kultministerium im Juni 1933 die Altersgrenze für Hochschullehrer vom 70. auf das 68. Lebensjahr herabgesetzt hatte (U. D. Adam, 1977, S. 123). Die TC würdigte den beliebten Professor, seiner jüdischen Herkunft ungeachtet, mit einem ehrenden Nachruf (TC vom 4. 10. 1933). Sein Sohn, Siegfried Adolf Heidenhain, habilitierte sich 1926 an der medizinischen Fakultät und war als Oberarzt unter Robert Gaupp an der Nervenklinik tätig. Weil er dort Anfang 1933 wegen seiner Herkunft Schwierigkeiten bekam, ließ er sich reaktivieren und zog 1935 als Stabsarzt nach Berlin (L. Zapf, S. 50 f.).

166 RGBl. I, 1933, S. 713.

167 RGBl. I, 1933, S. 138.

168 So erklären sich auch die Erinnerungen Carlo Schmids, der berichtet: *Die beiden jüdischen Rechtsanwälte der Stadt plädierten wie eh und je* [...] (C. Schmid, S. 155).

169 A. Marx, S. 205.

170 Ein weiteres Beispiel für ein Engagement zugunsten von Juden, das keine ernsthaften Nachteile brachte, bot der spätere Tübinger Landrat Fritz Geißler, der sich während seiner Amtszeit in Mergentheim beim württembergischen Innenminister über die antijüdischen Ausschreitungen im Gefolge der Machtübernahme beschwerte (Th. Schnabel, 1986, S. 401).

171 L. Zapf, S. 133/4.

172 RGBl. I, 1938, S. 1403, und L. Zapf, S. 134.

173 L. Zapf gibt als Zeitpunkt der Emigration 1935 an, die Materialien für die Judendokumentation Paul Sauers den 28. 1. 1936 (L. Zapf, S. 141; HStA Stuttgart: J 355 – 177).

174 SAT: GRP vom 15. 5. 1933 § 281.

175 Die »Frankfurter Zeitung« brachte die Tübinger Meldung am 25. 5. 1933. Sie wurde in die Dokumentation des Schwarzbuchs aufgenommen (Die Lage der Juden 1933, S. 468). Eine Sammlung von Zeitungsausschnitten mit Meldungen über Badeverbote für Juden im Bundesarchiv Koblenz führt als frühestes Beispiel die Stadt Nürnberg an, die einen solchen Beschluß am 5. August 1933 faßte (BAK: R 36 – 2060). – Üblicher als der totale Ausschluß der Juden waren gesonderte Besuchszeiten, eine Regelung, die auch der Deutsche Gemeindetag empfahl (BAK: a. a. O.).

176 Eine Ulmer Pflugfabrik bat den Tübinger Oberbürgermeister im August 1933 aus Rücksicht auf ihre südafrikanischen Geschäftspartner, *uns einen Brief in deutscher Sprache (in zweifacher Ausfertigung) zu schreiben, in dem dieses Gerücht widerlegt wird* [...]. *Dieses Schreiben soll, weil es in Umlauf gesetzt wird, weder einen Angriff noch eine Anklage enthalten, sondern kurz und bestimmt die Lüge entlarven* (SAT: F 8330).

177 Schreiben Scheefs an das Württ. Innenministerium vom 5. 7. 1933 (SAT: GRP 1933 § 518, Beilage 54).

178 Ebd.

179 In der Gemeinderatssitzung vom 19. 10. 1933 erwähnte der Sprecher der NS-Fraktion, daß der Beschluß den ganzen Sommer über keinmal in dem Sinne zur Anwendung kam, daß jemand abgewiesen werden mußte (SAT: GRP vom 19. 10. 1933 § 735). Stadtrat Pressel vertrat die Ansicht, *daß die Juden in ihrem eigenen Interesse das städtische Freibad meiden sollten* (SAT: GRP vom 23. 5. 1933 § 354). – Hanna Bernheim erwähnt in einem Brief an Lilli Zapf, daß *Hunden und Juden* der Zutritt zum Freibad in Tübingen verboten gewesen sei (L. Zapf, S. 127). Ein weiterer Beleg dafür konnte nicht gefunden werden.

180 SAT: GRP vom 12. 6. 1933 § 39. Der entsprechende Erlaß des Württembergischen Wirtschaftsministeriums

*Anmerkungen zu den Seiten 124—127*

wurde dem Gemeinderat erst im Juni (Sitzung vom 26.6.1933 §471) bekanntgegeben. – Vgl. auch die Zurückweisung eines Hetzartikels in der TC vom 13.6.1933. Tags zuvor war in der NTT die Behauptung aufgestellt worden, der Bankier habe sich bereits vor Monaten ins Ausland geflüchtet (NTT vom 12.6.1933). Die Zahlen, die in der Stadt über die städtischen Einlagen in dieser Bank kursierten, waren laut Scheef *maßlos übertrieben*.

181  NTT vom 10.5.1933: »Eingesandt«.
182  NTT vom 11.5.1933: »Eingesandt« und NTT vom 14.6.1933.
183  Der Oberbürgermeister hatte dem Bankier mit der Bemerkung gratuliert: [...] *Auch in den geschäftlichen Beziehungen, die zwischen Ihrer Firma und den verschiedenen Verwaltungen bestehen, haben Sie zu Ihrem Teil die Interessen der Stadtgemeinde jederzeit in anerkennenswerter Weise berücksichtigt und bewahrt* (L. Zapf, S. 176). TC vom 2.10.1931 und NTT vom 30.7.1933: »Eingesandt«.
184  NTT vom 24.5.1933.
185  L. Zapf, S. 123/4; SAT: F 5480.
186  ARD, Landesschau vom 8.9.1981.
187  SAT: UG 1862 III, 3.
188  Um nur zwei Beispiele zu nennen: Hanna Bernheim, zwischen 1936 und 1938 Vorsitzende des Jüdischen Frauenvereins in Tübingen, berichtet in einem Erzählwettbewerb von Emigranten über ihre Erlebnisse im NS-Deutschland, wie ihr Sohn Hans darunter litt, nach 1933 zwar noch an Sportwettkämpfen teilnehmen zu müssen, aber trotz bester Leistungen keine Auszeichnungen mehr erhalten zu haben (H. Bernheim, nachträgliche deutsche Übersetzung, S. 14. Für die Überlassung der Aufzeichnungen danke ich Hanna Bernheim). – Inge Hamm, geb. Lion, antwortete auf die Frage nach frühen Diskriminierungen: *Die kleinen Beleidigungen, die Ausladung zu einer Hochzeit beim Fleischer Spät, wo ich Brautjungfer sein sollte usw. sind wohl nicht erwähnungswichtig* (Brief vom 18.12.1981).
189  G.-J. Herrmann, 1967, S. 48.
190  TC vom 13.6.1933. – Der Vortrag Kittels, den er zum 50. Gedenktag der Gründung des Vereins Deutscher Studenten in Tübingen hielt, hatte große Resonanz und wurde noch im Sommer 1933 publiziert. Vgl. die Rezension in der TZ vom 16.6.1933. Wenige Wochen später erschien bereits die zweite Auflage mit einer *Antwort an Martin Buber*, der auf Kittels Abhandlung ablehnend reagiert hatte. 1934 gab es bereits eine 3. Auflage (G. Kittel, 1934).
191  LKA Stuttgart: D 1–43.
192  BDC: Personalakte Pressel, Schreiben des Vorsitzenden des Kreisgerichts der NSDAP in Tübingen an das Gaugericht Stuttgart vom 13.5.1935 und HStA Stuttgart: E 140–143, 5.8.1933.
193  L. Siegele-Wenschkewitz, Kittel, 1978, S. 71/72. – Die persönliche Parteinahme für einen einzelnen Juden hinderte Kittel freilich nicht, sich weiterhin theoretisch im antisemitischen Sinn zu verbreiten. Vgl.: G. Kittel, 1939; G. Kittel, 1943.
194  Ein Beispiel für eine solch scheinbar harmlose Liste ist die Anweisung des Oberamts vom 28.11.1933 an das Bürgermeisteramt in Lustnau: *Über die dort wohnenden Juden wolle ein Verzeichnis mit folgenden Spalten: (Zu- und Vorname, Geburtstag, -Ort, Beruf, Wohnort und Wohnung, sowie die Staatsangehörigkeit) in 3facher Fertigung eingereicht werden. Außerdem ist beizufügen, seit wann die Person in Deutschland wohnt und ob sie getauft ist* (SAT: F 5480).
195  Der Bearbeiter dieser Mitteilung beim Oberkirchenrat war der ehemalige Tübinger Studentenpfarrer. Er bat, da aus der Aufforderung nicht ersichtlich sei, *zu welchem Grund diese eigens angestellten Erhebungen gemacht werden,* das Oberamt an den Oberkirchenrat zu verweisen (LKA Stuttgart: 155, Altregistratur).
196  Der Gemeinderat lehnte den Antrag jedoch ab. NSDAP-Fraktionsführer Weinmann hielt eine Beibehaltung des historischen Namens für angebracht, *damit eine spätere Zeit an diese glorreichen Tage erinnert werde* (SAT: GRP vom 15.5.1933 § 285 und vom 23.5.1933 § 333). Damit lag die Tübinger NSDAP auf der Linie der Parteiführung, die wiederholt die Umbenennung von »Judenstraßen« kritisierte, vgl. Völkischer Beobachter vom 10.1.1936).
197  Der damalige Polizeidirektor, Dr. Ebner, etwa ermöglichte Egon Marx, der als SPD-Mitglied, Reichsbanner-Mann und Jude besonders gefährdet war, die Flucht, indem er ihn von der unmittelbar drohenden Verhaftung informierte (HStA Stuttgart: J 355–177).
198  Vgl. L. Zapf, S. 123–192. Dort auch das Folgende.

Anmerkungen zu den Seiten 128–133

199 Vgl. P. Sauer, 1975, S. 89–110; H. Schmid, 1979, S. 26–29.
200 Schwäbische Tageszeitung vom 1.2.1930.
201 Lediglich der Tübinger Polizeidirektor Dr. Ebner wurde im April 1933 nach Herrenberg versetzt, stieg dabei aber als Vertreter des Landrats die Karriereleiter hinauf. Seine Tübinger Stelle blieb wochenlang unbesetzt und wurde vertretungsweise von einem Inspektor versehen (TC vom 15.4.1933).
202 StA Sigmaringen: Wü 65/36, Acc. 14/1973, Nr. 63; HStA Stuttgart: E 151 a–144/9 – Aktenbund Tübingen 2; TC/NTT vom 27.4.1934: »Der neue Landrat von Tübingen«.
203 TZ vom 28.3.1933: »Die Umgestaltung der Gemeinderäte«.
204 RGBl. I, 1933, S. 153f.
205 Ebd.
206 TC und TZ vom 27.3.1933.
207 TZ vom 29.3.1933: »Unterkommissariate aufgehoben«.
208 Hayum wies in seinem Entlassungsgesuch auf den Artikel 31 der Gemeindeordnung hin, der als Rücktrittsgründe Alter, berufliche und ehrenamtliche Überlastung sowie Austritt aus der Wählervereinigung, der der Kandidat angehörte, vorsah. Ob Hayum tatsächlich zu diesem Zeitpunkt bereits aus der DDP ausgetreten war, war nicht festzustellen (SAT: GRP vom 31.3.1933).
209 Ebd.
210 Ebd., § 141, nichtöffentliche Sitzung.
211 Laut »Gesetz über die vorläufige Vertretung der Gemeinden« vom 6. April 1933 durften Stimmen für die KPD nicht mehr berücksichtigt werden. – Als die TZ sich über die *Umgestaltung der Gemeinderäte* den Kopf zerbrach, stellte sie mit Befriedigung fest: *Das fällt gleich ins Auge, daß schon die Nationalsozialisten allein – dank der Ausschaltung der Kommunisten – die absolute Mehrheit bekommen werden* (TZ vom 28.3.1933).
212 Die NSDAP-Gemeinderatsfraktion vom Mai 1933: Heinrich Frank, Steuersekretär; Hans Keck, Friseurmeister; Rupprecht Matthaei, Dr., Universitätsprofessor; Karl Sautter, Oberpostinspektor; Ernst Siess, Gärtner; Eugen Schneck, Hilfsweichenwärter; Walter Schurr, Kaufmann; Max Stockburger, Rechtsanwalt; Ernst Weinmann, Dr., Zahnarzt; Hans Höhn, Kaufmann; Wilhelm Pressel, Pfarrer.
213 TC vom 5.5.1933: »Ein großer Tag auf dem Tübinger Gemeinderat«; dort auch die folgenden Zitate, wenn nicht anders vermerkt.
214 Vgl. auch den in der TC abgedruckten Abschiedsbrief des ausscheidenden Gemeinderats H. Rück, der dem Stadtvorstand für dessen *unparteiische, charaktervolle, feste und dabei gewinnende, entgegenkommende, versöhnliche, leidenschaftslose Leitung aller Verhandlungen* dankte. Zwischen den Zeilen dieses Schreibens kann man den Unwillen heraushören, den die Art der Auflösung verursacht hatte (TC vom 5.5.1933: »Ein Abschiedsbrief«).
215 Bereits im Februar hatte die TZ auf Umbenennung der Friedrich-Ebert-Straße gedrängt (TZ vom 2.2.1933). Nach Hindenburg war bereits in der Weimarer Republik ein Platz benannt worden.
216 TC vom 5.5.1933. – Ein Schreiben der Stadt vom 4.5.1933 trug Hitler als *dem zielbewußten Überwinder des Klassenkampfes, dem sagenhaften Führer zu wahrer Volksgemeinschaft* das Ehrenbürgerrecht an, während Hindenburg als *der in Krieg und Frieden erprobte Führer des Deutschen Volkes* geehrt wurde (SAT: F 1185/7).
217 TC vom 9.5.1933.
218 SAT: GRP vom 8.5.1933 § 255.
219 SAT: F 1210/3.
220 TC vom 9.5.1933. – Vgl. auch den Brief der ehemaligen Gemeinderätin E. Landerer an den Oberbürgermeister vom Mai 1933, in dem sie für die Berufung in den Ortsschulrat der Frauenarbeitsschule dankt und verspricht, *auch unter den für mich veränderten Verhältnissen an dem Leben der Arbeitsschule mit Rat und Tat teilzunehmen* (SAT: F 1210/3).
221 SAT: GRP vom 8.5.1933 § 253.
222 TC vom 9.5.1933.
223 SAT: GRP vom 15.5.1933 § 276 (Mitteilung der SPD-Gemeinderatsfraktion vom 10.5.1933) und TC vom 13.5.1933.
224 TC vom 11.5.1933: »Landesnachrichten«.

*Anmerkungen zu den Seiten 133—136*

225 TZ vom 16. 5. 1933.
226 Ebd.
227 Ebd.
228 Siehe oben S. 124f.; GRP vom 15. 5. 1933 § 281.
229 TC vom 10. 6. 1933: »Auflösung der demokratischen Ortsgruppe«.
230 TC vom 13. 7. 1933: »Auflösung der deutschnationalen Front«.
231 SAT: GRP vom 19. 10. 1933 § 717.
232 TC vom 24. 7. 1933.
233 Der vom Gemeinderat eingesetzte »Ausschuß zur Durchführung des Gesetzes zur Wiederherstellung des Berufsbeamtentums gegenüber Angestellten und Arbeitern« bestand aus dem Fraktionsführer der NSDAP und dem städtischen Arbeiter Karl Mannherz. Der Gemeinderat beschloß, diesen Ausschuß mit der Prüfung der Fragebögen zu beauftragen und ihn zu ermächtigen, die erforderlichen Beschlüsse zur Durchführung des Berufsbeamtengesetzes gegenüber den städtischen Angestellten und Arbeitern zu fassen und alle erforderlichen Maßnahmen zu treffen (SAT: GRP vom 25. 8. 1933 § 682). – Die Unterlagen des Ausschusses sind nicht mehr vorhanden, die Nachweise über entlassene oder vorzeitig ihres Dienstes enthobene städtische Beamte, Angestellte und Arbeiter lückenhaft. Doch ein Vergleich der Personalangaben in den betreffenden Einwohnerbüchern und in den Gehaltslisten des städtischen Hauptvoranschlags sowie die seltene Nennung von Tübinger Fällen unter den täglich von der Presse gemeldeten »Säuberungs«erfolgen bekräftigen den Befund, daß im Bereich der städtischen wie staatlichen Institutionen in Tübingen nur wenige Säuberungen durchgeführt wurden (SAT: F 1705/56, 1705/64, 1705/70, Gehaltslisten der Stadt aus den Hauptvoranschlägen 1932–1934).
234 Der Mangel an nationalsozialistischen Fachbeamten wurde allgemein beklagt. Vgl. NS-Gemeinde-Zeitung Jg. 2 (1934), S. 108. Dort klagt ein *Wort an die Personalreferenten, daß es an einer größeren Zahl alter nationalsozialistischer Beamten und zwar an solchen mittleren und höheren Lebensalters fehlt, die an wichtigen Stellen in den Verwaltungsapparat eingebaut werden können.*
235 SAT: GRP vom 25. 8. 1933 § 682.
236 SAT: GRP vom 5. 2. 1934 § 112, vom 16. 6. 1934 § 801 und vom 2. 7. 1934 § 822.
237 HStA: E 151–122; BDC: Personalkartei.
238 Einwohnerhandbuch Tübingen 1934; Archiv der AOK: Protokollbuch 1933/34.
239 StA Sigmaringen: Wü 65/36, Acc. 31/1973, Nr. 311. – Die NS-Gemeinde-Zeitung appellierte ebenfalls: *Stellt alte Kämpfer ein!* (NS-Gemeinde-Zeitung 2, 1934, S. 129). – Am 1. 6. 1934 konnte die TC/NTT für den Bezirk Tübingen melden: *Die unter die Sonderaktion fallenden Angehörigen nationaler Wehrverbände konnten bis zum 30. 4., von einzelnen Ausnahmen abgesehen, sämtlich in Dauerstellung vermittelt werden.*
240 HStA Stuttgart: E 140–76. – Nachdem das Gesuch abschlägig beschieden wurde, machte der ehemalige Hauptlehrer dennoch Karriere: Bei der SS stieg der Obergruppenführer zum Chef des Hauptamtes und Vertrauten Himmlers im Ostministerium auf (BDC: Personalakte; H. Buchheim, 1982, S. 88; siehe auch unten S. 351f.).
241 HStA Stuttgart: E 140–84.
242 TC/NTT vom 15. 1. und 24. 12. 1934.
243 HStA Stuttgart: E 140–84. – Von den beiden Wechseln, die Deyle in seinem Brief anführt, kann nur die Ablösung Vödischs bei der AOK als Folge des Berufsbeamtengesetzes gezählt werden, da der ehemalige Polizeidirektor Ebner, wie bereits erwähnt, nicht Opfer einer Säuberung wurde, sondern auf die vakante Stelle des Herrenberger Landrats nachrückte.
244 C. Schmid, 1979, S. 155.
245 TZ vom 14. 2. 1933.
246 TC vom 5. 5. 1933.
247 Ein tragisches Beispiel für einen Korruptionsverdacht bildet der Fall des Direktors der württembergischen Milchverwertungs AG. Der demokratische Stadtrat von Stuttgart wurde durch Diffamierungen in den Freitod getrieben. Die Tübinger Lokalpresse berichtete ausführlich über den *Fall Dr. Goeser* (TC vom 8. 5. 1933; Der Fall Goeser. Ein demokratischer Stadtrat wird zum Selbstmord getrieben, in: Stuttgart im Dritten Reich, 1983, S. 351f.).
248 TC/NTT vom 10. 1. 1944: »Altoberbürgermeister Adolf Scheef, Ehrenbürger der Universitätsstadt Tübin-

gen und Ehrensenator der Universität Tübingen, im Alter von nahezu 70 Jahren gestorben«. In diesem Nachruf heißt es: *Wenn die NSDAP, zu der er als demokratischer Landtagsabgeordneter von 1912–1932 den Weg erst spät gefunden hat, [...] anerkannte, daß stets nach dem nationalsozialistischen Umbruch des Jahres 1933 ein Verhältnis des Vertrauens die Zusammenarbeit des Kreisleiters und des Stadtvorstandes bestimmt hat, und wenn der Kreisleiter eine Aufzählung der wichtigsten Daten dieser Zusammenarbeit in den Worten zusammenfaßte:* »Viel ist von Oberbürgermeister Scheef zusammen mit der Partei geleistet worden – und es steht einmalig da!«, *dann durfte dieser mit Recht jene Genugtuung verspüren, der er beim Abschied aus seinem Amt Ausdruck verlieh.* – Einen Beleg für eine Parteimitgliedschaft Scheefs konnte ich nicht finden. Es spricht einiges dafür, daß er nie in die Partei eintrat. Weder sind irgendwelche Belege im Berlin Document Center zu finden, noch wird er je in der Presse als Pg. geführt, was sich die Nationalsozialisten schon aus propagandistischen Gründen nicht hätten entgehen lassen. Auch in dem eben erwähnten Nachruf wird er nicht als Parteimitglied erwähnt. Auf allen Fotos von städtischen Festakten erscheint er inmitten der meist Uniformierten in Zivil.

249  Gespräch mit Ernst Schittenhelm vom 4. 12. 1979.
250  HStA Stuttgart: E 151–3960. – Auf einer Sitzung des Staatsministeriums vom 17. März 1933 erwähnte Murr, daß er bisher nur in Stuttgart, Heilbronn und Ulm habe eingreifen müssen, weil die dortigen Gemeinderäte dem *Geist und Wollen der neuen Regierung* entgegenstanden (HStA Stuttgart: E 130 b–990).
251  Zitiert nach H. Matzerath, 1970, S. 79.
252  Das Amt für Kommunalpolitik des Gaus Württemberg-Hohenzollern teilte im Dezember 1934 dem Hauptamt für Kommunalpolitik als Bilanz der »Machtergreifung« mit: *Seit Juni 1933 wurden von den heute anwesenden 1729 württembergischen Ortsvorstehern 433 in engstem Zusammenwirken der Partei- und Verwaltungsstellen berufen* (BAK: NS 25–39).
253  HStA Stuttgart: E 151–50.
254  TC vom 15. 1. 1934.
255  Mit dem »Gesetz zur Verminderung der Arbeitslosigkeit« vom 1. Juni 1933, dem am 21. September 1933 ein weiteres folgte, eröffnete die Regierung Hitler ihr Arbeitsbeschaffungsprogramm. Daß sie dabei vor allem auf die Pläne ihrer Vorgänger zurückgriff, verschwieg sie. Schatzanweisungen schufen die öffentlichen Mittel, mit deren Hilfe vor allem das Baugewerbe als Schlüsselgewerbe unterstützt wurde. Die Instandsetzung von alten Gebäuden sowie der Bau von Kleinsiedlungen, Versorgungsbetrieben und Straßen wurden eingeleitet. Alle Arbeiten sollten, soweit Maschinen nicht unbedingt erforderlich waren, durch menschliche Arbeitskraft ausgeführt werden, um möglichst viele Arbeitslose zu beschäftigen. – Zur Arbeitsbeschaffungspolitik der Reichsregierung vgl.: T. Mason, 1977, S. 124–207.
256  T. Mason, 1977, S. 47/8.
257  Das Staatsministerium hatte u. a. allen Staatsbehörden den Einkauf in Warenhäusern, Einheitspreisgeschäften und Konsumvereinen untersagt und dieses Verbot wenig später auch auf Gemeinden und öffentlich-rechtliche Körperschaften ausgeweitet (Staatsanzeiger vom 30. März 1933 und 19. April 1933). Auch die Politik der Reichsregierung bestand anfangs aus mittelstandsfreundlichen Gesten wie dem Gesetz »zum Schutz des Einzelhandels«, der Einführung von Zwangsinnungen und dem Großen Befähigungsnachweis für das Handwerk.
258  Der einflußreiche Handelsverein (564 Mitglieder) brachte noch im März seine Befriedigung über die Wende zum Ausdruck: *Seit 14 Jahren schon kämpft der Haus- und Grundbesitz gegen den Marxismus und seine Anhänger. [...] Recht und Gerechtigkeit für den Hausbesitzer war nirgends zu finden. Am 5. März dieses Jahres hat sich nun das Blatt gewendet; das marxistische System ist endlich verschwunden* (TZ vom 25. 3. 33). Einen Monat später befand der Vorsitzende: *Die neue Bewegung will dem Mittelstand helfen. Das kann man nur mit großer Freude begrüßen. Es gelte, mit beiden Händen zuzugreifen und in die rettende Hand einzuschlagen. Der alte Wunsch des Handelsvereins decke sich vollständig mit den Zielen der NSDAP* (TC vom 28. 4. 1933).
259  TZ vom 29. 3. 1933.
260  TC vom 19. 5. 1933. Dort auch die 2 folgenden Zitate.
261  TZ vom 9. 4. 1933: »Neue Leitung der Handwerkskammer. Otto Henne zurückgetreten.«
262  Das Württembergische Handwerk 1933, S. 121.
263  TC vom 18. 12. 1933.

405

264 NTT vom 19.5.1933: »Unser ist die Zukunft. Die Einheitsfront des Tübinger Mittelstands geschlossen.«
265 TC vom 1.6.1933: »Gewerbeverein Lustnau.«
266 Vgl. z.B.: TC vom 27.12.1933: »Klarheit in den Verbänden.«
267 TC vom 28.4.1933.
268 Ebd.
269 TC vom 2.6.1933: »Der Tübinger Handelsverein schaltet sich gleich.« – Zur Beibehaltung bewährter Fachleute ist aufschlußreich, was der Beauftragte des württembergischen Innenministeriums bei der Gleichschaltung der württembergischen Mietervereine ausführte. Er rechtfertigte die Beibehaltung des Vorsitzenden mit der Existenz *hervorragender Mitarbeiter, die man nicht ohne weiteres durch neue Leute ersetzen könne* (TC vom 14.8.1933).
270 TC vom 30.9.1933 und vom 21.9.1934: »Die gestrige Versammlung der Handel- und Gewerbetreibenden.« – Das genaue Datum der Auflösung, der wiederholte Besprechungen zwischen dem Kreisleiter und dem Handelsverein vorausgegangen waren, konnte nicht ermittelt werden. Es ist aber Ende 1934 anzusetzen (TC vom 30.10.1934).
271 TC vom 29.4.1933.
272 SAT: F4016/17 (20.4.1934).
273 Ebd. – Offensichtlich waren nicht alle Glaser mit dem neuen Innungsvorstand einverstanden. Einige hatten wohl noch, wie das Protokoll eines Schlichtungsgesprächs vom 30.5.1933 zwischen zwei sich streitenden Glasern belegt, alte Rechnungen miteinander zu begleichen.
274 Vgl. dazu: H.A.Winkler, 1977, S.1–40.
275 Zusammengestellt nach den Einwohnerhandbüchern von 1930 und 1934.
276 Gespräch mit Schneidermeister Jakob Kraus vom 8.1.1980.
277 Jakob Kraus ist wiederholt mit dem Kreishandwerksmeister zusammengestoßen. Von der letzten Auseinandersetzung berichtet er: *Da hat es die Handwerkerzeitung »Das deutsche Handwerk« gegeben. Und die Innung mußte, je nach Größe, soundsoviele Exemplare abnehmen. So hat es der Kreishandwerksmeister verlangt. Da hab ich zu ihm gesagt: »Ich bin als Obermeister nicht dazu da, um Befehle von oben herunter entgegenzunehmen und ein Unternehmen zu unterstützen, das nicht lebensfähig ist.« Da hat er aber losgelegt. Und weil ich ihn zu den Innungsversammlungen nie eingeladen habe, da hat er gemeint, ich wolle ihn nicht. Da hab ich zu ihm gesagt: »Herr Keck, ich kann meine Innung selber leiten!« Da bin ich heimgekommen und hab in der Zeitschrift »Das deutsche Handwerk« gelesen, daß es nicht ausschlaggebend sei, daß der Obermeister das Vertrauen seiner Mitglieder habe, sondern das der ihm übergeordneten parteipolitischen Stellen. Und da hab ich mir gesagt: So, jetzt weiß ich, was ich zu tun habe. Und am anderen Morgen hab ich ein Zettele rumgeschickt: Ich stell mein Amt zur Verfügung* (Gespräch mit Jakob Kraus vom 8.1.1980).
278 Vgl. den Artikel »Schwierigkeiten in der Warenhausfrage« in der NS-Gemeindezeitung für Südwestdeutschland Nr. 6, 2. Jg., März 1934, S. 148.
279 NTT vom 19.5.1933.
280 TC vom 2.6.1933: »Einordnung der Konsumvereine in den neuen Staat« und NTT vom 18.8.1933: »Der deutsche Genossenschaftsgedanke muß erhalten bleiben.«
281 TC vom 18.5.1933, Betreff: Konsumvereine«; TC vom 23.5.1933: »OA Tübingen, Betreff: Eingriffe in wirtschaftliche Betriebe.
282 TC vom 2.6.1933: »Einordnung der Konsumvereine in den neuen Staat.«
283 TC/NTT vom 8.8.1935: »Die gesetzliche Lösung der Konsumvereinsfrage.«
284 Allerdings löste die NS-Regierung die Konsumvereine erst 1941 im Zuge *kriegswirtschaftlicher Maßnahmen* endgültig auf (TC/NTT vom 11.3.1941).
285 TZ vom 23.6.1933.
286 HStA Stuttgart: E 151–410 (Runderlaß des Innen- und Wirtschaftsministeriums vom 19.3.1934 Nr. IV 823 und Runderlaß vom 21.7.1934 Nr. IV 2166). Dort auch das folgende Zitat.
287 SAT: GRP vom 22.3.1934 § 261.
288 TC vom 2.5.1933: »Am Ende der Verbandsspielzeit. Die Vereine halten ihre Hauptversammlungen.«
289 TC vom 9.10.1933: »Herbstversammlung des Schwäbischen Albvereins«. – Auch die Ortsgruppe Tübingen des Schwäbischen Albvereins hielt es für *selbstverständlich, [...] mit Herz und Hand dem hervorragen-

*den Führer zu folgen, da ja von jeher der Albverein durch seine Wanderungen Heimat- und Vaterlandsliebe pflegte und durch die Zusammensetzung seiner Mitglieder aus allen Ständen der Volksgemeinschaft zu dienen suchte* (TC vom 30. 8. 1933).
290 TC vom 9. 10. 1933.
291 Einwohnerhandbuch 1930 und 1934.
292 TC vom 28. 4. 1933: »Turn- und Sportchronik« sowie SAT: F 8312 – 25. 4. 1933 und UAT: 117/996 (Nationalsozialistische Revolution).
293 TC vom 2. 5. 1933: »Turn- und Sportchronik«.
294 NTT vom 20. 5. 1933.
295 TC vom 14. 8. 1933.
296 TC vom 28. 8. 1933: »Generalversammlung der SV 03 Tübingen«. – Die Tübinger Sportfreunde ließen sich ebenfalls von einem NS-Gemeinderat gleichschalten (TC vom 28. 8. 1933: »Außerordentliche Mitgliederversammlung der Tübinger Sportfreunde«).
297 TC/NTT vom 11. 1. 1934: Neuwahlen im Tübinger Sängerkranz, TC vom 4. 9. 1933: Neuwahlen im Weingärtner Liederkranz, TC/NTT vom 1. 1. 1935: Auflösung und Umwandlung des Singchores des Gewerbevereins in den Bürgersangverein.
298 TC vom 5. 10. 1933. – Landesleiter des Kampfbundes für deutsche Kultur war der Tübinger Musikwissenschaftler Dr. Otto zur Nedden (TC vom 19. 5. 1933).
299 TC vom 27. 6. 1933.
300 Ebd. und TC vom 12. 12. 1933: »Haushalt und Aufgaben der Museumsgesellschaft«.
301 TC/NTT vom 29. 8. 1935.
302 TC vom 13. 6. 1933: Gleichschaltung und Umwandlung des Reichsbundes der Kriegsbeschädigten und Kriegshinterbliebenen zum NS-Reichsverband deutscher Kriegsopfer; TC vom 22. 6. 1933: Übernahme des württembergischen Frontkämpferbundes durch die NSDAP als SA-Reserve; 15 Frontkämpfer treten sofort über; TC vom 18. 7. 1933: Gleichschaltung des Veteranen- und Militärvereins; TC vom 14. 8. 1933: Gleichschaltung der Veteranen- und Kriegerkameradschaft; TC vom 1. 9. 1933: Gleichschaltung des Kriegervereins Lustnau; TC vom 19. 2. 1934: Gleichschaltung der Olga-Grenadiere.
303 TC vom 18. 7. 1933.
304 TC vom 18. 11. 1933.
305 TC vom 5. 2. 1934.
306 Am 28. 4. 1934 berichtet die TC/NTT vom 1. Jahrestag der Gründung eines *Reichs-Luft-Schutzbundes* in Tübingen.
307 Die Rede, die der Student Erich Schrade zur Feier der lokalen Machtübernahme hielt, nahm explizit auf 1914 Bezug (TC vom 10. 3. 1933).
308 TC vom 26. 3. 1934: »Abschiedsabend beim Bund Königin Luise«, TC vom 10. 10. 1933 und TC vom 22. 6. 1933.
309 Zur Auseinandersetzung zwischen Kirchen und NS-Staat siehe unten S. 166 – 180 und 251–274.
310 Vgl. die entsprechende Erinnerung Carlo Schmids: *Auch im Landgericht hatte sich einiges verändert. Die Amtsgeschäfte liefen zwar weiter wie bisher, aber in das Verhältnis der Kollegen zueinander war das Mißtrauen eingezogen. Es stellte sich heraus, daß ein Richter schon lange Parteigenosse war, ohne daß wir es wußten* (C. Schmid, S. 167).
311 W. Sh. Allen, 1965, S. 222/3.
312 TC vom 12. 5. 1933: Vortrag von Prof. Robert Gaupp vor der Verbindung Igel über die Verhütung erbkranken Nachwuchses; TC vom 18. 1. 1934: Rassenkundlicher Vortrag vor dem Bund Königin Luise; TC vom 8. 3. 1934: Rassenkundlicher Vortrag vorm Schwäbischen Albverein; TC vom 23. 52. 1934: Tübinger Biologenschaft, Ev. theol. Fachschaft, Klinikerschaft.
313 TC vom 12. 5. 1933.
314 TC vom 19. 10. 1933: »Stadt und Amt« und Staatsanzeiger vom 18. 10. 1933.
315 Am 2. Juni 1934 z. B. fand eine »Schulungstagung« des BDM über Rassefragen auf dem Tübinger Schloß statt (TC vom 5. 6. 1934). Auf den Schulungsabenden der Partei referierte Dr. Diethelm Weitbrecht über Rassefragen (TC vom 11. 8. 1933). Oberarzt Robert Ritter berichtete auf einer Sonderveranstaltung der Tübinger Gesellschaft für Rassenhygiene vor einem kleinen Kreis von geladenen Gästen über seine erb-

kundlichen Untersuchungen an Zigeunern (SAT: F 8005 – 28.1.1935). Am 12.10.1933 druckte die TC Leitsätze zur bevölkerungspolitischen Entwicklung ab.
316 RGBl. I, 1933, S. 529, vgl. dazu: K. Dörner, 1975, S. 59–95.
317 TC vom 17.3.1933: »Was das Ausland sagt« und StA Sigmaringen: Wü 65/36, Acc. 14/1973, Nr. 585; TC vom 4.1.1934: »Freiwilligkeit oder Zwang?«
318 TC vom 16.4.1933: »Wie lange noch?«
319 TC vom 10.2.1934: »Volkswohlfahrt durch Rassenpflege«.
320 StA Sigmaringen: Wü 65/36, Acc. 14/1973, Nr. 585; UAT: 117/445.
321 TC vom 14.3.1934.
322 TC vom 12.3.1934.
323 Einwohnerhandbuch 1934. – Zu den Degradierungszeremonien der Erbgesundheitsgesetze siehe: D. Blasius, 1981.
324 Gespräch mit Helene Weiler, Tübinger am 24.3.1981.
325 StA Sigmaringen: Wü 65/36, Acc. 14/1973, Nr. 568 vom 28.7.1934. Anonymisiert von der Verf.
326 Ebd. (Protokoll der Vernehmung auf der Polizeidirektion).
327 Ebd. (Schreiben des Oberamtsarztes an das Oberamt vom 9.3.1935).
328 Alle Ärzte waren verpflichtet, jede ihnen als »erbkrank« bekannte Person zu melden. Daß es aber auch Anstaltsärzte gab, die ihre medizinische Verantwortung darin sahen, Sterilisationen zu verhindern, zeigt D. Blasius, S. 377/8.
329 Gespräch vom 1.6.1983 mit Frau S., der ich für ihre Auskunft danke.
330 HStA Stuttgart: E 151 k VI–25. – Zum Vergleich die Zahlen für ganz Württemberg: 78 Prozent der Anträge auf Unfruchtbarmachung wurden zwischen 1935 und 1941 von Amtsärzten, 18 Prozent von Anstaltsärzten gestellt. Nur 4 Prozent der Anträge stammten von den Betroffenen bzw. deren gesetzlichen Vertretern selbst (H.-U. Brändle, S. 150 ff.).
331 HStA Stuttgart: E 151 k VI–25.
332 Ebd.
333 Gespräch vom 8.8.1984 mit Dr. Irmgard Zipperlen. Siehe auch: I. Zipperlen, S. 93/4. Dort heißt es: *Die Übernahme einer Tätigkeit als Amtsarzt, für die er sich 1933 durch einen Lehrgang an der Staatsmedizinischen Akademie in Berlin qualifiziert hatte, war für ihn dann aus Gewissensgründen (Zwangssterilisierung geistig Behinderter im Rahmen der Rassegesetze) nicht mehr möglich.*
334 UAT: 117 c/445 (»Zur Aufklärung über das Gesetz zur Verhütung erbkranken Nachwuchses«).
335 HStA Stuttgart: E 151 k VI–21. Dort auch die folgenden Zitate.
336 R. Gaupp, 1934, vgl. auch: ders., 1925, S. 8.
337 HStA Stuttgart: E 151 k VI–16 (Schreiben August Mayers an Ministerialrat Eugen Stähle vom 25.9.1935) und E 151 k–12 sowie E 130 IV–555.
338 TC/NTT vom 24.11.1936.
339 U. D. Adam, 1977, S. 140.
340 E. Kretschmer, 1934, S. 184 ff. Dort die weiteren Belege.
341 U. D. Adam, 1977, S. 38, S. 125, und S. 162.
342 W. Gieseler, 1940.
343 TC/NTT vom 24.11.1936.
344 R. Ritter, 1937.
345 D. Kenrick/G. Puxon, S. 54.
346 Ritter in seiner Habilitationsschrift: *Weder Rat noch Galgen noch Schwert, weder Rute noch Brandmarkung, weder Verschiebung noch Landesverweisung, weder Zucht- noch Arbeitshäuser, weder Kinderheime noch Erziehungsanstalten, weder Kirche noch Schule haben diesen Menschenschlag zu ändern vermocht. Denn alle diese Maßnahmen konnten nicht rechtzeitig verhindern, daß die Glieder des Gaunerschlags sich miteinander fortpflanzten, und daß sie damit ihr geprägtes Erbgut immer wieder durch die Jahrhunderte an die folgenden Geschlechter weitergeben* (R. Ritter, 1937, S. 111).
347 TC 25.9.1933.
348 Ebd.: »Polizeibericht« und StA Sigmaringen: Wü 65/36, Acc. 14/1973, Nr. 520.
349 Zur Situation der Frauen im NS-Staat allgemein siehe: A. Kuhn/V. Rothe, 1982, und R. Thalmann, 1984.

350 G. Bock, 1986.
351 Ch. Wittrock, 1983; Frauengruppe Faschismusforschung, 1981.
352 G. Feder, 1933, S. 21.
353 TC vom 28. 4. 1933.
354 TC vom 3. 8. 1933.
355 TC vom 7. 11. 1933: »Die deutsche Frau im nationalsozialistischen Staat«. Dort auch die folgenden Zitate.
356 TC vom 27. 11. 1933: »Frauenaufgaben und Frauenberuf«. Der Bericht erwähnt mehrere Fälle von jungen Frauen, die ihren Arbeitsplatz räumen mußten als *vorübergehende, in Kauf zu nehmende Härte.* – Vgl. auch die Bekanntmachung des Staatsministeriums zur Einstellung weiblicher Arbeitskräfte in der Verwaltung vom 17. 2. 1934 in der TC/NTT vom 19. 2. 1934, und im Amtsblatt des Württ. Kultministeriums 27, 1934, S. 36.
357 RGBl. I, 1933, S. 377.
358 TC/NTT vom 18. 1. 1934.
359 TC/NTT vom 15. 5. 1934: »Deutsche Mütter«.
360 TC/NTT vom 10. 3. 1934: »Von der NS-Frauenschaft Tübingen«.
361 Ebd.
362 TC/NTT vom 13. 10. 1934.
363 NTT vom 19. 5. 1933.
364 TC/NTT vom 31. 1. 1935 und vom 29. 1. 1938: »Der Volkstod ist überwunden«.
365 TC vom 27. 11. 1933: »Frauenaufgabe und Frauenberuf im NS-Staat«.
366 RGBl. I, 1933, S. 225. Siehe auch unten S. 165 f.
367 U. D. Adam, 1977, S. 86 f. – Statistisches Material über die Tübinger Studentenfrequenz im Dritten Reich im Institut für geschichtliche Landeskunde Tübingen.
368 UAT: 217 C/236 (Brief vom 26. 9. 1933).
369 TC vom 27. 11. 1933.
370 Siehe: A. Tröger, 1981.
371 TC/NTT vom 3. 10. 1933 und vom 10. 3. 1934.
372 TC/NTT vom 10. 3. 1934.
373 TC/NTT vom 7. 7. 1934.
374 Gespräch mit Hede Warneken, Tübingen, am 29. 1. 1980.
375 TC/NTT vom 7. 7. 1934.
376 Gespräch mit Lydia Raur vom 19. 11. 1979.
377 TC/NTT vom 7. 7. 1934.
378 R. Eilers, S. 13.
379 Amtsblatt des Württembergischen Kultministeriums 26, 1933, S. 69.
380 Siehe oben S. 134.
381 HStA Stuttgart: E 130 II–535 und Schwäbische Tagwacht vom 20. 12. 1930: »Weiteres aus Schwabens hohen Schulen«.
382 TC vom 17. 3. 1933: »Schulfrei am Samstag«.
383 Der stellvertretende Direktor der Kepler-Oberrealschule, Friedrich Eppensteiner, erwähnt allerdings 1945 in einem Schreiben an den neuen Gemeinderat, daß ihn eine *von Seiten der NSDAP erhobene Beanstandung* 1933 die versprochene Oberstudiendirektorstelle gekostet habe (SAT: F 5078/2).
384 SAT: F 6001; TC vom 3. 10. 1933, TC/NTT vom 29. 4. 1934.
385 Allerdings sind die Quellen über Säuberungen in den Schulen wenig ergiebig. – In den Tageszeitungen wurden unter der Rubrik, die regelmäßig über Entlassungen aufgrund des Berufsbeamtengesetzes berichtete, keine Tübinger Lehrer genannt. Auch in den Akten des Uhland-Gymnasiums ist kein Fall eines Berufsverbots dokumentiert (SAT: St O. 1853). Bekannt sind nur ein Fall von Berufsverbot an der Frauenarbeitsschule (Julie Majer) und die Strafversetzung eines Studienrats an der Versuchsklasse des Pädagogischen Seminars der Universität sowie die von drei Lehrern und Lehrerinnen, die allerdings erst im Zusammenhang mit der Abschaffung der Konfessionsschule erfolgte. Siehe dazu S. 119.
386 TC vom 1. 4. 1933; TC/NTT vom 15. und 17. 1. 1934, sowie Protokollbuch des Elternausschusses der Mädchenrealschule (Archiv Wildermuth-Gymnasium).

*Anmerkungen zu den Seiten 156—160*

387 SAT: St.O.1861–III 1.
388 TC/NTT vom 1.2.1934.
389 SAT: St.O.1861, Rechenschaftsberichte.
390 TC/NTT vom 3.2.1934.
391 Staatsanzeiger vom 29.7.1933; TC vom 31.7.1933.
392 Amtsblatt des Württembergischen Kultministeriums 27, 1934, S. 22/3.
393 Ebd. S. 1–7.
394 A. Hitler, S. 475.
395 Zitiert nach D. Klinksiek, S. 64.
396 Archiv Wildermuth-Gymnasium: Zeugnislisten.
397 Protokollbuch des Elternausschusses der Mädchenrealschule 1927–1952, Sitzung vom 10.7.1933 (Archiv Wildermuth-Gymnasium).
398 Ebd. (Sitzung vom 17.11.1934).
399 Staatsanzeiger vom 2.2.1934 und TC/NTT vom 3.2.1934: »Die Erziehungsarbeit der HJ in der Schule«. H.-J. Gamm, 1964, S. 309 f.
400 TC/NTT vom 2.4.1934: »Der Tübinger BDM hat das Wort«. Vom häuslichen Weiblichkeitsideal der NSDAP ist in diesem Rückblick auf die Anfänge des Tübinger BDM nichts zu spüren. Da wird vielmehr von gemeinsamen Werbefahrten, Nachtwanderungen etc. erzählt und an den Ärger erinnert, den Kreisleiter Baumert hervorrief, als er die offizielle Gründung einer NS-Mädchengruppe erst gestatten wollte, nachdem sich auch die Jungen organisiert hatten.
401 SAT: F 9950, 13.2.1934. – Paul Sauer gibt, bezogen auf den Sommer 1934, 56,3 % der über zehnjährigen Schüler als Mitglieder von NS-Jugendorganisationen in ganz Württemberg an (P. Sauer, 1975, S. 21).
402 Interview mit Hans Binder, Nürtingen, am 20.9.1983.
403 Ebd. – Zur Situation der HJ als Staatsjugend siehe: H. Giesecke, S. 184–210.
404 Interview mit Hans Binder am 20.9.1983.
405 Siehe U.D. Adam, 1977; A. Lüdtke, 1977.
406 TC vom 27.2.1933.
407 UAT: 117/996 (19.10.1933).
408 Ebd.
409 TC vom 29.6.1933: »Tübinger Beobachter«.
410 HStA Stuttgart: E 130–1501 und TC vom 21.4.1933. – Das Kommissariat Bebermeyers wurde am 30.9.1933 durch einen Erlaß des Kultministers verlängert und erst am 1.11.1933 aufgehoben (UAT: 136/129 und 117/996).
411 HStA Stuttgart: E 140/79.
412 TC vom 25.4.1933: »Neuordnungen an der Universität«.
413 »…treu und fest«, S. 22.
414 U.D. Adam, 1977, S. 36 ff. Zum Vergleich mit anderen Hochschulen siehe: E.Y. Hartshorne, 1977.
415 Bethe erfuhr von seiner Entlassung durch einen Doktoranden, der die Nachricht der Presse entnommen hatte (»Die Probleme des Kepler-Redners Hans A. Bethe, Atombomben am Sternenhimmel«, in: Schwäbisches Tagblatt (Südwestpresse) vom 12.6.1987).
416 Anlaß für die Entlassung Österreichs bildete neben seiner pazifistischen und demokratischen Einstellung die nichtarische Abstammung seiner Ehefrau, siehe: U.D. Adam, 1977, S. 36/7; M. Österreich, S. 401–413.
417 U.D. Adam, 1977, S. 36/7.
418 Ebd., S. 37.
419 TC vom 25.4.1933, UAT: 117/996 (Schreiben von Köhlers an das Staatsministerium). Siehe auch U.D. Adam, 1977, S. 34/5.
420 Ebd., S. 35.
421 Vgl. die Erklärung der Universität zur Volksabstimmung in der TC vom 7.11.1933 sowie TC vom 3.5.1933 und die Lobeshymne des Tübinger Staatsrechtlers Hans Gerber: *Deutschland ist in unseren Tagen noch einmal das Genie eines großen Staatsmannes geschenkt worden. In der Person des Führers der NSDAP und Reichskanzlers Adolf Hitler ist in wunderbarer Weise Wirklichkeit geworden, worauf ein Joh. Gottlob Fichte in den Zeiten des deutschen Niederbruchs zu Beginn des 19. Jahrhunderts die Sehnsucht des*

*deutschen Volkes richtete: Ein Zwingherr zur Deutschheit* (H. Gerber, 1933, S. 1).
422 K. Adam, hier S. 40.
423 Ebd., S. 41.
424 TC vom 28. 11. 1933; UAT: 136/130.
425 TC vom 19. und 23. 1. 1934. – Die Antrittsrede Fezers zeigt eine deutliche Anlehnung an die berühmte Antrittsrede Martin Heideggers über die »Selbstbehauptung der deutschen Universität«, die dieser im Mai 1933 bei der Übernahme des Rektoramts der Universität Freiburg gehalten hatte. – Zu Fezer siehe: E. Siegele-Wenschkewitz, Die Ev.-Theologische Fakultät Teil I, S. 34–52.
426 UAT: 117/996.
427 Siehe U. D. Adam, 1977.
428 TC vom 25. 3. 1933.
429 SAT: F9943, NTT vom 11. 5. 1933, TC vom 16. 6. 1933: »Zweite Sitzung der Bündischen Kammer«. U. D. Adams Vermutung, daß die Bündische Kammer bereits im Wintersemester 1933/34 aufgelöst wurde, trifft nicht zu, wie Sitzungsprotokolle aus dem Jahr 1934 belegen (a. a. O. S. 86). Vgl. auch: Staatsanzeiger vom 24. 5. und 26. 5. 1933.
430 Ebd. und TC 31. 5. 1933 (Aufruf für das *Wehrsportlager* in Feldstetten).
431 TC vom 16. 6. 1933: »Zweite Sitzung der Bündischen Kammer«.
432 Ebd. – Bei der Rede zur Immatrikulation im Sommersemester 1933 unterstrich Staatskommissar Bebermeyer ebenfalls die Möglichkeit der Universität, alle diejenigen *auszuscheiden*, die nicht den wissenschaftlichen wie den politischen Anforderungen gewachsen seien (TC vom 20. 5. 1933).
433 Staatsanzeiger vom 20. 12. 1933. – Die Methoden, mit denen das SA-Hochschulamt arbeitete, beschreibt ein ehemaliger Student, in: »...treu und fest«, S. 54. Der damalige Vertreter der katholischen Theologenfakultät im AStA erinnert sich dort, wie er vom Leiter des SA-Hochschulamts einem regelrechten Verhör über seine Haltung zu Adolf Hitler ausgesetzt wurde.
434 Ein ehemaliger Student beschrieb 1968 den *augenfälligen Unterschied* zwischen Stadt- und Universitäts-SA: *Bei den Studenten hektisch, militärähnlich, nur ohne Waffen, genauer mit Waffenattrappen; in der Stadt-SA geradezu gemütlich, vereinsähnlich* (M. Goes, 1968, S. 68/9).
435 LKA Stuttgart: Stift Bestand III 1, 1928–1966 (11. 6. 1933). – Der Vorstand des katholischen Konvikts lehnte die Teilnahme der katholischen Theologiestudenten am Wehrsport mit dem Hinweis ab, daß diese Entscheidung nur von der betreffenden bischöflichen Behörde getroffen werden könne (DAR: G II d–61). Als auch die Tübinger Altherrenverbände das Überhandnehmen des SA-Dienstes angriffen, erklärte Gerhard Schumann: *Wir verbitten uns, daß von Außenstehenden unsere Arbeit bemäkelt wird. Wem es in der SA nicht paßt, der soll sich möglichst bald beim Pflichtsport melden. Wir haben kein Interesse daran, jeden krummen Schlurch auf dieselbe Art und Weise auszubilden, wie die SA- und Stahlhelmkameraden. Wer wegen des SA-Dienstes abwandert, den halten wir nicht, an dem haben weder die Universität noch die Stadt, noch die Korporationen etwas verloren. Nein, wir sagen Gott sei Dank und werfen ihn mit Schande aus unserer guten SA hinaus* (NSK vom 29./30. 7. 1933: »Zwischen den schwarz-roten Grenzpfählen«).
436 Vgl. die Erinnerung des Theologiestudenten E. B. in: »...treu und fest«, S. 55/6. – Wie sich die Begeisterung für die SA in den ersten Wochen nach der Machtergreifung an der Tübinger Universität auswirkte, verarbeitete Hermann Lenz aus eigener Erfahrung in einem Roman (H. Lenz, 1978, S. 67–98).
437 TC vom 16. 6. 1933. Bereits im März 1933 hatte der Vorstand der Studentenschaft in einem Glückwunschschreiben an den neuen Kultminister das neue *wissenschaftliche Selbstverständnis der Studenten* zum Ausdruck gebracht: *Wir wissen, daß wir auf unseren hohen Schulen zunächst der Wissenschaft zu dienen haben und daß die Tugenden, die daraus entspringen, Ehrfurcht und Selbstbescheidung nicht die schlechtesten sind. Wir wußten und spürten aber auch die ernste innere Verpflichtung, solange die Quellen aller Wissenschaft, Religion, deutsches Volkstum, deutsche Kultur und deutsches Empfinden vielfach verschüttet waren, unablässig für alle diese Güter zu kämpfen* (Schwäbischer Merkur vom 19. 3. 1933).
438 TC vom 26. 4. 1933: »Studenten schaffen ein Schandmal«. – Zur Bücherverbrennung siehe: H.-W. Strütz, S. 347–372, sowie G. Sauder, 1983, S. 216f.
439 NTT vom 1. 5. 1933.
440 In seinen 1974 veröffentlichten Erinnerungen führt Schumann die Zurückhaltung der württembergischen Studentenschaft bei den Bücherverbrennungen auf eine der schwäbischen Mentalität *wesensmäßige* Tole-

ranz zurück: [...] *gesalbt mit einem Tropfen demokratischen Öls Uhlandscher Provenienz* [...]. Er selbst, der sich als nationalsozialistischen »Idealisten« verstanden wissen will, distanzierte sich von der *barbarischen Aktion*, weil er solche *mittelalterlichen Methoden nicht für die angemessene Art der Auseinandersetzung* halte. Seiner Begeisterung für das Dritte Reich haben diese »mittelalterlichen Methoden« aber keinen Abbruch getan, wie seine weiteren literarischen Veröffentlichungen, Gedichtbände, Hörspiele, Schauspiele und Essays zeigen (G. Schumann, 1974). – Zu Schumann siehe auch: M. Spohn, 1984, S. 164–169.
441  TZ vom 1.5.1933.
442  Die öffentliche Volksbücherei in der Neckarhalde entging der Aktion. Die regelmäßig in der »Tübinger Chronik« veröffentlichte Liste ihrer Neuanschaffungen ließ allerdings auch wenig Anlaß für Säuberungen vermuten. Beschlagnahmt wurde lediglich van der Veldes Schrift »Die vollkommene Ehe« (SAT: WPD91/2). Im Juli 1934 mußten die Buch- und Zeitschriftenhandlungen nach Druckschriften durchsucht werden, die die Ereignisse des 30. Juni 1934 thematisierten. Die Tübinger Polizei erstattete Fehlanzeige (ebd.).
443  TC vom 7.11.1932.
444  TC vom 19.5.1933, 26.6.1933, 27.6.1933 und 14.11.1933. – Zu den späteren Bemühungen zur »Reinigung des Kulturlebens« siehe auch den Artikel über den *Tübinger Kinoskandal* in der NS-Gemeinde-Zeitung für Südwestdeutschland 4, 2. Jg., Febr. 1934, S. 80.
445  UAT: 117/996.
446  TC vom 2.6.1933; NTT vom 6.6.1933.
447  Siehe oben S. 160 und NSK vom 22.1.1934.
448  TC/NTT vom 24.1.1934: »Demonstration der nationalsozialistischen Studenten gegen Prof. Adam«; DAR: G II d–130 (Schreiben Bischof Sprolls an den Württembergischen Staatsminister mit der Bitte um Abhilfe) und DAR: G II a 3.
449  HStA Stuttgart: E 140/97 (Rechtfertigungsschreiben Felix Genzmers vom 17.9.1935 und 3.12.1935 an Staatssekretär Waldmann).
450  UAT: 117/996 (Schreiben vom 25.6.1933).
451  UAT: 117/996 (Niederschrift der Besprechung vom 3.7.1933).
452  Reg. Bl. 1933, S. 124: »Verordnung über die Bildung von Studentenschaften an den württembergischen Hochschulen«, und UAT: 117C/133 (Schreiben des Reichsinnenministeriums an die Landesregierungen vom 29.4.1933).
453  U. D. Adam, 1977, S. 35 bzw. 94; BDC: Personalkartei.
454  H. Krausnick/H.-H. Wilhelm, 1981, S. 642. Zu den »Karrieren« der Tübinger Nationalsozialisten der »ersten Stunde« bei der Administration der Vernichtungspolitik siehe unten S. 351 f.
455  UAT: 117D/K 1099 (Begrenzung der Zulassung zum Studium wegen Überfüllung der Hochschulen).
456  TC vom 5.5.1933; NTT vom 1. und 2.5.1933.
457  Der Fraktionsvorsitzende der NSDAP im Gemeinderat, Ernst Weinmann, gehörte zum »Führerrat«, der dem Rektor nach Aufhebung des Universitätskommissariats beigegeben wurde. Als stellvertretender Kreisleiter mußte er auch regelmäßig zu den Sitzungen des NSD-Dozentenbundes eingeladen werden, dem gegenüber er weisungsbefugt war (SAT: F5575). – Umgekehrt war von der Hochschule nur Rupprecht Matthaei, Privatdozent für Physiologie und einflußreicher Leiter der Dozentenschaft, im Gemeinderat. Er war es, der bis zum Mai 1933 den Auftrag auf Ausschluß der Juden vom Freibad stellte und begründete (SAT: GRP vom 19.5.1933 §753).
458  NTT (»Tübinger Beobachter«) vom 29.6. und 6.7.1933 und HStA Stuttgart: E 130b–1504 (Schriftwechsel zwischen der Vertretung Württembergs beim Reich und dem württembergischen Kultminister vom 30.9.1933), sowie NS-Kurier vom 9./30.7.1933: »Altherrenschaft gegen SA-Geist«.
459  TC vom 16.8.1933: »Keine Beschlagnahme der Korporationshäuser« und UAT: 117C/143 (Schreiben des Rektors an die Rektoren anderer Kleinstadtuniversitäten). Im Gemeinderat brachte Studentenpfarrer Pressel bereits Ende Mai das Problem der leerstehenden Studentenzimmer zur Sprache (SAT: GRP 1933 vom 23.5.1933 §341).
460  RGBl. I, 1933, S. 225. – Im Sommer 1933, also noch bevor dieser numerus clausus in Kraft war, studierten 35 »reichsdeutsche Nichtarier« an der Universität. Das bedeutete, daß keine Fakultät das festgesetzte Maximum von 1,5 Prozent überhaupt erreichte (UAT: 117C/384); TC vom 2.6.1933.
461  TC vom 2.6.1933. Im WS 1934/35 waren unter den 2520 Studierenden 253 Frauen (UAT: F73/1).

462 UAT: 131/116.
463 UAT: 117D/1099.
464 Amtsblatt des Württ. Kultministeriums 30, 1937. – Zum Rückgang der Studentenzahlen siehe auch: W. Setzler, 1977, S. 215–227.
465 Zur Haltung der Kirchen gegenüber dem NS-Staat siehe: K. Scholder, 1977; E. Röhm/J. Thierfelder, 1981. – Die württembergische Situation am Anfang des NS-Regimes behandeln: J. Thierfelder/E. Röhm, 1982, sowie P. Sauer, 1975, S. 180–205.
466 Siehe oben S. 52ff.; J. Thierfelder, E. Röhm, 1982, S. 229.
467 Zitiert nach G. Schäfer Bd. 1, S. 361–364; dort auch das folgende. Siehe auch: »Schreiben des Kirchenpräsidenten an die Geistlichen der württembergischen Landeskirche«, abgedruckt im Evangelischen Kirchenblatt für Württemberg, 94. Jg. Nr. 6 vom 31. 3. 1933, S. 1.
468 G. Schäfer Bd. 1, S. 361. – Ein anderes Beispiel für die offene Aufnahme der NS-Regierung bei der evangelischen Kirche in Württemberg bietet die Stellungnahme des Evangelischen Volksbundes vom 9. 6. 1933. Dort heißt es: *Mit Dank gegen Gott erkennen wir, daß er uns vor den drohenden Schrecken des Bolschewismus bewahrt hat. Dankbar sehen wir an der Spitze des Deutschen Reichs Adolf Hitler, den Führer, der sich feierlich zu den christlichen Grundlagen des Volkstums bekannt hat* (vgl. P. Sauer, 1975, S. 181/2).
469 LKA: D 1 Nr. 44,2 (Erklärung der Evangelisch-theologischen Fakultät vom 1. 11. 1933).
470 Siehe: »Ist das Christentum artfremd? Eine Antwort auf diese Frage von Studentenpfarrer Pressel«, in: Studentenbeilage des NSK vom 1. und 8. 2. 1933.
471 H.-Ch. Brandenburg/R. Daur, 1969. – Zum Selbstverständnis der Deutschen Glaubensbewegung siehe: J. W. Hauer, [1934]. – Zur Rolle der Glaubensbewegung im NS-Staat siehe: H. Cancik, 1982, S. 176–212.
472 TC vom 11. 12. 1933: »Was will die Deutsche Glaubensbewegung?« von Herbert Grabert.
473 Evangelisches Gemeindeblatt Tübingen, 19. Jg., Juni 1933, S. 1: »Von der Kirche im Dritten Reich«.
474 In seiner Regierungserklärung versprach Hitler, beim Neuaufbau des Staates die großen christlichen Kirchen zu respektieren und zu schützen (»Das deutsche Volk will mit der Welt in Frieden leben«. Regierungserklärung vom 23. 3. 1933, in: Verhandlungen des Reichstags, VIII. Wahlperiode, 1934, S. 25–32).
475 P. Sauer, 1975, S. 180. – TC vom 27. 9. 1933: »Aus der Wiedereintrittsbewegung in die Kirche. Ergebnisse einer Umfrage«.
476 EDA: Kirchenbezirksverein 1934, Jahresbericht 1933.
477 EDA: Nr. 235.
478 EDA: Nr. 224.
479 TC vom 1. 6. 1933; G. Schäfer Bd. 1, S. 483. – Gerhard Schumann würdigte im NS-Kurier vom 16. 5. 1933 die Arbeit des scheidenden Studentenseelsorgers: *Mit Stadtpfarrer Pressel tritt einer der verdientesten Parteigenossen an verantwortliche Stelle der Kirchenregierung. [...] Was er hier in jahrelanger Arbeit an inneren Werten der Studentenschaft übermittelte, läßt sich überhaupt nicht überschauen.* Siehe auch: Ev. Gemeindeblatt Tübingen, 19. Jg., Juni 1933.
480 TC vom 19. 6. 1933; NSK vom 19. 6. 1933: »Der Streit um den Reichsbischof«.
481 Gerhard Schumann hatte sich bereits am 6. Juni 1933 im Namen der württembergischen Studentenschaft gegen den designierten Reichsbischof von Bodelschwingh ausgesprochen (TC vom 6. 6. 1933). – Zur Auseinandersetzung im Kirchenausschuß der DEK siehe: K. Scholder, 1970. Zur Religionspolitik der NSDAP allgemein siehe: L. Siegele-Wenschkewitz, 1974.
482 G. Schäfer Bd. 1, S. 179, und TC vom 19. 6. 1933. Zu Kittel siehe auch: R. P. Ericksen, 1986.
483 G. Schäfer Bd. 2, S. 80.
484 TC vom 9. 6. 1933 und Schwäbischer Merkur vom 9. 6. 1933.
485 Siehe Theophil Wurms Erklärung im Staatsanzeiger vom 18. 7. 1933.
486 G. Schäfer Bd. 2, S. 70–75, hier S. 74.
487 NSK vom 5. 7. 1933: »Eine Reichskirche protestantischer Haltung? Ein Schlußwort zu dem Vortrag von Prof. Hauer von Stadtpfarrer Pressel, Stuttgart« und TC vom 20. und 21. 7. 1933: »Ist eine evangelische Reichskirche eine deutsche Lösung? Wege zu einer Religiösen Arbeitsgemeinschaft deutscher Nation. Vortrag von Prof. Dr. Hauer.«
488 TC vom 19. 7. 1933: Betreffs Wahl zum Landeskirchentag.
489 Rundschreiben der NSDAP, Gau Württemberg/Hohenzollern vom 18. 7. 1933 (LKA Stuttgart: D 1 Nr. 43,

4). Siehe auch NTT vom 21. und 22. 7. 1933.
490 EDA: Protokollbuch des KGR vom 19. 7. 1933 § 72.
491 Ebd. und TC/NTT vom 23. 7. 1933. – In Lustnau konnte man sich freilich nicht einigen. Dort reichten die Deutschen Christen einen eigenen Wahlvorschlag ein. – 1951 erinnerte Stockmayer in einem Glückwunschschreiben zum 70. Geburtstag Carl Flammers an dessen Absetzung als Kirchengemeinderat. Noch im Nachhinein zeigt dieser Brief, wie wenig Widerstandswillen gegen eine innere Gleichschaltung der Kirche durch die Deutschen Christen der Tübinger Kirchengemeinderat aufbrachte. (Für den Hinweis danke ich Bernd Jürgen Warneken.)
492 Für die Deutschen Christen wurden gewählt: Wilhelm Frauendiener (Schuhmachermeister), Heinrich Heinle (Schneidermeister), Zacharias Krauss (Weingärtner), Julius Luz (Bezirksnotar), Dr. Hanns Rückert (Universitätsprofessor), Albert Sauer (Verwaltungsinspektor), Karl Sautter (Oberpostinspektor), Dr. Arthur Benno Schmidt (Universitätsprofessor), Gottlob Zündel (Rechnungsrat), für die Liste der Landeskirche: Georg Balbach (Oberrechnungsrat), Karl Feucht (Zugführer), Rudolf Hartter (Verwaltungsratsschreiber), Otto Kübler (Kaufmann), Dr. Karl Rau (Forstmeister), Heinrich Schilpp (Oberlehrer), Hedwig Schlatter (Fräulein), (EDA: Protokollbuch des KGR vom 3. 8. 1933 § 73; TC vom 24. und 25. 7. 1933). Außerdem gehörten zu dem 27köpfigen Kirchengemeinderat noch von Amts wegen die 7 Stadtpfarrer Dr. Stockmayer, Schneider, Kull, Haug, Pressel, Schaal, Werner und 3 Mitglieder der Theologischen Fakultät, die Professoren Heim, Faber, Fezer, die als »Frühprediger« an der Stiftskirche wirkten sowie Kirchenpfleger Wanner.
493 G. Schäfer Bd. 1, S. 485 ff.
494 Zur Krise in der DC siehe: G. Schäfer Bd. 2, S. 401 ff. und TC vom 2. 12. 1933: »Die kirchliche Bewegung«. – Auch der Kirchentellinsfurter Pfarrer Friedrich Schwarz teilte am 4. 12. 1933 der württembergischen DC-Leitung seinen Austritt und die Niederlegung seiner Funktion als Kreisleiter der DC mit (LKA: D 1 Nr. 45, 1).
495 LKA Stuttgart: D 1 44 (Übersicht von Prof. D. Kittel über die kirchliche Lage in Württemberg).
496 TC vom 28. 11. 1933 und vom 29. 11. 1933: »Eine Stellungnahme der ausgeschiedenen Gruppen«.
497 G. Schäfer Bd. 2, S. 861 ff. – Zum Pfarrernotbund siehe: Th. Dipper, 1966.
498 LKA Stuttgart: Bd. 321, Altregistratur.
499 EDA: Protokollbuch des KGR vom 20. 4. 1933 § 61.
500 Evangelisches Gemeindeblatt Tübingen, 20. Jg., Mai 1934.
501 LKA Stuttgart: Bd. 321, Altregistratur.
502 TC vom 18. 9. 1933: »Braune Hochzeit in Nehren«.
503 TC vom 9. 2. 1933: »Hitler-Jugend-Uniform bei Konfirmation«, und TC vom 12. 3. 1934: »Brief an uns!«
504 TC vom 5. 10. 1933 (Eingliederung der Scharnhorstjugend), TC vom 7. 6. 1933: »Anschluß an die HJ« (Bund der Köngener), TC/NTT vom 2. 1. 1934 (Evang. Reichsfrauenhilfe), TC vom 5. 10. 1933.
505 EDA: III B 25: Ev. Jugendfürsorge/Ev. Jugendwerk (Bericht vom 5. 8. 1933).
506 Ebd.
507 Eine eigene Geschäftsstelle konnte die HJ in Tübingen erst im September 1933 einrichten (TC vom 17. 9. 1933).
508 SAT: F 9950.
509 TC vom 19. 4. 1933; vgl. auch den Aufruf der HJ in der TC vom 29. 5. 1933.
510 TC vom 30. 5. 1933: »Ev. Jugend im Ringen um Volk und Staat«. – Der Landesbischof setzte sich in einem Schreiben an das Württembergische Kultministerium dafür ein, daß wenigstens die Abzeichen der evangelischen Jugendgruppen anerkannt würden, deren Landesverbände sich bereits dem Landesjugendführer der HJ unterstellt hatten (LKA Stuttgart: Bd. 122/V/Altregistratur).
511 LKA Stuttgart: Bd. 321/Altregistratur.
512 G. Schäfer Bd. 2, S. 673–696. – Zur Eingliederung der Ev. Jugend siehe auch: D. Freiherr von Lersner, 1958.
513 G. Schäfer Bd. 2, S. 689/90.
514 LKA Stuttgart: Bd. 122/V/Altregistratur (Schreiben vom 23. 12. 1933). Dort auch das Folgende.
515 LKA Stuttgart: Bd. 122/V/Altregistratur.
516 TC/NTT vom 23. und 24. 2. 1934; EDA: C IV 4 (Eingliederungsvertrag zwischen der Ev. Gemeinde Kilchberg und der Bannführung Tübingen der HJ). In Kilchberg traten CVJM und der Ev. Mädchenbund

geschlossen in die HJ ein, obwohl diese noch gar keine örtliche Leitung und Organisation hatte.
517 Der Dekan hatte ausdrücklich gewünscht, daß möglichst viele Mitglieder des Jugendwerks in die HJ eintreten, damit die NSDAP keine Sabotage am Jugendvertrag reklamieren könne. Den Eltern hatte man die Doppelmitgliedschaft empfohlen (EDA: CII 4).
518 HStA Stuttgart: E 140–101. Dort auch das Folgende.
519 EDA: KGR-Protokollbuch vom 20.4.1934 § 109. – Um den Rückhalt Wurms in den Gemeinden zu brechen, scheute die reichskirchliche Seite nicht, wie Wurm Reichsaußenminister von Neurath mitteilte, *die Tübinger SA zu einer Demonstration gegen einen von mir in der Tübinger Stiftskirche gehaltenen Gottesdienst aufzuputschen* (G. Schäfer Bd. 2, S. 132, und Th. Wurm (Hrsg.), 1951, S. 19.
520 Zum Eingreifen des Reichsbischofs siehe: G. Schäfer Bd. 3, zur »Barmer Bekenntnissynode«: G. Niemöller, 1959.
521 G. Schäfer Bd. 3, S. 334 und EDA: 168/4 (»Die Entstehung der Tübinger Sätze«).
522 EDA: N 167 (Rundschreiben des Dekanatamts vom 16.5.1934), und LKA Stuttgart: D 1, Bd. 120 (offizielle Teilnehmerliste), G. Schäfer Bd. 3, S. 378.
523 In den Tübinger Gemeinden kursierte in dieser Zeit ein Exemplar der »Basler Nachrichten«, die ausführlich über die kirchliche Auseinandersetzung im Hitler-Deutschland berichteten. Die »Bekenntnisfront« verteilte hektographierte *Mitteilungen über die kirchliche Lage« (EDA: Nr. 166/7).
524 TC/NTT vom 24.9.1934: »Die Vorgänge beim früheren OKR«.
525 NSK vom 15.9.1934.
526 UAT: 162/XIV 6 (Schreiben vom 19.9.1934).
527 EDA: Nr. 166 (mit Unterschriftenliste).
528 LKA Stuttgart: D 1 Bd. 52.
529 EDA: KGR-Protokoll vom 13.9.1934 § 195, dort auch die nächsten Zitate.
530 EDA: Nr. 167.
531 Beanstandet wurde der Choral »Ach bleib bei uns, Herr Jesu Christ« (EDA: Nr. 167).
532 Schreiben vom 3.12.1934 (EDA: Nr. 130).
533 TC/NTT vom 11.10.1934: »Evangelische Landessynode« und TC/NTT vom 13.10.1934: »Die Wahrheit über den Kirchenstreit«.
534 EDA: Nr. 224.
535 EDA: Nr. 166 (Schreiben des Dekanatamtes Tübingen an den Landesbischof vom 24.9.1934 und Protestschreiben der Pfarrer des Kirchenbezirks Tübingen an den »Herrn Stadtpfarrer Krauß«; LKA Stuttgart: Bd. 115 c S VII/Altregistratur).
536 EDA: KGR-Protokoll vom 3.10.1934 § 212.
537 Die Theologiestudenten wollten auf diese Weise demonstrieren, *daß hinter dem Landesbischof nicht nur alte Weiber und politische Reaktionäre sind, sondern auch nationalsozialistische Jugend steht* (EDA: Nr. 224, Rundbrief Nr. 21).
538 EDA: Nr. 224 (Bericht über den Besuch Wurms in Tübingen vom 14.11.1934).
539 Ebd. dort auch das Folgende.
540 UAT: 47/40, S. 234 (Sitzung des Großen Senats vom 29.11.1934). – Das Telegramm, in dem 130 deutsche Hochschullehrer den Rücktritt von Reichsbischof Müller verlangen, hatten sämtliche evangelischen Tübinger Theologieprofessoren unterzeichnet (G. Schäfer Bd. 3, S. 650).
541 LKA Stuttgart: D 1 Bd. 55. Siehe auch: Tübinger Ev. Theol. Fakultät, Theol. Fachschaft, Akten zum Kirchenstreit, Tübingen o. J.
542 Im Oktober 1934 erwähnt eine »Mitteilung über die kirchliche Lage« bereits 1000 Pfarrer in Deutschland, die eine disziplinarische Strafe erhalten hatten. Ob darunter auch Tübinger Pfarrer waren, war nicht festzustellen (EDA: Nr. 166).
543 LKA Stuttgart: D 1 Bd. 55 – Im KGR bat Stockmayer daraufhin *um Wiederaufnahme der vertrauensvollen Zusammenarbeit* (EDA: KGR-Sitzung vom 22.11.1934 § 235).
544 TC/NTT vom 1.2.1934: »Die Tübinger Gemeindegruppe der DC beginnt die Arbeit«; TC/NTT vom 5.2.1933: »Die religiöse Freiheitsbewegung der Gegenwart«; TC/NTT vom 13.9.1934: »Leben die Deutschen Christen noch?«
545 Eine Liste der *Mitglieder der Volkskirchenbewegung DC, die um eine Stundung der Kirchensteuer nachge-*

*sucht haben,* führt insgesamt 28 Steuerschuldner mit 330,40 RM schuldiger Landeskirchensteuer und 229,55 RM ausstehender Ortskirchensteuer an (EDA: 168/3).
546 H. Cancik, S. 180–184. Zur Röhmkrise siehe: H. Mau, 1953, S. 119–137.
547 Siehe: K. Gotto/K. Repgen (Hrsg.), 1981.
548 DAR: Kirchliche Statistik, Pfarrei Tübingen, Dekanat Rottenburg und G 7 a; Katholisches Stadtpfarramt Tübingen: Pfarrchronik der Kath. Kirchengemeinde Tübingen Band 1: 1918–1943, 1944–1957 (zitiert als Kath. Pfarrchronik). Das Kath. Stadtpfarramt Tübingen gestattete lediglich die Einsicht in die nachträglich verfaßte Pfarrchronik. Alle anderen Akten gab es nicht zur Benutzung frei. Daher sind nur die Vorgänge greifbar, die ans Bischöfliche Ordinariat gemeldet wurden.
549 DAR: G 7 a, Pfarrvisitation 1934.
550 DAR: Kirchl. Statistik. – Vgl.: J. Köhler, 1982, und W. Doetsch, 1969.
551 Anzeigenblatt für die Erzdiözese Freiburg Nr. 6 vom 21. 3. 1931, S. 118, zitiert nach Th. Schnabel, Das Wahlverhalten, 1983, S. 107.
552 Siehe J. Köhler, 1982, S. 257–294, und W. Doetsch, S. 74.
553 NTT vom 1. 5. 1933.
554 Ebd.
555 Siehe oben S. 160, sowie H. Kreidler, 1984.
556 Erklärung der Fuldaer Bischofskonferenz vom 28. 3. 1933.
557 Pastoralanweisung an die Pfarrämter vom 26. 4. 1933, zitiert nach W. Doetsch, S. 98.
558 W. Doetsch, S. 127.
559 StA Sigmaringen: Wü 65/36, Acc. 31/1973, Nr. 263.
560 Staatsanzeiger vom 1. 7. 1933 und TC vom 4. 7. 1933: »Auflösung katholischer Verbände«.
561 DAR: G II d – 243 (Schreiben vom 11. 8. 1934).
562 Ebd.
563 DAR: G II d – 243 (Beschwerde Dr. Arnolds vom 24. 11. 1933 an den Standartenführer).
564 DAR: G II d – 61 (Mitteilung Dr. Arnolds vom 14. 4. 1934 an das Bischöfl. Ordinariat).
565 Zu den wenigen Ausnahmen siehe: TC/NTT vom 24. 2. 1934 und Staatsanzeiger vom 9. 4. 1934: »Kath. Jugend tritt zur HJ über«; DAR: G II d – 101.
566 Die württembergische Sonderregelung gestand den katholischen Jugendverbänden zwar das Tragen ihrer Uniformen wieder zu, schränkte die Erlaubnis aber auf den kirchlichen Raum ein (W. Doetsch, S. 161).
567 Vgl. dazu: H. Graml, 1966.
568 Ich folge einer abgestuften Definition von Widerstand, die den Begriff im engeren Sinn auf Aktivitäten beschränkt, *die auf politischen Umsturz des Regimes hin orientiert waren und also nicht nur ein partielles, sondern ein generelles Nein zum Regime bedeuteten,* ohne das breite Feld von nonkonformem Verhalten zu übersehen, das sich von punktueller Unzufriedenheit über Nicht-Anpassung und Bewahrung der bedrohten Identität, Verweigerungen und öffentlichen Protest erstreckte, aber nie bewußt aktiven Widerstand intendierte; so bei K. Gotto/H. G. Hockerts/K. Repgen, 1980, S. 103. Ähnlich umfassend definiert auch Peter Hüttenberger einen individualisierenden Widerstandsbegriff in der *breiten Zone zwischen Teilanpassung und partieller Nonkonformität* in Anlehnung an den Gestapobegriff der »Volksopposition« (P. Hüttenberger, 1981, S. 519).
569 Siehe oben S. 119.
570 HStA Stuttgart: E 140–142. Dort auch das Folgende.
571 Der Tübinger Oberbürgermeister verpflichtete die Beamten der Stadtverwaltung am 20. 7. 1933 bei der Einführung des »Deutschen Grußes« mit gutem Beispiel voranzugehen und *innerhalb der dienstlichen Gebäude und Anlagen durch Erheben des rechten Armes* zu grüßen (SAT: F 1240/1).
572 TC vom 14. 12. 1933. Vgl. auch TC/NTT vom 13. 2. 1935 und SAT: GRP vom 7. 8. 1933 § 645 – sowie TC vom 28. 6. 1933 und TC/NTT vom 14. 12. 1934: »Der doppelte Gruß«. Für die Nichtangepaßten wurde das traditionelle »Grüß Gott« zum Erkennungszeichen, wie Zeitzeugen berichteten (Gespräch mit Jakob Kraus am 8. 1. 1980).
573 TC/NTT vom 11. 4. 1934.
574 TC vom 12. 10. 1933. – Vgl. auch den Bericht über eine Vollversammlung der NSDAP im Januar 1934, der ebenfalls über die geringe Teilnahme klagte und die Erwartung formulierte, *daß diejenigen, die nach der*

*Umwälzung sich aus einem persönlichen oder ideellen Grunde zur NSDAP geflüchtet haben, zum allerwenigsten soviel Disziplin aufbringen und die Versammlungen regelmäßig besuchen, um eine kleine Vorahnung zu bekommen, was die nationalsozialistische Bewegung überhaupt will* (TC/NTT vom 26. 1. 1934).

575 TC/NTT vom 12. 1. 1934; siehe auch TC vom 25. 1. 1934.
576 TC/NTT vom 4. 5. 1934.
577 NTT vom 31. 7. 1933: »Tübinger Beobachter«; vgl. auch TC vom 6. 7. 1933: »Ein Märzling will Beamte beaufsichtigen«.
578 NTT vom 26. 5. 1933: »Die Maske herunter! Nationalsozialisten aufgepaßt!«
579 Wolfgang Diewerge, »Die ›gute Gesellschaft‹ und das Neue Reich«, in: TC/NTT vom 24. 5. 1934; siehe auch TC/NTT vom 5. 5. 1934: »Gegen die Miesmacher«.
580 NTT vom 4. 8. 1933: »Aus Stadt und Bezirk Tübingen/Radikalismus«.
581 Der Artikel »Tübinger Beobachter« drohte, in Kürze das *studentische Leben von Quertreibereien gewisser Hochschullehrer* befreit zu haben (NTT vom 6. 7. 1933).
582 TC/NTT vom 23. 1. 1934.
583 NTT vom 15. 7. 1934.
584 NTT vom 23. 6. 1933: »Tübinger Beobachter«. – Einen Betriebsinhaber, der sich das Hereinreden eines »DAF-Walters« in seine Betriebsführung verbeten hatte – *Eure Ideen sind mir schnuppe, ich halte mich an das Gesetz* – diffamierte die Presse als *Saboteur* (TC/NTT vom 18. 6. 1935).
585 Vgl. beispielsweise TC vom 29. 4. 1933 und vom 4. 5. 1933. Ein makabres Beispiel von schneller Anpassung an die neuen Verhältnisse lieferte der Inhaber eines Ebinger Gasthauses, der im Hinblick auf das nahegelegene Schutzhaftlager auf dem Heuberg sein Lokal besonders den Besuchern der dort Inhaftierten empfahl: *Alle Heubergbesucher sowie Ausflügler treffen sich [...] im Gasthaus Zum Deutschen Kaiser* (TC vom 12. 4. 1933).
586 TC/NTT vom 23. 8. 1934: »Nationalsozialismus ist kein Aushängeschild«.
587 TC/NTT vom 8. 3. 1934; TC vom 8. 6. 1933.
588 StA Sigmaringen: Wü 65/36, Acc. 31/1973, Nr. 739.
589 TC/NTT vom 21. 2. 1934 und TC vom 12. 8. 1933.
590 NTT vom 23. 10. 1933: »Kurze Stadtnachrichten«.
591 Gespräch mit Hede Warneken am 29. 1. 1980.
592 Rundschreiben der Zentralleitung für Wohltätigkeit in Württemberg vom 3. 10. 1933 (SAT: F 4825/28). – Allein die Studentenschaft ersammelte für das WHW 1933/34 1430 RM (NS-Gemeindezeitung Nr. 2, 1934, S. 24).
593 SAT: GRP vom 30. 3. 1937 § 232. Ratsherr Hager, Amtsleiter der Tübinger NSV, war besonders darauf erpicht, daß die Betreffenden von der Liste der turnusmäßig zu verteilenden Arbeiten gestrichen wurden, obgleich OB Weinmann ihm entgegenhielt: *Immerhin bestünden gewisse Schwierigkeiten, auf die Unternehmer im angeregten Sinn einzuwirken* (SAT: GRP vom 30. 5. 1939 § 328). Schließlich setzte sich der NSV-Funktionär doch durch, ab August 1939 überprüfte die NSV-Kreisleitung die städtische Turnusliste (SAT: GRP vom 28. 8. 1939 § 465).
594 TC/NTT vom 5. 1. 1934: »Abschlußbericht des WHW«.
595 StA Sigmaringen: Wü 65/36, Acc. 31/1973, Nr. 20. – Württemberg gehörte 1933 zu den Ländern mit der höchsten Zustimmungsquote, mit 78,1 Prozent rangierte Hamburg am unteren Ende der Zustimmungsskala (K. D. Bracher, Stufen, S. 486).
596 Der Innenminister hatte im Oktober 1933 für die Polizei angeordnet, *daß die Offiziere und Mannschaften der uniformierten staatlichen Polizei aus innerer Überzeugung heraus außer Dienst in ihrem Bekanntenkreis für die Wahlbeteiligung im vaterländischen Sinn werben* (SAT: WPD 56). Zeitzeugen berichteten, daß ihnen SA-Leute beim Wählen über die Schulter schauten (Gespräch mit Herta Messemer am 27. 1. 1989).
597 TC vom 13. 11. 1933, SAT: F 1014.
598 Innenminister Dr. Jonathan Schmid stellte klar: *Man kann in beiden Fällen nur Ja sagen, wenn man keinen Schaden ausrichten will. Wer dem deutschen Volk dienen will, wer den Leidensweg abkürzen will, wird in beiden Fällen der Wahl mit Ja antworten. Wer verschieden abstimmt, ist dem gleichzuachten, der gar nicht abstimmt. Wer nicht mittut in einer so wichtigen Sache, ist als Feind des deutschen Volkes anzusehen und zu behandeln* (TC vom 1. 11. 1933).

*Anmerkungen zu den Seiten 184—188*

599 TC vom 13.11.1933.
600 Den Begriff »Oppositionsquote« führte Zdenek Zofka ein, um den Prozentanteil der Summe aus Nein-Stimmen, ungültigen Stimmen und Nichtwählern an der Zahl der Wahlberechtigten zu definieren. Vgl. dazu Z. Zofka, 1979, S. 200.
601 TC vom 13.11.1933.
602 Ebd.
603 NTT vom 13.11.1933: »Ein einzig Volk von Brüdern«.
604 Das in der TC angegebene Ergebnis differiert leicht von den amtlich bestätigten Zahlen des Bürgermeisteramts, da die Wahlleitung erst nach dem vorläufigen Abschluß feststellte, daß rund 200 als stimmberechtigt Aufgeführte gar nicht mehr in Tübingen wohnten (StA Sigmaringen: Wü 65/36, Acc. 31/1973, Nr. 21).
605 Deutschland-Berichte 1935, S. 1256.
606 Gespräch mit Anna und Lydia Raur am 19.11.1979; ähnliche Äußerungen auch in anderen Interviews.

# Konsolidierung des Systems

1 RGBl. I, 1935, S. 49.
2 Deutsche Gemeindeordnung 1935, S. 16.
3 HStA Stuttgart: E 151 d III–IV 5 und SAT: F 1104/4 (Kommentare und Pressestimmen zur DGO).
4 TC/NTT vom 30.1.1935: »Umbau der deutschen Gemeinden«.
5 Vgl. die Studie über Großstadt-Oberbürgermeister: J. Noakes, S. 194–227.
6 StA Sigmaringen: Wü 65/36, Acc. 31/1973, Nr. 59 und SAT: F 1234.
7 Bei der Verabschiedung Helmut Baumerts dankte Scheef ausdrücklich für *das rückhaltlose Vertrauen, wodurch Sie die Arbeit der Stadtverwaltung erleichterten* (HStA Stuttgart: E 151–2459); TC/NTT vom 15.6.1937: »Amtseinführung und Abschied auf dem Rathaus«; siehe auch TC/NTT vom 11.5.34 (Ernennung zum Gaugeschäftsführer).
8 Zu Rauschnabel siehe die Beurteilung durch den Stuttgarter Journalisten Hermann Werner, der 1950 im Auftrag der Stadt Tübingen eine Chronik der Jahre 1945–50 verfaßte, in der er auch die NS-Zeit streift: Tübingen 1945, 1986, S. 21f.
9 SAT: GRP vom 14.6.1937 (Verabschiedung Baumerts, Einführung Rauschnabels); StA Sigmaringen: Wü 65/36, Acc. 31, 1973, Nr. 59 (Liste der neuernannten »Beauftragten der NSDAP«). – Zu Rauschnabels politischer Biografie siehe unten S. 224.
10 StA Sigmaringen: Wü 65/36, Acc. 31/1973, Nr. 59; SAT: F 1100/4 und TC/NTT vom 15.7.1935. – Die Anzahl der Gemeinderäte hatte die DGO (§ 49) beschränkt.
11 SAT: GRP vom 14.8.1935, und TC/NTT vom 15.8.1935: »Amtseinführung der Beigeordneten«.
12 Gespräch mit dem ehemaligen Ratsschreiber Rudolf Hartter am 9.10.1979.
13 SAT: F 1236.
14 Von den 24 Gemeinderatssitzen, die die städtische Hauptsatzung festgelegt hatte, blieben vorerst zwei unbesetzt.
15 Gemeinderäte, die 1935 für die nächsten 6 Jahre berufen wurden: Wilhelm Brennenstuhl (Zimmermeister, Obertruppführer des SA-Marinesturms), Dr. Hans Dannenmann (Bannführer der HJ), Heinrich Frank (Steuersekretär), Alfred Göhner (Phototechniker, Kreisleiter des Propagandaamtes), Ernst Hager (Oberlehrer, Kreiswalter der NSV), Karl Haidt (Kaufmann), Hans Keck (Friseurmeister, Leiter der Kreisbetriebsgemeinschaft und Kreishandwerksmeister), Zacharias Krauss (Weingärtner), Hermann Kratz (Malermeister), Hans Rast (Universitätsfechtmeister, Kreisobmann der DAF, Kreisamtsleiter der NSBO), Walter Schneider (Kaufmann, Leiter der Ortsgruppe Tübingen-Galgenberg), Ernst Siess (Gärtnereibesitzer, Leiter der Ortsgruppe Tübingen-Universität), Eugen Schneck (Hausverwalter), Dr. Wilhelm Gieseler (Professor, Beauftragter für Rassenpolitik) ab 1937 als Nachfolger für Hans Walter (prakt. Arzt); aus Lustnau: Hermann Häkker (Hauptlehrer, Leiter des Schulungsamtes der Kreisleitung), Karl Schwab (Pfarrer i. R., Ortsgruppenleiter Lustnau), Georg Wulle (Mechanikermeister); aus Derendingen: Friedrich Keck (Wirt, Ortsgruppenleiter Derendingen), Ludwig Krapf (Landwirt); aus Waldhausen: Hermann Wizemann (Landwirt) (zusammenge-

*Anmerkungen zu den Seiten 188—190*

stellt nach den Einwohnerhandbüchern von 1936 und 1938); SAT: F 1201/10 und TC/NTT vom 2. 8. 1935.

16 Aus dem alten Gemeinderat wurden zu Beigeordneten ernannt: Dr. Ernst Weinmann (Zahnarzt, Leiter der Ortsgruppe Schloßberg), Max Stockburger (Rechtsanwalt, Kreisamtsleiter des Parteigerichts), Hermann Seelos (Oberrechnungsrat) (SAT: F 1235–1239). Nicht mehr zu Gemeinderäten ernannt wurden: Walter Schurr (Bankbeamter), Heinrich Mozer (Verwaltungssekretär – Derendingen), Christian Göring (Fuhrmann und Landwirt – Lustnau). – Das Ausscheiden Schurrs überrascht, da dieser bereits 1930 in die NSDAP eingetreten und 1931 unter den ersten vier Nationalsozialisten war, die in den Tübinger Gemeinderat einzogen. Im Juli 1934 betraute ihn die NSDAP noch mit dem Posten eines Kreisgerichtsvorsitzenden der Partei, von dem er 1936 *wegen Arbeitsüberlastung* zurücktrat. Sein Amt als Gemeinderat hatte Schurr aktiv wahrgenommen, sich häufig mit Vorschlägen und Kritik zu Wort gemeldet und mit seinen Angriffen auf die städtische Finanzpolitik wiederholt die propagandawirksame Illusion der Einigkeit gefährdet (SAT: GRP vom 13. 8. 1934 § 974, vom 22. 5. 1935 § 434 und vom 1. 8. 1935 § 579; TC/NTT vom 2. 8. 1935; BDC, Personalkartei).

17 SAT: GRP vom 28. 12. 1936 § 968 und TC/NTT vom 15. 6. 1937.

18 Vgl.: A. Leucht, 1983, S. 103–105.

19 So vertraten der Kreispropagandaleiter Göhner, der Lustnauer Kreisschulungsamtsleiter Häcker und der Vorsitzende des Kreisgerichts der NSDAP, Stockburger, die Parteiorganisation neben den Ortsgruppenleitern Weinmann, Schwab, Friedrich Keck, Schneider und Siess. Der neu in den Rat berufene Zimmermeister Wilhelm Brennenstuhl stellte als Führer des Marine-SA-Sturms die Verbindung zur SA her, während Oberlehrer Ernst Hager, der 1938 zum Rektor der Silcherschule aufrückte, als Kreisamtsleiter die Interessen der NSV und Fechtmeister Hans Rast als Kreiswalter der DAF deren Belange vertraten. Der neue Ratsherr Hans Dannenmann, Bannführer der HJ, setzte sich vehement für die Hitlerjugend ein.

20 SAT: GRP vom 16. 2. 1938 § 86.

21 Am 16. 2. 1938 wurde die Amtszeit der Ratsherren Hans Keck und Karl Sautter aufgrund der Durchführungsverordnung zum § 149 des Deutschen Beamtengesetzes verlängert (SAT: GRP vom 16. 2. 1938 § 86).

22 SAT: GRP vom 6. 7. 1936 § 493 sowie TC/NTT vom 7. 7. 1936.

23 BDC: Personalkartei.

24 Walter Brennenstuhl trat erst zum 1. 5. 1937 in die NSDAP ein. Für die Ratsherren Hager, Haidt, Höhn, Krauss und Schneider ist vor 1933 keine Mitgliedschaft belegt (BDC, Personalkartei sowie TC passim).

25 SAT: GRP vom 24. 2. 1936 § 166.

26 Zur Zusammensetzung der Beiräte siehe: TC/NTT vom 10. 12. 1936 (Gemeinderatsbericht) und SAT: F 1217. Beirat für allgemeine Verwaltung und finanzielle Angelegenheiten: Brennenstuhl, Frank, Keck I, Krauss, Schneider, Siess, Schwab, Keck II; Beirat für Angelegenheiten des Fürsorgewesens: Hager, Keck I, Krauss, Sautter, Schneck, Wulle, Krapf; Beirat für die Eigenbetriebe der Stadt: Brennenstuhl, Göhner, Haidt, Höhn, Schneck, Schneider, Siess, Schwab. Da keine Protokolle von den Beratungen der Beiräte erhalten sind, können nur die wiederholt im Gemeinderatsprotokoll auftauchenden Hinweise auf bereits erfolgte Einigung mit den Beiräten und dem »Beauftragten der Partei« deren Tätigkeit belegen, so z. B. SAT: GRP vom 25. 10. 1937 § 669.

27 Nach Auskunft des ehemaligen Kreispropagandaleiters Alfred Göhner vom 4. 2. 1985.

28 In Tübingen wurde der »Beauftragte« wiederholt auch zu anderen als in der DGO vorgesehenen Beratungen eingeladen, beispielsweise als es um den Bau einer Schweinemastanlage ging – ein Anliegen der NSV, das Scheef gerne mit Unterstützung des Kreisleiters umgangen hätte (SAT: GRP vom 20. 9. 1937). – Für die notwendige Information über städtische Vorhaben sorgte außerdem die Block- und Zellenordnung der NSDAP von 1936, die vorschrieb, daß der Ortsgruppenleiter *sich durch die der Gemeindevertretung angehörenden politischen Leiter seines Stabes über kommunale Vorhaben und Beschlüsse Bericht erstatten zu lassen und nötigenfalls Meldung an den Beauftragten der Partei zu machen* habe (zitiert nach H. Matzerath, 1970, S. 297).

29 SAT: F 1100/4 (»Mitteilungen der Stadtverwaltung Stuttgart« vom 22. 10. 1935, am 21. 11. 1935 für Tübingen übernommen).

30 StA Sigmaringen: Wü 65/36, Acc. 31/1973, Nr. 59 (Erlaß vom 25. 7. 1936) und BAK: NS 25–392 (Tätigkeitsbericht des Gauamtes für Kommunalpolitik vom 24. 11. 1936).

31 Reg. Bl. 1933, S. 107/8.

*Anmerkungen zu den Seiten 190–194*

32 Reg. Bl. 1934, S. 51. Vgl. auch: P. Sauer, 1975, S. 110–115, und W. Grube, Bd. 1, S. 94 ff.
33 HStA Stuttgart: E 140–20 (Kommissionssitzung des Württ. Gemeindetags vom 26. 9. 1933).
34 HStA Stuttgart: E 140–122. Siehe auch: Th. Schnabel, 1986, S. 324–335.
35 Zusammensetzung des gleichgeschalteten Kreisrates: Kreisleiter Baumert, Oberbürgermeister Scheef, Bürgermeister Müller aus Pliezhausen, Landwirt Jakob Braun aus Kusterdingen, Fabrikant Mann aus Gönningen und Kreisbetriebszellenleiter Schneck (StA Sigmaringen: Wü 65/36, Acc. 24/1976, Nr. 49; SAT: F 1082/83). Zur Auseinandersetzung um die Berufung des Kreispflegers siehe: HStA Stuttgart: E 151–122.
36 HStA Stuttgart: E 151–122 und E 151–837. Dort auch die weiteren Zitate.
37 Geißler betonte, *daß man mich aufgefordert hat, hierher zu gehen, und daß ich mit meinem Hierhergehen Vieles aufgegeben und sehr große, auch geldliche Opfer gebracht habe* (HStA Stuttgart: E 151–122).
38 Aus Tübingen gehörten dem Kreistag zudem die Gemeinderäte Schneider, Stockburger, Schwab, Siess und Seelos an (SAT: GRP vom 5. 11. 1934 § 1241).
39 TC/NTT vom 30. 9. 1938.
40 Reg. Bl. 1938, S. 155 (»Gesetz über die Landeseinteilung« vom 25. April 1938); BAK: NS 25–394; HStA Stuttgart: 151 a–187; siehe auch W. Besson, 1959, S. 225, und W. Grube, S. 96.
41 BAK: NS 25–394 und TC/NTT vom 1. 10. 1938: »Wie setzt sich der neue Kreis Tübingen zusammen?«; TC/NTT vom 4. 5. 1938: »Der neue Kreisverband Tübingen«.
42 TC/NTT vom 4. 5. 1938: »Württembergs neue Kreiseinteilung« und Schwäbischer Merkur vom 5. 5. 1938: »34 Kreise und 3 Stadtkreise«; TC/NTT vom 1. 6. 1937: »Neueinteilung des Kreises Tübingen.«
43 SAT: GRP vom 10. 10. 1938 § 618. Dort auch das Folgende.
44 TC/NTT vom 30. 9. 1938: »Letzte Kreistagung«; Angaben des Einwohnerbuchs Tübingen, Ausgabe 1938.
45 Artikel 5 des »Gesetzes über die neue Landesteilung« (BAK: NS 25–394).
46 StA Sigmaringen: Wü 65/26, Acc. 24/1976, Nr. 49 (Vorschlag und endgültige Entscheidung des Landrats vom 28. 9. bzw. 25. 10. 1938 über die Zusammensetzung des Kreisrats).
47 DGO §§ 32 und 107.
48 SAT: GRP vom 10. 10. 1938 § 596.
49 StA Sigmaringen: Wü 65/36, Acc. 24/1976, Nr. 57.
50 Siehe unten S. 318 ff.
51 DGO § 35 und TC/NTT vom 15. 8. 1935.
52 Scheef hatte auf eine Verlängerung seiner Amtszeit gehofft, wie er Ende 1938 an Theodor Heuss schrieb. (BAK: Nachlaß Heuss Nr. 95, Brief vom 29. 12. 1938). Reichsstatthalter Murr hatte sich für eine Verlängerung eingesetzt, doch die MABK teilte Scheef am 8. 3. 1939 mit, daß eine Verschiebung des Eintritts in den Ruhestand wegen der gesetzlichen Bestimmungen nicht möglich sei (SAT: F 1231/6–8 und GRP vom 13. 3. 1939 § 148).
53 SAT: GRP vom 31. 3. 1939 § 232. Dort auch die weiteren Zitate.
54 Siehe oben S. 165.
55 SAT: F 1112/21.
56 Im Nachruf auf den verstorbenen Altbürgermeister lobte der »Beauftragte« Oberbürgermeister Alfred Kercher 1944: *Also galt es, andere Quellen zu erschließen und die Stadtstruktur teilweise umzustellen. Oberbürgermeister Scheef hat die damalige Lage klar erkannt und alles aufgeboten, um neues Leben in seine Stadt zu bringen. Unter schwierigen Voraussetzungen im Wettbewerb mit finanziell leistungsfähigeren Städten gelang es ihm, Tübingen im größeren Umfang als je zuvor wieder zur Garnisonstadt zu machen mit einer neuen Kaserne, neuem Standortlazarett und anderen Bauten und Anlagen. Er hat Tübingen zugleich auch zu einer Art »Parteistadt« entwickelt. Eine Reihe von Einrichtungen der Partei und ihrer Gliederungen gewann er für Tübingen* (SAT: F 1231/7).
57 SAT: F 5598, 9915 und GRP vom 16. 3. 1934 § 251.
58 UAT: 117 C/427.
59 SAT: F 5598.
60 SAT: F 5575.
61 UAT: 117 C/427.
62 Im Sommersemester 1933 betrug die Zahl der Immatrikulierten 3495 (Staatsanzeiger vom 30. 6. 1933, sowie Amtsblatt des Württ. Kultministeriums 26, 1933 bis 32, 1939).

*Anmerkungen zu den Seiten 194—196*

63   H. und P. Bleuel/E. Klinnert S. 258. – Die »Reichssturmfahne. Kampfblatt der Württ. HJ« vom 13.7.1935 glossierte unter der Schlagzeile: »Spargelkavaliere saufen – während Deutschland arbeitet!/Beobachtungen eines Nationalsozialisten« die Tübinger Stiftungsfeste der Korporationen: *Tübingens Wirtschaften, Kaffees, Hotels, Club- und Verbindungshäuser flaggten in den Farben der Korporationen, zu der die meisten Beziehungen geschäftlicher oder »weltanschaulicher« Art bestanden. Am hellen Nachmittag fuhren die mit ihren Bändern und Mützen geschmückten Herren in offenen Mietautos durch die Stadt, jeder neben sich links und rechts eine »Dame« – die Herren geruhten recht langsam zu fahren, damit der gemeine Mann auch etwas von der Farbenpracht genoß. Verbindungspfiffe ertönten, und dort stahl sich aus den Tiefen einer Weinstube ein »bemoostes« Haupt hervor, um von denen im Wagen mit breitem Hallo begrüßt zu werden. Dann stiegen die Feierlichkeiten* (SAT: F 9950). Vgl. auch: A. Faust, Bd. 2, S. 112, und U. D. Adam, 1977, S. 98.
64   SAT: F 5575 und F 5598. Dort auch die weiteren Zitate.
65   SAT: F 5598 (Aktenvermerk Scheefs über die Besprechung vom 26.10.1935).
66   UAT: 117/2382 und SAT: F 5598 (Schreiben des Bundes Tübinger Verbindungen an Scheef vom 30.11.1935). – Zur Auflösung der einzelnen Verbindungen siehe die kurzen Überblicke über die Verbindungsgeschichten: Der Stuttgardia (H.-E. v. Groll, 1965), der Turnerschaft Hohenstaufia (W. Zeh, 1968), der »Borussia« (W. Berndt, 1971), der Kath. Studentenverbindung »Alamannia« (J. Forderer, 1962), der »Nicaria« (U. K. Gohl/Ch. Weismann, 1983) sowie der »Palatia« (M. Goes, 1968).
67   UAT: 117 C/127 (Lagebericht vom 1.–30.11.1935); Schreiben des Württ. Polit. Landespolizeiamtes an das Geheime Staatspolizeiamt Berlin, Abschrift vom 25.12.1935). Vgl. W. Berndt, 1971. – Auch der badische Reichsstatthalter lehnte, als er Ende 1935 in Tübingen sprach, die Verbindungen als reaktionär ab: *Die Korporationen haben in einer anderen Zeit für das Volk einen Sinn erfüllt und etwas Großes geleistet. Heute aber versteht sie niemand mehr, weder der Bauer, noch der Arbeiter, noch der andere schaffende deutsche Mensch. Er lehnt sie innerlich ab. [...] Deshalb wollen wir mit diesen Zugeständnissen heute Schluß machen, und wir würden einen Teil von uns selbst preisgeben, wenn wir hier Zugeständnisse machen wollten* (TC/NTT vom 5.12.1935).
68   Suspensionsschreiben der Verbindungen (SAT: F 5598); TC/NTT vom 24.6.1936: »Bericht über den Großdeutschen Studententag in Heidelberg«, und U. D. Adam, 1977, S. 102.
69   TC/NTT vom 13.2.1937 (Rede von Gebietsführer Martin Sandberger über die Teilnahme an den Kameradschaften; Aufstellung der Kameradschaften nach dem Stand vom 2.5.1939), sonst SAT: F 9940 und UAT: 117 D/K 1125.
70   SAT: GRP vom 10.10.1938 § 589 und DGO § 9.
71   SAT: F 5598 (Schreiben Scheefs vom 21.10.1935 und Antwortschreiben der Wehrkreisverwaltung V vom 9.11.1935). 1938 wurde die Kaserne dann doch errichtet (HStA Stuttgart: E 151–2459).
72   SAT: F 5056 a.
73   TC/NTT vom 30.1.1937. Im Rathausbericht der TC/NTT vom 11.10.1938 heißt es ebenfalls: *Unsere Stadt wird mehr und mehr die Stadt nationalsozialistischer Schulen. Innerhalb kurzer Zeit sind vier solcher Schulen entstanden* (SAT: GRP vom 10.10.1938).
74   Schreiben des OBM an die MABK vom 30.10.1937; Nationalsozialistisches Mitteilungsblatt des Gauamtes für Kommunalpolitik Nr. 15 (Juli 1937), S. 254: »Stadtverwaltung kauft Korporationshäuser.« UAT: 117/237; SAT: F 1532.
75   Dem NSDStB überließ die Stadt das Wingolf- und das Stuttgardia-Haus ohne Berechnung von Steuer oder Miete (SAT: F 1532), und das Deutsche Frauenwerk erhielt das Normannen-Haus für eine Mütterschule weit unter Mietpreis zur Verfügung gestellt (SAT: GRP vom 1.2.1938 § 34).
76   SAT: F 1112/20.
77   TC/NTT vom 27.10.1936: »Die neue Tübinger NS-Schwesternschule«.
78   SAT: F 9291. – Laut Bericht über die belegten Häuser studentischer Korporationen vom 12.1.1950 hatte der Eigentümer bei 15 der Häuser, für die nach dem Krieg eine Restitutionsklage beim Landgericht Tübingen eingereicht wurde, zwischen 1935 und 1945 gewechselt. Die Zusammenstellung geht davon aus, daß in 4 Fällen (Borussia, Alamannia, Bibelkreis und Rothenburger) das Haus unter direktem Zwang bzw. Druck verkauft werden mußte. In 7 weiteren Fällen sei es unklar (Roigel, Wingolf, Stuttgardia, Luginsland, Normannia, Hohenstaufen, Eberhardinia) und in 2 weiteren Fällen (Corps Franconia, Lichtenstein) sei die

Restitutionsklage unklar (UAT: 117/237 II). – Wegen Aufkauf des Arminia-Hauses wurde 1938 mit einem NS-Fliegerkorps verhandelt und mit der SS-Standarte 63, die den Aufkauf des Hauses durch die Stadt verlangte, was aber an der Höhe des Preises scheiterte (SAT: F 9940).

79  SAT: F 8025. Vgl. auch die Diskussion über »Finanzielle Leistungen der Gemeinden und Gemeindeverbände an die NSDAP und deren Gliederungen«, in: NS-Gemeinde-Zeitung Nr. 13, 2. Jg. (Juli 1934), S. 243.
80  Siehe dazu auch das Schreiben des Württ. Innenministeriums vom 9.8.1935 an das Oberamt Tübingen, in dem die Einhaltung der bindenden Richtlinien der Reichsregierung über finanzielle Leistungen an die Gliederungen der Partei angemahnt wird (SAT: F 8025).
81  Vgl. H. Matzerath, 1970, S. 369–381.
82  TC/NTT vom 10.1.1937, siehe auch TC/NTT vom 23.10.1934: »Einweihung der neuen Motorsportschule« und SAT: F 9935.
83  SAT: GRP vom 5.11.1934 § 1214.
84  SAT: F 9935.
85  TC/NTT vom 10.51.1937; SAT: F 9940, Württembergisches Ärzteblatt 24, 5. Jg., vom 25.11.1938, S. 368 f.
86  TC/NTT vom 24.2.1936: »Ein Ehrentag der SA-Sanitätsschule«.
87  SAT: GRP vom 30.3.1937 und TC/NTT vom 9.4.1937: »Erweiterungsbau der Reichs-Sanitätsschule Tübingen«; TC/NTT vom 2.10.1937: »Richtfest der SA-Reichs-Sanitätsschule Tübingen«.
88  SAT: F 9935.
89  Schreiben von Obersturmführer Hössle vom 1.10.1935 an den Stadtvorstand (SAT: F 8316) und GRP vom 24.9.1935 § 709.
90  SAT: F 9940.
91  SAT: GRP vom 30.12.1938. Der Kaufpreis lag um 23 000 RM unter dem Kaufpreis von 1905. Mitteilung der SA-Standarte vom 15.3.1939 (SAT: F 9940) und GRP vom 20.7.1939 § 395.
92  W. Berndt, S. 126 und SAT: F 9940.
93  SAT: GRP vom 4.2.1935 § 44 und TC/NTT vom 1.12.1936: »Tübingens Haus der Jugend« sowie vom 9.7.1937: »Ein herrliches Heim ist das« und SAT: F 8351.
94  SAT: F 9940.
95  SAT: GRP vom 4.2.1935 § 44; BAK: R 36–2042.
96  Schreiben des Württ. Innenministeriums vom 1.4.1936 an den Tübinger Landrat (StA Sigmaringen: Wü 65/36, Acc. 31/1973, Nr. 788).
97  SAT: F 9900.
98  SAT: GRP vom 3.8.1936 § 583.
99  SAT: GRP vom 5.2.1934 § 98 und vom 20.12.1937 § 773.
100 SAT: GRP vom 20.12.1937 § 773.
101 1936 gab es z. B. Beschwerden über eine Demonstration der HJ vor Alten Herren des Corps Borussia, über das Stören des traditionellen Maisingens und über das Umwerfen von Marktständen durch Hitlerjungen (SAT: GRP vom 4.5.1936 § 360).
102 TC/NTT vom 16.1.1937. – Schon 1934 hatte die Tübinger HJ in einer öffentlichen Kundgebung auf dem Marktplatz ein »Heim« gefordert und gedroht, andernfalls in Zukunft die Versammlungen auf dem Marktplatz abzuhalten (SAT: WPD 192/1).
103 SAT: F 9940.
104 SAT: F 9940 (Mitteilung der MABK vom 15.3.1937).
105 BAK: R 36–2014 (Mitteilung des Württ. Innenministeriums vom 21.8.1937).
106 Aufstellung der städtischen Leistungen an die HJ vom 5.5.1937 (StA Sigmaringen: Wü 65/36, Acc. 31/1973, Nr. 797).
107 SAT: F 9900.
108 TC/NTT vom 23.11.1937 (Gemeinderatsbericht).
109 Zum Verhältnis von NSV und Kommunen siehe H. Matzerath, 1970, S. 381–392, zur NSV allgemein: H. Althaus, 1935. – Aus der Perspektive der Beteiligten behandelt die Tätigkeit der NSV: A. zu Castell-Rüdenhausen, 1984, und H. Buchheim, 1966, S. 126–132.

Anmerkungen zu den Seiten 200–205

110  H. Althaus, 1935, S. 17.
111  Siehe oben S. 196.
112  SAT: F 8025; dort auch das Folgende.
113  SAT: GRP vom 13. 2. 1939 § 77.
114  TC/NTT vom 6. 4. 1938: »Das sind gewaltige Zahlen. Aus den Leistungen der NSV und des WHW in Tübingen«.
115  TC/NTT vom 29. 1. 1938: »5 Jahre nationalsozialistische Aufbauarbeit im Kreis Tübingen«. Schreiben des geschäftsführenden Präsidenten des Deutschen Gemeindetags vom 8. 3. 1939 an den Vorsitzenden des Deutschen Gemeindetags zur Frage der Übertragung der öffentlichen Fürsorge auf die NSV (BAK: R 36–1003). – Viele Interviewpartner zählten die Tätigkeit der NSV zu den positiven Leistungen des NS-Staates; vgl. H. Matzerath, 1970, S. 386.
116  SAT: GRP vom 1. 7. 1935 § 539.
117  SAT: GRP vom 14. 5. 1935 § 414.
118  SAT: F 1018/2–18.
119  SAT: GRP vom 9. 5. 1938 § 310 und 10. 10. 1938 § 615 sowie vom 15. 3. 1937 § 914 und vom 15. 10. 1938 § 663. – Im Haushaltsplan 1938 waren allein für das Traugeschenk 4000 RM angesetzt (SAT: F 1705/115, Etat 1939).
120  SAT: F 1705/115.
121  SAT: GRP vom 1. 2. 1938 § 26 und TC/NTT vom 2. 2. 1938: »Die Oberschule für Mädchen wird Vollanstalt«.
122  SAT: GRP vom 10. 10. 1938 § 630.
123  Ebd. und Schreiben Scheefs vom 21. 5. 1938 an die MABK (SAT: F 5000).
124  SAT: GRP vom 10. 10. 1938 § 630.
125  SAT: GRP vom 30. 12. 1938 § 801. Dort auch das Folgende.
126  SAT: GRP vom 21. 10. 1935 § 789 und F 5800 (Thingstätte); zum Konzept der Thingstätten siehe R. Stommer, 1980.
127  SAT: F 5000. Dort auch das Folgende.
128  SAT: GRP vom 14. 10. 1933 § 719.
129  SAT: GRP vom 22. 5. 1935 § 434.
130  Ebd.
131  DGO § 60 und Rücklagenverordnung vom 5. 5. 1936.
132  H. Matzerath, 1970, S. 350. Vgl. auch TC/NTT vom 4. 5. 1937 (Gemeinderatsbericht) und Nationalsozialistisches Mitteilungsblatt des Gauamtes für Kommunalpolitik Nr. 3, 4. Jg., Februar 1936, S. 49.
133  Auf eine Anfrage der Gauleitung gab die Stadt Tübingen 1936 den Bedarf an Geschoßwohnungen mit 15 Zwei-Zimmer-Wohnungen und 120 Drei-Zimmer-Wohnungen an (TC/NTT vom 10. 3. 1936).
134  Zu den Eingemeindeverhandlungen siehe SAT: F 1152/8.
135  TC/NTT vom 10. 3. 1936: »Tübingen baut Kleinwohnungen« und NC/NTT vom 8. 9. 1936: »Die Kleinsiedlung beim Waldhörnle«.
136  SAT: GRP vom 18. 5. 1936 § 367.
137  SAT: GRP vom 9. 12. 1935 § 900. In der TC/NTT vom 7. 11. 1935 heißt es: *Die Siedlerfamilien müssen sich zum Siedeln eignen, Verständnis für die Bodenbearbeitung und die Kleintierhaltung besitzen, Gemeinschaftsgeist haben, lebenstüchtig und strebsam sein.*
138  SAT: GRP vom 9. 12. 1935 § 900.
139  SAT: F 7556 (Merkblatt für Bewerber von Kleinsiedlerstellen). – Vgl. auch die Aussprache im Gemeinderat über den Siedlungsplan am 10. 2. 1936 (SAT: GRP 1936 § 75). Zu den Auswirkungen des Vierjahresplans in Tübingen siehe unten S. 208 ff., zum Vierjahresplan allgemein: D. Petzina, 1968.
140  Pläne für das »Siedlerhaus Tübingen« vom 22. 7. 1936 (SAT: F 7556).
141  TC/NTT vom 24. 8. 1936: »Dokumente nationalsozialistischer Aufbauarbeit«.
142  SAT: GRP vom 28. 12. 1936 § 976 und TC/NTT vom 30. 12. 1936: »Neue Straßenbenennungen«.
143  TC/NTT vom 26. 1. 1937.
144  SAT: GRP vom 7. 12. 1936 § 905; dort auch die folgenden Zitate.
145  TC/NTT vom 8. 12. 1936.

146 TC/NTT vom 23.10.1937: »Die Tübinger Siedlungsbauten«.
147 SAT: F 7558, außerdem TC/NTT vom 20.4.1937 und vom 1.6.1937: »Die Kleinsiedlung in Tübingen marschiert«.
148 Nationalsozialistisches Mitteilungsblatt des Gauamtes für Kommunalpolitik 21, Jg. 5, 1937, S. 395: »Richtfest der Siedlung ›Aichhalde‹ in Lustnau« und TC/NTT vom 10.5.1938: »Kleinsiedlung in Lustnau vor der Vollendung«.
149 SAT: GRP vom 23.11.1938 §702 sowie F 7557 und TC/NTT vom 31.7.1937: »Richtfest bei der Frontkämpfersiedlung«.
150 TC/NTT vom 29.1.1938 sowie Auskunft eines Bewohners der ehemaligen NSKOV-Siedlung (Interview mit Karl Hipp am 3.3.1980).
151 StA Sigmaringen: Wü 65/36, Acc. 31/1973, Nr. 321.
152 SAT: GRP vom 30.12.1938 §822; TC/NTT vom 14.2.1939: »Wie groß ist der Wohnbedarf in Tübingen?«
153 SAT: F 7557; GRP vom 25.7.1938 §492 und vom 10.10.1938 §626 (beide Sitzungen nicht öffentlich).
154 Zur städtischen Baupolitik im Krieg siehe unten S. 324ff.
155 TC/NTT vom 16.6.1937.
156 TC/NTT vom 10.1.1937: Rückblick Weinmanns auf »Vier Jahre nationalsozialistische Gemeindearbeit. Ein stolzes Kapitel aus Tübingens Stadtgeschichte«.
157 TC/NTT vom 31.12.1936.
158 »Fragebögen zur politischen Überprüfung der Siedlungen« vom April 1946 (SAT: F 7558).
159 TC/NTT vom 3.7.1936.
160 TC/NTT vom 27.3.1936: »Tübingen im Aufschwung. Die Bautätigkeit seit 1933«.
161 TC/NTT vom 10.3.1936: »Tübingen baut Kleinwohnungen«.
162 SAT: F 3604; TC/NTT vom 27.2.1936 und vom 19.5.1936.
163 SAT: F 5585; TC/NTT vom 31.10.1935: »Das Meisterwerk der neuen Chirurgischen Klinik seiner Bestimmung übergeben«; TC/NTT vom 27.3.1936.
164 Vgl. dazu: J. Petsch, 1976; J. Dülffer/J. Thies/J. Henke, 1978. – Die NS-Planungen für Stuttgart behandelt W. Ch. Schneider, 1982.
165 Siehe oben S. 202f.
166 Ortsbausatzung 1937; SAT: GRP vom 5.10.1938 §584.
167 TC/NTT vom 17.4.1939: »Unser Tübingen muß schöner werden!«
168 Ebd. Dort auch das Folgende.
169 TC/NTT vom 1.12.1936.
170 Siehe F. L. Neumann, 1980.
171 Die Berichterstatter der Exil-SPD informierten allerdings schon 1934 über Rüstungsmaßnahmen und erwähnten u. a. den Bau der Tübinger Kaserne (Deutschland-Berichte 1934, S. 787).
172 Zur Aufrüstung siehe: W. Sauer, S. 100. Vgl. auch: D. Petzina, 1977, S. 108–157, und E. Hennig, 1973.
173 W. Sauer, S. 153.
174 D. Petzina, 1977, S. 117ff.; K.-H. Ludwig, 1986.
175 H. Matzerath, 1970, S. 350; vgl. D. Petzina, 1977, S. 117–124; T. Mason, 1977, S. 117–124.
176 SAT: F 4825/8; Statistisches Jahrbuch deutscher Städte 28, 1933, S. 549.
177 TC/NTT vom 4.5.1937 (Gemeinderatsbericht).
178 EDA: Nr. 215; vgl. auch den Tätigkeitsbericht des Gauamtes vom 24.11.1936 (BAK: NS 25–392).
179 TC/NTT vom 1.4.1938.
180 TC/NTT vom 15.12.1938: »Arbeitermangel in der Textilindustrie«.
181 T. Mason, 1977, S. 275.
182 BAK: NS 25–1047; dort auch das Folgende.
183 SAT: GRP vom 28.8.1939 §462 und TC/NTT vom 29.8.1939.
184 TC/NTT vom 31.12.1936: »Unsere Stadt an der Jahreswende«. Jahresbericht der Stadtverwaltung (SAT: F 1112/20); Deutschland-Berichte 1937, S. 1420.
185 SAT: GRP vom 25.7.1938 §492 und vom 10.10.1938 §626 (beide Sitzungen nicht öffentlich).
186 TC/NTT vom 9.7.1937 und vom 16.7.1937; SAT: GRP vom 26.7.1938 §492.
187 SAT: GRP vom 15.3.1937 §201; P. Sauer, 1975, S. 272.

*Anmerkungen zu den Seiten 210—215*

188 TC/NTT vom 3. 5. 1935: »Ein Rundgang durch die Tübinger Industrie« und vom 23. 7. 1938: »Eine gesunde und moderne gewerbliche Entwicklung« sowie vom 10. 3. 1939: »Jubiläum des Himmelwerks«; SAT: F 1029; siehe auch: Entwicklungsgeschichte der Himmelwerk-Aktiengesellschaft 1939.
189 Haushaltspläne der Stadt zwischen 1931 und 1939 (SAT: F 1705/51—115).
190 Gesetz vom 26. 2. 1935 (RGBl. I, 1935, S. 285) und vom 30. 3. 1936 (RGBl. I, 1936, S. 315); H. Matzerath, 1970, S. 354.
191 H. Matzerath, 1970, S. 365, und TC/NTT vom 31. 12. 1936.
192 Schreiben des Ministeriums des Innern an die MABK vom 17. 9. 1935 (SAT: F 9950).
193 BAK: NS 25—78.
194 RGBl. I, 1938, S. 966, und TC/NTT vom 25. 3. 1939: »Die Folgen des Finanzausgleichs für Tübingen«.
195 SAT: GRP vom 13. 3. 1939 § 134.
196 TC/NTT vom 25. 3. 1939.
197 BAK: NS 25—394; vgl. SAT: GRP vom 21. 10. 1935 § 772.
198 TC/NTT vom 3. 1. 1938: »Ausgeglichener Haushalt der Stadt«.
199 BAK: R 36—2658.
200 HStA Stuttgart: E 151—410.
201 SAT: GRP vom 15. 3. 1937 § 202.
202 SAT: GRP vom 30. 3. 1937 § 206.
203 SAT: F 7205.
204 Schreiben Scheefs vom 17. 6. 1937 an die MABK (SAT: F 7205). Dort auch die nächsten beiden Zitate.
205 TC/NTT vom 21. 9. 1937 (Gemeinderatsbericht).
206 SAT: F 7205.
207 TC/NTT vom 2. 2. 1938: »Die Schweinemastanlage für die NSV« und vom 20. 5. 1938 (Richtfest).
208 SAT: GRP vom 10. 10. 1938 § 608.
209 TC/NTT vom 2. 1. 1939: »Der Rittersaal Getreidelagerraum/Entfernung der eisernen Zäune« und SAT: GRP vom 30. 12. 1938 § 803; HStA Stuttgart: E 130 IV—1289.
210 TC/NTT vom 9. 7. 1937: »Erweiterung der Kläranlage«.
211 TC/NTT vom 14. 2. 1939: »Die Stadt Tübingen baut eine Klärgasanlage«.
212 TC/NTT vom 30. 9. 1936: »Umstellung der städtischen elektrischen Werke«.
213 TC/NTT vom 13. 7. 1936: »Das Handwerk im Dienste des Vierjahresplans«.
214 G. Scholtz-Klink, 1937, S. 6.
215 TC/NTT vom 25. 5. 1935. Vgl. auch: Hausfrauen arbeiten für den Vierjahresplan, in: Das deutsche Frauenbuch, hrsg. von Oskar Lukas, Berlin 1942, S. 283—284, zitiert bei A. Kuhn/V. Rothe, 1983, S. 30.
216 Amtsblatt des Württ. Kultministerium 29, 1936, S. 353.
217 TC/NTT vom 18. 3. 1935 und SAT: F 1498 und 1491.
218 Die von Hindenburg gestifteten Ehrenkreuze bekamen alle ehemaligen Frontkämpfer 1935 am Jahrestag der nationalen Erhebung verliehen (SAT: F 9311).
219 TC/NTT vom 18. 3. 1935. Dort auch das Folgende.
220 1938 druckte die TC zur Vorbereitung die Ballade »Leutnantsdienst« von Walter Flex, die den Tod eines Leutnants als Opfer für die Gemeinschaft verherrlicht (TC/NTT vom 12. 3. 1938).
221 Frontsoldaten- und Kriegsopferehrentag Tübingen, Festschrift, Tübingen 1935, S. 8; SAT: F 1488/4.
222 Frontsoldaten- u. Kriegsopferehrentag, 1935, S. 8.
223 TC/NTT vom 28. 10. 1935: »Unter der wehenden Fahne der neuen Wehrmacht«, dort auch die weiteren Zitate, soweit nicht anders angegeben.
224 SAT: GRP vom 10. 10. 1938 § 625; UAT: 117 C 119.
225 TC/NTT vom 7. 11. 1935 und vom 2. 4. 1938.
226 TC/NTT vom 28. 11. 1938.
227 TC vom 12. 11. 1933.
228 UAT: 117 C/421.
229 TC vom 8. 8. 1933; SAT: GRP vom 7. 8. 1933; F 9450.
230 TC/NTT vom 5. 6. 1934 (Gemeinderatsbericht); SAT: GRP vom 5. 6. 1934 § 600 und vom 28. 5. 1934 § 564.

231 TC/NTT vom 3.1.1936. Vgl. auch »Aufgaben der Gemeinden im Luftschutz«, in: NS-Mitteilungsblatt Nr. 19, 4. Jg., 1936, S. 366/7.
232 SAT: GRP vom 6.7.1936 § 528 und vom 8.3.1937 § 169; F 9450/9451.
233 TC/NTT vom 2.12.1936.
234 Ebd.
235 NS-Mitteilungsblatt des Gauamtes für Kommunalpolitik Nr. 17, 5. Jg., 1937, S. 315/6: »Scheiden tut weh! Eine warmherzige Mahnung an die Frauen unserer Gemeinderäte«.
236 TC/NTT vom 4.12.1937: »Nachwort zur Verdunkelung«.
237 TC/NTT vom 6.1.1937.
238 TC/NTT vom 9.5.1939: »Aus der Arbeit des RLSB«.
239 TC/NTT vom 31.8.1938.
240 TC/NTT vom 9.5.1939: »Frau Maier ausgebildet und 4000 dazu«.
241 W. Hesse, 1983. Dort auch das Folgende.
242 Siehe v. a.: F. J. Heyen, 1967; M. Broszat (Hrsg.), Bayern 1977–1983; J. Beck u. a. (Hrsg.), 1980; D. Peukert/J. Reulecke, 1981; D. Galinski u. a. (Hrsg.), 1982; L. Niethammer, 1983; Alltagsgeschichte, 1984.
243 RGBl. I, 1933, S. 104.
244 Vgl. K. Schmeer, 1956; H. Gamm, 1962, und K. Vondung, 1971.
245 K. Schmeer, 1956.
246 K. Vondung, S. 13–32.
247 UAT: 1170/283 (Anordnung vom 16.1.1936).
248 TC/NTT vom 25.2.1935.
249 Ebd.
250 TC/NTT vom 18.3.1935; SAT: GRP vom 11.3.1935 § 218 und F 1491/1.
251 TC/NTT vom 21.4.1939: »Sie gehören jetzt dem Führer«.
252 Ebd.
253 TC/NTT vom 21.4.1939.
254 TC/NTT vom 21.4.1937: »So feierte Tübingen Geburtstag«.
255 TC/NTT vom 21.4.1939.
256 TC/NTT vom 30.4.1938; SAT: F 1025/9.
257 TC/NTT vom 9.8.1939: »Mütterehrung am Erntedankfest«. Den über 60 Jahre alten, kinderreichen Müttern wurde am Muttertag, den übrigen am Erntedankfest das Ehrenkreuz überreicht.
258 TC/NTT vom 22.6.1937: »HJ und SS am Sonnwendfeuer/Bekenntnis zur deutschen Wesensart«; vgl. auch TC/NTT vom 20.6.1939: »Flammenkette über Großdeutschland«.
259 TC/NTT vom 22.6.1939: »Sonnwendfeuer«.
260 TC/NTT vom 3.9.1937: »Wie ich zu meinen schönsten Führerbildern kam«.
261 TC/NTT vom 4.10.1937: »Ganz Tübingen feierte mit unseren Bauern«.
262 Vgl. J. Genuneit, 1984.
263 TC/NTT vom 8.11.1935: »Totengedenkfeiern«.
264 TC/NTT vom 8.11.1937.
265 Ebd.
266 TC/NTT vom 24.12.1935: »Tübinger Volksweihnachten/Sichtbarer Ausdruck der Gemeinschaft des Lebens«.
267 TC/NTT vom 22. und 23.9.1935.
268 TC/NTT vom 21.9.1936: »Tübinger Fest der deutschen Traube«.
269 6. Uhlandkreis-Liederfest, 1935.
270 TC/NTT vom 20.7.1935.
271 6. Uhlandkreis-Liederfest. Dort auch die folgenden Zitate.
272 TC/NTT vom 20.7.1935: »Volksmusikarbeit im Deutschen Sänger-Bund«.
273 Ebd.: »Ein Sängerfest unter Silchers Leitung«; SAT: E 10–1137 (Protokollbuch des allgemeinen Liederfestes am 24. Juni 1843 in Tübingen).
274 Diese Verflachung und nationalistische Umdeutung des demokratischen Uhland-Erbes begann bereits mit der Einweihungsfeier für das Tübinger Uhland-Denkmal 1873, siehe: TC vom 15.7.1873.

275 SAT: StO.1852. Siehe unten S. 231f.
276 TC/NTT vom 31.10.1936: »Die 100-Jahrfeier der Harmonie«.
277 HStA Stuttgart: E 151–2459. – Zur Tätigkeit Rauschnabels in Schorndorf siehe: Kriegschronik der Ev. Kirchengemeinde Schorndorf, Stadtarchiv Schorndorf I E 3601/17. Offensichtlich erfreuten sich seine Liedertexte auch nach 1945 ungebrochener Beliebtheit. Als am 1. Juli 1951 unter der Schirmherrschaft des damaligen württembergischen Ministerpräsidenten Dr. Reinhold Maier das 6. Silchergau-Liederfest eröffnet wurde, stand auf dem Programm auch die Vertonung eines Rauschnabel-Textes (Silchergau, 6. Gauliederfest, Schorndorf 1951, S. 71; Stadtarchiv Schorndorf 3300/17. Für diesen Hinweis danke ich Jens-Uwe Wandel).
278 TC/NTT vom 26.6.1939.
279 Ebd.
280 F. Flaadt, 1930, S. 53. – Schon vor 1933 war der Wunsch nach einem neuen Denkmal geäußert worden, u. a. hatte man einen *Volksliederbrunnen* auf dem Holzmarkt vorgeschlagen. Doch war aus dem Plan nicht zuletzt deswegen nichts geworden, weil der Leiter des deutschen Sängermuseums Nürnberg 1928 dafür plädiert hatte, das bisherige Denkmal zu erhalten: [...] *gerade die einfache Schlichtheit der Anlage bringt die Eigenart der Muse Silchers zu einzigartigem Audruck* (SAT: F 1998/1).
281 TC/NTT vom 15.6.1939.
282 Ausschreibung in: Der Baumeister 37, 1939, Beilage S. 173, und TC/NTT vom 23.3.1939.
283 SAT: F 1998/4. Dort auch das Folgende.
284 TC/NTT vom 26.6.1939: »Die Tübinger Silcher-Gedächtnisfeiern«. Dort auch das Folgende.
285 Ebd. – Zur Diskussion um das Silcher-Monument, das noch heute in der Tübinger Platanenallee vom Ungeist des Nationalsozialismus zeugt, siehe: G. Greiner, 1972, und G. A. Rieth, 1973.
286 SAT: GRP vom 30.5.1939 § 330 (nö). Rauschnabel berichtete von dem Plan, nach Fertigstellung des Silcher-Denkmals Friedrich Hölderlin zum 100. Todestag ebenfalls ein Denkmal zu errichten.
287 Siehe dazu das Programm der Volksbildungsstätte (TC/NTT vom 6.10.1937) und deren Arbeitsplan von 1938/39 (UAT: 117C/323).
288 TC/NTT vom 29.8.1935: »Die NS-Kulturgemeinde. Ihr Werden und ihre Organisation«.
289 TC vom 19.5.1933: »Die nationale Front«.
290 TC/NTT vom 12.10.1933: »Fort mit den Negertänzen«. – Noch 1938 kämpfte die Hitlerjugend *gegen musikalische Eintagsfliegen* in der Tanzmusik (TC/NTT vom 10.8.1938: »Neue Tanzmusik«).
291 UAT: 117/364. Dort auch das folgende Zitat.
292 SAT: GRP vom 17.6.1935 § 496.
293 Ebd. – Vgl. auch die Diskussion vom 29.4.1935 (SAT: GRP § 373 sowie vom 24.2.1936 § 154).
294 SAT: F 5500. Siehe auch »Vereinbarung zwischen der NS-Kulturgemeinde und der Museumsgesellschaft Tübingen« in TC/NTT vom 30.10.1936; SAT: GRP vom 30.10.1936 § 800. Der Vorgang ist ein klassisches Beispiel für die Verdrängung einer alten Einrichtung durch eine rivalisierende neue NS-Einrichtung, zudem eine typische Form der Gleichschaltung, denn die Mitglieder der Museumsgesellschaft wurden durch diese Vereinbarung automatisch Mitglieder der NS-Kulturgemeinde.
295 Sämtliche Vereine, Innungen, Gruppen und Verbände mußten ihre Veranstaltungen beim Leiter des 1937 gegründeten Kreisrings für Volksaufklärung und Propaganda, der dem Kreispropagandaamt unterstellt war, anmelden (TC/NTT vom 28.1.1937).
296 Th. Haering, 1935.
297 Zur Rezeption der Rede siehe die Berichterstattung der TC, die aber die Kritik unterschlug (TC/NTT vom 1.12.1934) und Carlo Schmids Erinnerungen an Theodor Haering: *Man fing an, für ihn zu fürchten, aber es passierte ihm nichts; selbst die hochprozentigen Nazis lachten angesichts dieses bei einem akademischen Lehrer ungewohnten Humors. Als ich ihn [1945] besuchte, mußte ich zu meiner höchsten Verwunderung feststellen, daß dieser Mann, den ich für einen Antifaschisten gehalten hatte, nicht aufhörte, des Führers Genialität zu preisen!* (C. Schmid, S. 210/211).
298 Gespräch mit Hanna Müller am 27.1.1981.
299 Siehe dazu vor allem: H. D. Schäfer, 1981, und J. Wulf, 1966.
300 Siehe auch den Beschluß des Gemeinderats vom Dezember 1938 über ein *Tübinger Heimatlied* (SAT: GRP vom 30.12.1939 § 795).

301 BAK: NS 22–2004.
302 TC/NTT vom 2.7.1938: »Bevorzugt deutsche Vornamen!« Wer einen biblischen Vornamen hatte, mußte nicht nur viele Hänseleien ertragen, oft genug wurde ihm nahegelegt, aus einem Samuel doch einen Gerhard zu machen.
303 TC/NTT vom 10.7.1963: »Keine artfremden Modeschauen mehr. 53 Tübinger Bekleidungsgeschäfte als Modewerber.«
304 C. Pachnicke, 1984.
305 TC/NTT vom 8.12.1936.
306 TC/NTT vom 31.1.1935: »Parteidienst und Familienleben«.
307 TC/NTT vom 12.12.1938.
308 SAT: F9900. Am 30.1.1940 zählte die NSDAP 2000 »Pg.s« in Tübingen.
309 BAK: NS 1–254.
310 C. Schmid, S. 161.
311 TC/NTT vom 3.1.1939.
312 Deutschland-Berichte 1935, S. 1375.
313 Ebd. S. 836/7.
314 RGBl. I, 1936, S. 709/10 u. TC/NTT vom 1.6.1939.
315 Dieser Abschnitt kann nur einen Überblick über die Situation der Tübinger Schulen während der Nazi-Zeit geben. Das umfangreiche Material der einzelnen Schularchive – im Stadtarchiv befindet sich lediglich eine Teilüberlieferung des Uhland-Gymnasiums – bietet sich für eine umfangreiche Auswertung an. – Einen allgemeinen Überblick über das Erziehungssystem im NS-Staat bieten: M. H. Kater, 1979, und ders., 1980. – Zur Ideologisierung der Lerninhalte sind – neben den Klassikern der NS-Schulforschung wie R. Eilers, 1963, und K.-I. Flessau, 1977 – die von Geert Platner herausgegebene Dokumentation heranzuziehen: G. Platner, 1983. Als Beispiel für eine Schulgeschichte im Dritten Reich sei hingewiesen auf: 75 Jahre Freiherr-vom-Stein-Gymnasium Lünen, 1982, S. 19–110.
316 Martin Schmid, Sohn von Carlo Schmid, berichtete, daß seine Geschwister und er genau zu unterscheiden wußten, was sie innerhalb und was außerhalb des Elternhauses erzählen konnten (Interview vom 29.1.1980).
317 Ein Tübinger Beispiel für die weitgehend positive Einstellung zur HJ bietet das Schreiben des Universitätsrektors Friedrich Focke vom 26.6.1935 an den Gebietsführer der HJ: *Sie fragen, ob ich den Kampf der Hitlerjugend bejahe? Ja und nochmals ja: Ich freue mich dieses Kampfes und wünsche Ihnen Sieg auf der ganzen Linie. Wenn ich nicht mit Leib und Seele Universitätsprofessor wäre, dann möchte ich gerade jetzt HJ-Führer sein. Es scheint mir gegenwärtig keine dringlichere und keine schönere Aufgabe zu geben, als die, Deutschlands gesamte Jugend vorbehaltlos einzuordnen in die Idee und die Wirklichkeit des 3. Reichs* (UAT: 117/323).
318 SAT: StO. 1862, II 10; TC/NTT vom 30.3.1936.
319 Bericht der Oberrealschule vom 21.3.1937 über das Schuljahr 1936/37. Danach gehörten von 387 Schülern alle zur HJ bis auf *die drei halbarischen und den nichtarischen Schüler der Anstalt* (SAT: F 5083).
320 SAT: StO. 185 b II 2 b.
321 Ebd.
322 Den Unterrichtsausfall für das Schuljahr 1936/7 dokumentiert ein Übersichtsbericht der Oberrealschule vom 21.3.1937 (SAT: F 5083).
323 StA Ludwigsburg: E 202–579.
324 SAT: StO. 1861, III 1. Vgl. dazu auch: Deutschland-Berichte 1937, S. 86 f.
325 Gespräch mit Anna Raur am 19.11.1979.
326 Amtsblatt des Württ. Kultministeriums 31, 1938, S. 113/4.
327 Siehe: E. Rieber, 1959, vgl. auch TC/NTT vom 2.3.1936: »Den alten Balast über Bord!«.
328 Meldungen aus dem Reich, Bd. 2: Jahreslagebericht 1938 des Sicherheitshauptamtes, S. 136 f.; Amtsblatt des Württ. Kultministeriums 31, 1938, S. 119–128.
329 Vgl. TC/NTT vom 5.12.1936: »Elternversammlung des Gymnasiums«.
330 SAT: F 5090/2.
331 Ebd.

332 SAT: GRP vom 1.2.1938 § 26 und SAT: F 5090/2.
333 SAT: StO. 1831.
334 Amtsblatt des Württ. Kultministeriums 31, 1938, S. 120 u. 374.
335 TC/NTT vom 30.3.1936.
336 SAT: F 5200. – Am 5.6.1936 einigte sich der Gemeinderat schließlich auf die Bezeichnungen: Silcher-, Hölderlin- und Uhland-Schule (GRP § 440).
337 SAT: StO. 1852.
338 TC/NTT vom 12.4.1937.
339 TC/NTT vom 1.4.1938: »Erfassung der Schulentlassenen. Einsatz in der Wirtschaft«.
340 TC/NTT vom 8.1.1938: »Kein Studium ohne Arbeitsdienst«.
341 TC/NTT vom 19.3.1938: »Das Pflichtjahr für Mädchen beginnt«.
342 M. Domarus, 1962, S. 523.
343 Deutschland-Berichte 1936, S. 1302.
344 TC/NTT vom 1.11.1938: »Wehr-Erziehung in den Schulen. Vortrag vor der Erzieherschaft des Kreises Tübingen.« – Auch die Reduzierung der 9 Oberschulklassen auf 8 erfolgte im Interesse der Wehrmacht. Folgerichtig galt sie nur für Jungen. Mädchen mußten weiterhin 9 Klassen bis zum Abitur absolvieren.
345 Amtsblatt des Württ. Kultministeriums 28, 1935, S. 173.
346 SAT: F 5083 und F 5006/2.
347 Amtsblatt des Württ. Kultministeriums 31, 1938, S. 63.
348 Amtsblatt des Württ. Kultministeriums 29, 1936, S. 168 f.
349 SAT: StO. 1831. Dort auch die folgenden Zitate.
350 J. Genuneit, 1984, S. 205–236.
351 Ebd. S. 226.
352 Die verdrängte Erinnerung entspricht der ungebrochenen Wirksamkeit nationalsozialistischer Mathematik-Didaktiker nach 1945, siehe: J. Genuneit, 1984, S. 230–233.
353 Amtsblatt des Württ. Kultministeriums 29, 1936, S. 196–198.
354 TC/NTT vom 1.4.1938.
355 Zum Kampf der Kirchen gegen den WAU siehe unten S. 260; SAT: StO. 1862–II 3; DAR: G 2 d 76.
356 SAT: StO. 1682–II 3.
357 Nach Auskunft von Elisabeth Storp, Interview vom 25.6.1981. Vgl. dazu auch SAT: StO. 1860 (Lebensläufe zur Reifeprüfung 1939).
358 Baldur von Schirach, Die Hitler-Jugend. Idee und Gestalt, Leipzig 1934, zitiert nach G. L. Mosse, 1979, S. 311–319.
359 Ebd. S. 316.
360 TC/NTT vom 15.4.1937. – Zum BDM siehe: M. Klaus, 1983.
361 TC/NTT vom 18.3.1939.
362 TC/NTT vom 10.4.1937.
363 TC/NTT vom 8.4.1937: »Kein Wenn und Aber – Tübinger Mütter!«
364 Amtsblatt des Württ. Kultministeriums 30, 1937, S. 362. – 1935 waren 33,9% Nichtorganisierte und 5,7% bei anderen Jugendorganisationen (Amtsblatt des Württ. Kultministeriums 28, 1935, S. 363).
365 Den exemplarischen Lebenslauf eines Hitlerjungen schildern aufgrund eines Nachlasses: C. Rühling/J. Steen, 1983. – Zur HJ allgemein siehe: A. Klönne, 1984.
366 Gespräch mit Elisabeth Storp am 25.6.1981.
367 TC/NTT vom 14.2.1938.
368 TC/NTT vom 9.8.1939: »Vormilitärische Erziehung der HJ/Vereinbarung zwischen Reichsjugendführung und Wehrmacht«.
369 TC/NTT vom 17.4.1936.
370 TC/NTT vom 24.7.1935: »Das Bannfreizeitlager wird besichtigt!«
371 TC vom 1.11.1938: »HJ-Streifendienst-Sonderformation«; A. Klönne, S. 57.
372 Ausschnitt aus dem Programm für die Großkundgebung der NSDAP und HJ am 14.6.1935. Textblatt der HJ, Standort Tübingen (SAT: F 9550).
373 SAT: F 9550.

374 SAT: WPD 83/1. – Martin Goes schildert in seinem Rückblick auf die Geschichte der Palatia die HJ als *schärfsten Gegner der Korporationen* (M. Goes, 1968, S. 70).
375 SAT: WPD 83/1.
376 DAR: G II d – 130.
377 RGBl. I, 1935, S. 769; TC/NTT vom 31. 1. 1936: »Abiturienten mit Spaten und Rohrstock«. – Einen Eindruck von der Atmosphäre in den Lagern des Reichsarbeitsdienstes vermitteln die Sorgen des katholischen Konviktdirektors im Jahresbericht des Wilhelmstifts vom 22. 5. 1938: *Bei den unteren Kursen, die vollzählig im RAD waren, machten sich einige bedenkliche seelische Nebenwirkungen bemerkbar: ein gewisser Mangel an übernatürlicher Grundhaltung, an Glauben, Vertrauen und Demut, ein mangelhaftes Verständnis für die Idee des priesterlichen Cölibats, ein gewisses Ressentiment gegen manche Einrichtungen der Kirche (Latein, Kirchensprache, Klerus, u. ä.), aufs Ganze gesehen ein gewisses Angestecktsein vom Zeitlichen (Biologismus, Überbewertung des Vitalen, der Körperkultur, des Völkischen, usw.* (DAR: D 13, 2 a).
378 UAT: 117 C/141. Seit 1937 waren diejenigen RAD-Absolventen, die nur ein »genügend« vorweisen konnten, von der Immatrikulation ausgeschlossen.
379 Verordnungsblatt und Mitteilungen des Studentenführers der Universität Tübingen 4 vom 1. 11. 1937. – Zu den inneren Problemen der Universität ist heranzuziehen: U. D. Adam, 1977, S. 84 ff. u. S. 120 ff.
380 TC/NTT vom 12. 5. 1939.
381 M. Goes, S. 68/9.
382 U. D. Adam, 1977, S. 103.
383 TC/NTT vom 30. 5. 1937 und Rundschreiben der Reichs-Studentenführung vom 8. 2. 1936 (UAT: 117/238).
384 U. D. Adam, 1977, S. 107.
385 Die ersten Kameradschaften waren: Langemarck, im WS 1935/36 als Studentenbundskameradschaft gegründet (residierte nacheinander im Pfälzer-, Wingolf- und Ghibellinen-Haus); Herbert Norkus, als HJ-Kameradschaft gegründet, im WS 1935/36 mit der einzigen nationalsozialistischen Verbindung, der Gilde Ernst Wurche, zusammengeschlossen (Sitz: Ulmia-Haus, Quenstedtstraße 2), nach Lösung von der HJ in Straßburg umbenannt; Dietrich Eckart, im WS 1935/36 aus einer Arbeitsgemeinschaft der NSV hervorgegangen (Sitz: Pfälzer-Haus, Schwabstr. 16); Ostland, im November 1935 aus einem Zusammenschluß von Landdienstkameradschaften von der Ostgrenze entstanden (Sitz: Schottenhaus, Schwabstr. 20); A. L. Schlageter, im SS 1936 überführte Korporationskameradschaft (Sitz: Schottenhaus), WS 1937/8 mit den Angehörigen der aufgelösten Burschenschaft Derendingia zur Kameradschaft Hohentübingen zusammengeschlossen (Sitz: Derendingerhaus, Schloßbergstr. 5). Vom SS 1937 an kamen hinzu: Ludwig Uhland als Zusammenschluß von Erstsemestrigen (Sitz: Germanenhaus, Gartenstr. 1); Theodor Körner, Franconia-Haus (Österbergstr. 16); Skagerrak (Saxonia-Haus, Schloßbergstr. 33); Neithard von Gneisenau, seit SS 1938 im Wirtemberger-Haus (Schloßbergstr. 9). Seit WS 1935/36 gab es auch eine SS-Verbindung, die sich als *Stoßtrupp nationalsozialistischer Weltanschauung* verstand und im ehemaligen Wingolf-Haus, dem nachmaligen Parteiheim, residierte (zusammengestellt nach den Selbstdarstellungen der Kameradschaften, in: Verordnungsblatt und Mitteilungen 1935 f.).
386 Verordnungsblatt und Mitteilungen 14 vom 17. 4. 1939, S. 5/6. Dort auch die folgenden Zitate.
387 E. Drescher, S. 39.
388 K. H. Schröder, S. 45.
389 Verordnungsblatt und Mitteilungen 6 vom 27. 1. 1938, S. 5. – Vgl. auch M. Goes, S. 69, und die Meldung des Tübinger Oberwachtmeisters der Schutzpolizei vom 5. 5. 1936 über Studenten, die ihre Coleurbänder trotz Verbots trugen (SAT: WPD 83/1).
390 Ebd.
391 Verordnungsblatt und Mitteilungen 1 vom 2. 4. 1937, S. 5, u. Verordnungsblatt und Mitteilungen 5 vom 15. 12. 1937, S. 8.
392 Verordnungsblatt und Mitteilungen 4 vom 1. 11. 1937, S. 5–7; TC/NTT vom 20. 6. 1938.
393 TC/NTT vom 13. 4. 1936: »Vollversammlung der Studentinnen«.
394 Verordnungsblatt und Mitteilungen 1 vom 2. 4. 1937, S. 8. Dort auch die folgenden Zitate.
395 TC/NTT vom 23. 5. 1935.
396 So klagte Mergenthaler beispielsweise, *daß die weiblichen Studierenden vielfach noch nicht die selbstver-*

*Anmerkungen zu den Seiten 239—245*

*ständliche staatsbürgerliche Pflicht begriffen haben, neben dem eigentlichen Studium sich ihrem Wesen entsprechend im Dienst der Allgemeinheit zu betätigen* (UAT: 117D/52).
397 TC/NTT vom 7.2.1939: »Die Arbeit der Studentinnen/Hochschulgemeinschaft deutscher Frauen«.
398 Verordnungsblatt und Mitteilungen 5 vom 15.12.1937, S. 5; Verordnungsblatt und Mitteilungen 12 vom 5.12.1938, S. 7, sowie HStA Stuttgart: E 130b–1504.
399 Zum Dienstanzug des NSDStB gehörten: schwarze Stiefelhose, schwarze Marschstiefel, SA-Bluse mit glatten silbernen Knöpfen und NSDStB-Binde, schwarzer Binder mit NSDStB-Abzeichen, Koppel- und Schulterriemen, keine Kopfbedeckung (Verordnungsblatt und Mitteilungen 7 vom 4.4.1938).
400 TC/NTT vom 31.3.1938.
401 Verordnungsblatt und Mitteilungen 13 vom 27.1.1939, S. 8.
402 Deutschland-Berichte Juni 1935, S. 703.
403 Das Verordnungsblatt des Studentenführers berichtete über die zunehmenden Krankmeldungen unter der Schlagzeile: »Nicht so zimperlich!« (Verordnungsblatt und Mitteilungen 7 vom 4.4.1938, S. 5).
404 *Und bald sprach es sich im »Ländle« herum, daß man als Anfänger in der Anonymität der Großstadt mehr Freiheit hatte als in Tübingen* (M. Goes, S. 69); siehe auch: TC/NTT vom 12.11.1938: »Großer Mangel an Studierenden«.
405 Vgl. Deutschland-Berichte 1936, S. 1341.
406 Ebd.
407 UAT: 131/116 – Zur Berufung Dannenbauers vgl. U. D. Adam, 1977, S. 122.
408 R. Bollmus, 1980, S. 125–152.
409 Gerhard Schumann und Hanns Ludin bemühten sich allerdings vergeblich um eine *Gesinnungspromotion* (U. D. Adam, 1977, S. 93–95).
410 UAT: 117D/320 und 131/116.
411 U. D. Adam, 1977, S. 118.
412 U. D. Adam, 1977, S. 114; TC/NTT vom 9.2.1939; Verordnungsblatt und Mitteilungen 11 vom 2.11.1938, S. 6, u. Verordnungsblatt und Mitteilungen 13 vom 27.1.1939, S. 7.
413 C. Schmid, S. 167. – Der Indologe Prof. Jakob W. Hauer beispielsweise war V-Mann des SD an der Universität, ebenso der Anatomieprofessor Robert Wetzel. Auch der stellvertretende Kreisleiter Weinmann gab Material an den SD weiter (HStA Stuttgart: E 140–162).
414 UAT: 119/308, S. 142 ff.
415 U. D. Adam, 1977, S. 111–113.
416 U. D. Adam, 1977, S. 113.
417 So konnten z. B. die Korporationen, als Fechtgemeinschaft getarnt, auch nach dem Verbot an der Mensur festhalten (K. H. Schröder, S. 52).
418 K. H. Schröder, S. 67.
419 U. D. Adam, 1977, S. 67–71.
420 UAT: 147; vgl. auch U. D. Adam, 1977, S. 142.
421 RGBl. I, 1935, S. 23.
422 U. D. Adam, 1977, S. 132.
423 Ebd. S. 137 ff.
424 UAT: 184/1936.
425 TC/NTT vom 5.2.1939 und vom 18.2.1939; RGBl. I, 1939, S. 252.
426 Schreiben vom 30.9.1942, zitiert nach U. D. Adam, 1977, S. 147.
427 U. D. Adam, 1977, S. 153. – Vgl. auch: R. C. Kelly, 1980, S. 61–76.
428 Meldungen 1938, S. 83.
429 UAT: 117C/204.
430 TC/NTT vom 30.4.1937.
431 W. Setzler, S. 223.
432 Württ. Studentenzeitung Nr. 85 vom 11.11.1935; DAR: D 13–2a (Hauptbericht des Wilhelmsstifts für das WS 1935/36).
433 DAR: Q 64k.
434 DAR: D 13a.

435 UAT: 117 C/1939. – Lediglich Andachten im Rahmen der Ausbildung waren weiterhin gestattet. Aber auch sie durften nicht in großen Hörsälen, sondern nur in Seminarräumen abgehalten werden.
436 UAT: 117 C/326.
437 Ebd.
438 Zum Beleg für die NS-freundliche Haltung des Stifts vor 1933 führte Stiftsephorus Fezer 1937 seinen Einsatz für den Stiftler Oskar Riegraf an, der 1931 wegen Entfaltung einer Hakenkreuzfahne vor einer geschlossen marschierenden HJ-Abteilung zu drei Monaten Gefängnis verurteilt worden war: *Ich habe damals im Benehmen mit den Universitätsbehörden den Betroffenen in jeder Weise gehalten [...]* (UAT: 117 C/326).
439 NSK vom 30. 1. 1939; EDA: Nr. 166.
440 A. Dehlinger Bd. 1, S. 526.
441 TC/NTT vom 20. 7. 1938: »Zukunftsaufgaben der Uni Tübingen«.
442 Verordnungsblatt und Mitteilungen 5 vom 15. 12. 1937, S. 7; Erlaß des REM vom 16. 7. 1937 (UAT: 117 D/431).
443 Ebd. – Der Anthropologe Otmar Freiherr von Verschuer und der Mediziner Weitz hatten die Zwillingsforschung in den zwanziger Jahren in Tübingen begründet.
444 TC/NTT vom 23. 2. 1936: »Neue Kunde vom deutschen Volk/Tübingen besitzt das einzige Universitätsinstitut für Deutsche Volkskunde«. Siehe dazu: M. Scharfe, 1980, S. 108 – 114. – Zur inhaltlichen Arbeit des Tübinger Volkskunde-Instituts siehe: W. Hesse/Ch. Schröter, 1985, S. 51 – 75; zur NS-Volkskunde: H. Bausinger, 1965, S. 117 – 204.
445 U. D. Adam, 1977, S. 125. Siehe auch: H.-J. Lang, 1984.
446 TC vom 25. 9. 1933; TC vom 17. 11. 1938; U. D. Adam, 1977, S. 156.
447 Dazu im einzelnen: U. D. Adam, 1977, S. 163 f.
448 Ebd. S. 167/8.
449 Ebd.
450 C. Schmid, S. 166.
451 SAT: N 10; K. H. Schröder, S. 68; C. Schmid, S. 168/9. Vgl. auch die Erinnerungen von Hans Bayer (i. e. Thaddäus Troll) an die immunisierende Wirkung von Carlo Schmids Vorlesungen über Verfassungsgeschichte, in: P. Roos, S. 26 und 31.
452 Vgl. U. D. Adam, 1977, S. 240 f. – Als sich Bischof Sproll 1946 für den suspendierten Dannenbauer einsetzte, führte er an: *Manche katholische Studenten und Studentinnen haben in den Vorlesungen des Professors Dr. Dannenbauer den inneren Widerstand gegen Partei und Parteimassnahmen aufgenommen und sind der Partei trotz allen Versuchungen fern geblieben* (DAR: G II d – 250).
453 Ein geradezu fanatischer Anhänger der Rosenbergschen Geschichtsauffassung war dagegen der Privatdozent Hans Reinerth, den Rosenberg 1934 zu seinem *Berater in Fragen der germanischen Vorgeschichte beim Reichsüberwachungsamt für die Schulung und Erziehung der gesamten nationalsozialistischen Bewegung* ernannt hatte (TC/NTT vom 26. 3. 1934). Reinerth betrieb mit seinen Machenschaften nicht nur die Absetzung seines Institutschefs, sondern erreichte auch die Entzweiung der deutschen Vorgeschichtsforschung, der er vorwarf, *jährlich Millionen deutscher Steuergroschen für die nationale Vorgeschichte fremder Völker* verschleudert zu haben. Bei seiner Fakultät machte er sich damit nicht besonders beliebt. Die naturwissenschaftliche weigerte sich, als es um einen Lehrstuhl für Reinerth ging, geschlossen gegen dessen Berufung. Sein Einsatz machte sich dennoch für ihn bezahlt: Schon 1935 erhielt er einen ordentlichen Lehrstuhl in Berlin (U. D. Adam, 1977, S. 142/3, Anm. 136; BAK: NS 8 – 127).
454 Schreiben des NS-Dozentenbundes, Hochschulgruppe Tübingen vom 23. 7. 1935 (DAR: G II d – 150). – Dannenbauers Rede bei der Reichsgründungsfeier der Universität 1935 »Die nationale Einigung Deutschlands und die deutschen Historiker« hatte noch die Billigung seiner Parteigenossen gefunden (TC/NTT vom 31. 1. 1935), weil er Hitler darin zum Vollstrecker des Bismarckschen Reichs erklärt hatte.
455 TC/NTT vom 6. 11. 1934; DAR: G II a – 150. Dort auch die folgenden Zitate.
456 DAR: G II a – 150.
457 Ebd.
458 Adam nennt an Professoren, die ebenfalls gegen die Ideologisierung der Forschung kämpften, noch den Urgeschichtler Gustav Riek und den Graecisten Friedrich Focke (U. D. Adam, 1977, S. 170).
459 U. D. Adam, 1977, S. 167 Anm. 76.

*Anmerkungen zu den Seiten 248—254*

460 TC/NTT vom 9. 5. 1939: »Was will das Langemarck-Studium?«
461 TC/NTT vom 7. 7. 1937; siehe auch: R. Wetzel/H. Hoffmann, 1939, Bd. 1. Dort auch die Satzungen.
462 Prof. Dr. Hoffmann auf der 1. Sitzung (R. Wetzel/H. Hoffmann, 1939).
463 Rede des Reichsdozentenführers über »Wissenschaft und Volkwerdung« beim feierlichen Bestätigungsakt in Tübingen, abgedruckt bei R. Wetzel/H. Hoffmann, S. 9.
464 Ebd.
465 U. D. Adam, 1977, S. 199 f.
466 Siehe unten S. 326.
467 Zum Reichsinstitut, einer Gründung Walter Franks, siehe: H. Heiber, 1966, und TC/NTT vom 5. 6. 1937 »Das Judentum in der Geschichte/Tübinger Dozenten halten Vorträge vor der Forschungsabteilung«.
468 U. D. Adam, 1977, S. 177. — Ausgesprochen positiv ist dagegen die Beurteilung Kittels bei L. Siegele-Wenschkewitz, G. Kittel, 1978.
469 U. D. Adam, 1977, S. 178. Siehe dazu auch S. 74. — Daß sich diese Einstellung mit einem persönlichen Einsatz für einzelne Juden verbinden ließ, überliefert Carlo Schmid. Er erinnerte sich, daß sein Nachbar Wundt — *bis dahin hatte ich diesen Kollegen eher für einen Über-Deutschnationalen gehalten* — 1933 ein jüdisches Geschwisterpaar in sein Haus aufnahm, das im Zuge der ersten NS-Restriktionen arbeitslos geworden war (C. Schmid, S. 163).
470 U. A. Adam, 1977, S. 176.
471 Ebd. S. 179.
472 Z. B.: TC/NTT vom 26. 1. 1937: »Der Geist des Talmudjudentums/Prof. Dr. Kittel spricht auf der Kreistagung des NSLB«; TC/NTT vom 19. 6. 1937: »Rassenmischung und Judentum/Prof. Kittel über das Judenvolk in der Vergangenheit«.
473 TC/NTT vom 8. 2. 1939.
474 TC vom 1. und 3. 4. 1933; U. A. Adam, 1977, S. 31 Anm. 175.
475 Adam betont den niedrigen Anteil an jüdischen Studierenden in Tübingen. Während in Heidelberg 4,8 % (= 177) der Studenten Juden waren, waren es in Tübingen bei 3495 nur 37, also 1,1 Prozent (U. D. Adam, 1977, S. 115).
476 UAT: 117 C/228.
477 U. D. Adam, 1977, S. 207.
478 G. Schäfer, 1977, Bd. 4, u. 1982, Bd. 5, außerdem Th. Dipper, 1966, und E. Röhm/J. Thierfelder, 1981, S. 48—109.
479 LKA: D 1—56,2.
480 EDA: 166.
481 EDA: 168—IV. Dort auch das Folgende.
482 EDA: 168—IV.
483 LKA: Altregistratur 115 c V und XI. — 1935 waren der Tübinger Studentenpfarrer Dr. Burger und Pfarrer Ziegler aus Pliezhausen die Vertrauensmänner des Tübinger Kirchenbezirks (EDA: 165,3; vgl. auch LKA: Altregistratur 174).
484 Th. Dipper, S. 39.
485 EDA: 244.
486 LKA: 115 c—III, Da 70,2.
487 LKA: Altregistratur 115 c—III. Dort auch das Folgende.
488 Vgl. G. Schäfer Bd. 5, S. 311—384; Th. Dipper, S. 102—111.
489 LKA: D 1—112,1; G. Schäfer Bd. 4, S. 219.
490 UAT: 169/8.
491 G. Schäfer Bd. 5, S. 313—319; LKA: D 1—71 u. 96; EDA: 168 u. 235.
492 EDA: 224. Vgl. G. Schäfer Bd. 5, S. 387. — Stockmayer hatte im November 1937 die Bildung eines Kreises von Vertrauensleuten in jeder Gemeinde für den Fall angeregt, *daß [...] rasch eine Mitteilung durchgegeben werden muß* (EDA: 224).
493 »Von der Vorhut zum Bremsklotz«. In: Schwäbisches Tagblatt (Südwestpresse) vom 28. 4. 1985.
494 G. Schäfer Bd. 5, S. 854—914; Th. Dipper, S. 232—241.
495 LKA: 285 b/I.

433

496 EDA: KGR-Sitzung vom 16.5.1935 §51. Vgl. auch die Verhandlung am 1.2.1935 §23.
497 Evang. Gemeindeblatt Tübingen, April 1935, S.4.
498 Ebd.
499 LKA: III–194a, Altregistratur.
500 TC/NTT vom 6.10.1936: »Deutschgläubige Bewegung«. – Vgl. H. Cancik, S. 198ff.
501 LKA: 122 VIII, Altregistratur.
502 Vgl. H. Cancik, S. 176–212.
503 LKA: 115c VIII.
504 Ebd.
505 EDA: 168/6.
506 EDA: KGR-Protokoll vom 6.6.1935 §76.
507 EDA: 168/6.
508 Ebd.
509 DAR: G II d–140.
510 Siehe G. Schäfer Bd. 4, S. 699–749, und E. Röhm/J. Thierfelder, 1984, S. 355f.
511 EDA: 168/6 und 166. – Das Einwohner- und Adreßbuch Tübingen von 1938 nennt nur eine »Kreisgruppe DC Nationalkirchliche Einigung« mit »Kreispfarrer« Paul Keller und »Kreisgruppenobmann« Eugen Danner sowie »Gemeindegruppenobmann« Prof. Honold.
512 In Stuttgart überließ das Staatsministerium ebenfalls die Schloßkirche der Volkskirchenbewegung (G. Schäfer Bd. 4, S. 749–759).
513 Evang. Gemeindeblatt Tübingen, April 1937, S. 4. Vgl. auch EDA: KGR-Sitzung vom 24.3.1937 §38.
514 EDA: 168/6.
515 EDA: KGR-Protokolle, Sitzung des Verwaltungs-Ausschusses vom 14.1.1937 §6.
516 EDA: 168.
517 Die DC-Kirchengemeinderäte Frauendiener, Luz, Sauer, Sautter sowie der verstorbene KGR Feucht wurden 1937 durch Gewerbeschulrat Aichele, Kaufmann Beutelspacher, Sattlermeister Bühler, Prof. Dr. Feine und Zimmermeister Rauscher ersetzt (EDA: Kirchenbezirkstage, 19.7.1937). KGR Luz, der gleichzeitig auch im Landeskirchentag sein Mandat als Abgeordneter des Bezirks niederlegte, begründete seinen Rücktritt damit, daß er *die fernere Mitarbeit in der Kirche für vergeblich hält, die den Totalitätsanspruch des nationalsozialistischen Staates nicht anerkennt, die vorbehaltlose Mitarbeit am Aufbau nicht nur versagt, sondern in die mühsam errungene Volksgemeinschaft Verwirrung trägt durch Festhaltung an der jüdisch beeinflußten Lehre über das Christentum und welche das Hinstreben auf eine deutsche Nationalkirche nicht billigt* (EDA: KGR-Sitzung vom 20.7.1936 §86). Von diesem Zeitpunkt an gab es keinen Vertreter der Deutschen Christen mehr im Tübinger Kirchengemeinderat. – Zur Auseinandersetzung mit den DC im Kirchengemeinderat siehe auch: Th. Stockmayer, S. 221–231.
518 EDA: 224.
519 EDA: 165/5. Heraushebungen im Original.
520 SAT: GRP vom 30.3.1937 §238.
521 EDA: 235 »Flammenzeichen« Nr. 14, 1937. – Zu den »Flammenzeichen« siehe: G. Schäfer Bd. 5, S. 640ff.
522 EDA: 224.
523 LKA: Altregistratur 310 V, Kirchliche Landesstatistik.
524 EDA: 165/1.
525 Der Rektor der Universität begründete 1938 seinen Austritt aus der Landeskirche lapidar mit der Bemerkung: *Andere weltanschauliche Grundhaltung* (EDA: 168/6).
526 TC/NTT vom 25.6.1935; Evang. Gemeindeblatt Tübingen, August 1935, S. 4, und TC/NTT vom 23.8.1935: »Besuch kirchlicher Veranstaltungen ist nicht Sache der Schule«.
527 NSK Stuttgart vom 9.11.1937, S. 5: »Buss- und Bettag wird aufgelockert«.
528 EDA: C II 3.
529 Ebd. sowie Evang. Gemeindeblatt Tübingen, Mai 1935, S. 4.
530 LKA: Altregistratur 115 c IX.
531 E. Röhm/J. Thierfelder, 1984, S. 357.
532 TC/NTT vom 7.4.1934.

533 G. Schäfer Bd. 5, S. 710f.
534 Siehe z. B.: TC/NTT vom 29.4.1936: »Volksgemeinschaft in der Deutschen Volksschule« und vom 30.4.1936: »Das Volk will die Gemeinschaftsschule«.
535 SAT: F 5200 und GRP vom 18.5.1936 § 368.
536 SAT: GRP vom 28.12.1936 § 972.
537 EDA: 167.
538 Amtsblatt des Württ. Kultministeriums, Nr. 7, 1937, S. 93. Bezirksschulamtsleiter Ehni hatte schon 1935 die Ministerialabteilung für die Volksschulen auf die Verdrängung des Alten Testaments aus dem Religionsunterricht aufmerksam gemacht (LKA: 203 II).
539 G. Schäfer Bd. 5, S. 756ff. – Der Eid lautete: *Ich gelobe, ich werde dem Führer des Deutschen Reiches und Volkes, Adolf Hitler, treu und gehorsam sein und meine Dienstobliegenheiten gewissenhaft und uneigennützig erfüllen.*
540 G. Schäfer Bd. 5, S. 756ff.
541 LKA: A 126–26, Rep. Nr. 16; EDA: 168/2; vgl. auch G. Schäfer Bd. 5, S. 755–798.
542 EDA: 168/2. Dort auch das Folgende.
543 LKA: A 126–26, Rep. Nr. 16.
544 EDA: C II 4; Evang. Gemeindeblatt Tübingen, August 1937, S. 4.
545 G. Schäfer Bd. 5, S. 798ff.
546 EDA: 2081. Dort auch das Folgende.
547 EDA: 166; P. Sauer, 1975, S. 217.
548 EDA: 166; SAT: WPD 501.
549 LKA: 203 m/S.
550 EDA: 167.
551 J. Thierfelder, 1980, S. 246. Siehe auch Th. Schnabel, 1986, S. 432–449.
552 LKA: Altregistratur 115 c IX.
553 SAT: GRP vom 5.6.1936 § 463.
554 HStA Stuttgart: E 130 IV – 1241. Bei der Beratung eines Zuschusses für das Kinderheim des Tropen-Genesungsheims wies Ratsherr Gieseler darauf hin, *daß es sich beim Tübinger Tropen-Genesungsheim um eine ausschließlich konfessionelle Sache handle und daß er Bedenken trage, dazu einen Beitrag der Stadt zu verwilligen.* Doch Scheef setzte die Bewilligung durch (SAT: GRP vom 4.11.1937, nö).
555 HStA Stuttgart: E 130 IV – 1241. Dort auch das Folgende.
556 Schreiben vom 4.11.1938 (HStA Stuttgart: E 130 IV – 1241).
557 Ebd.
558 EDA: 150; LKA: 122 VII.
559 EDA: IV 2b. Zu den Gefallenengedenkfeiern siehe auch oben S. 221f.
560 Evang. Gemeindeblatt Tübingen, April 1935, S. 3. – EDA: Bericht vom Evang. Bezirkstag Tübingen 1939, S. 13f.
561 Evang. Gemeindeblatt Tübingen, April 1935, S. 3.
562 Evang. Gemeindeblatt Tübingen, April 1937, S. 4. – Dekan Stockmayer bedauerte 1938 in einem Schreiben an den ausscheidenden Oberbürgermeister Scheef, daß die Gemeinde bei der Verabschiedung auf dem Rathaus *nicht mehr zu Wort gekommen sei.*
563 EDA: III B 25.
564 Ebd.
565 LKA: Altregistratur 122 VIII.
566 Ebd.
567 LKA: Altregistratur 122 X.
568 EDA: III B 25.
569 LKA: Altregistratur 285 c I; EDA: KGR-Protokoll vom 1.9.1938 § 88.
570 Einer der neun Elternbriefe sei beispielhaft angeführt: *Wer Frl. Schoppen näher kennt, kann dies mit gutem Gewissen nicht auf ihr ruhen lassen. Kurgäste aus Obertal, die gelegentlich bei unseren Töchtern im Lager Besuch machten, wunderten sich groß über die tadellose Ordnung und Volksgemeinschaft, die dort herrsche. Die Kinder kommen jedesmal gut erholt und hoch befriedigt zurück mit Frl. Schoppen. Es ist jeden-*

*falls der Wunsch aller beteiligten Eltern, daß ihre Tochter auch fernerhin unter Leitung von Frl. Schoppen ein Lager erleben darf und möchte ich zu meinem Teil die Geheime Staatspolizei bitten, die über Frl. Schoppen ergangene Verfügung zurückzunehmen und sie wieder in ihr Amt zu setzen* (LKA: Altregistratur 285 c I).
571  EDA: III B 25.
572  SAT: F 5170; EDA: 235.
573  SAT: GRP vom 2.9.1936 § 701.
574  Ebd.
575  SAT: F 5170.
576  Evang. Gemeindeblatt Tübingen, September 1937, S. 3/4, und Januar 1938, S. 4.
577  EDA: 167.
578  Evang. Gemeindeblatt Tübingen, Januar 1938, S. 4.
579  SAT: GRP vom 7.7.1937 § 497, nö.; die Verfügung wurde am 26.4 1937 § 300 dem Gemeinderat bekanntgegeben.
580  SAT: F 5170. Dort auch das Folgende.
581  SAT: F 5170.
582  Bei Kriegsende kam im früheren Guestfalen-Haus ein weiterer NSV-Kindergarten hinzu (SAT: F 5170).
583  EDA: KGR-Sitzung vom 8.12.1937 § 129. Vgl. auch TC/NTT vom 29.1.1938: »5 Jahre nationalsozialistische Aufbauarbeit im Kreis Tübingen«. Von 1938 an unterstützte die Stadt die NS-Gemeinde-Pflegestation mit einem jährlichen Betrag von 800 RM (SAT: GRP vom 13.2.1939 § 27 und F 8025).
584  EDA: 167. Vgl. auch Th. Stockmayer, S. 223.
585  EDA: 166.
586  EDA: 232 a–25 c.
587  StA Sigmaringen: Wü 65/36, Acc. 31/1973, Nr. 580.
588  EDA: 232 a–25 c; Evang. Gemeindeblatt Tübingen, August 1939, S. 3. EDA: KGP, Verwaltungs-Ausschuß, vom 1.9.1941 § 106. – Für den Fortbestand des evangelischen Gemeindelebens war diese Lösung besonders wichtig, wurde der Gemeinde doch auf diese Weise eine Versammlungsmöglichkeit im Ev. Hospiz belassen. Auch das Haus der Deutschen Christlichen Studenten-Vereinigung (DCSV) in der Österbergstraße (heute Schlatterhaus) blieb der Gemeinde erhalten (KGR-Sitzung vom 19.10.1938 § 113). Ebenso schenkte der Deutsch-Evangelische Frauenbund, Ortsverband Tübingen, sein Haus in der Wöhrdstraße der Ev. Gemeinde, um es dem Zugriff des NS-Staats zu entziehen (EDA: 175; 31.7.1941).
589  SAT: F 7281.
590  Ebd.
591  Ebd.
592  SAT: GRP vom 25.3.1935 § 300.
593  Siehe oben S. 264 f.
594  SAT: F 7281.
595  Ebd.
596  Ebd.
597  K. Gotto/H. Hockerts/K. Repgen, S. 101–118. Für die württembergische Situation siehe: A. Hagen, Bd. 3, 1960.
598  DAR: G II d–111. Vgl. J. Aretz, 1983, S. 90 f.
599  Am 23.6.1935 protestierte die Reichsführung der Deutschen Kolpingfamilie beim Betriebsführer einer Derendinger Möbelfirma. Dieser hatte zwei Mitgliedern der Kolpingfamilie die Entlassung angedroht, weil sie von der DAF wegen Zugehörigkeit zur Kolpingfamilie ausgeschlossen worden waren (DAR: G II d–111).
600  H. Graml, 1966, S. 18; TC/NTT vom 17.6.1935.
601  Pfarrchronik, S. 76.
602  HStA Stuttgart: E 151 b II–511.
603  DAR: G II d–118.
604  SAT: GRP vom 4.2.1935 § 90.
605  Pfarrchronik, S. 65.
606  P. Sauer, 1975, S. 199, SAT: WPD 322.

607 SAT: WPD 81/1 (Bericht des beauftragten Polizeibeamten vom 10.6.1936 an die Polizeidirektion); StA Sigmaringen: Wü 65/36, Acc. 31/1973, Nr. 261 (Bericht über die Beschlagnahme des Hirtenbriefs vom 20.8.1935); Pfarrchronik, S. 74.
608 Pfarrchronik, S. 60f., 69, 74. – Der Standortälteste Oberst Hilpert nahm den Stadtpfarrer gegen den Vorwurf der nationalen Unzuverlässigkeit in Schutz und bestätigte ihm eine *einwandfreie nationale Haltung* (ebd.).
609 Pfarrchronik, S. 53 und S. 84/5, sowie TC/NTT vom 22.3.1937.
610 Den Altar, den der Münchner Bildhauer Karl Rieter als übermannshohe Michaelsfigur aus Muschelkalk schuf, hatten die geistlichen Kriegsteilnehmer der Diözese als Kriegerdenkmal für gefallene Theologen gestiftet (Ebd. S. 80–82).
611 Ebd. S. 67. – Die kirchl. Statistik freilich verzeichnet den absoluten Tiefpunkt des Kirchenbesuchs mit 28,2 Prozent im September 1938. Auch die Teilnahme an der Osterkommunion hatte 1938 mit 34,4 Prozent ihren Tiefpunkt erreicht (DAR: Kirchliche Statistik, Pfarrei Tübingen).
612 Pfarrchronik, S. 66.
613 Ebd. S. 80, 88.
614 Ebd. S. 72/3.
615 Ebd. S. 79/80.
616 Ebd. S. 102/3.
617 SAT: GRP vom 4.5.1936 § 322.
618 Pfarrchronik, S. 56.
619 SAT: GRP vom 18.5.1936 § 368. – Zu der Entfernung von Kruzifixen aus den Schulen siehe: B. Möckershoff, 1981, S. 237–256, und E. Kleinöder, 1981, S. 173–184.
620 SAT: F 5200.
621 Pfarrchronik, S. 59.
622 SAT: GRP vom 26.5.1936 § 406.
623 SAT: F 5043. Siehe auch TC/NTT vom 25.1.1937: »Keine Konfessionsschule mehr«.
624 SAT: F 5429.
625 DAR: G II d–65; Pfarrchronik, S. 59.
626 DAR: G II d–65. Dort auch das Folgende.
627 Pfarrchronik, S. 60. Interview mit Gewerbeschulrat Josef Held vom 8.8.1983.
628 DAR: G II d–83.
629 DAR: G II d–66.
630 EDA: Nr. 167.
631 BAK: NS 25–392.
632 Die TC titelte: »Ein verkommener Klostervorsteher« (TC/NTT vom 1.7.1936). Vgl. H. G. Hockerts, 1971; W. Doetsch, S. 199–201.
633 TC/NTT vom 1.7.1936, vom 25.4.1937, vom 24.7.1937 sowie vom 7.5.1937.
634 SAT: WPD 322; P. Sauer, 1975, S. 201 f.
635 StA Sigmaringen: Wü 65/36, Acc. 31/1973, Nr. 263. Dort auch das Folgende.
636 Die ausführlichste Darstellung der oft geschilderten Rottenburger Ereignisse vom Sommer 1938 bietet: P. Kopf/M. Miller (Hrsg.), 1971. Siehe aber auch die aus persönlichem Erleben geschilderte Darstellung des ehemaligen Tübinger Studentenpfarrers: B. Hanssler, 1984, und J. Köhler, 1984.
637 P. Kopf/M. Miller, S. 44–54, Dok. Nr. 4.
638 P. Sauer, 1975, S. 203.
639 P. Kopf/M. Miller, S. 67 ff.
640 Ebd. S. 69. Dort auch das Folgende.
641 Ebd. S. 75, Dok. 81; S. 95, Dok. 13; S. 99, Dok. 15 b.
642 Ebd. S. 157 ff., Dok. 34.
643 B. Hanssler, S. 26 f.
644 Pfarrchronik, S. 92.
645 P. Kopf/M. Miller, S. 186 ff., Dok. 43 b.
646 Ebd. S. 193 ff., Dok. 44 c.

*Anmerkungen zu den Seiten 273—276*

647 Ebd. S. 202, Dok. 46a; DAR: G II d –45. In einem Bericht über die *kommandierte Kundgebung* heißt es: *Evang. Teilnehmer drückten sich u. a. also aus: Sie hätten hier nichts verloren, der Bischof von Rottenburg gehe sie nichts an, er hätte ihnen auch nichts getan. Von Metzingen und Urach wird gemeldet, daß die dortigen Teilnehmer als sie aus ihrem Standort ins Auto und nach Reutlingen verladen wurden zunächst der Ansicht waren, es handelt sich um eine geheime Mobilmachung. Erst in Tübingen seien sie über Zweck und Ziel der Übung klar geworden* (P. Kopf/M. Miller, S. 202, Dok. 46a).
648 DAR: G II d –45.
649 Pfarrchronik, S. 92.
650 P. Kopf/M. Miller, S. 247, Dok. 60a.
651 Ebd. S. 203 f., Dok. 46a.
652 DAR: G II d –45.
653 Ebd.
654 Pfarrchronik, S. 95.
655 LKA Stuttgart: Stift (Altregistratur) V/13; SAT: Akten des Oberamts, Brandfälle 1937–1944.
656 H. Lamparter, 1984, S. 4.
657 75 Jahre Adventistengemeinde, [1983].
658 RGBl. I, 1934, S. 7.
659 StA Sigmaringen: Wü 65/36, Acc. 31/1973, Nr. 588.
660 TC und NTT vom 10. 3. 1933 und passim.
661 Zum Widerstandsbegriff siehe oben S. 416 Anm. 568.
662 Zur Situation des organisierten Arbeiterwiderstand in Württemberg siehe: W. Nachtmann/W. Niess, S. 173–182.
663 SAT: F 6210 (Anklageschrift).
664 Für den Rückgang der Untergrundtätigkeit machten die Deutschland-Berichte die Zerschlagung der Arbeiter-Organisationen und die Verhaftungen ganzer *Führungsgarnituren* verantwortlich, aber auch die abnehmende Arbeitslosigkeit: *Immer wieder wird dieselbe Erfahrung gemacht: der mutigste illegale Kämpfer, der rücksichtsloseste Gegner des Regimes ist in der Regel der Erwerbslose, der nichts mehr zu verlieren hat. Kommt aber ein Arbeiter nach jahrelanger Arbeitslosigkeit in den Betrieb, so wird er – und seien Lohn und Arbeitsbedingungen noch so schlecht – auf einmal ängstlich* (Deutschland-Berichte, Januar 1935, S. 137).
665 H. Boger u. a. S. 125 f.
666 Beispielsweise kämpften Repräsentanten der kommunalen Selbstverwaltung gegen die Beschneidung ihrer Kompetenzen durch zentrale NS-Behörden. Siehe dazu die Stellungnahme des Reichs- und Preußischen Innenministers vom 16. 12. 1934 über die »Einheit der Verwaltung, insbesondere bei den Gemeinden« (HStA Stuttgart: E 151 a–538).
667 StA Sigmaringen: Wü 65/36, Acc. 14/1973, Nr. 584. – Die Anordnung belegt zudem die verbreitete Auffassung, daß die Mißstände Hitler unbekannt seien. Diese Vorstellung war eine besondere Form des Führermythos nach dem Motto: Wenn der Führer nur davon wüßte, würde er es sofort abstellen. Vgl. dazu: I. Kershaw, 1980.
668 StA Sigmaringen: Wü 65/36, Acc. 14/1973, Nr. 584.
669 C. Schmid, S. 159/160.
670 *Unorganisierter Umgehorsam sollen die Handlungen heißen, die das Regime des Dritten Reichs als abweichend betrachtete und die innerhalb sozialer Organisationen vorkamen, deren Ordnung nicht auf Widerstand angelegt war, ihn aber strukturell begünstigen konnte* (P. Hüttenberger, 1981, S. 523.).
671 DAR: G II d –150, siehe auch TC/NTT vom 17. 6. 1935: »Hemmungen«. – Ratsherr Schneck monierte 1935, daß noch immer in städtischen Briefen frühere Höflichkeitsformeln wie »Hochachtungsvoll« angewendet werden und nicht »Heil-Hitler« (SAT: GRP vom 25. 3. 1935 § 288).
672 TC/NTT vom 29. 3. 1939.
673 TC/NTT vom 13. 10. 1937: »Mitleid hilft nicht – Opfer ist Pflicht.«
674 Im 2. WHW 1934/35 hatte die »Chronik« das Kreisergebnis von 140000 RM noch stolz als *Hohes Lied der Volksgemeinschaft* gefeiert (TC/NTT vom 15. 4. 1935). Auch 1935 hatte sie bei einer Gesamtsumme von 3380,48 RM *den Zweck für erfüllt* erklärt (TC/NTT vom 9. 12. 1935).
675 Ev. Gemeindeblatt Tübingen, Mai 1935, S. 4.

676 SAT: StO. (Sammelmappe »Tag der nationalen Solidarität«). – Beim »Dankopfer der Nation«, einer Sammlung zugunsten der SA, war Tübingen 1937 allerdings *mit an vorderster Stelle in Württemberg* (TC/NTT vom 20. 5. 1937).
677 SAT: StO. (Sammelmappe »Tag der nationalen Solidarität«).
678 H. Rauschnabel, »Prüfstein des Gemeinsinns«, in: TC/NTT vom 4. 12. 1937.
679 Ebd. Dort auch das Folgende.
680 SAT: GRP vom 30. 3. 1937 § 232.
681 TC/NTT vom 10. 1. 1936. – *Den ewig Gestrigen ins Stammbuch* schrieb die NS-Presse die Klage, *daß es im Wirtschaftsleben noch eine ganze Anzahl von Elementen gibt, die wohl sehr oft den Charakter und die Gesinnung im Mund führen, deren Tun und Lassen aber im übrigen im krassen Gegensatz zum Nationalsozialismus steht* (TC/NTT vom 21. 5. 1935).
682 Vgl. die Deutschland-Berichte vom März 1938: *Die große Erregung über die Angliederung Österreichs hat sich wieder gelegt. Der Rummel, den die Nazis aufgezogen hatten, hat keine übermäßige Freude ausgelöst. Die Erregung entstand mehr aus der gespannten Erwartung, welche Folgen eintreten werden. Als dann das Ausland nichts unternahm, verflog auch die große Erregung und der Alltag trat wieder an ihre Stelle. Der Alltag des Dritten Reichs, mit all den Nöten und Meckereien* (Deutschland-Berichte 1938, S. 261). – Vgl. auch GRP vom 25. 4. 1938 § 213 ff. nö.
683 Deutschland-Berichte 1935, November, S. 1256.
684 SAT: GRP vom 9. 12. 1935 § 880.
685 TC/NTT vom 14. 11. 1935: »Dritte Versammlungswelle in Württemberg« und TC/NTT vom 19. 11. 1935: »Für Freiheit, Ehre und Brot. Glänzender Erfolg der zweiten Versammlungswelle der NSDAP des Kreises Tübingen.«
686 TC/NTT vom 14. 11. 1935: »Dritte Versammlungswelle in Württemberg«. Dort auch die folgenden Zitate.
687 TC/NTT vom 9. 10. 1936.
688 TC/NTT vom 29. 8. 1935.
689 TC/NTT vom 14. 11. 1935. – Zwei Wochen zuvor hatte sie bereits eine *Neuregelung des Butterverkaufs* und *weitere Maßnahmen zur Überwindung der gegenwärtigen Versorgungslage* angekündigt (TC/NTT vom 2. 11. 1935).
690 SAT: GRP vom 7. 12. 1936 § 942.
691 »Merkblatt über Fettbezug ab Januar 1937« (SAT: F 8375).
692 TC/NTT vom 4. 1. 1938: »Was essen wir an kalten Tagen?«
693 TC/NTT vom 13. 6. 1935. SAT: GRP vom 26. 10. 1936 § 816.
694 R. Müller, 1986, S. 584, Anm. 33.
695 TC/NTT vom 3. 1. 1935 und vom 1. 12. 1937: »Politische Sensationen gesucht«. Weinmann beanstandete 1935, daß im »Museum« noch immer die »Basler Nachrichten« auslagen (SAT: GRP vom 17. 6. 1935 § 496).
696 TC/NTT vom 15. 11. 1938.
697 TC vom 8. 10. 1936 und TC/NTT vom 11. 1. 1939.
698 SAT: GRP vom 9. 3. 1935 § 915.
699 SAT: GRP vom 30. 12. 1938 § 801.
700 Deutschland-Berichte 1937, S. 481 und 1935, S. 505.
701 SAT: F 1014/25.
702 StA Sigmaringen: Wü 65/36, Acc. 31/1973, Nr. 20–23.
703 UAT: 117C/319. – 1938 bat der Erziehungswissenschaftler Adolf Schlatter, aus Altersgründen aus der Wahlliste gestrichen zu werden. Die Stadtverwaltung kam dem Wunsch nach. *Wahlliste ausgestrichen u. mit »behindert« bezeichnet*, vermerkte der zuständige Beamte (SAT: F 1014/33).
704 Angeblich, weil sich die Zahl der Wahlberechtigten nicht mit den in der Wahlkartei eingetragenen Stimmberechtigten decke (SAT: F 1014/25 und StA Sigmaringen: Wü 65/36, Acc. 31/1973, Nr. 22). Die Unstimmigkeiten ergaben sich, weil viele Listen noch Namen von Juden enthielten, denen aber mittlerweile die »Nürnberger Gesetze« die Stimmberechtigung entzogen hatten (TC/NTT vom 17. 3. 1936).
705 SAT: F 1014/25.
706 Ebd.

*Anmerkungen zu den Seiten 279—284*

707 H. Decker-Hauff, 1967, S. 78. Vgl. auch: W. Kaschuba, S. 328–340.
708 Deutschland-Berichte 1937, S. 482.
709 DAR: G II d – 151/G II d – 65.
710 Siehe oben S. 119.
711 Vgl. dazu: D. Rebentisch, 1981, S. 107–128.
712 So fragte z. B. das Reichswissenschaftsministerium beim Reichsstatthalter vor der Höhergruppierung eines Tübinger Hochschullehrers nach dessen religiöser Einstellung und politischer Haltung (UAT: 117 C/139). – Die Formblätter für die »Politische Beurteilung« fragten u. a., ob regelmäßig beflaggt wird (LKA: Altregistratur 285 b), und das politische Gutachten für Beamte erkundete, *ob sich der Überwachte vor dem 30. Januar 1933 gegen die NSDAP ausgesprochen habe, ob seine Frau jüdische Warenhäuser, Geschäfte, Rechtsanwälte oder Ärzte besuche und nach der Art der Grußausübung* (DAR: G II d – 5).
713 Deutschland-Berichte 1935, S. 351 f.
714 1937 führte die Motorradbrigade des NSKK die *1. Motorsporttage* mit Orientierungs-, Geländefahrten und Schauvorführungen in Tübingen durch (SAT: Sammelmappe Motorsporttage; Programmheft).
715 1939 hatten 160 Tübinger einen »KdF-Wagen« bestellt (TC/NTT vom 14. 2. 1939).
716 1936 besaßen bereits 11 von 100 Tübingern ein Radio (TC/NTT vom 12. 3. 1936).
717 SAT: F 4890. – TC/NTT vom 31. 10. 1935: »Was bietet die NS-Kulturgemeinde ihren Mitgliedern?«
718 BAK: R 58 – 945. – Die Reise mit der »Wilhelm Gustloff« kostete 150 RM (TC/NTT vom 10. 9. 1938: »Mit KdF rund um Italien«).
719 Siehe dazu: G. Bock, 1986, und G. Bock, 1980, S. 58–65.
720 H. Buchheim, 1982, S. 15–212; E. Kogon, 1974.
721 Ch. Sachße/F. Tennstedt, 1980.
722 Ausweisungen erfolgten aufgrund des Art. 57 des Gemeindezugehörigkeitsgesetzes vom 16. 6. 1885 und vom 15. 3. 1919 (Württ. Gemeindeordnung, 1906; Reg. Bl. vom 20. 10. 1922, S. 431). Rechtsgrundlage bot das »Unterstützungswohnsitz-Gesetz« vom 6. 6. 1870, wonach jeder, der 24 Monate ohne Unterbrechung in einer Gemeinde seinen Wohnsitz hatte, auch auf deren Unterstützung Anspruch hatte.
723 SAT: F 8398; GRP vom 28. 4. 1924 § 155.
724 SAT: WPD 104/2.
725 Ebd.
726 SAT: GRP vom 28. 4. 1925 § 155; WPD 104/2.
727 SAT: WPD 104/2. Dort auch das Folgende.
728 UAT: 174/118,2, Nr. 51/36; StA Ludwigsburg: E 356 d V – 207; B. Schönhagen, 1987, S. 103 ff.
729 Zum Umgang des NS-Staates mit den von ihm zu »Minderwertigen« erklärten Menschen vgl. A. Ebbinghaus, 1984; E. Klee, »Euthanasie«, 1985; ders., Dokumente, 1985; P. Zolling, 1986.
730 TC/NTT vom 24. 11. 1936: »Die Ursache des Verbrechens/Prof. Dr. Hoffmann über Säuberung der Volksgemeinschaft«. Dort auch das Folgende. – Zu Hoffmann siehe auch: B. Müller-Hill, S. 152 f.
731 Vgl. D. Bossmann, 1977.
732 Schreiben der Bewohner des Hauses Reutlinger Straße 73 vom 11. 11. 1934 an die Polizeidirektion Tübingen (SAT: WPD 104/3. Dort auch das Folgende).
733 1934 nahm die Stadt auf Anregung des Oberamts ihren Antrag auf Ausweisung einer beschäftigungslosen Hausgehilfin zurück (SAT: GRP vom 23. 4. 1934 § 416 und vom 18. 6. 1934 § 704). – Als im selben Jahr ein entlassener Schutzhäftling um die Genehmigung zur Niederlassung in Tübingen nachsuchte, einigten sich Polizeidirektion, Gemeinderat und Kreisleitung auf eine Ablehnung des Gesuchs, weil der Antragsteller ihrer Meinung nach als ehemaliger Schutzhäftling *nicht die erforderliche politische Zuverlässigkeit besitzt* (SAT: WPD 88; GRP vom 25. 8. 1933 § 668 und vom 28. 5. 1934 § 572). – Die Einbürgerung eines volksdeutschen Obertruppenführers einer SA-Standarte hingegen machte keinerlei Probleme (SAT: WPD 88).
734 W. Ayaß, S. 405–413.
735 SAT: WPD 104/3; Betteln und Landstreicherei konnte nach § 361 StGB mit Polizeihaft bis zu 6 Wochen bestraft werden; nach mehrmaliger Bestrafung drohte die Einweisung in ein Arbeitshaus.
736 TC vom 25. 9. 1933 und NTT vom 25. 9. 1933: »Polizeibericht«. – Bei der ersten Bettler-Razzia des NS-Staats, 1933, wurden allein in Württemberg rund 5000 Personen verhaftet, 2000 polizeilich bestraft und 500 in ein Arbeitshaus eingewiesen (W. Ayaß, S. 405–413).

737 SAT: WPD 104/3.
738 Ebd.
739 RGBl. I, 1933, S. 995.
740 TC/NTT vom 1. 6. 1937.
741 D. Peukert, 1981, S. 413–434.
742 SAT: WPD 86/1, dort auch die zwei nächsten Zitate.
743 D. Peukert, 1981, S. 418.
744 Ebd. S. 412.
745 SAT: WPD 104/3.
746 G. Gütt/E. Rüdin/F. Rüttke, 1934.
747 Runderlaß des württ. Innenministeriums vom 20. 8. 1934 für den Vollzug des Gesetzes »zur Verhütung erbkranken Nachwuchses« (SAT: F 8005).
748 Rundschreiben des württ. Innenministeriums vom 1. 3. 1935 (SAT: F 8005).
749 Siehe oben S. 149.
750 SAT: F 8005.
751 SAT: GRP vom 4. 2. 1935 § 5, F 8005.
752 SAT: WPD 247.
753 E. Klee, »Euthanasie«, S. 43 ff.
754 SAT: WPD 530.
755 RGBl. I, 1939, S. 2115; SAT: WPD 247.
756 GRP vom 13. 6. 1938 § 394. Dort auch das Folgende.
757 Siehe z. B.: TC/NTT vom 9. 3. 1939: »Tagebuchblätter: Die Zigeuner sind da«; TC/NTT vom 25. 3. 1939: »Tagebuchblätter: Von den Zigeunern«.
758 TC/NTT vom 10. 2. 1934. – Zu Stähle siehe E. Klee, »Euthanasie«, S. 89 f., und Württ. Ärzteblatt, 1933 ff.
759 Zu den verschiedenen Interessen der NS-Führung an der Judenpolitik siehe: H. Mommsen, 1962, S. 68–87; U. D. Adam, 1972; H. Krausnick, 1982, S. 235–360.
760 RGBl. I, 1935, S. 1146; TC/NTT vom 15. 9. 1935. – An den Schlagzeilen der TC läßt sich eine Radikalisierung im Sommer 1935 ablesen.
761 RGBl. I, 1935, S. 1146 f.
762 RGBl. I, 1935, S. 1332 f.; TC/NTT vom 16. 11. 1935.
763 RGBl. I, 1935, S. 1334.
764 »Deutscher kaufe nicht beim Juden!«, 1935.
765 H. Genschel, 1966, S. 114–119; U. D. Adam, 1972, S. 114–140.
766 Th. Miller, 1938, S. 39–44; ders., 1936, S. 36–41; TC/NTT vom 29. 2. 1936: »So sind die Juden«, vom 4. 4. und 7. 4. 1936: »Graf Eberhard im Bart und die Juden, von Thomas Miller«, vom 22. 7. 1938: »Tübingen im Kampf gegen die Juden / Ein Beitrag zur Judenfrage in früherer Zeit«.
767 TC/NTT vom 26. 1. 1937: »Der Geist des Talmudjudentums«. – Zur Aufnahme der »Nürnberger Gesetze« siehe auch: O. Kulka, 1984, S. 582–625.
768 Runderlaß des Reichswirtschaftsministeriums vom 1. 3. 1938 (J. Walk, S. 217 Nr. 431).
769 SAT: GRP vom 26. 10. 1936 § 817.
770 SAT: GRP vom 13. 11. 1936 § 880.
771 SAT: GRP vom 15. 3. 1937 § 203 nö. – Anders als beantragt, wurde den jüdischen Händlern dann die Münzgasse für Jahrmärkte zugewiesen.
772 SAT: GRP vom 26. 4. 1937 § 372.
773 TC/NTT vom 6. 4. 1937: »Märkte in Nehren judenfrei / Eine erfreuliche Mitteilung«.
774 TC/NTT vom 30. 12. 1937.
775 UAT: 236.
776 L. Zapf, S. 119–123.
777 SAT: UG 1856.
778 L. Zapf, S. 170.
779 StA Sigmaringen: Wü 65/36, Acc. 14/1973, Nr. 514. Zu den einzelnen Schicksalen siehe: L. Zapf, 1978, S. 68–76 u. S. 119–192.

780 L. Zapf, S. 184 u. 226.
781 J. Walk, S. 177 Nr. 237; vgl. auch W. Scheffler, S. 22–25.
782 H. Bernheim, S. 41.
783 Mitteilung von H. Bernheim, 1981, an die Verf.
784 P. Sauer, 1969, S. 83–94. Siehe auch die Arbeit über die Stuttgarter Juden: M. Zelzer, 1964, S. 172–175; L. Zapf, S. 127.
785 L. Zapf, S. 127 (Bericht von Hanna Bernheim).
786 RGBl. I, 1938, S. 414f.
787 Ebd. § 7.
788 H. Genschel, S. 296/7; Anordnung (= AO) aufgrund der Verordnung über die Anmeldung des Vermögens von Juden vom 26.4.1938 (RGBl. I, 1938, S. 415).
789 III. VO zum Reichsbürgergesetz vom 14.6.1938 (RGBl. I, 1938, S. 627): Kennzeichnung *jüdischer* Betriebe; Gesetz zur Änderung der Gewerbeordnung für das deutsche Reich vom 6.7.1938 (RGBl. I, 1938, S. 823); IV. VO zum Reichsbürgergesetz vom 25.7.1938 (RGBl. I, 1938, S. 969f.): Entzug der Approbation. Vgl. auch das lokale Echo in der TC/NTT vom 24.8.1938: »Die ›armen‹ Judenärzte / Eine notwendige Säuberung« und vom 10.10.1938: »Württemberg frei von jüdischen Ärzten«; V. VO zum Reichsbürgergesetz vom 27.9.1938 (RGBl. I, 1938, S. 1403–1406): Ausscheiden aus den Rechtsanwaltschaften; Anordnung des Reichswirtschaftsministeriums vom 14.6.1938 über die Geschäftsverbindung der Sparkassen mit Juden (J. Walk, S. 229 Nr. 386).
790 II. VO zur Durchführung des Gesetzes über die Änderung von Familiennamen (RGBl. I, 1939, S. 1044); Runderlaß des Reichsinnenministeriums vom 27.7.1938 über jüdische Straßennamen (J. Walk, S. 235 Nr. 514); VO des Reichsinnenministeriums über Reisepässe von Juden (RGBl. I, 1938, S. 1342). Vgl. auch TC/NTT vom 3.8.1938 und vom 11.10.1938.
791 StA Sigmaringen: Wü 65/36, Acc. 31/1973, Nr. 115.
792 Ebd.
793 Genschel spricht von einem *sprunghaften Anstieg* nach der »Vermögensanmeldung-Verordnung«. Die »Jüdische Rundschau« meldete für Januar/Februar 2, für April 50 und für September 1938 bereits 235 Arisierungen. Da der »Rundschau« nicht alle Arisierungen, vor allem nicht die kleineren bekannt wurden, übersteigt die tatsächliche Zahl der Notverkäufe jüdischer Firmen diese Angaben noch (H. Genschel, S. 173/4).
794 Für die Zeit vor dem Novemberpogrom führt Lilli Zapf nur ein Beispiel für eine Zwangsenteignung an. Diese betraf Haus und Grundstück von Hugo Löwenstein, die das Reich am 18.10.1938, nachdem die Familie schon im Ausland war, auf Grund des Gesetzes »über die Einziehung volks- und staatsfeindlichen Vermögens« (RGBl. I, 1933, S. 479f.) beschlagnahmte. Die übrigen Verkäufe waren Notverkäufe: Adolph Bernheim verkaufte am 21.7.1938 sein Anwesen in der Stauffenstraße 27 an Hans Freiherr von Hauff; Leopold Hirsch unterzeichnete am 9.9.1938 den Kaufvertrag für sein Geschäftshaus in der Kronenstraße 6, das an Josef Tressel überging, und Max Löwenstein schloß am 27.7.1938 mit Bäckermeister Christian Lieb einen Vertrag über den Verkauf seines Hauses in der Hechinger Straße 9 (L. Zapf, S. 102–106).
795 TC/NTT vom 1.10.1938; DAR: G II d–151.
796 L. Zapf, S. 161. – Für die Grundbucheintragung gibt L. Zapf als Verkaufsdatum den 2.1.1939 an, in der Biografie nennt sie allerdings 1938.
797 Ebd. S. 103 und S. 138/9. – Zu Leopold Hirsch vgl. auch die Würdigung des »Schwäbischen Tagblatts« am 1.12.1951 zu dessen 75. Geburtstag.
798 L. Zapf, S. 222.
799 H. Genschel, S. 155/6.
800 Ebd.
801 H. Bernheim, S. 48/9.
802 Den Ablauf des Attentats und die Motive Grünspans stellt dar: H. Heiber, 1957, S. 134–172.
803 H. Höhne, 1968, S. 314; Urkunden zur Judenpolitik des Dritten Reichs, in: Das Parlament vom 10.11.1954, S. 587.
804 IMT XXXII, S. 22ff. und Dok. 93–3063.

805 H. Graml, 1954.
806 W. Scheffler, S. 77f. Dokument 20.
807 Ebd. S. 27.
808 TC/NTT vom 11.11.1938. Dort auch das Folgende.
809 StA Sigmaringen: Wü 29/3, Acc. 33/1973, Nr. 1515 (»Synagogenbrandprozeß«), im folgenden zitiert als V 1.
810 Aussage Hans Rauschnabels vor der Staatsanwaltschaft Tübingen vom 25.3.1949 sowie der Zeugin K. R. vom 23.3.1949 (StA Sigmaringen: Wü 29/3, Acc. 33/1973, Nr. 174), im folgenden zitiert als V 2 und »Synagogenbrandprozeß«, Anklageschrift vom 5.11.1946 und Urteil vom 29.11.1946 gegen August S. und Eugen L. (V 1; die Namen der Angeklagten wurden vom Archiv anonymisiert).
811 TC/NTT vom 8.11.1938: »Schwarzes Brett« und vom 10.11.1938: »Erhebende Feierstunde«.
812 V 2. – Im Verfahren wurde auf diesen frühen Telefonanruf nicht weiter eingegangen.
813 V 2 (Aussage Rauschnabels vor der Staatsanwaltschaft Tübingen vom 25.3.1949).
814 Ebd. – Hervorhebung nicht im Original.
815 Ebd. Dort auch das Folgende.
816 Um möglichst effektiven Zunder zu bekommen, bestrichen sie einen vertrockneten Eichenkranz mit Bodenwachs (V 1: Urteilsverkündung).
817 Zu dem Zeitpunkt war Weinmann noch Erster Bürgermeister, zum Oberbürgermeister wurde er erst 1939 ernannt.
818 V 2 (Aussage Rauschnabels).
819 V 2: Urteilsschrift vom 29.11.1946, S. 8.
820 Ebd. S. 10.
821 Ebd. sowie Schwäbisches Tagblatt vom 3.12.1946, S. 4: »Der Tübinger Synagogenbrand vor der Strafkammer«.
822 V 1: Urteilsschrift, S. 2; L. Zapf, S. 109.
823 Ebd.
824 V 2: Aussage Rauschnabels; Schwäbisches Tagblatt vom 14.3.1949, S. 1: »Kreisleiter Rauschnabel in Tübingen verhaftet«.
825 Vgl. den Funkspruch des SD Berlin Nr. 4 vom 10.11.1938 an die Staatl. Kriminalpolizei Konstanz, abgedruckt bei P. Sauer, Dokumente 2, S. 14/5.
826 V 2.
827 StA Sigmaringen: Wü 29/3, Acc. 33/1973, Nr. 1764 (Gnadengesuch Rauschnabels vom 30.8.1950).
828 TC/NTT vom 11.11.1938. – Als letzter hatte Leopold Hirsch sein Geschäft im August 1938 verkauft.
829 L. Zapf, S. 103 u. S. 138 (L. Hirsch), S. 60 (A. Schäfer), S. 222 (H. Spiro); HStA Stuttgart: J 35–177.
830 L. Zapf, S. 196 (F. Erlanger) und S. 184/5 (J. Zivi).
831 Ebd. S. 208 und 212.
832 Ebd. S. 159/60.
833 Der Verhaftungswelle entgingen der 87jährige Optiker Adolf Dessauer aus der Uhlandstraße, der 72jährige Rechtsanwalt und ehemalige Gemeinderat Dr. Simon Hayum, der 64jährige Viehhändler Max Löwenstein aus der Herrenberger Straße, der 58jährige Jurist Albert Pagel und der 76jährige Dr. phil. Ludwig Spiro, Vater des verhafteten Hans Spiro. Jakob Oppenheim wurde zwar wie sein Schwager Albert Schäfer verhaftet, jedoch nicht wie die anderen in ein KZ gebracht, sondern mehrmals von der Gestapo in Stuttgart verhört. Adolph Bernheim, der während der Ausschreitungen geschäftlich unterwegs war, entging der Verhaftung ebenfalls (L. Zapf, S. 47/8: A. Dessauer; S. 132/33: S. Hayum; S. 204: M. Löwenstein; S. 161/62: J. Oppenheim; S. 246: H. Pagel; S. 60/1: L. Spiro).
834 Ebd. S. 83.
835 L. Zapf, S. 170. – Vgl. H. Keil, S. 158–161; M. Zelzer, 1964, S. 196–202; Stuttgart im Dritten Reich Bd. 4, S. 486/7; W. Scheffler, S. 80–82 Dok. 23.
836 L. Zapf, S. 60.
837 M. Zelzer, 1964, S. 201.
838 L. Zapf, S. 85; Interview mit Hanna Müller, Tübingen, 27.1.1981, und Interview mit Walter Kiefner, Tübingen, 28.11.1979.

839 Verordnungsblatt und Mitteilungen 12 vom 5.12.1938, S. 3. Für Krügel hatte der Austritt aus der SA keine nachteiligen Folgen (P. Sauer, Dokumente 2, S. 30).
840 Verordnungsblatt und Mitteilungen 12 vom 5.12.1938, S. 3. – Die TC/NTT brachte den Schmähartikel am 8.12.1938 unter der Rubrik »Geschichten aus dem Alltag«.
841 Weder in der Kath. Pfarrchronik noch in den Verhandlungsprotokollen des Ev. Kirchengemeinderats wird der Pogrom mit einem Wort erwähnt; vgl. auch: W. Sh. Allen, 1981, S. 397–411.
842 TC/NTT vom 24.1.1939: »Die Judenfrage als weltgeschichtliches Problem.« Ein Vierteljahr später wurde das Sommersemester der Württembergischen Verwaltungsakademie in Stuttgart mit demselben Vortrag von K. G. Kuhn eröffnet.
843 Eines der widerlichsten Beispiele für die propagandistische Verharmlosung des Pogroms in Tübingen ist die gereimte Neujahrschronik von Oswald Rathmann aus Bebenhausen. Die »Tübinger Chronik« druckte das Machwerk, das die Gewalttaten des November zu Paarreimen verarbeitete, zum Jahresende 1938: *Krause saß bei Kunnigunde / Seinen Mund an ihrem Munde Und sie planten mancherlei / Plötzlich gellt ein schriller Schrei Durch das deutsche Vaterland: / Judenmördermeuchelhand Meuchelte / Sofort entbrannt: Heil'ger Zorn ob dieser Schande, Und wer bisher nicht gesehn, / Mußte es nun doch gestehn: Judengeist ist Teufelssache / Und gerecht war Deutschlands Rache. Darauf interessierte Krause dann, / Wie man ein Dorf verschönern kann* [...] (TC/NTT vom 31.12.1938).
844 TC/NTT vom 24.11.1938: »Geschichten aus dem Alltag / Jüdische Wohltätigkeit auf fremde Kosten«.
845 H. Genschel, S. 183.
846 RGBl. I, 1938, S. 1581.
847 P. Sauer, Dokumente, S. 259 f. Nr. 222.
848 Erlaß »über die Erteilung des Rechts zum Tragen der Uniform« vom 16.11.1938 (RGBl. I, 1938, S. 1611 f.).
849 Verordnung »über die öffentliche Fürsorge der Juden« vom 19.11.1938 (RGBl. I, 1938, S. 1649).
850 Erlaß des RFSSuChdDP vom 3.12.1938 »über die Einziehung der Führerscheine und Zulassungspapiere« (J. Walk, S. 262).
851 Erlaß des RSHA »über die Beschlagnahme von Rundfunkempfängern bei Juden« (P. Sauer, Dokumente 2, S. 183 Nr. 400 g).
852 Erlaß des Reichs-Wissenschaftsministeriums vom 8.12.1938 »über den Ausschluß von Juden an den deutschen Hochschulen« (J. Walk, S. 264 Nr. 56).
853 Anordnung des RFSSuChdDP vom 29.11.1938 »über das Verhalten von Juden am Tag der Nationalen Solidarität« (J. Walk, S. 260 Nr. 37).
854 Hebammengesetz vom 21.12.1938 (RGBl. I, 1938, S. 1893–1896) und Runderlaß des Reichsministeriums des Innern »über die Verleihung des Apothekenbetriebsrechts« vom 31.5.1939 (J. Walk, S. 295 Nr. 201).
855 Dritte Anordnung des Beauftragten für den Vierjahresplan auf Grund der Verordnung über die Anmeldung des Vermögens von Juden vom 21.2.1939 (RGBl. I, 1939, S. 282); P. Sauer, Dokumente 2, S. 89/90 Nr. 344.
856 Anordnung des Reichsverkehrsministeriums vom 2.3.1939 (J. Walk, S. 285 Nr. 154).
857 Gesetz »über Mietverhältnisse mit Juden« vom 30.4.1939 (RGBl. I, 1939, S. 864 f.) und Runderlaß des Reichsinnenministeriums vom 4.5.1939 über die Durchführung des Gesetzes (J. Walk, S. 293 Nr. 192); vgl. auch TC/NTT vom 18.5.1938: »Muss man mit Juden unter einem Dach wohnen?«
858 IMT XXVII, 1861–PS.
859 Ebd.
860 L. Zapf, S. 126.
861 P. Sauer, Dokumente 2, S. 116 Nr. 360.
862 Ebd. S. 184/5.
863 Ebd. S. 169.
864 Ebd. S. 222.
865 Ebd. S. 119–122; P. Sauer, 1969.
866 Nach L. Zapf, S. 161/2. – Die Emigrantenliste der Tübinger Polizeidirektion verzeichnet bis zum 5.4.1939 fünf seit dem Pogrom ausgewanderte Juden (StA Sigmaringen: Wü 65/36, Acc. 14/1973, Nr. 514). Unter dem 1.4.1940 und dem 13.7.1940 meldete die Polizeidirektion die letzten vier Emigranten (ebd.). Von den

Anfang 1933 in Tübingen gemeldeten Juden emigrierten 35 in die USA, drei nach Moçambique, drei nach England, vier nach Süd-Afrika, zwei nach Ostafrika, zwei nach Frankreich und einer nach Holland. Zwölf fanden im damaligen britischen Mandat Palästina eine neue Heimat. Viele führte ihr Weg über mehrere Stationen. So bildete die Schweiz für zehn, Frankreich für sieben, Holland, England und Prag für jeweils einen die erste Zwischenstation (nach L. Zapf, S. 119–122).

# Tübingen im Krieg

1  Vgl. dazu: E. Jäckel, 1981, S. 29–54; ders., 1986, S. 66–88; W. Sauer, 1974, S. 85–193; W. Hofer, 1967.
2  TC/NTT vom 29.4.1935 und TC vom 26.10.1932: »Gesetzt den Fall, feindliche Flieger kämen über Tübingen…/Notwendigkeit und Organisation örtlicher Vorbeugungsmaßnahmen« (1. Tagung des Luftschutzbeirates Tübingen).
3  SAT: F 9450.
4  Ebd. GRP vom 8.3.1937 § 169.
5  UAT: 117 C/421.
6  TC/NTT vom 12.4.1933.
7  TC/NTT vom 29.4.1935, vom 10.9.1938, und vom 10.9.1938.
8  TC/NTT vom 10.9.1938: »Keine Luftschutz-Hauswarte mehr!« und TC/NTT vom 1.10.1938: »Luftschutz – Sachwerterhaltung«. Luftschutzgesetz vom 26.6.1935 (RGBl. I, 1935, S. 728).
9  SAT: F 9450.
10  StA Sigmaringen: Wü 65/36, Acc. 14/1973, Nr. 36.
11  Dienstpflicht-Verordnung vom 22.6.1938 und Dritte Verordnung »zur Sicherstellung des Kräftebedarfs für Aufgaben von besonderer staatspolitischer Bedeutung« (Notdienstverordnung) vom 15.10.1938 (RGBl. I, 1938, S. 1441); vgl. auch Deutschland-Berichte 1938, S. 681 ff.
12  P. Sauer, 1975, S. 271/2; TC/NTT vom 2.4.1938.
13  TC/NTT vom 15.12.1938: »Arbeitermangel in der Textilindustrie. Starke Verminderung der Gefolgschaft in unserem Kammerbezirk.« Zur Situation der Arbeiter während der Aufrüstung siehe: T. Mason, 1977, S. 208–298.
14  TC/NTT vom 29.9.1938.
15  Deutschland-Berichte vom November 1938, S. 1161; J. Kershaw, 1980, S. 111–130.
16  TC/NTT vom 31.1.1939.
17  TC/NTT vom 28.1.1939.
18  TC/NTT vom 15.1., 17.3., 19.5. und 22.8.1939.
19  Die Berliner Schriftleitung, die sich die »Chronik« seit April 1938 leistete, trug mit ihren Sonderberichten wesentlich dazu bei, vgl. TC/NTT vom 1.8.1939, S. 2.
20  SAT: GRP vom 28.8.1939 § 459.
21  SAT: WPD 204.
22  Befehl des Obersten Befehlshabers der Wehrmacht vom 31.8.1939; *Nachdem alle politischen Möglichkeiten erschöpft sind, um auf friedlichem Wege eine für Deutschland unerträgliche Lage an seiner Ostgrenze zu beseitigen, habe ich mich zur gewaltsamen Lösung entschlossen…* (W. Hofer, 1967, S. 303).
23  SAT: F 8393.
24  SAT: F 8393; TC/NTT vom 28.8.1939.
25  SAT: GRP vom 28.8.1939 § 482 (nö.).
26  SAT: F 8375. Siehe auch oben S. 278f.
27  TC/NTT vom 29.8.1939. – Eine Tübingerin, deren Familie der Kriegsbeginn im Urlaub überraschte, berichtete: *Meine Mutter war völlig verstört, weil sie gar keine Vorräte hatte, da wir ja 6 Wochen lang weggewesen waren. Das ganze Haus war leer, und alle hatten vorher noch gehamstert.* (Interview mit Elisabeth Storp am 25.6.1981).
28  TC/NTT vom 28.8.1939.
29  SAT: GRP vom 16.10.1939 § 504; TC/NTT vom 31.8.1939.

30 SAT: WPD 204.
31 Ebd.
32 E. Hampe, S. 62. – Ein »Sicherheits- und Hilfsdienst zweiter Ordnung« scheint in Tübingen dennoch von Kriegsbeginn an bestanden zu haben (SAT: F 1240/46).
33 Die öffentlichen Luftschutzräume befanden sich im Rathaus, am Holzmarkt 1, in der Wilhelm-Murr-Straße 1, in der Hindenburgstraße 7, und im Café Pomona in der Neckargasse sowie in der Walter-Simon-Straße 8 und der Karlsstraße 13 (TC/NTT vom 1. 9. 1939).
34 TC/NTT vom 28. 8. 1939.
35 TC/NTT vom 8. 9. 1939.
36 TC/NTT vom 1. 9. 1939.
37 SAT: F 1240/46.
38 SAT: GRP vom 16. 10. 1939 § 507.
39 SAT: F 1240/46; S. Müller, S. 17.
40 TC/NTT vom 2. 9. 1939.
41 TC/NTT vom 9. 9. 1939.
42 TC/NTT vom 1. 12. 1939.
43 Ebd.
44 TC/NTT vom 9. 9. 1939.
45 RGBl. I, 1939, S. 1670.
46 BAK: N Theodor Heuss Nr. 97.
47 TC/NTT vom 5. 7. 1940. Siehe auch TC/NTT vom 2. 1. 1940: »Verdunklungssünder werden bestraft/Der Geduldsfaden der Polizei reißt nun eben auch einmal.«
48 TC/NTT vom 12. 8. 1941: »Hier hört die Gemütlichkeit auf/Die Tübinger Polizei faßt Verdunklungssünder mit verdienter Härte an.«
49 Vgl. Meldungen vom 2. 4. 1942, S. 3567; E. Hampe, S. 121 ff.
50 TC/NTT vom 30. 3. 1942: »Die Erfahrung von Lübeck. Das geht jetzt jeden an: Selbstschutz im Luftschutz ist jetzt das Wichtigste«; TC/NTT vom 14. 8. 1942 und vom 24. 6. 1941: »So löscht man feindliche Brandbomben. Eine lehrreiche Vorführung in den Straßen Tübingens.«
51 P. Sauer, 1975, S. 347.
52 SAT: F 9450 und UAT: 117 C/421.
53 SAT: F 8398. *Also da wurde eben in der Wandelhalle Stroh aufgeschüttet* (Interview mit Hans Binder, 20. 9. 1983).
54 SAT: F 8398.
55 SAT: F 1240/46 und TC/NTT vom 30. 12. 1939.
56 TC/NTT vom 8. 9. 1939.
57 SAT: F 8393.
58 SAT: GRP vom 16. 10. 1939 § 504 und Anhang 1; TC/NTT vom 17. 10. 1939.
59 Siehe R. Müller, 1986, S. 612/13.
60 TC/NTT vom 9. 11. 1939, vgl. auch den Artikel: »Neue Leuchttechnik bei Verdunklung« in TC/NTT vom 11. 11. 1940.
61 TC/NTT vom 13. und 15. 9. 1939; Regierungsanzeiger 105 vom 14. 9. 1939, S. 2.
62 StA Sigmaringen: Wü 65/36, Acc. 31/1973, Nr. 174.
63 StA Sigmaringen: Wü 65/36, Acc. 31/1973, Nr. 173.
64 TC/NTT vom 19. 3. 1940.
65 Anordnung des Reichserziehungsministers vom 29. 8. 1940 (Amtsblatt des Württ. Kultministeriums 1940, S. 224).
66 SAT: WPD 440.
67 W. Köhler, 1964, S. 131–132. Vgl. auch die Erinnerungen des Tübinger Dekans an den Kriegsbeginn (Th. Stockmayer, S. 264).
68 12 Beamte, 23 Angestellte, 23 Arbeiter (SAT: GRP vom 16. 10. 1939 § 515).
69 SAT: F 1240/46.
70 SAT: F 1063.

*Anmerkungen zu den Seiten 307–311*

71  U. D. Adam, 1977, S. 189f.
72  TC/NTT vom 31. 8. 1939.
73  TC/NTT 11. 9. 1939.
74  SAT: F 1240/46.
75  TC/NTT vom 19. 9. 1939.
76  SAT: F 1240/46.
77  SAT: GRP vom 16. 10. 1939 § 504–506 und vom 15. 4. 1940 § 10; TC/NTT vom 19. 9. 1939 und vom 23. 9. 1939.
78  SAT: GRP vom 16. 10. 1939 § 504.
79  SAT: F 8393; GRP vom 16. 10. 1939 § 505.
80  TC/NTT vom 17. 10. 1939.
81  TC/NTT vom 18. 9. 1939.
82  TC/NTT vom 30. 8. 1939.
83  Verordnung »über außerordentliche Rundfunkmaßnahmen« (RGBl. I, 1939, S. 1683); TC/NTT vom 2. 9. 1939: »Wall gegen ausländische Lügen und Verleumdungen.«
84  TC/NTT vom 31. 8. 1939.
85  TC/NTT vom 16. 11. 1939.
86  Politischer Lagebericht vom 18. 3. 1940 (StA Sigmaringen: Wü 65/36, Acc. 31/1973, Nr. 174).
87  SAT: WPD 204 (Schreiben der Geheimen Staatspolizei/Leitstelle Stuttgart vom 9. 9. 1939).
88  Ebd.
89  SAT: F 6001.
90  Siehe: W. Hagemann, 1948; W. A. Boelcke, 1966; Ders., 1967. – Grundlegend zur Stimmung während des Kriegs: M. Steinert, 1970. – Zu den Gerüchten siehe auch Deutschland-Berichte 1939, S. 995 ff.
91  SAT: F 1240/46.
92  Ebd.
93  Interview mit Hans Binder am 20. 9. 1983.
94  TC/NTT vom 9. 11. 1939.
95  GRP vom 3. 2. 1941 § 12; TC/NTT vom 4. 10. 1939.
96  Interview mit Hans Binder vom 20. 9. 1983 und mit Elisabeth Storp vom 25. 6. 1981; Vgl.: Deutschland-Berichte vom November 1939, S. 1028 ff.
97  H.-A. Jacobsen, 1957; zu Hitlers außenpolitischem Konzept siehe: A. Kuhn, 1970.
98  M. Funke, S. 196–208.
99  Meldungen vom 10. 4. 1941, S. 2192; TC/NTT vom 30. 9. 1940 »Jubelstürme dankten den heimkehrenden Siegern.«
100 Interview mit Hans Binder vom 20. 9. 1983.
101 StA Sigmaringen: Wü 65/36, Acc. 31/1973, Nr. 174. Dort auch das Folgende.
102 SAT: F 8390.
103 SAT: F 1240/47, dort auch die folgenden Zitate.
104 TC/NTT vom 6. 2. 1940.
105 StA Sigmaringen: Wü 65/36, Acc. 31/1973, Nr. 174.
106 SAT: F 1240/47.
107 SAT: F 8390.
108 StA Sigmaringen: Wü 65/36, Acc. 31/1973, Nr. 174.
109 Ebd.
110 SAT: F 8390.
111 SAT: GRP vom 3. 2. 1941 § 20.
112 SAT: F 8390.
113 TC/NTT vom 25. 11. 1940.
114 Seit Juni 1940 waren die Ernährungs- und Wirtschaftsämter der Stadt Stuttgart ermächtigt, bei kleineren Vergehen Ordnungsstrafen bis zu 1000 RM zu verhängen (R. Müller, 1986, S. 641; Amtsblatt der Stadt Stuttgart 69, 15. 6. 1940, S. 3). – In Tübingen führte Weinmann im März 1940 einen »Begleitscheinzwang« für jeden Eierversand ab 5 Stück ein, um den *Schleichhandel mit Eiern* zu unterbinden (SAT: GRP vom

447

16. 3. 1940 Anhang 9). 1942 brachte sich ein NS-Ratsherr, der Hühner hielt, in den Verdacht, seiner Lieferpflicht an den Eierwirtschaftsverband nicht nachgekommen zu sein. Die Stadt sah allerdings von einer Bestrafung ab, weil der Betreffende *seine Lieferpflicht nicht weniger gut erfüllt hat als die übrigen Tübinger Lieferungsverpflichteten* (SAT: F 8392).
115 SAT: F 8392.
116 SAT: F 8393.
117 StA Sigmaringen: Wü 65/36, Acc. 31/1973, Nr. 174.
118 Meldungen vom Dezember 1940, S. 1829 ff.
119 Siehe die Klagen in den Deutschland-Berichten 1939 ff.
120 SAT: F 8393.
121 Ebd.
122 SAT: F 8392.
123 Siehe unten S. 370 f.; K. D. Erdmann, Weltkrieg, S. 123–130; L. Herbst, 1983, S. 63–74.
124 TC/NTT vom 19. 3. 1940; SAT: GRP vom 18. 3. 1940 § 90.
125 StA Ludwigsburg: K 110–47, S. 20.
126 SAT: F 8390.
127 RGBl. I, 1939, S. 2196; TC/NTT vom 17. 11. 1939.
128 TC/NTT vom 6. 12. 1939.
129 StA Sigmaringen: Wü 65/36, Acc. 31/1973, Nr. 174. Dort das folgende.
130 TC/NTT vom 15. 1. 1940.
131 SAT: F 8390 (Monatsbericht vom April 1941).
132 Ebd. (Monatsbericht vom 5. 5. 1941).
133 StA Sigmaringen: Wü 54/36, Acc. 31/1973, Nr. 739.
134 P. Sauer, 1975, S. 449; G. Schäfer, Bd. 5, S. 455.
135 *In den Gesprächen der Volksgenossen in den Städten nimmt die »katastrophale Versorgungslage« vielfach schon einen breiteren Raum ein als die Erörterung der Kriegsereignisse. Neueste Meldungen aus Stuttgart, Eßlingen, Tübingen, Ludwigsburg, Horb, Göppingen machen übereinstimmend darauf aufmerksam, daß die Entrüstung in den breiten Bevölkerungsschichten über Mangel, Preisgestaltung und bevorzugte Verteilung von Frischgemüse, Obst und Kartoffeln einen Grad angenommen hat, der zu Bedenken Anlaß gibt und die Arbeitslust und Kampfentschlossenheit der Volksgenossen sehr nachteilig beeinflußt, so daß es »so einfach nicht mehr weitergehen könne«* (StA Ludwigsburg: K 110–48).
136 Skier sollten als *Weihnachtsgeschenk des deutschen Volkes* an die Ostfront wandern, kamen dort aber nie an (TC/NTT vom 21. 12. 1941).
137 Am 14. 3. 1940 rief Göring zur *Metallspende des deutschen Volkes als Geburtstagsgeschenk für den Führer* auf (TC/NTT vom 14. 3. 1940), am 21. 12. 1941 zur Wintersachensammlung *als Weihnachtsgeschenk des deutschen Volkes an die Ostfront.* Vgl. auch TC/NTT vom 30. 10. 1939: »Heute beginnt die Kleidersammlung«, vom 1. 6. 1942 (Sammlung alter Fahnen), vom 1. 7. 1942 (Altgummi-Sonder-Sammlung), vom 17. 7. 1943 (Beschlagnahmung von Kupferkesseln).
138 TC/NTT vom 11. 10. 1938, vgl. auch TC/NTT vom 10. 1. 1940: »Pimpfe sammeln gebrauchte Jutesäcke.«
139 Das Bronzedenkmal des württembergischen Herzogs wurde im Juli 1942 abgeschlagen (TC/NTT vom 15. 7. 1942).
140 SAT: GRP vom 23. 3. 1942 § 28.
141 Schon im Sommer 1939 hatte das Ernährungshilfswerk die Schweinemastanlage erweitert (TC/NTT vom 5. 8. 1939).
142 Laut Gemeinderats-Bericht von 1942 waren rund 100 Ar Ackerland mit Früh- und Spätgemüse bepflanzt (SAT: GRP vom 14. 9. 1942 § 100).
143 TC/NTT vom 16. 9. 1942.
144 StA Ludwigsburg: K 110–47.
145 Vgl. L. Herbst, S. 65 ff.; H. Kistenmacher, 1959.
146 Gespräch mit Elisabeth Storp am 25. 6. 1981.
147 Zur Konzeption der »Blitzkriege« siehe: Alan S. Milward, 1977. Vgl. auch G. Förster, 1967. – Abstriche an der »Blitzkriegs-Theorie« im Sinne eines rationalen Planes machte: W. F. Werner, 1987, S. 136 ff.

148 Auf die traumatische Bedeutung, die das Ende des Ersten Weltkriegs für Hitler hatte, machte besonders T. Mason aufmerksam (T. Mason, 1971, S. 1–16).
149 RGBl. I, 1939, S. 1609, Präambel.
150 Ebd. § 18 und § 20. – Zahlreiche Proteste zwangen das Reichsarbeitsministerium, schon wenige Wochen später das Verbot von Zuschlägen für Nacht- und Feiertagsarbeit zu revidieren (RGBl. I, 1939, S. 2254).
151 TC/NTT vom 10. 7. 1940; Kriegswirtschaftsverordnung § 19.
152 TC/NTT vom 1. 12. 1942.
153 Meldungen vom 27. 3. 1940, S. 923.
154 SAT: F 1240/46.
155 TC/NTT vom 12. 11. 1941.
156 StA Sigmaringen: Wü 65/36, Acc. 31/1973, Nr. 174; dort auch die folgenden Zitate.
157 SAT: F 4000/2.
158 Nach eigenen Angaben erweiterte die Firma ihren Maschinenpark von 116% des Bestands von 1929 auf 165,5% 1936 und 230% im Jahr 1938. Der Umsatz stieg, bezogen auf das Jahr 1932, von 300% im Jahr 1935 auf nahezu 1000% am Vorabend des Zweiten Weltkriegs (Entwicklungsgeschichte Himmelwerk 1939). Siehe auch TC/NTT vom 10. 3. 1939: danach hat die Himmelwerk-AG ihr Kapital 1938 von 0,5 auf 1 Million RM verdoppelt. Da entsprechendes Material von anderen Firmen fehlt, bzw. die Akteneinsicht nicht möglich war, muß der Überblick über die wirtschaftliche Entwicklung allgemein bleiben.
159 SAT: F 8399.
160 SAT: F 4000/2.
161 StA Sigmaringen: Wü 65/36, Acc. 31/1973, Nr. 311.
162 TC/NTT vom 15. 12. 1938; SAT: F 1240/46 und 8390.
163 SAT: F 8390.
164 Ebd.
165 SAT: GRP vom 23. 6. 1941 § 121 nö.
166 SAT: F 8391.
167 SAT: F 8390.
168 SAT: F 8392.
169 SAT: F 8390.
170 SAT: F 9299.
171 Ebd.; siehe auch: U. v. Gersdorff, S. 317, Dok. 133.
172 SAT: F 8390; TC/NTT vom 13. 7. 1942; SAT: GRP vom 10. 10. 1938 § 519.
173 TC/NTT vom 6. 2. 1940.
174 SAT: F 8399. Zur Situation der ausländischen Zivilarbeiter und Kriegsgefangenen siehe unten S. 352–358.
175 StA Sigmaringen: Wü 65/36, Acc. 31/1973, Nr. 174.
176 RGBl. I, 1939, S. 1747. Vgl. D. Winkler, 1977; U. v. Gersdorf, S. 49–91; A. Milward, 1977, S. 221 ff.
177 Führererlaß vom 29. 7. 1941; TC/NTT vom 7. 8. 1941.
178 U. D. Adam, 1977, S. 195.
179 TC/NTT vom 9. 11. 1942.
180 TC/NTT vom 30. 1. 1940. Das Interview mit der Gaufrauenschaftsleiterin Anni Haindl zählt verschiedene ehrenamtliche Tätigkeiten der NS-Frauenschaft auf wie Flickarbeit, Nachbarschaftshilfe, Mitarbeit bei der Ausgabe der Lebensmittelkarten und die Organisation einer Austauschstelle für Kinderschuhe; siehe auch: TC/NTT vom 5. 9. 1939: »Unsere Frauen sind zur Stelle«, sowie: Frauen helfen siegen, 1941.
181 A. Milward, 1977, S. 224; vgl. R. Thalmann, S. 158 u. 162–5.
182 1925 waren bei einer Bevölkerung von 20 276 von den 3723 Erwerbstätigen 1259 Frauen, also 33,8%. 1933 bei 23 257 Einwohnern und 8876 Erwerbstätigen waren es 38,6% (also 3428), und 1939 hatte sich deren Anteil auf 40% (= 5115) von 12 785 Erwerbspersonen und 30 419 Einwohnern gesteigert (Statistik des Deutschen Reichs Bd. 417, 456 und 557).
183 TC/NTT vom 27. 1. 1943: »Bitte Einsteigen – Vorsicht am Zug!«; Tübingen 1945, S. 42.
184 BAK: NS 25–1047.
185 TC/NTT vom 22. 11. 1939 und vom 2. 12. 1942.
186 RGBl. I, 1939, S. 1535 (Führererlaß »über die Vereinfachung der Verwaltung« vom 28. 8. 1939).

187 Die Stelle war offiziell ausgeschrieben und offensichtlich begehrt, wie die Liste der kompetenten Bewerber zeigt (SAT: WPD 1297).
188 SAT: Personalakte Weinmann.
189 SAT: F 1230/11; TC/NTT vom 6.7.1939 und vom 29.7.1939.
190 SAT: WPD 1290.
191 Weinmann machte darin unter den NS-Oberbürgermeistern keine Ausnahme, siehe: H. Matzerath, 1981, S. 157–200.
192 HStA Stuttgart: E 151–90, SAT: Personalakte Weinmann; BDC, Personalunterlagen; TC/NTT vom 9.11.1940.
193 SAT: GRP vom 28. Juli 1939 §403. Dort auch die nächsten Belege; vgl. auch NSK vom 29.7.1939.
194 TC/NTT vom 2.7.1940. 1939 waren es noch 12 Sitzungen, 1942 nur noch 5.
195 Gespräch mit Rudolf Hartter vom 9.10.1979.
196 TC/NTT vom 13.2.1940 und vom 1.8.1939.
197 SAT: GRP vom 23.6.1941 §122.
198 BAK: R 18–1195. Dort auch das Folgende.
199 RGBl. I, 1939, S. 2019; SAT: F 1080. Zu den verbliebenen Ratsherren zählten 1942: W. Brennenstuhl, H. Frank, A. Göhner, E. Hager, K. Haidt, H. Höhn, H. Keck, H. Kratz, E. Schneck, E. Siess, W. Gieseler für den alten Stadtbezirk Tübingen; H. Häcker, K. Schwab, G. Wulle für Lustnau sowie für Derendingen und Waldhausen: F. Keck, L. Krapf, und H. Wizemann.
200 SAT: GRP vom 20.7.1944 §110.
201 SAT: GRP vom 1.4.1940 §123.
202 BAK: R 36–579 und R 36–1003.
203 TC/NTT vom 15.12.1941.
204 TC/NTT vom 6.9.1939.
205 TC/NTT vom 16.1.1940; SAT: Beilage Nr. 18 zum Gemeinderatsprotokoll 1946.
206 SAT: F 8391.
207 SAT: GRP vom 12.2.1940 §67 nö.
208 SAT: F 8390. Zu den anklingenden Kompetenzstreitigkeiten siehe unten S. 326 ff.
209 SAT: GRP vom 12.2.1942 §10.
210 SAT: GRP vom 11.12.1939 §566.
211 Ebd.
212 SAT: F 8392.
213 Ebd.
214 Am 1. April 1940 waren von 74 Beamten 13, von 128 Angestellten 21 und von 117 Arbeitern 35 eingezogen (SAT: GRP vom 24.2.1941 §52).
215 HStA Stuttgart: E 151–90 (Personal-Blatt Ernst Weinmann).
216 Stadtkämmerer Seelos, der die Stelle des 2. Beigeordneten innehatte, kam aus dem gehobenen Verwaltungsdienst (HStA Stuttgart: E 151–90, Personal-Blatt Hermann Seelos).
217 HStA Stuttgart: E 151–90.
218 Ebd.
219 Der ehemalige Ratsschreiber berichtete: *Es ist nichts mehr gegangen, keine Haushaltspläne wurden mehr aufgestellt. [...] Das wurde in Stuttgart bekannt, daß in Tübingen nicht mehr das Rad rumgeht* (Gespräch mit Rudolf Hartter vom 9.10.1979).
220 Tatsächlich hatte die MABK wiederholt zum Ausdruck gebracht, *daß Stockburger auf die Dauer zur Leitung einer grösseren Gemeinde nicht geeignet erscheine,* und der Referent im württembergischen Innenministerium erwähnte *Interessenkonflikte zwischen seinem Beruf und seiner Stellung als Beigeordneter,* in die Stockburger wiederholt gekommen sei (HStA Stuttgart: E 151–90. Dort auch das folgende; Hervorhebungen im Original).
221 H. Krausnick, 1981, S. 363. – Ob diese Verwechslung bei der Verhaftung Ernst Weinmanns nach Kriegsende und bei seiner Auslieferung nach Jugoslawien eine Rolle gespielt hat, ist unklar. Ernst Weinmann wurde in Jugoslawien zum Tode verurteilt und hingerichtet (SAT: Säuberungsbescheid vom 10.8.1950). Siehe auch unten S. 351 f.

222 SAT: GRP vom 14. 9. 1942 § 79 nö und vom 4. 11. 1942 § 116 nö.
223 SAT: GRP vom 1. 12. 1942 § 128 a nö (Amtseinführung des beauftragten Oberbürgermeisters).
224 SAT: GRP vom 1. 12. 1942 § 128 a.
225 SAT: GRP vom 28. 8. 1939 § 481. Dort auch die folgenden Belege und TC/NTT vom 13. 12. 1939: »Tübingens Haushaltsplan 1939«.
226 Tübingen: 3 767 315 RM (32 002 Einwohner), Greifswald: 5 313 268 RM (30 830 Einwohner), Marburg a. d. L.: 4 254 000 RM (27 902 Einwohner), Erlangen: 4 103 638 RM (32 367 Einwohner), Giessen: 6 829 914 RM (35 336 Einwohner).
227 SAT: GRP vom 28. 8. 1939 § 128 a; HStA Stuttgart: E 151–1380.
228 TC/NTT vom 30. 12. 1939. 1940 machten die Kriegslasten 28,7% der Gesamtausgaben des letzten Friedensjahres und 32,3% der laufenden Ausgaben aus (SAT: GRP vom 24. 2. 1941 § 52).
229 Der Betrag setzte sich zusammen aus monatlich 1% der Grundsteuer: 447,31 RM, 2% der Grundsteuer f. Grundstücke: 12 817,50 RM, 7,5% der Gewerbesteuer: 29 997,82 RM, 10% der Bürgersteuer: 5744,90 RM, insgesamt 49 007,53 RM (HStA Stuttgart: E 151–1380).
230 SAT: GRP vom 1. 12. 1942 § 128 a nö.; HStA Stuttgart: E 151–1380.
231 HStA Stuttgart: E 151–1380.
232 Ebd.; SAT: GRP vom 6. 10. 1941 § 156.
233 SAT: GRP vom 1. 12. 1942 § 128 a.
234 SAT: GRP vom 6. 10. 1941 § 156 und vom 3. 2. 1941 § 37.
235 SAT: F 1441/8.
236 SAT: GRP vom 11. 12. 1939 § 551.
237 SAT: F 9291.
238 TC/NTT vom 23. 4. 1942: »Tübingens neuestes Institut« und vom 16. 4. 1941: »Ein Ereignis in Tübingen: Marine am Neckar«, SAT: F 9291.
239 DAR: D 13,2a. – Gegen den vorgesehenen Leiter des Instituts, Prof. Gerhard Pfahler, meldete die NSV-Leitung allerdings wegen dessen *Erbcharakterologie* Bedenken an (StA Sigmaringen: Wü 65/36, Acc. 31/1973, Nr. 167).
240 TC/NTT vom 2. 7. 1940.
241 SAT: GRP vom 14. 10. 1943 § 126.
242 SAT: F 9261.
243 SAT: GRP vom 27. 1. 1942 § 7.
244 StA Sigmaringen: Wü 65/36, Acc. 31/1973, Nr. 167.
245 Der Plan, die »Arbeitsmaiden« in Kameradschaftshäusern unterzubringen, ließ sich nicht realisieren, wie die Führerin des Bezirks XII des Arbeitsdiensts für die weibliche Jugend am 24. 3. 1942 dem Landrat mit Bedauern mitteilte. Mitten im Sommer wurden daraufhin die weiblichen Hilfskräfte aus den bäuerlichen und Gärtnereibetrieben abgezogen (StA Sigmaringen: Wü 65/36, Acc. 31/1973, Nr. 312).
246 SAT: F 9291.
247 Ebd.
248 SAT: F 4890/2.
249 SAT: GRP vom 1. 7. 1940 § 179.
250 Ebd. und TC/NTT vom 17. 3. 1941 und vom 4. 7. 1940.
251 TC/NTT vom 17. 3. 1941.
252 Die nationalsozialistische Gemeinde, Ausgabe Württemberg-Hohenzollern Folge 10 vom 20. 5. 1940, S. 156.
253 TC/NTT vom 19. 3. 1940.
254 SAT: GRP vom 13. 2. 1942 § 11.
255 Ebd.
256 TC/NTT vom 19. 3. 1940.
257 HStA Stuttgart: E 151–2459.
258 Ebd.; vgl. auch: TC/NTT vom 16. 6. 1941: »Die mittleren Universitäten brauchen pflegliche Behandlung.«
259 TC/NTT vom 10. 5. 1941; SAT: GRP vom 3. 2. 1941 § 41 und vom 4. 11. 1942 § 119.
260 Neben Tübingen waren es Esslingen, Göppingen, Heidenheim, Ludwigsburg, Reutlingen, Schwäbisch

Gmünd, Schwenningen, Heilbronn und Ulm. Die beiden letzten wurden allerdings 1938 im Zuge der neuen Kreiseinteilung zu echten Stadtkreisen erklärt, was bis dahin in Württemberg nur die Landeshauptstadt war.

261 RGBl. I, 1935, S. 393, 1. Durchführungsverordnung vom 22. 3. 1935. – Nach 1945 wurde die Institution der unechten Stadtkreise beibehalten.
262 Gutachten über »Die Rechtsstellung der Stadtkreise i. S. der DGO in Württemberg« (SAT: WPD 1080).
263 SAT: GRP vom 12. 2. 1940 § 67 nö.
264 SAT: F 8399.
265 HStA Stuttgart: E 151–3; SAT: F 1080–004.
266 Bereits im Januar 1940 lud ihn Reichsinnenminister Frick zu einer Besprechung über die Lage der gemeindlichen Selbstverwaltung ein (StA Sigmaringen: Wü 65/36, Acc. 14/1973, Nr. 54).
267 Ebd.
268 BAK: R 18–3607; StA Sigmaringen: Wü 65/36, Acc. 31/1973, Nr. 59.
269 RGBl. I, 1944, S. 124.
270 SAT: GRP vom 5. 3. 1945 § 17 und Reg. Anzeiger für Württemberg Nr. 43 vom 15. 12. 1944.
271 A. Hitler, S. 71; E. Jäckel, 1981. Siehe auch ders., 1986, S. 89 ff. Dort auch das folgende Zitat.
272 So wurde das Personal der »Euthanasie«-Aktion nahezu geschlossen für die Morde an Juden in den besetzten Ostgebieten übernommen (E. Klee, »Euthanasie«, 1986, S. 367 ff.). Auch die Tötungstechnologie der »T4-Aktion« fand bei den Massenmorden der »Aktion Reinhard« wieder Verwendung. Siehe auch: K. Nowak, 1984, S. 85, und K. Dörner, 1980, S. 74–111, bes. S. 100 ff.
273 K. Binding/A. Hoche, 1920; B. Müller-Hill, S. 11.
274 Siehe oben S. 150 ff.
275 Robert Gaupp auf einem Vortrag beim Landesverein Württemberg des Deutschen Roten Kreuzes, zitiert nach K. Nowack, S. 72. Siehe auch: H.-J. Lang, 1987.
276 R. Gaupp, 1925, S. 8.
277 Siehe oben, S. 146–154. Vgl. auch G. Bock, 1986, S. 111 u. 348 ff.; L. Schlaich, S. 16.
278 Zeugenaussage Karl Brandts im Nürnberger Ärzteprozeß, zitiert nach: Medizin ohne Menschlichkeit, 1978, S. 184.
279 Die Angaben über das tatsächliche Datum der Ermächtigung, *dass nach menschlichem Ermessen unheilbar Kranken bei kritischster Beurteilung ihres Krankheitszustandes der Gnadentod gewährt werden kann*, differieren. Vgl.: A. Platen-Hallermund, 1948, S. 21; E. Klee, »Euthanasie«, 1985 sowie K. A. Schleunes, 1985, S. 70–83.
280 K. Morlok, S. 67.
281 Der von L. Zapf erwähnte Hinweis auf eine Tübinger Jüdin, die im Pflegeheim Heggbach von der »Euthanasie«-Aktion erfaßt worden sein soll, ist widersprüchlich. Ein Schreiben der Anstalt bezeichnet Philippine Reinauer als *Euthanasie-Opfer*, ein anderes Dokument spricht von ihrer *Deportation in den Osten* (L. Zapf, S. 219). Vgl. auch P. Sauer, 1966, Bd. 2, S. 330. Herrn Stenz, dem Leiter des Standesamtes Tübingen, danke ich für seine stets freundlichen Auskünfte.
282 Nach Auskunft des Städtischen Friedhofsamtes wurden sie bei einem Umzug des Amtes in den letzten Jahren vernichtet. Vgl.: R. Müller, 1986, S. 760 ff.
283 Die meisten Gesprächspartner berichteten, daß sie etwas von den Krankenmorden mitbekommen hatten: *Ja, darüber wurde geredet. [...] Aber man hat doch das Gefühl vermittelt bekommen, man darf darüber nicht reden. Es könnte einem sonst etwas passieren* (Gespräch mit Elisabeth Storp am 25. 6. 1981).
284 Erlaß vom 27. 7. 1940 (Landesbischof Wurm, S. 124; L. Schlaich, S. 62).
285 EDA: 166.
286 StA Ludwigsburg: K 601, Bericht vom 6. 11. 1940.
287 Ebd.
288 DAR: G II d–6 auch abgedruckt in: Landesbischof Wurm, S. 119 ff.
289 Landesbischof Wurm, S. 125 f.
290 Schreiben vom 21. 9. 1940 an Ministerialdirektor Dr. Dill vom Württ. Innenministerium (Landesbischof Wurm, S. 128) und Schreiben vom 14. 11. 1940 an Bormann (ebd., S. 139 f.).
291 A. Hagen, Bd. 3, 1960, S. 514 f.
292 K. Morlok, S. 75.

293 E. Klee, »Euthanasie«, S. 291 f.
294 Die Ermordeten waren schuldig? S. 90; vgl. E. Klee, »Euthanasie«, S. 83.
295 E. Klee, »Euthanasie«, S. 345–456. K. Morlok zitiert ein Frankfurter Gerichtsurteil, das die Zahl der nach dem offiziellen Stopp Getöteten vorsichtig auf 100000 schätzt (K. Morlok, S. 75).
296 B. Schönhagen, 1987, S. 112–118.
297 Bei weiteren neun Toten ist nur der Ort, in dem sich eine Heilanstalt befand, nicht aber die Heilanstalt als Ablieferungsort angegeben.
298 E. Klee, »Euthanasie«, S. 263 ff. Dort auch das Folgende.
299 HStA Stuttgart: E 151 K VI–337.
300 TC/NTT vom 11.11.1941.
301 RegBl. vom 19.3.1940, S. 29 ff.
302 Siehe: G. Aly u. a., 1985.
303 SAT: GRP vom 23.6.1941 § 109 nö.; SAT: F 7057. Dort auch das Folgende. Anonymisierung von der Verf.
304 SAT: F 7057.
305 TC/NTT vom 14.3.1940; B. Schönhagen, 1987, S. 94 ff.
306 Zentrale Stelle Ludwigsburg: Zeugenaussage vom 25.10.1951, VU 21/51. – Zur Situation in Vaihingen siehe: F. K. Grieb/E. A. Schmidt, S. 98–112.
307 TC/NTT vom 14.3.1940.
308 StA Ludwigsburg: EL 188 b Nr. 1, 3 u. 4.
309 B. Schönhagen, 1987, S. 94–102.
310 TC/NTT vom 19.9.1941: »Todesstrafe für Gewohnheitsverbrecher«; BAK: EC 951 M (Mordregister); B. Schönhagen, 1987, S. 40 ff. Siehe auch: J. Staff, 1978.
311 RGBl. I, 1939, S. 1609; RGBl. I, S. 1638. Siehe auch: W. Wagner, 1974; P. Hüttenberger, 1981, S. 436 ff.
312 TC/NTT vom 12.7.1943: »Todesstrafe für Volksschädling«. Anonymisierung von der Verf. – Von anderen Todesurteilen, die wegen Nichtigkeiten ausgesprochen und vollstreckt wurden, berichtet: D. Güstrow, 1984.
313 UAT: 117/8 (Leichenbuch-Nr. 88/1943).
314 TC/NTT vom 3.6.1943: »Volksschädling hingerichtet«; Anonymisierung von der Verf.
315 TC/NTT vom 22.5.1943: »Ein Landesverräter«, vgl. auch TC/NTT vom 22.5.1944: »Eine Schande«; R. Emrich, 1984. – Zum KZ in Welzheim siehe: J. Schätzle, 1974, und F. Schlotterbeck, 1945.
316 D. Kenrick/G. Puxon, 1981.
317 B. Müller-Hill, S. 60–65, 152–154; H.-J. Lang, 1985. Dort auch die folgenden zwei Zitate.
318 Siehe oben S. 281 ff.
319 SAT: GRP vom 12.2.1940 § 49.
320 SAT: WPD 960. Dort auch das Folgende; Anonymisierung von der Verfasserin.
321 Nach L. Zapf und den Karteiblättern der Judendokumentation des HStA Stuttgart: J 35–177.
322 P. Sauer, 1969, S. 111; ders., Dokumente Bd. 2, S. 178 Nr. 399 b, S. 184 Nr. 400 und S. 191 Nr. 409, S. 194 Nr. 414.
323 Verordnung zur Änderung des Vermögenssteuergesetzes vom 31.10.1939 (RGBl. I, S. 2138) und RGBl. I, 1940, S. 1666 sowie TC/NTT vom 10.1.1941.
324 J. Walk, S. 312 Nr. 50; SAT: F 8393.
325 J. Walk, S. 312 Nr. 47/48; P. Sauer, Dokumente Bd. 2, S. 189 f. Nr. 406.
326 R. Hilberg, 1982, S. 114; P. Sauer, Dokumente Bd. 2, S. 226 f. Nr. 435.
327 J. Walk, S. 316 Nr. 67.
328 Ebd. S. 342 Nr. 203; P. Sauer, Dokumente Bd. 2, S. 225 ff. Nr. 435.
329 SAT: F 5435.
330 10. Verordnung zum Reichsbürgergesetz (RGBl. I, 1939, S. 1079).
331 SAT: F 6001; R. Hilberg führt für 1942 61 Verurteilungen wegen Rassenschande im Altreich an (R. Hilberg, 1982, S. 118).
332 StA Sigmaringen: Wü 65/36, Acc. 14/1973, Nr. 584; Anonymisierungen von der Verf.
333 Ebd.

334 Polizeiverordnung über die Kennzeichnung der Juden vom 1.9.1941 (SAT: WPD 237).
335 R. Hilberg, 1982, S. 121.
336 Siehe L. Zapf, 1978. – HAP Grieshaber berichtete: *Ich war ins Haus des Professors gekommen, seine Müllabfuhr zu regeln. Sie war ein Problem. Müll wurde im Geleitzug abgefahren. Vorne der große Wagen für den schweren Müll, dann kam ein Sonderwagen mit einem Schwein als Transparent, zuletzt ein Wägelchen für Flaschen oder Lumpen. Natürlich durfte der Haushalt eines Juden das großdeutsche Schwein nicht beliefern. Tat er es aber dennoch, so warf ihm die Hitlerjugend den Eimer wieder vor die Tür. Stellte der Haushalt den Abfall unsortiert heraus, dann erst recht traten sie die Türe ein und schütteten den ganzen Unrat in den Gang. So war das in Tübingen* (P. Roos, 1978, S. 39).
337 Mitteilung von Hanna Müller, Gespräch vom 27.1.1981, Hede Warneken, Gespräch vom 29.1.1980, Elisabeth Storp, Gespräch vom 25.6.1981.
338 Gespräch mit Elisabeth Storp, 25.6.1981.
339 L. Zapf, S. 218 – Von dem freiwilligen Wegzug, den Zapfs Formulierung nahelegt, kann nicht die Rede sein. Die amtliche Abmeldung ist mit Sicherheit im Zusammenhang mit der innerwürttembergischen Umsiedlungsaktion erfolgt.
340 Ebd. S. 195–227.
341 P. Sauer, Dokumente Bd. 2, S. 195 Nr. 414b. – Die Kennzeichnung der Wohnungen von Juden mit einem schwarzen Sechsstern an der Haustür wurde auch in Tübingen praktiziert (SAT: N 13/2).
342 P. Sauer, Dokumente Bd. 2, S. 196/7 Nr. 415, S. 199 Nr. 418.
343 Ebd. S. 198 Nr. 417.
344 L. Zapf, S. 209.
345 Der Prozeß gegen die Hauptkriegsverbrecher vor dem Internationalen Militärgerichtshof (International Military Tribunal), Nürnberg 1947–49 hier PS-709.
346 IMT XXXIII, S. 534, 3921-PS. Siehe dazu auch: G. Reitlinger, 1979.
347 SAT: WPD 237. Dort auch das weitere.
348 SAT: WPD 237.
349 Ebd. Dort auch das folgende, soweit nicht anders angegeben.
350 Die Stadt Stuttgart wollte dieses historische Ereignis festhalten und ließ deshalb einen Film drehen, der die reibungslose Organisation dokumentieren sowie eine angeblich gute Versorgung der Deportierten zur Schau stellen sollte, und der dennoch zu einem Dokument des Elends und der Not wurde (StA Stuttgart).
351 RGBl. I, 1941, S. 722–724.
352 L. Zapf, S. 209/210. Dort die folgenden zwei Zitate.
353 R. Hilberg, 1982, S. 209–238; H. Krausnick/H. H. Wilhelm, 1985.
354 W. Strauss, 1982, S. 192. – Vgl. auch P. Sauer, 1969, S. 286/7.
355 L. Zapf, S. 210.
356 P. Sauer, 1969, S. 287; G. Reitlinger, S. 103.
357 L. Zapf, S. 210/1.
358 Victor Marx *Bericht über seine Odyssee durch die Konzentrationslager* ist abgedruckt bei L. Zapf, S. 211.
359 Vgl. die Angaben des Einwohnermeldeamtes, abgedruckt bei L. Zapf, S. 221.
360 Paula Hirsch und Ernestine Levi waren erst nach dem 30. Januar 1933 nach Tübingen gezogen (L. Zapf, S. 198–204).
361 Ebd. S. 207; vgl. auch den Nekrolog bei M. Zelzer, 1964, S. 293.

365 SAT: WPD 237. – Anlaß für Büchelers Engagement war eine persönliche Beziehung zu der Betreffenden, die seine Zimmernachbarin gewesen war, solange er in Untermiete wohnte. In der Zeit will er auch dafür gesorgt haben, daß der vorgeschriebene Judenstern von der Haustür, die eben auch seine war, wieder entfernt wurde (Schreiben Büchelers vom 28.9.1964 an Maria Zelzer, SAT: N 13/2).
366 SAT: WPD 237; Anonymisierung von der Verf.
367 Die 1894 in Berlin geborene Charlotte Pagel, eine ausgebildete Sängerin, war 1927 mit ihrem Bruder, dem

am 3.12.1885 in Berlin geborenen Albert Pagel, nach Tübingen gezogen. Der promovierte Jurist publizierte vor allem auf dem Gebiet der Rechtsphilosophie und der Philosophiegeschichte (L. Zapf, S. 214–217). – Auf der Wannsee-Konferenz war für prominente Juden und für jüdische Kriegsveteranen, die schwer kriegsbeschädigt oder mit dem Eisernen Kreuz ausgezeichnet waren, das »Altersghetto Theresienstadt« vorgesehen worden, um Interventionen des Auslandes zu vermeiden (G. Reitlinger, S. 105–110 und R. Hilberg, 1982, S. 302–307).

368 SAT: WPD 237. Dort auch das Folgende.
369 P. Sauer, Dokumente Bd. 2, S. 335 Nr. 507.
370 SAT: WPD 237. Dort auch das Folgende.
371 31,8% der Transportteilnehmer waren zwischen 60 und 69 Jahren, 41,9% zwischen 70 und 79 Jahren und 12% über 90 Jahre alt (P. Sauer, 1969, S. 298).
372 P. Sauer, Dokumente Bd. 2, S. 337f. Nr. 510 und 511.
373 SAT: WPD 237. Dort auch das Folgende.
374 L. Zapf, S. 214.
375 H.-G. Adler, S. 487.
376 P. Sauer, 1969, S. 292–304.
377 Ebd. und H. Franke, S. 218–220 (Bericht Johanna Gottschalks).
378 H. Krausnick, 1982, S. 326.
379 P. Sauer, 1969, S. 300.
380 L. Zapf, S. 206/7.
381 Ebd. S. 217 und S. 222; zum Januar-Transport siehe R. Hilberg, 1982, S. 308.
382 L. Zapf, S. 165ff.
383 Ebd. S. 167.
384 Ebd. S. 223–226/7; zu Josef und Bella Wochenmark siehe auch M. Zelzer, S. 457.
385 L. Zapf, S. 213; zu den Deportationen aus Frankreich siehe P. Sauer, 1969, S. 315–320.
386 SAT: GRP vom 1.2.1943 §21 und §28; vgl. auch GRP vom 30.12.1938 §834; BAK: NS25–1111; J. Walk, S. 235 Nr. 514.
387 SAT: GRP vom 12.2.1940 §53; StA Sigmaringen: Wü 65/36, Acc. 31/1973, Nr. 805.
388 StA Sigmaringen: Wü 65/36, Acc. 31/1973, Nr. 805.
389 SAT: WPD 237. Dort auch das folgende.
390 M. Zelzer, S. 268 und 271.
391 P. Sauer, 1969, S. 307; L. Zapf, S. 222; M. Zelzer, S. 371.
392 Gespräch mit A. B. Anonymisierung auf Wunsch der Interviewten.
393 Ebd.
394 SAT: WPD 237; P. Sauer, Dokumente Bd. 2, S. 183 Nr. 400g.
395 J. Walk, S. 86/7 Nr. 423.
396 Gespräch mit Lydia Raur vom 19.11.1979 und Irene Rickert am 26.7.1985.
397 J. Walk, S. 319 Nr. 84.
398 Ebd. S. 404 Nr. 511.
399 A. B. berichtete, daß ihre Söhne – von denen der jüngere die höhere Schule kurz vor dem Abitur verlassen mußte – im Montanwerk unterkamen.
400 H. Keil, S. 427.
401 SAT: WPD 237. Dort auch das Folgende.
402 Siehe oben S. 176.
403 M. Krakauer, 1947.
404 Gespräche mit Maria Gölz vom 29.10.1979 sowie Bericht über die Rettung des jüdischen Ehepaars Pineas, abgedruckt in P. Sauer, 1969, S. 440–442. – Vgl. auch die Meldung von Pfarrer Gölz über den Vorfall an den Evangl. OKR vom 20.9.1944 (LKA Stuttgart: 425c Altregistratur). – Darüber hinaus verfügte das Kultministerium die teilweise Sperrung der monatlichen Pauschalleistung des Staats am Diensteinkommen des ev. Geistlichen (LKA Stuttgart: 425c Altregistratur).
405 TC/NTT vom 27.1.1940, vom 10.11.1939 und vom 4.10.1941. Der Propaganda-Feldzug gegen die Juden, der in dieser massiven Form in der Lokalzeitung erst mit Kriegsbeginn einsetzte, wurde durch

Schmähartikel über die Juden in der Region ergänzt, etwa in der TC/NTT vom 14.1.1941: »Jud Mair war nicht loszukriegen/Eine Begebenheit aus dem alten Kiebingen« oder am 10.10.1940: »Jüd Süß in Tübingen« und am 5.4.1940: »Die Tragödie des Tübinger Studentendichters Waiblinger. Ein Beitrag zur Untersuchung des Einflusses des Judentums auf die Tübinger Romantik.« Der Tübinger Bibliothekar Max Miller tat sich mit judenfeindlichen Lokalstudien besonders hervor, vgl. TC/NTT vom 1.3.1940: »Kein Jude durfte im Lande wohnen.«

406 SAT: WPD 237.
407 Auch die meisten Zeitzeugen berichteten, daß sie mitbekamen, wie Juden »stillschweigend abgeholt wurden«. – Für die Erinnerung Carlo Schmids, daß Tübinger Juden eines Tages in einem Sonderbus der Post verfrachtet wurden, ergeben die Akten keinen Beleg (C. Schmid, S. 176).
408 Am 15.7.1942 bat Bücheler die Staatspolizeileitstelle, Deportationen betreffende Schreiben in Zukunft direkt an ihn und nicht über den Landrat zu schicken (SAT: WPD 237).
409 Gespräch mit Rudolf Hartter am 9.10.1979.
410 SAT: N 10 und N 13. Alle ehemaligen Angehörigen des Gemeinderats bzw. der Stadtverwaltung, die sich für ein Gespräch zur Verfügung stellten, sowie der ehemalige Polizeirat berichteten übereinstimmend von Weinmanns Bericht am Stammtisch im Deutschen Haus. Der Beiname wurde von keinem erwähnt, sondern findet sich in den Akten des Spruchkammerverfahrens (SAT: Personalakte Weinmann).
411 Siehe oben S. 159.
412 SAT: Personalakte Ernst Weinmann.
413 Süddeutsche Zeitung Nr. 18 vom 21.1.1970; Die Welt Nr. 49 vom 24.2.1970.
414 S. Friedländer, 1968; G. Reitlinger, S. 582.
415 G. Reitlinger, S. 579.
416 *Über 1500 Juden von litauischen Partisanen beseitigt, mehrere Synagogen angezündet oder anderweitig zerstört und ein jüdisches Wohnviertel mit rund 60 Häusern niedergebrannt*, meldete Stahlecker nach dem Massaker (H. Krausnick, S. 179).
417 TC/NTT vom 30.3.1942; G. Reitlinger S. 598.
418 Zu Sandberger TC/NTT vom 5. u. 25.2.1939; U.D. Adam, 1977, S. 43; G. Reitlinger, S. 590. Zu Dannecker: G. Reitlinger, S. 86, 346/7, 581. Die Informationen über Danneckers Ende, der bis 1960 als verschollen galt, verdanke ich H.-J. Lang.
419 U. Herbert, 1985; Ch. Streit, 1978.
420 Documenta Occupationis Bd. X, S. 718 ff.; D. Majer, 1981.
421 U. Herbert, 1986, S. 32.
422 Fritz Sauckel am 1.3.1944, nach U. Herbert, 1985, S. 254.
423 SAT: F 8399 und GRP vom 5.7.1940 § 184.
424 SAT: GRP vom 4.11.1940 § 233 und 21.12.1949 § 245.
425 In den neun Kriegsgefangenenlagern waren nach einer Liste der in der Stadt Tübingen vorhandenen Ausländer- und Kriegsgefangenenlager vom 31.1.1946 243 Kriegsgefangene und 806 Zivil- und Zwangsarbeiter untergebracht, und zwar: 534 Russen, 102 Franzosen, 98 Italiener, 75 Polen, 62 Ukrainer, 45 Tschechen, 13 Holländer, 9 Belgier, 6 Litauer und je 1 Galizier, Armenier und Staatenloser (SAT: F 8399). Doch arbeiteten bei Kriegsende weit mehr ausländische Arbeiter in Tübingen. In einer anderen Aufstellung werden für den April 1945 1610 ausländische Arbeiter genannt (SAT: F 8399). – Mit der Geschichte der Kriegsgefangenen und Fremdarbeiter in Tübingen befaßt sich: Projektgruppe »Fremde Arbeiter«, 1985.
426 1944 waren es 295, davon wohnten 89 bei ihren Arbeitgebern (SAT: GRP vom 5.3.1944 § 25).
427 Projektgruppe »Fremde Arbeiter«, S. 43.
428 SAT: F 8399.
429 Ebd. und Gespräch mit Friedrich Kehrer vom 12.3.1980.
430 SAT: F 8391; nach einer Aufstellung vom Februar 1941 fehlten zu dem Zeitpunkt bereits 50 Kriegsgefangene (SAT: GRP vom 3.2.1941 § 32).
431 SAT: GRP vom 12.12.1947 § 1457.
432 Projektgruppe »Fremde Arbeiter«, S. 76 f.
433 SAT: F 8399.
434 Ebd. Dort auch das Folgende, wenn nicht anders belegt.

*Anmerkungen zu den Seiten 354—357*

435 Nach dem Prinzip, das Billigste ist gerade gut genug, ordnete das Ernährungsamt zudem an, daß den in der Rüstungsindustrie und in der gewerblichen Wirtschaft beschäftigten Russen die vorgeschriebene Fleischration *möglichst in Pferde- und Freibankfleisch*, aber *zu vollem Anrechnungssatz* verabreicht werden sollte (SAT: F 8399).
436 Ebd.
437 17 von den Fremdarbeitern, deren Leichen nach Kriegsbeginn der Tübinger Anatomie geliefert wurden, hatten ihrem Leben selber ein Ende gesetzt (B. Schönhagen, 1987, S. 89). – Auf die in Polen vielfältige Erinnerungsliteratur einstiger Zwangsarbeiter weist mit eindrucksvollen Textbeispielen, teilweise auch von Arbeitseinsätzen in Süddeutschland, hin: J. August, 1986, S. 109–130. Vgl. auch: Ch. Schminck-Gustavus, 1984.
438 Eine wegen *staatsfeindlichen Verhaltens* inhaftierte Ukrainerin hatte beispielsweise dreieinhalb Jahre Medizinstudium hinter sich und bereits als Operationsschwester gearbeitet, bevor sie in Tübingen als Hausgehilfin eingesetzt wurde (SAT: F 8399).
439 Projektgruppe »Fremde Arbeiter«, S. 103 f.; B. Schönhagen, 1987, S. 90 ff.
440 U. Herbert, 1986, S. 41/2; R. Müller, 1986, S. 813; J. A. Brodski, S. 226 ff.
441 Beispiel im StA Sigmaringen: Wü 65/36, Acc. 31/1973, Nr. 173.
442 SAT: WPD II 20.13/20.03.
443 Ebd.
444 Projektgruppe »Fremde Arbeiter«, S. 78/9.
445 Vgl. J. August, 1986.
446 SAT: F 8399.
447 Ebd. Dort auch das Folgende.
448 TC/NTT vom 13. 3. 1940: »Zehn Gebote für den Umgang mit Kriegsgefangenen«; SAT: F 8399.
449 RGBl. I, 1939, S. 2319.
450 TC/NTT vom 23. 5. 1940.
451 TC/NTT vom 1. 12. 1939; SAT: WPD 204.
452 TC/NTT vom 2. 7. 1943.
453 Gespräch mit Friedrich Kehrer vom 12. 3. 1986.
454 Projektgruppe »Fremde Arbeiter«, S. 78 ff.
455 TC/NTT vom 17. 1. 1941.
456 SAT: F 8399.
457 Gespräch mit Friedrich Kehrer am 12. 3. 1980: *Das vergeß ich gar nicht. Da hat mir mal später einer von den Polen, der gut deutsch konnte, gesagt, wir dürfen nicht mehr kommen. Sie würden nämlich jeden Abend geschlagen wegen der Kartoffeln.*
458 SAT: WPD 204. – In Tübingen hatte sich allerdings bis Februar 1940 im polnischen Gefangenenlager kein Geistlicher blicken lassen.
459 StA Sigmaringen: Wü 65/36, Acc. 31/1973, Nr. 194.
460 TC/NTT vom 24. 2. 1940: »Mit keinem Polen am gleichen Tisch!«; vgl. auch TC/NTT vom 5. 12. 1939: »Sittensabotage?! Nein!!«.
461 Die NS-Presse konzidierte Verständnis für die »Anfälligkeit« deutscher Männer gegenüber »fremdvölkischen« Arbeiterinnen: *Auch wenn sie – um das ganz ehrlich zu sagen – bei dem oder jenem noch so durch ihren fremdartigen Reiz und durch ihre Aufmachung das erotische Empfinden reizen, sie können nicht Mütter deutscher Kinder sein!* (TC/NTT vom 1. 7. 1941).
462 So auch in Reutlingen auf dem Marktplatz geschehen (Stadtarchiv Reutlingen: 842, Fotoslg.). Siehe auch Schwäbisches Tagblatt, Südwestpresse vom 30. 3. 1985: »Auf den Barrikaden Barcelonas. Die Odyssee von Walter und Erna Hirsch.« – Die Geheime Staatspolizei, Staatspolizeileitstelle Stuttgart, teilte am 21. 6. 1941 den Landräten und Polizeiamtsvorständen ausdrücklich mit, daß *einer öffentlichen Anprangerung ehrloser Frauen* nichts im Wege stehe (SAT: WPD 204).
463 TC/NTT vom 9. 1. 1942.
464 Projektgruppe »Fremde Arbeiter«, S. 85; vgl. auch: B. Klingel u. a., 1984.
465 U. Jeggle, 1984, S. 93–112; B. Schönhagen, 1987, S. 67 f.
466 Zur Situation in den Lagern siehe: Projektgruppe »Fremde Arbeiter«, S. 47–57 und S. 80–83.

467 SAT: F 8399.
468 Ebd. Dort auch das Folgende.
469 U. Herbert, 1985, S. 273 ff.
470 Standesamt Tübingen: 05/53–1. – Bei einem 34jährigen Toten der Anatomieabteilung auf dem Stadtfriedhof beispielsweise war als Todesursache *Altersschwäche* angegeben (B. Schönhagen, 1987, S. 81).
471 Ebd.
472 Siehe unten S. 360 ff.
473 SAT: F 8399.
474 U. Herbert, 1985, S. 244 ff.; D. Majer, S. 675/6.
475 L. Gruchmann, 1967, S. 167–199; Kriegswende Dezember 1941, 1984.
476 Gespräch mit Elisabeth Storp am 25. 6. 1981.
477 Gespräch mit Friedrich Kehrer am 12. 3. 1980.
478 Im Januar 1943 erweiterte Hitler die Zuständigkeit des Volksgerichtshofs, der 1933 für die Aburteilung von Hoch- und Landesverrat eingerichtet worden war, auch auf die juristische Behandlung der Verstöße gegen die Kriegssonderstrafrechts-Verordnung (RGBl. I, 1943, S. 76); vgl. W. Wagner, 1974.
479 A. Milward, 1966.
480 W. F. Werner, 1983, S. 171–192 und S. 318–328.
481 Vgl. L. Niethammer, 1983.
482 Laut Hermann Werner war das den Bemühungen des Polizeiamtsvorstands Friedrich Bücheler zu verdanken (SAT: N 13; Tübingen 1945, S. 27).
483 StA Sigmaringen: Wü 65/36, Acc. 31/1973, Nr. 174.
484 H. Bardua, 1985, S. 29.
485 SAT: F 1240/35.
486 Gespräch mit H. Müller u. H. Messemer am 27. 1. 1981.
487 H. Bardua, S. 90 ff.
488 SAT: F 9452; H. Werner, 1952, S. 41–44.
489 W. Rug, 1984.
490 Die Zerstörung der »Neckarmüllerei«, einer Gaststätte am Neckarufer, traf vor allem die vielen Flüchtlinge und Evakuierten hart, die auf die Versorgung durch Gaststätten angewiesen waren.
491 StA Sigmaringen: Wü 65/36, Acc. 31/1973, Nr. 166.
492 T. Stockmayer, S. 269.
493 TC/NTT vom 17. 3. 1944.
494 StA Sigmaringen: Wü 65/36, Acc. 31/1973, Nr. 166.
495 SAT: F 9452; GRP vom 26. 10. 1944 § 133.
496 Einen Einblick in den mühevollen Kriegsalltag geben Ausschnitte aus dem Tagebuch einer Tübinger Professorenfrau: »Den Wein aus Frankreich geraubt.« Aus dem (Nach-)Kriegstagebuch der Professorengattin Helene Stracke, in: Schwäbisches Tagblatt (Südwestpresse) vom 27. 3. 1986.
497 SAT: F 1240/35.
498 SAT: GRP vom 5. 3. 1945 § 5 nö.
499 Ebd. Vgl. auch: »Fünf tragische Minuten«, in: Schwäbisches Tagblatt (Südwestpresse) vom 15. 1. 1985.
500 H. Werner, 1952, S. 42.
501 TC/NTT vom 17. 4. 1945.
502 Die Zahl der Verletzten und Toten war u. a. deshalb so gering, weil zu diesem Zeitpunkt die Hindenburgkaserne bereits geräumt war.
503 Tübingen 1945, S. 28. Vgl. auch die Tagebuchaufzeichnungen von Johannes Haller, in: Wiedergeburt des Geistes, 1985, S. 34 u. 36.
504 25 Zivilpersonen, 8 Wehrmachtsangehörige und 11 Ausländer (nach einer Aufstellung vom 17. 12. 1952, SAT: F 9452). Die Kreisbeschreibung gibt für den gesamten Krieg nur 26 Tote an (Amtl. Kreisbeschreibung Bd. 1, S. 293).
505 Tübingen 1945, S. 31.
506 Erst 1943 hatte der Oberbürgermeister nach zähem Ringen mit dem Landrat erreicht, daß die Stadt für Sofortmaßnahmen zuständig wurde (SAT: GRP vom 14. 10. 1943 § 122).

*Anmerkungen zu den Seiten 362–364*

507 Das hing allerdings auch damit zusammen, daß die Stadt als »Feststellungsbehörde« auch für den Ersatz von Mobiliarschäden bei den Bombenflüchtlingen zuständig war und damit nicht nur für Tübinger »Totalschäden« aufkommen, sondern auch den nach Tübingen geflohenen Totalgeschädigten aus anderen Orten einen Vorschuß auf die spätere Schadenserstattung erteilen mußte. Er bestand in einem Sammelbezugschein für die notdürftigste Grundausstattung (SAT: GRP vom 18. 2. 1944 § 14).
508 SAT: GRP vom 13. 4. 1944 § 47.
509 TC/NTT vom 17. 3. 1944.
510 SAT: GRP vom 23. 3. 1944.
511 SAT: Städt. Hochbauamt, Luftangriff 1944.
512 Ebd. S. 27.
513 TC/NTT vom 14. 8. 1943.
514 TC/NTT vom 10. 10. 1943.
515 TC/NTT vom 29. 9. 1944.
516 SAT: GRP vom 5. 3. 1945 § 5 nö.
517 Erst Ende 1942 hatte sie Brandwachen für alle großen öffentlichen Gebäude angeordnet (SAT: GRP vom 4. 11. 1942 § 221). Erst zur gleichen Zeit begann sie auch mit der Auslagerung ihrer Akten, die in der Neuapostolischen Kirche, der Lustnauer Dorfackerschule und dem Gymnasium untergebracht wurden (SAT: F9451).
518 SAT: GRP vom 20. 10. 1943 § 134.
519 SAT: GRP vom 28. 11. 1944 § 145.
520 Tübingen 1945, S. 32 f.
521 SAT: GRP vom 26. 10. 1944 § 118.
522 Ebd.
523 SAT: GRP vom 16. 2. 1943 § 195.
524 SAT: GRP vom 16. 12. 1943 § 192. Eine ehemalige Lehrerin der Mädchenoberschule berichtete, daß sie bei Luftalarm *mit den Kindern zu Prof. Haering in die Neckarhalde durfte* (Gespräch mit Lydia Raur vom 19. 11. 1979).
525 Kapitelüberschrift aus: Bemerkungen des Tübinger Landrats zum Personaleinsparungs-Programm am 27. 1. 1943 (StA Sigmaringen: Wü 65/36, Acc. 31/1973, Nr. 174). – Hermann Werner setzt in seiner Ende der vierziger Jahre entstandenen Chronik diesen Zeitpunkt allerdings erst Anfang 1945 an (Tübingen 1945, S. 21).
526 StA Sigmaringen: Wü 65/36, Acc. 31/1973, Nr. 17.
527 Vgl. den Lagebericht des Stuttgarter Generalstaatsanwalts vom 28. 1. 1943 (StA Ludwigsburg: K 601–1).
528 Etwa TC/NTT vom 27. 1. 1943 und vom 4. 2. 1943. Am 6. 2. 1943 heißt es sogar: *Es ist viel gesprochen worden »unterm Volk« und es hat keiner dabei ein Blatt vor den Mund genommen. Aber es war doch bei jedem von uns so, wie man's seit je vom Soldaten sagt: Wenn er nicht mehr schimpft, dann ist bei ihm etwas nicht in Ordnung. [...] Keiner vergaß seine Pflicht. [...] Und darauf kommt es an. Wird kritisiert? Ja! Wird gearbeitet! Ja, ja, ja!*
529 TC/NTT vom 4. 2. 1943.
530 SAT: GRP vom 1. 2. 1943 § 7.
531 Ebd.
532 TC/NTT vom 15. 3. 1943; siehe auch TC/NTT vom 6. 3. 1943.
533 SAT: GRP vom 20. 10. 1943 § 145.
534 Etwa nach dem großen Angriff auf Stuttgart im Herbst 1944 (SAT: GRP vom 2. 11. 1944 § 139; vgl. auch GRP vom 23. 3. 1942 § 45 und vom 2. 11. 1944 § 140).
535 SAT: GRP vom 20. 10. 1943 § 151.
536 M. Steinert, S. 418 f.
537 TC/NTT vom 23. 3. 1943.
538 TC/NTT vom 3. 9. 1943.
539 TC/NTT vom 1. 8. und 15. 8. 1944.
540 Frauen helfen siegen, 1941.
541 TC/NTT vom 3. 9. 1943.

542 Ebd.
543 Vgl. dazu: R. Thalmann, 1984, S. 174f.; W. F. Werner, 1983.
544 TC/NTT vom 14. 4. 1944.
545 Ebd.
546 TC/NTT vom 29. 11. 1944.
547 SAT: F 1240/43.
548 Ebd. und TC/NTT vom 29. 11. 1944.
549 SAT: F 1240/47.
550 U. v. Gersdorff, S. 395 Dok. 188.
551 HStA Stuttgart: E 151–111.
552 U. v. Gersdorff, S. 383 ff.; I. H. E. Schupetta, 1981.
553 W. F. Werner, S. 280 f.; vgl. Meldungen, Juni 1944, S. 6659.
554 SAT: UG 1859 II 2 b. Dort auch das folgende Zitat.
555 P. Sauer, 1975, S. 340.
556 Vgl. M. Steinert, S. 370 f. u. 436 ff.
557 *Wenn das, was wir dort ausgerichtet haben, auf uns zurückfällt, dann: Gnade uns Gott!*, habe ihr Mann, so berichtete eine Tübingerin, gesagt, als er zum ersten Mal in Posen war. Gespräch mit Hanna Müller am 27. 1. 1981.
558 Auskunft von Hans-Joachim Lang; zur Exekution des Fremdarbeiters siehe B. Schönhagen, 1987, S. 67 ff. – Ähnliches berichten SD-Leute in Stimmungsberichten von 1944 an. So heißt es etwa in einem Stimmungsbericht an den SD-Leitabschnitt Stuttgart vom 6. 11. 1944: Ein Rüstungsarbeiter habe gesagt, nun müßte *der brave deutsche Mann, der nie etwas Schlimmes getan habe, alle die Greueltaten büßen [...], die die Nazis begangen haben* (Aus deutschen Urkunden, 1964, S. 275).
559 TC/NTT vom 7. 7. 1943: »Englands Alleinschuld am Bombenkrieg eindeutig erwiesen./Abscheu und Haß gegen die Luftgangster!/Alle Bemühungen um Humanisierung des Krieges von den Briten sabotiert.«
560 SAT: F 5091.
561 Bis Sommer 1944 wurden folgende Betriebe und Institutionen nach Tübingen verlagert: Die Stuttgarter Firma Hahn und Kolb am 1. 9. 1943 mit 18 Mitarbeitern in die Reutlinger Str. 74, ein Labor für technische Physik aus Berlin am 3. 12. 1943 mit 32 Betriebsangehörigen in die Wilhelmstr. 152, ebenfalls aus Berlin die Rotophas-GmbH, die mit vier Mitarbeitern in die Hechinger Str. 13 einzog, der Wehrkreissanitätspark V aus Stuttgart, der mit 53 Mitarbeitern die Neckartalstr. 13 belegte sowie das Kaiser-Wilhelm-Institut für Biochemie unter dem Nobelpreisträger Adolf Butenandt, dessen 17 wissenschaftliche Mitarbeiter und 10 Assistenten auf verschiedene Universitätsgebäude in der Stadt verteilt wurden. Die Ministerialabteilungen für die höheren Schulen, die Fach- und die Volksschulen des württembergischen Kultministeriums sowie die Kaiser-Wilhelm-Institute für Biologie, Abteilung Zoologie und Botanik und das Kaiser-Wilhelm-Institut für Völkerrecht und ausländisches Privatrecht unter Prof. Heymann kamen kurz vor Kriegsende noch hinzu, außerdem die Reichsuniversität Straßburg (SAT: F 9453 und N 10).
562 Ebd. und StA Sigmaringen: Wü 65/36, Acc. 31/1973, Nr. 167.
563 Nach Protesten wurde die Zahl für die Stadt auf 1000 reduziert (SAT: GRP vom 22. 7. 1944 § 102).
564 Eine Studentenkompanie lag seit 1940 in der Stadt, 1941 zählte sie 236 Mann (U. D. Adam, 1977, S. 195).
565 Ebd.
566 SAT: F 9453.
567 UAT: 117 C/338.
568 Ebd.
569 Laut einem Dokument des UAT hatte sich Rektor Otto Stickl bewußt um die dezentrale Unterbringung von Lazaretten in der Stadt – etwa in der Bibliothek, dem Schloß, der Zahnklinik, der Alten Aula – bemüht, um auf diese Weise die Universitätsgebäude ebenfalls unter den Schutz des groß auf die Dächer gemalten Roten Kreuzes zu stellen (Tübingen 1945, S. 61). – Zur Situation in den Lazaretten siehe: U. Pfeil, 1987.
570 Aufstellung des Landrats vom 11. 4. 1944 (StA Sigmaringen: Wü 65/36, Acc. 31/1973, Nr. 174). Von den 6000 Umquartierten kamen 1929 aus anderen Gauen, 3066 aus dem eigenen Gau, 674 waren »Gefolgschaftsmitglieder« verlagerter Betriebe und Dienststellen samt ihren Familien.
571 SAT: F 9453.

*Anmerkungen zu den Seiten 367—371*

572  Tübingen 1945, S. 35.
573  SAT: GRP vom 8.4.1943 § 57, erneuter Antrag im Frühjahr 1944 (SAT: GRP vom 13.4.1944 § 52).
574  SAT: GRP vom 22.7.1943 § 102; Wohnraumlenkungsverordnung vom 27.2.1943 (RGBl. I, 1943, S. 127).
575  SAT: GRP vom 14.10.1943 § 125.
576  SAT: GRP vom 13.4.1944 § 52.
577  SAT: GRP vom 5.3.1945 § 19.
578  SAT: F5000a.
579  Ebd. – Diese Auslagerung verhinderte bei Kriegsende die Erklärung zur offenen Stadt.
580  Merkblatt für die Volksgenossen aus dem Räumungsgebiet (SAT: WP 20 II 3).
581  StA Sigmaringen: Wü 65/36, Acc. 31/1973, Nr. 167.
582  Meldungen Mai 1944, S. 6522ff., Juni 1944 S. 6614f. und Juli S. 6651. – Im Himmelwerk steckten die Arbeiter Fähnchen und wußten ganz genau, wann die Alliierten hier sind. Während die Höheren, die Ingenieure usw. immer noch auf die Wunderwaffe warteten [...] (Gespräch mit Hanna Müller vom 27.1.1981).
583  TC/NTT vom 29.11.1944.
584  RGBl. I, 1944, S. 253f.
585  TC/NTT vom 13.11.1944.
586  SAT: N 10.
587  Tübingen 1945, S. 24.
588  Sein militärischer Rang war der eines Majors. Laut Werner war Pfahler ein *überzeugter Nationalsozialist* mit *nüchternem militärischem Urteil*. Adam begründet die Ernennung Pfahlers zum Volkssturmführer mit dessen *absolut eindeutige*[r] *und zielsichere*[r] *nationalsozialistische*[r] *Haltung* (U. D. Adam, 1977, S. 145; Tübingen 1945, S. 24).
589  Ebd.
590  TC/NTT vom 31.3.1945.
591  In Hailfingen, Kreis Tübingen, wehrte sich sogar der mit der Organisation des Volkssturms beauftragte Bürgermeister. Er befürchtete, daß im Brandfall niemand mehr im Ort zum Löschen da wäre (StA Sigmaringen: Wü 65/36, Acc. 31/1973, Nr. 185).
592  Gespräch mit Karl Hipp am 5.3.1980.
593  TC/NTT vom 10.1.1945.
594  Tübingen 1945, S. 39.
595  Tübingen 1945, S. 24.
596  SAT: GRP vom 26.10.1944 § 128 und vom 19.3.1945 § 25.
597  W. F. Werner, S. 330.
598  M. Steinert, S. 537; Tübingen 1945, S. 38.
599  SAT: GRP vom 6.3.1945 § 8.
600  SAT: GRP vom 5.3.1945 § 8.
601  Ebd.
602  Meldungen, Ende März 1945, S. 6734 ff.
603  P. E. Schramm, S. 407.
604  TC/NTT vom 13.4.1945.
605  Tübingen 1945, S. 26.
606  Die Vorgänge um die Erklärung Tübingens zur Lazarettstadt und die Verhinderung seiner Verteidigung dokumentierte der Stuttgarter Journalist Hermann Werner 1951 im Auftrag der Stadt; 1980 wurde seine Dokumentation herausgegeben (SAT: M 218; Tübingen 1945).
607  Die Gruppe konnte sich nicht durchsetzen, weil ihr Vorhaben mit den Plänen des Gauleiters kollidierte. Der nämlich beabsichtigte zu dieser Zeit, eine Abteilung von Daimler-Benz nach Lustnau zu verlegen. Die Genfer Konventionen setzten aber das Fehlen von Rüstungsindustrie bei der Erklärung zur Lazarettstadt voraus.
608  StA Sigmaringen: Wü 65/36, Acc. 14/1973, Nr. 644.
609  Siehe auch die Darstellung des Standortarztes: Th. Dobler, 1946 und Der Große Szenenwechsel. Tübingen im Niemandsland, in: Schwäbisches Tagblatt vom 19.4.1955.
610  SAT: F 9970; Wiedergeburt des Geistes, S. 15–33.

*Anmerkungen zu den Seiten 372—373*

611 Tübingen 1945, S. 64–72; H. D. Merker, 1965; »In letzter Minute«, ein Beitrag zur Rettung der Stadt von Theodor Dobler (SAT: Bibliothek M 218); H. Rauschnabel, Niederschrift über die Vorgänge bei der sogenannten Verteidigung und Übergabe der Universitätsstadt Tübingen (StA Sigmaringen: Wü 29/2, Acc. 33/1973, Nr. 1764).
612 Unter anderem hatte die bei einem Fliegerangriff tags zuvor zerstörte Telefonleitung nötige Absprachen verhindert.
613 Tübingen 1945, S. 74.
614 SAT: GRP vom 17. 4. 1945 § 28.
615 Siehe oben S. 351.
616 Wegen seiner Beteiligung am Synagogenbrand verurteilte ihn ein deutsches Gericht zu zwei Jahren und 6 Monaten Gefängnis. Die Einstufung als Belasteter durch das Spruchkammerverfahren hatte ihn außerdem zu eineinhalb Jahren Internierungshaft verurteilt. Doch bereits im November 1950 wurde die Gefängnisstrafe auf Bewährung ausgesetzt (Schwäbisches Tagblatt vom 20. 11. 1950).
617 Tübingen 1945, S. 189.
618 Siehe die Aufzeichnungen und Berichte über Vergewaltigungen und Plünderungen in der Stadt in: Tübingen 1945, S. 185 ff.
619 Tübingen 1945, S. 212.

# Quellen und Literatur

Archive

Archiv der Wildermuth-Schule Tübingen
Archiv des DGB Tübingen
Berlin Document Center (BDC)
Bundesarchiv Koblenz (BAK)
Diözesanarchiv Rottenburg (DAR)
Evangelisches Dekanatsarchiv Tübingen (EDA)
Hauptstaatsarchiv Stuttgart (HStA)
Katholisches Pfarrarchiv Tübingen
Landeskirchliches Archiv Stuttgart (LKA)
Staatsarchiv Ludwigsburg
Staatsarchiv Sigmaringen
Stadtarchiv Tübingen (SAT)
Universitätsarchiv Tübingen (UAT)

Zeitungen und Zeitschriften

Amtsblatt des Württembergischen Kultministeriums
Corps Borussia, Corpszeitung
Das Württembergische Handwerk
Der Baumeister
Die nationalsozialistische Gemeinde, Ausgabe Württemberg-Hohenzollern
Evangelisches Kirchenblatt für Württemberg
Evangelisches Gemeindeblatt Tübingen
Freie Presse Reutlingen
Flammenzeichen, Leonberg
Führerdienst der Schwäbischen Hitlerjugend
Nationalsozialistisches Mitteilungsblatt des Gauamtes für Kommunalpolitik
Neues Tübinger Tagblatt
Notizen, Tübinger Studentenzeitung
NS-Kurier Stuttgart
NS-Mitteilungsblatt des Gauamtes für Kommunalpolitik Württemberg-Hohenzollern
Regierungsblatt für Württemberg
Schwäbischer Merkur
Schwäbisches Tagblatt. NS-Kampfblatt für die Bezirke Tübingen, Reutlingen, Rottenburg und Hechingen
Staatsanzeiger für Württemberg
Tübinger Blätter
Tübinger Zeitung
Tübinger Chronik
Verordnungsblatt und Mitteilungen des Studentenführers der Universität Tübingen
Württembergisches Ärzteblatt

Interviews, schriftliche Auskünfte, private Unterlagen

Georg Bayer, Tübingen 28. 1. 1980
Hanna Bernheim, 1981
Hans Binder, Nürtingen 20. 9. 1983
Friedrich Bücheler, Tübingen 25. 10. und 11. 12. 1980
Heinrich Buhr, Pfrondorf 29. 6. 1979
Hans Dürr, Balingen 23. 3. 1981
Alfred Göhner, Tübingen 4. 2. 1985
Maria Gölz, Reutlingen 29. 10./11. 12. 1979

Inge Noemi Hamm, Haifa 18. 12. 1981
Rudolf Hartter, Tübingen 9. 10. 1979
Josef Held, Tübingen 9. 5. 1983
Karl Hipp, Derendingen 3. 3. 1980
Brigitte von Kaehne, Tübingen 5. 8. 1985
Friedrich Kehrer, Lustnau März 1979
Walter Kiefner, Tübingen 28. 11. 1979
Jakob Kraus, Tübingen 8. 1. 1980
Wilhelm Kress, Tübingen 1985
Alfred Leucht, Tübingen 12. 5. 1977
Hanna Müller und Herta Messemer, Tübingen 27. 1. 1981
Maria Ohlmeyer, Tübingen 1981
Wilhelm Pressel, Tübingen 12. 12. 1980/10. 2. 1981
Anna und Lydia Raur, Tübingen 29. 11. 1979
Prof. Dr. Hans Riegraf, Heilbronn 14. 2. 1981
Irene Riekert, Lustnau 26. 7. 1985
Hedwig Rieth, Tübingen 1985
Dr. Werner Röllinghof, Tübingen 13. 5. 1985
Alfred Sauter, Tübingen 1979
Ernst Schittenhelm, Tübingen 4. 12. 1979
Martin Schmid, Tübingen 29. 1. 1980
Marianne Schmidgall, Tübingen 1. 6. 1983
Gertrud Schumacher, Stuttgart 10. 2. 1985
Heinz Schweickhardt und Anneliese Staedke, Tübingen 7. 4. 1984
Dietrich Stockmayer, Tübingen 25. 6. 1979
Elisabeth Storp, Tübingen 25. 6. 1981
Dr. Elisabeth Tausch, Tübingen 7. 8. 1981
Naturfreunde Tübingen 26. 10. 1985
Hede Warneken, Tübingen 10. 12. 1980
Helene Weiler, Tübingen 24. 3. 1981
Erika Warth, Reutlingen, März 1979
Dr. Irmgard Zipperlen, Tübingen 8. 8. 1984

Berichte, Gesetze und Statistiken

Adreß- und Geschäftshandbücher der Oberamts- und Universitätsstadt Tübingen 1919–1942.
Universitätsstadt Tübingen 1919–1942.
ALA-Zeitungskatalog, Zeitungskatalog des Verbandes deutscher Annoncen-Expeditionen, Berlin 1925.
Bericht der Burschenschaft Germania zu Tübingen über die Zeit vom Abschluß des 9. Kriegsberichts bis Mai 1919, Tübingen 1919.
Bericht über die wirtschaftliche Entwicklung des Handwerks im Kammerbezirk Reutlingen, hrsg. von der Handelskammer Reutlingen, Reutlingen 1933.
Beschreibung des Oberamtes Tübingen, hrsg. vom Königlich statistisch-topographischen Bureau, Stuttgart 1867.
Boberach, Heinz, Berichte des SD und der Gestapo über Kirchen und Kirchenvolk in Deutschland 1934–1944, Mainz 1971.
Das Reichswahlgesetz vom 27. April 1920 in der Fassung vom 6. März 1924, hrsg. von Heinrich von Jan, 2. neubearb. Aufl., München/Berlin/Leipzig 1924.
Der Landkreis Tübingen, Amtliche Kreisbeschreibung 3 Bde., Stuttgart 1967–1974.
Der Prozeß gegen die Hauptkriegsverbrecher vor dem Internationalen Militärgerichtshof Nürnberg, 14. November 1945 bis 1. Oktober 1946, Bd. I–XLII, Nürnberg 1947/48.
Deutsche Gemeindeordnung vom 30. Januar 1935, erläutert von Max Schattenfroh, München/Berlin/Leipzig 1935.
Deutschland-Berichte der Sozialdemokratischen Partei Deutschlands (Sopade), hrsg. im Auftrag des Exilvorstands, Neuauflage, Frankfurt 1980.
Griesmeier, Josef, Die Reichswahlen im Wahlkreis Württemberg von 1919–1930, in: Württembergische Jahrbücher für Statistik und Landeskunde 1930/31, S. 77–158.

Gutachten des Reichs-Sparkommissars über die Landesverwaltung Württembergs, in: Verhandlungen des Württembergischen Landtags, Beilagen-Bd. 4, Beilage 222, Stuttgart 1930.
Meldungen aus dem Reich 1938–1945. Die geheimen Lageberichte des Sicherheitsdienstes der SS, hrsg. und eingeleitet von Heinz Boberach, Neudruck, Herrsching 1984.
Mitteilungen des Württembergischen Statistischen Landesamtes, Stuttgart 1919 ff.
Ortsbausatzung Tübingen, Teil I und II, Tübingen 1937.
Raith, Carl, Die Wahlen zur Verfassungsgebenden Württ. Landesversammlung und Deutschen Nationalversammlung am 12. und 19. Januar 1919 nach Oberämtern und Gemeinden, Stuttgart 1919.
Reichsstrafgesetzbuch, Berlin/Leipzig 1920.
Statistik des Deutschen Reiches, Bd. 291: Die Wahlen zum Reichstag am 6. Juni 1920, Berlin 1920. Bd. 315: Die Wahlen zum Reichstag am 4. Mai 1924 und am 7. Dezember 1924, Berlin 1925. Bd. 321: Die Wahl des Reichspräsidenten am 29. März und am 26. April 1925, Berlin 1925. Bd. 322: Volksbegehren und Volksentscheid »Enteignung der Fürstenvermögen«, Berlin 1926. Bd. 372: Die Wahlen zum Reichstag am 20. Mai 1928, Berlin 1930. Bd. 382: Die Wahlen zum Reichstag am 14. September 1930, Berlin 1930. Bd. 402: Volks-, Berufs- und Betriebszählung vom 16. Juni 1925. Die berufliche und soziale Gliederung der Bevölkerung des Deutschen Reichs, Berlin 1927. Bd. 405: Volks-, Berufs- und Betriebszählung vom 16. Juni 1925. Die berufliche und soziale Gliederung der Bevölkerung in den Ländern und Landesteilen. Süddeutschland und Hessen, Berlin 1928. Bd. 427: Die Wahl des Reichspräsidenten am 13. März und 10. April 1932, Berlin 1932. Bd. 434: Die Wahlen zum Reichstag am 31. Juli 1932 und am 6. November 1932 und am 5. März 1933, Berlin 1935. Bd. 449: Die Wahlen zum Reichstag und die Volksabstimmung am 12. November 1933 sowie die Volksabstimmung am 19. August 1934. Bd. 456: Volks-, Berufs- und Betriebszählung vom 16. Juni 1933. Berufszählung. Die berufliche und soziale Gliederung der Bevölkerung in den Ländern und Landesteilen, Süddeutschland und Hessen, Berlin 1936. Bd. 479: Die Wahlen zum Reichstag am 29. März 1936, Berlin 1937. Bd. 531: Die Volksabstimmung und die Wahlen zum Großdeutschen Reichstag am 10. April 1938; die Ergänzungswahlen zum Großdeutschen Reichstag am 4. Dezember 1938, Berlin 1939.
Statistisches Jahrbuch deutscher Städte 1933.
Statistisches Handbuch für Württemberg, 24. Ausgabe, Jg. 1922–1926; 25. Ausgabe, Jg. 1927–1935, hrsg. vom Württembergischen Statistischen Landesamt, Stuttgart 1937.
Tübingen Ev. Theol. Fakultät, Theol. Fachschaft, Akten zum Kirchenstreit, Tübingen o. J.
Verhandlungen des Landtags des freien Volksstaats Württemberg, Protokollbände 1919–1933.
Verhandlungen des Reichstags, VIII. Wahlperiode, Berlin 1934.
Württembergische Gemeindeordnung vom 28. 7. 1906, hrsg. und erläutert von Georg Schmid, Stuttgart 1906.
Württembergische Gemeindeordnung vom 19. 3. 1930, Textausgabe mit systematischer Inhaltsdarstellung, hrsg. von Karl Eberhardt, Stuttgart 1930.
Württembergische Gemeinde- und Bezirksstatistik, 3. Ausgabe, nach dem Stand von 1933, Stuttgart 1935.

Literatur

Abendroth, Wolfgang, Die deutschen Professoren und die Weimarer Republik, in: Jörg Tröger (Hrsg.), Hochschule und Wissenschaft im Dritten Reich, Frankfurt/New York 1984, S. 11–25.
Adam, Karl, Deutsches Volkstum und katholisches Christentum, in: Theologische Quartalschrift 114, 1933, S. 40–56.
Adam, Uwe Dietrich, Judenpolitik im Dritten Reich. (= Tübinger Schriften zur Sozial- und Zeitgeschichte 1), Düsseldorf 1972.
Adam, Uwe Dietrich, Hochschule und Nationalsozialismus. Die Universität Tübingen im Dritten Reich. (= Contubernium 23), Tübingen 1977.
Adler, Hans-Günter, Theresienstadt 1941–1945. Das Antlitz einer Zwangsgemeinschaft, Tübingen 1960.
Adler, Hans-Günter; Langbein, Hermann; Lingens-Reiner, Ella, Auschwitz. Zeugnisse, Berichte, Frankfurt 1962.
Allen, William Sheridan, »Das haben wir nicht gewollt!« Die nationalsozialistische Machtergreifung in einer Kleinstadt 1930–1935, Gütersloh 1966.
Allen, William Sheridan, Die deutsche Öffentlichkeit und die »Reichskristallnacht« – Konflikte zwischen Werthierarchie und Propaganda im Dritten Reich, in: D. Peukert; J. Reulecke (Hrsg.), 1981, S. 397–411.
Alltagsgeschichte in der NS-Zeit. Neue Perspektiven oder Trivialisierung? (= Kolloquien des Instituts für Zeitgeschichte), München 1984.

Althaus, Hermann, Nationalsozialistische Volkswohlfahrt. Wesen, Aufgaben und Aufbau, Berlin 1935.
Althaus, Hans-Joachim u. a., »Da ist nirgends nichts gewesen außer hier«. Das »rote Mössingen« im Generalstreik gegen Hitler. Geschichte eines schwäbischen Arbeiterdorfes, Berlin 1982.
Aly, Götz u. a., Aussonderung und Tod. Die klinische Hinrichtung der Unbrauchbaren, Berlin 1985.
Arendt, Hannah, Elemente und Ursprünge totaler Herrschaft, Frankfurt a. M. 1955.
Aretz, Jürgen, Die Katholische Arbeiterbewegung (KAB) im Dritten Reich, in: K. Gotto; K. Repgen (Hrsg.), Die Katholiken und das Dritte Reich, Mainz (2. Aufl.) 1983, S. 86–100.
August, Jochen, Erinnern an Deutschland. Berichte polnischer Zwangsarbeiter, in: Jochen August u. a., Herrenmenschen und Arbeitsvölker. Ausländische Arbeiter und Deutsche 1939–1945. (= Beiträge zur nationalsozialistischen Gesundheits- und Sozialpolitik Bd. 3), Berlin 1986, S. 109–130.
Ayaß, Wolfgang, Die Verfolgung von Bettlern und Landstreichern im Nationalsozialismus, in: Wohnsitz: Nirgendwo. Vom Leben und vom Überleben auf der Straße, hrsg. vom Künstlerhaus Bethanien, Berlin 1982.

Ball-Kaduri, Kurt J., Die Kristallnacht und die Zerstörungslisten, in: Zeitschrift für die Geschichte der Juden Bd. IX, 1972, S. 168/9.
Balzer, Friedrich-Martin, Klassengegensätze in der Kirche. Erwin Eckert und der Bund der Religiösen Sozialisten Deutschlands, Köln 1973.
Bardua, Heinz, Stuttgart im Luftkrieg 1939–1945. (= Veröffentlichungen des Archivs der Stadt Stuttgart Bd. 35), 2. Aufl., Stuttgart 1985.
Bausinger, Hermann, Volksideologie und Volksforschung, in: Zeitschrift für Volkskunde 61, 1965, S. 117–204.
Bausinger, Hermann, Eher im Gegenteil. Zum Tübinger Weingärtner Liederkranz und seiner 125jährigen Geschichte, in: T. Bll. 57, 1970, S. 93–96.
Bausinger, Hermann, Zur Politischen Kultur Baden-Württembergs, in: Hermann Bausinger, Theodor Eschenburg u. a., Baden-Württemberg. Eine politische Landeskunde. (= Schriften zur politischen Landeskunde Baden-Württembergs Bd. 1), hrsg. von der Landeszentrale für politische Bildung Baden-Württemberg, 2. erweit. Aufl., Stuttgart 1981, S. 13–40.
Bayer, Georg, Dabei bis zu den Pyramiden von Miramas. Erlebtes aus der Zeit von 1914 bis 1944, 3. Aufl., Tübingen 1977.
Bayer, Georg, »...ist in Schutzhaft zu nehmen«. Ein Sozialdemokrat erinnert sich des Jahres 1933, in: Schwäbisches Tagblatt (Südwestpresse) vom 29. 4. 1977.
Bayer, Georg, Wollten überhaupt nichts hören. Wie es 1925 zu der »Schlacht von Lustnau« kam. Bericht eines Beteiligten, in: »...helfen zu graben den Brunnen des Lebens« (= Ausstellungskatalog der Universität Tübingen Nr. 8), Tübingen 1977, S. 312–316.
Bayern in der NS-Zeit. Herrschaft und Gesellschaft im Konflikt, Bd. 1–6, hrsg. von Martin Broszat, Elke Fröhlich und Anton Grossmann, München/Wien 1977–1983.
Beck, Johannes u. a. (Hrsg.), Terror und Hoffnung in Deutschland 1933–1945, Reinbek 1980.
Beck, Stefan; Schönberger, Klaus, Von »Spartania« nach »Germania«. Das Ende der Weimarer Republik und die Machtübergabe 1933 in Marbach a. N. (= Schriften der Alexander-Seitz-Geschichtswerkstatt Marbach und Umgebung Bd. 1), Marbach 1984.
Bernheim, Hanna, History of my life. [Masch.] o. O., o. J.
Berndt, Walter, Borussia Tübingen 1870–1970, Tübingen 1971.
Besson, Waldemar, Württemberg und die deutsche Staatskrise 1928–1933. Eine Studie zur Auflösung der Weimarer Republik, Stuttgart 1959.
Biesenberger, Hartlof, »Der Schwarzwälder Bote« in den Jahren 1930–1950, (Diss.), München 1953.
Binding, Karl; Alfred, Hoche, Die Freigabe der Vernichtung lebensunwerten Lebens. Ihr Maß und ihre Form, Leipzig 1920.
Bizer, Ernst, Der »Fall Dehn«, in: W. Schneemelcher (Hrsg.), Festschrift für Günther Dehn, Neukirchen 1957, S. 239–261.
Blaich, Fritz, Möglichkeiten und Grenzen kommunaler Wirtschaftspolitik während der Weltwirtschaftskrise 1929–1932, dargestellt am Beispiel der Stadt Ludwigshafen am Rhein, in: Archiv für Kommunalwissenschaften Bd. 9, 1970, S. 92–108.
Blasius, Dirk, Psychiatrischer Alltag im Nationalsozialismus, in: Detlev Peukert; Jürgen Reulecke, Wuppertal 1981, S. 367–380.
Bleuel, Hans-Peter, Deutschlands Bekenner. Professoren zwischen Kaiserreich und Diktatur, Bern 1968.

Bock, Gisela, »Zum Wohle des Volkskörpers«. Abtreibung und Sterilisation im Nationalsozialismus, in: Journal für Geschichte 2, 1980, S. 58–65.
Bock, Gisela, Zwangssterilisation im Nationalsozialismus. Studien zur Rassenpolitik und Frauenpolitik, Opladen 1986.
Boelcke, Willi A. (Hrsg.), Kriegspropaganda 1939–1941. Geheime Ministerkonferenzen im Reichspropagandaministerium, Stuttgart 1966.
Boelcke, Willi A. (Hrsg.), Wollt Ihr den totalen Krieg? Die Geheimen Goebbels-Konferenzen 1939–1943, Stuttgart 1967.
Boger, Hartmut u. a., Arbeitertübingen. Zur Geschichte der Arbeiterbewegung in einer Universitätsstadt, Tübingen 1980.
Bollmus, Reinhard, Das Amt Rosenberg und seine Gegner. Zum Machtkampf im nationalsozialistischen Herrschaftssystem. Studien zur Zeitgeschichte, hrsg. vom Institut für Zeitgeschichte, Stuttgart 1970.
Bollmus, Reinhard, Zum Projekt einer nationalsozialistischen Alternativ-Universität: Alfred Rosenbergs »Hohe Schule«, in: Manfred Heinemann, Erziehung und Schulung im Dritten Reich, Bd. 2, Stuttgart 1980, S. 125–152.
Born, Karl Erich, Die deutsche Bankenkrise 1931, Tübingen 1967.
Bossmann, Dieter (Hrsg.), »Was ich über Adolf Hitler gehört habe…« Folgen eines Tabus: Auszüge aus Schüleraufsätzen von heute, Frankfurt 1977.
Bracher, Karl Dietrich; Sauer, Wolfgang; Schulz, Gerhard, Die nationalsozialistische Machtergreifung. Studien zur Errichtung des totalitären Herrschaftssystems in Deutschland 1933/34, Frankfurt a. M. 1974; Bd. 1: Stufen der Machtergreifung; Bd. 2: Anfänge des totalitären Maßnahmestaats; Bd. 3: Die Mobilmachung der Gewalt.
Bracher, Karl Dietrich, Die Auflösung der Weimarer Republik. Eine Studie zum Problem des Machtverfalls in der Demokratie, Königstein/TS 1978.
Bracher, Karl Dietrich, Die deutsche Diktatur. Entstehung, Struktur, Folgen des Nationalsozialismus, 6. Aufl. Frankfurt 1979.
Brandenburg, Hans-Christian; Rudi Daur (Hrsg.), Die Brücke zu Köngen. Fünfzig Jahre Bund der Köngener 1919–1969, Stuttgart 1969.
Brändle, Hans-Ullrich, Aufartung und Ausmerze, NS-Rassen- und Bevölkerungspolitik im Kräftefeld zwischen Wissenschaft, Partei und Staat am Beispiel des »angeborenen Schwachsinns«, in: Volk und Gesundheit. Heilen und Vernichten im Nationalsozialismus, Begleitbuch zur gleichnamigen Ausstellung, hrsg. von der Projektgruppe »Volk und Gesundheit«, Tübingen 1982, S. 149–171.
Braun, Karl u. a., Das andere Tübingen. Kultur und Lebensweise der Unteren Stadt im 19. Jahrhundert. (= Untersuchungen des Ludwig-Uhland-Instituts der Universität Tübingen im Auftrag der Tübinger Vereinigung für Volkskunde, Sonderband), Tübingen 1978.
Brenner, Hildegard, Die Kunstpolitik des Nationalsozialismus, Hamburg 1963.
Brodski, Josif A., Im Kampf gegen den Faschismus. Sowjetische Widerstandskämpfer in Hitlerdeutschland 1941–1945, Berlin (Ost) 1975.
Broszat, Martin, Der Staat Hitlers. Grundlegung und Entwicklung seiner inneren Verfassung, München 1969.
Broszat, Martin, Resistenz und Widerstand. Eine Zwischenbilanz des Forschungsprojekts, in: Bayern in der NS-Zeit Bd. 4, München/Wien 1981, S. 691–709.
Broszat, Martin, Konzentrationslager, in: Anatomie des SS-Staates Bd. 2, (3. Aufl.) München 1982.
Broszat, Martin, Die Struktur der NS-Massenbewegung, in: VjZG 31, 1983, S. 52–76.
Broszat, Martin, Grundzüge der gesellschaftlichen Verfassung des Dritten Reiches, in: Martin Broszat; Horst Möller (Hrsg.), Das Dritte Reich. Herrschaftsstruktur und Geschichte, München 1983, S. 28–63.
Brügge, Otfried u. a., Hannover wird nationalsozialistisch. Ein Quellenlesebuch zur Machtübernahme, hrsg. vom Historischen Museum am Hohen Ufer, Hannover 1981.
Buchheim, Hans, Die Übernahme staatlicher Fürsorgeaufgaben durch die NSV, in: Gutachten des Instituts für Zeitgeschichte Bd. 2, Stuttgart 1966, S. 126–132.
Buchheim, Hans, Die SS – Das Herrschaftsinstrument, in: Anatomie des SS-Staates Bd. 1, 3. Aufl., München 1982, S. 15–212.

Cancik, Hubert, »Neuheiden« und totaler Staat. Völkische Religionen am Ende der Weimarer Republik, in: Ders., Religions- und Geistesgeschichte der Weimarer Republik, Düsseldorf 1982, S. 176–212.
Cancik, Hubert (Hrsg.), Religions- und Geistesgeschichte der Weimarer Republik, Düsseldorf 1982.
Castell-Rüdenhausen, Adelheid Gräfin zu, »Nicht mitzuleiden, mitzukämpfen sind wir da«. Nationalsoziali-

stische Volkswohlfahrt im Gau Westfalen-Nord, in: Detlev Peukert; Jürgen Reulecke, Wuppertal 1981, S. 223–243.
Conze, Werner; Raupach, Hans (Hrsg.), Die Staats- und Wirtschaftskrise des Deutschen Reiches 1929–1933, Stuttgart 1967.

Dahrendorf, Ralf, Gesellschaft und Demokratie, 5. Aufl., München 1977.
Das deutsche Frauenbuch, hrsg. von Oskar Lukas, Berlin 1942.
Decker-Hauff, Hansmartin, Die Entstehung der altwürttembergischen Ehrbarkeit 1250–1534, (Masch.), Diss., Wien 1946.
Decker-Hauff, Hansmartin, Stiftungsfest der Burschenschaft Derendingia, in: T. Bll. 54, 1967, S. 74–81.
Den Wein aus Frankreich geraubt. Aus dem (Nach-)Kriegstagebuch der Professorengattin Helene Stracke, in: Schwäbisches Tagblatt (Südwestpresse) vom 27. 3. 1986.
»Deutscher kaufe nicht beim Juden!« Verzeichnis jüdischer Geschäfte in Württemberg und Hohenzollern, hrsg. von der NS-Hago-Gauamtsleitung Stuttgart, Stuttgart 1935.
Die Ermorderten waren schuldig? Amtliche Dokumentation der Direktion de la Santé publique der französischen Militärregierung, Baden-Baden 1947.
Die Feier des 450jährigen Bestehens der Eberhard-Karls-Universität Tübingen vom 24.–26. Juli 1927, Stuttgart 1928.
Die Lage der Juden in Deutschland 1933. Das Schwarzbuch, Tatsachen und Dokumente, hrsg. vom Comité des Délegations Juives, Neuaufl., Frankfurt/Berlin/Wien 1983.
Die Probleme des Kepler-Redners Hans A. Bethe, Atombomben am Sternenhimmel, in: Schwäbisches Tagblatt (Südwestpresse) vom 12. 7. 1987.
Die Stadtgarde am Revolutionstag in Bebenhausen. Erinnerungen von Karl Weidle, in: T. Bll. 26, 1925, S. 55.
Die Vertreibung von Bischof Joannes Baptista Sproll von Rottenburg 1938–1945. Dokumente zur Geschichte des kirchlichen Widerstandes, hrsg. von Paul Kopf und Max Miller, zitiert nach der Veröffentlichung der Kommission für Zeitgeschichte bei der katholischen Akademie in Bayern, Mainz 1971.
Dipper, Theodor, Die Evangelische Bekenntnisgemeinschaft in Württemberg 1933–1945. Ein Beitrag zur Geschichte des Kirchenkampfs im Dritten Reich, Göttingen 1966.
Documenta Occupationis Bd. X, hrsg. vom Instytut Zachodni, Poznan 1976.
Doetsch, Wilhelm, Württembergs Katholiken unterm Hakenkreuz 1930–1935, Stuttgart/Berlin/Köln/Mainz 1969.
Dobler, Theodor, Wie Tübingen vor der Zerstörung bewahrt wurde, in: Schwäbisches Tagblatt vom 18. 4. 1946.
Domarus, Max, Hitlers Reden und Proklamationen 1932–1945, Bd. 2, Neustadt/Aisch 1962, S. 1058.
Dörner, Klaus, Nationalsozialismus und Lebensvernichtung, in: Ders., Diagnose der Psychiatrie. Über die Vermeidung der Psychiatrie und Medizin, Loccum 1975, S. 589–95.
Dörner, Klaus, Nationalsozialismus und Lebensvernichtung, in: Klaus Dörner u. a. (Hrsg.), Der Krieg gegen die psychisch Kranken. Nach »Holocaust«: Erkenntnis – Trauern – Begegnen. (Sonderband der »Sozialpsychiatrischen Informationen«), Loccum 1980.
Drescher, Erich, Die Derendingia von 1933 bis 1936, in: Festschrift für Erich Drescher, im Auftrag der Burschenschaft Derendingia hrsg. von Bolko Kannenberg von Krummflies, Tübingen 1964, S. 39.
Düding, Dieter, Nationale Oppositionsfeste der Turner, Sänger und Schützen im 19. Jahrhundert, in: Öffentliche Festkultur. Politische Feste in Deutschland von der Aufklärung bis zum ersten Weltkrieg, hrsg. von Dieter Düding u. a., Hamburg 1988, S. 166–188.
Dülffer, Josef; Jochen Thies; Josef Henke, Hitlers Städte. Baupolitik im Dritten Reich. Eine Dokumentation, Köln/Wien 1978.

Ebbinghaus, Angelika u. a., Heilen und Vernichten im Mustergau Hamburg, Hamburg 1984.
Eilers, Rolf, Die nationalsozialistische Schulpolitik. Eine Studie zur Funktion der Erziehung im totalitären Staat, Köln/Opladen 1963.
Einhundertfünfundzwanzig Jahre Weingärtner Liederkranz Tübingen 1845 e. V., Tübingen 1970.
Emrich, Ralf, Ein Jahr KZ für zwei Spiegeleier. Augenzeugen berichten: Vor 40 Jahren wurden bei Tübingen drei Bomber abgeschossen, in: Schwäbisches Tagblatt (Südwestpresse) vom 16. 3. 1984.
Entwicklungsgeschichte der Himmelwerk Aktiengesellschaft. Mit Bildern aus den Werkstätten von den schaffenden Menschen, Tübingen [1939].

Erdmann, Karl Dietrich, Die Weimarer Republik, Stuttgart 1976.
Erdmann, Karl Dietrich, Deutschland unter der Herrschaft des Nationalsozialismus 1933–1939. (= Handbuch der deutschen Geschichte Bd. 20), München 1980.
Erdmann, Karl Dietrich, Der Zweite Weltkrieg. (= Handbuch der deutschen Geschichte Bd. 21), München 1980.
Ericksen, Robert P., Theologen unter Hitler. Das Bündnis zwischen evangelischer Dogmatik und Nationalsozialismus, München 1986.
Eschenburg, Theodor, Die improvisierte Demokratie. Gesammelte Aufsätze zur Weimarer Republik, München 1963.
Eschenburg, Theodor, Aus dem Universitätsleben, in: Deutsches Geistesleben und Nationalsozialismus. Eine Vortragsreihe der Universität Tübingen, hrsg. von Andreas Flitner, Tübingen 1965, S. 23–46.

Falter, Jürgen W. u. a., Arbeitslosigkeit und Nationalsozialismus. Eine empirische Analyse des Beitrags der Massenerwerbslosigkeit zu den Wahlerfolgen der NSDAP 1932 und 1933, in: Kölner Zeitschrift für Soziologie und Sozialpsychologie, Jg. 35, 1983, S. 525–554.
Fauck, Mitnahme von Devisen und Schmuckstücken bei Auswanderung von Juden, in: Gutachten des Instituts für Zeitgeschichte, Bd. 2, Stuttgart 1966, S. 23f.
Faust, Anselm, Der Nationalsozialistische Studentenbund. Studenten und Nationalsozialismus in der Weimarer Republik Bd. 2, Düsseldorf 1973.
Faust, Anselm, Professoren für die NSDAP. Zum politischen Verhalten der Hochschullehrer 1932/3, in: Erziehung und Schulung im Dritten Reich, hrsg. von Manfred Heinemann, Teil 2, Stuttgart 1980, S. 31–49.
Feder, Gottfried, Das Programm der NSDAP und seine weltanschaulichen Grundgedanken, München 1934.
Festabe zum 450jährigen Bestehen der Universität Tübingen, Tübingen 1927.
Festrede gehalten zur 450-Jahr-Feier der Universität Tübingen beim Festakt in der Stiftskirche am 27. 7. 1927, Tübingen 1972.
Flaadt, Franz, Stadtchronik vom Jahr 1928, in: T. Bll. 21, 1930, S. 53.
Flessau, Kurt-Ingo, Schule der Diktatur, München 1977.
Forderer, J.[osef], Tübinger Neubauten, in: T. Bll. 21, 1930, S. 46–51.
Forderer, J.[osef], Das Tübinger Zeitungswesen im Laufe der Jahrhunderte, in: T. Bll. 32, 1941, S. 30–34.
Forderer, Josef, Katholische Studentenverbindung Alamannia Tübingen. Von ihren Anfängen bis zur Gegenwart, Tübingen 1962.
Förster, Gerhard, Totaler Krieg und Blitzkrieg. Die Theorie des totalen Krieges und des Blitzkrieges in der Militärdoktrin des faschistischen Deutschlands am Vorabend des Zweiten Weltkriegs. (= Militärhistorische Studien, N. F. 10), Berlin 1967.
Franke, Hans, Geschichte und Schicksal der Juden in Heilbronn. Vom Mittelalter bis zur Zeit der nationalsozialistischen Verfolgung (1050–1945), Heilbronn 1963.
Frauen helfen siegen. Bilddokument vom Kriegseinsatz unserer Frauen und Mütter, Berlin 1941.
Frauengruppe Faschismusforschung, »Mutterkreuz und Arbeitsbuch«. Zur Geschichte der Frauen in der Weimarer Republik und im Nationalsozialismus, Frankfurt a. M. 1981.
Frei, Norbert, Nationalsozialistische Eroberung der Provinzpresse. Gleichschaltung, Selbstanpassung und Resistenz in Bayern. (= Studien zur Zeitgeschichte Bd. 17), Stuttgart 1980.
Frei, Norbert, »Machtergreifung«. Anmerkungen zu einem historischen Begriff, in: VjZG 31, 1983, S. 136–145.
Frei, Norbert, Der Führerstaat. Nationalsozialistische Herrschaft 1933 bis 1945, München 1987.
Fricke, Dieter (Hrsg.), Die bürgerlichen Parteien in Deutschland. Handbuch der Geschichte der bürgerlichen Parteien und anderer bürgerlicher Interessenorganisationen vom Vormärz bis zum Jahr 1945, Bd. 2, Leipzig 1970.
Friedländer, Saul, Kurt Gerstein oder die Zwiespältigkeit des Guten, Gütersloh 1968.
Friedrich, Carl Joachim, Totalitäre Diktatur, Stuttgart 1937.
Frontsoldaten- und Kriegsopferehrentag Tübingen, Festschrift, Tübingen 1935.
»Fünf tragische Minuten«, in: Schwäbisches Tagblatt (Südwestpresse) vom 15. 1. 1985.
Fünfhundert Jahre Eberhard-Karls-Universität Tübingen. Die Universität Tübingen von 1477 bis 1977 in Bildern und Dokumenten, hrsg. im Auftrag des Universitätspräsidenten und des Senats von Hansmartin Decker-Hauff und Wilfried Setzler, Tübingen 1977.
Fünfundsiebzig Jahre Adventistengemeinde Tübingen, hrsg. von den Siebenten-Tags-Adventisten Baden-Württemberg, Vereinigung Stuttgart, Tübingen [1983].

Fünfundsiebzig Jahre Freiherr-vom-Stein-Gymnasium Lünen 1907–1982. Beiträge zur Geschichte der Schule, Lünen 1982, S. 19–110.
Funke, Manfred, Großmachtpolitik und Weltmachtstreben, in: Ploetz. Das Dritte Reich, Ursprünge, Ereignisse, Wirkungen, hrsg. von Martin Broszat und Norbert Frei, Freiburg/Würzburg 1983, S. 196–208.

Galinski, Dieter; Herbert, Ulrich; Lachauer, Ulla (Hrsg.), Nazis und Nachbarn. Schüler erforschen den Alltag im Nationalsozialismus, Reinbek 1982.
Gamm, Hans-Jochen, Der braune Kult. Das Dritte Reich und seine Ersatzreligion. Ein Beitrag zur politischen Bildung, Hamburg 1962.
Gamm, Hans-Jochen, Führung und Verführung – Pädagogik des Nationalsozialismus, München 1964.
Gaupp, Robert, Die Unfruchtbarmachung geistig und sittlich Kranker und Minderwertiger, Berlin 1925.
Gaupp, Robert, Das Gesetz zur Verhütung erbkranken Nachwuchses und die Psychiatrie, in: Klinische Wochenschrift 13 (1934) 1.
Geiger, Theodor, Die soziale Schichtung des deutschen Volkes. Soziographischer Versuch auf statistischer Grundlage. (Nachdruck der Ausgabe von 1932), Darmstadt 1972.
Genschel, Helmut, Die Verdrängung der Juden aus der Wirtschaft im Dritten Reich. (= Göttinger Bausteine zur Geschichtswissenschaft 38), Göttingen 1966.
Genuneit, Jürgen, Völkische Radikale in Stuttgart. Zur Vorgeschichte der NSDAP 1890–1925. Eine Ausstellung des Projekts Zeitgeschichte. Stuttgart im Dritten Reich, Stuttgart 1982, S. 23–28.
Genuneit, Jürgen, »Der Kriegerbund maschiert mit«. Zur Rolle des Württembergischen Kriegerbundes und der Kriegervereine, in: Stuttgart im Dritten Reich Bd. 3, Stuttgart 1983, S. 172–206.
Genuneit, Jürgen, »Mein Rechenkampf«. Mathematik an Württembergs Schulen im Dienst des Nationalsozialismus, in: Stuttgart im Dritten Reich Bd. 4, Stuttgart 1984, S. 205–236.
Genuneit, Jürgen, Der 9. November in der nationalsozialistischen Propaganda. Blutfahne und Totenkult. München und Stuttgart als Beispiel, in: Stuttgart im Dritten Reich Bd. 4, Stuttgart 1984, S. 316–327.
Gerber, Hans, Staatsrechtliche Grundlinien des neuen Reiches. (= Recht und Staat in Geschichte und Gegenwart, Heft 105), Tübingen 1933.
Gersdorff, Ursula von, Frauen im Kriegsdienst 1914–1945, Stuttgart 1969.
Giesecke, Hermann, Vom Wandervogel bis zur Hitlerjugend. Jugendarbeit zwischen Politik und Pädagogik, München 1981.
Gieseler, Wilhelm (Hrsg.), Schwäbische Rassenkunde, Stuttgart 1940.
Goebbels, Joseph, Vom Kaiserhof zur Reichskanzlei. Eine historische Darstellung in Tagebuchblättern, München 1934.
Goes, Martin, 90 Jahre Palatia in Tübingen, in: T. Bll. 55, 1968, S. 64–73.
Gohl, Ulrich Karl; Weismann, Christoph (Hrsg.), Die Suche hat nie aufgehört. Die Tübinger Nicaria 1893 bis 1983, Tübingen 1983.
Göttingen unterm Hakenkreuz. Nationalsozialistischer Alltag in einer Stadt, Göttingen 1983.
Gotto, Klaus; Repgen, Konrad (Hrsg.), Kirche, Katholiken und Nationalsozialismus, Mainz 1981.
Gotto, Klaus; Hockerts, Hans Günter; Repgen, Konrad, Nationalsozialistische Herausforderung und kirchliche Antwort. Eine Bilanz, in: G. Gotto; K. Repgen (Hrsg.), Kirche, Katholiken und Nationalsozialismus, Mainz 1980, S. 101–118.
Graevenitz, Fritz von, Bildhauerei in Sonne und Wind, 4. Aufl., Stuttgart 1980.
Graml, Hermann, Der 9. November 1938. »Reichskristallnacht«, hrsg. von der Bundeszentrale für Heimatdienst, Bonn [1954].
Graml, Helmut, Katholische Jugendorganisationen und Hitlerjugend, in: Gutachten des Instituts für Zeitgeschichte Bd. 2, Stuttgart 1966, S. 14–19.
Grauhan, Rolf-Richard, Zur politischen Theorie der Stadt, in: Archiv für Kommunalwissenschaften 4, 1965, S. 87–111.
Greiner, Gerhard, Von teutscher Art. Tübinger Größen überlebensgroß: Uhland in Erz und Silcher in Stein, in: T. Bll. 59, 1972, S. 65–71.
Gruenberger, Richard, Der Deutschen Alltag unter Hitler, Wien/München/Zürich 1971.
Grieb, Friedrich K.; Schmidt, Ernst A., Das württembergische Arbeitshaus für Männer in Vaihingen. Ein Vorbericht, in: Schriftenreihe der Stadt Vaihingen a. d. Enz Bd. 4, 1985, S. 98–112.
Groh, Dieter, Negative Integration und revolutionärer Attentismus. Die deutsche Sozialdemokratie am Vorabend des Ersten Weltkrieges, Frankfurt 1973.

Groll, Hans-Erich von, 100 Jahre Stuttgardia, in: T. Bll. 56, 1965, S. 42–58.
Grosser, Alfred (Hrsg.), Wie war es möglich? Die Wirklichkeit des Nationalsozialismus. Neun Studien, München/Wien 1977.
Grube, Walter, Vogteien, Ämter, Landkreise in Baden-Württemberg; Bd. 1: Geschichtliche Grundlagen, Stuttgart 1975.
Gruchmann, Lothar, Der Zweite Weltkrieg. Kriegführung und Politik, München 1967.
Grunberger, Richard, Das zwölfjährige Reich. Der Deutschen Alltag unter Hitler, München/Zürich/Wien 1972.
Gumbel, Emil Julius, Vier Jahre politischer Mord, Berlin 1922.
Gütt, Arthur; Rüdin, Ernst; Rüttke, Falk, Kommentar zum Gesetz zur Verhütung erbkranken Nachwuchses, München 1934.

Haering, Theodor, Rede auf Alt-Tübingen gehalten bei dem Heimatabend der Professoren und Weingärtner veranstaltet von der NS-Gemeinschaft »Kraft durch Freude« am 30. November 1934, 7. Aufl., Tübingen 1935.
Haffner, Sebastian, Anmerkungen zu Hitler, München 1978.
Hagemann, Jürgen, Die Presselenkung im Dritten Reich, Bonn 1970.
Hagemann, Walter, Publizistik im Dritten Reich, Hamburg 1948.
Hagen, August, Geschichte der Diözese Rottenburg, 3 Bde., Stuttgart 1960.
Haller, Johannes, Die Anfänge der Universität Tübingen 1477–1537, Stuttgart 1927/9.
Hamilton, Richard F., Who voted for Hitler? Princeton 1982.
Hammel, Iris, Völkischer Verband und nationale Gewerkschaft. Der Deutschnationale Handlungsgehilfen-Verband 1893–1933, Frankfurt 1967.
Hampe, Erich, Der Zivile Luftschutz im Zweiten Weltkrieg. Dokumentation und Erfahrungsberichte über Aufbau und Einsatz, Frankfurt 1963.
Hanko, Helmut M., Kommunalpolitik in der »Hauptstadt der Bewegung« 1933–1935. Zwischen »revolutionärer« Umgestaltung und Verwaltungskontinuität, in: Bayern in der NS-Zeit Bd. 3, München/Wien 1981, S. 329–442.
Hanschel, Hermann, Oberbürgermeister Hermann Luppe. Nürnberger Kommunalpolitik in der Weimarer Zeit (Diss.), Erlangen-Nürnberg 1974.
Hanssler, Bernhard, Bischof Joannes Baptista Sproll. Der Fall und seine Lehren, Sigmaringen 1984.
Hartshorne, Edward Y., The German Universities and National Socialism, Cambridge 1977.
Haspel, Jörg; Zänker, Jürgen, »Am Weißenhof« (1928) und »Am Kochenhof« (1933). Zwei Bauausstellungen und Wohnsiedlungen in Stuttgart – damals und heute, in: Tendenzen 126/7, 1983, S. 54–66.
Hauer, Jakob W., Was will die Deutsche Glaubensbewegung? (= Flugschriften zum geistigen und religiösen Durchbruch der Deutschen Revolution 5), o. O. [1934].
Haug, Wolfgang Fritz, Die Faschisierung des bürgerlichen Subjekts. Materialanalysen, Berlin 1986.
Haussmann, Beate, Die Stimmung in der Bevölkerung am Ende des Zweiten Weltkriegs. Magisterarbeit am Historischen Institut Stuttgart, [Masch.] 1987.
Heer, Friedrich, Weimar – Ein religiöser und weltanschaulicher Leerraum, in: Religions- und Geistesgeschichte der Weimarer Republik, hrsg. von Hubert Cancik, Düsseldorf 1982, S. 169–175.
Heiber, Helmut, Der Fall Grünspan, in: VjZG 5, 1957, S. 134–172.
Heiber, Helmut, Walter Frank und sein Reichsinstitut für Geschichte des neuen Deutschland, Stuttgart 1966.
Heinemann, Manfred (Hrsg.), Erziehung und Schulung im Dritten Reich, 2 Bde., Stuttgart 1980.
»...helfen zu graben den Brunnen des Lebens« Fünfhundert Jahre Eberhard-Karls-Universität Tübingen 1477–1977. Historische Jubiläumsausstellung des Universitätsarchivs Tübingen, (= Ausstellungskataloge der Universität Tübingen Nr. 8), Tübingen 1977.
Hennig, Eike, Thesen zur deutschen Sozial- und Wirtschaftsgeschichte, Frankfurt am Main 1973.
Herbert, Ulrich, Fremdarbeiter. Politik und Praxis des »Ausländereinsatzes« in der Kriegswirtschaft des Dritten Reiches, Bonn 1985.
Herbert, Ulrich, Der »Ausländereinsatz«. Fremdarbeiter und Kriegsgefangene in Deutschland 1939–1945 – ein Überblick, in: Herrenmenschen und Arbeitsvölker. Ausländische Arbeiter und deutsche 1939–1945. (= Beiträge zur Nationalsozialistischen Gesundheits- und Sozialpolitik 3), Berlin 1986, S. 13–54.
Herbst, Ludolf, Deutschland im Krieg, in: Ploetz, 1983, S. 63–74.
Herrmann, Gert-Julis, Jüdische Jugend in der Verfolgung. Eine Studie über das Schicksal jüdischer Jugendlicher aus Württemberg und Hohenzollern, Diss. Tübingen 1967.

Herzfeld, Hans, Demokratie und Selbstverwaltung in der Weimarer Epoche. (= Schriftenreihe des Vereins zur Pflege kommunalwissenschaftlicher Aufgaben e. V. Bd. 2), Stuttgart 1957.
Hesse, Wolfgang, Arbeitsmittel und Bedeutungsträger – Funktionen von Fotografie in einem Werk des Bildhauers Fritz von Graevenitz, in: Fotogeschichte Heft 8, 3. Jg., 1983, S. 53–64.
Hesse, Wolfgang, »Fliegertod am Kapellenberg«, in: Schwäbisches Tagblatt (Südwestpresse) vom 12. 11. 1983.
Hesse, Wolfgang; Schröter, Christian, Sammeln als Wissenschaft. Fotografie und Film im Institut für deutsche Volkskunde Tübingen 1933–1945, in: Zeitschrift für Volkskunde, 1985, S. 51–75.
Heß, Jürgen C., »Das ganze Deutschland soll es sein«. Demokratischer Nationalismus in der Weimarer Republik am Beispiel der DDP. (= Kieler Historische Studien 24), Stuttgart 1978.
Heuss, Theodor, Hitlers Weg. Eine Schrift aus dem Jahr 1932, neu hrsg. von Eberhard Jäckel, Tübingen 1968.
Heuss, Theodor, Erinnerungen. 1905–1933, Tübingen 1963.
Heyen, Franz Josef, Nationalsozialismus im Alltag. Quellen zur Geschichte des Nationalsozialismus vornehmlich im Raum Mainz-Koblenz-Trier, Boppard am Rhein 1967.
Hieronyms, Ekkehard, Zur Religiosität der völkischen Bewegung, in: Religions- und Geistesgeschichte der Weimarer Republik, hrsg. von Hubert Cancik, Düsseldorf 1982, S. 13–48.
Hilberg, Raul, Die Vernichtung der europäischen Juden. Die Gesamtgeschichte des Holocaust, Berlin 1982.
Hilberg, Raul, Die Aktion Reinhard, in: Der Mord an den Juden im Zweiten Weltkrieg, hrsg. von Eberhard Jäckel und Jürgen Rohwer. Entschlußbildung und Verwirklichung, Stuttgart 1985, S. 125–141.
Hildebrand, Klaus, Grundprobleme und Tendenzen der Forschung, in: Ders., Das Dritte Reich. (= Grundriß der Geschichte Bd. 17), München/Wien 1980, S. 117–194.
Hildebrandt, Horst (Hrsg.), Die deutschen Verfassungen des 19. und 20. Jahrhunderts, Paderborn 1975.
Hille, Karoline, Beispiel Thüringen: Die »Machtergreifung« auf der Probebühne, in: 1933 – Wege zur Diktatur (Ausstellungskatalog) Bd. 1, Berlin 1983, S. 187–217.
Dies., Der Kampfbund für deutsche Kultur, in: 1933 – Wege zur Diktatur (Ausstellungskatalog) Bd. 1, Berlin 1983, S. 168–186.
Hitler, Adolf, Mein Kampf, München 1925/27, 14. Auflage, 1943.
Hitler, Adolf, Sämtliche Aufzeichnungen 1905–1924, hrsg. von Eberhard Jäckel zusammen mit Axel Kuhn, Stuttgart 1980.
Hockerts, Hans Günter, Die Sittlichkeitsprozesse gegen katholische Ordensangehörige und Priester 1936/37. (= Veröffentlichungen der Kommission für Zeitgeschichte bei der Kath. Akademie in Bayern, Reihe B Bd. 6), Mainz 1971.
Höroldt, Dietrich, Zur wirtschaftlichen Bedeutung der Universitäten für ihre Städte, in: Stadt und Hochschule im 19. und 20. Jahrhundert. (= Veröffentlichungen des Südwestdeutschen Arbeitskreises für Stadtgeschichtsforschung Bd. 5), Sigmaringen 1979, S. 25–76.
Hofer, Walter, Der Nationalsozialismus, Dokumente 1933–1945, Frankfurt am Main 1957.
Hofer, Walther, Die Entfesselung des Zweiten Weltkriegs. Eine Studie über die internationalen Beziehungen im Sommer 1939, Stuttgart 1967.
Hoffmann-Curtius, Kathrin, »Bildhauerei in Sonne und Wind«: Apokalyptische Zeichen deutscher Tugenden 1933. Bausteine zu einer Unterrichtseinheit: Bildwerke als sprechende Zeugen der Vergangenheit um 1932/33, in: Zeitschrift für Kunstpädagogik 6, 1982, S. 48–53.
Hofmann, Wolfgang, Zwischen Rathaus und Reichskanzlei. Die Oberbürgermeister in der Kommunal- und Staatspolitik des Deutschen Reiches 1890–1930, Stuttgart 1974.
Höhne, Heinz, Der Orden unter dem Totenkopf. Die Geschichte der SS, Gütersloh [1968].
Holtzmann, Ernst, Der Weg zur Deutschen Gemeindeordnung vom 30. Januar 1935, in: Zeitschrift für Politik 12, 1965, S. 346–366.
Horn, Wolfgang, Führerideologie und Parteiorganisation in der NSDAP (1919–1933), Düsseldorf 1972.
Hornbogen, Helmut, Vom Leiden am Bewußtsein. Eugen Gottlob Winklers Leben in heilloser Zeit, in: Schwäbisches Tagblatt (Südwestpresse) vom 26. 1. 1983.
Hüttenberger, Peter, Die Gauleiter. Studie zum Wandel des Machtgefüges in der NSDAP, Stuttgart 1969.
Hüttenberger, Peter, Nationalsozialistische Polykratie, in: Geschichte und Gesellschaft 2, 1976, S. 417–442.
Hüttenberger, Peter, Heimtückefälle vor dem Sondergericht München 1933–1939, in: Bayern in der NS-Zeit Bd. 4, S. 435–530.
Im Wilhelmsstift. Aus den Erinnerungen von Weihbischof Sedlmeier, in: Kath. Sonntagsblatt. Familienblatt für die Katholiken in Baden-Württemberg. Bistumsblatt der Diözese Rottenburg, 17, 116. Jg. 1968, S. 20–21.

IMT = Internationales Militär Tribunal. Der Prozeß gegen die Hauptkriegsverbrecher vor dem Internationalen Militärgerichtshof Nürnberg, 14. November 1945 bis 1. Oktober 1946, Bd. I–XLII, Nürnberg 1947/48.

Jäckel, Eberhard, Frankreich in Hitlers Europa, Stuttgart 1966.
Jäckel, Eberhard, Hitlers Weltanschauung, Stuttgart. Entwurf einer Herrschaft, erweiterte und überarbeitete Neuausgabe 1981.
Jäckel, Eberhard, Hitlers Herrschaft. Vollzug einer Weltanschauung, Stuttgart 1986.
Jacobsen, Hans-Adolf, Der Fall Gelb. Der Kampf um den deutschen Operationsplan zur Westoffensive 1940, Wiesbaden 1957.
Jeggle, Utz, Zeitungswesen, in: Der Landkreis Tübingen. Amtliche Kreisbeschreibung Bd. 1, Tübingen 1967, S. 644–649.
Jeggle, Utz, Geld und Geltung. Eine historische Analyse, in: T. Bll. 58, 1971, S. 35–43.
Jeggle, Utz, Verständigungsschwierigkeiten im Feld, in: Feldforschung. Qualitative Methoden in der Kulturanalyse. (= Untersuchungen des Ludwig-Uhland-Instituts der Universität Tübingen Bd. 62), Tübingen 1984, S. 93–112.
Jens, Walter, Gelehrtenrepublik. 500 Jahre Universität Tübingen, München 1977.

Kade, Franz, Die Wende in der Mädchenerziehung, Dortmund/Breslau 1937.
Kaschuba, Wolfgang, Alltagserfahrungen im Nationalsozialismus. Verängstigt oder vernünftig genug, nichts sehen zu können, in: Stuttgart im Dritten Reich Bd. 4, S. 328–340.
Kater, Michael H., Studentenschaft und Rechtsradikalismus in Deutschland 1918–1933. Eine sozialgeschichtliche Studie zur Bildungskrise in der Weimarer Republik, Hamburg 1975.
Kater, Michael H., HJ und Schule im Dritten Reich, in: Historische Zeitschrift 228, 1979, S. 572–623.
Kater, Michael H., Die deutsche Elternschaft im nationalsozialistischen Erziehungssystem. Ein Beitrag zur Sozialgeschichte der Familie, in: Vierteljahresschrift für Sozial- und Wirtschaftsgeschichte 67, 1980, S. 484–512.
Kater, Michael H., Frauen in der NS-Bewegung, in: VjZG 31, 1983, S. 202–241.
Keil, Heinz, Dokumentationen über die Verfolgung der jüdischen Bürger von Ulm/Donau, hergestellt im Auftrag der Stadt Ulm, Ulm 1961.
Kelly, Reece C., Die gescheiterte nationalsozialistische Personalpolitik und die mißlungene Entwicklung der nationalsozialistischen Hochschulen, in: M. Heinemann Bd. 2, S. 61–76.
Kenrick, Donald; Puxon, Grattan, Sinti und Roma – die Vernichtung eines Volkes im NS-Staat, Göttingen 1981.
Kershaw, Ian, Antisemitismus und Volksmeinung. Reaktion auf die Judenverfolgung, in: Widerstand und Verfolgung in Bayern Bd. 2, S. 281–348.
Kershaw, Ian, Der Hitler-Mythos. Volksmeinung und Propaganda im Dritten Reich, Stuttgart 1980.
Kistenmacher, Hans, Ernährungswirtschaft im 2. Weltkrieg. Die Auswirkungen der Besetzung auf die Ernährungswirtschaft Frankreichs während des 2. Weltkrieges. (= Studien des Instituts für Besatzungsfragen in Tübingen zu den deutschen Besetzungen im 2. Weltkrieg 16), Tübingen 1959.
Kittel, Gerhard, Die Judenfrage. Zum 50. Geburtstag der Gründung des Vereins Deutscher Studenten zu Tübingen 1883–1933, Stuttgart 1933.
Kittel, Gerhard, Die Judenfrage, 3. Aufl. Stuttgart/Berlin 1934.
Klassiker in finsteren Zeiten 1933–1945. Eine Ausstellung im Schiller-Nationalmuseum Marbach am Neckar. (= Marbacher Kataloge 38), 2 Bde., Stuttgart 1983.
Klaus, Martin, Mädchen im Dritten Reich. Der Bund Deutscher Mädel, Köln 1983.
Klee, Ernst (Hrsg.), Dokumente zur »Euthanasie«, Frankfurt 1985.
Klee, Ernst, »Euthanasie« im NS-Staat. Die »Vernichtung lebensunwerten Lebens«, Frankfurt am Main 1985.
Klee, Ernst, Was sie taten – was sie wurden. Ärzte, Juristen und andere Beteiligte am Kranken- oder Judenmord, Frankfurt a. M. 1986.
Kleinöder, Evi, Katholische Kirche und Nationalsozialismus im Kampf um die Schulen. Antikirchliche Maßnahmen und ihre Folgen untersucht am Beispiel von Eichstätt. (= Sammelblatt des Historischen Vereins Eichstätt 74) Eichstätt 1981.
Klingel, Bettina u. a., Fremdarbeiter und Deutsche. Das Schicksal der Erna Brehm aus Calw, Bad Liebenzell 1984.

Klinksiek, Dorothee, Die Frau im NS-Staat. (= Schriftenreihe der Vierteljahreshefte für Zeitgeschichte 44), Stuttgart 1982.
Klönne, Arno, Jugend im Dritten Reich. Die Hitler-Jugend und ihre Gegner. Dokumente und Analysen, Düsseldorf/Köln 1984.
Kluke, Paul, Der Fall Potempa, in: VjZG 5, 1957, S. 279–299.
Klumpp, Eberhard, Mit dem Beil dazwischen. Das Kabelattentat vom 15. Februar 1933, in: Stuttgart im Dritten Reich Band 3, S. 95–97.
Kocka, Jürgen, Zur Problematik der deutschen Angestellten 1914–1933, in: Hans Mommsen u. a. (Hrsg.), Industrielles System und politische Entwicklung in der Weimarer Republik. Verhandlungen des internationalen Symposiums in Bochum vom 12.–17. Juni 1973, Düsseldorf 1974, S. 792–811.
Kocka, Jürgen, Angestellte zwischen Faschismus und Demokratie. Zur politischen Sozialgeschichte der Angestellten: USA 1890–1940 im internationalen Vergleich, Göttingen 1977.
Kogon, Eugen, Der SS-Staat. Das System der deutschen Konzentrationslager, 3. Auflage München 1974.
Köhler, Joachim, Die katholische Kirche in Baden und Württemberg in der Endphase der Weimarer Republik und zu Beginn des Dritten Reiches, in: T. Schnabel (Hrsg.), Machtergreifung 1982, S. 257–294.
Köhler, Joachim, Joannes Baptista Sproll. Bischof von Rottenburg, in: Michael Bosch; Wolfgang Niess (Hrsg.), Der Widerstand im deutschen Südwesten 1933–1945. (= Schriften zur politischen Landeskunde Baden-Württembergs Bd. 10), Stuttgart 1984, S. 35–46.
Kohler, Wilhelm, Tübingen – Heimat der 78. Sturmdivision, in: T. Bll. 51, 1964, S. 131–132.
Koshar, Rudy, Two »Nazisms«: the social context of nazi mobilization in Marburg and Tübingen, in: Social History 7, January 1982, S. 22–42.
Koszyk, Kurt, Das Ende des Rechtsstaats 1933/4 und die deutsche Presse. (= Sonderdruck aus: Journalismus Bd. 1), Düsseldorf 1960.
Krakauer, Max, Lichter im Dunkeln, Stuttgart 1947.
Krausnick, Helmut, Judenverfolgung, in: M. Broszat; H.-A. Jacobsen; H. Krausnick, Anatomie des SS-Staates Bd. 2, 3. Aufl., Frankfurt 1982, S. 235–366.
Krausnick, Helmut, Hitlers Einsatzgruppen. Die Truppe des Weltanschauungskrieges 1938–1942, Frankfurt 1985.
Krebs, Albert, Tendenzen und Gestalten der NSDAP. Erinnerungen an die Frühzeit der Partei, Stuttgart 1959.
Kreidler, Hans, Karl Adam und der Nationalsozialismus, in: Kirche im Nationalsozialismus, hrsg. vom Geschichtsverein der Diözese Rottenburg-Stuttgart, Sigmaringen 1984, S. 129–140.
Kretschmer, Ernst, Konstitutionslehre und Rassenhygiene, in: Ernst Rüdin (Hrsg.), Erbenlehre und Rassenhygiene im völkischen Staat, München 1934.
Kreutzberger, Wolfgang, Studenten und Politik 1918–1933, Göttingen 1972.
Bd. 2), Göttingen 1972.
Kriegswende Dezember 1941. Referate und Diskussionbeiträge des internationalen historischen Symposiums von Jürgen Rohwer und Eberhard Jäckel, Koblenz 1984.
Kühn, Helga-Maria, Die nationalsozialistische »Bewegung« in Göttingen von ihren Anfängen bis zur Machtergreifung 1922–1933, in: Göttingen unterm Hakenkreuz. Nationalsozialistischer Alltag in einer deutschen Stadt, Göttingen 1983, S. 13–46.
Kuhn, Annette; Rothe, Valentine, Frauen im deutschen Faschismus 2 Bde., Düsseldorf 1983.
Kuhn, Axel, Hitlers außenpolitisches Programm, Stuttgart 1970.
Kuhn, Axel, Das faschistische Herrschaftssystem und die moderne Gesellschaft, Hamburg 1973.
Kühnl, Reinhard, Die nationalsozialistische Linke 1925–1930, Marburg 1957.
Kühnl, Reinhard, Der deutsche Faschismus in Quellen und Dokumenten, 3. Aufl., Köln 1978.
Kulka, Otto Dov, Die Nürnberger Rassengesetze und die deutsche Bevölkerung im Lichte geheimer NS-Lage- und Stimmungsberichte, in: VjZG 32, 1984, S. 582–624.
Kürner, Otto, 100 Jahre Silcherbund Tübingen, Tübingen 1965.

Lamparter, Helmut, Evangelische Kirche im Dritten Reich. Wagen und Versagen in Württemberg XXXII. Streiflichter, in: Evang. Gemeindeblatt für Württemberg 9, Februar 1984.
Landesbischof Wurm und der nationalsozialistische Staat 1940–1945. Eine Dokumentation. In Verbindung mit Richard Fischer zusammengestellt von Gerhard Schäfer, Stuttgart 1968.
Lang, Hans-Joachim, Arbeitervereins-Weihnacht vor 50 Jahren. »Lieber Bebel als Bibel«, in: Schwäbisches Tagblatt (Südwestpresse) vom 24.12.1979.

Lang, Hans-Joachim, Ideologische Schrittmacher der Ausmerze. Vor 50 Jahren wurde in Tübingen das Institut für Anthropologie und Rassenkunde gegründet, in: Schwäbisches Tagblatt (Südwestpresse) vom 24. 11. 1984.
Lang, Hans-Joachim, Zwangssterilisation und Massenmord. Beiträge Tübinger Wissenschaftler zur »endgültigen Lösung der Zigeunerfrage«, in: Schwäbisches Tagblatt (Südwestpresse) vom 25. 5. 1985.
Lang, Hans-Joachim, »...so etwas kann man nie vergessen«. In Grafeneck ermordeten vor 45 Jahren Ärzte und Pfleger über 10 000 Behinderte, in: Schwäbisches Tagblatt (Südwestpresse) vom 23. 8. 1987.
Lang, Walter, Die »Schlacht am Walfischkeller«, in: Hohenstaufen. Veröffentlichungen des Geschichts- und Altertumsvereins Göppingen e. V. 9, 1975, S. 138–147.
Lenz, Hermann, »Andere Tage«, Frankfurt a. M. 1978.
Lersner, Dieter Freiherr von, Die evangelischen Jugendverbände Württembergs und die Hitler-Jugend 1933/1934, Göttingen 1958.
Leucht, Alfred, 1927–1977. Jahre der großen Verwandlungen, in: T. Bll. 64, 1977, S. 17–23.
Leucht, Alfred, Rathausarbeit im Rückspiegel. Aus den Erinnerungen eines alten Lokalredakteurs, in: T. Bll. 65, 1978, S. 131–134.
Leucht, Alfred, Geschichte und Geschichten bekannter Tübinger Familien, in: T. Bll. 65, 1978, S. 120–124.
Leucht, Alfred, Streifzüge durch die Untere Stadt II. Aus alten Tübinger Familien, in: T. Bll. 66, 1979, S. 96–101.
Leucht, Alfred, Seinen Wein schenkt aus Zacharias Krauss, in: T. Bll. 71, 1984, S. 103–105.
Lipset, Seymour M., Nationalsozialismus – ein Faschismus der Mitte, in: Von Weimar zu Hitler 1930–1933, hrsg. von Gotthard Jasper, Köln/Berlin 1968, S. 101–124.
Lohalm, Uwe, Völkischer Radikalismus. Die Geschichte des Deutschvölkischen Schutz- und Trutz-Bundes 1919–1923. (= Hamburger Beiträge zur Zeitgeschichte Bd. 6), Hamburg 1970.
Ludwig, Karl-Heinz, Die deutsche Kriegs- und Rüstungswirtschaft 1939–1945. Ein Bericht über den Forschungsstand, in: Militärgeschichtliche Mitteilung 2, 1986, S. 145–155.

Maier, R.[einhold], Warum geht es den Schwaben besser? Kommt und seht!, in: Vossische Zeitung vom 26. 12. 1932.
Majer, Diemut, »Fremdvölkische« im Dritten Reich. Ein Beitrag zur nationalsozialistischen Rechtssetzung und Rechtspraxis in Verwaltung und Justiz unter besonderer Berücksichtigung der eingegliederten Ostgebiete und des Generalgouvernement. (= Schriften des Bundesarchivs 28), Boppard 1981.
Mann, Rosemarie, Entstehen und Entwicklung der NSDAP in Marburg, in: Hessisches Jahrbuch für Landesgeschichte 22, 1972, S. 234–342.
Marx, Alfred, Das Schicksal der jüdischen Juristen in Württemberg und Hohenzollern 1933–1945, in: Die Justiz. Amtsblatt des Justizministeriums Baden-Württembergs 14, Juni 1965, S. 178–184, Juli 1965, S. 202–211, August 1965, S. 245–247.
Mason, Timothy, Sozialpolitik im Dritten Reich, Arbeiterklasse und Volksgemeinschaft, Opladen 1977.
Mason, Timothy, The Legacy of 1918 for National Socialism, in: Anthony Nicholls; Erich Matthias (Hrsg.), German Democracy and the Triumph of Hitler, London 1971, S. 215–239.
Matthias, Erich, Die Sozialdemokratische Partei Deutschlands, in: Erich Matthias; Rudolf Morsey, Das Ende der Parteien 1933. Darstellungen und Dokumente. Unveränderter Nachdruck, Düsseldorf 1979.
Matzerath, Horst, Nationalsozialismus und kommunale Selbstverwaltung. (= Schriftenreihe des Vereins für Kommunalwissenschaften e. V. Berlin Bd. 29), Stuttgart/Berlin/Köln/Mainz 1970.
Matzerath, Horst, Nationalsozialistische Kommunalpolitik: Anspruch und Realität, in: Die alte Stadt. Zeitschrift für Stadtgeschichte, Stadtsoziologie und Denkmalpflege 5, 1978, S. 1–22.
Matzerath, Horst, Oberbürgermeister im Dritten Reich. Auswertung einer quantitativen Analyse (Koreferat), in: Oberbürgermeister. Büdinger Forschungen zur Sozialgeschichte 1979. (= Deutsche Führungsschichten in der Neuzeit Bd. 13), Boppard 1981, S. 157–200.
Mau, Helmut, Die »Zweite Revolution«. Der 30. Juni 1934, in: VjZG 1, 1953, S. 119–137.
Mayer, Ernst, Der Kirchenkampf in Oßweil, 1933–1945 [Masch.] 1963.
Medick, Hans, »Missionare im Ruderboot?« Ethnologische Erkenntnisweisen als Herausforderung an die Sozialgeschichte, in: Geschichte und Gesellschaft 10, 1984, S. 295–319.
Medizin ohne Menschlichkeit. Dokumente des Nürnberger Ärzteprozesses, hrsg. von Alexander Mitscherlich und Fred Mielke, (Neuausgabe) Frankfurt am Main 1978.
Merker, Hans-Dieter, Schutzhaft für den Obersten. Zur verhinderten Sprengung der Eberhardsbrücke, in: Schwäbisches Tagblatt vom 27. 4. 1965.

Metzger, Ursula, Mit siebenfachem Sprung. Die Volksbank Tübingen 1982 und ihr Werden seit 1881, in: T. Bll. 69, 1982, S. 85–87.
Miller, Thomas, Judenprozesse vor dem Hofgericht Tübingen, in: T. Bll. 27, 1936, S. 36–71.
Miller, Thomas, Tübingen und die Judenemanzipation, in: T. Bll. 29, 1938, S. 39–44.
Milward, Alan S., Die deutsche Kriegswirtschaft 1939–1945, Stuttgart 1966.
Milward, Alan S., Der Zweite Weltkrieg. Krieg, Wirtschaft und Gesellschaft 1939–1945. (= Geschichte der Weltwirtschaft im 20. Jahrhundert Bd. 5), München 1977.
Möckershoff, Barbara, Der Kampf um das Schulkreuz, in: Das Bistum Regensburg im Dritten Reich. (= Beiträge zur Geschichte des Bistums Regensburg 15), Regensburg 1981, S. 237–256.
Mohler, Armin, Die Konservative Revolution in Deutschland 1918–1932. Ein Handbuch, Darmstadt 1972.
Mommsen, Hans, Der nationalsozialistische Polizeistaat und die Judenverfolgung vor 1938. Dokumentation, in: VjZG 10, 1962, S. 68–88.
Mommsen, Hans, Zur Verschränkung traditioneller und faschistischer Führungsgruppen in Deutschland beim Übergang von der Bewegungs- zur Systemphase, in: Wolfgang Schieder (Hrsg.), Faschismus als soziale Bewegung. (= Historische Perspektiven Bd. 3), Hamburg 1976.
Mommsen, Wilhelm, Zeitung als historische Quelle, in: Archiv für Politik und Geschichte Bd. 6, 1926, S. 244–251.
Morlok, Karl, Wo bringt ihr uns hin? »Geheime Reichssache« Grafeneck, Stutgart 1985.
Morsey, Rudolf, Die deutsche Zentrumspartei, in: Erich Matthias; Rudolf Morsey (Hrsg.), Das Ende der Parteien 1933, Darstellung und Dokumente, Kempten 1979, S. 281–453.
Mosse, George L., Der Nationalsozialistische Alltag. So lebte man unter Hitler, Königstein/Ts. 1979.
Mosse, George L., Soldatenfriedhöfe und nationale Wiedergeburt. Der Gefallenenkult in Deutschland, in: Klaus Vondung (Hrsg.), Der 1. Weltkrieg in der literarischen Gestaltung und symbolischen Deutung der Nationen, Göttingen 1980, S. 241–261.
Müller, Roland, Der Branddirektor als Brandstifter, in: Stuttgart im Dritten Reich Bd. 4, S. 488–507.
Müller, Roland, Stuttgart zur Zeit des Nationalsozialismus. Lokalgeschichte und Nationalsozialistisches Herrschaftssystem, [Masch.] Diss. Stuttgart 1986.
Müller, Samuel, Geschichte des Deutschen Instituts für Ärztliche Mission in Tübingen von 1935–1960, [Masch.] Tübingen 1963.
Müller-Hill, Benno, Tödliche Wissenschaft. Die Aussonderung von Juden, Zigeunern und Geisteskranken 1933–1945, Reinbek 1984.


Nachtmann, Walter, Erwin Schöttle. Grenzsekretär der Sozialdemokraten für Württemberg, in: Der Widerstand im deutschen Südwesten 1933–1945, hrsg. von Michael Bosch und Wolfgang Niess, Stuttgart 1984, S. 153–161.
Nachtmann, Walter, So wählten die Stuttgarter. NSDAP-Erfolge auch in der Hanglage, in: Stuttgart im Dritten Reich Bd. 3, S. 310–315.
Nachtmann, Walter, Von der Splitterpartei zur Staatspolizei. Zur Entwicklung des Nationalsozialismus in Stuttgart von 1925–1933, in: Stuttgart im Dritten Reich Bd. 3, S. 128–157.
Neumann, Franz L., Die Wirtschaftsstruktur des Nationalsozialismus, in: Wirtschaft, Recht und Staat im Nationalsozialismus, Analysen des Instituts für Sozialforschung 1939–1942, hrsg. von Helmut Dubiel und Alfons Söllner, Frankfurt am Main 1980, S. 129–234.
Neumann, Franz, Behemoth. Struktur und Praxis des Nationalsozialismus 1933–1944, Köln/Frankfurt 1977.
Niemöller, Günter, Die erste Bekenntnissynode der Deutschen Evangelischen Kirche zu Barmen, Göttingen 1959.
Niess, Wolfgang, Willi Bohn, Kommunistischer Funktionär und Chefredakteur, in: Der Widerstand im deutschen Südwesten 1933–1945, hrsg. von Michael Bosch und Wolfgang Niess, Stuttgart 1984, S. 173–182.
Niethammer, Lutz, Heimat und Front, in: Ders. (Hrsg.), »Die Jahre weiß man nicht, wo man sie heute hinsetzen soll«. Faschismuserfahrungen im Ruhrgebiet. (= Lebensgeschichte und Sozialkultur im Ruhrgebiet 1930–1960 Bd. 1), Berlin/Bonn 1983, S. 163–222.
Nitschke, August, Historische Verhaltensforschung. Analysen gesellschaftlicher Verhaltensweisen – Ein Arbeitsbuch, Stuttgart 1981.
Noakes, Jeremy, Oberbürgermeister und Gauleiter. City Government between Party and State, in: Lothar Kettenacker (Hrsg.), Der »Führerstaat«. Mythos und Realität. Studien zur Struktur des Dritten Reichs, Stuttgart 1981, S. 194–227.

Nowak, Kurt, »Euthanasie« und Sterilisierung im »Dritten Reich«. Die Konfrontation der evangelischen und katholischen Kirche mit dem Gesetz zur Verhütung erbkranken Nachwuchses und der »Euthanasie«-Aktion, 3. Aufl., Weimar 1984.

Opitz, Günter, Der Christlich-Soziale Volksdienst. Versuch einer protestantischen Partei in der Weimarer Republik, Düsseldorf 1969.
Österreich, Maria, Traugott Konstantin Österreich. »Ich« – Forscher und Gottsucher, Lebenswerk und Lebensschicksal, Stuttgart 1954.

Pachnicke, Claudine, Der Führer grüßt vom Sofakissen. Mit Paragraphen und Propaganda gegen nationalen Kitsch, in: Stuttgart im Dritten Reich Bd. 4, S. 297–315.
Petsch, Joachim, Baukunst und Stadtplanung im Dritten Reich, München 1976.
Petzina, Dietmar, Autarkiepolitik im Dritten Reich. Der Nationalsozialistische Vierjahresplan, Stuttgart 1968.
Petzina, Dietmar, Die deutsche Wirtschaft in der Zwischenkriegszeit, Wiesbaden 1977.
Peukert, Detlev, Arbeitslager und Jugend-KZ: Die »Behandlung Gemeinschaftsfremde im Dritten Reich«, in: D. Peukert; J. Reulecke (Hrsg.), 1981, S. 413–434.
Peukert, Detlev, Volksgenossen und Gemeinschaftsfremde. Anpassung, Ausmerze und Aufbegehren unter dem Nationalsozialismus, Köln 1982.
Peukert, Detlev; Reulecke, Jürgen (Hrsg.), Die Reihen fast geschlossen. Beiträge zur Geschichte des Alltags unter dem Nationalsozialismus, Wuppertal 1981.
Pfeil, Ulrike, Als Tübingen ein einziges großes Lazarett war. Das Penicillin im Putzeimer geholt, in: Schwäbisches Tagblatt (Südwestpresse) vom 21. 2. 1987.
Platen-Hallermund, Alice, Die Tötung Geisteskranker in Deutschland. Aus der Deutschen Ärztekommission vom Amerikanischen Militärgericht, Frankfurt am Main 1948.
Platner, Geert, »Schule im Dritten Reich? Erziehung zum Tod?«, München 1983.
Plessner, Helmut, Die verspätete Nation. Über die politische Verführbarkeit bürgerlichen Geistes, Stuttgart 1954.
Projektgruppe »Fremde Arbeiter« am Ludwig-Uhland-Institut für empirische Kulturwissenschaft der Universität Tübingen, Fremde Arbeiter in Tübingen 1939–1945, Tübingen 1985.

Rauschnabel, Hans, »Prüfstein des Gemeinsinns«, in: TC/NTT vom 4. 12. 1937.
Rebentisch, Dieter, Ludwig Landmann. Frankfurter Oberbürgermeister der Weimarer Republik. (= Frankfurter Historische Abhandlungen 10), Wiesbaden 1975.
Rebentisch, Dieter, Die »politische Beurteilung« als Herrschaftsinstrument der NSDAP, in: D. Peukert; J. Reulecke. 1981, S. 107–128.
Reichel, Peter, Politische Kultur – mehr als nur ein Schlagwort? Anmerkungen zu einem komplexen Gegenstand und fragwürdigen Begriff, in: PVS 1980, S. 382–399.
Reitlinger, Gerald, Die Endlösung. Hitlers Versuch der Ausrottung der Juden Europas 1939–1945, Berlin, 5. Aufl., 1979.
Repgen, Konrad, Über die Entstehung der Reichskonkordats-Offerte im Frühjahr 1933 und die Bedeutung des Reichskonkordats. Kritische Bemerkungen zu einem neuen Buch, in: VjZG 26, S. 499–534.
Richarz, Monika, Vom Kramladen an die Universität. Jüdische Bürgerfamilien des späten 19. Jahrhunderts, in: Journal für Geschichte 2, 1985, S. 42–49.
Rieber, Ernst, Das Tübinger Keplergymnasium, in: T. Bll. 46, 1959, S. 22–33.
Rieth, Gustav Adolf, Das Attentat. Das Silcher-Denkmal und warum es immer noch steht, in: T. Bll. 60, 1973, S. 32–34.
Riethmüller, Konrad-Dietrich und Brigitte, Osiander 1596–1871. Buchhandel in Tübingen, Tübingen 1971.
Ritter, Robert, Ein Menschenschlag. Erbärztliche und erbgeschichtliche Untersuchungen über die – durch 10 Geschlechterfolgen erforschten – Nachkommen von »Vagabunden, Gaunern und Räubern«, Leipzig 1937.
Röhm, Eberhard; Thierfelder, Jörg, Evangelische Kirche zwischen Kreuz und Hakenkreuz. Bilder und Texte einer Ausstellung, Stuttgart 1981.
Röhm, Eberhard; Thierfelder, Jörg, Anpassung, Zweifel, Protest. Das evangelische Stuttgart zwischen 1933 und 1939, in: Stuttgart im Dritten Reich Bd. 4, S. 342–364.
Röllinghof, Werner, Aus der Geschichte des Deutschen Instituts für Ärztliche Mission. Ein Rückblick aus Anlaß der 75-Jahr-Feier des Instituts, in: T. Bll. 69, 1982, S. 76–80.

Roos, Peter, Genius Loci. Gespräche über Literatur und Tübingen, Pfullingen 1978.
Roßmann, Erich, Ein Leben für Sozialismus und Demokratie, Stuttgart/Tübingen 1946.
Rug, Wolfgang, Die Bombennacht vor 40 Jahren, in: Schwäbisches Tagblatt (Südwestpresse) vom 15. 3. 1984.
Rühle, Gerd, Das Dritte Reich. Dokumentarische Darstellung des Aufbaus der Nation, Bd. I, 3. Aufl., Berlin 1934.
Rühling, Cornelia; Steen, Jürgen (Bearb.), Walter, 1926–1944. Leben und Lebensbedingungen eines Frankfurter Jungen im III. Reich. (= Kleine Schriften des Historischen Museums 20), Frankfurt 1983.

Sachße, Christoph; Tennstedt, Florian, Geschichte der Armenfürsorge in Deutschland. Vom Spätmittelalter bis zum 1. Weltkrieg, Stuttgart/Berlin/Köln/Mainz 1980.
Salomon, Ernst von, Das Buch vom deutschen Freikorpskämpfer, Berlin 1938.
Sauder, Gerhard (Hrsg.), Die Bücherverbrennung. Zum 10. Mai 1933, Frankfurt a. M. 1983.
Sauer, Paul (Bearb.), Dokumente über die Verfolgung der jüdischen Bürger in Baden-Württemberg durch das Nationalsozialistische Regime 1933–1945 Bd. II, Stuttgart 1966.
Sauer, Paul, Die Schicksale der jüdischen Bürger Baden-Württembergs während der nationalsozialistischen Verfolgungszeit 1933–1945. Statistische Ergebnisse der Erhebungen der Dokumentationsstelle bei der Archivdirektion Stuttgart und zusammenfassende Darstellung, Stuttgart 1969.
Sauer, Paul, Württemberg in der Zeit des Nationalsozialismus, Ulm 1975.
Sauer, Wolfgang, Die Mobilmachung der Gewalt, in: K. D. Bracher; G. Schulz; W. Sauer, Die nationalsozialistische Machtergreifung. Studien zur Errichtung des totalitären Herrschaftssystems in Deutschland 1933/34 Bd. 3, Frankfurt/Berlin/Wien 1974.
Schäfer, Hans Dieter, Das gespaltene Bewußtsein. Deutsche Kultur und Lebenswirklichkeit 1933–1945, München 1981.
Schäfer, Gerhard, Dokumentation zum Kirchenkampf. Die evangelische Landeskirche in Württemberg und der Nationalsozialismus;
Bd. 1: Um das politische Engagement der Kirche, Stuttgart 1971.
Bd. 2: Um eine deutsche Reichskirche 1933, Stuttgart 1972.
Bd. 3: Der Einbruch des Reichsbischofs 1934, Stuttgart 1974.
Bd. 4: Die intakte Landeskirche 1935–36, Stuttgart 1977.
Bd. 5: Babylonische Gefangenschaft 1937–1938, Stuttgart 1982.
Schätzle, Julius, Stationen zur Hölle. Konzentrationslager in Baden und Württemberg, hrsg. im Auftrag der Lagergemeinschaft Heuberg-Kuhberg-Welzheim, Frankfurt 1974.
Scharfe, Martin, Die Kultur der Unteren Stadt und die Universität: Tübingen im 19. Jahrhundert, in: Martin Doehlemann (Hrsg.), Wem gehört die Universität? Lahn-Giessen 1977, S. 37–66.
Scharfe, Martin, Das Tübinger Ludwig-Uhland-Institut: Institutsgeschichte, Institutsgegenwart, in: Ästhetik und Kommunikation. Beiträge zur politischen Erziehung 11, 1980, S. 108–114.
Scheffler, Wolfgang, Judenverfolgung im Dritten Reich 1933–1945, Berlin 1966.
Schellong, Dieter, *Ein gefährlicher Augenblick*. Zur Lage der evangelischen Theologie am Ausgang der Weimarer Zeit, in: Hubert Cancik (Hrsg.), Religions- und Geistesgeschichte der Weimarer Republik, Tübingen 1982, S. 104–135.
Schieder, Wolfgang, Faschismus als soziale Bewegung. Deutschland und Italien im Vergleich, Hamburg 1976.
Schlaich, Ludwig, Lebensunwert? Kirche und Innere Mission Württembergs im Kampf gegen die »Vernichtung lebensunwerten Lebens«, Stuttgart 1947.
Schleicher, Josef, Die Tübinger Gemeinderatswahlen von 1919, 1922, 1925 und 1928, in: TC vom 2. 12. 1931, S. 11.
Schleunes, Karl A., Nationalsozialistische Entschlußbildung und die Aktion T4, in: Der Mord an den Juden im Zweiten Weltkrieg. Entschlußbildung und Verwirklichung, hrsg. von Eberhard Jäckel und Jürgen Rohwer, Stuttgart 1985, S. 70–83.
Schlotterbeck, Friedrich, Je dunkler die Nacht, desto heller die Sterne. Erinnerungen eines deutschen Arbeiters, Zürich/New York 1945.
Schmeer, Karlheinz, Die Regie des öffentlichen Lebens im Dritten Reich, München 1956.
Schmid, Manfred, Stadt und Universität Tübingen in der Anfangsphase der Weimarer Republik bis zum Kapp-Putsch, (Masch.) Zulassungsarbeit im Fach Geschichte, Tübingen 1977.
Schmid, Carlo, Erinnerungen, Berlin 1979.

Schmid, Heinz Dieter, Die nationalsozialistische Machtergreifung in einer Kreisstadt. Ein Lokalmodell zur Zeitgeschichte, Frankfurt 1979.

Schminck-Gustavus, Christoph (Hrsg.), Hungern für Deutschland. Erinnerungen polnischer Zwangsarbeiter im Deutschen Reich 1940–1945, Reinbek 1984.

Schnabel, Thomas, Warum geht es den Schwaben besser? Württemberg in der Weltwirtschaftskrise 1928–1932, in: Ders. (Hrsg.), Die Machtergreifung, Stuttgart 1982, S. 184–218.

Schnabel, Thomas, Von Bazille bis Mergenthaler. Parteien und Wahlen in Württemberg 1928–1933, in: Stuttgart im Dritten Reich Bd. 2, Stuttgart 1982, S. 240–262.

Schnabel, Thomas, Die NSDAP in Württemberg 1928–1933. Die Schwäche einer Regionalen Parteiorganisation, in: Ders., Machtergreifung, 1982, S. 49–81.

Schnabel, Thomas (Hrsg.), Die Machtergreifung in Südwestdeutschland. Das Ende der Weimarer Republik in Baden und Württemberg 1938–1933. (= Schriften zur politischen Landeskunde Baden-Württembergs 6), Stuttgart 1982.

Schnabel, Thomas, Das Wahlverhalten der Katholiken in Württemberg 1928–1933, in: Rottenburger Jahrbuch für Kirchengeschichte Bd. 2, 1983, S. 103–114.

Schnabel, Thomas, Württemberg zwischen Weimar und Bonn 1928–1945/46. (= Schriften zur politischen Landeskunde Baden-Württembergs Bd. 13), Stuttgart 1986.

Schneider, Wolfgang Christian, Hitlers *wunderschöne Hauptstadt des Schwabenlandes*. Nationalsozialistische Stadtplanung, Bauten und Vorhaben in Stuttgart, in: Demokratie und Arbeitergeschichte, Jahrbuch 2, hrsg. von der Franz Mehring Gesellschaft Stuttgart 1982, S. 51–95.

Schoenbaum, David, Die braune Revolution. Eine Sozialgeschichte des Dritten Reiches, München 1980.

Scholder, Klaus, Die Kapitulation der evangelischen Kirche vor dem nationalsozialistischen Staat. Zur kirchlichen und politischen Haltung des Deutschen Evangelischen Kirchenausschusses vom Herbst 1932 bis zum Rücktritt Bodelschwinghs am 24. Juni 1933, in: Zeitschrift für Kirchengeschichte 81, 1970, S. 182–206.

Scholder, Klaus, Die Kirchen und das Dritte Reich; Bd. 1: Vorgeschichte und Zeit der Illusionen, Frankfurt 1977.

Scholtz-Klink, Gertrud, Einsatz der Frau in der Nation, Berlin 1937.

Schondelmaier, Hans-Willi, Die NSDAP im Badischen Landtag 1929–1933, in: Th. Schnabel, Machtergreifung, 1982, S. 82–112.

Schönhagen, Benigna, Die Stadt Tübingen am Ende der Weimarer Republik und die Grundlagen der nationalsozialistischen Machtergreifung, dargestellt im Spiegel der Tübinger Tagespresse, Zulassungsarbeit (Institut für geschichtl. Landeskunde) Tübingen 1977.

Schönhagen, Benigna, Es begann nicht erst 1933. Komunalgeschichte anders gesehen, in: Schwäbisches Tagblatt (Südwestpresse) vom 10. 10. 1981.

Schönhagen, Benigna, Zwischen Verweigerung und Agitation: Landtagspolitik der NSDAP in Württemberg 1928/29–1933, in: Th. Schnabel, Machtergreifung, 1982, S. 113–149.

Schönhagen, Benigna, *Ich wüßte keinen besseren Wegweiser als den Sadanssieg*. Reichsgründung und Militarisierung in Tübingen, in: Mit Gott für Kaiser, König und Vaterland. Krieg und Kriegsbild 1870/71. (= Tübinger Kataloge, hrsg. vom Kulturamt der Stadt Tübingen, Nr. 20), Tübingen 1986, S. 25–44.

Schönhagen, Bengina, Das Gräberfeld X. Eine Dokumentation über NS-Opfer auf dem Tübinger Stadtfriedhof. (= Kleine Tübinger Schriften 11), Tübingen 1987.

Schramm, Heinz-Eugen, G.-W., Die klassische Sammlung garantiert waschechter, würziger Gogenwitze, als allgemeinbildender Beitrag der Tübinger Weingärtner zur Weltliteratur, Tübingen 1959.

Schramm, Percy Ernst (Hrsg.), Die Niederlage 1945, München 1962.

Schröder, Karl Heinz, Die Derendingia in den Jahren 1936–37, in: Festschrift Erich Drescher, Tübingen 1964, S. 35–49.

Schulz, Gerhard u. a. (Hrsg.), Politik und Wirtschaft in der Krise 1930–1932. Quellen zur Ära Brüning, 2 Bde., Düsseldorf 1980.

Schulze-Naumburg, Paul, Kunst und Rasse, 2. Aufl., München 1935.

Schumann, Gerhard, Besinnung: Von Kunst und Leben, Bodmann 1974.

Schupetta, Ingrid H. E., Jeder das Ihre – Frauenerwerbstätigkeit und Einsatz von Fremdarbeiterinnen im Zweiten Weltkrieg, in: Frauengruppe und Faschismusforschung (Hrsg.), Mutterkreuz und Arbeitsbuch. Zur Geschichte der Frauen in der Weimarer Republik und im Nationalsozialismus, Frankfurt 1981, S. 292–317.

Schützinger, Hermann, Tübingen, in: Weltbühne 22 (1926), S. 207–210.

Sechstes Uhlandkreis-Liederfest, Tübingen 1934.
Seidel, Benno; Jenkner, Siegfried (Hrsg.), Wege der Totalitarismus-Forschung, Darmstadt 1968.
Setzler, Wilfried, Die Tübinger Studentenfrequenz im Dritten Reich, in: U.D. Adam, 1977, S. 215–227.
Siegele-Wenschkewitz, Leonore, Nationalsozialismus und Kirchen. Religionspolitik von Partei und Staat bis 1935, Düsseldorf 1974.
Siegele-Wenschkewitz, Leonore, Die Ev.-Theologische Fakultät Tübingen in den Anfangsjahren des Dritten Reichs. Teil I: Karl Fezer und die Deutschen Christen, in: Zeitschrift für Theologie und Kirche, Beiheft 4. (= Tübinger Theologie im 20. Jahrhundert), 1978, S. 34–52.
Siegele-Wenschkewitz, Leonore, Die Ev.-Theologische Fakultät Tübingen in den Anfangsjahren des Dritten Reichs. Teil II: Gerhard Kittel und die Judenfrage in: Zeitschrift für Theologie und Kirche, Beiheft 4. (= Tübinger Theologie im 20. Jahrhundert), 1978, S. 53–80.
Silberstein, Michael, Blätter zur Erinnerung an den Abschied von der Synagoge in Wankheim sowie an die Einweihung der neuen Synagoge in Tübingen. Vier Predigten nebst einer Geschichte der Gemeinde, Eßlingen 1883.
Sonntag, Hans, 150 Jahre Gesangverein *Sängerkranz Harmonie* – Bürger und Studenten – *Vom Einklang der Stimmen* zum *Einklang der Gemüter*, in: T. Bll. 65, 1978, S. 108–110.
Sontheimer, Kurt, Die Haltung der deutschen Universitäten zur Weimarer Republik, in: Universitätstage 1966, Berlin 1966, S. 24–42.
Sontheimer, Kurt, Antidemokratisches Denken in der Weimarer Republik. Die politischen Ideen des deutschen Nationalsozialismus zwischen 1918 und 1933, München 1978.
Spohn, Michael, Der höchst private *Nationalsozialismus* des Gerhard Schumann. Wir aber, wir waren Idealisten, in: Stuttgart im Dritten Reich Bd. 4, 1984, S. 164–169.
Sproll, Heinz, Katholische und evangelische Parteien in Württemberg steht dem 19. Jahrhundert, in: Paul-Ludwig Weinacht, Die CDU in Baden-Württemberg und ihre Geschichte. (= Schriften zur politischen Landeskunde Baden-Württembergs Bd. 2), Stuttgart 1978, S. 63–80.
Staff, Ilse, Justiz im Dritten Reich, Frankfurt 1978.
Steinert, Marlis, Hitlers Krieg und die Deutschen. Stimmung und Haltung der deutschen Bevölkerung im Zweiten Weltkrieg, Düsseldorf/Wien 1970.
Stockmayer, Theodor, Aus meinem Leben. Erinnerungen und Betrachtungen, [Masch.] Tübingen 1967.
Stommer, Rainer, Die Thing-Bewegung im Dritten Reich, (Diss.), Bochum 1980.
Strauss, Walter (Hrsg.), Lebenszeichen. Juden aus Württemberg nach 1933, Gerlingen 1982.
Streit, Christian, Keine Kameraden. Die Wehrmacht und die sowjetischen Kriegsgefangenen 1941–1945, Stuttgart 1978.
Strütz, Hans-Wolfgang, *Die studentischen Aktionen wider den undeutschen Geist* im Frühjahr 1933, in: VjZG 1968, S. 347–372.
Stuttgart im Dritten Reich. Eine Ausstellung des Projekts Zeitgeschichte, 4 Bde.
Bd. 1: Prolog. Politische Plakate der späten Weimarer Republik, Stuttgart 1982.
Bd. 2: Völkische Radikale in Stuttgart. Zur Vorgeschichte der NSDAP 1890–1925, Stuttgart 1982.
Bd. 3: Machtergreifung. Von der republikanischen zur braunen Stadt, Stuttgart 1983.
Bd. 4: Anpassung, Widerstand, Verfolgung. Die Jahre 1933–1939, Stuttgart 1984.


Thalmann, Rita, Das Protokoll der Wannseekonferenz: Vom Antisemitismus zur *Endlösung* der Judenfrage, in: Grosser, Alfred (Hrsg.), Wie war es möglich?, München/Wien 1977, S. 147–167.
Thalmann, Rita, Frausein im Dritten Reich, München 1984.
Theweleit, Klaus, Männerphantasien. 2 Bde., Frankfurt 1977.
Thierfelder, Jörg, Die Auseinandersetzung um Schulform und Religionsunterricht im Dritten Reich zwischen Staat und evangelischer Kirche in Württemberg, in: Manfred Heinemann, Erziehung und Schule im Dritten Reich Bd. 6, Stuttgart 1980, S. 232–250.
Thierfelder, Jörg; Röhm, Eberhard, Die evangelischen Landeskirchen von Baden und Württemberg in der Spätphase der Weimarer Republik und zu Beginn des Dritten Reichs, in: T. Schnabel 1982, S. 219–256.
Toury, Jacob, Jüdische Textilunternehmen in Baden-Württemberg 1683–1938, Tübingen 1984.
…treu und fest hinter dem Führer… Die Anfänge des Nationalsozialismus an der Universität Tübingen 1926–1934. Begleitheft zu einer Ausstellung des Universitätsarchivs, Tübingen 1983.
Tröger, Annemarie, Die Frau im wesensgemäßen Einsatz, in: Mutterkreuz und Arbeitsbuch, S. 246–272.
Tübingen 1945: Eine Chronik von Hermann Werner, bearb. von Manfred Schmid. (= Beiträge zur Tübinger

Geschichte Bd. 1), Tübingen 1986.
Tübinger Chronik (Hrsg.), Festgabe zum 450jährigen Bestehen der Universität Tübingen, Tübingen 1927.
Tübinger Gemeindeverwaltung in den letzten 50 Jahren, Tübingen 1927.
Ullmann, Peter, Mustergültiger Unterricht für Töchter. Die Frauenarbeitsschule – Tübinger Schulgeschichte als ein Stück Frauengeschichte, in: Schwäbisches Tagblatt (Südwestpresse) vom 14. 2. 1987.
Verlaufsfolge der Friedrich-Silcher-Gedächtnisfeier in der Universitätsstadt Tübingen, Tübingen 1939.
Vischer, Friedrich Theodor, Die Verlegung der Universität Tübingen nach Stuttgart. Memoiren von Fr. Th. Vischer an den württembergischen Kultminister L. von Golther, in: Süddeutsche Monatshefte 1, Bd. 2, 1904, S. 734–750.
Volk und Gesundheit. Heilen und Vernichten im Nationalsozialismus. Begleitbuch der gleichnamigen Ausstellung, hrsg. von der Projektgruppe *Volk und Gesundheit* des Ludwig-Uhland-Instituts Tübingen, Tübingen 1982.
Von der Vorhut zum Bremsklotz. Vortrag über Tübinger Theologen in den Anfangsjahren der nationalsozialistischen Diktatur, in: Schwäbiches Tagblatt (Südwestpresse) vom 28. 4. 1987.
Vondung, Klaus, Magie und Manipulation. Ideologischer Kult und politische Religion des Nationalsozialismus, Göttingen 1971.
Wagner, Walter, Der Volksgerichtshof im nationalsozialistischen Staat. (= Quellen und Darstellungen zur Zeitgeschichte Bd. 11/III) Stuttgart 1974.
Walk, Joseph (Hrsg.), Das Sonderrecht für die Juden im NS-Staat. Eine Sammlung der gesetzlichen Maßnahmen und Richtlinien. Inhalt und Bedeutung, Karlsruhe 1981.
Wandel, Uwe Jens, Gräfelfing, in: *...helfen zu graben...*, S. 301–304.
Warneken, Bernd Jürgen (Hrsg.), Gogen-Witze, Tübingen 1978.
Warneken, Hede, Carl Flammer. Feinkost – Holzmarkt 1, in: T Bll. 66, 1979, S. 91/2.
Weil, Leopold, Lebenserinnerungen, Tübingen 1929.
Werner, Hermann, Tübingen im Luftkrieg 1942–1945, in: T. Bll. 39, 1952, S. 41–44.
Werner, Wolfgang Franz, *Bleib übrig!* Deutsche Arbeiter in der nationalsozialistischen Kriegswirtschaft, Düsseldorf 1983.
Wetzel, Robert, Hermann Hoffmann (Hrsg.), Wissenschaftliche Akademie des NSD-Dozentenbundes I, Tübingen 1939.
Wiedergeburt des Geistes. Die Universität Tübingen im Jahre 1945. Eine Dokumentation, bearbeitet von Manfred Schmid und Volker Schäfer, Tübingen 1985.
Wilbrandt, Robert, Ihr glücklichen Augen.
Lebenserinnerungen, Stuttgart 1947.
Winkler, Eugen Gottlob, Dichtungen – Gestalten und Probleme – Nachlaß, Pfullingen 1956.
Winkler, Heinrich August, Extremismus der Mitte? Sozialgeschichtliche Aspekte der nationalsozialistischen Machtergreifung, in: VjZG 20, 1972, S. 175–191.
Winkler, Heinrich August, Mittelstand. Demokratie und Nationalsozialismus. Die politische Entwicklung von Handel und Handwerk in der Weimarer Republik, Köln 1972.
Winkler, Heinrich August, Vom Protest zur Panik: Der gewerbliche Mittelstand in der Weimarer Republik, in: Hans Mommsen u. a. (Hrsg.), Industrielles System und politische Entwicklung in der Weimarer Republik. Verhandlungen des Internationalen Symposiums in Bochum vom 12.–17. 7. 1973, Düsseldorf 1973, S. 778–791.
Winkler, Heinrich August, Der entbehrliche Stand. Zur Mittelstandspolitik im *Dritten Reich*, in: Archiv für Sozialgeschichte XII, 1977, S. 1–40.
Winkler, Dörte, Frauenarbeit im Dritten Reich, Hamburg 1977.
Wittrock, Christine, Weiblichkeitsmythen. Das Frauenbild im Faschismus und seine Vorläufer in der Frauenbewegung der 20er Jahre, Frankfurt a. M. 1983.
Wulf, Joseph, Die Bildenden Künste im Dritte Reich. Eine Dokumentation, Gütersloh 1963.
Wulf, Joseph, Presse und Funk im Dritten Reich. Eine Dokumentation, Frankfurt 1966, Neudruck 1983.
Wundt, Max, Deutsche Weltanschauung, München 1926.
Wurm, Theophil (Hrsg.), Tagebuchaufzeichnungen aus der Zeit des Kirchenkampfs. Zur Erinnerung an Frau Marie Wurm, Stuttgart 1951.
Wutz, Josef, Nationalwissenschaftliche Verpflichtung. Die Universität Tübingen auf dem Weg zum Faschismus. Darstellung hochschulpolitischer Entwicklungen bis 1933 auf dem Hintergrund von Ökonomie und Politik der Weimarer Republik, Magisterarbeit, Tübingen 1978.

Zänker, Jürgen, Die architektonische Selbstdarstellung der Universität Tübingen. Die *Neue Aula* von 1841/4 und ihre Erweiterung von 1928/31, in: Wem gehört die Universität? Lahn-Gießen 1977, S. 67–88.

Zapf, Lilli, Die Tübinger Juden, 2. Aufl., Tübingen 1978.

Zeh, Wolfgang, 90 Jahre Turnerschaft Hohenstaufia zu Tübingen, in: T. Bll. 55, 1968, S. 76–82.

Zelzer, Maria, Weg und Schicksal der Stuttgarter Juden. Ein Gedenkbuch, hrsg. von der Stdt Stuttgart, Stuttgart [1964].

Zipperlen, Irmgard, Die Familie Zipperlen in Tübingen seit 1900, in: T. Bll. 66, 1979, S. 76–7.

Zofka, Zdenek, Die Ausbreitung des Nationalsozialismus auf dem Lande. Eine regionale Fallstudie zur politischen Einstellung der Landbevölkerung in der Zeit des Aufstiegs und der Machtergreifung der NSDAP 1928–1936. (= Miscellanea Bavaria Monacensis Bd. 87), München 1979.

Zolling, Peter, Zwischen Integration und Segregation. Sozialpolitik im *Dritten Reich* am Beispiel der *Nationalsozialistischen Volkswohlfahrt* (NSV) in Hamburg, Frankfurt/Bern/New York 1986.

# Personenregister

Adam, Karl  160, 163, 179, 412
Aichele, Gewerbeschulrat  434
Aichele, Karl  398
Albrecht, Walter  160
Anridel, Richard  223
Arnold, Curt  125
Arnold, Franz  180, 416
Arnold, Margarete  122
Arnold, Wilhelm  380

Bader, Ludwig  397
Bätzner, Philipp  139
Balbach, Georg  414
Balles, Franz  380
Barth, Architekt  268
Barth, Karl  252, 253
Battenberg, Ludwig  114, 136
Bauernfeind, Otto  254
Baumert, Helmut  42, 52, 55, 71, 72, 75, 109, 115, 116, 121, 129, 187, 188, 191, 418, 419, 420
Bayer, Hans  siehe Taddäus Troll
Bazille, Wilhelm  383
Bebermeyer, Gustav  35, 116, 159, 160, 246, 248, 379, 388, 410, 411
Beethoven, Ludwig van  27, 222
Benz, Erwin  380
Benz, Wilhelm  112
Benzinger, Hugo  26, 97, 110, 129, 384, 394, 395
Berger, Unterkommissar  398
Berger, Gottlob  66, 128, 134, 156, 351, 397, 398
Bergmann, Ernst  169
Berlitzheimer, Elfriede  340, 341, 343
Bernheim, Adolph  122, 293, 301, 442, 443
Bernheim, Hanna  290, 291, 293, 301, 401, 402
Bernheim, Hans  402
Bethe, Hans A.  159, 410
Beutelspacher, Friedrich  434
Beyerle, Josef  106, 397
Binder, Hans  410, 446, 447
Binder, Max  234
Binding, Karl  329, 452
Bismarck, Otto von  168, 432
Bliestle, Friedrich  204
Bloch, Ilse  344, 346

Bloch, Oskar  344
Bodelschwingh, Friedrich von  169, 413
Bolz, Eugen  46, 58, 63, 108, 109, 110, 387
Bormann, Martin  452
Bosch, Margarete  202
Bosch, Robert  202
Braig, Anton  267
Brandt, Karl  452
Brandt, Werner  380
Brasser, Alfred  148, 341
Braun, Jakob  192, 420
Braun, Paul  298
Breitling, Ernst  225
Brennenstuhl, Wilhelm  418, 419, 450
Bromeis, Heinz  80, 226, 388
Brüning, Heinrich  46, 51, 57, 58, 60, 61, 95, 96, 100, 102
Brüssel, sen.  397
Buber, Martin  402
Buchheim, H.  404
Buck, Rudolf  223
Bücheler, Friedrich  306, 341, 344, 345, 346, 362, 454, 456, 458
Büchner, Georg  27
Bühler  434
Burckhardt-Bardili, Regina  240
Burger, Ewald  174, 245, 389, 433
Butenandt, Adolf  460

Chape, Kaufhaus  142
Cotta, Johann Friedrich  86
Cuhorst, Hermann  143

Daimler-Benz AG  317, 354, 368, 461
Daluege, Kurt  339
Dangel, Rudolf  308
Dannecker, Theodor  352, 456
Dannenbauer, Heinrich  241, 244, 247, 248, 389, 391, 431, 432
Dannenmann, Fritz  394
Dannenmann, Hans  94, 158, 195, 418, 419
Danner, Albert  72, 116, 129, 434
Dauth, Spielwarengeschäft  51
Degginger, Eduard  122, 391
Dessauer, Adolf  442

Deyle, Franz  71, 72, 134, 381, 382, 404
Diebold, Max  190, 191
Diburtius, Franziska  240
Dietrich, Albert  160
Dietz, Julius  380
Dill, Gottlob  452
Dobler, Theodor  371, 372, 462
Dorn, Paul  380
Dreher, Wilhelm  45
Dürr, Hans  401
Dürr, Heinz  42, 71, 381
Duesterberg, Theodor  57, 58

Ebert, Friedrich  118, 131
Ebner, Hermann  114, 398, 402, 404
Eckart, Dietrich  204, 430
Eckert, Erwin  62, 387
Ehni, Bezirksschulamtsleiter  435
Ehrhardt, Sophie  334
Eichmann, Adolf  352
Ekert, Reinhold  128
Eppensteiner, Friedrich  394, 409
Erlanger, Anne  347
Erlanger, Fritz  298, 443
Erlanger, Helmut  83, 121, 398
Erzberger, Matthias  93
Eschenburg, Theodor  33

Faber, Hermann  414
Fauser, August  380
Feder, Gottfried  48
Feine, Hans Erich  434
Feucht, Karl, Zugführer  414, 434
Fezer, Karl  160, 169, 170, 171, 174, 415, 432
Fichte, Joh. Gottlob  410
Fiehler, Karl  186
Finckh, Ludwig  391
Fischer, Johannes  59, 395
Fischer, Otto  261
Fischer, Paul  394
Flaadt, Franz  87
Fladt, Kuno  233
Flammer, Carl  170, 414
Flex, Walter  425
Focke, Friedrich  428
Forderer, Josef  87, 215
Fortner, Wolfgang  80, 81
Frank, Gottlob  75, 76, 111

483

Frank, Heinrich 403, 418, 419, 450
Frank, Walter 433
Frauendiener, Wilhelm 52, 413, 414
Frey, Ernst 380
Frick, Julius 225
Frick, Wilhelm 58, 82, 108, 452
Fritz, Architekt 177, 316
Fritz, Heinrich 354

Gackenheimer, Fritz 380
Gaupp, Robert 74, 150, 391, 401, 407, 408, 452
Geiger, Theodor 68
Geißler, Fritz 128, 190, 191, 307, 311, 394, 401, 420
Genzmer, Felix 163, 412
Gerber, Hans 35, 164, 379, 410
Gereke, Günter 102
Gerstein, Kurt 351
Gieseler, Wilhelm 150, 151, 188, 246, 337, 408, 418, 435, 450
Gmelin, Oskar 147
Gmelin, Walter 394
Geisenau, Neithard von 430
Goebbels, Joseph 218, 293, 294, 300, 377, 396
Göbel, Eugen 86, 90, 393
Göhner, Alfred 188, 193, 194, 199, 201, 202, 205, 221, 276, 289, 294, 320, 418, 419, 450
Gölz, Maria 455
Gölz, Richard 80, 350, 455
Goerdeler, Carl 186, 350
Göring, Christian 418
Göring, Hermann 104, 217, 287, 300, 301, 316
Goes, Julius 128, 142, 170, 190, 209, 266
Goes, Martin 381, 430
Goeser, Dr. 404
Goethe, Johann Wolfgang von 81, 390
Gottschalk, Johanna 455
Grabert, Herbert 255, 380, 413
Graevenitz, Fritz von 217, 390
Graf, Lehrbuchautor 233
Graßmann, Eduard 380
Grieshaber, HAP 454
Griesinger, Polizeikommissar 173
Grimm, Hans 392
Gröber, Conrad 331
Grünspan, Herrmann 336, 442
Gugel, Josef 394

Gumbel, Emil Julius 36, 37, 379

Haber, Eduard 391
Häcker, Hermann 418, 419, 450
Haenchen, Ernst Otto 79
Haering, Theodor 144, 164, 227, 427, 459
Hagen, August 79
Hager, Ernst 200, 201, 232, 277, 417, 418, 419
Hahn und Kolb, Firma 460
Haidt, Karl 292, 298, 418, 419, 450
Haindl, Anni 152, 261, 449
Haindl, Arzt 261
Haller, Johannes 63, 82, 458
Hamm, Inge 122, 400, 402
Harster, Georg Wilhelm 134, 181
Hartmann, Karl 380
Hartter, Rudolf 414, 418, 450, 456
Hasse, Karl 223
Hauer, Jakob Wilhelm 79, 167, 170, 249, 254, 255, 351, 390, 400, 412, 413, 431
Hauff, Hans, Freiherr von 442
Haug, Karl 225
Haug, Theodor 173, 176, 414
Hauser, Jakob 384
Haußer, Hermann 17, 18, 75, 94, 394
Haußmann, Fritz 372
Hayum, Heinz 85, 122, 123, 198, 325, 392, 403
Hayum, Simon 77, 83, 85, 94, 122, 123, 129, 143, 198, 325, 394, 443
Heberer, Gerhard 380
Hefele, Adolf 381
Hegler, August 160
Heidegger, Martin 411
Heidenhain, Martin 401
Heidenhain, Siegfried Adolf 401
Heim, Karl 46, 168, 414
Heim, Wilhelm 174, 176, 380
Heinkel, Firma 324
Heinle, Heinrich 394, 414
Held, Josef 131, 270, 437
Held, Wilhelm 398
Henne, Otto 24, 26, 31, 51, 60, 68, 87, 94, 139, 378, 386, 392, 405
Hermann, Hugo 223
Herrmann, Gottlob 394
Heusel 381

Heuss, Theodor 47, 63, 87, 89, 306, 420
Heydrich, Reinhard 293
Heymann, Bertold 59, 82, 387, 460
Hieber, Johannes von 395
Hierl, Konstantin 78
Hilpert, Karl 214, 215, 231, 437
Hilpert, Kreisfrauenschaftsleiterin 168
Himmel, Adolph 145, 307, 325, 354, 391
Himmelwerk-AG 18, 210, 239, 316, 391, 425, 449, 461
Himmler, Heinrich 108, 243, 287, 293, 351, 404
Hindenburg, Paul von 57, 58, 61, 65, 101, 107, 130, 163, 185, 288, 403, 425
Hipp, Andreas 94, 133, 394
Hipp, Karl 394, 461
Hirsch, Arthur 298
Hirsch, Erna 457
Hirsch, Gustav 83
Hirsch, Leopold 83, 122, 288, 292, 298, 301, 442, 443
Hirsch, Paula 454
Hirsch, Walter 457
Hitler, Adolf 37, 39, 42, 43, 44, 49, 56, 57, 58, 59, 61, 65, 67, 71, 75, 91, 96, 99, 101, 102, 103, 104, 105, 106, 109, 110, 115, 120, 130, 131, 144, 146, 148, 149, 157, 158, 160, 163, 165, 168, 171, 175, 176, 177, 178, 179, 183, 184, 185, 194, 201, 205, 208, 214, 215, 218, 219, 220, 222, 223, 224, 230, 232, 237, 251, 253, 261, 278, 279, 289, 300, 302, 303, 309, 310, 318, 328, 329, 331, 365, 369, 381, 384, 386, 387, 388, 396, 399, 403, 411, 413, 432, 435, 438, 449, 458
Höhn, Hans 403, 419, 450
Hoche, Alfred E. 329, 452
Höhn, Karl 89, 92, 393
Hölderlin, Friedrich 194, 226, 427
Hössle, Obersturmführer 422
Hofacker, Eberhard von 23
Hoffmann, Hermann 151, 245, 282, 433, 440
Hofmeister, Eugen Josef 109
Holtgrave, Rudolf 197, 388

Honold, Wilhelm 256, 434
Horkheimer, Firma 292
Huber, Ernst 72
Hüls, Johannes 397
Hugenberg, Alfred 44, 84

Ilg, Anton 380
Ittel, Emil 40

Jäger, Karl 55, 133, 394
Jagow, Dietrich von 40, 41, 108, 109, 380, 381, 397
Janssen, Professor 225
Jope, Spinnerei- und Strickwarenfabrik 19
Jünger, Ernst 37
Junginger, Wilhelm 380

Kästner, Erich 81
Kahn und Lederer, Kaufhaus 121
Kaim, Emil 280
Kammer, Karl 384
Kamke, Erich 159
Kapff, Erich von 380
Katz, Julius 122, 123, 290
Katz, Erich 80, 81
Kayser, Tannenberg-Bund 389
Keck, Friedrich 204, 205, 264, 320, 321, 418, 419, 450
Keck, Hans 69, 70, 71, 96, 139, 205, 286, 384, 394, 403, 406, 418, 419, 450
Kehrer, Friedrich 456, 457
Kehrer, Fritz 113
Kercher, Alfred 323, 347, 363, 371, 420
Kerrl, Hans 273
Kiderlen, Karl 380
Kiefer, Adolf 380
Kiefner, Walter 443
Kirschmer, Verleger 86
Kittel, Gerhard 126, 163, 167, 169, 171, 174, 175, 249, 289, 400, 402, 413, 433
Klaiber und Heubach, Tapetengeschäft 125
Knab, Armin 223
Knapp, Theodor 108, 109, 194, 392
Koch, Otto 54, 94, 100, 395
Koschmann von, Lehrbuchautor 233
Knecht, Richard 225
Köhler, Eugen 129, 394

Köhler, Ludwig von 36, 94, 160, 378, 394, 410
Köhler, Lehrbuchautor 233
Kölling, Lehrbuchautor 233
König, Bernhard 192
Körner, Theodor 86, 430
Kolb, Georg 380
Kolbenheyer, Guido 390
Kost, Heinrich 117, 118
Kottmann, Max 273
Krakauer, Max 350
Krapf, Ludwig 418, 419, 450
Krauch, Firma 292
Kratz, Hermann 140, 418, 450
Kraus, Jakob 141, 170, 401, 406, 416
Krauß, Eberhard 175, 177, 415
Krauss, Zacharias 94, 133, 140, 188, 215, 394, 414, 418, 419
Krebs, Ernst 384, 397
Kretschmer, Ernst 150, 151
Krügel, Siegfried 299, 444
Kübler, Otto 124, 414
Kürner, Ernst 113, 398
Kuhn, Karl Georg 122, 249, 250, 299, 389, 444
Kull, Hermann 176, 253, 259, 414
Kurt, W. J. 242
Kurth, Hans 79, 255

Laible, Architekt 268
Landerer, Elisabeth 28, 94, 394, 403
Lange, Helene 240
Langen, Albert 380
Lechler, Paul 262
Lehmann, Verlag 37
Lehnich, Oswald 388, 389, 391
Lemberger, Karl 394
Lenz, Fritz 391
Lenz, Herrmann 411
Lerner, Fritz 398
Leucht, Alfred 90, 393
Levi, Ernestine 454
Ley, Robert 380
Lieb, Christian 442
Liesching, Theodor 378
Linden, Maria von 240
Linser, Paul 285
Lion, Inge siehe Hamm, Inge
Lion, Gustav 122
Löffler, Lehrbuchautor 233
Löffler, Ortspfarrer 271
Löffler, Paul 394

Löwenstein, Emil 290
Löwenstein, Hugo 122, 124, 125, 126, 288, 442
Löwenstein, Ilse 340, 341, 343
Löwenstein, Max 288, 290, 346, 442, 443
Löwenstein, Karoline 290
Löwenstein, Sofie 346
Ludendorff, Erich 37, 42, 71, 78, 88, 390
Ludendorff, Mathilde 78, 79, 169
Ludin, Hanns 197, 431
Lukas, Oskar 425
Luther, Martin 349
Lutz, Franz 269, 270, 280
Luz, Julius 170, 414, 434

Machiavelli, Nicolo 247
Machwirth, Liselotte 240
Mahn, Hermann 82
Maier-Hugendubel, Martin 167, 256
Maier, Reinhold 427
Maier, Arzt 39
Majer, Julie 119, 280, 409
Mann, Fabrikant 420
Mannherz, Karl 134, 404
Marque, Arnold 125
Marr, Hans 380
Marx, Blanda 347
Marx, Egon 402
Marx, Lothar 298
Marx, Marga 342, 343
Marx, Ruth 342, 343
Marx, Victor 122, 298, 338, 339, 342, 343, 347, 454
Matthaei, Rupprecht 130, 144, 388, 391, 403, 412
Mattheiß, Hermann 108
Mayer, August 150, 255, 408
Mayer, Christian 204
Mayer, Ernst 384
Mayer, Mina 347
Menz, Eugen 178, 179, 268
Mergenthaler, Christian 38, 42, 45, 48, 63, 88, 131, 195, 232, 239, 244, 245, 247, 259, 262, 430
Mergentheim von, Oberamtsverweser 128
Merker, Ludwig 371
Merkle, Wilhelm 380
Mess, Leonhard 397
Messemer, Herta 458
Metzger, Wolfgang 167, 171

485

Meyer, Heinrich 190, 191
Meyer, Karl 312, 321
Miller, Max 456
Mödinger, Karl 380
Morlock, Karl 25
Moser, Erhard 380
Mozer, Heinrich 419
Muckermann, Herrmann 391
Mühleisen, Eugen 380
Mühlich, Otto 94, 394
Müller, Bürgermeister 192, 420
Müller, Alfred 397
Müller, Georg 380
Müller, Hanna 427, 443, 454, 458, 461
Müller, Ludwig 169, 171, 173, 174, 415
Müller, Verleger 86
Müller, Samuel 261
Müller, Theodor 384
Murr, Wilhelm 58, 71, 108, 130, 131, 187, 370, 405, 420
Muszgay, Friedrich 345, 349

Nägele, Eugen 143
Nedden, Otto zum 407
Neurath, Konstantin Freiherr von 415
Niemöller, Martin 171, 253
Nietzsche, Friedrich 227
Norkus, Herbert 238, 430
Nuß, Fritz 225

Oehmke, Karl 380
Österreich, Traugott Konstantin 159, 410
Oppenheim & Schäfer, Textilgeschäft 292, 298
Oppenheim, Heinz 122, 290
Oppenheim, Jakob 122, 301, 443
Oppenheim, Karoline 301
Osiander, Buchhandlung 40, 52
Otnima, Firma 354

Pagel, Albert 344, 345, 346, 347, 443, 455
Pagel, Charlotte 344, 345, 346, 347, 454
Papen, Franz von 61, 66, 102
Paulus, Rudolf 253
Payer, Friedrich 29, 378
Petersen, Wolf 385
Petzold, Gustav 40, 41, 380
Pfahler, Gerhard 369, 372, 461
Pfannenschwarz, Karl 76

Pflumm & Kemmler, Zementfabrik 316, 354
Pietzcker, Hellmut 380
Pineas, Hermann 350, 455
Pollak, Leopold 347
Pollak, Mathilde 347
Pollak, Pauline 347
Pressel, Wilhelm 52, 53, 66, 78, 116, 122, 126, 167, 169, 171, 175, 253, 384, 387, 388, 401, 402, 403, 412, 413, 414
Preußen, Prinz August-Wilhelm von 61, 386, 387

Rall, Viktor 380
Rast, Hans 418, 419
Rast, Josef 384
Rath, Ernst vom 293, 294, 295
Rath, Hans 107, 137, 204, 326, 378
Rathmann, Oswald 444
Rau, Karl 414
Raur, Anna 418, 428
Raur, Lydia 409, 418, 455, 459
Rauscher, Zimmermeister 434
Rauschnabel, Hans 156, 187, 203, 216, 224, 225, 273, 278, 294, 295, 296, 297, 298, 311, 356, 363, 365, 418, 427, 443, 462
Reder, Hans 49, 52, 71
Rehm, Paul 252
Rehm, Wilhelm 66, 171, 177, 387
Reichart, Johannes 334
Reichenmiller, Hans 380
Reinauer, Philippine 344, 452
Reinerth, Hans 391, 432
Reinhardt, General 41
Reventlow, Graf Ernst zu 48, 85, 169, 255
Richter, Theodor 173
Rieger, Wilhelm 120
Riegraf, Oskar 71, 432
Riek, Gustav 388, 432
Riekert, Irene 345, 455
Rieter, Karl 437
Rieth, Hedwig 400
Ritter, Robert 147, 150, 151, 334, 407, 408
Röhm, Ernst 66, 161, 178, 185, 416
Rosenberg, Alfred 53, 64, 80, 169, 247, 351, 432
Rost, Gustav 380
Rotophas-GmbH 460

Rück, Heinrich 403
Rückert, Hanns 169, 171, 175, 414
Ruf, Paul 380
Ruoffner, Eugen 380
Rust, Bernhard 195

Sailer, Firma 292
Saleck, Walter 147
Sandberger, Martin 161, 164, 352, 384, 421
Satorius, Carl 160
Sauckel, Fritz 456
Sauer, Albert 414, 434
Sauter, Alfred 392
Sautter, Karl 132, 252, 289, 403, 414
Schaal, Walter 176, 414
Schäfer, Albert 122, 292, 298, 443
Schäfer, Friedrich 19
Schäfer, Hermann 380
Schäfer, Wilma 343
Schairer, Heinrich 380
Schanz, Heinrich 380
Scheef, Adolf 18, 31, 39, 47, 50, 60, 83, 87, 88, 94, 95, 96, 98, 99, 100, 102, 110, 115, 129, 130, 131, 132, 136, 187, 189, 193, 194, 195, 196, 197, 198, 201, 202, 203, 204, 206, 212, 213, 215, 231, 264, 319, 378, 386, 389, 392, 394, 395, 401, 402, 404, 405, 418, 419, 420, 421, 423, 425, 435
Schefold, Hanns 380
Schemm, Hans 232, 258
Scherl, Verlag 37
Schilpp, Heinrich 414
Schirach, Baldur von 173, 237, 429
Schittenhelm, Ernst 381, 399, 400, 405
Schlageter, Albert Leo 179, 398, 430
Schlatter, Adolf 46, 168, 439
Schlatter, Hedwig 414
Schleicher, Josef 94, 394
Schleicher, Kurt von 98
Schmid, Carlo 120, 135, 228, 275, 400, 401, 427, 428, 433, 456
Schmid, Jonathan 123, 225, 226, 319, 417
Schmid, Martin 428

Schmidt, Arthur Benno 170, 414
Schmitthenner, Paul 390
Schneck, Eugen 134, 384, 394, 403, 418, 419, 420, 438, 450
Schneider, Georg 252, 254, 256, 414
Schneider, Gerhard 81, 390
Schneider, Jakob 55
Schneider, Walter 418, 419, 420
Schönfeld, Walther 165
Schönhardt, Erich 155
Schoppen, Gertrud 263, 435, 436
Scholtz-Klink, Gertrud 154, 213, 364
Schott, Otto 394
Schrade, Erich 109, 164, 407
Schradin, Laura 119
Schütz, Wolfgang 371
Schultze-Naumburg, Paul 82, 391
Schumacher, Kurt 105, 379
Schumann, Gerhard 108, 159, 161, 162, 163, 164, 222, 223, 411, 412, 413, 431
Schurr, Walter 134, 144, 203, 384, 394, 403, 419
Schwab, Karl 61, 167, 386, 388, 418, 419, 420, 450
Schwägerle, Friedrich 55
Schwarz, Friedrich 414
Schwarz, Paul 131, 174, 394
Schweickhardt, Walter 228
Schweickhardt, Gustav 32, 181, 306
Schweickhardt, Heinrich 378
Schwenk, Walter 243, 388
Sedlmeier, Wilhelm 178, 280
Seebaß, Fritz 380
Seeger, Gustav 28
Seelos, Hermann 133, 187, 188, 195, 394, 419, 420, 450
Seizinger, Georg 32
Seldte, Franz 44
Sick, Wilhelm 398
Siebeck, Paul 21
Siess, Ernst 326, 403, 418, 419, 420, 450
Silcher, Friedrich 194, 222, 223, 224, 225, 226, 426, 427
Simon, Walter 347, 348
Simpfendörfer, Wilhelm 47
Speer, Albert 368
Spingler, Karl 384
Spiro, Edwin 348
Spiro, Hans 143, 292, 298, 301, 348, 443

Spiro, Elfriede 340, 341, 344, 345, 346, 347
Spiro, Liselotte 290, 298, 301
Spiro, Ludwig 443
Sproll, Joannes Baptista 179, 237, 268, 272, 273, 412, 432
Stähle, Eugen 146, 287, 331, 389, 408
Stahlecker, Franz-Walter 352, 456
Stein, Lorenz von 99
Steinhilber, Christian 380
Stengel, Wilhelm 380
Stickl, Otto 371, 460
Stock, Wolfgang 35, 160, 378
Stockburger, Max 54, 76, 187, 226, 261, 322, 323, 384, 394, 403, 419, 420, 450
Stockmayer, Theodor 168, 171, 172, 175, 255, 262, 264, 266, 414, 415, 433, 434, 435, 436, 446
Storp, Elisabeth 429, 445, 448, 452, 454, 458
Stracke, Ernst 64, 160, 391
Stracke, Helene 458
Straub, Fritz 398
Stresemann, Gustav 87
Striebel, Christoph 197
Strölin, Karl 186
Suchenwirth, Richard 222
Summer, Sepp 385
Sumpfenhäuser, Friedrich 87

Thälmann, Ernst 57
Thalmessinger, Hermann 348
Todt, Organisation 316, 349
Trautwein, Otto 380
Trendelenburg, Friedrich 374
Tressel, Josef 442
Troll, Thaddäus 432

Üxküll, Woldemar Graf von 279
Uhl, Hans 380
Uhland, Ludwig 29, 86, 194, 223, 224, 232, 412, 426, 430
Urach, Hauptmann E. von 380
Usadel, Willy 391

Vaas, Anton 279
Velde, Theodor van der 412
Verschuer, Otmar Freiherr von 432
Vischer, Friedrich Theodor 17

Vödisch, Arno 94, 96, 133, 134, 394, 404
Voegele, Forstrat 389
Vogel, August 380
Vogelweide, Walter von der 225
Völter, Café 52
Volkmann, Rüdiger von 379
Volz, Karl 398

Wacha, HJ-Gebietsführer 172
Wagenbauer, Karl 197
Wagner, Carl August 192
Wahl, Adalbert 33, 35, 182, 247, 390
Wahl, Christian 321
Waiblinger, Wilhelm 456
Waldmann, Karl 134, 181, 186, 412
Wallensteiner, Klara 344, 345, 346
Walter, Hans 188, 264, 418
Walter, Montanwerk 19
Walz, Josef 225
Wanner, Ernst 414
Warneken, Hede 376, 377, 409, 417, 454
Weber, Max 380
Weidle, Karl 377
Weidle, Karl 81
Weikmann, Karl 178, 268, 269, 273
Weil, Albert 86, 87, 88, 89, 92, 124, 300, 392
Weil, Friedrich 347, 391, 441
Weil, Herrmann 92
Weil, Siegmund 83, 86, 87, 89, 120, 124, 125
Weil, Sofie 347
Weiler, Helene 408
Weinmann, Ernst 43, 131, 132, 136, 181, 187, 188, 192, 193, 195, 197, 198, 199, 202, 203, 204, 205, 206, 225, 245, 247, 296, 303, 304, 312, 319, 320, 321, 322, 323, 325, 326, 351, 372, 402, 403, 412, 419, 424, 431, 439, 443, 447, 450, 456
Weinmann, Erwin 323
Weise, Georg 82, 159, 279, 391
Weiser, Artur 171
Weismann, Eberhard 253
Weiß, Paul 380
Weitbrecht, Diethelm 41, 381, 388, 407
Weitz, Wilhelm 24, 432

Werner, Gerhard 414
Werner, Herrmann 418, 458, 459, 461
Wessel, Horst 109, 113, 222, 232, 237
Wetzel, Robert 243, 244, 248, 249, 431, 433
Wilbrandt, Robert 21, 36, 379
Winkler, Eugen Gottlob 119, 159
Winkler, Hans 159
Wizeman, Hermann 418, 450
Wochenmark, Bella 347, 455
Wochenmark, Josef 290, 347, 455
Woike, Fritz 223
Wolber, Erwin 398
Wolf, Friedrich 377
Wolff, Telegrafenbüro 87

Wolff, Kurt 24
Wrangell, Margarethe von 240
Württemberg, König Carl von 83
Württemberg, Graf Eberhard (im Bart) von 208, 391, 441
Württemberg, König Wilhelm II. von 28
Wüst, Friedrich Wilhelm 26
Wulle, Georg 418, 419, 450
Wundt, Max 23, 33, 74, 160, 249, 433
Wurche, Ernst 49, 390, 430
Wurm, Theophil 166, 169, 170, 174, 175, 176, 177, 252, 330, 387, 413, 415, 452
Wurst, Emil 384
Wurster, Sägewerk 316
Wurster & Dietz, Firma 360

Young, Owen 44

Zanker, Maschinenfabrik 19, 354
Zapp, Paul 351
Zeeb, Ferdinand 110, 119, 384
Zelzer, Maria 454
Zenetti, Generalmajor 217
Ziegler, Pfarrer 432, 433
Ziemssen, Ludwig 230
Zipperlen, Irmgard 408
Zipperlen, Victor 149, 341
Zivi, Josef 290, 298, 301, 443
Zündel, Gottlob 170, 414

# Ortsregister

Aistaig 354
Altenburg 191
Altingen 75, 316, 387
Altona 61
Auschwitz 301, 344, 346, 347, 348

Badoglio 357
Barcelona 457
Barmen 174, 175, 253, 254, 415
Basel 253
Bebenhausen 28, 115, 380, 444
Belgrad 319, 351
Berlin 9, 11, 37, 101, 103, 104, 123, 127, 135, 148, 154, 177, 183, 186, 195, 220, 251, 273, 290, 316, 334, 350, 381, 401, 445, 454, 455, 460
Beuthen 65, 66
Biberach 338, 341
Bozen 332
Breitenholz 276
Bremen 186
Bronnweiler 122, 167, 171, 301
Budapest 381
Bühl 273
Buttenhausen 332, 348

Coburg 381
Coventry 360
Crailsheim 371

Dachau 298, 301
Danzig 303
Degerschlacht 191
Dellmensingen 345
Derendingen 18, 19, 203, 204, 205, 207, 255, 264, 354, 360, 361, 369, 385, 418, 436, 450
Drancy 347
Dünamünde 343
Dußlingen 369, 386, 387

Ebingen 417
Einsiedel 380
Eisenach 167
Ellwangen 86
Entringen 277, 369
Erlangen 451
Erlenbach 222
Eschenau 345

Essen 367
Esslingen 128, 134, 298, 376, 380, 389, 448, 451

Feldstetten 411
Frankfurt a. M. 86, 378, 453
Frankfurt a. d. Oder 380
Freiburg 331, 411
Frommenhausen 321
Fürth 347
Fulda 179, 416

Giessen 451
Gmünd, siehe Schwäb. Gmünd
Gönningen 191, 420
Göppingen 39, 298, 448, 451
Göttingen 248
Gräfelfing 37, 40
Großheppach 264

Hadamar 331
Hagelloch 114, 260
Haigerloch 338, 339, 341, 342, 343
Hailfingen 461
Halle 38
Hamburg 186, 361, 386
Hannover 174
Harzburg, Bad 54, 103
Hechingen 291, 341, 377, 386
Heggbach 338, 344, 452
Heidelberg 118, 194, 421, 433
Heidenheim 451
Heilbronn 324, 339, 346, 405, 452
Heilbronn-Sontheim 346
Héricourt 347
Herrenberg 87, 92, 95, 114, 180, 191, 192, 271, 276, 385, 403, 404
Heuberg 108, 111, 129, 398, 417
Hohenasperg 282
Hohenheim 41
Horb 92, 361, 448

Jerusalem 390

Kiebingen 456
Kiel 248, 324
Kilchberg 253, 380
Kirchentellinsfurt 174, 192, 369

Kirchheim/Teck 40, 43
Koblenz 270, 401
Köln 301, 361
Köngen 167, 414
Königsberg 347
Konstanz 443
Kornwestheim 323
Kowno (Kaunas) 352
Krummbach, Bad 273
Kusterdingen 192, 357, 360, 367, 381, 420
Kuhberg 398

Leipzig 186
Lengnau 89
Leonberg 272
Lublin 346
Ludwigsburg 68, 327, 354, 355, 357/358, 388, 448, 451
Lübeck 186, 306, 322, 361, 446
Lustnau 19, 36, 48, 61, 107, 114, 137, 140, 167, 181, 185, 202, 203, 205, 206, 207, 221, 226, 264, 307, 316, 348, 353, 358, 360, 361, 362, 368, 378, 386, 387, 398, 402, 406, 407, 414, 418, 419, 424, 450, 459, 461

Mainz 347
Maly Trostinec 346
Mannheim 311
Mansfeld 348
Marburg 374, 386, 451
Massenbachhausen 269, 270
Meersburg 62
Meran 381
Mergentheim 401
Metzingen 43, 182, 438
Minsk 339, 346
Mössingen 103, 173, 192, 253, 369
München 37, 42, 66, 72, 84, 87, 119, 186, 222, 225, 270, 316, 329, 344, 345, 351, 380, 381, 437
Münsingen 348, 371

Nagold 49, 52, 389
Nehren 118, 277, 289, 380, 400, 441
Neunkirchen 103

New York 44
Nürnberg 43, 352, 401, 426, 427
Nürtingen 43, 155, 394

Oberndorf 271, 354
Obertal 435
Ölmütz 309
Oferdingen 191
Oldenburg 269

Paris 44, 250, 293, 294, 301
Pearl Harbour 310
Pergine 331
Pforzheim 307, 361
Pfrondorf 76
Pliezhausen 192, 419, 420, 433
Poltringen 75, 76, 77, 271
Potempa 65, 67
Potsdam 168
Prag 278, 302, 303, 310, 445

Rastatt 306
Ravensburg 166, 286
Reusten 75
Reutlingen 19, 43, 46, 57, 62, 71, 72, 74, 85, 86, 92, 102, 103, 119, 121, 122, 126, 138, 139, 192, 209, 232, 269, 273, 290, 292, 330, 353, 371, 372, 376, 382, 397, 399, 400, 438, 451, 457
Riga 339, 342, 343, 346
Rommelsbach 191, 380

Rostock 346
Rottenburg 69, 111, 148, 178, 179, 191, 192, 217, 225, 237, 242, 272, 273, 274, 331, 334, 340, 369, 381, 382, 436, 438
Rottweil 143

Salzgitter 316
Schnait 224
Schönau/Schwarzwald 398
Schorndorf 192, 224, 427
Schussenried 330, 332
Schwäbisch Gmünd 41, 376, 451
Schwenningen 58, 452
Sickenhausen 191
Simmersfeld 66
Spaichingen 270, 280
Stalingrad 358, 363, 364
Stetten am kalten Markt 111, 330
Straßburg 238, 278, 460
Stuttgart 9, 60, 71, 79, 81, 86, 109, 119, 128, 142, 143, 148, 163, 166, 169, 170, 172, 176, 177, 186, 187, 189, 192, 217, 222, 223, 224, 225, 247, 252, 253, 258, 259, 265, 273, 275, 278, 279, 295, 298, 301, 303, 304, 311, 312, 313, 314, 324, 326, 330, 333, 334, 338, 339, 340, 341, 342, 344, 345, 346, 347, 348, 350, 354, 356, 357, 360, 361, 363, 371, 377, 378, 380, 393, 404, 405, 413, 419, 424, 434, 443, 444, 447, 448, 450, 454, 457, 459, 460, 461
Stutthof 343

Tannenberg 57
Theresienstadt 344, 346, 347, 348, 455
Tigerfeld 345

Ulm 41, 45, 68, 76, 89, 174, 339, 341, 348, 371, 381, 388, 401, 405, 452
Urach 43, 172, 438

Vaihingen 332, 333, 453

Waldbreitbach 270
Walddorf 263, 380
Waldhausen 418, 450
Wankheim 128, 156, 349, 350, 351
Weilimdorf 258
Weimar 82, 390
Weißenau 286, 330, 332
Welzheim 298, 301, 334, 348, 350, 351, 453
Wiesbaden 316
Wildbad 389
Würzburg 347

Zwiefalten 331, 332

# Abkürzungsverzeichnis

| | | | |
|---|---|---|---|
| a. a. O. | am angebenen Ort | KdF | Kraft durch Freude |
| ADGB | Allgemeiner Deutscher Gewerkschaftsbund | KGP | Kirchengemeinderatsprotokoll |
| | | KGR | Kirchengemeinderat |
| Anm. | Anmerkung | KPD | Kommunistische Partei Deutschlands |
| ANSt | Arbeitsgemeinschaft Nationalsozialistischer Studentinnen | KZ | Konzentrationslager |
| Art. | Artikel | | |
| AO | Anordnung | LKA | Landeskirchliches Archiv Stuttgart |
| AOK | Allgemeine Ortskrankenkasse | | |
| AStA | Allgemeiner Studentenausschuß | M | Mark |
| | | MABK | Ministerialabteilung für Bezirks- und Körperschaftsverwaltung |
| BAK | Bundesarchiv Koblenz | | |
| Bd. | Band | | |
| BDC | Berlin Document Center | N | Nachlaß |
| Bü | Büschel | nö. | nichtöffentlich |
| BDM | Bund Deutscher Mädel | NS | Nationalsozialistisch |
| BWB | Bauern- und Weingärtnerbund | NSBZO (NSBO) | Nationalsozialistische Betriebszellenorganisation |
| CVD | Christlicher Volksdienst | NSDAP | Nationalsozialistische Deutsche Arbeiterpartei |
| DVJM | Christlicher Verein Junger Männer | | |
| CSVD | Christlich-Sozialer Volksdienst | NSDStB | Nationalsozialistischer Deutscher Studentenbund |
| DAF | Deutsche Arbeits-Front | NS-Hago | Nationalsozialistische Handwerks-, Handels- und Gewerborganisation |
| DAR | Diözesanarchiv Rottenburg | | |
| DC | Deutsche Christen | NSK | NS-Kurier |
| DCSV | Deutsch-Christliche Studentenvereinigung | NSKK | Nationalsozialistisches Kraftfahrerkorps |
| DEK | Deutsche Evangelische Kirche | NSKOV | Nationalsozialistische Kriegsopferversorgung |
| DDP | Deutsche Demokratische Partei | | |
| ders. | derselbe | NSLB | Nationalsozialistischer Lehrerbund |
| dies. | dieselbe | NSV | Nationalsozialistische Volkswohlfahrt |
| DGB | Deutscher Gewerkschaftsbund | | |
| DGO | Deutsche Gemeinde-Ordnung | NTT | Neues Tübinger Tagblatt |
| DNVP | Deutschnationale Volkspartei | | |
| DVP | Deutsche Volkspartei | OA | Oberamt |
| | | OBM | Oberbürgermeister |
| ebd. | ebenda | o. J. | ohne Jahr |
| EDA | Evangelisches Dekanatsarchiv Tübingen | OKR | Oberkirchenrat |
| | | o. O. | ohne Ort |
| Ev. | Evangelisch | | |
| | | Pg. | Parteigenosse |
| GRP | Gemeinderatsprotokoll | Prot. | Protokoll |
| GzVeN | Gesetz zur Verhütung erbkranken Nachwuchses | RAD | Reichsarbeitsdienst |
| | | RAF | Royal Air Force |
| HJ | Hitler-Jugend | Reg. Bl. | Regierungsblatt |
| HStA | Hauptstaatsarchiv Stuttgart | REM | Reichserziehungsminister(ium) |
| | | RFSSuChdDP | Reichsführer-SS und Chef der Deutschen Polizei |
| IMT | Interenational Military-Tribunal | | |
| | | RGBl. | Reichsgesetzblatt |
| Jg. | Jahrgang | RKA | Reichskirchenausschuß |

| | | | |
|---|---|---|---|
| RLSB | Reichluftschutzbund | v. a. | vor allem |
| RM | Reichsmark | VO | Verordnung |
| RSHA | Reichssicherheitshauptamt | VRP | Volksrechtspartei |
| RU | Religionsunterricht | VK | Volkskonservative Partei |
| | | VjZG | Vierteljahreshefte für Zeitgeschichte |
| S. | Seite | | |
| SA | Sturmabteilung | | |
| SAT | Stadtarchiv Tübingen | Wahlbtg. | Wahlbeteiligung |
| SD | Sicherheitsdienst | WAU | Weltanschauungsunterricht |
| SPD | Sozialdemokratische Partei Deutschlands | WHW | Winterhilfswerk |
| | | WP | Wirtschaftspartei |
| SS | Schutzstaffel | WPD | Württembergische Polizei-Direktion |
| StA | Staatsarchiv | | |
| St. O. | Standort | WS | Wintersemester |
| T. Bll. | Tübinger Blätter | ZSL | Zentrale Stelle der Landesjustizverwaltungen zur Aufklärung nationalsozialistischer Verbrechen in Ludwigsburg |
| TC | Tübinger Chronik | | |
| TZ | Tübinger Zeitung | | |
| UAT | Universitätsarchiv Tübingen | | |